从经典作家进入历史

A Life for Our Time

Fiona MacCarthy

威廉·莫里斯传

广西师范大学出版社
·桂林·

[英]菲奥娜·麦卡锡 著 彭凌玲 译

著作权合同登记号桂图登字: 20 - 2025 - 011 号

图书在版编目(CIP)数据

威廉·莫里斯传 / (英)菲奥娜·麦卡锡著；彭凌玲译.

桂林: 广西师范大学出版社, 2025.5. -- (文学纪念碑).

ISBN 978 - 7 - 5598 - 7979 - 0

Ⅰ. K835.615.72

中国国家版本馆 CIP 数据核字第 2025UJ3498 号

威廉·莫里斯传　WEILIAN · MOLISI ZHUAN

出 品 人: 刘广汉　　　　　策　划: 魏　东
责任编辑: 魏　东　程卫平　　营销编辑: 康天娥　谢静雯
装帧设计: 赵　瑾

广西师范大学出版社出版发行

(广西桂林市五里店路 9 号　　邮政编码: 541004)
(网址: http://www.bbtpress.com)

出版人: 黄轩庄

全国新华书店经销

销售热线: 021 - 65200318　021 - 31260822 - 898

山东临沂新华印刷物流集团有限责任公司印刷

(临沂高新技术产业开发区新华路 1 号　邮政编码:276017)

开本: 690 mm × 960 mm　　1/16

印张: 67.5　　　　　字数: 870 千

2025 年 5 月第 1 版　　2025 年 5 月第 1 次印刷

定价: 188.00 元

如发现印装质量问题,影响阅读,请与出版社发行部门联系调换。

目 录

序　言

莫里斯临终之际,他的诊断书上写着"就因为他是威廉·莫里斯,所做的工作要比十个人加在一起还多"。莫里斯——维多利亚时代知名且多产的诗人,也是那个时代最伟大的艺术家和手工艺者。他不仅成功经营着一家室内装饰公司,还在伦敦市中心拥有一家受人瞩目的零售商店。此外,莫里斯还是一位富有激情的社会改革家、早期环保主义者、教育家以及潜在女权主义者。他在五十岁时,又跨过内心的"烈火之河"①,成为一名社会主义革命者。莫里斯的工作涉猎如此广泛,在专业日趋细分的时代,他的全才简直令人难以理解。

在研究莫里斯生平的过去五年,我着重表达了莫里斯之于同时代人所表现出来的那种怪癖,并探讨了他特立独行、英勇无畏的生命历程对社会主义人士和生态主义者持续至今的影响。显而易见,他的远见卓识正是造成深远影响的关键,而他自身则是他所提出的"整体性"的最佳诠释。莫里斯倡导,城市和国家、现在和过去、公众和个人道德应融为一个整体。其中,莫里斯更关注人在工作及娱乐中的正当职责。在二十世纪末的西方社会,这尤为紧要。因为,当科学技术的发展使手工技艺和

---

① "river of fire",典出《圣经·但以理书》,原指上帝的审判、愤怒。(此类脚注为译者注,同下,不另标出)

行会精神变得多余,人就会与生活脱节。

　　莫里斯是个博学而天真的人。即便到了垂暮之年,他的精神状态看上去也犹如孩童一般。如果你觉得书中过于侧重描写莫里斯的童年时代,那也是有意为之。因为童年的记忆显现在他的字里行间,弥漫于他的诗歌内外,贯穿于他整个人生远景。他的乌托邦小说《乌有乡消息》就是这样一本洋溢着希望与童真的书。面对未来,莫里斯总是保持开放心态,他的特别和重要恰恰在于这种与当时时代结构的脱离。他就像沙滩上玩乐的孩子,一遍遍推倒沙堡,想象着在原地再立起一座更精美的。

　　即使在莫里斯的同代人看来,莫里斯也是非常古怪之人。在维多利亚时期的回忆录中,充满着对他的诸多描述,诸如"有古怪离奇的举止"[1],"是暴躁而苛刻的合伙人"[2],"他有个扰人的习惯:常在房间里来回踱步以消耗过剩的精力,如同一头困于牢笼的狮子"[3]。据说,曾经有位消防员在肯辛顿的一条街上拦住他:"冒昧地问一下,您曾是'海燕号'的船长吗?""不是。"[4]莫里斯回答。但是当他穿着那件结实的蓝色水手夹克,在街上阔步而行,其派头简直宛若"海燕号"船长本人。

　　近些年出版的关于莫里斯的书,普遍倾向于以某种专业眼光来看待他。譬如,马克思主义视野下的莫里斯、荣格视野下的莫里斯、弗洛伊德视野下的莫里斯,如今又出现绿党视野下的莫里斯。我认为,这些主张都过于片面,模糊了其人格的整体性。我希望抛开理论窠臼,还原一个真实的莫里斯。如果可能,也希望能够像莫里斯的首位传记作家麦凯尔那样,探寻他不为人知之处。麦凯尔于1899年出版了两卷本传记《威廉·莫里斯的一生》,相当精彩。相比之下,如果我不能再现莫里斯异于常人的活力、绷紧"弛缓神经"的天赋[5]、从北欧人的坚忍到近乎女性的柔情的异常转向,以及他从狂暴到甜蜜的起伏历程,那么这本书将一无是处。

　　莫里斯有一种强烈到病态的故地情结。故地总是令他魂牵梦绕。一旦某个故地面临被摧毁、破坏或重建的命运,他就会感到这故地的哀伤。正因如此,本传记在莫里斯生活、工作和旅行的地方进行了大量调研。读者可能会为我在资料中罗列这些地名感到奇怪，但我认为其重要性绝不亚于文本资料。因为只有当我们以莫里斯的视角来观察某一风景图式、建筑关系、田野位置等，才能真正了解莫里斯其人。如果不去凯尔姆斯科特的周围走走，不去寻找那些启发了莫里斯的隐蔽教堂，不去看一眼那蜿蜒的河流和中世纪的谷仓，就很难理解凯尔姆斯科特对他意味着什么。如果不去追溯他在法国北部和冰岛的旅行，就不可能明白，这些他梦想着要回去的地方，如何影响了他的一生。

莫里斯恋**物**，并对其背景、渊源知之甚详。甚至牛津大学的博德利图书馆，以及当时的南肯辛顿博物馆都认同、推崇他的判断。他深得维多利亚时代鉴赏家的真传，又与大多数鉴赏家不同——他同时还是制造者。莫里斯心怀狂热的信念，致力于复兴失落的手工技艺，探索领域涉及刺绣、彩色玻璃镶嵌、灯具、书法、纺织印染和立经挂毯。即使在他生命的最后几年，也在自己的凯尔姆斯科特出版社中忙于复兴手工印刷。莫里斯的旧物与他的故地一样，在我的资料中至关重要。我试着与莫里斯感同身受，如获物品主人的许可，我还会仔细地观察、抚摸、检视莫里斯所做的东西。与他人一样，我与莫里斯联结，向作为他杰出之作的壁纸、印花棉布，以及数量庞大的凯尔姆斯科特出版社的刊本致敬在遍寻他现存的手工艺品之后（我的笔记本上密密麻麻记满了上百次走访的细节），我认为莫里斯公司的彩色镶嵌玻璃窗是其巅峰之作。它继承发扬了拉斐尔前派的绘画，以生动的画面感、超越架上绘画的艺术性和极强的故事性，将信息传递给维多利亚时代众多目不识丁之人。

莫里斯讲话总是滔滔不绝，他言语的流利来自敏锐的感知力。状态好的日子，他能挥洒出一千行诗歌，而大多数专职作家能写一千字的散文就很欣慰了。他逝世后，他的次女梅为了表达对父亲的敬意，从他的作品中整理出了二十四卷作品集。如今，除作品集之外，很少有人会拜读他的其他著作。我不以为然。我不会强推《沃尔松格家的西格尔德》这部莫里斯本人的得意之作，它像过于冗长的赞美诗。沃尔松格家族的故事过于老套，《西格尔德》感觉就像旅途中的仓促之作，可能也真是如此（莫里斯经常在乘火车出差的途中，或在摇晃的伦敦公共马车座位上写诗）。反而是莫里斯早期的许多诗歌，值得现代读者去细读，比如《桂妮维亚的辩护》就以简练的文字，讲述了关于"暴力"和"失去"的故事。他九十年代的大部分小说，都值得一读。写于1894年的《世界之外的森林》、1895年的《奇迹岛的水》，以及莫里斯去世前（1896年）写的《世界尽头的水井》，都是以奇怪的古体语言创作的虚构故事，可以看作早期的科幻小说。莫里斯的崇拜者詹姆斯·乔伊斯常把这些诗歌当作创作的灵感源泉。莫里斯的故事往往使用梦境叙事，兼具象征主义和超现实主义风格。鉴于这些小说和莫里斯本人一样具有现代启迪意义，我们非常有必要将其重新出版。

在莫里斯去世后的一个世纪里，关于莫里斯的思想倾向问题，人们进行了长期的争论。也许相较于维多利亚时代的其他名流，他更易受到保守党的质疑，他们急于淡化或者夸大他在社会改革中的革命性质。其中最具代表性的是伯恩-琼斯家族，即莫里斯在牛津结识的好友画家爱德华·伯恩-琼斯爵士的遗孀和后裔。1934年，在维多利亚与艾尔伯特博物馆举办的莫里斯诞辰百年纪念展览的开幕式上，伯恩-琼斯夫人的侄子，即两度担任保守党首相的斯坦利·鲍德温发表了演讲，就有意淡化了莫里斯的政治贡献。

经莫里斯家人的同意，撰写莫里斯传记的工作交给了伯恩-琼斯的女婿 J. W. 麦凯尔。他拥有学者和公职人员的双重身份，是《埃涅阿斯纪》的译者，《希腊格言警句选编》的作者。他就职于教育部，于1903年至1919年任教育部助理部长，又于1906年至1911年任牛津大学诗歌教授。他撰写的传记相对细腻而包容，但对政治问题含糊其词。随后的几十年，人们普遍接受了麦凯尔提出的观点，即莫里斯的民主党和后来的社会党身份都不过是玩票，他很快就将之抛开，重新沉醉于文学与艺术活动的辉煌复兴中。此外，麦凯尔还杜撰了一个莫里斯晚年重拾自我的圆满结局。

是西德尼·科克雷尔暗中助长了伯恩-琼斯派的说法，合谋操控了公众记忆。他曾于 1908 年至 1937 年间担任剑桥大学菲茨威廉博物馆的馆长,还在 1934 年被封为爵士。作为一个初出茅庐却雄心勃勃之辈,他在 1894 年获任莫里斯在凯尔姆斯科特出版社的助理职务,这无疑为他今后的仕途攀升奠定了基石。后来,科克雷尔更自封为莫里斯文学遗产的首席执行官。上百篇莫里斯的社会主义演讲稿件只有少数得以发表,而这一切正是因为科克雷尔以油滑讨巧的论调劝阻梅·莫里斯不要在她编的《作品集》中收录这些作品:

> 我对这几卷书的看法是,它们作为你父亲晚年的急就章,不过是昙花一现。而现存的三卷《演讲集》,足认囊括他想要表达的绝大多数关于艺术和社会的见解。[6]

但梅·莫里斯最后还是坚持把部分演讲稿件收入她于 1936 年后期整理的著作集《威廉·莫里斯:艺术家、作家、社会主义者》中,她还加大了这本著作集的印量。萧伯纳甚至为其写了一篇绝妙而带有戏谑意味的序言《我所认识的威廉·莫里斯》。

　　时至今日,尽管已出版了很多展现其灵感、传达其政见的绝妙佳作,但仍未见完整版的莫里斯演讲稿件。莫里斯的听众大多素养不高,其中一些没受过什么教育,这迫使他将文字的清晰与演说的激情都做到了极致。同样可惜的是,他发表的大量社论、文章、宣传剧,以及他为社会主义改革进行的零散报道,也都没完全出版。要阅读这些文章,只能翻阅克拉肯韦尔、曼彻斯特和阿姆斯特丹等图书馆里那些泛黄的《公共福利》和《正义》。这些文章参差不齐,风格时常草率、激烈,予人以快意,展现了一个不为人知、不拘小节、不装腔作势的莫里斯。雷蒙德·威廉斯曾形容他为"平乏的咒骂者",而这些政治檄文恰恰表明,他其实是个技艺高超、富有才智的"咒骂者"。

　　所幸,我们还能接触到莫里斯的信件。从 1965 年开始,纽约大学城市学院的诺曼·凯尔文教授就一直在广泛而细致地收集莫里斯的来往信件。我想,我有幸成为第一个有效利用这些一手资料的莫里斯传记作者。我常常设想,如果没有这些信,又将如何着手这项写作工程?这些信透露了莫里斯隐蔽的内在情感,渗透于他精妙而离奇的文字中。通过这些信件,我们得以倾听莫里斯的内心。这些信件也使得麦凯尔及伯恩-琼斯所谓"莫里斯的社会主义事业只是一时兴起的疯狂"的言论不堪一击。通读这些信件,可以明确的是,莫里斯从一位子承父业的商业精英,成长为英国维多利亚时代晚期社会主义运动的先锋人物,绝非偶然,而是时之必然。

威廉·莫里斯的婚姻也是讳莫如深的话题。1859 年,二十五岁的莫里斯迎娶了牛津一位马夫的女儿简·伯登。关于这段婚姻的细节,麦凯尔的记载语焉不详。因为在十九世纪九十年代,婚姻问题并不能成为官方传记的主题。而且,麦凯尔写莫里斯传记时,詹妮·莫里斯还在世。直到 1914 年她才去世。此外,麦凯尔还纠结于该不该揭示另一个家庭的丑闻——莫里斯究竟是否与麦凯尔的岳母乔治亚娜·伯恩-琼斯有过私情?如果有,又发展到了什么程度?当麦凯尔发现越来越多不宜出版的上一代人的恋情隐私时,他摇摆于探秘的兴奋和道德的沮丧之间。他甚而说:"能写这样一个故事多么让人激动。但最好,这位写故事的人在故事问世的前一天就死去。"[7]

在此等境况下,对于威廉和詹妮的婚姻,麦凯尔以"婚姻不幸"为定论,一带而过,并委婉建议读者,可在莫里斯较为悲情的诗歌中探寻他婚姻、情感的端倪。随着"五十年封禁令"的解封,国家图书馆开放了他们收集的机密文件,直到这时,莫里斯一生所遭遇的不幸,以及他面对不幸时坚韧而坦荡的胸怀,才一点一点逐渐显现。

1964 年,大英博物馆将但丁·加百利·罗塞蒂写给威廉·莫里斯的信件开放查阅。1972 年,封存于剑大学桥菲茨威廉博物馆的威尔弗里德·斯考恩·布伦特的文件也首次开放。这些文件表明,罗塞蒂和布伦特先后成为莫里斯妻子詹妮的情人。按理说,莫里斯传记的最新作者杰克·林赛(Jack Lindsay)应该已经接触过这些材料。但从他于 1975

年出版的莫里斯传记来看,他显然并没有意识到詹妮和布伦特的这层特殊关系。

　　私下里,莫里斯非常沉默寡言,可谓典型的不善言辞的英国人性格。而相当讽刺的是,他的妻子詹妮却有染于当时两个(或更多)出了名地擅长甜言蜜语的风流男子。从詹妮与罗塞蒂及布伦特的通信来看,显然是他们的性感和男人味令詹妮着迷,这恰恰是腼腆而专注的莫里斯给予不了的。跟情人在一起,詹妮如花绽放,活泼,柔情,甚至风趣。但婚姻的失败使莫里斯痛苦不堪。难以想象莫里斯是如何做到对她毫无占有欲的:是思想的升华,还是受环境之苦所迫? 1886 年,莫里斯写了一首关于性关系的诗,很有名。他笃信,若非出于自然的欲望和爱意,性交“比野蛮状态还要低等”。[8] 这一言论实际意味着对维多利亚时代男性婚姻特权的蔑视。他的朋友兼出版商 F. S. 埃利斯提出,九十年代莫里斯的性观点已经发生变化。他过去的观点绝不“等同于他现在所秉持的观点”。[9]

　　莫里斯家族的健康问题也是个禁忌话题,而身体障碍问题也不属于维多利亚时代传记作者的关注范畴。尽管这个问题给莫里斯的日常生活带来很大影响,但麦凯尔觉得,无论是莫里斯的间歇性暴怒和恍惚,还是严重影响大女儿珍妮的癫痫发作(她从十五岁开始发病,后来,癫痫导致她丧失部分身体机能)——这些内容都不宜探讨。麦凯尔始终与科克雷尔的见解一致,认为这一切都顺理成章:

　　　　这个家族的人总在生病,无论是从持久的记录来看,还是从莫里斯个人或他人的实际情况来看,都是如此。在莫里斯较为私密的信件中,有件事难以启齿,便是珍妮日复一日、反复出现的身体问题。[10]

而第一次,也是唯一一次向公众的暗示是:1949 年,萧伯纳在《观察家报》评论中提及莫里斯之所以易于暴怒,实际上源于子痫,是癫痫的一种。萧伯纳继而说,莫里斯对珍妮的病感到绝望,他认为这个疾病是他遗传的,为此而自责不已。

莫里斯夫人为何健康不佳依旧是个谜团。从 1869 年开始,她便离不开沙发了。那年她二十九岁,之后身体从未真正好转过。她在德国温泉小镇巴特埃姆斯的治疗细节表明,她的问题可能源于妇科病。但是,一旦詹妮心情愉悦,她又恢复自如。当她和罗塞蒂或布伦特在一起时,忽然之间,又能够穿越乡间,走上好几英里路。这也说明,她的疾病是心理因素造成的。

家庭疾病对莫里斯的影响复杂而深远。毫无疑问,这深化了他对诗歌的想象和共情能力。可以说,莫里斯的家庭遭遇加深了他对不幸的理解,有助于他投身政治活动。但同时,家人患病也确实制约了他,使他无法无所顾忌地有所作为。他是身为资本家的父亲,因此不可避免承受着来自政治上自相矛盾的指责。但这些来自家庭的不利因素,反而让人们对莫里斯的超凡生产力更加钦佩。

xiv 在莫里斯的三个女儿中,次女梅最有趣,也最为神秘。梅因美貌而闻名。伯恩-琼斯在大型油画《金色阶梯》中描绘了一些充满情欲色彩的理想女人,而梅就出现在其核心位置。梅跟随其父,作为父亲的总管、助手加入社会主义阵营。她参与父亲的工作所涉范围之广,可以在阿姆斯特丹国际社会史研究所里那些迄今为止仍未发表的社会主义联盟论文中获得明证。梅嫁给了一位社会主义同志亨利·哈利迪·斯帕林,他年轻、平庸、贫穷。最后,这场婚姻以失败告终,部分原因在于萧伯纳不恰当地干涉了斯帕林家的内政。不过我认为,婚姻之所以失败,也是因为没有任何"同志"能超越或替代梅的父亲。最终,梅在同性身上找到了情感归属——认识梅的人都认为她是同性恋。两次世界大战之间的那些年,她和前农场女工洛布小姐在凯尔姆斯科特庄园静养。梅凭借自己的努力,成为出色的刺绣师,并为提高英国女性在手工业中的地位贡献良多。她作为威廉·莫里斯的战友和女儿,在本书中举足轻重。

莫里斯有意注重男子气概的培养,所以人们理所当然地以为他对女性群体无动于衷——这个观点是不对的。我并非贬低他男性伙伴的意义。他对密友相聚有很深的情感需求，他倡导的四海之内皆兄弟的观念也正是他对自己生活方式的践行。我也不想否定他最亲密的兄弟情谊，虽然我对莫里斯独爱爱德华·伯恩-琼斯这一观点持保留意见——我认为，这不过是伯恩-琼斯的单方面臆想。莫里斯还有其他密友，如菲利普·韦伯。但我所理解的莫里斯，要比大多数维多利亚人更早意识到女性群体未发挥的潜能。早在 1880 年，他便公开发表了关于女性权益的演说。而且，他在社会主义阵营的十年工作奋斗经历，使他在委员会里，在示威游行中，在社会主义组织平台上，接触到爱琳娜·马克思、安妮·贝桑特、夏洛特·威尔逊这些同样强大而杰出的女性。C. S. 刘易斯首次注意到莫里斯的文章中弥散的情欲气息，值得注意的是，由于莫里斯投身社会主义事业多年，他在晚年所青睐的女性形象更显积极而有活力。她们有着社会主义战友般的形象，小麦肤色，光芒四射。（这与虚弱无力、常年躺在病榻上的詹妮形象截然相反。）莫里斯的往来信件展露出一点，他只能对两位女性敞开心扉：乔治亚娜·伯恩-琼斯和阿格拉娅·科罗尼奥。

　　莫里斯常被认作乡村的大司祭。毋庸置疑，没人能像他那样把英格兰独特的乡村风光描绘得如此生动。莫里斯设计的壁纸和纺织品在城市中产阶级中长久流行，很大一部分原因在于其题材来自对乡村生活的丰富想象，使人仿佛置身于那失落的自然景象之中——兔子在奔跑闲荡，画眉在悦耳吟唱。但是，仅把莫里斯当作纯粹的乡村主义者，那就错了，也太过简单了。六十年代初期，在红屋住了几年之后，莫里斯就已经很少待在乡村。凯尔姆斯科特庄园是他偶尔去度长周末和节假日的地方。实际上，他并非这座庄园的拥有者。莫里斯成年后的大部分时光都消磨在一个城市中，这个城市并非别处，正是伦敦。"大肿包"（the Great Wen），这个关于伦敦的隐喻，暗含着维多利亚时代城市膨胀之意，莫里斯受激于此——伦敦为他的事务开展奠定了基础，同时也使其陷入可怕的绝望。七十年代晚期，莫里斯实际上参与了公地保护协会（CPS）的成立。但同时,他也是古建筑保护协会和克尔协会的发起者。这使得他的工作涉猎范围更加广泛,他反对漠视环境的行为,反对把环境搞得乌烟瘴气,并视环境保护为不拔之志。在谢菲尔德——我写作的地方,周围正是二十世纪九十年代的工业废弃区,莫里斯最担忧的城市周边环境问题已骇然上演。

多年来,那些诋毁莫里斯的人都从 1896 年《泰晤士报》发表的讣告中得到启示。那篇讣告以荒谬、居高临下的姿态,把莫里斯的政治观点归结为一种泛滥遍的思维混乱、一种不切实际的盲目乐观:

> 如果他们把莫里斯引向社会主义,就如同他们对莫里斯之前的那些慷慨激昂的人士一样,世人便会比较宽容地评判他,而不会从他的言论中感受到太多危险。[11]

不出意外,我希望本书能够涤荡针对莫里斯的不实言论。莫里斯的非凡之处恰恰在于他能够超越立场而拨云见日。他深谙资产阶级的动机,因为他也是其中一员;他了解商业运作,因为他曾浸染其中。作为一个手工业者,他清楚材料和技术之间的重要关系。作为作家,他反对在语言上吹毛求疵。莫里斯从不自欺欺人,他坚定、直率,对自己的失败毫不留情。他敏锐而警醒,深知:自己最为珍视的事业,终会化为乌有。

xvi 维多利亚时代反抗者英勇图景里的零光片羽是:莫里斯因"扰乱治安"在莱姆豪斯被拘捕;1887 年在北诺森伯兰郡,莫里斯登上电车,面对如潮般的矿工发表演讲。在"血色星期日",他在社会主义者的四轮马车上向克拉肯韦尔的工人发表讲话,之后,这支注定失败的示威队伍挺进了特拉法加广场。莫里斯担当阿尔弗雷德·林内尔送葬队伍的抬棺者,声嘶力竭地高呼:"让我们团结为兄弟!"——他的声音饱含"极度的热切"。作为维多利亚时代的反抗者,他与卡莱尔、罗斯金、金斯利、安吉拉·伯德特·库茨、奥克塔维亚·希尔、伊丽莎白·弗莱等人同属一个世纪。莫里斯的异秉之处在于,他的思想光辉和人格魅力已经跨越时代,渗入我们当下的愿景和对未来的希冀之中。他像西格蒙德·弗洛伊德一样,被世人铭记。如 E. P. 汤普森所说,"他是永远不会被历史淡忘的人"。[12]

莫里斯逝世时,他所创建的原生社会主义依旧前途渺茫。跟他相关的主要社会组织有两个:社会主义联盟和社会主义同盟。最终,前者陷入无政府的混乱状态,后者也因意见不合而士气殆尽,接近分崩离析。而后,社会主义改革的主动权开始由费边社和独立工党掌控,莫里斯对两者都不甚认同,他鄙视他们所谓"煤气和水"的社会主义,反感他们强调物质水平提高而牺牲了政治愿景,另外他对议会制度也深恶痛绝。

1892 年,凯尔·哈迪当选第一届议会独立工党议员,之后十年政界风平浪静。这时,莫里斯早已被忽视,不再是重要的政治力量。然而,他的思想却以惊人的速度重新浮出水面,他所拥护的社会主义成为理想主义青年的战斗武器,也成为爱德华时代治疗自我膨胀情绪的解毒剂。二十世纪社会主义理论的领航人 G. D. H. 科尔曾在 1959 年的作品中回顾了自己的转变:

> 五十多年前,我就是个社会主义者了。当我还是个学生时,读到《乌有乡消息》,我突然感觉,威廉·莫里斯向我们展示了充满幸福和希望的社会景象![13]

伟大的社会历史学家兼教师 R. H. 托尼,早期也受莫里斯影响。早在二十世纪初,他就建议妹妹去读威廉·莫里斯的书。然而,托尼激进的社会主义乌托邦式愿景,即社会主义意识形态并非由知识分子传承而是从工人阶级内部崛起,恰恰植根于莫里斯富于想象的反传统观点。

伦敦经济学院政治理论家、教师哈罗德·拉斯基,曾在十九世纪三十年代早期就写信给梅·莫里斯:"你可以确信的是,至少在我这一代社会主义者中,你父亲是永远的启示者。"[14]

与拉斯基同时代的政治心理学家格雷厄姆·沃拉斯,曾写信告诉梅,他在一次会议上宣称:"我认为,那些要求重建政府的人(就像费边社过去三十年所做的那样)就得像你父亲那样,应该试着把生活看作一个整体,而不是仅以简单的经济眼光来看问题。"[15]他告诉她,他正试图把这些想法写进一本书,这本书就是他去世后于1934年出版的《社会评判》。

在我看来,二十世纪三十年代芭芭拉·卡斯尔——二十世纪下半叶资历最深的工党政治家之一——发出了最感人的宣言,在那个阴暗的大萧条时期,她从牛津大学回到西约克郡,同恋人漫步在孤独的荒野上,俯视下方烟雾弥漫的工业谷,读着莫里斯的革命诗篇《三月风的消息》[16]:

> 瞧,那古老的客栈,灯光和火焰,
> 还有小提琴手的老调和脚步踢踏;
> 不久,我们将充满平静、安逸和希望,
> 明天的行动将是甜蜜的向往。

> But lo, the old inn, and the lights, and the fire,
> And the fiddler's old tune and the shuffling of feet;
> Soon for us shall be quiet and rest and desire,
> And tomorrow's uprising to deeds shall be sweet.

她说,这首诗让她知道:社会主义不仅是抗争,也是感受的满足。这给了她希望。

1945年,英国工党政府开始战后重建和改革,此时莫里斯的思想依旧鲜活。时任首相的克莱门特·艾德礼,也曾是通过阅读莫里斯著作生成社会主义理念的年轻人。艾德礼代表的选区是当年莫里斯与警察发生冲突的莱姆豪斯。对于莫里斯的演讲和政治观点,艾德礼了如指掌:《我们如何生活以及可能如何生活》《工厂应该是什么样子》《有用的工作与无用的苦干》。有趣而又略带讽刺的是,莫里斯的观念渐渐影响并启发了他定然会对其持怀疑态度的机构:二十世纪五十年代早期的福利体系。艾德礼深深沉醉于《乌有乡消息》。他大量引用莫里斯那本充满兄弟情谊描写的《梦见约翰·鲍尔》:"千真万确,兄弟们,团结是天堂,不团结就是地狱。"[17] 1953 年(工党下台后),他写信给西德尼·科克雷尔,信中充满了对莫里斯的追忆:"前几天,我告诉一群外国的社会主义者,莫里斯对我们的意义远超卡尔·马克思。"[18]

第二年,艾德礼首次接受重大电视节目访谈,因其尽人皆知的不善言谈和过度紧张,表现得很窘迫。肯尼斯·哈里斯在 1982 年出版的传记《艾德礼传》中叙述了此事。采访者当时就某些信条问题进行了犀利追问:工党到底给二十世纪中叶的英国选民带来了什么?艾德礼满怀信心地提起威廉·莫里斯:

艾德礼: 好,您知道,没什么比我们小镇最伟大的公民威廉·莫里斯的座右铭——"友情就是生命"更有说服力了。我们坚信,那充满友爱的社会必将到来。但只要财富分配不平等,我们就不可能实现那样的社会。而那正是世界的希望,是世界友爱的原点。

采访者: 艾德礼先生,您觉得我们今晚在沃尔瑟姆斯托镇,或者说威廉·莫里斯之镇见面合适吗?

艾德礼: 我认为,这个选择绝对正确。[19]

人们如果想找威廉·莫里斯的漏洞,那实在太容易了。因为对所有的理论空想家来说,任何论断都有很多引起争议的瑕疵。比如,威廉·莫里斯的理论无法被验证;他自己的工厂也不是"工厂该有的样子";他似乎故意忽视新科技和人口增长问题……但是,诋毁莫里斯的人利用与莫里斯在个别问题上的争论来转移人们的注意力,使人们忽略了莫里斯传达的信息的活力与热情,很多人从莫里斯的热烈情感中嗅到了恐怖的味道,即抛弃资本主义,代之以更公平、更人道的社会结构。整个二十世纪,英国左翼带着奇怪的惯性不断重历这一巨大而深刻的挑战。威廉·莫里斯给我们带来内心良知的指引,他诚挚地将英国社会主义集体主义追溯和联结到十九世纪初浪漫主义的自由主义。莫里斯独创性地将传统意义上的批判政治经济的社会主义与浪漫主义的反工业化思想结合在一起。

> 如果越来越多的人追求过度需要,而不是真正的社会需要,就会出现这样的问题:人们该生产什么以及怎样生产?在生产中,人与人之间的关系是什么?[20]

这是雷蒙德·威廉斯在面临二十世纪八十年代经济危机时,对莫里斯的观点所做的评论。十年后,他的希望和担忧在英格兰北部工业区似乎得到了应验。

威廉·莫里斯这样的人物,一个世纪只会出现一两次,他源于那个时代又超越那个时代。莫里斯是个时间旅行者,他在写作中,在那些离奇而带有催眠性质的未来主义小说中展现了这一点;在他的政治活动及论战中也展现了这一点。威廉·莫里斯身上有种魔力:我们知道他对那些他未能活着见到的事件会作何反应。莫里斯自称共产主义者,但在苏维埃共和国和东欧发展起来的共产主义绝非他所设想的样子。不同于萧伯纳和韦伯夫妇的是,他会很快洞彻列宁和斯大林的政治经济观点。我们还可以确信的是,他一定会把二十世纪后二十年的英国撒切尔时代,看作人类最具破坏力、最贪婪的资本主义时代。

电子产品成瘾? 毒品文化? 城市中心规划? 银行业底线? 政治正确? 后现代主义建筑? 主题公园? 利基零售? 廉价短假? 分时度假屋? 立交桥? 购物广场? 休闲中心? 电子村落? 健康农场? 饱和广告? 免费杂志? 垃圾邮件? 快餐食品? 课程模块? 古迹步道? 手工艺工作坊? 商业公园? 中心花园? 新闻报道? 民意测验? 访谈节目? 名师设计服装? 行政电话? 纸媒文化? 色情视频? 企业赞助? 市场导向的社会? ……

"该死的猪! 该死的蠢货!"——你能听到莫里斯强劲的、急迫的、郑重的警告,他正从他那先知的大胡子上一根根地拔毛!

注释

[1] 引自麦凯尔,《威廉·莫里斯的一生》(两卷本),朗文-格林出版社,1899 年。

[2] 同上。

[3] 亨利·霍利迪,《我的生活回忆》,海涅曼出版社,1914 年。

[4] 麦凯尔笔记本(威廉·莫里斯陈列馆)。

[5] 爱德华·伯恩-琼斯致威廉·德·摩根的信,1879 年(?),菲茨威廉。

[6] 西德尼·科克雷尔致梅·莫里斯的信,1913 年 8 月 25 日,大英图书馆。

[7] J. W. 麦凯尔致西德尼·科克雷尔的信,1897 年 12 月 7 日,大英图书馆。

[8] 威廉·莫里斯致查尔斯·福克纳的信,1886 年 10 月 16 日。

[9] F. S. 埃利斯致威廉·贝尔·司各特的信,1887 年 5 月 17 日。

[10] J. W. 麦凯尔致西德尼·科克雷尔的信,1897 年 6 月 16 日。

[11]《威廉·莫里斯先生之死》,1896 年 10 月 5 日,《泰晤士报》的讣告。

[12] E. P. 汤普森,《威廉·莫里斯:从浪漫到革命》,劳伦斯和维萨特,1955 年。

[13] G. D. H. 科尔,《作为社会主义者的威廉·莫里斯》,威廉·莫里斯协会演讲,1957 年 1 月 16 日。

[14] 哈罗德·拉斯基致梅·莫里斯的信,1932 年 7 月 27 日,大英图书馆。

[15] 格雷厄姆·沃拉斯致梅·莫里斯的信,1930 年 11 月 4 日,大英图书馆。

[16] 威廉·莫里斯,《希望的朝圣者》(1886),引自芭芭拉·卡斯尔,《改变我的一本书》,《星期日独立报评论》文章,1990 年 3 月 18 日。

[17]《梦见约翰·鲍尔》,1888 年。

[18] 克莱门特·艾德礼致西德尼·科克雷尔的信,1953 年 11 月 23 日,大英图书馆。

[19] 1954 年克莱门特·艾德礼在 BBC 的电视采访,引用肯尼斯·哈里斯,《艾德礼》(Attlee),韦登菲尔德和尼科尔森,1982 年。

[20] 雷蒙德·威廉斯在伦敦当代艺术学院的一次讨论中引用《手工艺》杂志 1984 年 7 月 / 8 月号。

第一章　沃尔瑟姆斯托（1834-1848）

当威廉·莫里斯上了年纪，他说，"时至今日，只要我一闻到五月树的味道，在大白天也有了困意"。[1]气味，总能勾起他对往事的回忆，让他重返童年。比如，有一种又酸又甜的香脂气味，可以把他的记忆瞬间拉回到伍德福德家庭菜园的幼儿时光。那里，"就在香草地那边，有长在墙上的大大蓝色莓果"。[2]对莫里斯来说，气味的特质近乎情爱。莫里斯描写在酷夏走向河边的克拉拉，她的双足"在柳茎间穿行，巨大的马薄荷草散发着浓郁的味道"。[3]沼泽地上，干草和三叶草飘香，蜜蜂嗡嗡鸣响，羊铃叮当。你瞧克拉拉，迷人、肤色黝黑、落落大方的小说女主人公。这本小说曾被莫里斯弃若敝屣，于他逝世后出版，书名为《蓝皮小说》。

威廉·莫里斯出生于 1834 年 3 月 24 日。他形容那时的生活是"普通中产阶级的舒适生活"[4]，但这并不意味着他的家庭成员都很注重审美感受。谈到他对美的热爱是源自天生还是后天熏陶，莫里斯说，这一定是与生俱来的，因为他的父母和其他亲属都毫无审美意识。莫里斯出生时，他的父亲老威廉三十六岁，当时是位金融家，还是一家票据经纪公司的高级合伙人。该公司在伦敦商业中心朗伯德街设有一间办公室，入伙这个公司让他发了一笔小财。他的母亲艾玛，本姓谢尔顿，早年是莫里斯一家的邻居。当时他们两家人都住在伍斯特，而此前两个家族之间已有姻亲关系。两家人因品位相近、期望相似而互有交集。莫里斯父母

2　包办婚姻的性质可能对莫里斯产生了影响,造成莫里斯后来的婚姻相对草率。莫里斯家与伍斯特市一直有联系。莫里斯提到,他曾被带回伍斯特去探亲,那时他还在"吮着奶瓶",为他的"宝贝"而哭哭啼啼。[5]他记得那里的亚瑟王礼拜堂和大教堂里的中世纪古墓——那是五十年代唯一一次看望姨母们时的记忆。

　　威廉是他父母的第三个健康成长的孩子,也是第一个出生在沃尔瑟姆斯托榆屋的孩子。威廉的父母结婚后,便在朗伯德街办公室的楼上安了家。在那个年代,有公司成员居住在公司所在大楼里的惯例。除此之外,他们在西德纳姆也有一间小屋,用来过节假日和周末。他们的第一个孩子查尔斯·斯坦利于 1827 年 8 月出生在朗伯德街,却只存活了四天。随后,两姐妹艾玛和亨丽埃塔分别于 1829 年和 1833 年出生。她们作为威廉·莫里斯童年时代的亲密伙伴,似乎催生了莫里斯未来对三人组近乎神秘的信仰:他总是倾向于凡事必要"三人行"。在威廉出生后,斯坦利生于 1837 年;伦德尔生于 1839 年;阿瑟生于 1840 年;伊莎贝拉生于 1842 年;埃德加生于 1844 年;艾丽斯生于 1846 年,直至 1942 年才在坦布里奇维尔斯离世。威廉的兄弟们都从事传统职业,伦德尔和阿瑟成为军官,斯坦利成为饲养泽西和根西奶牛的农场主,富裕且颇有绅士风度。在莫里斯一家的所有孩子中,只有伊莎贝拉有她哥哥的那种叛逆和热情,她后来成为八十年代英国圣公会女执事运动的领军人物。

　　莫里斯一家人的外形渐趋健壮,尽管从莫里斯父母早期的订婚照来看,两人显得都有些纤瘦沉静,他的母亲额上留着小鬈发。他们的孩子们后天则变得结实很多——似乎是要以健硕的体态,来匹配他们逐渐上升的社会地位。在照片上,他们站在那里,体态丰满,显得威风凛凛。与莫里斯兄弟相比,莫里斯的姐妹们有着明显的方形下巴。但威廉并没有这样的方形脸:在威廉早期的画像中,他的脸看起来几乎是心形的。不过,人们常常品评他的女儿珍妮和梅的面部轮廓较为硬朗。

　　莫里斯相信命运,随着年龄的增长,他越发沉浸于英雄传奇故事中,并开始崇奉一种北欧式的宿命,他称之为"天命"(weird)。"天命不可

违"的信念吸引着莫里斯。"我命由天,尽管前行!"在莫里斯的最后一
部北欧小说《奔腾的洪流》中,奥斯本这样呐喊着开启了英雄之旅。"定
命",同样也是《人间天堂》的主题——丹麦人奥吉丹还在摇篮里时,六
仙女便为他定下今后的命运。而莫里斯自己的命运则是——出生在一
个受维多利亚早期资产阶级价值观熏染的家庭:能干,贪婪,不加批判,
无好奇心。莫里斯本人很勤奋,精力出奇地旺盛。在某些方面,他仍然
具有资产阶级的特点。但不可否认的是,在狭隘商业环境中长大的经
历,也促进了他日后的行动。用他自己的话说,他以爱人般的激情拥抱
社会主义事业。他批判中产阶级——意识到自己属于他们,所以本能地
了解他们的所作所为。

　　六十年代,在伦敦的一次晚宴上,威廉·莫里斯掀翻桌子,怒目圆
睁,拳头紧握,吼道:"我是粗人,是粗人的儿子。"[6]事实上,莫里斯的家
族确实有一点粗犷气质。他的父系祖先都是威尔士人。祖父显然是莫
里斯家族中第一个在姓氏中去掉威尔士语"某某之子"("Ap")的人。
十八世纪晚期,他祖父从塞文河上游一个偏远山谷来到伍斯特,创办了
自己的企业,摇身一变成了城市公民——据说,他被世人誉为正直和
"非常虔诚"的人。他的妻子伊丽莎白,是诺丁汉一位退役海军外科医
生的女儿。她身材高挑,举止端庄,在年事已高时成为埃塞克斯郡伍德
福德府邸莫里斯大家庭的一员。伊丽莎白曾说带威廉回她老家,前提是
他"表现得非常好"。[7]

　　威廉·莫里斯和弗兰克·劳埃德·赖特一样,对自己粗犷的威尔士
血统和威尔士"美好的古代文学"兴趣浓厚,尽管他只学了威尔士语的
几个单词,但认为威尔士语"艰涩但美妙"。[8]他把自己对特里斯坦传奇
的自然共鸣归因于威尔士,写道:"在整个文学生涯,我被浪漫之轮深深
触动,我本应如此,因为我自己就是威尔士人。"[9]他把自己的黑头发和
忧郁气质归因于威尔士种族。七十年代中期,机遇来了,莫里斯急切地
去探望了他失落的"祖国"——他喜欢它的沉寂和神秘。他最远到达陶

因,那是"一个奇特而古老的威尔士小镇,坐落在威尔士地区山脚下的海边平原上"。[10]

威廉出生在十九世纪早期的一座房子里。房子带有大花园,位于埃塞克斯乡村。那时,两地通勤的现象已经萌芽,老威廉每天乘着公共马车去办公室。虽然,榆屋本不是一座大房子,但莫里斯家扩建了它,使之更具有绅士住宅的特色。房子显要地坐落在克里山上。因为地势高,可以看到东北方向的景观带穿过利亚河谷,一直延伸到约两英里外的埃平森林。威廉·莫里斯的第一个传记作家 J. W. 麦凯尔,赶在榆屋 1898 年拆毁前拜访了它,形容它是"朴素而宽敞的建筑"。[11]那里的花园朝南,面对一片大草坪,周围有灌木丛和菜园,一棵大桑树斜倚在草地上。与麦凯尔一同来追忆威廉·莫里斯故里的人,是科梅尔·普赖斯,他是莫里斯在牛津大学的老朋友,他评论榆屋:"窗户间距很大,以至于房间里看起来很暗。"之后他补充道:"只要把周边所有将近四十年历史的房屋彻底清扫一遍,可以想象这是个非常宜人的地方。"[12]

莫里斯本人对建筑的政治色彩意识敏锐,以至于后来,他把榆屋斥为枯燥无味的中产阶级住宅:他宁愿出生在刷成白色的小屋或中世纪府第里。但多年后,他在《蓝皮小说》一书中又将榆屋作为里斯利牧师住宅的蓝本。由此可见,榆屋的细节是多么深刻而又隐约地存在于他的意识中——那有着白色镶板的大厅,里面放着填充式老虎模型和猎场战利品;那宽阔的雕花楼梯;那扇从客厅通往老式花园的玻璃门,那里有着桑树、修剪整齐的花坛和一排枝繁叶茂的榆树。小说里,里斯利牧师住宅是个孤冷、压抑的地方,也不失端庄的愉悦感。莫里斯一贯的做法是,把自己的出生地作为故事背景,来讲述美之伦理的转变力和震撼力。里斯利是莫里斯笔下的反派人物,性情粗鲁,又十分不幸地好逸恶劳。但当他在傍晚时分漫步于美丽的花园里,夕阳西下,他猛然惊醒:"过去多年的记忆,皆是希望与恐惧、快乐与痛苦的交织。"

莫里斯是个被宠溺的孩子,吃着小牛蹄胶,喝着牛肉汤长大。这可能与他母亲失去第一个孩子后反应过度有关。但威廉后来所拥有的坚

1. 榆屋,沃尔瑟姆斯托,威廉·莫里斯出生地。E. H. 纽为麦凯尔的《威廉·莫里斯的一生》所绘,1898 年

韧力量和充沛精力可能会让人产生误解——他从来就不像他看上去那么健壮。事实上,这个家庭确实有一些疾病史:他的父亲,总是很焦虑,还患有痛风。他的母亲有癫痫发作的倾向,且这一倾向在莫里斯家族中愈演愈烈。莫里斯被视为体质较弱、足不出户、安静异常的人。他在八十年代告诉安德烈亚斯·朔伊:"从我记事起,我就酷爱读书。"[13]对于读书,他无师自通,嗜书如命。这也许是莫里斯极具悟性的明证——他不费力就能吸收知识。后来,这种本领不仅让朋友感到迷惑,也让对手感到忧心。威廉·莫里斯四岁时沉湎于韦弗利小说,他声称,他七岁时就读过沃尔特·司各特爵士的**全部著作**。他在司各特身上发现了什么?荒贫的山区和沙漠中的微小身影、鲜艳的色彩、强烈的情感、神秘的仪

6

式、激烈的人群、对亡命之徒的狂热崇拜、残暴不仁、"鞭笞声和悔过者的呻吟"[14]、理想化的女人、未完满的热恋……莫里斯牢牢把握男子气概的主题和骑士的自我牺牲精神,他发出某种战斗召唤:"不遗余力地做事,才能死而无憾!"[15]威廉·莫里斯行事坚定,一旦发现喜欢的东西,就会坚持下去。一方面,这是他的优势;另一方面,也成了他的缺点。他不断阅读沃尔特·司各特的作品。他常说,司各特对他的意义超过莎士比亚。他的书信中经常出现司各特典故,提供了一个一以贯之的参照点。在莫里斯看来,唯一能与司各特媲美的英雄是狄更斯。对于莫里斯来说,书有着某种魔力,书比现实更真实。

在榆屋,莫里斯学会识字,学会了理解"物",理解表象和质地的情感意义。小时候,他在床上放了两块绒布,一块用来吸水,另一块用来清洗。他特别喜欢一只吱吱叫的玩具羊羔,还有一个荷兰小镇的模型。他可以将其铺展在地毯上,就像在玩"地面游戏"(H. G. 威尔斯设计的一款教育积木)一样。莫里斯是个观察细微的孩子,他后来描述出他怎样注意到一些穿蓝外套的男生用木制餐盘吃饭,这传统的平板餐盘既没有围边,也没有汤槽。他"饶有兴味地注意到,他们用土豆泥围成一个堤,用来盛一点点汤"。[16]莫里斯从很小的时候起,就认为"物"的奇特和美妙不仅是一种乐趣,它们还是必需品,是一种定位的方法。"物"在莫里斯那里意味着世界里的存在关系。后来,他被人质疑爱物胜于人,这不无道理。八十年代中期,他说他从经验中得知,"如果一个人能够小心接**物**,而不是小心待人,或者是能待物以诚,待人以真,那他的生活会多么舒适"。[17]1888 年,他的未来设想中蕴含了"无政府化"的主张,即彻底废除议会制度,因为他愈加认为议会制度只不过是阶级对立的延续,是用"'**物**'的管理"取代"人"的政府。[18]

威廉六岁那年,他们一家从榆屋向东搬到伍德福德府邸。乔治王时代的伍德福德府邸气势恢宏,属于近于帕拉第奥式建筑风格。府邸紧邻埃平森林,这片森林和莫里斯家占地五十英亩的公园之间只有一道栅栏。这种高调的资产阶级田园生活是威廉·莫里斯的父亲商业急速发展和成功的体现。威廉·莫里斯的父亲一直在伦敦金融城的票据（或贴现）经纪公司工作。二十年前他刚到伦敦时，就利用自己与约瑟夫·哈里斯和罗伯特·哈里斯的家族关系加入了这家公司。这两个公司合伙人以"哈里斯、桑德森和哈里斯"之名著称。在那以后，公司从伦巴第街搬到威廉王街。1825年的银行业危机导致许多经纪公司倒闭，但这场危机事实上增强了"哈里斯、桑德森和哈里斯"的实力，他们由此开辟了新的业务领域。1826年，老威廉·莫里斯在二十八岁时，成为其合伙人。哈里斯兄弟那时已经退休，该公司继续以桑德森公司的名义营业。到了四十年代初，莫里斯家族在伍德福德安家落户时，该公司已经是这座城市仅有的四家真正意义上的贴现商号之一。莫里斯的父亲每年能为伍德福德府邸支付六百英镑的租金，这一事实可以体现出公司获利丰润。他曾青睐过一所建筑风格毫无精美可言的房子，而伍德福德府邸则不同。除了壮丽而宁静之外，它占地宽广，视野开阔，设施良好，这无疑打动了格莱斯顿夫人（首相夫人），她最终接手这座府邸，将其作为东伦敦穷人区的休养所。

伍德福德庄园宛若一个壶中天地，莫里斯以一个自然观察者的精准视角，描述了那里封建贵族生活的魅力。但他对自己"含着金汤匙出生的荣华富贵"感到问心有愧。[19]很大程度上，庄园能做到自给自足。庄园里有花园、果园、牛马、家禽和猪，黄油、奶油、啤酒和面包也都是自家产的。其他食品只能从那些为客户量身定做的专有商业渠道购买。莫里斯的母亲有时会将笨重的马车停在城里，在那些又小又黑的秘传小店里慎重地购物。莫里斯一家认为，自制的葡萄酒、葡萄果冻、奶油葡萄果汁、甜腌火腿、林间路旁生长的榛果，以及从花园里的红砖墙上摘下来的桃子制成的精致甜点，都是少有的奢侈品。莫里斯喜欢形容桃子"吹弹得破"（pinch-ripe）。在伍德福德庄园，孩子们在早午餐之间以及午晚餐之间享用中世纪式的过渡餐点；孩子们得到蛋糕、奶酪以及一小杯自酿啤酒。莫里斯说，这蛋糕"比此后吃过的任何蛋糕都要美味"。[20]

伍德福德庄园比公园还要大。一百多英亩的农田向下面的小河延展,这条河叫罗丁河。威廉和他的兄弟们过去常在这里钓鱼,莫里斯一直喜欢钓鱼,并逐渐成长为"一个贪心的渔夫,并以狡猾自居"。[21]他把世界分为渔夫派和非渔夫派,意在暗示非渔夫的世界不可不防——钓鱼是他唯一真正喜欢的运动。长大后,威廉和兄弟们又热衷于外出打猎。威廉很渴望用弓箭来射鸽子,但他显然力不从心。这些男孩会用枪猎杀红翼鸫、田鸫和兔子,然后将这些战利品烤熟当作晚餐。

尽管维多利亚时代的庄园生活在许多方面表现得等级森严、枯燥乏味,但这样的生活也有无限的潜在乐趣。尤其对孩子们来说,他们可以找到活动的空间,可以互换既定的角色,可以无视主仆之间的界限。有时,还会与仆人建立起比自己的父母更亲密、更舒适的关系。显然在某种程度上,伍德福德的日常情境深刻影响了莫里斯的社群观念,特别切实地促成了他对厨房的看法。莫里斯觉得厨房是最不做作、实用、**多产**的场所,待在里面很自在。尽管他的收入主要用于装饰客厅,但厨房在他眼里显然是家中最美好的地方。

这个小男孩还拥有了属于自己的花园,是后来众多花园中的第一个。一位欣赏过他绝大多数花园的旧友写道:"他所有的花园都很美。"[22]童年的莫里斯,对单一的花卉形式充满兴致,不出所料,他后来成为最擅长花卉造型的设计师。在伍德福德庄园,他研究了约翰·杰拉德的《草木志》(1597),这是一本百科全书式的家族抄本,对植物形态刻画入微。尽管莫里斯还是个孩童,但他已经发展出对花卉色泽、纹理、气味、结构和生长周期的敏锐感知。更大一些时,他已经能够在浪漫主义和达尔文主义之间保持平衡:既可清晰具体,又有强烈好奇心。看莫里斯凝神于花朵的样子,你会意识到那种感官愉悦,那种记忆和意义的积聚与爆发,已然影响了维多利亚时代的植物探究精神。九十年代莫里斯特别描述了一种格外美丽的粉红色和蓝色的肝花,称这是他"很小的时候"非常喜欢的花。[23]

莫里斯深深着迷于造园艺术的各种可能性。他的朋友们认为,园艺是他单凭直觉就可精通的另一门深奥学科。他并非一个伟大的实操者，也不挥动铁锹，但是建设和养护花园满足了他的组织力及其内心的驱动力。他所缔造的花园是正统与野性奇特有趣的混合体，不可思议地展现出莫里斯保守与激进气质之间的张力。在他众多的诗歌和散文作品中，花园都被置于情感的中心，这里是发现的开始，也是远行的终结。在雕刻古朴的长椅上，在水流急涌的喷泉边，在中世纪的花架旁，恋人们相遇而缠绵。花园里永远芬芳馥郁，繁花似锦。这几乎成为范式。即便是周边建筑、避暑别墅、简易小屋和工具棚，也被引入这充满情感的景观中，染上深刻而极致的怀旧色彩。《蓝皮小说》中的约翰，一个紧张不安的年轻英雄，在他诚惶诚恐地见父亲之前，躲进了工具棚里，"今后，他再也闻不到工具间里树皮垫、带着泥土的树根以及香草的混合气味；炎热夏季的某个夜晚，连同他所说过的每句话，所做的每个动作，都将清晰地浮现在记忆中"。[24] 工具棚外面，是甜蜜富饶的菜园。甜瓜地里，滚圆的瓜在粪肥里发疯似的膨胀，散发出令人沉醉的瓜香。约翰迫不及待地在灌木丛中摘下第一批白醋栗。这些都是莫里斯童年时熟知的景象，显露出他念念不忘的记忆中的花园景观。

根据莫里斯后来的描述，他的童年在很多方面都过得如田园诗一般。他是"阳光假日里的快乐孩童"，拥有"他能想到的一切"。[25] 以传统的眼光来看，莫里斯的家庭衣食无忧、安定富足，有各种各样的社交活动，筹备完美的圣诞节，以及更为奢华的第十二夜庆典。当圣乔治化装舞会开始，孩子们还会得到半杯朗姆潘趣酒。身为长子的威廉显然受到宠溺，他可以任意把玩姐妹们珍贵的迷你茶具和餐具套装，包括乔治王时代早期的银茶壶和茶匙：这让他接触到传统的女性家居用品世界。父亲曾带着小威廉去探险，一次是去奇斯威克园艺公园，另一次是怀特岛，那里的"黑色团伙"主题公园令他着迷。有人告诉他，那里曾是海盗占据的地方。他在那里得到了一套迷你盔甲，穿上盔甲，他骑着谢德兰小马在公园里横冲直撞。萧伯纳，莫里斯晚年的门生，把莫里斯的暴躁脾气归咎于他早年受到的娇惯，说家人待他如同小王子一样。

　　但在威廉很小的时候,他很容易恐惧不安。小说《乌有乡消息》的结尾处,作为"宾客"的那位叙述者总会遭遇一团乌云,沿乡村小路滚滚而来,像孩童时代的噩梦一样,无情地笼罩住他。童年时伍德福德的景象总让莫里斯魂萦梦绕。依旧是在四十年代,他站在村中草地的路边:

> 在他们旁边,矗立着"笼子"——大约十二英尺见方的小棚屋。棕色砖石垒砌,屋顶铺着蓝色石板。我猜想这个小屋最近才被使用,因为它的**样式**并不早于胖子乔治时代。我记得,我以前常常畏惧它所代表的规则和秩序的压迫感,所以宁愿走在路的另一边。[26]

　　这段描述,出现在八十年代莫里斯写给女儿的信中,显示出他对建筑结构、规模和材料的记忆是多么精准。莫里斯甚至对监狱产生了审美意识,他很多早期的诗歌都与身体上的禁锢有关。甚至在很小的时候,他就意识到一些类型的桎梏,比如对心灵的禁锢。

　　威廉·莫里斯和他母亲的关系相当扭曲。在伍斯特的资产阶级圈子中,无论是社会地位,还是文化素质,艾玛·莫里斯的家族都高于她丈夫的家族。谢尔顿家族的起源可以追溯到亨利七世时期伯明翰商人默瑟·亨利·谢尔顿,他们是富商、小地主,特别嗜好音乐:艾玛的两个叔叔是伍斯特大教堂和威斯敏斯特大教堂的唱诗班成员;第三位叔叔约瑟夫更注重视觉感受,后来成为伍斯特的美术老师。这些家族背景,使艾玛·莫里斯能够充分理解生活创造的内在冲动。她身材娇小,皮肤白皙,长相甜美。她的孙女们对她卧室里的照片充满敬慕。照片中,年轻的她嫣然一笑,金发上戴着头饰,纤柔的手臂上随意搭着一条蓝色披肩,手腕佩戴着金手镯,双手掩在长袖之下。[27]据梅·莫里斯描述,这条裙子是"美丽的蓝色"。蓝色,也是威廉·莫里斯最喜欢的颜色。他母亲的这张照片看起来正像莫里斯最为青睐的年轻女性形象,端庄大方,衣裙领口略低。然而,尽管莫里斯深爱着母亲,但在其漫长的一生中,她总是微妙地使莫里斯坠入失望和沮丧的情绪。

在莫里斯的整个童年时代,他的母亲经常怀孕。而莫里斯对孕妇往往缺乏同情心。在关于社会主义的论战中,他认为正是出于生育的事实,他无法认同女人在劳动力的经济效能上与男人平等。他对怀孕的成见,也许有恐惧的成分:"腰带下,你无法看见的正在长大的婴儿。"[28]怀孕的女人形象经常出现在莫里斯变形题材的画作中:少女变成天鹅,女王变成朽妇,淑女变成故事中的叉舌海龙。莫里斯察觉到他母亲具有一种奇特的分裂面,表面上活泼快乐,知性却未开化。这与《蓝皮小说》中所描写的母亲并不对立:"她温柔善良的情感排除了激情,正如她梦幻迷离的头脑中几乎不包含理性。"[29]艾玛·莫里斯生性善良,但她并不喜欢人事纷扰。她还有一个特质便是带有强迫性的过度粉饰,莫里斯作品中那深刻而尖锐的失落感,不仅源于他对婚姻的绝望,也源于母子之间真正交流时所可能面对的嫌隙与复杂情愫。在莫里斯关于公社的浪漫诗篇《希望的朝圣者》中,母亲怀抱着襁褓中的儿子,苦乐参半:

> 你我之间,
> 裂隙生长,
> 铸成透明的墙。
> 每颗心都这样,
> 在自己的茧房中发烫。[30]

> and yet 'twixt thee and me
> Shall rise that wall of distance, that round each one doth grow,
> And maketh it hard and bitter each other's thought to know.

"我小时候最怕星期天。"[31]对莫里斯来说,伍德福德的星期天乏味冗长,这与其照对着模特画画时的抱怨如出一辙:类似一种做作的感觉,一种对被迫保持静止不动的不满,对天生不安分的人来说这尤为痛苦。莫里斯一家是严格的福音派信徒。威廉后来不无痛苦地提到,这是他成

长过程中的"富裕阶层的正统清教主义"。[32]1834 年 7 月 25 日,也就是
他出生四个月后,莫里斯在沃尔瑟姆斯托的圣玛利亚教堂受洗。莫里斯
家的孩子被禁止和不信奉英国国教的新教教徒一起玩耍。大人教导他
们说,异教徒是不受欢迎的,自由信仰者更是已冒天下之大不韪。然而,
贵格派却是一个例外。贵格派是桑德森公司背后的靠山,实际上,贵格

12 会在伦敦许多银行和票据经纪集团中都占据主导地位。莫里斯父亲的
业务极有可能仰仗于他与贵格会的远亲关系。因此可以说,宗教关系支
撑了莫里斯家族的繁荣。在伍德福德,靠近教堂的大厅处,有一扇通向
教堂墓地的私密门道。亨丽埃塔穿着格子裙和饰边夹克,拥有在整个宗
教仪式中让年幼的孩子们保持秩序的权力。但她似乎对威廉特别严格:
"噢,威廉,你这个**淘气包**!"这是她的口头禅。她的样子很容易被当成
一个虐待狂,她怒目圆睁,抽打着鞭子,像是莫里斯童话世界中张牙舞爪
的女魔头。

　　他童年时代的宗教信仰是一种字面意义上的虔诚:地狱和惩罚,以
及对耶稣基督这位救世主和朋友的个人奉献,皆以儿童图画教科书般的
形式直接呈现。这会对莫里斯的认知造成什么影响?他的伙伴兼合作
设计师爱德华·伯恩-琼斯坚称,接受过"末日审判"思想长大的孩子更
富有:"它确实让我们的童年充满恐惧,但它激发了我们的想象力,所以
很难说清其中的利弊。"[33]确实如此,从六十年代起,莫里斯-马歇尔-福
克纳公司生产的数千面彩色玻璃窗,反映出他们对圣经故事信手拈来,
如"亚伯拉罕献祭""以诺与天使""诺亚造方舟""狮子洞里的但以理"
"基督在水上行走""基督用血疗愈确实让我们的童年充满恐惧的女
人":这些故事的塑造都引经据典,并非怪诞诡奇,而是令人心服首肯的
文化景观的组成部分。正是这种直接性与家常感,使他们的彩色玻璃在
同类产品中脱颖而出。在威廉·莫里斯《天使报喜》玻璃窗作品中,降
临到玛利亚身边的鸽子并非珍稀鸟禽,而是灰败而平凡的鸽子;复活节
的羔羊色白而多毛,就像英格兰农村的羊羔一样。莫里斯公司的窗户上
有这样一个画面:在伊斯特汉普斯特德圣米迦勒和抹大拉的圣玛利亚

的圣坛之上，逝者们穿过石板走向天堂，就像行走于维多利亚时代中期的城市人行道上。说到"末日审判"，这是九十年代为伯明翰大教堂制作的伯恩-琼斯窗，使用了大面积的蓝色、绿色和鲜红色，堪称维多利亚时代的绘画杰作。

莫里斯认为，孩子们有着超然而神秘的特质，似乎来自另一个世界。他在信中记录了他与孩子们小小的奇妙邂逅：一个十三岁的苏格兰门童，是如此怡然自得。孩子们在冰岛清冷的海滩上忙碌，在若隐若现的海雾中，乐此不疲地捉鱼送给他。莫里斯在故事中描写的孩童，同样自得其乐。《乌有乡消息》是一本关于未来的小说。小说中写道，孩子们兴高采烈地在肯辛顿再生林中露营，他们在草地上的帐篷周围奔跑雀跃。有的孩子还像吉卜赛人一样，在火堆上架起了煮锅。在《蓝皮小说》中，约翰遇见了"一个挎着篮子的棕皮肤小女孩和一只表情严肃的、被截去尾巴的杂种狗"。看见这位小女孩，约翰莫名感到高兴。这些还未长大成熟的小人儿，对所关注之事自有一种别样的满足感，或许这正是希望之所在。

莫里斯在童年时代就乐于追随内心的兴趣。他很早便开始探索、漫游，在自然风景中发现自己的激情与慰藉。他骑着小马穿行于平坦而多沼泽的埃塞克斯郡乡村，此地后来多次成为他诗歌和故事的背景。在《弗兰克的密信》中，弗兰克说："我一直热爱这片悲伤的土地。"这是莫里斯早期的一个故事，对那"利河周围广阔绵延的沼泽地"展开了美的辩护。《乌有乡消息》有一个十分著名的段落，莫里斯对英国乡村景观的憧憬得以集中体现：

> 穿过码头往东，一直通往陆地，那里曾经是一片沼泽，现在是开阔辽远的牧场。除了几个花园之外，那里鲜有固定的住所。除了寥寥无几的棚屋和简床，以供放牧人看守大片牛群之外，几乎别无他物。但是，因这些牲畜和放牧者，以及那些散落分布的红瓦屋顶和

大干草堆,这样的假期也不算太坏——在阳光明媚的秋日午后,骑
上安静的小马到处兜风;或是凝视河流,看船只来往;或是在苏特山
和肯特高地之上,转身回望埃塞克斯沼泽地的绿色海洋,天空似穹
顶,阳光洒向远方,倾泻一片祥和的光辉。[34]

莫里斯,这个浪漫主义时代的孩子,总感觉自己被孤立于世。他童年时
代的家庭安定、亲和,但束缚了他。所以,他喜欢欣赏那些复杂而令人激
动的远景,享受景观中建筑物的布局所带来的惊喜。他寻找的是狂喜,
是"那种令人愉悦而转瞬即逝的感知。通过它,一切都变得更为突出、
明亮,即便最普通的风景看起来也很迷人"。[35]他几乎可以在任何地方
发现这种审美感知:在冰岛,在大雅茅斯。而早期埃塞克斯的乡村生活
更是让他对此体会得淋漓尽致。

　　莫里斯对乡村的河水流向了如指掌,他知道河流的变化,了解它如
何在高密的芦苇墙内时而变宽,时而变窄。他对河流的观察细致入微:
那带斑点的小鱼,那让成群的小苍蝇赖以生存的泡着柳枝的水,那在清
晨扑打着水花的鲢鱼。这些景象和声音都会使他回想起童年情景。在
伍德福德,他第一次看见泰晤士河的支流断断续续地流淌,穿越一片又
一片沼泽和玉米地。在这片水域,挂着红褐色和白色船帆的船只点缀其
中。泰晤士河成了威廉·莫里斯之河,它被莫里斯如"私人财产"般珍
视,他从头到尾穿行过它,他抱怨过它,也保护过它——竭力消减来自所
谓泰晤士河保护委员会的威胁。对他来说,这条河是精神文明的延续,
是人类追溯古老历史的重要纽带。他最激烈的抗议之一,是在七十年代
向大都会工程委员会提出异议。委员会提议在斯特兰德[36]加高并开放
约克水门,莫里斯觉得这是对泰晤士河的亵渎。莫里斯写道:"在当前位
置,此水门是泰晤士河古老河道的标志。"

　　小时候,他把这条河看作逃离和冒险之地。即使到了中年,只要看
到英格勒舍姆教堂附近平静清澈的河流,他就会开始渴望远征。威尔弗
里德·布伦特曾经评论莫里斯说,通过河上游览,他经历了个性的某种

转变,这十分有趣和迷人。[37]对莫里斯来说,水是一种诱惑,一种愉悦,经常被用作浪漫故事的起点。当他的女主人公们脱去衣物,踮起脚尖穿过镀金的大门,来到隐藏的水道,那里停着小船,等着她们急速过河。水还蕴含着性的承诺。《奔腾的洪流》中描述,"我们"在"暗绿的深渊和湍急的旋涡"中,离圆满已经不远了。[38]

男孩莫里斯走进埃平森林深处,就好像他是自己所描绘的英雄人物的缩小版。比如,像《金色的翅膀》里的森林之子莱昂内尔——他的女巫母亲为他配备了魔法盔甲;像《狼屋》里的西奥多尔夫——他离开熟悉的部落住所,坚定地走入浓荫蔽天的森林,那里"树梢高耸,只能看见些许细碎的天空"。[39]在莫里斯描写的自然意象中,森林是迷失自我和寻回自我之所在。森林是单调的,但也复杂多变,有其厚密,也有空地,时而干燥时而潮湿,颜色相近又层次多变,仿佛储藏了世间所有绿色。

威廉·莫里斯认为理想的森林状态应该是林海茫茫:"我不太在乎木材的品种,我只在乎它的大小。"[40]莫里斯曾写信给乔治亚娜·伯恩-琼斯,揶揄布斯科特森林只算得上一个小灌木林。埃平森林(过去的面积比现在大得多),莫里斯认为它"无疑是坐落于岛屿上的最大的角树森林,甚至说其是世界范围内之最大也不为过"。[41]莫里斯年轻时,他便了解从万斯德到泰登,从黑尔德到费尔洛普橡树园的每一寸土地。九十年代,莫里斯发起了一场运动,旨在把埃平森林从贪婪的开发商手中拯救出来。莫里斯回忆起这片森林给自己带来的影响。"在那些日子里,"他痛苦地写道,"森林的破坏者不过是偷取碎石的人和造围栏的人。森林总是那么有趣,那么美丽。"

莫里斯认为,在所有森林中,埃平森林最为独特罕见:它的特殊性来自角树的奇异,角树是"一种在埃塞克斯和赫茨地区并不常见的树"。可以周期性修剪它,以促进自然生出枝节。在这些奇特的角树林中,低矮、尖锐、带有光泽的冬青灌木丛错落其中。莫里斯说,这是"一种极有特色的木材,在其他任何地方都看不到"。森林里还有两处颇为神秘的土方工程:拉夫顿营地是铁器时代早期遗存,位于地势较高处。它大致呈椭圆形,附带一道防御壁垒和一条四十五英尺宽的沟渠。安布鲁斯伯里之堤是铁器时代的山岗堡垒遗存,平面布局呈长方形,占地十二英亩。围墙有两个入口,其中一个建于中世纪。无论是在孩童时代,还是成年以后,莫里斯都对土木工事特别感兴趣。他一直自视为这神秘遗产的捍卫者:"对于埃平森林,我们所应当珍视的是它的生态系统,而不是仅仅把它当作公园。"莫里斯相信,荒野自有一种品格,亦有自我更新的力量。在追求社会主义理想的时期,在莫里斯的动员下,埃平森林成为社会主义联盟的一个郊外聚会基地。梅·莫里斯回忆道:"我眼前突然浮现一个景象:红旗飘扬的快乐列车,从城市狭窄的街道缓缓向东驶入埃平森林。"[42]社会主义工作者们和莫里斯一起悄悄走进蕨类植物丛林,莫里斯向他们展示大角树,并谈起在那里度过的童年时光。

16　　　莫里斯常在花园和森林里观察小鸟,他能轻易辨认鸟类,了解很多鸟的知识。生活在伦敦的科梅尔·普赖斯晚年在日记中写道:莫里斯可以"一连几个小时滔滔不绝地谈论鸟的习性,特别是它们的各种形态"。[43]通过威廉·莫里斯设计的挂毯和印花布上的鸟类图案,可以发现他对鸟的色彩和羽翼的喜爱程度。莫里斯和伯恩-琼斯都钟爱羽毛元素——无论是鸟的普通羽毛,还是天使翅膀上的神圣羽毛。在伍德福德,威廉·莫里斯还是学生时就对鸟巢非常痴迷。后来,他给一位客户写信提议,要把她卧室的木制品漆成"淡淡的蓝,紫翅椋鸟蛋一样的颜色"[44],这曾是他亲眼所见的颜色。

　　他对那些具有戏剧画面感的孤零零的建筑有深刻的感应,比如空地上的小屋、山坡上的孤塔,这些都出自他浪漫主义情怀下的敏锐感知。在他还是孩童时,他就发现了伊丽莎白女王在青福德的狩猎屋。这是一座位于森林中央的奇特建筑,最初是作为"大瞭望台"或是"高看台"而建的,亨利八世可以在这里观看青福德平原上的狩猎活动。国王那时身材臃肿,根本无法骑马逐鹿。这个狩猎屋的上层空间原本是开放的,成为观赏者的瞭望平台。但到了莫里斯时代,这个空间被填实了,原来的木结构被板条和石膏围合起来。这座屹立于方正的草坪景观之上的美丽建筑,实际上却并非不为人所知。到十九世纪初,这里就有当地游客了。十九世纪三十年代的图片显示,当时人们已经开始聚集在这片草坪周围野餐。但是,莫里斯对他童年第一次拜访此地的经验有独到的描述,他发现这座小屋具有他一直在建筑中寻觅的品质:坚固的构造、奇特的细节、和谐的整体感、历史的沉淀,以及某种孤独感。

可以确定这样一个场景:莫里斯显然是穿过楼下厨房进来的(那里挂满佃农的熏肉),爬上了那个据说伊丽莎白女王曾骑马登上的宽大楼梯。小屋的上层建筑已部分完工,用作当地庄园法庭的审理处。莫里斯在这个视线良好的有利位置远眺,可以看见那片充满奇特质感的森林:林木参天,枝干挺秀,而树木下的草地却因牧羊而趋于光秃。而向内环顾,莫里斯马上对这样的房间怦然心动,以至于此后他总是试图借鉴和模仿此种风格:简洁的轮廓,丰富的细节,空间、力量、阳刚之气、骑士精神的隐喻——这正是莫里斯眼里理想的室内环境设计。很久以后,在讲座《生活中的小艺术》中,他试图诠释青福德的那个楼上房间对自己的影响,房间里“悬挂着的枯萎的绿植,让他深感浪漫”。[45]与“文字”等同,莫里斯的想象力也关乎“物品”。在他幼年时,对视觉和语言的吸收同样强烈。他把自己对青福德那间都铎时期的房间的反应,比作他反复阅读沃尔特·司各特爵士的《古董家》一书中关于蒙克谷仓绿屋的文学描述时所产生的那种感觉:“是的,那不仅仅是家居装饰,相信我。”

莫里斯回忆中的褪色绿植,实际是房间里系列挂毯上具有象征意义的中世纪图案。图案清晰地展现了神话场景和田园景象,无疑与《蓝皮小说》中描绘的挂在鲁迪威尔宫廷里那幅挂毯如出一辙,挂毯上“骑士和淑女们在褐色的灰暗花园中漫步嬉戏,花园里的野鸡和兔子随处可见”。青福德的挂毯,是莫里斯在古旧建筑中最为欣赏的一部分,某种程度上,它代表着空间环境的岁月痕迹与过往灰尘。但是,莫里斯也同样欣赏一些更具体的东西:他对刺绣和雕刻的审美感知异常敏锐。有一幅用棕色毛织物制作的亚伯拉罕和以撒的画,是让莫里斯一直记忆犹新的物品。他还仔细观察过“一个玻璃盒子里的象牙雕刻碎片,以及带

有彩绘及镀金的一些木偶"。[46]在他孩童时期,他对绘画或素描并没有
兴趣:因为他无法理解这些普通的绘画。他真正钟爱的是立体感和触
感,这正是莫里斯和伯恩-琼斯于十九世纪八十年代开始复兴大型挂毯
艺术的根由。伯恩-琼斯将这种艺术描述为"介于绘画和装饰之间"。
他补充道:"我不知道还有什么比介于两者之间更有意思的了。"[47]

这是静观时代的开始。拉斐尔前派很快重拾那些曾经失落的纯真
景象,他们近乎痴迷地审视着小草的叶子、叶子的脉络、卵石的凹凸。霍
尔曼·亨特家的绵羊和山羊勉为其难地充当了好几天观察对象。圣公
会高教会派的建筑师带着近乎极端主义的情结,研究了中世纪建筑真
迹,为它绘制草图,精准测量,深情地瞻仰它。G. F. 博德利是一位教堂
建筑师,也是莫里斯-马歇尔-福克纳公司的早期赞助人。通过长期观
摩,他对早期法国哥特式建筑有了深切体会。这种建筑风格浸染着他,
以至于人们有时难以判断其建筑作品的新旧程度。在探索伍德福德附
近的乡村时,威廉·莫里斯驻足观看,仔细地考察了废墟遗址和教堂。
他也参加过一个观察训练课程,在所有人中,他的细微观察能力最为突
出。没有人能比他更好地诠释"令人心满意足的建筑,总是能给深沉静
观它的人带来振奋的空间感和自由感"。[48]

埃塞克斯的一些教堂很不起眼,小巧而古怪。童年的莫里斯深刻体
会到每一座建筑的动人细节:纪念碑和铜像使教堂与社区及地域相连;
壁画仿佛比任何事物都激动人心,这促使莫里斯创作出无数充满画面感
的文学段落:在一个未完成的故事中,基利恩在喷泉边饮水,看着男男
女女熙熙攘攘,他们的衣物有"传教士长袍的白色、天空的蓝色、玫瑰的
红色,以及青草的绿色,就像水边圣雅各教堂壁画上那些与圣坛相关的
天使"。[49]在《世界尽头的水井》结尾,拉尔夫的形象就像"教堂唱诗班
上的天使画像"。[50]教堂里数不胜数的奇特事物给莫里斯带来灵感。莫
里斯的建筑师朋友菲利普·韦伯十分肯定,莫里斯后来对建筑的态度受
到他童年时在"奇特"的埃塞克斯教堂的游历的影响。莫里斯是无宗教

立场的教堂观瞻者的先驱，是二十世纪佩夫斯纳设计观念的先行者。莫里斯乐于把教堂当作博物馆，从中理解和倾听国土的意义。威廉·莫里斯认识到，英国并非宏大而荒蛮，而是充满流动、变化和家园意识。正如他所描述的那样：

> 一切都是适度、融合而变化的，事物之间有自然流畅的过渡：河流之畔、田野平川，以及地形陡峭的山地，都被美丽而整齐的树木所环绕；羊肠小道像一张网，覆盖了山丘和峰峦。所有的景观都不大，然而对于那些愿意欣赏它的人来说，它并不粗鄙空洞，反而静穆丰富。它不是监禁之地，也不是桂殿兰宫，而是一个体面的家园。[51]

除了小教堂，大教堂也是莫里斯感兴趣的对象。大约八岁时，莫里斯的父亲带他来到坎特伯雷大教堂。在那之前，青福德教堂是他所见过的唯一一座大型哥特式建筑。莫里斯后来怀着敬畏之心描述了坎特伯雷大教堂当时对他的震撼。[52]他对威尔弗里德·布伦特说，感觉就像天堂之门为他敞开。[53]由于莫里斯的推崇，布伦特专门去参观了一次，结果却令他失望——那是 1896 年，莫里斯去世的那一年，庞大的修复工作正在进行。

自莫里斯第一次看到坎特伯雷大教堂，它就成了他梦想中的建筑。实事求是地说：建筑承载了他的想象，而大教堂则充当了他虚构的那些故事的背景元素。这宏伟壮观的石头建筑隐约地显现在他的小镇风景中，就像莫里斯的崇拜者，后来的中世纪风画家、奇平卡姆登艺术家 F. L. 格里格斯那奇特的蚀刻画所画的一样。带着炽热得近乎疯狂的情感，莫里斯将自己与大教堂合而为一。只要看上一眼彼得伯勒这样的大教堂，莫里斯就将自己设想成教堂的建造者。这也是为什么当他想到教堂遭到破坏，他的反应就像自身受到威胁。彼得伯勒是他童年时代热衷的另一座教堂，作为一个充满奇迹的建筑，它使莫里斯激情澎湃。日后，莫里斯将此情感倾注在《人间天堂》中最精彩的段落之一——"漫游者"对正在建造中的彼得伯勒教堂西侧景观的描写中。

我曾见过这片地，
奇迹在此悄然起。
高处绿野未燃泥，
小镇屋舍旧如昔。

横梁支撑茅草低，
昏暗无光藏风雨。
三座山墙巍然立，
壮丽雄伟映晨曦。

长柱挺拔撑殿宇，
教堂大门入眼底。
山墙雕像显威仪，
如夏日里隐花息。

晨风轻拂传回音，
泥刀敲石声渐频。
瓦匠忙碌不停歇，
修士满意笑语临。

高塔耸立冲云霄，
尖顶划破天际高。
两侧门廊雄伟立，
气势磅礴撼心潮。[54]

                    I, who have seen
So many lands, and midst such marvels been,
Clearer than those abodes of outland men,
Can see above the green and unburnt fen
The little houses of an English town,
Cross-timbered, thatched with fen-reeds coarse and brown,
And high o'er these, three gables, great and fair,
That slender rods of columns do upbear
Over the minster doors, and imagery
Of kings, and flowers no summer field doth see,
Wrought on these gables. Yea, I heard withal,
In the fresh morning air, the trowels fall
Upon the stone, a thin noise far away;
For high up wrought the masons on that day,
Since to the monks that house seemed scarcely well
Till they had set a spire or pinnacle
Each side the great porch.

　　莫里斯的秘书西德尼·科克雷尔曾提议过一个大教堂人设游戏。福特·马多克斯·布朗被比作彼得伯勒教堂，菲利普·韦伯被比作达勒姆教堂，爱德华·伯恩-琼斯被比作威尔斯教堂。他直言不讳地说罗塞蒂难以概括，他那样标榜南方的热情，"蒙雷阿莱能算最接近他的教堂吗？"[55]莫里斯应当之无愧地对应林肯教堂。这会使他非常欣喜，他称赞林肯教堂的伟大品质，认为其"精美绝伦"。[56]他见过的其他英国修道院教堂都望尘莫及，他称它"简而言之就是艺术的奇迹"。

　　莫里斯感到，探索新鲜事物的快乐，比生命中其他事物都重要。第一次参观坎特伯雷大教堂的那个假期，他还参观了位于萨尼特的修道院教堂。五十年后，莫里斯对此记忆犹新。在那次丰富的旅程中，莫里斯看到了教堂的第一份彩绘手稿，唤起了他初见大教堂时的那份狂喜——对一个孩子来说，这种反应确实有些异于常人。莫里斯显示出在深奥事物中寻求乐趣的特殊能力,并通过他的满腔热忱和坚持不懈,把晦涩难懂的事物转化为通俗易懂。莫里斯相信最初乐趣拥有持久力量,这当然没错。但他可能对引发兴趣的源头并不诚实。毕竟,是他的父亲让他接触到这些乐趣,而且是在父亲支持下,这个孩子才见到教堂和手稿的奇妙。而在随后多年,他以强烈甚至冷酷的方式反对父亲的价值观,更毋庸说承认父亲的影响了。

九岁时,威廉·莫里斯被送到一所预备学校——阿伦戴尔小姐的"小绅士学校"。这里离伍德福德庄园两英里远,所以莫里斯必须骑着小马去上学。这是他第一次接受正规教育,在此之前,他一直在家里接受来自姐姐们和家庭教师的自由教育。他十岁时才学会写字,但是仅两个月后,他就学会了写作。他尤其难忘学习拼写的痛苦,因为犯了很多拼写错误,他被迫脱掉鞋子在椅子上罚站。莫里斯的拼写一直马马虎虎,但他对此满不在乎。晚年的他更是出了名的粗心。

一两年后,学校搬到了伍德福德的乔治巷,这里离伍德福德庄园更近了。莫里斯在那里继续学业,起初是走读生。他的这段学习生涯有些描述不清,麦凯尔认为,莫里斯后来在阿伦戴尔小姐家寄宿。而据梅·莫里斯说,她的父亲曾在格雷格博士的学校寄宿过一段时间。可以确定一点,也是至关重要的一点,莫里斯寄宿的学校离他家只有几百米远。梅曾经描述过,莫里斯常在星期天参加礼拜时去教堂看望家人,但不允许和他们讲话。这突如其来的强制阻隔,让莫里斯与他所熟悉的童年家庭环境虽近犹远。这能够解释为什么莫里斯后来会以责怪的语气来表达传统富裕家庭孩子的痛苦。"我父母,"莫里斯写道,"理所应当,而又尽其所能地推卸了对我的教育责任;先是把我交给保姆,然后是马夫和园丁,最后送给学校——应该说,我其实就是一个农场孩子。这些经历让我或多或少学会了一件事——机智地反叛。"[57]他补充道,如果他的父母不那么富裕,或者性格再随和些,他们就会亲自教育他,不过这样的后果是更容易造成心理创伤的。由此,莫里斯得出定论:儿童和无产阶级一样需要革命。这一结论比二十世纪六十年代的青少年反叛运动以及要求实现青少年自治的《小红宝书》的出现,早了一个世纪。

　　莫里斯的一生可以看作一系列觉醒的发生过程,就像池塘里的涟漪一样扩散开来——他对主流风尚和习俗的反抗一直把他带到涟漪的外圈。他的第一次觉醒是在早年的学生时代。莫里斯是在一个以女性为主的家庭中长大的。在年龄上,他和两个姐姐最接近,和亨丽埃塔年龄差距不到一岁,和他的兄弟们差三岁。斯坦利、伦德尔和阿瑟紧随其后,形成一个小团体。这些孩子的体魄更为强壮,以一种懵懂的阳刚气息紧密结合在一起。家里的日常管理工作由莫里斯的母亲担当,她能胜任这项艰巨的任务。莫里斯并不低估一位称职管家的工作价值,他写《乌有乡消息》时,想到了母亲,他写道:"难道你不觉得,一位智慧的女人巧妙管理一个家庭,使家人快乐并感激她,这是她极大的愉悦吗?"作为这个家庭中心最娇惯的孩子,他对女性的劳作产生了莫大的认同:烹饪,缝纫,培育鲜花,种植菜园,装饰屋子,组织家庭庆祝活动。这样的成长环境自有一种柔和的氛围,让他天然地亲近宁静的家庭生活。但当莫里斯第一次去男孩农场时,这一切被一扫而光,如同一次彻底的文化冲击那么突然。他第一次认识到通往独立男性世界的道路上的日常与担当。

　　在那个年代,或者即便是在现在,莫里斯的父亲都可算是堂堂成功人物。1843年,莫里斯开始上学。同年,威廉·莫里斯的父亲被先驱学院授予一枚盾形纹章:"纹章是蓝色的,一个磨砂银马头位于三个马蹄中间。或者说,是在纹章顶部的彩色花环上,银质的浮雕马头图案被填充在三个黑色的、呈人字形排列的马蹄中间。"莫里斯对纹章和骑士精神充满热爱,却对商业运作极度不信任。这两者结合在一起,使得他总是无法坦然接受纹章所代表的意义。四十年代初,莫里斯的父亲开始投资蓬勃发展的股票市场。首先,他联合了自己的兄弟们:托马斯,煤炭商人,住在坎伯韦尔,在南威尔士也有生意;弗朗西斯,煤炭交易所的成员,住在丹麦山。他们共同参与西部铜矿开采的融资,风险虽高,却有利可图。老威廉·莫里斯和他的兄弟托马斯,以及家族股票经纪公司P.W.托马斯父子公司组成一个联盟,为在贝德福德公爵领地泰马河的德文郡岸的布兰奇顿森林探矿开采提供资金。德文郡大联合铜矿公司,后来被称为德文大联合铜矿公司,于1845年注册为股份公司。在一千零二十四股股票中,莫里斯兄弟持有三百零四股,托马斯为常驻董事,长久地掌管公司。他们的投资很成功,为十九世纪四十年代莫里斯家族发家致富奠定了基础:在现在看来,他们是真正意义上的富人。共同的冒险意识和财富分红,使这成员性情相近的家族更加紧密团结。1848年,他们在开采一座铜矿时,以莫里斯母亲的名字将其命名为威尔·艾玛。

有时,威廉·莫里斯的父亲会带他去城里。在威廉王街办公室的楼上,他观看过几场"市长大人巡游"。他喜欢待在那里,直到有人叫他,他才离开。看着对面的茶商制作茶包和咖啡,他感到有趣极了。莫里斯一向喜欢小商贩,喜欢他们的灵巧技艺,把管理店铺当作已退化的商业世界中相对纯真的绿洲。在《乌有乡消息》中,莫里斯虚构了孩子们成为店主的情节。他们用红色的摩洛哥皮袋子包装烟草,样子娴静而安然,就像他过去在威廉王街上看到的店主一样。但有一个区别:在莫里斯的乌托邦世界,必需品,甚至受欢迎的物品,都是免费的。

23　　对于城市,莫里斯又爱又憎:譬如城市和乡村的分化,城市的肮脏和文化的丰富,城市的创造力和摧毁力。因为亲身经历过这些分裂,他深知这些撕扯的关系背后的意义,这使他成为整个维多利亚时代最犀利、最令人不安的城市评论家之一。他对城市的看法(尤其是对伦敦长久的爱恨交加情绪)早在童年时代就产生了。他认识到,伦敦是一个充满不确定性的地方。如果从远处眺望伦敦:

> 听——风自伦敦吹来,
> 穿梭于摇曳的榆枝间,
> 低语着黄金、希望,
> 亦诉说着不安与浮念。[58]

Hark, the wind in the elm boughs! From London it bloweth
And telling of gold, and of hope and unrest.

莫里斯后来将他对城市的批判建立在异化因素上——城市将人变成机器，并抑制了人类的激情。他是城市最重要的诗人之一，他写道，就像噩梦一样，"深不可测的洪流席卷了我们"。[59]但是，莫里斯也看到他的城市是辉煌的，是道德终究会重新归位的目标和港湾。正是双重视野使他当之无愧成为独具先见之明且受人敬仰的先知。在他写的许多故事中，城市扮演着批准、认可的角色。在这里，合法的国王举行加冕，恋人们佩着绶带相拥，人们举办宴会、竞赛和盛大的游行。在莫里斯生动的图景想象中，猩红色和黄色的城市往往是他故事的终点。

他父亲到底在城里**从事**什么工作？凭孩子的敏锐直觉，他意识到父亲可能无所事事；或者不管怎样，他的工作一定与莫里斯晚年所认为的那种男子汉职业无关。对莫里斯来说，工作的意义等同于鲜活的创造力和直接的行动力，比如那些由心智和体力所决定的活动：地毯的生产，故事的创造，或是翻译《伊利亚特》。相形之下，他父亲的商业活动则抽象而复杂，几近神秘。他的主要职业——票据经纪，堪称典型的中介业务，包括开立汇票，在银行向客户提供贷款或透支服务之前的时代，这是很常见的。这一方式，要求人们在特定日期前支付总额还款。买方可以要求到期之前全额还款，也可折价出售给他人。年轻的威廉·莫里斯对汇票经纪工作深恶痛绝。他曾说过，如果他可以进入交易所，会把汇票撕得粉碎。他父亲后来投资了英国西南地区的铜矿，所得利润更加丰厚，但一定程度上也更让人感到羞耻。他们与公爵合作，在德文郡的农村过度开采并对劳动者无情剥削。至今，在塔维斯托克附近的泰马河谷，仍然可以看到那些矿山建筑物和矿渣堆。

1887 年 7 月 30 日，莫里斯编辑的社会主义报纸《公共福利》刊登了一篇题为《农场男孩的错误》的辛辣讽刺文章。莫里斯采用对话的形式,来吸引以工薪阶层为主的广大读者。富有的商人父亲和回家度假的儿子之间展开了一场针锋相对的争论。父亲指责儿子在假日里醉生梦死,并指出自己是多么努力地工作,为他提供衣、食、漂亮房子和高昂学费。儿子质问父亲:"爸爸,那你**不**放假的时候,又干了什么?"儿子让他回想圣诞前,他带儿子在城市里的办公室所度过的一天——父亲所谓的工作就是看报纸,责骂出错的员工,写信,与客户共进奢华午餐,然后回家:

> 来吧,爸爸,告诉我,你是多么不能容忍我在假期里无所事事,惹人厌烦?而同时你还一直免费供着我?但其实,你也一直做着同样的事,你也在坐享其成!要是他们把你送到男人农场让你干点活,你一定会大吃一惊——像你这么一个又高又壮的小伙子。[60]

父亲的临别感言是个恰如其分的例子,说明莫里斯确实有一种能力,可以与过去和解,并以过去来充实和滋养现在。他说:"我不知道那孩子会怎么样,也许他长大后会成为社会主义者!!"

而他则厌憎父亲缺乏自我意识。在 1884 年写给《曼彻斯特卫报》的一封信中,他公开说明了这一点,信中还讥讽地提到曼彻斯特的富人:

> 我小时候听过一个关于乞丐和富人的古老故事,不知道他们中是否有人还记得。那时我非常单纯,而这个故事让我感到不适。但我不认为,它对我那身为"城里人"且十分"虔信"的父亲,有同样的影响。[61]

甚至还是个孩子的时候,他就觉得他父亲很令人难堪。《蓝皮小说》中,有一个描写这种尴尬的段落:亚瑟从学校回家,当他走进哈明顿的小旅馆,看到那里有一些陌生的农民。他觉得"很反常",担心他们开始谈论他的父亲。

威廉·莫里斯批判资本主义最激烈的论点之一是,人会因为财富而

改变人格。追求富有的行为本身就是一种损害："富人通常都是该死的
吝啬鬼"[62]；"我从来没见过哪个人,不因财富积累而骄奢成性"[63]。他
亲眼见证了父亲的财富扩张,但老威廉·莫里斯真的理应受此指责吗?
四十年代的一个小地方报纸,流传下来一则让人感兴趣的评论:

> 我们建议：W.莫里斯,伍德福德府邸的著名拍卖商,不要那么
> 不近人情! 在这种恶劣的天气下,不要阻止人们在你的地盘里取
> 水——可敬的前辈可没有这样做。当心,老伙计,因为全世界都知
> 道你是什么人,也知道你的底细。[64]

语气尖锐,甚至诙谐。看来,伍德福德府邸的乡绅的确表现出**暴发户**式
的傲慢。

在当时的社会动荡中,伍德福德府邸似乎是个遗世独立的地方。十
九世纪四十年代中期,"英格兰危机"使有自由主义倾向的职业家庭深
感困惑,并划分了阵营。但这场政治争论绕过了莫里斯一家。在伍德福
德府邸,卡莱尔并不是一个富有魔力的名字。这个家族的繁荣依赖于金
融投机,尤其是非人道雇佣的德文郡铜矿开采。对此,雇主应担负何种
责任呢? ——没有任何迹象表明,莫里斯夫妇能够意识到反对当时经济
模式的重要性,在这种经济模式里,现金支付是雇主和雇员之间关系的
唯一基础。事实显而易见。莫里斯家都有文化修养,他们可能读过狄更
斯,读过迪斯雷利的《青年英格兰》三部曲:《康宁斯比》(1844)、《西比
尔》(1845)和《坦克雷德》(1847),可能也读过伊丽莎白·盖斯凯尔于
1848 年出版的《玛丽·巴顿》。这部作品通俗易懂、言辞激烈,控诉了阶
级分化和城市工业贫困人口的困境。但即便 1848 年伦敦宪章运动已然
带来了社会动乱,莫里斯一家依然对此无动于衷。

莫里斯夫妇难以沟通。威廉·莫里斯的二女儿梅·莫里斯,伤感而
真实地描述了这种家庭心理。二十世纪三十年代,她对自己的家庭做出
接近社会学意义的评定,她认为他们是"和蔼可亲的人,经验有限"[65],

对他们而言,穷人总在别处。梅写道,"如果这些善良平和的人",

> 有人告诉他们,说他们面对危险熟视无睹,逃避责任,无视苦难,他
> 们会感到困惑;他们自给自足,乐善好施,守安息日;他们善待子女,
> 舐犊情深。

的确如此,那位照料小婴儿威廉的年轻保姆,后来在这个家庭里生活了
五十年。对莫里斯来说,这种善意的惯性选择令他费解。尽管他可能设
法原谅了那壁垒森严的阶级偏见,但他不能容忍家里的死气沉沉。英国
中产阶级罪恶般的了无生趣,是令他感到最持久、最痛苦的主题。莫里
斯开始相信行动力的道德价值,就像他故事中的主人公一样,他在自己
的内心发现了"强烈的善恶是非",为此义无反顾,无怨无悔。[66]莫里斯
本是个现实主义者,但后来,他"**坚定决心**",要尽其所能,力挽狂澜。

在那时,父子形象颇具影响力,这在威廉·莫里斯父亲的银行业兄
弟会中尤为突出。莫里斯对威尔弗里德·布伦特说,他被培养成继承人
是理所当然的事。他向布伦特生动描述了随之而来的痛苦。这种痛苦,
表现在自传小说《蓝皮小说》中,他对未来有挥之不去的恐惧——儿子
拒绝接受俄国金融公司的职位。同样的恐惧也隐藏在一幅可怕的画面
中,这是莫里斯故事中最惊悚的想象:梦见父亲骑在马背上,高喊着,追
赶他的儿子。儿子转身看到父亲,"他的脸在燃烧"。

1847 年,莫里斯的父亲意外逝世,时年五十岁。八十年代,莫里斯
在为社会主义宣传提供的自传中,简要提及了这件事:"在我去莫尔伯
勒的几个月前,我的父亲去世了。但由于他生前从事过回报丰厚的矿产
投资行业,我们过得很好,可以说很富裕。"[67]

莫里斯完全回避了父亲离世引发的戏剧性事件。七天后,桑德森公
司暂停营业——负债总额超过两百万英镑(按当前汇率计算约为两亿
英镑)。这次倒闭事件在伦敦金融界引发震动,尽管它可能只是 1847 年

至 1848 年全国商业和政治危机背景下所预测的必然产物。1844 年《银行法案》颁布后，英格兰银行开始自由放贷和贴现，与贴现公司展开直接竞争。由于银行政策前后不一致，贴现公司处境危险。1847 年，由于担心外汇储备下降，央行政策朝令夕改，伦敦贴现市场陷入实质性的混乱。似乎是生意上的焦虑，造成或加速了殚精竭虑的老威廉·莫里斯英年早逝。此后，桑德森公司稍稍恢复了元气，该公司以原有招牌重新开始交易。但莫里斯家族所遭受的财务打击无法弥补，这不仅仅是失去前合伙人带来的固定收入的问题。如果不是桑德森公司早已陷入困境，艾玛·莫里斯所持股份本可以收回再投资，而不是损失惨重。似乎也有可能，莫里斯夫人被迫清算了一些个人资产，以偿还桑德森的债权人。现在，这个家庭的收入完全依赖于他们在德文大联合铜矿公司的股份利息，而这些股份也在贬值。他们决定放弃伍德福德府邸，搬到附近一所较小的房子里去。按一般标准看，这个家庭仍算是富足的，但已大不如前。威廉承担了家庭变故的部分压力。正如他准确评价的那样：孩子们拥有非凡的信息吸收能力，即使他们对此还不能完全理解。作为大儿子，他是那次家庭危机的主要支柱。但对父亲去世后所经历的金融动荡的那一年，他从未提及。

父亲去世所带来的影响不容小觑。随着时间的流逝，父亲的形象在威廉·莫里斯心中变得更加根深蒂固，最终成为资本主义代言人和虚伪资产阶级的象征。在莫里斯对财富的激烈抨击中，父亲化身为典型代表人物——物质富有，但精神极度贫瘠。或许，这还是个因父爱缺席而滋生怨恨的例子：毕竟，威廉·莫里斯的母亲在儿子的大半生里从未缺席。她被探望，被迁就，在一定程度上也被人深爱着。看起来，似乎只有过世的人以及几乎被遗忘的人，才更容易被永远当作恶魔角色。

将父亲当作厌恶对象，这是维多利亚时代和福音派特有的现象，在莫里斯自己的社会主义艺术阵营中也很普遍。莫里斯的弟子、建筑师 C. R. 阿什比一想到父亲 H. S. 阿什比在金融贸易领域的背景，以及他对色情文学的钻研，就心生畏惧。但是莫里斯对其先人的谴责，则带着极

度的绝望,以及末世般的愤怒:

> 想到野蛮再次充斥这个世界,想到真情与激情(不管多么原始
> 蛮荒)取代了我们可怜的虚伪,我常感欣慰。带着这份憧憬,一切
> 历史都被照亮,并重返我的生活。[68]

莫里斯心里很明白,他和他的父亲并没有什么不同——这就是他自我惩罚的根本原因,也是富人的良心以如此极端的形式在他身上显现的主要缘由。他的父亲雄心勃勃,足智多谋,富有远见,莫里斯自己也拥有这些维多利亚时代的美德。老威廉·莫里斯在参与英国西南地区铜矿开采的过程中,显示出敏锐的判断力和投资勇气:德文大联合铜矿公司是那个时期最成功的企业之一,高瞻远瞩,底蕴丰厚。而莫里斯自己的事业,虽然充满理想主义,但并不缺乏商业创新和市场意识,这方面他丝毫不亚于维多利亚时代的成功企业家老威廉·莫里斯。而莫里斯的家庭生活在某些方面不拘一格,但也自有章法。莫里斯从来不是一个摒弃主流规范的"波希米亚人",他自己也是维多利亚式的家长。梅·莫里斯满怀深情地写道:家族"完全信任"他的所作所为[69];她和妹妹珍妮谈论父亲时,总是流露出敬仰和喜悦,对此,她们的同学都会心一笑。

在否定父亲的同时,莫里斯也延续了自己内心的失落感,这在他的作品中也有微妙的暗示。作为父亲,他在莫里斯心中是一个潜力巨大的存在,然而他对父亲的情感,却夹杂着一种深刻的同情,那是一种永远无法触及的悲哀。在莫里斯晚期未完成的童话《克洛斯的基利恩》中,父亲的真实本性引发人们的猜测。还有一种解释是,在莫里斯冷峻的外表下,隐藏着累积的悲伤和对不幸的回忆:"最终,正是这些最后几天的真实景象,深深打动了基利恩的心。他意识到,尽管父亲已去世,但他与父亲的生命依然息息相关,父亲将永远是他的一部分。"[70]

这或许是莫里斯最接近认可和接纳父亲的一次,或者可以说,他终于在某种意义上承认自己是父亲的儿子。

注释

[1] 引自麦凯尔,《威廉·莫里斯的一生》。

[2] 威廉·莫里斯,《乌有乡消息》,1890 年。

[3] 威廉·莫里斯,《蓝皮小说》,约 1871 年。

[4] 威廉·莫里斯致安德烈亚斯·朔伊的信,1883 年 9 月 15 日。

[5] 威廉·莫里斯致珍妮·莫里斯的信,1888 年 8 月 18 日。

[6] 劳伦斯·皮尔索尔·杰克逊,《斯托福德·布鲁克的生活和书信》,约翰·默里,1917 年。

[7] 威廉·莫里斯致乔治亚娜·伯恩-琼斯的信,1876 年 3 月 26 日。

[8] 威廉·莫里斯致亨利·理查德的信,1882 年 3 月 11 日。

[9] 威廉·莫里斯致约恩·西古尔松的信,1873 年 3 月 18 日。

[10] 威廉·莫里斯致阿格拉娅·科罗尼奥的信,1875 年 4 月 7 日。

[11] 麦凯尔,《威廉·莫里斯的一生》。

[12] 科梅尔·普赖斯致珍妮·莫里斯的信,1897 年 7 月 24 日,大英图书馆。

[13] 威廉·莫里斯致安德烈亚斯·朔伊的信,1883 年 9 月 15 日。

[14] 沃尔特·司各特爵士,《护身符》,1825 年。

[15] 威廉·莫里斯,《格萨的情人》,1856 年。

[16] 威廉·莫里斯致埃里克·马格努松的信,《威廉·莫里斯:艺术家、作家、社会主义者》(两卷本),巴兹尔·布莱克韦尔出版社,1936 年。

[17] 威廉·莫里斯致爱德华·卡彭特的信,1885 年 5 月 2 日。

[18] 威廉·莫里斯致乔治·班顿的信,1888 年 4 月 10 日。

[19] 威廉·莫里斯,《艺术与地球之美》,1881 年讲座。

[20]《威廉·莫里斯:艺术家、作家、社会主义者》。

[21] 威尔弗里德·斯考恩·布伦特,日记手稿,1890 年 8 月 21 日,菲茨威廉。

[22] 科梅尔·普赖斯日记,1885 年 8 月 15 日,普赖斯家族藏品。

[23] 威廉·莫里斯致珍妮·莫里斯的信,1895 年 4 月 2 日,大英图书馆。

[24] 威廉·莫里斯,《蓝皮小说》,约 1871 年。

[25] 威廉・莫里斯,《乌有乡消息》,1890 年。

[26] 威廉・莫里斯致珍妮・莫里斯的信,1888 年 12 月 23 日。

[27] 艾玛・莫里斯图片,《威廉・莫里斯:艺术家、作家、社会主义者》。

[28] 威廉・莫里斯,《希望的朝圣者》,1885–1886 年。

[29] 威廉・莫里斯,《蓝皮小说》,约 1871 年。

[30] 威廉・莫里斯,《希望的朝圣者》,1885–1886 年。

[31] 威廉・莫里斯致路易莎・鲍德温的信,1874 年 11 月 15 日。

[32] 威廉・莫里斯致安德烈亚斯・朔伊的信,1883 年 9 月 15 日。

[33] 玛丽・拉戈编,《伯恩-琼斯谈话录》(*Burn-Jones Talking*),1896 年 2 月 28 日。

[34] 威廉・莫里斯,《乌有乡消息》,1890 年。

[35] 威廉・莫里斯致乔治亚娜・伯恩-琼斯的信,1887 年 9 月。

[36] 威廉・莫里斯致大都会工程委员会的信,1879 年 4 月。

[37] 莫里斯在河上,布伦特,1889 年夏天。

[38] 威廉・莫里斯,《奔腾的洪流》,1897 年。

[39] 威廉・莫里斯,《狼屋》,1889 年。

[40] 威廉・莫里斯致乔治亚娜・伯恩-琼斯的信,1889 年复活节星期一,麦凯尔。

[41] 威廉・莫里斯致《每日纪事》的信,1895 年 4 月 23 日,菲利普・亨德森(Philip Henderson)编,《威廉・莫里斯致家人及友人书信集》,朗文-格林出版社,1950 年。

[42]《威廉・莫里斯作品集》"导言"。

[43] 科梅尔・普赖斯日记,1883 年 2 月 22 日,普赖斯家族藏品。

[44] 威廉・莫里斯致罗莎琳德・霍华德的信,1879 年 12 月 13 日。

[45] 威廉・莫里斯,《生活中的小艺术》,1882 年讲座。

[46] 麦凯尔,《威廉・莫里斯的一生》。

[47] 玛丽・拉戈编,《伯恩-琼斯谈话录》,1896 年 6 月 11 日。

[48] 威廉・莫里斯,《乌有乡消息》,1890 年。

[49]《克洛斯的基利恩》,1896 年。

［50］威廉·莫里斯，《世界尽头的水井》，1896 年。

［51］威廉·莫里斯，《生活中的小艺术》，1882 年讲座。

［52］访坎特伯雷大教堂，威廉·莫里斯载于《泰晤士报》的报道，1877 年
6 月 7 日。

［53］布伦特，1896 年 5 月 31 日。

［54］威廉·莫里斯，《骄傲的国王》引言，《人间天堂》第一部分，1868 年。

［55］西德尼·科克雷尔致 W. R 莱瑟比的信，1915 年 8 月 2 日，大英图
书馆。

［56］威廉·莫里斯致乔治亚娜·伯恩-琼斯的信，1890 年 6 月 10 日。

［57］威廉·莫里斯致威廉·沙曼的信，1886 年 4 月。

［58］威廉·莫里斯，《希望的朝圣者》，1885 年-1886 年。

［59］同上。

［60］威廉·莫里斯，《男孩农场的错误》，《公共福利》，1887 年 7 月 30 日。

［61］威廉·莫里斯致《曼彻斯特卫报》的信，1884 年 10 月 4 日。

［62］威廉·莫里斯致埃里克·马格努松的信，1875 年 6 月 3 日。

［63］卢克·爱奥尼德斯，《回忆》，赫伯特·克拉克，巴黎，1925 年。

［64］未注明日期的当地新闻简报，威廉·莫里斯陈列馆。

［65］《威廉·莫里斯：艺术家、作家、社会主义者》。

［66］《牛津和剑桥杂志》，1856 年 4 月。

［67］威廉·莫里斯致安德烈亚斯·朔伊的信，1883 年 9 月 15 日。

［68］威廉·莫里斯致乔治亚娜·伯恩-琼斯的信，1885 年 5 月 13 日。

［69］《威廉·莫里斯作品集》"导言"。

［70］《克洛斯的基利恩》，1896 年。

第二章　莫尔伯勒(1848-1852)

　　1848 年 2 月,威廉·莫里斯进入莫尔伯勒公学,在那儿获得一个新绰号——"钳子手"。[1]这所学校的前身是莫尔伯勒学校,建校之初,威廉·莫里斯的父亲就将其买下。而后不久,他就去世了。在人们的记忆中,此时的莫里斯是个深沉、结实、性情孤僻的小男生。他总是坐在一间大教室里,忙于编织用来捕鱼和捉鸟的网。他将网固定在课桌上,一连几个小时沉浸其中。而人们对莫里斯的另一番印象则是,他就是莫尔伯勒的疯子,大家常因他的古怪行为而戏弄他,"而他通常以咆哮却不失去理智的愤怒给人回应——他低着头,朝那些戏弄者野蛮地挥甩双臂"。[2]也许这种凶猛的钳式动作便是他绰号的由来。从莫尔伯勒这一时期开始,人们对莫里斯的实际描述多了起来。作为维多利亚时期被描述最多的人之一,莫里斯身上的某些特质特别受人关注。比如,他那被抑制的能量,以及在他身上交替出现的沉静和爆发的双重特质。在学校里,他第一次发现合谋串通的用处,帮助塑造了他变化无常的形象。在莫尔伯勒,他发展出"第一直觉",成为一名强大且充满煽动力的"去学校化"倡导者,一位继承了葛德文、克鲁泡特金、古德曼传统的教育无政府主义者。莫里斯认为,儿童教育非常重要,远非父母所能定夺。莫里斯把莫尔伯勒当成男孩们的巨型农场,从文人的回忆录中可见,这座农场在接下来的一个世纪一直如此。

　　在铁路建设向西推进前,莫尔伯勒公学成立才五年。铁路建设计划书上强调,学校靠近斯温顿,"这将成为英国铁路主干线的重要枢纽站"。学校具有强烈的宗教色彩,由神职人员、乡村绅士和律师共同创建,旨在成为英格兰南部最重要的国教学校。学校对于神职人员的子弟实行优惠措施。在早期生源中,神职人员的子弟至少占了三分之二(后来的招生比例受到了军事影响)。当莫里斯抵达莫尔伯勒公学时,学校仍然保留着 1843 年开办初期的混乱迹象。首批一百九十九个男生,有些乘火车,有些坐父亲的马车,聚集在这所尚未竣工、资金匮乏、没有结构、没有规章的学校。男孩们在原野上撒欢、奔跑,在"高地"上横冲直撞。"高地"是靠近学校主建筑的古代土建工程,在这里,男孩们屠宰过青蛙。

　　从招生数量剧增的角度来看,学校的运营无疑是成功的。1848 年,莫里斯成为一百零九个入学的男生之一,注册名单上记录着:"莫里斯,威廉,莫里斯夫人之子,伍德福德府邸,埃塞克斯,十四岁。"[3](实际上他才十三岁。)名单上,莫尼在其上,尼古拉斯在其下,他们都是神职人员的儿子,分别是十岁和十一岁。此时,莫尔伯勒公学里有将近五百个男生,人数已远超教委会规定的总数。莫尔伯勒的教育机制其实并不适

MARLBOROUGH COLLEGIATE SCHOOL.

2. 莫尔伯勒公学的原始建筑,始建于 1843 年,五年后莫里斯入学

合这样的扩招,这导致学校形成一套异常可怕的管理体制,相比以粗暴出名的温彻斯特有过之而无不及。有一段关于莫尔伯勒的历史,描述了从 1848 年至 1852 年(恰好是莫里斯就学期间)整个学校历史上"最阴暗"的时期。[4]

31   莫尔伯勒位于城镇郊区,是一所由红砖建造的学校,以十八世纪早期的为萨默塞特公爵所建的砖砌官邸为中心。然而,这座建筑所拥有的挺拔的古典廊柱,冠以穹顶,日后却成为莫里斯最厌恶的建筑代表符号:它强势,突出,令人压抑。在萨默塞特公爵官邸被学校接管以前,它已荣耀尽失,沦为一家"城堡旅馆"。在这座改头换面的建筑周围,学校的 C 楼区很快扩建了一系列新的房屋、饭厅和小教堂。莫里斯到达莫尔伯勒时,这些建筑工程仍在进行中。建筑师爱德华·布洛尔,一位时髦的哥特派和古董学者,在节约造价成本方面有了不起的声誉。当纳什因超出预算而被解雇,他一度被邀请在白金汉宫接替纳什的工作。对于莫尔伯勒的设计,布洛尔选择了"威廉和玛丽"风格,这种风格在十九世纪中叶并不常见,但在教学类建筑中较为流行:和惠灵顿公学的感觉相似,布洛尔所设计的莫尔伯勒华而不实、浮夸而局促,令人感到不安,这促成了莫里斯对"建筑伎俩"的早期认识。带着轻蔑与活力,他一次又一次地重返建筑这一学科,他用阿拉伯语嘲笑布洛尔那样的古典主义建筑师,称他们是"蒙昧"①的建筑师。[5]

    莫里斯住在莫尔伯勒 A 楼,当时这栋楼刚刚竣工。其外观十分庄重,一位游客形容它像"意大利的城镇宫殿"。[6]而建筑里面却更显森严,看起来就像一个巨大的笼子或监狱。这是一座三层高的铁建筑,中央一口大井,对着一扇天窗,而天窗就是室内唯一的日光源。这几乎是边沁所谓"圆形监狱"用来管制犯人的典型构造——其内部空间仅用于公共监视,不存在任何隐私。像监狱一样,这样的设计结构也容易滋生

---

①   应指阿拉伯语 Jāhiliyyah,音译"查希里叶",意为"蒙昧、野蛮无知",《古兰经》中多次出现这个词。

暗仗、霸凌和密谋。自从托马斯·休斯的《汤姆·布朗的求学时代》面世以来，类似拉格比公学里那些在毯子上翻跳或在火上敬酒的折磨人的仪式，让英国自由主义人士一直良心不安。而在莫尔伯勒也有类似的残酷行为，比如用床单把小男生拴住，悬挂在 A 楼房上层的扶手上。四十年后，那些曾在莫尔伯勒待过的人就像集中营的受害者一样，有时根本无法开口谈论那段日子。小男孩耳朵也被别针或小刀钻孔。对于 A 楼的记忆，莫里斯在一封信中有着深刻描述，这封信是在七十年代于莫尔伯勒写给菲利普·伯恩-琼斯的。当莫里斯回望过去，他认为那所旧屋是"如此凄凉的地方"。[7]他补充道："我在那里度日如年，两年后，才相对体面而有尊严地成为寝室长。"

受到其他男生的霸凌又是一件可怕的事。莫里斯的朋友罗伯特·纳恩斯在日记中写下了他很多次遭遇偷窃、排挤、重击、欺辱以及其他具体的身体攻击——"休斯和格兰尼往我嘴里塞满尘土"，"休斯、塞伯特和希克曼把我丢在没有桨的木筏里，用水泼了我一身，整个人都湿透了"。[8]相较于此，更毒辣的却是老师们的体罚。四十年代末，莫尔伯勒人手不足，大多数教员都是神职人员。学校组织不当，工作人员士气低落，教学活动只能在两个通风良好的大教室中进行。从低年级到高年级，九个年级的男生挤在这里度过全部室内生活。而使学生保持纪律的唯一显著方法就是鞭笞。当时，公然而不分青红皂白的鞭打行为并不是莫尔伯勒所特有的，但显然这一行为实属恶毒。有时，两位老师会同时在大教室里鞭笞学生，那鞭打的节奏有如两个铁匠你一锤我一锤在铁砧上敲击。[9]

莫尔伯勒的终极体罚形式是桦木鞭笞。犯错者被两个纪律委员夹在中间，带到校长室里面的一个小内室。然后，便从那里传出熟悉的棍棒抽打声和声嘶力竭的喊叫声。校长在执行体罚时，简直令人绝望——莫尔伯勒的威尔金森博士可不同于拉格比公学的阿诺德博士，他缺乏经验，面色苍白，身材矮小，短下巴，毫无**威仪**。在这位校长的领导下，新学校陷入了灾难性的混乱局面。一位与莫里斯同龄的男生将之形象地描述为"有艺术品位和学业兴趣的新男生，遭遇了打压"。[10]这个男孩初来学校时法语良好，也很有音乐品位。但是经过四年的磨难，这些天赋被碾得粉碎。

那么，莫里斯这个异常敏感的孩子，如何在莫尔伯勒度过往后的岁月呢？某种程度上，他学会了保持距离。的确，他为后来没有参加更多男孩之间的打斗而感到遗憾，因为他虽参战寥寥，但都表现很出色。莫里斯补充说：

> 至于其他，我依然处境艰难。要么像那些智商和情商都很高的家伙一样通常待在学校，要么像世人说的那样，尽管冷酷和愚蠢的人无法感受你的悲伤，也无法分享你的快乐，但还是要开心生活，如此我们才会充满生机和希望。而有时，宁愿去承受痛苦，也不要自己像烂白菜一样苟活。[11]

莫里斯在变革方面有着非凡天赋，他能在困苦局面中寻求可能：这是人们将莫里斯认定为富于创新的斯多葛主义者的首要依据。

威廉·莫里斯童年时期接受的家庭教育非常随意，他与姐姐们一起读书，一起在家的周围探索有趣的事物。某种程度上，这正是他理想教育方式的萌芽，即他经常提及的"孩童"之间的"互带抚养"。[12]在阿伦戴尔小姐的学校里，他第一次体验了学校规则和课程表。那令他十分震惊，虽然震惊程度远不及莫尔伯勒。阿伦戴尔小姐的学校是一所不太正规的学校，离家较近，与当时大多数男童学校一样由妇女管理。其实直到他去莫尔伯勒之前，无论是在学校还是在家，妇女对莫里斯来说都是主要权威人物。在莫尔伯勒，他发现自己来到了一个令人惊恐、完全陌生的男性社区，有很多令行禁止的条例，却冗长烦琐得百无一用。那里每天都有固定时间表，从早上七点四十五分的祷告开始，然后是从八点到九点、十点到十二点、下午两点到五点的课程。尽管那时莫尔伯勒还没有学生制服，但在已经同化的封闭社区教条主义的约束下，却有着关于行为仪表的苛刻规定。莫里斯在校时的校刊曾刊登过一封带有揶揄语气的信,讲述了一名新男生戴礼拜帽的悲哀故事:"汤姆说,帽子顶部的编结就像一个无衬纸的蛋糕,有些男孩会干脆把它扯下来。"

在莫尔伯勒上学时,莫里斯非常想家。在莫尔伯勒就读的第二个学期,他心事重重地向姐姐艾玛写信倾诉,信中他向姐姐要了七枚邮票,并描述了10月下旬那黑暗而孤独的苦楚感受。那时,学校五点关大门,同时亮灯。"我觉得你一定认为我是个大傻瓜,因为我总是想家。但我真的没法不去想,我觉得这不是我的错,因为家里有那么多的事,让我想做,让我想说,让我想看。"[13]这是莫里斯现存的最早信件,充满了甜蜜和信任。这封生动的信像他的言谈一样流畅自然而漫无边际。而这封信之所以如此令人心酸,是因为它寄出时恰逢莫里斯一家从伍德福德府邸搬到沃尔瑟姆斯托的水屋。苦不堪言的是,似乎没有人确切告诉他新房子的位置,但莫里斯特别想知道这些信息。莫里斯有很深的"扎根"需求,听起来很痛苦。他们有没有搬到克拉克夫人住过的房子里去?"或者是,搬到了旁边那栋? 我每次经过那儿,准会看到一大群猎犬,有苏格兰的、英国的、意大利的,都跑到街口来。你知道我说的是哪一栋吧?"

莫里斯还是个孩子的时候,就开始训练自己快速观察和随机应变的能力。但在莫尔伯勒,他却发现自己处于一个奉行死记硬背的学习方法的陌生领域:教义问答、翻译、重复。他告诉艾玛:"今天是万圣节,我在今天的晚祷中被提问了,而上周日我也被提问了。"[14]他过去常常严词谴责他所受到的莫尔伯勒教育,说他什么也没学到,因为学校什么也没教。这一说法并不准确。从某些方面看,他受到的教育是一场轰炸式灌输,并不是莫里斯所意指的真正教育。"我们已经开始学习狄多致埃涅阿斯的书信了。"[15]与莫里斯同时期的一位新生写信给姐姐:"我们也读恺撒著作①第五卷,一次十行,有时是十二行。我们还学习了大量的希

---

① 应指恺撒所著的八卷本拉丁文著作《高卢战记》。

腊语和拉丁语语法。"十九世纪四十年代末的莫尔伯勒,与十九世纪三十年代初拉格比公学的教学制度几乎完全一致。休斯曾在《汤姆·布朗的求学时代》中对拉格比的教学制度有详细的描绘。这是一个非常可怕的体系:依赖于正确答案,忽视真正的思考:这一切只不过是授人以鱼。

莫里斯在四年级第一学段入学;三年后,他在五年级第二学段离校。他所受到的教育基于古典学系。在此古典主义教育背景下,莫里斯学习了希腊语和拉丁语、历史学与神学。这些类别又被次分为数学和法语两个不同部分,而法语部分的设置则肉眼可见地繁杂。那时,弗鲁斯先生的名字出现在名册清单——他担任德语和绘画老师。尽管莫里斯的舍监皮特曼牧师也是出色的钢笔画艺术家,但莫里斯是否接受了他的绘画指导还不甚清楚,对此莫里斯从未提及。之后,九十年代,他记录了对老师以及其狭隘视野的厌恶[16],这种厌恶滋生于日益增长的敌对情绪:"我在莫尔伯勒接受的是神职人员的教育,所以我自然会反抗他们。如果他们确是非比寻常之人,我的反叛精神可能只会把我引向保守主义——仅是表达抗议就足够了。人自然而然会反抗权威。"[17]

毫无疑问,这些课程并未超出莫里斯的学习能力,毕竟他是博学得让人不可想象之人:威尔弗里德·布伦特甚称他为"我一生中有幸接触到的最强大的智者"。[18]严格说来,他从来都不是学者,但有着充沛、持久、清晰的智慧:如喜鹊一样目光敏锐,明察秋毫,堪称"喜鹊思维"的伟大典范。在莫尔伯勒,他的成绩处于班级中游,这表明他对其教育体制的明显抵触,在这种体制下,只要巧言令色,就可轻易获得成功。莫里斯对此体制的虚伪深恶痛绝。他总是能发现那些矫言伪行的人,并且有办法立即从已知事实中推测事理。他对教育进行全盘批判的基础在于他相信知识有真假之别。在他看来,莫尔伯勒就像伊顿公学,是一个"忽悠富家子弟"[19]的地方,他们学到最多的不过是一种表面的温文尔雅。八十年代,莫里斯来到伊顿公学做关于社会主义的演讲,在接待会上,他甚至受到男生们的敌视。邀请莫里斯的老师很尴尬地发现这样一个对比：晚会上，一边是打扮考究、举止得当、整洁地系着白领带的伊顿公学的学生，而另一边，莫里斯"身材壮硕，结实的脑袋上一头鬈发，穿着粗糙的舵手外套和蓝衬衫"。[20]

莫里斯在上学时就总是对自己的不足言过其实。他告诉布伦特，他的算术成绩总是垫底。但学校档案显示：他的成绩最差时是排在十六位中的第十二位，最好时升至第六位。但可以肯定的是，他从不擅长数学思维。他声称，他从来没有遇见过会推理的数学老师。当他开始制订自己理想中的课表时，数学被排在了最后。对莫里斯来说，历史是一切的开始和终结。他认为历史是严肃的、深刻的、绝对中心的：他只接受那些能对历史有所阐明的学科。尽管莫尔伯勒以如此方式教学，他还是认可希腊语和拉丁语的学习，也赞成加入梵语、波斯语，以及一门现代语言（最好是德语）。法语可以学，但只限于文学部分：莫里斯认为法语和英语并不是严格意义上的语言，因为它们缺乏恰当的语法。英语语法应该被废止，除非它与起源于十四世纪的文献阅读课紧密连接。随着莫里斯年龄的增长，他理想的课程设置变得越来越有弹性。到了九十年代，课程里包括了"理所应当的政治和社会主义——还有许多其他东西"。[21]

当莫里斯写《乌有乡消息》时，一种理想的教育理念已经形成，这种理念与莫尔伯勒教育完全对立，现在看来，它更像对二十世纪英国学校进步风潮不可思议的预言。在森林野营中，莫里斯与一群肤色黝黑的活泼男孩和女孩一同学以致用，他们在知识自由和性别平等的氛围中观察野生动物、一起游泳、烹饪、搭茅草屋、采伐、制作粗木家具：这次活动，可能是在停战时期，于萨默希尔或达丁顿举办的一次夏令营。莫里斯的教育理念宏大而有远见，认为教育必然是个终身学习过程。莫里斯是"第三年龄运动"的先知。当《乌有乡消息》里的"盖斯特"（Guest）表明教育只适用于年轻人时，他在乌托邦英格兰的向导转过身来，对他嗤之以鼻："为什么老年人就不可以？"在莫里斯未来的理想主义愿景中，他反对曾使他在莫尔伯勒公学心如死灰的那种填鸭式教学，主张制定一种主动获取信息的自主式学习方案：记住信息是因为你需要它。在莫里斯所设想的理想社区里，人因无所求而悠闲生活，每个人都有足够的时间来提升自己。

莫里斯有一种天赋，他能通过排除其他选项来看清自己要什么。在科技时代，他直觉过人。W. B. 叶芝在八十年代就与莫里斯相识，对他钦佩赞许之至。叶芝完美表述了莫里斯的先知禀赋：他无边的想象力是不断推陈出新的原动力。正如叶芝所言：

> 科技化浪潮充斥了我的童年时代。我在每一次重大变革中都感受到某种图景。我相信，第一条飞鱼初次跳跃，不是因为它向往空气，而是出于对大海的恐惧。[22]

莫里斯说，当他还是个学生时，他就对莫尔伯勒乡下附近的建筑和中世纪事物了如指掌。某种程度上可以说，莫尔伯勒早年的松散风气非常适合他。那里不像后来的公立学校那样组织正规游戏活动，莫里斯轻而易举就避开了设置得很少量的板球和足球运动。课外时间的监督也很少，所以稍显粗野的男孩们会成群结队地在附近游荡，"手里拿着圆头棒和一个自制武器（Squalar），衣领紧紧地扣在脖子上，脸上杀气腾腾"。[23]那种自制武器很凶猛，由一块大小形状均与梨子差不多的铅块和一条长十八英寸的藤条组成，主要用于追击松鼠，野兔和鹿也常命丧于此。其中一些男孩还因此成了制鹿皮的专家。莫里斯写部落战争的小说时，一定借鉴了莫尔伯勒的这段回忆。

相对于此，莫里斯的乐趣就比较温和。莫里斯写道，莫尔伯勒"位于十分秀美的乡下，处处散布着史前名胜，我热切地研究这一切与历史有关的东西，获益良多"。[24]在学校操场附近，有一个六十英尺高的神秘高地，这是诺曼皇家城堡在此遗址上唯一幸存的标志。十八世纪早期，高地被改造成一个风景如画的景观展示，瀑布和洞穴成为额外吸引人的要素：据称，"它比特威克纳姆更漂亮"，更新。[25]在特威克纳姆，亚历山大·蒲柏的时髦花园也有洞穴和高地。这个高地很快成为莫尔伯勒公学民俗文化的重要组成部分。二十世纪二十年代,约翰·贝杰曼就读于该校,他发起了一场运动,要求对其进行适当的保护。对莫里斯来说,高地自有魅力,尤其是它的形式魅力,就像一个倒置的布丁盆。早年的时候,莫里斯对高山并不钟情——后来去了冰岛才对高山有了感觉。但是,这个原生态的、可爱的、有趣的高地,却极大地吸引了他。莫里斯在一个故事中,曾描绘过一幅奇特的景象:远处两块高地之上有两座城堡。

在莫尔伯勒高地旁有另外一个大圆丘,绵羊经常漫步在丘顶。与之相较,莫尔伯勒高地仿佛是一个孩子。这个大圆丘是希尔伯里山,即欧洲最高的史前建筑,莫里斯在威尔特郡漫游时曾无数次拜访那里。让莫里斯兴奋的是,这些遗迹同样激起了早期狂热者的兴趣,如十七世纪的约翰·奥布里和十八世纪的威廉·斯蒂克利:这处风景别有洞天,古风犹存,堤岸、沟渠、小丘、陵墓、山岗在寂静的英格兰田野上若隐若现。莫里斯向艾玛描述了他入学第二年4月参观希尔伯里的情形。他称其为"不列颠的人造山",并评论说"一定花了很长时间才建成"[26],听起来好像他亲自实践过一样。这个巨大的圆丘充满了神秘气息,令莫里斯激动不已——这会是一个巨型古陵墓吗?

事实上,从未发现过任何墓葬痕迹。1777年,诺森伯兰郡公爵雇佣康沃尔矿工在圆丘上挖了一个竖井,但是没有发现任何结果。然而,正如最近所宣称的那样,它会是石器时代女神崇拜的中心建筑吗?这座圆丘及城壕实际上是女神的象征?这会是莫里斯非常喜欢猜想的问题。

莫里斯发现它时,正是山花遍野。1857年,在此进行了一次植物考察,最近的植物学考察列出了混杂在草丛中的八十五种花科植物。莫里斯小学时,就独爱在此爬山。他对艾玛说:"我从这里带走了一只白色蜗牛,把它放在衣袋里作为纪念。"

在同一次探险中,莫里斯还去了埃夫伯里。起初,他对这个巨大史前土方建筑的奇特构造迷惑不解。于是他回到莫尔伯勒去了解更多情

38

况,并于第二天再次返回埃夫伯里。第二次重访,他更好地理解了这个土方遗存如何得以修复,他给艾玛寄去了最大那块石头的技术说明文字,这个大石头离地面大约有十六英尺高,十英尺长,十二英尺宽。在埃夫伯里石附近,他看到一座非常古老的教堂:"塔楼非常漂亮,它的四个小尖顶依次被装饰。教堂还有一个小门廊,门廊内诺曼式的门道上摆放着曾光鲜无比的装饰性圣坛。透过窗户向外看,我找不到牧师的房子在哪里,所以我当然也拿不到钥匙。"[27] 年仅十五岁的莫里斯就已经显示出教堂专家般的专业参观知识了。他尝试以简洁且深刻的感受来洞见表象,因而成为杰出的景观描写者。珍妮·莫里斯曾说过,父亲只用短短六七个字,就能让你身临其境。

他所挚爱和珍视的是风景里的韵律:在埃夫伯里,"精巧的牧师住宅"建在教堂旁边,砂岩漂砾粗犷而超现实的轮廓强化了这种协调感。从草地到泥路,从水田到湿地,道路的质地和肌理不断变化。威廉·莫里斯试图向远在沃尔瑟姆斯托的艾玛表达,威尔特郡湿地的天然属性如何催生了他的描述方式:孩童般的丰富情感,成人般的精准感知。

> 所以,为了让你感同身受,我要告诉你体验一片湿地是多么令人愉悦:首先你必须对这四英尺宽的凉凉溪水流经的土地饱含深情,湿地的所有者都有权随意阻断及疏通溪流。每年,他们要在地里割草劳作很久。很长时间内,地里都不会有水,直到有一天有人落水挣扎。

他说,幸运的是,他们经过时,水里并没有淤泥:"否则,我们早就深陷泥潭了。"[28]

在莫尔伯勒时代,威廉·莫里斯与乡村景观之间的感官联结已非常紧密。莫里斯沉醉于景观的辽阔和深广,他带着早年谢默斯·希尼式的热情,深情地描写了沼泽地、金盏花、深渠和泥沟。多年后,当他重访皮尤西——"一个袖珍小镇"的乡村景观,他在那片广袤的大片丘陵地重拾昔日兴奋:"这个乡村,如此独特美好。当我们经过莫尔伯勒丘陵的一处旧地时,我回忆起小男孩时的自己——充满了惊奇与快乐。这个地方,就是奥尔山。"[29]跌宕绵延的丘陵令人着迷:"它几乎没有尽头。"[30]在优良的草地上,偶尔生长着一排紫杉和苏格兰冷杉。莫里斯依偎着这片风景,汲取它,保卫它,认为世界上再也没有一片土地抵得上它的美。莫里斯的童年,体会了两种截然不同的英格兰审美经验——埃塞克斯的田园生活,以及威尔特郡的风起云涌——这里,总是被莫里斯描绘成清新绝尘、气象万千的乡村世界。他的描写视角无可比拟而又深情热切,似乎只有情爱体验才能与之相提并论:"人们对其栖居的大地地表充满眷恋,好比男人对他深爱女人美丽肉体的迷恋。"[31]

　　莫里斯与史前景观遗产自有一份天然的联结。因为他父亲的盾形纹章上有马头和马掌的图案,莫里斯便对纹章图案痴迷有加。他的诗歌和小说中随处可见装饰性纹章图案,符号轮廓鲜明。其中,熊、龙、乌鸦的形象是原始而好战的共同协作体的象征,也是远古部落的标识。莫里斯喜欢幻想自己是白马部落人,充满浪漫色彩。在兰伯恩附近的乌芬顿的伯克郡丘陵上,那巨大的岩马雕像曾激起他的强烈情愫。当他住在凯尔姆斯科特时,每年都会去那里朝圣——即便身体每况愈下,甚至在离世前一年,例行朝圣也没有停止。诸如此类,与古代生活迹象的联结,对他影响深远。他能将过去的场景激活,以难以置信的精准,再将其置入空白的景观框架。莫里斯写道,"我常常乐在其中",

40

> 不断尝试去认识中世纪英格兰的真面目。那时,走兽角逐,万木争荣,良田千里,百草丰茂,耕稼务农……有未经改良的牛、羊、猪原生品种,猪与今日大不相同,看起来十分奇怪,又瘦又长。一队队驮马沿着马道前行,车道匮乏,除了罗马人留下的修道院之间的路之外,几乎没有其他路了。桥也很少见,不得已,要么摆渡,要么涉水过河。小城教堂林立,城墙围绕。小村庄则朴实无华,除了教堂一无所有。但是在人口稠密的地方,教堂建筑则又多又好,有的美观大

方,有的精巧奇特,无一例外都有圣坛和家具充塞其中,画作和装饰物在其中熠熠生辉。既有众多建筑辉煌的修道院,也有不少美丽的庄园宅邸——有些曾是古堡或是早期遗存;有些新颖雅致;有些相对于领主的显赫地位,小得名不副实。[32]

这是关于莫里斯的历史:是详尽的历史图景,是时间旅行者的追根求源,带有电影镜头般的流畅视角。如果莫里斯在世更久,很有可能会成为爱森斯坦那样的人物。莫里斯虽然有些夸大其词,但他的描述令人向往:"如果我们能登陆十四世纪的英格兰,那将是多么神奇的事!"神奇,但又神奇得真实。

在学校附近,威廉·莫里斯拥有另一片森林——萨弗纳克。与埃平森林的特性截然不同,它的树木质地偏白,更轻,不那么低矮、多节,更适合家用。萨弗纳克主要种植山毛榉和橡树。自被征用以来,这里一直是皇家森林。十九世纪四十年代末,萨弗纳克成为英国唯一实现私人管理的森林——艾尔斯伯里的侯爵夫人是其"世袭看护者"。艾尔斯伯里家族在跻身贵族之前,就拥有了那座红砖建筑,后来,该建筑被接管,成为莫尔伯勒公学的核心。萨弗纳克和莫尔伯勒之间的联系仍在继续,因为孩子们特别愿意把森林当作学校延展的操场。比如,莫里斯的朋友罗伯特·纳恩斯在日记中写道:"下午,和汤姆金斯一起去了森林,抓了好多蟹。"[33]

41　　莫里斯之所以十分亲近这片大森林,是因为它有着比埃平森林更浪漫的历史。在十八世纪,艾尔斯伯里的首位伯爵把这片土地一分为二,一部分开垦农业,一部分用作商品林。伯爵的儿子后来迎娶了业余建筑师伯灵顿勋爵的妹妹。艾尔斯伯里的第二位伯爵开始在此种植榉木林荫道,一直绵延至格兰德大道。此时的萨弗纳克森林不再是一片浓密的丛林,而是有着许多相互连通的迷人的林间空地。但莫里斯从中看到了关于历史探秘的更深层次。该森林里的诺尔农场是一个重要的石器时代遗址,出土了大量阿舍利时期燧石手斧,其中许多具有特殊的表面光泽。农场的后面有一个让人充满疑问的长方形石建教堂,据说始建于十三世纪后期。这座叫作圣马丁的教堂,荒凉而冷清,就像从沃尔特·司各特爵士的小说里走出来的一样。

莫里斯念念不忘的第三个森林,是"新森林"。他小时候是马里亚特船长故事的狂热读者。马里亚特的名书——《新森林的孩子们》,于莫里斯入学莫尔伯勒的前一年出版。这是一个关于内战的情感故事,莫里斯很容易与故事情节产生共鸣。故事讲述了一位住在森林里的老仆人,与几个孤儿组成家庭,抚养他们长大。孩子们两男两女,最大的爱德华和莫里斯年龄相仿。老仆人将孩子们视若己出,把他所知道的丛林知识倾囊相授。这些人物,是莫里斯在森林里不可或缺的情感陪伴。很有可能是他们与世隔绝的幸福生活激发了威廉·莫里斯对简朴的世外桃源生活的向往,在那里,他可以花时间翻译荷马史诗,也可以沉迷于长久的徒步。

最后人们发现,孩子们不是乡下人,而是贝弗利贵族的后裔。而后,孩子们被送回保皇党的怀抱。有趣而并非巧合的是,莫里斯所写的故事往往具有相同的发展势头:故事经常聚焦于那些荒野中长大的不知身世的孩子。莫里斯笔下的野蛮人是高贵的,他的故事探讨了弃世离俗的童年生活对那些注定成为社会领袖之人的影响。在故事的发展中,真正的高贵终会显现。

莫里斯强调,莫尔伯勒无所事事的生活幸而可以被读书充实。先了解,再观察,通过观察来转化知识:这是基于持续、系统阅读的工作模式。他很庆幸,莫尔伯勒有一个可以时常访问的一流图书馆——阿德雷图书馆(建于莫里斯入学后不久)。1849 年的一篇文章描述了这个新建成的图书馆:"配有优质的橡木家具"[34],由旧宅的两个大房间拼合而成。"一个慷慨的议会成员"给它捐了一千本著作。这批馆藏书可以有条件地供那些"值得信任的男孩"阅览。

　　言下之意,莫里斯曾被选中,故而他可以畅通无阻地访问图书馆。人们通常认为,他是该图书馆最理想的访问者,也许是因为他的行为举止很合乎要求。H. M. 海德门,这位莫里斯在民主联盟的同事记得,有一天早上,他和莫里斯一起拜访牛津大学的博德利图书馆。令海德门大为吃惊的是,图书馆馆长坚持请莫里斯来鉴定藏品:那是一大批熠熠生辉的弥撒用书。他们走进一间内室,祈祷书整齐排列在桌子上。莫里斯在旁边坐下,一本接一本地捧到手里,迅速而仔细地查看,在做出"某某修道院,某某日""如此某某地"的鉴定后,再将书推到一边,直到他如此这般读完所有书目。[35]在海德门看来,图书馆馆员似乎丝毫不怀疑莫里斯的判断结果。也许在莫尔伯勒,他也是这样严谨和自信。

　　可以笃定的是,莫里斯曾获"文学怪人"的声誉,或许他还视此为一种鼓励。他十分擅长避开那些讨人厌的事:比如为学校里的高年级男孩跑腿、打杂。这时,莫里斯一般会游荡到森林或河边。"就是在那儿,他也会发呆、自言自语,被人认为是'蠢驴'。"同时代的作家 D. R. 费伦写道。[36]起初,他会经常和莫里斯一起散步,但莫里斯总会没完没了地讲关于骑士和仙女的故事,一个冒险接一个冒险,没完没了。渐渐地,费伦就厌倦了这些故事。有一段时间,莫里斯的宿舍长开始有意栽培他,因为宿舍长喜欢听莫里斯讲浪漫故事。看起来,莫里斯似乎已经扮演了一个狡黠的说书人角色,有些情节很无聊,有些又很生动迷人。《莫尔伯勒校友报》的讣告形容莫里斯是一个奇特的人,有着浓密的黑色卷发和突出的前额,总是讲着让人匪夷所思的故事。他的格子背心上,有一部分颜色是"暖蓝色"。[37]

43　　莫尔伯勒并没有扼杀莫里斯的想象力,相反,或许以另一种特殊方式催生了它。也许应该把莫里斯和莫尔伯勒后来的诗人约翰·贝杰曼和路易斯·麦克尼斯相提并论,他们都是即便在最庸俗的英国公立学校里,也一直保持和发展着自身特殊品质的人。但是莫里斯并没有像后辈的知性学生那样,成为主流人物。那时,他似乎是一个沉默寡言的内向之人,常因暴跳如雷而引人侧目。他似乎从未获得过最佳英语论文奖。

1850年,该奖发布的论文主题是"花园是人类最纯粹的乐趣"。他似乎也从未为《莫尔伯勒杂志》写过稿,尽管其文学创作方向可以涵盖莫里斯后来转向的诸多主题:民间故事,《老橡木箱》的故事,以及一首关于"莫尔伯勒附近的古代德鲁伊教纪念碑"的诗。最显著的重合之处是1848年的《寓言》,这是发生在一个喜欢幻想的学生身上的关于冒险和魔法的故事。这个虚构框架里的情节流露出莫里斯梦想中的景象,几乎成为威廉·莫里斯的代表符号——城堡中,一位坐在沙发上的女子香艳迷人,充满了诱惑力。就像拉斐尔前派画家所描绘的那样:"她身着宽松而飘逸的长袍,衣着妖娆,又异常美丽。"[38]

在莫尔伯勒,没有人真正了解威廉·莫里斯。某种意义上,他也不让别人看透他。他当时是个孤立的边缘人,而后来的发展则出人意料。"当有消息说,他的房间多么精致,他如何成为牛津的名人,学校里的人都惊讶不已。"[39]

1849年3月,莫里斯在莫尔伯勒公学的教堂接受了索尔兹伯里主教坚振礼。这个仪式在星期六早上举行,男孩们上午八点进入教堂。作为领坚振者,他们坐在祭坛附近的长椅上等待,然后起立接受主教行礼,整个仪式大约持续二十分钟。莫里斯对姐姐艾玛说,主教爱德华·丹尼森又高又瘦,虽然秃顶,但并不显老。莫里斯认为,他必定出身高贵。第二天,莫里斯领受了他的第一顿圣餐。"在这里,"他告诉艾玛,"每个人都要严格执行宗教仪式。"可见学校的仪式非常讲究。威尔金森博士身材纤弱,法衣上要么系着腰带,要么披着披肩。这使人们达成共识:莫尔伯勒正是圣公会高教会的天下。

教堂很新,像同时期学校的其他建筑一样,也是由爱德华·布洛尔委托建造的。这是又一栋成本低廉的建筑,一位教堂建筑学家猛烈批评建筑师的职业道德,谴责这位建筑师承诺以五千英镑的总价建造一座"大教堂",但教堂"徒有其表,任何尊重自己职业或作品的艺术家都不会这么做"。[40]这位评论家的嘲讽主要针对那个"尺寸尤为荒谬"的祭坛,它大约有九英尺长,配有一个奇怪的凹槽,里面装有壁炉和复活节墓碑,"因此,看起来就像一个餐具柜"。但是,在举行宗教仪式的过程中,没人感到不妥。"每天两次,全校人员于早晚聚集祷告。所有老师都无比准时,许多后勤管理人员也都自发出席,孩子们则彬彬有礼,这一切都使当时在场的人难以忘怀。"

种种迹象表明,莫里斯曾满怀热情地加入莫尔伯勒的宗教生活。部分原因可能是莫里斯像约翰·贝杰曼一样,十分喜爱教堂独立的位置——这是学校里唯一可以让他**独处**的建筑。其建筑形式也是莫里斯很熟悉的。在藏书丰富的图书馆,莫里斯博览有关教会建筑的书籍,很早就对历史建筑风格有着深刻了解:他声称,在毕业之前,就遍览了关于英格兰哥特式建筑的大部分知识。布洛尔教堂是中尖顶式教堂,中殿有八柱间距长,四个角楼和一个钟楼。它的一个缺点是钟声很微弱,甚至在公学都听不到。但对于这座建筑,莫里斯很快感受到情感上的相融。根据自己在家里学来的教堂音乐理论,他回应着布洛尔教堂的音乐。与其他学校相比,莫尔伯勒的音乐极其美妙——其唱诗班由男生和老师组成,充满了活力。莫里斯十五岁时,给他姐姐写信说:

> 我们星期一、星期二和星期天都唱同样的赞美诗,即《诗篇》第七十二章前三节。有位先生(某同学的父亲)说,我们的合唱团总体上要比索尔兹伯里大教堂的还好。不管怎样,我觉得我们的歌声太美了。在第一节,我们合唱。第二节以一个高音开始,到最后低音和声响起,渐渐变低沉,然后高音,最后是低音。而第三节完全由低音和声演唱,不是很大声,但是您一定会觉得这种风格完全适合演唱主题。我认为,我比其他两个人都更喜欢这首歌。在我看来,这首歌唯一的缺点就是太短了。[41]

这是非常感性的一个宗教。莫里斯应该注意到了1841年出版的普金的专著《基督教尖顶建筑的真实原理》,以及更富有深意的1843年出版的《为英格兰基督教建筑复兴辩护》。莫里斯定是观赏过这些关于天主教和圣公会高教会派的教堂室内装饰插图——鲜艳的色彩、奢华的镀金、闪亮的银器，以及时常由戏剧服装设计师提供的华丽法衣，再配上专业灯光和暗影技术，足以使宗教体验转变为准戏剧体验——从相对通透和明亮的中殿开始，逐渐将心理情感引至黑暗、丰富和神秘的圣坛，再到悬挂在圣坛拱门暗处的圣坛屏和十字架本身。普金式建筑有戏剧性的特质，与之相对应的文学作家有沃尔特·司各特，甚至还有"战栗景观"（Shudderscape）的开创者拉德克利夫夫人。

圣公会高教会派运动和十九世纪早期的浪漫主义运动存在着关联，彼此相互促进。在莫里斯内心，两者密不可分。"放下外物"的理念、禁欲生活的神秘吸引力，影响了莫里斯那和知性抉择一样重要的美学信仰，使他在莫尔伯勒时，就坚定了进入教会的决心。

也许这种富裕阶层的正统清教主义的本质，反而孕育了莫里斯与之抗衡的思想。从莫里斯学校信件中开诚布公的语气中可以看出，莫里斯的大姐艾玛，显然和他有一样的宗教偏好。不久，艾玛嫁给了约瑟夫·奥尔德姆，一个观点上非常倾向于高教会派的年轻牧师，曾经在沃尔瑟姆斯托当过副牧师。威廉·莫里斯的二姐亨丽埃塔皈依了罗马天主教，在中年早期她还来到罗马，拍了一张身着看起来十分虔诚的黑色披肩、戴着十字架吊坠的照片。他的另一个妹妹伊莎贝拉·吉尔摩，是伦敦南部的女执事。她拒绝了童年时代的清教徒习俗，转而信奉圣公会的圣礼式，正是这种圣礼式，支持着她在巴特西贫民窟的工作。后来，莫里斯带着一种极端主义的立场，投身莫尔伯勒的宗教生活。这一行为，既与他的家庭传统相对立，又与之密不可分。而后，这种狂热又在他追求社会主义信仰时重新浮现。

1851年11月，莫尔伯勒公学爆发了一场被定性为"叛乱"的事件。莫里斯其实没有怎么参与其中，尽管此后他一再以此为谈资向自己的孩子们讲述。莫尔伯勒叛乱，即威尔金森博士的溃败，是校长所面临的

"灭顶之灾",这事让他愈加心烦意乱。整个秋天,学校里的紧张气氛不断加剧。据说,三个男孩遇见一位骑着驴穿街走巷的老磨坊主,抢了他的驴,把驴推下了水,这让老磨坊主抓狂。但小匪徒们拒不认罪,于是校方实行了一场大规模的宵禁。还有一件事是,在月色中几个男孩在 C 楼屋顶跳舞,公学门卫鞭打了他们。因此门卫遭到忌恨,男孩们对他住处的袭击报复又引发新一轮骚动。随后这个小团伙头目被除名。11 月初,男生们又开始积攒在学校禁止燃放的烟花,总共收集了大约八十多枚爆竹,外加"重型火炮"。盖伊·福克斯之夜的五点钟正是决战时刻。"就在那时,"一位痴狂的见证者写道,"当一枚火箭炮从球场中央发射升空时,我们知道,革命开始了。"[42]

所有的房间和教室都在燃放烟花,教堂的许多窗户都被爆破了。威尔金森博士亲自规劝高中部男生,但遭到了爆竹的袭击。当他和几位老师站在火堆旁,一瓶火药被扔了进去,随着"一声可怕的巨响"发生了爆炸。爆炸和叛乱持续了许多天,而爆竹似乎用之不竭。这或许可以解释莫里斯后来为何有烟火恐惧症——"我一直讨厌烟花"。[43]他在描述1861 年伦敦图利街火灾时如是说,那场大火把泰晤士河变成了一片火海。

威尔金森博士揪出了那些把烟花带到学校的男生,又开除了四个男生,包括最受欢迎的校园英雄奥古斯都·特维福德。威尔金森博士觉察到不妙,便安排他离开学校,不过不是从正门,而是从教师专用的侧门离开的。但计划还是败露了,几百名男生严阵以待。"噔噔噔,噔噔,噔噔,"代表队成员爱德华·洛克伍德写道,"我们每排八人,肩并肩走在通往镇上的大路上,要是哪个讨厌的人遇到我们而又无法逃脱,那他就惨了!"[44]公学里的骚动再次爆发了,大家高声呐喊,摔烂课桌,踩踏地面,以此来挑衅权威。随后几天,鞭笞声持续不断。某个阶段,多达二十八名男生同批遭受这一惩罚。但这些孤注一掷的措施基本无效。在恢复秩序之前,校长那间神圣的内室已被洗劫,他留存在那里的桦木棒早已消失,就连他一直埋首其中的索福克勒斯译稿也被烧毁了。

　　本次叛乱是莫里斯第一次经历无政府状态。这一定程度上影响了他对革命和暴力的看法。他从不惧怕以身体去抗争，也理解革命即意味着流血。他反对的是一种盲目的暴力，随着他对此了解的加深，他的反感也与日俱增——他被排斥在了暴民行动之外。在莫尔伯勒发生骚乱的那几个星期，他看到暴力怎样日趋白热化，并对乌合之众的力量深感震惊。还有什么比莫尔伯勒的孩子们组成八人连排的队形昂首阔步行进于镇上，更能体现元法西斯主义的形象呢？

　　莫里斯在叛乱中会站在哪一边？他是天生的反独裁主义者，但他也是一个善于冷静观察的人。他不可能不注意到，这并不是一场简单的校园男生与老师们之间的对峙，也不是天真与残酷的对抗。在其下，其实隐藏着阶级斗争的因素，夹杂着复杂的次生情节：比如，男生们和校役，男生们和当地农民的对立。公立学校的风气助长了社会傲慢，莫里斯对此感到良知上的质疑，并由此重塑了他的思考格局。四十年后，他向朋友亨利·萨尔特（曾是伊顿公学的老师）描述其中一个场景，仍无法熄灭心中的怒火。他说，一个当地农民在经过莫尔伯勒公学时，学生从窗户里扔石头砸他。而当全校师生聚在一起听他诉苦时，全场哄堂大笑，最后调查不了了之。过去，英国的公立学校经常因等级优越感来实行免罚行为，这助长了阶级差距和军事沙文主义，直至矛盾加剧而覆水难收。与此相对，历史上却有许多正面案例，如反对阶级分化，传统公立学校拒绝效忠君主和国家，等等。至于莫里斯如何成为社会主义革命者和充满激情的反帝国主义者，又是另一回事了。值得一提的是，在接下来的一个世纪，莫尔伯勒又造就了安东尼·布伦特。

48

　　对于威尔金森博士来说，1851 年的叛乱是他的个人灾难。在下一届任期到来时，他辞职当了一名乡村牧师。接替他的是乔治·科顿牧师，这位"严肃的年轻教师"出现在了《汤姆·布朗的求学时代》一书中。相对来说，威尔金森博士走后的新制度更加完善了。但在此之前，随着那些耸人听闻的校园革命的消息逐渐传开，家长们大惊失色，有近百名男生转走，学校因此遭受了双重打击。退学的学生中就有威廉·莫里

斯,他在 12 月参加完五年级最后一学期的考试便退学了。在九名考生
中他名列第五,表现如常。

　　莫里斯回到了沃尔瑟姆斯托,消磨了近一年的时光。他一部分时间
待在家里,其余时间则在私教弗雷德里克·B.盖伊——附近森林学校
的年轻校长的指导下学习,以获得牛津大学的入学资格。莫里斯家的住
宅水屋,是从他童年时期至今唯一仍然矗立着的建筑。水屋是一座十八
世纪中期的浅黄色砖房,门廊两侧带有三隔断的弓形窗户。这是一栋典
雅、柔和、给人安全感的漂亮建筑,与伍德福德府邸大同小异。这里同样
也延续着封建生活的基调,只是少了些奢侈罢了。水屋被护城河装点
着——屋后是一片草坪,草坪外就是一条四十英尺宽的护城河。河中央
有座白杨丛生的小岛。梭子鱼和鲈鱼的出现,给河水带来无限生机。孩
子们在河里垂钓,冬天在冰面上滑冰。杂草丛生的小岛竟成了一个潮湿
的冒险乐园。伦德尔·莫里斯有一次模仿《鲁滨逊漂流记》的主人公,
将自己隔绝在岛上。不过到了半夜,他就又冷又怕地溜回了家。对威
廉·莫里斯来说,护城河是一个反复出现的景象。它带有双重的苦涩意
味:首先,它是古迹遗存,常被假想为中世纪场景中的陈旧元素。其次,
护城河对莫里斯个人的象征意义也举足轻重,它常让他想起在心潮澎湃
的年代,青春期内心深处的渴望。

　　　　　深绿的水,填满了护城的河。
　　　　　两边的砖,是它红色的嘴唇。
　　　　　绿草和苔,沾染着雨露水滴。

　　　　　雕木花船,船尾挂着绿帷幔。
　　　　　热恋的人,在那里坐拥亲吻。
　　　　　极其幸福,酷夏炎热的正午。
　　　　　——没有人注意他们。[45]

Deep green water fill'd the moat,

Each side had a red-brick lip,

Green and mossy with the drip

Of dew and rain; there was a boat

Of carven wood, with hangings green

About the stern; it was great bliss

For lovers to sit there and kiss

In the hot summer noons, not seen.

　　此时的莫里斯,显现出不同寻常的情绪起伏。大部分时间,他都住
在沃尔瑟姆斯托的霍巷(Hoe Lane)。在那里,弗雷德里克·盖伊利用课
余时间辅导他,他把一部分时间给了正式的学生,把另一部分时间分给
了非正式的学生。对莫里斯来说,这似乎回到了他早期在沃尔瑟姆斯托
上学时的情景:来自盖伊学校的一位同学——W. H. 布利斯,惊讶地发
现莫里斯住的地方离自己家这么近! 布利斯认为,莫里斯是个友好、机
智、精力充沛的人,也许还有点令人害怕。他们击木剑时,他坚持在两人
之间放一张桌子,以免莫里斯怒不可遏时大打出手。莫里斯教他如何织
网,他们共同做了一张大网,然后去水屋那边的池塘拉网,只网到些许鲈
鱼和大量野草。他记得在森林漫步时,不知是两个人中的哪一个,用大
石子砸一只大鹅的头,惹了不小的麻烦。

　　莫里斯看起来愣头愣脑,却带着一丝自嘲的勇气,他后来的拉斐尔
前派密友们很喜爱这一点。但同时,他的某些特质也让人对他有些疏
远。后莫尔伯勒时期,一位在水屋遇见他的女亲戚注意到:"我不喜欢
威廉,他似乎对什么都漫不经心,但其实最会沉机观变。"[46]他来到盖伊
家,他的家庭教师也觉得看不透他,更不指望他有什么进步。事实证明,
他们之后相处得很好。盖伊是一位视觉敏锐的高教会派成员,具有古典
而富有诗意的温和气质,他后来做了圣奥尔本斯一地的教会教士。[47]
1851 年夏天,在德文郡奥特里圣玛利亚附近的阿尔芬顿村,莫里斯和盖

伊一起度过了六个星期的学习时光。在奥特里,他参观了一个"奇特而陈旧的古老教堂"。[48]他记录道,这座教堂"当之无愧是英国最美、最引人注目的一所教堂"。但是,尽管他们有共同爱好和品位,盖伊还是不安地发现,这个学生在书房学习时老喜欢把腿紧紧勾住椅子腿,然后他突然用力,椅子就会塌掉。这成了他的一个终身问题。伯恩-琼斯曾无奈地环视过他画室里的椅子:"那是莫里斯坐过的椅子,他通过背部独特的肌肉运动,使得椅子上面的横档都飞了出去。"[49]

莫里斯的抽搐和古怪举动确实罕见。他的怪异举止与塞缪尔·约翰生有些相似,其肌肉痉挛以及莫名其妙的动作和模仿行为其实都是不由自主的。奥利弗·萨克斯在讨论图雷特综合征时提及:约翰生博士的自发性创造能力和他闪电般的急智"与他爆发性冲动状态有着有机联系"。[50]莫里斯也是这样吗?当然,莫里斯的玩性、大胆、创造发明的速度,以及对视觉图像冲击力的非凡感受,这些特质在图雷特综合征中都有表现,且常常形式翻新变化无常。莫里斯和约翰生一样,言行得体,文笔沉静。但莫里斯也常有一种爆发的冲动,就像一个失控的孩子,让内在的激情喷涌而出。在莫里斯的暮年,他开始撰写一些超现实的新版故事,讲述那些自他上学时起就萦绕在脑海中的漫长而离奇的故事。

水屋的入口只有一个,很有气势。入口由黑白大理石砌成方形结构,沿着雄伟的原木色楼梯向上延伸至二楼大厅。在二楼的平台上,莫里斯常躲在窗口的座位上读书,一读就是一整天。他时而精神焕发,时而意慵心懒。《蓝皮小说》中勾勒出这样一幅自画像:

> 你知道,有人本来就对钓鱼和射击不感兴趣,然后便读了大量的书。有一天,有一个人走了出去,走到河边看水的旋涡,忽然回想起书中的一切。又过了一天,一个人拿着一根鱼竿,在田野上左顾右盼,看着道路蜿蜒曲折,又忍不住想到一些故事。于是,愈加渴望读到更多的书。[51]

那是一段怅惘的岁月,或者说正处于青少年末期的烦恼期。莫里斯意识到一种前所未有的缺失感——极度威严的父亲已经不在了。老威廉·莫里斯被厚葬,他的坟墓装饰着纹章和花边,至今仍隐现于伍德福德教堂的墓地。

此时还有一个痛苦的变化,那就是莫里斯姐姐艾玛的缺席,她在嫁给约瑟夫·奥尔德姆——那个曾辅导过她德语的副牧师之后,搬到了肯特郡的唐恩。艾玛是莫里斯一直崇拜的姐姐,梅·莫里斯称她为"他最喜欢的姐姐或密友"。[52]很久以前,他和艾玛一起坐在伍德福德府邸的养兔场,读着哥特式小说《老英格兰男爵》,两人读得很紧张,都不敢穿过公园回家。这是一种轻松的身体亲近。莫里斯在他的牛津小说《弗兰克的密信》中重现了这一幕:"我看到一个小女孩坐在草地上,在炎炎夏日热浪中,眼睛盯着远处的蓝色山丘,心中不知在想象着什么——在她身边,那个男孩正在给她读关于生活在古代的骑士、女士和仙女的奇妙故事。"[53]

后来在莫尔伯勒,艾玛继续扮演着保护者和生活顾问的角色,她在他的点心盒里装满自家的农产品,监督他用兔子换取鱼竿,回应他对蚕卵的急切要求。这都是让他最容易满足的小喜悦,其中包含的柔软的爱,充盈着人的精神品质。而他,则用一种速记体从莫尔伯勒给她写信,他们之间就是那样默契。

爱德华·伯恩-琼斯给出的描述是,莫里斯在姐姐结婚后感到被抛弃了。他似乎很渴望维持这种亲密关系。之后,他的小说中开始泛出某种性爱色彩。莫里斯晚期写的那些浪漫的女主人公是姐妹般的、同志般的奔放女性,是身体和精神愉悦的共享者。不同之处在于,她们大都是被俘获的对象。对他来说,艾玛的离开以及这种亲密关系的解体,开启了悲剧循环:先是确定和承诺与女性的亲密关系,然后又违背诺言。

1852年,威灵顿公爵去世,葬礼于11月18日举行。他在莫尔伯勒的老朋友纳恩斯,一直与"钳子手"莫里斯保持着联系。他提到,举行葬礼那天,钟声低沉。他在日记里写下这件事,并给它描了一个黑框。莫里斯的同学们从盖伊家出发去伦敦送葬。莫里斯家人也去了。唯独莫里斯没有去,令他姐姐亨丽埃塔大为恼火的是,他待在家里,还独自骑马穿越了埃平森林。

他一直骑到沃尔瑟姆修道院那么远。此后不到十年,伯恩-琼斯就为这座诺曼式教堂设计了无可比拟的窗户——"威严的基督"。基督仿佛端坐在彩虹之上,周围环绕着创世七景。血色的太阳,黄色的月亮,五棵高耸的树,蓝绿相间的水域分界。他将天使唱诗班置于高高的圆窗里。在另一处,亚当和夏娃赤裸且羞涩地站在那里。

注释

[1] A. L. 欧文,《威廉·莫里斯协会期刊》(1968 年冬天)和《R. A. L. 纳恩斯日记》,《莫尔伯勒公学学生》增刊,1931 年 8 月。

[2] G. H. 穆林斯牧师,引述自麦凯尔,《威廉·莫里斯的一生》。

[3] 莫尔伯勒公学记录,博德利图书馆。

[4] 莫尔伯勒,A. G. 布拉德利、A. C. 钱普尼斯和 J. W. 贝恩斯,《莫尔伯勒公学史》,1893 年。

[5] 麦凯尔,《威廉·莫里斯的一生》。

[6] 莫尔伯勒公学档案馆中未注明日期的建筑文章。

[7] 威廉·莫里斯致菲利普·伯恩-琼斯的信,1874 年 12 月。

[8] 《R. A. L. 纳恩斯日记》,1852 年 4 月 26 日和 27 日。

[9] 爱德华·洛克伍德,《莫尔伯勒公学的早期》,1893 年。

[10] 《莫尔伯勒公学史》。

[11] 威廉·莫里斯致菲利普·伯恩-琼斯的信,1874 年 12 月。

[12] 《威廉·莫里斯作品集》"导言"。

[13] 威廉·莫里斯致艾玛·莫里斯的信,1848 年 11 月 1 日。

[14] 同上。

[15] 十二岁的汤姆在 1846 年写给姐姐的信,引自《莫尔伯勒市镇和乡村》,1978 年。

［16］威廉·莫里斯的学校记录，莫尔伯勒公学记录，博德利。

［17］威廉·莫里斯，《评论的评论》，1891 年 3 月 14 日。

［18］威尔弗里德·斯考恩·布伦特，《关于威廉·莫里斯的几句话》，打字稿，1913 年 1 月 15 日，大英图书馆。

［19］威廉·莫里斯，《乌有乡消息》，1890 年。

［20］H. E. 卢克摩尔致西德尼·科克雷尔的信，1924 年主显节，科克雷尔，《最好的朋友》。

［21］西德尼·科克雷尔，日记，1891 年 8 月 2 日，大英图书馆。

［22］W. B. 叶芝，《自传》，麦克米伦，1956 年。

［23］《莫尔伯勒公学史》。

［24］威廉·莫里斯致安德烈亚斯·朔伊的信，1883 年 9 月 15 日。

［25］赫特福德夫人，引述自尼古拉斯·佩夫斯纳，《英格兰建筑·威尔特郡》，企鹅出版社，1963 年。

［26］威廉·莫里斯致艾玛·莫里斯的信，1849 年 4 月 13 日。

［27］同上。

［28］同上。

［29］威廉·莫里斯致珍妮·莫里斯的信，1879 年 8 月 23 日。

［30］威廉·莫里斯致梅·莫里斯的信，1882 年 8 月 31 日。

［31］威廉·莫里斯，《乌有乡消息》，1890 年。

［32］麦凯尔，《威廉·莫里斯的一生》。

［33］《R. A. L. 纳恩斯日记》，1852 年 10 月 18 日。

［34］莫尔伯勒公学在《教堂建筑学家》上的文章，1849 年 4 月。

［35］H. M. 海德门，《冒险生活记录》，麦克米伦，1911 年。

［36］D. R. 费伦，麦凯尔。

［37］《莫尔伯勒公学学生》，1896 年 12 月 3 日。

［38］《莫尔伯勒杂志》，1848 年 4 月 24 日，博德利。

［39］《莫尔伯勒公学学生》，1896 年 12 月 3 日。

［40］《教堂建筑学家》，1849 年 4 月。

［41］威廉·莫里斯致艾玛·莫里斯的信，1849 年 4 月 13 日。

［42］《莫尔伯勒公学史》。

［43］威廉·莫里斯致罗莎琳德·霍华德的信,1881 年 11 月 28 日。

［44］爱德华·洛克伍德,《莫尔伯勒公学的早期》。

［45］威廉·莫里斯,《金色的翅膀》,1858 年。

［46］引用 J. M. S. 汤普金斯,《威廉·莫里斯:诗学方法》,塞西尔·伍尔夫,1988 年。

［47］R. W. 狄克森描述,麦凯尔笔记本,威廉·莫里斯陈列馆。

［48］威廉·莫里斯致摩根·乔治·沃特金斯的信,1867 年 8 月 21 日。

［49］布伦特,1893 年 6 月 30 日。

［50］奥利弗·萨克斯,《图雷特综合征与创造力》,《英国医学杂志》,1992年 12 月 19 日至 26 日。

［51］威廉·莫里斯,《蓝皮小说》,约 1871 年。

［52］《威廉·莫里斯:艺术家、作家、社会主义者》。

［53］威廉·莫里斯,《弗兰克的密信》,《牛津和剑桥杂志》,1856 年。

第三章　牛津大学(1853–1855)

1852 年 6 月,莫里斯前往牛津大学,参加埃克塞特学院入学考试。

在他旁边,有个人手持资料也在大厅等待,他就是来自伯明翰爱德华国王语法学校的爱德华·伯恩-琼斯。即便他们当时并未交流,第二年在学校再次相遇时,伯恩-琼斯还是认出了莫里斯。莫里斯那时形象很出众。"他身材修长,有着深棕色的浓密秀发,挺直的鼻梁,浅褐色的眼睛,以及极其精致的嘴唇。"[1] 自从伯恩-琼斯第一次见到他,就注意到了他所特有的决断力。伯恩-琼斯观察到莫里斯早早完成了贺拉斯的论文,并把论文折好,在上面写上"威廉·莫里斯"——他似乎非常特立独行。

对于牛津,莫里斯怀有不同寻常的热忱。在他对城市的归类中,牛津不能被简单视为"英国最重要的城市"[2],毋宁说,将其称为"第二故乡"[3]才更能引起切身的情感共鸣。莫里斯第一次来到牛津时,这座城市正处于转型期。1844 年,才刚刚有了铁路。但直到十九世纪八十年代,牛津发生翻天覆地的变化,郊区才发展起来。这时所幸还有老城区得以完好留存,它被莫里斯当作中世纪城市的典范:"一个由灰屋顶的房屋、悠长蜿蜒的街道,以及此起彼伏的钟声构成的景象。"[4] 在莫里斯的心中,只有鲁昂能与之相提并论。他对牛津的原初记忆引燃了他对牛津的城市化进程的抵触——他的"珍宝之城"[5]正在消逝。牛津在他情感历程中的地位不可取代,以至于当他重返牛津时总会生出一种"恐惧感":"每想起少年时我居住的地方已经不在了,我就对那些恣意而冲动的改变感到愤慨。遗憾的是,在那些的日子里,我却没能意识到我拥有了那么多东西。"[6]

　　莫里斯于 1853 年 1 月入读埃克塞特学院。他原本有望于前一届秋季入学,却因招生满员而推迟入学,因此他又多花了几个月时间和盖伊一起学习。而后当他来到牛津,又遇到了住宿难题。他和伯恩-琼斯先被安置在小镇的日间房,晚上再返回学院,住在学生套间的第三个房间里。这个手忙脚乱的开端,可能刺激了他们不断积聚的沮丧情绪。[7]伯恩-琼斯和莫里斯成了亲密的朋友,他们在第一学期大多处于"阴郁的失望和幻灭感"中。他们下午一起愤懑地散步,抱怨牛津的懒散和冷漠。并非只有他们如此,卡斯伯特·比德在这一时期写成的经典牛津小说《维丹·格林先生》中,也对当时让人失望的腐化制度进行了犀利的批判。

　　"很明显,我们在挑大学时选了一个令人不快的地方。"[8]伯恩-琼斯对埃克塞特的反感与莫里斯如出一辙。莫里斯对埃克塞特的平庸抱怨道:"我非常厌恶在这个地方学习"[9]莫尔伯勒与埃克塞特维持着传统的联系。基本上,它们是一个西南地区联盟。直到 1856 年校规修订之前,牛津大学的学院都是在国内特定地区招生的。这意味着埃克塞特很大程度上由来自德文郡和康沃尔郡的一群神职人员管理。像在莫尔伯勒一样,这里也存在一定程度对高教会派的重视。有趣的是,十九世纪二十年代从莫尔伯勒来到牛津的约翰·贝杰曼仍然认为牛津是"圣公会高教会派的总部"。[10]1852 年的大学档案显示,当年入学的五十九个男孩中有八个进入埃克塞特。其中一位是 W. 富尔福德·亚当斯,在校时与莫里斯关系一般,后来成为莫里斯在牛津郡的邻居。埃克塞特的生活太接近中学生活了。莫里斯曾将牛津描述为"一所巨大的高级公立学校"。[11]学院内分为两个截然不同的群体:一群是"钻研派",他们专注于经典和神学;另一群是"逍遥派",他们划船、打猎、吃喝嫖赌。当时,埃克塞特的"逍遥派"占据上风。伯恩-琼斯觉得它就像"旧时的布拉森诺斯学院,确实非常逍遥浪荡"。[12]

现在,牛津大学所有的本科课程都可授予荣誉学士学位。未获荣誉学位者,可获颁合格证书。在十九世纪中期,这种制度更加灵活。莫里斯是专门冲着合格证书学位而来的。他的导师对他印象平平,并在学生簿中写道:"他是个鲁莽、未经磨砺的年轻人,并未表现出特殊的文学品位或才能,但能够顺利通过常规的考试科目。"[13]缺乏热情是相互的:莫里斯对古典学的正式研读,伴随着他整个牛津时期的牢骚和不满。"我将承受生活的重负,因为从下周二开始,我要每天花六个小时来读李维、伦理学和其他科目——请可怜可怜我吧。"[14]事实上,他对古典作品的憎恨只是名义上的。他并不讨厌古典作品,他只是厌憎牛津大学的教授方式。莫里斯对古典作品是好奇的,他总是被史诗叙述者的思想深深打动,把自己视作这一传统中的一员。他在晚年之所以能着手翻译《埃涅阿斯纪》和《奥德赛》,正是源于他对这两本书的极大的热爱和极深的了解。对莫里斯来说,就像他那个时代的所有作家和画家一样,古希腊和古罗马那奇异的想象世界深深地烙印于他的脑海。但是,牛津教授古典学的方式枯燥而浮夸,掩盖了古典作品的真正魅力。当莫里斯把在牛津大学的学习称为功利、乏味和无用时,他等于在抨击整体教育体系和一个毫无希望、唯利是图的机构。这对神职人员来说绝非理想的训练方式。莫里斯挖苦道:"'大学教育'让人既适合当船长也适合做灵魂牧师。"[15]

莫里斯把对牛津教育的激愤之情倾注在了《乌有乡消息》中,其中一些段落描述了十九世纪牛津大学及其不那么有趣的姊妹学校剑桥的学风败落。[16]城市的商业化进程腐蚀了那里的教育者:

> 它们(尤其是牛津)是某些特定寄生阶层的滋生地,这些寄生者自称有教养。的确,他们足够愤世嫉俗,就像当时所谓的受过教育的阶层一样。但他们装出一副批判者的样子,不过是为了让人以为他们无所不知。富裕的中产阶级(他们与工人阶级毫无关系)轻

蔑地容忍着他们,就像中世纪的男爵对待弄臣那样。但是必须说明,他们绝不像老弄臣那样令人愉悦,而不过是些社会渣滓。他们虽被嘲笑、被鄙视,却能得到不菲的薪酬。

　　就像在莫尔伯勒时一样,莫里斯又一次逃离了,遁入历史研究中。他讲述自己刚到牛津时"如何热切地沉迷于历史,尤其是中世纪历史"。[17]埃克塞特有历史学的学脉传承。其最近的学术成员中有伟大的历史学家 J. A. 弗劳德——他是最后的埃克塞特德文郡人之一;还有 C. W. 博斯,在莫里斯作为本科生到来的三年前被选为学术成员,其资历持续了四十余年。埃克塞特历史学的专业学术品质,可能对莫里斯产生了轻微的影响。但对他产生更重要影响的是他所置身的小镇,让他可以直接从建筑群的实际历史、建筑构造的体量和细节,以及装饰与形式的关系中推断并学习。在他的童年时期还是一个直觉性问题的东西,在牛津大学的那些年里变成了一丝不苟的科学钻研。他开始严肃地看待建筑学,将其视为"中世纪思想发展"的佐证。[18]这是一项激进的,甚至可以说是"反牛津"的学术原则,是一种实践历史的方式。至十九世纪七十年代中期古建筑保护协会成立时,一场全国性的运动开始了。莫里斯迎来了一个开明的时代,在这个时代里"对活生生的历史的新近研究,是我们如此多人生活中的主要乐趣"。[19]

　　莫里斯时期的牛津城自成一体,独占一隅之地。这座城市与世隔绝,像被城墙封锁了一般。城里几乎没有砖砌的东西,完全是灰色的——石头的灰色,以及贫民街道的房屋上鹅卵石的灰黄色。在矮小的磨坊和纵横的河道的衬托下,城堡高耸着,主楼散发出"怪物般的美丽"。[20]那里有一座大教堂,其纯朴的英式风格深受罗斯金赞赏。它有着纯正的英国诺曼式拱顶及都铎式屋顶,西窗上的拙朴画作亦是"时人的巅峰之作"。[21]十七、十八世纪时的大学扩张,造成了巴洛克式建筑的逐渐消逝。比如,十七世纪初期的埃克塞特学院礼拜堂,因为要给乔治·吉尔伯特·司各特的圣礼拜堂改造工程让道,在莫里斯来到牛津的那一年被拆除——不知莫里斯对此事有何反应。但总的来说，这个小镇大体上还是十五世纪的样子，规模很小，并且拥有莫里斯珍视的特性：浑然天成。莫里斯从抹大拉的建筑中看到，建筑是"街道必不可少的一部分，看起来像是从马路上生长出来的"。[22] 在追求建筑有机形态的愿景中，威廉·莫里斯的观点不仅早于弗兰克·劳埃德·赖特和高迪，而且预示了贯穿整个二十世纪的"没有建筑师的建筑"的反主流文化运动。

对莫里斯和他在牛津结识的朋友们来说，牛津城呈现出中世纪要塞的风貌，这里像世外之城，无主之地。这里有着刘易斯·卡罗尔式的古怪氛围，除了这里，《爱丽丝漫游仙境》（1865）还能在别的地方被创作出来吗？多年后，伯恩-琼斯这样描述他的牛津生活："所有朋友都住在同一条街上，这条街又长又窄，尽头是城墙。城墙大门通向南部的玉米地，原始森林则在北部。那里没有铁路，所有朋友和所有人的世界都与这座小城联结。这里消息闭塞——只有城门处有些谣言和八卦，说的都是一个月前的事，全不可信。"[23]

在牛津，有一段时间伯恩-琼斯和莫里斯都穿着紫裤子。他们通过统一的服饰语言来表达社会抗议，就像他们后来所穿的蓝色工作制服那样。伯恩-琼斯的出现满足了莫里斯潜意识中对男性亲密关系的渴望，填补了莫里斯因哥哥查尔斯·斯坦利出生一周后夭折以及父亲老威廉·莫里斯的早逝而造成的情感缺失。一定程度上，他也弥补了莫里斯在莫尔伯勒没有亲密朋友的缺憾。莫里斯在学校也和同学交往，但关系都不密切。这份新友谊建立在品性相投的基础上：他们都有永不安分的敏锐认知，还有那份真挚。与当时百分之四十的牛津新生一样，伯恩-琼斯在此阶段也立志于教会。这份友谊因他们之间明显的差异而更加深厚，伯恩-琼斯来自英格兰中部城市，莫里斯来自伦敦周边的宜人小郡。而外貌上的鲜明对比，使他们看起来像漫步在牛津街道上的卡通人物：一个高挑、苍白而慵懒，另一个黝黑而紧张不安。

那时，爱德华·伯恩-琼斯被直接叫作"泰德·琼斯"。他后来的名字"内德"显然是但丁·加百利·罗塞蒂起的。他的成长经历与威廉·莫里斯截然相反。成长在伯明翰商业中心贝内特山的一栋联排公寓里，伯恩-琼斯度过了孤独的孩提时代。他的母亲在他出生一个星期之后就去世了，他孩提时要时常去很远的地方给母亲扫墓。在墓前，父亲紧握着伯恩-琼斯的手臂，力道之大几乎弄哭了他。爱德华·理查德·琼斯是一位落魄的装裱师和镀金匠，他的房子一部分被用作陈列室，后面的院子有间工作室。他们的日子过得很拮据。但伯恩-琼斯知道莫里斯家境不错。这是因为在牛津上学的第一个学期，莫里斯便提出将自己的钱分一半给他，伯恩-琼斯说："他人很好，只是我自尊心太强了。"[24] 后来他受邀来到沃尔瑟姆斯托，在那里，莫里斯太太讲着去掉 H 发音的纯正腔调，氛围优雅，管家忍着笑意听两位年轻的牛津绅士在餐桌上讲俏皮话，在此之前，伯恩-琼斯未曾想到莫里斯的家境如此之好。

　　莫里斯和伯恩-琼斯是在"牛津运动"之后来到牛津的。在过去的二十年里，宗教之争令这个小镇备受煎熬。社群之间剑拔弩张，造成紧张的社会影响。1845 年，圣玛利亚大学教堂牧师、奥利尔学院前董事约翰·亨利·纽曼最终皈依罗马天主教。伯恩-琼斯正是纽曼的忠实敬仰者。甚至在还是学童时，他就认同纽曼颇负盛名的素朴观，惊人地预言了手工艺品的审美趋势："在沙发和软垫流行的年代，他教导我要对逸乐处之淡然；在物质主义盛行的时代，他教导我去探索超越物质的精神世界。"[25] 起先，也正是在纽曼的感召下，伯恩-琼斯选择就读牛津大学。他和莫里斯期待一个仍然充斥着牛津运动之争的牛津小镇。这宗教争乱之战场，在纽曼发表于 1848 年的牛津小说《得与失：皈依者的故事》中被描绘得淋漓尽致。结果，他们自然是失望的。一部分原因在于他们对牛津的幻想破灭，"纽曼已经不再能产生影响"。但他们仍然努力重拾彼时的激情，在牛津大学的头几个学期，他们一直仪态庄重，心态虔诚。

　　晚上，他们会阅读宗教著作，莫里斯读，伯恩-琼斯听——莫里斯不喜欢听别人读。他们如饥似渴地读了米尔曼的《拉丁基督教史》、尼尔的《东方教会史》、《圣徒列传》系列、《时代书册》丛书，以及纽曼、普西和基布尔所写的檄文,这篇檄文旨在重申英国国教作为"真正的天主教和传自宗徒的教会"之地位。他们被牛津运动者强调的圣礼和仪式深深吸引。伯恩-琼斯曾在家书中引用了爱德华·德·伯明翰红衣主教的有趣形象,说他边吃饭边读威尔伯福斯副主教关于圣餐的最新论文。还有一次,两人彼此坦承,他们不约而同地偷偷阅读了肯内姆·迪格比的《天主教习俗与信仰时代》。1854年,当威尔伯福斯也皈依天主教时,他们差点儿就追随了他,这就是罗马的魅力所在。

　　大学的第一个学期,莫里斯用他读诗时惯用的抑扬顿挫的腔调,为伯恩-琼斯朗诵了《夏洛特姑娘》——莫里斯十分在意韵律。丁尼生在十九世纪三十年代早期完成了《夏洛特姑娘》这首诗,还在1842年出版了《兰斯洛特爵士和桂妮维亚王后》、《亚瑟王之死》和《加拉哈德爵士》。但这些诗只是十八世纪晚期沃尔特·司各特爵士重新发现马洛里的《亚瑟王之死》之后席卷四方的亚瑟王崇拜热潮的冰山一角。当莫里斯和伯恩-琼斯到达牛津时,维多利亚时代的亚瑟王崇拜已接近高潮。那时,威廉·戴斯在威斯敏斯特宫女王更衣室里画上了亚瑟王连环壁画。莫里斯和伯恩-琼斯也对亚瑟王神话有着自己的主张。莫里斯对这一神话的诠释主要停留在口头上,尽管早期他也创作了一些关于亚瑟王的绘画。而伯恩-琼斯终其一生都钟爱在绘画及挂毯上表现圣杯的主题。甚至在他去世前几周,还在巨幅油画《亚瑟王在阿瓦隆》上画鸢尾花。正如伯恩-琼斯和莫里斯所理解的那样,亚瑟王热潮不仅仅是一种思想运动,他们将其作为宗教信仰的延伸而投身其中,并把骑士精神纳入生活准则。而嵌在圣杯图景之上的,正是他们对牛津时期最初几周的深情回忆和相互认同,如同伯恩-琼斯写的:"没什么能比《亚瑟王之死》更永驻人心,我并非特指某些著作或诗歌,而是意指某种无法描绘而又矢志不渝的精神。"[26]

　　伯恩-琼斯将他们的亲密无间归因于他俩都是哥特人,意思是他们有共通的道德感和创造力。即便出身背景不同,也可以一拍即合。他们互相鼓励并拓宽了彼此的视野,也包括艺术家的色彩感知力。莫里斯是

58

高超的色彩大师,伯恩-琼斯则在每一日都能感受到色彩。金色星期天,黄色星期一,红色星期二,蓝色星期三,紫水晶色的星期四,蓝宝石色的星期五,星期六则是"湿润的",他说,"我从很小的时候起就有这样的感受,但我不知道为什么"。[27]在他们的关系中,有一种伤感,一种吸引力,一种近似于爱德华·李尔那样的荒诞感。莫里斯和伯恩-琼斯创造了一种非英国主流的,接近于超现实主义的孪生性角色。他们喜欢张扬,正如伯恩-琼斯在参加了在威斯敏斯特大教堂举行的罗伯特·勃朗宁葬礼之后评论道:"这些英国人是多么沉闷。"[28]

　　在牛津大学,伯恩-琼斯第一次发现莫里斯的才华时,他说他确信莫里斯将成为一位"明星"。[29]一个学年后,伯恩-琼斯称莫里斯是他"认识的最聪明的伙伴之一……[30]他全心热爱着神圣、美丽、纯真、珍稀的事物,对它们有着最敏锐的感知力和辨别力。对我来说,莫里斯以其自身的美好感染了我整个内在世界。我感激上苍——这世间任何恩赐,都不及我与莫里斯之间的友谊。如果不是因为莫里斯那猛烈、暴躁且古怪的性格让我们两人之间的浪漫氛围消减——至少在我眼里,他会是个完美英雄"。即便伯恩-琼斯对莫里斯烈如火的性格有所忌惮,但他依然欣赏莫里斯那波澜不惊的眼睛,它能够不动声色地观察一个人的衣着细节和面部的最细微处。

　　与伯恩-琼斯的友谊是莫里斯人生中第一份真正的友谊,尽管友情时浓时淡,但对他来说仍弥足珍贵。但若人云亦云地将其看作传奇式的、排他性的友情就不恰当了。莫里斯需要亲密的陪伴,但他更渴望集体。他对骑士兄弟会知之甚多。肯内姆·迪格比于1822年首次出版的《荣誉之石》一书,海阔天空又引人入胜地概述了骑士理论和历史。莫里斯迷上了这本书,就像他嗜好的其他书籍一样,书中理想化了肝胆相照的兄弟情谊。对道义之交的追寻,源于莫里斯自身腼腆却又直率的性格。正如他的女儿梅所描述的:"即使是他最亲近的朋友也难以窥探他的内心——'我的秘密属于我'(secretum meum mihi)。"[31]在男性群体之中,谈笑风生的君子之交,让莫里斯最自在。这是他在莫尔伯勒求而不得,但在牛津"集结会"(the Set)中却能找到的感觉。

后来被延展为"兄弟会"的"集结会",在莫里斯来到牛津大学时就已经存在了。它的总部设在彭布罗克,三名来自伯明翰的大学生在这座旧方院里合住。当时"集结会"的成员有威廉·富尔福德和理查德·沃森·狄克森,他们是伯恩-琼斯在爱德华国王学校的校友。还有一位是来自伯明翰另一所学校的查尔斯·福克纳。富尔福德和狄克森有志成为圣职人员,这与莫里斯和伯恩-琼斯的愿望不谋而合。他们是各有千秋的青年才俊。福克纳是独树一帜的数学家,后来成为牛津大学大学学院的院士,他追随莫里斯加入了社会主义,领导着牛津大学的社会主义联盟分部。富尔福德是"集结会"文学方面的主要代表,身材矮小,意气风发,在当时可谓魅力四射。但他年少成名却又很快江郎才尽。理查德·沃森·狄克森后来被称作卡农·狄克森,他或许是这群兄弟中最有趣的人,他本身是位颇有成就的诗人,又是诗人杰拉德·曼利·霍普金斯的发行商和赞助人。(霍普金斯是深谙诗艺这门复杂才艺的凤毛麟角之人,他也是音乐家,曾把狄克森的一些诗歌改编成了音乐。)此后,来自伯明翰的另一位朋友科梅尔·普赖斯也加入了"集结会"。普赖斯创立了联合服务公学,正是这所殖民主义寄宿学校,培养出了鲁德亚德·吉卜林。而在吉卜林所写的《斯托基公司》中,科梅尔·普赖斯作为特立独行且受人爱戴的校长,成为不朽的文学形象。

来自伯明翰的这些人是由伯恩-琼斯介绍给莫里斯的。起初,他们不太待见莫里斯"这讨人喜欢的男孩",他大声讲话时会禁不住沙哑,喜欢和查尔斯·福克纳沿河而下,分享划船的乐趣。在他们眼中,莫里斯只不过擅长耍木棒和击剑罢了。但渐渐地,他们开始意识到莫里斯要比看上去更聪明,更有个性。福克纳就曾对狄克森说过:"莫里斯看上去很博学,不是么?"[32]狄克森注意到,莫里斯非常果敢、坚定、精准,也丝毫不卖弄他的专业性。他们看得出,莫里斯那些漫不经心的评论背后蕴藏的丰富阅历。更令他们瞠目结舌的是,在以文学为导向的"集结会"

也一无所知的话题上,莫里斯也表现得相当专业。与他们不同,莫里斯除了阅读杂志《建造者》,还会实地**勘察**建筑物。狄克森与莫里斯初次相识时,莫里斯提议一起去参观默顿塔楼,这让狄克森大为震惊。

1853 年的米迦勒学期,莫里斯和伯恩-琼斯搬进了大学宿舍。莫里斯的房间在一座被称为"地狱方庭"的四方小院内,穿过方院外的拱门——"炼狱之门"便可进入。从这个房间可以俯瞰公共花园和栗树,从侧面可以望见布拉森诺斯巷的博德利图书馆。上学期间,莫里斯花了大量时间在这里考察中世纪彩绘手稿。九十年代,他重返这里研究自大学时就很喜欢的十三世纪的《启示录》。在埃克塞特,他的房间里逐渐堆满了中世纪铜器的拓片,以及关于骑士及其夫人的黄铜纪念碑的拓印纸片,这些纪念碑嵌于许多早期教堂的地面上。他在春假时写给科梅尔·普赖斯的一封信中提到,他在埃塞克斯旁边的泰晤士河附近,有了关于"黄铜铸件"的新发现。他在这里得到了两件不同寻常的铜像:一件是佛兰德骑士铜器,标注着时间"1370";"另一件是身着罩衣的牧师铜像(很小,铭文不见了)。我想,除此之外,在英国有罩衣的铜像只有另外两件"。[33]——莫里斯笃定地记录着这后一件铜像。这铜像来自一间他所见过的最美丽的乡村小教堂,铜像上的红色圆圈里有个红色的圣十字架。教堂牧师把铜像四处展现,"他非常有礼貌,但很脏很脏,而且脾气不好,简直无法形容,我根本没法描述他有多脏多易怒"。

在牛津大学的前几个学期,他们很快形成一种惯例。他们常在晚上九点左右,聚集在福克纳位于彭布罗克的宿舍。这个位于方院一角的一楼房间,很快成了"集结会"的社交中心。他们谈到了超验主义和"德国体制下的所有掌权者"[34],持续着他们在伯明翰假期的辩论。伯恩-琼斯还曾为耶稣会辩护过,令他讶异的是,对此并没有人反对。他们有意踏入危险之境。彭布罗克的小团体是守旧的福音派,莫里斯和伯恩-琼斯作为"牛津运动"人士对其渗透,最终却引发了实质上和性有关的颤栗。他们的宗教辩论有了调情的一面。"集结会"成员密不可分,情操高尚,他们对彼此的身体也有着强烈的意识。狄克森把莫里斯形容为贵族和高教会派成员，因为他总是容光焕发。"他面容英俊，神情纯净……我至今仍清晰地记得，当时他的仪态多么俊美。"[35]

"集结会"成员都是丁尼生的拥趸。那时牛津的知识阶层普遍痴迷诗歌，英国诗人丁尼生尤为风靡。据狄克森回忆，这几乎成了一场热潮，"丁尼生的诗歌蔚然成风，大家都开始热衷于交流诗歌，并一致归因于丁尼生的影响。丁尼生发明了一种新的诗歌，一种新的诗意化英语：他的用词让人耳目一新，写的每一首诗都征服了新的领土。这种情况一直持续到 1855 年《莫德》出现"。[36] 狄克森以诗人的敏感，观察着丁尼生对莫里斯产生的影响。当其他人被诗歌语言所吸引时，莫里斯却不止于此，他探寻着超越语言的道德观：他发现丁尼生的诗"诗里诗外有很多无法言传的重大事物"。正是这种"重大的价值洞见"使莫里斯后来对民间歌谣赞赏有加。在这样的背景下，莫里斯受到很多看似确凿的批评称他的诗催人昏昏欲睡，这无疑很具有讽刺意味。

威廉·富尔福德是丁尼生崇拜者的领袖。他喜欢读诗，嗓音美妙而深沉。一首《悼念》，令"集结会"成员们陶醉其中。狄克森听得着迷，莫里斯则没到那种程度。他钦佩丁尼生，但其中又有一种不置可否的态度。他觉察到了其中的局限。他评论道："丁尼生笔下的加拉哈德爵士是个相当温和的年轻人。"无论是否有意，莫里斯对丁尼生不温不火的评论，像是在挑战年长而自负的富尔福德，后者将自己视为圈内核心人物；莫里斯倾向于抗拒专横的男性气概，他在丁尼生身上发现了某种男性的粗鲁。他指责《洛克斯利厅》中的主人公："亲爱的伙计，如果你再那样吵吵闹闹，就从屋子里滚出去，就是这样！"

莫里斯在牛津的小圈子有读书会的性质。他在牛津的第二年，读书会开始每周举行，他们在彼此的房间里阅读莎士比亚的作品。莫里斯、伯恩-琼斯、富尔福德，以及科梅尔·普赖斯，是当时布拉森诺斯的最佳表演者。他们通过抽签确定角色。莫里斯成功扮演了麦克白和试金石①，

---

① 莎士比亚《皆大欢喜》中的人物。

而他的**拿手好戏**则是扮演《一报还一报》中的克劳迪奥。"一听到'伊莎贝尔'这个字眼,他突然发出骇人的喊叫,然后又歇斯底里地喊道:'啊!去死!爱去哪去哪!'"[37]——戏剧效果非常强烈。莫里斯保持着孩子般的文学视角。他读《特洛伊罗斯和克瑞西达》,在忒耳西忒斯骂不绝口时停顿下来,忒耳西忒斯最后骂道:"帕特洛克罗斯是个十足的傻瓜!"莫里斯好玩地、不自觉地插了一嘴:"帕特洛克罗斯想知道他为什么是个傻瓜!"

在某些方面,"集结会"拓宽了威廉·莫里斯的视野。来自伯明翰的成员更贴近于工业现实和社会动荡。伯恩-琼斯的父亲在 1839 年的宪章运动中被选为特警。女仆把伯恩-琼斯放到床上,给他讲可怕的街头暴力故事。科梅尔·普赖斯童年的记忆都是关于残忍的拳击赛。他记得,一个星期六的晚上,他从伯明翰走到很远的黑人区。在最后三英里,他看到有三十多人醉倒在地,其中竟有一半是女人。爱德华国王语法学校的大多数学生都是走读生,所以他们很熟悉这个城市。他们在贫民窟里抄近路去上学,故而比在寄宿学校里与世隔绝的莫里斯更清楚狄更斯笔下的肮脏社会和工业现实。爱德华国王学院高年级学生的社会良知已然觉醒,他们开始讨论当代的社会问题。在他们来牛津之前,科梅尔·普赖斯和查尔斯·福克纳甚至还是公共卫生和工厂法案方面的专家。1854 年,可怕的霍乱开始流行(而人们对其原因的了解并不比两个世纪前爆发的瘟疫更深入),这加深了他们对贫穷和苦难的认识。受霍乱影响,牛津秋季学期推迟了一周。在这一时期,莫里斯创作了故事:《一个梦》。故事背景取自疫区城市里的一家传染病医院。莫里斯对鲁昂的记忆又如何?"集结会"的立场最终因克里米亚战争的爆发而改变,那场战争是 1815 年至 1914 年间最接近全面战争的一场欧洲战事。

在变革者的圈子中,蔓延着一种青年崇拜情绪。在某些方面,莫里斯和他的牛津朋友们的热情与十九世纪四十年代的青年英格兰运动非常接近。青年英格兰的代言人是四位保守党议员:本杰明·迪斯雷利、乔治·曼纳斯勋爵、亚历山大·贝利-科克伦、乔治·斯迈思。这四个人本身就极为年轻。在迪斯雷利的三部曲《科宁斯比》《西比尔》和《坦克雷德》中,年轻人是推动改革的中坚力量。青年英格兰试图重塑中世纪英格兰的理想,这并非倒退,而是一种新的创造方式——他们希望能从中世纪英格兰提取出供维多利亚时代学习借鉴的事物。而对于莫里斯来说,他一直以来致力于研究和发展的理念包括:建立在阶级平等基础上的新社会;小型修道院式社区系统;重返乡村;复兴体力劳动;工作共享和"度假式工作"的原则——比如在莫里斯的小说《乌有乡消息》里有描述筑路和割晒干草的场景。莫里斯还提出,建筑是衡量文明的尺度,是人们与过去重建联系的媒介。以上思想在他的社会主义运动时期得到全新的阐释和完善。具有讽刺意味的是,莫里斯的社会主义植根于保守派的青年英格兰运动。同样值得注意的是,1867 年迪斯雷利的改革法案等缓和措施将投票权给了受人尊敬的城市工人阶级,实际上加剧了无投票权的底层民众的不满情绪。这使得保守派青年英格兰有机会与劳动阶级同心协力,在某种程度上,他们与劳动阶级的联盟始终存在。

　　莫里斯自述,在牛津他受到查尔斯·金斯利作品的"很大影响"。[38]金斯利的书向他展现了"很多社会政治思想观点,要不是其艺术与诗歌成就更具吸引力,这些思想很可能会发扬光大"。到底是怎样的社会政治思想观呢?——查尔斯·金斯利是当时颇具争议的牧师、基督教社会主义者和学者。作为英语教授,他曾是伦敦女王学院 F. D. 莫里斯的同事。F. D. 莫里斯对普遍公认的"永恒惩罚"的解读持否定态度,因为这一点,他被迫退休。伯恩-琼斯听到这个消息后感到非常遗憾:"对于基督教社会主义者来说,F. D. 莫里斯和金斯利是公正的典范,也必然是令人感到荣耀的战友。"[39]伯恩-琼斯和威廉·莫里斯都对追寻信仰的殉道者感同身受,而金斯利恰好也有殉道经历:因为金斯利无所顾忌地布道,1851 年,伦敦主教禁止他在伦敦讲道。莫里斯在金斯利身上发现一种打破陈规的勇气,一种对自身才华与天赋的得心应手和自信不疑。金斯利向莫里斯传递了他所属阶级的良知。

　　在牛津,莫里斯读过金斯利的第一部小说《酵母》。这本书写于

64

1848 年,最初连载于《弗雷泽杂志》。故事的主人公兰斯洛特·史密斯是一个刚从剑桥毕业的富有年轻人。但史密斯和一个喜爱读卡莱尔作品的康沃尔猎场管理员成了朋友。面对贫困农村的现实境况,他如梦方醒,热血沸腾。这是对一个富有良知的年轻人的深度刻画,是有史以来表现关于英国人阶级主题的最尖锐的小说之一。这本书几乎是为威廉·莫里斯而作。金斯利随后还写了《奥尔顿·洛克》《希帕蒂亚》和《韦斯特沃德霍!》。这些书显然受到"'集结会'的极度欢迎"[40],他们在金斯利的文字中不仅发现了思想的养料,也发现了绝妙而丰富的讨论素材。他们喜欢聚集在一起读金斯利的书,这些书在群体语境下具有特殊意义。金斯利让他们意识到乡土的价值,让他们看见自己作为年轻人所肩负的使命,让他们"像首批十字军战士那样充满激情"。——这正是伯恩-琼斯在金斯利时代对自己和莫里斯的描述。

1855 年,莫里斯成年了。德文大联合铜矿公司的股票一直在增值,他的母亲接受了建议,信托股票以保障孩子们的未来。艾玛·莫里斯和她的姐夫托马斯和弗朗西斯成了共同受托人。莫里斯二十一岁时得到了十三股股票。1855 年,股息收入七百四十一英镑。1856 年,收入七百一十五英镑,如此等等。以今天的实际价值换算,等于每年收入超过七千英镑。这笔丰厚的收入带给他额外的自由,但也造成了一定的尴尬——他的消费能力远超"集结会"其他成员。在牛津,他内心就有两种力量在拉扯,一方面他极度大方,为朋友们购买他们一直想要看的书籍,给他们惊喜,愉悦他们;另一方面,他又希望匿名而为,低调谦逊。从某种意义上说,莫里斯的相对富足使他感受到自己易被同龄人接受,具有成为活跃分子的重要性。这是他某种行为模式的缘起。莫里斯终其一生都在寻求利用财富建立兄弟情谊的可能性——稳固的经济根基使他们紧密团结。他开始意识到,他继承的财富促使寻求生命的意义成为一件要事。

在牛津大学就读初期,伯恩-琼斯曾认真考虑过建一座修道院。他被纯洁的兄弟情谊吸引，也接受过以忍耐为理念的教育。在牛津，最受欢迎的小说是夏洛特·M. 杨格的《莱德克里夫的继承人》。狄克森晚年时依然认为它"无疑是世界上最好的书之一"。[41] 就像《酵母》一样，这本书也极度适合莫里斯。男主角盖伊·莫维尔阴郁、富有，非常任性。他脾气暴躁，咬嘴唇，掰铅笔，像威廉·莫里斯一样粗野。这本书扣人心弦，表现的主题是通过信仰、自律、驯化野性来打破权威。因《莱德克里夫的继承人》一书，我们得以了解维多利亚时代那种自我牺牲和禁欲的思想境界。盖伊经过重重考验，终于获得了真爱，迎娶了他所爱的人。但在意大利度蜜月时，他却因宽宏地照顾昔日的敌人而染上了热病。菲利普康复了，遗憾的是，盖伊却不行了。"牛津运动"所推崇的这种成仁取义的主张，在当时很多小说中得以体现，理想化地隐含在充分营造的死亡场景中——放弃短暂的尘世快乐，以换取来世的精神胜利和富足。 66 那么，莫里斯在阅读《莱德克里夫的继承人》时是否得到暗示，禁欲是否会在他的生活中有举足轻重的作用呢？

> 当死亡逼近，
> 恐惧锁闭了心门，
> 四肢无力，如坠深渊沉。
> 举起双手吧，向暗谷中铺平道路的神，
> 听我祈文。

> When death is coming near
> And thy heart shrinks in fear
> And thy limbs fail,
> Then raise thy hands and pray
> To him who smooths the way
> Through the dark vale.

在他生命的最后几个小时，盖伊让即将成为他遗孀的艾米复诵他们最喜欢的《辛特拉姆和他的同伴》中的话语。正是《莱德克里夫的继承人》引领莫里斯看到《辛特拉姆和他的同伴》,这本书是德国男爵弗里德里希·德·拉·莫特·富凯所著"四季故事集"中的"冬季"故事。在牛津,莫里斯和伯恩-琼斯偶然发现了这部十九世纪早期浪漫主义作品的译本。译本的卷首插图是丢勒版画《骑士与死亡》的木刻复制品。图中,一位骑士骑着马,正穿越一个突兀森郁、岩石峭立的绝望山谷。尽管印刷质量不是很好,但木刻本身的效果却使他们着迷,他们仔细研究了几个小时。

《辛特拉姆和他的同伴》的故事寓意也吸引着他们。在这个庄严而神秘的故事中,主人公穿越冰天雪地,直面自己的狂野本性和善变情绪。这一经历,引起了他们两人长达一生的共鸣。在牛津,他们并没有把它当作逃避现实的叙事,而是当作现实生活的蓝图。《辛特拉姆和他的同伴》也是一部关于自律和自我牺牲的编年史。辛特拉姆的母亲是一位禁欲的修女,容貌端庄,头发灰白。在修道院里,她无法接纳自己的儿子,除非他的身与心都像修道院周围的雪原一样纯洁。最后,辛特拉姆凝视着他的盾牌,在那闪亮的表面,他看着自己的映像,意识到他离那个完美形象多么遥不可及。在狂乱的刹那,他拿起匕首,割断了黑发,"以至于他看起来如同僧侣"。[42]他的性引诱者"小主人",令人生畏,就像九十年代莫里斯创作的童话《世界之外的森林》中那个圆滑的黄色侏儒一样。

威廉·莫里斯所期望的修道院的模型之一就在附近的乡村。莫里斯和伯恩-琼斯都听闻过利特莫尔这个社区。十九世纪四十年代初,纽曼买下了利特莫尔教堂旁边的一块土地,基于原有的 L 形的六个村舍和马车屋,他在那里建立了一座"半学院半修道院"。[43]马车屋后来被改造成图书馆。利特莫尔修道院设施十分简朴,这给意大利苦难会神父多米尼克·巴贝里留下了深刻印象:"除了贫穷和简朴,这里别无他物——未装饰的墙壁,粗糙的砖石砌成的地面。没有地毯,只有一张草床,一两把椅子和几本书——这就是全部的家当。"[44]虽然莫里斯喜欢享乐,但他天性中也有自我鞭策的本能。他对修道院的向往包含着一种与沃尔瑟姆斯托舒适的家庭生活截然相反的生活方式的期待。在沃尔瑟姆斯托的家,有一个惬意的靠窗座位,花园里的杏子正在自然成熟。但是,他很想超越这种感官享乐,尝试一种反转式风格。

　　伯恩-琼斯的城市生活背景促使他被这样的想法吸引:修道士和世俗者共同工作,在伦敦市中心建立一个混合社区。其模式与赫里尔·弗劳德《大城镇宗教复兴计划》中的建议一致。伯恩-琼斯希望科梅尔·普赖斯加入这个社区。1853年5月,他写信给普赖斯说:"我决心建立一个兄弟会。加拉哈德爵士是我们诚挚学习的榜样,他将成为我们骑士团的庇护者。"[45]他说莫里斯早已全心投入这个项目。伯恩-琼斯明确说明,兄弟会将是一个简朴的组织。几个月后,他写信给普赖斯,其劝说更有说服力:"我们必须争取,请你加入这场对抗时代的'十字军东征'和神圣战斗。"

　　为什么要如此强调简朴?我们应该知道,简朴在当时已很流行。尤其是对某些人来说,他们的高级审美品位与维多利亚时代大家庭式的审美风格背道而驰。拿撒勒画派就是明证——他们因回归圣经中的服饰和发型而著称。这个由几位德国画家组成的兄弟会,或称圣路加兄弟会,成立于1809年。领导者是弗里德里希·奥弗贝克和弗兰茨·普福尔。他们于1810年搬到罗马,在那里他们接管了废弃的S.伊西多罗修道院。在那里,彼得·冯·科尼利厄斯加入他们。在罗马,奥弗贝克皈依了罗马天主教。他们的作品充满宗教的肃穆感。他们认为,艺术的道德目的自中世纪以来就消失了,所以他们重新强调以工作坊方式进行教学,并在俗世社区中过着僧侣般的生活。拿撒勒画派成员是纯粹主义者,但他们也表现出一定程度的浮夸。他们复兴了不朽的壁画艺术。他们出离了世界,又用巨大而多产的画布充盈了世界。他们与英国拉斐尔前派的联系显而易见。莫里斯也在拿撒勒画派影响的圈子中,他是拉斐尔前派的第二代成员,将含蓄内敛与华丽光芒集于一身。莫里斯中世纪风也趋于极端——在他宽敞的房间里,装饰着挂毯和夸张的彩色玻璃。

68

　　威廉·莫里斯修道院的另一种方案模型来自乔治·埃德蒙·斯特里特的贡献。他是英国最著名的哥特式建筑师之一,也是一位活跃的圣公会高教会派教徒。1848 年,他起草了成立"英国艺术与宗教基金会"的建议,旨在建立一个社团或学院,能够让学生和教师"严格遵循宗教条例规范生活,行使工作的崇高意义"。[46] 在莫里斯到达埃克塞特时,斯特里特已是牛津教区的建筑师。在那里,他后来建造了永留史册的北牛津圣斐理伯和圣雅各教堂,后人称之为菲尔·吉姆教堂。他和莫里斯在此阶段并不相识,但他们倡导节制化的艺术理念有明显的共通之处。与修道院的联结,从威廉·莫里斯那里一直延续到后来的英国手工业者制造联盟——迪奇灵的埃里克·吉尔是这一戏剧化形式的突出表现者,他穿上"多明我会第三会"的习服,配有贞洁带。尽管这并不总是那么令人信服,但英国工艺美术运动还是将纯粹主义和分离主义作为一贯秉承的不变要素,即摆脱肉体感官的羁绊,创造出乡村小世界。

　　对莫里斯和伯恩-琼斯来说,节欲主义的艺术理想为他们提供了延迟决定的理由。就年龄而言,他们还很年轻,性意识朦胧。乔治亚娜·伯恩-琼斯可能对丈夫过往是否纯洁感到好奇,但绝没有理由去质疑她所笃定的"集结会"的普遍的性纯真。她相信"青年男女之间的神秘便是神圣"。[47] 她说,他们对女人没有征服欲。在这一点上,伯恩-琼斯和莫里斯都还算是青葱少年。如果说他们在这个阶段有什么倾向的话,那就是同性恋。但这种倾向与十九世纪九十年代牛津大学的同性恋者的认知相比,还相去甚远——他们有着十九世纪中期所特有的浪漫主义的开放。

69　　莫里斯接待过他在伯明翰的第一位朋友,也是最好的朋友科梅尔·普赖斯,但伯恩-琼斯对此反应过度。其实大可不必。普赖斯是个健壮、文雅、英俊的人,他的脸看上去总是晒得黝黑,莫里斯从一开始就很喜欢他。在莫里斯牛津岁月中现存最早的一封信里,莫里斯罕见地情绪失控,引发他失控的正是他的知己科梅尔·普赖斯。学期末,他和普赖斯莫名地错过彼此。莫里斯在家里写道:

没有任何借口，请原谅！当火车驶离车站时，我看见你穿着学士服正在找我。如果我没有恰巧在另一边，我想我应该从窗口跳出去，跟你再说一声"再见"。

从中，我们看到了一个浸染着男性**温柔**的世界。[48]

那时，牛津的一幕让人经久难忘——威廉·莫里斯为朋友们大声朗读罗斯金的作品，他的声音感觉不仅仅是读诵，而是类似一种有节奏的歌唱。他充满激情地朗诵过《建筑的七盏明灯》、《现代画家》和《威尼斯的石头》这些作品。他几乎是将这些作品直接抛给听众，让他们不得不被罗斯金所描述的奴隶船和他对透纳天空的雄辩感染。莫里斯是个博识多通的读者，在来牛津之前，就已经对罗斯金出版的两卷《现代画家》很熟悉了。而《威尼斯的石头》第二卷出版于 1853 年，是莫里斯最喜爱的一本书，是整个牛津时期让莫里斯认为阅读罗斯金能够获得"某种启示"的书。[49]《威尼斯的石头》有一章题为"论哥特式建筑的本质及工匠艺人的真正作用"，尤使莫里斯震撼。九十年代，当这一章节在凯尔姆斯科特出版社首次出版时，莫里斯阐释了它对他产生的巨大的原初影响：

未来，它将成为本世纪为数不多而又不可避免的重要言论。我们第一次读它时……感到它似乎为世界指明了新的道路。[50]

伯恩-琼斯自然而然地接受了这样的理念。但"集结会"其他成员还是对罗斯金洪流般的语言以及他对视觉的热情感到无所适从，甚至在起初感到难以理解。莫里斯对罗斯金的拥护，使他迅速地影响了其他人的审美品位。狄克森回忆道："我们很快就认识到其不同寻常之处。"[51]——在《斯托基公司》中，比特尔朗读着《执钉的命运女神——写给大不列颠工人与劳动者的信》。显然，科梅尔·普赖斯后来又把罗斯金的书推荐给他在韦斯特沃德霍公学里的男生们。

　　莫里斯始终坚信罗斯金适逢其时,他是扭转时代潮流的原动力,他使人们摆脱对物质追求的盲目信仰,认识到其中隐藏的社会危害。莫里斯在牛津时,罗斯金三十几岁。他的《建筑的七盏明灯》是关于哥特建筑精确而富有灵感的论著,是哥特建筑复兴期的指导手册之一。在五十年代早期,他对拉斐尔前派的辩护对大众态度产生了风行草从的作用。此时,罗斯金已经被大家公认为年轻的圣贤。他的《论哥特式建筑的本质》,叙述与评论参半,是一篇清晰明了的道德文章。文章用高亢激昂而别具一格的圣经散文体写成,独一无二,翻空出奇。莫里斯无意中发现了它,并在其中寻求到他后来所描述的将罗斯金带到“中世纪艺术之核心”的“绝妙的天才灵感”。[52] 这一洞见关乎艺术与民族文化:任何时代的艺术都是其社会一致性的表现。罗斯金对当时社会的道德问题大加批判,引起了作为中世纪推崇者和良心不安的城市金融公司继承人的莫里斯的共鸣。罗斯金认为,中世纪的社会结构可以让工人自由表达,但不幸的是,这种自由在维多利亚时代不存在。

　　莫里斯曾一度评论说,罗斯金对工人阶级比对中产阶级更具吸引力,因为工人阶级将罗斯金视为先知,而不是了不起的修辞学家。莫里斯也轻易地从罗斯金详尽的论述中捕捉到事物的核心。罗斯金反对维多利亚时代工厂的劳动分工,因为这种分工不可避免地违背了人性:“如果你希望人们能创造性地劳动,就不能把他们当成某种工具。”他抨击了维多利亚时代工业体系的单一性,以及这种体系在道德层面上导致的恶性循环:工作单调,无论怎么流汗,全然无法追求脱离于工作或工作场所的休闲生活。休闲与工作的脱节,造成一种社会性的精神失调。

　　罗斯金向“设计师不应同时是制作者”的传统观念发出了挑战。在他看来,将一个人的思想交付给另一个人的双手来执行,是难以让人满意的,甚至是不合伦理的。他最为大胆的建议,正是源自将体力劳动者和脑力劳动者错误区分的洞察:

　　一直以来,我们总是试图将两者分开:一种人应负责思考,另一种人负责劳作。前者我们称为绅士，后者叫作技工。而理想的状态则应该是，体力劳动者应该经常思考，脑力劳动者应该经常劳作。这两种人都应该算是最佳意义上的绅士。[53]

撇开"绅士"不谈，这种激进的说法，即使放在现代社会也不为过：二十世纪三十年代，埃里克·吉尔就有类似倡导；二十世纪六十年代，雷蒙德·威廉斯也有相同观点。正如二十世纪九十年代的评论家认为的那样，毫无疑问，英国的教育课程体系早已令人深感不满——威斯敏斯特和白厅那些"绅士"所制定的国家课程，已经晚了一个多世纪。

在牛津大学，莫里斯广泛阅读其他英国社会批评家的作品。在母校所保留的关于莫里斯的纪念品中，除了一堆烟斗、钢笔、罗盘、眼镜，还有一份卡莱尔的《过去和现在》的复本。卡莱尔对莫里斯的影响深刻而持久：特别是卡莱尔关于当下同过去之道德活力的比较，其冷峻的观点对莫里斯影响尤为明显。实际上，莫里斯更倾向于罗斯金高调而明朗的风格。他觉得卡莱尔过于怪诞：他曾说，应该有人待在卡莱尔身边，每隔五分钟就揍他一拳。卡莱尔"汹涌"的阴郁情绪使莫里斯引以为戒。[54]与之相比，罗斯金的影响力总是更胜一筹，因为他欢欣热忱、妙趣横生，并让莫里斯看到一线光明。罗斯金创立了自己的圣乔治行会，目的是将威尼斯和佛罗伦萨文化鼎盛时期所验证的生活法则和生活方式移植到英国本土。罗斯金坐在路边，辛克西道路工程正在进行中。他安静地坐在一堆碎石上，向一名碎石工学习如何粉碎岩石。罗斯金的生命进程带有英勇气概，涵括了一系列具有象征意义的事件。莫里斯的一生也与之类似。

直到 1850 年，牛津大学图书馆依然拒绝引进约翰·罗斯金的书。但在莫里斯在牛津生活期间，这个小镇却逐渐"罗斯金化"了。罗斯金本人甚至参与了亨利·阿克兰博士的牛津大学博物馆的项目，该项目旨在建造"有机生命物质大全"的自然博物馆建筑。在 1853 年的那个声

名狼藉的夏天,阿克兰与约翰·罗斯金还在苏格兰,罗斯金的妻子埃菲
却和米莱走在了一起。埃菲对丈夫提出因未圆房而婚姻无效的诉讼,随
后嫁给了米莱。难以置信的是,在莫里斯接受罗斯金的建议去解决社会
问题的同一年,罗斯金自己却经历了如此痛苦而屈辱的内心折磨。

　　这座博物馆两年后动工。建筑师本杰明·伍德沃德来自都柏林。
他沉默寡言,不苟言笑,心思敏锐,人到中年却身患不治之症。整个博物
馆项目有着最为热切的愿景,但略带一种忧郁,正是当时牛津精神的真
实写照。当时一位学者写道:"博物馆就像轻呼出的一口气,就像自然
生长在我们面前一样。"[55]他对这座建筑的每一处细节都赞叹不已——
包括镶板、踢脚板、煤气炉和门把手,无一不是艺术课堂中的经典范例。
他注意到被"弯曲塑造"成花形与树叶形态的铁艺;在室内拱廊的柱子
之间有英国岩石的自然陈列;建筑物支柱本身也被设计成了科学标本,
展示着石头、花岗岩和大理石的不同特性。它们像大教堂里的柱子一样
伫立着,有着灰色、淡黄、粉红和白色等不同色彩。

　　罗斯金将这座博物馆视为"十五世纪末以来英格兰建造的第一建
筑,它无畏地将旧有信念清洗更革……它相信那些从自然中收集材料的
独立自主的人才"。[56]的确如此:随伍德沃德从爱尔兰来了一个团队,
红胡子的奥谢兄弟和他们的侄子是其成员。他们从植物园带来了植物
样本,用作柱雕图案的原型。而后,开始描绘塑造牛津大学的领军人物
形象时,他们又不得不把植物图案清除掉。罗斯金创造自由的理论,被
认为是过分执行了。罗斯金常在现场提供建议和鼓励,据说他亲自雕过
一根柱子,后来被工人取了下来。在巨大的肋拱形门上饰以奢华的大理
石雕,这是亨格福德·波伦的设计。波伦是一位艺术家,他在默顿学院
教堂的穹顶上画了一幅非常大胆的由绿、黑、黄褐色交织的图案。在牛
津大学的第一个学期,莫里斯和伯恩-琼斯在修道院度过了许多安静的
下午,他们认为这座修道院与新学院的回廊一样,是当地的神圣殿堂。

　　他们来到牛津时,正赶上这样一个思想的交汇期。首先,艺术家和
科学家之间在当时有联结。最恰如其分的例子便是阿克兰博士,他既是

执行医师及解剖学研究者,也是建筑的赞助人。艺术与"牛津运动"之 73
间也渊源颇深。莫里斯和伯恩-琼斯同属一个圣咏(Plain-Song)协会,他
们经常在霍利韦尔的音乐教室里习练。其他成员还有建筑师伍德沃德
和 G. E. 斯特里特,以及著名的骑士画家威廉·戴斯。他们常结伴同去
奥里尔巷的体育馆,那时的教练是学识渊博的运动员阿奇博尔德·麦克
拉伦。他写过一些关于体育教育的书,还委托伯恩-琼斯为一本童话集
绘制插图。

麦克拉伦差不多年长他们十二岁,很喜欢莫里斯和伯恩-琼斯。他
经常邀请他们去萨默敦的家,然后再去乡下。他亦父亦兄,对他们有支
持鼓励,也有戏弄揶揄。拜访麦克拉伦,使他们建立了与外界接触的桥
梁。麦克拉伦家是一幢低矮的白房子,带有种满玫瑰的阳台和一个独立
的小花园。这是莫里斯众多独立花园的原始样本,亦真亦幻,围合于白
墙之内。在那里,他们遇到了麦克拉伦年轻的妻子,她还有些稚气未脱。
当麦克拉伦看到伯恩-琼斯在牛津附近的乡村所做的关于风景和树叶的
研究时,为之折服,给予莫大的赞扬和鼓励。而此时,莫里斯并没有描绘
花卉,而是专攻建筑手绘,如窗户、拱门和山墙。他逐渐意识到,建筑是
所有艺术的基础。

拉斐尔前派画家先于他们来到牛津。早在五十年代初,拉斐尔前派
就在这里找到了首位重要赞助人:托马斯·库姆,"牛津运动"引领者及
牛津大学出版商。他购买收藏了米莱的《木匠店的基督》;查尔斯·柯
林斯的《修道院思想》,画作有一部分是在库姆私属的牛津花园里完成
的;霍尔曼·亨特的《皈依的英国家庭庇护基督教传教士免受德鲁伊的
迫害》。令人惊奇的是,拉斐尔前派对莫里斯和伯恩-琼斯的间接启蒙
源自 1854 年罗斯金爱丁堡讲座的出版。"我当时正在房间里工作,"伯
恩-琼斯写道,"一天早上,莫里斯带着刚出版的书跑进来。我放下所有
事,一直听他给我读完。在那里,我们第一次见识到拉斐尔前派,第一次
看到罗塞蒂的名字。此后的许多日子里,我们几乎不言他事,只谈那些
我们从没见过的画。"[57]

库姆还从米莱手中买下了画作《鸽子重返方舟》,这是一幅曾于
1851 年在皇家学院展出的油画。画面中,诺亚的两个儿媳怀抱着归巢
的鸽子和月桂树枝。她们纯真而美丽,一个身着翠绿的连衣裙,另一个
穿着飘逸的白色长袍。在他们第一次听说拉斐尔前派之后不久,这幅画
就在画商詹姆斯·怀亚特的牛津高街画廊展出了。"然后,"伯恩-琼斯
说,"我们就知道了。"

1854 年秋天,莫里斯搬进了埃克塞特的新房间,与伯恩-琼斯的住
所毗邻。他们的住所位于学院的旧建筑群中,后被拆除。建筑本身错综
复杂,到处是杂乱无章的山墙和鹅卵石路。从楼梯到客厅有几条又窄又
暗的走廊,上至一个靠窗座位,下至卧室。这里,门几乎可以"砰"的一
声撞在人的脸上,空间幽闭不仅让人恐惧,还有电影《查理的姑妈》开头
的那种闹剧气氛。但正是在这些破旧的建筑里,莫里斯成长为一名诗
人。"在这里,有一天早晨,"伯恩-琼斯记录道,"早饭后不久,他给我带
来了第一首诗作。自此,每周都有新诗产生。"[58]

莫里斯写诗的消息在"集结会"不胫而走。科梅尔·普赖斯和理查
德·狄克森来到埃克塞特,发现莫里斯和伯恩-琼斯在一起,伯恩-琼斯
狂热地向他们宣布:"他是个大诗人!""谁?"他们问,"为什么是'托普
西'?"——"托普西"是伯恩-琼斯给莫里斯取的绰号。这是一个打诨说
笑的说法,特指莫里斯那乱蓬蓬的头发。"托普西"是哈里特·比彻·
斯托那时新出版的《汤姆叔叔的小屋》中的小女奴。托普西认定自己无
父无母,每当有人问起她的出身,她便说"我想我是自己长大的"。

狄克森晚年还对当时的情景记忆犹新:

> 我们坐下来听莫里斯朗诵他人生中的第一首诗:《杨柳与赤
> 壁》。当他朗读时,我感觉耳目一新。这首诗完全原创,不落俗套,
> 别有一番天地。不管它有什么具体价值,听起来确实优美动人,铿
> 锵有力……我表达了一下对这首诗的赞赏。事实上,大家都称赞不

已。我记得他回应道："如果这就是诗歌，那写起来很容易。"[59]

　　莫里斯自身也为当时的牛津诗人传奇贡献良多，他在给朔伊的自传体长信中写道："当我还是大学生时，我发现我可以写诗，这让我很惊讶。"[60]事实上，《杨柳与赤壁》不太可能是他写的第一首诗。二十世纪二十年代，在莫里斯姐姐艾玛的抽屉里，发现了一小批莫里斯早期创作的诗歌和片段，并没有发表在莫里斯的首本诗集中。其中有一首丁尼生风格的无韵诗，内容关乎神殿的破坏和重建。"神庙的献祭"是 1853 年 12 月牛津诗歌奖的主题。作为本科生，莫里斯并没有资格参加，但这个主题一定使他无法抗拒。

75

　　　　你会感到甘之如饴，

　　　　如果你看到大理石柱巍然耸立，

　　　　看到建筑内部有许多拱形的十字架，

　　　　看到拱形门之间彼此交错，

　　　　在大理石地板上，光影闪烁。

it is sweet

To see the many marble pillars stand,

To see within, the many archèd cross:

To see the arches other arches make

In dark and light upon the marble floor.

这是一座名副其实的罗斯金式神庙。莫里斯的表述虽显稚嫩，却生机益然。

　　莫里斯似乎从记忆中抹去了这些诗集里的诗。如今再看，某些四行民谣诗几近稚拙，其中有些可追溯到莫尔伯勒时期，经艾玛精心而深情的手写而记录下来。莫里斯可能也认为这个诗歌写作的开端不尽人意，但显而易见,在牛津大学的第二年,他开始以全新的认真态度创作诗歌,并更加得心应手。

　　莫里斯的热情循环往复,每一次新的投入都很快使旧有热情黯然失色。莫里斯的私信显示,他对写诗已经到了痴迷狂热的地步。在他的诗歌创作阶段,写诗的冲动就像强迫性身体行为一样,不断纠缠着他,是他织网、织布的思维对等物。在圣周星期二(1855年4月3日),他从沃尔瑟姆斯托写信给科梅尔·普赖斯,附寄了一首他称之为"极其下流"的诗:这首诗的开头是"教堂里的棕枝主日……"[61]这是一首堆叠了关于亲吻——复活节之吻、恋人之吻、临终之吻及无意义之吻的诗:

> 柳树伫立蔚蓝天,
> 云来云往轻轻旋。
> 恍若亲吻风中散,
> 如烟似雾未曾还。

> Willow standing 'gainst the blue,
> Where the light clouds come and go,
> Mindeth me of kiss untrue

　　另一封信里,他告诉普赖斯,他是在教堂里突然想到"吻"这个词的——不是在布道时,而是在上第二课《犹大背叛史》时。人们往往会认为:诗意化的内在生活会使人筋疲力尽,难以自拔;会使人更孤僻,远离家庭。在沃尔瑟姆斯托,莫里斯向普赖斯抱怨:"这里没有可写的素材;除了吃喝日用,没有我可以交谈的人。在遇到你之前,我没有读过新书。事实上,根本没有读过书。"[62]他的牛津生活取代了过去的生活。当伯恩-琼斯过来同住时,他的母亲开始回忆童年往事。看到伯恩-琼斯很喜欢听,莫里斯大为尴尬,就让母亲不要再讲。

　　让人深感好奇的是,为什么狄克森如此欣赏莫里斯的创造力?莫里

斯的《杨柳与赤壁》不仅具有济慈风格,而且与狄克森的诗歌也非常
接近:

> 风吹河畔,忧柳低垂,
> 悲声呜咽,惹梦凄微。
>
> 月映长河,奔流入海,
> 赤壁绝处,潮涌尘埃。
>
> 峭崖之巅,荆棘孤生,
> 枝摇似手,祈愿安宁。
>
> 风无怜悯,夜不垂怜,
> 荆棘悲泣,喘息难安。
>
> 风过灰柳,拂掠荆棘,
> 赤壁之上,女子形单。
>
> 凝望碎浪,心随潮移,
> 风声依旧,呢喃不息。

> About the river goes the wind
> And moans through the sad grey willow
> And calls up sadly to my mind
> The heave and swell of the billow.
>
> For the sea heaves up beneath the moon,
> And the river runs down to it.
> It will meet the sea by the red cliff,

Salt water running through it.

That cliff it rises steep from the sea
On its top a thorn tree stands,
With its branches blown away from the sea
As if praying with outstretched hands

To be saved from the wind, from the merciless wind
That moaneth through it always,
And very seldom gives it rest
When the dark is falling pallwise.

One day when the wind moaned through that tree,
As it moans now through the willow,
On the cliff sat a woman clasping her knee
O'er the rise and fall of the billow

那时,济慈的作品在"集结会"中广为流传。莫里斯总是对济慈"无限钦佩"[63],将之奉为最喜爱的大师。莫里斯后来承认,他在牛津时并非真的喜欢诗人华兹华斯。1855 年,莫里斯读到了雪莱的诗,很是喜欢。"《云雀》正是其中一首,多美妙的诗啊!"[64]而后,他却说雪莱没有眼睛。与之形成鲜明对比的是,在济慈的作品里,莫里斯轻而易举地找到了一种至为卓越的视觉特质,并与之产生了强烈的共鸣。莫里斯将修辞派诗人与视觉派诗人明确划分,他认为弥尔顿和斯温伯恩属于修辞型诗人;而乔叟和济慈则属于视觉派。尽管莫里斯还不确定自己诗歌创作的语言风格,但他天生应是一位视觉派诗人。

莫里斯对自己早期的牛津诗歌评价并不高。九十年代,有人建议收集他一些未发表的诗歌付印,莫里斯却对此感到惊恐——他不想将自己"天真幼稚"的一面公之于众。[65]可以说,某种程度上,比诗歌本身更重要的是写作氛围。在牛津,诗歌是一项集体活动。比如富尔福德,这个执着而热情的读者本身也是诗人。狄克森,肤色黝黑,喜欢低声叹气,衣衫随意,散发着俊美而肮脏的气质。是一个产量不高,但富于奇思妙想的诗人。丁尼生离世之后,莫里斯与狄克森的名字常被提起,被视为桂冠诗人的潜在继任者。他们之间,是创造力的强烈激发与互动。莫里斯生平第一次处于这种氛围的中心:警觉、兴奋、勤勉、愉悦、引领、给予和接受。这种情景对他来说弥足珍贵,以至于他总是努力在后来建立的兄弟团体中重现这一场景,最显著的例子便是莫里斯、马歇尔和福克纳组成的公司。

在牛津,莫里斯精力旺盛、聒噪不已。"请轻声一点,先生。"据说埃克塞特的校工马多克斯曾如此劝诫他。[66]有传闻说,莫里斯会向窗外的校工大喊,而那个人实际上正站在房间里。这类故事不胜枚举。在牛津期间,莫里斯的狂野性情开始沾上传奇色彩。他桀骜不驯的表现,常被认为是超人附体:他用头使劲撞墙,甚至在灰泥上撞出一道深深凹痕;他几乎咬断了窗框上的木头;还用牙齿拎起重物。狄克森描述了他的受虐方式:打头。"他暴捶自己的头,自我发泄。"[67]麦克拉伦更是抱怨道,莫里斯为体育馆里折毁的棍棒和箔片赔付的钱,相当于其他学生的总和。还有传闻说,莫里斯对红狮广场所供应的圣诞布丁不满意,就把它扔下了楼梯。这些故事一直以这样或那样的形式流传着,直到莫里斯人至中年。就像北欧传奇一样,这些故事被传播,被渲染。但其背后究竟隐藏着什么,其中又有多少真实的成分呢?

似乎可以肯定的是,莫里斯状态最糟时的激愤可能会导致不可收拾的局面:让他失去部分意识的癫痫发作。狄克森的记录再次提供了最为生动的经典描述,而麦凯尔的传记对此轻描淡写。莫里斯前往伯明翰,与狄克森住在一起:

> 他临行时,我们(我想)都看错了铁路指南。直驱火车站后才发现没有火车。除了再等一天,别无他法。我听到一声可怕的叫

喊，看到莫里斯发生"灵魂迁移"，才意识到发生了什么。这种状态一直持续到回家，随即消失了。莫里斯平静下来，仿佛什么也没发生过。他画起了水彩画，我想给他弄点酒，但他说他没事，而且显然确实没有什么事。[68]

对于莫里斯真实的健康状况，一直存在一种守口如瓶式的缄默，以至于现在鲜少得到完整证据。但是，狄克森对此事的描述，似乎确实可作为例证：即使微小的失望和烦恼也会引发不自觉的身体反应，简直可谓"小题大做"。但是，莫里斯在发病状态时，似乎并没有真的摔倒在地，而是一动不动，对周围环境浑然不觉达几分钟之久。这种情况，现在被称为"局部痉挛"。关注医学现象的萧伯纳乐观地指出，任何一个看起来很健壮的人都会有弱点。第一次，他用"子痫"这个词来定义莫里斯的病情。这个术语现在主要用来指怀孕期或药物不可控的危险期的类癫痫发作。从更宽泛的意义而言，萧伯纳意指莫里斯的愤怒实际上是一种病态，而他被冒犯或激怒时的身体失控行为则是不理智的表现。让人存疑的是，莫里斯的"灵魂迁移"是否会导致失忆？究竟是他不自觉地将这段记忆抹去，还是他情绪爆发后近乎讨好的安静仅仅是因为他觉得沮丧和尴尬？萧伯纳回应了狄克森的观点，他认为是激怒撼动了莫里斯，"就像人在痉挛后会战栗一样"。[69]

79　　这些疾病不可避免地造成了莫里斯与男性朋友之间的疏远，而莫里斯对这份关系又是如此依赖。这种分离感，正是他最为惧怕的"缺席"模式。同时，发病的余波也会带来焦虑和紧张，而这正是重返现实世界的某种缓冲。不过，似乎他的朋友们对此并不在意，他们对莫里斯的尴尬感同身受，以"集结会"习以为常的玩笑和戏谑方式接纳了这些事。他们的行为，带有一些年轻人无所谓的心态。在莫里斯经历五十年代末的一次"风暴"之后，福克纳在威廉·莫里斯的帽子上贴上"他疯了"的标签，然后扬长而去。[70]

　　有趣的是，莫里斯本人也有意为之，似乎是不计代价地要让自己更被大家接受。为了让"集结会"多点笑料，他几乎把自己变成了卡通吉祥物。他模仿从跨海峡轮船上下来的乘客，叼着煤斗东倒西歪地走来走去。过了不久，在伦敦，"他以娴熟的技巧和幽默感模仿一只鹰，爬上一把椅子"。[71]他对"托普西"这个绰号的认同程度超乎意料，有时他根本不在信件上签名，而只是画个小男孩转陀螺的标记。直到九十年代，"托普西"这个名字还被他的老相识们所称呼，莫里斯的社会主义同志对此感到不平，觉得这是对莫里斯的贬低。萧伯纳思索着："一定有那么一刻，他意识到'托普西'不过是一个虚构的人物。"[72]这个问题的真实结论，至今无人知晓。

莫里斯的作品充满了狂野纵情、恍惚出神和灵魂迁移的特质。在《奇迹岛的水》这本书中，黑骑士飞身在地，脚踩地面，翻腾而起。在同一部小说中，当博德隆回到他身边时，亚瑟感恩地将前额磕向地面：他翻了个身，四肢伸开，鲜血从嘴里喷涌而出。莫里斯牛津时期的故事《空心之地》中，在阿诺德充满爱意的温和想象中，他的爱人身着宽松的白衣坐在灰色巨石上。莫里斯一直对晕厥背后的通灵力饶有兴致浓厚。莫里斯的故事中，最有说服力的预言家是《狼屋》中的豪逊。她是一个晕厥者，并且是一名女性。也许，有异次元世界经验的人，更具备获取真相的超凡天赋。

在牛津的第二学年快结束时，威廉·莫里斯对修道院的热衷似乎有所减退。普赖斯写道："在教义上，莫里斯很有问题，而泰德过于信奉天主教，不太可能被任命圣职。"[73] 80

他们全神贯注于其他事情。1855年暑假，莫里斯参观了伦敦皇家学院展览。就是在这里，他第一次遇见了乔治亚娜·麦克唐纳。她那时才十五岁，端庄典雅、羞怯腼腆、聪明伶俐。伯恩-琼斯已经与她熟识。她的父亲乔治·麦克唐纳是卫理公会的领袖，在十九世纪五十年代早期曾是伯明翰的讲道牧师。乔治亚娜的兄弟哈里在爱德华国王语法学校学习，和内德（伯恩-琼斯）是同学。当她还是个穿着围裙的小姑娘时，曾给内德开过门。麦克唐纳一家后来也返回伦敦。慢慢地,她和内德重新熟络起来。

在卫理公会教徒朴素生活和崇高思想的孕育中,诞生了一个卓尔不群的"女性王朝"。乔治亚娜的姐姐艾丽斯是鲁德亚德·吉卜林的母亲。在她的三姐妹中,艾格尼斯嫁给了艺术家、后来的皇家院士爱德华·波因特;路易莎嫁给了英格兰中部地区的铁器制造商兼比尤德利的议员阿尔弗雷德·鲍德温,他们的儿子是斯坦利·鲍德温,1923年至1937年间曾三次担任保守党首相。然而,即使在这样一个女性异常强大的家族中,乔治亚娜也因坚韧和笃定脱颖而出。罗塞蒂很早就认识这一家聪慧的女儿们,但他预测只有路易莎长大后才配为内德夫人。[74]大女儿玛丽就像莫里斯的哥哥一样,在童年便夭折了。这是他们之间的共同经历,也是某种纽带。另一种类似是,他们都专注于事物的本质,这种专注如此执着,几乎达到盲目的程度。当乔治亚娜还年幼时,她从未思考过自己的家境如何,是富有还是贫穷。

对于莫里斯和被视作"灵魂伴侣"[75]的女朋友西德尼·科克雷尔来说,学院会议是一个并不顺遂的事件。乔治亚娜由威尔弗雷德·希利陪同(他是乔治亚娜哥哥的一个朋友,也是伯明翰青年组织中的一员)前去参加。希利说:"那是莫里斯。"[76]他指着一个木雕泥塑般的人,他正站在那里端详着米莱的画作《营救》。希利介绍他们相识。她觉得莫里斯非常英俊,是一种不同寻常的类型,让人想起中世纪国王的雕像。莫里斯那时候没有蓄须,所以她总觉得他的嘴唇轮廓是他最有个性的外部特征。他的头发卷曲,"意气风发"地迎风飘舞。

81　　　但他的注意力似乎始终是"向内的","他几乎对我视而不见"。她后来写道。在次年夏天的会议上,这种不自然感依然存在。乔治亚娜非常疑惑,这个不善辞令、迟钝木讷的人是怎样写成《长发姑娘与金发关德琳》这首诗的。他看上去并不怎么有诗人气质。

自然,其他人也注意到了这种不协调。

注释

[1] 爱德华·伯恩-琼斯，引述自麦凯尔，《威廉·莫里斯的一生》。

[2] 威廉·莫里斯致《蓓尔美尔公报》的信，1881 年 7 月 16 日。

[3] 古建筑保护协会委员会的草案，圣马力诺亨廷顿图书馆，加州。

[4] 威廉·莫里斯，《梦见约翰·鲍尔》，1888 年。

[5] 威廉·莫里斯，《财阀统治下的艺术》，1883 年讲座。

[6] 威廉·莫里斯致乔治亚娜·伯恩-琼斯的信，1881 年 8 月 16 日。

[7] 《爱德华·伯恩-琼斯回忆录》（两卷本），麦克米伦，1904 年。

[8] 同上。

[9] 威廉·莫里斯致安德烈亚斯·朔伊的信，1883 年 9 月 15 日。

[10] 约翰·贝杰曼，《我的牛津》中的一章，安·斯威特编，罗布森出版社，1977 年。

[11] 威廉·莫里斯致《每日新闻》的信，1885 年 11 月 20 日。

[12] 爱德华·伯恩-琼斯致科梅尔·普赖斯的信，《爱德华·伯恩-琼斯回忆录》。

[13] 麦凯尔，《威廉·莫里斯的一生》。

[14] 威廉·莫里斯致科梅尔·普赖斯的信，1855 年 9 月 29 日。

[15] 威廉·莫里斯致艾玛·谢尔顿·莫里斯的信，1855 年 10 月 11 日。

[16] 威廉·莫里斯，《乌有乡消息》，1890 年。

[17] 威廉·莫里斯致安德烈亚斯·朔伊的信，1883 年 9 月 15 日。

[18] 威廉·莫里斯在古建筑保护协会年度大会上的讲话，1893 年 7 月 18 日。

[19] 威廉·莫里斯致《雅典娜神殿》的信，1877 年 3 月 5 日。

[20] 菲利普·韦伯，引述自 W. R. 莱瑟比，《菲利普·韦伯和他的创作》。

[21] 约翰·罗斯金，引述自 W. R. 莱瑟比，《菲利普·韦伯和他的创作》。

[22] 威廉·莫里斯致《蓓尔美尔公报》的信，1881 年 7 月 16 日。

[23] 弗朗西斯·霍纳，《铭记的时光》，海涅曼，1933 年。

[24] 同上。

[25] 同上。

［26］同上。

［27］同上。

［28］同上。

［29］《爱德华·伯恩-琼斯回忆录》。

［30］爱德华·伯恩-琼斯致科梅尔·普赖斯的信,《爱德华·伯恩-琼斯回忆录》。

［31］《威廉·莫里斯:艺术家、作家、社会主义者》。

［32］R. W. 狄克森,引述自麦凯尔,《威廉·莫里斯的一生》。

［33］威廉·莫里斯致科梅尔·普赖斯的信,1855 年 4 月 3 日。

［34］爱德华·伯恩-琼斯致科梅尔·普赖斯的信,1853 年夏天,引述自《爱德华·伯恩-琼斯回忆录》。

［35］R. W. 狄克森,引述自麦凯尔《威廉·莫里斯的一生》。

［36］同上。

［37］同上。

［38］威廉·莫里斯致安德烈亚斯·朔伊的信,1883 年 9 月 15 日。

［39］爱德华·伯恩-琼斯致亨利·麦克唐纳的信,《爱德华·伯恩-琼斯回忆录》。

［40］《爱德华·伯恩-琼斯回忆录》。

［41］麦凯尔,《威廉·莫里斯的一生》。

［42］弗里德里希·德·拉·莫特·富凯,《辛特拉姆和他的同伴》,伦敦,1820 年。

［43］约翰·亨利·纽曼致玛丽亚·吉本恩的信,引述自《红衣主教纽曼》,国家肖像美术馆,1990 年。

［44］布赖恩·马丁,《约翰·亨利·纽曼:他的生活和工作》,查托和温德斯出版社,1982 年。

［45］爱德华·伯恩-琼斯致科梅尔·普赖斯的信,1853 年 5 月 1 日,《爱德华·伯恩-琼斯回忆录》。

［46］亚瑟·埃德蒙·斯特里特,《乔治·埃德蒙·斯特里特回忆录》,1888 年。

［47］《爱德华·伯恩-琼斯回忆录》。

［48］威廉·莫里斯致科梅尔·普赖斯的信，1855 年 4 月 3 日。

［49］威廉·莫里斯致安德烈亚斯·朔伊的信，1883 年 9 月 15 日。

［50］威廉·莫里斯给凯尔姆斯科特出版社版《论哥特式建筑的本质》写的导言，1892 年。

［51］麦凯尔，《威廉·莫里斯的一生》。

［52］威廉·莫里斯，《建筑的复兴》，《双周评论》，1888 年 5 月。

［53］约翰·罗斯金，《威尼斯的石头》，1853 年，第二卷。

［54］威廉·莫里斯致乔治亚娜·伯恩-琼斯的信，1881 年 7 月 6 日。

［55］W. 塔克韦尔牧师，《牛津回忆》，1901 年。

［56］珍妮弗·舍伍德和尼古拉斯·佩夫斯纳，《英格兰建筑·牛津郡》，企鹅出版社，哈蒙兹斯沃斯，1974 年。

［57］《爱德华·伯恩-琼斯回忆录》。

［58］麦凯尔，《威廉·莫里斯的一生》。

［59］同上。

［60］威廉·莫里斯致安德烈亚斯·朔伊的信，1883 年 9 月 15 日。

［61］威廉·莫里斯致科梅尔·普赖斯的信，1855 年 4 月 3 日。

［62］威廉·莫里斯致科梅尔·普赖斯的信，同上。

［63］威廉·莫里斯致查尔斯·考登·克拉克的信，1868 年 9 月 17 日。

［64］威廉·莫里斯致科梅尔·普赖斯的信，1855 年 4 月。

［65］威廉·莫里斯致查尔斯·费尔法克斯·默里的信，引自弗洛伦斯·布斯，《威廉·莫里斯的少作》，1983 年。

［66］麦凯尔笔记本，威廉·莫里斯陈列馆。

［67］麦凯尔，《威廉·莫里斯的一生》。

［68］麦凯尔笔记本，威廉·莫里斯陈列馆。

［69］乔治·萧伯纳，《关于莫里斯的更多信息》，《观察家报》评论，1949 年 11 月 6 日。

［70］W. R. 莱瑟比，《菲利普·韦伯和他的创作》。

［71］麦凯尔，《威廉·莫里斯的一生》。

［72］乔治·萧伯纳致西德尼·科克雷尔的信,1950 年 4 月 10 日,科克雷尔,《最好的朋友》。

［73］《爱德华·伯恩-琼斯回忆录》。

［74］但丁·加百利·罗塞蒂致威廉·阿林厄姆的信,1860 年 7 月 31 日,道蒂和沃尔。

［75］西德尼·科克雷尔致乔治·萧伯纳的信,1950 年 4 月 17 日,大英图书馆。

［76］《爱德华·伯恩-琼斯回忆录》。

第四章　法国北部(1855-1856)

　　威廉·莫里斯算不上维多利亚时期的伟大旅行者,但他一生中经历过两次时间不长但意义重大的旅行。其中一次,是他在牛津最后一年的长假中为期三周的游历,参观法国北部的礼拜堂和大教堂。

　　这并不是他第一次前往法国,1854年暑假,他和姐姐亨丽埃塔就已结伴出国旅游。他们共同前往比利时,在那里,他们着迷于中世纪后期的绘画,如凡·艾克、汉斯·梅姆林、罗吉尔·凡·德·韦登的作品。他们还游览了位于亚眠、博韦、鲁昂和沙特尔的著名大教堂。威廉·莫里斯还爱上了法国当地的美食和美酒。他视美酒为真正文明的检验:在他看来,一个生产如此美酒的国家便是"一个伟大的国家"。[1]在那个初次旅行的夏天,他闻着蜂蜡、柴烟和洋葱的混合味道,这对他来说成了巴黎的缩影,他和姐姐从高楼上俯瞰杜乐丽花园里的丛林,"它们看起来如此浓密,就好像可以漫步于丛林顶端"。[2]

　　莫里斯1855年的旅行显然算是特立独行。这是一个截然不同的男士专属假日,至少可以说,这是一次充满活力的徒步旅行——它绕开了被莫里斯称为"**劳什子**"的铁路线。[3]考虑到伯恩-琼斯拮据的经济状况,一定程度上这也算一项很节俭的旅游攻略。最初,科梅尔·普赖斯也加入了莫里斯、伯恩-琼斯和富尔福德之列,但在最后一刻未能成行。莫里斯本看好富尔福德,说他无疑会是令人愉快的旅伴。"然而,在我看来,"他在给普赖斯的信中难过地写道,"他是你的一个非常糟糕的替补。"[4]

他们三人在 7 月 19 日星期四这天出发了。富尔福德带了一本济慈诗集,在他们前一天晚上下榻的伦敦小旅店里,他还给伯恩-琼斯读了一些诗歌,伯恩-琼斯很高兴。次日,莫里斯在车站与他们会合,他们乘船从福克斯通到达布洛涅,一路上风平浪静,没有人晕船。那天晚上,他们乘坐缓慢而又晚点的火车,直达阿布维尔。又沿着神秘的白杨林荫道走了一英里,才到达他们所要住的"牛头"旅店。莫里斯在后来一次访问中,不无怀旧感伤地描述道:"法国的白杨、草地和索姆河附近的小村庄……"他继续说道:"你无法体会,我是多么愿意沿着这条长长的路一直走下去。"[5]莫里斯对法国北部漫长而笔直的道路记忆犹新,就像英国老兵对第一次世界大战一样难以忘怀。

在阿布维尔的第一晚,莫里斯便瞥见了圣沃尔夫拉姆礼拜堂。这座教堂看起来像"一座精雕细琢的巨大石山"。这是走马观花式的教堂环游之旅的第一站,此次旅程涵盖了九个大教堂,还有至少二十四个礼拜堂。对于这些教堂,莫里斯如数家珍。他说:"在这些辉煌夺目的教堂中,有一些甚至远超英国的一流教堂。"[6]在阿布维尔的第二天清晨,他很早就把其他人叫醒,以赶在早饭前去溜达一会儿。中午,他们登上圣沃尔夫拉姆的塔楼,仔细观察老城区网状的狭窄街道和中世纪斜屋顶建筑。莫里斯写道:"此时此刻,我们三人欣喜若狂。"[7]

在前往法国之前,莫里斯也曾去过伊利。在那里,看到的是熟悉而温馨的英国小镇景观:绿野,花园,树木,以及坐落在山丘之上的伊利大教堂,无一不使他心旷神怡。"到处点缀着古色古香的老房子,散落着古老的修道院建筑。"[8]那大教堂的布置,看起来像居家一样随意,多少有点可笑。但是,莫里斯对法国礼拜堂的描述却让人升起敬意:"格外庄严,带着异域的神秘。"莫里斯认为,法国北部宏伟的大教堂正是庄严肃穆的哥特风格的极致展现。下午,他们又从阿布维尔前往亚眠,在亚眠大教堂停留了一个小时,晚饭后才返回。莫里斯"平静而喜悦地仔细欣赏着它"。[9]

莫里斯以亚眠为基础构思了自传性短篇小说《大教堂之夜》。次

年,这篇作品发表在《牛津和剑桥杂志》上。故事的叙述者是一位年轻

的建筑狂热爱好者。在一次徒步旅行中,他吃过晚饭返回大教堂,想进

一步调查。随后,他惊恐地发现自己被锁在了里面。故事的原型,是在

温彻斯特大教堂,发生在莫里斯的导师及建筑师 G.E. 斯特里特身上的

真实故事。和斯特里特的反应一样,莫里斯虚构的故事叙述者惊慌失

措,敲打着大门,呼喊着要出去。一定程度上这也是一个青少年的哥特

式恐怖故事。在大教堂里,总有一些鬼魂:坚毅的骑士和悲伤的教士从

墓穴中飘起,身穿盔甲和长袍的骷髅在他们周围游荡,夜晚可怕得万分

难挨。[10]更重要的是,在这个故事背景中,带有强烈的精神危机迹象。

叙述者恍惚出神,看到了幻象。尽管他意识到了建筑之美,但又感到上

帝已在其中消亡。他感觉好像"在一个可怕而冷酷的美人面前,我难以

表达爱意,当然她对我也毫无爱意"。他继续说:

> 又好像某个老友被证实是假冒的,或者是我错误地定位了自
> 己,自不量力地盯上了过高的目标。这是多么悲惨,多么挫败啊!
> 我眼见了美,她却遥不可及。——至少,美不再像从前一样能够带
> 给我纯粹的快乐。

在这次漫长的基督教圣殿之旅中,莫里斯感到极度痛苦。当时,他正考

虑与教会断绝关系。

莫里斯后来对此分析,当时约翰·罗斯金所带来的影响,远超他对

高教会派和普西派的倾心。人们可以看到,在那个活力四射的夏日,他

以怎样的心态游历了法国。他的耳畔响起约翰·罗斯金的叮咛:"再一

次出发,在古老的大教堂前凝视……再一次观察那些丑陋、虚渺的妖魔

鬼怪,还有那些僵化死板、毫无解剖学依据的雕塑。但是,请不要嘲笑它

们,因为它们是每一个石匠生命和自由的标志。"[11]

莫里斯开始了传统的罗斯金式的伟大旅行,他沿循着 G.E. 斯特里

特、吉尔伯特·司各特和威廉·伯吉斯等人的足迹,他们深谙法国中世

纪建筑。莫里斯归来后,写下论文《法国北部的教堂:亚眠之影》,读起来像是罗斯金门徒的作品:从建筑学角度来说,他的观察细致入微。但另一方面也表明,莫里斯已摆脱罗斯金的影响。两者的差异在于叙事的延展性,叙述者的观念基于快速变迁的历史,而那种极致的喜悦,则来自对景观建筑布局和意义的洞察,既通过向外观察,也通过专注于内。在亚眠:

> 我们从屋顶来到阳光灿烂的护墙下,又走到了十字路口,尽力攀爬到塔顶。我们站在那儿,俯瞰美丽的村庄,它有湿地草甸和看起来像飘着羽毛的树木。[12]

莫里斯深爱着村庄的细节。罗斯金看到牛津周围的草地,抱怨毛茛太多了,这让他想起了荷包蛋。[13]

当莫里斯第一次踏入亚眠教堂,他几乎欢呼起来。亚眠如此自由,宽广而优雅。但是,他发现即便如此,他还是更喜爱博韦教堂。如果要问他最喜爱的大教堂是哪个,他必然会回答:就是他恰巧去过的那个地方——博韦教堂。他、伯恩-琼斯和富尔福德,三人一路都欢欣雀跃,于次日长途跋涉十七英里前往博韦。而且,莫里斯中途还遇到了麻烦:他带错了鞋子,且饱受鸡眼之痛。在亚眠,他压抑着一股无名之火。“街道上到处充斥着制鞋商的嗡嗡叫卖”[14],他为自己买了一双灰色毛绒拖鞋,穿着去博韦。疼痛不断加剧,他对母亲说,走路令他筋疲力尽。但是,莫里斯总能被精彩的建筑振奋鼓舞,尤其被博韦教堂恢宏壮观的规模、宏伟的哥特风格,以及它尚未完成的状态感染。

教堂拱顶和唱诗班使其自身气势昂扬,令人惊叹。但博韦教堂又令人如此不安,因为它没有中殿,仿佛发生了什么事故或是被施了咒语。对于它的恢诡谲怪,莫里斯深感震撼。在后来的一次访问中,他将之描述为世界奇观:“黄昏时分,它的壮美让人感到近乎恐怖,简直令人叹为观止。"[15] 在莫里斯牛津故事的背景中,这座教堂时常出现,如在《格萨的情人》中:"至今为止,很多充满张力的建筑局部依旧尚未完成。它们高耸于城市的屋顶之上,直冲云霄,就像蜿蜒而去的悬崖峭壁一般,将底处热切渴望的人们永远留在白杨林中。"[16] 莫里斯将大教堂比作悬崖,将城堡比作岩石,他很喜欢把建筑看作地质事件。

在周日早上,他们参加了博韦大教堂的弥撒活动。这是一次盛大的仪式:游行的列队,古老的吟唱,长号和两架风琴管突然奏响,巨大的声响使他周围的空气都在颤动。伯恩-琼斯感到审判日已经降临。"这是怎样的一天,我都经历了什么? 一只幼小的蓝蜻蜓在空中歇停了很久,我几乎可以把它画下来。"[17] 他回顾塑造那一连串的经历,初到博韦的那一天似乎正是他创作的第一天,或者说是他后来重建自我的第一天。莫里斯和伯恩-琼斯的法国之旅令人着迷,他们一起去看共同感兴趣的地方,以特殊的怀旧之情回忆博韦,因为它对那个夏日的蜕变至关重要,它促进了他们的自我质疑,在他们的共同经历中举足轻重。威廉·莫里斯逝世后的一个圣周日,乔治亚娜·伯恩-琼斯坐在博韦教堂的回廊中,大声朗读罗斯金《论哥特式建筑的本质》以及莫里斯为凯尔姆斯科特出版社所写的导言。

在卢浮宫,莫里斯让伯恩-琼斯闭上眼睛,领他来到弗拉·安吉利科的《圣母加冕》画前,再让他睁开双眼。莫里斯在法国拥有房产,但事实上,他并不想去巴黎。尤其是当他得知巴黎圣母院遭遇的悲惨景象——近一半的雕塑被拆下,随意丢弃在门廊下。所以他建议绕过这座城市,即使这会耗时更久。但是,伯恩-琼斯想看卢浮宫里的画作,富尔福德也急切地想参观巴黎,而莫里斯则被说服去参观克鲁尼酒店,那里已是一座博物馆,里面挂着中世纪挂毯。在巴黎,他们每天至少要花十二小时观光。他们参观了圣礼拜堂,也很兴奋地在世界博览会的艺术展区看到七幅拉斐尔前派的油画作品:其中一幅是柯林斯的,三幅是米莱的,还有三幅是亨特的,包括《世界之光》。莫里斯评价说,美术馆非常值得一看,"不为别的",只为那些英国画作。[18]

　　参观巴黎时,莫里斯似乎很易动怒,惹人反感,有时还表现得很执拗,不愿意将就别人的计划。他满腹牢骚且焦躁不安。一天晚上,他们去歌剧院欣赏梅耶贝尔《先知》中阿尔博尼夫人的演唱。伯恩-琼斯此前从没看过歌剧,因而陶醉其中。但"莫里斯似乎很无聊"[19],他的脚仍然不怎么舒服。他们在巴黎住了三个晚上,离开之际,莫里斯感到如释重负。据富尔福德说,莫里斯很高兴:"他极度渴望离开巴黎,前往沙特尔。"[20]

　　他们在法国待了近一周,沙特尔教堂是他们参观的第三座大教堂,所在位置非常奇特,就像在田野里升起的海市蜃楼:

　　　　穿过一片密集的杨树林,我们瞥见一大片金黄的玉米地,海浪一样起伏摇曳。在玉米地之间生长着猩红色的炽烈的罂粟花和蓝色的矢车菊。矢车菊是那么蓝,蓝得发亮,仿佛在燃烧着稳定的光,它们生长在罂粟花旁,生长在金色的麦丛中。一条蓝蓝的河穿过玉米海,河边总有绿油油的草地和一排排高大的白杨树。[21]

在玉米地的尽头,屹立着一座大教堂。这座教堂很符合莫里斯《无名教堂的故事》中的描述,这是他牛津时期所写的最出色的故事。他所写的建筑是一座复合式的大教堂,某些特点明显类似于亚眠。教堂位于玉米海洋之中,从地貌特点来判断,莫里斯的无名教堂无疑就是沙特尔主教座堂了。

　　近观沙特尔主教座堂,它不过是一座小镇建筑,是中世纪小镇的朝圣之地。莫里斯用一整天去探索他所谓"古雅的街道和华丽的教堂"[22],从各个角度去观察那些状如断崖的扶壁。五十年后,同样是沙特尔主教座堂,埃里克·吉尔在山坡上的小巷中,瞥见它的北耳堂,让他神摇目夺,怦然心动。对莫里斯和吉尔两人来说,小镇风光早已不止于华美或惊喜,它更是一种完美的社会制度的佐证和诠释。莫里斯曾因误解中世纪的现实生活而遭到批评，但这不过是他以自己的想法将之理解为某种符号或尺度。而沙特尔正是他发现的优秀典范：沙特尔主教座堂的建造果断而迅速，并由整个社区齐心协力共同完成。在罗马式大教堂被毁以后，沙特尔主教座堂于十三世纪初重建。仅用了三十年就几乎大功告成。以宏观的历史眼光来看，可谓"一夜即成"。

在写给科梅尔·普赖斯的信中，莫里斯依然沉浸在沙特尔"美丽的形态"中。[23]《无名教堂的故事》的叙述者是个石匠师傅，在一座烧毁之后又重建的新教堂中从事雕刻工作。故事发生在六百多年前，恰是沙特尔主教座堂重建时期。[24]这个故事引人入胜，精心编织着梦一样的叙述语言，或者说梦中之梦——这些趣味的核心，正源自对**生产**活动的专注。工匠用双手雕刻出大教堂西侧的所有浮雕。更有趣的是女性创造的主题：莫里斯塑造了一个反复出现在小说中的人物，那就是他同志般的姐妹，他技艺方面的伙伴。在门廊处，石匠的妹妹玛格丽特正在雕刻花饰，"以及带有十二星座符号和月份标志的四叶装饰"。玛格丽特年方二十，非常美丽，有着深棕色的头发和深邃沉静的紫色眼眸。

故事中，大教堂是富饶的中心。莫里斯对修道院花园的描绘——玫瑰花、田旋花、巨大且灿烂的旱金莲、蜀葵的"大茎枝"[25]——在他的印花布上以图案形式流畅地展示着。并且，莫里斯一如既往，对美丽多产的自然所作的描绘带有某种情欲感。野花从外面爬进了花园："葱绿的蔓草，开着绿白色的小花。它生长得很快，速度几乎是肉眼可见。还有致命的颠茄，'美丽的女人'①（La bella donna）。啊！如此美丽！红色和紫色的浆果，黄色尖蕊的花朵，致命的、冷酷的深绿色叶子，它们都在耀眼的初秋里繁茂生长。"这段描述，还是流露出一丝颓败的迹象，一种波德莱尔的气息。

莫里斯对沙特尔主教座堂的玻璃艺术评价如何呢？在给科梅尔·普赖斯的信中，他对此一带而过。在随后的文章中，他建议将十二世纪

---

① 颠茄源于意大利语 bella donna，意为"美女"。

作为彩色玻璃艺术历史的真正开端："那个时代留给我们的窗，色彩浓烈而艳丽，红蓝两色是主色调。"[26]

在他的记忆深处，人们感受到沙特尔深情的红蓝交响，以及玻璃窗画所讲述的故事：骑士、牧师、农民、鱼商、屠夫、酒商、鞋匠，熙熙攘攘，生机盎然。这些窗画很像莫里斯公司后来设计的窗户，以此方式，这些元素重新借鉴和生成。究竟是**怎样**的元素呢？在那个夏日，在沙塔尔主教座堂和一些小礼拜堂里，莫里斯和伯恩-琼斯初次见到他们此后经常运用的视觉构图：图形被单独放大，在窗户的高处是圣徒、国王、先知，其下方则是密集的叙事性填充图案。

89

在那座伟大而遥远的城市，大教堂中殿的墓碑雕刻引起了莫里斯的巨大共鸣。他能回想起那里的点点滴滴：从陵墓上方的大理石华盖，到华盖上的花卉和小幅的场景故事雕刻。在陵墓上，工匠雕刻了已逝的妹妹及其情人的雕像，他们紧握双手并肩长眠，如同一对夫妻。置身于莫里斯法国北部教堂的故事里，我们发现哥特式风格与"哥忒式风格"（Gothick）的交汇点：约翰·罗斯金的维多利亚中期哥特风格，与沃尔特·司各特色彩技法的杂糅。耀眼的光线透过彩色玻璃，给人超越尘世之感。莫里斯情不自禁地以梦一样的语言叙述道：光游移在光滑的大理石表面，光线越来越强，倾泻而下，予人情景交融之感。"直到音乐声响起，我才发现自己早已如痴如醉。"[27]

7 月 27 日早上六点，他们冒雨离开了沙特尔。那时，蒙蒙细雨几乎遮盖了大教堂的尖顶。莫里斯喜欢在各种天气下欣赏风景，看起来实在太棒了。莫里斯特别高兴，大家只须乘坐短途火车就能前往鲁昂。他们途经德勒、埃夫勒和卢维耶，穿越整个国家，还乘坐了一些"古老而难以言喻"[28]的交通工具：有时骑马缓慢而行，有时乘公共马车。在法国，威廉·莫里斯分头写了两封家书：写给母亲的信更简短拘谨，而对于未能前来的伙伴科梅尔·普赖斯，则给他讲述了浪漫的法国长途之旅。写完后，他找了一天时间把信分别寄了出去。写给普赖斯的信颇为流畅，娓娓道来,妙趣横生,那种即时体验感丝毫不逊色于莫里斯生动的《冰岛日志》。这个 7 月的星期五,可能是我们对莫里斯的一生所知最多的一天。

　　当他们离开曼特农时,天空依然飘着小雨。他们搭乘交通工具前往德勒,走十七英里的路穿越了一个乡村。相对于他们所见的其他法国乡村,莫里斯尤爱这里。这里树木繁多,尤以白杨树和山杨树为多。莫里斯喜爱那没有篱笆的庄稼地,以及农民种的羽毛状的用作饲料的无名香草。他举目所见的风景虽充满异国风情,但又极为熟悉——这就是永恒不变的乡村,他几乎以圣经词语来描述这一切。法国的田野之美,在他眼里几乎举世无双:

> 看起来似是无主之地,好像种这些地不为收割,不为储藏在仓房,不为喂牲口,仅仅因为美就种在那里了。农作物可以生长在树丛中,和花朵混杂在一起。紫色的蓟花、蓝色的矢车菊、红色的罂粟,和农作物一起生长在果树下。在树荫中,它们漫过低平的山峦,直抵天际。有时是绵延的葡萄田,有时是郁郁葱葱的甜美草料,它们看起来与季节无关,经久不变,永远都是八月初的景色。[29]

早在他们到达德勒之前,天气转晴,这是一个阳光明媚的日子。

　　上午,他们抵达德勒,开始寻找有小桥流水的“宁静而古老的村庄”。[30]他们发现了一个中世纪钟楼,是莫里斯一直着迷的典型四方建筑。它伫立在小镇中心,体量庞大,冷峻逼人——就像莫里斯诗歌《冬日天气》中的钟楼一样,是午夜钟声响起的地方。他们也很欣赏圣皮埃尔教堂,它是浮华的法国哥特式风格典范。但莫里斯对教堂穹顶粗暴的修复行为表达了强烈不满,他警惕地指出:这与其说是修复,不如说是破坏。相形之下,他更喜欢耳堂,那里曾被精心雕刻,如今有些破败。他写道:“尽管这里看上去荒凉残破,但是(承神保佑)它尚未被修复。”[31]

　　莫里斯带着一些偏见来环游法国。从他易于激动的绅士外表来看,似乎比实际年龄要显老一些。前往埃夫勒途中,旅行者们必须忍受半个小时的火车车程,这激起了莫里斯的"强烈愤慨"。在埃夫勒,他们不得不在吃晚饭("唉!为了我们低级本能")和游览大教堂之间平衡好时间。这是一座坐落于伊通河畔的中世纪建筑群中的华美教堂。莫里斯似乎很喜欢这座大教堂,因为它的规模相对较小。在写给科梅尔·普赖斯的信中,他简略分析了这座教堂的丰富样式:诺曼式教堂中殿、早期的哥特式合唱团和"富丽堂皇"的走廊。在这封信中,他热情洋溢且客观精确,期待自己的专业分享能够被理解。他说埃夫勒"超级美妙",并补充说"教堂里有很多精美的彩色玻璃"。

91

当他们乘坐公共马车离开埃夫勒时,发现丘陵地越来越多,风景与之前迥然不同。他们先穿过连绵平坦、树木繁茂的山谷;然后翻山越岭,来到了辽阔高原;最后,下到一个"如秀美平湖般的山谷",进入卢维耶小镇。莫里斯带着建筑朝圣者之心抵达那里:

> 那里有一座非常棒的礼拜堂,虽然并不大。它的建筑外观包括护栏和窗,装饰光彩夺目(尽管样式老旧)。教堂外观如此富丽堂皇,以至于我对室内状况完全没有心理准备,几乎吓了一跳。在其华美的外观背后,内部看起来庄严而宁静。

莫里斯对卢维耶圣母院的描述,展示出他对哥特式建筑的深刻理解。他将这座礼拜堂定义为,介于十三世纪简洁宏伟的法国哥特式和随后两个世纪发展起来的更为华丽、梦幻和女性化的法国哥特式的分界点。他非常明确自己的偏爱。对莫里斯和 D. H. 劳伦斯而言,大教堂像一座宝库,让人生出敬畏、力量以及男性气概——他把伟大的礼拜堂看作男性的神圣秘地。在劳伦斯的小说《虹》中,当威廉·布兰文推开林肯大教堂之门时,他的灵魂为之战栗,仿佛随着建筑的擎天之柱向上攀升。他看到"拱门即开即合,巨石跃然而起,支撑起恢宏壮观的穹顶"。[32]莫里斯对哥特式的体会并不像劳伦斯那样有突出的性别意识,反之，他的理解判断都是基于庄严感、辉煌感以及早期技术成就的光彩，由此形成他对"哥特式中殿的通透空间""巨大的自由空间"心醉神迷的感受。[33]

　　他们搭乘公共马车离开卢维耶，从镇上到车站有五英里的车程。那时，夕阳西下，阳光照耀山谷——这是他们那天穿过的最壮丽的山谷。村庄里没有种小麦或玉米，多为草地，树木点缀其间。"噢，那些树！"莫里斯以下意识的景观想象技巧写道："一切就像一首美妙诗歌中、一部美丽罗曼史中乡村的模样——或许可当作乔叟《帕拉蒙和阿赛特》的背景。"[34]随后，他们乘火车去鲁昂。一路上，莫里斯对"庸俗低劣，震耳欲聋"的火车抱怨连天。它咆哮着穿过村庄，对矢车菊、牵牛花、白色铁线莲、金色圣约翰草的微妙之美视而不见。令他极度不满的是，火车从一条侧路溜进鲁昂，让他们错失了一直期待的美景。在真正进入小镇之前，他们什么都没看到。

　　因为这次经历，他在一年后重返鲁昂时依然担心会错失美景。但仅在第一个夜晚，他的焦虑就烟消云散了。他们大约八点半抵达目的地，参观了三个小镇，两座不错的礼拜堂和一座大教堂。他们游历了十五个小时，每人花了九先令。"我们在鲁昂！辉煌的鲁昂！"[35]莫里斯告诉他的母亲，他很少有这么开心的一天。

　　为何莫里斯对鲁昂如此痴迷，愿意一次又一次重温他与鲁昂的初见？"当我第一次照见大教堂在花市之中拔地倚天，我深感无上荣耀！"[36]这是1878年莫里斯在潮水般的回忆中写下的话。他认为，最引人入胜的盛况是，大教堂恰好位于城市活动中心。与沙特尔主教座堂不同，本该僻静的朝圣之地却出现在镇中心——鲁昂大教堂就坐落于纵横交错、喧哗拥挤的街道。当时一本旅行指南将小镇描述为"蚁丘群集"。[37]这个商业小镇相当于法国的曼彻斯特，也是法国的棉花贸易中心。

　　莫里斯以类似于克劳德·莫奈的视野观察大教堂的立面。十九世纪九十年代初期，莫奈依据季节的变换及光线的迥异，创作了令人惊叹的教堂画作——用了粉红、淡紫、灰和灰白等不同色彩。莫里斯也敏锐地观察到光线和天气对教堂的影响。但是,他也意识到,大教堂作为城镇景观,是当地社会历史结构的重要组成部分,理应具有激励大众的价值意义。1895 年,莫里斯热情地为鲁昂辩护,反对一项具有潜在危险的修复计划,他认为整体而言鲁昂是"法国和英国这两个伟大的建筑国家"中最美的艺术里程碑。[38]它的艺术价值源于它的"联结"。大教堂是"劳动人民集体智慧的产物,是自早期艺术阶段就从未中断过的传承结果"。

93　　　莫里斯和朋友们在鲁昂住了五个晚上,在那里度过了在法国第二个星期的周末。他们住在法国饭店,刚来的第一天就参观了礼拜堂;登顶尖塔,俯瞰壮阔的城市全景;爬上十四世纪圣旺教堂的天顶和天窗;聆听大教堂的晚祷;最后,在晚餐后,登上圣凯瑟琳山,在那里散步直至天黑。

　　每天,他们返回时都要参观大教堂。伯恩-琼斯向莫里斯分享他的喜悦,认为这是他在法国见过的顶级大教堂。他们期待每个午后都能听到晚祷的歌声,却失望地发现只在星期六和星期日才会唱。莫里斯对歌唱的音色赞不绝口:"他们不唱了吗?! 天啊! 要是在星期日,他们会用异国腔调唱伟大的圣歌。那么,他们真的不唱赞美诗了吗?"[39]

　　凝视那些古老建筑时,莫里斯并不奢望获得舒适体验,他对建筑的看法从来都不自以为是。他感知到其中令人不安的特质,正如罗斯金在《论哥特式建筑的本质》一书中的评价:原始,躁动,怪诞得让人浑身发痒。像罗斯金一样,他探寻着哥特式建筑的粗蛮外表,它"野性的思想和粗犷的品质"。[40]莫里斯注视着鲁昂大教堂,思考着罗斯金所说的"自然与人为"的关系:"在大教堂与阿尔卑斯山之间,还有兄弟一般的群山。"莫里斯并不是对罗斯金照盘全收的门徒。在这里,人们再一次感受到他的质疑态度。他开始像看待牛津大学的丁尼生一样来看待罗斯金:值得称赞但并非无懈可击。然而,他始终认同并坚持罗斯金的一点是,哥特式建筑确有一种内在的陌异感。

　　在他的晚期小说《世界尽头的水井》中,莫里斯描写了戈德堡的一座礼拜堂,部分原型是鲁昂式的,部分原型是罗斯金式的。这座伟大的礼拜堂将戈德堡集市的一侧完全占满。人们任性不羁,蛮化未开。建筑金碧辉煌,精雕细琢,"尖顶和钟楼高耸,装饰华美"。[41]

此后的旅途开始出现阴差阳错。星期二,他们离开鲁昂,希望赶上渡轮顺着塞纳河去勒阿弗尔。然而,轮船班次被取消了。因此,他们只好步行二十五英里,前往科德贝克。这是"一次愉快的徒步旅行"[42],但也让他们筋疲力尽。莫里斯再次陷入鞋子的麻烦,他不得不穿上之前那双不合脚的靴子。靴子侧面修补过两次,鞋跟已经松了。最后,他来到鞋匠家——三个男人和一个男孩接待了他。莫里斯将此番经历告诉了他的母亲,"我脱下靴子说(当然是用法语):'请问可以修理一下我的靴子吗?'脸上显出期待回应的表情。他们把头埋了下去,过了一会儿,他们(或者说其中一个)说:'先生,我们修不了。'我就离开了"。

他们日夜兼程,从科德贝克到伊夫托;在十英里的旅途中,他们每人花费了一便士。他们在勒阿弗尔港歇息,然后,乘渡轮前往卡昂,海面平静。卡昂令人失望,对此莫里斯早有耳闻,但他不为所动,愿意自己去探索发现。卡昂圣埃蒂安教堂、巴约大教堂和挂毯都令他欣喜。莫里斯描述巴约大教堂"古朴、粗犷"(就传统意义而言,他意指"未经雕琢"),"并且非常有趣"。大教堂的部分区域因维修而关闭,尽管如此,他们还是想方设法进去看了看。

莫里斯参观的最后一座伟大教堂是在库坦斯。这座高大简朴的十三世纪建筑"就像我们早期的英国建筑一样,朴素而美丽",它符合莫里斯的审美甚于罗斯金。小镇也给他留下了类似于英国的印象。这座花岗岩小镇建在陡峭的山坡上,可以俯瞰秀美乡村:"就像没有烟囱的克莱克罗斯一样。"莫里斯已婚的姐姐艾玛正住在克莱克罗斯。

他们又日夜兼程前往阿夫朗什和圣米歇尔山,最后,从格兰威尔途经泽西岛回家。莫里斯已经计划好了,他们会在星期天早晨乘轮船出发,届时莫里斯家族都会去礼拜堂。"我猜想,"他告诉母亲,"接下来的星期一或星期二,你会在沃尔瑟姆斯托见到我。我现在破衣烂衫,阳光照在外套上,呈现出好看的黄褐色。并且,原本美丽的紫罗兰缎带也脏得要死,无奈,我把它扔在了科德贝克。还有,我那顶满是灰尘的帽子,已经不堪言状了。"

在鲁昂,莫里斯购买了陶赫尼茨出版社新发行的萨克雷小说《钮可谟一家》。这本书几乎难以置信地照见了莫里斯正在经历的内心冲突。克莱夫·钮可谟立志成为艺术家,但惧怕他的父亲——一名优秀上校——得知这一决定的反应。身在法国北部的莫里斯同样处于是否向母亲坦白的困扰——他已经意识到自己不想成为牧师。深夜,临近法国之旅的终点,他和伯恩-琼斯漫步于勒阿弗尔码头,决定今后共同开启他们的"艺术人生"。[43]

是什么促使他们在这一刻豁然开朗?部分原因是国家危机的背景。伯恩-琼斯似乎因克里米亚战争陷入动荡。那年早些时候,他曾想接受政府派给大学的一项任务,但他觉得牛津大学让他很失望,并且说:"我想在克里米亚挨枪子。"[44]因为健康原因,他被拒绝了。总之,他们做出了不顾一切的决定——毫无疑问,陌生的环境会增强情感,使人对各种可能性的感知更为敏锐。对他们几个人来说,这都是一次探索和热情之旅。勒阿弗尔是法国最大的港口,是巴黎进口商品的主要入境口岸,也是海外风情的通道。旅行者留下了这样的记载:码头上杂乱无章,鹦鹉发出怪叫,羽毛闪闪发光——环境极其戏剧化。在法国,即使富尔福德,团队中头脑最冷静的成员也暂时偏离了牧师的圣职,尽管最后,英格兰教会还是吸纳他为牧师。

莫里斯认识到并且厌恶自己犹豫不决的本性,在天赋和惰性之间摇摆不定。他以全新的决心从法国返程,并和伯恩-琼斯达成新计划,伯恩-琼斯将发展成为艺术家,莫里斯则开始接受建筑师培训。他急切地离开了埃克塞特学院去接受培训。回国后不久,他饱含热情和活力给科梅尔·普赖斯写信,感叹自己浪费了时间。

我**必须**抓紧,但有点无能为力。亲爱的科罗姆,即使我想和你在一起,我也不能一辈子清闲安逸,醉生梦死。可是上帝知道,我已经浪费了太多时间。[45]

我们并没有确切资料来证实莫里斯如何向母亲坦言。后来的资料表明,他将坦白计划分为两步。他先是告诉她,他不打算从事牧师职业。她为此痛不欲生,大失所望,并告诫他:成为一个毫无追求的闲人是多么罪恶。这显然是一场言辞激烈的谈话,莫里斯后来为自己讲话"有些过分粗暴"而道歉。[46]他为自己的愚笨辩解,说他因愚不可及而言不由衷。他的姐姐亨丽埃塔也严厉苛责了他。几周后,莫里斯给母亲寄了一封长信。这封信现今依然保存完好。这是一封小心翼翼又焦虑不安的信,旨在弥补那次谈话造成的伤害。但信中又提及一个消息:莫里斯已决定去建筑事务所做学徒。他不期待母亲的情感支持,他知道她会为此困惑,所以只是作为**既定事实**告知她。在信中他强调,自己会支付学徒所需的费用,因为只有经济独立,才可以自由地远虑深计。

莫里斯的决定使他脱离了家庭影响的轨道。这是他和母亲相关的世界的决裂,也是对父亲所安排的人生前途的最终抗拒。他深信他要进入一个不再适用于沃尔瑟姆斯托童年时代标准的世界。他在给母亲的信中写道:"斯坦利和伦德尔,阿瑟和埃德加依然在世界上延续家族的荣耀,至少我不会让家族蒙羞,愿基督恩典莫里斯家族。"他特立独行地走到了家族的边缘地带。这是他在十九世纪八十年代向当时社会所不齿的角色的进一步挑战,是对长子责任的明确抗拒。

9月,莫里斯正在莫尔文。修道院的钟声为塞瓦斯托波尔的沦陷而敲响,塞瓦斯托波尔被英国、法国和土耳其军队围攻长达十一个月,最终投降。莫里斯很喜欢莫尔文,但是对它后来变成"闲人的茶园"愤愤不平。[47]他继续旅行,到克莱克罗斯去探望姐姐艾玛,发现到处旗帜飘扬,特伦特河畔伯顿的烟囱上更甚。在切斯特菲尔德,那个"特别丑陋的扭曲塔楼"顶部也悬挂着胜利的旗帜。

　　这是马洛礼的夏天。从法国旅行回来后，莫里斯来到伯明翰市，和伯恩-琼斯待在一起。在康沃尔的新街书商那里，有一本骚塞版马洛礼的《亚瑟王之死》。出乎意料的是，这几个热心的"亚瑟王"追随者以前竟不知道马洛礼。伯恩-琼斯发现了这本书，但负担不起，只好站在**原地**阅读。莫里斯立刻买下了它。

　　自从丁尼生版的亚瑟王传奇开始流传，坚毅的马洛礼令人大开眼界。马洛礼笔下卓尔不群而又个性矛盾的女王桂妮维亚，以戴罪之身公然抗审。这种女性精神让威廉·莫里斯为之倾倒。桂妮维亚是他人生的重要楷模。阅读马洛礼的小说，莫里斯和内德如饥似渴而又得小心翼翼。他们把这本书秘密地珍藏起来，直到更年长也更张扬的但丁·加百利·罗塞蒂将《亚瑟王之死》和《圣经》并举为世界上最伟大的书，这本书才进入神话学研究领域。这也就是在十九世纪九十年代，奥伯利·比亚兹莱的《亚瑟王之死》插图让他们如此震撼的原因。马洛礼是他们珍视的人物，而比亚兹莱却像一个掠夺者。面对着比亚兹莱非凡的不羁之才，他们显得保守而迟钝。就像传统保守派一样，他们为凯尔姆斯科特出版社制订了宏伟的出版计划，包括至少一百幅伯恩-琼斯的插图设计。

　　莫里斯在伯明翰度过了三个星期。他和科梅尔讨论起劳工组织。那里重现了牛津的氛围——读书、谈话、打趣、熊斗，在模仿摔跤比赛中相互拥抱。莫里斯在伯明翰找到了由年轻的兄弟姐妹组成的新的大家庭，他们簇拥在伯恩-琼斯身边。除了富尔福德和普赖斯，还有来自剑桥的朋友威尔弗雷德·希利，筹划《牛津和剑桥杂志》时，他与他们走到了一起。莫里斯似乎以怪咖加英雄的身份，闯入了这个温暖而沉静的地方社团。普赖斯的妹妹在日记中这样描述他：

　　8月22日，富[尔福德]说莫里斯非常英俊。

　　8月22日，富尔福德、莫里斯和琼斯过来喝茶并共进晚餐。莫里斯非常英俊。

　　9月2日，爱德华和莫里斯过来喝茶并共进晚餐。我们很开心,莫里斯兴奋异常,他拍打自己的头,手臂乱挥。[48]

1855 年秋天,"集结会"在牛津重新集结。接下来的半年,来自剑桥的希利和弗农·拉辛顿也加入社团,扩大成了七个人的兄弟会,他们就像莫里斯的童话故事《少年克里斯托弗》中托夫茨家族的杰克的七个儿子。莫里斯本不打算继续学业,但母亲坚持让他回校。富尔福德那时已经完成结业考试,并任教于温布尔登的一所学校,随后,他又回来指导莫里斯结业考试。莫里斯担心会受到某种制约:"我认为即使获得最高分,我也拿不到学士学位,因为他们会强制我签署'三十九条信纲',除非我声明是'英国国教会预备牧师'。但我不是,也不打算成为牧师,而且,我也不会签署'三十九条信纲'。"[49]牛津大学强制要求签署英国国教会信仰纲要的规定(直到 1871 年)是莫里斯后来严厉谴责的典型虚词诡说之例。但是,那年秋天他拿到了及格分数,随后于 1856 年获得学士学位,而且最终签了字。

牛津大学历来有出版小期刊的惯例,1750 年出版了最早的《学生》或《牛津月刊杂志》,这是由前彭布罗克学院的塞缪尔·约翰生参与撰写的系列文学小册子。《牛津香肠》是一部集合诗歌与讽刺文章的漫画选集,从 1764 年出版到 1776 年。1834 年,《牛津杂志》创刊,立意高远。其引领者说:它"绝无意成为色情诗歌的容器"。但《牛津杂志》并没有统一的编辑宗旨,所以并不成功。《牛津和剑桥杂志》是莫里斯与兄弟会的文学载体,宣称为"故事、诗歌、善意的评论和社会文章"的集合。[50]这里没有炫耀,没有调侃,没有冷嘲热讽。伯恩-琼斯写道:"我们有太多事要告知大众,要抨击,要斗争,要反击,在这千钧一发的时刻,我们斗志昂扬。"[51]在积极回应当下问题时,《牛津和剑桥杂志》吸收了金斯利和《酵母》的精神。某种程度上,这是兄弟会对抗时代的改革运动。但是它的内容偏向于建筑、绘画、神秘学和神话,这使它在牛津大学的杂志中显得很另类。与之媲美的是昙花一现的拉斐尔前派杂志《萌芽》,同样高度关注艺术领域。

99

　　《牛津和剑桥杂志》的创立，最初来自狄克森的想法。他希望为此筹集些资金，但最后，莫里斯不仅承担了全部费用，还即刻担任了编辑工作。伯恩-琼斯明眼看出，这笔费用对莫里斯来说可谓千钧重负，"因为它每年的出版费都要超过五百英镑，还不包括时常需要印刷版画的费用。他希望费用能控制在三百英镑以内，即便如此，仍是一笔不小的开销"。[52]杂志的出版社是"贝尔和达尔迪"。1856 年 1 月 1 日，首期发行七百五十册。发行很成功，又加印二百五十册。罗斯金成为其热情的读者，他来信说很愿意为之助力。这份期刊包含了富尔福德首次发表的关于丁尼生诗歌的系列文章，丁尼生对此表示肯定，称赞这项工作"诚挚而认真"。[53]他喜欢期刊的亲和感，"以平易近人的'我'，代替陈词滥调和敷衍塞责的编辑的'我们'，令人耳目一新"。《牛津和剑桥杂志》历经世事变迁，出版了十二期。莫里斯发现他的编辑工作其实十分乏味，所以在首期发行后就把工作交给了富尔福德，并每年支付他一百英镑薪水。"托普西把编辑的实权让给了富尔福德，"内德说，"这对大家来说是一件好事，对托普西来说也是解脱。"[54]因此，他可以自由地专注于自己喜欢的事情——"精磨作品"。

　　"精磨"（grind）是个牛津单词，跟莫里斯的最后一学期很有关联，值得深入探究。狄克森再次成为创始人，他称莫里斯的诗歌为"精磨品"。[55]这一说法使莫里斯和兄弟协会很开心。从那时起，诗歌就被称为"精磨品"或"精磨诗"。这个词被大肆渲染，莫里斯建议将他的手稿诗书称为"精磨集"，将他的散文小说称为"精磨书"。"精磨"这个词意义广泛，从"事业"的意义上说，"精磨"意味着"兢兢业业"。《牛津和剑桥杂志》后来干脆也被称为"精磨"。在这一时期，莫里斯的工作观点更加明晰：他开始意识到工作的极大乐趣，"精磨"不是重负，而是一种必要。

　　我要为亚眠大教堂精磨一番，它非常简陋，不完善，我几乎无能为力。这比我之前写的任何东西都费力；从前一天晚上九点直到凌晨四点半,我一直在精磨。灯光熄灭,我只得爬上楼,贼一样穿过黑漆漆的房间去睡觉。[56]

这封信,是圣诞假期莫里斯在沃尔瑟姆斯托的家中写的,信中展示了他强烈的创作欲。几周后,狄克森和一位朋友一大早来到莫里斯在牛津的房间。莫里斯此时正从事建筑实践,但他彻夜未眠写出了一部小说。狄克森回忆:"我们俩对他的创作数量感到震惊。那是海量的手写稿,一张又一张。"[57]

莫里斯和富尔福德是《牛津和剑桥杂志》的主要撰稿人。麦凯尔在1899年的传记中列出莫里斯在十二期杂志中有十期贡献了作品:八篇散文故事,五篇诗歌,一篇关于亚眠大教堂的文章,一篇关于阿尔弗雷德·雷特尔的版画以及对罗伯特·勃朗宁《男人和女人》的评论文章。这些文章没有署名,很难确知作品归属。但是后来有迹象表明,莫里斯至少是其中三篇以上文章的作者。莫里斯本人否认这些早期的文章,也不同意出版商此后推出新版。这也许是因为直到那时牛津大学的回忆都太伤心了。那时,他在朋友的盛赞下似乎飘飘然。富尔福德对此还有一点妒忌,对科梅尔·普赖斯私下说:"你们牛津人绝不能因为爱莫里斯而被他带偏,去看他那些根本不值一提的文章。"[58]但其中一人仍在杂志发行七期(莫里斯的北欧故事《格萨的情人》在这一期完结)后指出:"托普西勇气非凡,毫无疑问。"[59]

莫里斯对文学评论很不屑:"试想一个乞丐,是怎样靠出卖对他人的看法为生!"[60]朋友间的这一话题总能引起他不出所料的愤怒。在不理性的情绪中,莫里斯甚至声称诗歌就是"胡说八道"(tommy-rot)。他对罗伯特·勃朗宁的评论却截然不同。这篇文章非常吸引人,是仅有的两篇评论之一,极为难得。评论包容而深刻,流露出莫里斯对诗歌的态度。这篇文章是对隐喻和联想的辩护。

诗歌通常无法解决什么问题,因为诗歌丰富而精微的思想形式通过音乐性来传达,这一点,散文无法做到。而无限多样的形式、阴影和色彩,则可以通过彩色木版画来呈现。[61]

在牛津大学最后一学期,莫里斯已经着手木版画制作。他从中获得了满足,但也体认到了这门手艺的局限性。

101

在莫里斯心中,勃朗宁是高超的爱情诗人。莫里斯认为,《男人和女人》中的非爱情诗只是对爱情诗的补漏,艺术与生活皆是如此。莫里斯直言不讳:爱情是生活及艺术的重要组成部分,没有爱情便是"一个可悲的错误"——听起来可能有失公允。他只是出于自身情感的流动与汇合来写作。在此,他从禁欲之域跳脱,进入问题重重的、戏剧化的性爱之域。这个阶段,他的言论语调往往极度个人化,甚至非常绝对:"爱,出于爱,出于唯一的真爱。我必须说——祈求上帝吧,让我们有生之年能够体验到真爱。"

在这一时期,莫里斯的诗歌和小说都带有情欲色彩。正如有人所注意到的那样,情欲主要关乎爱情,即使在表面上涉及的是其他主题。《里昂内斯的小教堂》展示了亚瑟王时代的死亡场景——在小教堂的镀金画屏中,是圆桌骑士奥扎纳·勒·克雷·哈迪爵士的哀悼。在《牛津和剑桥杂志》中,那最后一节诗,正是象征主义的情歌:

> 奥扎纳可需祈言?
> 玉颊轻贴映碧澜。
> 青丝漫卷琉璃畔,
> 浮光潋滟绽华年。

> Ozana, shall I pray for thee?
> Her cheek is laid to thine;
> Her hair against the jasper sea
> Wondrously doth shine.

四月刊刊登了莫里斯的一篇小说《弗兰克的密信》,除此后的中篇小说《蓝皮小说》之外,这是他仅有的一篇关于时人生活的散文故事。这篇小说情节跌宕,内容关乎身体欲望。莫里斯对梅布尔的形象描写入木三分,她强势、冷酷、无情、高傲,一头乌黑浓密的头发,一双梦幻而又充满激情的大眼睛。莫里斯几乎是歇斯底里地描写了目标明确、杀伐果断的人格的毁灭:弗兰克最终因爱情"狂热不安的激情"而偏离正轨,变得孤独、绝望,沉迷于过去。

　　九月刊刊登了他的短篇小说《林登堡湖》,根据索普《北方神话》里一个令人毛骨悚然的故事改编。故事终结于一场性堕落的噩梦。故事叙述者是一位牧师,他把圣餐带到一个垂死的男人床边。这个男人的小眼睛狡狯地闪着光,床上光秃秃的。一阵雷鸣般的笑声响起,原来他是一头**猪**!巨大的猪从床上跃起,从牧师的手中撕下圣饼。以野蛮的獠牙和巨齿撕咬他,鲜血喷涌在地板上。场面一片混乱:

　　102

> 爆发出难以忍受的狂笑,变成可怕的尖叫,比我听过的任何痛苦尖叫都更令人恐惧。这个大房间中的数百人,组成一个圈,用交错的手臂把我围在中间跳舞,尖叫着,围拢着,手臂缠绕着我。女人们披头散发,发出狞笑,没有性别之分的脸逼向我,我感受到她们炙热的呼吸。

虽然女人还是女人,但装扮像男性——这一场景加剧了恐怖效果。

　　有趣的是,莫里斯虽然虚构了性的神秘与恐怖,但在期刊的别处,却显出对性的思辨意味。八月刊登载了一篇长文,关于"女人及其责任、教育和地位"。这篇文章提醒读者,这一话题并非晦涩难懂的专业探讨,而是事关一半人类的福祉。文章呼吁,减少青年男女之间的交往限制,并简明地指出,女孩如果有更多选择空间,就不会"那么匆忙,而是会更慎重而明辨"地择偶——莫里斯睿智地赞成诸如此类的观点。虽然他此后的社会主义宣言相对保守,但他为真正的男女平等提出了充分的理由。在《乌有乡消息》中，他还构造了一个大胆而前卫的情境——轻松的伴侣关系和非占有性交往。他的两性宽容及自由的理论，超越了阶级和文化的界限。但是，他又被骑士冲动桎梏，无法跳出腼腆英雄的角色。实际上，莫里斯一直是激烈的矛盾情绪的受害者。

在此阶段，他是单身吗？很有可能。但1856年1月，科梅尔·普赖斯从牛津寄给父亲的一封信中，有一个隐晦的评论："眼下，我应该忽略女性托普西的存在。"[62]

菲利普·韦伯第一次见到莫里斯时，"他还是身材修长的翩翩少年，就像刚从蛋壳里孵出的奇妙鸟儿"。[63]韦伯当时是牛津博蒙特街乔治·埃德蒙·斯特里特工作室的高级职员。1856年1月21日，莫里斯与斯特里特签署协议，支付了大约五英镑，成为一名预期五年至七年的见习生。莫里斯的公寓离殉道纪念塔不远，就在那附近的一所房子里，几年以后，宏伟的伦道夫酒店建立起来。莫里斯发现自己竟然住在艺术之家，他的房东理查森先生曾是绘画大师。其前妻是一位娴熟的花卉画家，教过菲利普·韦伯画画。理查森的女仆言语也有诗意，她描述殉道者的雕像："拉德利、卡姆诺和利特尔莫尔，都在那雪地里。"[64]

斯特里特建筑事务所是莫里斯的首选，他写信给母亲说："我向牛津的斯特里特先生申请成为见习生。他是一位杰出的建筑师，就目前看来，他有很多生意，且只为正派人服务。在他那里我应该会学有所成。"[65]莫里斯还跟科梅尔·普赖斯说了别的理由，表明他和牛津多么不可分割：如果斯特里特同意接受他，"那将荣幸之至，然后，我将再也不离开牛津了"。[66]

斯特里特自1852年起就来牛津工作了。当时，他的事业如日中天，伯恩茅斯的圣彼得教堂、博因山诸圣堂、库德斯登神学院，以及东格林斯特德修女会修道院都是其建筑作品。并且，斯特里特还坚决分文不取。五十年代中期，斯特里特的许多建筑作品都独树一帜，细节丰富而复杂，比其早期教堂建筑更为精湛。斯特里特擅长借鉴异国风格。1855年，

在一次充实的意大利之旅之后,他的《中世纪的砖与大理石》出版,此书
得益于他在意大利访问期间做的笔记和素描。斯特里特年长莫里斯十
岁,莫里斯开始追随他时,他已成为教堂建筑领域的明星级建筑师。

　　莫里斯在一个小办公室入职工作。斯特里特并不是喜欢委派任
务的人。他相信建筑师是天生的,而非后天造就。斯特里特健壮的体
魄,严肃的神情,简洁干脆的说话方式,使他当之无愧成为办公室的领
导者。一位旧识形容他简直就是夸夸其谈的**反义词**,在斯特里特办公
室听不到别的声音,只有丁字尺咔咔作响。他的助手们对他旺盛的精
力又敬又怕。即使设计一个钥匙孔,他也亲力亲为,不愿交给助手来
做。在莫里斯加入之后的第三年,诺曼·肖入职,他描述了斯特里特
如何做到一身百为:早上离开办公室,乘火车去白金汉郡测量一个古
老的礼拜堂;中午返回,按照比例精心绘制整个礼拜堂,并附上建议增
建的部分。整个过程耗时七个半小时,一气呵成,就差上墨线和饰面
了。这位虔诚而敬业的哥特主义者,不是天生善于沟通的人。某种意
义上,他也对助手们很不屑。但很奇怪的是,他对自己的学生以及学
生的学生,却影响巨大。在工艺美术建筑师的谱系中,莫里斯出乎意
料地出现了,斯特里特的后辈晚生将在接下来的几十年里引领英国建
筑界不断向前。[67]

104

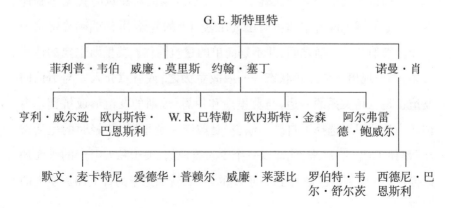

建筑事务所

在斯特里特工作室,莫里斯由菲利普·韦伯带领。韦伯很快意识到,单调严谨的工作室生活对莫里斯而言是多么难以适应。大部分时间里,莫里斯都在临摹坎特伯雷圣奥古斯丁教堂门口的图纸。这很令人挫败,因为拱门造型实在太多了。莫里斯按压得太用力,圆规的针尖在绘图板上扎出了很多洞。韦伯说,莫里斯在斯特里特工作室的表现时而暴躁,时而散漫,说明他从一开始就很吃力。斯特里特认为,学习写建筑专业设计规范应该对他有好处。有一次,莫里斯来到霍利韦尔一处工地。现场的一位测量员发现这里有一只死鹅,而莫里斯被告知这具动物尸体必须入档。因为"所有的垃圾,包括鹅,都应该在指定位置标明"。那时,莫里斯整晚都在写诗。白天,他在斯特里特工作室来回走动,猛拍自己的头,诵念着荒诞的诗句:

105

是什么在我这把老骨头下嘎嘎作响?
我想不是那些小孩,而是松动的石头。[68]

What is this rattles beneath my old bones,
Not little kids I think but only loose stones.

韦伯也对莫里斯的个人魅力和好胜心以及他对建筑的直觉感到惊奇——他能洞见沙特尔和兰斯建筑在感知上的差异,并能明确界定这种差异。韦伯与莫里斯之间,并不是简单的建筑同仁。莫里斯主要的情感关系,都呈现出一个三角状态——或故意为之,或有意介入。与韦伯的友谊正是三角关系的一边,与莫里斯和伯恩-琼斯的友谊形成抗衡。韦伯认为是莫里斯选择了自己。他说,是威廉·莫里斯"年轻时的生活奋斗"裹挟了他。[69]后来,他却以一个令人震惊的、关于私人财产的画面加以描述:他感到自己被打上字母 M 的烙印,就像绵羊的背上印着主人的名字。

韦伯不同于内德,他没有过女性伴侣。除了极少数例外,他的伙伴都是男性。虽然韦伯没有公开同性恋身份，但他与工艺美术运动中那些低调而粗俗的同性恋团体不无关联。韦伯敏感而害羞，一头灰发，沧桑得像牛津的米开朗琪罗青铜头像。他后来成为威廉·莫里斯的追随者，他们之间的友谊更像中世纪而非维多利亚时代的友谊。自他们在斯特里特办公室初见，便开启了一段男性情谊，在彼此的陪伴中享受着隐忍的快乐，这段友谊持续了四十年，从未间断。

韦伯生于 1821 年，年长于莫里斯。对于牛津，他有很多过去的记忆，他带来了市民而非大学生的新视角。他的父亲是骨科手术医生，在牛津及周边地区出诊。[70] 菲利普·韦伯就出生在博蒙特街，现在正是乔治·埃德蒙·斯特里特办公室之所在。孩提时代，他了解的牛津是圣吉尔斯那一带。他常常在位于圣吉尔斯教堂附近的家中，观望老吉尔斯市集，那里有大篷车、摇动木马，以及穿着粉色荷叶边裙子的女士。韦伯的出身比威廉·莫里斯更偏向小镇。实际上，仅有少数朋友的社会地位高于莫里斯。在友谊关系中，莫里斯并不看重世俗地位，而是看重是否同气相求。就如韦伯，他羡慕莫里斯的成长经历，虽然韦伯成长经历本质上也并不幸福，却以一种完全个人化及不可逆转的方式，把他与牛津这个地方及牛津的历史紧紧联系在一起。假期里韦伯几乎独享牛津。"我走遍所有庭院和小路，尤其是假期时，感到一切都是我的。"[71] 韦伯拽着莫里斯参观"他的"牛津。早晨六点半，他好不容易叫醒莫里斯，调侃他的睡衣。他们之间的调侃戏弄已经成为一种情感密码。莫里斯对自己的睡衣一个劲地辩解："那是我的风格！"他们出了门，走过圣约翰大教堂，沿着罗根的《牛津风光》中记载的小路来到"帕森乐园"。在那里，他们赤身沐浴，堂而皇之。

莫里斯那时正在写颂曲。颂曲《法国圣诞》就收录在包含四个声部的《古代圣诞颂歌》（1860）选集中。这本书由埃德蒙·塞丁和约翰·塞丁兄弟于 1860 年联合出版——塞丁兄弟曾是斯特里特的建筑师。在颂曲中莫里斯对基督教圣象（牛、驴和婴儿）的描绘，表明他实际上仍保留着童年时代的宗教传统。这段时期的另一篇颂歌节选刊登于《牛津和

106

剑桥杂志》：

> 星槎破浪苍穹行，赤帜高张映太清。
> 载得七曜巡天去，为睹素襟皎月明。
>
> 童贞玛利亚。[72]

Ships sailing through the Heaven
With red banners dress'd,
Carrying the planets seven
To see the white breast
Mariae Virginis.

在这个时期，莫里斯时而散发出一种光芒。

莫里斯究竟从斯特里特那里学到了什么？他几乎闭口不提，人们只能推测。但是很难想象，他与这位品格高尚且技术精湛的建筑师共事一年而一无所获。斯特里特，这位伟大的维多利亚式"力量派"建筑代表人物，比威廉·伯吉斯更多产，更现实；比他的同行、传教士威廉·巴特菲尔德更有独创性，更平易近人。与巴特菲尔德相比，斯特里特的建筑不那么盛气凌人。当莫里斯加入他的工作室时，他正展示出作为至上结构主义者的能力。他们并不是单纯模仿介于中世纪英法风格之间的哥特式建筑，而是加以精心改造，尤其是斯特里特。对于这个多层建筑，斯特里特进行了横向设计——整合聚集拱廊、天窗和祭坛拱门，以获得空间上令人震撼的韵律感。斯特里特是建筑戏剧的导演，他将色彩、装饰、砖石、马赛克、瓷片和雕塑有机结合，达到一种毫不张扬的典雅效果。他是维多利亚时代范布勒或霍克斯穆尔的再版，手笔洒脱，不拘一格，总是运筹帷幄。衡量斯特里特建筑作品是否精湛，只消看这些高度复杂的建筑如何有机生成，就像种在那里生长出来的一般。埃德蒙·伯基特爵士——这位斯特里特的同代人在他的《建筑之书》中，说这种"力量派"

或"结实有力"的建筑在没有基座或是底基不突出的情况下拔地而起，"就像蘑菇一样"长了出来。[73] "红屋"是韦伯为莫里斯结婚设计的房子，它恰恰正是一座"力量派"房子。在果园里以一种自然而然的方式拔地而起。

从斯特里特那里，莫里斯无疑掌握了一种技能：以庞杂的元素创造出整一的效果。莫里斯的室内装饰便是图案、色彩以及肌理的秩序化组合，壁纸、羊毛毡、窗帘、壁毯、彩绘天花板等要素层叠有序。莫里斯和斯特里特一样，他们通过实践发现自然材质有其固有特性，使设计师有所受限。他和斯特里特都认为应当正确利用材料，虽然斯特里特的首选是砖，莫里斯则喜欢石头。也许最重要的是，斯特里特视建筑为中心，建筑为一切设计活动的主导，这种意识渗透到莫里斯当时的思想中。莫里斯了解建筑，却对建筑师一无所知。斯特里特实际上是莫里斯真正了解的第一位建筑师。斯特里特有意为之的庄严感对他的影响远超他的认知。在莫里斯后来关于此问题的声明中，有一种很"斯特里特化"的东西，这也正是整个宗教建筑热忱运动中很典型的东西。当建筑关注"塑造和改变基于地表的人类需求"时，它怎能不庄严呢？[74]

斯特里特本人崇尚手工艺。他认为每一位建筑师都应有以绘画和雕塑来装饰建筑的能力，建筑师应该是铁匠、织工和彩绘玻璃设计师。斯特里特对教堂里的刺绣也非常关注。他的观点对某些学生起到了电照风行般的影响。约翰·塞丁继莫里斯之后来到斯特里特工作室，成为英国最具远见、最睿智的建筑工艺师。塞丁回顾过去，说他在伯恩茅斯的圣克莱门教堂工作时，每晚都在住所里痴迷地用槌子和凿子雕刻一块石头——那是从当地石商那里讨来的。在斯特里特工作室，莫里斯也在探索。他开始制作泥塑、木雕和石雕。他还创作了第一本彩绘手稿，用色大胆，但刻字不太果敢。他的手很灵巧，让那些认为他笨手笨脚的人大吃一惊。

斯特里特似乎对他很好，就像宠爱自己儿子一样。1853 年，斯特里特去里尔参加里尔大教堂设计比赛，带上了莫里斯。斯特里特的参赛方案是《万军之耶和华啊，你的居所何等可爱》，双尖塔以彩色条纹装饰，他对此作寄予了厚望。他和莫里斯花了三个小时参观作品展，斯特里特十分欣赏克拉顿和伯吉斯的设计作品，但是大多数建筑师作品给他留下很差的印象。他写信给家里说："我真的认为我会获奖，莫里斯说应是第一名。"[75]最后，斯特里特获得第二名。伯吉斯赢得了桂冠，但他的大教堂设计方案从未实现。

莫里斯最终否定了斯特里特，就像他从自己的父子关系中脱离一样。这一结果不可避免，因为斯特里特的哥特式风格过于刻板、保守。韦伯经过回想，认为威廉·莫里斯不可能受斯特里特作品的影响，"除非是以否定的方式，即，决定不再研究对他而言只是从一种维多利亚艺术转变到另一种维多利亚艺术的事物"。[76]莫里斯讨厌修复，而斯特里特则专注于修复。莫里斯成了社会主义者，而"斯特里特虽然才华横溢，却无法意识到，只有在生活中才能创造出生动的艺术"。莫里斯后来坚称斯特里特喜欢争吵。这一看法有失偏颇。其实正是莫里斯本人喜欢争吵，他在此后的岁月，固执地盘根究底，同时又锱铢必较，和斯特里特争吵不休，使其不胜其烦。

8月，莫里斯在结束大教堂之旅的一年后准备搬往伦敦。这时，斯特里特工作室已经从牛津迁至大理石拱门附近的蒙塔古广场。从年初开始，伯恩-琼斯一直在伦敦。6月，他与乔治亚娜·麦克唐纳订婚。莫里斯拘谨地送了她一本透纳的《法兰西的河流》。乔治亚娜的母亲回忆起莫里斯在那年夏天拜访她女儿的情景。那是在乔治亚娜过完十六岁生日的几天之后，他来喝茶。他和乔治亚娜一起坐在阳台上，天色渐沉，他们一直到聊到十一点钟。[77]看起来，他们之间的尴尬逐渐转化为好感和尊重。

在那几个月里，伦敦已经成为莫里斯新的情感中心。他的计划是，和内德在伦敦寻找住处，继续与斯特里特合作，同时每天花六个小时练习绘画。他认识到这日程过于紧凑、沉重，正如他对科梅尔·普赖斯所说："这样下去是不会从生活中得到什么乐趣的,我很清楚,不过没关系。我根本无从选择——爱和工作,只有这两样……"[78]

莫里斯所说的爱是什么意思? 当然是对女人的爱,是崇拜、服务、为之神魂颠倒。正如他的法国来信所展示的那样,他沉浸于乔叟式"宫廷之爱"的理想中。但是,对于爱,他还有一个更宽泛的理解:爱需要对自己和他人负责,是对天赋释放的有效引导。这封信表明,他一直有意识地抵制诱惑,不愿陷入愉悦的、无用的业余爱好中,即"潜入小小(小得可怜)的艺术殿堂"。

对于莫里斯来说,"小"即"不可靠",且这"不可靠"还越演越烈。当他年长且失意时,他大喊:"哦,我多么希望世界不要在我身边变小,让我以广大和亲切的眼光看待事物!"[79]他广大的思想是"莫里斯维多利亚风格"的重要组成,他极致的朴实无华让后来人无所适从,他的坚定执拗则会刺痛唯美主义者的神经。"一想到莫里斯,我就有点恼火。虽然他多才多艺,但是,单是走在他旁边就让我感到疲惫无力。"[80]这是马克斯·比尔博姆有些吹毛求疵的回应。

注释

[1] 埃默里·沃克,引述自内维尔·利顿,《关于威廉·莫里斯的讨论》,载于《国家与雅典娜》,未注明日期的文章,切尔滕纳姆。

[2] 威廉·莫里斯致珍妮·莫里斯的信,1883年1月30日。

[3] 威廉·莫里斯致科梅尔·普赖斯的信,1855年8月10日。

[4] 威廉·莫里斯致科梅尔·普赖斯的信,1855年7月6日。

[5] 威廉·莫里斯致乔治亚娜·伯恩-琼斯的信,1881年5月3日。

[6] 威廉·莫里斯致科梅尔·普赖斯的信,1855年8月10日。

[7] 威廉·莫里斯致艾玛·谢尔顿·莫里斯的信,1855年7月29日。

[8] 威廉·莫里斯致科梅尔·普赖斯的信,1855年7月6日。

[9] 威廉·富尔福德,引述自《爱德华·伯恩-琼斯回忆录》。

[10] 威廉·莫里斯,《大教堂之夜》,《牛津和剑桥杂志》,1856年5月。

［11］约翰·罗斯金,《论哥特式建筑的本质》,《威尼斯的石头》,1851 年-1853 年。

［12］威廉·莫里斯,《法国北部的教堂：亚眠之影》,《牛津和剑桥杂志》,1856 年 2 月。

［13］威廉·莫里斯致查尔斯·费尔法克斯·默里的信,1875 年 5 月 27 日。

［14］爱德华·伯恩-琼斯,引述自麦凯尔,《威廉·莫里斯的一生》。

［15］威廉·莫里斯致埃默里·沃克的信,1891 年 8 月 13 日。

［16］威廉·莫里斯,《格萨的情人》,《牛津和剑桥杂志》,1856 年 7 月和 8 月。

［17］《爱德华·伯恩-琼斯回忆录》。

［18］威廉·莫里斯致艾玛·谢尔顿·莫里斯的信,1855 年 7 月 29 日。

［19］威廉·富尔福德,引述自《爱德华·伯恩-琼斯回忆录》。

［20］同上。

［21］威廉·莫里斯,《无名教堂的故事》,《牛津和剑桥杂志》,1856 年 1 月。

［22］威廉·莫里斯致艾玛·谢尔顿·莫里斯的信,1855 年 7 月 29 日。

［23］威廉·莫里斯致科梅尔·普赖斯的信,1855 年 8 月 10 日。

［24］威廉·莫里斯,《无名教堂的故事》,《牛津和剑桥杂志》,1856 年 1 月。

［25］同上。

［26］威廉·莫里斯,《钱伯斯百科全书》条目"彩绘玻璃",《威廉·莫里斯：艺术家、作家、社会主义者》。

［27］《一个梦》,《牛津和剑桥杂志》,1856 年 3 月。

［28］威廉·莫里斯致艾玛·谢尔顿·莫里斯的信,1855 年 7 月 29 日。

［29］威廉·莫里斯致科梅尔·普赖斯的信,1855 年 8 月 10 日。

［30］威廉·莫里斯致艾玛·谢尔顿·莫里斯的信,1855 年 7 月 29 日。

［31］威廉·莫里斯致科梅尔·普赖斯的信,1855 年 8 月 10 日。

［32］D. H. 劳伦斯,《虹》,1915 年。

［33］威廉·莫里斯,《生活之美》,1880 年讲座。

［34］威廉·莫里斯致科梅尔·普赖斯的信,1855 年 8 月 10 日。

［35］威廉·莫里斯致艾玛·谢尔顿·莫里斯的信,1855 年 7 月 29 日。

［36］威廉·莫里斯致乔治亚娜·伯恩-琼斯的信,1878 年 5 月 15 日。

［37］约翰·默里,《默里法国旅行指南》,约翰·默里,1854 年。

［38］威廉·莫里斯,《每日纪事》,1895 年 10 月 4 日,亨德森。

［39］威廉·莫里斯致科梅尔·普赖斯的信,1855 年 8 月 18 日。

［40］约翰·罗斯金,《威尼斯的石头》,1853 年。

［41］威廉·莫里斯,《世界尽头的水井》,1896 年。

［42］威廉·莫里斯致艾玛·谢尔顿·莫里斯的信,1855 年 8 月 7 日。

［43］《爱德华·伯恩-琼斯回忆录》。

［44］弗朗西斯·霍纳,《铭记的时光》。

［45］威廉·莫里斯致科梅尔·普赖斯的信,1855 年 10 月 6 日。

［46］威廉·莫里斯致艾玛·谢尔顿·莫里斯的信,1855 年 11 月 11 日。

［47］威廉·莫里斯致科梅尔·普赖斯的信,1855 年 9 月 29 日。

［48］玛格丽特·普赖斯日记,引述自麦凯尔,《威廉·莫里斯的一生》。

［49］威廉·莫里斯致科梅尔·普赖斯的信,1855 年 10 月 6 日。

［50］科梅尔·普赖斯,引述自《爱德华·伯恩-琼斯回忆录》。

［51］爱德华·伯恩-琼斯致玛丽亚·乔伊斯的信,引述自《爱德华·伯恩-琼斯回忆录》。

［52］同上。

［53］阿尔弗雷德·丁尼生,引述自麦凯尔,《威廉·莫里斯的一生》。

［54］爱德华·伯恩-琼斯致科梅尔·普赖斯的信,引述自《爱德华·伯恩-琼斯回忆录》。

［55］R. W. 狄克森描述,麦凯尔笔记本,威廉·莫里斯陈列馆。

［56］威廉·莫里斯致科梅尔·普赖斯的信,1856 年 1 月 11 日。

［57］R. W. 狄克森描述,麦凯尔笔记本,威廉·莫里斯陈列馆。

［58］威廉·富尔福德致科梅尔·普赖斯,麦凯尔笔记本,威廉·莫里斯陈列馆。

［59］麦凯尔,《威廉·莫里斯的一生》。

［60］同上。

［61］威廉·莫里斯,评论《男人和女人》,《牛津和剑桥杂志》,1856 年 3 月。

［62］科梅尔·普赖斯致塞缪尔·普赖斯的信,1856 年 1 月 23 日,普赖斯。

［63］W. R. 莱瑟比,《菲利普·韦伯和他的创作》。

［64］同上。

［65］威廉·莫里斯致艾玛·谢尔顿·莫里斯的信,1855 年 11 月 11 日。

［66］威廉·莫里斯致科梅尔·普赖斯的信,1855 年 10 月 6 日。

［67］玛丽·科米诺,《吉姆森和巴恩斯利一家》,埃文斯兄弟出版社,伦敦,1980 年。

［68］W. R. 莱瑟比,《菲利普·韦伯和他的创作》。

［69］菲利普·韦伯致梅·莫里斯的信,1898 年 7 月 7 日,大英图书馆。

［70］W. R. 莱瑟比,《菲利普·韦伯和他的创作》。

［71］同上。

［72］威廉·莫里斯,《空心之地》,《牛津和剑桥杂志》,1856 年 9 月。

［73］埃德蒙·伯基特爵士,《建筑之书》,1876 年。

［74］威廉·莫里斯,《建筑在文明中的前景》,1881 年讲座。

［75］A. E. 斯特里特,《乔治·埃德蒙·斯特里特回忆录》,1888 年。

［76］菲利普·韦伯致 J. W. 麦凯尔的信,1898 年 12 月 8 日,切尔滕纳姆。

［77］汉娜·麦克唐纳日记,1856 年 7 月 31 日,引述自苏·穆尼,《莫里斯未完成小说中的自我启示》,《威廉·莫里斯协会期刊》,1993 年春。

［78］威廉·莫里斯致科梅尔·普赖斯的信,1856 年 7 月。

［79］威廉·莫里斯致阿格拉娅·科罗尼奥的信,1872 年 11 月 25 日。

［80］马克斯·比尔博姆致萨姆·贝尔曼的信,1956 年 2 月,鲁伯特·哈特·戴维斯编,《马克斯·比尔博姆书信集:1892-1956》,约翰·默里,1988 年。

第五章　红狮广场（1856–1859）

1856 年 8 月，莫里斯和伯恩-琼斯搬进布卢姆斯伯里上戈登街 1 号
的房子。莫里斯与伦敦这个特殊地区的联系一直持续到 1881 年，那年
他将工作转移到默顿修道院。布卢姆斯伯里的街道和广场在十八世纪
早期还算时髦，但到十九世纪中期就已经落伍了。那孤傲与落魄并存的
气息，不断吸引着伦敦的知识分子、边缘人士、作家、激进分子和艺术家
聚集于此。六十年后，戈登广场及其周边成为布卢姆斯伯里团体的自然
栖息地。莫里斯住在那里的时候，上戈登街一片昏暗，楼体之间很难辨
识。有一次，伯恩-琼斯走到楼梯一半，大喊着要吃晚饭，结果发现自己
走错了地方。但莫里斯和伯恩-琼斯已是改造环境的能手：在沉闷的建
筑立面背后，他们可以创造一个包含光影、纹理、色彩、记忆和历史的神
圣之所。"托普西和我住在一起，"那年 8 月，伯恩-琼斯写道，"住在全
伦敦最怪异的房子里，那里挂着古代骑士的铜像和阿尔布雷特·丢勒的
画作。"[1]对伯恩-琼斯来说，他和托普西在这里就像丛林婴儿一般。

自莫里斯的父亲去世以后，他与伦敦的联系就变得薄弱。重新回到
那里居住，让他把众多情感因素联结了一起：对过往生活的追忆，对
历史和建筑的热爱，以及对这座城市日益加深的认知——在这里，善恶
分明，非黑即白。他出于对这座城市未来的担忧，表达出那个时代的深
层焦虑和踌躇不安。在所有城市中，他对伦敦的描述最清晰透彻，也最
令人惊叹：他称它是"世界最富有的时代下，最富有的国家中，最富有的

城市"。[2]

111　　在莫里斯来伦敦的前几十年间,伦敦经历了一段史无前例的发展时期,从 1800 年到 1840 年,伦敦的规模翻了一倍,而这一扩张仍在继续。据估计,1841 年伦敦市中心的人口为一百九十四点九万人,1851 年则为二百三十点三万人,1861 年上升到二百八十点八万人。到十九世纪中期,涌入伦敦郊区的人口迅速增加。1851 年,伦敦郊区的人口为三十二点二万人,比前十年增长了百分之十一;到 1861 年,又增加至四十一点九万人,人口增长了近百分之三十。十年后,郊区人口数为六十二点八万,增长了百分之五十。[3]随着人口的增长,大量能源、商业和制造业活动涌入,这一城市人口集中化的衍生后果又滋生了更多的人口集中。在工业革命前期、中期和后期,伦敦皆是英国乃至欧洲最大的工业生产中心。伦敦是基本消费品的最大单一市场,也是富人资源丰富的奢侈品交易中心。码头、水路、铁路,复合化的建筑行业,高度组织化的大型酿酒厂,专业技术娴熟的重型工程车间——伦敦经济依赖于巨大的基层劳动以及复杂的供需关系。这些都让外国人叹为观止,心慕手追。莫里斯是狄更斯的书迷,在他为期两周的伦敦之行中,他对斯莫尔托克伯爵这位《匹克威克外传》上的"著名外国人"非常熟悉。莫里斯为"英格兰的恢弘大作"收集材料,在他的大笔记本上写满当地的信息:"音乐、绘画、科学、诗歌、政治,包罗万象。"

　　这是生机盎然而又活力四射的伦敦。得益于这个城市,莫里斯的父亲得以壮大家业。莫里斯本人则赋予伦敦举足轻重的地位,珍惜这里的一切发展机遇。莫里斯被伦敦的活动事业所激发,被人们的势能和活力所鼓舞,他带着强烈的好奇心去观察人们如何在工艺上精益求精、不懈追求。在很大程度上,莫里斯继承了父亲的创业本能。他自己在商业上的成功,很大一部分要归功于伦敦的建筑热潮。他的建筑装饰事业从六十年代开始发展,其强劲的发展与伦敦的繁荣密不可分。这里是整个维多利亚时代消费模式的缩影:无节制地购买,无止境地更新,大量的新财富累积在富家巨室。莫里斯喜爱器物,但他厌恶过度拥有。他认为,在所有城市中，伦敦最为急躁冒进。从早年住在伦敦时起，他就怀着一种痴迷又沮丧的复杂情绪来看它。

他把伦敦形容为"扩散的疮疤"。[4]他眼见着伦敦如何吞噬了周边的乡村，污染了环境，"嘲笑我们面对烟雾弥漫的天空和污染的河流所作的无济于事的弥补"。十九世纪三十年代以来，霍乱疫情一直在伦敦肆虐。1854年，弗洛伦斯·南丁格尔正在红狮广场不远处的米德尔塞克斯医院做护士。几年后，伦敦的主要下水通道和饮用水的主要来源泰晤士河开始散发难闻的气味，人们称其"臭气熏天"。正是此类记忆，推动了莫里斯反对污染的长期运动。在他看来，伦敦最让人感到绝望的是，它"像一个日暮途穷永无出路的世界暗洞"[5]，几乎让人类难以立足。时而，莫里斯在这座乌烟瘴气的城市里穿行，在"脏污狼藉"的街道上跌跌撞撞[6]，觉得自己就像住在克科波狗的栖居地里。

伦敦就是如此乌七八糟，让人不堪忍受。但是，在莫里斯成年后的大部分时间里，这正是他生活的地方。说起伦敦，莫里斯掷地有声，因为他对伦敦的了解细致入微。伦敦是他的城市，他也从未失去对伦敦的感知。对伦敦的另一种想象在他的小说中频频出现，有时也会穿插在他的信件中："春日伦敦，诸如律师学院（Inns of Court）这样的老地方。新鲜的绿，映着宛如烟熏的旧墙，看上去真好。但春天一过，伦敦又恢复了老样子，不再迷人。"[7]这段话出自一封陈年信件。莫里斯对伦敦的想象保有年轻人的感知，沾染着他早年生活在伦敦时的惊喜与快乐——那时，他和内德生活在圣潘克拉斯，那个钟声叮当、余音环绕的地方："前路未卜，充满冒险，那时的生活历历在目！"[8]

莫里斯到伦敦时，他英俊的外表非常吸引人。这是一种纯净无邪之美。莫里斯的样子分外纯真。一位朋友的姐姐觉得他典雅而高贵，他的皮肤洁白，粉光若腻，胡须半掩之下的下颌轮廓分明。那年夏天，另一个人在伯明翰看到他，说他的头发长得像花开了一样："发量比以前**更多**，波浪鬈发一缕缕地时而拂过他的肩膀。"[9]在牛津大学，根据学院规定，他不得蓄须。所以毕业后他再也没碰过剃须刀。他的头发浓密而有弹性，看起来非常有韧度。晚年时，他绝不许孩子碰他的头发，就像爱德华·李尔一样古怪。在伯明翰的一个夜晚，莫里斯的长发让内德父亲的仆人以为他是入室盗窃的夜贼，因而拒之门外。这给人一种感觉：他有意让野性生发，以狂野来抗击对手。譬如那年夏天，他学会一个办法，让聒噪、古怪、令人抓狂的富尔福德冷静下来："每当托普西想说什么，他就冲到房间中央，挥舞起拳头。"[10]

莫里斯还是个有钱的**公子哥**，想要什么都可以买。除了书，他还开始收藏绘画。那年夏天，他给内德写信说："你能不能帮我一个大忙，尽快把那幅叫《四月之恋》的画给买下来，越快越好，以免被别人买走。"[11]——这幅画当时正悬挂在皇家美术学院的展览上。伯恩-琼斯帮莫里斯买下了。这幅画现今被泰特美术馆收藏，由拉斐尔前派艺术家亚瑟·休斯创作。画中，一个女孩站立在昏暗的藤架下，她身旁是缠绕着常春藤的坚实树干。这幅画充满了对性的期待意识。女孩泡泡袖上的缎带轻轻地勒紧了臂膊。她的裙子是蓝色的，是莫里斯认为代表快乐和渴望的那种蓝色。

整个夏天，伦敦一直对他有莫大吸引力。莫里斯几乎每个周末都要在伦敦与牛津之间来回奔波，拜访伯恩-琼斯。那年年初，伯恩-琼斯会见了诗人、拉斐尔前派画家之一但丁·加百利·罗塞蒂。他在大奥蒙德街工人学院寻访了罗塞蒂，当时他正在那里教书。第二天，他又在黑衣修士桥西北角查塔姆广场的老房子里参访了罗塞蒂的画室，那时罗塞蒂正在画一幅水彩画——画中，一位修士正在照明光下画一只老鼠。这幅画后来被称作"帕切修士"。那个夏天，伯恩-琼斯已成为罗塞蒂的亲密门徒。罗塞蒂鼓励、引导着他，帮助他在伦敦落地生活，并致力于将自己的一生奉献给艺术。通过内德，莫里斯也并入了罗塞蒂的生活轨迹。在此之前，罗塞蒂已经读过莫里斯的几首诗：事实上，他与伯恩-琼斯的第一次谈话内容就主要与莫里斯有关。莫里斯到访伦敦时，他们形成了三人组。一起赏画，去剧院，逛街，直到很晚才回到罗塞蒂黑衣修士桥的画室，在那里读书聊天，直到凌晨三四点。

但丁·加百利·罗塞蒂只比莫里斯大六岁，但他的名誉、声望和志在必得的气势，加剧了两人的年龄代沟。与牛津大学的麦克拉伦一样，他既是莫里斯和伯恩-琼斯的人生导师，又是兄长。但罗塞蒂的出身背景更具有异国情调和戏剧性。他的父亲加布埃里尔·帕斯奎尔·吉塞佩·罗塞蒂出生在阿布鲁齐，在约瑟夫·波拿巴统治下的意大利长大。西西里岛的斐迪南复辟政权后，他因政治叛乱而被追捕，而后伪装成英国水手偷渡出意大利。

他是诗人、神秘主义者、但丁研究的权威学者。1831 年，他被聘为伦敦国王学院的意大利语教授。他在布卢姆斯伯里的住所成为流亡爱国者的避难所。但丁·加百利的母亲弗朗西斯·波里多利出生在意大利，会两种语言，是虔诚的圣公会教徒。虽在英国长大，但丁·加百利·罗塞蒂在气质和外貌上却接近于南欧人。他的嘴唇饱满，前额怪异地突起，鼻子粗壮。此外他还眼眸暗沉，有黑眼圈。阿什伯顿夫人认为，那眼睛看上去就像被脏兮兮的手指涂抹过。他和威廉·莫里斯几乎一样高，两人都略胖，罗塞蒂经常穿一件紫红色天鹅绒礼服大衣，这使他的身材更加突出。考文垂·帕特莫尔评价他的气场"是紧张，而不是有张力"。[12] 他可能显得了无生气，但人们完全相信他所具有的爆发力。罗塞蒂是出了名的邪魅又富有同情心的倾听者。"啊，是应该把事情说给加百利听，"内德说，"不，加百利，转念一细想，还是不该告诉他——三思而后行是对的。"[13]

莫里斯被这位新朋友散发出来的气场和魅力深深俘获。在兄弟会世界中，罗塞蒂可谓阅历丰富。拉斐尔前派兄弟会成立于 1848 年，正是欧洲爆发革命的那一年。初始成员是霍尔曼·亨特、约翰·米莱和罗塞蒂，他们是艺术运动的"思想和灵魂"[14]，引领其方向，赋予其动力。

罗塞蒂认为理想的艺术家团体应多才多艺，让艺术活动之间自然延伸。与旋涡主义画派、欧米伽工坊和其他后期组织类似，拉斐尔前派认为艺术、设计和文学具有共同的创作根基。拉斐尔前派杂志《萌芽》即刊登诗歌、散文和图像的综合媒体。罗塞蒂的许多诗都与他的绘画有所关联。从 1848 年起,他开始创作十四行诗集《生命之屋》,这是对爱与宗教主题的长久沉思,描绘了他生活中的悲欢离合。至十九世纪五十年代中期,最初的拉斐尔前派兄弟会已分崩离析,霍尔曼·亨特去了圣地,米莱进入了商界新领域,仅剩下罗塞蒂一筹莫展。当罗塞蒂的作品在《牛津和剑桥杂志》创刊号中获得赞誉时,他又惊又喜。而与伯恩-琼斯相识,则是对他心力的鼓舞,"他是凤毛麟角之人,能创造出那样不可思议的文学作品的人,似乎都是如此"。[15]罗塞蒂需要同盟者和崇拜者,他似乎还设想过,要和内德及莫里斯集结成第二阶段的拉斐尔前派兄弟会。

罗塞蒂相信,任何人都可以成为画者。他坚信每个人都潜藏着与生俱来的创造力,随时等待被激活:问题只在于是否能掌握技巧。罗塞蒂本人技巧娴熟,工作迅速,而又几乎漫不经心。他给人的印象是,设计就像喝葡萄酒一样容易。他毫不怀疑绘画无与伦比的地位。他说,如果有人心怀诗意,那他就应该把它画出来。他认为,诗歌在英国已经发展到了登峰造极的程度,而绘画仍是一门不为人所知的艺术。他视此为笑柄,驳倒了约书亚·雷诺兹爵士的《语录》,以及皇家学院在文艺复兴后的整个学术实践传统。罗塞蒂对当时的建筑师也不甚尊重,认为他们仅仅是商人罢了。他对莫里斯便辞巧说,并说服了他。莫里斯在 1856 年7 月写道:"罗塞蒂劝我去画画,说我一定能行;他是一个了不起的人,很有说服力,与一般文士不可同日而语。我必须试试。我得说,我其实不抱太大希望,但会尽最大努力——在这个问题上,他给了我中肯的建议。"[16]伯恩-琼斯后来说,罗塞蒂有一种小心机,那就是乐于让他的朋友艰难地尝试他自己轻而易举就能达到的目标。

罗塞蒂对政治兴味索然。正如莫里斯后来评论的那样,他太自我中心,过于个人主义。此外,"政治需要人以乐观公正的态度来关注,而罗塞蒂显然并不乐观"。[17]在罗塞蒂的影响下,莫里斯逐渐放弃在牛津的旧业:"我没有任何兴趣来参与社会政治问题,这些东西完全是乱七八糟。我没有力量，也没有这个使命，哪怕是最小程度地使之归正。我要做事，让我的梦想以这样或那样的形式具体化。"[18]罗塞蒂是个甘于逍遥的人，对他的形容不外乎强调他身姿潇洒，嗓音低沉悦耳。他把莫里斯带入充满闲情逸致的生活，与在牛津的击棍、熊斗截然不同。有一天，莫里斯和伯恩-琼斯正在罗塞蒂的画室里画画。这时，霍尔曼·亨特走了进来："这是一个身材修长、蓄着漂亮红胡子的男人。他的鼻子有点翘，黑色眼睛很深邃——一个英俊的男人。"[19]罗塞蒂坐在亨特旁边，摆弄着他的胡子，拿着画笔在他的胡子和金发上穿来穿去。

莫里斯刚到伦敦时，白天一直在斯特里特办公室工作，晚上都要去纽曼街上一堂"生活课"。伯恩-琼斯也是"生活课"的学生。但很显然，这种艰苦的日常工作无法持续下去了。不久，莫里斯动身前往沃尔瑟姆斯托，向母亲宣布他要改行。似乎这次在传达消息时又不够婉转。艾玛·莫里斯再次惊愕、困惑、哀痛。如果说建筑是不可靠的行业，那么绘画就更超出她的理解范畴。她转过身，责备和莫里斯一同前来的伯恩-琼斯，认为是他造成了儿子的不务正业。

莫里斯似乎并不后悔他的决定。凡是对他不再适用的东西，他总是要毫不留情地抛弃。1856年秋天，他从低地国家回来，采用了扬·凡·艾克的座右铭"尽我所能"（Als Ich Can）。后来他将这句话置入他的第一个知名的刺绣作品——英文版"尽我所能"（If I Can）中。在故事《弗兰克的密信》中，他的反英雄人物表现出一种令人胆战心惊的决断力："我很快就能知道一件事对我来说是否可能；如果不可能，便永弃之，再不回想。无有憾缺，无有渴求，于我而言，它已永逝。"[20]——性爱除外。

在伦敦的最初几个月，莫里斯开启了生活的新篇章。除了与罗塞蒂朝夕相处，他和伯恩-琼斯以及"最伟大的在世诗人"[21]罗伯特·勃朗宁相处愉悦。莫里斯的戏剧诗让勃朗宁一家人都感到印象深刻。罗塞蒂称赞说《长发姑娘与金发关德琳》甚至可以和丁尼生的作品相提并论。莫里斯和伯恩-琼斯还遇到了其他艺术家兄弟：亚瑟·休斯、托马斯·伍尔纳、福特·马多克斯·布朗。他们都毫不在意地开始见异思迁——

《牛津和剑桥杂志》陷入了危机。伯恩-琼斯写道:"杂志要黄了,随它去吧!"投稿的标准似乎在下降。"我不会再为它写东西了,再也不会了,托普西!——我们不能一心二用,时间如此珍贵,不能这样浪费。"[22]

在上戈登街住了几周后,莫里斯和伯恩-琼斯搬到了红狮广场17号——这是罗塞蒂的建议。他们的住所位于二楼一栋十八世纪早期的砖砌联排别墅内,没有家具,所以租金便宜。就在几年前,罗塞蒂本人也住在那里。那个地方有些让人触景生情——罗塞蒂曾和年轻、贫苦、英俊的拉斐尔前派画家沃尔特·德弗雷尔一起住在这里,德弗雷尔患了绝症,可能是布莱特氏病。他躺在后屋奄奄一息,罗塞蒂却还在前厅继续作画。有一次医生来了,出于怜悯之心,他把手放在坐在那里作画的罗塞蒂头上,叹息道:"可怜的孩子们! 可怜的孩子们!"[23]1856年,罗塞蒂重返旧址,发现那里早已空无一人,到处积满灰尘。或是他,或是德弗雷尔,曾在卧室墙面上记下一个地址。五年后,那个地址还在那里。"此后生活在那里的住客,都索然无味,什么也没留下。"

1856年11月底,莫里斯和伯恩-琼斯在伦敦这个流动的前哨站安

3.《浴盆里的威廉·莫里斯》,伯恩-琼斯创作的《胖子莫里斯》系列漫画之一

顿下来。搬家并不简单，艺术家的行当可谓堆积如山："书、箱子、靴子、被褥、篮子、外套、画、盔甲、帽子、画架——人仰马翻，一片狼藉。"[24] 它们占满了三个房间。那间朝前方的大房间是他们的主起居室兼工作室，就像罗塞蒂以前的格局安排一样。房间正中的窗一直延伸至天花板，为他们提供了明亮的绘画光线。工作室后面，是一个属于伯恩-琼斯的中等大小的房间。再往前，是莫里斯的小房间。在伯恩-琼斯为莫里斯画的系列漫画中，莫里斯经常被置于一个狭促空间：挤在一张小床上，或是蜷缩在一把小扶手椅里。莫里斯身上有一点自虐的倾向，他几乎主动要求被贬低。他了解自己的财富，却接受了最差的房间，似乎这样做他就能消除这种不平衡。在他们住所楼下，一个叫福康尼的法国家庭做着羽毛装饰的生意。是他们造成了莫里斯对羽毛的狂热吗？在他这一时期最精彩的画作之一《鲜花环绕的仙女》中（现藏于维多利亚与艾尔伯特博物馆），仙女的造型中有一个迷人的流动的图案——由花朵、头发和羽毛组成，就像"女神游乐厅"里的珍品一样。

在他们搬进来之前，莫里斯承担了为新屋设计家具的任务。罗塞蒂说莫里斯"煞有介事"：他"设计了中世纪风格十分突出的家具——梦魇魅魔般的桌椅"。[25] 这些并不精良的作品显然是莫里斯早期设计的唯一家具，此后，以莫里斯公司为依托，莫里斯又设计出风格迥然不同的轻巧家具。红狮广场的家具是由当地的橱柜制造商制作完工的，可能是克里斯托弗街哈顿花园的那家汤米·贝克公司。被指派接受莫里斯订单的工人叫作亨利·普赖斯，一个从美国橱柜业返回不久的英国人，他热情洋溢但有些笨手笨脚。他后来回忆："那位在多年后成为著名社会主义者和诗人的绅士，正是在我们店里下单的家具艺术设计师。他定制的家具是非常老式的中世纪风格。"[26]

据罗塞蒂的说法，第一件抵达的家具是一张"像石头一样结实和沉重"的大圆桌。这张桌子在伯恩-琼斯的红狮广场漫画背景中看得到，现收藏于切尔滕纳姆博物馆。接着到位的是一把出自童话故事的巨型椅子，"就像巴巴罗萨可能坐过的那样"。此外还有一个很大的高背椅，

4. 威廉·莫里斯设计的彩色玻璃画《鲜花环绕的仙女》，约 1862 年

椅子下还有一个长凳,长凳上面是带有回转门的三个柜子。当这些家当都被送达,它们所产生的堆积如山的戏剧化场景超出莫里斯的预期:"目之所及,通道和楼梯都被庞大的木块堵满了。"[27]之后,有一把大椅子被安上一个盒子,罗塞蒂认为这个盒子很适合养猫头鹰——有段时间,红狮广场住了一个特殊居民:猫头鹰,罗塞蒂曾和它争吵。参观者对这里的混乱场景留下描述:"高雅的凌乱"[28]的房间里,摆满了家具、金属制品、盔甲、挂毯、帷幔、未完成的画、素描本、佛兰德或意大利陶器的零星碎片。这里或那里,随处有一顶帽子、一件外套或一双靴子。只有壁炉旁边还有一小块空地,就像一片林中空地。人们在那里用餐,工作结束后也在那里"畅快交谈"。

　　莫里斯大部分中世纪风的家具都有绘画装饰,这是家具巨大的空白面板的特性所决定的:这些中世纪家具的尺寸规模引发了中世纪叙事风格。"当我们在上面绘制骑士和女士的图案时,效果精彩绝伦。"伯恩-琼斯这样写道。[29]莫里斯和罗塞蒂一起在椅子靠背上画了一些"红色、绿色和蓝色"的人像,写了一些文字。此后,罗塞蒂写道:"我们三人力图画满整个柜子。"在椅子的靠背上,罗塞蒂选用了莫里斯早期诗歌中的两个主题:《加拉哈德爵士——圣诞之谜》中徽章骑士的故事,以及《长发姑娘与金发关德琳》中一个魔幻而诱人的场景,即格温德林倚靠在女巫塔的窗边让王子亲吻她的金发。

　　红狮广场的家具并不是最早,也不是最出色的拉斐尔前派风格彩绘家具。早在 1851 年,霍尔曼·亨特和米莱在伍斯特帕克农场,就把家具柜门漆得像"百灵鸟"。1855 年,威廉·伯吉斯已经着手设计他的首个装饰精美的柜子——它色彩鲜艳、镀金、山墙形式,改造于巴约和努瓦永的两个古代大衣橱,由法国中世纪史学家维欧勒·勒·杜克重新发现。1858 年,乔治·普赖斯·博伊斯参加了在莫里斯红狮广场的房间里举办的霍加斯俱乐部活动,他在日记里写道:"绘画、挂毯和家具很有趣。琼斯、莫里斯和加百利·罗塞蒂在家具上进行了主题性的精彩描绘。"[30]——经过描绘的家具失去了新颖的冲击力。在十九世纪五十年

5. 爱德华·伯恩-琼斯在红狮广场绘《自画像》：在莫里斯设计的椅子的靠背上审视罗塞蒂的画作

代末和六十年代初，许多艺术家，包括艾尔伯特·摩尔、蒙·所罗门、亨利·霍利迪和爱德华·波因特，都曾参与过家具绘画。每一个家具面板都被视为一幅微型画布，讲述某个故事：关于圣经、经典或亚瑟王。这些绚烂多彩的作品是拉斐尔前派的膜拜对象，是怀旧与浪漫的组合体。但对大多数拉斐尔前派艺术家来说，对莫里斯的狂热只是一个开始。红狮广场的家具最先赋予他某种契机，让他体会能以何种形式来离经叛道。这些率性而成的作品非常重要，是莫里斯个人历史的见证——是莫里斯对设计创造的坚定志愿，是对真实、本真及有形物质的热诚渴望，是莫里斯向那个时代发起圣战时的有力宣言。

很早以前，莫里斯就摒弃了当时流行的设计风格和制造标准：甚至在十七岁时，他就拒绝和家人一起进入水晶宫去看那万国工业博览会，宁愿坐在外面的椅子上生闷气。在牛津，英国人的阴郁风格一直是"集结会"热烈讨论的话题。五十年代莫里斯早期的反叛性作品，体现出他对优雅格调、曲线形式和在他看来毫无意义的时下流行家具的普遍反感。这些具有厚重中世纪风格的东西与莫里斯本人所处的精致环境，即伍德福德庄园和沃尔瑟姆斯托装饰豪华的客厅,形成鲜明对比。莫里斯的反叛性家具带有强烈的情感色彩。对他而言,家具设计的吸引力在于其团体协作性及基于视觉语言的社会活动。家具是画,也是诗。

1857 年春天,伯恩-琼斯在红狮广场的一个衣橱里画上了杰弗 122 里·乔叟的《修道院女院长的故事》中的场景。这是一个令人毛骨悚然的故事,讲的是一个基督徒孩子在上学和放学的路上唱圣母赞美诗,激怒了犹太人,于是犹太人杀死了他并把他扔进坑里。但他并没有停止歌唱,直到人们听到他的歌声,救出了他殉难的尸体。当伯恩-琼斯研究这个主题时,他不断有节奏地唱着:

他歌唱慈悲救主之母
声音洪亮,普天同祝。[31]

He Alma Redemptoris 'gan to sing
So loud that all the place 'gan to ring.

伯恩-琼斯和菲利普·韦伯把这个衣橱作为结婚礼物送给了莫里斯。它从红屋一直来到哈默史密斯的凯尔姆斯科特屋,现收藏于牛津大学的阿什莫林博物馆。衣橱柜门内是几位中世纪人物画:一男三女,其中一位女士正在梳理长发。有一个说法是,莫里斯匆忙之中把花画在了边上。

在莫里斯看来,家具的意义远不止于其功能。这一观点至今依然极具影响力。从十九世纪八十年代起,这一观念主导了工艺美术运动的家具制造工坊,促进并形成了"艺术即生活"[32]的浪漫愿景,并让罗杰·弗莱欧米伽工坊的后印象派绘制家具、二十世纪五十年代皮耶罗·福纳塞蒂的弗洛伊德式梦幻家具、二十世纪六十年代流行的奇异而怀旧的波普彩绘家具重新得势。当伯恩-琼斯的晚辈们抱怨拉斐尔前派家具的各种不适时,他们并没有体会到这种叙事性家具的全部意义——家具无关乎舒适。莫里斯简明扼要地说:"如果你想舒服,那不如去睡觉!"[33]

　　罗塞蒂对这两个学生赞不绝口："两人都是真正的天才！琼斯的设计堪称精湛细节及丰富想象的典范，也许，除了丢勒的顶级作品以外，无人能与之相比；莫里斯虽然缺乏练习，但我认为他潜力无限，他还写过一些精彩绝伦的诗。"[34]罗塞蒂对莫里斯潜力的估量是恰如其分的，虽然他的气质更多体现为设计师而非艺术家。莫里斯相信绘画是所有设计训练的必要基础，但他总在对着模特速写时感到很不自在。1857年春夏两季，他坚持绘画。现在陈列于维多利亚与艾尔伯特博物馆的两幅充满惆怅的自画像，就是在这个时期创作的。6月，他开始画自己的第一幅作品，内容是《亚瑟王之死》的一个场景："特里斯坦爵士痊愈后，在马克国王宫殿的花园里，他送给伊索尔特的狗把他认了出来。"罗塞蒂对此仍然满怀希望："当然，一切都要顺其自然，结果一定是最好的。"[35]

　　"描摹自然"一直是拉斐尔前派的主要信条，霍尔曼·亨特劳苦奔波地来到死海边，只为了画真正的死海，这成为这一原则的极致表现。此后，拉斐尔前派"第二代"伯恩-琼斯从伯明翰来到沃里克郡及伍斯特郡的果园，为画作《有福的达摩泽尔》寻找完美的苹果花。那是一个多风的五月，刚刚发现一朵中意的苹果花，还没来得及画就被风吹到了地上。为了画出天堂般的景象，他还特地来到沃尔瑟姆斯托去画莫里斯夫人花园里的樱桃树。而其中的百合花，则是对红狮广场花园里的百合花的描摹。莫里斯也直接向自然学习。在牛津的夏天，他在麦克拉伦家怡人的花园里画了一棵树，由于过度专注，他把椅子下的草地都磨秃了。他还把画画在了伍德福德花园的墙上，并勾勒出石头和红色的地衣的线条。韦伯记得，在这一时期还有许多其他方面的探索，不过都是"浅尝辄止"。[36]

　　罗塞蒂写信给威廉·阿林厄姆："你知道吗？他是个收购画作的百万富翁。"[37]莫里斯既是画家，也是收藏家。继收藏休斯的《四月之恋》之后，在罗塞蒂的鼓动下，莫里斯花了四十英镑从福特·马多克斯·布朗手中买下了《秣田》。罗塞蒂还提到莫里斯也买过自己的几幅水彩画："看起来他乐此不疲，我手中还有不下三四件他的委托作品。他给我的水彩画《蓝色密室》写了一首绝妙的诗。你会认为他是世界上最好的朋友——虽然我的表述有点语无伦次，但他确实是个真正的男人。"事实上，莫里斯至少为从罗塞蒂那儿买来的两幅画写过诗：《蓝色密室》和《七塔之调》都收录于他的第一本合集《桂妮维亚的辩护》中。

《蓝色密室》这首诗恰到好处地写出了罗塞蒂画作的细节，这幅画画的是一个静止的场景，四个女人困在与世隔绝的海上塔楼里：

124

> 四姝幽居此境中，
> 岁岁朝朝锁深宫。
> 重门无人启金钥，
> 霜雪封途路难通。

> Four lone ladies dwelling here
> From day to day and year to year;
> And there is none to let us go;
> To break the locks of the doors below,
> Or shovel away the heaped-up snow.

这是一首优美而古怪的诗，带有鲜明的性意象、绘画般的精准度，以及圣公会高教会派的象征意义和拉斐尔前派的离奇感。

> 跪下，啊，亲爱的路易斯，请跪下来，他说，
> 让这些不干净的雪，洒在我的头上。

> 他看着这雪融化，淌过我的发际，
> 再越过我洁白而赤裸的肩膀。

> Kneel down, O love Louise, kneel down, he said,
> And sprinkled the dusty snow over my head.

He watch'd the snow melting, it ran through my hair,
Ran over my shoulder, white shoulders and bare.

这几乎是罗塞蒂对莫里斯的赤裸裸的情欲暗示,作为画家和诗人,他们对这些隐晦的表达会意于心。

在《七塔之调》中,这种性关联不那么紧密了。但是这个有着灰铅屋顶和护城河的城垛建筑所围筑的病态空间,还是给人带来一种性幽闭恐惧的悸动——那里,有很多长发飘飘、摩肩接踵的白色鬼魂。这些画作和诗歌都反映出作者在红狮广场时期相当幼稚的幽灵崇拜心理。那时,伯恩-琼斯有一堆哥特式恐怖故事,都是从古代法国和哥特资源库里扒取下来的,诸如白衣女、红衣骑士、黑衣僧侣和尖叫的猫头鹰,而且所有故事都把另一个伏笔作为结局。伯恩-琼斯警告说,讲故事的人会发疯,听故事的人也一样。[38]

在红狮广场,莫里斯把他的木雕工具装在一条长长的、折叠的白色晚装领带里,领带弄成圈钉在卧室墙上。提高绘画技艺的同时,他也热衷于其他手工艺,沉迷于中世纪作品,尤其是中世纪插图。罗塞蒂写道:"就我所知,纵观所有插图及其相关领域,莫里斯领先于时代,地位无可匹敌。"[39]那时,乔治亚娜·麦克唐纳的妹妹路易莎只有十二三岁,常常整日跟着莫里斯和伯恩-琼斯在画室里画画,一边耳濡目染,一边自娱自乐。莫里斯很喜欢她(他喜欢女孩胜过男孩)。他送她一页出自格林童话的带插图的手稿,莫里斯亲自用哥特字体书写,字体有彩边,首字母做了花体装饰。他还送给路易莎两卷傅华萨的《闻见录》和 H. N. 汉弗莱所作的《傅华萨插图》,他在上面题写"威廉·莫里斯赠予朋友路易莎·麦克唐纳",并画上一条龙作为装饰。

红狮广场不可或缺的人物是玛丽·尼科尔森,她也被称为"红狮玛丽"。她之所以来此,是因为原来的女管家虽然看起来光鲜体面,有一天却"喝得酩酊大醉"[40],他们只好把她打发走。红狮玛丽相貌平平,却很有涵养。她能读善写,可以把伯恩-琼斯的口述记录成信。她精明强干、足智多谋,能完成很多看似不可能完成的任务,比如替罗塞蒂收债,按伯恩-琼斯的指示去小荷兰屋借帷幔。正是因为她的灵活和欢快,红狮广场才变得热情好客。她可以在拥挤的房间里找到空处,为客人铺开床垫。若床垫也用完了,她就会用旅行包和靴子搭床。她殚诚毕虑地保护着她的年轻雇主,并乐于成为他们的模特。她表示,如果身高不足是个问题,也许她可以站在凳子上。罗塞蒂被她触动,将她画入《但丁与贝雅特丽齐的会面》中。用伯恩-琼斯的话来说,"红狮玛丽是那样一种女助手,虽不起眼,但很得力"。

　　红狮玛丽向莫里斯学习,为莫里斯设计的挂饰做刺绣。她是莫里斯亲授的第一位女学徒(莫里斯共指导过几十名女学徒从事大量缝纫工作)。莫里斯要求她把刺绣框带进工作室,以便随时随地观察指导。她很感激莫里斯对她的信赖,曾说:"对莫里斯来说,我可能是任何时候都不可替代的得力助手。"[41]某种程度上,红狮玛丽是他的战友,是出现在他罗曼史中的"中性人",她加入战斗,并致力于服务这场盛宴。

　　但是,爱抱怨、爱挑剔的莫里斯,还是惹恼了玛丽。有一次,早饭时,他说:"玛丽,这鸡蛋简直恶臭,但我还是吃了。以后不要再拿给我吃了。"[42]他可能还会为臆想出来的噪声而心烦意乱。某天,玛丽正在画室里安静工作,他朝她吼道:"玛丽,安静！别发出那种讨厌的噪声！"这样的表现部分原因或许在于他成长于一个层级严格的家庭,那里仆人也有自己的房间。所以,当他这么近地和一个仆人在一起会不自在,尤其是玛丽还拥有聪明而自信的气场。此后,当莫里斯再为自己雇人时,他总是刻意与他们保持距离——这似乎背离了他的民主观点。但莫里斯与红狮玛丽之间的距离感,还是和男女之间的吸引力有关。玛丽自有一种女性眼光,会偏倚那些对她来说有魅力的男人。内德写道:"她喜欢加百利和我,总是为我们扯谎。但她毫不在乎莫里斯,他总是睡最差的床,喝最冷的水。"[43]相对来说,莫里斯的床单和睡衣也没有别人的干净,这真是既不友好又不公平,毕竟是莫里斯一直在付钱。

红狮玛丽评价莫里斯青涩而笨拙。对此话题,她和伯恩-琼斯有所交流:"有一天她对我说:'先生,我觉得莫里斯先生不懂女人。'我说:'为什么?玛丽,你凭什么这么认为?你见过莫里斯和女人在一起时的样子吗?''我不知道,先生,但我想他对她们应该很粗暴。'"在红狮广场,莫里斯已经为自己的不解风情而无辜遭殃。

罗塞蒂温文尔雅、落拓不羁,过着荒唐的都市生活。他几近身无分文,沦落俗世。他深谙城市中的阴暗面,很懂其中的门道。他嗜好夜生活,就像狄更斯一样熟悉伦敦的底层生活。他让伯恩-琼斯见识了这样的生活——比牛津"集结会"里的任何生活方式都更为复杂跌宕。罗塞蒂和放债者之间出现过神奇的一幕。有一次,伯恩-琼斯来到黑衣修士区,看见罗塞蒂的工作室里有一个阿什肯纳兹犹太人。地上到处散落着罗塞蒂的衣服:他唯一的一套礼服、两条裤子、几件外套和几件马甲。罗塞蒂谎称这些都是新衣服。经过很久的一轮讨价还价,犹太人卷起大包裹收起这些衣服,答应付给罗塞蒂三英镑。然后,罗塞蒂开始享用让他的崇拜者为之惊骇的海量早餐,这些食物包括茶、果酱和"可怕的鸡蛋"。[44]

罗塞蒂虽然有点粗鲁,但很有魅力,对肮脏混乱的环境有非凡的免疫力。他在齐普赛街寻到一家餐馆,那里供应四便士的晚餐:啤酒、香肠和一块不新鲜的面包。在这儿,他常常倚靠在吧台上,从口袋里掏出一本《亚瑟王之死》,一边高声朗读,一边和朋友们大快朵颐。当他领着伯恩-琼斯和莫里斯在伦敦游逛时,表现出一种非常有品位的"零容忍"状态,但凡他觉得无聊就在中途离开剧院,并骂道:"简直是烂戏!"[45]一天晚上,他又去看"法官和陪审团",那是一个有拱形室内空间的低级音乐厅,伯恩-琼斯把这里比作萨克雷的小说《钮可谟一家》中的"和谐窟"。尽管伯恩-琼斯认为它比真正的剧院更糟,罗塞蒂却坚持认为这是"见识生活"。

莫里斯和牛津的朋友们热烈讨论城市生活所造成的社会问题。出于格莱斯顿式的理想主义方式,他们认为自己有责任去弥补和拯救。这也是莫里斯第一次开始面对现实。从乔治亚娜·伯恩-琼斯的回忆录中可以看出,红狮广场之家成了该地区堕落女性的非正式救援中心:红狮玛丽值得信任,"就像一个善良女人对另一个紧闭心扉的女人表示善意,也理解一个年轻男子对这样一个女人的诚心善意,帮他给她提供衣食,帮她回到自己人中去"。[46]

福特·马多克斯·布朗在 1858 年的日记中,记录了他带着一套衣服去红狮广场的情景。——这套衣服是他的妻子应伯恩-琼斯所求买给他"在凌晨两点的街上遇到的十七岁可怜女孩。此时已是冬天最冷的夜晚,她却衣不蔽体、饥寒交迫。她已经靠**卖淫**在伦敦生活了五个星期"。[47]伯恩-琼斯给了她些钱,把她送回了乡下的父母身边。

随后,里面还记述了另一件事:几个人正沿着布卢姆斯伯里的大街行走,伯恩-琼斯走在最前面,"紧随其后的是一个凄凄惨惨、衣衫不整的女孩。他发现她时,她甚至还没完全清醒"。[48]一群男孩和流氓一直在戏弄她、凌辱她,伯恩-琼斯带她去寻求警方保护。然而,伯恩-琼斯的妓女保护者的角色似乎被罗塞蒂的引诱者角色削弱了。内德曾经讲过,罗塞蒂有一次付给一个妓女五先令,让她过来找内德。他和她说内德很腼腆,但很想和她聊聊天。于是她主动找话,和他手挽手漫步在摄政街,这一度让伯恩-琼斯极其尴尬。

莫里斯找妓女了吗? 似乎不大可能。他此后在性交易问题上持有公开的坚定立场:他的社会主义联盟宣称,谴责将妇女视为商品或财产的观点。在《乌有乡消息》中,他的乌托邦是一个没有性占有的地方,在那里性交易毫无立足之地。尽管如此,在他的小说中还流露出某种迹象:他对出售女性身体感到着迷似的恐惧。在《世界尽头的水井》中,他描写了一个奴隶市场,女人像牲口一样被卖给竞价最高者。这些女人光着头,全部穿着一样的黄色绣花长袍,双臂赤裸,长袍不及脚踝。脚也裸露着,穿着白凉鞋——这段女奴的描写奇特诱人,充满情欲味道。每个女奴"右臂上都佩戴一个铁环"。[49]

在牛津时,莫里斯有着年轻人特有的对残暴的癖好。伯恩-琼斯也

128

有相似的偏好,出于他对"妖"的偏爱,他在所有妖魔鬼怪的系列画中都加入了又可爱又凶猛的生物,以此来对抗童年时代那根深蒂固的恐惧。而罗塞蒂教给他们的东西更邪魅。罗塞蒂对动物有一种邪性的迷恋,越怪诞越觉得有趣。他能轻易地诱捕动物:比如在巴黎动物园,他甚至抓住了一只袋熊,问众人"谁喜欢它"。[50]后来,在切恩街,他在屋内和花园里豢养了各种奇异的动物。六十年代,他认真考虑过买一头狮子。罗塞蒂对他的动物既宠溺又残忍。他有一种南欧人的麻木不仁,他把狗绑起来虐待它们;有一次甚至把一只牛羚拴在树上,然后它努力挣脱出来开始追赶罗塞蒂——这一幕简直可以入选《贝洛克警世寓言》。在创作画作《发现》时,一个农夫借给他一只小牛和一架车,他对这只小牛越发感到沮丧。小牛被绑起来的时候,每天有五六个小时一刻不停地踢来踢去,然后下午就昏昏沉沉地睡着了。"此时,"罗塞蒂写道,"我只好把它解开,摇晃它,猛踢它。我亲爱的朋友,这种感觉还不错:史密斯菲尔德的骡夫们揍打牲口简直上瘾,活像吸食鸦片者一样乐此不疲,一个举止温良的人还能找些理由为自己辩解几句。"[51]

莫里斯不仅学到了一些虐待伎俩,而且还成为这位"虐待狂"的受害者。罗塞蒂几乎把他当作了动物园里的一分子。据伯恩-琼斯所记,在他们相识的一两年内,罗塞蒂对莫里斯的残忍行为就开始了。他常常对他一边和风细雨,一边连讥带讽。莫里斯性情敏感,对这些戏弄恼羞成怒,这使他看起来更加狂暴和怪异。在罗塞蒂的带动下,他的朋友们形容他为"豢养的野牛"。[52]

他们不再读《酵母》了,改读《女巫西多尼亚》。这是约翰内斯·迈因霍尔德于1849年在德国出版的一本关于女巫迫害的情爱小说,由奥斯卡·王尔德的母亲,即王尔德夫人斯佩兰扎译成英文版。显然,罗塞蒂在红狮广场曾滔滔不绝地介绍过美丽而多情的女巫西多尼亚,称她是位"俏佳人"。伯恩-琼斯在1860年为西多尼亚配画两次;乔治亚娜·伯恩-琼斯把此书交给了约翰·罗斯金,还不胜惶恐地写了一封信,对这本书能否被认同而忧心。对莫里斯来说这是他的"圣书"之一,于1893

年在他的凯尔姆斯科特出版社再版。这个冗长拖沓、令人惊悚的故事，围绕恶毒的西多尼亚的阴谋展开，有近乎情色的挑逗场景。西多尼亚就像莫里斯《德西德里乌斯的故事》散篇中那个无情的母亲，外表虽然迷人可亲，却只是"虚饰的表象"而已。在莫里斯的诗歌和小说中，从《伊阿宋的生与死》中的复仇女神美狄亚，到《世界尽头的水井》中严惩侍女的邪恶女王乌特波尔，莫里斯总是被这些心如毒蝎的女人所吸引。他感受到持鞭女人的魅力，一种对屈辱和玷污的受虐倾向，这与他理想中的女人形象——阳光健美的情人、志同道合的妻子形成了鲜明对比。

令人着急的是，在这一时期，莫里斯几乎没有留下任何记录，现存的信件也很少。他仅仅在他为安德烈亚斯·朔伊写的简短自传中，把这些年的经历一笔带过。对此，我们很难准确衡量罗塞蒂的影响力。莫里斯的朋友们形容罗塞蒂是一种斯文加利（Svengali）式的人物，以邪魔外祟之道控制着年轻的莫里斯。莫里斯对罗塞蒂的评价倒是非常温和："我年轻时，他对我很好。"1882 年罗塞蒂去世时他这样写道。[53]然而，有迹象表明，莫里斯已经意识到了这一切的不堪，他看清了罗塞蒂是如何把他变得萎靡不振。后来，他开始特别质疑领导人：他认为原则要高于个性。他毕生都在与人的惰性作战，分析它，研究它，对它之于能动性的腐蚀恨之入骨。他坚决反对阿谀逢迎、承欢献媚，以近乎病态的顽固来抵御这样的行为。随着他和罗塞蒂的关系变得不可名状，莫里斯开始有了积恨。那是 1856 年，莫里斯在伦敦，他意识到自己已成为罗塞蒂个人魅力的俘虏。

在 1857 年的暑假，上演了一场从红狮广场到牛津的"出埃及记"。那个印度兵变的夏天，也正是罗塞蒂"嘉年华"[54]的夏天。他为牛津联盟（辩论社）楼召集了一群艺术家兄弟，来参与亚瑟王的壁画创作。首次研讨壁画时，他和莫里斯正在牛津。罗塞蒂并不赞成最初的提议，这个提议是请罗塞蒂为本杰明·伍德沃德的新牛津博物馆画一幅全景图，叫作"牛顿在真理海洋的岸边拾鹅卵石"。他和莫里斯向伍德沃德另外提议——当时伍德沃德的牛津联盟楼正接近完工,这座建筑是牛津哥特式红砖建筑的代表作。那中世纪的穹顶大堂恢宏壮观,在其过道上方有十个巨型凹面,罗塞蒂有意在每一面都画上亚瑟王之死的场景。他试图召集当时知名的艺术家,包括福特·马多克斯·布朗、威廉·贝尔·司各特和霍尔曼·亨特,他们的大名将使这些光秃秃的墙壁熠熠生辉。但最终,只有一位经验丰富的艺术家参与了这个计划,那就是亚瑟·休斯。所以罗塞蒂只能招募一些助手,但都不太专业。其中一位是瓦尔·普林塞普,他既不会描,也不会画。这时,他用莫里斯的例子来鼓励他:"曾经有一位朋友想加入我们,他从来没有画过任何东西。但他一鸣惊人,令人大出所料。"[55]

罗塞蒂对在英国组建一个新的壁画学派充满热情,他尤为青睐用蛋彩画技法绘制的史诗壁画。当时 G. F. 沃茨正为林肯律师学院的新大厅创作壁画:《正义:立法论辩》。沃茨为罗塞蒂无偿提供了服务,以换取些画材费用。大体来说,这就是创作团队所采用的运作机制,他们使用的蛋彩画颜料只有莫里斯付了点钱。莫里斯忘我地工作,他的绘画主题是:帕罗米德斯爵士是如何对美丽的伊索尔特情深似海,而她又如何不再爱他,移情别恋于特里斯坦爵士。这是莫里斯熟悉的旋律——被厌弃的情人,悲惨的三角关系。那年初夏,他顺理成章地就特里斯坦和伊索尔特的主题画了几张速写,并开始了他的第一幅油画创作。在莫里斯的尝试性创作中,有一个主题相当具有喜剧画面感:特里斯坦爵士在马克国王的宫殿花园里突感不适,他旁边一堆鹅莓果皮让人意识到他这是腹泻。原来是他在等待伊索尔特时,吃了未熟透的鹅莓。

大家同心协力,形成安全而亲密的男性团体氛围,莫里斯在其中成长迅速。在壁画创作的第一阶段,还有其他一些艺术家参与,如亨格福德·波伦、斯宾塞·斯坦霍普、休斯、普林塞普,当然还有伯恩-琼斯,以及雕刻家亚历山大·门罗——他要根据罗塞蒂的设计,为主入口雕刻一块石盾。莫里斯第一个加入小组,也是第一个完成任务的成员。随后,他在一群热情的业余人士——在牛津过暑假的"牛津人"协助下,开始在天花板和桁架上绘制怪诞的生物图案。查尔斯·福克纳，一位大学学院的研究员和数学老师，每天下午都来帮莫里斯登上脚手架。伯恩-琼斯写道："查理在天花板大显身手，画了各种各样的鸟兽。"[56]科梅尔·普赖斯是一名助手，他说："整个下午都在帮托普西为牛津联盟楼的屋顶描黑边。"[57]他的日记里写着"在牛津联盟楼点画和描黑边"。狄克森也回来帮莫里斯摆弄画板，让他得以在方寸之间画上向日葵。这场欢乐的艺术盛典是"集结会"的一次重聚，他们像从前一样笑闹。旁边图书馆里的学者们，简直因"他们的笑声、歌声、笑话声和苏打水瓶塞的喷射声"而不堪其扰[58]——他们用东家的钱，从附近的"星辰"酒店购买了数量惊人的苏打水。莫里斯兴致盎然，把大拇指按在湿漉漉的油漆上，带着孩子般的得意说，"这是我的，还有这个和这个"。[59]

　　他们大约在早上八点开始工作。这里还有个"牛津仪式"——罗塞蒂和波伦走进房间，把莫里斯和伯恩-琼斯的床单扯下来，叫醒他们。他们整日工作，中午只吃个三明治，再一直工作到傍晚。他们工作时，大厅的窗被刷白了，以便更好地判断色彩效果。在这个工作空间里，罗塞蒂指派了一些流动的"袋鼠人"。在大楼的地板上有一张摆满蛋彩画颜料的桌子，"袋鼠人"的任务是从桌上为脚手架上的艺术家们提供所需的颜料。罗塞蒂评价莫里斯："他真有一种污手垢面的本事。"[60]他的工作服、脸和头发上，经常是一团糟的颜料。伯恩-琼斯画出他滑稽的样子：他身穿满是脏兮兮颜料的衣服，站在那儿仰望牛津联盟楼的天花板。标题写道："哦，蛋彩画，哦，莫里斯！"莫里斯的站姿很有个性，两腿叉开，双手后背。大学的一群访客盘问他这些壁画的主题，"亚瑟王之死！"[61]莫里斯大声喊道，然后顺着梯子往上，消失在天花板的脚手架上。访客抱怨这些工作人员太无礼。莫里斯的画面有一些不可逾越的问题，在弯曲的墙面上画九英尺高的人像超出了他的能力。他所画的特里斯坦场景，由花园里的三个人物组成。特里斯坦向伊索尔特求爱，帕罗米德斯痛彻心扉地看着他们。罗塞蒂责怪莫里斯笔下的伊索尔特让人难以接受，普林塞普更甚，说她就像一个妖精。莫里斯因此被派到戈德斯托，去

132

请旅店老板那位十八岁的女儿做伊索尔特的模特。莫里斯西装革履，但是"俏佳人利普斯克姆"不为所动。"俏佳人"是罗塞蒂圈子里用来形容美丽迷人的女孩、女人或模特的话语。莫里斯垂头丧气地回到牛津，发现卧室门上正贴着一张嘲弄他的字条：

> 可怜托普西，去给利普斯克姆小姐画个画。
> 但他不知道怎么画头，也不知道臀在哪儿。[62]

相较于罗塞蒂的《兰斯洛特爵士因罪禁入圣杯教堂》和伯恩-琼斯的《梅林被湖中女子囚禁于石头之下》，1987 年修复之后所见的莫里斯的壁画，无疑显得画风笨拙，显然并不在行。莫里斯本人也感到尴尬，称之为"在很多方面都极其可笑"，并说如果它能从墙上消失，他将"备感舒适"。[63]

  牛津联盟楼现有的天花板装饰并不是莫里斯的原作，而是莫里斯在七十年代重新设计的——一个"新潮而明亮"的设计。[64]莫里斯 1857 年的设计，色调暗沉，元素复杂，气息神秘。画面中，大量的植物花草与骇人的生物缠结在一起。他在一天之内就完成了设计。由于"社会"和"艺术"双重角度的各种可能性，莫里斯对建筑表面的装饰产生了浓厚兴趣——在他的图案设计讲座中，他深入探讨了这一主题。他理解的壁画之功用，正是以共通的图像叙述实现群体的联结。在建筑之中发现一幅意料之外的图画，会给他悠然之乐。也许这令他想起了孩提时期在埃塞克斯郡周边发现的孤僻小教堂所带来的同样震颤。牛津联盟楼的天花板是他长久以来图案系列实验的首次应用：天花板上的图案重复连续，直至覆于墙面。这种建筑图案与建筑相关，并可发掘出自身的意义。在莫里斯-马歇尔-福克纳公司创建早期，他们急于获得壁画的委托权。在牛津联盟楼，随处弥漫着他们私下里的调笑。在天花板上，横梁的暗角处，莫里斯的小漫画像横空出世。这些画像中，他看起来就像霍尔拜因所画的亨利八世的缩小版，坚定地站立着。"天啊，我大肚子了！"莫里斯感叹道。[65]两年前的"清瘦男孩"现在已经相当富态。

莫里斯曾经雕刻一块石块以作柱顶之用。亚瑟·休斯评说这是以"伟大的灵魂和生命"来创作的。[66]有一天,雕刻的时候,碎片飞进他的眼睛,最后不得不由著名的阿克兰德医生将之取出。这次意外让莫里斯十分恼怒,达到"即便对他来说也前所未有的暴烈程度"。在此时期,他不仅继续进行斯特里特工作室所从事的手工艺实验,还绘制彩色玻璃设计图,并为其上色,还用黏土塑造真人写实模型。为完成一个黏土造型,科梅尔·普赖斯坐下来为他当模特,但该作品并未完成,因为莫里斯无数次心急火燎,且最终将其砸得粉碎。在那个时代,刺绣基本上被认作女性的消遣,但莫里斯仍情有独钟地钻研几近失传的刺绣技术。基于一个刺绣老样,他专门制作了一个刺绣框,还找到一位法国老染色师为他染色。正如莫里斯公司的供应商之后认定的,莫里斯是个意志坚决又令人敬畏的老主顾。

在牛津城堡附近住着一个拥有锻造车间的铁匠。在他那里,莫里斯订购过一种罕见的中头盔(bassinet)。他和伯恩-琼斯经常要为作画而寻找一些无人知晓的盔甲,对此,莫里斯的解决办法是专门定制亚瑟王的盔甲。这有时会有一些风险:有一次,在试戴头盔时他发现面罩打不开。伯恩-琼斯形容莫里斯:"他像是嵌进了铁里,张牙舞爪,愤怒咆哮。"[67]他最为了不起的订单是一件带有盔帽的铠甲衣,下摆垂至膝下。那天,铠甲一到,莫里斯就赞不绝口,立马穿着它坐下来吃饭。他看起来"神采焕发",伯恩-琼斯由衷地赞叹道。

1857年末,考文垂·帕特莫尔访问牛津联盟楼时,对壁画的"艳丽光彩"如此描述:令人耳目一新的是,壁画的色彩"如此光华夺目,使墙壁好似煌煌手稿的边沿"。[68]但这一盛景并不持久,六个月之内壁画就已严重受损:砖石不整,修缮不当。大量壁画暴露在潮湿和灰尘中,并受到煤气灯散发出的烟雾和热气的熏染。壁画也永远无法完工——罗塞蒂带着他未完成的画作离开了牛津,1858年3月,当该项目被放弃时,其他几幅画还在等待最后的点睛之笔。对其中一些参与者来说,牛津联盟楼的作画经历成就了一群青年的友谊奇谈:"我们乐在其中!那

是多么有趣的玩乐,多么爽朗的笑声啊!"[69]乔治亚娜·伯恩-琼斯在
"那些热火朝天的日子"[70]里感受到些许神圣。而莫里斯的回忆却没有
这么充满柔情,部分原因可能是这段经历被更哀伤和更复杂的记忆覆
盖。六十年代末,他轻描淡写地写道:"整件事的开始和实施都过于凌
乱无章,注定无法真正成功。"[71]

他们在牛津联盟楼工作期间,艺术家们先是落脚在高街。那所房子
要穿过一个院子才能到达,院子里长着品种很好的西葫芦。罗塞蒂曾把
这种西葫芦作为绘画题材。对当时的居住情景,普林塞普如是描述:

> 晚餐结束后,女佣把餐布移走,罗塞蒂在餐桌边晃晃悠悠地站
> 起,又让自己蜷在被装饰得像"快乐摇篮"的马毛沙发里。内德·
> 琼斯拿起笔墨颜料开始工作;莫里斯则在房间里跺着脚,以身体语
> 言捍卫自己的观点,这一幕让人回想到中世纪弥撒的古老插画。
> 罗塞蒂则一直在沙发上自言自语哼哼唧唧。"要我说啊,托
> 普,"他说,"来给我们读一篇你的'精磨'。"[72]

莫里斯显然预料到了这一要求,便拿出一本带扣带的大厚本子放在桌
上。读的时候,他将头倚靠在一只手上,另一只手则不停地拨动表链。
看来普林塞普注意到了他古怪的举止。莫里斯朗读的诗中有一首情歌
《克雷西的前夜》。

> 金辉遍体耀穹苍,
> 裙裾流火舞云裳。
> 束得星河缠玉骨,
> 玛格丽特绽天光。

> Gold on her head, and gold on her feet,

And gold where the hems of her kirtle meet,

And a golden girdle round my sweet; –

Ah! qu'elle est belle La Marguerite

这样的金色女性形象,在莫里斯的彩绘玻璃和刺绣作品中反复出现,而且她们通常都有束腰。腰带和花环在莫里斯的欲望词汇中有特殊含义。

此刻,在牛津大学,莫里斯前所未有地被视作笑柄或滑稽人物,有时简直神乎其神。笑料、故事层出不穷。比如,莫里斯被邀请到基督堂学院的高桌就餐,却发现忘了礼服,然后不得不难受地蜷缩在亚瑟·休斯的礼服里;还有,托普西如何借口生病,只为避免出门与出了名无趣的阿克兰德医生吃饭,结果这位医生却发现他在自己的住处玩纸牌,而且已经吃过饭了。托普西的形象还演化出了专用语:"非常非常'托普西'"[73]——乔治亚娜·伯恩-琼斯用这个词形容莫里斯在伯明翰的住所提出的一小时内为六个人提供晚餐的无理要求。这些故事的焦点,往往是"贪吃"和"体重暴增"。莫里斯日益增长的腰围让他成为一个笑点。1857年秋天,阿尔杰农·查尔斯·斯温伯恩来到牛津大学贝列尔学院,他似乎开启了嘲笑莫里斯的激进模式。斯温伯恩写道,他"胡言乱语,踉踉跄跄,像喝多了似的"。[74]

此时,伯恩-琼斯开始创作漫画"托普西系列",几乎贯穿其一生。他惟妙惟肖地表现出莫里斯的轮廓线条、兴趣执着、微瑕小疵,以及"那种倔头倔脑的鬈发人所特有的生龙活虎劲"。[75]罗塞蒂也画起了莫里斯漫画。有时,这些画寄到或捎到了伦敦,乔治亚娜和她的姐妹们竞相传看。某种意义上,这些漫画充满善意,但也不乏揶揄戏弄。莫里斯还曾经和大家一样开自己的玩笑。普林塞普说:"他本性善良,以超凡的耐力忍受着大家的奚落。"[76]但是像莫里斯这样敏感的人,很难毫发无损地经受住如此密集的嘲讽。这一定在某种程度上让他失去些许自信,特别是面对女人时。他这种感觉愈演愈烈,甚至觉得即便在最亲密的团体中自己也被孤立了。

135

罗塞蒂为了好玩和自我满足,假拟了一份班级名单——就像牛津大学的毕业班名单一样。他把自己、伯恩-琼斯和斯温伯恩放在一班,却把莫里斯排除在外。当伯恩-琼斯问及缘由,他说莫里斯"无法入列"[77],只能自己一个班。

"托普西见过'俏佳人'之后,就像任何一位牛津蠢货一样神魂颠倒,且有过之而无不及。"[78]——1857 年 12 月,科梅尔·普赖斯将此消息寄给他父亲。这位"俏佳人"就是十八岁的詹妮·伯登,两年后嫁给了莫里斯。詹妮由罗塞蒂和伯恩-琼斯带入莫里斯的圈子。那年 10 月,先是他们在剧院看到詹妮和她的妹妹。罗塞蒂耗费大量时间和精力去物色能当模特的"俏佳人":这让他兴奋,甚至是上瘾。他说服詹妮来做模特,并征得她父母的同意。这时,牛津联盟楼的艺术家们已经将住所从高街搬到了乔治街。于是,詹妮就在一楼客厅开始摆姿势。起初,她似乎只是罗塞蒂的专用模特,罗塞蒂以她的形态来研究刻画桂妮维亚王后。当罗塞蒂在秋天离开牛津时,詹妮又为莫里斯的《美丽的伊索尔特》做模特。此幅画作现存于泰特美术馆。艺术家和模特之间的微妙关系尽人皆知,充斥着性暗示。罗塞蒂对此习以为常并加以利用。而莫里斯则不那么老练,他很快就坠入爱河。恋爱中的托普西又成了朋友们的戏谑对象,他们将他与詹妮相处的画面拿来取乐——莫里斯与詹妮在乔治街客厅里大声朗读《巴纳比·拉奇》。

与詹妮的相爱和最终结合是莫里斯做出的又一个背离自己背景的重大决定。詹妮家境贫穷,来自到城里寻工的牛津周边的农民阶层。她的母亲安·迈泽来自阿尔维斯考特;父亲罗伯特·伯登来自邻近的斯坦顿哈考特村。詹妮正属于多年后托马斯·哈代在《无名的裘德》中塑造的牛津社会的底层。1839 年,她出生在霍利韦尔街附近圣海伦道的一个又窄又脏的小屋,她的母亲在为她登记出生时没有签名,只是打了一个叉,这表明她是个文盲。詹妮的父亲是霍利韦尔街西蒙兹马车屋的一名马夫或杂役。她的哥哥威廉在十四岁时就在大学当信差。她的姐姐玛丽·安妮于 1849 年死于肺结核。詹妮的童年并不是无拘无束的。在塔克韦尔牧师的牛津回忆录中，有一张詹妮和她妹妹贝西的小照片：这对来自劳动阶级的小姐妹正在镇上游玩。詹妮的人生观难免狭隘。她保存着在城外的伊夫利路上采紫罗兰花的记忆。而在结婚之前，詹妮从未去过伦敦，也没有见过大海。在后来的岁月中，正如我所提到的，她对自己的成长细节避而不谈。[79] 在莫里斯的朋友中，只有菲利普·韦伯用他在牛津的关系来了解她的背景情况。他了解到这段经历并不让她快乐，他同情詹妮抹除过去的本能，虽然这在其他人看来很势利。

詹妮的美带有一种异域风情。她跟莫里斯的母亲或姐妹迥然不 137 同。她并不代表那种莫里斯讥笑为"体面人"所认可的女性美典范。詹妮身材修长，波浪卷发，长相与众不同，充满异国情调——据说她身上有吉卜赛人的血统。之后，他们在法国旅行时，她的外表如此特别，以至于街上有陌生人盯着她笑，这让莫里斯非常恼火。很有意思的是，早年在牛津，大家普遍认为她的妹妹贝西更好看。但是，詹妮的高冷光环以及那种略带忧郁而不食人间烟火的美，使艺术感稍弱的人感到一种疏离——这正是拉斐尔前派看中的特质，使她几乎成为拉斐尔前派的符号象征。在早期，拉斐尔前派的"俏佳人"是红发；在詹妮之后，"俏佳人"就更可能是黑发了。莫里斯之所以爱上詹妮，是因为她看起来正符合他的审美，而他对一切审美愉悦皆有崇拜。萧伯纳后来说她的角色就是"负责美丽"[80]——话虽毒辣但很有道理。她"知道（保持美）是她家庭事务的一部分"。在俘获詹妮的过程中，莫里斯的艺术布景也更加完善了。

相较而言，伯恩-琼斯与乔治亚娜·麦克唐纳的婚约关系较为平等——她是卫理公会牧师的女儿。他们一个清贫有志，另一个严谨有识，两者之间并无明显差距。这在他们的艺术圈中，几乎是个例外。在拉斐尔前派的两性关系中，相差悬殊的组合模式反复出现——这显然就是一场名副其实的男性"低娶"运动，是一场关于"一见倾心"与"冲云破雾"的骑士戏剧。丽兹·西德尔在五十年代中期与罗塞蒂私订终身。

她虽出身卑微,却很受人尊敬。关于她的一个传闻是,当她正在为一家位于莱斯特广场附近的克兰本巷的女帽店橱窗布置帽子时,罗塞蒂对她一见钟情。霍尔曼·亨特偶遇安妮·米勒时,她正在切尔西的"十字钥匙"酒店当酒吧女郎。他为她支付了口才课和仪态课的学费,以此洗白她曾经的艺术模特身份。不过最后,她还是被罗塞蒂夺走。福特·马多克斯·布朗与自己的模特——一位目不识丁的农民女儿艾玛结婚。为了培养她,他严守婚姻的秘密两三年之久,只有他最亲密的几个朋友知道。艾玛的神经质越来越严重,刚结婚不久就开始酗酒。A. J. 芒比是拉斐尔前派圈子里的边缘人物,他还是一名公务员、律师和诗人。他最终娶了一名厨房女工,并写诗赞美那些淳朴粗粝的劳动女工,将维多利亚时代的劳役者与男性"尊严所需"的关联推向极致。对跨越阶层的两性吸引力的经典描绘,莫过于伯恩-琼斯充满性暗示的画作《科夫图阿国王和乞丐女》。他在画这幅画时很担心,怕把穷苦的女乞丐画得太白净。

　　在莫里斯《人间天堂》中,有一首诗是《皮格玛利翁和雕像》。莫里斯概言以述:"在塞浦路斯有一个名叫皮格玛利翁的雕塑家,雕刻出了一个绝世无双的美丽女人形象。而后,他爱上了自己的作品,就好像她有生命一样。最后,维纳斯将这个作品复活成一位真实的女人,他娶了她。"这首诗妙想天开,发人深省,抛出了一个深刻的伦理问题——雕塑家是否有权以牺牲制作对象为代价来完成艺术创造。这种走火入魔似的痴迷让人怀疑,而这种行为则应是"毁誉参半"。

　　　　再一次,再一天,
　　　　石头更圆润,棱角更鲜研。
　　　　他凝神专注,热忱满心田,
　　　　抛却心尘念,技艺愈精炼。
　　　　凝视双巧手,喜悦绕心间,
　　　　瞬间呈精彩,梦想亮眼前。[81]

And yet, again, at last there came a day
When smoother and more shapely grew the stone
And he, grown eager, put all thought away
But that which touched his craftsmanship alone,
And he would gaze at what his hands had done,
Until his heart with boundless joy would swell
That all was wrought as wonderfully well.

在莫里斯与詹妮高度理想化,有时甚至饱受煎熬的关系中,皮格玛利翁效应不容小觑。在拉斐尔前派"女性蜕变"的理想中,总是隐含某种内在的冷漠无情,这一点萧伯纳身上也有,八十年代他与莫里斯的家庭关系紧密。而当萧伯纳开始构思自己版本的《皮格玛利翁与雕像》时,他以莫里斯夫人为原型而塑造的角色实际上不是伊丽莎,而是希金斯教授的母亲。她曾是拉斐尔前派的杰出女性,后来则睿智而优雅地隐于江湖。

见到詹妮后,莫里斯就变得"紧张兮兮"。在一次牛津晚宴上,有人以莫里斯看来具有侮辱性的方式提起詹妮,莫里斯对着四齿餐叉发狠,又咬,又扭,又戳,搞得好好一个餐叉面目全非——这一情节当之无愧于"莫里斯趣闻"。夏天,他与狄克森同行,前往北部观看曼彻斯特艺术珍品展。这是首次汇集皇家收藏和私人收藏的大规模国际展。在此,莫里斯的表现相当我行我素,他对那些大师的作品熟视无睹,尽管他调侃自己怀有"荒谬的偏见"。[82]那些精美的象牙雕刻珍品备受莫里斯青睐,他还无视展览规则,对其中一件作品"秘密临摹"。而当他听到管风琴声响彻整个会场时,他催狄克森和他一起离开,他说:"让我们离这个尖叫的东西远点儿。"

在曼彻斯特,在狄克森的陪伴下,莫里斯一气呵成,画出一幅水彩画。狄克森说他工作时"激情饱满"。这幅现已失传的画作,彼时被命名为《索尔达之女》。它展现了一个女性形象,坐在笨重的木质扶手椅上。显而易见,她被囚禁在一座由深浅不一的蓝色玻璃建造的梦幻水晶宫中。某种程度上,莫里斯本人似乎也生活在这样的玻璃屋内,即便内心汹涌,也无法表达。"我画不好你,但我爱你。"[83]据说,他将这句话随手写在詹妮担任模特的伊索尔特的画上。

整个夏天以及 1857 年和 1858 年之交的冬天,莫里斯都致力于创作这幅画。尽管画中人一度被认为是桂妮维亚,但无疑就是伊索尔特。画中,她的小猎犬躺在皱皱巴巴的床下——在作画期间,红狮广场工作室里的那张床有好几个星期都没有铺整过。莫里斯的画作绝不算业余,但与伯恩-琼斯当时的作品相比,却有一种莫名的阻滞感。在曼彻斯特的那几周,他写了《赞美我的夫人》一诗,足以看出莫里斯对詹妮爱意昭然:

> 她眼辈秋水,顾盼生辉。
> 回忆自她心间涌起。
> 她忧伤地凝望。
> 　啊,俏丽佳人!
>
> 她眉眼盈盈,两眸清炯。
> 总是向远方眺望。
> 她在等谁,定不是等我。
> 　啊,俏丽佳人![84]

> Her great eyes, standing far apart,
> Draw up some memory from her heart,
> And gaze out very mournfully;
> 　–Beata mea Domina! –
>
> So beautiful and kind they are,
> But most times looking out afar,
> Waiting for something, not for me.
> 　Beata mea Domina!

1858 年春天,他们宣布订婚。莫里斯是怎样带詹妮回的埃塞克斯的家,这一点资料不详。也没有任何信息表明她如何或是否被培养成教养良好的淑女。看来她很可能像安妮·米勒一样,至少接受了基本的培训课程。詹妮最终成为一个狂热的书迷,也可能在同一阶段,她还学会了弹钢琴。她婚后的第一个生日,莫里斯送给她的礼物是查普尔的《往昔流行音乐》。莫里斯的一些朋友对他订婚一事的反应令人沮丧。斯温伯恩说,托普西应该"很满意他的俏佳人——可尽收眼底,可相谈甚欢。迎娶她的想法简直让人疯狂。亲吻她的双足,又是多少男人梦寐以求的事"。[85]对此,罗塞蒂还画了一幅讽刺漫画。

目前还不确定,自一开始,罗塞蒂在何种程度上破坏了他们的婚姻。在牛津时期,名义上他已经和丽兹·西德尔相处了五六年,但在这个动荡不定的相处过程中,丽兹疑似染了肺病或肺结核而体弱多病(事实上

6.《威廉·莫里斯给詹妮·伯登戴戒指》,但丁·加百利·罗塞蒂所绘漫画

她没有表现出肺病的症状），且罗塞蒂长期以来的贫困交加，使得他们的关系充满危机。罗塞蒂自以为然地爱着丽兹，但也总不忘在外处处留情。他有强烈的性竞争意识：正如伯恩-琼斯曾经指出的，罗塞蒂最快乐的事莫过于"欺朋友之妻"。[86]他与詹妮的关系非常亲密：是他发现了她，对她赞赏有加，并调教她成为模特。1857 年的最后几个月，他和丽兹在德比郡度过，而詹妮则留给了莫里斯。但这里还有一个神秘插曲——次年夏天，他突返牛津，比照詹妮来画桂妮维亚，而那时莫里斯还在法国。那年六月，当乔治·普赖斯·博伊斯在伦敦拜访罗塞蒂时，发现他坐立难安："谈话时，他画了一两张速写。其中一张被他撕得粉碎，上面画的正是牛津的那位'俏佳人'——我从炉口把它找了回来。"[87]六个月后，也就是 12 月，在罗塞蒂的众多新作中，博伊斯注意到了"对托普西[莫里斯]在牛津的'俏佳人'所进行的无与伦比的笔墨研究"。[88]显然，在詹妮结婚前的那几个月，莫里斯的"俏佳人"让罗塞蒂魂牵梦绕。

詹妮后来承认，她其实从未爱过自己的丈夫。她委婉表示，在这件事上她别无选择，因为当时所处的社会环境还不允许人们出于纯粹的情感因素接受或拒绝求婚对象。莫里斯是个很好的求婚者，远远超出她的期待。近四十年后，她说，在同样的情况下她还会做出同样选择。

詹妮还坚持说，在婚前，罗塞蒂没有向她"示爱"。这意味着，他是在九年或十年后才开始真正表达爱慕之情的。那时，他以崭新的热情来画她，激情澎湃的十四行诗倾泻而下。这可能是事实，毕竟恋爱的形式多种多样。罗塞蒂若即若离地出现在这两个性经验不足、社会地位悬殊的年轻人的交往中，加深了这桩婚姻的厄运。

莫里斯在曼彻斯特时，罗塞蒂给他写信说，"我们发现了一个很有魅力的新生代诗人"。[89]红发的斯温伯恩受到牛津艺术圈的由衷接纳，伯恩-琼斯称他为"亲爱的小胡萝卜"，并昭告"我们现在是四人组，不是三人组了"。[90]见到斯温伯恩后，莫里斯未必很热情地欢迎斯温伯恩进入核心集团，他总是对其有所保留。与此同时，斯温伯恩却五体投地崇

拜着莫里斯，他心折首肯地听他吟唱朗诵，不久就学写了一首莫里斯风 142
格的诗《伊索尔特女王》。莫里斯告诉他，他写的比自己的好得多。

　　莫里斯正着手出版自己的诗作，他已积累大量作品。莫里斯的多
产，让罗塞蒂望洋兴叹。他揣测，莫里斯在刚搬进红狮广场时，手中的优
秀诗篇就足够出一卷书了。在牛津的那个夏天，他有条不紊地继续写
作。1857 年 10 月，他首次与出版公司的负责人亚历山大·麦克米伦洽
谈："我正有一卷诗打算出版，想知道你是否愿意，以及有什么条件？"[91]
最终，1858 年 3 月，莫里斯《桂妮维亚的辩护》一书的出版社确定为贝尔
和达尔迪，由莫里斯自费出版。这本书有一些编校疏忽：莫里斯不关心
校对，造成不少拼写和标点错误。该版约有两百册被售出或赠送，其余
则留存下来。莫里斯的题献为"献给我的朋友：画家但丁·加百利·罗
塞蒂"。

　　《桂妮维亚的辩护》共含三十首诗。与莫里斯后来的史诗级著
作——四卷本《人间天堂》，译作《奥德赛》《埃涅阿斯纪》，以及《冰岛
传说》相比，这些诗言简意赅，一挥而就。其中最长的诗《彼得·哈普顿
爵士的末日》是一部关于百年战争的暴力迷你戏剧，共计七百四十八
行。同样是亚瑟王的主题，相较于丁尼生的辞采和纯熟，《桂妮维亚的
辩护》《亚瑟王的坟墓》显得慷慨激昂，句式参差不齐。书中其余一些诗
作萃取于傅华萨：关于战争、烽火、兵乱、暴行、监禁、背叛、身亡等尖锐
事件。此外还有一系列梦境短诗——那是拉斐尔前派式的昏黄场景，各
色人物依偎在幽暗的神秘景色中。莫里斯的作品一如既往地隐晦低沉。
梅·莫里斯有一个舞伴，渴望与她谈论她父亲的诗，却把那首诗的标题
误记为"可恶的盖伊爵士"。[92]

　　当莫里斯被问及这些诗的风格来源，他回答道："毋宁说，是勃朗
宁。"[93]勃朗宁的童话诗《索德罗》因其犀利的语言和处理时间维度时
的娴熟技巧，被莫里斯和他的朋友们反复诵读。随之而来的是，莫里斯
早期的诗作像勃朗宁一样，把开场白省略了：读者被直接带入诗歌情节 143
之中。这些诗歌也像勃朗宁的文风一样意义模糊，笔调深僻，艰深难懂。

因此不是所有的诗都值得一读。在此,莫里斯的中世纪风格可能已初显端倪。瑕不掩瑜的是,这些诗歌格调高昂、浑然天成、起势奇特,已然是无可比拟的莫里斯诗篇。

对儿时的 W. B. 叶芝来说,对幸福的极致表达就是莫里斯在《金色的翅膀》中描写那红砖灰石的城堡:

> 秘密花园深处藏,
> 白杨林中欢声扬。
> 古堡伫立影悠长,
> 老骑士驻守此房。
>
> 红砖美丽映朝阳,
> 古老灰石添沧桑。
> 苹果娇艳光华放,
> 正是当年好时光。[94]

> Midways of a walled garden,
> In the happy poplar land,
> Did an ancient castle stand,
> With an old knight for a warden.
>
> And many scarlet bricks there were
> In its walls, and old grey stone;
> Over which red apples shone
> At the right time of the year.

在《桂妮维亚的辩护》以及许多其他诗歌中,确实弥漫着幸福气氛,景色和建筑物的细节描写让人目醉神醉。作为一个生命个体,莫里斯在写作中能敏锐捕捉到世间之美,无论出自天成还是人为。即便此时,他也不无担忧。这些早期诗歌已经有一些隐约不安，此后愈演愈烈，使莫里斯成为强烈反对掠夺、破坏自然景观的激进人士，成为为社会不公而呐喊的评论家。《桂妮维亚的辩护》中的诗张力巨大，源于美好受到威胁的感觉。

在《金色的翅膀》的景色描写中，自有一种危如朝露的逼迫感：膏腴之地变成偏乡僻壤、颓垣废址。苹果还未成熟就从树上掉落；"稀稀拉拉的天鹅群"以护城河里的绿草为食；在莫里斯令人心惊肉跳的代表性场景中：

> 在腐烂渗水的船里，
> 赫然看见死人僵直的双脚。

> Inside the rotting leaky boat
> You see a slain man's stiffen'd feet.

作为一个维多利亚时期的作家，莫里斯的视角从田园牧歌过渡到诡异惊悚，这体现出那个时代根植于人内心的深层恐惧。莫里斯的独特之处在于，他能够精准地刻画这种恐惧，这也映射出他看待中世纪的眼光。在一首以法国为背景的诗歌《黑海盗》中，有人发现两具尸骨，身穿盔甲，躺在树林里的樱草丛中。其中一具被确认为年轻女性，她那略小的白色头骨在头盔里咯咯作响。她的秀发依旧金黄，还未"灰飞烟灭"。[95]

莫里斯的核心主题是幸福的脆弱。在这些诗中，蕴含着对人类关系幸福可能性的深刻洞见：家的喜乐，性的欢愉。有很多诗，显示出莫里斯发乎于情的渴欲，以及他对情之善变、欲之罪孽的体认。彼得·哈普顿爵士，这位加斯科骑士被困于波克图的荒废城堡，他难以抑制地幻想着家的生活：

> 她坐在那儿，

靠着窗,看起来很不好,

她似是在哭,我轻轻地呼唤:

"艾丽斯!"她抬起头,喉间哽咽,神色凝重。

而后,苍白变成了红润。[96]

> To find her sitting there,
> In the window-seat, not looking well at all,
> Crying perhaps, and I say quietly;
> 'Alice!' she looks up, chokes a sob, looks grave,
> Changes from pale to red.

艾丽斯亲吻着他,向他倾诉爱意。她纤细的手指在他杂乱的胡须间抚摸游移。

因为未能把握亲密时机而感到追悔莫及,这种感觉在这首诗中尤为突出,但这首诗最终没有收录于《桂妮维亚的辩护》:

我见她舞态生风,羽衣蹁跹,

舞步轻盈似蝶翩,手指即触轻纤。

拥挤中她弯腰,身姿绰约艳如仙,

修长高挑玉手放,宛若画中人间天。

我不禁面色红,心潮翻涌如海滩,

应酬过后她如鸟,惊慌失措恐不安。

红唇微启心慌张,目光如水不知还,

场地熙攘人声乱,我凝视她心中燃。

来我的讲坛边,来我的灶炉旁,

来我的卧榻上,来做我的新娘。[97]

I see her in the dance her gown held up
To free her feet, going to take my hand,
I see her in some crowded place bend down,
She is so tall, lay her hand flat upon
My breast beneath my chin as who should say,
Come here and talk apart: I see her pale,
Her mouth half open, looking on in fear
As the great tilt-yard fills; I see her, say,
Beside me on the dais; by my hearth
And in my bed who should have been my wife.

这是斯温伯恩认为非常精彩的段落，他试图说服莫里斯将之保留。

在《桂妮维亚的辩护》中，莫里斯对性的描写冷冽而露骨：唇部肿胀 145
扭曲；嘴唇痛感蔓延；身体手足无措；恋人的吻如"一把弯刃"[98]，割得人
遍体鳞伤。温柔乡画面变成了暴力图景。在诗集中最具暴力感的情色
诗歌《洪水中的干草堆》里，他干净利落地描写了一个双重威胁的场景：
戈德玛咆哮着杀死了詹妮尔的爱人罗伯特。

徒劳伸出空空的手臂，
她目瞪口呆愣立原地。
她看到长剑闪着寒光，
从戈德玛的剑鞘滑出。
他手扯罗伯特的头发，
把他的身体向后弯去，
薄刃无情地将他刺毙。[99]

with empty hands
Held out, she stood and gazed, and saw,
The long bright blades without a flaw
Glide out from Godmar's sheath, his hand

In Robert's hair; she saw him bend
Back Robert's head; she saw him send
The thin steel down.

在具有奇特象征意义的诗《风》中,恋人相互"猛烈地亲吻",玛格丽特随后倒在了草地上,身体在青苔上留下了压痕。她的情人,用水仙花把她的身体高高掩埋——这是莫里斯近乎祭坛式的花卉布置。玛格丽特注定要香消玉殒,一片狼藉中,血缓缓渗出:

啊!血!
从了无声息的心口流淌,
盈满了解带小衫的褶皱,
沾染了鲜花环绕的手臂。[100]

Alas! alas! there was blood on the very quiet breast,
Blood lay in the many folds of the loose ungirded vest,
Blood lay upon her arm where the flower had been prest.

和莫里斯的大多数故事一样,这首诗以梦的惊醒结束:讲述者惊叫着从椅子上跳起。那是一把沉重的雕花椅,就像红狮广场的椅子一样具有纪念意义。椅子下面,一个裂开的橙子滚了出来:

浅黄的汁液,像是血,从巫师的罐子里溢出;
士兵的鬼魂,列着队,从久远的战场中走进。

The faint yellow juice oozed out like blood from a wizard's jar;
And then in march'd the ghosts of those that had gone to the war.

莫里斯的象征诗歌让人想起布莱克——同是孩童般的语言,世界末日般的景象。而在情绪渲染和时代印记上，则更接近于他的朋友理查德·沃森·狄克森的诗歌：如《巫师葬礼》，里面有一匹巨大的黑翎马；以及《梦》展现出维多利亚时代特有的异域风情：

> 我披骆驼厚皮衣，
> 野蜜充饥度朝夕。
> 猩红羊毛轻织纺，
> 海草为甲御风息。[101]

146

> With camel's hair I clothed my skin,
> I fed my mouth with honey wild;
> And set me scarlet wool to spin,
> And all my breast with hyssop filled.

甚至，猩红色羊毛与莫里斯也有所关联。言辞即视觉，诗即画。这时，狄克森正跟罗塞蒂上绘画课，莫里斯和狄克森都在写着绚丽多彩的拉斐尔前派诗歌。这种视觉技巧，被后来的电影和录像技术充分利用。莫里斯的诗歌《剑的航行》，异想天开，让"剑"真地出海了。在《蓝色密室》中，勾勒出一个让人惊奇的场景，言辞上朦胧晦涩，视觉上却真实可信：

> 红色的百合在地板上挺立，
> 这片寸土来自死亡之地，
> 愿他在亡灵之乡强壮有力。[102]

> *Through the floor shot up a lily red,*
> *With a patch of earth from the land of the dead,*
> *For he was strong in the land of the dead.*

《加拉哈德爵士——圣诞之谜》写有一个舞台指令："首先进入的是两位

白色衣服、猩红翅膀的天使;以及四位身穿红绿礼服的女士;还有一位天使,手中拿着一件佩有红色十字架的白色外套。"[103]这读起来像莫里斯公司的挂毯,或他的样式复杂的彩色玻璃窗的设计说明。

莫里斯似乎很在意《桂妮维亚的辩护》的反响。斯温伯恩诉苦说,出版后不久,他就销声匿迹了:"团体从此了无生趣。《牛津郡纪事》上塞满了这样的告示:'如果莫里斯能回到他怅然若失的朋友们身边,一切就都会好起来。一句话就能让他们从煎熬中解脱——你为什么杳无消息呢?'"[104]

莫里斯收到的评论屈指可数,反响平平。最为犀利刻薄的评论者在《星期六评论》中称莫里斯的诗歌"无一例外地冰冷生硬、矫揉造作、拙口钝辞。换句话说,就像两年前骑着枣红大马的伊桑布拉斯爵士。"[105]这里指的是约翰·埃弗雷特·米莱所作的那幅技艺高超的离奇画作《伊桑布拉斯爵士在渡口》,1857 年这幅画在皇家学院展出时被很多人嘲讽。出于对拉斐尔前派绘画的敌意,他们拿莫里斯的诗当新靶子。实际上,他是首位出版作品的拉斐尔前派诗人。罗塞蒂的《诗集》直到 147 1870 年才出版;在此之前,他和妹妹克里斯蒂娜只在默默无闻的几本杂志上发表过寥寥几首。斯温伯恩作品是在两年后出版,R. W. 狄克森的第一本诗集《基督伴行之诗》直到 1861 年才出版。这些情况,使莫里斯成为"木秀于林,风必摧之"之人。那些在他的圈子里被视为正常、高度认可的诗,突然间成了众矢之的,毫无准备的人们认为这些诗歌令人费解、不成体统。

诗歌缺乏预期的完成度,这是一个中肯的评论。莫里斯对自己要求松懈,对突降法写作也无感:《桂妮维亚的辩护》中的一些诗,显然是渐降法诗歌《吃饱了的猫头鹰》的姊妹篇。另一种质疑之声是,莫里斯缺乏必要的道德升华。"诗歌关乎人类的情感和义务"[106],在诗歌辩论热火朝天的那十年,人们达成共识:就此诗集而言,莫里斯缺少责任意识。他对社会争论置若罔闻。当然,《桂妮维亚的辩护》确实显得有些无足轻重,如若与这些诗相比:丁尼生的《悼念》(1850),马修·阿诺德的

《埃特纳山上的恩培多克勒》（1852），罗伯特·勃朗宁的《男人和女人》（1855），伊丽莎白·巴雷特·勃朗宁的《奥罗拉·利》（1857）——她对民族立场、女性地位、诗人作用进行了明察实理、慷慨激昂的辩论。莫里斯对勃朗宁夫人钦佩有加，认为她比她的丈夫更胜一筹，但《奥罗拉·利》让他难以理解——他觉得颇"乏味"。[107]

作为诗人，莫里斯没有觉得自己如何了不起。这一定程度上是因为，他思如泉涌，信手拈来。他无法把自己代入职业身份，只是将之认作某种生活消遣。萧伯纳最为了解他的态度：

> 他创造诗韵，而完全不必冥思苦想。当我说，我想要押韵时，必须按字母表的顺序逐一来试，Stella, bella, sella, della, fellah, hell a, quell a, sell a, tell a, well a, yell a, Campbell, bramble, gamble, ramble，等等，他就会用难以置信的嫌恶眼神看着我。他认为诗歌不必这么大费周折，这我同意。[108]

那些负面评价令莫里斯不安，可能是因为他也感到言之确凿。在《桂妮维亚的辩护》之后，他进入了一段漫长的雪藏期。接下来的八年，他没有发表任何作品。他虽持续创作，却最终放弃了一组特洛伊战争的诗。他也没有坚持初衷，即以《桂妮维亚的辩护》中的亚瑟王叙事为基础，创作一部关于亚瑟王和圆桌骑士的史诗。1859 年，丁尼生出版了大受欢迎的《亚瑟王传奇》，这无疑让莫里斯感到沮丧。莫里斯投身其他事务：六十年代，他作为设计师兼制造商，成立莫里斯公司，再次崭露头角。他总是能带着不甘沉沦的倔劲，抖擞精神，继续前行。

莫里斯的《桂妮维亚的辩护》，不无欣赏者。他们是超凡脱俗、品位高雅的一群人。盖斯凯尔夫人称，这是一本"为静读而作"的书。[109] R. W. 狄克森认为，这些诗尤为纯真、充满奇思妙想，比他之后所有作品都要好。在十九世纪五十年代和六十年代初的牛津大学本科生中，有一些简短记录表明，他们因为发现莫里斯而惊叹不已。在杰拉德·曼利·霍普金斯

1865 年的牛津诗人小名单中,他的名字与骚塞和雪莱并列。

多年后,威廉·莫里斯被意象派重新发现,这些怪诞不经的早期诗歌让他们感觉如获至宝。在费城森林的树屋里,埃兹拉·庞德为他的爱人希尔达大声诵读威廉·莫里斯之作:在果园里,他抑扬顿挫地朗读《金色紫罗兰》,他读《洪水中的干草堆》"饱含深情"。[110]

1929 年,叶芝在拉帕洛拜访庞德,"大为惊奇"地读完莫里斯的《桂妮维亚的辩护》。他感慨:"恐怕世界上最后一个伟大的诗歌时代已经结束。"[111]

> 伟大的颂歌,一去不复返!
> 我们的所有,快乐非凡!
> 海浪渐行渐远,沙砾鼓乐喧天!

> Though the great song return no more
> There's keen delight in what we have –
> A rattle of pebbles on the shore
> Under the receding wave.

1858 年 8 月,莫里斯在法国进行了最后一次单身夏季探险。同伴是菲利普·韦伯和查理·福克纳。韦伯这时也已经离开斯特里特的公司,在大奥蒙德街私人事务所工作。他们沿着熟悉的路线,从阿布维尔来到亚眠。有个意外的插曲,在大教堂的塔楼上,莫里斯的背包洒下了小金币雨。若不是韦伯用脚挡住,它们就会从石像鬼的嘴里落下来。在其他人认真参观画廊时,莫里斯坐下来画唱诗班。这里,韦伯写道:"向下看,我们看到他与自己较了一番劲儿,然后突然甩手不干了。他把墨水瓶打翻了,弄得画上到处都是墨水。"[112] 在这个假期,莫里斯看起来心神不宁,躁动不安。

从亚眠到博韦,他们边游玩边在各类教堂写生,并于 8 月 21 日到达巴黎。他们临摹了巴黎圣母院的一些柱头,西门廊的玫瑰窗和常春藤装饰墙。他们有意没去圣礼拜教堂,因为他们知道那里的工程修缮会使人不快。在巴黎,他们住在默里斯(Maurice)酒店顶层的房间,韦伯注意到屋顶水槽里有老鼠出没。

这次探险的戏剧性在于从巴黎沿塞纳河航行。牛津博瑟姆造船厂专门派遣了一艘传统的船。船到达巴黎的时候,船上已经被撞了个洞。莫里斯的类癫痫发作正是源于这种破损带来的丧气和怒气。他被"灵魂迁移"了,过程中,他的手被河墙的护栏擦破了皮。"迁移"之后,他又恢复了平静状态,显然忘了这件事:过了一两分钟,他转身说:"你们这些家伙,看起来怎么这么安静?"[113]他们安排人把船修好,从卢浮宫码头出发了。塞纳河两岸的桥上站满了围观者,看着这三个古怪的英国人,带着三个地毯包和六瓶葡萄酒上岸。他们带着莫里斯的《默里法国旅行指南》,上面标明了从巴黎到海岸的距离,每五英里做个标记。

在芒特的圣母院教堂前,他们停了下来,这就是柯罗画过的那座朴素而挺拔的教堂。"我就爱这萧索的教堂!"韦伯感叹道。在韦伯影响下,莫里斯的建筑品位变得更加严苛:最终他得出的建筑理想结构是中世纪谷仓。他们喜欢芒特教堂,是因为它的超然、适度和开阔,"无需"雕饰。韦伯以无人企及的修辞诠释出那座建筑的精妙:屋顶脊线的长度;瓦片的大小;由弧形对角线精确构筑的后殿;别样耸立的双塔——"线条的水平线,生成了总体的动感"。[114]

伯恩-琼斯的想象是幻境化和感性化的,而韦伯的想象更技术化:他知晓结构,可以用材料、组件、弧线和平面来清晰透彻地解释建筑。同时他也是一个浪漫主义者,视觉敏锐度和伯恩-琼斯一样精准。在感官体验的学习上,威廉·莫里斯得益于这两位终生密友。他与韦伯的关系牢牢扎根于相似的性情和共通的古怪:他们把芒特教堂看作巨大的诺亚方舟。

顺流而下的旅程充满了不期而遇的狼狈。他们在小镇停留,出游旅行。船很轻且没有龙骨,但福克纳坚持说只要有足够的风就航行。在河流上游的闸门处,莫里斯的暴躁激怒了守闸人,他把水放走,让他们搁浅。在接近阿克尔桥时,莫里斯说:"让我给你们看一座好桥……"[115]但是桥已经毁了,他们大为恼火。在一家小旅馆,他们用虹吸苏打瓶进行了另一场锦标赛。9月2日,他们三人到达鲁昂,却发现大教堂那里的新铸铁尖顶正在施工,还未完成,他们很沮丧:"尖顶的上半部被搁在地上,可恨。"[116]在杜克莱尔,他们遇到了潮汐波。一堵大约八英尺高的水墙向他们移动,韦伯第一个看到。他大叫:"浪!浪!"他们拼命向岸边划去,海浪把他们拍打到高处的陆地上。潮水汹涌了几个小时,船才再次下水。多年后,旅行者们回忆起这段旅程时,有种"季末"的悲凉。他们不顾一切地纵情狂欢,因为这是青葱岁月的最后一次出国旅行。

那年夏天,红狮广场团队开始土崩瓦解。伯恩-琼斯身体欠佳,被他的朋友瓦尔·普林塞普的母亲——顽固不化的普林塞普夫人"威逼利诱",带到肯辛顿豪华的小荷兰屋去休养。莫里斯对此并不赞同,他不喜欢沃茨和丁尼生曾住过的房子里的时髦氛围,也不喜欢"桌子上的草莓堆成深红色小山丘,果实尤为硕大"。[117]政治分歧已经显露端倪,给他与伯恩-琼斯此后的友谊带来隐患。莫里斯在牛津待了很久,当他从法国回来,红狮广场就被舍弃了,唯一剩下的联系是红狮玛丽,她继续担任莫里斯继任房东的管家,新房东是牛津老熟人,据说长得像拜伦。红狮玛丽继续为莫里斯刺绣,直到最终因结婚而离职。

151　　这个时期的记录很少,似乎整个秋冬季,莫里斯都在忙于寻求建筑新址,即未来的红屋所在地。在法国,莫里斯和菲利普·韦伯肯定对建造计划有所讨论:在《默里法国旅行指南》中,韦伯在地图背面画了一幅潦草的楼梯塔楼草图。1858年秋,莫里斯生了一场病,朋友们将之归咎于不合理的饮食,也许这是三年后导致严重困扰他的肾脏问题的前兆。的确,他总是肆无忌惮地胡吃海喝。罗塞蒂说,有一次在伦敦午餐,他们三个人在三点前喝完了三瓶勃艮第酒。

在他和詹妮订婚的那几个月，伯恩-琼斯一直对莫里斯的固执己见抱怨连天："琼斯要拿鞭子抽托普西，说他的暴躁和狂妄简直让人难以忍受。"[118] 1859 年春天，乔治·普赖斯·博伊斯在牛津偶遇莫里斯，他那时很是得意风发。博伊斯与查尔斯·福克纳及伯恩-琼斯一起划船去戈德斯托，在那里他们看到了"俏佳人"（未来的威廉·莫里斯夫人）。[119] 之后，包括斯温伯恩，他们都留在托普西的住所用餐。莫里斯和斯温伯恩被形容是"忘乎所以，兴奋若狂"。接着他们到另一个朋友那儿享用甜点，在那里"继续精神饱满、机智十足地吵吵嚷嚷"。

莫里斯是否有些恐婚？并没有直接证据，但他的一位朋友透露信息，莫里斯最近"对人本身产生了强烈兴趣"[120]，这表明他比平时更加情绪化。1859 年 4 月 26 日，婚礼在牛津的圣米迦勒教区教堂举行。这是一个正合时宜且非同寻常的建筑，带有广场和古代晚期的盎格鲁-撒克逊式的塔楼。巧的是，莫里斯举行婚礼的前五年，他的老东家 G.E. 斯特里特修复了这座教堂。没有在教堂发布结婚公告，而只是获得了婚礼许可。据载，詹妮住在霍利韦尔 65 号，莫里斯住在乔治街的居所。詹妮被称为"老处女"或"未成年人"；她的丈夫是"大学士"和"绅士"，时年二十五岁。詹妮的父亲和姐姐在登记簿上署了名，而莫里斯的家人似乎都没来参加。这次典礼尤为低调，查尔斯·福克纳是伴郎。爱德华·伯恩-琼斯出席了，但乔治亚娜没有出席，罗塞蒂也缺席。典礼由理查德·沃森·狄克森主持，他那时是兰贝斯圣玛利亚教堂的牧师。他被"警告"不要称这对新婚夫妇为"威廉和玛丽"[121]，但令莫里斯的朋友们感到有趣的是他还是这么做了。

詹妮的戒指不是什么艺术珠宝，只是商业生产的普通金戒，印有 1858 年伦敦印记和制造者 JO（可能是詹姆斯·奥格登）的标记。丈夫送的礼物是一个双柄古董银杯。还有一件礼物，显然就是当下的产物，那就是罗塞蒂和丽兹·西德尔绘制的珠宝匣。这也算是结婚礼物吗？珠宝匣现存于凯尔姆斯科特之家。它的外形是带隔间的柜子，带有一个尖高顶,是拉斐尔前派的玩偶屋样式。以中世纪的求婚场景作为装饰,其神圣性高于世俗性——汉斯·梅姆林绘制了精美的哥特式箱匣,里面装着布鲁日圣约翰医院的圣厄休拉遗物。

布鲁日在为期六周的婚礼旅行行程之内,此外还包括巴黎和莱茵河。莫里斯曾去过布鲁日,那是 1854 年,他与姐姐亨丽埃塔首次到访。他希望还能故地重游。"这是让威廉·莫里斯回味无穷的地方,"韦伯回忆说。[122]莫里斯和詹妮住在专为品位高雅的游客打造的"商务酒店"。它位于镇上一座气派的老府邸内,有一个奇怪而有趣的中央楼梯。楼梯的每根支柱都是鸭子形态,嘴衔五颜六色的芦苇草。当然,莫里斯和妻子还例行访问了贝居安会院,这是由俗家修女组成的宗教社区,她们住在一个中央庭院的四周,像是城市中的一个小世外桃源。莫里斯喜欢布鲁日的一个原因是,它具有一种封闭感:"你可以沿着城墙走遍整个城镇。"[123]

蜜月感受如何? 莫里斯对布鲁日的日后评价不动声色,也不露忧隐。实际上,1874 年他和詹妮在布鲁日时共处一室,但莫里斯的粗鲁唐突以及他惯有的笨手笨脚,很可能会是一个问题。他的炙热和青涩,她一定很难应对。莫里斯所写的大部分作品都有一个核心,男人和女人在相互吸引、彼此靠近时,却障碍重重,宛隔千山万水。这样的挣扎中,难免让人感到大失所望、心灰意冷。

153　　在莫里斯的魔幻小说《世界尽头的水井》中,厄休拉和拉尔夫一起探险,他们翻山越岭,来到了海边悬崖。那里,有一块刻有铭文或"标记"的方形石,可以指引他们走向幸福和真理:

> 此时已是傍晚时分,太阳在他们身后下沉。他们看到悬崖边上有一道阶梯,标记就在第一处台阶上。至此,他们知道自己已无法踏上这阶梯了,因为它除了通向海底,别无出处。[124]

注释

[1]《爱德华·伯恩-琼斯回忆录》。

[2] 威廉·莫里斯,《建筑在文明中的前景》,1881 年讲座。

[3] 杰弗里·贝斯特(Geoffrey Best),《维多利亚中期英国》(*Mid-Victorian Britain*),韦登菲尔德和尼科尔森,1971 年。

[4]《艺术与社会主义》,1884 年讲座。

[5] 威廉·莫里斯致威廉·德·摩根的信,1881 年 3 月 17 日。

[6] 威廉·莫里斯致珍妮·莫里斯的信,1884 年 4 月 15 日。

[7] 威廉·莫里斯致乔治亚娜·伯恩-琼斯的信,1891 年 5 月 10 日,引述自麦凯尔,《威廉·莫里斯的一生》。

[8] 威廉·莫里斯致路易莎·麦克唐纳·鲍德温的信,1875 年 3 月 25 日。

[9] 玛格丽特·普赖斯,1875 年,引述自《爱德华·伯恩-琼斯回忆录》。

[10] 同上。

[11] 威廉·莫里斯致爱德华·伯恩-琼斯的信,1856 年 5 月 17 日。

[12] 德里克·帕特莫尔(Derek Patmore),《考文垂·帕特莫尔的生活和时代》(*The Life and Times of Coventry Patmore*),康斯特布尔,1949 年。

[13] 弗朗西斯·霍纳,《铭记的时光》。

[14] 爱德华·伯恩-琼斯致 F. G. 斯蒂芬斯的信,1894 年 8 月 24 日,菲茨威廉。

[15] 但丁·加百利·罗塞蒂致威廉·阿林厄姆的信,1856 年 3 月 6 日,道蒂和沃尔。

[16] 威廉·莫里斯致科梅尔·普赖斯的信,1856 年 7 月。

[17] 威廉·莫里斯致(?)曼森的信,1883 年 1 月 23 日。

[18] 威廉·莫里斯致科梅尔·普赖斯的信,1856 年 7 月。

[19] 同上。

[20] 威廉·莫里斯,《弗兰克的密信》,《牛津和剑桥杂志》,1856 年 4 月。

[21] 爱德华·伯恩-琼斯,引述自麦凯尔,《威廉·莫里斯的一生》。

[22] 同上。

[23] 玛丽·拉戈编,《伯恩-琼斯谈话录》。

［24］爱德华·伯恩-琼斯,引述自《爱德华·伯恩-琼斯回忆录》。

［25］但丁·加百利·罗塞蒂致威廉·阿林厄姆的信,1856 年 12 月 18 日,道蒂和沃尔。

［26］亨利·普赖斯引述自帕特·柯克姆,《威廉·莫里斯的早期家具》,《威廉·莫里斯协会期刊》,1981 年夏季。

［27］爱德华·伯恩-琼斯,引述自麦凯尔,《威廉·莫里斯的一生》。

［28］弗雷德里克·W.麦克唐纳,《作为一个被讲述的故事》(*As a Tale that is Told*),卡塞尔,1919 年。

［29］爱德华·伯恩-琼斯致桑普森小姐的信,《爱德华·伯恩-琼斯回忆录》。

［30］弗吉尼亚·瑟蒂斯编,《乔治·普赖斯·博伊斯日记》(*The Diaries of George Price Boyce*),1858 年 5 月 4 日,1980 年。

［31］弗雷德里克·W.麦克唐纳,《作为一个被讲述的故事》。

［32］W. M. 普赖斯,《艺人》的副标题,宾夕法尼亚州玫瑰谷社区杂志,1903–1907 年。

［33］霍尔布鲁克·杰克逊,《十八世纪九十年代》(*The Eighteen Nineties*),格兰特·理查兹,1913 年。

［34］但丁·加百利·罗塞蒂致威廉·贝尔·司各特的信,1857 年 2 月,道蒂和沃尔。

［35］但丁·加百利·罗塞蒂致威廉·贝尔·司各特的信,1857 年 6 月,道蒂和沃尔。

［36］W. R. 莱瑟比,《菲利普·韦伯和他的创作》。

［37］但丁·加百利·罗塞蒂致威廉·阿林厄姆的信,1856 年 12 月 18 日,道蒂和沃尔。

［38］弗雷德里克·W.麦克唐纳,《作为一个被讲述的故事》。

［39］麦凯尔,《威廉·莫里斯的一生》。

［40］《爱德华·伯恩-琼斯回忆录》。

［41］《爱德华·伯恩-琼斯回忆录》。

［42］弗朗西斯·霍纳,《铭记的时光》。

［43］同上。

［44］同上。

［45］同上。

［46］《爱德华·伯恩-琼斯回忆录》。

［47］弗吉尼亚·瑟蒂斯编，《福特·马多克斯·布朗日记》（*The Diary of Ford Madox Brown*），1858 年 1 月 27 日，耶鲁大学出版社，1981 年。

［48］《爱德华·伯恩-琼斯回忆录》。

［49］威廉·莫里斯，《世界尽头的水井》，1896 年。

［50］《爱德华·伯恩-琼斯回忆录》。

［51］但丁·加百利·罗塞蒂致威廉·阿林厄姆的信，1854 年 11 月，道蒂和沃尔。

［52］W. R. 莱瑟比，《菲利普·韦伯和他的创作》。

［53］威廉·莫里斯致威廉·贝尔·司各特的信，1882 年 4 月 27 日。

［54］但丁·加百利·罗塞蒂致亚历山大·吉尔克里斯特（Alexander Gilchrist）的信，1861 年 6 月，道蒂和沃尔。

［55］瓦尔·普林塞普，《一位画家的回忆篇章》，《艺术杂志》，1904 年第二期。

［56］麦凯尔，《威廉·莫里斯的一生》。

［57］科梅尔·普赖斯日记，1857 年 10 月，普赖斯家族藏品。

［58］W. 塔克韦尔牧师，《牛津回忆》，卡塞尔，1901 年。

［59］亚瑟·休斯，麦凯尔笔记本，威廉·莫里斯陈列馆。

［60］麦凯尔，《威廉·莫里斯的一生》。

［61］瓦尔·普林塞普，《一位画家的回忆篇章》。

［62］同上。

［63］威廉·莫里斯致詹姆斯·理查德·瑟斯菲尔德的信，1869 年。

［64］牛津联盟楼壁画委员会第一次报告，1874 年 11 月 12 日。

［65］麦凯尔笔记本，威廉·莫里斯陈列馆。

［66］亚瑟·休斯，J. W. 麦凯尔笔记本，威廉·莫里斯陈列馆。

［67］麦凯尔，《威廉·莫里斯的一生》。

［68］考文垂·帕特莫尔，《牛津的墙壁和壁画》（"Walls and Wall Paintings in Oxford"），《星期六评论》，1857 年 12 月 26 日。

［69］瓦尔·普林塞普，《一位画家的回忆篇章》。

［70］《爱德华·伯恩-琼斯回忆录》。

［71］威廉·莫里斯致詹姆斯·理查德·瑟斯菲尔德的信，1869 年。

［72］瓦尔·普林塞普《一位画家的回忆篇章》。

［73］《爱德华·伯恩-琼斯回忆录》。

［74］A. C. 斯温伯恩致埃德温·哈奇（Edwin Hatch）的信，1858 年 4 月 26 日，朗。

［75］《爱德华·伯恩-琼斯回忆录》。

［76］瓦尔·普林塞普，《一位画家的回忆篇章》。

［77］弗朗西斯·霍纳，《铭记的时光》。

［78］科梅尔·普赖斯致塞缪尔·普赖斯的信，1857 年 12 月 10 日，普赖斯。

［79］W. 塔克韦尔牧师，《牛津回忆》。

［80］乔治·萧伯纳，《旁观者》，1949 年 11 月 6 日。

［81］威廉·莫里斯，《皮格玛利翁与雕像》，《人间天堂》第二部分，1868 年。

［82］R. W. 狄克森，麦凯尔笔记本，威廉·莫里斯陈列馆。

［83］杰拉德·H. 克劳，《设计师威廉·莫里斯》，工作室，1934 年。

［84］威廉·莫里斯，《赞美我的夫人》，《桂妮维亚的辩护》，1858 年。

［85］A. C. 斯温伯恩致埃德温·哈奇的信，1859 年 2 月 17 日，朗。

［86］玛丽·拉戈编，《伯恩-琼斯谈话录》。

［87］弗吉尼亚·瑟蒂斯编，《乔治·普赖斯·博伊斯日记》，1858 年 6 月 2 日。

［88］同上，1858 年 12 月 15 日。

［89］R. W. 狄克森，麦凯尔笔记本，威廉·莫里斯陈列馆。

［90］《爱德华·伯恩-琼斯回忆录》。

［91］威廉·莫里斯致亚历山大·麦克米伦的信，1857 年 10 月 25 日。

［92］海伦娜·M.西克特·斯旺威克,《我曾年轻》,戈兰茨,1935年。

［93］麦凯尔,《威廉·莫里斯的一生》。

［94］威廉·莫里斯,《金色的翅膀》,《桂妮维亚的辩护》,1858年。

［95］威廉·莫里斯,《黑海盗》,《桂妮维亚的辩护》,1858年。

［96］威廉·莫里斯,《彼得·哈普顿爵士的末日》,《桂妮维亚的辩护》,1858年。

［97］《威廉·莫里斯作品集》"导言"。

［98］威廉·莫里斯,《黑海盗》,《桂妮维亚的辩护》,1858年。

［99］威廉·莫里斯,《洪水中的干草堆》,《桂妮维亚的辩护》,1858年。

［100］威廉·莫里斯,《风》,《桂妮维亚的辩护》,1858年。

［101］R. W.狄克森,《梦》,《? 基督伴行之诗》,1861年。

［102］威廉·莫里斯,《蓝色密室》,《桂妮维亚的辩护》,1858年。

［103］威廉·莫里斯,《加拉哈德爵士——圣诞之谜》,《桂妮维亚的辩护》,1858年。

［104］A. C.斯温伯恩致埃德温·哈奇的信,1858年4月26日,朗。

［105］未签名评论,《星期六评论》,1858年11月20日。

［106］同上。

［107］威廉·莫里斯与西德尼·科克雷尔的对话,1892年11月28日,麦凯尔笔记本,威廉·莫里斯陈列馆。

［108］乔治·萧伯纳致帕特里克·坎贝尔夫人(Mrs Patrick Campbell)的信,1913年2月7日,丹·H.劳伦斯编,《萧伯纳书信集(1874-1950)》,四卷本,马克斯·莱因·哈特,1965-1988年。

［109］但丁·加百利·罗塞蒂致伊丽莎白·盖斯凯尔的信,1859年7月18日,道蒂和沃尔。

［110］希尔达·杜利特尔(Hilda Doolittle),引述自汉弗莱·卡彭特(Humphrey Carpenter),《严肃的特征:埃兹拉·庞德的生活》(A Serious Character: The Life of Ezra Pound),费伯出版社,1988年。

［111］W. B.叶芝致奥利维亚·莎士比亚(Olivia Shakespear)的信,1929年3月2日,艾伦·韦德(Allan Wade)编,《W. B.叶芝书信集》(The Letters of W. B.

Yeats),鲁珀特·哈特-戴维斯,1954 年。

[112] W.R. 莱瑟比,《菲利普·韦伯和他的创作》。

[113] 同上。

[114] 同上。

[115] 同上。

[116] 同上。

[117]《爱德华·伯恩-琼斯回忆录》。

[118] 弗吉尼亚·瑟蒂斯编,《福特·马多克斯·布朗日记》,1858 年 1 月, 1981 年。

[119] 弗吉尼亚·瑟蒂斯编,《乔治·普赖斯·博伊斯日记》,1859 年 3 月 6 日。

[120] 麦凯尔,《威廉·莫里斯的一生》。

[121]《爱德华·伯恩-琼斯回忆录》。

[122] 菲利普·韦伯致查尔斯·坎宁·温米尔的信,引述自乔伊斯·M.温米尔,《查尔斯·坎宁·温米尔》,J.M. 登特,1946 年。

[123] 威廉·莫里斯致艾玛·谢尔顿·莫里斯的信,1874 年 7 月 24 日。

[124] 威廉·莫里斯,《世界尽头的水井》,1896 年。

第六章　红　屋(1859-1865)

1860 年夏天,罗塞蒂写道,"托普西之塔定会让周遭黯然失色"[1],
他说的是莫里斯即将竣工的红屋。菲利普·韦伯的建筑浪漫而严谨,有
着异于那个时代的惊艳用色:即便从远处看,那"巨大而陡峭的红瓦屋
顶"[2]也非常醒目——这就是莫里斯的理想之家,是他所形容的具有
"中世纪灵魂"[3]、基于十三世纪建筑风格的住宅。红屋是地地道道的
拉斐尔前派建筑,莫里斯之后在那里居住了五年。

红屋位于贝克里斯希斯,距伦敦市中心十英里的厄普顿小村庄。莫
里斯和韦伯之所以在此择地,是因为其秀美的田园风光和便利的交通位
置。莫里斯很喜欢朴素的肯特郡,很像他的家乡埃塞克斯,但这里更秀
美宜人。在红屋下面就是克雷谷,与优美的达伦斯谷毗邻而接。

莫里斯需要远眺河流和山谷来缓解时常侵袭他的幽闭恐惧。那里
的历史文脉,也是他喜爱的一面。在艾比农场附近,是一度遭遇过沃尔
西镇压的圣奥古斯丁修道院遗迹,红屋也靠近古瓦特灵大街,那里是去
坎特伯雷朝圣的必经之路:莫里斯,这位一腔热血的乔叟式人物,每每
提及红屋那个作为"朝圣者休息处"的敦实而惬意的门厅,就大骂铁路
的罪恶。其实他已经充分利用了阿比伍德这个距新开的北肯特线仅三
英里的当地车站。

那里最有魅力的所在之一是苹果园和樱桃园。理想中的红屋要带
有果园,莫里斯和韦伯很高兴发现了这里,一个几乎不用破坏树木就可

155 以建盖房子的地方。红屋的苹果已经成为一个传奇,这里发生了很多次"苹果大战"。查尔斯·福克纳拜访红屋时,被困于苹果堆积如山的阁楼。他用苹果作武器勇敢抵御了所有进攻者,还精准地给了莫里斯一个乌眼青。在炎热的秋夜,成熟的苹果压弯了枝头,从窗外探入房中。

韦伯设计的红屋是 L 型双层建筑,产生一种简单直接的方正感。同时,玫瑰花格架充盈了整个空间,形成封闭的花园。在庭院中间,韦伯设计了一个特异造型:一个高大的塔形井亭,就像巨大的烛台。在那个时代,红屋的房屋布局可谓标新立异:主客厅、工作室、画室以及卧室,位于二楼。大厅、餐厅、图书室、起居室和厨房的布局相对传统,位于一楼。值得一说的是厨房异常宽敞明亮,窗朝向花园,光线充足,温馨舒适。莫里斯和韦伯作为早期的社会主义者,提供给佣人的环境也相当雅致。这座房子朴素实用,美丽温馨,结构简单坚固,尊重材料特性,是备受二十世纪三十年代现代运动建筑师推崇的建筑经典。此外,红屋也很有趣,个性十足。那些山墙、拱门以及弹丸大小的窗组合在一起,处处都是惊喜。而从另一个角度来看,红屋的设计打动人心,充满童真,就像小时候莫里斯玩过的荷兰玩具城。

红屋是菲利普·韦伯作为独立建筑师完成的处女作。显而易见,韦伯的红屋设计受到了他的老师斯特里特的影响:建筑的阳刚美、斜屋顶的使用以及哥特式风格。诚如斯特里特所有的家庭住宅建筑一样,红屋也具有一些教堂风格。红屋的样式还类似于威廉·巴特菲尔德设计的一系列教区长府邸,韦伯对他的钦佩无以复加,以至于自己的草图本里到处都是他的建筑实例。斯特里特和威廉·巴特菲尔德在韦伯的红屋之前就用过红砖作为建筑材料,普金也曾如是。某种程度上,红屋可以被视为抵制粉刷和建筑中的浮夸的里程碑,这场运动由普金在二十多年前发起,而韦伯或许是所有维多利亚时代建筑师中最痴狂、最具独创性156 的一位。他把自己潜心多年的观察所得以及对英国中世纪建筑的全部热情都倾注到这个建筑任务中。例如,1857 年他参观了建于 1440 年的林肯郡的塔特沙尔城堡,由英国财政大臣拉尔夫·克伦威尔所建。这个

庞大的方形塔楼是早期砖砌建筑的杰出典范,这让韦伯欢欣鼓舞。韦伯
在草图本上写道:"城堡主楼是结实而好看的砖砌结构……那砖呈漂亮
的红色。"[4]

对莫里斯来说,红屋是激动人心的开端。尽管莫里斯对建筑如此痴
迷,又深谙建筑门道,但令人惊讶的是,红屋却是他一生建造的唯一建
筑。于他而言,红屋是极具标志性的建筑。它有着修道院的特性以及四
边围合的独立性,仿若埃里克·吉尔后期的罗马天主教社区——那种由
工作坊和房屋围成的四边样式。在此,莫里斯的红屋象征着一种违世绝
俗的独立精神。这里也是骑士们跃马扬鞭之地——红屋的内庭带有一
种亚瑟王格调,意味着这里是向时代进军的征程起点。建筑布局和建筑
细节一如既往地体现出莫里斯的个人情结。宽瓦、谷仓般的斜屋顶、风
向标、塔楼、庭院中喷涌的喷泉、迎客廊、贯通房屋的兀立的橡木楼梯:
这些恰到好处、高度情感化的视觉画面,曾在莫里斯的诗中反复出现。
韦伯敏锐地理解了他的感受,这在客户和设计师之间常有争议的情况中
十分罕见。红屋的无与伦比,正是源于一种非同寻常的情感默契,就像
恋人间的心有灵犀。罗塞蒂认识到那种极致的和谐。在竣工时,他形容
红屋"任何方面都匠心独运,它更像一首诗,而不是一座房子"。[5]

在肯特郡,当"托普西之塔"拔地而起,莫里斯和詹妮正住在大奥蒙
德街41号一间配备了家具的出租房里。韦伯的办公室在7号,距离很
近。就是在这里,爱德华·伯恩-琼斯带着他的未婚妻乔治亚娜去看望
詹妮,这一幕在乔治亚娜年老时的记忆中依然鲜活:"我永远也不会忘
记——实际上,我在夜里又梦见了她。"[6]

詹妮开始在伦敦一带露面。1860年1月,乔治·普赖斯·博伊斯
在霍加斯俱乐部遇见了她。莫里斯向他介绍了詹妮。博伊斯在日记中
写道:"她容貌美丽而精致,很有特点,让人讶异。"[7]威廉·贝尔·司各
特的妻子利蒂希娅邀请她参加一个聚会。在那里,她和莫里斯短暂露
面,詹妮戴着软帽,急着去赶火车。利蒂希娅对她的外表有些琢磨不透:

"我想象不出莫里斯夫人这个乡下人是怎么回事，她肯定不是英国女人……比起她，我们这些女人看上去都显得很矮小。"[8]在聚会上，乔治亚娜这个"小人儿"用"嘹亮、迷人而新颖的曲调"演唱了民谣《绿袖子》。在那个"亚波希米亚"的伦敦场景设定中，人们有这样一种印象：詹妮虽然貌似沉静寡言，但在社交方面泰然自若。建筑师的妻子斯特里特夫人对她很友善，她们有着共同的爱好——刺绣。詹妮也被普林塞普夫人"笼络"了，她的阴郁美和异域美成为"荷兰小屋"的一道景致。詹妮以雕塑般孤独的身影，陪伴着专心致志、心直口快、热情洋溢的莫里斯——很大程度上，这就是他们的生活模式。

红屋建成花了一年时间。本来建筑商的工作进度很符合常规，但随着工程的推进，莫里斯和詹妮临时搬到了阿伯利小屋，那里距工地很近，这样他就可以严格监管进度。建筑师和客户的双重关注，必然迫使建筑商更加卖力。在1860年6月那个格外潮湿的夏天，当莫里斯和詹妮最终搬进来时，楼里还有一些工人。

红屋最有气氛的一幕是：晚餐前，莫里斯从酒窖里走上来，喜笑颜开，手里拿着一瓶又一瓶红酒，腋下也塞得满满当当。在红屋，二十六岁的莫里斯如鱼得水，宛如一个中世纪东道主。红屋里常常高朋满座，大家乘坐带有皮窗帘的四轮马车从车站赶到这里——这马车是由韦伯设计并特别定制的。伯恩-琼斯夫妇是莫里斯最早的访客之一。乔治亚娜还记得他们到达艾比伍德车站时的细节——当他们走出站台，"清新甜美的空气"扑面而来。从红屋赶来的马车前来迎接，他们翻过小山，再晃悠三四英里地，经过当地人称作"猪洞"的三四间劳工小屋——罗塞蒂总是拿这个名字打趣。马车停在大门口，那个带铁链的厚实的橡木门也出自韦伯。"我有一种感觉，就像是莫里斯亲自把我们从城里带过来那般周到，"乔治亚娜写道，"因为我看见一个高个儿女孩正站在门廊迎接我们。"

红屋建成后，莫里斯的朋友之间的关系发生了戏剧性变化。孑然一身者、未婚妻和求婚郎，现在组合成了夫妇。1860年6月，内德和乔治亚娜在曼彻斯特结婚。这距离他们订婚已过去至少四年。丽兹和罗塞蒂在结束了漫长、紧张、和解的爱情长跑后，也在黑斯廷斯结婚了。而在此之前的一个月，丽兹上瘾于鸦片酊，愈演愈烈，几乎无法自拔。罗塞蒂被爱情与怜悯淹没，他怀着坚定的决心，给母亲写信说："正如我责无旁贷要去做的所有重要事情一样，无论是履行责任，还是把握幸福，这一次，绝对不能再推迟了。"[9]罗塞蒂结婚了——虽然他有点不值得丽兹去托付。罗塞蒂新婚燕尔，带着皈依者的新热情，也就常常缺席于红屋这个大家庭了。

从夏日至初秋，内德和乔治亚娜一直住在红屋。这是一个工作的假期，莫里斯的首要心愿，就是让红屋成为"世上最美的地方"。[10]罗塞蒂则被撇在了伦敦。他抱怨连连——莫里斯在厄普顿遥不可及，而且连伯恩-琼斯也要跟着他"画那个'顶尖建筑'的室内壁画"。[11]伯恩-琼斯开始尝试用蛋彩画技法来彩绘客厅壁画。壁画内容改编自十五世纪德格雷旺特爵士的传奇小说，这是 1844 年卡姆登学会所编辑的四部桑顿罗曼史之一，一直以来，莫里斯奉若至宝。莫里斯逝世一年后，这本小说配上了伯恩-琼斯的木刻版画，由凯尔姆斯科特出版社特别出版。壁画被设计为七幅系列，结果只完成了三幅。本来红屋的新墙并不打算用蛋彩，因为颜料褪色很快，画面就会变得斑驳。但显然牛津联盟的"解体"并没带来工艺上的教训。虽然如此，现存的画作也足见他们的灵魂气质。这点很有"牛津"风格——成员来自同一个紧密小团体，彼此间传递着只有他们能懂的秘密信号。这些壁画具有特殊的亲密气息。在婚礼盛宴场景的壁画中，特别画入伯恩-琼斯的肖像，与国王扮相的莫里斯搭配和谐。莫里斯身着镶金边的深蓝色长袍，在他身边，詹妮像女王一样披锦戴冠。

红屋的客厅宽敞开阔，举架很高，挑梁裸露，就像谷仓一样。这是一个浪漫且功能强大的房屋，昭示着莫里斯的未来理论——世界上最美好的事，莫过于简单地生活在宽敞而又温馨的建筑空间内。在此，韦伯设计的宽大红砖壁炉格外引人注目，壁炉上刻有"艺术永恒，生命短暂"（ARS

159　LONGA VITA BREVIS)的字样。在红屋,伯恩-琼斯和莫里斯迈入有目共睹的古典主义阶段。来自红狮广场的家具放置在大厅,家具巧妙地伸展出侧梯和扶手,梯子通向一扇小门,经过这扇小门可以到达屋顶。这个自建的艺术家空间是为圣诞节音乐会特别设计的,让人回想起莫里斯童年在沃尔瑟姆斯托度过的圣诞节。家具上有三扇门,罗塞蒂将画作《但丁的爱》装饰其上。画面是但丁和比阿特丽斯在人间和天堂相见,红色头发、红色羽翼的天使居于画面中心,此画现藏于泰特美术馆。伯恩-琼斯在里面的一扇窗板上也绘了一幅画,场景取自《尼伯龙根之歌》。

在伯恩-琼斯蛋彩壁画的下面,莫里斯延续他的画风继续涂画,题材是他在欧洲大陆的旅行见闻。在他的设计图样中,有低矮的树木、鹦鹉和点缀其中的旗形徽章纹样,纹样内写着格言"尽我所能"(If I Can)。罗塞蒂一次到访红屋时,发现墙上还有未被莫里斯的热情填满的空白之地。于是,他加上了自己的格言"不要勉强"(If I Can not)。

詹妮和莫里斯齐力完成了客厅天花板的画作。查理·福克纳曾前来帮忙绘制墙壁和天花板的图案。莫里斯跃跃欲试,开始在韦伯设计的大厅柜门上作画,却未完成。两块柜门之上是叙述性画面,上面的四男六女原型是家里的人:查理·福克纳、詹妮、内德和乔治亚娜、丽兹·西德尔乔装假扮出中世纪人的姿态。这一场景源于亚瑟王故事,由莫里斯改编自马洛礼小说中的一个欢乐场面:兰斯洛特爵士将特里斯坦爵士和拉贝尔·伊索尔特带至乔加德城堡。尽管画风有些生硬,但整体效果很好。露天之下,城堡花园中果木连荫,雏菊遍地,是典型的拉斐尔前派式的"草地午餐"主题。这可能就是乔叟协会的创始人弗尼瓦尔博士所提到的那个"没画完"的橱柜。他参观完红屋后,对这幅画的用色——尤其是黄色和"伦敦泥"色,表示出不满。莫里斯对此鄙夷不屑,回敬道:"别犯傻了!"[12]

莫里斯和詹妮还合力设计红屋的针织品。罗塞蒂揶揄道:"公子哥干起了纺织工。"[13]这件事的缘由是,詹妮在逛伦敦商店时,偶然发现了160　一块靛蓝色的粗呢布。对莫里斯来说,它有着平凡之物的魅力。正如詹妮所说,"这样的东西街上随处可见"[14],她把靛蓝色粗呢布带回家,莫里斯很开心,立刻着手以它为基底设计花卉图样。通过在大英博物馆傅华萨手稿中发现的一簇花团图案判断,"莫里斯雏菊"图样的早期版本已经形成。莫里斯对它进行了多样化重组:作为壁纸纹样,它一直流行到二十世纪,尤其适用于女佣房和年轻女孩的卧室。作为刺绣品,这个图样也恰到好处:淡雅明净的白色、红色、黄色花朵与蓝色背景形成强烈对比。詹妮写道:"工作进展很快,大功告成之际,我们已经让红屋卧室的几面墙壁都布满了纹样。"

莫里斯经验丰富,而詹妮在刺绣方面也颇有天赋。"莫里斯乐坏了,他发现妻子可以把他设计的所有纹样都绣出来。所以他绝不允许她荒废如此才能。"[15]乔治亚娜对此一目了然。莫里斯教这两个女人如何使用针法和布局。据詹妮所说,莫里斯示范说"首要原则是,针脚要密,以便平滑地盖住底色,然后以放射状展开刺绣"。[16]他们通过拆解老绣,积累了技术经验。作为手工艺复兴的发起者,莫里斯可谓亲力亲为。詹妮在回忆录中谈到她丈夫"精力充沛,锲而不舍",语气中带有钦羡,或许还有一丝疲惫。授人以渔是需要技巧的,这过程本身就是一种创造。乔治亚娜的体会是,莫里斯的指导可谓"精益求精,忽视它会导致灾难"。[17]

有莫里斯做坚实后盾,她们产生了一个大胆的方案——用人物图案绣片来装饰红屋餐厅,每个绣片三英尺高。她们需要把人物图案先绣在素色亚麻上,然后剪下来缝制到天鹅绒底布上,该方法源于中世纪刺绣贴片。仅需要七八块绣片,这个方案就完成了。绣片上的人物无一例外都是女中豪杰,由莫里斯选自乔叟《好女传说》一诗。其中三块绣片被组装成屏风,保存在霍华德城堡。她们分别是手持宝剑、长矛、火把的女战士。她们的风采,就像狂野的丽兹·西德尔,棕发飘逸,云起雪飞。

莫里斯本意是把这些女性形象和具有象征性的树相联系。关于圣凯瑟琳的这个作品现存于凯尔姆斯科特庄园。实际上,只有这位巾帼英雄的形象旁边有树。但至少,这向我们展示出了某种效果。这让我们了解到,在那个时期莫里斯心中的女性典范看起来多少有些荒诞不经。多

161

年后,詹妮写信给罗塞蒂,对在红屋时期她和妹妹贝西·伯登一起完成的刺绣作品不屑一顾:"我参与完成了其中一个人物绣片,另一个是贝西所作。这两个绣片被缝合在一片砖红色呢料上,那上面还有一棵好笑的树,树下还有几簇小草。这是我们初次尝试这样创作,但浅尝辄止,此后与此相关的事,我一律感到厌烦。"[18]有意思的是,对于十九世纪八十年代的作品,莫里斯持同样的态度。在诗作《桂妮维亚的辩护》中,他自我贬低说,那时"过于年轻……过于中世纪"。[19]

红屋有多少是原创?显然,它与莫里斯的朋友 F. S. 埃利斯描述的维多利亚时代中产阶级标准相去甚远。埃利斯说:"杉木门有点吓人,它们被漆了色,看上去像橡木或枫木。楼梯上铺着芥末色的纸,那方正的形状无非是想模仿无中生有的大理石。悬挂笨重的棱纹布是通常的手段。并且,在最豪华的房间到处填满丑陋的物件。看着稍微值点钱的,不过是各种荒谬可笑的夏天用的假蕾丝、黑色的马鬃毛椅以及笨重的黄桃花心木边桌和植绒墙纸。"[20]结合同一时期室内设计的普遍水准来看,红屋绝非革命性的建筑。建筑风格并非出水芙蓉的轻盈,而是错彩镂金的繁复,同十年前普金精致的哥特式室内设计风格区别不大。从体量、形式和功能上来看,红屋与 E. W. 葛德文十九世纪六十年代后期的日式风格家具,或他在切尔西的极简主义工作室相比,算不上背离。说到艺术风格上的从容自若,相较于十九世纪七十年代威廉·伯吉斯在卡迪夫城堡和科奇城堡的奢华风,红屋则具有实验性的创新。它具有强烈的视觉整合性,生活空间的流动性,人体工程的考量和可能性,是一座兼具启发和包容的建筑。

直到二十世纪,才出现与红屋很接近的建筑,这就是位于苏塞克斯的查尔斯顿农舍。从 1916 年到六十年代,凡妮莎·贝尔和邓肯·格兰特居住于此,他们以及他们的朋友和同事在这期间对它不断装饰、改造。同样是墙壁和家具彩绘,搭配刺绣和针织品——查尔斯顿散发着激动人心的感染力,还具有典型的英式闲暇艺术风格——在这里,生活与艺术完美融合。

正是这种一往无前的精神和并不成熟的技艺,使得红屋如此瞩目。 ¹⁶²
一位来访者在 1863 年初见红屋时说,"简直让我喜出望外"。[21]他列举
了那些"形象生动,独具匠心"的要素:深红色的砖石,巨大的斜屋顶,玻
璃镶嵌的中世纪小窗,低平宽阔的门廊和结实的门,花园中的蔷薇,果园
中的小径和虬曲的老果树。正是这些元素,让红屋看起来与众不同,组
合出独具个人色彩的拼贴画卷。红屋的原始风格如此奇妙动人。当威
廉·贝尔·司各特在厄普顿初见那个空旷的大厅时,几乎不敢相信自己
的眼睛,"很多野生植物粗狂地绘制在墙壁和天花板上"。[22]这个做法令
司各特感觉不可思议,他自己也是画家:"如果有人说这是南海岛风格,
你定会信以为真。"

昔日牛津联盟的嬉笑打闹在红屋再度复兴,他们在花园小径上玩保
龄球,在客厅里"熊斗"。一次混战中,福克纳从"吟游诗人楼厢"上猛然
跌落,砰的一声摔在地板上。对莫里斯来说,这是最愉快的时光。工作
上日不暇给,朋友间声应气求,给他极大安全感。他任凭自己不知不觉
地扮演被戏弄者的旧角色:伯恩-琼斯把温度计煮了,让莫里斯误以为
天气很热;他们还把他的马甲缝紧,让他穿上后显得更胖,撑破了纽扣,
看上去就像一只贪吃的汤姆猫。伯恩-琼斯和福克纳悄悄伪造了一副扑
克牌。莫里斯看着手上的牌,刚沾沾自喜了一会儿,马上就一败涂地。
他吼道:"你们这些家伙又来这套!"[23]詹妮也加入了一场谑近于虐的游
戏——故意无视莫里斯。福克纳和伯恩-琼斯跟他一字不言,只通过他
的妻子詹妮传话。

红屋的变化日新月异。上午,詹妮和乔治亚娜忙于刺绣或木雕。下
午她们带着肯特郡的地图去乡下兜风,回来后,给在家中工作的男人讲
述她们的旅途探险。红屋有很多晚间节目,如捉迷藏。乔治亚娜描述
道,有一次詹妮扮演寻找者,她沿着黑暗的中世纪长廊寻找内德,"当她
蹑手蹑脚地越来越近,我看见她高大的身影和美丽的脸庞。她笃定地走
到他所在的那个房间,而他突然从隐身的地方显现。我便听到她扬声尖

7.《威廉·莫里斯的背影》,爱德华·伯恩-琼斯的漫画,将之描绘成流浪者

叫,而后开怀大笑".[24] 在寂静的夜晚,他们聚集在钢琴旁唱歌,唱的大
163 多是查普尔出版的老英文歌以及被乔治亚娜称为"无有穷尽"的"往昔
歌谣"(*Chants du Temps Passé*)。

　　莫里斯在八十年代的演讲《我们如何生活以及可能如何生活》中提
出一些倡议,在红屋的早期时光,这些想法无疑还未明见。他设想的理
想生活状态是:在"优雅的公共大厅"里,人们一起工作并享受彼此的陪
伴。[25] 在那次演讲中,他还概括了家的真正意义:"这并非老调重弹,我
必须强调:在我的家,宾客盈门,他们都是我愿意去理解、去深爱的人。"
他不厌其烦地阐释以工作为乐的想法:未来的理想化图景应当是"人们
更加愿意主动寻求工作,而不是逃避工作。我们的工作时光,应是男女
老少欢聚一堂,乐在其中,而不是像现在这样索然无味、充满厌倦"。在
这个崭新的温情世界,男女协作,没有性别歧视和年龄偏见——这一设
想,正是红屋记忆的绵延。

　　莫里斯中世纪精神思想的深层内核,是把女性视为合作者。让女性
来教堂工作的想法,在他的《无名教堂的故事》一书中有所表达,这样的

女性在美学形象上赏心悦目,在性方面极具吸引力,但是否存在历史原型却值得怀疑。在红屋,莫里斯身边是一群有艺术理想的女性,这是从未有过的现象。例如,乔治亚娜在嫁给内德前就学习过木雕课。她第一次来到大家的住所时,带着一个小杉木桌子,桌子抽屉里放着自己的雕刻工具。有一份讣文,称述她的作品尽管数量不多,但精美绝伦。[26] 罗塞蒂的妻子丽兹,是很有才华的艺术家,也是罗斯金的得意门生。在罗塞蒂的鼓励下,她的艺术天分获得发展。丽兹·西德尔至少算得上半职业者。她参加过拉斐尔前派作品展,福特·马多克斯·布朗认为她是"真正的艺术家,长久以来无人能及的女性"。[27] 但这并不意味着,红屋给了大家均等的机会。乔治亚娜的定论也许是对的:"想到这里十分伤感,我们女人多么渴望与男人并肩而行! 他们是多么高兴我们能彼唱此和。但是他们走得太快,我们跟不上。"[28] 她们最终未能追求梦想,施展才华。缘由无非和同时代的其他女性遭遇相同:对乔治亚娜和詹妮来说,理由来自孩子的干扰、生活责任以及家务负担。此外,也有心理方面的原因。就像当时艺术家中经常发生的那样,乔治亚娜和詹妮拜服在天才老师的光环下而无法完全自我实现。但至少,在红屋,男女之间有不同寻常的共鸣,这是志同道合、分工协作的结果。比起莫里斯的正式家庭生活,这里更温馨、更自由,有更多可能性。

在红屋,女人们着装轻盈飘逸。乔治亚娜有一位保守的妹妹——阿格尼斯。她嘲笑詹妮,说她的"拉斐尔前派色"过于黯淡,还抱怨说红屋的门太窄,让她穿的硬衬裙难以通过。1860 年 9 月,新旧世界的风格冲突必然要发生在莫里斯那里,那时莫里斯搬进红屋才几个星期,刚刚给妹妹伊莎贝拉送完亲。新郎是海军中尉阿瑟·汉密尔顿·吉尔摩,比她大十岁。婚礼在莱顿的教区教堂举行。伊莎贝拉当时穿着十二码长拖尾的蕾丝花边礼服。

红屋提前做了花园规划和种植,在莫里斯入住之前植物业已枝繁叶茂。韦伯在立视图上所标示的爬藤植物:白茉莉、玫瑰、金银花、西番莲,在红砖墙上添枝接叶。在莫里斯原创的纺织品中,茉莉纹样又一次出现,这就是1868年的"茉莉花蔓"棉布纹样。在花坛四周,薰衣草和迷迭香婀娜多姿。那里夏有百合,秋有向日葵。伯恩-琼斯格外钟爱向日葵:"你可知道她们的明媚娇颜——她们怎样探头探脑,又是怎样古灵精怪,神气十足,有时又恣意张扬,甚至唐突无礼?你可曾注意过她们的发梢,卷曲得多么美妙!"[29]罂粟花也能够让他灵感飞扬,一天早晨他来吃早饭,就带着黎明时分画的一朵罂粟花。

某种意义上,红屋的内花园给人的感觉是布置井然:一个大四方形,被分割成四个小四方形花园,每个花园都围有栅栏,花园之间有出口相连。夏日,繁茂的玫瑰花布满格架,形成中世纪家庭花亭精美风格的延续。似乎,红屋拥有的是维多利亚首例"四方形,修剪式"花园。[30]莫里斯坚信,花园是文明存在的必需品,应该既神秘又亲切,既引人遐思又朴实舒适。他在1879年的演讲《最优化利用》中陈述了这些原则。

> 无论花园规模是大是小,都应看上去有序而丰富。它应当与外界有所隔离,而绝不应当去模仿大自然的随意与野性。它应该只在房屋附近,才能被观赏。它应与房屋浑然一体。[31]

此后,莫里斯所有的花园评论,都会追溯到北肯特郡那个属于他自己的原初花园。在红屋,花园完全融入建筑。莫里斯对花园和建筑的整体性问题的强调,促进了英国花园设计新运动的开启。他在理论界的影响有:(其中有许多莫里斯痕迹的)威廉·罗宾逊的《英国花园》(1883);J. D. 赛丁的《园艺古今》(1891);雷金纳德·布卢姆菲尔德的《英国的正式花园》(1892)。工艺美术运动中的花园设计能够在花木繁茂以及和顺端正之间取得微妙平衡,很大程度上要归功于威廉·莫里斯。事实上,倘若没有莫里斯,还会有格特鲁德·杰基尔吗?也许会有人说,莫里斯的花园比他的房子更有影响力。

在红屋,空间是流动的。莫里斯的工作室三面开窗,可纵览窗外的花园景观和乡村景色。透过门道的间隙,可以看到鸟儿在红屋顶上欢跳雀跃。花园一角,有几个马车屋,里面有喂马的畜栏。乔治亚娜写道: 166 "马车屋就像红屋的兄弟。"[32]红屋的前厅后院都有长长的门廊。后面的门廊几近一个独立花园,那里有一张结实的红桌。靠墙处有一把长椅,坐在那儿可以凝望外面的庭院和花架上的玫瑰。在莫里斯的爱情小说中,这里是花前月下卿卿我我的绝佳场所。一天早晨,乔治亚娜和詹妮坐在这里做针线活,乔治亚娜看见詹妮的篮子里有"一件不同寻常的衣服——小巧精致,完成了一半。这是为小孩子准备的小衣"。[33]这暗示着,詹妮自春天时就已经怀孕了。丽兹那时也怀孕了。乔治亚娜看到小衣,惊喜交加:"看我朋友的脸庞就知道,她做这件事有多么开心,这是改变的迹象。"

1861 年 1 月,画家乔治·普赖斯·博伊斯到伦敦拜访伯恩-琼斯,看见他正在用钢笔画一幅《罗兰公子》。伯恩-琼斯告诉博伊斯:"我打算和莫里斯、罗塞蒂和韦伯成立一家店铺,合伙生产和销售彩绘家具。"[34]这就是莫里斯公司的缘起。

最初成立的公司是莫里斯-马歇尔-福克纳公司,合伙人共七位:福特·马多克斯·布朗、查尔斯·福克纳和彼得·保罗·马歇尔,以及伯恩-琼斯列出的成员。该公司通常被直接称为"公司"(The Firm),1861 年 4 月 11 日开始营业。每位合伙人持二十英镑的股份,最初要求是每人缴纳一英镑,并且每位成员需至少自筹生产一到两种产品来入股。由于德文大联合铜矿公司的债券值缩水,莫里斯的财务相对吃紧。因此,莫里斯的母亲提供了一百英镑的借款作为启动资金。

这家公司后来成为维多利亚时代英国最著名的装饰公司,在知识精英阶层成了高雅品位的代名词。公司开始时规模虽小,但很有潜力。通常认为,莫里斯建立公司的想法,源于他装修红屋时面临的困境。当然,韦伯和莫里斯的实际经历证实,他们最担忧的问题就是找不到合适的现成家具。不过,这也是莫里斯自牛津大学起一直深恶痛绝的现象。因此可以说,他们的理念在建造红屋之前很早就成形了。1861 年 4 月,莫里斯写信给他的前导师 F. B. 盖伊(彼时是沃尔瑟姆斯托区森林学校的校长),对成立新公司一事寻求支持。莫里斯坦言:"您会明了,我召集有名望的人一起加入,最终建成了我漂亮的房子。我已然成为一名装饰设计师,这正是我渴望已久的。"[35]由于个人投资的比例问题,大家终因意见相左而产生诸多不悦。无疑,莫里斯是这家公司的主要发起者,对公司的定位并不是不温不火地经营什么艺术品,而是形成一场声势浩大的全民改革运动。他后来写道,尤其是在英国,所有的次要艺术都"完全退化"了。"因此,1861 年,我以一个年轻人的自不量力,决心改变这一切。"[36]

莫里斯不可能不知道在艺术和生产问题上的官方作为。从 1835 年开始,这种介入就已经缓慢推进。当时,罗伯特·皮尔爵士的保守党政府意识到英国出口商品率下降,与法国产品相比,英国产品存有很大缺陷,特此成立艾瓦特特别委员会,以"向民众(尤其是制造业从事者)寻求拓展艺术技能和设计原则的最佳之道"。委员会成立近一年,从实业家、评论家和艺术家那里采集了翔实资料,随后出具了一份三百五十页的报告申明:问题的根源就在于,"勤劳能干的人们,迫切需要设计教育"。有鉴于此,由艾瓦特牵头的国家艺术学校网络得以建立。

莫里斯也一定早就耳闻十九世纪四十年代"亨利·科尔和萨莫里艺术制造小组"。科尔(即后来的亨利爵士)是委员会中不屈不挠的改革者。用"志士仁人"来形容科尔真是恰如其分。他是 1851 年"万国工业博览会"发起人、科学与艺术部的主任,也是南肯辛顿博物馆的创始人——这个博物馆正是维多利亚与艾尔伯特博物馆的前身。科尔曾以菲力克斯之名为明顿品牌设计瓷器。1847 年,他为明顿公司设计的茶具获得成功,给了他很大鼓舞。以此为机缘,他成立了一个含画家、雕塑家和建筑师的创意小组,旨在复兴"将美好艺术和日常物品相联结的悠久实践"。这些艺术家包括:约翰·贝尔、威廉·戴斯、乔琪·沃利斯、约翰·卡尔科特·霍斯利、理查德·雷德格雷夫、欧文·琼斯、马修·迪格比·怀亚特。在科尔推动下,1848 年,艺术学会举办的第三届英国制造商年展有百余件产品展出,成为用于批量工业生产的原始模型。

　　萨莫里和莫里斯在理念和意图上明显趋同,更不必说科尔团队也是 　168由一群视觉敏锐的朋友组成。但莫里斯对科尔的毕生努力缄口不言,大概出于三个缘由。首先,设计风格不同:艺术产品古典奢华的风格,一直被莫里斯厌弃。莫里斯只选择中世纪风格来体现装饰。其次,萨莫里的设计师们只接触产品生产的外延部分,仅是提供一种服务。而莫里斯及其伙伴则自视为制造者,或至少是监理者,他们完全投身自己所设计的产品的实际生产过程。最后,即使在这个阶段,莫里斯出于天性对主流持怀疑态度。归根结底,萨莫里是一家实体企业,总是试图通过内部改革来解决问题。莫里斯的天性刚好相反:他是以破旧立新来实施改革的特立独行者。带着"不知天高地厚的勇气",他开始展现什么是真正的设计。他感觉到,艺术是国家的生命线,举足轻重,万万不可交给机构和委员会来做。回想一下二十世纪以来的改革实验结果——二十世纪二十年代,英国工业艺术研究所;二十世纪三十年代,艺术与工业委员会;工业设计委员会,后来演变成设计委员会——历史证明,他是对的。

　　莫里斯的冒险精神,并不是亨利·科尔式的,而是罗斯金式的。在红狮广场的日子,莫里斯和伯恩-琼斯第一次遇到了他们的牛津英雄,他平易近人,对他们非常友好。伯恩-琼斯的画让罗斯金惊叹不已,他称他们为"亲爱的孩子"。[37]伯恩-琼斯因得到罗斯金的认可而乐不可支:"噢! 他如此和蔼可亲——他本人比他那些盖世无双的著作还要好!"1860 年,罗斯金在《给未来言》中,对英国的乏味、社会的分裂、城市的丑陋、奢侈的罪恶痛下针砭。罗斯金并不反对奢华,他和莫里斯一样,是一位卓越的鉴赏家。他强烈反对的是大众所不能分享的精英阶级的奢华。罗斯金详细阐释了生产的先决条件。他强调,雇主应该尊重雇员,公正对待他们,并尽其所能对他们友爱。他对十九世纪中期英国整体社会结构的猛烈抨击,以及对当代商业压榨剥削行为的控诉,起初皆连载在萨克雷的新畅销月刊《康希尔》上。但这些言论被人别有用心地当成鼓唇弄舌。因此,让罗斯金尤为愤怒的是,第五期文章被拒稿了。

"如果没有罗斯金,二十年前的世界将会多么索然无味!"[38]在莫里斯的心里,罗斯金和自己年富力壮时的充沛活力和远大志向有不可磨灭的关系,从中,他发现了自己真正的专长(métier),并逐渐引发出对社会不公的警醒意识。"通过他,我学会了表达不满的方式。我必须说,这绝对不是一种含混的方式。"毋宁说,莫里斯-马歇尔-福克纳公司的成立,就是这样一场基于反对立场的运动:反乏味,反浮夸,反罗斯金所谴责的那种空洞的奢华。"设计从人民中来,到人民中去"——此产品设计的根本原则,是他们的早期方针。他们有意让自己取代 J. G. 格雷斯时尚公司,格雷斯曾是贵族阶级的装饰设计师,他在温莎堡的文艺复兴风格的套房,正是莫里斯-马歇尔-福克纳公司痛斥的风格。正如在伊始时分,罗塞蒂于一封 1861 年 1 月的信中澄清:"我们并不打算与格雷斯那些昂贵垃圾之类的东西竞争,如果可能的话,我们要以普通家具的价格来打造真正的品位。我们希望,5 月或 6 月时能够初露雏形。"[39]

菲利普・韦伯说,公司的早期事务执行得"像一场野餐"。[40]这个场景让我们想起《乌有乡消息》中,有一群修路工,看起来像去参加"牛津划船派对",带着一篮子冷餐派和葡萄酒外出旅行。红狮广场 8 号离莫里斯 1861 年 4 月迁入的旧处很近,这里显然有一种俱乐部气氛。他们又开始捉弄托普西了:有一次,他收到一个包装得严严实实的包裹,从里到外都用胶水黏着。福克纳说,他们两周一次或两次的例会与其说是业务讨论,不如说是"快乐共济会"[41],或者其他什么派对。

晚上八九点开始,他们开场话题都是公司成员自上次会议以来拣选出来的奇闻轶事。话题谈尽后,托普西和布朗就会谈论十三世纪和十五世纪艺术的优缺点,然后十点或十一点,也许还会讲些商业问题,然后激烈讨论到十二点、一点,或者两点。

工作延伸至周末,红屋成了红狮广场的前哨场地。此外,这里也会有游
手好闲、不务正业的时候。福克纳提起他曾去过红屋一次,"那天实在
太美好了,让人轻松自在,打保龄球,抽烟斗……结果什么都没做一天就
过去了"。

170

谈笑风生和男性化的集体氛围,让该公司与其他第二代拉斐尔前派
团体有许多共同之处。莫里斯曾是霍加斯俱乐部的会员,该俱乐部集结
了艺术家、建筑师、作家,以及他们的客户和朋友。1858 年,俱乐部成立
于莫里斯、伯恩-琼斯的住所。莫里斯、韦伯、福特·马多克斯·布朗以
及哥特复兴派的主要建筑师一起加入了中世纪协会。

更令人难以置信的是,出于莫里斯后来的反军国主义立场,他成了
1859 年成立的"艺术家志愿团"的一员。当时,拿破仑三世吞并尼斯和
萨沃伊之后,人们特别担忧法国会入侵英国。此外,伯恩-琼斯也加入了
军团,福特·马多克斯·布朗、罗塞蒂、雷顿、米莱、霍尔曼·亨特、G. F.
沃茨也加入了。这是一个不太像样的阵容,他们身着灰色和银色制服在
伦敦游行。莫里斯不是适应力很强的士兵,命令向左转,他总是向右转,
然后不停地向对面的同志道歉。缺乏协调能力可能跟他的癫痫倾向有
关系。威廉·里士满,这位军团秘书说,记得当时的场面"非常滑
稽"。[42] 但与罗塞蒂不同,莫里斯认真尽责地参加操练和营地训练。在
伦敦桥附近的托雷街发生大火的当晚,他正在温布尔登帐篷里露营。莫
里斯从帐篷里向外望去,可以看到大火将十英里外的天空映得通红。[43]

莫里斯对男性友人之间的关系网有着异乎寻常的依赖。如果没有
追随者,他会感到失落。只要能维持关系的稳定和愉悦,他宁愿扮演有
失尊严的滑稽角色。莫里斯的神经质很严重,他需要吵闹而宽松的氛围
作为缓冲。终其一生,甚至在他的社会主义时期,他都依附于熟悉的男
性群体。围绕莫里斯,他们革故立新,成员或有调整,但始终有莫里斯熟
悉的面孔作为核心成员。在公司里,伯恩-琼斯和查理·福克纳始终和
他在一起。科梅尔·普赖斯后来到圣彼得堡给奥洛夫·大卫杜夫伯爵
的儿子们当教师,也与他保持着联系。这家公司,本质上是莫里斯的牛

津"集结会"的再现，同样有着男性的粗野、情感上的沉默寡言、共同语言的相通以及对传统的尊崇。当莫里斯开始研究冰岛传奇，面对其中极强的男性情谊，他并不感到陌生。

这家公司是以友谊为中心而运转，但将其视为业余公司则大错特错。公司组成结构合理，目标清晰，方法得当。虽然"快乐共济会"的元素显而易见，但公司会议记录显示，他们对工作分配和工作进展讨论密切。这时，查理·福克纳已经辞去数学教授的职务，退出牛津大学的团体，来到伦敦学习土木工程。他整个上午都在下水道里忙活——第一个现代化污水处理系统正在伦敦投入使用。而后，当人们抱怨他来红狮广场时浑身发臭时，他把注意力转向了公司业务。从 1862 年起，福克纳成为仅有的两个带薪合伙人之一，是兼职总经理。他的职责之一就是出具账目。另一个行政合伙人是莫里斯，他被任命为业务经理，年薪一百五十英镑。

尽管莫里斯对商业心存"罗斯金式"的疑虑，但他对公司的成功无疑起到了决定作用。他约花了四千英镑建造红屋，其间他从德文大联合铜矿公司中获得的股份收入从 1857 年的八百一十九英镑，减少到 1858 年的七百八十英镑，再到 1859 年的五百七十二英镑。他对自身的责任感有清楚的意识：维多利亚时代的家庭责任意识在莫里斯身上一直很强烈，即使在他的社会主义革命年代也是如此。他把经营公司当作履行承诺和自己未来发展的基石——这种意识超越了任何一个合伙人。为了给公司筹集资金，他分别在 1861 年和 1862 年卖掉了德文大联合铜矿公司的股份，使家人十分惊慌，认为他"走火入魔"[44]地放弃了自己的遗产继承权。莫里斯的母亲最终买下莫里斯的全部股份，将所有权转移给了莫里斯的兄弟斯坦利，以确保股份能留在家族内部。莫里斯坚持为公司提供运行资金，这表明他已经吸取惨痛教训：只有取得一定的商业成功，他才能放手去做自己想做的事。这也是他人生中最大的骑虎难下之处。

1861 年 4 月，在最初几个星期，一份招股计划被分发给所有潜在客户。计划预测了圣公会高教会派扩张浪潮会带来建设新教堂的生意,还以公司名义买了一份神职人员名单。这份宣传的标题是"莫里斯-马歇尔-福克纳公司——绘画、雕刻、家具和金属领域的工艺者"。[45]亚瑟·休斯是牛津联盟的画家,也被囊括进了公司原始合伙人名单,虽然他对"公司的体系制定心灰意冷"[46],并在之前就曾要求退出。招股计划书的基调既油滑又务实,两者奇妙地混合在一起。这种文风在后来的工艺美术工坊宣言中多次出现。计划书列出了所依据的原则,睿智地断言:"装饰艺术在这个国家蒸蒸日上,这要归功于英国建筑师们的努力。而现在,我们已经来到了新的发展阶段:德高望重的艺术家理应投注时间,致力于此。"而后,该宣传推介了公司内部的优秀人士,并强调团队合作的美学意义和经济效益,实现风格的一致性并节约开支。

招股计划书的说服力有目共睹。

多年来,这些艺术家一直深入钻研各时代、各国家的装饰艺术,他们比大多数人更需要一处地方,可以提供美观而又独特的产品。现在他们成立了自己的公司,自己监管,自己生产:

其一,由图案或图形组成的壁画装饰,可用于住宅、教堂、公共建筑的色彩布局。

其二,一般而言,雕刻可应用于建筑。

其三,彩色玻璃,与壁画装饰能够充分协调。

其四,金属制品涵盖诸多分支,包含珠宝。

其五,家具之美,要么取决于设计本身,要么取决于应用材料的重新发现,要么取决于它与图案、绘画形象的融合。在此,除了家庭生活必需品外,还包括各类刺绣、皮革压印以及其他材料的装饰工作。

为制定这份名单,公司花了大力气。作为画家,马多克斯·布朗和罗塞蒂当时已极负盛名。那时,布朗四十岁了,是这些画家中年纪最大、

创造力最强、精力最旺盛的人。他的作品在霍加斯俱乐部展览中占据主

导地位,他还曾为詹姆斯·鲍威尔父子公司设计过彩色玻璃。据说这家公司的成立来自他最初的建议。理所当然,在公司最初运行的几个月里,他担任着重要的"幕僚角色"。在市面可见的壁画装饰作品中,布朗的作品都是极具分量的佼佼者。罗塞蒂、伯恩-琼斯和威廉·莫里斯的专业能力也与其不相上下,尽管不是登峰造极,但在牛津辩论社楼和红屋的壁画绘制方面也有着丰富经验。

　　菲利普·韦伯是个十分博学的建筑师,他的工艺技巧根植于对材料的痴迷,这一点很像莫里斯。他的设计范畴覆盖家具、金属制品和玻璃制品。他曾给红屋设计了一套放在桌子上的彩色装饰杯:玻璃杯有着波浪形边缘,高脚部分带有螺旋样式的装饰。他还设计了一个黄铜烛台,罗塞蒂抱怨说它重得拿不起来。这一时期,他的草稿本上到处都是彩色玻璃、瓷砖和一些小物件的构造细节。在莫里斯所有合伙人中,他兴趣最广,见识最多,在很多方面都表现出罕见的创造力。

　　在彩色玻璃方面,伯恩-琼斯的经验尤为丰富。那时,他已经设计过红屋的彩色玻璃:命运女神——眼睛缠着布带,高举命运之轮;爱神加冕,火的舌焰贪婪地在他周围舐舔。早在公司成立前的几年,伯恩-琼斯就已经完成一些大型委托业务,形成自己独特的风格。他先后设计了布拉德菲尔德学院的"巴别塔"之窗;牛津基督堂座堂中的拉丁礼拜堂的"圣弗里德斯维德"之窗;沃尔瑟姆修道院的"杰西树"之窗。这些作品表明,伯恩-琼斯已经在垂直的线条构成中,以精巧的技艺实现了旋转样态的动势表达。这些窗,尺寸高大而形象饱满,视觉效果强烈,清晰地展现出盛大活动的场景——人物簇拥着,带着红色、绿色、紫色等各色头巾,有的在观看游行,有的在参加宴会。值得注意的是,这些由詹姆斯·鲍威尔父子公司制作的伯恩-琼斯的早期玻璃窗,要比他之后设计的莫里斯窗户颜色更为鲜艳。

　　在公司的合伙人中,查理·福克纳和彼得·保罗·马歇尔的资历最浅。但福克纳自牛津毕业后,一直以行动证明自己的参与意愿——画壁

画,装饰天花板以及在湿灰泥上压印小圆点。他后来被拉入红狮广场的地下室,烧制玻璃制品。平易近人、容光焕发的苏格兰人彼得·保罗·马歇尔被乔治亚娜称作"大彼得·保罗"[47],他是个专业测量师和卫生工程师,并且是与拉斐尔前派多有关联的兼职画家。他娶了约翰·米勒的女儿,米勒是一位热心的利物浦赞助人,也是马多克斯·布朗的好友。他的艺术天赋并非出类拔萃。为乔治·艾略特《牧师生活场景》绘制的系列油画,是1992年他仅存的已知作品。但是他有乐天派的性格,他受托为公司装饰的第一批教堂设计了十几个小型彩色玻璃窗。

174

公司把红狮广场的第一层作为办公室和陈列室,将第三层的阁楼作为工作室——罗塞蒂也把这里称为"托普西实验室"。[48]公司也使用了部分地下室。有一个烧制彩色窗玻璃和瓷砖的熔炉,建在曾经的厨房位置。建筑一楼有位独立租客,一个珠宝商,有时候应邀生产菲利普·韦伯设计的珠宝。他们的一些家具并不是在红狮广场生产的,而是承包给一家叫作柯温的当地橱柜制造商。同样,韦伯的玻璃杯也是由詹姆斯·鲍威尔父子公司在怀特修士玻璃厂定量生产的。

红狮广场是一个汇集地,一个车间,也是繁忙而复杂的思想和活动中心。他们的家人和朋友,也都欢欣踊跃地加入进来。查理·福克纳的姐妹——露西和凯特,前来帮忙在壁炉和门廊瓷砖上描绘那些让人向往的童话传奇场景。乔治亚娜·伯恩-琼斯也画了一些瓷砖。詹妮和她妹妹则督导一群妇女,在丝绸和布料上刺绣图案。莫里斯的专长是中世纪壁挂,在约克郡一家制造商提供的锁边暗调背景布上,他用羊毛线绣上高纯度色相的花卉和人物图案。这一技艺是从红屋的锁边蓝帘那儿发展出来的。莫里斯总是能随处拉拢劳动力——他的内在热情让同行艺术家深受感染。玻璃和瓷砖的设计,由艾尔伯特·摩尔、西蒙·所罗门和威廉·德·摩根完成,而他们自己生产的瓷砖产量很快就超过了莫里斯他们的公司。

很难准确衡量,这一切到底在多大程度上算是社会实验。但可以确定的是,拉斐尔前派时期曾有几个先例。G. E. 斯特里特和他的妻子在

175

刺绣事业上齐头并进;斯特里特的姐姐在 1854 年创立了女子教会刺绣协会。但似乎,莫里斯公司的成员和女性眷属的协作,已经达到前所未有的深度。与红屋和红狮广场有关的那些情绪高昂的叙述,大有勇往直前、义无反顾之感。无论是起自 1913 年的罗杰·弗莱的欧米伽工坊,抑或二十世纪六十年代的手工艺社界,解放意思不仅是个人的,也是艺术的——是年轻人开创新天地的表现。

现在,莫里斯以一种新的姿态,公然挑战常规的社会模式,亲身参与到手工艺活动中来。在维多利亚时期中期,这并非受过教育之人通常扮演的角色。在思想阶层,即阅读罗斯金著作的那些人中间,这个问题被反复提出,引人深省。观点鲜明的乔治·艾略特在《费利克斯·霍尔特》(1866)中刻画了一位英雄人物。他虽然受过良好教育,却有意成为匠人。那时的社会分工主要有两类:从事手工劳作的工人和不劳而获的贵族。究其根本,这正是社会罪恶和阶级对立的源头。这是一场势不两立的针锋相对,莫里斯精神抖擞地投身其中。他画瓷砖、缝帘布……躬先表率、轨物范世,将手工艺人和经理角色联合在一起。莫里斯在红狮广场的这番行动,让人想起他晚年的社会主义风潮。在公司发展的萌芽时期,他对这种讽刺不置可否,乐见诗歌和商业互不协调。他甚至说,公司和诗人的关系就像摩西和他的儿子。

莫里斯-马歇尔-福克纳公司在老面孔之外获得了外部人员的补充。1861 年年底,五个年龄不等的男员工正式加入,一年后又加入了十二个员工。其中的男孩们,是从尤斯顿路的贫困男童工人之家招募而来的。该机构成立于 1858 年,在当时的政治及社会的注目下,向那些前途黯淡的年轻人传授行业技能。当时的接洽人是曾参加过克里米亚战争的老兵 W. J. 吉勒姆上校,他是男童工人之家管理委员会的一员。最初,勃朗宁把他介绍给罗塞蒂,而吉勒姆又是菲利普·韦伯最早的客户。这些赤贫男孩制作了一些韦伯的早期家具,其中可能包括现存于凯尔姆斯科特之家的那又大又沉的圆桌。在工匠招募方面,莫里斯更愿意接受那些未受教育之人。良好的成果让莫里斯更坚信:艺术和技术都是一种潜在

的东西，随时可以从那些看似无望的人身上挖掘出来。这也正是工艺美
术工坊的一条主要原则，由此也解释了为什么他们的成员——从以前白
教堂的猫肉手推车男孩到艺术工作者协会的大师——范围如此之广。

　　有时，莫里斯对专业人员也有特定需求。应红狮广场之需，乔治·
坎普菲尔德曾被招聘录用。坎普菲尔德曾在久负盛名的彩绘玻璃制造
商"希顿、巴特勒和贝恩"那里担任玻璃彩绘师。他还在大奥蒙德街的
工人学院参加夜校，莫里斯就是在那里遇见了他。莫里斯去世时，坎普
菲尔德仍然受雇于公司，担任默顿修道院玻璃画师负责人。对于其他玻
璃工坊和装饰公司的产品，莫里斯皆不以为然。他写信给 F. B. 盖伊，
说："你看，我们才是绝无仅有的真正艺术公司，其他公司（像"克莱顿和
贝尔"）不过是些玻璃画匠，或者是南安普敦街一带流行的那些裁缝师
和装潢师的奇怪混合体，不伦不类。"[49]尽管如此，他还是依靠坎普菲尔
德的专业技能和知识，开创了公司在彩色玻璃领域的早期声誉。

　　坎普菲尔德还有另一项美德：韧性。在红狮广场，他当了一次莫里
斯盛怒之下的羔羊。起因是莫里斯感觉一扇彩色玻璃窗的尺寸不对，莫
里斯把斯温伯恩送给他的那本《纽伦堡纪事》甩向坎普菲尔德，坎普菲
尔德连忙闪到门后去，结果那本书打掉了一块镶板。福克纳走上楼梯，
问："这是怎么了？"[50]一如继往，莫里斯为自己抑制不住的怒火感到羞
愧。但他很快恢复正常，他耸耸肩，试图摆脱这种情绪。

　　月光透过教堂的窗倾洒在墓地上。"透过彩绘玻璃，投射出斑斓的
色彩。"[51]这是一个画面感极强的想象，出现在莫里斯早期小说《一个
梦》中。早在牛津时代，彩色玻璃就已成为莫里斯想象风景的一部分，
成为他阴森建筑的叙事背景。凭借彩绘玻璃窗业务，该公司出手得卢、
旗开得胜。

　　十九世纪六十年代初，新哥特式教堂建筑翻新浪潮极为盛行。这是
宗教仪轨的复兴时期，在此，一种新的认识产生了：如若尘世之美被善
加利用，人的视线就会被引向天堂。这时，莫里斯-马歇尔-福克纳公司

177 不再是唯一一家用神职人员名单锁定潜在客户的公司了,众多小型装饰公司雨后春笋般发展起来,为各类教堂装饰不断提供新订单。公司最早的大型彩绘玻璃委托项目,来自乔治·弗雷德里克·博德利,他当时是建筑师中的新起之秀,在仪式化的浪潮中大获裨益。正如年轻的建筑师W. R. 莱瑟比所描述的:"他将哥特风格化为奇迹,他设计的教堂是品位超群的不朽丰碑。"[52]博德利是乔治·吉尔伯特·司各特的开山弟子,是霍加斯俱乐部和中世纪协会的成员,也是斯特里特的密友。莫里斯曾邀请他到红屋做客。莫里斯从不低估人际关系之于生意的重要价值。

六十年代早期,公司完成了博德利新教堂建筑的系列小型委托项目:塞尔西万圣教堂,布莱顿圣米迦勒与诸天使教堂,斯卡伯勒山上圣马丁教堂。所有项目都实至名归。在塞尔西的第一个项目,有种委曲求全的辛酸意味。可以确定的是,这里所出现的妥协条件在今后的委托任务中不会再有。博德利的建筑本身就是选址的杰作,一座带有蒂罗尔式钟楼的方形石灰岩教堂,陡峭地矗立在斯特劳德的山坡上。莫里斯后来坚持认为"彩绘玻璃的价值,主要取决于所装饰建筑的自然性和真实性"。[53]如果建筑差强人意,彩绘玻璃窗就会变成一种设计的堆砌而缺乏统一性。在塞尔西,窗沿着教堂中殿向下延伸,环绕后殿。建筑与彩色玻璃形成非凡的关联:罗塞蒂的《登山宝训》(里面有一幅莫里斯扮作圣彼得的画像);伯恩-琼斯的《亚当和夏娃》,头像取自福特·马多克斯·布朗及其妻子;布朗以自己的形象直接表现的《受难》;菲利普·韦伯和莫里斯的《创世记》,画面中有树、玉米、水、飞行的行星。塞尔西以触动人心的方式证明了公司的实力。这些窗具有真正"合奏"的视觉力量。

在莫里斯看来,彩绘玻璃的黄金时代是十四世纪末十五世纪初。以约克大教堂的中殿过道和牛津的默顿学院为首,都装了彩绘玻璃。莫里斯将那时的玻璃描述为"艺术巅峰"。[54]此后,品位逐渐流俗,技艺也趋向没落。到了十七世纪和十八世纪,窗户仅仅被当成一种釉色绘画媒

178 介。对此,莫里斯对新学院教堂的西窗嗤之以鼻,这幅画由约书亚·雷

诺兹爵士改编自柯勒乔的画作《圣诞之夜》。莫里斯开始探寻另外一种方法——"马赛克珐琅法",即重新装组彩色玻璃碎片的方法。莫里斯开始复兴他所认为的真正的中世纪技术。

莫里斯本人并没有重新改造这些古老技术。他和同时代的彩色玻璃工匠一样,也依赖于查尔斯·温斯顿的研究。查尔斯·温斯顿是一位化学家,他的《古代玻璃绘画风格差异的研究》(1847)刺激了该工艺的复兴。莫里斯也并没有独立生产玻璃,这一直让他深感遗憾,他从供应商鲍威尔父子公司那里选购白色和彩色的铸铁金属,这家公司已经开始生产中世纪风格的玻璃制品,温斯顿担任技术总监。不久,莫里斯开始需要质地更厚的玻璃,他觉得为此可以和供应商之间进行创新合作。公司工作室此时加入了自己研发的银色染色剂,用于生产银色复合玻璃。当烧制产品时,黄色系色谱可以从柠檬色延展到深琥珀色,而当加入蓝色铅铜金属时,则会产生带有金属光辉的美妙绿色。

如何区分莫里斯早期彩色玻璃制品和同期其他工坊作品的差异呢?首先,在于色彩的丰富感和微妙感。大多数新哥特式玻璃的色彩都过于花哨,而莫里斯则严格把控色彩的使用。在公司运营的成熟期,他达到对每一扇窗都监管过目的地步。设计通常以草图形式交给莫里斯,如他所言,"工坊的人必须在我指导下把它变成玻璃制品"。[55]作品虽然出于不同艺术家之手,但遵照一致的构图,形成了莫里斯窗户视觉统一的艺术风格。其中,人物和叙事场景的背景布局由韦伯和莫里斯设计。他们别具一格地运用天篷、纹样、字母,凸显独特的视觉识别性,这几乎成为那个时代自成一家的建筑装饰风格。

最为重要的是,他们的图像叙事传达很有品质。莫里斯认为,彩绘玻璃窗应当"以简洁直白的方式讲故事"[56],尤其是在观众不完全识字时,这点格外重要。在早期大量的莫里斯窗户作品中,那些来自圣经的知名故事,在明净的玻璃框中光彩夺目。他们声称,在图画叙事的过程中,观赏者熟悉的传说故事可以被赋予新的角度。这种直观的叙事方式,使那些窗户让人久久难忘。在当时,这种艺术感染力,也许只有北约克郡的威廉·伯吉斯教堂里那技艺高超的"启示录"彩绘玻璃才能与之媲美。

伯恩-琼斯很快成了设计明星。同时,福特·马多克斯·布朗也相当多产,他最杰出的作品是为达勒姆的圣奥斯瓦尔德教堂所作,活灵活现地再现了圣奥斯瓦尔德的传说,令人毛骨悚然。作为设计者,莫里斯的贡献没有那么突出,因为他对自己的绘画造型缺乏信心。后期,他或多或少被天使角色局限——天使持雷贝琴、曼陀林和铙钹,布满顶层窗格的各个角落。但是,六十年代,莫里斯创作了一些大型人物作品,作品尽管动感不足,却有种奇特的魅力。在他为布莱顿项目所作的《墓边三玛利亚》中,有一位红翼天使,神情淡然地坐在带有中世纪纹样的基督空墓上。三位玛利亚是拉斐尔前派时期的女主人公形象,她们身着长袍,裹着头巾,手持镀金棺材。在塞尔西,他的《天使报喜》以凡·艾克的祭坛画为摹本,描绘了受惊的玛利亚跪在猩红色地毯上。这里的装饰,无疑美感十足。天使加百利,手握一朵巨大百合,可能是多伊利·卡特(D'Oyly Carte)为《佩兴斯》制作的道具。观众被画面直接带入故事情境。这些窗和莫里斯的早期诗作一样清新脱俗。

莫里斯在公司彩色玻璃的业务发展中作用深远。他是最佳公关人员。威廉·德·摩根第一次来红狮广场时,莫里斯隆重着装,穿上礼服,摆出演奏小风琴的姿势,"以此来阐述关于彩色玻璃的某种观点"。[57]不知何故,他神态如此庄严。德·摩根后来写道:"当我回家后,突然想到他的奇怪样子,小题大做,甚至荒诞可笑,但他的能力给我留下了深刻印象。"

1862年,莫里斯-马歇尔-福克纳公司在南肯辛顿国际展览会上占据了一席之地。这是公司产品的一次公开发布。本次展览是1851年万国博览会的延续,本应该在1861年举行,但意大利的政治动乱导致展览推迟。1862年的展览未能像水晶宫展览那样引起公众兴趣,但规模却比以往更大,场地从现在的自然历史博物馆一直向北延伸出大片空间。这次展览的创新亮点是日本展位,造成了日本风格以及哥特式中世纪宫

廷风格在英国的发扬。就是在这里,公司投入了二十五英镑的微薄资 ¹⁸⁰
金,租用了两个面积约九百平方英尺的展位。但丁·加百利的弟弟威
廉·罗塞蒂却认为,公司计划野心太大,实在不明智,他说,他们其实用
这笔钱的二十分之一就能做成了。

其中一个展位用来展示彩色玻璃。罗塞蒂对产品的前景感到乐观:
"我们的彩色玻璃,毫不客气地说,可以与任何公司产品相抗衡。我认
为,我们必须凭借展示自己而获得声名。"[58]另一个展位,用来展示公司
的装饰家具。最有趣的展品,是由菲利普·韦伯设计、莫里斯绘制的柜
子,上面的故事场景是圣乔治和龙,这位忧虑公主的模特是詹妮,柜子现
陈列于维多利亚与艾尔伯特博物馆。柜子上展示了一幅从悲到喜的全
景画,作品美好、有朝气,打动人心。

展会中,更雄心勃勃的项目是所谓"勒内国王的蜜月柜"。这是一
个体量较大、设计繁复的组合办公家具,结构包括书架、抽屉和制图桌。
该办公柜是建筑师约翰·赛登为他的白厅房间设计的,莫里斯公司将国
王艺术家勒内一世的结婚庆典场景装饰其上。这件家具比公司的任何
产品都更怪诞浮夸,但是也给了艺术家一个契机来展露卓绝才艺。布
朗、伯恩-琼斯和罗塞蒂分别绘制了四个镶板。莫里斯和韦伯在曲线花
边、交叉横梁和四周边框围合的背景中饰满了图案,就像他们在数以百
计的彩色玻璃窗上画的那样。在这个奇特柜子的顶部和四周,有六个小
的方形镶板,显露出各种工艺。而"铁工"里的铁匠,就是强壮的威廉·
莫里斯。"勒内国王的蜜月柜"场景简单直白,就像中世纪手稿一样。
梅·莫里斯的评论一语中的——"透过一个窥孔,我们得以望见一座中
世纪小城"。[59]

公司展位上还展出了一些五花八门的家具装饰配件:刺绣品、彩色
瓷砖、铁床架、脸盆架、沙发、铜制烛台和韦伯的一些珠宝样品。布展的
最后时刻,场面十分忙乱。4月,福克纳在给科梅尔·普赖斯的信中写
道:"我们准备展品所花费的精力以及向托普西所做的承诺,要比办三
场展览还要费劲。"[60]

回顾早期产品,莫里斯写道:"我们自然受到了很多嘲笑。"[61]某种程度上,这可能是单方面的想法:他总是因为自己常被资产阶级轻易接受而感到难堪。当然,那时公司也受到一些责难。如《教堂建筑学家》称他们的家具"荒谬不经",他们的彩色玻璃"虚幻怪诞"。《伦敦协会》表达温和的讽刺:

> 但当我们漫步大厅,凝神欣赏莫里斯公司的中世纪风的家具和挂毯等物件,谁能相信这竟能代表十九世纪的制造业——代表那个齿轮、蒸汽机和加农炮的时代?六百年过去了,彼时的橱柜风格一度盛行。这个跪拜台,也许圣路易斯在此祈祷过……你能想象卡斯蒂利亚的布兰卡曾在那儿对镜梳妆吗?[62]

与此同时,公司也广受赞誉褒奖,有些甚至来自专业竞争对手。公司的两个展位皆获得了奖章。展览评审团优选出彩色玻璃作为"色彩和设计品质"的杰出代表。在南肯辛顿,价值一百五十英镑的商品得以成交,还获得了一些重要的新客户。这种英式的激进意识以一种情致高雅的有机形式呈现出来。对莫里斯来说,他的前沿理念已经达到高屋建瓴的地步。这次展览,将这位社会评论家和早期革命人士稳定地推上了成功企业家的道路。

举办展览的那一年,某种程度上也标志着莫里斯画家梦想的终结。红屋里,一间光线极好的工作室已经配备完毕。1861 年,莫里斯以"艺术学士"之位进入职业领域。七十年代,他短暂回归绘画,却是以业余者的身份。他一直志不在此。后来,他提过自己是怎样"研习艺术,但很散漫"。[63]在垂暮之年,他剖析了自己的不足。

> 就画法而言,我可以画得很好,色彩感受也不错。但不得不说,我有文学天赋,却未必有艺术天赋。我只能画出我所见,而且画面

还缺乏动感——尽管有一些画能够留存至今。[64]

这是精准而中肯的洞见。莫里斯为圣乔治柜所作之画实际上是他的告别之作。从六十年代初开始,他的艺术创造力被导向不同方向,他设计的重复纹样,先是用于壁纸,而后用于纺织品。在他看来,这种负责素材提炼和组合生成的工作同样具有创造力,能够赋予公司风格统一的视觉特征。如果当时有"艺术总监"这个词的话,那他确实应该如此自命。

莫里斯最早的壁纸设计完成于 1862 年,但他并不是开创壁纸设计的第一人。早在 1861 年 1 月,罗塞蒂就提及这种纸:这是他为自己和丽兹在黑衣修士的房间所做的。在纸上,有黄、黑和威尼斯红三种颜色的水果图案。罗塞蒂要求纸张制造商将图案分别印在"普通的棕色包装纸和商店常用的蓝色纸"[65]上,比较哪种效果更好。莫里斯有三种设计,皆以水果和鲜花为基础元素。自然而流动的纹样传递出莫里斯的设计理念——图案之用在于赋予韵律,可以抚慰人心、开化文明。莫里斯可以轻而易举地在重复纹样的设计中实现流畅性和运动感,这是他在绘画中很难达到的高度。如果说这些纹样有什么美中不足,那就是风格过于甜蜜。莫里斯说他"不喜欢将**花朵**设计成死板的几何形式"。从十九世纪五十年代开始,由普金和欧文·琼斯发起,色彩强烈、形式鲜明的正统图案风靡一时。而莫里斯的风格与此背道而驰。莫里斯一定对克里斯托弗·德雷瑟有所耳闻,他于 1861 年在艺术学会的演讲被出版,书名为《装饰设计艺术》。德雷瑟基于对植物形态的研究,作出一个理论总结:植物可以为"装饰设计师提供抽象样式"。让人感到无奈的是,对于那个时代最重要的设计理论家,莫里斯从来没有直接评论过,但是莫里斯的首任经理韦林顿·泰勒却不无震惊地描述了德雷瑟的图案作品,"其中的叶子和花朵被扭曲成痛苦的几何样式"。[66]

莫里斯一直在寻求图案的意义。图案暗含玄机,能够予人启迪,且与过去相连。莫里斯早期的壁纸,展示了他如何利用图案来缅怀过去。与莫里斯后来的壁纸相比,它们缺乏丰富性,结构形式却很明确。而与同时代设计师的作品相比,这些设计充满亲和气息,深入人心。这三种图案造型都源于他的个人历程。最早的《花格》源自红屋,取材于环绕中央庭院的玫瑰花架。画面表现的是阳光明媚的夏日,蜂鸟展翅而飞(蜂鸟由菲利普·韦伯设计)。此外明显可见,玫瑰花茎布满芒刺。《雏菊》也取材于红屋,清新素雅、灵动美丽。《水果》或《石榴》是莫里斯最喜欢的代表诱惑的形象,比如《亚特兰大的苹果》《赫斯珀里得斯花园的欲望魔法苹果》。"我今天娶阿孔提俄斯"是莫里斯《人间天堂》中最扣人心弦的一幕,相思病苦的主人公用一根又长又尖的刺,在光滑灿烂的金苹果上刻下这样的文字。《石榴》则是象征激情和失落、具有异国情调的果实。

公司最先尝试使用蚀刻锌板和透明油色来生产红狮广场的莫里斯壁纸。但事实证明,这劳心费力,且成效甚微。莫里斯随后将常规木板切割,将生产转让给位于伊斯灵顿的商用壁纸生产商杰弗里公司。从1864年开始,在莫里斯监管下,杰弗里开始印刷他的壁纸。从此,莫里斯再未生产过自己设计的壁纸。他和杰弗里的合作比其他承包方更为顺畅。梅特福德·华纳自开始时即担任经理,后来担任常务董事,他与莫里斯一起精益求精,亲力亲为。华纳一直持有这样的看法:莫里斯"一丝不苟,毫不妥协,直到他对色彩和设计都满意为止"。[67]有一次,因为设计不尽如人意,莫里斯曾经作废了一整套昂贵的印版。华纳说,人们有时称莫里斯是个行业骗子,但他一直为其辩护,向大家保证莫里斯绝非这种人。

然而,无论是华纳还是莫里斯,似乎都没有直面商业成功背后潜在的道德伦理问题。任何时候,手工印刷壁纸都是一项费时费力、枯燥重复、缺乏创造性、没有价值感的工作。而莫里斯的卓越成就,正是建立在这样的劳动之上,尽管他在人道主义层面一直诟病这种劳动方式。

公司的公众形象一直被认为非同小可。早在筹划构想时,罗塞蒂就设想过要有"一家像乔托那样的商店!门上要有标识!!"[68]这样做是为了在制造者和消费者之间建立一种联结,而标识正是亲和力的象征。

有一篇文章,是关于莫里斯亲见者的经历,叙述者是一位很有见地的店主。1862 年,里士满·里奇夫人在瓦尔·普林塞普的带领下参观了红狮广场,"一个雾气蒙蒙的清晨,来到几英里外的某个广场"。她接着叙述道:

> 我们走进一楼,那里空无一人。瓦尔·普林塞普大声喊"托普 184
> 西"。然后,一个头发蓬乱的人从楼上下来,漫不经心地给我看了
> 一两件很特别的作品。对我这个外行人来说,这些东西令人眼花缭
> 乱。我记得莫里斯说,这些玻璃杯放在桌子上很牢固。我买了两个
> 水杯,瓦尔·普林塞普对水杯造型赞不绝口。他和瓦尔把水杯用纸
> 包好,我兴致盎然地离开了,觉得很有趣。留在脑海中的印象是莫
> 里斯几分羞涩的友善气质,以及屋子里幽暗的光影和暗绿的玻璃
> 制品。[69]

在伦敦商店的运营史上,在百货商店遍地开花的时代,红狮广场显然具有一种特殊的吸引力。此后,又有一位顾客想要色彩更柔和些的商品,莫里斯却把他赶了出去,说:"外面有的是泥巴。"

作为设计师,莫里斯这种独断专行的特质,引起了马克斯·比尔博姆的兴趣。他让莫里斯拜访客户查理·福克纳的情景得以回现。二十世纪五十年代的电台广播节目《海仕威之声》从比尔博姆未出版的手稿《过去之镜》中拣选出莫里斯的故事。故事的叙述者是一位喜爱镶木地板的绅士,在切尔西,他正在客厅里心烦意乱。这时,莫里斯身着类似水手服的衣服,怀着航海般的雄心壮志,说:

> "啊,我们都让给你,只比成本高出两个百分点。咱们初来乍
> 到,而你又是朋友。好极了! 我现在已经把设计方案**都**想好了。"
> 说着,他用拳头在前额一敲。"你神圣的室内空间,在我面前清清

楚楚。你会有一把大雪松椅——在**那里**,在中间那儿——它就像奥丁的宝座。沿着**这堵**墙,还有一个长椅,可以坐很多人。内德·伯恩-琼斯会为你的窗户设计彩色玻璃《美丽的伊索尔特的生活》。福特·马多克斯·布朗将为《乔叟的童年》设计镶板;还有……"他踱来踱去,双臂挥舞,"有位年轻人叫威廉·德·摩根,他能给你的壁炉镶上瓷砖。我的妻子将给窗帘做刺绣花边。你知道我们那件绿色锁边布吧? 福克纳,它美丽极了! 天哪,我们要——"说到这里,他不小心跌坐在地板上,发出很大的声响。

"这正是我要说的,"他坐在那里继续说,"这哪里是地板,这分明是冰块。我们必须用上等的、有肌理的、带蒲草的橡木地板,"他叫着跳了起来,"铺满蒲草,我们会有一个……"

"等一下,莫里斯,"我恳求,"你说的**我们**,是指你、福克纳和公司,还是包括了**我**?"

"当然,我包括了你,"他说,"怎么了? 啊,是啊! 这**房间**是你的。"

"我也怀疑,这到底是谁的房间。"我说。[70]

185 莫里斯断决如流,很能招揽顾客。无怪乎,来红狮广场陈列室的拜访者都很热情。有一位老主顾是建筑师小乔治·吉尔伯特·司各特,他的父亲后来因为道德标准问题而被莫里斯怒斥。乔治·坎普菲尔德的晚餐时间经常被占用,以向预期客户解释公司彩色玻璃的复杂原理。莫里斯和他的伙伴们,提升并满足了那些有眼光的中产阶级对特殊家居产品的品位需求,且远远高于市场水准。罗塞蒂命名的"大商店"[71],开始了一场轰轰烈烈的零售专营运动。例如,年轻的阿瑟·拉森比·利伯蒂在国际博览会结束后,开始进口东方物品,并于 1875 年在摄政街创建利伯蒂公司。从那时起,这种探索性的经营者开始层出不穷,比如,十九世纪九十年代的安布罗斯·希尔;二十世纪三十年代的戈登·罗素设店于威格摩尔街;特伦斯·康兰和二十世纪六十年代的哈比塔特;以及二十世纪八十年代的设计用品商店。欧洲其他地方也是这种情况。受到莫里斯启发和影响的第一家店是 S. 宾，布鲁塞尔著名的新艺术商店及画廊。1892 年，专门经营英国纺织品的"玫瑰花下"商店在斯德哥尔摩开张。

　　向日葵、草药、青花瓷、红砖……莫里斯和他的合作伙伴，独具慧眼地发现了他们那个时代的奇珍异物。就像在二十世纪六十年代的伦敦以现代风格重新流行的哈比塔特的搪瓷杯和煲鸡的瓦煲一样，这些日常之物被置于新的审美视野。莫里斯和他的合作伙伴就是这样，将形状、纹理和色彩赋予新的感知。公司将木制品漆成白色，由此开创了一种新潮流。莫里斯是一个能操奇计赢且有点贪心的买家。婚礼前一年的那个冬天，他曾去法国购买"旧手稿、盔甲、铁器和珐琅品"。[72]他无愧为一个很有想法的店主，因为他乐于采购他所看中的。

　　"在你的房子里，不要非必要之物，也不要你不觉得美的东西。"[73]公司广受欢迎，部分原因在于它有一种突出的特质，能够将个体和公众紧密融合。莫里斯之所以不负众望，是因为他的理念出自对家庭生活的深刻感受和创新想象。

　　"孩子出生了，布朗太太很体贴，说她会住到星期一……詹妮和孩子(女孩)都很好。"[74]

　　1861 年 1 月 17 日，莫里斯随口告知福特·马多克斯·布朗，他的大女儿出生了。那时，布朗一家与莫里斯交往密切。这边，艾玛亲自陪同詹妮生产。那边，一位名叫伊丽莎白·鲁宾逊的护工被录用，而这显然是老莫里斯太太推荐的人选。她还扩充了红屋的家丁：厨师、女佣和马夫。小婴儿起名为简·艾丽斯·莫里斯——"简"以她母亲的名字命名，"艾丽斯"以威廉·莫里斯最小的妹妹的名字命名。所以，大家都叫她珍妮。罗塞蒂打趣地写道："这是托普西和托普西太太刚刚遭遇的小意外。"[75]

　　尽管那天狂风暴雨，她的洗礼仪式也颇为盛大。一位客人记得，在去贝克斯利教堂的路上，莫里斯的马车篷被暴风雨猛烈拍打。仪式结束

186

后,丰盛的中世纪宴会在红屋气派的 T 形桌上展开,布朗夫妇、马歇尔夫妇、乔治亚娜、内德和斯温伯恩都来了。他们在红屋过夜,保有在红狮广场时那种随意的旧氛围。那时,乔治亚娜也怀孕了,她说当时和詹妮"一起拿着蜡烛到客厅里去,那里到处是床,男人们就睡在那里。斯温伯恩睡在沙发上,我推断,P. P. 马歇尔睡在了地板上"。[76]

在洗礼宴会上,罗塞蒂默默坐着,心不在焉。甜点时间还没到,他就从盘子里抓葡萄干吃,只喝水。丽兹的怀孕状况不佳。她精神不安、孤僻、虚弱。罗塞蒂的落寞是有预见性的。仅仅几周后,也就是 1861 年 5 月,丽兹流产了,因为两三个星期前,他们的女儿就已经在丽兹的子宫里失去了生命。丽兹的情绪本就不稳定,此刻完全崩溃了。不久后,乔治亚娜和内德去看望她,她坐在一张矮椅上,旁边的地板上放着一个空摇篮,看上去就像她丈夫画中的奥菲莉娅。他们进来的时候,她带着"温柔的野性"喊道:"嘘,内德,你会把她吵醒!"[77]

在接下来的三个月,丽兹一直处于极端焦躁中。她对鸦片酊的依赖已无法控制。那年夏天和秋天,只要罗塞蒂出门,她就被送到红屋,因为让她独自一人显然很危险——她行为异常古怪。罗塞蒂心急如焚地给母亲写信,让她去找丽兹,给她几英镑的资助。对罗塞蒂来说,这是一个焦灼的时刻。他和丽兹之间关系紧张,一触即发。在红屋,彼得·保罗·马歇尔看到他们两人相处的情景。他说,罗塞蒂似乎被冲他抓狂的丽兹"吓得心惊胆战"。[78]莫里斯一家也一定经历了艰难处境,他们受托照顾丽兹,但她越来越让人难以同情。她像幽灵一样,在红屋游荡。1862 年 2 月,在查塔姆广场,她死于用药过量。她的死很可能是自己造成的。伤心欲绝、愧疚不已的罗塞蒂,将自己的诗集放进丽兹的棺木,把她葬在海格特公墓。

对此情境,莫里斯态度如何呢?在他现存的所有信件中,只字未提丽兹。他似乎在记忆中把她抹除了,也许是因为她的悲惨经历对他来说过于沉重。人们无法揣摩,苍白、红发、长腿、有艺术气息又神经质的丽兹,会不会在他脑海中出现。事实上,在他的诗中,总会出现丽兹那样的女人,孤僻古怪、放逸不羁、令人痴迷。这表明,莫里斯在某种层面所抗拒的体验,却在另一个层面凸显出来。在乔治亚娜心里,丽兹与詹妮是截然不同的两种人。"莫里斯夫人是一座雕像,而罗塞蒂夫人是一幅画。"[79]詹妮善良柔和的眼神,中和了其庄重感。在她俩中,丽兹似乎更显超凡,带着一丝惆怅,反衬了"她夺目的美丽和优雅"。

罗塞蒂先是经历了失子之痛,接着丽兹又离他而去。可能正是这样的经历,让他对莫里斯逐渐产生恨意。1862年3月25日,丽兹服药过量离世后仅仅四周,詹妮生下了第二个女儿玛丽(Mary)。之所以叫玛丽,是因为她出生在圣母节,也就是天使报喜的节日,通常她被叫作梅(May)。与家有两女的莫里斯相比,罗塞蒂显得更加贫困潦倒。这些年来,他似乎已将自己的不幸归咎于莫里斯。"我本该有个比她大的女儿。"他盯着七岁的珍妮说。[80]后来,他还半真半假地要收养梅。实际上,那孩子还乐意如此。

某种程度上,维多利亚时代的确浅陋而浮夸,但也有其单纯之处——从遥远的现今来看,这似乎很难理解。乔治亚娜·伯恩-琼斯要为儿子菲利普请个保姆,她是"一位非常好看的德国女人"[81],名叫诺玛,是她丈夫的模特。然而,过了很多年她才知道,诺玛原来是个妓女。在莫里斯的圈子里,还有一个骇人的经典桥段:罗斯金在新婚之夜,发现妻子长有阴毛而惊恐不已。在莫里斯结婚四十多年以后,他的北方客户艾萨克·洛蒂安·贝尔爵士的孙女莫莉,直到新婚之夜才惊奇地发现"男人的爱意味着什么"。[82]在那之后,她的日记中经常提到"美妙的爱情"之夜。对莫莉来说,这是美妙。对詹妮而言又是怎样的呢?我们不得而知。

对于威廉·莫里斯的性史,我们无从得知。值得注意的是,他对性的问题讳莫如深,有时显得很反常。他婚姻的真实状况总是被那些保护他的朋友掩饰得很好。很明显,他和詹妮的性关系,并不像罗斯金那般失败。毕竟,结婚只有两年多,他们就生了两个孩子。尽管如此,从后来看,阻碍他们亲密关系的,似乎不仅是双方缺乏经验,还有詹妮的生性冷漠和莫里斯的生性腼腆。有人记得,当母亲和他谈论严肃话题时,他会突然感觉尴尬,有一种心虚的背叛感:"说话这件事确实离我的心很远。"[83]

他和詹妮是如何处理那些意料之中的紧张和笨拙的呢?考虑到时代和阶层,基本可以认定他们不会采取避孕措施。在 1880 年以后,只有那些有能力支付私人医疗费的人,才能买到橡胶避孕套和避孕膜。很有可能,在两个女儿接连出生后,威廉开始有所节欲,或者把性交中断作为最简单的避孕方式。或者,詹妮已经表达了自己的身体不适,这种不适导致了她此后有好几年行动不便——这真是很让人难过的事,毕竟不久前她还在红屋玩着捉迷藏。在莫里斯夫妇的书信中,以及在有关他俩的现存叙述中,都没有关于他们肢体亲密的记录,更不用说有什么相互间的激情了。他们彼此相爱,但似乎又有若即若离之疏离感。

对作家的作品过多解读是危险的。作家会有一些写作技巧,把读者带入他们希翼甚至惧怕的场景中。但有人可能会说,莫里斯是个特例。伯恩-琼斯的女婿 J. W. 麦凯尔对莫里斯家族秘史的了解,要远远多于他在传记中所透露的内容。他认为,莫里斯的作品是他自我告白的某种必要途径。"在实际生活中,他寡言少语,对自己内心所发生的事讳莫如深。但他具有天生文学家的全部本能,乐于在写作中敞开心扉,畅所欲言。"[84]毫无疑义,在莫里斯接下来十年的写作中,他向读者展现的形象总是关乎恐惧、痛苦、阳痿和性混乱。

床上有一把利剑,横亘在西格尔德和布林希尔德之间。在《给维纳斯的戒指》中,新郎夜复一夜地试图完成他的房事,既悲伤又羞愧:

189
> 真的,谁能受得了,
> 这样的新娘,
> 这可怖的耻辱,可耻的恐惧。[85]

> For who, indeed, alone could bear
> The dreadful shame, the shameful fear,
> Of such a bridal?

这些灾难般的性场景,在《人间天堂》里的诗作《阿尔塞斯蒂斯之爱》中,
被刻画得尤为突出。费莱国王阿德梅图斯想与他的新娘共度良宵。和
往常一样,莫里斯将宫殿描写成金色:

> 在镀金门旁,我伸出手。
>
> 我看见新娘,就在新房。
>
> 她般般入画,耀如春华。
>
> 就在我身边,金床之上。
>
> 她双手掩面,无限娇羞。
>
> 我情不自禁,沉醉低吟。
>
> 就在这时分,噩梦降临。[86]

> Upon the gilded door
> I laid my hand; I stood upon the floor
> Of the bride-chamber, and I saw the bride,
> Lovelier than any dream, stand by the side
> Of the gold bed, with hands that hid her face:
> One cry of joy I gave, and the place
> Seemed changed to hell as in a hideous dream.

爱侣缠绵间,悄无声息地窜出一条狰狞的毒蛇,更可怕的是因为它的
敏捷,

> 有一道光晕,幽暗盘旋。
>
> 在市井人间,鬼魂游荡。

> A huge dull-gleaming dreadful coil that rolled
> In changing circles on the pavement fair.

莫里斯描述过一些可怖的生灵意象:蛇、龙、幽灵。其中,这首诗最让人不

寒而栗。这里充斥着惊悚、性恐惧——即便在前弗洛伊德时代,新娘也被视作噩梦般的存在。阿尔塞斯蒂斯意识到,他的美好期待此时已然破灭。

> 她眼神呆滞,色如死灰。
> 她亡魂失魄,难以名状。

> And 'twixt the coils I met her grey eyes, glazed
> With sudden horror most unspeakable.

那毒蛇突窜,欲害新娘。她转向新郎,恶语相向:

> 他们围向我,索吻于我。
> 可叹的爱情,置我何地?

> They coil about me now, my lips to kiss.
> O love, why hast thou brought me unto this?

即使最后,毒蛇悄悄地溜走了,新郎也会落得个一蹶不振,垂头丧气地待在门外,"像只落水狗,直到黎明"。莫里斯将这个故事描述成一个暗黑的复杂童话,蕴含着激情幻灭的隐喻。其中,还有其他潜在含意,如女性性冷淡,即最终的"有齿阴道"焦虑症。诗人表达出一种化为泡影的失落感:即便是在最为圆满的时刻,一切也不过是竹篮打水。

红屋有一些未竟的计划,包括伯恩-琼斯想画的以特洛伊战争场景为主题的系列蛋彩画。如若完成,楼梯的墙壁就会被这些画覆盖。在楼下大厅,他本打算画一艘船,船上是中世纪装扮的希腊英雄,船舷上悬挂着他们的盾甲。自那以后,让伯恩-琼斯和莫里斯都兴致盎然的是中世纪视野下的古代世界。九十年代,每逢莫里斯早餐时,"我们整个上午都在就某个话题热烈讨论。为什么中世纪世界总是力挺特洛伊人和昆塔斯西米纳？以及在古代故事和挂毯画中,怎样刻画彭忒西勒亚?"伯恩-琼斯写道。[87]

在红屋,威廉·莫里斯重拾几年前开始的特洛伊史诗创作。就像伯恩-琼斯的壁画一样,这是一个声势浩大的项目,注定永不见天日。《特洛伊陷落的场景》最初列于 1857 年的手稿笔记,共有十二篇——从《帕里斯掳走海伦》到《船上的埃涅阿斯》,以及《木马突袭》。最后,全部完成的有六篇,完成一半的有两篇。直到 1915 年 5 月,梅·莫里斯将它们作为片段收录在《威廉·莫里斯作品集》的最后一卷,这些作品才得以出版。这些诗歌奇特而激烈,描写的是战争即将结束时发生在特洛伊城的事件。《埃塞俄比亚英雄》《小伊利亚特》《攻城记》,这些失落的史诗得以重述。特洛伊战争的结局部分,气氛悲壮,历历如画,与中世纪思想最为相应。基于古代资料:卡克斯顿的《特洛伊史》、乔叟的《特洛伊罗斯与克瑞西达》,莫里斯将自己所创作的中世纪版本糅合其中。他的战争叙述充满了辛酸和凄凉,这与莎士比亚《特洛伊罗斯与克瑞西达》中的描写十分接近。在莫里斯所写的牛津故事《弗兰克的密信》中,叙事者去埃塞克斯的河边所读的故事就是这场戏。莫里斯所面临的是共通的境遇——故事素材的来源并不明晰,但都是流传至中世纪的经典故事。麦凯尔是正确的,他指出莫里斯笔下的特洛伊,尖顶、山墙、红屋顶,随处可见的塔楼,其实是以布鲁日或沙特尔那样的城镇为原型的。

在莫里斯的作品中,特洛伊诗歌的文风介于《桂妮维亚的辩护》与《人间天堂》之间。前者语言精简,扣人心弦;后者笔酣墨饱,波澜老成。特洛伊城的荒凉空旷,与英国二十世纪四十年代的新浪漫主义绘画有异曲同工之处。满目疮痍的战争场景,充满了悲壮感和时间流逝感。莫里斯对故事的处理,有时连篇累牍,有时离奇有趣,也不时穿插一些气势恢宏的诗句。在特洛伊的海伦被她的第一任丈夫——希腊人墨涅拉俄斯重新夺回的那一篇,莫里斯有力地描写了对欲望的摒弃、对爱的绝缘,以及恩断义绝化为残酷无情的突出时刻。

在莫里斯的诗歌中,只有为数不多的几个段落把暴力描写得如此生

191

动丰富。日渐衰老、日益悲伤的海伦和她的新丈夫——特洛伊王子得伊福玻斯生活在特洛伊。晚上，在他们的居所，得伊福玻斯进入了梦乡。他的剑就放在他们的床上。墨涅拉俄斯身穿盔甲冲了进来，原来他当晚早已藏在木马中潜入特洛伊。在这个充满讽刺意味的血腥场景中，墨涅拉俄斯胁迫前妻，取来得伊福玻斯的剑，并命令她抓住他的脚，自己则一剑刺穿得伊福玻斯。一命呜呼的得伊福玻斯被推下床，墨涅拉俄斯一举代替死在血泊中的他。墨涅拉俄斯咄咄逼人地对海伦说：

> 我就是你曾经的墨涅拉俄斯，
> 前来拿回本属于我的东西。
> 你以为我变了：十年前我就变了！
> 自那以后，发生了多少让人恶心的事。
> 看着我！
> 我现在正在自己的属地。
> 上床，海伦，趁夜幕还未降临！[88]

> I am the Menelaus that you knew
> Come back to fetch a thing I left behind.
> You think me changed: it is ten years ago,
> And many weary things have happened since.
> Behold me lying in my own place now:
> Abed, Helen, before the night goes by!

莫里斯将那黑色戏剧的荒诞效果描述得淋漓尽致。在床上，在上一任丈夫的血泊中，海伦被迫与她的第一任丈夫结合。这一幕是多么惊悚而悲凉！通过这令人惊惧的戏剧化情节描述，莫里斯表现出人类堕落至极的景象。

192　　　外面，是希腊人占领城池之后的吵闹喧嚣。随后，传来风声，说特洛伊人又有新举动了。正如莎士比亚在《特洛伊罗斯与克瑞西达》中所述，当特洛伊人在黎明集结，他们厉声高喊："埃涅阿斯、安特诺，上船！"
莫里斯不能忘记的是类似场景：1858 年秋，勒克瑙被占领后，英国人在
印度西北部犯下强奸和屠杀的野蛮罪行。

　　1864 年 7 月，爱尔兰诗人威廉·阿林厄姆进行了一次小探险。"先
乘船到伦敦桥，再乘火车到普卢姆斯特德。信游之后，我终于在玫瑰花
园中找到了红屋。红屋里是威廉·莫里斯和他的妻子，她的黑发沿着额
头盘起，像是他加冕的王后。"[89]

　　莫里斯和詹妮此刻的打扮仍然优雅高贵，中世纪气息浓厚。但不
久，场景就变了。阿林厄姆在第二天的日记中写道："红屋，早上七点
半。玫瑰花格架。珍妮和梅，梅眼神明亮，头发卷曲……莫里斯，任性，
邋遢，穿着一双大鞋。"[90]

　　莫里斯很享受父亲的角色。据伯恩-琼斯说，以前，他曾提过对婚姻
没有感情，但他很渴望要个孩子。有人说，莫里斯对两个孩子都是女儿
感到失望。十分了解莫里斯的乔治亚娜否认了这一点。她写信给西德
尼·科克雷尔，说他对女儿有天然的爱意。"你想象过莫里斯有个儿子
吗？我真的想象过，但失败了！"[91]在红屋时，他对两个女儿宠爱有加，
无微不至，称她们为"小不点儿"。有一幅漫画，画的是他为孩子们切食
物，宽大的手臂抱着两个婴儿。

　　可以肯定的是，珍妮和梅的成长伴随着红屋田园诗般的回忆。二十
世纪三十年代，梅依然能够描述出父亲像一位冰岛统治者那样坐在长桌
那边的描金椅上的样子。她还记得，斯温伯恩躺在果园的草地上，红发
飞扬。梅和珍妮把玫瑰花瓣撒在他脸上。但对童年时在红屋的"某些
梦一般的画面"[92]，梅却语焉不详。那些场景异常强烈，但"过于亲
昵"，不能向公众透露。所以，她说的究竟意味着什么？孩子的触角经
常过于敏感，她是否感觉到家里暗含的紧张气氛？抑或她的父母，也可
能是她的母亲和罗塞蒂之间，有过一场"原始场景"，并在孩子脑海中留
下了似懂非懂的印象？国王、王后、皮靴和中世纪服饰，粉饰着情感的僵

8.《红屋里的威廉·莫里斯、珍妮与梅》,爱德华·伯恩-琼斯的漫画

局和内在的忧郁。就连梅,似乎也感觉到了红屋的背后,其完美主义的点点滴滴实则建立在流沙一般的理想之上。

到 1864 年年初,公司在红狮广场的店面已经容纳不下业务发展了。莫里斯自己也有些力不从心。每天从红屋乘火车上下班,要花上三四个小时。与此同时,彩色玻璃的业绩却在持续乐观增长:1861 年五笔,1863 年十五笔。但运营资金短缺一直是个问题,使得公司很容易受到维多利亚时代兴衰不定的经济起伏的影响。在莫里斯心里,应该还记得那年的不幸和恐慌:父亲离世,以及桑德森公司突然倒闭。公司日后的经理乔治·沃德尔来到红狮广场,看到了莫里斯。他回忆道:"他给我的感觉,是过度劳累。那时,公司刚成立不久,生意无利可图,也许他自己还要承担大量工作。"[93]生意上的担忧焦虑,似乎也影响到了查理·福克纳。沃德尔看到,福克纳正在画瓷砖,表情烦躁,"说明处境艰难"。

为了便于活动集中,以及为公司未来的前景扩展着想,他们决定,将公司搬到厄普顿,在红屋附近建立新的生产车间。伯恩-琼斯家的实际情况,是公司考虑的因素之一。他们的儿子菲利普快满三岁,而乔治亚娜再次怀孕了。他们在大英博物馆旁边的大罗素街的家,就显得异常狭窄逼仄。在莫里斯指示下，菲利普·韦伯绘制了新图纸，扩建红屋，完成了四面的围合。这样，伯恩-琼斯一家就能入住那里。他们的新家有自己的房间和入口，部分独立，但与莫里斯家在同一屋檐下，共享一个花园，形成了一个新的艺术生活社区。

那年9月，莫里斯家与伯恩-琼斯家以及查理·福克纳和他的姐妹们，相约来到苏塞克斯的利特尔汉普顿。凯特·福克纳有才华，有恒心，喜爱独处，是莫里斯和内德特别喜爱的小妹妹。这是一次顺利而愉快的海滨度假，也是新社区的一次试运行。就像乔治亚娜所说："晚上时光总是很开心，红屋的笑声又被点燃了，气氛更佳。"[94]内德起床后，煞有介事地开始布道。莫里斯又发怒了，气急败坏地把一副破眼镜丢出窗外。他自以为自己带来了一副新眼镜，事实上没有。第二天早饭前，有人看见他在外面，帽子也没戴，正神情沮丧地在街上寻找他的破眼镜。

但利特尔汉普顿之旅结束得很悲惨。伯恩-琼斯夫妇的小儿子菲利普感染了当地爆发的猩红热。因为症状轻微，他们没有采取什么特别的防护措施。回到伦敦后，乔治亚娜自己也感染了，病情十分严重，其间还早产了一个儿子。那孩子只活了三个星期，而乔治亚娜则一直发高烧，神志不清。伯恩-琼斯一家的好友罗斯金，为了不让马蹄的声响打搅到她，在外面的街道上铺上了树皮——"像骑马学校里的一样厚"。就在乔治亚娜康复之际，孩子却夭折了。内德叫他克里斯托弗，因为"他在跨越短暂生命的汹涌水域时，承受了如此的重负"。[95]面对这一连串的悲剧事件，莫里斯鞭长莫及。他在从厄普顿到布卢姆斯伯里的漫长旅途中受了凉，患上了严重的风湿热。他卧床不起时，伯恩-琼斯写信向他解释：经历这些伤痛后，搬到红屋的计划只能搁浅了。

接连不断的病痛打击，让琼斯心力交瘁。乔治·杜莫里耶这样描述当时的情况："琼斯这个可怜人，已经放弃了建造房子的念头。他创巨痛深，有四个月之久没干过一件工作——他妻子的分娩和猩红热，让他愁肠百结，筋疲力尽。"[96]在那时，猩红热是一种非常可怕的疾病，可能会永久损伤患者大脑的判断力。多数情况下，恢复过程极其缓慢。内德

195

弱不禁风。1861年,他大病一场,不久乔治亚娜也生病了。当时,内德
的喉痛和咳嗽越来越严重,已经恶化为咯血症状。乔治亚娜担心他命不
久矣。"谁人不知,一辆被紧急叫来的马车,载着两个同病相怜之人,担
惊受怕地颠簸在路上?"[97]与财力雄厚的莫里斯相比,伯恩-琼斯夫妇更
谨小慎微,也没那么聪明能干。有时看起来,他们就像两个孤行于世的
苦命孩子。内德的伯明翰出身以及勉强维持生计的状态,让他在经济上
只能精打细算。也许,他觉得红屋的计划过于轻率鲁莽。在他内心深
处,很可能并不相信自己和公司血肉相连。

莫里斯竭力抑制自己的失望情绪,颤抖着双手,给躺在床上的内德
回信:

> 想到我们的艺术殿堂……我承认,起初,你的来信对我是个打
> 击,虽然这尽在意料之中。——总之,我哭了,但我现在已经好多
> 了。说到我们这些不幸之人……老伙计,我真的感到怅然若失,只
> 有挚友不能前来,才能让我这样。你处境艰难,举步维艰……让我
> 们另寻他法吧,所以我该怎么办呢?恐怕,我也是有心无力,不能和
> 公司共度时艰了。我们所有的好项目都要付诸东流了——内德,我
> 一想到这个就害怕。[98]

接下来的一年里,任何红屋扩建计划都无法实施。莫里斯自己的采
矿收入也不存不济。萧条之际,他不得不变卖贵重资产,包括过去几年
从罗塞蒂那儿买来的画。他的艺术家工作社区的夙愿,此生也无法实现
了。此后的凯尔姆斯科特之家,没有工匠,也没有车间,尽管莫里斯时常
心血来潮,想把出版社搬到那里。再后来,默顿修道院基本上只是一个
工作场所,与莫里斯的家庭生活几乎没有交集。而在二十世纪的欧洲和
美国,生产与家庭相结合的生活理念,影响深远。这种生活理念,相继激
发了格洛斯特郡的工艺美术团体:欧内斯特·吉姆森和巴恩斯利夫妇,
奇平卡姆登的阿什比和切坎登手工业行会温什科姆的迈克·卡迪尤。

埃里克·吉尔的宗教团体也是这种生活理念的某种显现：起居、饮食、微型农场、车间、家庭、学校、大地和天堂，所有这些都有机相融。与此相对的是，尽管莫里斯一直构想并渴望这样的生活，但将工作和家庭融于乡村田园的梦想，始终未能实现。

1865 年夏天，公司在女王广场 26 号租了一处更大的地方，租期为二十一年。女王广场在南安普敦街以东，从红狮广场往北走一会儿就到了。莫里斯决定和家人搬回伦敦，住在公司所在的这栋楼里。莫里斯宁愿卖掉红屋也不愿把它租出去，因为"他深爱这座房子，所以无法忍受房东的角色"。[99]詹妮对此事反应如何，没有确切记录。但是，搬离红屋无疑会降低社会地位，而詹妮对阶层所属很敏感，对此她应该会心存芥蒂。乔治亚娜暗示，搬到女王广场时，他们有些黯然神伤。

莫里斯再也没有回过红屋。显然，红屋让他无法面对。然而，乔治亚娜写道："多年后，我们有人又梦回红屋，就像回到了童年最为熟知的房子。"[100]珍妮后来也描述过她四岁时在红屋的餐厅里等人载他们去车站的情景，一切颇有契诃夫式的韵味。

红屋的新买家并没有立刻出现。第二年，尽管莫里斯心存不舍，地产中介还是将它作为"永久产权住宅"，刊登了出租广告。

注释

[1] 但丁·加百利·罗塞蒂致福特·马多克斯·布朗的信，1860 年 5 月 23 日，道蒂和沃尔。

[2] W. 明托(W. Minto)编，《威廉·贝尔·司各特生平自述》(*Autobiographical Notes on the Life of William Bell Scott*)，詹姆斯·R. 奥斯古德，麦基尔文公司，1892 年。

[3] 威廉·莫里斯致安德烈亚斯·朔伊的信，1883 年 9 月 15 日。

[4] W. R. 莱瑟比，《菲利普·韦伯和他的创作》。

[5] 但丁·加百利·罗塞蒂致查尔斯·艾略特·诺顿的信，1862 年 1 月 9 日，道蒂和沃尔。

[6]《爱德华·伯恩-琼斯回忆录》。

［7］弗吉尼亚·瑟蒂斯编,《乔治·普赖斯·博伊斯日记》,1860 年 1 月 31 日,1980 年。

［8］W. 明托,《威廉·贝尔·司各特生平自述》。

［9］但丁·加百利·罗塞蒂致加百利·罗塞蒂夫人的信,1860 年 4 月 13 日,道蒂和沃尔。

［10］爱德华·伯恩-琼斯,引述自麦凯尔,《威廉·莫里斯的一生》。

［11］但丁·加百利·罗塞蒂致威廉·阿林厄姆的信,1960 年秋,道蒂和沃尔。

［12］弗尼瓦尔博士,F. S. 埃利斯关于莫里斯的演讲后的讨论,《艺术学会杂志》,1898 年 5 月 27 日。

［13］麦凯尔,《威廉·莫里斯的一生》。

［14］詹妮·莫里斯致梅·莫里斯的信,约 1912 年,大英图书馆。

［15］《爱德华·伯恩-琼斯回忆录》。

［16］詹妮·莫里斯致梅·莫里斯的信,约 1912 年,大英图书馆。

［17］《爱德华·伯恩-琼斯回忆录》。

［18］詹妮·莫里斯致但丁·加百利·罗塞蒂的信,未注明日期,布赖森。

［19］威廉·莫里森致安德烈亚斯·朔伊的信,1883 年 9 月 15 日。

［20］F. S. 埃利斯,《威廉·莫里斯的生平作品》("The Life Work of William Morris"),在艺术学会的演讲,《艺术学会杂志》,1898 年 5 月 27 日。

［21］一位身份不明的访客,引述自艾默·瓦兰斯,《威廉·莫里斯的生平与创作》(*The Life and Work of William Morris*),乔治·贝尔,1897 年。

［22］W. 明托编,《威廉·贝尔·司各特生平自述》。

［23］W. R. 莱瑟比,《菲利普·韦伯和他的创作》。

［24］《爱德华·伯恩-琼斯回忆录》。

［25］威廉·莫里斯,《我们如何生活以及可能如何生活》,1885 年讲座。

［26］J. W. 麦凯尔,讣告,1920 年 2 月,维多利亚与艾尔伯特博物馆国家艺术图书馆。

［27］弗吉尼亚·瑟蒂斯,《罗塞蒂的伊丽莎白·西德尔肖像》,斯科拉尔出版社,奥尔德肖特,1991 年。

[28]《爱德华·伯恩-琼斯回忆录》。

[29] 同上。

[30] W. R. 莱瑟比,《菲利普·韦伯和他的创作》。

[31] 威廉·莫里斯,《最优化利用》,约 1879 年讲座。

[32]《爱德华·伯恩-琼斯回忆录》。

[33] 同上。

[34] 弗吉尼亚·瑟蒂斯编,《乔治·普赖斯·博伊斯日记》,1861 年 1 月 26 日。

[35] 威廉·莫里斯致 F. B. 盖伊的信,1861 年 4 月 19 日。

[36] 威廉·莫里斯致安德烈亚斯·朔伊的信,1883 年 9 月 15 日。

[37]《爱德华·伯恩-琼斯回忆录》。

[38] 威廉·莫里斯,《我是如何成为社会主义者的》,《正义》,1894 年 6 月 16 日。

[39] 但丁·加百利·罗塞蒂致威廉·阿林厄姆的信,1861 年 1 月,道蒂和沃尔。

[40] W. R. 莱瑟比,《菲利普·韦伯和他的创作》。

[41] 查尔斯·福克纳致科梅尔·普赖斯的信,1862 年 4 月,麦凯尔。

[42] A. M. W. 斯特林,《里士满文件》,海涅曼,1926 年。

[43]《爱德华·伯恩-琼斯回忆录》。

[44] 威尔弗里德·斯考恩·布伦特,日记手稿,1896 年 5 月 31 日。

[45] 麦凯尔的招股说明书。

[46] 亚瑟·休斯,麦凯尔笔记本,威廉·莫里斯陈列馆。

[47]《爱德华·伯恩-琼斯回忆录》。

[48] 但丁·加百利·罗塞蒂致约翰·达林普尔夫人的信,1861 年,道蒂和沃尔。

[49] 威廉·莫里斯致 F. B. 盖伊的信,1861 年 4 月 19 日。

[50] 查尔斯·福克纳,麦凯尔笔记本,威廉·莫里斯陈列馆。

[51] 威廉·莫里斯,《一个梦》,《牛津和剑桥杂志》,1856 年。

[52] W. R. 莱瑟比,《菲利普·韦伯和他的创作》。

［53］威廉·莫里斯"彩色玻璃"词条,《钱伯斯百科全书》的文章,《威廉·莫里斯：艺术家、作家、社会主义者》。

［54］同上。

［55］威廉·莫里斯致亨利·霍利迪的信,1877 年。

［56］威廉·莫里斯,《钱伯斯百科全书》条目"彩绘玻璃,《威廉·莫里斯：艺术家、作家、社会主义者》。

［57］麦凯尔,《威廉·莫里斯的一生》。

［58］但丁·加百利·罗塞蒂致查尔斯·艾略特·诺顿的信,1862 年 1 月 9 日,道蒂和沃尔。

［59］《威廉·莫里斯：艺术家、作家、社会主义者》。

［60］麦凯尔,《威廉·莫里斯的一生》。

［61］威廉·莫里斯致安德烈亚斯·朔伊的信,1883 年 9 月 15 日。

［62］《伦敦协会》,第一卷,1862 年 8 月。

［63］威廉·莫里斯致安德烈亚斯·朔伊的信,1883 年 9 月 15 日。

［64］西德尼·科克雷尔,麦凯尔笔记本,威廉·莫里斯陈列馆。

［65］但丁·加百利·罗塞蒂致威廉·阿林厄姆的信,1861 年 1 月,道蒂和沃尔。

［66］韦林顿·泰勒致爱德华·罗伯特·罗布森的信,约 1863 年,菲茨威廉。

［67］梅特福德·华纳,引述自《艺术学会杂志》,1898 年 5 月 27 日。

［68］但丁·加百利·罗塞蒂致查尔斯·艾略特·诺顿的信,1862 年 1 月 9 日,道蒂和沃尔。

［69］麦凯尔,《威廉·莫里斯的一生》。

［70］劳伦斯·丹森（Lawrence Danson）,《马克斯·比尔博姆和〈过去之镜〉》(*Max Beerbohm and ' The Mirror of the Past'*),普林斯顿大学出版社,新泽西,1982 年。

［71］但丁·加百利·罗塞蒂致亚历山大·吉尔克里斯特的信,1861 年 9 月 2 日,道蒂和沃尔。

［72］威廉·莫里森致不明收件人的信,1858 年 10 月。

[73] 威廉·莫里斯,《生活之美》,1880 年讲座。

[74] 威廉·莫里斯致福特·马多克斯·布朗的信,1861 年 1 月 18 日。

[75] 但丁·加百利·罗塞蒂致威廉·阿林厄姆的信,1861 年 1 月,道蒂和沃尔。

[76]《爱德华·伯恩-琼斯回忆录》。

[77] 同上。

[78] 彼得·保罗·马歇尔,引述自麦凯尔笔记,威廉·莫里斯陈列馆。

[79]《爱德华·伯恩-琼斯回忆录》。

[80] 同上。

[81] 同上。

[82] M. K. 特里维廉日记,1904 年,引述自帕特·贾兰(Pat Jalland),《妇女、婚姻和政治》(*Women, Marriage and Politics*),牛津大学出版社,1986 年。

[83] 威廉·莫里斯致艾玛·谢尔顿·莫里斯的信,1855 年 11 月 5 日。

[84] 麦凯尔,《威廉·莫里斯的一生》。

[85] 威廉·莫里斯,《给维纳斯的戒指》,《人间天堂》第四部分,1870 年。

[86] 威廉·莫里斯,《阿尔塞斯蒂斯之爱》,《人间天堂》第二部分,1868 年。

[87] 麦凯尔,《威廉·莫里斯的一生》。

[88]《特洛伊的沦陷》,《威廉·莫里斯作品集》,第二十四卷,1915 年。

[89]《威廉·阿林厄姆日记:1824–1889》,1864 年 7 月 18 日,H. 阿林厄姆和 D. 拉德福德编,半人马出版社,丰特韦尔,1967 年。

[90] 同上书,1864 年 7 月 19 日。

[91] 乔治亚娜·伯恩-琼斯致西德尼·科克雷尔,1917 年 10 月 26 日,国家艺术图书馆。

[92]《威廉·莫里斯作品集》"导言"。

[93] 乔治·沃德尔,《回忆威廉·莫里斯》,1897 年圣诞节,大英图书馆。

[94]《爱德华·伯恩-琼斯回忆录》。

[95] 达夫妮·杜莫里耶编,《年轻的乔治·杜莫里耶,1860–1867 年信件选集》,彼得·戴维斯,1951 年。

[96] 同上。

[97] 同上。

[98] 威廉·莫里斯致爱德华·伯恩-琼斯的信,1864 年 11 月。

[99]《爱德华·伯恩-琼斯回忆录》。

[100] 同上。

第七章 女王广场(1865–1869)

在剑桥大学菲茨威廉博物馆,有一本手稿笔记本。里面写着:

> 给车夫或路人的话:
>
> 如果您发现了这本书,请把它带给失主威廉·莫里斯。
>
> 他住在布卢姆斯伯里女王广场26号。
>
> 您会得到一基尼的酬谢。
>
> 这个笔记本对其他人毫无用处,但对主人来说意义非凡。[1]

在笔记本背面,有一些日常涂鸦:

> 是的,太多了——
>
> 历历往事,熠熠生辉
>
> 你的工作在哪儿?
>
> 你的朋友在哪儿?
>
> 谁是你的朋友?

1865年秋天,威廉·莫里斯从红屋搬到了女王广场东侧,他真正重返了这座伟大的城市。他回到了布卢姆斯伯里区,这里高屋林立的街道、相互贯通的广场、花园里零散的灌木丛和布满灰尘的悬铃树,他都如此熟悉。女王广场与红狮广场一样,皆褪去了昔日繁华。十八世纪初,曾有三位主教和一位伦敦准市长被列为这里的居民。十八世纪八十年代,范妮·伯尼的父亲家,人来人往,门庭若市,范妮·伯尼就在顶楼的小房间写她的日记。著名的女王广场上还有一个女子学院,被称为"伊顿女校"。学校里有一位老师,即著名诗人兼讽刺作家查尔斯·丘吉尔。他曾因为某种"不端行为"被驱逐,学校也最终在克里米亚战争中被关闭。而女王广场现在也成了一个无家可归者的聚集地。十九世纪八十年代,亨利·詹姆斯将其描述为"一个时过境迁的落伍之地,中间有一座安妮女王的灰白色雕像,到处散发着强烈而陈旧的上个世纪气息"。[2]威廉·莫里斯家隔壁的 25 号房是一个女士之家。在这一时期的人口普查中,列出了十五名女性居民。她们或未婚或丧偶,大多是中老年人。

据说,威廉·莫里斯归来时,亲吻了伦敦的大地。这也许令人惊讶,但他确实能够做到抖擞精神、卷土重来。他始终相信明天,也不后悔过去。乔治亚娜静静地观察他,看他"用自己义无反顾的方式"和红屋告别。[3]莫里斯-马歇尔-福克纳公司每年向庞大的安妮女王楼支付五十二英镑租金。这里,将给莫里斯提供足够空间展开新工作。而且,他还可以直接住在店铺楼上,这样就节省了从厄普顿赶过来所花费的数小时时间。房子的一楼是办公室和陈列室。在房子后院的对面,有一个建立于昔日繁荣时代的宴会厅,它被改造成一个大作坊,附带周围几个小作坊。随后,在大奥蒙德院,又设立了一个橱柜制作和室内装饰的工作室。而在旁边的小奥蒙德院,则于五十年代为伦敦工人召开了首次系列讲座,成为莫里斯工人学院的开端。可以说,莫里斯回到布卢姆斯伯里,就是回到他年轻时代基督教下的"社会主义家园"。

在女王广场 26 号,连接主建筑和宴会厅的是一个宽广的木长廊,这里就是玻璃画师工作的地方。珍妮和梅特别喜爱望向窗外,看组装彩色玻璃的工匠们身影穿梭,俯身劳作。对于孩子来说,这过程如此令人着迷:"到处都是宝石般的玻璃,颜色迷人。还有让人惊叹的银网,以及最不可思议的窑炉里的阴影和神秘。"[4]有时,为监察窑炉而开窗试看时,莫里斯就让女儿们也参与一下。

房子里的剩余空间,供莫里斯家所用。詹妮的妹妹贝西·伯登和莫里斯一家住在一起。自她父亲去世之后,她就与莫里斯家同住。从红屋搬走之前,她在那里度过了几个月。1871年的人口普查显示,威廉·莫里斯家有三名佣人,此外,"这位艺术家聘用了十八名男子和男孩"。这三位佣人分别是来自剑桥、时年二十二岁的伊莱莎·塞勒和阿格尼斯·特纳,以及三十岁的玛丽·休斯。这三人来时都未婚,而阿格尼斯和玛丽都是私生女。房子里最好的房间是客厅,也就是梅所说的那"高雅的房间"。房间比例适当,整洁有序,透过五扇美丽的窗户可以俯瞰广场花园。这所建筑"被漆刷成耀眼的白色"[5],以更好地衬托公司的门面。像红屋一样,位于女王广场的公司,有意设计成展厅的形式,以展示公司的活动进展及产品装饰效果。孩提时,梅在朝向楼阁的儿童房的小床上发现莫里斯《花格》壁纸上的鸟看上去有点坏,不过活灵活现,栩栩如生。

莫里斯的工作室在一楼。梅记得,这里有一个大画板,椅子上有"一个大面包,面包中间有一个小洞"[6]——莫里斯把面包用作橡皮擦。地板上散落面包屑,整个房间弥漫着"好闻的牛油纸的味道"。在地窖深处,是莫里斯贮藏的桶装酒。他和酒商在这里商谈,有时装瓶工会进来,将葡萄酒从酒桶分装至酒瓶。琥珀色的莱茵区白葡萄酒和深红色玻尔多红葡萄酒,与菲利普·韦伯设计的套装酒杯相得益彰。杯觥交杂中,詹妮显得分外美丽。孩子们最喜欢触摸她柔软的丝绸长袍,她那样光彩照人却又沉默寡言。

在搬到女王广场之前,莫里斯就已经开始创作一部宏大的诗篇,这使他保有十年之久的荣光,成为那个时期最受欢迎的诗人,并最终成为丁尼生之后桂冠诗人候选人。《人间天堂》是他对乔叟的致敬,以传统的英国故事叙述体来完成。这首诗的结构是,由序言开始,随后是由不同叙述者讲的二十四个故事。显然,这种创作手法源自《坎特伯雷故事集》。莫里斯创伤的故事是这样的：十四世纪末，一群北欧人为躲避黑死病，启航去寻找传说中的人间天堂——"长生不老之地"。但他们并没有找到它，只得失望而归，头发灰白，垂垂老矣地回到"远海中的无名城"，这里依然崇拜古希腊神，依然欢迎老朽的流浪者。城里每月要摆两次斋宴。席上，一边是城里的长老，一边是流浪的老者，两边派一人轮流讲一个故事。长老们讲述的是古典故事：珀尔修斯、克洛伊索斯、阿尔刻提斯、赫斯珀里得斯的苹果。流浪者们的故事题材更加不拘一格，故事范围从北欧到中世纪。这反映出莫里斯对冰岛题材越来越有兴致，就像他设计挂毯或建筑一样，他精心、缜密、敬业地创作了这篇四万行诗。他全神贯注地写，几近疯狂地写，写那从孩提时起就一直在脑子里翻腾的故事。

从1865年到1870年的五年间，《人间天堂》与莫里斯及其密友的生活交织在一起。迁往女王广场，使他们重拾了写作习惯。自从《桂妮维亚的辩护》受到冷遇以来，写作一直处于停滞状态，现在他终于能腾出时间延续了。乔治亚娜·伯恩-琼斯在1865年将之描述为"蓝图冥想"。[7] 就像他实施的其他项目一样，莫里斯把写诗作为将朋友留在身

9.《威廉·莫里斯给内德读诗》，爱德华·伯恩-琼斯的漫画

边的捷径。只要新诗一出,就开始朗读和讨论。乔治亚娜写道:"很惭愧,我记得那朗读的平稳节奏,常常让我昏昏欲睡。为了保持清醒,我就咬一下手指或用针扎自己一下。"早时,在女王广场,人们会举行晚宴来讨论这首诗。但那时,詹妮患上了一种不明的疾病,娇弱地仰卧在沙发上,成为典型维多利亚时代的病态美人。她觉得这些晚宴实在太累人,于是,对《人间天堂》的讨论就转移到了别处。

詹妮到底得了什么病? 很难说。最常提及的症状是背痛,以及消化不良、全身乏力。这更像是脊椎病? 妇科病? 还是因情绪不佳而造成的身体反应? 詹妮在大半人生时光里,总是体弱多病,时好时坏。但没有证据表明她患有严重的器质性疾病,她的病应该置于那个时代背景下来解读。关于维多利亚时代妇女如何被社会"排斥",已经说过很多。但詹妮是一个特例,对于那些尤爱沙发的女人来说,一些无关紧要的小病,反而能够平添别样风情。她们不仅能够吸引关注、制造神秘,还可以使自己免除来自家庭的指责。

1866 年,威廉·阿林厄姆参观了伯恩-琼斯在肯辛顿的新家,他写下:"7 月 30 日,星期一,肯辛顿广场,工作室,普赛克插图,图书计划,莫里斯,以及许多故事和图片。"[8]两天后,那里热情依旧:

> 8 月 1 日,星期三。晚宴上,威廉·莫里斯兴致勃勃地学习葡萄酒和蒸馏知识。内德·琼斯完成了《大故事书》中奥林匹斯山的版画。莫里斯和朋友们打算自己亲自雕版——莫里斯资助出版。我很喜欢莫里斯,他直言不讳,重点突出,有时挺聒噪,但无伤大雅。他大约十二点离开。

《大故事书》最初构思是做大开本,含纳伯恩-琼斯的五百幅木版插图。实际上,为了这一鸿篇巨制,内德创作了一百多幅作品,包括七十幅《丘比特和普赛克》插图,其中有五十四幅付诸木刻和印刷。《丘比特和普赛克》的原画和笔记,现存于伯明翰市美术馆;它凝结着兄弟般的亲密合作：莫里斯列出主题,伯恩-琼斯负责描绘优美流畅的草稿、场景构图,以及细节表现。可以说,这是视觉和言辞之间的珠联璧合。伯恩-琼斯和莫里斯对那种阴冷气氛有共通的感受,比如那灰暗突兀的岩石;乖戾苍老的摆渡人;打旋的冥河。他们配合默契,心领神会。在描绘普赛克时,他们对那个被侵犯的无辜者形象不谋而合。《普赛克和打开的宝盒》展示了一个精彩画面,宝盒像孩子的储蓄盒一样敞开,释放出烟雾。普赛克昏倒在荒芜的海岸上,"沉睡不醒"。[9]

　　阿林厄姆前往位于汉普郡的布罗肯赫斯特度假,其间拜访了莫里斯和伯恩-琼斯。他生动描述了两人的互动方式——莫里斯急不可耐、内德则捉弄人似的慢条斯理。"内德只画过几笔素描。他一有兴致,就忙着为莫里斯诗体《大故事书》设计插图,或者为《丘比特和普赛克》也画几幅,再有就是画罗马朝圣者以及其他。他借鉴古老的木刻作品,尤其是从他手中持有的《寻爱绮梦》副本中学习,形成了自己的风格。总的说来,他的作品,以及莫里斯的作品,可以被称为'新文艺复兴'。"[10]内德对莫里斯耍了个小把戏。他假装很懒怠,说书中的插画一幅也没有完

10.《卡戎之舟上的普赛克》,《人间天堂》的备选插图。爱德华·伯恩-琼斯绘,威廉·莫里斯刻

11. 威廉·莫里斯为《人间天堂》制作木版。爱德华·伯恩-琼斯的漫画

成。这给了莫里斯一个透心凉,让他唠叨不止。但内德随后又拿出设计好的八九幅木版画,莫里斯见状笑了,惊讶不已。

刻版的工作本有意交给莫里斯的助手。詹妮的妹妹贝西曾刻过一个整版。乔治·沃德尔是该公司最早雇用的制图员,原来负责描摹萨福克教堂屏风和天花板上的图案,后来为伯恩-琼斯所作的《丘比特和普赛克》设计图刻制木版。但莫里斯很快接管了这个工作。沃德尔写道:"莫里斯决意自己完成所有木版雕刻。"[11]他干劲十足,但并非一帆风顺——因为雕刻工作必然很慢,而莫里斯又天生性急。但他坚持不懈,精益求精,最终他的木版作品通过了像查尔斯·费尔法克斯·默里这样技艺精湛的专业人士的检验。他雕刻的木版有五十块之多。梅回忆她的父亲,在女王广场,他在"闪着神秘光芒的物体后面,手里拿着闪亮的雕刻工具,刻着一块小木版,那个小木版放在一个圆鼓鼓的皮革垫子上"。[12]然而,这幅图文并茂的《人间天堂》最终还是未能实施,主要原因是制作技术不过关。当时,奇斯威克出版社试印了两张对开版,效果粗糙。但莫里斯和伯恩-琼斯还是满怀希望,期待凯尔姆斯科特出版社能在九十年代出版这本插图版《大故事书》。而由伯恩-琼斯绘图的《丘比特和普赛克》则在八十年后才最终面世。

204　　此时,女王广场成为一个繁忙的创造中心。罗塞蒂总有种感觉:莫里斯的手稿已经把柜子都填满了。在梅的记忆中,房子里到处散落着印刷纸卷。而很久以后,她才意识到,这可能就是让父亲心烦意乱的《伊阿宋的生与死》或《人间天堂》的校稿。实际上,莫里斯出版的第一部诗篇是其主要诗作的预览:《伊阿宋的生与死》,莫里斯的"金羊毛"诗。一万三千行,长度介于《埃涅阿斯纪》和《奥德赛》之间。因为篇幅巨大,《人间天堂》无法收录,所以此诗于 1867 年由贝尔和达尔迪单独出版,最初也由莫里斯出资。但再版时,出版商向莫里斯支付了费用。第四版时,又换成了斯温伯恩推荐的新出版商:弗雷德里克·斯泰里奇·埃利斯。之后,埃利斯成了莫里斯的忠实朋友、钓友、追求出版精品的亲密搭档。直到 1885 年退休时,弗雷德里克·斯泰里奇·埃利斯一直是莫里斯的合作出版商。《伊阿宋的生与死》广受赞誉。甚至连对莫里斯并不是十分感兴趣的丁尼生也很欣赏这本书。年轻的奥克塔维亚·希尔认为,这才是"真正的诗歌"[13],但她对诗中没有体现基督精神深感遗憾。在这一点上,她未免有些肤浅了,莫里斯其实已将美学视为"布道"的对象。《伊阿宋的生与死》的成功,使莫里斯重拾完成《人间天堂》的信心。他给伯恩-琼斯写信,开心地说:"受到这些吹捧,我的心情自然很好。"[14]

　　为什么《伊阿宋的生与死》大获成功,而《桂妮维亚的辩护》则不然?在某种程度上是时间使然。八年里,诗歌风向陡变。丁尼生已经过时,让人觉得索然无味。对于丁尼生的模仿者,公众也厌倦了。《伊阿宋的生与死》问世之前的两年,斯温伯恩充满激情的诗歌戏剧《阿塔兰忒在卡吕登》出版,标志着诗歌潮流向理性思辨形式转变。随后,斯温伯恩的《诗歌和民谣》也受到追捧,尽管其中某些被视为惊世骇俗之作,但他终将拉斐尔前派诗人和艺术家的方法理念带入了公众视野。评论家乔治·圣茨伯里在三十年后再看莫里斯《伊阿宋的生与死》的首印版——那装订在书脊上的红色粗布衬饰已经褪成橘色。他解释说,继斯温伯恩之后,当时威廉·莫里斯是如何一举"击中鸟的双翼"的。[15]莫里斯选择了恰到好处的古典主题,并做了无懈可击的浪漫主义处理。任何明眼人都看得到,这正是"以诗叙事的全新风尚"。

自《桂妮维亚的辩护》后,莫里斯的写作技法发生转变。不再生硬,而是得心应手。斯温伯恩在为《双周评论》撰写的《伊阿宋的生与死》书评中,说他的写作风格是"那样宽广、伤感和简洁"。[16]如今,我们都习惯了阅读短诗,以至于觉得像《伊阿宋的生与死》这样宏大的作品似乎有些沉闷,就像布鲁克纳的交响曲一样。有时,莫里斯似乎是以英雄双行体模式来作诗,打破、重叠,而后不断重复。读者需要慢慢研读,但最好是大声朗读,将自己置于其中,用心感受莫里斯言语叙述的力量和视觉细节带来的光辉。莫里斯的《金羊毛》确实是精品之作。伯恩-琼斯对其诗作的评论非常正确,"没有语录式的陈述,让人读得酣畅淋漓"。[17]

莫里斯自己也承认,诗歌的流畅离不开他选择的主题。他先是复述伊阿宋乘"阿尔戈号"远航,从科尔基斯带回金羊毛的古典故事,莫里斯发现了自己的定命:对传奇故事的热爱与追求,将延续他余生的创作生涯——从《人间天堂》多卷本,到九十年代的成人童话故事。从此时开始,他讲的故事,都有着同质性要素:野外长大的孩子,不知自己的身世;少女的幻影,穿着束腰长袍和凉鞋(脚对莫里斯有着不同寻常的意义);孤冷而腼腆的英雄;模糊的记忆——"他脸上显现出惝恍迷离的神情",一闪而过;在极具冲突的场景中出现英雄画面,比如《伊阿宋的生与死》中"驯服神牛";以及在感情的跌宕起伏下,男女相识、相恋,又分道扬镳。二十世纪三十年代,C. S. 刘易斯写道,这种写作模式相当奇特,仅为莫里斯所特有。他将之概括为"无穷无尽的原始渴望"和"对永生不灭的终极渴望"。[18]事实上,莫里斯所创作的、在维多利亚时代中期横空出世的故事《伊阿宋的生与死》,却是一个不太可能出现的混合体——济慈式浪漫主义和基督教社会主义文本相结合。

当然,这并不是以伊阿宋为主的故事,主要还是美狄亚的故事。在描绘这位最为妖艳魅惑的女巫时,莫里斯是发自内心地出于对暗黑系女人、幻形人、施咒人的痴迷而作。他笔下的美狄亚是女巫西多尼亚的继承人。在同一时期,伯恩-琼斯也正在画女巫喀耳刻。黄铜煮锅后面的那个美貌的女巫,映射出拉斐尔前派的梦幻泡影。最终,伊阿宋和新欢格劳斯背叛了美狄亚。

206

再一次,午夜时分,

她悄然偷渡,异国他乡。

再一次,森林之边,

她脱鞋光脚,裸露香肩。

再一次,长夜余火,

她心潮涌动,欲壑难填。

再一次,劳作完毕,她翩然而返。

再一次,黎明破晓,她仓皇而逃。

再一次,茅茨昏暗,她疲惫而归。

再一次,她郁郁寡欢,怏怏不乐。

再一次,她席地而睡,忧思而眠。

柔心,弱骨,颠沛,流离。[19]

and once more on that night

She stole abroad about the mirk midnight,

Once more upon a wood's edge from her feet

She stripped her shoes and bared her shoulder sweet.

Once more that night over the lingering fire

She hung with sick heart famished of desire.

Once more she turned back when her work was done;

Once more she fled the coming of the sun;

Once more she reached her dusky, shimmering room;

Once more she lighted up the dying gloom;

Once more she lay adown, and in sad sleep

Her weary body and sick heart did steep.

莫里斯的故事引人入胜，且同样具有维多利亚式的情色视角。再一次，刘易斯首先注意到，或者说是首先指出——威廉·莫里斯作品中的情色描写"不加掩饰地无处不在"。[20]

莫里斯笔下的《伊阿宋的生与死》让人入迷，原因在于其中有种距离美——虽然他讲的故事基于久远的古典传奇，且几乎是老生常谈的主题。萧伯纳曾经说，莫里斯在《伊阿宋的生与死》中描述的是"泰晤士河之旅——穿越泰晤士河和塞文隧道而溯本归源"[21]，这正是他喜欢这部作品的原因。虽然事实未必如此，但毫无疑问，莫里斯的深层体验、思想智慧、喜怒哀乐以及地质知识，都渗透到此诗中。这位全才充分利用了古典素材，尽管其中透露出某种古怪的维多利亚感。莫里斯有一位埃克塞特老同事——牧师和古文物研究者摩根·乔治·沃特金斯。莫里斯不无歉意地对他说："至于考古，恐怕你在《伊阿宋的生与死》里找不到什么。我设定的城邦属于意大利十六世纪或詹姆斯一世时期，而不是荷马时代或荷马时代之前。而且作为原型来讲，更像林肯或鲁昂而非雅典，更不必说梯林斯或迈锡尼了。此外，诗中的葡萄酒产自勃艮第，而不是希俄斯岛。能够向你确切表明这些，我深感荣幸。"[22]

莫里斯因写作成功而受到鼓舞，有点飘飘然了。当《伊阿宋的生与死》再版时，内德不免对莫里斯的傲慢不逊有所不满。托普西很高兴地得知，他之前的家教 F. B. 盖伊将《伊阿宋的生与死》引入森林学校课程。在经历了悲惨的莫尔伯勒岁月后，他自嘲"成了男生们讨厌的人"。[23]

如果他能读到美国一家不知名报纸上的评论，他一定会很欣喜。标题是"英格兰工人阶级知性水准的提升"，标题之下，这位新锐诗人的大作获得高度赞扬，文章称诗人"靠为伦敦家具公司设计壁纸来勉强维持生计"。[24]

顺应威廉·德·摩根对他的称呼"皇帝广场的莫里斯先生"[25]，他确实比未搬迁之前更具公关力。1865 年，身着深蓝色亚麻衬衫的莫里斯接待了拜访女王广场的一位潜在客户。他与之商讨墙纸图案，还亲自

12.《吟游诗人和小商贩》,但丁·加百利·罗塞蒂绘

开了账单。次年,一位客户打断了他《石榴》壁纸的设计工作。随着外来酬金的增加,他的员工也开始在正式信件中称他为"我们的莫里斯先生"。看来,罗塞蒂调侃他是吟游诗人和小商贩确实也有凭有据。

公司结构发生了变化。查理·福克纳回到牛津大学继续当数学老师,"就是不太像一个大学老师,我得承认",莫里斯说。[26]查理通过他的母亲、姐妹以及居住在女王广场 35 号的公司邻居,与伙伴们保持着密切联系。查理的工作职责转交给了一位新业务经理,他于搬迁前的最后几个月被委任。为理想主义的小企业聘用业务经理,具有一定风险:这也是工艺美术工坊的一大棘手难题。在误用人才的招聘史上,韦林顿·泰勒必被列入典型案例。他又高又瘦,有一个大罗马鼻,讲话又急又快。他曾在伊顿公学斯温伯恩分校工作,后来被派到德国的一所学校。在新学校,他依旧戴着大礼帽,穿着伊顿公学的夹克,让人心生诧异。他曾是天主教徒,参过军,退过伍。乔治亚娜的评论一语中的——"他还没有找到自己的生活定位"。[27]他是一个坚定的瓦格纳主义者,而莫里斯却认为瓦格纳极其可笑,他对北方史诗的轻视让莫里斯愤恨。

当韦林顿·泰勒收到公司录用通知时,他正受雇于女王剧院(当时是歌剧院)售票处。他娶了一位地位比他低的女人。他女儿夭折,妻子也有了新欢。有意思的是,当他的婚姻遇到危机,詹妮被请去拜访泰勒夫人,与她商议怎样跟丈夫和解。

泰勒对委派给他的职务感到惊喜。他完全认同公司的美学理念,渴望沉浸于公司哲学,投身"不惜一切代价追求真理的殷切希望"中。[28] 他将公司视为该国重要艺术运动的组成部分:"同样的境遇,产生了拉斐尔前派,产生了罗斯金、伍德沃德、韦伯——我所知的唯一真正伟大的建筑师。"泰勒总会抓住时机,也瞅准了公司供应的家具设备,如"小挂毯等"。他正需要把这些东西搬进新家。

泰勒立刻看出公司运作其实不得要领。自从福克纳离开后,合伙人会议就不再定期举行了。六十年代中期,公司的彩色玻璃市场开始萎缩,营业额和利润都很微薄,以至于莫里斯和母亲早年的贷款仍然无法偿还。作为商人,莫里斯越来越心不在焉,越来越愿意一心写作。泰勒雷厉风行地将"管理条例和商业习惯"带入公司事务中。在最初几周,合伙人之间流传着对他的私下评论:"他像恶龙一样管理公司账目,处理客户订单,目的在于让莫里斯一次只专注于一件事。"[29]

这时,黑色简椅,也就是所谓的苏塞克斯椅,开始备受中产阶级推崇,并成为莫里斯本人及其公司的象征。福特·马多克斯·布朗天然喜爱乡村风格的家具。从五十年代末开始,所有合伙人的家(包括红屋)里,都有几把苏塞克斯椅。这时,苏塞克斯椅还是红色。到六十年代中期,公司的简约型家具依然隐没于错彩镂金、富丽堂皇的装饰之下。泰勒的贡献在于他权衡利弊,认为应该基于实用性而推出轻体量家具。"可移动的家具怎么样? 轻便得让绅士们用一只手就能移开?"[30] 他通过理念阐释来证明此观点,认为"苏塞克斯黑椅,这红狮广场的平平无奇的椅子,在本质上却有着绅士的内核,完全没有油腻的粗俗感——它拥有朴素的诗意"。

泰勒本人是有远见的。他在苏塞克斯椅上发现一种怡人而端庄的品质,他对此青睐有加,认为这与早期伍斯特瓷器上的精致玫瑰花蕾或英国柳树图案盘有异曲同工之妙。他的美学思想,在他机敏而杂乱的信件中得以窥见。八十年代早期,莫里斯的讲座与之呼应良多。泰勒"自然、宁静和纯结构"的早期装饰理念,体现的是一种英国现代风格,它创新地与过去相连。莫里斯会受到他很深的影响吗?

有意思的是,泰勒在很大程度上影响了莫里斯的政治观。梅·莫里斯甚至声称,他对莫里斯最终完全转向社会主义负有责任。伊顿公学出身的泰勒和莫尔伯勒人莫里斯一样,深刻认识到英国阶级结构的弊病。泰勒对此大声抗议,强烈谴责,将矛头对准了思想僵化的英国中产阶级。他对其中的女性更是不屑一顾:"我真的不理解居然有人会不把这类英国太太当傻瓜。"[31]公司接受委托重新装修圣詹姆斯宫,其间泰勒怒斥:"记住,我们现在正在滥用民众的钱——宫殿装修能有什么用?"[32]

莫里斯的暴怒映射出泰勒心有芒刺的政治态度。接下来的十年,泰勒发现他越来越难以维系对富人的迎合。莫里斯与最好的客户之一艾萨克·洛蒂安·贝尔爵士发生了一次有名的对峙,应该与泰勒的影响有关。贝尔爵士问莫里斯为何在鲁顿庄园的房间里暴跳如雷,他只不过是被请到这里给点建议。莫里斯"野兽"般怒怼:"那是因为,我一生都在服务于有钱人猪一样的奢侈生活。"[33]

莫里斯享受着精致的生活,泰勒对此却不能容忍。他深刻明了福祸相依的道理。背着广告板行走街头的形象在他心头挥之不去。"广告板人,"他说,"往往是衰败的绅士。"[34]他对莫里斯的我行我素感到沮丧,对他的臃肿身材感到恼火。他自诩为莫里斯的克星,抨击他专业无能、挥霍无度,预言他在葡萄酒和手稿花费上的大手大脚最终将导致破产。泰勒于1866年离开伦敦。他饱受肺病折磨,而后定居黑斯廷斯。他从未被正式撤职,仍然是流亡的业务经理。在垂暮之年,他对莫里斯的积怨越来越深。

他的苛责合理吗?莫里斯果真效率低下,以至于不得已才发展起彩色玻璃窗业务?他果真是疏于管理,以至于让手脚不老实的职员每周轻易盗用一两英镑？泰勒指责莫里斯工作时"非常紧张"[35]，这倒是不无道理。他过于随意地把人们从手头工作中抽调出来，再派给他们别的活计。泰勒扬言："莫里斯会同时开始五六份工作。又搁置一边，半途而废后，还得再来一次！于是时间和金钱都损失掉了。"难道公司对时间管理和工时标定如此欠缺吗？

　　确定的是，莫里斯的确很难保证工作按时完成。就教堂中殿屋顶的装饰一事，莫里斯给剑桥大学耶稣学院院长写信致歉，工程预计1866年圣诞节完工，但他要求延期至春季："这种工作不能急于求成，毕竟会做的人很少。"[36]在莫里斯写给工作领班乔治·坎普菲尔德的信中，还流露出管理混乱的迹象，信中附有他的漫画和写给天使的说明："我们的劣迹惹恼了那些先生，他们想除掉你们。"[37]但同样可能的是，泰勒的刺激让莫里斯更固执己见，让他很容易退行到小孩子的状态。莫里斯与接任泰勒工作的乔治·沃德尔关系更为融洽。1866年，在莫里斯指导下，公司接了一系列重要的室内装饰委托项目，巩固了公司声誉和财务状况。

　　1866年9月至1867年1月，圣詹姆斯宫的军械库和饰毯间重新装修。军械库是大楼梯（通向王座室）顶部公用室的第一间，旁边就是饰毯间。

　　菲利普·韦伯设计了方案细节，那些哥特式图案繁复密集，富丽堂皇。较低的墙壁上镶嵌着深色镀金花和绿叶装饰。门、护墙板、天花板、窗户、檐口也都经过粉漆。锦簇花团在太阳光晕的笼罩下，颇有一种梦幻感。高大的壁炉华丽俗艳，就像古怪稀奇的吉卜赛小摊。1868年，战争办公处举办了盔甲陈列，其中包括八套全套马耳他盔甲和六顶头盔，王室挂毯上的黄、蓝、绿也褪了色，让空间徒增一种异样风情。挂毯上描绘了高大而有压迫感的人物形象。房间神秘而迷人，怪诞而造作，就像莫里斯童话故事中奢华靡丽的宫殿。他们的设计并不遵循那个年代的传统惯例和布局，而是讲究排场和细节。大量密集的图案，造成某种迷幻效果。观者会感到眼花缭乱，惝恍迷离，像被困在一个完全画出来的空间里。新设计风格带来的震撼,以及这些室内装修在当时造成的影响,可以通过对比公司在圣詹姆斯宫的作品与两年前备受青睐的皇家设计师约翰·G.格雷斯重新设计的了无生趣的宴会厅来判断。

莫里斯是怎样接到涉及皇宫的大项目的呢?公司又是如何迅速实现它所宣称的取代格雷斯的目标的呢?这应该是罗塞蒂与第一任公共工程专员威廉·考珀(即后来对新艺术发展兴趣浓厚的芒特-坦普尔勋爵,帕默斯顿勋爵的继子)建立了恰逢其时的友谊的结果。芒特-坦普尔夫人在回忆录中描述了当时的背景:"当圣詹姆斯旧宫的一些房间不得不装修时,他举荐伟大的艺术改革家威廉·莫里斯来承担这一任务,而不是将其交给时髦派装潢师。"[38]罗塞蒂凭借魅力和胆识达成这一目标。

212
有一天,罗塞蒂先生单独和我们一起用餐,出乎我的意料,他并没有对我的房间和装饰表现出欣赏,而是明显有些不安。我问他,是否**可以**提出改进建议。"好啊,"他坦率地说,"你先把所有的东西烧掉,我再开始!"

莫里斯的第二个重要官方委托,是南肯辛顿博物馆的绿餐厅。和菲利普·韦伯一起,他已经收藏了不少艺术品,用于研究彩色玻璃、瓷砖和彩绘装饰。莫里斯在一次会议上说:"他们谈论要为公众建博物馆,但实际上,南肯辛顿博物馆只聚集了六个人,另一个人是房间里的一位同志。"他指的当然就是菲利普·韦伯。亨利·科尔、理查德·雷德格雷夫和南肯辛顿新建筑的建筑师弗朗西斯·福克上尉进行了初步探询。他们定是看到公司在 1862 年展览会上的展位,印象深刻。莫里斯和伯恩-琼斯的彩色玻璃于 1864 年被博物馆购买并收藏。公司为"西茶点室"所制定的预备方案获得了一百英镑。

福克的理念是,博物馆建筑及其装饰细节应该富有启迪意义,建筑本身即展品。绿餐厅位于讲堂厅一楼,由三间精致的茶点室组成。这个大型中央餐厅,现在被称为甘波尔室,具有文艺复兴时期的室内装饰风格。立柱是马约里卡锡釉陶做的,檐壁有丘比特的装饰。东部茶点室或小餐厅也被称为荷兰厨房,由爱德华·波因特以荷兰蓝白瓷砖装饰,别具"审美"意味。它复兴了图案瓷砖的大面积使用,作为维多利亚时代的早期装饰方案,具有重要影响。内德和乔治亚娜常去那里就餐。但就这三个装修作品而言,公司的绿餐厅最具声望。它成为伦敦有品位人士的聚会场所,地位相当于巴黎的格雷里奇(Gréliches)和普罗格(Progrès)。惠斯勒、杜莫里耶、波因特、拉蒙特曾在那里聚集,对之交口称赞。如果你想看到吉尔伯特在《佩兴斯》中讽刺的"又绿又黄的格罗夫纳画廊"样例,那这便是了。

韦伯的室内设计元素穿插复杂,使用层叠技巧,几乎成为公司的代表风格。墙体表面被分为四个明显区域:墙裙、镶板、图案填充和装饰带。最底层是深绿色的橡木板;上面一层是由伯恩-琼斯绘制的十二宫和月份彩绘;再上面点缀着植物图案(类似于药草);再高一些的是带有橄榄枝浮雕的石膏铸造板;最高处是狗追野兔的装饰带,由韦伯基于纽卡斯尔大教堂字体而设计。天花板也被分成了几块区域,黄色尖叶装饰其中。图案版直接嵌入湿灰泥,和红屋里的制作方式一样。公司现今的工作规模很大,所以雇用了承包商。如圣詹姆斯宫一样,绿餐厅的大部分工作都是由伦敦一家建筑和装饰公司——邓恩公司完成的。但欢乐工作组的气氛一直都在。其乐融融的氛围中,莫里斯进行核算、评估,以及多方谈判。

莫里斯也许是特立独行之人,却能够留住客户的心。从七十年代到八十年代初,公司收到了圣詹姆斯宫的进一步委托。莫里斯加入社会主义革命党的两年前,还在讨论王座室窗帘的细节。他与南肯辛顿博物馆的联系一直很密切,深情厚谊持续一生。某种意义上,客户之所以选择他,是因为他是个奇人:毕竟雇用《伊阿宋的生与死》的作者,可以达到深孚众望的作用。与伦敦普通装饰商不同,莫里斯以自己的行事方式面见客户,公司的客户要么已经是他朋友,要么很快成为朋友。

公司最早的本土室内设计委托人是水彩大师伯克特·福斯特。在他位于萨里的威特利的房子"山丘"里,福特·马多克斯·布朗、罗塞蒂以及伯恩-琼斯为他提供了"勒内国王的蜜月"系列彩玻镶板,另一个是基于乔叟作品。莫里斯虽然注意到了家用彩色玻璃的需求,但并未充分利用其可能性。他和菲利普·韦伯合作,为拉斐尔前派的圈内人士设计了一些方案:肯辛顿的荷兰公园路 1 号(现为 14 号)是韦伯为瓦尔·普林塞普设计的工作室,格林宫 1 号是韦伯为乔治·霍华德设计的住所。莫里斯和乔治·霍华德,即后来的卡莱尔伯爵九世关系非常好。政治、家庭、墙纸、艺术微妙地交织在一起。1867 年,在他们的交往中,莫里斯未能探望住在纳沃斯城堡的霍华德,为此他遗憾地写道:"所幸,帕克的书让我对纳沃斯有些了解。"[39] 这本书是约翰·亨利·帕克的《英国住宅建筑述要》(1853),是莫里斯最喜欢的参考书。由此他知道,纳沃斯"一定是特别美丽而有趣的房子"。

214

红屋之后,莫里斯的生活基调一直在变。他的朋友们不断来找他,然后又一起外出。失去了带马车屋的大花园,梅和珍妮只能花五先令在汉普斯特德荒野骑驴。在肯辛顿广场的内德和乔治亚娜家里,莫里斯花了不少时间。在那里,他帮忙布置了一块巨大的波斯祈祷地毯。1865年,红屋联合计划解体后,他们夫妇搬入此处。一天晚上,莫里斯带着"一大摞精美的图画书——黑体字和旧版画——《十字架历史》《贫民圣经》《人类救赎之镜》"[40] 来到了那儿。在城里时,他会和内德、韦伯和福克纳一起,在伯恩-琼斯家的花园里玩"美式保龄球"。之后,他们会一起去某个"小酒馆"吃饭。莫里斯很喜欢适合男人朋酒之会的伦敦餐馆,如位于莱斯特广场城堡街的鲁热餐厅,那里提供"价格适中的法式晚餐"。六十年代初,《桂妮维亚的辩护》的书迷芒比在那里撞见了他,他看起来与等闲之人别无二致,这让芒比感到意外:"莫里斯在外表和谈吐上都很朴素谦逊,没有显示出他书中的那种超凡力量。"[41]

莫里斯不喜欢剧院,他觉得那里显得过于正式。1867 年,阿林厄姆带他去皇室看《黑眸苏珊》，他觉得"无聊透顶"。[42]他更喜欢自己表演。阿林厄姆和他在尤斯顿路参加朋友聚会，那是生病的韦林顿·泰勒回来休养过冬的寓所。朋友中还有菲利普·韦伯和罗塞蒂，大家都有些百无聊赖。"我说的押韵诗是'我背上，有一只虱，年方二十！'"[43]（我听丁尼生说的。）莫里斯声情并茂地重复了一遍，引得他们哄堂大笑。可怜的泰勒，瘦骨嶙峋，但精神很好。他笑得咳嗽不止。

公司也参与了沃尔瑟姆斯托森林学校教堂的装饰设计以及其他修复项目。在埃塞克斯，莫里斯与他原来家庭的联系，似乎比在红屋时更密切。孩子成了世代之间的联结纽带。而现在，肯特的生活已经结束了，老莫里斯夫人在莱顿的别墅成为他们平时的乡村度假所。一家人从女王广场乘着载满行李的出租马车前往那里。梅记得这是一座"精致、周正、宽敞的建筑，坐落在如茵碧草之上。它有着广阔的露台草坪，花园向荒野倾漫开来"。[44]莫里斯回到了他一度排斥的环境中——和恭敬的佣人以及亲切的亲人们一起。这种今是昨非之感一直是他的诗歌基调，也是他的生命底色。梅描述了他在莱顿参加家庭祈祷的情景。佣人们端进茶壶，搬进长凳，坐成一排。莫里斯开始读家庭祷文。以孩子的敏锐听觉，梅注意到，她父亲读"詹姆斯国王钦定版圣经的赞美诗时，语调优美"，但读到现代神学家的祈祷文时，却语气疾利，不以为然。茶壶发出咝咝的声音，亨丽埃塔的小狗从花园里跑进来。莫里斯的母亲踮起脚，怜爱地轻抚儿子的胡须。

布卢姆斯伯里相对僻静，值得更多的理由去探险发现。1866年夏，莫里斯、韦伯和韦林顿·泰勒再次前往法国北部开启教堂休假旅行。詹妮前些年身体欠安，但现在已经康复得足以与他们同行了。这是个有点奇怪的组合。内德和乔治亚娜本想加入旅行团队，但由于玛格丽特的出生而受阻（她命中注定要于某年6月，与威廉·莫里斯的首位传记作家结婚）。伯恩-琼斯画了一幅自己怀抱婴儿的速写，留在了悬崖边，其他人则离开了。詹妮倚靠在船侧，莫里斯蹲在船底，就像爱德华·李尔"荒唐诗"里的某个人物。在乘车从桑斯前往特鲁瓦之前，他们在巴黎

215

216

13. 爱德华·伯恩-琼斯(抱着婴儿玛格丽特)目送威廉和詹妮·莫里斯、菲利普·韦伯和韦林顿·泰勒前往法国,爱德华·伯恩-琼斯的漫画

短暂停留。莫里斯在码头附近找书,很早就上床歇息了。

　　同年 8 月,莫里斯融入了伯恩-琼斯在利明顿的家。他从伦敦赶来,在温彻斯特途中与他们会合。乔治亚娜描述了她和内德在酒店门口等他时的情形:"我记得,他沿着高街朝我们一步三摇地走来,看上去似乎一路走来很轻松。"[45] 韦伯和阿林厄姆和他们一起,穿过水草地,来到圣十字教堂。回城后,他们又去参观了大教堂。据阿林厄姆说,莫里斯谈论"所有的事,都津津乐道"。[46] 韦伯有时也会就技术性问题插话。他们一起在乔治亚娜家进晚餐:"很老的羊肉,牧师式的侍者,面色潮红、笑意盈盈的老板娘(账单十九先令)。"然后,他们又返回大教堂。在那里,有一个教堂司事,"个子很高,面色如土,愁眉不展。他没有主动提供服务,只是颇有姿态地暗示:如果我们真的需要他,他愿意带我们正式参观。但是,莫里斯不吃这一套,开始滔滔不绝地讲解。教堂司事和我们一行人只能安于倾听,只是在某些细节上,他客气地纠正了莫里斯"。第二天回到利明顿,他们带上莫里斯,把他埋进海滩的砂砾堆里,只露脑袋在外面。

　　1867 年 8 月,他们在牛津故地度假。他们经常见到查理·福克纳,他的母亲和姐妹们也住在那里。莫里斯家住博蒙特街,十一年前,莫里斯在那里开始了学生生活。伯恩-琼斯一家住在圣吉尔斯大学生宿舍，那里长假期间空置。

结果，这是他们最后一次一起度假。莫里斯仍然要每隔一两天回伦敦管理公司。《人间天堂》这部鸿篇巨制还在创作。事实上，即便是在伦敦的公共马车上，他也能做到思如泉涌，笔不停歇。每晚，他都要把当天写完的内容读给牛津大家庭听。

假日乐事，凝练为莫里斯诗歌里的语句。穿越遥远而迷人的泰晤士河上游，途经恩舍姆和埃文洛德的草地的一次河流探险，正是《人间天堂》中六月故事的引言诗。

217

> 还有比这更美的地方吗？
> 甜美的小溪潺潺如诗，
> 不曾聆听大海的呢喃，
> 亦未曾想象城市的沧桑。
> 溪畔那些无名村庄，
> 可曾是泰晤士河的乳房？[47]

> What better place than this then could we find
> By this sweet stream that knows not of the sea,
> That guesses not the city's misery,
> This little stream whose hamlets scarce have names,
> This far-off, lonely mother of the thames?

莫里斯的这些诗，是一个神奇的预示。四年后，他租下了凯尔姆斯科特之家，打算在同样一片人迹罕至的河地落地生根。

另一次难忘的旅行在炎炎夏日，他们沿着泰晤士河来到多切斯特。再一次，这趟游河之旅成了《人间天堂》的写作素材。在《八月》的引言诗中，莫里斯描述了长屋顶教堂、戴斯水闸以及在西诺顿山上可以看到的大量史前遗迹。莫里斯充分利用了这次旅行,在旅行过程中,他向同伴大声朗读他最新版的《漫游者的故事》,即《人间天堂》的序曲,"山沟"里的大麦割草机发出夏日里的低沉回应。

此次牛津假日之旅带有几分忧郁,莫里斯身体不适,可能是风湿性疾病复发。在接下来的几年,他在信中多次抱怨腰痛和坐骨神经痛。乔治亚娜感觉到,为所欲为的欢乐时代结束了,取而代之的是新到来的、需要去承担的家庭责任。七年来,第三次,伯恩-琼斯再次考虑搬家。在他们租住期间,肯辛顿广场的房子卖掉了。匆忙之中,他们在富勒姆买下一栋更宽敞、可能更宏伟的房子。那是在北端路农庄,在他们搬家的前几天,内德开了他的第一个银行账户。"自然地,"乔治亚娜写道,"他选择了莫里斯的方式,莫里斯把他介绍给舰队街普雷德银行的各位先生。"[48]他把总计一百二十七英镑十先令投入普雷德银行。他们给了他一本支票簿,但他不知道如何用。

1868年,最后一个家庭暑假在萨福克郡的绍斯沃尔德度过。莫里斯回到东安格利亚的平坦土地,那里有广袤的沙丘、湿地山谷、野生植物、灌木丛和丰富的蕨类。他后来将这里描述为"虽悲凉,但极有个性"。[49]他被这里的建筑触动,尤其是那座十四世纪的布莱斯堡教堂,庄严肃穆,芦苇丛生。罗塞蒂有心跟随莫里斯家,深入这个沉淀着英国风格的地方。他把绍斯沃尔德称为"死气沉沉(或万籁俱寂)之地"。[50]莫里斯一家的同行者中还有几个可疑的同伴,如查尔斯和凯蒂·豪威尔。查尔斯·豪威尔出生在葡萄牙,父亲是英国人,母亲是葡萄牙人。他十六岁来到英国,现在是罗斯金的秘书。他也时常与罗塞蒂如影随形,是他的密友和帮手。莫里斯也曾与他交往,甚至在豪威尔夫妇的婚姻来宾登记册上签过名。但莫里斯后来对他不再抱有希望,可能是因为豪威尔以莫里斯之名骗韦林顿·泰勒,让泰勒以特别低的折扣价卖自己墙纸。莫里斯对豪威尔前襟上的那条红色宽丝带怒火中烧,说这本是母亲家的装饰品:莫里斯了解豪威尔,怀疑是他偷窃来的。他也隐隐怀疑,在绍斯沃尔德,是豪威尔牵线搭桥,在罗塞蒂和他的妻子之间传递书信。

在《人间天堂》的《十月》诗节中，莫里斯引入了英国典型海滨城市
绍斯沃尔德的风景——阴暗灰沉、恢诡谲怪，似有不祥之兆：

> 爱永存，古海深，回眸眺望情难禁，
>
> 岁月逝，灰坡旁，往事如烟情愫藏。
>
> 秋意浓，似死亡，阴霾笼罩心茫茫，
>
> 低谷幽，山谷荡，回声悠长唤人伤。
>
> 老榆树，受风蚀，痕迹斑驳显沧桑，
>
> 灰教堂，谷仓旁，果园飘香秋意凉。
>
> 红屋默，人长眠，时光空转梦已远。[51]

> O love, turn from the unchanging sea, and gaze
>
> Down these grey slopes upon the year grown old,
>
> A-dying mid the autumn-scented haze,
>
> That hangeth o'er the hollow in the wold,
>
> Where the wind-bitten ancient elms infold
>
> Grey church, long barn, orchard and red-roofed stead,
>
> Wrought in dead days for men a long while dead.

罗塞蒂此刻住在切尔西切恩街 16 号，这是一所没落的华屋，是他关注已
久的房子。1862 年年底，也就是丽兹去世八个月后，他在那里安顿下
来。众人皆知，都铎宫基于托马斯·莫尔爵士的旧居遗址而建。在十九
世纪六十年代，那里没有筑堤，只有一条窄路，将院落的高大铁门与泰晤
士河隔开。事实上，都铎宫是十八世纪伦敦城市住宅的一个光辉范例，
有着砖壁柱、拱形窗和华丽的中央山墙。斯温伯恩、乔治·梅雷迪斯和
罗塞蒂的弟弟威廉，之前都在那里租住过。梅雷迪斯形容那里是"古香
古色、美轮美奂的一处旧地，有宽广的花园、精致的镶板楼梯、华丽的房
间——简直是一座宫殿"。[52]与莫里斯不同，罗塞蒂在选择建筑时，注重
的是富丽堂皇的品质。都铎宫绝非朴实无华，它遗世独立，像睡美人的

219

安息之所,铁艺装饰是它的华美外衣。那超大的金龙门环让来访者感到困惑:是该抓门环的头部还是尾部?

都铎宫到处都是镜子。客厅里各种形状、大小和样式的镜子排成了行。同样,这也是让客人感到不安之处——他们看到了四面八方的镜子里的自己。与莫里斯相比,这又是一个不同。莫里斯认为虚荣是缺乏男子气概的表现,他对镜子的厌恶非常强烈。关于都铎宫内部房间的说明不胜枚举。罗塞蒂的装饰取向兼备古典与另类,随意与蓄意。这无疑是二十世纪所称的"老时髦"的经典案例。客厅里保留了原有的炉栅,带有金色的鸟、花和动物图案的中国黑色漆艺的镶板,古老的蓝色荷兰瓷砖,橱柜里则有斯波德瓷器。在罗塞蒂闷热的卧室中,围在四柱古式床上的是十七世纪的厚重绒绣帘。蓝色瓷器中插满了孔雀羽毛。从工作室抽屉里溢出项链、羽毛制品、日本水晶这样的道具。古老的弦乐器——扬琴、曼陀林和鲁特琴散落四周;来访者把都铎宫形容为旧货商店和博物馆的混合体。罗塞蒂本人作为"展品"中的佼佼者,魁梧健壮、风趣迷人,穿着"某种长袍"[53]和拖鞋,把访客迎进他的工作室。

在都铎宫,他收藏了越来越多的珍禽异兽。他要再加一头小象的想法让人觉得不可思议。勃朗宁问,要这头象做什么。加百利回答,他想教小象擦窗:"然后当有人经过房子时,会看到那头小象在擦窗户。他会问:'谁住在那里?'人们会告诉他:'哦,那是一个叫罗塞蒂的画家。'他会说:'我想买一张那个人的画。'于是他会按铃进来,我就会卖给他一幅画。"[54]莫里斯的幽默直截了当,近乎孩子气。而罗塞蒂的幽默则异想天开,幽默之下藏有暗礁险滩。这是南方忧郁特质的表现,在他的一生中,这种阴郁如愁云惨雾,起起伏伏,挥之不去。

范妮·康福思是罗塞蒂切尔西大家庭的一员。范妮是从街头女孩转型过来的模特,是有着玉米色头发的"火辣女郎"[55]。五十年代末,她被引介到拉斐尔前派的圈子里,成为罗塞蒂的附庸。罗塞蒂在巴黎度蜜月时,她痛不欲生,心烦意乱。现在,丽兹离世,范妮又上位了。她从自己皇家大道的家来到切恩街,鸠占鹊巢。她咯咯地笑,用沙哑的伦敦音开玩笑。她有时说:"罗塞蒂,我要离开这儿! 我要把你丢到洗碗槽里。"[56]阿林厄姆记录道,一天早上,在早餐时,他发现她穿着一身白色衣服出现在餐厅。

或许有人会说,在这所挂着丽兹·西德尔的钢笔画和水彩画的人亡物在的房子里,范妮的存在有所违和,但其实这不是什么新奇的事。罗塞蒂的复杂天性促成了这种双重性:他需要一个女人崇拜他,爱慕他。但他不认为这些必须集中在同一个女人那里。罗塞蒂几乎以最原始粗俗的方式,证明了维多利亚时代男性对女性的看法,即女人要么是处女,要么是妓女。他缅怀着丽兹,但仍然对别的女人感兴趣。他从斯温伯恩那儿借来一本《危险关系》,几乎带着执念地想弄清拜伦是不是和他同父异母的姐姐发生了关系。1862 年 8 月,博伊斯在日记中写道:"在斯温伯恩的房间里,我和罗塞蒂一起翻阅萨德侯爵的新作《朱斯蒂娜》。然后,我们去看一场国际展览。在埃及展品附近的一个摊位,要了些冰块。那里有一位可人的女孩,她同意让加百利坐在她身边。"[57]男人拈花惹草;女人俯首就缚。寻欢作乐,甜言蜜语——这就是他不变的生活方式。

罗塞蒂对水性杨花的女人油嘴滑舌又呵护有加。他的希腊朋友卢克·爱奥尼德斯回忆起一次晚宴上的对话。有一位很有名气的艺术家张扬地说:"我宁愿遇见一头失去幼崽的母狮,也不愿遇见一个失去美德的女人。"[58]罗塞蒂低沉地回应:"胡说八道的男人,一派胡言! 我见过很多这样的人,她们都好极了。"而对于另一类女人——他所仰慕的对象,他自有另一种对待方式:假意疏远,进而大胆冒犯。1864 年 4 月,罗塞蒂为希腊领事的女儿玛丽·斯巴达利作画,她曾被认为是"莫里斯夫人替代者"[59]。晚年,她向乔治亚娜说起和罗塞蒂坐在一起时的美妙时光。他以一种暧昧不明、令人微醺的爱慕和挑逗,宠溺她,追求她。从她的话语中可以清楚地看出,罗塞蒂是一位善于洞悉和释放欲望的大师。莫里斯艳羡他,但自己连正常沟通都不擅长。罗塞蒂可以让女人拥有一种前所未有的感觉。

221

詹妮·莫里斯先是接受了第一个情人罗塞蒂,然后是威尔弗里德·斯考恩·布伦特。这两位都是维多利亚时代出了名的浪荡子。她可能会被世人指责头脑简单、目光肤浅,但这无可厚非。她结婚意在改变自己的出身。而任何一个有詹妮那样成长背景的人,或许都感到自卑。她嫁给了一个才华横溢、慷慨大方的男子,但他粗鲁生硬、不解风情。莫里斯承认自己不擅于情感表达:"我是一个英国人,不善言辞,这来自对我们的血统与风土的诅咒。"[60]这种自知之明,并没有使他的婚姻变得更从容。作为英国典型的木讷丈夫,莫里斯不可不谓薄情。他兴趣广泛,没完没了地忙于写作、设计和日复一日的公司琐事。六十年代,詹妮再次为罗塞蒂做模特。在这里,我们可以见到一种近于二十世纪九十年代的本能:成为自己,重塑自己。对此,莫里斯会觉得难以理解。他似乎也意识不到,詹妮的内心渴求着冒险,渴望逃离生活的束缚。

詹妮和罗塞蒂之间从不避嫌。早在 1860 年,在罗塞蒂与丽兹结婚后,乔治·普赖斯·博伊斯去他的工作室,就注意到了里面交错复杂的亲密关联。那时,加百利正在为兰达夫大教堂画他的《敬拜基督》。一个来自帕尔米吉亚诺的意大利人正坐在那里。"莫里斯和他的妻子进来了,罗塞蒂亲昵地叫她詹妮。"[61]1861 年,詹妮亲自为兰达夫大教堂做模特,她坐在那里,扮演抱着年幼基督的圣母玛利亚。莫里斯的肖像则准备用来画大卫王。1863 年,他们共同出席晚会,庆祝罗塞蒂搬入切恩街 16 号。同年不久,这些人又在肯塔基镇福特·马多克斯·布朗家中重聚。在乔治亚娜的回忆录中,详细记述了那个派对场景。派对为纪念阿方斯·勒格罗而举行,出席人有斯温伯恩、"讲话刻薄"[62]的克里斯蒂娜·罗塞蒂、黑发垂额又戴着恼人眼镜的惠斯勒——他看起来比勒格罗更像法国人。与莫里斯和詹妮一同前来的是詹妮的妹妹贝西。乔治亚娜写道,容光焕发的罗塞蒂穿过房间,"他风流倜傥,让各色人等都心生好感,他在男人当中脱颖而出"。惠斯勒在日记中记下一个不怀好意的小插曲:在布朗夫妇的派对上,罗塞蒂和莫里斯夫人"身体紧挨着坐在一起,享受着内室里众人的仰慕"。[63]

在这个阶段,他们还没有公然逾越雷池,但詹妮和罗塞蒂的关系日渐亲密。在维多利亚与艾尔伯特博物馆的手稿收藏中,有一个奶油色的小信封,上面贴着一便士的红色邮票,收信人是"莫里斯太太,红屋",时间是她住在那里的最后几个月,邮戳是 1865 年 7 月 5 日。随函附上一张带有罗塞蒂家族饰章的信纸,上面印着金色的姓名首字母和一棵树。标题是"周日之夜",上面写着:

> 亲爱的詹妮
>
> 摄影师星期三十一点来,我希望你尽早赶到。向"洞里"所有人致爱。

这里所说的专业摄影师是约翰·R.帕森斯,豪威尔的朋友。詹妮作为罗塞蒂模特的这一系列照片,拍摄于切恩街花园。一些照片背景让人想到天棚或帷幕。照片中,詹妮穿着美丽丝滑的深色丝绸裙。她或站,或坐,或倚,或卧,含情脉脉,明显是一组桃色镜头。与此同时,罗塞蒂正用铅笔、粉笔和炭笔描绘詹妮的肖像,画笔下的她显得更加娴静端庄。在罗塞蒂所画的众多詹妮肖像中,詹妮后来最满意的就是这一时期的画作。

莫里斯一家搬到女王广场后,詹妮开始更频繁地为罗塞蒂当模特。起初莫里斯似乎很支持。1868 年 3 月,罗塞蒂的詹妮画像计划正在进行,莫里斯承担费用。第一次,贝西和莫里斯被邀请陪同詹妮,并在切恩街过夜。在这幅被称为"穿蓝色丝裙的威廉·莫里斯夫人"的肖像画中,詹妮佩戴着金项链和金戒指,戒指上镶着一颗绿宝石。詹妮去世后,这些首饰被列入"D.G.罗塞蒂绘画所用"珠宝清单。在画面顶部,有一段自以为是的铭文:

> **詹妮·莫里斯**,公元 1868 年,D.G.罗塞蒂作
> 她的容颜与她那位诗人的盛名,很配,

223   但她在我的画中,很安心①

毫无疑问,当画像交付,并最终悬挂在女王广场客厅的意大利柜上面时,莫里斯对这幅作品嗤之以鼻。他把画寄回去让罗塞蒂修改,再寄回来时,似乎稍微好了一点。"我觉得这画框不配,"他向詹妮发牢骚,"像这样一幅暗色调的画,更适合绚丽一些的画框。"[64]他之所以心存芥蒂,并不仅仅是因为画框。

　　1868 年的余日,罗塞蒂如痴如醉地为詹妮画像。有时莫里斯陪她一起去,他们甚至在那里住些时日。但这次似乎开了让她自己去切恩街的先例。《玛丽安娜》《幻想曲》和《托洛梅的皮娅》皆出自这一时期,画作借詹妮的形象表现苦难女主:形单影只、黯然销魂的境遇。例如,托洛梅的皮娅是一位锡耶纳贵族的女儿,她嫁给了圭尔夫勋爵。他把她带到了马雷玛沼泽地生活。在那里,她要么是死于中毒,要么是死于污浊的空气。这是罗塞蒂为詹妮所画的系列肖像的首批作品。詹妮风情万种,秀发乌黑,愁颜不展,勾魂夺魄又难以接近。近年来,这些肖像成了代表维多利亚时期性矛盾心理的符号。比如,詹妮的"白日梦"肖像,就用于洛特和约瑟夫·汉布格尔的《思考通奸:维多利亚时代女人的秘密生活》(1992)的封面。

　　随着罗塞蒂对詹妮的爱意渐浓,他对莫里斯的嘲讽也变得更险恶、更肆无忌惮。1868 年,他在苏格兰创作了一部以女王广场为背景的家庭戏剧,他将莫里斯塑造成愚不可及又恃强凌弱的角色,故事围绕这个角色展开。他把剧本寄给了福特·马多克斯·布朗:

　　布朗: 你好啊,莫里斯! 你最近有加百利的消息吗?

　　莫里斯(跳舞):我向上帝祈祷,让加百利,不,我是说让那个厨师,去下地狱! 你不这样认为吗,亲爱的詹妮? 该死的! 哦! 你不

　　① 原文为拉丁文。后两行英文乃二十世纪一位诗人所译。

知道吗？加百利又没事了。该死的！——老家伙，你一定要留下来吃晚饭，但我不知道我们有什么可吃。亲爱的詹妮，都是你的错！该死的！（晚餐进入）

詹妮(切食物)：布朗先生，你没有加百利的消息吗？

莫里斯(用哀怨的语气轻推她)：为什么？亲爱的詹妮。对于他的近况，我一直都略有耳闻。可你知道布朗不喜欢这样。

詹妮：我很抱歉，亲爱的。给你！还要吗？你在说什么，布朗先生？

布朗：我想，莫里斯可能有加百利的消息。

莫里斯(得到了支持)：

啊！加百……利……利……利……啊哧……啊哧……

加百……利……利……利……利……

（莫里斯开吃。画面定格。）[65]

那年秋天，他不厌其烦地写日志，记录并讽刺莫里斯日常的无能行为。11月9日，他写下拜访托普西的情景。托普西"咆哮着，威胁着，要把妻子的新钢琴扔出窗外"。[66]他大发雷霆的原因为，此刻应是晚餐时间。几天后，罗塞蒂又叙述了他是怎样在"一场盛大的希腊人聚会"[67]上遇见了托普西。

他看上去很沮丧，抱怨自己耳背。但从他耳朵里拽出一团线绳后，他感觉好多了，甚至在原本够不着的地方挠了挠痒。我离开时，他正准备出发。威士忌软木塞已经从他的裤子里被掏出，詹妮利落地把裁纸刀从他尾椎那儿"打捞"了出来——他刚提出要去倒立，好让它掉出来。

这时，流言蜚语已传遍伦敦。罗塞蒂的视力莫名下降，并开始显露出自此困扰他一生的抑郁迹象。显然，他向威廉·贝尔·司各特(显然不是嘴巴最严的朋友)坦白了他对詹妮的感情。11月,司各特写信给情妇艾丽斯·博伊德,提及罗塞蒂令人担忧的状况。"加百利没好好画画,也没有看医生,也没有见甜美的卢克雷齐娅·波吉亚。"[68]这是他带给詹妮的信号。他突然灵光一闪,把罗塞蒂的视力下降和焦躁不安同他"无法抑制的对卢克雷齐娅·波吉亚的占有欲"联系起来。女士们在窃窃私语。贝尔·司各特的妻子利蒂希娅假意去女王广场讨论祭坛布,其实是见詹妮。司各特说:"就连斯特里特夫人也曾和利蒂希娅说过,加百利非常喜欢托普西夫人。"

　　两周后,司各特亲自举办了一场晚宴。他邀请了罗塞蒂、建筑师威廉·伯格斯和乔治·亨利·刘易斯——说他们是"狂傲而健谈的一群人"不足为过。[69](乔治·艾略特显然不在。)贝西·伯登和莫里斯夫妇再次同时出席。这次,罗塞蒂的挑衅行为甚至让温文尔雅的司各特也感到震惊。"加百利坐在詹妮旁边,但我必须说,如果他想掩饰自己的爱,那他的表现就像个十足的傻瓜。除了照顾她,他什么也不做,只是坐在她身边。"他认为坐在对面的贝西不可能不知道正在发生的事情。他对詹妮的冷若冰霜的态度表达了自己的看法:"当然,在这种情形下,当着众人的面,一个女人就是一本密封的书。但我还是觉得她很冷淡。"在去进餐的路上,罗塞蒂费力地把詹妮从贝尔·司各特那里掠走——贝尔·司各特是她指定的晚餐搭档。他自然而然地挽住她的胳膊,然后"慌张地将她抛下,转而去找离他最近的另一位女士"。司各特知道,莫里斯对这一幕其实洞悉无遗。

　　莫里斯将惆怅和苦恼倾注到他的诗句中。其中有一些明显具有讽刺意味的文字被写入《人间天堂》。与这一时期有关的其他诗作持续被发现,它们被潦草地写在莫里斯丰富的手稿或草稿上。这是最为感人的抒情诗,关于爱、失去、痛苦、麻木、挫败。比如,《维纳斯之丘》所表达的痛楚感,让维多利亚时代的读者毫不费劲地联想到女性**阴阜**:

　　　　再一次,耳畔似闻冰冷曲,

绝望音符梦中聚，

干瘪双唇低声吟。

再一次，心中哀思如波涌，

痛失吾爱梦成空，

肝肠寸断情难控。[70]

… time and again did seem

As though a cold and hopeless tune he heard,

Sung by grey mouths amidst a dull-eyed dream;

Time and again across his heart would stream

The pain of fierce desire whose aim was gone,

Of baffled yearning loveless and alone.

当莫里斯写出如此绝望的抒情诗时，罗塞蒂正在创作关于爱情复燃的十四行诗。十六首写于 1869 年 3 月，其中有一首明目张胆的《爱情百合》：

眉，手，唇，心，念与音，

爱情百合花的私语与亲吻

哦！让你的喜乐与我同乐

直到我体内洪荒平息止遏！

Brows, hands, and lips, heart, mind and voice,

Kisses and words of Love-Lily, –

Oh! bid me with your joy rejoice

Till riotous longing rest in me!

这确实演变成了语言上的白刃相接。

　　詹妮和罗塞蒂是严格意义上的情人吗？似乎有可能。有人说罗塞蒂阳痿：这一说法最初出现在 1928 年，是霍尔·凯恩在写给萧伯纳的信中提出来的——他是罗塞蒂生命中最后几个月的家务总管。有确切信息表明，罗塞蒂患有鞘膜积液（阴囊内有囊性肿块），并接受过切除手术，但没有证据表明罗塞蒂阳痿。也有人存有异议，说他们之间的书信几乎没有表达出**强烈的两性激情**。詹妮的信确实如此：她没有受过教育，书信的整体风格朴素柔和。但罗塞蒂的信就不那样了，他在黑色笔记本上写下的十四行诗也并不克制。詹妮一直将诗保存在身边，直到去世。詹妮后来向威尔弗里德·斯考恩·布伦特坦言，尽管她爱加百利，但她还是有所保留，没有发生肉体关系："像现在这样，我从未完全投入。"[71] 可能会是如此，毕竟他是她丈夫的朋友，况且那时詹妮也害怕怀孕。但人们并不总是相信热恋中人的话，正如每位女人都知道的，付出也有程度之分。

　　詹妮·莫里斯并不是卢克雷齐娅·波吉亚，她只是维多利亚时代一个中产阶级已婚妇女。她后来的信件流露出她的传统和羞怯。她对丈夫始终保持着一种相敬如宾的情感。尽管她偶尔也被激怒，但她深爱她的丈夫和两个女儿。那时，她们一个六岁，一个七岁。如果情欲不成为理由，她何必要在当时与男人私通而面临名誉败坏的风险？这实在难以想象。（乔治·艾略特和 G. H. 刘易斯之间的婚外情丑闻是一记警钟，为此，刘易斯遭遇婚姻破裂。）值得注意的是，詹妮比其他已婚女人更有机会。她和罗塞蒂——艺术家和模特——之间有很多独处时间。

　　莫里斯为什么如此逆来顺受？这是一个更令人费解也更有趣的问题。为什么他宁愿扪心自怜，也不愿力挽狂澜？（如果必要，可以抗争和威慑。）一定程度上，可能是因为他有受虐的习惯：莫里斯早就习惯了扮演受害者，起先是半真半假，之后是真正受害。也可能，这是出于与罗塞蒂关系决裂的惧怕，出于对公司和男性兄弟会理想破灭的恐惧。对骑士精神的曲解——包括当时对"体面爱情"之故俗的认可，潜移默化地影响着莫里斯。在某种意义上，他可以更容易做到出让妻子，而不是让朋友们离他而去。无疑,这是因为他对隐私泄露有极大惶恐:正如萧伯纳曾指出的那样,莫里斯甚至不愿意与自己的家人讨论家事。萧伯纳还注意到,莫里斯的宿命论倾向使他认为威压无用:"他知道,世界上险境无处不在;但如果人们决意要越过它,那么阻拦是没有用的: 他们定要如此。"[72]

莫里斯对詹妮的放任态度,显露出他对性关系所持有的激进观点的最初迹象。他认为,人并不是彼此的守护者,而且"除非交合是基于双方的本能渴望和两相情愿,否则就比野兽行为更糟"。[73]此后二十年里,莫里斯的婚姻变得过于开放,即使在当今相对宽容的英国,也难以普遍接受。

1886 年,在写给福克纳的信中,他阐述了自己的原则:

　　1. 夫妻**自由**。

　　2. 既然是自由的,如果他们之间不幸产生了厌恶,他们不应假装这没有发生。

　　3. 但我希望,在大多数情况下,友谊与欲望相伴而生,但友谊会比欲望更持久。这对夫妻仍然会在一起,但他们永远是自由人。

　　简而言之,对于人与人之间的自然关系,我反对煞费苦心、刻意为之。

这是他出于理智而得出的结论吗? 是早期共产主义意识形态的萌芽,还是面对自己的苦难而发出的无奈之语? 如果不是因为詹妮,莫里斯是否还会有这样的感悟呢?

1868 年 5 月,女王广场举办节日晚宴。阿林厄姆莅临晚宴,看到"内德太太穿着华丽的黄色礼服,刚刚走下来"。[74]尽管莫里斯一贯不屑于"衣着",但这次宴会还是要求正式着装。阿林厄姆穿着一件亮绒外套。他逐条写下:"莫里斯、内德(清瘦)、DGR(气色不错)、博伊斯(病恹恹)、F. M. 布朗(已年老)、韦伯、豪威尔、威尔弗雷德·希利先生、出版商埃利斯和 W. A.(十位先生)。"此外还有"莫里斯夫人、伯登小姐、内德夫人（盖伊）、豪威尔夫人、马多克斯·布朗夫人（背对着窗，看起来很年轻）、露西·布朗、福克纳小姐（我在她们中间）、埃利斯夫人、希利小姐（十位女士）"。阿林厄姆把宴会称为"人间天堂"，内德将这个词写在了菜单上方。一番高谈阔论后，阿林厄姆和罗塞蒂在凌晨一点左右离开了。

尽管在那年的剩余时间里，此类聚会仍在继续，但背后有一种歇斯底里的情愫在暗暗涌动。他们之间仍然保持着那种奇特的平行关系，但托普西一家的困扰已经被伯恩-琼斯的婚姻窘况超越了。莫里斯与他的朋友感同身受。此时，他是朋友内德和年轻的希腊雕塑家玛丽·赞巴科在戏剧领域方面的知音——内德义无反顾地爱上了玛丽。玛丽是哈吉和尤弗罗西尼·卡萨维蒂之女，他们是伦敦希腊商人和金融圈的领袖，爱奥尼德斯家族的表亲，罗塞蒂把他们戏称为"希腊人"。玛丽嫁给了德米特里厄斯·赞巴科，即巴黎希腊社区的医生。但她发现，这段婚姻毫无乐趣可言，于是，1866 年她带着两个孩子独自来到伦敦。玛丽释放出一种"接近我"的信号。一位小表弟记得，他被带到玛丽的更衣室，以穿上游衣跳进室内泳池：玛丽在他面前脱下衣服，在幽暗的更衣室里，"她那秀美的红发和发光的白皙皮肤"成为惊艳的一幕，深深印在这孩子的脑海中。[75]伯恩-琼斯显然同样敏感。正如乔治亚娜敏锐地指出，内德最易于被两种特性打动："美丽和不幸——他会为此赴汤蹈火。"[76]他同意与玛丽私奔，后又食言。她追上他，在肯辛顿的荷兰大道上提出要去自杀，然后试图在帕丁顿运河寻死。

罗塞蒂描述这出戏时有滋有味，掩饰着某种深层情感："可怜的内德的事，已经彻底结束了。他和托普西经历了如此糟糕的事情之后，突然起意动身去了罗马，留下那希腊女人向他朋友四处打听他的下落，像卡桑德拉一样号啕大哭。"[77]他提到，乔治亚娜留了下来。在这危机时刻，莫里斯的同情心却深沉而持久。他绝不会把朋友的不幸看作是高雅喜剧。卢克·爱奥尼德斯后来也曾向莫里斯寻求建议，他见证了莫里斯的滋养力："深感痛苦时，我会去找他。和他在一起一两个小时后，我就体会到极致的幸福。我总是把他比作海风，海风似乎吹走了一个人所有的晦气。"[78]虽然莫里斯看似坚强，但爱奥尼德斯却在他身上看到了女性般温柔的细腻情感。一天，他听到莫里斯在安慰一个朋友——他被他爱的女人抛弃了。他说："老兄，你想想。她离开你，要比你厌倦她而后离开她强多了。"他对这种情感危机的反应，不仅在于他内心强大，也在于设身处地的共情力和推己及人的同理心。

　　莫里斯最终没有陪伯恩-琼斯一起前往意大利。伯恩-琼斯病得很重，他们到了多佛尔后又返回。在他们离开之前，莫里斯已经有所防备，禁止詹妮在他不在的情况下坐在罗塞蒂身边。即便他足够隐忍，但必须有边界。罗塞蒂痛苦地说："正如我所料，在莫里斯出国期间，詹妮所有的模特活动都被限制了。"[79]

　　在伦敦的美国人将莫里斯奉为名人。1868年秋，学者兼艺术史学家查尔斯·艾略特·诺顿写信给罗斯金，说他看到了多才多艺的莫里斯，"他以一种奇妙的方式，将实干家的敦本务实，与诗人的慧眼独具及天马行空结合在一起"。[80]他写道，很高兴看到一位著名作家"如此淳朴，没那么自命清高"。几个月后，亨利·詹姆斯对他的妹妹说，他在伦敦的"最圆满之日"是在女王广场和"威廉·莫里斯先生，一位诗人"度过的。[81]他解释说，莫里斯的诗歌只是他的副业，而他创作的"每一件新

14.《威廉·莫里斯照顾躺在沙发上的妻子》，爱德华·伯恩-琼斯的漫画

奇、古雅、拉斐尔前派式"的作品都非常小巧而精妙,所以他在家中就可以创作。詹姆斯对莫里斯家的描述,有一种横跨大西洋般的惊奇感。

　　哦,亲爱的,那是怎样一位妻子!我简直不敢相信——她仍萦绕在我的心头。她是祈祷书里的剪影——从罗塞蒂或亨特的某张画里走出——而这只是对她的模糊表达,因为当这样的形象被赋予了血肉,就成了一个可畏的又让人感到不可思议的神奇魅影。很难说她究竟是拉斐尔前派画作的完美综合,还是他们对她进行了"敏锐钻研"?她究竟是原创形象还是对原型的描摹?无论如何,她都是奇迹的化身。想象一下,一位女子,纤细修长,身姿曼妙,穿着一身深紫色长裙。她不戴发箍(应该说,头上没有任何发饰),两鬓乌发自然卷曲,如波似云。脸如凝脂,清丽脱俗。还有一双让人捉摸不透的、哀怨、深邃的、像斯温伯恩一样的幽暗眼眸。眉毛乌黑,美如新月,在额前秀发的遮掩下若隐若现。她的唇形,与我们为丁尼生诗作所绘插图中的"奥利安娜"一般无二。在她的玉颈秀顶下,没有衣领衬托,而是佩戴了几十串奇异另类的珠链——效果绝美。墙上挂着一幅她几近全身的大画像,由罗塞蒂所画。画像既陌生又不真实,如果你没有亲眼见到她,会认为这是一幅失调的画,但实际上它非常逼真。晚饭后(我们留下来用餐,格蕾丝小姐、S. S. 小姐和我),莫里斯给我们读了一首他未发表的诗,出自"非《人间天堂》"第二辑。他的妻子牙疼得厉害,躺在沙发上,脸上罩着手帕。在我看来,整个场景中充斥着一种超现实的古怪气息:莫里斯按照古体数字依次读着惊悚传奇(柏勒洛丰的故事)。我们四周,是寓所里杂七杂八的漂亮摆件(每件家具实际都是某种东西的"标本")。角落处,是一位阴郁沉默的中世纪女人,犯着中世纪特有的牙痛病。莫里斯本人神采飞扬,和他妻子大不相同。他给我留下了非常愉快的印象。他敦厚、结实、略胖、不拘小节、不修边幅。他看起来有点像 B. G. 霍斯默——如果你能想象霍斯默的特征被夸大。

他声音响亮,举止稍有不安,但立场坚定,气质有些类似商人。他能言善辩且有真知灼见。我不太记得他所说的具体的事,但让我震惊的是他言语之间显露的睿智。简言之,他是非凡的典范,细腻敏感的天资被强健的体魄和沉稳的性情调和。他所有的设计都和他的诗一样美妙(或不相上下):总之,这是一次久违而充实的拜访,别有一番趣味。

丈夫是忙得不可开交的风云人物;妻子穿着深紫色衣服:对于人类的不和谐音,亨利·詹姆斯有着小说家的灵敏嗅觉,他所感受到的似乎比他知道的更多。

尽管莫里斯志在四方,他还是尽可能地耐心对待詹妮的病,但这也造成了他在此期间的消沉抑郁。他的朋友们发现,他变得爱争论,难以相处。他形容自己"像只让人讨厌的刺猬"。[82]他那时只有三十五岁,但满脑子都是关于死亡的思考。

注释

[1] 菲茨威廉。

[2] 亨利·詹姆斯致艾丽斯·詹姆斯的信,1869 年 3 月 10 日,珀西·卢伯克(Percy Lubbock)编,《亨利·詹姆斯书信集》(*Letters of Henry James*),麦克米伦,1920 年。

[3]《爱德华·伯恩-琼斯回忆录》。

[4]《威廉·莫里斯作品集》"导言"。

[5]《爱德华·伯恩-琼斯回忆录》。

[6]《威廉·莫里斯作品集》"导言"。

[7]《爱德华·伯恩-琼斯回忆录》。

[8]《威廉·阿林厄姆日记:1824-1889》,1866 年 7 月 30 日。

[9] 威廉·莫里斯,《丘比特和普赛克》,《人间天堂》第二部分,1868 年。

[10]《威廉·阿林厄姆日记:1824-1889》,1866 年 8 月 18 日。

[11] 乔治·沃德尔,《回忆威廉·莫里斯》。

［12］《威廉·莫里斯作品集》第三卷"导言"。

［13］奥克塔维亚·希尔致一位朋友的信,1868 年 10 月 4 日,C. 埃德蒙·莫里斯编,《奥克塔维亚·希尔的一生》(*The Life of Octavia Hill*),麦克米伦,1913 年。

［14］威廉·莫里斯致爱德华·伯恩-琼斯的信,1867 年 6 月 20 日。

［15］乔治·圣茨伯里,《威廉·莫里斯先生》("William Morris"),《修正的印象:论维多利亚时代的作家》(*Corrected Impressions. Essays on Victorian Writers*),海涅曼,1895 年。

［16］A. C. 斯温伯恩,《双周评论》,1867 年 7 月。

［17］《爱德华·伯恩-琼斯回忆录》。

［18］C. S. 刘易斯,未署名评论,《泰晤士报文学增刊》,1937 年 5 月 29 日。

［19］威廉·莫里斯,《伊阿宋的生与死》,1867 年。

［20］C. S. 刘易斯,《威廉·莫里斯》("William Morris"),《正名和其他论文》(*Rehabilitations and Other Essays*),牛津大学出版社,1939 年。

［21］乔治·萧伯纳,《我所认识的莫里斯》(1936),《威廉·莫里斯:艺术家、作家、社会主义者》。

［22］威廉·莫里斯致摩根·乔治·沃特金斯的信,1867 年 8 月 21 日。

［23］威廉·莫里斯致 F. B. 盖伊的信,1867 年 11 月 25 日。

［24］爱德华·伯恩-琼斯致乔治·霍华德的信,未注明日期,霍华德城堡。

［25］威廉·德·摩根致爱德华·伯恩-琼斯的信,A. M. W. 斯特林,《威廉·德·摩根和他的妻子》,亨利·霍尔特,纽约,1922 年。

［26］威廉·莫里斯致摩根·乔治·沃特金斯的信,1867 年 8 月 21 日。

［27］《爱德华·伯恩-琼斯回忆录》。

［28］韦林顿·泰勒致爱德华·罗伯特·罗布森的信,未注明日期,菲茨威廉。

［29］《爱德华·伯恩-琼斯回忆录》。

［30］韦林顿·泰勒致爱德华·罗伯特·罗布森的信,1865 年,菲茨威廉。

［31］韦林顿·泰勒致爱德华·罗伯特·罗布森的信,1866 年 10 月。

［32］韦林顿·泰勒致菲利普·韦伯的信,1866 年 12 月 27 日,国家艺术图

书馆。

[33] W. R. 莱瑟比,《作为工匠的威廉·莫里斯》(*William Morris as Work-Master*),1901 年。

[34] 韦林顿·泰勒致菲利普·韦伯的信,未注明日期,维多利亚与艾尔伯特博物馆国家艺术图书馆。

[35] 韦林顿·泰勒致但丁·加百利·罗塞蒂的信,1867 年秋,维多利亚与艾尔伯特博物馆国家艺术图书馆。

[36] 威廉·莫里斯致埃德蒙·亨利·摩根的信,1866 年 11 月 27 日。

[37] 威廉·莫里斯致乔治·坎普菲尔德的信,1867 年 3 月 11 日。

[38] 乔治娜·考珀-坦普尔,《回忆录》(*Memorials*),私人印刷,1890 年,大英图书馆。

[39] 威廉·莫里斯致乔治·霍华德的信,1867 年 7 月 25 日。

[40]《爱德华·伯恩-琼斯回忆录》。

[41] 德里克·哈德逊(Derek Hudson)编,《芒比:两个世界的人》(*Munby, Man of Two Worlds*),约翰·默里,伦敦,1972 年。

[42]《威廉·阿林厄姆日记:1824—1889》,1867 年 7 月 2 日。

[43] 同上书,1867 年 10 月 16 日。

[44]《威廉·莫里斯作品集》"导言"。

[45]《爱德华·伯恩-琼斯回忆录》。

[46]《威廉·阿林厄姆日记:1824—1889》,1866 年 8 月 30 日。

[47]《人间天堂》第二部分,1868 年。

[48]《爱德华·伯恩-琼斯回忆录》。

[49] 威廉·莫里斯致乔治亚娜·伯恩-琼斯(?)的信,1895 年 7 月 19 日,亨德森。

[50] 但丁·加百利·罗塞蒂致威廉·阿林厄姆的信,1868 年 8 月 25 日,道蒂和沃尔。

[51]《人间天堂》第三部分,1870 年。

[52] 乔治·梅雷迪斯致马克西(Maxse)上尉的信,1862 年 6 月 13 日,道蒂和沃尔。

［53］弗朗西斯·霍纳,《铭记的时光》。

［54］同上。

［55］弗吉尼亚·瑟蒂斯编,《乔治·普赖斯·博伊斯日记》。

［56］《威廉·阿林厄姆日记：1824–1889》,1867 年 10 月 14 日。

［57］《乔治·普赖斯·博伊斯日记》,1862 年 8 月 16 日。

［58］卢克·爱奥尼德斯,《回忆》。

［59］W. 格雷厄姆·罗伯逊,《往昔》(*Time Was*),哈米什·汉密尔顿,1931 年。

［60］威廉·莫里斯致菲利普·韦伯的信,1869 年 8 月 20 日。

［61］《乔治·普赖斯·博伊斯的日记》,1860 年 7 月 30 日。

［62］《爱德华·伯恩–琼斯回忆录》。

［63］J. A. McN. 惠斯勒,1863 年的日记条目,引述自菲利普·亨德森,《斯温伯恩》(*Swinburne*),劳特利奇和基根·保罗,1973 年。

［64］威廉·莫里斯致珍妮·莫里斯的信,1870 年 12 月 5 日。

［65］但丁·加百利·罗塞蒂致福特·马多克斯·布朗的信,1868 年 10 月 13 日,道蒂和沃尔。

［66］但丁·加百利·罗塞蒂致洛什小姐的信,1868 年 11 月 9 日,同上。

［67］但丁·加百利·罗塞蒂致艾丽斯·博伊德的信,1868 年 11 月 17 日,同上。

［68］威廉·贝尔·司各特致艾丽斯·博伊德的信,1868 年 11 月 9 日,弗雷德曼。

［69］威廉·贝尔·司各特致艾丽斯·博伊德的信,1868 年 11 月 26 日,弗雷德曼。

［70］威廉·莫里斯,《维纳斯之丘》,《人间天堂》第四部分,1870 年。

［71］威尔弗里德·斯考恩·布伦特,日记手稿,1892 年 8 月 11 日,菲茨威廉。

［72］乔治·萧伯纳,《我所认识的威廉·莫里斯》,《威廉·莫里斯：艺术家、作家、社会主义者》。

［73］威廉·莫里斯致查尔斯·福克纳的信,1886 年 10 月 16 日。

［74］《威廉·阿林厄姆日记：1824-1889》,1868 年 5 月 27 日。

［75］ 小亚历山大·康斯坦丁·爱奥尼德斯,《爱奥：祖父的故事》(*Ion: A Grandfather's Tale*),1927 年。

［76］《爱德华·伯恩-琼斯回忆录》。

［77］ 但丁·加百利·罗塞蒂致福特·马多克斯·布朗的信,1869 年 1 月 23 日,道蒂和沃尔。

［78］ 卢克·爱奥尼德斯,《回忆》。

［79］ 但丁·加百利·罗塞蒂致查尔斯·奥古斯都·豪威尔(?)的信,1869 年 1 月 25 日,道蒂和沃尔。

［80］ 查尔斯·艾略特·诺顿致约翰·罗斯金的信,1868 年 9 月 19 日,查尔斯·艾略特·诺顿,《书信集》(*Letters*),康斯特布尔,伦敦,1913 年。

［81］ 亨利·詹姆斯致艾丽斯·詹姆斯的信,1869 年 3 月 10 日,珀西·卢伯克编,《亨利·詹姆斯书信集》。

［82］ 威廉·莫里斯致爱德华·伯恩-琼斯的信,1869 年 5 月 25 日。

第八章　巴特埃姆斯(1869-1870)

　　1869 年夏末,莫里斯在德国中部度过了两个月的时光。在巴特埃姆斯的福尔图纳酒店,他给菲利普·韦伯写信说:"这确实是我住的地方,尽管它看起来像垃圾。"①[1]这是拉恩河谷中一个时尚的温泉疗养小镇,离科布伦茨几英里远。詹妮被劝说去那里疗养,她的身体状况非常令人担忧。于是他们决定把珍妮和梅留在纳沃斯城堡,和霍华德一家生活在一起。莫里斯去格兰奇和伯恩-琼斯一家道别,在那里,内德看起来心乱如麻,在妻子和情人之间患得患失,左右为难。而莫里斯的离别显然让他措手不及。菲利普·韦伯说,当莫里斯和詹妮启程去巴特埃姆斯时,他感觉自己"像被肢解了一样"。[2]莫里斯自己对此行也很担忧,一方面是因为旅途中的现实问题,另一方面是要面临治疗失败的风险。"如果不能让她好转,那实在是太糟了。我不知如何面对这种恐惧。"[3]

　　7 月底,他们离开了。露西·福克纳和贝西陪伴他们外出旅行。他们途经根特,在那里,詹妮的身体状况刚好允许她驱车绕过码头,去参观凡·艾克的油画作品《羔羊的崇拜》。他们分别在梅希林、列日、艾克斯和科隆停留了一晚。那时,莫里斯正在执笔《阿孔提俄斯与赛迪佩》,这是《人间天堂》下卷里的一个故事。他希望在到达巴特埃姆斯之前能把故事梗概写好。出于焦躁,莫里斯并没有好好计划这次旅行。他们途中

---

　　①　巴特埃姆斯(Bad Ems),Bad 在德文里是"温泉疗养地",在英文中恰好是"坏"的意思。

抵达一家备受欢迎的温泉疗养地,却没有落脚之地。这件事成为一个家庭传说,显露出莫斯里夫妇作为父母其实并不怎么称职。梅在关于父亲的回忆录中写道:"他们滞留在车站,我简直不知道该为谁难过,是濒临崩溃独自等待的母亲,还是急切地寻找住宿却失望而归的父亲?"[4]但没过几天,他们就入住了福尔图纳酒店,房间虽然并不奢侈,却很舒适。根据当时的记录,莫里斯先生和妻子是唯一的住客。[5]从福尔图纳酒店可以俯瞰巴特埃姆斯最具特色的古建筑——"古怪古老的十七世纪房子"。[6]莫里斯认为它只能被当作一个老疗养所。城镇生活将他们挟裹。早上七点,库尔加滕(Kurgarten)的管乐队把他们催醒,仿佛是"以雷霆万钧之势演奏的路德赞美诗"。

埃姆斯(古称艾梅茨〔Eimetz〕)温泉已闻名几个世纪。其疗效,罗马人早有所知。莫里斯慕名而来时,那里的医疗和旅游业如日中天。埃姆斯建筑精美、格调优雅、医护水准高超,在莫里斯到访十年后,爱德

15. 但丁·加百利·罗塞蒂创作了漫画《奋力:婴儿大力神》,描绘了威廉·莫里斯在一个病人浴缸里挣扎的情景,绘于 1869 年 8 月 14 日

华·古特曼博士在其编著的医疗指南《欧洲水疗佳地》中,将之形容为
"德国水疗瑰宝"。[7]在旺季,有一万三千名病人挤满街道和长廊。埃姆
斯尤其受到英国游客的青睐。"英国酒店"以及楼下的英格兰霍夫宾
馆,就是为了招待他们而建。在迪斯雷利的小说《维维安·格雷》中,巴
特埃姆斯是个迷人的温泉小镇。这里的水疗,以其碳酸碱水性,对慢性
卡他性黏膜炎、支气管炎、喉炎有特殊疗效,同时,也因针对治疗女性疾
病而声名远扬(旅行指南对此内容总是广而告之)。

在埃姆斯的二十一个泉眼中,有三个是饮用矿泉。游客们形容这里
泉水温暖,还有一种不太好闻的寡淡牛肉汤味。在疗养馆,有一个上午
分水仪式:泉水从餐厅柜台分发,再由女服务员将之注入波希米亚风格
的玻璃雕杯中呈给客人。疗养馆的公共场所是宏伟的圆柱大厅,那里的
空间非常开阔。凯塞尔泉(Kesselbrunnen)在大理石水池中喷涌,克伦琴
泉(Kraenchen)则从疗养所壁龛中的银色水龙头中汩汩流出。

洗浴用的泉水被汇集在蓄水池中冷却,然后通过管道输送到一百多
个独立洗浴室。在此,洗浴是格外私密的事。洗浴设施有蒸气浴、用于
治疗子宫系统紊乱的强劲的子宫清洗仪,以及巴特埃姆斯的骄傲——自
然上升的冲洗器——"男孩温泉":在浴盆底部,有一个半英寸高的小喷
泉。转动旋阀,喷泉就会喷到两到三英尺的高度。这种泉流,要严遵医
嘱使用。泉水通过阴道进入人体,据说对治疗不孕及子宫排毒有特效。
我们不甚清楚詹妮的治疗细节,但可以推测:之所以选择巴特埃姆斯,
是因为它能够提供别处无法获得的独家疗法。

为缓解治疗,巴特埃姆斯还配有河滨步道和游乐花园,以及一处园
林景观——由种植着马栗树和橙树的花坛和梯田组成。疗养厅
(Kursaal)还提供室内休闲,活动区装饰华美、富丽堂皇,包含一个挂着
雕花玻璃枝形吊灯的中央大厅和空中画廊。二楼所在房间有一间配有
钢琴,另一间是棋牌室,疗养者及其同伴在猜红黑与轮盘赌中消磨着时间。

莫里斯所到之处,巴特埃姆斯肯定是不太合意的一个。如此纵放旷
达之人,居然坐困愁城——困于浮夸懒散的温泉小镇——这简直是可怕

的讽刺。(雷乃的电影《去年在马里昂巴德》就传达出这种气氛。)他讨厌这个城镇,称其"聒噪喧嚣,无聊透顶"[8];他厌恶其他游客,厌恶这些温泉的消耗者和掠夺者,认为他们是"笼鸟池鱼"。他不太会讲当代德语,声称他对德语的了解仅限于马丁·路德译的《圣经》。女侍者们觉得他尝试沟通的样子很好笑,认为他演奏荷兰乐器"像正式演出一样好"。在罗塞蒂的漫画《德语课》(*The German Lesson*)中,莫里斯将马裤递给戴帽子的女侍,詹妮在背景中出现,这一幕看起来很讽刺。

在巴特埃姆斯,可以见到莫里斯身上显露的英国偏见。他担心价格,惧怕被骗。他感伤地对菲利普·韦伯说:"你可以想象,这里的人都是鲨鱼。"[9]他们来的时间不巧,巴特埃姆斯正处于政治动荡风云之中。普鲁士的威廉国王正在小镇——每年夏季他都会来此疗养。传言法国大使也曾到访。就连外国游客也意识到了当地的紧张局势。次年,与俾斯麦来往的著名的"埃姆斯电报"引燃了普法战争。

在这种不安局势下,莫里斯竭尽全力。詹妮的日常例行治疗非常繁重。治疗刚过几天,莫里斯记录道:"詹妮看了两次医生,泡了四次温泉浴,并在早餐前喝了定量的温矿泉。"[10]她行动受限,乘坐马车让她心惊胆战。她的背疼得厉害,有时甚至不能坐起来写封信。她食欲不振,嫌弃德国食物过于油腻——尽管她和莫里斯都很喜欢德国啤酒。在许多方面,莫里斯都是完美丈夫。他对詹妮关怀备至,巨细无遗地了解她的治疗进程,将她的近况写入书信。他还载着詹妮,驾驶"一艘像黄油碟的机械船,以刀叉作桨",在拉恩河人工加宽的河段上英勇无畏地划行。他找到了一处美丽的绿荫河岸,傍晚时分,可在那里惬意纳凉。他很乐意带詹妮去那里,放松休息,调养身心:那年夏天,德国酷热难当。但在莫里斯写给韦伯的许多信中,都隐含着一种深沉的挫败感,以及身处异乡的流离感。病人的日常照料让他这样一个自称"健康状况堪忧"的人不胜其烦。[11]

埃姆斯周围的乡村让他感到些许安适。那山丘之美让他想起了英国湖区,那里"没有让湿地寸草不生的酸腐气味"。[12]他描述说,拉恩河谷有些地方非常狭窄,河流在山谷间蜿蜒曲折、斗折蛇行,有些地方的宽度堪比流经克利夫顿汉普登的泰晤士河。莫里斯经常把国外风景和英国风景相较,这正是他思乡之情的流露。他欣赏着路边的梯田和井井有条的葡萄园。丰收之际,莫里斯将德国的富饶景象引入《人间天堂》中的《巴黎之死》引言:

> 一马平川,在彼河侧。
>
> 欢兮悦兮,盈耳如何。
>
> 硕果谁采,水扬横波。
>
> 放牧群猪,北坡山阿。
>
> 田野之上,镰刀变割。
>
> 辛勤劳作,一月之多。
>
> 目透灰枝,梯田成阶。
>
> 葛藤绵蛮,列草成行。
>
> 枯叶蒙尘,萋萋黄黄。
>
> 蔓衍无掩,葡萄耀彰。[13]

> The level ground along the river-side
> Was merry through the day with sounds of those
> Who gathered apples; o'er the stream arose
> The northward-looking slopes where the swine ranged
> Over the fields that hook and scythe had changed
> Since the last month; but 'twixt the tree-boles grey
> Above them did they see the terraced way,
> And over that the vine-stocks, row on row,
> Whose dusty leaves, well thinned and yellowing now,
> But little hid the bright-bloomed vine-bunches.

尽管山谷那样迷人,莫里斯还是觉得有一种幽闭之感。他解释说,这里并不适合他这种人,他向往的是画笔和远方——那才是他的栖居之所。

而巴特埃姆斯让他有点抓狂：让他宛若"笼中困兽"。[14]

他不能把詹妮单独留下太久。但是，有一天，他花了两个小时徒步山路，来到一处"极乐"之地："那里的小峡谷皆向着大峡谷延伸，峡谷中心是郁郁葱葱的青草地，翠色欲滴，绿意盎然。"[15]他来到一处森林高坡，那里桤木遍地。高坡的一边是远方的大山，其余之处围合着陡峭的小山，上面长着"高大而嶙峋的山毛榉树"。莫里斯并不热衷于德国风景，但他并不轻视其魅力。他看出地方风貌对德国人性格的影响，"它塑造了德国人的秉性"。在巴特埃姆斯，莫里斯读完了歌德的《威廉·迈斯特的学习时代》（卡莱尔的英译本）。他认为这部长篇小说虽极具哲理，但读起来很吃力——尽管他对其中的见解首肯心折："歌德写这部小说时一定是睡着了，但无论如何这是一部伟大的作品。"歌德的小说《亲和力》以已婚夫妇分别对另外两个人的吸引为主题，在巴特埃姆斯的那个焦虑的夏天，倒是很适合阅读这本书。

莫里斯，这位忧郁森林的鉴赏家，就像在莫尔伯勒时那样潜入森林。他也会拿着口袋书，做一点工作。除非天气晴朗，否则埃姆斯四周的山毛榉林永远都显得孤寂凄凉。但天气总是阴晴不定，晴天、阴天和暴风雨天随时交替造访。"啊，上帝！"[16]莫里斯写道，"难道不能不在埃姆斯下雨吗？"森林里到处都是大蚂蚁。在一封信中，莫里斯按实际大小画了一只蚂蚁：四分之三英寸长。还有蛞蝓，四英寸长，出没于潮湿低矮的树丛。它们比莫里斯见过的任何一种蛞蝓都要大，也更凶猛。蛞蝓大多是"亮亮的铅红色，像背着壳的一团坏牛肉"。[17]温暖潮湿的山谷也利于蟝蛇的生长繁衍。一天早上，莫里斯外出散步时，听到身后树叶沙沙作响。他写信给韦伯说："有一条蛇爬了出来——就像我那把橄榄黄的伞一样长，在小路上游走，就像有人在等它一样。然后，在回家的路上，我总是感觉裤腿上有东西。"

抵达埃姆斯后，莫里斯用了一个星期左右完成了《阿孔提俄斯与赛迪佩》初稿。莫里斯打算重新润色后定稿。但是他又有所迟疑："我对此兴致不浓,"他告诉韦伯。[18]也许是这个故事过于动人,莫里斯感触良多。——一位男人来到提洛岛,见到一位高贵的姑娘。而后"对她一往情深,除了她,一切事物都毫无意义"。在这个悲凉的故事中,迷失的爱是如此荡气回肠,阿孔提俄斯呐喊着:

> 怎似薪烬焰熄?
> 可是我命已枯兮?[19]

> why then like a burnt-out fire,
> Is my life grown?

237　阿孔提俄斯和赛迪佩,在郁金香花海里相遇,焦灼而充满期待:

> 沉默寂寥莫能忍
> 伫立相望郁难耐
> 血泪沧桑面颜改
> 心乱痴狂岁月殚
> 情愤悲惋因何由
> 此刻伊人近咫尺
> 气息如兰心潮湃
> 香肤柔泽在眼前
> 犹见我唇轻微颤
> 回首难言泪盈涟

> There in a silence hard to bear,
> Impossible to break, they stood,
> With faces changed by love, and blood
> So stirred, that many a year of life
> Had been made eager with that strife

Of minutes; and so nigh she was
He saw the little blue veins pass
Over her heaving breast; and she
The trembling of his lips might see,
The rising tears within his eyes.

他们分开了。阿孔提俄斯又开始追寻他的心上人。他徘徊良久,终于在花园里看见了她。但她现在似乎变了一个人,反复无常,残酷无情:

枉负深情与爱慕
予亲吻而报寒素
予热泪而报笑疏
予相思而报蔑言
言苦心碎如丘墓

oftenest the well-beloved
Shall pay the kiss back with a blow,
Shall smile to see the hot tears flow,
Shall answer with scarce-hidden scorn
The bitter words by anguish torn
From such a heart.

莫里斯从未认可《阿孔提俄斯与赛迪佩》。他后来对斯温伯恩说:"我知道,阿孔提俄斯绝对是个痴情人。而糟糕的是,即便这样写他十几次,我还是会同样选择。"[20] 此言不虚。莫里斯清楚地知道,在世人看来他也是个愚人,一位相思刻骨的痴情汉。自从明白了这一点,他的自我剖析就更犀利了。

　　同一时期的另一首诗,直到 1915 年经由梅·莫里斯编辑才得以出版。在这首诗中,心路历程表现得更为明晰。这里,女人说:

你为何挣扎,为何求胜?
我爱有所思,心有所属。
当死神将至,遗愿成全。
世人必闻讯,你的非凡。

238 他们不曾听,也不曾见。
你身如枯槁,嗟吁长叹。
曾有赤子心,爱我怜我。
我照单全收,转而丢却。

曾有赤子心,猛烈相追。
我与之周旋,引以为傲。
爱平复悽愁,消解寂寥。
却见他落寞,爱意难消。

爱抚慰伤感,境随时化。
毕竟我曾经,满心哀殇。
他穷追不舍,情真意切。
唯愿能有他,一席之地。

但我心悲凉,无动于衷。
他眼神迫切,柔情不复。
我冷面相看,铁心相迎。
我假意不晓,他伤他痛。

我戴上面具,心下自明。
虽心有柔情,却非真爱。
他爱我永远,地老天荒。

我深感甜蜜,甘之如饴。

但似爱非爱,若即若离。
愿他不点明,朦胧情意。
生活如死水,不起波澜。
朦胧的旋律,萦绕心间。

他深知我心,情愫露展。
他取悦于我,甚是可怜。
敛眉与鼓吻,是为哪般?
浮言与凝视,徒增空想。

他落落寡欢,而又复还。
盼春日冰开,寒灰重燃。
步步慕侣心,吐露无言。
爱荡然不复,却下唇梢。

你离我而去,并非我责。
因心事自明,所爱非彼。
愧不胜错爱,何以言说。
我曾经爱过,真心实意。

我曾被爱过,情深似海。
青鸟明丹心,天地可鉴。[21]

Why dost thou struggle, strive for victory
Over my heart that loveth thine so well?
When Death shall one day have its will of thee

And to deaf ears thy triumph thou must tell.

Unto deaf ears or unto such as know
The hearts of dead and living wilt thou say:
A childish heart there loved me once, and lo
I took his love and cast his love away.

A childish greedy heart! yet still he clung
So close to me that much he pleased my pride
And soothed a sorrow that about me hung
With glimpses of his love unsatisfied –

And soothed my sorrow – but time soothed it too
Though ever did its aching fill my heart
To which the foolish child still closer drew
Thinking in all I was to have a part.

But now my heart grown silent of its grief
Saw more than kindness in his hungry eyes:
But I must wear a mask of false belief
And feign that nought I knew his miseries.

I wore a mask, because though certainly
I loved him not, yet was there something soft
And sweet to have him ever loving me:
Belike it is I well-nigh loved him oft –

Nigh loved him oft, and needs must grant to him
Some kindness out of all he asked of me
And hoped his love would still hang vague and dim
About my life like half-heard melody.

He knew my heart and over-well knew this
And strove, poor soul, to pleasure me herein;

But yet what might he do some doubtful kiss
Some word, some look might give him hope to win.

Poor hope, poor soul, for he again would come
Thinking to gain yet one more golden step
Toward Love's shrine, and lo the kind speech dumb
The kind look gone, no love upon my lip –

Yea gone, yet not my fault, I knew of love
But my love and not his; how could I tell
That such blind passion in him I should move?
Behold I have loved faithfully and well;

Love of my love so deep and measureless
O lords of the new world this too ye know.

　　莫里斯竭力写完《阿孔提俄斯与赛迪佩》,又开始着手另一本故事 239
集——《人间天堂》新卷:《太阳以东月亮以西的土地》。他苛刻地审视
这首诗,觉得需要重写,而不仅仅是修修补补。他必须在离开德国前就
完稿,以便出版前给自己留出一些时间在伦敦校稿。这首诗同样讲述了
爱情的得而复失,题材取自索普《圣诞故事》开篇。这首诗比《阿孔提俄
斯与赛迪佩》要出色——这是一个北欧神话故事,莫里斯赋予它一种
"梦中梦"的精巧结构,以及他对情色发掘的通常暗示。男主人公约翰,
一位农民的儿子,半梦半醒时看见七只白天鹅,盘旋着,落在他身边湿漉
漉的草地上。而后,他睁眼一看,地上果真有六张天鹅皮,旁边伫立着七
位皮肤白皙的少女,一位少女怀抱天鹅皮离群而立。这是莫里斯版的天
鹅湖故事,天鹅姑娘从天而降,带来了恍然如梦的极乐与幸福:

　　　就像美梦成真,
　　　美得不可方物。
　　　梦醒时分,

生活全然绽放。

他起身而相依，

脸相触手相携。

同立美丽沃野。

到处果实繁茂，

好似盛夏妖娆，

尽是无穷美妙。[22]

Like waking from an ecstasy,

Too sweet for truth it seemed to be,

Waking to life full satisfied

When he arose, and side by side,

Cheek touching cheek, hand laid in hand,

They stood within a marvellous land,

Fruitful, and summer-like, and fair.

与《阿孔提俄斯与赛迪佩》里一样，他最终痛失所爱。女人再次变身，于他而言分外陌生："她的可爱迷人变得危险。"再一次，主人公彷徨、迷失、疏离。他前往邓尼奇，旅行去伦敦。在圣奥尔本斯，一位精瘦干练的老修士接待了他。他很愿意去聆听那些不值得一说的历史——此外，已经没有什么能打动他了。

游于此地，复念彼地。

佳人俏脸，将心萦系。

所言所语，皆是思绪。

One place was as another place,

Haunted by memories of one face,

Vocal with one remembered voice.

莫里斯将童话故事演变为情爱的痛苦言说：主人公万念俱灰，栽倒在地，在雪地里呼天叩地、痛哭流涕。最后，他失去的爱人得以重现，他干涩的双眼

看得格外分明，

他的渴望，他的生命，他的希翼，

依然在人间，仍在他身边。

beheld indeed,

His heart's desire, his life, his need,

Still on the earth, still there for him.

但一切都变了。她疲惫不堪、无精打采，行尸走肉一般。他简直不敢相信，很久以前他为失去她而肝肠寸断。

　　诗歌对社会有用还是多余？莫里斯在诗的结尾处，抛出这个问题。这个问题很有价值，因为《人间天堂》总是被误认为某种无目的的消遣，无意义的漫谈——就像二十世纪九十年代的电视谈话节目一样有凑时之嫌。在《太阳以东月亮以西的土地》中，莫里斯展现了约翰如何从梦中醒来，将他的经历编织成"流畅诗篇"，以一种艺术化的创新形式来表达他的回忆。莫里斯含蓄地表明，写诗是诗人的宣泄途径，能够将读者带入新的感知层次。他全神贯注于《太阳以东月亮以西的土地》，以至于当他的出版商——性格开朗、乏味无聊、肥头大耳的 F. S. 埃利斯来埃姆斯拜访他时，他对这种闯入颇为不满。他抱怨说埃利斯的到来"简直是给他的缪斯车轮硬塞了根辐条"。[23]

　　埃利斯来了两天，一直流连于汉诺威购买书籍。他对人总是和和气气，这秉性或许源于他的父亲——里士满那家有名的星嘉德酒店(Star and Garter Hotel)的老板。埃利斯在国王街的科文特花园有一处自己的

240

营业场所,专门经营手稿和珍本。这里成为文学圈中的"星嘉德"——藏书家和作家的聚会场所。在这里,莫里斯花了二十六英镑买到了他的第一本珍本:薄伽丘 1473 年乌尔姆版的《名女》,精美整洁,质地挺括。它由十六世纪黄色羊皮纸装订而成,里面包含一些声名在外的木刻版画。同样是在埃利斯的书店,莫里斯被店员当成可疑顾客而告知店主——他看上去实在落魄潦倒。罗塞蒂考虑选埃利斯做他的出版商,但他又有所担心,毕竟埃利斯已经出版了高产作家莫里斯的作品。罗塞蒂写了一篇关于埃利斯的打油诗:

> 有个出版商他叫埃利斯,
>
> 他看好的诗人都有个大肚子:
>
> 至少要有两个——
>
> 一个已入麾下,另一个在观察。
>
> 只有上帝知道埃利斯会遇见啥。[24]

> There's a publishing party named ellis
>
> Who's addicted to poets with bellies:
>
> He has at least two –
>
> One in fact, one in view –
>
> And God knows what will happen to ellis.

241　最终,罗塞蒂与埃利斯签约。他的妹妹克里斯蒂娜和斯温伯恩随后也加入签约阵营。

莫里斯与埃利斯的关系很长久。莫里斯喜爱埃利斯的通情达理和温和从容,他是莫里斯晚年几个核心的男性密友之一。在闷热的 8 月底,他来到巴特埃姆斯,周身散发着莫里斯所依赖的那种平和,而这种平和状态又让莫里斯感到些许恼火。无疑,埃利斯让他隐约想起了父亲。莫里斯在巴特埃姆斯雇了两只驴,让埃利斯惊恐的是,他们随后便开始了山地之旅。他们还去了"疗养厅",来到赌桌前。埃利斯仅下注了"一点儿小意思的弗罗林币"[25],却把钱翻了好几倍,这让他喜不自禁。但莫里斯对这些把戏感到厌烦,发誓再也不来"疗养厅"了。

莫里斯本人也因金钱受到困扰。就眼前来说,在巴特埃姆斯的前两周,他就把钱花得所剩无几。他写信给菲利普·韦伯,向他借钱:"我可不想把自己抵押给当铺,或者在埃姆斯当苦工(比如扫马粪——在这里是个被近乎虔诚地保留的"圣务"),我希望能借六十英镑。"[26]韦伯通过银行给他汇了款。与此同时,整个夏天,莫里斯不断接到公司财务动荡状况的简报。1868年,两千英镑的营业额只产生了三百英镑的净利润;七位合伙人的分羹少得可怜。此时的韦林顿·泰勒身体极度衰弱,病骨支离,时常昏迷、咳血,这也是他生命的最后一年。但他仍有足够的精力在1869年夏写下对莫里斯愈加埋怨的多篇事记。

莫里斯从股票中获得的个人收入也没有增加。1867年至1868年间,收益始终保持在四百英镑左右。此外,他还有两百英镑的固定工资。但到了1868年,他不得不靠卖书,以及从公司资金中拿出两百英镑来作为收入补贴。韦林顿·泰勒估摸,为了维持他目前每年花费一千英镑的生活水准,莫里斯很快就需要取出剩下的两百英镑原始金了。泰勒担忧未来,于是写信给韦伯。他描绘出一幅令人沮丧的画面——一旦莫里斯没钱了,他会怎样:"他又会使用一贯伎俩,向公司索要些小额支票。然后,在季末,表现出一副金额透支的惊讶样子。再然后,他将没有能力偿还——我们公司将这样一步步破产。"[27]

1869年7月,泰勒草拟了一份莫里斯的家庭开支预算,金额不超过每周六英镑,娱乐花销必须削减:"一顿额外的晚餐费用得多少钱? 三文鱼块5/-,羊腿7/6,蔬菜2/-,还有布丁、酒、煤? 黄油。"[28]他建议莫里斯大幅减少年度开支,并将预算控制到以下标准:

租金　100英镑

衣服　70英镑

煤　　20 英镑

葡萄酒　80 英镑

房费　364 英镑

总计　634 英镑

他只能保留两个佣人；不能同时使用太多灯火照明，要降低家庭蜡烛的数量和质量；要把每天的葡萄酒消耗量减少到两瓶半。否则，他警告莫里斯，他将会很快破产。他提醒他，根据新的破产法，他的矿业股份将被没收，以偿还债权人。他将一无所有。

泰勒求助于韦伯，请他务必向莫里斯强调公司目前的实际处境："如果你不作为，其他人就不会作为——每个人都会觉得事不关己。"韦伯把泰勒的意思转述给了还在巴特埃姆斯的莫里斯，莫里斯诚恳地接受了批评："他所说不无道理，尽管他目前不太了解细节情况。"[29]莫里斯的语气颇有些自我辩解的意味。他当然知道自己的经济拮据以及詹妮久病带来的额外开支。

莫里斯由衷地接受了泰勒的批评。但是，对于英国传来的其他消息——比如罗塞蒂写给詹妮的大量书信，他又作何反应呢？其中十封书信留存下来，似乎是莫里斯将之转给了詹妮。实际上，信件里还直言不讳地表达了对"亲爱的老东西"[30]的爱意——这是罗塞蒂对莫里斯的专属称呼。"请带着我的爱，"他写给詹妮，"同样的爱，也请带给托普。"[31]

信件往来流露出情人之间的相思之苦。尽管詹妮抱恙在身，她还是在加来给他回信。罗塞蒂按她所说，将信寄到了科隆的信件待领处。他的信充满关切，她的健康状况显然让他非常牵挂。事实上，在此后几年的书信往来中，他们的交谈都关乎病情，关切的询问，交流治疗方面的消息：他们之间的情感已演化为疑病症式的激情，且被推向极端。

1869 年，在寄往巴特埃姆斯的信中，罗塞蒂不厌其详地写了很多关于詹妮肖像制作过程的细节。他把玛丽·斯巴达利作为替代模特，借她完成了比照詹妮而画的比阿特丽斯。"我想最终会好起来的,别把这看得很重而影响心情。"[32]这些费尽心思的信件,生动展示出詹妮和罗塞蒂之间的爱情——充满温馨与柔情。他对她说,如果治疗改善了她的病情,他会祝福埃姆斯这个名字。"在信封上写'Bad Ems'似乎很不妥——如果邮递员是个直觉灵敏的人——我应该写'Good'。"[33]

罗塞蒂的信件也揭示出他和莫里斯的紧张关系。他对莫里斯颐指气使,差使他办事。莫里斯答应他去里尔搞套工装,不知道最终有没有到手。罗塞蒂画的莫里斯漫画,反映出一种强烈的嫉妒心——关于才华和性。他想象着莫里斯正处于创作的狂喜中。"我想,现在托普西正以他的一贯作风,在帕纳斯隧道和路口咆哮癫狂。或许,偶尔爆发一下也未尝不可。"[34]罗塞蒂寄给詹妮一幅漫画,詹妮被表现为他的同伙,画中,莫里斯正朗读七卷本的《人间天堂》,詹妮则坐在浴池里,面临喝下七杯温泉水之苦。他把这幅画命名为《埃姆斯的莫里斯》(The M's at Ems)。

他常拍莫里斯的头。看似宠溺,实则是一种贬低。在寄往巴特埃姆

244

16.《埃姆斯的莫里斯》,1869 年,罗塞蒂作。詹妮在喝水,莫里斯不知疲倦地读《人间天堂》的故事

斯的信中,他告诉詹妮他买了一只袋熊。它是澳大利亚袋目类小动物,喜欢夜间活动,是罗塞蒂在伦敦动物园里的最爱。1830年,动物园有了第一只袋熊,六十年代早期增加了更多袋熊成员。罗塞蒂喜欢袋熊,因为它们敏感脆弱,却又粗硕敦实、皮毛松软。他认为袋熊既可爱又可厌,他迷恋袋熊是他痴迷怪诞之物的一个表现,而且在他眼里,袋熊与莫里斯存在某种特别的关联,这一点可从罗塞蒂向密友洛什小姐眉飞色舞的描述推断出来。他说他的新袋熊是从贾姆拉赫(Jamrach)那里买来的,此人在伦敦东部有一家野生动物集市:"它是一个毛茸茸的圆球球,头的样子介于熊和豚鼠之间。它没有腿,也不像人类一样有脚后跟,更没有尾巴。当然,我应该叫它'托普'(Top)。"[35]

这只袋熊成了一个传奇动物。有一天晚上,它在罗塞蒂餐桌中央的饰盘上打盹,等大家一离开餐桌,它就醒了,然后祸害了一整盒价值不菲的雪茄。这位"荣耀袋熊"托普并没有撑多久。9月21日,有人说袋熊正在切尔西花园里尽情驰骋,罗塞蒂称它是"喜悦,胜利,欢快,疯狂"(引自雪莱的《被解放的普罗米修斯》)。[36]但是,11月6日那天,袋熊死了。罗塞蒂请人将它做成了标本。

虽然詹妮在巴特埃姆斯时,罗塞蒂的来信大多亲密而诙谐,还有一种心照不宣,但他偶尔也会更加开诚布公,仿佛她的重病是一种理由,允许他将已婚的顾虑抛到九霄云外:

> 所有与你有关的事,我都心向往之。亲爱的托普不会介意我在这个焦灼时刻向你坦露这一点。他爱你越多,就越知道你如此可爱如此高贵,让人无法不爱。亲爱的詹妮,随着生命的流逝,真正值得说出口的事似乎少之又少,一个朋友不该拒绝另一个朋友发自内心深处却语无伦次的表白。他在我之前已向你表明这一点,所以我本没有必要再说。我永远无法告诉你,我多么想与你长相厮守。一直以来,我远离你的视野。多年以来,你的出现却让我离你更远,没有什么能让我如此。对于这种不可思议的变化,我当感谢你。[37]

245

17.《詹妮和袋熊》,但丁·加百利·罗塞蒂绘,莫里斯被画成了那只袋熊

莫里斯从没想过要去埃姆斯。刚到那儿,他就像小学生一样耍花招,在日历上把假期之前的日期一个个划掉。还在 8 月 15 日,他已经开始查看时刻表,拣选从巴特埃姆斯到科隆的火车了。但詹妮的病情依旧起伏不定,莫里斯把她的嗜睡和虚弱归咎于她的医生坚持让她每天洗热水澡。直到 8 月底,詹妮的病才明显改善。而那时,莫里斯已经"烦躁不安"了。赤日炎炎,暑气熏蒸,他却强迫自己走了很远一段路,希望能借此归复平静。他翻过小山,潜入森林,不停地走,直到以为自己迷路了。这时,他看到了一把熟悉的绿椅子,才意识到这里离家的距离。他和韦伯说:"之后,我喝了一些气泡水和白葡萄酒。虽然止渴,但依然烦躁。"[38]尽管如此,他仍严格要求自己写了一百二十行。

9 月初,詹妮似乎大为好转。他们计划在伦敦家里也安装一个淋浴器,以巩固治疗。医生曾给莫里斯开过一个药方,成分主要是碳酸钠和普通盐,与巴特埃姆斯矿泉的成分非常接近。这再次说明,詹妮的不适源自妇科病。莫里斯告诉菲利普·韦伯怎样准备:"需要一个锡盒或水箱,下端近于圆锥形。平贴着墙,容量为两加仑。"[39]水箱要装得很高,但又不能太高,以免装水不方便。水箱要接出一根水管,水管末端有水龙头,"还要有一根软管(普通的印度橡胶)",直径为半英寸。莫里斯的指示很明确。他让韦伯马上到女王广场,在他和詹妮卧室隔壁的更衣室把这套设备装好。他还增加了一种异国情域,让韦伯设法安装"一个土耳其浴所用的那种中空木凳"。韦伯领会了这项任务的宗旨。他回复给莫里斯一张图表,那几乎就是一幅施工图,上面是希斯·鲁宾逊(Heath Robinson)式的精巧装置,以及被画成胖夫人样子的詹妮。韦伯在他的设计稿旁潦草地写道:"如果詹妮不明白胖的另一种有趣内涵,拜托请解释一下。"[40]

9月中旬,他们终于离开了埃姆斯。他们要单独完成横跨欧洲的返

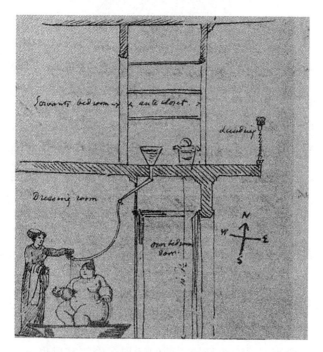

18. 菲利普·韦伯为詹妮设计的方案,在女王广场26号的更衣室里安装一个自制淋浴器

程，其间，莫里斯曾心急火燎地与"两三个多事的海关人员一类的人"交涉。[41]詹妮的状态很好，直到他们到达加来，横渡英吉利海峡时意外遇到暴风雨。这场暴风雨减弱了她在埃姆斯获得的疗养成效。到伦敦后，她仍感到余波未平。

埃姆斯对莫里斯的影响可能比他自认为的更加深远。莫里斯在他的故事中，对长生不老药、水的治愈力以及井的象征意义格外青睐，这些都要追溯到那个水疗之夏。故事的结局，总是意味隽永。就像莫里斯写的最后一个故事《克洛斯的基利恩》（未完成），主人公在渴泉旁，从美女提供的金杯中喝水。　247

莫里斯不喜欢闲混之人，不仅因为他们令人厌烦，还因为他觉得他们道德有问题。很快，他便进入批判懒政的新阶段。他认为，现代社会中的人优柔寡断，好逸恶劳，千篇一律。他们不在当下，"不在此岸，也不在彼岸。心念要么执着于过去的美好，要么向往虚无缥缈的未来"。[42]他预见到可怕的未来景象，人们将与自己的创造欲、批判力、社会责任、历史感失去联结。在他八十年代的演讲《艺术的目的》中，有这样一段话：

> 就像手工艺和文学一样，艺术将彻底消亡。事实上，这一现象正加速演化。艺术正变得矫揉造作、故弄玄虚；与古代的神学相较，科学意味着理性和启蒙。但是，科学将变得越来越片面、偏颇、说教、无用，直到将自己推向与迷信一样的境地。一切都在退化，直至积日累岁、万古千秋以来，追求光明未来的种种奋斗都被完全遗忘。人类将变成一种难以名状的生灵——无望，无欲，无趣。[43]　248

莫里斯一语成谶，当前电子时代下的僵尸文化就是他的预言的应验。

莫里斯在倦怠中看到了潜在的暴力。他把这种散漫和法西斯主义联系起来。八十年代，他参观了保守党在威尔特郡的据点"云朵"（Clouds），那是菲利普·韦伯为珀西·温德姆议员建造的乡间别墅。他将之称为"无望之家"。那里萎靡不振的气氛，定能把他带回巴特埃姆斯的那种倦怠状态。———一群残疾军人聚集在"疗养厅",管弦乐队叮叮当当地演奏着《梅布尔华尔兹》和《夏日最后的玫瑰》,而普法战争的威胁迫在眉睫。

在根特,前往巴特埃姆斯的路上,莫里斯买了一些汤盘和荷兰代尔夫特瓷的油醋瓶,寄回了英国。这天,正是乔治亚娜的生日。汤盘买给韦伯,调味瓶则买给她。因为遗失了瓶盖,莫里斯拜托韦伯要么拿别的瓶盖替换,要么去找合适的银瓶塞。随后,由韦伯转达了莫里斯的心意。

从莫里斯事无巨细的委托,以及他过度担心调味瓶是否在运输过程中损坏,可见他非常在乎乔治亚娜。这是一种非同寻常的关爱。他敏锐而温情地关注着乔治亚娜。尽管她受到很大伤害,但在去年的赞巴科灾难中仍然不失尊严。这里有一些戏剧化的场景:豪威尔把玛丽带到格兰奇,把她介绍给乔治亚娜;内德昏了过去,他的头被壁炉沿磕破了。在非常时期,乔治亚娜带着她的孩子们回到了牛津,在那里住了几个星期。她像一个永不毕业的学生一样,住在博物馆排屋(Museum Terrace)的宿舍里,尝试勇敢地创造新生活。卫理公会教的教养和基督教的信仰支撑着她,她写信给好友罗莎琳德·霍华德:"目前,能好坏并存就足够了。毕竟,福祸相依。"[44]她希望重返家庭时能更坚定平和,能捍卫好自己的婚姻。她对罗莎琳德说,她清楚,倘若福泽深厚,那她和爱德华之间的爱足以撑过往后漫漫余生。很快,莫里斯就写了一首长篇叙事诗《爱就够了》,这绝非巧合。

这一时期,关于家庭的难言之隐被粉饰、遮掩起来。莫里斯去世后,麦凯尔(伯恩-琼斯的女婿)给阿格拉娅·科罗尼奥写了一封密信,提到"莫里斯写《人间天堂》时那暴风骤雨般的几年"。[45]麦凯尔有些抱憾,因为他曾在莫里斯传记中写过"因左右逢源而顺风顺水"这样的评述。1910年,梅·莫里斯开始为父亲的《作品集》撰写前言。她来到乔治亚娜那儿,请求乔治亚娜把父亲的信给她,却被婉辞拒绝:"我查看了档案,只有1876年后你父亲的信才有所保留。"[46]但是,我们可以依据那时莫里斯未发表的诗歌做出判断：他和内德是怎样有意疏远，又是如何倾心于乔治亚娜？这种感情或许算不上激情，却近于爱情。

他的情感中有一种思念的苦痛。这种情感在与《人间天堂》同期的一首诗中展露无疑。这首诗现收录于大英图书馆莫里斯手稿。用铅笔所写，字迹狂乱：

> 每逢佳期喜相逢，把酒言欢情意浓。
>
> 封存记忆心深处，永生难忘那段情。
>
> 度日如年盼友至，翘首以待心忡忡。
>
> 闻听脚步近楼梯，相坐却隔心墙重。
>
> 谎言高砌横亘间，惶恐焦煎心难通。
>
> 友人离去留孤影，空忆昨日映霞红。[47]

> We meet, we laugh and talk, but still is set
>
> A seal o'er things I never can forget
>
> But must not speak of still. I count the hours
>
> That bring my friend to me – with hungry eyes
>
> I watch him as his feet the staircase mount.
>
> Then face to face we sit, a wall of lies
>
> Made hard by fear and faint anxieties
>
> Is drawn between us and he goes away
>
> And leaves me wishing it were yesterday.

莫里斯对私通的态度与罗塞蒂不尽相同。这些诗句显现出诗人的孤单寂寞，他独坐火边，犹豫不决。但他所流露的真情，却无法"触及"自己所爱女人的"悲苦"脸庞。这个女人，他在手稿中清楚地注明：乔治亚娜。他随笔写下这些似乎就是对她而说的言语：一种"诗人"的不切实际——"一言一泪，我们同处窘境，无须隐藏——别丢下我——你可以责骂我，但是请原谅。向你表达真心，何须觉得羞惭？"这些真情都和

过去有关。他依附着乔治亚娜,把她看作迷失彷徨中的定海神针:

> 只为了你,矢志不渝。
> 往事如风,甜蜜永续。

> For you alone unchanged now seem to be
> A real thing left of the days sweet to me.

　　那些诗中,写到过双手合十、嘴唇颤抖、脸颊燃烧,写到灰色的双眼"比真相更真实",文字漫透着他的悲欢甘苦。这些年的诗作里,莫里斯笔下的女人眼神忧郁,柔情似水,拥有惊人的自我克制力。这与另一类女人的特质——妖媚、艳丽、能变身、有欲望、任性,形成有趣的对比。诗中,还沁入了蜻蜓点水式的身体触碰的描写。某种意义上,可以推测,他被拒绝了:

> 她踌躇着,停下转身。
> 我思忖着,她的双眼。
> 她那灰色的心窗,
> 定是湿了,
> 定是充满了柔情。
> 因为她能够体会,
> 我无言的苦痛。
> 我心中,
> 有一个念头升起,
> 却被羞愧之网拦住,
> 挡在唇边,欲言又止。
> 她制止了我,
> 叫道:"哥哥!"

我们的唇,触碰了。

她带我来到了伊甸园。

吻,那样甜蜜,

甜得让她飞起来,

甜得像她的私语,

又像无声的音乐。

但现实,击醒了我。

哪来亲吻和甜言?

我面前,

只有一堵石墙。

而背后,

则是大海汪洋。[48]

She wavered, stopped and turned, methought her eyes,

The deep grey windows of her heart, were wet,

Methought they softened with a near regret

To note in mine unspoken miseries:

And as a prayer from out my heart did rise

And struggle on my lips in shame's strong net,

She stayed me, and cried 'Brother!' Our lips met.

Her hands drew me into Paradise.

Sweet seemed that kiss till thence her feet were gone,

Sweet seemed the word she spake, while it might be

As wordless music – But truth fell on me

And kiss and word I knew, and, left alone,

Face to face seemed I to a wall of stone

While at my back there beat a boundless sea.

极致的自我克制和感人肺腑的同志情谊:这两者似乎只在夏洛特·玛丽·杨格的一部骑士小说中同时出现。

《泰晤士报》刊登了乔治亚娜的讣告——麦凯尔的字里行间，意味深长：乔治亚娜逝于 1920 年，享年八十岁。她与威廉·莫里斯之间的"情谊真挚而深厚，就像莫里斯和伯恩-琼斯之间的情感一样——尽管关系的性质不大相同"。[49]

251　　1886 年，莫里斯写给内德的信中，伤感地提及了这些情感动荡。那时正值莫里斯参与社会主义政治的顶峰时期。"我要是年轻二十岁就好了。但是你知道，女人的心事总是很难猜。不过这样也挺好。"[50]

莫里斯夫妇在埃姆斯时，罗塞蒂正在苏格兰。像上一个秋天一样，他和艾丽斯·博伊德和威廉·贝尔·司各特一起住在彭基尔城堡。他本希望能在有至暗天空之名的艾尔郡寻求宽慰。彭基尔城堡坐落于一处私人幽谷，偏僻而静谧。但事实上，罗塞蒂的彭基尔城堡之旅一塌糊涂。罗塞蒂对詹妮昼思夜想，比以往任何时刻都相思难耐，几近崩溃。他的视力仍在衰退，盗汗，饱受失眠之苦。他甚至在脑海里不断闪现自杀的念头。有一天，司各特警觉地注意到，罗塞蒂凝望着"恶魔酒杯"出神——这是彭基尔庄园瀑布下的一个暗黑旋涡。罗塞蒂开始妄想，这种妄想将他此后的生活化为跌宕起伏的悲喜剧。散步时，一只燕雀偶然落在他手上，他认为那正是丽兹的化身。而她的重返预示了灾难的发生。他和司各特走回城堡，一路无言。回去后，他得知当他们不在时，城堡大钟莫名其妙地响了起来。这一点，让他更加确信了自己的判断。

罗塞蒂和豪威尔秘密商议，想要寻回陪葬在丽兹坟墓里的诗稿。这意味着，他们要去海格特公墓挖掘她的棺材。还在彭基尔时，他就对这件需要大费周折的事做出了精心安排。罗塞蒂心里清楚，他的后世价值更多在于他的文学作品，而非绘画：作为画家，他现在感到自己已被米莱和伯恩-琼斯超越。为达成这点，他迫切需要出版大量新书。他需要收集未出版的旧诗，以扩充拟定出版的四百页诗集。还有另一原因：他的现作几乎都是为詹妮而写，或至少是以詹妮为灵感来源。他们的亲密关系，只有在小圈子里才为人所知，或已有人生疑。如果诗人所爱慕的

1. 艾玛·谢尔顿，莫里斯的母亲，可能画于 1824 年与老威廉·莫里斯订婚时。小幅水彩画。

2. 老威廉·莫里斯。T. 惠勒的小幅水彩画，1824 年。这两幅肖像画现收藏于沃尔瑟姆斯托的威廉·莫里斯陈列馆。

3. 亨丽埃塔，威廉·莫里斯的二姐，终生未婚并皈依了罗马天主教会。

4. 伊莎贝拉·吉尔摩，威廉·莫里斯的三妹。丈夫早逝后，她成为一名女执事，并成为英国教会女性事工中的佼佼者。

5. 艾玛·奥尔德姆，是莫里斯最喜欢的大姐，于1850年与约瑟夫·奥尔德姆牧师结婚。

6. 艾丽斯·吉尔，威廉·莫里斯的小妹，出生于1846年。

7. 亚瑟，威廉·莫里斯兄弟中的第三个，是一名职业军人，在国王皇家步枪军团晋升为上校。

8. 埃德加，莫里斯的小弟，在女王广场和默顿修道院工作。

9. 休·斯坦利，通常被叫作斯坦利，几个兄弟中与莫里斯年龄最接近的一个，后来成为南安普敦附近的一位绅士农场主。

10. 托马斯·伦德尔·莫里斯，通常被称为伦德尔，一名英年早逝的失败士兵。

11. 伍德福德庄园，埃塞克斯，莫里斯家族于 1840 年至 1848 年间居住的住宅，老威廉·莫里斯突然离世而引发了家庭经济危机，使得他们不得不离开。

12. 沃尔瑟姆斯托"水屋"。1848 年至 1856 年间，艾玛·莫里斯和她的孩子们住在这里，这座房子现在变成了威廉·莫里斯陈列馆。

13. 威廉·莫里斯父母位于伍德福德教堂墓地的高大坟墓,上面有 1843 年授予的家族徽章。

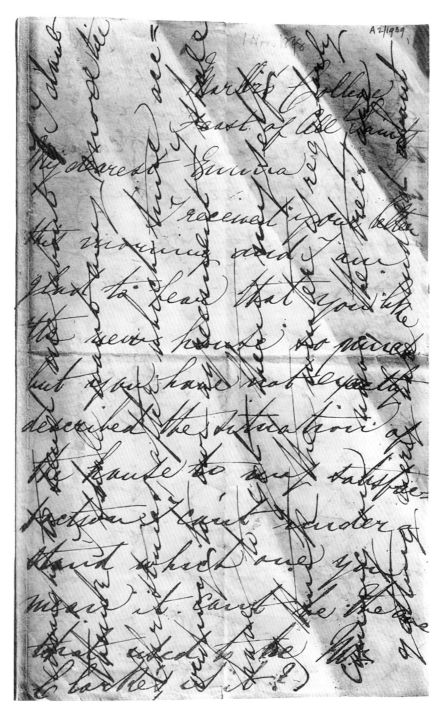

14. 已知的威廉·莫里斯最早的一封信，大约十五岁时从莫尔伯勒寄给姐姐艾玛。

15. 威廉·莫里斯，在牛津时的铅笔自画像，约 1855 年。

16. 威廉·莫里斯二十三岁的肖像照，摄于牛津大学时。

17. 牛津大学埃克塞特学院，1853 年至 1855 年间，莫里斯和爱德华·琼斯（后来的伯恩-琼斯）在此就读本科。当时，正在进行建筑工事。从这张照片中能够看到他们在普里多大楼居住的房间。

18. 1860 年的牛津高街 18 号，牛津的历史建筑激发了莫里斯对建筑史的热情。

19. 查尔斯·福克纳，莫里斯最亲密的牛津朋友之一，后来成为莫里斯–马歇尔–福克纳公司的创始合伙人。福克纳最终追随莫里斯加入社会主义阵营。

20. 科梅尔·普赖斯，埃塞克斯的终生好友，后来成为联合服务公学的校长。

21. 理查德·沃森·狄克森，莫里斯在牛津大学的诗人同学，后来成为英国国教的教士，后被杰拉德·曼利·霍普金斯"重新发现"。

22. 威尔弗雷德·希利，牛津"集结会"中最年长的成员。

23. 牛津北部的圣斐理伯和圣雅各教堂。乔治·埃德蒙·斯特里特著名的维多利亚时期哥特式教堂，1860年工程开始时，莫里斯刚加入斯特里特建筑事务所不久。照片由约翰·派珀摄。

24. 乔治·埃德蒙·斯特里特，摄于 1877 年。莫里斯从斯特里特的建筑实践中吸取了很多东西，但后来在古建筑保护协会运动中莫里斯明确反对他的修复策略。

25.《以威廉·莫里斯为原型创作的大卫头像研究》。但丁·加百利·罗塞蒂为兰达夫大教堂三联画绘制的铅笔画，1856 年。

26. 红狮广场 17 号。从 1856 年 11 月到 1859 年春天，莫里斯和伯恩–琼斯一直住在二楼的房间。

27. 牛津联盟（辨论社）的旧辩论室（现为图书馆），装有莫里斯、罗塞蒂、伯恩–琼斯等人在 1857 年"欢乐运动"中创作的壁画。

28. 但丁·加百利·罗塞蒂，名片画，莫里斯通过伯恩–琼斯初遇罗塞蒂。

29. 福特·马多克斯·布朗。但丁·加百利·罗塞蒂画，1852 年。

30. 丽兹·西德尔（罗塞蒂夫人），但丁·加百利·罗塞蒂于 1861 年 6 月绘制的铅笔画，即他们婚后的第二年。

32. 为《王后密室中的兰斯洛特爵士》中的桂妮维亚所作的詹妮素描，但丁·加百利·罗塞蒂。

31. 简·伯登。1858 年，威廉·莫里斯于他们婚前不久创作。

33. 乔治亚娜·麦克唐纳与爱德华·伯恩–琼斯订婚时的照片，当时她十六岁。

34. 爱德华·伯恩-琼斯，这位抱负远大的艺术家三十一岁时的一张珍贵照片。

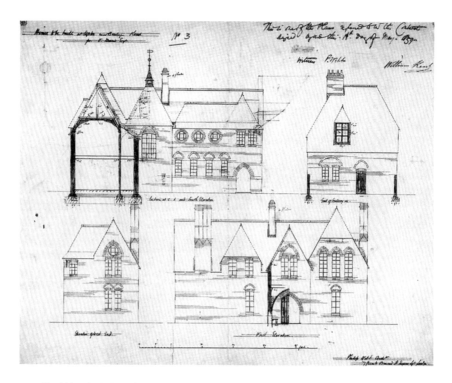

35. 菲利普·韦伯为贝克斯利希斯红屋所作的原始设计，这是一座"十三世纪风格"的建筑，后来成为二十世纪现代主义建筑师的灵感来源。钢笔墨水画，1859 年。

36. 红屋内部。入口大厅通向豪华的橡木楼梯。

37. 菲利普·韦伯肖像，水彩画，查尔斯·费尔法克斯·默里创作，1873 年。现藏于伦敦国家肖像馆。

38. 以莫里斯夫人为原型所作的圣母头像研究，但丁·加百利·罗塞蒂为兰达夫
大教堂三联画而作。铅笔和印度墨水，1861 年。

39. 不刻意理想化的詹妮名片像，十九世纪六十年代早期。

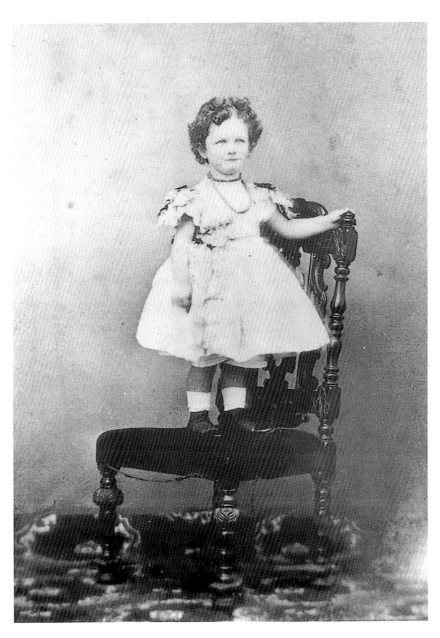

40. 婴儿时期的梅·莫里斯站在椅子上，约 1864 年。这幅肖像透露，在某些方面，莫里斯的女儿们接受了传统的维多利亚资产阶级教育。

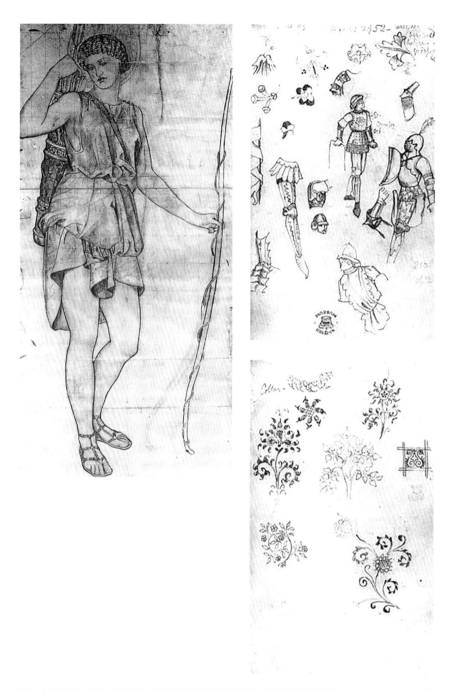

41.《阿耳忒弥斯》草图，莫里斯为红屋设计的刺绣镶板系列之一。那三个已完成的镶板现在位于约克郡霍华德城堡。

42. 和 43.《骑士》与《鲜花》，威廉·莫里斯笔记本上的草图，可能完成于红屋时期，现藏于大英图书馆。

44.《圣乔治传奇》，莫里斯为菲利普·韦伯设计的柜子绘制的镶板，曾在1862年伦敦世界博览会上展出。那位贵女子，显然是依詹妮而画。该柜板现藏于维多利亚与艾尔伯特博物馆。

45. 身着工作罩衫的威廉·莫里斯。莫里斯的追随者都穿这种罩衫，是倡导简朴生活的工艺美术工坊用来表达社会抗议的制服。

46. 约翰·罗斯金和但丁·加百利·罗塞蒂，W. & D. 唐尼于 1863 年拍摄。

47. 女王广场 26 号，莫里斯从 1865 年起就在这里生活和工作。现为国家神经疾病医院。

48. 泰晤士河堤上的切恩街 16 号。1862 年丽兹·西德尔去世后，但丁·加百利·罗塞蒂就住在这里，变得越来越离群。

49. 阿尔杰农·查尔斯·斯温伯恩、但丁·加百利·罗塞蒂、他的弟弟威廉、范妮·康福思，位于切恩街 16 号，1863 年。

50. 由但丁·加百利·罗塞蒂拍摄的詹妮·莫里斯，这是 1865 年在切恩街 16 号花园篷里拍摄的系列肖像画之一。

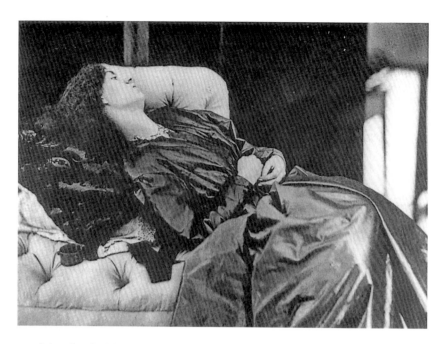

51. 詹妮·莫里斯为但丁·加百利·罗塞蒂摆出的更性感造型。摄影师可能是约翰·R. 帕森斯。

52. 威廉·莫里斯夫人在阅读,罗塞蒂 1870 年 4 月 30 日在斯卡兰德时为她画的素描。这幅画现藏于牛津阿什莫林博物馆。

62. 珍妮·莫里斯，但丁·加百利·罗塞蒂于 1871 年绘。

63. 梅·莫里斯，但丁·加百利·罗塞蒂于 1871 年绘。

64. 凯尔姆斯科特庄园的阁楼，由弗雷德里克·埃文斯于 1896 年拍摄。这些阁楼出现在《乌有乡消息》中，被描述为"屋顶的大木梁上的古雅阁楼，过去曾是庄园的农民和牧人安睡的地方，现在暂时由孩子们居住"。

65. 威廉·莫里斯夫人在缝纫，铅笔素描。但丁·加百利·罗塞蒂画。

66. 威廉·莫里斯，1877 年 3 月 21 日由埃利奥特和弗莱拍摄。这一年，是他担任东方问题协会司库，积极介入政治的第二年。

67. 莫里斯公司位于牛津街 449 号的陈列室，1877 年开业。

68. 托马斯·沃德尔，利克染料厂的老板，莫里斯曾于七十年代中期在这里进行植物染料实验。

69. 托马斯·沃德尔的妻子伊丽莎白·沃德尔和她的学生。在莫里斯的鼓励下，她于 1880 年创立了利克刺绣学校。

70. 在格兰奇拍摄的大家庭，1874年夏天。后排，从右到左：菲利普·伯恩–琼斯、爱德华·理查德·琼斯（内德的父亲）、爱德华·伯恩–琼斯、威廉·莫里斯。前排：乔治亚娜·伯恩–琼斯、珍妮·莫里斯、玛格丽特·伯恩–琼斯、詹妮·莫里斯、梅·莫里斯。

71. 1874年夏天，莫里斯家女儿和伯恩–琼斯的孩子在树上，就在珍妮和梅·莫里斯进入诺丁山高中的几周前。

72. 威廉·莫里斯的母亲，拍摄于 1879 年，当时她七十多岁。

73. 位于上林荫路的凯尔姆斯科特之家，从这里可以俯瞰哈默史密斯的泰晤士河。莫里斯一家从 1878 年起一直住在这里，直到威廉·莫里斯去世。

74. 1892 年，牛津大学和剑桥大学划船比赛经过凯尔姆斯科特之家。

75. 珍妮·莫里斯，1879 年 10 月。当时她只有十八岁，已经接受癫痫治疗三年。她的体重增加明显，似乎略显呆滞，大概是使用镇静剂的结果。

76. 詹妮·莫里斯于 1881 年与托马斯·詹姆斯·桑德森（后来的科布登-桑德森）、简·科布登和她的妹妹安妮（桑德森未来的妻子）一起访问锡耶纳时拍摄的照片。

77. 威廉·德·摩根陪同莫里斯为工厂选址。1882 年，他在默顿建造了自己的陶器厂。

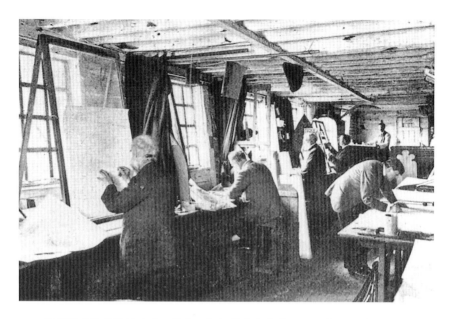

78. 默顿修道院的彩绘玻璃工作室，根据艺术家的草图，诞生了详细的工作图纸。在这个时期，几乎所有莫里斯公司的玻璃都是由爱德华·伯恩-琼斯设计的。

79. 默顿修道院的织造车间，莫里斯公司梭织家居面料的生产地。图中可见正在使用的三台提花型手织机。

80. 默顿修道院正在进行高密度挂毯编织，这是在英格兰已经逐渐失传的技术，莫里斯在八十年代成功地重新引入这种技术。

81. 默顿印刷厂的工人正在手工印染棉布。

82. 棉纱在旺德尔河中进行清洗，染色之前和之后都需要洗。

83. 年轻女工正在手工打结莫里斯公司的"哈默史密斯"地毯,这些地毯最初是在哈默史密斯的凯尔姆斯科特之家的马车房制作的,后来转移到默顿修道院制作。

84. 在默顿修道院的高密度挂毯作坊里,男孩学徒们在纬纱的背面工作。织机的位置是为了充分利用自然光。

85. 威廉·莫里斯，埃利奥特和弗莱于八十年代末拍摄，时值他参与社会主义运动的最艰难时期。

86. 1888 年，威尔弗里德・斯考恩・布伦特穿着他在都柏林基尔梅纳姆监狱服刑期间穿的衣服。

87. 梅·莫里斯，弗雷德里克·霍利尔摄。

88. 梅与亨利·哈利迪·斯帕林外出郊游，两人在订婚很久以后于 1890 年结婚。同行的还有瑞典社会学家和经济学家古斯塔夫·斯特芬，他当时是哥德堡报纸《哥德堡商业与航运报》的驻伦敦记者，他和他的妻子安娜经常参加凯尔姆斯科特之家的社会主义讲座。

Marylebone   **Police Court** 113

COPY

Metropolitan Police District, to wit. }

To *William Morris*
of *Helmscott House*
26 Upper Mall, Hammersmith,

WHEREAS *information* this Day hath been *laid* before the undersigned, one of the Magistrates of the Police Courts of the Metropolis, sitting at the Police Court, *Marylebone* within the Metropolitan Police District, by *George Draper, Superintendent of Police* for that you, on the *18th inst* Day of *July* in the Year of our Lord One Thousand Eight Hundred and Eighty-*Six*

within the said District, did *Wilfully obstruct the free passage of the public footway and Highway at Bell Street, Marylebone by placing yourself upon a stand for the purpose of delivering an address thereby encouraging a crowd of persons to remain upon and obstruct the said Highway and footway at 12 noon.*

THESE ARE THEREFORE TO COMMAND YOU in Her Majesty's name to be and appear on *Saturday* next, at *2* o'clock in the *after*noon, at the Police Court, aforesaid, before Me or such other Magistrate of the said Police Courts as may then be there, to answer to the said *information,*
and to be further dealt with according to Law.

GIVEN under my Hand, and Seal, this *20* Day of *July* in the Year of our Lord One Thousand Eight Hundred and Eighty-*Six* at the Police Court, aforesaid.

Signed W. M. Cooke

6
Summons.
GENERAL FORM.
J. & M. 10,000 7/84
4687

89. 1886 年 7 月 20 日，警方以莫里斯在玛丽勒本贝尔街阻碍公共交通为名，向他发出传票。

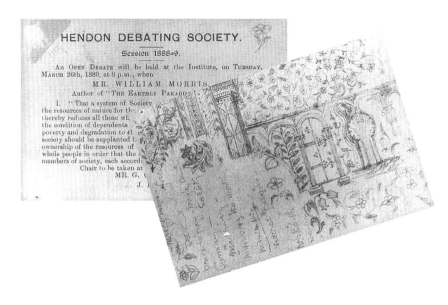

90. 威廉·莫里斯为 1889 年 3 月 26 日在亨登举行的政治辩论活动制作的个人名片。卡片背面用作讲话笔记，上面有莫里斯特有的花卉和建筑涂鸦。

91. 安德烈亚斯·朔伊，维也纳无政府主义移民和家具设计师，约 1885 年。朔伊是莫里斯在社会主义民主联盟和社会主义同盟的亲密伙伴。

92. 爱德华·卡彭特，自由思想家、凉鞋制造商和诗人，《走向民主》的作者。

93. 彼得·克鲁泡特金公爵，俄罗斯无政府主义者和早期生态学家，1886 年定居伦敦北部。

94. 谢尔盖·斯捷普尼亚克，俄罗斯虚无主义者，莫里斯的朋友。

95. 爱琳娜·马克思摄于 1880 年左右，她和爱德华·艾威林宣布"自由婚姻"之前不久。1885 年，两人跟随莫里斯加入了社会主义同盟。

96. 亨利·梅耶斯·海德门，民主联盟（后来的社会主义民主联盟）创始人。

97. 约翰·伯恩斯与其学徒在工作间合影，约 1888 年。伯恩斯和莫里斯是民主联盟早期的同事。

98. 《沃尔特·克兰》，乔治·弗雷德里克·沃茨画的肖像，1891 年。克兰简化的"新艺术"风格为"伟大事业"的平面艺术奠定了基础。

99. 约翰·布鲁斯·格莱西尔，年轻的格拉斯哥社会主义者，后来成为莫里斯最热烈的追随者。

100. 叶芝，年轻时曾在凯尔姆斯科特之家参加社会主义讲座。

101. 梅、她的未婚夫亨利·哈利迪·斯帕林、埃默里·沃克和萧伯纳正在为社会主义同盟的一场娱乐活动进行排练（右侧是莫里斯公司的《苏塞克斯》椅子）。

102. 社会主义同盟哈默史密斯支部，摄于凯尔姆斯科特之家的花园。前排的梅和珍妮·莫里斯很显眼，莫里斯在后排。

103. 爱德华·伯恩–琼斯和威廉·莫里斯，1890 年 7 月 27 日由弗雷德里克·霍利尔摄于格兰奇。这一年，莫里斯准备成立凯尔姆斯科特出版社。

104. 莫里斯的卧室，位于哈默史密斯凯尔姆斯科特之家一楼，他就睡在书籍和手稿的包围中。埃默里·沃克拍摄。

105. 凯尔姆斯科特之家的书房，被梅形容为"简朴得几乎毫无装饰"，没有地毯和窗帘。

106. 凯尔姆斯科特之家的餐厅，朝北面向花园。十六世纪末波斯地毯的摆放位置让访客感到惊讶。壁纸是莫里斯的《琉璃繁缕》。

107. 凯尔姆斯科特之家二楼的客厅，里面有爱德华·伯恩—琼斯为莫里斯的婚礼绘制的《修道院女院长的故事》衣柜，有菲利普·韦伯设计的长椅，最初在红狮广场使用。还可以看到两张"莫里斯"扶手椅。

108. 马车房，毗邻凯尔姆斯科特之家，最初用作地毯车间，后改建为哈默史密斯社会主义者的讲堂。

109. 凯尔姆斯科特出版社在十九世纪九十年代初期的集体照。莫里斯和梅坐在前排中间；沃克在莫里斯后面；斯帕林在梅后面。

110. 莫里斯的两名印刷工人——威廉·H. 鲍登和 W. 柯林斯，他们正在制作《杰弗雷·乔叟作品集》对开本，该书在 1892 年至 1896 年间占据了出版社的大部分出版时间。

111. 西德尼·科克雷尔，1894 年被任命为凯尔姆斯科特出版社秘书。

112. 爱德华·伯恩–琼斯，已被封为爱德华爵士，芭芭拉·莱顿拍摄于1890年。

113. 乔治亚娜·伯恩–琼斯在阅读，弗雷德里克·霍利尔摄。

114. 埃默里·沃克，工艺雕刻师和印刷师。莫里斯长期以来的社会主义盟友，也是凯尔姆斯科特出版社发展问题上的首席顾问。

115. 弗雷德里克·斯塔特里奇·埃利斯，莫里斯自六十年代以来的出版商，也是莫里斯晚年最坚定的朋友之一。

116. 约翰·卡拉瑟斯，工程师、特立独行的经济学家、《经济研究》的作者，莫里斯在哈默史密斯社会主义协会的忠实同事，也是莫里斯穿越挪威峡湾的最后一次旅程的同伴。

117. 工作中的梅·莫里斯。她成为那个时代杰出的刺绣师，并创立妇女艺术协会。

118. 九十年代初，威廉·莫里斯在其书房里。照片由他的女婿亨利·哈利迪·斯帕林拍摄。

119. 莫里斯健康状况不佳时，拍摄于哈默史密斯凯尔姆斯科特之家的书房。椅子上盖着他于 1883 年设计的《紫罗兰和蓝铃花》羊毛和马海毛织物。

120. 1896 年 10 月 10 日，将莫里斯的棺材从莱奇莱德运至凯尔姆斯科特教堂的殡仪车。

121. 莫里斯去世后几年，凯尔姆斯科特的家庭成员：梅、她的母亲、珍妮和珍妮的护士同伴。

122. 梅和洛布小姐在二十世纪三十年代于山中度假。

123. 菲利普·韦伯为凯尔姆斯科特圣乔治教堂的威廉·莫里斯墓地设计的墓碑。他珍视草地，将此视为对热爱乡村景观的莫里斯的致敬。铅笔素描，1896 年。

对象被公开，就可能发展成人尽皆知的丑闻。但如果和詹妮有关的诗被收入合集，且在日期上含糊其词的话，人们的注意力就可能被转移。

为汇集诗稿而开棺，这一理由光明正大且取得了官方授权。凭借老朋友关系，罗塞蒂从内政大臣亨利·布鲁斯那里获得了特批，却没有征得罗塞蒂的母亲——坟墓合法监护者的必要同意。罗塞蒂担心的是，这个计划可能会让家人不安。开棺令于1869年9月28日发出。罗塞蒂并未出现在现场，而是在场外调度。他指示豪威尔去搜寻那本灰色小牛皮装订、红色刷边的小册子（他对它"几乎熟稔于心"[51]）。他相信这描述能提供给豪威尔足够的细节，让他将诗册和一并入殓的《圣经》区分开来。此事还有一个额外的事端——家族坟墓里好像还有波利多里姨妈的一具尸体——但后来才知是虚惊一场。

据说，开棺时，丽兹的遗体状态堪称"完美"[52]——在场的人如此告知罗塞蒂。罗塞蒂说服自己和他人：取回这些诗是丽兹的心愿。乍一看，这本诗集似乎完好无损，实则被湿气"浸透"[53]，不得不被再次浸入消毒液中进行处理。当罗塞蒂亲自到医生那儿查验时，发现诗册已大量残缺。他最看重的一首诗《詹妮》，是以沦落风尘为主题。在这首诗的纸张中央，破了一个大洞。不过，他有了主意，只要"稍加重写，再加上良好的记忆"[54]，就能让这首诗重焕光彩。他很乐意送给豪威尔一幅画作为答谢。豪威尔指定要画有詹妮的画，罗塞蒂应允了，但条件是豪威尔要在任何需要的时候，把画还给他，可以拿它换取其他东西。

罗塞蒂想将已完成诗集的三个复印本赠予他人，其中一个幸运者便是詹妮。他也很想把作品集题献给她，但意识到这在名义上是不可能的。（莫里斯已把《人间天堂》"献给我的妻子"。）他把开棺的事告诉了詹妮、司各特和工作室助理亨利·特雷弗里·邓恩，也向弟弟威廉吐露了秘密。但他没有告诉莫里斯和伯恩-琼斯，尽管他们后来通过豪威尔知晓了一切。罗塞蒂感叹："真相必在时间缝隙里渗出。"[55]

在这段时期，莫里斯写给乔治亚娜·伯恩-琼斯一封信，日期是1869年10月。这封信仅存片段，开头部分缺失。其余部分是这样写

的:"当我狂躁不堪时,他简直能让我火冒三丈。"[56]莫里斯指的是罗塞
蒂吗？我们只能猜测,在这表面风平浪静的友谊之下,自有一股不断滋
生的苦涩逆流。而第二年春,他和罗塞蒂又在斯特兰德大街外梅登巷的
鲁尔餐厅用餐,一边讨论罗塞蒂的诗集的装订问题,一边对着牡蛎大快
朵颐。在工作上,他们互相扶持。莫里斯允诺给罗塞蒂书写评论,罗塞
蒂让弟弟威廉将此建议提给《学院》杂志编辑。(斯温伯恩已签约了《双
周评论》,这种发表方式很合莫里斯的心意。)看起来,他们之间很有兄
弟之间互相挠背的交情。罗塞蒂信誓旦旦,说这家出版商绝对能让莫里
斯声名鹊起。但莫里斯对詹妮坦言,一想到要评论这些诗,他就感到
惶恐。

麦凯尔感到相当震惊——莫里斯竟然为竞争对手的诗歌作评论,而
这位对手正垂涎着自己的娇妻。在他的莫里斯传记中,麦凯尔避而不谈
这个评论,他认为该评论"生硬而造作","几乎是他最为平乏的作
品"。[57]实际并非如此,莫里斯在评论中由衷赞叹罗塞蒂独特的气氛营
造与抒情风格。凭借自身在视觉艺术与文学领域的深厚造诣,莫里斯敏
锐地洞察到罗塞蒂兼具绘画与诗歌的双重天赋。"一位从事高难度绘
画的大师,应该具有某些素质,这种素质让他能够同样处理好极有难度
的诗歌。"[58]他对读者说,罗塞蒂能做到如此,实属不凡。他为罗塞蒂那
首有争议的诗《詹妮》辩护,理由是,对于现代诗人来说,确实很难驾驭
这个主题。但若从现代男人的立场来说,该主题必然值得深思:毕竟,
直到八十年代,莫里斯一直愿为年轻的妓女们奔走呼号。至于卷末的十
四行诗,也就是詹妮身影频频闪现,莫里斯称其为"恢宏的诗集",自莎
士比亚以来无人能及。(然而我们记得,莎士比亚并不是莫里斯最喜欢
的诗人。)

罗塞蒂和詹妮,那个时代的风云人物,曾被人看到比目连枝地现身
伦敦街头。在一次宴会上,众目睽睽下,他喂她吃草莓,还小心翼翼地把
草莓上的奶油舀掉,因为奶油对她身体不好。另一次宴会,是在布朗家。
年轻的埃德蒙·戈斯兴致高涨地描述威廉·莫里斯夫人的样子:"她身

着一袭古典雅致的象牙色丝绒长袍,以雍容华贵的成熟风韵,优雅地端
坐在画中的宝座之上。而但丁·加百利·罗塞蒂虽然还很年轻,却有些
发福,显得不够优雅。那一晚,有好些时候,他就蹲坐在她脚边的垫
子上。"[59]

　　1870 年春天,詹妮计划与罗塞蒂同去埃文斯的晚餐俱乐部,参加一
个包括内德和玛丽·赞巴科在内的大型聚会。罗塞蒂写信给詹妮,怜爱
地提及玛丽,说她看上去是多么好:"过去一年,她既给予我爱恋,也带
来了万分苦恼。但反而,她得到了我更多的好感。"[60]他解释,他喜欢玛
丽是"因为她说,那个可爱的人是世上最美的人儿"。

　　情书仍如潮水般涌来,其中有些信件情真意切,洋溢着殷切的期待,
比如 1870 年 2 月 4 日的信,以"有趣的迷人的詹妮"开头:

　　　　亲爱的詹妮,对我来说,最珍贵的事的莫过于你的存在,莫过于
　　我依然能期待与你相见,与你言欢。我深信,重逢的那一刻,我所有
　　的烦恼将烟消云散,你的愁绪也会一同消散。[61]

而罗塞蒂的其他来信,满纸皆是忧伤惆怅:

　　　　我对你的渴望曾如烈火般炽热,如今却逐渐凝结成冰,刺骨寒
　　意萦绕在我的周身。过去的两年,我清晰地感觉到,这层坚冰已经
　　消融。但随之而来的却是千山万水的阻隔。终究,还是太晚了。[62]

　　罗塞蒂的情绪波动总是令人担忧。他绝非看上去那样无情无义。
相反,他保有的活跃的良知,在他放荡不羁的本性和家族所信奉的国教
之间不安地摇摆。他觉察到斯温伯恩的诗有一些亵渎神明、低俗下流的
嫌疑。罗塞蒂掘开丽兹的墓穴后,在极度抑郁的状态下,他将这一行为
视为一种亵渎。"健康和神经都处于崩溃状态。"[63]他谈论着要在乡下
买一所房子,尽可能远离人群。他相中了黑斯尔米尔,但在 1870 年 3

月,他在苏塞克斯郡罗伯茨布里奇的斯卡兰德安顿下来,那是他的朋友芭芭拉·博迪雄的房子。那地方与詹妮的住处相距不远。当时她正饱受咽炎之苦,正准备带着孩子们前往二十英里外的黑斯廷斯疗养。

罗塞蒂和美国记者 W. J. 斯蒂尔曼同住这乡间小屋。斯蒂尔曼向他推荐了氯醛——他最初为治疗失眠而服用的药物。氯醛于 1832 年被李比希发现,但直到十九世纪七十年代才在医学上广泛使用。当时氯醛被认为无副作用,而流行于上流社会的放浪圈子——如同二十世纪二三十年代伦敦人开始酗酒,到六十年代转而吸食大麻的情形一般,这种半公开的秘密成为人们放松与逃避现实的方式。而在药物使用方面,罗塞蒂显然抱持一种漫不经心的态度:身为年轻人,他应该从短时间内连续服用三剂含有马尼卡酊的补药的后果中吸取教训。罗塞蒂最初服用氯醛时,习惯以威士忌冲服十粒,随后剂量迅速攀升,最终沦为瘾君子。1880年,他曾向友人霍尔·凯恩夸口,声称每日服用量高达一百八十粒。不过这可能是夸大其词——他的主治医师约翰·马歇尔早有防备,要求药剂师在配药时稀释药效。然而自六十年代起,罗塞蒂情绪剧烈波动的根源确实可追溯至他日渐严重的药物依赖。

罗塞蒂和斯蒂尔曼漫步于白雪皑皑的乡间路和凋零荒芜的树林,讨论着斯蒂尔曼和玛丽·斯巴达利的婚约——她是罗塞蒂眼中“漂亮、甜美,有艺术天赋的高贵女孩”。[64]罗塞蒂追求着猎场看守人的女儿。他看到一只“可怜又可爱的小鼹鼠”死在路边,泪水夺眶而出。他到海边去拜访詹妮。3 月 26 日,詹妮和莫里斯共进晚餐,罗塞蒂跟埃利斯说:“今天托普和詹妮都在这儿——前者又粗又壮,后者比我在黑斯廷斯见到时要好。”[65]到 4 月 14 日,詹妮被安排了一个为期四周的春季田园生活。罗塞蒂写信给母亲,向她讲述各种美妙之事:好天气、紫罗兰、报春花,还有尾巴越来越长、开始蹦蹦跳跳的小羊羔。“詹妮·莫里斯在这儿,得到了很好的滋养。托普时常来。”[66]

斯卡兰德的所有者芭芭拉·博迪雄,本身就是一名业余艺术家。这位极有远见的女人,后来创立了剑桥大学格顿学院。罗塞蒂曾说:“上

19.《罗塞蒂拿着靠垫走向受惊的詹妮·莫里斯》,爱德华·伯恩-琼斯的漫画

帝赐予她丰盛的资粮,膏腴,热情和金发。她穿马裤登山,或裸身涉河,皆无所顾忌、从容自如——以颜料的神圣名义。"[67]在她结婚前的几年,他就与她相识。当时,她叫作芭芭拉·利·史密斯。她和丽兹成了朋友,还去拜访过丽兹。有意思的是,几年前,丽兹·西德尔也曾在黑斯廷斯病了。芭芭拉·博迪雄的新建小屋,建于她的家族地产上。"芭芭拉,"罗塞蒂写道,"不喜欢拉铃,也不喜欢召唤仆人——所以我自己带了一个来。她的真正影响力在于能让各色食粮运作流通——一个是带有'博迪雄'匾章的图书馆,一个是把手上带有响当当的首写字母'B. B.'的水壶。"[68]斯卡兰德朴实无华,是英国女性学者家庭早期风格的典范。罗塞蒂说自己在那里过得很惬意。他头部和眼睛的疼痛已经减轻,又可以有条不紊地开始工作了。在完成猎场看守人女儿的画像后,罗塞蒂在

离开苏塞克斯前夕,又着手绘制斯蒂尔曼的肖像。与此同时,他还为詹妮重新画了一幅肖像:画中的她慵懒地倚靠在沙发上读报纸,神情宁静而专注。罗塞蒂认为,这幅作品是他笔下"最传神"的詹妮肖像。[69]

莫里斯从女王广场寄来几封充满关切而又善感的信。耶稣受难日那天,他写信说他送了一些酒到斯卡兰德。他已经厌倦了和贝西单独待在家里。("幸好,"他在信里写道,"贝西可能要去教堂。"[70])但是,星期一他要去看望母亲,周三下午才能去斯卡兰德。十天后,他再次提笔致信詹妮,虽然早已望眼欲穿,但他字里行间仍充满耐心与平静:"下周我定会前来陪你一两天,待你准备妥当,便接你回家。可还需要些酒吗?"[71]此时,詹妮已然痊愈。罗塞蒂欣慰地提及,她已能在苏塞克斯的乡间自在漫步——"如同健康人一般"。[72]

苏塞克斯的春日留存是罗塞蒂的十四行诗《青春的春日献歌》:

> 丰沃的河岸上你美颜微酡,
> 我俯身将你秀发散落两侧;
> 看木上新花羞涩地张开眼,
> 争相点缀纷扬的金色长发。
> 在这暧昧不清的季分时节,
> 春天双足微颤却茫然不知,
> 无叶的黑荆正从雪中生发,
> 北风呜咽穿梭低掠于树荫;
>
> 四月暖阳已照耀林间空地,
> 闭眼感受深情之吻在蔓延,
> 像春天在朵朵浪花里战栗,
> 从温暖的下颌到温暖的唇。
> 这是为爱献上忠诚的时刻,
> 就将冰冷的心丢开不顾吧。[73]

On this sweet bank your head thrice sweet and dear

I lay, and spread your hair on either side,

And see the newborn woodflowers bashful-eyed

Look through the golden tresses here and there.

On these debatable borders of year

Spring's foot half falters; scarce she yet may know

The leafless blackthorn-blossom from the snow;

And through her bowers the wind's way still is clear.

But April's sun strikes down the glades to-day;

So shut your eyes upturned, and feel my kiss

Creep, as the Spring now thrills through every spray,

Up your warm throat to your warm lips: for this

Is even the hour of Love's sworn suitservice,

With whom cold hearts are counted castaway.

    在金凤花的田野里，诞生了另一首爱情诗《正午无声》。沃恩·威廉斯后来将之谱写成乐曲。这首诗承载着罗塞蒂关于丰饶、肉体和深情的诠释。但罗塞蒂做得有些过分——就在创作这首诗的同时，他也在给范妮书写着充满爱意的情书。

    5月初，芭芭拉·博迪雄提出收回小屋。罗塞蒂随即在附近另租了一处住所，或许怀着与詹妮共度整个夏天的美好憧憬。然而事与愿违，他最终未能如愿入住这所房子。9月，他弃租了这所小屋。司各特嗤之以鼻地评论："也许他没法把'那个空心女人'送到邻近之处。"[74]也许连詹妮也觉得这想法太冒险了。他们公然无视道德传统，可能会迫使莫里斯提起离婚诉讼。自1857年起，离婚已经成为民事法庭事务。尽管离婚程序已有所简化，但解除婚姻关系仍是一项复杂而庄重的法律程序。对詹妮而言，这不仅意味着名誉受损，更可能导致珍妮和梅脱离她的监护。

    1870年，詹妮在女王广场住了一整夏。而后，又因腰痛和坐骨神经

258

痛的侵扰,随婆婆及亨丽埃塔前往托基度过了 11 月和 12 月。再一次,莫里斯给她写了很多信倾诉衷肠。尽管字里行间未曾流露半分怨怼,但那挥之不去的孤寂已跃然纸上。她不在时,孩子们很不守规矩:"今天早上,乱成一团。梅过于调皮,珍妮只会哇哇大哭。"[75]莫里斯在埃利斯陪同下,去城里订了"一套衣服"。[76]裁缝在给莫里斯量尺寸之前,对他的"伟大作品"啧啧称赞。次日,他告诉詹妮,他打算"把已完成的 E. P. 的头交给理发师的剪刀和梳子来打理"。当莫里斯已然意识到自己的婚姻走到了尽头,这些生活琐事的倾诉便显得格外凄婉哀伤。

他们之间是否发生了冲突?我认为没有。在那个时代,人们不像二十世纪晚期英国人(更不像美国人)那样喜欢谈论感受、那么喜欢"打破天窗说亮话",而莫里斯甚至更为沉默。然而对情感的珍视往往会孕育新的情愫。他在托基写给詹妮的信中,一改往日诙谐而谨慎的语气,转而以真挚恳切的口吻向她倾诉:

> 谈及生命,亲爱的,像你这样的人往往难以理解生死的真谛——除非经历了生命中难得的顿悟时刻。在那一刻,会有某种力量穿透蒙昧的表层,让人像敏感的灵魂一样行动—— 对我来说,我相信富有想象力的人不会真正因精神痛苦而求死;他们渴望活着见证人生的完整落幕——因为他们内心深处怀抱着自己都未曾察觉的希望。[77]

梅·莫里斯将这段话理解为她父亲"神圣而隐藏的自我"的"突然揭示"[78],然而相较于常人,他更能克制这样的情感流露。他本能地停了下来,意识到他正跨越自制力的界限,突破他与詹妮惯常保持的**疏离**距离:哎!我竟如此直言不讳——我请你原谅,亲爱的,真心实意请求你的宽恕。"

259 据我理解,1870 年年底,莫里斯和詹妮已然达成默契。她将继续留在罗塞蒂身边,而他则会在一定限度内给予她自由,同时保留她在家庭中的地位。在信的结尾,莫里斯以充满怜爱与宠溺的笔触写道:"再会了,我亲爱的孩子。"

　　1870 年 12 月,《人间天堂》的第四部分即最终卷付梓问世。该如何评价这部耗费威廉·莫里斯五年光阴的鸿篇巨制呢? 某种程度上,相较于莫里斯同时代的人,我们或许更能理解他的创作。当时,最严厉的批评家将他的写作视为一种逃避现实、规避时代问题的行为,并戏谑地援引他序言中的诗句,将他贬斥为"无所事事的吟游诗人":

> 忘掉那烟雾笼罩的六郡,
> 忘掉那蒸汽和活塞的轰鸣,
> 忘掉那不断扩张的丑恶城镇,
> 去遐想山岗上驮马的身姿,
> 去梦想伦敦的精致、洁净与清新。

> Forget six counties overhung with smoke,
> Forget the snorting steam and piston stroke,
> Forget the spreading of the hideous town;
> Think rather of the pack-horse on the down,
> And dream of London, small, and white, and clean.

《旁观者》杂志曾刊载一篇直言不讳的评论,将威廉·莫里斯笔下情感的匮乏与丁尼生评论时包含的激情进行对比。丁尼生经常以第一人称展开评论和阐释,他兼具勃朗宁那种"细致入微"[79]的表现力,又兼具乔治·艾略特式的信服力和论证力。评论特别援引艾略特的《西班牙吉卜赛人》作为例证,称其"在此方面与莫里斯先生的作品形成鲜明对比"。

　　对于生活在二十世纪晚期,并接触过象征主义文学、超现实主义艺术和电影梦境背景的读者来说,《人间天堂》似乎极其吻合我们所熟悉的非文字化沟通和多重意义技巧。至于莫里斯自创的古雅语,让针对他的批评家困惑不已(或忍俊不禁),却又能被那些欣赏埃兹拉·庞德或詹姆斯·乔伊斯语言冲击力的读者所接纳。在莫里斯的诗中,我们感受到一种无所不在的意义丰盈。这种特质在其晚期小说的奇幻梦境中尤为显著。那些奇幻场景迫使我们直面自我,唤醒那些几近遗忘的本能体

260 验。1937年,经历了第一次世界大战的 C. S. 刘易斯,首次富有洞见地将莫里斯视为超越常人理解力的智者:"莫里斯或许构建了一个某些层面比现实更美好的世界;然而幸福与痛苦同样会带来深刻的困境。这种难以调和的矛盾既无法回避,也无法化解。正是这种洞察,赋予他作品独特的悲喜交织的叙事基调,以及一种超然的姿态——他勇敢地接纳了现实的本质。"[80]

　　《人间天堂》确实是悲伤的故事,正如莫里斯对他的女儿们所说,在赠给她们的《人间天堂》精装本上,他特意题诗如下:

　　　　嗟乎诸君且听真,
　　　　智穷力竭难陈因。
　　　　撼动尘寰千古事,
　　　　鲜见欢愉与良辰。[81]

　　　　　　　Ah, my dears, indeed
　　　　My wisdom fails me at my need
　　　　To tell why tales that moved the earth
　　　　Are seldom of content and mirth.

他为《人间天堂》构建了一种独特结构,使其蕴含着双重深沉的哀愁。他的写作架构包含一个笼统的框架、序言和尾声,以及内部十二个三联诗框架。以"月"的程式来设定架构,这与莫里斯的个人痛苦经历有关:"这些《人间天堂》中的诗句,构成了一部精妙而澄澈的心灵自传,唯有

作者本人方能完美诠释。"[82]麦凯尔极其委婉地指出。

随着视角的聚焦，更深层的普遍悲苦逐渐显现。我们很快发现，那些看似繁华的故事场景下，掩藏着同样凄凉的荒芜。细品《人间天堂》，**每个**情节都是一曲失落的爱之歌。那些坠入爱河的人，已不再坚信爱情的力量。故事描绘出一幅对爱情绝望的图景：爱情被视为不必要的干扰，不过是徒然耗费心力的虚妄追求。

《人间天堂》的叙述者为何如此战栗？原因何在？在伊阿宋的故事中，喀耳刻的宫殿寂然无声，华丽富贵而又死气沉沉，恰如巴特埃姆斯的那座酒店。美艳妖娆的塞壬引诱人们沉溺于懒散享乐。在诗作《维纳斯之丘》中，陡峭的山岩如同弗洛伊德笔下的黑暗洞穴，张开巨口吞噬着人们的意志，剥夺他们的行动力，使其沦为欲望的奴隶：

> 思虑渐散心渐宽，
> 福乐如泉润心田。
> 当下无畏心坦荡，
> 无贪无惧享安然。
> 有情众生皆如是，
> 贪欲如火烧身连。[83]

> All thought in him did fade
> Into the bliss that knoweth not surprise,
> Into the life that hath no memories,
> No hope and fear; the life of all desire,
> Whose fear is death, whose hope consuming fire.

《人间天堂》映射出莫里斯的深刻洞见，他展开了一场战斗，向他所处时代那无处不在的道德麻木宣战。莫里斯笔下的梦幻图景中，那些本应充满生机的人却如行尸走肉般生存。通过这种描绘，他质问他所处的时

261

代——一个被进步理念蒙蔽双眼，却在精神层面束手无策的社会。《人间天堂》中的留白，正是莫里斯眼中虚无的映射。这几乎是一曲纯粹的绝望之歌，却又不尽然。拯救它的，是作品中不断实现的关系平衡。这一点在 1870 年出版的最后两部分中尤为显著——从惰性到行动的转变，仿佛叙述者在努力挣脱桎梏，唤醒自我，毅然决然地行动。

《人间天堂》的创作历程，某种程度上是一场自我教育的旅程。这个过程逐渐将莫里斯引向以政治实践理想的行动时期。关于这一转变的缘起，莫里斯在 1894 年为《正义》撰写的《我是如何成为社会主义者的》一文中作了精妙阐述。这是一篇既深刻又生动的自述，既道出他成为社会主义者的初衷，又流露出他深沉的情感：

> 除了对创造美好之物的渴望之外，我此生的主要情感就是对现代文明的憎恨……它对机械力的掌控及资源浪费，匮乏的公共财富，为富不仁的有钱人，大而不当的组织机构——哪一样不是让生活更加悲惨——我还能说什么呢？本来人人都可以享受到的闲适趣味，却在现代文明中难觅一席之地。无知的愚昧已彻底摧毁艺术——劳动者们可获得的唯一慰藉。所有这些，无论昨日还是今朝，都让我深切感受到了那股不明的冲突与不适。昔日的希冀已成泡影，人类经历无数世代的奋斗，换来的不过是这个庸俗不堪、漫无目的的文明残骸；而眼前的未来，在我看来，似乎只会加剧现有的苦难，因为它必将吞没现代文明彻底堕落之前仅存的遗迹。这的确是让人心忧的图景，然而，倘若出于个人立场，我要说，我并不关心形而上学和宗教，不关心科学分析。我对现代文明的抨击，仅仅是出于我对生命的热爱，以及对人类光辉历程的礼赞。想想看！难道要让一切都终结于煤渣堆顶上的会计厅吗？在波茨纳普那样高高在上的会客厅里，辉格党委员会一边向富人分发香槟，一边向穷人派发人造黄油，如此分配不均，却自欺欺人地认为众人是各取所需。看吧！世界已经失去了能够看见美的目光，荷马已被赫胥黎取

代。——相信我,当我不情愿地展望未来,我内心深处浮现的就是这样的情景;而且,就我所知,几乎没有人认为值得为达成这样的文明而奋斗。[84]

荷马对赫胥黎。波茨纳普会客厅的诱惑。出自查尔斯·狄更斯的《我们共同的朋友》。对莫里斯的同时代人而言,《人间天堂》可能显得过于晦涩难懂,这主要有两个原因。首先是作品篇幅宏大,文字绵密,这与莫里斯独特的创作方式有关。他在投身各种活动的同时,仍创作了大量诗作。对于在公司和他共事的乔治·沃德尔来说,莫里斯简直就像拥有魔法一般。他向麦凯尔生动描述了莫里斯的工作情景:

> 他工作能力极强,是个多面手。他能轻松地把设计和诗歌写作搁置一旁,立刻将思维聚焦于新任务上。写作时,可谓笔走龙蛇,几乎无须修改,一气呵成。最令我赞叹的是,他能从所沉浸的创作中即时抽身,轻车熟路地处理其他事务,然后再毫不费力地重新投入其中。过程流转自如,就像工人午饭之后回归工作台那般平和顺畅。[85]

技艺上的多面手是莫里斯秉持的原则。在他吟游诗人的观念里,写诗不是一项孤立的职业,而是融入日常的实用活动,理应与其他手工艺结合。他曾争辩说:"不懂边织挂毯边吟诵史诗的人,最好还是闭嘴。"[86]不过,这种守无定时的创作习惯难免影响了他的诗作——倘若他沉浸在那种诗意的恍惚之中。他挥笔如驰,仿若有什么无形的速度计正在推动他:某天,他竟挥洒出《伊阿宋的生与死》七百五十行;在一个安静的周日,他又完成了《古德伦的情人》七百二十八行。罗塞蒂曾言,"托普西写作的速度让人咋舌"[87],他自嘲自己如同巨人身旁的小不点。这般狂热为莫里斯的作品镀上了一种颂歌的韵律,让人不禁联想到海华沙。莫里斯自诚自严,他对《人间天堂》中的大部分诗作都不满意,评论说:"它们太

The Ring given to Venus.

His fingers lovingly enlaced

By other fingers; ~~you and~~ he *until*

~~that felt his own ring certainly~~ Midst darkness his own

~~But two nought that felt~~ that he could deem ~~ring did see~~

~~taught but the wildest fevered dream~~

~~until at last without a sound~~

~~senseless he lay upon the ground~~

Nought else a while, then back there came

New vision: as amidst white flame

The flower-girt goddess wandered there,

Nor knew he ~~aught~~ *now* where they twain were

~~that felt desire such faltering stirs~~

Midst wild desire that nigh did rend

His ~~fainting~~ changed heart: then there came an end

Of ~~light~~ ~~and moaning from an~~ ~~and extacy~~ empty heart

~~of~~

Ah what a night to what a morn!

Ah what a morrow black with scorn,

And hapless end of happy love!

What shame his helpless shame to prove!

For who indeed alone could bear

The dreadful shame the shameful fear

Of such a bridal?   Think withal

~~Many trusted~~ ~~was fairer~~ such a tale would fall

Upon those folks ~~as~~ ears than our most,

Who, as I said erst, saw a host

Of wild things lurking in the night;

To whom was magic much as right

As prayers or holy psalmody.

20.《给维纳斯的戒指》早期手稿，这是《人间天堂》中的一个故事。梅·莫里斯
选择这部分来说明她父亲在诗歌创作初期阶段的即兴创作力

啰唆、太无力了——真该死!"[88]唯独第三卷中的一首《古德伦的情人》例外。

莫里斯有自知之明,但他为何不肯改进呢? 这出于他独特的诗人观念。他认为,吟游诗人应当平易近人,清新自然远胜于阴晦复杂。他认为完美主义是矫揉造作,这对一个在工艺美术上追求极致完美的人来说,是个奇怪的立场。《人间天堂》未被当代读者充分理解的另一原因,在于它表面的繁杂之美中具有一种催眠之力,使人陷入甜美的迷离之中。维多利亚时代的母亲们就是被其外表迷惑,将之作为家庭聚会的理想读物,与孩子们共度围读时光,但她们忽略了书中暗含的政治讯息和无所不在的性暗示。

264

这部作品俨然成了一种文化标志,成为维多利亚时代中期野餐文化中的重要读物。不少评论家不解:威廉·莫里斯为何执意选择在寒冷的冬季出版这套诗集,它们明明与夏季的阳光和自然息息相通。若能在悠扬的鸟鸣声中,在郊野的清风里细细品味,定能生出无穷的趣味。这部诗作甚至被知识界精英视为避世绿洲。乔治·艾略特和G. H. 刘易斯写信给黑森林彼得斯塔尔的约翰·布莱克伍德:"随身携带莫里斯的诗集游走于林间小道,我们沉醉于声情并茂的朗诵,渴求更多尚未探知的美妙段落。如果生活赐予你一个悠闲的午后,就把它留给《人间天堂》吧。"[89]

《人间天堂》一书完成后,莫里斯怅然若失。他带着追忆之情对詹妮吐露:"没想到我竟如此喜爱写作这本书的感觉。"[90]对于这突然袭来的空虚感,莫里斯怀有莫名的恐惧。他始终以新的热情填补生活的空白,各项事业交织并进,波澜壮阔地向前涌动,每个阶段大约持续五年。六十年代初,他的创作重点在于图案设计与装饰;六十年代末,他又沉浸在《人间天堂》的诗歌创造中。至1870年,他又回归绘画领域。因为不满意自己的绘画水准,继而全心投入手抄本创作,并为之痴迷。从那时起,莫里斯的"彩绘书"成了他的"生平乐事"(与他称之为"谋生"的日常工作相对)。[91]1870年至1875年间,他制作了十八部手稿书,累计一千五百余页,考究的书法与大量装饰细节相结合。其中,1870 年 8 月为乔治亚娜生日所作的《诗书》,尤为精美,尽显深情。

莫里斯以其创新精神,复兴了那些自十五世纪和十六世纪印刷术问世以来便被遗忘的鹅毛笔书法和彩绘技巧。在那个时代,真正的鹅毛笔书写已然消失,取而代之的是维多利亚时代法律文件中的铜版体以及自十九世纪三十年代起普遍使用的尖头金属笔书写。莫里斯敏锐地洞察到这些濒临失传的技艺的价值。他不仅让这门几近消亡的工艺重获新生,更将其升华至艺术之境。

265　　莫里斯热衷于复兴古老工艺,从彩色玻璃技术到织物染色和手工编织,他的不懈努力为后来的工艺美术运动带来了深远影响。他深入钻研了牛津博德利图书馆与大英博物馆中法国和英国的中世纪手稿,多年如一日地专注研究这些珍贵文献。在红屋时期的笔记本里,密密麻麻记录着大量相关文献的资料和草图。梅·莫里斯曾感叹,除了博物馆的内部人员,恐怕没有人比她父亲更熟悉大英博物馆的手稿珍藏了。

莫里斯本人收藏了四本十六世纪意大利书法指南:卢多维科·维琴蒂诺·德利·阿里基所著的《书法初步》和《用笔之道》,乌戈·达·卡尔皮编纂的《书法宝典》,以及乔瓦纳·安东尼奥·塔利恩特的《此书》。这些书其实是最早的印刷版书法手册,目的是培训新一代专业秘书,使其能够在文艺复兴时期意大利新兴的官僚体系中迅速且清晰地书写文件。这四部手册用质朴的深红色摩洛哥皮革封装在一起,形成厚厚一本,书中一页页地展示了各式字母示例:粗笔画字母、细长字母、庄重字母、奇异字母。这些作品展现了字母形态作为图案的无限可能。其中一些页面洋溢着蓬勃的生机,流露出孩童般的纯真欢愉——在字母的国度里嬉戏,探索笔触的粗细、速度与密度的微妙变化。这种创作的喜悦,同样体现在莫里斯晚年于凯尔姆斯科特出版社的排版实验中。

威廉·莫里斯不懈探索,自修罗马体与斜体字。他勤练笔法,探索圆体和尖体两种书法形式。试纸上字迹密布,在一张研习纸上,他摘引了阿里基的《用笔之道》。在一份手稿的背页,他写下潦草的速记:"试试各种笔法,不太好,颤巍巍的。怎样介于方正与圆润之间来下笔？真是个难题。"[92]在这张实验纸上,他先以流畅的草书起笔,继而转向更从容而谨慎的斜体字练习。

在书法技术方面,莫里斯的一些继承者似乎命中注定要超越他。爱德华·约翰斯顿在字母设计上的表现更富系统性和独创性。相比之下,莫里斯在字形及其相互统一关系的把握上缺乏耐心。对完美有着执着追求的书法家格雷利·休伊特,从莫里斯的作品中感受到一种微妙的粗糙感:"正是那为逗号和 p、q 尾巴笔画所添加的斜线"[93],打乱了作品的整体韵律;休伊特对莫里斯欠缺一致性的文字布局也感到不满。如同他对待自己的诗篇一般,莫里斯对工艺的完美追求也并不执着。他骨子里似乎对过分精致的技艺存有质疑。莫里斯的书法并非完美无瑕,却散发着一种原始而澎湃的力量与生机,令二十世纪的许多书法作品相形之下显得刻意而做作。约翰斯顿虽未有幸亲见莫里斯,却在其辞世两载后经西德尼·科克雷尔介绍,深刻感受到了莫里斯手稿中独有的魅力。他说:"作品中所流露出的那份甜美、自然与轻盈之美,令人深深着迷,比以往任何时候都更具魅力。而他的书法,已然臻至化境。"[94]

在钻研书法技艺的同时,莫里斯也在潜心探索被遗忘的镀金古法。为那些华丽的手抄本施加点金之术,这是一个复杂而充满风险的过程:首先需要精心铺设石膏基底,然后才能恰到好处地粘贴、抛光金箔。传统的石膏基底由多种材料混合而成,包括巴黎粉、白铅、赭土以及糖、胶水、蛋清等黏合剂。这项凸显金箔艺术的传统工艺,对技术要求极其严苛。梅记忆犹新,她父亲的书房里经年累月散布着满地带金的试验纸张,这些都是莫里斯在不断尝试《西奥菲鲁斯》及其他古籍中的秘法探索。通过比较当下金工技艺并实验探索,他最终找到了独门之道。可以说,莫里斯对技艺探索过程的热忱,似乎超越了是否成功本身。他曾经向年幼的女儿们展示镀金技艺:先用厚实的獾毛镀金刷轻巧地掠过自己"浓密的卷发丛林"[95],逗得她们欢笑连连。随后,他小心翼翼地将金箔均匀卷起,移至垫子上精准裁剪——他发间的天然油脂恰好能让金箔完美贴合。

莫里斯钟爱物品的质感,每当他被各类工艺器具环绕,便会感到一种独特的安心和喜悦。此时,他开始搜集抄写员的工具:各种尺寸的精致画笔、琳琅满目的铁尺、圆规以及精锻的小刀,从鹅毛笔到乌鸦羽笔等一应俱全。出人意料的是,这些羽毛笔并非出自他手——他将热情倾注于寻找上乘的牛皮纸。虽然莫里斯的部分手稿使用普通纸张,但他最华丽的作品多选用牛皮纸,譬如奥玛·海亚姆的《鲁拜集》的两个版本(现藏于大英博物馆和博德利图书馆)、《贺拉斯颂歌》以及维吉尔篇幅恢弘但未完成的《埃涅阿斯纪》。

在英国,唯一可得的牛皮纸皆以白铅制成,莫里斯认为这会损害颜料与金箔的质感。为寻觅纯净的牛皮纸,他将目光转向了罗马——在那里,梵蒂冈市集熙来攘往,小羊皮与小牛皮贸易兴盛。莫里斯指派他旧日的助手,当时正在意大利旅行的查尔斯·费尔法克斯·默里寄送牛皮纸样本,并报送一百张约十九乘以十三英寸大小的手稿用纸的估价。他催促默里赶快去找寻具有中世纪书籍的硬度和光滑度的牛皮纸。[96]

莫里斯从未打算简单地复制过去。对他而言,纯粹的中世纪怀旧只会沦为乏味的模仿。他深入研究古老技艺,旨在为当代保存某些珍贵的东西。正如他数年后在《生活中的小艺术》讲座中所言:"我们应当明智地研究传统,从中汲取养分,激发灵感。但绝不能止步于简单的复制。要么没有艺术,要么创造属于自己的艺术。"[97]他的彩绘手稿书最能体现这种理念:既吸收了古代技法,又开创了全新的艺术形式。这些作品完美展现了维多利亚时代中期的典型风格——在规整严谨、近乎说教的框架下,蕴含着深邃的个人情感,飘逸奇诡,独树一帜。

莫里斯曾提出一个充满童话色彩的自问自答:"艺术创作中最珍贵的造物及最令人向往的东西是什么?"[98]他毫不犹豫地回答:"一座漂亮的房子。"随即又补充道:"若问紧随其后的重要作品及人们渴望的东西,我会说,是一本美丽的书。"细究这两个答案,再审视莫里斯绘制的书籍,不难发现其中蕴含的浓厚的建筑艺术气息。这些书籍,结构复杂如小型建筑,绘画和镀金元素层层叠加,犹如小塔楼一般耸立。尽管莫里斯并未亲自参与所有书籍设计细节,但他是其中的主导者。这是一种团队协作的书籍制作方式,即便是他以潇洒笔迹手写的为乔治亚娜生日而作的礼物书《诗书》,也包含了费尔法克斯·默里的小画、乔治·沃德尔的装饰、默里为莫里斯画的肖像,以及内德笔下两位分离爱人的水粉画。这种将书籍视为建筑综合体的创新理念,不仅作用于莫里斯九十年代创立的凯尔姆斯科特出版社的出版物,更激发了英国私人出版业,甚至为二十世纪二三十年代的欧洲前卫艺术运动注入了灵感。尽管这些艺术家号称要抵制维多利亚时代和资产阶级思想理念,但在受到包豪斯风格影响的新版式中,我们仍然可以发现这种"书卷之美"。

　　在莫里斯手绘的众多插页中,画面装饰与文字浑然天成——树叶、葡萄和蔷薇果、忍冬花藤、点缀其间的无数玫瑰花苞……有些页面如同他设计的奔放的墙纸,花卉自由延展至纸张边缘,肖像画生动地嵌入其中——譬如拉斐尔前派的恋侣,飘逸的红翼天使,优雅迷人的淑女,发丝飞扬的仙子。这种画面效果既有美感又有章法,充满视觉张力和些许狂热。这种风格令人不禁联想到刘易斯·卡罗尔笔下的奇幻世界,将熟悉与陌生的事物巧妙并置,其中不乏威廉·布莱克式的视觉激情。但更准确地说,莫里斯将字母与图像融合,创造出神秘而富有暗示性的视觉景观。这种模糊感与交错感,与法国超现实主义以及卡雷尔·泰格和捷克前卫派的图画诗歌有着异曲同工之妙。

　　莫里斯的书法艺术独树一帜,这源于他对手稿主题的深刻情感共鸣。他以赤子之心投入创作,灵感源源不断。特别是在凯尔姆斯科特出版社时期,出版的书籍彰显他独特的个人趣味与审美品位。他从自己的过往生活中汲取文学灵感。写给乔治亚娜的诗篇,情理之中又弥漫着忧伤与苦楚,伴随着幻灭与离愁的旋律。在诗中,乔治亚娜被比喻为那位灰色眼睛的坚毅不屈的"北方缪斯",兼备女性的温柔、美丽和质朴:"既是母亲、爱人,也是姊妹,于她身上合而为一。"[99]缪斯的北地气质,意蕴隽永。《黑王哈夫丹的故事》《大胆弗里肖夫的故事》《艾尔居民的故

268

事》——在莫里斯七十年代的全部十八份手稿中,有十二篇是讲述北欧传奇,讲述英雄们可歌可泣、殊死搏斗的事迹,讲述那贫瘠土地上的悲情家仇。莫里斯选择的主题,表明他的想象力投向了冰岛。然而,这些北方的故事却被置于英格兰花卉的环绕之中。莫里斯的典型作品是以罗马字手抄的冰岛史诗《英灵族的故事》,作品中巧妙融入了菲利普·韦伯所绘的两只英格兰胖兔子插画。

莫里斯在从事精细的书法和装饰工艺时,总能从内心的沉静中汲取持久的耐力——这种耐力伴随着他所进行的一切手工艺活动。梅特别强调了她父亲非凡的耐心——虽然他在人际交往中未必如此。[100]他能够约束自己天性中的急躁,只为了得到理想中的结果。梅回忆那些时刻,她观察着父亲"坚实而宽厚的手掌在不足半英寸见方的金色区域内,精准点缀着无数细密的花朵——笔尖稳稳地蘸取颜料,点出五个极小的白色圆点。即便最轻微的颤抖都可能造成瑕疵,但这些花朵却以看似举重若轻的稳健姿态跃然纸上,仿佛出自一位浸淫笔墨数十载的中国匠人之手"。[101]在进行装饰和书写时,莫里斯似乎进入了一种近乎入迷的状态,他的手工活动带给他一种恬静的宁和,仿佛他在学校时织制的那张治愈之网。他自认为,这是对童年生活的某种追溯。1870年,他在写给默里的信中邀他来观赏自己倾力缔造的"盛放字母"——他形容自己"像孩童一样认真地投入其中"。[102]

莫里斯自学书法带来一个意外收获,那就是他日常书写水平显著提升。他的朋友和员工曾认为他字迹潦草,难以辨认。但1870年之后,他的字形确实清晰许多,书写也因长期练习而美观流畅。同样,字迹的变化也反映他在这一时期有了新的目标。现代笔迹学家伊莱恩·奎格利认为,在他后来的书写中,"早年书写中澎湃的青春热血与济世情怀,已沉淀为更为深邃的理性表达。莫里斯激情未减,却在思想与实践中愈发审慎持重"。[103]她还指出,在他晚期的签名中,"Morris"中的"M"字母的第二笔有所延长,这昭示着明确的自我意志与坚定立场的形成。此特质在其后二十年愈发明晰。

到 1870 年,这位《人间天堂》的作者已跻身公众视野。莫里斯雄狮般蓬松的黑色鬈发下宽阔的面庞,因其本人不情不愿地接受了一连串的拍摄,已让大众渐感熟悉。莫里斯依然怀有恐惧,害怕面对自己的容貌,对自己的外貌有一种强烈的厌恶感。他并不似妻子詹妮那样在镜头下或画布上光彩照人。他对这种曝光敬而远之,将之视作浪费光阴的多余事。早在一年前,他还夸口自己躲过了朱莉娅·玛格丽特·卡梅隆的镜头,让卡梅隆拍摄莫里斯肖像的想法无法实施。然而到了 1870 年,面对媒体的要求,他最终还是破例,接受了约翰·帕森斯的拍摄——他身着衬衣领带加厚呢外套,以侧面坐姿入镜。照片中,他钢丝般的络腮胡和细小的眼睛被特意刻画。在 1870 年耶稣受难日那天,莫里斯获得了维多利亚时代社会的最高荣誉,乔治·弗雷德里克·沃茨为他画了一张坐身肖像。²⁷⁰

到了世纪末,沃茨的"名流之屋"或"名人堂"已经囊括了英国政治文艺舞台上众多显赫人物的画像。其中不乏勃朗宁、斯温伯恩、卡莱尔、马修·阿诺德、莱斯利·斯蒂芬、丁尼生(两个版本)等文坛巨擘,亦有格莱斯顿、舍布鲁克勋爵、查尔斯·迪尔克爵士那样的显贵人士。沃茨的画笔也描绘过庄严的圣职者,诸如斯坦利院长、马丁诺博士、先知兼诗人斯托福德·布鲁克。(内德和莱顿勋爵也做过沃茨的模特。)沃茨虽然已为很多杰出人士画过像,却从未画过达尔文和约翰·赫歇尔爵士,为此他一直耿耿于怀。莫里斯对当时在斯卡兰德的詹妮抱怨,说给沃茨当坐模这事并不舒服,因为他当时正在忍受"一场可怕的感冒"。^[104]实际上,这幅现藏于国家肖像馆的作品,未能完全捕捉到莫里斯的气宇风度,他看上去太温和了,就像丁尼生笔下的加拉哈德爵士。

莫里斯在 1870 年展开了一段暧昧的关系,他与阿格拉娅·科罗尼奥的交往始于莫里斯成为公众风云人物的阶段。阿格拉娅所属的希腊贵族家庭曾发生巨变,阿格拉娅的父亲亚历山大·爱奥尼德斯是曾经叱咤风云的法纳里奥特商业家族的首领,因土耳其人侵夺其家财,族人在暴风骤雨中逃离君士坦丁堡。她的祖父,**也**被钉死在自家大门上。

　　全家流亡到英国后,他们先后在曼彻斯特和伦敦生活,在此期间家族变得繁荣起来。阿格拉娅与威廉·莫里斯同年出生,她生于芬斯伯里广场,那里当时是伦敦希腊人的主要宗教区。她在伦敦南部位于塔尔斯希尔(Tulse Hill)的开明大家庭中长大。在结识莫里斯时,她已与希腊社区商人西奥多·科罗尼奥联姻,西奥多"年轻帅气"[105],较之聪颖多才的阿格拉娅却显得逊色。她有两个孩子,女儿卡利奥佩曾做过罗塞蒂的模特,还有一个儿子叫约翰。1869年她迁居至荷兰公园,住在她父亲用祖母的钻石购得的宫殿式豪宅旁边。现在这里成了移民们的精神大

271 本营。就连乔治·杜莫里耶也曾称赞这座房子是"令人惊叹的豪宅"。[106]

　　这些移民女性,出自爱奥尼德斯家族、卡瓦菲家族、卡萨维蒂家族、斯巴达利家族等诸家世族,她们风情万种、娇俏迷人,毫不排斥亲吻和爱抚行为,甚至会相互争夺。在当时保守的伦敦社会,她们显得分外夺目。玛丽·斯巴达利、阿格拉娅和玛丽·赞巴科三人格外出众,人称"美惠三女神"。她们争奇斗艳,竞相吸引有声望的人物。阿格拉娅意图以倾城之姿俘获莫里斯的心。如同伯恩-琼斯被玛丽追求那样,莫里斯也成了她的猎物。

　　阿格拉娅早已与拉斐尔前派群体的很多成员交好。她的哥哥康斯坦丁作为赞助人和收藏家颇具慧眼,其弟卢克与亚历山大更是与罗塞蒂和伯恩-琼斯关系密切。阿格拉娅有"出水芙蓉"[107]之娇美,身姿匀称,脸色苍白,独特的梦幻的气质使她成为众人瞩目的焦点。同时,她也从容大方,既迷人又务实,在社交场中左右逢源。乔治亚娜对她的评论较为含蓄,但也可见内德对她心生好感:"阿格拉娅夫人品位很好,多次不厌其烦地帮他找寻面料,给模特准备服装。"[108]阿格拉娅也为罗塞蒂提供了类似服务。他曾借用她的刺绣框,用来画詹妮肖像《托洛梅的皮娅》,虽然似乎并没有付诸使用。1868年,罗塞蒂曾写信给阿格拉娅,询问如何找到詹妮肖像所用的印度纱的颜色。罗塞蒂所绘的阿格拉娅肖像与詹妮的肖像惊人相似。她成了他笔下肤发偏暗的理想化的女性形象。然而,她的一张名片照却展现出她朴实无华的一面。罗塞蒂始终与

阿格拉娅保持着良好关系。但在他的信件中可以注意到,他对她的希腊式热情有所抗拒。他曾提过阿格拉娅的"假笑和大笑"[109],可以感觉到罗塞蒂言辞间颇有避之不及之意。

　　莫里斯写给阿格拉娅的第一封信可以追溯到1870年4月,当时詹妮和罗塞蒂正游历斯卡布兰斯,他们可能在一两年前就在一起了。此时,莫里斯的信从女王广场26号寄出。信的内容是:

> 　　亲爱的科罗尼奥夫人,
>
> 　　若您方便,我将在周二来访,并带上您需要的毛线。内德提到您想学习如何阅读乔叟的作品;因此我会携带一本他的书,如果您允许,我会引导您了解其中的奥秘,实际上这并不复杂。感谢您亲切的留言——这一刻,我刚完成了我的评论稿——啊![110]

272

21.《威廉·莫里斯扮演的帕里斯向阿佛洛狄忒献苹果》,爱德华·伯恩-琼斯的漫画

"评论稿"，即是对罗塞蒂诗集的评论。那时，莫里斯已经开始争取阿格拉娅的同情了。

阿格拉娅的社交魅力闻名遐迩，她不仅在父亲担任希腊驻伦敦总领事期间代替不太擅长英语的母亲担任官方女主人，更是以其个人魅力和聪慧才智在伦敦社交圈中如鱼得水。即使没有高深的学识，她也总能让谈话变得生动有趣。她的侄子亚历山大称她"非常健谈"[111]，她一说话总让人忍不住想听。可惜的是，伯恩-琼斯绘制的关于她与莫里斯对话的系列素描作品，如今已无从寻觅。从莫里斯给妻子詹妮的书信中，我们可以窥见阿格拉娅对他欣赏有加，对此莫里斯既开心又不安。他在信中提到："今天下午在去内德家的路上，我又要听到阿格拉娅的甜言蜜语了。我确实有点希望她不要那么恭维我，如果这样说不显得忘恩负义的话，你不要嘲笑我好像什么都不懂。"[112]这封信在 1870 年 4 月 26 日寄给在斯卡布兰斯的詹妮。同年，詹妮在托基时，他又邮去另一封简信："今天下午我要去阿格拉娅那里寻求一点情感慰藉。"他补充道："顺便说一句，她的书籍装订工作进行得相当不错。"[113]

要不是詹妮几乎抛弃了他，莫里斯会那么容易受到引诱吗？这个问题值得怀疑。如果乔治亚娜能接受他对她的款款深情，他还会不会如此费力地引领阿格拉娅去读乔叟？事实是，面对阿格拉娅公开的追求，莫里斯感到既惊讶又享受，他并没有向妻子隐瞒这份窃喜，甚至有些炫耀。这种自嘲，带着沾沾自喜的意味。卢克·爱奥尼德斯谈到莫里斯时说"女人对他来说并不重要"[114]，而威尔弗里德·斯考恩·布伦特坚称他完全不懂女人的爱——这无非是花花公子们的看法。事实上，莫里斯极为珍视女性。在莫里斯的生活中，女性扮演了至关重要的角色。总有那么几位女性能够柔化他，使他抛却坚硬的外壳。阿格拉娅·科罗尼奥便是其中极为特别的一位。他对她敞开心扉，或许因为与她的交流不像与乔治亚娜·伯恩-琼斯那样充斥着过往的沉重和复杂的渴望，从而显得更自在。在接下来的一两年，他与阿格拉娅之间发展出了深厚的感情——我认为这无关乎情欲。麦凯尔以客观冷静的叙述风格写道："她与莫里斯之间的友谊是那么深厚而绵长,持续了一生。"[115]这差不多是事实,虽然并非绝对准确。

在莫里斯去世后,内德的评论有些含混,难以辨别他是在谈阿格拉娅还是他自己的乔治亚娜。不像布伦特,也不像爱奥尼德斯,内德比他们更了解(甚至有些嫉妒)莫里斯在爱情关系中是"被爱"的那一方。他说,莫里斯让他"情绪低落,他给我讲了很长的故事——关于他如何被女人爱慕,以及她们在本都、小亚细亚、昔兰尼最遥远地方为他所做的事。没有男人喜欢听这种事,但我相信这些故事,他何必要说谎呢?"[116]

在那时,莫里斯正探索新的创作途径,1871 年,**他开始**着手首部也是唯一一部当代小说。同年 3 月,他将小说的部分初稿朗读给乔治亚娜听,但她的反馈并不令人振奋。莫里斯向路易莎·鲍德温透露,他也将手稿送给了乔治亚娜,期望从她那里得到一些积极建议:"我想知道她是否能给我一丝鼓励,但她并未如此。"[117]

莫里斯遗留的未完成小说,引发了二十世纪末的传记作者和评论家的关注。小说中描绘的情感纠葛——两个男人爱着同一个女人——似乎取自他的真实经历。我们究竟该如何解读小说中的两兄弟呢?是否应将之理解为莫里斯双重面向的投射呢?一位是坚定果断、善于观察、性格外向的约翰,另一位则是内向紧张、身体虚弱、聪明好学的亚瑟?还是,他们暗指莫里斯与伯恩-琼斯?亦或,如苏·穆尼最近所言,我们应当将这个故事视作一种内涵丰富的告白,即莫里斯早年在牛津时期就爱上了乔治亚娜,但为了内德而选择退让,正如小说中的约翰为了弟弟放弃了追求克拉拉的权利?[118]也许会有人认为,这样的解读有些过于牵强。然而,这部既抒情又迷人,且带有探索性质的小说,确实贴近莫里斯的自传,其坦率与细腻程度不亚于《人间天堂》中的任何章节。

小说场景充满了对沃尔瑟姆斯托的深情回忆,它对凯尔姆斯科特的描述也具有不可思议的预言性。对大地的深情、对季节的洞察、对植物的理解、对夏季甜美声音和气息的感知——这些超凡脱俗的自然再发现,塑造了莫里斯中年生活的独特印记。在《蓝皮小说》中,渐趋成熟的约翰,带着微弱的希望挑战生活的逆境,正映射出莫里斯此时的心路历程:

> 我们内心深处的对未来的甜美憧憬并没有消逝,反而因伴随而来的模糊恐惧而愈发强烈。这情感之充沛,弥合了庸常之琐碎,让我们恍若站在新世界的门槛上,只须跨出那一步(如果我们能迈出的话),就能拥抱新的生活。它究竟是什么?是爱情与死亡的回响,在世间突如其来地冲击那些尚未懂得爱情与死亡、尚未学会信任爱情与死亡的人们吗?[119]

在这部小说中,莫里斯专注于描绘生命的成长与蜕变,并首次尝试探讨他在政治和历史领域深受吸引的议题:过去的经历如何影响当下。然而,或许在他人生的这一转折点,这些议题对他过于沉重。帕森·里斯利这一角色是罗塞蒂许多性格特质的缩影。他是一位沉溺于感官享乐的牧师,被自身的懦弱所束缚。这位英俊男子,带着一丝黯淡的浪漫气质,与其说他是牧师,不如说更像是一位龙骑兵队长。但可惜"全毁了":他"眉头紧蹙,显出狰狞之态,眼神几乎只剩抑制下的暴怒,鼻翼涨红如血",他身上流露出的"残暴不仁"的气息,"若放之于野蛮时代,或许足以使他成为古时埃泽利诺(Ezzelin)般的臭名昭著的人物"。[120]里斯利呈现为一个令人厌恶的形象。家庭生活中的种种苦涩可能激发了莫里斯在小说中的创作热情。同样,这种忍耐也可能是他最终决定放弃这部小说的原因。

莫里斯的小说主题到底让乔治亚娜有多不悦呢?也许对她来说,这是难以承受之重,毕竟,小说中映射了彼此过往如影随形的记忆。这或许是莫里斯长久且无声的心迹表露,却未能被她理解和接受。然而,我更倾向于认为,她拒绝给予莫里斯希望,更多是基于朋友身份作出文学评判———莫里斯对乔治亚娜这位朋友非常信赖,而她对乔治·艾略特推崇备至,评价《丹尼尔·德隆达》"绝顶高明,无比敏锐"。[121]莫里斯的小说虽感人肺腑,却因塑造舞台化的堕落女性形象和使用违和于时代的语言而显得水准欠佳。"诚然","'在所不惜',约翰如是说"这类造作的措辞,使莫里斯的书写风格就像穿着戏服去表演那般荒诞。那是一个以严谨思辨取胜的小说时代,乔治·艾略特的《米德尔马契》于莫里斯开始动笔写《蓝皮小说》的那年出版,《战争与和平》也在俄国热卖(后来,他阅读了该书译本,产生"赞赏有加,但味同嚼蜡"[122]的感受)。托尔斯泰的《安娜·卡列尼娜》亦于1871年初版。相较于这样的小说创作背景,《蓝皮小说》不免显得稚嫩。

　　莫里斯对自己这部"夭折"的小说也是不屑一顾。"不过是写些风景与情绪罢了。"[123]他在次年夏天向乔治亚娜的妹妹路易莎这样说——他又一次打开那些由乔治亚娜退回的、装着前几章节稿件的信封。不无讽刺地,他将这些章节送给了路易莎,让她当是一个写作失败的案例。作为路易莎文学上的导师,莫里斯几乎在同一时间给她寄去长篇评论——评论对象可能是她创作的小说《献祭于玛门的殉道者》。尽管莫里斯一直珍藏着那份手稿,但他从未有意让那个故事重燃火花。这仅完成预计长度三分之一的断章,终于在1982年由佩内洛普·菲茨杰拉德编辑出版,并被冠以《蓝皮小说》之名——因为它是被写在带蓝线的纸张上,"莫里斯更喜欢以事物的本来面目来命名"。[124]

　　1871年初夏,莫里斯开始寻找他所称的"伦敦之外的小屋"。[125]表面上,他之所以这样做,是出于对伦敦可能不利于孩子健康的担忧——珍妮和梅仍未完全摆脱冬季咳嗽的顽疾。但实际上,这个行为背后还有其他动机。这个田园结居的设想,主要在于为莫里斯、詹妮和罗塞蒂三人寻求一种和谐体面的共生方式,让他们持久的三角关系能在表面上说得过去。毕竟,在旁观者眼里,莫里斯和罗塞蒂确实是志同道合的艺术家兄弟,同时也是设计工作室的亲密伙伴。

　　莫里斯下定决心要找到梦寐以求的家园。在翻阅牛津郡一个房地产经纪人提供的房屋目录后,他找到了心仪的那一处。他梦想中的家,是一幅英格兰乡村风光———栋坐落于郁郁葱葱草坪上的灰色石屋。他的寻觅,最终将他带到了泰晤士河上游的地方。在这里,他不经意间发现了庄重幽雅的凯尔姆斯科特庄园——一座坐落在莱奇莱德东南平原上的绝非"小屋"的灰石建筑。他对它一见倾心,确定这就是他要找的地方,仿佛故事中的英雄找到了爱人。他激动不已地给远在二十英里外的牛津好友查理·福克纳写信:"猜猜我现在看上了哪里? 凯尔姆斯科特,一个位于雷德科特桥上游不到两英里的村落——真正的世外桃源;那里有一座仿沃特-伊顿古堡风格的伊丽莎白时期的老石屋和一个怡人的花园! 旁边就是泰晤士河,还有个船屋,一切都如此完美。"[126] 他在信中告诉查理,计划下周六再去那里参观,并希望带妻子和罗塞蒂一同前往。

在动身寻找心仪住所之前,莫里斯原本计划只身一人去夏季旅行,不带詹妮和孩子们。他渴望体验冰岛,探寻它的陌生和荒野。几年来,冰岛如幻影般不断在他心中浮现:他觉得必须亲眼目睹北欧故事中出现的壮美场景,因为他对北欧故事已倾注太多情感。1871 年 6 月,他与罗塞蒂以联合承租的方式签订了凯尔姆斯科特庄园租约。7 月初,詹妮、罗塞蒂以及孩子们就在此安家落户。莫里斯在启程赴冰岛前,短暂地回到庄园,对壁纸选择给出自己的见解,并向菲利普·韦伯交代了整修的具体指令。临行前,他的心情十分复杂。他在给詹妮的信中写道:"上周一,这里的美景让我几乎不忍离开;然而想到你们在这儿将会拥有的幸福和健康,我内心充满了欣慰。"[127] 他让她代他亲吻"小宝贝们",并传达他深深的爱意。他在信末写下了"愿你生活顺遂、幸福安康"的祝愿。在他那个时代,甚至于今天,莫里斯这样的处理方式确实不同寻常,他的宽宏大度近乎崇高。

但伯恩-琼斯没有莫里斯那般克制。他为罗塞蒂对莫里斯的不敬行为感到愤慨,在之前罗塞蒂经常在托普面前不住地取笑他时,这种愤懑就已有所显露。也许是他内心深处的不满让此刻的对立更加激烈了。当莫里斯乘坐"戴安娜号"航船启程前往冰岛时,内德心中的积怨终于借托普之名而发泄出来。这种愤慨在他写给乔治·霍华德的信中显露无遗:"我与罗塞蒂之间那场早在命运之书中被写定的冲突终于爆发了——它源自一连串激烈的书信交锋,接着是面对面的直接对质。在这些对峙中,心底的岩浆终于冲破了地壳——这是我有史以来头一次,如此坦白而毫不畏惧地向他释放我的怒火。"[128]

这些争执,最终化为两位友人之间漫长而痛苦的沉默。

277

注释

[1] 威廉·莫里斯致菲利普·韦伯的信,1869 年 7 月 31 日。

[2] 菲利普·韦伯致威廉·莫里斯和詹妮·莫里斯的信,1869 年 7 月 23 日,大英图书馆。

[3] 威廉·莫里斯致菲利普·韦伯的信,1869 年 7 月 22 日。

[4] 《威廉·莫里斯作品集》"导言"。

[5] 巴特埃姆斯镇档案馆。

[6] 威廉·莫里斯致菲利普·韦伯的信,1869 年 7 月 31 日。

[7] 爱德华·古特曼,《德国、奥地利和瑞士的水疗地和矿泉》(*The Watering Places and Mineral Springs of Germany, Austria and Switzerland*),桑普森·洛,马斯顿,瑟尔和里明顿,1869 年。

[8] 威廉·莫里斯致查尔斯·艾略特·诺顿的信,1869 年 8 月 5 日。

[9] 威廉·莫里斯致菲利普·韦伯的信,1869 年 7 月 31 日。

[10] 同上。

[11] 威廉·莫里斯致 F. S. 埃利斯的信,1869 年 8 月 18 日。

[12] 同上。

[13] 威廉·莫里斯,《巴黎之死》,《人间天堂》第三部分,1870 年。

[14] 威廉·莫里斯致菲利普·韦伯的信,1869 年 7 月 31 日。

[15] 威廉·莫里斯致菲利普·韦伯的信,1869 年 8 月 9 日。

[16] 同上。

[17] 威廉·莫里斯致菲利普·韦伯的信,1869 年 8 月 15 日。

[18] 威廉·莫里斯致菲利普·韦伯的信,1869 年 7 月 31 日。

［19］威廉·莫里斯,《阿孔提俄斯与赛迪佩》,《人间天堂》第三部分,1870 年。

［20］威廉·莫里斯致 A. C. 斯温伯恩的信,1869 年 12 月 21 日。

［21］威廉·莫里斯,《你为何挣扎》,约 1865 年-1870 年。

［22］威廉·莫里斯,《太阳以东月亮以西的土地》,《人间天堂》第三部分,1870 年。

［23］威廉·莫里斯致菲利普·韦伯的信,1869 年 8 月 27 日。

［24］引述自洛娜·莫斯克·帕克(Lona Mosk Packer),《克里斯蒂娜·罗塞蒂》(*Christina Rossetti*),剑桥大学出版社,1963 年。

［25］威廉·莫里斯致菲利普·韦伯的信,1869 年 8 月 27 日。

［26］威廉·莫里斯致菲利普·韦伯的信,1869 年 8 月 15 日。

［27］韦林顿·泰勒致菲利普·韦伯的信,1869 年 7 月,国家艺术图书馆。

［28］韦林顿·泰勒,给公司的备忘录,1869 年 7 月,国家艺术图书馆。

［29］威廉·莫里斯致菲利普·韦伯的信,1869 年 8 月 20 日。

［30］但丁·加百利·罗塞蒂致詹妮·莫里斯的信,1869 年 8 月 30 日,布赖森。

［31］但丁·加百利·罗塞蒂致詹妮·莫里斯的信,1869 年 8 月 23 日。

［32］但丁·加百利·罗塞蒂致詹妮·莫里斯的信,1869 年 7 月 30 日。

［33］但丁·加百利·罗塞蒂致詹妮·莫里斯的信,1869 年 8 月 14 日。

［34］同上。

［35］但丁·加百利·罗塞蒂致洛什小姐的信,1869 年 9 月 21 日,道蒂和沃尔。

［36］但丁·加百利·罗塞蒂致威廉·罗塞蒂的信,1869 年 9 月 21 日,道蒂和沃尔。

［37］但丁·加百利·罗塞蒂致詹妮·莫里斯的信,1869 年 7 月 30 日,布赖森。

［38］威廉·莫里斯致菲利普·韦伯的信,1869 年 8 月 29 日。

［39］同上。

［40］菲利普·韦伯致威廉·莫里斯和詹妮·莫里斯的信,1869 年 9 月 1

日,大英图书馆。

［41］ 威廉·莫里斯致菲利普·韦伯的信,1869 年 9 月 3 日。

［42］ 威廉·莫里斯,《建筑和历史》,1884 年讲座。

［43］ 威廉·莫里斯,《艺术的目的》,1886 年讲座。

［44］ 乔治亚娜·伯恩-琼斯致罗莎琳德·霍华德的信,未注明日期,霍华德城堡。

［45］ J. W. 麦凯尔致阿格拉娅·科罗尼奥的信,1899 年 5 月 12 日,引述自《泰晤士报文学增刊》,1951 年 9 月 7 日。

［46］ 乔治亚娜·伯恩-琼斯致梅·莫里斯的信,1910 年 9 月 6 日,大英图书馆。

［47］ 威廉·莫里斯,诗歌手稿,大英图书馆。

［48］ 同上。

［49］ J. W. 麦凯尔,《泰晤士报》,1920 年 2 月 4 日。

［50］ 威廉·莫里斯致爱德华·伯恩-琼斯的信,1886 年 2 月 16 日。

［51］ 但丁·加百利·罗塞蒂致查尔斯·豪威尔的信,1869 年 9 月 18 日,道蒂和沃尔。

［52］ 但丁·加百利·罗塞蒂致 A. C. 斯温伯恩的信,1869 年 10 月 29 日,道蒂和沃尔。

［53］ 但丁·加百利·罗塞蒂给威廉·迈克尔·罗塞蒂的信,1869 年 10 月 13 日,道蒂和沃尔。

［54］ 但丁·加百利·罗塞蒂致福特·马多克斯·布朗的信,1869 年 10 月 14 日,道蒂和沃尔。

［55］ 但丁·加百利·罗塞蒂致威廉·迈克尔·罗塞蒂的信,1869 年 10 月 13 日,道蒂和沃尔。

［56］ 威廉·莫里斯致乔治亚娜·伯恩-琼斯的信,1869 年 10 月。

［57］ 麦凯尔,《威廉·莫里斯的一生》。

［58］ 威廉·莫里斯,《但丁·加百利·罗塞蒂的诗作》（"Poems by Dante Gabriel Rossetti"）,《学院》,1870 年 5 月 14 日。

［59］ 埃德蒙·戈斯致 A. C. 斯温伯恩的信,1871 年年初,引述自埃文·查

特里斯阁下(Hon. Evan Charteris),《埃德蒙·戈斯爵士的生平和书信》(*The Life and Letters of Sir Edmund Gosse*),海涅曼,1931 年。

[60] 但丁·加百利·罗塞蒂给詹妮·莫里斯的信,1870 年 3 月 4 日,布赖森。

[61] 但丁·加百利·罗塞蒂致詹妮·莫里斯的信,1870 年 2 月 4 日,布赖森。

[62] 但丁·加百利·罗塞蒂致詹妮·莫里斯的信,1870 年 1 月 30 日。

[63] 但丁·加百利·罗塞蒂致亚历山大·吉尔克里斯特夫人的信,1869 年 12 月 4 日,道蒂和沃尔。

[64] 但丁·加百利·罗塞蒂致查尔斯·艾略特·诺顿的信,1870 年 4 月 11 日,道蒂和沃尔。

[65] 但丁·加百利·罗塞蒂致 F. S. 埃利斯的信,1870 年 3 月 27 日,道蒂和沃尔。

[66] 但丁·加百利·罗塞蒂致加百利·罗塞蒂夫人的信,1870 年 4 月 18 日,道蒂和沃尔。

[67] 但丁·加百利·罗塞蒂致克里斯蒂娜·罗塞蒂的信,1853 年 11 月 8 日,道蒂和沃尔。

[68] 但丁·加百利·罗塞蒂致威廉·阿林厄姆的信,1870 年 3 月 17 日,道蒂和沃尔。

[69] 但丁·加百利·罗塞蒂致芭芭拉·博迪雄的信,1870 年 4 月 14 日,道蒂和沃尔。

[70] 威廉·莫里斯致詹妮·莫里斯的信,1870 年 4 月 15 日。

[71] 威廉·莫里斯致詹妮·莫里斯的信,1870 年 4 月 26 日。

[72] 但丁·加百利·罗塞蒂致芭芭拉·博迪雄的信,1870 年 4 月 14 日,道蒂和沃尔。

[73] 但丁·加百利·罗塞蒂,《生命之屋》十四行诗系列,威廉·M. 罗塞蒂编,《但丁·加百利·罗塞蒂作品集》(*The Works of Dante Gabriel Rossetti*),伦敦,1911 年。

[74] 威廉·贝尔·司各特致艾丽斯·博伊德的信,1870 年 9 月 28 日,弗

雷德曼。

[75] 威廉·莫里斯致詹妮·莫里斯的信,1870 年 11 月 25 日。

[76] 威廉·莫里斯致詹妮·莫里斯的信,1870 年 11 月 29 日。

[77] 威廉·莫里斯致詹妮·莫里斯的信,1870 年 12 月。

[78]《威廉·莫里斯作品集》"导言"。

[79] 未署名评论,《旁观者》,1870 年 3 月,页 xliii。

[80] C. S. 刘易斯,《莫里斯、叶芝及其原作》("Morris, Mr. Yeats and the Originals"),未署名评论,《泰晤士报文学增刊》,1937 年 5 月 29 日。

[81]《威廉·莫里斯作品集》第二十四卷,1915 年。

[82] 麦凯尔,《威廉·莫里斯的一生》。

[83] 威廉·莫里斯,《维纳斯之丘》,《人间天堂》第二十四部分,1870 年。

[84] 威廉·莫里斯,《我是如何成为社会主义者的》,《正义》,1894 年 6 月 16 日。

[85] 乔治·沃德尔,《回忆威廉·莫里斯》。

[86] 麦凯尔,《威廉·莫里斯的一生》。

[87] 但丁·加百利·罗塞蒂致洛什小姐的信,1869 年 10 月 8 日,道蒂和沃尔。

[88] 威廉·莫里斯致 A. C. 斯温伯恩的信,1869 年 12 月 21 日。

[89] 乔治·艾略特致约翰·布莱克伍德的信,1868 年 6 月,《乔治·艾略特书信集》,第四卷,纽黑文,1954 年-1955 年。

[90] 威廉·莫里斯致詹妮·莫里斯的信,1870 年 11 月 25 日。

[91] 威廉·莫里斯致路易莎·鲍德温的信,1875 年 3 月 25 日。

[92] 莫里斯的手稿反面页。《维吉尔的〈埃涅阿斯纪〉》(1874-1875),转载于 1956 年 12 月 10 日苏富比拍卖西德尼·科克雷尔爵士藏品目录。

[93] 格雷利·休伊特,《威廉·莫里斯的插图手稿》,在双冠俱乐部会议上发表的论文,1934 年 5 月 2 日。

[94] 普里西拉·约翰斯顿(Priscilla Johnston),《爱德华·约翰斯顿》(Edward Johnston),费伯出版社,1959 年。

[95]《威廉·莫里斯作品集》"导言"。

[96] 关于牛皮纸订单,见威廉·莫里斯致查尔斯·费尔法克斯·默里的信,1874 年 2 月 18 日。

[97] 威廉·莫里斯,《小艺术》演讲,1878 年。

[98] 威廉·莫里斯,《关于中世纪装饰手稿的一些想法》,未完成论文,1894 年。

[99] 威廉·莫里斯,《致北方的缪斯》,诗集手稿,约 1870 年,斯卡拉尔出版社,1980 年。

[100] 《威廉·莫里斯作品集》"导言"。

[101] 同上。

[102] 威廉·莫里斯致查尔斯·费尔法克斯·默里的信,1870 年。

[103] 伊莱恩·奎格利致作者的信,1992 年 4 月。

[104] 威廉·莫里斯致詹妮·莫里斯的信,1870 年 4 月 15 日。

[105] 当代希腊杂志的描述,引自朱莉娅·爱奥尼德斯,美国现代语言协会大会,华盛顿,1989 年 12 月 30 日。

[106] 达夫妮·杜莫里耶编,《年轻的乔治·杜莫里耶,1860–1867 年信件选集》。

[107] 艾玛·冯·宁多夫,引自朱莉娅·爱奥尼德斯,美国现代语言协会大会,华盛顿,1989 年 12 月 30 日。

[108] 《爱德华·伯恩-琼斯回忆录》。

[109] 但丁·加百利·罗塞蒂致詹妮·莫里斯的信,1879 年 10 月 6 日,布赖森。

[110] 威廉·莫里斯致阿格拉娅·科罗尼奥的信,1870 年 4 月 25 日。

[111] 小亚历山大·C. 爱奥尼德斯,《爱奥:祖父的故事》,1927 年。

[112] 威廉·莫里斯致詹妮·莫里斯的信,1870 年 4 月 26 日。

[113] 威廉·莫里斯致詹妮·莫里斯的信,1870 年 12 月 3 日(?)。

[114] 卢克·爱奥尼德斯,《回忆》,1925 年。

[115] 麦凯尔,《威廉·莫里斯的一生》。

[116] 爱德华·伯恩-琼斯,1896 年 10 月 31 日,弗朗西斯·霍纳,《铭记的时光》。

［117］威廉·莫里斯致路易莎·鲍德温的信,1872年6月22日。

［118］苏·穆尼,《莫里斯未完成小说中的自我启示》,《威廉·莫里斯协会期刊》,1992年春。

［119］《蓝皮小说》,约1871年。

［120］同上。

［121］乔治亚娜·伯恩-琼斯致罗莎琳德·霍华德的信,1876年2月13日,霍华德城堡。

［122］威廉·莫里斯致乔治亚娜·伯恩-琼斯的信,1888年3月。

［123］威廉·莫里斯致路易莎·鲍德温的信,1872年6月22日。

［124］佩内洛普·菲茨杰拉德,《蓝皮小说》"导言",1982年。

［125］威廉·莫里斯致伊迪丝·马里恩·斯托里(Edith Marion Story)的信,1871年5月10日。

［126］威廉·莫里斯致查尔斯·福克纳的信,1871年5月17日。

［127］威廉·莫里斯致詹妮·莫里斯的信,1871年7月6日。

［128］爱德华·伯恩-琼斯致乔治·霍华德的信,未标注日期,霍华德城堡。

第九章　冰岛（1871）

　　俯瞰欧洲地图，你会在西北角发现一座比爱尔兰大得多的岛屿，位于北极圈之下。如果乘船去那里，你会发现那是一片景色非凡之地。那里如沙漠般荒芜，一眼望去却浪漫至极：巨大的火山群，现在仍然可能随时喷发泥浆、火山灰和熔岩。据历史记载，十八世纪中期，这里产生了最为壮阔的火山岩浆喷发景象。我想，任何一个前去那里的旅行者都会怀有一种希冀。假如他对其历史一无所知，那么这冷酷而忧郁的美，足以唤起他对历史奇特变迁的追忆。他必然不会失望：因为这就是冰岛。[1]

威廉·莫里斯有过两次冰岛之旅，第一次是 1871 年夏天，第二次是两年后。每次远行，都离开英国约两个月。时间并不长，却对莫里斯产生了非同寻常的影响，不仅满足了他的情感需求，也为他指出了更积极的政治方向。正是在冰岛，莫里斯看到了严酷极限下的生命状态，他为之动容，并在此后十年将之转变为坚定的政治信条："与阶级不平等相比，赤贫之苦只是微不足道的恶。"[2] 这里的荒芜寂寥与英国的景色截然不同，却予人启示的力量。莫里斯的"浪漫沙漠"[3]，永存于其内心。

　　东面的山脊，岩石参差嶙峋，旁边灰败的草地一望无际。
　　黑色的山坡上，斑驳的绿色覆盖着大地。

西面,一座山峰矗立于云海交际之处。[4]

Toothed rocks down the side of the firth on the east guard a weary
    wide lea,
And black slope the hillsides above, striped adown with their
    desolate green:
And a peak rises up on the west from the meeting of cloud and
    of sea.

这些诗句来自他的诗《初见冰岛》。

279

　　莫里斯把妻子和"南方人"罗塞蒂[5]留在了凯尔姆斯科特,毅然决
然动身前往冰岛。他对冰岛萨迦的热情重燃,这实际上是摆脱罗塞蒂和
拉斐尔前派影响的标志。他认为,古挪威文学的直率风格是"对中世纪
冗长文风的一种纠正"。[6]莫里斯与三位同性伙伴前往冰岛的旅行(只
有查尔斯·福克纳一人与罗塞蒂保持着联系,但较为疏远),似乎重现
了"前罗塞蒂时期"畅快的探险经历。七十年代,他去冰岛的首次旅行,
体现出男性之间真挚情谊,让人联想起他在法国北部的那次大学旅行。
　　同行者除了莫里斯在牛津大学时期结交的朋友、忠实的福克纳,还
有他首次冰岛之旅的同伴埃里克·马格努松。他生于冰岛东部,是一位
贫苦牧师的儿子。马格努松是神学家和语言学家,于1862年首次到达
伦敦,负责英国和外国圣经协会监督冰岛语新约圣经的印刷工作。七年
后,韦林顿·泰勒介绍他与莫里斯相识。马格努松回忆起第一次在女王
广场26号走廊与莫里斯会面的情景,莫里斯"肤色红润,体格硬朗,颈部
粗壮,头发蓬乱,衣着朴素,中等身材。他眼睛虽小,却异常敏锐,闪闪发
光"。[7]莫里斯跑到二楼书房,向马格努松喊道:"上楼来!"从那时起,他
们每周会面三次,边学冰岛文,边从事冰岛萨迦的研究。莫里斯沉浸在
冰岛文学的翻译中,而马格努松正是他与原著之间的纽带,两人相互切
磋、深深融入冰岛语的世界。基于共同的热爱,他们成了好友。两人有

着罕见的相似,马格努松同样身形健硕,浓密的头发,话语滔滔不绝,热情洋溢。后来,马格努松成为剑桥大学的冰岛语讲师和大学图书馆副馆长。在马格努松的那间小客厅里,他高唱北方民歌的音量几乎可以掀翻屋顶。他和莫里斯一样不安分,梅·莫里斯描述他"像冰岛人一样,在房间里边走边唱"。[8]在马格努松身上,莫里斯邂逅了一个更博学多才的分身。在冰岛,有时他们被当作一对兄弟,因为莫里斯看起来也像维京人。

280　　　第四名成员 W. H. 埃文斯意外地加入了他们。他是从多塞特郡福德修道院来的军官和绅士,他们此前并不认识。埃文斯在多塞特郡得到了一份佣金,正在计划冰岛之旅。莫里斯认真打量了他,认为他是个"沉默寡言、品行端正的聪明人"[9],就鼓动他加入。正如他对福克纳所说:"他的优势在于有野外旅行经验,带他一起去目的地吧。"埃文斯也会分担费用,这点至关重要。

莫里斯兴致勃勃地计划了冰岛之旅。出发前两个月,他提醒查理·福克纳练习骑马:"按计划,我们需要时常骑马。"[10]而莫里斯自己才开始练习骑马。6月中旬,他对查理说,他买了一张软木床用于露营,并向他哥哥借了马鞍和枪。莫里斯负责准备物资,他起草了一份临时清单,并在上面兴奋地备注,从实用的物品(靴子、营地水壶、盘子、白蜡)到独特的物品(用来夹烟丝的发夹)一应俱全。[11]他提醒自己:"要在外套里多做些口袋",以存放《男孩故事》之类的东西。他贪婪地罗列出营地的食物:船上的饼干、汤方块、威士忌、香肠,以及威斯特伐利亚火腿。莫里斯将亲自担任派对厨师。为此,他在位于富勒姆的伯恩-琼斯家的花园里,独自练习砌砖做烧烤架。[12]像个落难者一样练习炖肉。

他们从国王十字车站出发。那天,马格努松来晚了,还和马车夫吵了一架,这让旅行经验并不丰富的莫里斯感到心烦意乱。乘火车和邮轮去冰岛,远比去巴特埃姆斯更具开拓性,更为劳累,莫里斯裹着营地里用来铺床的大毯子在三等车厢里彻夜未眠。他们破晓时离开约克,旭日初升时抵达达灵顿。那时,耀眼的日出与锻铁厂的火光恰好交相辉映。莫里斯写道,这是"苍穹的一道景观"。[13]此后,他将看到更加恢弘壮阔的冰岛。当莫里斯看到北方的工业景观时,他感到一种无法救赎的沮丧:这里"被煤炭覆盖",城市显得"惨淡而令人消沉"。刚到纽卡斯尔,他便迫切渴望着返回。莫里斯把查理从梦中惊醒,查理回击他;他们在友情的陪伴中消磨旅途的时光,这种男性之间笨拙的打闹,莫里斯觉得是旅途中不可或缺的一部分。随后,他们来到了苏格兰,莫里斯此前从未踏足过那里。特威德河北部郁郁葱葱的景色出乎他的意料,正是他想象中的边境之乡。相比之下,这里的天气与威廉·莫里斯对苏格兰的预期——清冷而料峭——完全契合。"冷灰色的半雾半云笼罩着大地。"

281

自旅行伊始,莫里斯就在献给乔治亚娜的日记里详细记录冰岛之行。此后,他一直保持记录工作日记的习惯,并在 1887 年间,以日记方式叙述了当时的政治活动。然而,我们看到,莫里斯在头脑中始终设想着一位能够与之共情的女读者,而记录日常生活便成了他生活的一部分。这本日记具有即时性,不仅包含了旅行者对过眼云烟般的场景的描述,也堪称莫里斯最好的散文之一。其独特的品质源于背后的潜在文本,展示出他对旅伴的回应。某种意义上,这种回应颠覆了男性友情中那种微妙情感与复杂个人情绪的纠葛。

莫里斯、马格努松和福克纳于周四离开伦敦。但直到周六,他们甚至还没有见到载他们去冰岛的丹麦邮船"戴安娜号"。莫里斯"迫不及待想去探险和骑马"[14],他发现,这段缓慢的北上之旅,令人沮丧到几乎难以置信。他们在火车站闲逛时,爱丁堡上空笼罩着绝望的气息,他们感到"昏昏欲睡",喝着"难以言喻的劣质咖啡",然后乘火车去格兰顿港——"一个相当无聊的地方,小港口周边死气沉沉"。[15]时间充裕,威廉·莫里斯去剪了头发,福克纳怂恿理发师剪得更短。埃文斯从西部乘轮船到达格兰顿。马格努松的妻子西里聚尔也前往雷克雅未克与亲戚相约,并中途出现在格兰顿码头那家冷清的大酒店吃早餐。阴雨绵绵,狂风肆虐的日子里,充斥着相聚与离别。莫里斯渐渐被幽闭的恐惧与宿命的沉重所笼罩,仿佛他的旅程已在**此刻**悄然画上句点。

终于看到"戴安娜号"驶近格兰顿港,马格努松的姐夫大声欢呼。

莫里斯和福克纳如同获释一般跑出酒店,奔向码头,去看那艘又长又低的三桅船——它曾经是挂着丹麦国旗的炮艇。莫里斯、马格努松和福克纳乘小船登上了"戴安娜号"。莫里斯激动得想给温和的胖管家五先令小费,但这是一种失礼行为,他的慷慨被拒绝了。他坐下来,赶快给母亲写一封告别信。航海的视野完全改变了他的心境。他半夜登上甲板,天气寒冷而明亮,一轮红月从海湾冉冉升起。莫里斯在日记中写道:"我感到愉悦而兴奋,好像一切皆有可能,很高兴能有这样的时刻。所以,该睡了!"[16]

　　这次旅行是否明智,伯恩-琼斯很是怀疑。他生性对北欧没太大好感。他能洞察到,去冰岛的想法激发了莫里斯潜在的受虐倾向。他已预感到即将到来的分离——他变得愈加世俗,莫里斯则恰恰相反。他在给乔治·霍华德的信中写道:"莫里斯已离开,直到出发前的最后一刻还在四处宣扬这好消息——他的高涨热情在船上得到检验,我很高兴地听说这艘船的名字叫'戴安娜'。"[17]这些话读起来就像是兄弟的墓志铭。7月9日,星期日,"戴安娜号"驶出格兰顿港,沿福斯湾向外行驶——甲板正被清洁擦洗,莫里斯神采奕奕。那天早晨,阳光明媚。他享用了丰盛的早餐,早餐有牛排、洋葱、烟熏三文鱼、挪威凤尾鱼、煮鸡蛋、冷肉、奶酪、萝卜和黄油。他们每天要为食物付费三先令九便士,他们可以还价,莫里斯解释道,因为每人都得付钱,而晕船的人不会一直进食。

　　"我们很快就顺利出海,沿着苏格兰海岸向北行驶。海岸单调乏味,海面也并不辽阔,海风灌向船尾。白天阳光明媚,我感到心情还不错——尽管旅行刚开始时有点不适应。"[18]航行途中,福克纳就已晕船,且晕得七荤八素。莫里斯说,他躺在舵旁边的平台上,一动不动。莫里斯也晕船,但只是间歇性的,没严重到停止一切活动的程度。严重的时候,他会到船舱里躺下。晕船时会走出来透透风,四处看看。船上生活的规律和仪式,就像车间里的节奏一样让他着迷。他观察水手们怎样每两个小时进行一次"抛木"以及抛绳计速。他们绕绳时,会唱一首好听

283

的简短的船员曲,莫里斯称之为"不调之音"。唱歌时,由舵手一声令下。舵手是"一个古怪的小个子男人,长着红胡须,红鼻子像胡萝卜,亮黄色的头发像玻璃丝"。

当他们航行在奥克尼群岛和设得兰群岛之间时,遇到了大西洋汹涌的波涛。莫里斯踉踉跄跄地登上甲板,看到船两边竖起高大的水墙,绿白相间,闪闪发亮。大自然的海沸山摇之势使他感到自己的渺小,他只是个不起眼的伦敦人:"一切都很刺激,也很诡异。"[19]接近冰岛东部的火山岛法罗群岛时,他第一次真正感受到北欧大地的灰暗低沉。这对他来说简直是前所未见:"不得不说,在那个阴沉寒冷的清晨,第一次看见真正的北方土地,我大受震撼。"[20]莫里斯,这位职业调色师,举目所及尽是灰色:灰水、灰云、灰礁以及层层灰草。

斯特雷莫伊岛的小镇托尔斯港,遍布着温馨宜人的绿色屋顶。当他们在那里抛锚时,旅行者如释重负,神清气爽。港内有三家渔船,升起了英国国旗,向飘扬的戴安娜旗致敬。渔船来自格里姆斯比,目的地同样也是冰岛。还有一些船只从岸边驶来,向"戴安娜号"上的远方客人致意。在"戴安娜号"的"甲板上,很多人热烈地拥吻"。这些船中,最令人印象深刻的是托尔斯港总督的船。船身两边各有八支桨,由一群人来划。莫里斯形容这些人是"怪模怪样的大老粗,当他们的船触到我们的船侧时,他们姿态各异地扔掉他们的法罗式帽子,以示友好"。除了帽子,他们还穿着长筒袜以及膝处宽松的马裤,上衣前襟有纽扣,像"骑士的齐膝紧身外衣"一样。这些上了年纪的人,外套敞开,衣着随便。莫里斯写道:"船头和船尾都建得很高,龙骨向上延伸,在两端形成装饰。自萨迦时代以来,样子丝毫未变。"这正是莫里斯在他晚年小说中所描写的那种画面,风景如画,诡谲怪诞。

托尔斯港散发着鱼腥味。各种各样的鱼——从鱼的内脏到取出内脏的鱼,或随处一堆,或挂在绳上晾晒。莫里斯和同伴们带着成包的三明治,前往法罗群岛开始一天的短途旅行。他们在城里逛了一圈,但除了物美价廉的丹麦樱桃白兰地,其他一无所获。莫里斯注意到托尔斯港的女人"不美,但也不吓人"。男人则穿着皮鞋,绑带整齐地系在脚踝上。他在本地人黝黑的脸上觉察到一种奇异的忧伤。这是岛上居民特有的神情——机智勇敢但冷漠隔绝。托尔斯港简单平凡,松弛自在,这让他再次想起童年的荷兰玩具城。而城外那墨黑的深山幽岭,则让他想起在坎伯兰走过的山谷。身在法罗群岛的莫里斯,又运用了一贯做法——用已知之事来描述陌生之地。时值盛夏,赤日炎炎,莫里斯徜徉于斯特雷莫伊的草地,在自然小径上采摘花朵:金凤花、仙翁花、三叶草、百里香和"一种美丽的蓝色蜜草"。他发现,即便是他熟悉的植物,也长得与其他任何地方都不同,他分外诧异。就像在冰岛上经常发生的那样,他寻找着贴切的词语来表达这如堕梦里的感悟:"在此,有无法言说的天地大美。"

那里,竟没有海滩。但对熟悉绍斯沃尔德或黑斯廷斯海岸的英国人

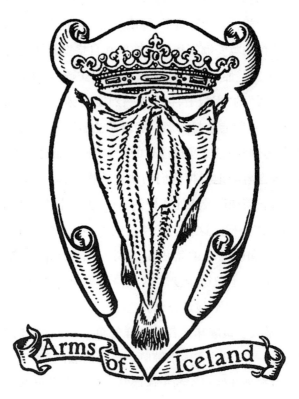

22. 奇幻的冰岛纹章木刻,收录于梅·莫里斯版的《威廉·莫里斯作品集》

来说,这里的奇特之处在于,所有岛屿,无论是崖石矗立,还是礁石横卧,皆削壁入海。这里的建筑和法罗群岛的地貌浑然天成,耸现于岩墙之上。莫里斯偶然发现了一座中世纪石砌教堂的废墟,隐于海崖峭壁的怀抱之中。即便花红草绿、风和日丽,也难掩教堂的荒凉凋敝。带他们游览岛屿的长着"苍白长鼻子"的牧师认为,教堂的建造年代要追溯至宗教改革时期。莫里斯对此争辩说,教堂建造显然不晚于 1340 年——在法罗群岛,莫里斯只能算是一个粗糙的鉴赏家。随后,他们来到了附近农舍。室内装修简朴自然,墙壁、天花板和地板都由粗糙原始、未经加工的松木制成。客厅里摆放着"奇特的上漆老旧压印机和箱柜"。农夫带着他的两个孩子过来迎接他们——用莫里斯已经习惯了的北欧式的"要么接受要么离开"的待客方式。冰岛之行后,莫里斯也学会了这种方式。他们喝着"不限量牛奶",在农舍上面的山坡野餐。莫里斯画了一张农舍和周边景色的素描。后来,又觉作品"稚拙"而丢弃。这四个人,曾挤在一间狭小的船舱,现在他们感觉终于来到了广阔天地。他们像孩子一样在丰美的草地上打滚,享受着简单纯粹的快乐。

285

　　然而,莫里斯仍然牵挂着冰岛,当启航号在晚餐后响起,他长舒了一口气,如释重负。傍晚,海面风平浪静。他们在怪石嶙峋的岛间穿行,将法罗群岛的自然景观尽收眼底。他们穿过狭窄的韦斯特曼纳海峡,透过裂石,窥见了海洋的宽广辽阔。他们又经过名为韦斯特曼纳的岩石小镇,据说那里水深十英寻,一直到海岸。

　　　之后,我们驶向通往大西洋的门户;我们离它相当近,门户看起来特别窄,几乎要碰到船尖。我看到,身边不远处有一家庄园,宅地一直伸到大海。人们跑出来看我们,黑牛在山坡上吃草。然后,我刚转过头,就看见船已滑入一望无际的大海,迎来了第一波汹涌的浪涛。再回头去看,仅仅几分钟,大海的门户、平缓的草坡、延伸入海的山谷,就全部消失在视野中。只见周身山崖险峻、岩礁棋布,云朵丝丝缕缕、如棉如絮。这边,岩壁从上至下被劈成两半,断岩对

峙,像因惊恐而张开的大嘴,惧怕即将到来的粉身碎骨。那边,险峰
兀立,奇峰叠石,石峰下没有沙滩,也没有海浪的泡沫。现在已是午
夜时分,天色灰蒙,无影无色。但在清新的空气中,还是有充足的光
线,让人看清礁岩的每处嵯峨。东北方的灰色天际,随黎明而渐亮。
我站在船尾附近,向后看了很久,直到海岸线变得又长又平——要
知道,我们刚驶出海面时,它还是巨大的月牙形。[21]

几天后,他把离开法罗群岛的经历,富有感情地叙述给詹妮。对他
来说,这是他所见过的最难忘的景象,充满了威廉·莫里斯深信不疑的
极致体验与奇异元素。他告诉詹妮,自己见到了那些"连梦中都难以触
及的神奇画面"。[22]

他也写信给"小可爱们",跟她们说,在接下来的一天下午,"戴安娜
号"被大西洋上的海豚追逐。一大群海豚,跟在船后轻盈跳跃。它们从
水里跃出,欢快舞动,看起来就像"抹了油的猪"。[23]

7月13日凌晨三点,莫里斯终于见到了冰岛。马格努松把他从梦
中唤醒。莫里斯正梦见伯恩-琼斯在富勒姆的格兰奇。这个奇幻梦想家
的领地,被挪移到了南肯辛顿的女王门。莫里斯抖擞精神,挤上甲板,冰
岛东南角的帕佩小岛映入眼帘。在成为挪威殖民地之前,那里曾住着爱
尔兰僧侣。那是一个"暗棕色、参差起伏的岩岛"[24],周围有小岛环绕。
越过这座岛,便是广袤的大陆。"海岸的景象令人胆战心惊:深灰色的
山脉,有的形似金字塔,有的宛如井架,仿佛历经了建造与摧毁的沧桑巨
变。"他下意识地敬畏、不安和警醒——自己究竟要去做什么呢? 内心
深处,恐惧与希冀如同两股力量相互拉扯,而这种复杂的心境,也在诗歌
《初见冰岛》中映现:

众人远游,所为何求?
此心拳拳,此意绸缪。

荒外茫渺,可解烦忧?

冥冥山峦,寂寂无酬。

冽冽长风,滔滔未休。

浮云游子,缘何远投?

天寒地厚,暗火温留。

衰草悲吟,溪声咽流。

千古奇传,梦向北陬。[25]

Ah! what came we forth to see that our hearts are so hot with
    desire?

Is it enough for our rest, the sight of this desolate strand,

And the mountain-waste voiceless as death but for winds that may
    sleep not nor tire?

Why do we long to wend forth through the length and breadth of a
    land,

Dreadful with grinding of ice, and record of scarce hidden fire,

But that there 'mid the grey grassy dales sore scarred by the
    ruining streams

Lives the tale of the Northland of old and the undying glory of
    dreams?

  冰岛的天气变化速度惊人,灰蒙蒙的天空瞬间变得末日般绚烂。有一天,船正沿着冰岛南部海岸航行。莫里斯感到自己看到"世界尽头从海中升起"。[26]起初,只是一个暴风雨的清晨,天色昏暗,漆黑一片,几乎遮蔽了所有光线。很快,天色转好。当他们离开都皮沃古尔驿站时,陆地现出一道蓝色天际。半阴半晴的天空下,远处暗灰色的山脉被染成了靛青色。此时,"戴安娜号"已驶过两大冰川——瓦特纳冰川("约等于约克郡大小的冰原"[27])以及厄赖法耶屈德尔冰川(被冰雪覆盖的黑岩火山群,也是冰岛的最高山)。经过几个小时海雾中的航行,已经看不见陆地了。就在这时,云开雾散,雨过天晴。莫里斯首次邂逅冰岛日落。

287

"这是无与伦比的日落,一半嫣红一半湛绿,美得如此惊心动魄!"显然,落日余晖是从埃亚菲亚德拉冰川那里洒落出来的。大约十点,太阳完全沉入地平线。在金色天际的映衬下,山川的剪影显得格外寂寥而清冷。

莫里斯痴迷地伫立在甲板上,他现在可以看到韦斯特曼纳群岛了。船越来越靠近,群岛看起来就像"海上城堡的断壁残垣"。凌晨一点,"戴安娜号"抵达又一个驿站,信号枪示意人们可以去邮寄信件。莫里斯很同情那七个朋友——他们穿上"胡桃壳",跑出去取了五封信,并接上一名同行者:利亚·马格努松。又是"恍如梦寐"的一天,莫里斯感到困倦。但他经过桥头,向北望去,看到深红色的光源扩散在橙色的天空——"那就是曙光"。

7月14日,"戴安娜号"抵达雷克雅未克。这天,天气晴朗,寒气袭人。港口正在举行欢迎仪式:小船出海迎接邮船的入港。岸上商店的旗杆和停泊在港口的船只的桅杆,彩旗飘飘,迎风招展。这里的舰队,不仅有丹麦海军通用的双桅帆船和单桅帆船,还有法国双桅帆船和一艘炮艇。舰队驻扎在冰岛,以保护在此进行深海捕鱼的四百艘法国渔船的利益和安危。(很快,英国接管此地:在二十世纪五十年代和七十年代所谓的鳕鱼战争中,莫里斯一定会同情冰岛人。)

当他们驶入港口,莫里斯开始专注于观赏城镇景观。但早期来到这里的英国游客,却对此兴致索然。1856年,达弗林勋爵评论雷克雅未克是个"那不过是个由木棚屋组成的村落,清一色的平房。新旧墙面杂乱堆叠,随意混搭在一起。木棚沿着海滩的熔岩搭建起来,街区的两端则零星分布着乡下常见的草屋"。[28]萨宾·巴林-古尔德1863年的表述描述更为直白而不留情面:"这里只有两条街,甚至都不配被称作'街'。"[29]他说,雷克雅未克是个让人不忍直视的小镇,坐落在山海之间那片满是污秽的绿坡之上。"房屋破败,屋顶和墙壁泛着发霉的绿。整个小镇都好像是在海底沉了很久才被打捞出来一样。"

但莫里斯对雷克雅未克的印象就温和得多,在他看来,这是个"不太有吸引力的地方,但也不太糟糕,比英格兰北部的小镇要好"。[30] 他之所以能持如此温和的观点,主要是出于个人立场——他顺理成章地支持该岛反对丹麦统治的独立解放运动。在他短暂停留期间,马格努松把莫里斯引荐给雷克雅未克的民族主义领袖——冰岛议会主席约恩·西古尔松。他们用冰岛语长久而深入地交谈。莫里斯对约恩·西古尔松产生了深厚的好感,认为他是一位多才多艺的冰岛人、知识分子、政治家、萨迦翻译者,以及"一位羞涩、善良、有学者风度的人"。

莫里斯对雷克雅未克的态度,从忍耐发展到喜爱,这也是他真情投入的表现。莫里斯期待雷克雅未克开启意义非凡的旅程。他细细品味着这座小镇的特质,描述着那些有着沥青涂漆和白色窗棂的低矮木屋、黑色火山沙石铺就的街道以及简陋拙朴的小花园——冰岛人在里面种植土豆、卷心菜和粗壮的当归茎,以自给自足。两年后,他在日记中补写:

> 主啊!那一小排木屋,那长满当归的花园,都深深印在我心里!

马格努松安排莫里斯和福克纳住在他嫂子家。她给了他们一个"非常干净的房间"——那是一个标准的雷克雅未克小木屋,离大路不远,有一个种着土豆和当归的花园,屋后是干草地。他们舒服地睡在地毯上,早上起来吃鱼和熏羊肉。他们在雷克雅未克休整了四天,为旅行做最后的准备——购买奶酪、樱桃白兰地、手套和针织水手衫,以及安排现金用度。仔细商量后,他们用帆布包带上了一千美元。他们首次购买了小马——雷克雅未克镇到处都是矮小健壮、反应敏捷的冰岛小马。莫里斯写道:"这些小马真是欢乐的小家伙,看起来好像会说话。"[31] 他们一开始买了十六匹,打算途中再增加到三十匹。莫里斯对真正的骑行感到些许紧张。一旦上马,他发现这简直轻而易举:"当这小牲口驮上我悠哉地漫步街道,我所有的恐惧和疑虑都烟消云散了。"[32] 这便是那匹叫"老鼠"的小马,在旅程的终点,莫里斯把它带回了凯尔姆斯科特的家。

最后一刻,出现了一个小意外。有一个从英国寄来的包裹,他们发

289

现里面并不是从干草市贸商店订购的博洛尼亚香肠,而是叫作"花香"的四盒专利漱口水。这几个英国人面面相觑,不晓得是自己喝多了酒,还是在做梦。他们在干草地上笑得前仰后合,堆干草的人靠在耙子上惊愕地看着他们。

天气变幻莫测。莫里斯坐立不安,忧心忡忡。周一离开前,他们去拜访了总督。总督用法语和莫里斯礼貌交谈,而莫里斯则用夹杂着冰岛语的法语结结巴巴地回应。下午三点左右,他们准备出发了。骑乘马被牵至门口,驮货马已在路边等待。马格努松把防水布绑在莫里斯的马鞍上,莫里斯在上面系上锡盘,自己登上了马鞍。马格努松的几位亲戚和一位年轻女性朋友为他们送别,这一队人马延绵蜿蜒,离开了雷克雅未克。莫里斯的视线越过小马"奇特的浅色鬃毛",满心欢喜地环顾着街道。他注视着港口,"戴安娜号"还停留在那里。

出发前,莫里斯写了几封信。一封写给母亲,一封写给詹妮。他向詹妮交代,一定要快乐。他给女儿们写道:"我希望你们能照顾好妈妈,在凯尔姆斯科特开心快乐。我可以告诉你们,这里不太像冰岛。"[33] 他寄去吻和爱,随信附上的还有清晨在田野采来的野百里香。

莫里斯并不是到达冰岛的英国第一人。早在十八世纪,旅行者就对这里独特的地貌景观产生科学探索欲,并且如痴如醉地迷恋着这哥特式的旖旎风光。雷克雅未克博物馆,收藏了英国艺术家兼探险者的一小部分水彩画:有的画表现克里苏维克火山神秘爆发,喷射出硫黄,画中的前景人物渺不足道,宛如涓埃之微。有的画表现海克拉火山喷出岩浆,以及"新盖歇尔间歇泉,冰岛的热温泉,水柱高达一百三十英尺"。十九世纪,冰岛开始吸引另一种旅行者,他们更为强健,更有男子气概。达弗林勋爵的《来自高纬度的信件》,轻松和悦地叙述了他在内陆地区的探险,成为当时的畅销书。紧随其后的是其他大受欢迎的游记——这些探险达人把冰岛当成顶级冒险乐园,他们观察并射杀鸟类,攀登无人企及的高山,探寻杳无人迹的处女地。

这正是 W. H. 埃文斯环游冰岛的初衷。对莫里斯来说,他是一个与自己并无交集的伙伴。莫里斯对冰岛的兴趣要更深沉更强烈。无疑,他是踏上冰岛的深谙冰岛语言和冰岛文学的英国第一人——他对冰岛萨迦耳熟能详。冰岛家家户户,口口相传着约十世纪和十一世纪的冰岛英雄人物的故事,这是在农舍里度过漫漫长夜时的最好消遣。自十三世纪,这些故事被汇编成书。莫里斯将之看作为民间艺术的瑰宝:口头史诗——通俗文学的最高境界。

"自从我和威廉·莫里斯一起研究冰岛文学起,印象尤为深刻的是:他不是以一种外国人的孜孜不倦,而是以异常清醒的冰岛本土人的直觉,进入冰岛文学的精神世界。"[34]莫里斯的禀赋让埃里克·马格努松惊叹。起身去冰岛时,他和马格努松已经完成了《贡劳格萨迦》《格雷蒂萨迦》《拉克斯达拉萨迦》等诗文翻译,以及诗体《埃达》中的一些诗歌翻译。同是 4 月,在他们出发前的几个星期,《埃里居民萨迦》译稿完成。他们的散文译本《沃尔松格萨迦》,又名《沃尔松格家族与尼伯龙根家族的故事》,已由 F. S. 埃利斯在前一年出版。莫里斯认为"这个故事光焰万丈"[35],其深刻的寓意、跌宕起伏的情节和丰富的情感,简直无可比拟。当莫里斯踏上冰岛的土地时,他已是口若悬河的沃尔松格史诗宣扬者了:"这是北方的伟大故事,它之于全人类的重要价值,应该像特洛伊传奇之于希腊。"[36]

为什么莫里斯如此喜爱萨迦?首要原因在于,其中的故事的确引人入胜。莫里斯很容易被故事吸引——在他还是孩童时,人们就注意到了这一点。在他们开始翻译"佞舌贡劳格"时,马格努松建议,他们应该从语法开始工作。但莫里斯置若罔闻:"不,我讨厌语法。我没有时间学语法,你就是我的语法。我渴望文学,离不开故事,我要给自己找点乐子。"[37]他如饥似渴地沉浸在这个故事中。马格努松称他是"语言的饕餮",据称莫里斯三个月内就掌握了冰岛语,并达到了"惊人的精通程度"。他们磨合出来的方法是,先共同阅读故事,让莫里斯得其精髓。马格努松回家后将之直译,莫里斯再以译稿为基础创作他自己的北欧自

291

由体风格——他认为这种风格才能体现真正的萨迦精神。单刀直入,鼓舞人心,但并不尽如人意。语言纯正主义者称之为"华都街"(Wardour Street)式译法。

在利兹市布拉泽顿图书馆的一份手稿中,可以看到莫里斯和马格努松的工作印迹。马格努松《圣奥拉夫的故事》的直译本,由他的图书管理员工整抄写。在上面,莫里斯以龙飞凤舞的笔迹作出注解和修改。莫里斯所用的语言,更清晰,更戏剧化,且更古旧。他用"bade(发号布令)"代替"ordered(命令)",用"befell(降临)"或"betid(从天而降)"代替"happened(发生)",用"mickle(甚多)"代替"great(很多)"。"现在很清楚,你愿意彻底遵守我的命令"('Tis clear enow that thou art minded to have clean done with orders from me),在莫里斯更简洁诗意的版本中,变成了"雷令风行,决不待时"('Tis clear enow that thou art minded to wash thine hands of all my bidding)。他们经常发明新词汇,正如马格努松所言:"我们翻译出来的方言并不是标准的英语,但这种翻译方式有利于通达古语思想。"[38] "Leiðtogi",向导,被译为"引路人"。"load-tugger","引"有"指引"之意,如"启明星""指南石"。"togi",意为"牵拽"。"引路人"的引申意,来自用绳子来引路的人。翻译是一种文字游戏,一种英语-冰岛语的拼字游戏,这个过程常会让两人开怀大笑。经过多年经验的累积,创造合成词已经成为莫里斯的第二本能。他的冰岛古语也成了他晚年创作童话故事的奇妙语言。

这些冰岛萨迦以其简洁直白的风格深深打动了莫里斯,他对此深有共鸣。语言的凝练反映出情感的节制,就像在《沃尔松格萨迦》中,西古尔德和布林希尔德经历离别:"无有期待,无有遗憾,无有赘言,无有不安。没有任何温情的言语,但柔情尽在不言之中。"[39]莫里斯将自己视作一位准萨迦人物。马格努松并不是最会察言观色的同伴,但他依然很早就注意到,当他们读到勇者的大无畏精神和坚定不移的使命感时,莫里斯眼中充满了钦佩和赞许。"事实上,"马格努松写道,"他自己的活力,略带几分强势的思维,在每一页上他都发现了回响。"[40]斯托福德·

布鲁克的评论就有失敬意了："一旦有人谈论冰岛,莫里斯就会抓住不放,就像缠在橡树上的常春藤一样。几个小时里,除了交谈什么也不能做。这实在太可怕了,他看起来就像斯诺里·斯蒂德吕松本尊。"[41]

莫里斯将冰岛之行视为朝圣之旅。他对萨迦发生地的追访,串联起了旅行路线。在"戴安娜号"靠近冰岛时,他第一次亲见文学作品中的地标,如斯维纳山冰川的灰色峰峦("燃者弗洛西就住在山下")和《尼雅尔萨迦》中位于伯格桑萨的尼雅尔家对面的岛屿,都让他兴奋不已。旅行的第一天,他们向东来到尼雅尔村。在这片景色中,诞生了冰岛最著名的家族萨迦。这是关于住在赫利扎伦迪的居纳尔·哈蒙达森的长篇故事。他是一名勇士,却娶了道德败坏的哈尔兰特。她挑起的仇恨争斗,不仅把丈夫推向背水之战,让他命染黄沙,还使居纳尔的朋友尼雅尔也受到牵连。尼雅尔,这位平和的律师,智慧的长者,被烧死在自己家里。《尼雅尔萨迦》是第一部被译成英文的冰岛传奇。1861 年,乔治·韦伯·达森特的译本出版后不久,莫里斯就一睹为快。但当他读过原文,便觉得译文"索然无味"。[42]他觉得,萨迦所蕴含的冰岛斯多葛式的崇高与悲壮,在达森特那里体现得并不充分。莫里斯将萨迦所弘扬的男性友谊奉为楷模:"在《火燃尼雅尔》这部感人之作中,居纳尔和尼雅尔这两个朋友之间的往来,体现出在动荡乱世中最为珍贵的男子气概与深厚情谊。"[43]这样的话,也适用于莫里斯和罗塞蒂或伯恩-琼斯吗?

第一天的旅行使他筋疲力尽。梅·莫里斯提到,那时,她父亲已经习惯了久坐不动,在马鞍上一坐就是六个小时,这种体验前所未有。莫里斯跟在冰岛向导艾温德尔和吉斯利后面,紧张兮兮,踉踉跄跄。他说艾温德尔是"一个长相奇特、黑眼睛、黑色直发,古铜色皮肤,像吉卜赛人"[44];相比之下,吉斯利个子不高,和蔼可亲,乐于助人,但他非常爱偷懒,浅色头发,蓝眼睛。此外,冰岛恐怖狰狞的景色也让莫里斯感到毛骨悚然。"我们途经之地,是我见过的最为诡异阴森的村落。"他写下第一晚的情景:"起初,大地一片荒凉,沙堆遍地。"但走出熔岩地外,他们找

293 到了能够露营的好地方：一处环绕着清澈溪流的柔软草地。夜晚虽寒冷，但清透明亮。午夜时分还可以阅读。莫里斯注意到冰岛光线的奇特性，光线清晰明亮，却没有投射出任何影像，这与日光截然不同。搭建帐篷时，他和埃文斯出去打金斑鸻，埃文斯热情高涨，莫里斯却则显得心不在焉。站在山坡上，他不断回头望向营地和那刚刚升起的袅袅炊烟。

莫里斯夜不成寐，金斑鸻啁啾乱叫，小马在身边吧唧吧唧地嚼草，帆布帐篷在起风的夜晚噼啪作响。幸亏马格努松和福克纳生好了火，莫里斯用煎锅烹饪两只鸻和培根，心情才慢慢好起来。他得意地把早餐带给帐篷里的其他人。然后，他跑到山上去散步赏花，看到在丰草之间的小洼地里，紫色的天竺葵长得如此繁茂。晚些时候，他们在海边骑马，他又惊诧地看到"无尽的黑色积沙上，每间隔几处，都被撒上一簇簇海石竹和白玉草，就像波斯地毯一样"。[45]二十世纪三十年代，W. H. 奥登和路易斯·麦克尼斯在冰岛旅行时仅看到了"石头，数不尽的石头，全部的石头"[46]，而莫里斯却发现了鲜花。或者说，独具慧眼的是，他惊觉在这片原本贫瘠的石头地上依然有鲜花盛开。他以最浪漫的感知，将这一幕与冰岛民族的生存本能联系起来。

他在冰岛总是丢三落四。第二天，他就把拴在马鞍上的小锡盘的带子弄丢了（"它发出清脆的叮当声"[47]）。而后，他又丢了锡盘，因为他用了一根没拴牢的绳子。几个小时后，他粗心地把拖鞋塞进防水袋，却掉了其中一只。第二天早上，一个好心的冰岛人把它捡到归还给了他，小心翼翼地将之放在他住处的门柱上，结果终于皆大欢喜。在冰岛，他又本色出演了呆头呆脑的以往角色。在他的日记和信件中，他有意将自己渲染得滑稽可笑。在埃拉巴基度过的第二个夜晚，他说自己"躺在一张绝对纯洁的床上——当然也是北方特色。羽毛褥子在下面，羽毛被子在上面"。莫里斯被埋在了羽绒被褥中。奇怪的是，莫里斯经常把自己想象成爱德华·伯恩-琼斯笔下的漫画人物。

此刻，他们正沿着冰岛南部海岸向东航行。从埃拉巴基，他们可以

294 看到英戈尔夫山——一座"巨大胸形山"。[48]顺着中间的山脊，还可以看

23. 《冰岛马背上的威廉·莫里斯》, 爱德华·伯恩-琼斯的漫画

到英戈尔夫·阿尼桑纪念碑——他是874年登陆冰岛的第一位移民。再远一点,可以清楚地看到海克拉火山,这是一座活火山,火山锥周围永远是燃烧后的赤红之色。十八世纪时,海克拉是詹姆斯·汤姆森的诗歌《冬季》的描写对象:"海克拉,茫茫积雪中的炎炎烈焰。"[49]再往东,离这里不远处,是一座叫作"三角"的山。在莫里斯看来,它就像一座带有耳堂的巨型教堂。旅行时,他乐于将所见风景类比成哥特式建筑——果然是G.E.斯特里特曾经的学生。在他的眼中,那些岩石幻化成了城墙与壁垒,宛如废弃的街道、毁坏的教堂一般。有一处陡峭的山坡,其模样让他不由自主地联想到法国城堡的顶部。而当他在旅途中邂逅另一座岩石时,心中不禁惊叹,这不正是"罗马圣天使堡"嘛?[50]

　　莫里斯对冰岛期望过高,难免会气馁。在埃拉巴基,早餐后,他溜达到住处的小后院,看到一群鸡在地上东挖西刨,便心生郁闷:"心里有种心灰意冷般的、说不清道不明的感觉。或许,这就是世界本来的模样。"但是当他骑到小马上,情绪又立刻高涨起来。他们列队出发,时而走在

295

沙地上,时而走在硬草地上。莫里斯对海边骑行的描述,则难掩欣喜:

> 海滩上,怪石耸立。长长的海浪涌起,撞击到礁石上,浪花激
> 溅。但海滩面向大海,依然平静如初:今天早上,我们确实高兴坏
> 了,这是我们在冰岛最快乐的时刻。就在这片完美得宛如梦幻之境
> 的场地之上,足足二十多个人聚在一起,纵马驰骋,谈笑风生。

他们在某处停下,在路边一间奇怪的小屋里买了些牛奶,然后下马横渡肖尔索河。他们把行李塞进摆渡船,小马被**大批**赶到河里,"它们紧挨着游向码头,发出粗重的喘息声和喧嚣的溅水声"。莫里斯留意到,这条河并不比伦敦桥下的泰晤士河宽。

第四天,他们骑马穿过一片死寂的沼泽地,那是进入尼雅尔村的必经之地。莫里斯辨认出那里有三个草丘,"呈帽贝状"[51],从绿草地上隆起。这就是伯格桑萨——莫里斯不辞辛劳地将实地与萨迦故迹联系起来。这就是弗洛西山谷——在弗洛西和"纵火者"百余人火烧尼雅尔之前,他们曾在这里拴马。那里有条沟渠,卡里·索尔蒙达松一身是火,从房子里跳进这里,把自己浸在水中。旁边就是他躺下修复身体的斜坡。引领参观的农夫说,就在最近,他们为建新厅而开挖地基时,发现了深埋地下的一层骨灰。

在《尼雅尔萨迦》中,莫里斯最喜欢的一段是,居纳尔在墓里翻身而起,在月光下唱了一首歌。这是典型的冰岛萨迦风格——既质朴又离奇。在赫利扎伦迪,莫里斯考察了居纳尔之冢,它坐落在居纳尔厅遗址上方的山坡上。夜晚时,他们到达那里,躺在冢边的草地上,休息、凝神,静静观望。而后又继续登山,追寻着更好的景色。晚上十一点左右,他们下山返回,又经过了居纳尔之冢。这时,一弯新月在西边升起,夜空虽然无云,月色依旧朦胧。在赫利扎伦迪,依然可以看到,这片别致而阴郁的风景是那样吻合莫里斯的心境,那样让他欲罢不能。《利森德屋上的居纳尔之冢》一诗收录于他的诗集《途中诗》:

诸位飘洋渡海而来，
瞻仰灰地脚步轻迈。
谁家旧地曾埋故骸？
哪处残墙惊起阴霭？

颓墟之上佳景鲜彩，
死亡痕迹隐匿难猜。
世界须臾变迁似海，
唯君静卧岁月尘埃。

他乃昔日古纳尔在，
曾为割草人群中材。
长眠之地生机澎湃，
泥土芬芳惹人感怀。

倘若世人敬意难再，
英名怎可史册长载？
推开那座灰坟幽宅，
苦痛怨尤皆化烟霭。

高揖相贺笑对尘海，
英雄易铸颂者伤哀。
战歌高奏不败风采，
喜乐永恒前愆尽改。

回首往昔心盈畅快，
万物焕彩其乐悠哉。
九百年守凝望未怠，
记忆永恒深情难改。[52]

Ye who have come o'er the sea to behold this grey minster of lands,
Whose floor is the tomb of time past, and whose walls by the toil of
    dead hands
Show pictures amidst of the ruin of deeds that have overpast death,
Stay by this tomb in a tomb to ask of who lieth beneath.

Ah! the world changeth too soon, that ye stand there with unbated
    breath,
As I name him that Gunnar of old, who erst in the haymaking tide
Felt all the land fragrant and fresh, as amidst of the edges he died.
Too swiftly fame fadeth away, if ye tremble not lest once again
The grey mound should open and show him glad-eyed without
    grudging or pain.
Little labour methinks to behold him but the tale-teller laboured in
    vain.

Little labour for ears that may hearken to hear his death-
    conquering song,
Till the heart swells to think of the gladness undying that overcame
    wrong.
O young is the world yet, meseemeth, and the hope of it
    flourishing green,
When the words of a man unremembered so bridge all the days that
    have been.
As we look round about on the land that these nine hundred years
    he hath seen.

在伯格桑萨,莫里斯首次来到原住居民家。旅途中,他就已经注意到这些草皮围墙的冰岛农民传统住宅:小巧的单层房屋挤在山坡上,就像小小的飞机库。隆起的屋顶上覆盖着一层鲜花盛开的草毯。有时,几栋房子联排建造,以通道相连,外墙糊泥以御风。莫里斯很喜爱亲近这样的房子,尤其愿意沿着两边都是草皮墙的小巷行走,这让他感到舒适自在。

巷里的小路与房屋一样,鲜花盛开、绿草如茵,予人一种安全的包裹感。

　　然而,他还是带着几分担忧走进了一处小屋。冰岛原住居民的房子黑暗且狭促。门很低,即使对身高只有五英尺六英寸、相对矮小的莫里斯来说,通过也有风险。客厅房间方正,通常为松木镶板,室内只摆放一张桌子和一把椅子。这里很少能看到床,只有一架梯子通向阁楼(badstofa),即通常意义上的卧室和起居室。莫里斯开始爱上这些房子了。事实上,他力图把这些建筑作品作为明证:美要同时兼顾功能性和装饰性。追随莫里斯在冰岛的足迹,会惊奇地发现,简化主义美学在他心中的地位历久弥坚。纺织活动是乡村经济自给自足的重要组成部分。在冰岛居民的房子里,莫里斯注意到,织布机从来不会被丢到外屋,而是被视为家具。几年后,莫里斯也会在自己的卧室里预备一台织布机,在黎明时分便起身织布。

　　在赫利扎伦迪营地,莫里斯第一次下厨,准备了一顿丰盛晚宴。莫里斯一直对烹饪很感兴趣(理论上),他认为烹饪也是一门手艺,且意义非常,不能作为女人的专属。莫里斯有时声称,女性对衣物和烹饪一无所知:"她们其实不明所以。"[53] 莫里斯的料理摊可是相当专业的:

　　　　我很耐心,也很大胆,结果连自己都感到惊讶。我怀疑自己在这方面有隐藏的天赋:炖菜是练手的活儿;一锅炖菜,四只鸽(或杓鹬),一截培根和一盒胡萝卜。我得说,我的同伴们并不挑食:把锅吃了个底朝天,他们的热情盛赞让我十分满足。[54]

赫利扎伦迪的晚餐秀表明,莫里斯不仅烹饪技巧不俗,还有充分的表演才华——他离不开观众。倘若换个时代,他或可以成为电视节目中的美食分享家。

　　在向北前往盖歇尔泉之前,莫里斯和马格努松及埃文斯一起,去索斯默克进行了一次野外探险。他们的向导是马格努松的远方亲戚约恩·约恩松。他既是手工艺农民,又是受过教育的学生,正在跟着《钱伯斯杂集》学英语。约恩的带路风格勇猛无畏。有几次,他们不得不骑小马穿过马尔卡河,那里水流湍急,水呈黄白色,散发强烈的硫黄味。莫里斯很是害怕,双手紧紧抓住马鞍鞍头。他们行走在石路间,他注意到石头上长满了鲜亮的黄绿色苔藓,红粉相间的漂亮石头棋布星陈。在他们经过的悬崖峭壁上,有很多洞穴,"就像十三世纪照明光下的地狱之口"。[55] 冰河的细小支流消逝在岩石之间。对莫里斯来说,这峡谷山脉就像是噩梦之旅,"一条蛇行斗折的街道,两旁巨大而笔直的岩石就像是房屋"。在这片弥漫着绝望气息的土地上,就连向来坚毅的莫里斯也不禁心生怯意,他暗自思忖:"我跑来这里是为了看什么?"当莫里斯独坐在寸草不生的砂石山坡上,冰岛之行中反复念叨的这句话听上去像是一种嘲讽,他的周围"是各种扭曲、毁灭",下方的山谷中,"马克弗莱特迷宫里硫黄奔腾"。他感到惊魂夺魄,好像自己再也回不去了。"然而,"他写道,"随之而来的还有一种兴奋感。我似乎明白了,在这样的场景中,处于各种不利因素之中的人会发现自己被激活的想象力。"

在与马格努松和约恩一同返回营地的路上,莫里斯被当地一位农民学者拦住,这位农民坚持要与他讨论《尼雅尔萨迦》中的时间细节,好像那一切都存于鲜活的记忆中。他满心欢喜地渴望见到莫里斯,认为他就是冰岛传统的吟游诗人。莫里斯离开时,马鞍掉到了草地上,农夫恭敬地说:"那个吟游诗人还不太习惯骑马。"令罗塞蒂啼笑皆非的是,一家冰岛报纸已经把威廉·莫里斯当成英国的吟游诗人来欢迎了。

离开雷克雅未克的第九天,他们来到了著名的盖歇尔间歇泉。地面上,有一列深深的圆柱形洞,会周期性地向空中喷射热温泉。福克纳并没有和他们同行。他生病了,已经表现出神经衰弱的迹象。在他早逝前的几年里,这种病况越来越恶化。梅·莫里斯认为,正是出于对父亲的忠诚,他才来到冰岛。莫里斯为他的病感到内疚不安,他既同情这位朋友和兄弟,又为自己的计划可能被打乱而烦躁。马格努松留下来"照料"福克纳。莫里斯唯一的旅伴是情绪越来越不稳的 W. H. 埃文斯,他的狂热心态让莫里斯很恼火,而他对冰岛传奇故事的冷漠兴趣更是让莫里斯觉得"可悲至极"。他指责埃文斯在冰岛射杀天鹅的想法,称他为"英国军官"。正如麦凯尔强调的那样,这是莫里斯最严厉的蔑称。

莫里斯故作姿态,显出对盖歇尔泉没什么兴趣的样子。作为景点,它似乎太令人趋之若鹜了。所有未曾听闻西格尔德和布林希尔德之名的游客,都会将这里作为观光的第一站——更不用提尼雅尔、居纳尔、格雷蒂、格斯里或古德伦了。他满腹怨言地走近"那难看的烧焦了的灰白山坡,上面布满了泉眼"[56],对以往的游客在帐篷周围所挖的壕沟深恶痛绝,称大喷泉边上的草地是冰岛唯一一处肮脏的露营地。他愤懑地发现,此地到处都是羽毛,甚至是整只鸟的翅膀、吃剩的发亮的羊骨头以及许多纸片:莫里斯是那个时代反乱扔垃圾的活动家。尽管莫里斯很是不爽,但盖歇尔泉还是把他感化了。看上去,间歇泉是那么令人愉悦,那么让人惊喜。他轻轻地接近泉水,把拇指伸进水中,试探水的温度。第一晚,透过弥漫的水蒸气,他凝视着那"诡异的蓝绿色深洞和白色的硫黄花边"——这是盖歇尔泉中的"布莱斯"(Blesi),或称"叹息泉"(Sigher)。他取了"叹息泉"的水,用壶烧开,"那水的味道极其难闻"。

到了盖歇尔的第四天,莫里斯已经对这里的泉了如指掌——他了解了泉的习性:史托克喷泉,即"喷涌泉",是这里的第二大间歇泉,除非将之填满草,否则便不会喷珠吐玉。莫里斯在日记里画了一幅史托克喷泉小景。之后,有人可能会注意到史托克喷泉与女人的外阴看起来多么像。福克纳也回来了,虽然还是有气无力,但已经有所恢复,这是一次"愉快的会合"。[57]第二天早上六点,作为他们额外的庆祝典礼,最大的间歇泉"喷薄泉"(又称"大水壶")四天之内第二次喷射而出,在火山穴口处汹涌澎湃,直至水流轰鸣。他们一起在露天处观看,看到水流从火山穴喷到六英尺高,随后缓缓落下,归于平静。然后再次喷出,"像被弹簧弹起一样"[58],形成了八十英尺的水柱和水蒸气。最后,在巨大的水鸣声中,喷泉陡然下沉。这壮观的景象持续了二十分钟。那天,他们住在帐篷内,把洗好的衣服晾在两个帐篷之间的绳子上。福克纳用木柴做了一些巧妙的衣夹。在布莱斯泉旁边,他们把整只羊的四分之一煮得半熟,就着腌豆一起吃下去。月亮又大又红。这三个英国人和马格努松坐在大喷泉边,开始在冰岛玩第一场惠斯特牌游戏。

现在他们再次向北出发,穿过冰岛内陆向北部海岸挺进。这是三天的旅程,他们面临着前所未见的,海拔更高、条件更为严酷、更为艰难的穿越之旅。莫里斯的日记描述了他们怎样步履维艰地来到海利斯卡之巅:

> 我们来到了荒野:那是一望无际的黑灰色沙地,灰岩耸立。遍地都是簇生的海石竹和白玉草。还有一种奇怪的植物——矮柳,它只在这样的荒地生长。几片绿叶星星点点,枝条呈放射状,像裸露在外的枯根,又像光秃秃的白骨。[59]

保罗·纳什式的风景很快转换成怪石嶙峋的熔岩地。岩石形状各异,从拳头大小到两英尺立方大小不等。所有岩石都有犬牙交错的锯齿状边缘,这减缓了队伍的步伐。一天下来,所有的小马都受伤流血了。

他们在疾风骤雨、一片迷雾中奋力前进。风挟裹着地面的雨水,"像刀子一样"刮在人身上。莫里斯瞥见远处,那是传说中的《格雷蒂萨迦》中的思瑞斯达遗址。两年前,他和马格努松合译《强者格雷蒂的故事》时,莫里斯就已自认是勇敢的逃亡英雄,常自诩为"好汉"。那时,他倾向于人性化地表达传奇故事。1869 年,正如他对查尔斯·艾略特·诺顿所说,他在格雷蒂身上发现了一种他能感同身受的张力,"情感和道德,使我们的英雄可以忍耐那看似无望的生活"。[60]但现在他不那么肯定了。目睹格雷蒂所生活的这片荒凉的冰岛土地,莫里斯对这位传奇英雄的看法转变了。当他赶到格雷蒂的大本营——《格雷蒂萨迦》中所说的快活山时,那火山汤海般的艰险之地,将格雷蒂的形象烘托得更为离奇,就像上帝或龙:"整个故事在我心中发生了反转,格雷蒂变得形象高大,气概豪迈,像一个古时巨人国中的人物。"[61]

　　他们继续跋涉,越过冰川,穿过卡迪达洛尔(或称冷谷)山口——位于朗格冰川和奥克冰川之间。莫里斯的日记描述了更加荒凉的新景况:"冷谷是名副其实的凄冷之地,即使今天还吹着温暖的东风,但也够冷的;这狭窄的山谷中充斥着石堤、巨石和至今还未消融的带状雪地。冷谷的一侧是盖特兰雪山的黑色峭壁,上面时而有冰河涓涓流淌;另一侧是石沙混合的平缓斜坡,奥克冰川的雪盖就隐匿其中。"[62] 在卡迪达洛尔山顶,类似于月球地表的中间,矗立着一小堆石头(它至今依然岿然不动,且带有二十世纪的附加痕迹)。这被称为石冢:换言之,即堆石地标。按照风俗,冰岛游客会在其中一块石头下留下点文学作品,一则笑话或一小段打油诗。《人间天堂》的作者也在此下马了。我们无从得知他写了什么。而他也不觉得自己写得多好。

301

24.《威廉·莫里斯在冰岛爬山》,爱德华·伯恩-琼斯的漫画

穿越荒野的第三个清晨，马格努松将莫里斯唤醒，并告诉他一个坏消息——地上积了一层雪，而雨夹雪还在不停地下。莫里斯很想赖在毯子里暖和一下，但是马饿了。他发着牢骚站起身来，扎进了"早晨的苦雨凄风中——天不仅刮着大西北风，还下着瓢泼大雨"。[63]他和马格努松试着生火，没有成功。所以他们不得不啃着冷羊骨头、喝着冷水作为早餐，边吃边来回走。马儿们站在旁边，尾巴被风扬起，耷拉着脑袋，冻得瑟瑟发抖。莫里斯胃痛，他一度认为自己很失败，觉得自己就是个"懦夫"。他气急败坏，因为那装着日记、烟斗、备用眼镜和绘画材料的小背包（"是否有用，另当别论"）不翼而飞。他将怒气发泄在向导艾温德尔身上，扬言要了他的命。当然，这背包后来找到了。可以说，这段旅程使莫里斯的身心濒临极限。现在看来，应该是"寒风刺骨"的生理体验直接导致了士气低落的连锁反应。

荒芜地中的莫里斯，疑神疑鬼，眼见幻象。他写道："悬崖裂缝被雪填满，时而形成骇状殊形。"[64]其中有一个"就像中世纪的十字架，我的意思是，身子吊在双臂上"。

这种耐力考验是二十年后莫里斯探险小说的主要表现点。《奔腾的洪流》写的是荒野大川。《奇迹岛的水》充满了冰岛式的景色描述——那里遍布"乌鸦黑"的岩石，茫茫群山就像寂寥无人的街头巷尾。在这些奇幻小说中，人们翻山越岭，所向之处愈加寒冷、荒凉、恐怖。莫里斯一次次重温那梦一般的景象，在广袤无垠的天地中，无名之辈奋力攀登，千锤百炼，而后为自己所取得的成果而惊叹。在《世界尽头的水井》中，厄休拉对她的爱人说，他们穿越了一片荒野。这荒野的原型就是冰岛：

> 三个月前，我躺在波顿阿巴斯的床上。此时，荒无人烟的旷野，正伏卧于光秃秃的长空，受到大地烈火的威胁。我虽不曾看见，你也不曾看见。啊，朋友，但现在它已经与我永远地合为一体。[65]

这也是莫里斯的真实心境。

在首次冰岛旅行中,穿越卡迪达洛尔是个转折点。它那样让人心生畏惧,以至于后来遇到的苦头都不算什么了。我想,把这个过程也看作莫里斯人生旅途的峰回路转,也不为过。冰岛之行有一种排解忧愁的功效,这正是莫里斯出发前的希冀。在穿越荒野的途中,他骑着小马,穿荆度棘般地绕过尖锐的熔岩石。他自认不讳:"我出行的目的,就是要这般体验。"[66]这片荒凉的土地以及土地与人的联结——人们面对如此生存条件却依然乐观豁达,依然生活得富有尊严、多产而诗意——赋予莫里斯一个崭新的视野。冰岛似乎充分体现出了作家的使命:文学在当地群体中实现了救赎。莫里斯感到,他与过去在英国的那种"抱怨连天的生活"已格格不入。[67]冰岛使他变得强大,奇妙的是,也使他变得温情。在冰岛的最后几个星期,他让自己沉醉于熟悉而甜蜜的家庭生活的深切渴望之中。

马格努松不带感情色彩地描述道,一天晚上,在一家农舍的厨房,莫里斯准备晚餐时明显有些走神。马格努松问至原因,莫里斯"带着难以形容的甜蜜微笑(每当他特别高兴时就会显露这样的神情)"回答说:"我梦见了家的爱巢。"[68]

在冰岛,莫里斯似乎舍弃了对性的激情(但不是人性之情)。在大英图书馆的一张小纸片上,写着这样几行字——这是一首未完成的、散乱的小诗:

> 离别自古有,死亡终有时。
>
> 一别予我悲,再别予我凉。
>
> 现已无人忆,湮没的君王。
>
> 他们的战争,依然在回响。
>
> 去年十二月,弹指消逝间。
>
> 如昨日东风,如飞霎火焰。
>
> 自别离冰岛,心忧且惆怅。[69]

Dead and gone is all desire

Gone and left me cold and bare

Gone as the kings that few remember

And their battle cry …

Past and gone like last december

Gone as yesterday's winds that were

Gone as the flame of fire

O my heart how mayst thou bear it

他从冰岛积蓄了力量,只待返回。

自从他们离开雷克雅未克,莫里斯一直没有写家信。8月11日,三周半后,一艘开往利物浦的丹麦船主提出可以捎信,于是莫里斯就地坐下写了封信。"非常快乐,"他告诉詹妮,他是多么想念凯尔姆斯科特清新甜美的花园——那里有她,还有孩子们。[70]他是多么希望她幸福快乐。信中没有提到罗塞蒂,但他请詹妮向他母亲转达自己最真挚的爱。自这封信起,他与詹妮开始了此后一直延续的沟通基调:疼爱妻子,温情脉脉,甚至畅叙幽情。如此深情的流露,在他写给乔治亚娜的信中以及当时写给阿格拉娅的信中,显然都不曾出现。他乐观、安适、淡然。"我生龙活虎,精神百倍。"[71]"小马真是令人愉快的小家伙,随它们溜达是最惬意的旅行方式。""我发现,即使天气很冷,睡在帐篷里也很舒服。"莫里斯有意不提他经历的饥寒交迫和神经衰弱。他拿自己的邋遢开玩笑:"我的裤子是黑的胜利,靴子却不是,天哪!"有意思的是,他还默认詹妮与自己"政见一致"。在冰岛期间,巴黎公社革命事件一直牵萦在他的脑海:他对詹妮说,熔岩地边缘地带那些错落纵横的乱石,让他想起了"满目疮痍的巴黎街垒"。

他们又来到斯蒂基斯霍尔米,即斯奈山半岛的海边港口,位于冰岛西海岸中部的一处海角。在那里,莫里斯前往《拉克斯达拉萨迦》发生地所在的乡村。他写给詹妮说,前一天他刚参观了海尔加火山,即奥斯威夫的女儿古德伦的葬身之地，那里可以看到"墨黑的群山，显露于一望无际的大海"。这部公元 1245 年的萨迦大致是关于古德伦的三角恋情故事。这位美丽而无情的女人，因被欺骗，而嫁给了情人的好友。然后，她鼓动丈夫杀死了前情人，而这又不可避免地将丈夫送上了黄泉路。出于显而易见的原因，古德伦的故事让莫里斯产生了巨大共鸣。他很快搁置了他和马格努松已经开始的散文翻译，认为这部宏大而紧张的好戏，更需要优先诗意化处理。诗歌《古德伦的情人》现收于《人间天堂》的最后一卷，此外在他十九世纪七十年代中期的史诗《沃尔松格家的西格尔德与尼伯龙根的陨落》中，又重提古德伦。在四本巨著中，这首诗就像一座北欧大教堂，以对偶句组成，简洁有力，节奏鲜明。

莫里斯一直认为，《拉克斯达拉萨迦》的最后一行，是解开古德伦之谜的关键。在她迟暮之年，她的儿子问，所有男人中她最爱谁。她回答，"*þeim var ek verst er ek unni mest*"，莫里斯将之译为"我对最爱的人做了最坏的事"。他似乎欲言又止，真是百思莫解女人心。莫里斯伤感地游览着拉克斯德拉的景色，情绪全程处于低谷。他看见，一只雄鹰掠过海尔加山上空，一只自不量力的乌鸦拍打着翅膀，追嬉其后。海面上，一艘小船在汹涌波涛中颠簸。见此场景，莫里斯才提起了兴致。

当他们游至斯奈山半岛最远处时，莫里斯再度精神焕发。他开始怀念菲利普·韦伯，开始憧憬回家的路，他的观察力也今非昔比。他之所以是令人叹服的旅行作家，恰恰在于他常以欢喜心来看待未曾期待的细微之事。冰岛的彩虹不同于别处：它是平直的、分段的，而不是那种高耸的弧形。彩虹匍匐于乡间，像尾随于人的样子。在布兰德苏菲崖顶，莫里斯观察到一只海豹正在吃一条鲑鱼："黑色的脑袋垂进绿色的大海，酣畅地吃着一条大鱼。"[72]

旅行过程中，莫里斯一直记录着他们的不期而遇。一位牧师从天而降似的现身路上，马格努松上前拥抱他，仿佛他是失散多年的老友。在奥拉夫斯维克，他们遇见一位"好笑的白发男孩，小马裤系在身后"——就像里希特木刻画里的一样。他还抱着一只"特别滑稽的小狗"，马格努松开玩笑说要把它吃掉。与他们同住赫讷伊萨尔的医生也让他们惊喜。早餐后,这位医生将女儿领了进来,她身着节日盛装,佩戴一条让人瞩目的银腰带。莫里斯推测,这条腰带的历史要追溯到 1530 年以前。他观察到:"腰带外观非常美,传统的北方拜占庭风格与十六世纪的树叶纹样融合在一起。"[73]这再次体现出其专家的鉴赏力。

莫里斯的旅行带有记者兼小说家的敏锐感知。他对这里的荒诞离奇和其中的妙趣始终敞开胸怀,尽情感受。在斯柯廷斯德,他在一间小屋旁驻足,向一群骑着小马的女孩问路——每只马驮着三四个孩子。她们正在采蓝莓,大家的牙齿都变成了蓝色。当晚,他在营地附近的农舍的厨房里做饭,那是"一个古怪的小洞窟"[74],只够容纳莫里斯、他的锅、炉子上的烟以及一位叫奥古斯蒂娜的五岁小女孩。其他人站在门口目瞪口呆,莫里斯则大汗淋漓地煮汤、炸鳟鱼。这源于日常生活怪诞不经的画面,屡屡出现在他的小说场景中。

他还报道了福克纳在赫讷伊萨尔的住处与一位冰岛女性的"遭遇",按照古老的待客习俗,她想帮福克纳脱下靴子和马裤。福克纳对冰岛语一窍不通,因而没法拒绝。正如莫里斯所描述的,这是一个很乔叟式的场景。在英国听说这件事的罗塞蒂认为,莫里斯之所以没受到这种待遇,是因为他显然不接受。罗塞蒂说,这位冰岛女房主可能预见到了"马靴脱鞋器会被当作防御武器"[75]朝她丢过来。

306　　8 月 24 日,他们已经可以看到辛格韦德利——立法者的平原。他们要在此绕一圈,以踏上北上之路。途中,他们在雷克霍特休整。莫里斯将自己浸在斯诺里的泡池里,这是用石头砌成圆形的温泉泡池,位于斯诺里·斯蒂德吕松家的旁边。斯蒂德吕松是多才多艺者的典范,他是冰岛诗人、政治家、学者、萨迦作家以及北国列王记《挪威王列传》的作者。在寒风侵肌的清晨,还能有及腰的热水,这让莫里斯大为感激。对爱戏弄人的罗塞蒂来说,这本是个绝佳的创作题材。斯诺里的泡池是露天场地,背向绿色山丘。与巴特埃姆斯相比,他一定觉得两者之间差得很多。

辛格韦德利是莫里斯冰岛之旅的最后一个景点,这里诞生了第一个民主议会。930年,来自斯堪的纳维亚的北欧人和来自英国的凯尔特人将该岛殖民化。此后不久,阿尔庭议会成立,成员由三十九个酋长组成。阿尔庭在没有中央行政权力的情况下持续存在,直到1262年冰岛被挪威统治为止。每年夏天,在辛格韦德利举行两周议会会议。除了正式立法程序,这也是集体育运动、诗歌朗诵和商品贸易为一体的民族盛典。手艺人在那里摆摊售货。早期每年都有数量可观的居民迁至辛格韦德利。

莫里斯离这伟大的平原越来越近。他骑着小马,穿过常有土地精灵出没的阿尔曼斯费尔山谷,攀上峥嵘险峻的山口。他感受到了殷切的期待之情:

> 我们临近山口时,我的心怦怦直跳。我再次体会到在"戴安娜号"甲板第一眼看到冰岛时的那种心醉神往。我们即将看到冰岛之心,眼前所见都具有了意义:连绵不绝的山口,从山顶刮过的风,漆黑峻峭的山峦缓缓展露的石堤容颜,以及其中敞开的空间——在你和大湖之间,有未曾看见,但可以想象的平原。你看得到,在高耸的群山下,湖水波光粼粼、湛蓝清澈,倒映着灰绿色的天空。亨吉尔是最高峰,它的侧面有一处温泉,升起氤氲暖靉的洁白蒸汽。[76]

那是一个阳光明媚的下午。他们骑马越过狭窄的山口,牵马走下陡坡。在左侧,他们看到了被称为"少女座"的小山——过去,女人们常在这里观看霍夫曼夫劳特(酋长平原)的比赛。转而,在他们的下方显现出广袤的灰色平原,一直向西延伸。莫里斯圆满地实现了他所期待的事:辛格韦德利的确是一个"美丽且具有历史意义的地方"。他以惯常的历史画面感想象着部落集结的图景,旗帜临风招展、人群熙攘、人声鼎沸,构成了一幅近乎歌剧般宏大的场面。诗作《河边的民谣》的创作灵感即来自这场景。诗中,充盈着纹章般的图案和色彩:

银翎垂野阔,金穗覆茵深。

白鹿乘风去,洁羽入红云。

霜绡浮碧色,云隙透天琛。[77]

And first below was the Silver Chief
Upon the green was the Golden Sheaf.

And on the next that went by it
The White Hart on the Park did sit.

And then on the red the White Wings flew,
And on the White was the Cloud-fleck blue.

　　那晚,他们在靠近奥克萨拉河畔的草地上露营,几乎被大裂谷的阴影所笼罩。月光洒下,对岸的悬崖壁立千仞,耸立云端。此地"到处都是乌鸦",它们聒噪不已,在帐篷上方呱呱乱叫。莫里斯曾经惟妙惟肖地模仿乌鸦,这是他的拿手好戏,也许他在辛格韦德利完善了技艺。那晚,他又勉为其难地当了一次厨师。埃文斯催促他生炉火,准备膳食。他晕乎乎、懒洋洋、陶醉在幸福的氛围中。在冰岛,他一如既往地睡得很香。第二天早上,他们去探索勒格贝格(法山〔Hill of Laws〕)。他们经过教堂,穿过教堂墓地,来到一座小山丘——每年,议长都站在这里宣布决策。莫里斯发现,这座山丘矗立在熔岩裂谷中的一个小岛上,是整个冰岛最具特色的所在:"选这里作为阿尔庭之所的格里姆·戈特舒,一定是富有诗意洞察力的人。"[78]他留意到,如今的法山已是绿茵遍野、草木欣荣。沿着裂谷的一边,野生浆果低垂生长。

　　在冰岛的朴素民主制度中,莫里斯发现了诸多值得赞许之处。他对此推崇备至,并不厌其烦地向八十年代的社会主义听众阐释这一点,同时也将维多利亚时代的英国与这种视所有人为自由人并尊重个体权利的合理而公正的社会制度进行比照。莫里斯尤其强调这样一个事实:

当代意义上的犯罪在冰岛并不成立。在那里,道德律完全是由公众舆论推动的——人们可以被剥夺权益,但不可以被逮捕。在《乌有乡消息》中,他重溯了犯罪和暴力的主题。这部乌托邦小说诠释着莫里斯的冰岛理想。

早时的冰岛,体力劳动绝非耻辱。神话中的英雄人物不仅因作战而出名,也因制造武器而闻名。莫里斯这个手工艺人,会很乐意指出这一点:"即便是最伟大的人,也会下田、做家务,就像在荷马史诗中所说的那样。"[79]伟人也要制干草,修大门,种谷物,建房屋。与维多利亚时代的英国相比,这里的女性相对自由,尤其是在婚姻方面。莫里斯赞许地提到冰岛对家庭暴力的开明态度:有许多妇女因精神或身体上遭受不公而离婚。他说,即便只是打了一拳,也不行。

当莫里斯伫立在辛格韦德利的悬崖之上,俯视着溺死中世纪男女巫师的可怕深潭时,他深刻懂得了自由民主与此后冰岛政权的狂热残忍之间的截然不同。他并未提及在丹麦占领时期发生的事——被判通奸罪的妇女被缝进麻袋,系上重物,扔进深不见底的水潭。

他们离开时,天正下着雨。蒙蒙细雨中,莫里斯清理着最后一次早餐残余。在辛格韦德利,他们吸引来两名剑桥人。这两个人的冰岛之行,就是从雷克雅未克到斯蒂基斯霍尔米,进行一场跌跌撞撞的钓鱼之旅——他们几乎没有向导。出发前,他们前往雷克雅未克完成了最后一段旅行。莫里斯已经迫不及待地想知道,之前的住所里是否有他的信。当他们到达海边,看到远方雷克雅未克山上的熟悉的灯塔、港口和船只,莫里斯激动不已。

他们偏向内陆而行,莫里斯写道:"在那里,路况就与英国的路很类似了。我们大步向前,齐头并进。马儿们也知道旅程快结束了。"[80]莫里斯从"老鼠"——他的小马身上跳下来。从他刚刚骑上它至今,已经六个星期了。小屋黑白相间,小花园杂草丛生,他站在花园的栏杆旁——这就是那所让人日思夜想的小屋了。

小屋里没有一封他期盼的来信。他重新骑上"老鼠",飞奔邮局。进入邮局时,他表面很平静,内心却忐忑不安。邮政员翻了翻信件,递给他十一封信。莫里斯匆匆翻阅了一遍信件,发现至少没有人离世,这才放下心来。

莫里斯带着一贯的淡淡失落感读着来信,"惊讶于人们的平静"。回程前,他们在雷克雅未克待了四天,卖掉没人想要的马,分发剩余的物资,和州长举杯祝酒。经历了几个星期的旅行后,这些事务都显得平淡无奇。9月1日,他们乘"戴安娜号"返航。"老鼠"和主人一起踏上了归途,它注定要在凯尔姆斯科特过上好日子了。可怜的福克纳,一上船就瘫倒在床位上。

莫里斯起先也有点不舒服,但并无大恙。他最后一次看向冰岛,那薄雾笼罩之下的岩石影影绰绰。引航船越过汪洋,离他们而去。莫里斯未曾料想,他此后还会再来。

去过冰岛之后,法罗群岛似乎没那么有吸引力了。莫里斯的比例感已经发生变化。在驶近苏格兰时,他们遇到了一个小帆船船队——阿伯丁渔船队。莫里斯发觉,饱览奇观之后,苏格兰海岸给人的感觉是如此"沉闷不堪"。[81]登陆格兰顿时,他感到有些迷失,就像正在经历维多利亚时差综合征。在火车站售票处,他一头雾水地站在那里,不知道怎样开口。"主啊,这是多么突如其来的陌生感啊!"自这以后,从爱丁堡到伦敦的路程似乎就很近了。他望向窗外,大家都讶异地发现:相对于整体景观,外面的房子和马的大小很不成比例,就像舞台布景中的建筑物一般。

在他的最后一篇日志中,他将冰岛描述为"一个绝无仅有的、美丽而肃穆的地方",他在那里"实际上非常快乐"。"肃穆"(solemn)是他在无以言喻时所使用的字眼。莫里斯这位无神论者后来将冰岛称为"圣地"[82],可见冰岛之旅对他的重要性。

310 他不太情愿去整理旅行中匆匆写下的潦草日志。回家两个星期后,他向乔治亚娜的妹妹路易莎表达推辞之意:"这种感觉就像在看一堆陈年旧信。"[83]显然,他有所顾虑:如果过度聚集那些日常细节,就会淡化他在那一时期所珍视的精神感悟。直到 1873 年 6 月,莫里斯才完成这本日志的抄写工作。彼时,他正准备再次乘船前往冰岛。

很显然,尽管出版日志的提议已多次被提及,但莫里斯并不想在有生之年将其付梓。他的托词始终如一,声称需大量修改才能出版。然而,这理由似乎并不充分,真正的原因或许是日志里的感受过于私密、痛苦。回国一年后,他写信给阿格拉娅:"也许我现在比那时更为清楚,去年的旅行意味着怎样的恩典,带来了怎样的裨益,又是如何将我从某种恐惧中解救出来。"[84]

莫里斯离世后,詹妮依旧坚持不出版他的日志。或许,她也有自己的考量。[85]

注释

[1]《北方的早期文学——冰岛》,1887 年讲座,勒米尔。

[2] 威廉·莫里斯致安德烈亚斯·朔伊的信,1883 年 9 月 15 日。

[3] 同上。

[4] 威廉·莫里斯,《途中诗》,1891 年。

[5] 伊夫林·沃,《罗塞蒂,他的生活和作品》(*Rossetti, his Life and Works*),达克沃思,1928 年。

[6] 威廉·莫里斯致安德烈亚斯·朔伊的信,1883 年 9 月 15 日。

[7] 埃里克·马格努松,威廉·莫里斯讣告,《剑桥评论》,1896 年 11 月 26 日。

[8] 梅·莫里斯致斯特凡·埃纳尔松的信,1925 年,引述自斯特凡·埃纳尔松(Stefán Einarsson),《埃里克·马格努松及其萨迦翻译》("Eiríkr Magnússon and his Saga Translations"),《斯堪的纳维亚研究与注释》(*Scandinavian Studies and Notes*),第十三卷,1933 年–1935 年。

[9] 威廉·莫里斯致查尔斯·福克纳的信,1871 年 6 月 12 日。

[10] 威廉·莫里斯致查尔斯·福克纳的信,1871 年 5 月。

[11] 冰岛设备清单散页,见《冰岛日志》手稿,1873 年,菲茨威廉。

［12］麦凯尔,《威廉·莫里斯的一生》。

［13］威廉·莫里斯,《冰岛日志》,1871 年 7 月 6 日。

［14］同上书,1871 年 7 月 8 日。

［15］同上书,1871 年 7 月 7 日。

［16］同上书,1871 年 7 月 8 日。

［17］爱德华·伯恩-琼斯致乔治·霍华德的信,未注明日期,霍华德城堡。

［18］《冰岛日志》,1871 年 7 月 9 日。

［19］同上书,1871 年 7 月 10 日。

［20］同上书,1871 年 7 月 11 日。

［21］同上。

［22］威廉·莫里斯致詹妮·莫里斯的信,1871 年 7 月 16 日。

［23］威廉·莫里斯致珍妮和梅·莫里斯的信,1871 年 7 月 16 日。

［24］《冰岛日志》,1871 年 7 月 13 日。

［25］《途中诗》,1891 年。

［26］威廉·莫里斯致路易莎·鲍德温的信,1871 年 7 月 16 日。

［27］《冰岛日志》,1871 年 7 月 13 日。

［28］达弗林勋爵和艾娃,《来自高纬度的信件》,1887 年。

［29］萨宾·巴林-古尔德,《冰岛》(Iceland),引述自《雷克雅未克的看法》
("Views of Reykjavík"),《威廉·莫里斯协会期刊》,1985 年夏天。

［30］《冰岛日志》,1871 年 7 月 14 日。

［31］威廉·莫里斯致詹妮·莫里斯的信,1871 年 7 月 16 日。

［32］《冰岛日志》,1871 年 7 月 15 日。

［33］威廉·莫里斯致珍妮和梅·莫里斯的信,1871 年 7 月 16 日。

［34］埃里克·马格努松,威廉·莫里斯讣告,《剑桥评论》,1896 年 11 月
26 日。

［35］威廉·莫里斯致乔治亚娜·伯恩-琼斯的信,1877 年 1 月 27 日。

［36］威廉·莫里斯,《沃尔松格萨迦》"序言",1870 年。

［37］埃里克·马格努松,威廉·莫里斯讣告,《剑桥评论》,1896 年 11 月
26 日。

[38] 埃里克·马格努松,《挪威王列传》"序言",第四卷,伯纳德·夸里奇,1905 年。

[39] 威廉·莫里斯致查尔斯·艾略特·诺顿的信,1869 年 12 月 21 日。

[40] 埃里克·马格努松,威廉·莫里斯讣告,《剑桥评论》,1896 年 11 月 26 日。

[41] 引述自 G. T. 麦克道尔(G. T. McDowell),《威廉·莫里斯对沃尔松格萨迦的处理方式》("The Treatment of the Völsunga Saga by William Morris"),《斯堪的纳维亚研究与注释》,第七卷,1921 年–1923 年。

[42] 威廉·莫里斯致乔治亚娜·伯恩-琼斯的信,1877 年 1 月 27 日。

[43] 威廉·莫里斯,《北方的早期文学——冰岛》,1887 年讲座,勒米尔。

[44]《冰岛日志》,1871 年 7 月 17 日。

[45] 同上书,1871 年 7 月 18 日。

[46] W. H. 奥登和路易斯·麦克尼斯,《来自冰岛的信件》,1937 年。

[47]《冰岛日志》,1871 年 7 月 18 日。

[48] 同上书,1871 年 7 月 19 日。

[49] 詹姆斯·汤姆森,《冬季》("Winter"),《四季》(The Seasons),1726 年–1730 年。

[50]《冰岛日志》,1871 年 8 月 13 日。

[51] 同上书,1871 年 7 月 21 日。

[52] 威廉·莫里斯,《途中诗》,1891 年。

[53] 麦凯尔,《威廉·莫里斯的一生》。

[54]《冰岛日志》,1871 年 7 月 21 日。

[55] 同上书,1871 年 7 月 22 日。

[56] 同上书,1871 年 7 月 25 日。

[57] 同上书,1871 年 7 月 27 日。

[58] 同上书,1871 年 7 月 28 日。

[59] 同上书,1871 年 7 月 29 日。

[60] 威廉·莫里斯致查尔斯·艾略特·诺顿的信,1869 年 5 月 13 日。

[61]《冰岛日志》,1871 年 8 月 18 日。

［62］同上书,1871 年 7 月 30 日。

［63］同上书,1871 年 8 月 1 日。

［64］同上书,条目注释,1871 年 7 月 30 日。

［65］威廉・莫里斯,《世界尽头的水井》,1896 年。

［66］《冰岛日志》,1871 年 7 月 29 日。

［67］威廉・莫里斯致查尔斯・艾略特・诺顿的信,1871 年 10 月 19 日。

［68］埃里克・马格努松,威廉・莫里斯讣告,《剑桥评论》,1896 年 11 月 26 日。

［69］未注明日期的手稿,大英图书馆。

［70］《冰岛日志》,1871 年 8 月 11 日。

［71］威廉・莫里斯致詹妮・莫里斯的信,1871 年 8 月 11 日。

［72］《冰岛日志》,1871 年 8 月 14 日。

［73］同上书,1871 年 8 月 4 日。

［74］同上书,1871 年 8 月 13 日。

［75］但丁・加百利・罗塞蒂致威廉・贝尔・司各特的信,1871 年 9 月 15 日。

［76］《冰岛日志》,1871 年 8 月 25 日。

［77］《途中诗》,1871 年。

［78］《冰岛日志》,1871 年 8 月 26 日。

［79］威廉・莫里斯,《北方的早期文学——冰岛》,1887 年讲座,勒米尔。

［80］《冰岛日志》,1871 年 8 月 28 日。

［81］同上书,1871 年 9 月 7 日。

［82］威廉・莫里斯,《北方的早期文学——冰岛》,1887 年讲座,勒米尔。

［83］威廉・莫里斯致路易莎・鲍德温的信,1871 年 9 月 21 日。

［84］威廉・莫里斯致阿格拉娅・科罗尼奥的信,1872 年 11 月 25 日。

［85］詹妮・莫里斯致西德尼・科克雷尔的信,1897 年,大英图书馆。

第十章　凯尔姆斯科特庄园时期(1871–1875)

牛津郡的凯尔姆斯科特庄园,是一座"美丽又独特的素朴风住宅"[1],从此成为莫里斯深爱的住所。也许,除非是真正祖传下来的房屋,否则没有英国人会对一座建筑如此饱含深情。但事实上,莫里斯并不在那里常住,也很少一次住上好几天。房子很冷,冬天很是难挨。甚至整个夏天,莫里斯也不断被生意事务召回伦敦。但就像他在冰岛注意到的那样,农舍和家园对农夫有莫名的吸引力。莫里斯感觉,似乎条条大路都通向凯尔姆斯科特。这灰色的石墙建筑替代了红屋,成为他理想的住所,是居家和社交的幸福之地。就在他看到这座房子之前,它曾真的出现在他的梦里——莫里斯常有某种超强预感。

这栋大房子建于 1570 年左右的伊丽莎白时代,参考了当时常见的外观形态来建造,莫里斯将之形容为"一个被切掉舌头的字母 E"。[2]十七世纪末,建筑又从侧面增建,向东北方向延伸。严格来说,这所房子并不是庄园,显然它并没有附属的庄园产权,但因凯尔姆斯科特的规模和乡村地位,特此成为名誉庄园。詹姆斯·特纳的家人在过去四个世纪一直住在凯尔姆斯科特。莫里斯和罗塞蒂从詹姆斯·特纳的遗嘱执行人那里租下了它,以及附带的六十八英亩"封闭区"(或称围场)。1665 年授予特纳的盾牌,装饰于主室的花环石壁炉上。莫里斯喜爱凯尔姆斯科特自身的延续感,他把这房子看作"从土壤中自然生长出来,在其中,生命得以鲜活"。那里似乎有一种双重的有机性,深深根植于景观之中,并与当地悠久的历史文脉相连。

　　没有错误音符，没有刺耳杂音。就建筑意义而言，凯尔姆斯科特以素朴之姿，诠释出何为建筑的合理性——莫里斯一直在寻求这种合理性。房子主体部分由泰晤士河流域本土的粗糙鱼卵石建造而成。如他所言，东北翼的墙用薄灰泥"糊满"[3]，到了十九世纪七十年代，这些已风化的灰泥，与原来的石料肌理便极为相称。这所房子始终如一，甚至亘古不变。在莫里斯的小说《乌有乡消息》中，它作为被时间遗忘的建筑原型出现。从中，他发现一种严谨而独特的品质。屋顶上铺的是科茨沃尔德的简洁石板，"这是屋顶所能拥有的最可爱的覆盖物"。让他引以为乐的是，石板被屋顶装修工人"由大到小排列"。他们先在屋顶使用小石板，然后让更大的石板向屋檐处渐次延伸。凯尔姆斯科特屋顶的"秩序美"让他联想到鸟的羽毛、鱼的鳞片。

　　穿过高墙中的一扇门，走向东面的正屋，沿着一条经由前花园的石板小径，来到一处带有三角顶棚的门廊（就像童话故事书里的样子）。在紫杉树篱的拱形洞口处转弯，就会看到房子北面有着截然不同的山墙景观。凯尔姆斯科特庄园最大的魅力在于它的出口和入口，令人惊奇的观看视点的转换，不同寻常的举架和纵深，以及空间转折的有趣变化。莫里斯让这些多样性更加丰富——地板平面的差异，意想不到的窗户和屋顶的角度，以及墙壁略微向后倾斜的方式——都沿袭着旧时科茨沃尔德房子的传统方式。建筑南面是一处农用建筑群，包括一个大谷仓、一些棚屋和一个鸽棚。谷仓一直是莫里斯的最爱，几英里外的大考克斯韦尔谷仓，是他最为赞赏的世界建筑。在凯尔姆斯科特，他很喜欢观察这些朴实无华的建筑群之间的交相呼应，以及它们与大庄园所构成的整体联系。就像在红屋，外围建筑以及花园皆与主楼一样意义非凡、不可或缺。莫里斯将紫杉树篱修剪成龙的造型，以"西格尔德之龙"之名称之为"法夫尼尔"（Fafnir）。在随后的几年里，总有周期性的修剪仪式。每当这时，莫里斯就会用一把大剪刀来修剪"法夫尼尔"。

　　正如莫里斯所形容的那样，这所房子"坐落在村庄尽头的小路上，这条小路被泰晤士河的回流急速冲刷,形成了通往河畔草甸的一条车行道".[4]当时,凯尔姆斯科特村是一座有一百一十七名居民的小村庄,形成联结紧密的农业社区(就像詹妮的家庭出身背景一样),与牛津郡的偏远乡村情形很相近。弗洛拉·汤普森的《云雀升上坎德福》一书中,生动地叙述了这个村庄的欢乐与贫乏。梅·莫里斯,这位十九世纪七十年代在凯尔姆斯科特长大的孩子,回忆着老牛拉车的样子。那时的庄稼,仍然需要在大谷仓的地板上被鞭打脱粒。《希望的朝圣者》中有一首诗叫作《半生已逝》,在该诗中莫里斯描述了他所在乡村的日常风情:

于麦田里不倦奔忙,
他们怀揣丰收的热望。

每一回辉煌的夕阳,
都预兆着更好的时光。

农叉闪烁着光,
红黄轮的马车在旁。

稼疯长肆意张扬,
漫出了田垄的疆。

群结队正赶往
还有管家与美酒飘香。

砰砰! 砰! 老爹的马儿,
哒哒踏上堰上的桥梁。[5]

There is work in the mead as of old; they are eager at winning the hay,

While every sun sets bright and begets a fairer day.
The forks shine white in the sun round the yellow red-wheeled wain,
Where the mountain of hay grows fast; and now from out of the lane
Comes the ox-team drawing another, comes the bailiff and the beer,
And thump, thump, goes the father's nag o'er the narrow bridge of
　　the weir.

　　自童年时起,莫里斯就常去众多河流里游泳摸鱼,这是他的家庭乐趣在花园生活以外的延展。他写信给查尔斯·艾略特·诺顿时,正生活在"离泰晤士河仅几步之遥"的地方。[6]凯尔姆斯科特的这条小河,流经平坦的草地,河畔杨柳依依。这里是莫里斯那几年间的心灵栖居地,也是他的灵感来源。"柳树"优美狭长的叶子,一直是他最为青睐的装饰设计元素。在凯尔姆斯科特时,他下午的例行活动是带上鱼竿和鱼线,划船出海捕捉当地的虾虎鱼。朋友们注意到,在河上,莫里斯的秉性发生了微妙变化。他心满意足,因而有点飞扬跋扈,甚至粗鲁专横——这和北欧海员很相像。据他的朋友们说,河边的威廉·莫里斯就是肯尼斯·格雷厄姆的《柳林风声》中描写的角色,那是河鼠、鼹鼠、獾和蟾蜍组成的田园诗。这其中的联系是,肯尼斯·格雷厄姆夫人于 1934 年在凯尔姆斯科特拜访了梅,这次拜访触动了潮水般的往事记忆,梅忆起她和父亲常去泰晤士河游船,又在拉德科特桥边的河岸野餐。

　　凯尔姆斯科特一直拥有自己的教堂,就位于村子的西北部。莫里斯认为它"虽然不大,但很有趣"。[7]教堂是英国早期风格,却带有圆形的诺曼拱门,莫里斯将其认定为当地建筑的特质。他渐渐爱上了这座小教堂,里面有着中世纪的壁画和带有优雅弧度的拱窗——这是十四世纪牛津郡教堂的典型特色。凯尔姆斯科特教堂就像凯尔姆斯科特之家一样,也出现在《乌有乡消息》中。在丰收感恩节上,它被"盛装打扮",每个拱门都饰有花环,簇成了一串。朋友们在莫里斯笔下的乌托邦教堂里聚餐:"它最好的装饰便是济济一堂、欢声笑语的俊男靓女。他们坐在餐桌旁,衣着艳丽、容颜焕发、满头乌丝,诚如波斯诗人所言——看起来,就

314

像阳光下的郁金香。"[8]在小说中，莫里斯常用到教堂元素，把真实的建筑场景作为他的叙述背景。他自信不疑，近乎傲慢——仿佛教堂同博物馆和图书馆一样，都是他的领地。

从凯尔姆斯科特向西，有几个毗连的村落：小法灵顿、布劳顿波格斯和菲尔金斯。向北又是另外几个：朗福德、布罗德韦尔和肯科特。这些村庄与凯尔姆斯科特一般无二，每个村庄都有自己的教堂，这堪称建筑上的奇迹。莫里斯称，在离凯尔姆斯科特五英里半径范围内，他可以列举"六个小乡村教堂，每个都是精美的艺术杰作"。[9]布罗德韦尔的教堂，有着漂亮的十三世纪的塔楼和尖顶；在布劳顿波格斯，则有一座"非常奇特"[10]的老鼠大小的乡村教堂。莫里斯发现，这些建筑最动人的地方在于它们具有明显的自发性，其用意是直接的。并非为了金钱或噱头，而是由人民为人民而建："它们都是泰晤士河边的'下里巴人'的作品，你可以那样称呼——但没有什么比这更伟大了。"[11]

在凯尔姆斯科特，莫里斯发现自己似乎生活在乡村的神秘中心地带，这里宽广而美丽，事物之间的联系丰富而多样。他从庄园望向村庄，附近的其他小村庄也尽收眼底：比伯里在西北方向十二英里的科恩河畔。对莫里斯来说，它无疑是"英格兰最美的村庄"[12]；而东北部的明斯特洛弗尔，位于温德拉什山谷，据梅·莫里斯说，这里定是父亲很想去的地方。[13]莫里斯的视野，从牛津郡和格洛斯特郡的这些青石村庄，延伸到构成英格兰根基的各色土地和建筑。正是此时，他最具影响力的理念——村社群落的想法开始成形，这也正是城市花园的概念来源。早期在凯尔姆斯科特生活期间，莫里斯写道："看！假如人们住在花园和绿地中间的小型社区，就可以在五分钟内步行到乡村田园，此外他们将别无所求。无需家具，无需佣人，只须去学会享受生活的困难艺术，并去发现他们真正热爱的事。如此，文明的曙光才真正开始。"[14]意味深长的是，这种未来共产主义的憧憬，出自莫里斯写给乔治亚娜的妹妹路易莎·鲍德温的信。她嫁给了一位铁匠，她的小儿子斯坦利当时仅六岁。他长大后三次出任英国首相，靠的是与生俱来的郡保守主义。

威廉·莫里斯常被人认为是一位多愁善感的道德家,这完全是对他的误解和贬低。自十九世纪七十年代,他便开始以其自身的敏锐,以在地生活的实际身份,生成了他对乡村的看法。他了解乡村不为人知之处正受到惰性和贪婪的侵蚀。谈及英格兰,他总是对凯尔姆斯科特小心地感怀,以免陷入伤感。多年后,在莫里斯的社会主义宣传报纸《公共福利》中,他无情地抨击了富商蓄贾以及其他狐鼠之徒(即我们如今所继承的产业的缔造者)、犯糊涂的"操奇计赢者"。在此,凯尔姆斯科特的景象、气味和声音再次被唤起。

> 乡村仲夏:在这里,你可以在田野和树篱之间漫步,那感觉就像将一大束花呈现在你面前——菜豆、三叶草、甘草和鲜花,芬芳袭人。农舍的花园里,花团锦簇。这些农舍,本身就是建筑的典范。农舍高处随处可见的塔楼,彰显着曾经的建筑风貌。那时,每位工匠都是艺术家,他们的作品凝结着非凡的智慧。无论是过去的智者,还是现在的自然,似乎一心想让你高兴,愿意做任何事情来取悦你。即便是污浊的道路,也予人难得的享受。比如,你可以躺在路边的草地上,聆听乌鸫的歌唱——这一切,皆是为了你。我想说,似乎他们是被谁雇佣而做这些事。但我错了,事实上,他们完全出自全心全意的立场。[15]

从冰岛回来,莫里斯于 1871 年 9 月中旬突然重返凯尔姆斯科特。他"面色像个贸易船长,人比之前瘦了得多"。[16]梅还记得他刚回到家时的仆仆风尘,"背负着冒险和旅行的重担——从巨魔之地和崇山峻岭归来"。[17]此时,她的母亲和罗塞蒂已经单独在凯尔姆斯科特和孩子们待了两个月。那时梅五岁,珍妮十岁。孩子们的保姆是罗塞蒂从伦敦带来的两个仆人。还有科梅利一家,那对夫妇住在隔壁小屋,照料着凯尔姆斯科特之家。园艺工人菲利普·科梅利每次讲话,都会触帽或捋一下前额头发以示恭敬——这动作让莫里斯感到些许心烦。

　　莫里斯不在时,罗塞蒂将自己安置在毗连卧室的一楼挂毯房。挂毯房被用作工作室,他在那里创作了画作《水柳》。这是一幅詹妮的肖像画,背景是凯尔姆斯科特的熟悉场景:建筑、教堂、船屋。梅对这幅画并不满意,认为罗塞蒂的透视有些扭曲,她的抱怨可能会让儿童心理学家感兴趣。起初,罗塞蒂来到凯尔姆斯科特及周边时,写了一些轻松惬意的简信,说他对这里"迷人的'古老的宁静'"[18]很是欣赏。他说这里就像避世地或伊甸园,要比莫里斯的燃情荒漠更有家庭气氛。罗塞蒂写道,花园里"到处都是被剪下的枝繁叶茂的树篱"。[19]低矮敦实的农场建筑"看起来很温顺,正在舒舒服服地打呼噜。似乎(正如詹妮前几天所说),如果你敲击一下,它们就会动"。[20]孩子们漂漂亮亮,从不惹麻烦。她们每天读一本韦弗利的小说——罗塞蒂为取悦詹妮,特意准备了韦弗利的四十八本小说。那个夏天很热,罗塞蒂脱了马甲,只在室内穿一件蓝色衬衫,外出再套一件罩衣。他和詹妮在乡间同行,走了很远。罗塞蒂恭维她"徒步能力卓越不凡。我说,绝对超出你的预想"。[21]有时,他们一天能徒步六英里。事实上他和詹妮已经接管了凯尔姆斯科特,正如罗塞蒂很不谨慎地在其夏日诗歌《顺流而下》中所显露的那样。

　　　　在霍尔姆斯科特与赫斯特科特之间,

　　　　誓言许下,却成空言;

　　　　一颗真心,裂成两命,

　　　　孪生孤魂,向天悲鸣:

　　　　堤岸平缓,轻接苍穹,

　　　　草甸新剪,香气渐浓;

　　　　丰收七月,小径深长,

　　　　学童归途,甜美悠扬。[22]

Between Holmscote and Hurstcote

A troth was given and riven,

From heart's trust grew one life to two,

Two lost lives cry to Heaven:

With banks spread calm to meet the sky,

With meadows newly mowed,

The harvest-paths of glad july,

The sweet school-children's road.

317   然而,一股不满和哀伤的暗流正在涌动。罗塞蒂的言语,很快就热情不再。他开始抱怨,凯尔姆斯科特周边的乡村是他所见过的最平乏、最没意思的乡村。那些十七世纪的挂毯(挂毯室因此而得名)令罗塞蒂不安。这些作品展示的是《圣经·旧约》中参孙的个人史,"艺术作品中传递出一种毫不妥协的气势,观感略不适"。[23](在罗塞蒂有生之年,他并没有看到莫里斯进军大型绘画挂毯领域。)凯尔姆斯科特的挂毯中尤其令他心神不宁的是一幅"毛骨悚然"的作品:参孙的眼睛被挖出,他脚边是一个黄铜理发盆,里面装着被剪下来的头发。

    在梅这个凯尔姆斯科特的九岁孩子看来,罗塞蒂的状态令人担忧,在这个家里,他显然落落寡欢。他往往很晚才下楼吃早餐,甚至忘记吃午饭。她简直不敢相信,一个人能吃这么多鸡蛋。用餐完毕,他会一头扎进工作室。直到晚上,他才会下楼,走入夜幕,有时是和她的母亲,有时是独自一人。这孩子感知到罗塞蒂内心深处的孤独。每当她想起凯

318 尔姆斯科特的那个夏天,脑海里就会浮现出"那宽厚魁梧的身影,健步如飞地行走在绿色的大草地上"。[24]或是,一位自怨自艾的艺术家,独自蜷缩在工作室的椅子里。她为他难过,想知道如何才能走近他。她感受到了家里的紧张气氛。她在回忆录中写道:"事实上,我们年轻人要比长辈更能清晰地感知到家庭生活中的孤独。"

    莫里斯回到家,为孩子们带回了好宝贝:冰岛腰带和传统刺绣马甲。早在冰岛旅行时,他便和福克纳四处淘宝,对有价值的物品讨价还价。福克纳买了些冰岛银勺。还有那匹叫"老鼠"的小马——莫里斯旅行纪念品中最受欢迎的一个。

25.《又回家了》。1871 年,莫里斯从冰岛回来,无聊
地坐在扶手椅上。爱德华·伯恩-琼斯的漫画

　　小马被安了一个小车斗,像三明治一样滑稽地夹在两个木轴之间。莫里斯经常骑着这匹叫"老鼠"的小马在乡下转悠。西奥多·沃茨-邓顿初遇莫里斯时,他正骑着这匹小马:

　　　　我看见一匹强壮的小马朝我们走来。小小的一匹,的确可以叫作"老鼠"。戴着低顶宽边软毡帽的男子的身影出现了,他虎背熊腰、身躯稳健。他身后的微风一如既往地轻柔,似乎以他的背为帆,把他和小马都吹了过来。[25]

最后,因为常以凯尔姆斯科特的甘草为食,"老鼠"变得又胖又懒。

　　罗塞蒂固执地坚持,要在凯尔姆斯科特迎接归来的旅行者。然而,他对莫里斯没完没了地讲冰岛故事大失所望。显然,罗塞蒂是希望他们

能玩得更野些。几天后,莫里斯又回到了伦敦。在他离开之前,罗塞蒂画了一张他在柳树下钓鱼的速写:

> 吟游诗人归来了,在平底船上垂钓。
> 水里的家伙们、丁鱥们,赶紧溜走。

到了10月初,庄园已经空无一人。罗塞蒂回到了切恩街。詹妮和孩子们在女王广场和莫里斯会合。伯恩-琼斯整个夏天都病恹恹的,但在访问意大利后感觉好多了。他一直与罗塞蒂刻意保持距离,因为罗塞蒂的怨天尤人和郁郁寡欢使人望而却步。詹妮和罗塞蒂之间的纠缠,也使圈内人士感到羞耻。10月23日,威廉·贝尔·司各特给妻子发了一份简报,内容是关于莫里斯在女王广场举办的晚宴:“前一天晚上,我问加百利是否出席,他说不去。我问:‘为什么?’他回答:‘哦,我另外有约。’这个‘有约’实际是因为詹妮正在他家过夜。在托普家有琼斯、波因特、布朗、胡佛[原文如此]、埃利斯和格林。当然,没有詹妮。这是不是太胆大包天,太无所顾忌了?”[26] 司各特因为被事先预警,便没有大张旗鼓地打听詹妮。晚饭后,莫里斯给大家朗读了一首新诗《爱就够了》。其间,司各特不停地打瞌睡,暗自希望没人注意到他心不在焉。

那年冬天很是萧条。凯尔姆斯科特的严寒将河流中的黑水鸡冻死无数。人的麻烦事也接二连三。正如乔治亚娜所写下的那样,“1872年是一个标志年。这年,我们以及我们的亲友圈,遭遇着疾病、烦恼和死亡”。[27] 莫里斯独自去凯尔姆斯科特赏春;詹妮、罗塞蒂和孩子们则在夏天一同前往——这已成为公认的既定模式。但到了6月初,罗塞蒂完全精神崩溃,出现了妄想症状。[28] 罗伯特·布坎南曾就罗塞蒂的诗歌水准及个人品行有过疾言厉色的批判。——罗塞蒂的表现正是对此事的延迟反应。评论最早发表于1871年的《当代评论》,题为“肉体派诗歌”。第二年春,文章加长版单独以小册子形式再版。罗塞蒂对此种评论极度敏感。他深信,在由母亲和姐妹们组成的沉闷的圣公会家庭中,他是一

26.《莫里斯归来了,在平底船上垂钓》,1871 年 9 月,于
凯尔姆斯科特,但丁·加百利·罗塞蒂绘

个不被接纳的人。他的爱——起先是对丽兹,然后是对詹妮,都有一种
内在的挫败感,这暗示了悲剧的结局。人们将他斥为“肉体派”而予以
攻击,足以把他推向自杀边缘。

　　到了 6 月 7 日,罗塞蒂的状况雪上加霜。他的朋友乔治·黑克医生
把他从切恩街带到了他在罗汉普顿的家。罗塞蒂的弟弟威廉,以及福
特·马多克斯·布朗和他们同行。此次旅程,状况百出。在车厢里,罗
塞蒂一直幻听到铃声大作。第二天,他无法抑制地与一群吉卜赛人争吵
起来,他认为这群人侮辱了他。那天更晚些时候,他产生了声音错觉,觉
得有人正以“不堪忍受的恶意”辱骂他。黑克医生诊断他患有“严重中
风”。当地的执业医生证实,罗塞蒂确实遭受了某种形式的中风。他的
母亲和妹妹克里斯蒂娜被告知情况而来探望他。黑克医生在罗塞蒂的
床下发现了一个装鸦片酊的空瓶——他开始采取新的极端治疗方式:

吸入强效氨水。幸运的是,约翰·马歇尔医生来了,他是当时最著名的外科医生之一,是拉斐尔前派的狂热追随者。马歇尔立刻使用浓咖啡来治疗,这是一种史无前例的疗法。当他到来时,罗塞蒂已经昏迷了三十六个小时。他的哥哥确信,他是瞒着母亲和妹妹克里斯蒂娜而有意自杀。醒来后,罗塞蒂感觉左腿无力,可能是压迫性麻痹造成的。

　　贝尔·司各特赶到女王广场向詹妮透露了这一消息。他心乱如麻,他和布朗希望詹妮和罗塞蒂分开。他认为,詹妮是罗塞蒂崩溃的主要诱因。但罗塞蒂坚持,只要给她捎个口信就好——因为她正期盼着他,而她自身也是千头万绪。司各特对艾丽斯说,詹妮躺在沙发上,并没有因为罗塞蒂的消息而"感到不安"。[29]詹妮很善于掩饰情感。事实上,她因为罗塞蒂岌岌可危的状况,做过"可怕的噩梦"。[30]她寸心如割,想知道他的真实情况。唯有莫里斯能察觉出她有多么痛苦焦灼。加百利又回到切恩街,司各特写下了这样一段话:"星期五下午,詹妮·莫里斯和她那愈加体贴的丈夫,一起去见他。"[31]司各特在其《生平自述》被撤销的一页手稿上,评论道:"'托普西'是但丁·加百利·罗塞蒂对莫里斯的昵称。无人不晓的是,但丁·加百利仰仗着莫里斯的宽宏,而这远非他的朋友们所能想象。"[32]

　　莫里斯的信,流露出对加百利的担心。甚至他在写给母亲的一封信中特意提到,他的一个朋友病得很重:"纵使他今天看起来精神不错,但我们确实以为他星期天就要死了。"[33]他在给布朗的信中写道:"无论如何,都要和詹妮谈谈。她会很高兴听到你带来的关于加百利的任何消息。"[34]他甚至还为罗塞蒂当起了家庭护理陪护,承担了布朗在切尔西应做的事,以及"加百利此后所去的任何地方"的照料工作。——这是获得了圣启般的谦卑美德。

　　到了6月底,罗塞蒂在苏格兰已慢慢康复,尽管他还是深受妄想症折磨——司各特不无绝望地转述:"树上所有的鸟,都是发出可恶猫叫声的混蛋。"[35]自始至终,詹妮都在焦急地等待他的消息,而且流露出她可能要北上去看他的意图。但到了9月,罗塞蒂决定回到凯尔姆斯科特。黑克医生对此保留意见,但他也认为这可能会给他带来安抚。罗塞蒂在写给威廉的信中说:"如今,我痛定思痛,发觉痛苦的根源在于,我如此在意失去了必要的发展前途。"[36]9 月 25 日,他抵达凯尔姆斯科特:"再一次感受到,这里的一切都很幸福,我完整地感觉到了自己。"

对于詹妮来说,凯尔姆斯科特的秋天并不好过。她不得不去应对罗塞蒂,他比之前的夏天更依赖别人照顾,生活习惯更加不规律。他十点用餐完毕,却要到凌晨三点甚至五点才能上床睡觉。而为了入眠,他已经服用大量氯醛和酒精。她爱罗塞蒂,但紧张和压力也会波及她自身。正如她之后所说:"加百利疯了,这是不幸的事实。没有人比我更清楚这一点。"[37]奇特的是,给她最大支持的人却是菲利普·韦伯——莫里斯的伟大盟友,从牛津时期开始,他就与他们相识。他给她写信说:"我一直关注着你,但时间把我们大家都改变了,阴差阳错让我们扮演了不同于最初设定的角色。我注意到,你经历了变故,在其中很好地扮演了你的角色,我对此深表敬意。"[38]

当然,首当其冲受到殃及的人便是莫里斯。他的一个朋友说,他本身就对病死之事格外抗拒,对此又无能无力。不止如此,他为一位艺术家和诗人的蒲柳之质和江郎才尽,不可避免地黯然伤神。在艺术与诗歌这两种行业中,他感到与他曾那样密不可分。他对罗塞蒂的阿谀奉承者大为恼火,而这种感觉在凯尔姆斯科特更甚。他觉得那位文人兼公职人员威廉·罗塞蒂相当无趣,非常平庸。加百利·罗塞蒂对莫里斯的西格尔德故事很不屑,说他不会对这样的主人公感兴趣——他的兄弟竟然是条恶龙。莫里斯反唇相讥:宁可兄弟是条恶龙,也胜过彻头彻尾的蠢货。[39]

深秋,罗塞蒂提出打算定居凯尔姆斯科特。这出乎莫里斯的意料。1872 年 11 月,莫里斯在女王广场给阿格拉娅写了一封"杂乱无章、言语不拘"[40]的信,倾述了自己的忧心烦恼。

现今,我处于莫名其妙的情绪低谷。朋友们没有变,我们之间也没有争吵。事实上,正是我的庸懦无能,才造成今天的局面。珍爱一件事物,不应该付出这样大的代价,也不应该以摧毁我的人生乐趣为代价。像我常跟你说的那样:我拥有真朋友和多姿多彩的人生,因此我认为自己已足够幸运。心情好的时候,我常疑惑究竟内在发生了什么,让我陷入如此这般的愤怒和绝望。你知道吗,这种感觉时常出现,即使我并没遭受什么挫败。不过,我必须承认,今年秋天对我来说真是难熬。我在这房子里过得很好,并不孤单,有可怜的贝西陪着我——这已经很好了。但我必须说,这是一种耻辱。她并无恶意,甚至很友善,人们不应该迁怒于她。但是,上帝啊!我发现,我难以忍受诸如吃饭之类的事,仅仅因为她是个无足轻重的可怜人,而我和她又没什么关系。我很高兴詹妮又回来了。与她相伴,总是很愉悦。她那么好,对我也很好。我和乔[治亚娜]的交往时常中断,不是因为她冷淡,也不是因为我……狂躁?大概是因为发生了太多不幸的琐事。而后你离开了,我的烦心事便无人可诉。再说一次,因为我器量小,我对这些事的反应要比想象中强烈。另一件私心事是,罗塞蒂决定待在凯尔姆斯科特了,好像他从来没有想过要离开。这不仅使我远离了那避风港(这真是一场人为的闹剧),而且在这温馨而朴素的旧地,他在各方面都表现得很突兀。以至于我觉得,他的存在就是对此处的亵渎。如果仔细去想,事情何以至此?是不是今年发生的事都是处心积虑、别有用心?一这样想就会觉得荒谬绝伦。如果不是他如此不近人情地激怒我,让我大失所望,我也不会有这样的想法。好了,亲爱的阿格拉娅,看看我坦露出来的心思吧!**不必**鼓励我,你一直对我很好,我终究会从郁闷中走出来的。

事实上,莫里斯再也不会如此表露从心爱之地和心爱之人那里被放逐的痛苦了,再也不会表露他的那种感觉:罗塞蒂的出现侵犯了他的住宅与宁静,而非对他妻子的占有。

从冰岛回来后,莫里斯立刻有了新的创作动机。他要专心写一首与北欧无任何关联的诗,这就是《爱就够了》。他后来称这首诗是"一本极好的抒情口袋书"。[41]这是他作品集里的另类作品,一部基于中世纪伦理准则的诗剧代表作。这首诗采用假面剧形式写作。就像莫里斯曾解锁中世纪绣片样本,寻求及复兴彩色玻璃技术一样,他以同样的好奇心和创造力,恢复了前伊丽莎白时代英国戏剧中的押头韵格式。

在《爱就够了》这首诗的酝酿阶段,罗塞蒂就对它寄予厚望。他在凯尔姆斯科特写信给威廉·贝尔·司各特,说:"我认为,这首诗比他以往任何作品都要高妙。诗歌具有他早期作品中的酣畅淋漓的抒情特质。当然,这首诗的创作手法更为稳定、成熟。这将会是一个绝好的作品。"[42]现在,孩子们已经长大,可以听懂父亲正在创作的诗歌了。梅带着轻盈的喜悦和敏锐的感知,听着这首抒情诗"富有节奏感"的"优美长句"。[43]莫里斯以叠句韵格的形式,将这首诗最为深层的情感传递出来。

莫里斯讲述了一位国王为了爱而放弃江山。这位国王就是法拉蒙德,"除了爱,什么也不能使他满足。他舍弃一切去寻求爱,最终如愿以偿。他发现,尽管他一无所有,但只要有爱就足够了"。[44]故事梗概源于《马比诺吉昂》——从古老的威尔士时代流传下来的口头文学。如冰岛的萨迦一样,在气氛渲染和细节描写方面,它夹杂了神秘的凯尔特风格。在莫里斯的所有诗歌中,这首诗的视觉画面感最为强烈,也最为细腻。莫里斯原本打算将其制成插图本,采用自己设计的纹样边框,搭配伯恩-琼斯的木版画。对一些特殊版本中的小插画将进行彩绘和美化,书将印刷成插图本。

在一个遥远的梦幻国度里,皇帝和皇后的婚礼宴会上,法拉蒙德和他的爱人阿扎莱的故事正在上演。另一对农民情侣,即琼和贾尔斯,站在人群中观看着这对王室夫妇。在这里,莫里斯提供的不是双重,而是三重视野:戏中戏之戏。现实情境的贴合在这里显而易见:休戚相关的夫妇、情侣,在那个时代的音乐背景中翩翩起舞。这里影射出的现实人物,可以被看作内德和乔治亚娜,丽兹和加百利,威廉和詹妮。而后,可能是加百利和詹妮,或是威廉和乔治亚娜? 莫里斯的大多数作品,充斥

324

着某种性渴望。在这种渴望的驱使下,家庭生活就是醉舞狂歌、耽于声色。当床上的法拉蒙德被阿扎莱唤醒时,此处的细节描写显露出凯尔姆斯科特的家居装饰的痕迹:

> 然后,你看到
>
> 小阁楼窗前,玫瑰枝轻轻颔首。
>
> 你的手边,是饰有玫瑰的蓝碗。
>
> 床上,铺着缀满百合花的被褥。
>
> 阁楼四周,垂挂着南方的绿幔。
>
> 轻启小门,空气中弥漫着香甜。

> and then, when thou seest
>
> How the rose-boughs hang o'er the little loft window,
>
> And the blue bowl with roses is close to thine hand,
>
> And over thy bed is the quilt sewn with lilies,
>
> And the loft is hung round with the green southland hangings,
>
> And all smelleth sweet as the low door is opened.

从思维构造方式来看,凯尔姆斯科特已成为他感官塑形的完美之地。

难怪这首诗让莫里斯饱受创作之苦。在 1872 年那个多变之春,莫里斯正在凯尔姆斯科特写作,奋力地"从重写和低迷中出离"。[45] 这首诗最终于 11 月出版,却从未大受欢迎。与波澜老成、引人入胜的《人间天堂》相比,它显得过于艰深隐晦,格格不入。考文垂·帕特莫尔赞扬它"格调高雅"[46] 的同时,也认为它实在难懂。乔治·梅雷迪斯则言辞犀利地评判:"这首诗实属菲茨鲍尔(Fitzball)的《合欢树》(Gossamer Tree)之流;尽管旋律优美,却连一棵合欢树都没有。"[47] 莫里斯的读者们,再一次理解不了诗中隐含的深刻底蕴、伦理上的挣扎以及放手的痛苦。法拉蒙德国王抗拒了命运的安排,沿着迷雾山谷中的大道,向着超出人类的、普遍的、抽象的、爱的崇高理想而奋斗。这是一首好诗,也是预感之诗。莫里斯很快也要踏上这条前进之路了。

对于读者们的冷眼相待，莫里斯并不觉得惊讶。伯恩-琼斯曾建议他修改结局，精简它，但莫里斯却固执己见。内德认为他简直是一意孤行——他有一种英雄主义倾向，要么孤注一掷，要么一无所有："这是他严于律己的部分——是他特有的方式——他必然会如此。即使他知道留有悬念要比一个完整故事更好，他也不会那样做。我想，如果他画画的话，他也绝不会以黑暗来遮掩什么。这就是'托普'，怀质抱真。这就是'托普'，光明磊落。从不强求。"[48]

梅·莫里斯一语中的，这首诗对于当时的时代来说太超前了。第一次世界大战后，在威廉·波尔的伊丽莎白舞台协会的启蒙下，公众更惯于欣赏假面剧和神秘剧。1920年，在贝斯沃特皇后大道的道德教堂，《爱就够了》由西比尔·阿默斯特先生首演，并与莎士比亚的《亨利六世》第三部中的一集合演。

《爱就够了》创作完成后，莫里斯有些灰心。他担心自己的创作力会衰退，担心自己会加入江郎才尽的作家行列——他们曾经看起来风光无限，但随着年纪的增长，想象力和创作热情不断消减。但他知道，有些事不能强求。在接下来的几年里，他几乎没有写什么诗。与此同时，他和马格努松共同致力于译作产出，先后策划了《挪威王列传》，北欧国王的整个著作系列，这将占用他们九十年代的全部时间。他向阿格拉娅说明："尽管翻译过程缺乏刺激和挑战，不像写原创那样引人入胜。但无论如何，翻译还是很有趣的，甚至有时还让人很兴奋。"[49]

1872年秋，莫里斯一直在伦敦寻找新房。装饰事务所的门面在扩大，女王广场需要更多的空间用于办公室、附加的工作室和扩大的陈列室。在乔治·沃德尔看来，对家庭住所的改建"几乎就是焚琴煮鹤"[50]，而莫里斯的镇定自若也让他感到吃惊。莫里斯一点都不喜欢女王广场，他在那里感觉就像个租客。实际上，因罗塞蒂在凯尔姆斯科特鸠占鹊巢，莫里斯现在几乎是被逐出了他的心爱之地，这让他对家庭住所的改建感到漠不关心。"很长时间以来,"他向阿格拉娅诉说,"我感觉到,自己就像背着个房子。"[51]无论如何,对莫里斯来说,女王广场的改建计划都是一种寄托。这一时期,莫里斯又开始对纺织染色技术兴趣盎然。他为自己所拥有的地下室小染坊(那里曾经是洗碗间和储藏室)的前景感到雀跃不已。

最终,他千辛万苦地在伦敦西部搜寻了一番后(有时,内德陪着他),找到了一处新房子——这就是霍灵顿之家,"一座带有漂亮花园的**非常小的房子**"[52],位于特纳姆格林路上,这条路是特纳姆格林和哈默史密斯之间的主干道。菲利普·韦伯称之为"公路小窝棚"。[53]詹妮也不甚满意,说这所房子"只适合一两个人住"。[54]显然她忘记了,这所房子比她儿时在牛津的家还要大。霍灵顿之家,如今已被拆除,似乎它的周边环境并不理想。它就坐落在罗巴克酒吧旁,哈默史密斯公交车站就停在那里。威廉·德·摩根记得,莫里斯总是抱怨"附近的小教堂里有一只烦人的铃铛。他说,那铃铛**一直响,一直响**,让他快要发狂了"。[55]

那时的奇斯威克,还是一马平川、让人神清气爽的郊区,有许多漂亮的房子和大片的果园。沿着奇斯威克巷,可以感受到河流的清新气息。满载农产品的货车在公路上缓缓行驶。霍灵顿之家很快就融入当地的气氛中。而后,玛格丽特·伯恩-琼斯总是把它与"海量松脆热煎饼"[56]联系在一起。那时,厨房里住着一只爱打哈欠的大猫,名叫杰克。这所房子开始物尽其用:一家人于1873年1月在此定居下来。后来他们续签了租约。他们总共在那里住了六年。

莫里斯保留了女王广场的书房和卧室,这给了他一定的自由空间,这一时期,詹妮常住在凯尔姆斯科特。在莫里斯写给阿格拉娅的信中,他话外有话:"我能在女王广场见任何我想见的人,完全不受干扰。所以总的来说,这似乎是一种优势——不是吗?"[57]他吓唬她说,他的管家就像冰岛萨迦中那个声音沙哑的巨魔的妻子,"又高又丑!"莫里斯对霍灵顿之家的出乎意料的喜爱,他觉得那里的工作室比女王广场昏暗的书房更明亮,也更舒适。事实上,他那些年的满足感皆源自在特纳姆格林的精致房间里,读一些还未出版的大仲马作品,与《三个火枪手》一样精

彩的书。[58]他还撰写、润色文稿,这是他主要的乐趣。乔治·普赖斯· 327
博伊斯去他的新家拜访时,他正在牛皮纸上给《贺拉斯颂歌》写题词。
这个相对较小、细致、流畅、浮雕样式的《贺拉斯颂歌》版本,是博德利图
书馆中的莫里斯珍贵手稿。珍妮、梅,以及她们的父亲,一并对博伊斯印
象深刻,因为他"非常有趣,非常帅气"。[59]那次拜访,罗塞蒂也来了。

对孩子们和她们的小伙伴来说,莫里斯在奇斯威克的小房子里的工
作室,是一个让人忘不掉的神奇地方。那里有金叶、牛胆汁、"很小的染
料罐"[60]和挂在房间里的纺织物。书房里的桌子是引人注目的中心点,
女孩们带着敬畏之心,踮起脚尖,看着那些摆放得非常专业的工具设施,
不敢触碰。"灯火通明的房间,简洁的工作台,聪明睿智的脑袋瓜趴在
黄金上。两个年轻人头挨着头,头上的鬈发都勾连在了一起。"[61]这是
梅记忆中完整保存的童年印象。

莫里斯年近四十,却从未去过意大利。一定程度上,这是偶然,但也
是偏见使然:"你认为,我会在罗马看到在白教堂地区看不到的东西
吗?"[62]这就是莫里斯的偏激之处。他抵制文艺复兴时期的艺术,认为
这种艺术缺乏人性。不久前,罗塞蒂的父亲从那不勒斯移民过来。现
在,他对意大利的反感更是有过之而无不及——但凡与罗塞蒂有关的事,
他都要一力排斥。不过,1873年4月,内德说服他去意大利度假两周,前
往佛罗伦萨和锡耶纳游玩。那年冬天,他们两个都病了,身体极度不适。
内德是意大利的狂热追崇者,他认为佛罗伦萨有能力治愈任何一个病人。

内德写下回忆录,说这次旅行是一场彻头彻尾的灾难。莫里斯仍受
风湿病侵扰,脾气暴躁,抗拒内德提出的所有可能的有趣提议:"他天生
就是北方人,不是南方人。"[63]即便到了意大利,他的头脑依然顽冥不
化。他挥舞着拳头,愤懑于老旧建筑的大规模修复浪潮。

对莫里斯来说,内德的讽刺漫画有失公正。因为莫里斯自己的信,
流露的则是新奇与快乐。他写到"奇迹"——意大利北部的景象"充满
惊奇和欢乐"。[64]他和内德乘火车游遍了欧洲。他们离开阿尔卑斯山, 328

在"绝美的夜晚"前往都灵。莫里斯描述说:"穿过(仍然是雪山之间)的
一个像花园一样美丽的乡村:那里有绿油油的草地、摇曳的白杨,还有
许多盛开着粉花的少叶的桃树和杏树。"对他来说,这是一个新的场
景——新的色彩和新的对比。他们从亚平宁山脉的隧道出来,让莫里斯
无比欢欣的是,他看到佛罗伦萨的平原在脚下延伸开来,远处是方墙环
绕的古城皮斯托亚。这种感觉,就像他初见辛格韦德利平原。

　　莫里斯和内德在佛罗伦萨城外找了一家旅店,他们可不愿意"被闷
在城市里,变成北方佬大储藏室里的家具"。[65]十九世纪七十年代初,佛
罗伦萨跨大西洋旅游贸易已经开始,而莫里斯和内德也算是游客。他们
在市场里闲逛,莫里斯一脸错愕地看着市场里出售的柠檬和橙子"还带
着叶子;各种神奇的油炸食品四处可见;此外,还有各色稀奇古怪的蔬菜
和奶酪在售"。[66]他发现这真是"最有意思的事"了。像往常一样,莫里
斯在佛罗伦萨疯狂购物,他打算给詹妮买一瓶新圣母玛利亚教堂中的修
士制作的香水,以及去维奇奥桥上的珠宝店为"小可爱们"买玩具。尽
管内德不赞成,他还是着手"为公司选经营产品"。[67]他进购了一批斯卡
尔迪尼(Scaldini)——佛罗伦萨人用来做火炉的古怪的细腰铅釉壶,以

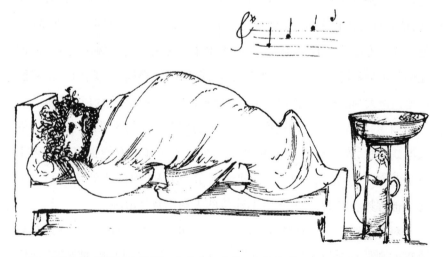

27.《床上的威廉·莫里斯》,爱德华·伯恩-琼斯的漫画。讽刺莫里斯对传统
经典无动于衷

及"许多形状各异的烧瓶",这些烧瓶是二十世纪五十年代进口到英国 329
的广为流行的基安蒂干红葡萄酒烧瓶的前身。这些产品将与女王广场
展厅中的公司产品一起销售。

在他心目中,佛罗伦萨是一座布满建筑奇迹的城市。八十年代初,
他代表古建筑保护协会写信给佛罗伦萨行政长官,抗议对十三世纪的巴
杰罗美术馆进行修复。信中,他称佛罗伦萨为"你们至高无上的、美不
胜收的城市"。[68]在这次早期的访问中,他流连忘返于佛罗伦萨的哥特
式建筑,参观访问了许多十三世纪的教堂,这些教堂都是以当时的新哥
特式风格来建造或重建的。他最喜欢的建筑是圣十字教堂,里面还有乔
托的壁画。当他走进教堂时,他们正在唱诵《求主垂怜》圣歌。他还参
观了新圣母玛利亚教堂,约翰·罗斯金在《佛罗伦萨的早晨》(1875)一
书中盛赞这所教堂。莫里斯对教堂回廊做出了独特评价:对于封闭空
间建筑样式的魅力,他总是无法抵御。他觉得,这些相对久远、相对含蓄
的意大利北部建筑有很强的亲和力。尽管这种喜爱程度还比不上他对
英国或法国的哥特式建筑的感觉。伯恩-琼斯看着他仔细研究着佛罗伦
萨的洗礼堂。那众多镶嵌着小小金属树的柱子,是如何被一体化地建造
起来的呢?——莫里斯对此叹为观止。工艺细节让莫里斯收获良多。
他首次参观的时候,大教堂的外观仍保留原貌。那时,十九世纪末期的
装饰工程还未开始。莫里斯站在广场上,确凿不疑地相信这就是"世界
上最美的教堂"。[69]

一旦进入大教堂内部,莫里斯就感觉不适,有种压迫感。罗斯金也
觉得,这里面很是"可怖"。它巨大、空旷而古典。莫里斯喜欢空旷,但
并不是文艺复兴时期的空旷。他理想中的大型建筑是冰岛的蜂蜜酒大
厅或中世纪谷仓。他觉得佛罗伦萨美中不足,让人只不过"像猪一
样"[70]快乐。他意识到,佛罗伦萨的精彩,他无法与之同频共鸣。因为,
本质上,它是文艺复兴时期的城市。莫里斯无法将建筑本身从委托、资
助、建造等政权现象中剥离来看。他越来越厌恶这样的政权,它残酷无
情、夸夸其谈、腐败不堪。

莫里斯在佛罗伦萨写信给菲利普·韦伯,吐露了不敢向内德说的事。他说:"哪怕是微不足道的腐堕,也能让人扼腕长叹。"他对意大利

330　北部文艺复兴时期的建筑存有异议,而这又出于不同的政治立场。他痛心入骨:"改变和毁灭,鲁莽和愚钝,以及对'伟人和祖先'的遗忘,在这里展露无遗。"

　　在莫里斯对他所看到的文明废墟发表看法时,他重拾了他在圣公会成长期间所使用的语言,并引用了《传道书》中的话——可谓意味深长。同样值得注意的是,他所信任的那位朋友,即意大利的菲利普·韦伯,与内德不同(他后来成为他的社会主义同仁)。对此境况,他也报有同样的忧心。

> 我们在星期二[1873年7月15日]凌晨一点左右看到了冰岛。这是一个冷冽刺骨的清晨,海平面很高,天色格外明亮。首先映入眼帘的陆地,便是高耸入冷灰色云霄的几座山峰。[71]

仅在意大利待了几周,莫里斯便又登上了"戴安娜号"。过去的一年,步履维艰,但重返冰岛的渴望挥之不去。1月,莫里斯写信给阿格拉娅,说道:"我憧憬着,今年一定要去冰岛航行。这个想法,让我时而欢欣,时而沮丧。"[72]2月,幻想越发接近现实:"这个夏天,冰岛正望眼欲穿地盼着我。"[73]他有一种感觉,如果他能"怀着希冀和真心"踏上旅程,那这种初心就是旅行成功的关键。5月底,他再次给福克纳——此次旅行的唯一伙伴——写了封急信。所提及的细节是,他已经从给英国军队做特供的马鞍工那里订购了五套。这些马鞍看起来要比他们在1871年使用的冰岛马鞍更好、更结实(也许制造商从克里米亚学到了些东西)。7月10日,莫里斯和福克纳便又回到格兰顿。除了新来了一位船长,以及因航行而变得更黑了些的邮轮旗帜,船上依旧如初。他们启航了,住的还是和上次一样的铺位。"我又回到了小木屋! 天知道这是多么奇怪的感觉!"[74]他跟韦伯说,他有一种恍惚感,整个旅程都像是**往事重现**。

不过,莫里斯当前的境遇却大不相同了。他对冰岛不再是一知半解。在伦敦,他一度被认为是北欧文学及北欧文化的专家。年轻的埃德蒙·戈斯也一定这样认为。戈斯狂热地喜爱挪威,也是将易卜生作品译为英文的最早译者。他灵光乍现地想到了怎样描述莫里斯:"莫里斯,是最伟大的发令枪!"[75]——他这样跟他父亲说。莫里斯曾送给他一本第一次去冰岛旅行时的珍贵日志,戈斯觉得它"生动又有趣"。[76]他认为,莫里斯是他见过的最谦逊朴实的人。之后,戈斯还出席了艺术学会举办的马格努松冰岛演讲,演讲由莫里斯主持:

> 他身材魁梧强健,头发蓬乱,穿着好几层粗布衣服。有人费了好大劲才说服[他]上台演讲。但他刚坐在大众前,就面红耳赤、羞愧难当。当他站起来发言时,我们都为他捏了把汗。他笨嘴拙舌说了一句:"马格努松先生一定会给你们……我们……带来一个……非常有趣的……一个演讲。"然后他坐了下来,用手遮挡着脸。演讲过程中,他心绪不宁、坐立不安。中途,他突然站起来打断了演讲,讲了一个听不太清的笑话,他自己却笑个不停。整个过程中,他打了好几次哈欠。演讲临近结束,他发现:只要轻轻往一侧动一下身体,他的椅子就会转半圈。这个小动作使他在接下来的时间里心情愉悦。有一次,他完全不见了人影,因为他的手帕掉在了地上。他悄悄地从椅子上滑下来,钻到桌子底下去捡。[77]

在聚光灯下,莫里斯总是很不自然,但很少像这次这么百无聊赖。

乘坐"戴安娜号"的穿越之旅颠簸起伏。一次,莫里斯坐在船舱内。突然,船头翘向空中,陡然的落差让乘客们"叠起了罗汉"。[78]在风光无限的星期五早晨,沿着海湾,"戴安娜号"乘风破浪,驶向雷克雅未克。莫里斯一身光鲜地站在甲板上,但他依然严重晕船,情绪低落。在雷克雅未克,他惝恍迷离地写信给詹妮:"对我来说,这一切就像一场梦。我的真实生活似乎被搁置一旁,放任自流。"[79]他叮咛她替他亲吻"亲爱的孩子们"。并深情地补充道:"亲爱的,我多么希望回去。这里的一切是那样狂野离奇。我也很担心你。几天前,我们经历了痛苦的离别。"

这年夏天,他和查理计划走一条不同的路线:不再沿循萨迦遗址,而是向着东北方向进行更冒险的旅行——穿过鲜少有人涉足的内陆,到达欧洲最壮观的瀑布——黛提瀑布(Dettifoss),再到北部海岸的主要港口阿克雷里。他们为自己和两个向导配备了十八匹小马。其中一位向导是他们在上次旅行中认识的马鞍匠约恩,马格努松家族的亲戚。另一个是哈多尔,来自埃文达姆利,是"一位性情特别温和的小伙子"。[80]显然,他也是约恩的密友。

旅行的头几天,一位意想不到的新成员加入了他们。他就是建筑师、学者约翰·亨利·米德尔顿。他们本在船上相遇,福克纳早就认识他了。他是东方艺术的专家学者、神秘学研究者,此次与莫里斯结为知音。莫里斯和他通信畅谈珍稀的书籍和地毯——这是行家之间的交流。他先后任职斯莱德教授,剑桥大学菲茨威廉博物馆馆长,以及南肯辛顿博物馆馆长。正如詹妮对他的评断,人们要么对他"非常喜欢,要么完全不喜欢"。[81](而她喜欢。)他是位相当有名望的资深旅行家,曾前往非斯(Fez)探险。而后出于同样的追求,他来到了冰岛。但与莫里斯和福克纳相比,他对此次的艰辛旅途准备不足。莫里斯和梅说:"他不舒服,肯定一点也不舒服,就好像从月球上摔下来一样。"[82]

上了马鞍,莫里斯的忧虑就烟消云散了。在"百里香谷"[83],他们与冰岛的朋友告别。当他骑上马开始行进,他立刻感到如在家中那般怡然自得,就好像与上次旅行进行了无缝连接。上次短暂旅程的密集强度,让他对冰岛更加轻车熟路,而不止于走马观花。

事实却是,莫里斯的第二本日志开篇平淡无奇,甚至很沉闷,缺乏新奇的陌生体验,也缺乏新景色和新事件的描述——因为他还是沿着从辛格韦德利到尼雅尔的老路重复旅行。莫里斯不得不勉为其难地提高自己的审美灵敏度。比如,他再次来到居纳尔之冢:"看起来,比起两年前的那个清朗的夜晚,现在一切都更悲惨黑暗。我从居纳尔之冢归来,独自

28.《威廉·莫里斯在冰岛吃鱼》,爱德华·伯恩-琼斯的漫画。"从冰岛回来后,莫里斯对冰雪和生鱼的热情空前绝后"

在传说中的居纳尔庄园附近徘徊,在那里眺望着广阔的灰色平原。那一刻,这个美丽的故事让我百感交集——无论如何,我并没有前功尽弃。"[84]

当他们进入瓦特纳冰川以北的全新领域黑沙沙漠探险时,日志写作才有了旅程中的亮点。阳光照耀着黑色的火山锥、金字塔形的群山以及逶迤蜿蜒的冰川。冰川时常被青翠的牧场和偶尔出现的牛群奇异地阻断。荒野上,稀稀落落的是漫步的羊群。莫里斯表达着自己的无限欢欣,"乌鸦高飞远翔,发出大钟上发条一样的声音"。[85]

第二次冰岛之旅中,莫里斯穿越弗廖斯达卢黑沙漠,就像他两年前横跨冰冻的卡迪达洛尔山口——荡气回肠、形单影只,深入神奇秘境。现在已是8月初,他们很早就离开了营地。在通往黑沙漠的路上,他们途经两条小溪:在一条小溪那儿,盘旋着几只寻找虫食的燕鸥。在另一条小溪那儿,莫里斯注意到有一只孤零零的石化了一般的白颊鸟。这是除了福克纳、两位向导和他们的马儿以外的唯一活物了,这景象能让他看上好几个小时。

莫里斯形容那里的沙子:"不是宽广平坦,而是连绵起伏。"[86]与其说这是广袤的荒漠,不如说是无垠的沙海——苍莽、连绵、质地多变。

　　有时候,地质是碎石沙砾,把地面铺得整整齐齐,直到马蹄踏出坑来。尤为奇特的是,除了马的足迹,看不到其他任何痕迹。当人行走在云影下,会看见阳光把起伏的沙浪照得惨白,因为沙海的颜色本身就不是很暗。

有时,骑士们会遭遇沙地上突起的巨石和乱石;有时,会遇到大卵石和页岩石组成的石堆障碍。这是给人终极考验的国度,是丢勒描绘的死寂景象。马鞍匠约恩说,沙野中藏匿着亡命之徒,查理和哈多尔嗤之以鼻,但莫里斯深信不疑。

334

　　旅行结束时,莫里斯筋疲力尽,情绪低落,非常想家。这次旅行比之前更为艰辛,莫里斯记录的骑马时长有时长达九小时。他的日志逐渐变得杂乱无章:"就是说,背着棺材盖儿的埃纳斯塔德尔人在那儿爬山,山很陡,要经过各种草地标志物。想错了——荒野漫漫(天昏地暗、天寒地冻,一天更比一天糟,一天更比一天浑)。"[87]这次,乔治亚娜不必等着读他的日志了——莫里斯已经快语无伦次。此次冰岛之旅于他而言实在难以承受。相比两年前的旅行,莫里斯除了身体状况不佳之外,还在承受巨大的精神压力。那他又为何如此奔波呢?为什么总是有这样的人,不止一次,而是两次,迫使自己达到忍耐的极限?答案可以在8月9日他关于"一个异样美好的清晨"[88]的随笔中找到。当他们开始离开哈尔斯塔伊尔(Haldórsstaðir)营地时,莫里斯突然有了痛的领悟,一清二楚,历历分明:"在山谷和荒原之间有一种特别的感动。这种感动让我瞬间洞悉了事物的全部意义。来时无迹,去时无踪,去与来时,事事皆同。"

　　冰岛,再次满足了他的心愿。正如他回来后对阿格拉娅所说:"我真的收获了很多,吸引我去那里的不是凭空的心血来潮,而是我所必需的真正本能。"[89]他焕然一新地回来了。这次旅行深化了他对冰岛的最初印象,也增加了他对冰岛的爱:"在这悲凉而美丽的土地上,勇士的故事被铭记在心。这种至真至诚,驱散了我内心的所有怨恨,使我比任何时候都更加珍爱妻子和孩子,吾爱和朋友。"他几乎可以肯定,他将与冰岛永别了。这一次他是对的。

信中的"吾爱",所指是人,抑或是物?难道他意指阿格拉娅本人吗?这一时期的信件中,莫里斯流露出对阿格拉娅的爱。甚至,某种程度上说,是依赖。一封信中,他想象着她站立在自己的花园里,就像从《人间天堂》走出的、他渴求的女人。而接下来的几年,在冰岛受到的锤炼,将莫里斯的道德水准提升至冰魂雪魄之境。于此,对逢场作戏或是左右逢源,莫里斯都渐渐失去了兴趣。

从 1872 年和 1873 年之交的冬天,直到第二年,罗塞蒂一直住在凯尔姆斯科特。他胖了一些,感觉比在伦敦时好多了。他还带来了一些朋友、画像模特和几只汪汪乱叫的小狗——甚至他的母亲也来凯尔姆斯科特住了下来。罗塞蒂把詹妮画成了珀耳塞福涅——手握石榴的哀怨女神。她被冥王绑架,成为冥府的王后,每半年恢复一次自由。詹妮的这幅画像让他着迷,以至于在 1871 年至 1877 年间画了八个版本。

罗塞蒂在凯尔姆斯科特鸠占鹊巢的这些年,莫里斯很少回去,或者每次去只待几天。一次,西奥多·沃茨-邓顿恰好和他相遇。他发觉莫里斯的戒心很重,紧张易怒。

莫里斯对这里倾注了作为主人的情感,他无法忍受成为房子访客的感觉。1874 年春,他毫不含糊地坚定立场——这种态度在他未去冰岛之前是不可能出现的。也许其中的决定因素在于,他担心凯尔姆斯科特的生活会对女儿们造成影响。她们现在不再是"小可爱",而是十来岁的女孩了。来客也是什么人都有。罗塞蒂提到一位思想先进的女仆,从伦敦来这里做裸体海妖的模特。梅说,满屋子都可以疯玩捉迷藏游戏,可以跟些访客"在阁楼里嬉戏打闹",包括一位"波澜不惊、无忧无虑的模特"。[90]那时的詹妮缺席母亲角色,莫里斯意识到在凯尔姆斯科特孩子们缺乏父母的监护,而他则不得不在伦敦。在一封信中,他抱怨说,已经一个月没见到女儿们了。

4 月 16 日,他终于悲愤交加地给罗塞蒂写了一封信,信里附了一季度的租金,并要求罗塞蒂即刻同意解除约定。"然而,至于未来,我希望你能视我为理所应当,而不要视我为薄情寡义。你已经在凯尔姆斯科特过上了习以为常的生活,我想这是我们分摊房租时,谁也未曾料到的事。至于其他,我实在是可怜,迫于生计,汲汲忙忙,不能随时享用这个房子。但我很高兴,无论如何,你发挥了它的价值,并获得了乐趣。"[91]他的语气异常激动,这是兄弟情谊的正式结束。

336　　　罗塞蒂采取了行动,试图以自己的名义接管租约。但他没有如愿,而是由莫里斯重申租约,与他的出版商兼渔友 F. S. 埃利斯联合持有。1874 年的春天,是罗塞蒂和詹妮最后一次在凯尔姆斯科特生活。那年 7 月,罗塞蒂终于离开了。

　　同月,莫里斯召集家人去了比利时。除了詹妮和女儿们(珍妮十三岁,梅十二岁),还有伯恩-琼斯的两个孩子,和珍妮同龄的菲利普和小她五岁的玛格丽特,当时只有八岁。幸运的是,詹妮身体状况相当不错。莫里斯觉得这趟旅程可能很辛苦。他带着孩子们登上横跨英吉利海峡的汽船,从加来前往布鲁日。他们先乘火车,再坐公共马车,热得就像在土耳其浴室。他很高兴重返蜜月之城布鲁日。但是他没有时间和空间沉思,对此他颇有怨言。尽管孩子们因为第一次出国旅行而狂喜不已,但她们表现得很好,而且对莫里斯的专家讲座还很感兴趣。梅后来说道:"父亲深情地看着这个充满回忆的城市,任何人都会被他的愿景温暖和鼓励,除非他是暴怒者,或是愚痴儿。"[92]她注意到父亲看向母亲,对她微笑,说看到孩子们玩得这么开心真是值得。

　　莫里斯每次旅行时都渴望能与人交流。在这个短假里,他给母亲写信,给阿格拉娅写信,描述他看到的景象:成熟的小麦、燕麦,以及农场工人从根特到布鲁日一路割下的黑麦。但值得注意的是,后冰岛时期,一个崭新的视野,前所未见的关注点,逐渐渗入他的书信。他的旅行,已经开始带着强烈的社会意识,带着科贝特或早期 E. P. 汤普森的视角:"我想,乡民看起来很穷苦。"[93]

纳沃斯城堡位于卡莱尔北部的坎伯兰,是一座建有雉堞的红褐色建筑。它是建于爱德华三世时期的防御要塞。在茂盛森林的三面环绕中,城堡赫然耸立。它是沃尔特·司各特乡村的沃尔特·司各特城堡,距拉内科斯特修道院遗址几英里。远处是隐约可见的哈德良长城。纳沃斯城堡有两个塔楼。塔楼不尽相同:一个是四方形,另一个是比较古怪的多角形。从门楼进入,内部庭院有着莫里斯所期望的建筑的节制美,同时兼备了修道院与军工院气息。青翠平整的草坪周边,设置了层次丰富的台阶和门道。大会堂是北部尤为壮观的一道景观。这里有一个大型分段式壁炉,有用彩带装饰的中世纪的橡木野兽列队。后来,莫里斯为这个图书馆供应长毯,他诉苦说自己做得"吭哧吭哧"。[94]这块三十乘以十五英尺的地毯,是他做过的最大地毯。

1873 年夏末,莫里斯和内德来到纳沃斯,与霍华德一家住在一起。不难理解为什么莫里斯在这种强烈的中世纪氛围中如此快乐。他对阿格拉娅说,这里的环境"一定是英国最诗意的地方"。[95]他和内德入住威廉·霍华德勋爵的塔楼,这是两座塔楼中较大的一座。威廉勋爵是乔治的祖先。他于 1584 年皈依天主教,是沃尔特·司各特所说的"宽腰带威尔"。从建筑角度来说,纳沃斯的名气就取决于这座塔。其一楼的木建筑结构在英国独一无二:宽阔的横梁,方形的截面,以斜对角形态构造。二楼还有一个大壁炉。三楼有着十四世纪原木天花板,带有铸造华丽的浮雕和大梁,金碧辉煌。莫里斯心满意足地写道,他和内德怎样享受着上午时光——"这是塔楼里最舒适明快的房间,伊丽莎白女王时代的威廉·霍华德曾住过这里,此外再无他人前来"。他忽略了——或者说是容忍了——1844 年大火之后安东尼·萨尔文在纳沃斯进行的修复工作。

在这一时期,只有霍华德家能够渗入封闭多年的拉斐尔前派第二代以及莫里斯牛津"集结会"老友的交往圈。在这个小世界,友情与商业交往相互联合。霍华德家也是给公司带来财富的极为重要的客户,不过也最识货,但有时要求非常苛刻。乔治·霍华德于 1889 年掌管霍华德城堡,成为第九任卡莱尔伯爵,并于八十年代初两次担任东坎伯兰郡自由党议员。乔治·霍华德还是位技术精湛的业余画家,师从意大利风景油画家乔瓦尼·科斯塔。1882 年,在霍华德城堡有一幅科斯塔的自画像,画的是他在画架旁室外写生纳沃斯的乡村景色。霍华德每年都要花数月时间,一冬又一冬,在意大利旅馆、公寓和出租房里,细细品味坎帕尼亚的浪漫景致。他和弗雷德里克·莱顿是英派意大利画家团体的中流砥柱。这个所谓的伊特鲁里亚学派,成员包括马修·里德利·科比特、乔治·海明·梅森、亨利·霍利迪、威廉·布莱克·里士满和沃尔特·克兰。乔治·霍华德是一位文雅、迷人、神秘的贵族,他的孙子,即同名的二十世纪八十年代英国广播公司主席和他如出一辙。正如西德尼·科尔文所说的那样,霍华德性格多面,"有令人着迷的温文尔雅一面,也有愤世嫉俗的多疑、爱讥讽的一面"。[96]他热爱意大利的一切事物,这改变了他的世袭特征,以至于他本人看起来就很像意大利人。科尔文开车经过意大利某个集镇时,忍不住叫道:"天哪! 这里全是乔治·霍华德家的人。"

　　乔治的妻子甚至更加光彩夺目。罗莎琳德出身自由党贵族之家,高知、有创见、好辩论。这个家庭还养育了伯特兰·罗素。她的父亲,即奥尔德利的斯坦利勋爵二世,曾在辉格党部门任职,因其毒舌而被称为本杰明·"反咬"(Backbite)爵士。罗莎琳德遗传了父亲的果敢和热烈。与她交流就像"熔岩流淌"[97],这一定让莫里斯很忆念冰岛。她深受 J. S. 穆勒的《妇女的从属地位》(1869)影响,在她二十多岁时,就在日记中吐露了自己"渴望成为时代伟人,为世界做出贡献"[98]的愿望。后来,她积极参与妇女选举权和禁酒运动。有一个故事是,乔治继承伯爵之位后搬进霍华德城堡,而她则将一千五百瓶红酒倒入下水道。这个故事应是杜撰,但人们宁愿相信,这是她说一不二的一种表现。

　　六十年代中期,作为内德和乔治亚娜的朋友,霍华德夫妇进入了这个有趣的圈子。在玛丽·赞巴科的事上,他们陪伴和引导着深陷其中的伙伴们。内德和乔治亚娜天性都不太爱说话,但他们都发现罗莎琳德很容易让人敞开心扉。事实上,她也要求他俩务必坦诚相待。她比任何人都更了解,面临如此巨大的创伤,乔治亚娜做出了怎样的隐忍。在一个

338

小时的当事现场,她一度怒向内德,疏导着他的泪水、解释、忏悔和柔情。

在接下来的几年里,她对詹妮也很体贴。詹妮病时,她把孩子们送到了纳沃斯。她对莫里斯家的孩子们也很感兴趣,觉得她们聪明又伶俐——尽管她们的唯物思想令人震惊:梅在八岁时就断言,灵魂只是"虚构出来的身体部分"[99],人死后除了一堆骨头什么都没有。让她感到惊讶的是,女孩们竟然成长于非神学体系。对于她的好意,詹妮虽心怀感激,但又有些惶惶失措。罗莎琳德的"光环"[100],以及罗莎琳德和乔治亚娜这两位意志坚定、善于表达的年轻女性之间的自然融洽,往往让她觉得心有重负,感觉自己是个局外人,社交能力和聪明才智都低人一等。

罗莎琳德和莫里斯小心翼翼地相互靠近。莫里斯第一次来纳沃斯是 1870 年夏天,手里拿着一个"格外小巧的毛毡包"[101],当时珍妮和梅也在。罗莎琳德在他到达那里的几个小时后写道:"他很腼腆——我也是——我觉得他正在尝试化身'野蛮人',我弄不清他脑子里在想什么。"幽谷散步之后,莫里斯渐渐变得随和起来:"他言语如此清晰,思维如此敏捷,韦伯口中很纠结的事,在他看来似乎很轻松。尽管他缺乏同情心和同理心——这对我来说是可怕的缺失——但是他是这样宽容与温和,令人钦佩。他很亲和,不曾冷落我——我想这可能是因为乔治亚娜说了些关于我的好话——倒不是说我希望他会喜欢我——只要他能迁就我,我们就能好好相处了。"莫里斯很快就对她另眼相看,这点与内德完全一致:"昨天早上,在我的工作室里,莫里斯对她连连称赞。他摇晃我的画布,使我把线条画得歪歪扭扭。"[102]

他们第二次去纳沃斯,日程安排得很宽松。整个夏天,内德都在遭受着极其糟糕的神经紧张和失眠侵扰。乔治亚娜嘱咐,要求他在坎伯兰拿自己当康复病人看待,不可以进行艰险远足,只能在周围走走——"从清新甜美的空气中汲取活力"。[103]他和莫里斯四处闲逛,沿着边境坐车兜风。莫里斯"嗅到了荒野气息,感觉又重回到冰岛"。[104]

另一位仅有的访客是理查德·沃森·狄克森,目前是卡莱尔大教堂的教士。他寒酸潦倒,却仍在写诗,但没有得到多少认可。他还计划写一部宏伟的《从罗马教廷独立出来的英格兰教会史（1878-1902）》。他拜托莫里斯向乔治·霍华德说情，希望得到一个空缺的职位。他遗憾地说，他已在圣职部门工作了将近十六年，每年从未收到超过一百五十英镑的薪水。他被委任为海顿的助理牧师，那里离纳沃斯不远。第二年，他拜访了他称之为"桂殿兰宫"[105]的纳沃斯城堡。他已经多年未见莫里斯和内德了，内德的状况让他惊愕，发现他变得沉默寡言。而"托普西和颜悦色、令人愉快"——他在写给牛津老友科梅尔·普赖斯的信中这样说。

　　托普西总是春风和气、潇洒旷达、敦默稳重，这是朋友们对他的印象。然而，莫里斯已年过四十。他从冰岛返回家后，经历了生活的磨练，性情也发生了实质性变化。罗莎琳德迅速洞悉了莫里斯的雷厉风行——他完全可以推倒重来，如果必要，他可以从旧行为模式，甚至是从所爱的人那里解脱出来。她之所以意识到这一点，是因为她自己也有这样的能力。

29.《威廉·莫里斯和罗莎琳德·霍华德》，乔治·霍华德绘于素描本，现存于怀特威克庄园

回到伦敦不久,莫里斯向罗莎琳德倾诉内心,语气充满负疚:"你知道吗?当我看到可怜的酒鬼酩酊大醉,酒后又无德,我除了觉得不雅,还感到羞耻,好像我本人与此事也有关。"[106]此前,他虽关心社会问题,却是以置身事外的姿态。现在,他正逐渐与穷人感同身受。

作为设计师,莫里斯很耐人寻味。他不是我们一度认为的那种进步主义者,也不是完全的历史主义者——虽然他在技艺上,在对传统图案的改造方面借鉴了过去。古法与原创,总是相得益彰。这种现象,在十九世纪七十年代后期的纺织图案流行浪潮中尤为明显。现代评论家彼得·富勒将他准确概括为:激进保守主义美学工作者。

七十年代中期,莫里斯已近中年。在他的人性特点中,凸显出同样的互补张力。某些情形中,他仍然紧紧依附于自己的过去,把过去看得很重。我们发现,1875年,他正在牛津大学攻读硕士学位。虽然计划姗姗来迟,但他告诉母亲这或许出于他的"狂热"。[107]当时,有人请他为莫尔伯勒公学的小礼拜堂提供彩色玻璃,他热情回复。他和福克纳再次启程,前往他的"故土"威尔士。带着惆怅之情,他们长途跋涉至德菲(Dyfi)山谷。他心想,只要拥有一间小屋、一头母牛,再加上"一两匹威尔士小马"[108],就能过上清欢的生活。他对母亲的恭敬堪称楷模。母亲目前住在赫特福德郡的马奇哈德姆。梅记得,在一次丰收庆典上,他站在堆满成熟苹果的香甜果园里,一手拄着手杖(莫里斯已患痛风),另一只手挽着年迈的母亲。

但是,在莫里斯重构内在世界的同时,他也进行着外在世界的断舍。自从将罗塞蒂从凯尔姆斯科特庄园驱逐之后,他决心重组莫里斯-马歇尔-福克纳公司,精简合伙人,全权掌控公司。1874年年初所进行的协商艰难而持久。莫里斯意识到,从公司运营开始的那一刻,他就是公司的核心推动力。现在比以往任何时候更甚。随着其他合伙人陆续离开去从事自己的主业——罗塞蒂、布朗和伯恩-琼斯转向绘画,韦伯投身建筑,马歇尔入行卫生工程,福克纳重返学术——公司的生存与发展将完全取决于莫里斯。正如他对阿格拉娅所说:"我企盼公司业务青云直上,但除非我亲力亲为,否则遥不可及。"[109]

莫里斯一直处于资金短缺状态。1873 年,他给埃里克·马格努松写了一封回信,解释了他的处境:

342

> 我将尽我所能在差不多一周内凑齐七十英镑——这可能不尽如人意,但我必须请你明白:虽然我看着不错,但实际上总是捉襟见肘。我唯一重要的收入来源就是公司,而公司又经营惨淡,入账簿总是显得很薄。[110]

除两百英镑年薪外,莫里斯现在还得到年度净利润的百分之十作为奖金。然而,以 1868 年为例,公司营业额两千英镑,而净利润仅三百英镑左右。总而言之,莫里斯感到公司百分之十的利润并不匹配他为公司付出的努力,也无法提供给他扩展未来业务所倚靠的动力。他也不能再依靠德文大联合铜矿公司的收入来补贴设计工作了——该债券公司利润正急剧减少。1874 年,莫里斯开始出售公司股权,却只从售出的八十股股票中得到了八十英镑。公司确实是他的唯一收入来源。他迫切希望推动公司向新领域转型——彼时的他设想拓展墙纸、印花棉布及地毯的设计业务,并通过寻求外部制造商实现规模化生产。在提交企业重组方案时,他直白地运用了典型的资本主义商业逻辑。怀着这种新觉醒的心态,莫里斯开始意识到自己长期处于被压榨的境地,他认为此刻正是主张自己应得权益的时机。

布朗、罗塞蒂和马歇尔坚决反对,他们委托西奥多·沃茨-邓顿(当时还是初级律师西奥多·沃茨)为他们辩护。他们声称,所有合伙人的投资都是等同的。而且从一开始,他们就按协商比例获酬,因此他们对公司资产应享有平等权益。起先,他们都是风险投资人。尤其是早期,公司生存一直仰赖于布朗的丰富阅历和罗塞蒂的广泛人脉。现在,公司终于开始盈利,他们却被排除在外。在他们看来很不公平。

谈判各不相让,尤其是布朗,绝不迁就莫里斯。花了好几年时间,双

30.《托普西下坠》,但丁·加百利·罗塞蒂在公司重组期的漫画。昔日合伙人出现在画面左上角,手持横幅:"我们正在挨饿。"旁边,詹妮、卡尔·马克思和弗里德里希·恩格斯眼睁睁看着莫里斯坠入地狱方才达成妥协。1875 年 3 月,莫里斯最终同意向罗塞蒂、布朗和马歇尔各支付一千英镑的赔偿金。伯恩-琼斯和福克纳放弃了索赔。韦伯也放弃了赔偿金,并放弃了总计六百四十英镑的拖欠工资。3 月 31 日,莫里斯-马歇尔-福克纳有限公司正式宣布解散,公司将由莫里斯全权经营,即莫里斯有限公司。匪夷所思的是,罗塞蒂指定詹妮为赔偿金获益人。莫里斯回答说:"我亲爱的加百利,谢谢你的来信。我不反对这样做,但是我们必须按规定执行,这笔钱必须要交给受托人。"[111] 后来,罗塞蒂创作了一个基于真实人物的虐心剧,来以牙还牙。在他的短剧《托普西之死》[112] 中,他让莫里斯最终死于经纪人乔治·沃德尔的妻子之手。沃德尔夫人便是玛德琳·史密斯。1857 年,她在爱丁堡因涉嫌毒杀情人而接受审判,引起了法庭轰动。案件最终判定为"证据不足"。她此后的婚姻似乎无可厚非,但对于那些知晓她过往的人来说,难免多了些菲薄。罗塞蒂剧本的副标题"愚行之恶果",带有不祥之兆。他把手稿装在信封里,用火漆章封好,寄到了霍灵顿之家詹妮那里。

剧中人物有:威廉·托普西·莫里斯(室内装饰设计师,《人间天堂》的作者)、沃德尔(他的经理)、玛德琳·沃德尔夫人、沃德尔大少爷、沃德尔二少爷、沃德尔三少爷、一位杂货商、一位制药化学家、卡布曼大少爷、卡布曼二少爷、爱德华·伯恩-琼斯(天才人物)、斯坦尼特(木匠兼殡仪馆老板)、福特·马多克斯·布朗(历史画画家)、艾玛(他的妻子)、格皮夫人(灵媒)、韦林顿·泰勒的鬼魂、托普西的鬼魂、珀西·比希·雪莱的鬼魂。

场景—伦敦
场景一

一侧是家居装饰店,门上写有"莫里斯公司"。另一侧是杂货店。沃德尔大少爷走进家居装饰店,拿了一卷羊皮纸。

沃德尔大少爷:爸爸,我拿到了莫里斯先生寄来的合约副本。

沃德尔(从里面)：给我,孩子。

沃德尔二少爷出场,走进杂货店。

沃德尔二少爷：如果可以,我妈妈想要一磅你们店最好的咖啡。

杂货店老板(从里面)：好的,先生。

沃德尔三少爷走向远处一家药店,场景结束。

场景二

(圣詹姆斯大厅)

托普西正在做《建筑修复》的演讲,场景展开。

托普(念)："我们的祖先以超人般的辛勤劳作,为我们建造了让基督教徒奉若神明的庙宇——不,庙宇本身就让信徒们肃然起敬"——(小声嘟囔："我不可能写这么烂"——翻了一页,想跳过去,却发现做不到,于是继续)——"教徒的信仰产生力量,而只有这种力量才能激发出如此巨大的成就"。(一贯的内心旁白)"知道了,一定是该死的内德插进去的内容!"(继续)"那伟大而谦卑的人们,做梦都想不到他们骄傲无知的后代(挠了挠屁股,愤然盯着身后的幕布)会把所有的心血都置于污损他们遗留下来的神迹般的建筑上。"(旁白音传到幕后)"我说,内德,你真该死。"

伯恩-琼斯(在幕布后面)：这不是我写的。托普,是你自己写的! 真是糟糕,但还得继续,否则观众会嘘声不已。

(开弓没有回头箭。托普前言不搭后语地在热烈喝彩中结束了演讲。他向观众鞠躬,然后走到幕后。)

托普：我说,内德,他们一定都是傻瓜! 我下次再付钱给你,我必须去沃德尔家,因为我说过要去那儿喝茶。

伯恩-琼斯：他们总是喝咖啡。

托普：哦? 是吗? 那你来吗?

伯恩-琼斯：不了，谢谢。我说，托普，一个工人用粉笔在你后背上画了
一个大大的 T。

托普：好吧，该死的，你为什么不把它擦掉呢？

（他们来到门口，伯恩-琼斯跑到街上。）

场景三

在一间私人公寓，沃德尔和玛德琳坐在桌旁，桌上摆着茶杯和茶碟等。

玛德琳：合约签好了吗？

沃德尔：是的。

（悄无声息地，托普西进来了。）

托普：非常抱歉。我本来是把帽子放在外面的椅子上，但不知怎么，我
的手竟然穿过了帽子。

玛德琳：莫里斯先生，别客气，这无关紧要。

托普（面向沃德尔）：我说，老伙计，内德刚才告诉我，有人在我背上用粉
笔写了个 T 字。（试着回头去看）你看到了吗？

沃德尔：当然没有。

托普：去他的内德！（咬牙切齿）我真该把他肚子里的东西都踩出来！

沃德尔：他没肚子。

托普：那谈谈肚子吧——我的肚子怎么样？（他站起身，从桌子上拿起
四分之一大的面包，塞进裤腰里，以显示富余的空间。然后他又
把面包取出，放回盘子里。）
好了，你们不要再说我胖了。

沃德尔：我从没这么说——我一直认为你身材很好。

玛德琳：莫里斯先生，你的咖啡凉了。乔治，亲爱的，把杯子递给我。

托普（从沃德尔手中接过杯子）：好的，老伙计（喝咖啡）。呼！我没有
肚子，还有啥可抱怨的呢？呼！去他
的！（死了）

场景四
（同场景一）

　　沃德尔把梯子搭在家居装饰商店，然后登上梯子，把莫里斯的名字除去，代之以"沃德尔 &Co."。

卡布曼大少爷（路过）：哎？"Co.①"是谁？

卡布曼二少爷（路过）：怎么啦，当然是"咖啡"喽。

　　（托普西被抬上灵柩，斯坦内特正经过送葬队伍的前头。他停了下来，看着正在发生的事。一辆公共马车经过，老布朗坐在车上，转过身来，难以置信地盯着门头上的新字。）

艾玛（在公共马车里）：你看到了吗，福特？

老布朗：是的，艾玛（他朝上看去，手指向天堂）

　　（可以听见，韦林顿·泰勒的鬼魂在敲一位灵媒的门。）

场景五
（灵媒之家）

　　格皮夫人同一些鬼魂，坐在维多利亚风的桌旁。韦林顿·泰勒的鬼魂进来了。

泰勒的鬼魂：托普西，你这个傻瓜。过来！给你一个机会。在桌子那儿，来个口若悬河的演说，让他们有福气听听。

托普西的鬼魂：滚，这烂透了。你以为我是鬼，就信鬼吗？再说，你这个白痴，你不会以为我会坐在这烂糟桌子前讲话吧！

　　（自顾自地胡言乱语）

格皮夫人：这是我所见过的最低级的灵了。这滥竽充数的怪胎，难道不比那没有魂魄的腐败野兽更低等吗？谁知道呢？我的朋友

---

① Co. 指公司，但也是 coffee 一词的前两个字母。

们,他已经走了——简直不敢想象他会去哪儿。(她转向桌子)雪莱,你在吗?

珀西·比希·雪莱的鬼魂:嗨,瞒神弄鬼,小猫骗人——

格皮夫人:安静——我的朋友们,马上要听到真名堂了。

(落幕)

这段关于当时著名灵媒格皮夫人的场景,显然是对性情淡漠的莫里斯一记辛辣讽刺。神秘主义是詹妮和罗塞蒂之间的纽带,他们曾经一起参加降神会。詹妮绝对有唯灵论的倾向,她有声有色地叙述过凯尔姆斯科特闹鬼的事:神秘的马车被驾到房子里。但莫里斯却能令所有灵媒黯然失色。伯恩-琼斯回忆说:"有一次,我和莫里斯先生去参加一个降神会。在那个房子里,我们先和灵媒吃了饭,我一直认为这是个错误。"[113]

公司解散对莫里斯的影响比他自认为的要深刻得多。这是对兄弟情谊的又一次背弃。他觉得,他的"不合作合伙人"[114]行为恶劣,以至于他一度想把整件事诉诸法庭。那是一个悲伤且幻灭的时期。不过,莫里斯虽然沮丧,却不屈不挠,甚至以一丝得意的姿态站在那些年来一直取笑他、折磨他、吸食他大脑的人前面。在这段经历中,莫里斯扮演了复仇者的角色,他把罗塞蒂赶出了公司,甚至赶出了自己的婚姻。他在1875年5月写道:"我终于解决了合伙生意,现在我是唯一的掌舵人。"[115]

同年,他当机立断辞去了德文大联合铜矿公司的董事职务,卖掉了大部分股份。爱德华·卡彭特,这位诗人及自由思想家,在感受到了社会主义召唤的时刻,丢弃了他的礼服。维多利亚时代的人喜欢上演这种带有象征意味的戏码——莫里斯在辞去大联合铜矿公司董事职务的那天,特意戴上了大礼帽。

注释

[1] 威廉·莫里斯致查尔斯·艾略特·诺顿的信,1871年10月19日。

[2] 威廉·莫里斯,《泰晤士河上游一座老房子的流言》(1894),《威廉·莫里斯：艺术家、作家、社会主义者》。

[3] 同上。

[4] 同上。

[5] 威廉·莫里斯,《半生已逝》,《希望的朝圣者》,1885 年. 。

[6] 威廉·莫里斯致查尔斯·艾略特·诺顿的信,1871 年 10 月 19 日。

[7] 威廉·莫里斯,《泰晤士河上游一座老房子的流言》。

[8]《乌有乡消息》,1890 年。

[9] 威廉·莫里斯,《艺术与地球之美》,1881 年讲座。

[10] 威廉·莫里斯,《泰晤士河上游一座老房子的流言》。

[11] 威廉·莫里斯,《艺术与地球之美》,1881 年讲座。

[12] 麦凯尔,《威廉·莫里斯的一生》。

[13]《威廉·莫里斯作品集》"导言"。

[14] 威廉·莫里斯致路易莎·鲍德温的信,1874 年 3 月 26 日。

[15] 威廉·莫里斯,《在榆树下,或在乡村思索》,《公共福利》,1889 年 7 月 6 日。

[16] 威廉·莫里斯致艾玛·奥尔德姆的信,1871 年。

[17]《威廉·莫里斯作品集》"导言"。

[18] 但丁·加百利·罗塞蒂致加百利·罗塞蒂夫人的信,1871 年 7 月 17 日,道蒂和沃尔。

[19] 但丁·加百利·罗塞蒂致威廉·贝尔·司各特的信,1871 年 7 月 17 日,道蒂和沃尔。

[20] 但丁·加百利·罗塞蒂致加百利·罗塞蒂夫人的信,1871 年 7 月 17 日,道蒂和沃尔。

[21] 但丁·加百利·罗塞蒂致威廉·贝尔·司各特的信,1871 年,道蒂和沃尔。

[22] 威廉·罗塞蒂编,《但丁·加百利·罗塞蒂诗集》(*The Poetical Works of Dante Gabriel Rossetti*),埃利斯和埃尔维,1905 年。

[23] 但丁·加百利·罗塞蒂致威廉·贝尔·司各特的信,1871 年 7 月 17

日,道蒂和沃尔。

［24］《威廉·莫里斯作品集》"导言"。

［25］西奥多·沃茨-邓顿,威廉·莫里斯的讣告,《雅典娜神殿》,1896 年 10 月 10 日。

［26］威廉·贝尔·司各特致艾丽斯·博伊德的信,1871 年 10 月 23 日,弗雷德曼。

［27］《爱德华·伯恩-琼斯回忆录》。

［28］S. C. 戴克,《但丁·加百利·罗塞蒂生平的一些医学方面》,《皇家医学会论文集》,1963 年 12 月。

［29］威廉·贝尔·司各特致艾丽斯·博伊德的信,1872 年 6 月 17 日,弗雷德曼。

［30］詹妮·莫里斯致福特·马多克斯·布朗的信,未注明日期,布赖森。

［31］威廉·贝尔·司各特致艾丽斯·博伊德的信,1872 年 6 月,弗雷德曼。

［32］《威廉·贝尔·司各特生平自述》手稿,弗雷德曼。

［33］威廉·莫里斯致艾玛·谢尔顿·莫里斯的信,1872 年 6 月 11 日。

［34］威廉·莫里斯致福特·马多克斯·布朗的信,1872 年 6 月。

［35］威廉·贝尔·司各特致艾丽斯·博伊德的信,1872 年 7 月,弗雷德曼。

［36］但丁·加百利·罗塞蒂致威廉·罗塞蒂的信,1875 年 9 月 17 日,弗雷德曼。

［37］詹妮·莫里斯致西奥多·沃茨-邓顿的信,约 1884 年,大英图书馆。

［38］菲利普·韦伯致詹妮·莫里斯的信,1872 年 9 月 12 日,大英图书馆。

［39］麦凯尔笔记本,威廉·莫里斯陈列馆。

［40］威廉·莫里斯致阿格拉娅·科罗尼奥的信,1872 年 11 月 25 日。

［41］威廉·莫里斯致安德烈亚斯·朔伊的信,1883 年 9 月 15 日。

［42］但丁·加百利·罗塞蒂致威廉·贝尔·司各特的信,1871 年 10 月 2 日,道蒂和沃尔。

［43］《威廉·莫里斯作品集》"导言"。

[44] 威廉·莫里斯,《爱就够了》,1872 年。

[45] 威廉·莫里斯致路易莎·鲍德温的信,1872 年 2 月 13 日。

[46] 巴兹尔·钱普尼斯(Basil Champneys),《考文垂·帕特莫尔回忆录和书信》(*Memoirs and Correspondence of Coventry Patmore*),G. 贝尔父子公司,1908 年。

[47] 乔治·梅雷迪斯致弗雷德里克·格林伍德的信,1873 年 1 月 1 日,C. L. 克莱恩编,《乔治·梅里迪斯的信》,牛津,1970 年。

[48] 爱德华·伯恩-琼斯,1898 年 1 月 7 日,玛丽·拉戈编,《伯恩-琼斯谈话录》。

[49] 威廉·莫里斯致阿格拉娅·科罗尼奥的信,1873 年 1 月 23 日。

[50] 乔治·沃德尔,《回忆威廉·莫里斯》。

[51] 威廉·莫里斯致阿格拉娅·科罗尼奥的信,1873 年 2 月 11 日。

[52] 威廉·莫里斯致阿格拉娅·科罗尼奥的信,1873 年 1 月 23 日。

[53] 菲利普·韦伯致詹妮·莫里斯的信,1878 年 11 月 8 日,大英图书馆。

[54] 詹妮·莫里斯,麦凯尔笔记本,威廉·莫里斯陈列馆。

[55] 引述自 A. M. W. 斯特林,《威廉·德·摩根和他的妻子》。

[56] 玛格丽特·伯恩-琼斯,麦凯尔笔记本,威廉·莫里斯陈列馆。

[57] 威廉·莫里斯致阿格拉娅·科罗尼奥的信,1873 年 1 月 23 日。

[58] 威廉·莫里斯致路易莎·鲍德温的信,1873 年 10 月 22 日。

[59] 弗吉尼亚·瑟蒂斯编,《乔治·普赖斯·博伊斯日记》,1874 年 3 月 22 日,现实世界出版社,诺维奇,1980 年。

[60] 玛格丽特·伯恩-琼斯,麦凯尔笔记本,威廉·莫里斯陈列馆。

[61] 《威廉·莫里斯作品集》"导言"。

[62] 麦凯尔,《威廉·莫里斯的一生》。

[63] 爱德华·伯恩-琼斯,1898 年 1 月 7 日,玛丽·拉戈编,《伯恩-琼斯谈话录》。

[64] 威廉·莫里斯致詹妮·莫里斯的信,1873 年 4 月 6 日。

[65] 威廉·莫里斯致菲利普·韦伯的信,1873 年 4 月 10 日。

[66] 威廉·莫里斯致詹妮·莫里斯的信,1873 年 4 月 6 日。

[67] 威廉·莫里斯致菲利普·韦伯的信,1873 年 4 月 10 日。

[68] 威廉·莫里斯致佛罗伦萨总督的信,1881 年 1 月 26 日。

[69] 威廉·莫里斯致詹妮·莫里斯的信,1873 年 4 月 6 日。

[70] 威廉·莫里斯致菲利普·韦伯的信,1873 年 4 月 10 日。

[71]《冰岛日志》,1873 年 7 月 24 日。

[72] 威廉·莫里斯致阿格拉娅·科罗尼奥的信,1873 年 1 月 23 日。

[73] 威廉·莫里斯致阿格拉娅·科罗尼奥的信,1873 年 2 月 11 日。

[74]《冰岛日志》,1873 年 7 月 24 日。

[75] 埃德蒙·戈斯致菲利普·戈斯的信,1871 年 10 月 24 日,引自埃文·查特里斯阁下,《埃德蒙·戈斯爵士的生平和书信》。

[76] 埃德蒙·戈斯致菲利普·戈斯,1872 年,同上。

[77] 引述自安·斯威特(Ann Thwaite),《埃德蒙·戈斯:文学景观》(*Edmund Gosse: A Literary Landscape*),牛津大学出版社,1984 年。

[78]《冰岛日志》,1873 年 7 月 24 日。

[79] 威廉·莫里斯致詹妮·莫里斯的信,1873 年 7 月 18 日。

[80]《冰岛日志》,1873 年 7 月 24 日。

[81] 詹妮·莫里斯致威尔弗里德·斯考恩·布伦特的信,1889 年 5 月 28 日,彼得·福克纳编,《简·莫里斯致威尔弗里德·斯考恩·布伦特书信》,埃克塞特大学,1968 年。

[82]《威廉·莫里斯作品集》"导言"。

[83]《冰岛日志》,1873 年 7 月 19 日。

[84] 同上,1873 年 7 月 29 日。

[85] 同上,1873 年 8 月 4 日。

[86] 同上,1873 年 8 月 6 日。

[87] 同上,1873 年 8 月 14 日。

[88] 同上,1873 年 8 月 9 日。

[89] 威廉·莫里斯致阿格拉娅·科罗尼奥的信,1873 年 9 月 14 日。

[90]《威廉·莫里斯作品集》"导言"。

[91] 威廉·莫里斯致但丁·加百利·罗塞蒂的信,1874 年 4 月 16 日。

[92]《威廉·莫里斯作品集》"导言"。

[93] 威廉·莫里斯致艾玛·谢尔顿·莫里斯的信,1874年7月24日。

[94] 威廉·莫里斯致詹妮·莫里斯的信,1881年2月23日。

[95] 威廉·莫里斯致阿格拉娅·科罗尼奥的信,1874年8月13日。

[96] E. V. 卢卡斯,《科尔文一家和他们的朋友》,梅休因,1928年。

[97] 多萝西·亨利,《罗莎琳德·霍华德,卡莱尔伯爵夫人》,霍加斯出版社,1958年。

[98] 弗吉尼亚·瑟蒂斯,《艺术家和独裁者:乔治和罗莎琳德·霍华德》,迈克尔·拉塞尔,威尔顿,1988年。

[99] 梅·莫里斯,引述自E. V. 卢卡斯,《科尔文一家和他们的朋友》。

[100] 詹妮·莫里斯致罗莎琳德·霍华德的信,1878年,霍华德城堡。

[101] 罗莎琳德·霍华德,引述自E. V. 卢卡斯,《科尔文一家和他们的朋友》。

[102] 爱德华·伯恩-琼斯致乔治·霍华德的信,未注明日期,霍华德城堡。

[103] 乔治亚娜·伯恩-琼斯致罗莎琳德·霍华德的信,1874年7月31日,霍华德城堡。

[104] 威廉·莫里斯致阿格拉娅·科罗尼奥的信,1874年8月13日。

[105] R. W. 狄克森致科梅尔·普赖斯的信,引述自麦凯尔。

[106] 威廉·莫里斯致罗莎琳德·霍华德的信,1874年8月20日。

[107] 威廉·莫里斯致艾玛·谢尔顿·莫里斯的信,1875年5月27日。

[108] 威廉·莫里斯致珍妮和梅·莫里斯的信,1875年4月5日。

[109] 威廉·莫里斯致阿格拉娅·科罗尼奥的信,1873年2月11日。

[110] 威廉·莫里斯致埃里克·马格努松的信,1873年3月18日。

[111] 威廉·莫里斯致但丁·加百利·罗塞蒂的信,1874年10月。

[112]《托普西之死》,但丁·加百利·罗塞蒂手稿,约1878年,大英图书馆。

[113]《爱德华·伯恩-琼斯回忆录》。

[114] 威廉·莫里斯致艾玛·谢尔顿·莫里斯的信,1875年3月25日。

[115] 威廉·莫里斯致查尔斯·费尔法克斯·默里的信,1875年5月27日。

第十一章　利　克(1875-1878)

　1875 年夏天到 1878 年春天,威廉·莫里斯频繁到访斯塔福德郡的工业小镇、丝绸贸易中心——利克镇。在那里,基于对纺织染色技术的强化学习,莫里斯探索着新的技术方法,同时致力于复兴古法。他肘部以下一直泡在染缸里工作,让"每个毛孔都染上了色"。[1]早在女王广场的地下室,莫里斯就已经着手自己的植物染色实验。现在,他已经说服托马斯·沃德尔——一位利克制造商,同时也是公司经理乔治·沃德尔的姐夫——与他合作,用沃德尔工厂里的染缸进行大规模实验。在此期间,他至少去了利克五次,其中有两次访问延长了两三周。对莫里斯来说,这是一次富有启发且具有奠定意义的经历。在利克,他首次亲历了以前只是抽象思考过的现实问题:工业景观,商业生产,小社区内部的相因模式,男人主导的传统,以及英国工人阶级与生俱来的保守性。在利克,他寻得了极大的乐趣,那就是身体力行的喜悦与满足。也同样是在利克,他产生了意志消沉、虚度光阴、悲观厌世等情愫——这些都是在他后来关于生产和艺术的演讲和文章中表达出来的。利克带来的无力感,演化为一种若隐若现的生活底色。他在给罗莎琳德·霍华德的信中写道:"我在这里学到了一些非常有趣的东西,我热爱艺术和制造,却比以往任何时候都更讨厌商业和牟利。"[2]写下这段话时,他刚在利克度过一个星期。

实际上,利克是一个由工业发展带动地方改变的历史案例。在

1800 年之前,它一直孤立于斯塔福德郡的荒原的红砖集镇。镇上只有大约四千人,大都靠制作纽扣谋生。莫里斯到来时,利克已经拥有五十多家丝绸厂,人口逐渐增加到一万两千人,同麦克尔斯菲尔德、康格尔顿一起,成为中部地区三个最富有的丝绸城镇了。利克工业也从城镇中心向特鲁内特河扩展,并向西部周边挺进。那里纯净的、水质优良的水泽,使利克成为欧洲最好的染色水域之一,可与圣艾蒂安、里昂或巴塞尔相媲美。十九世纪七十年代中期,沃德尔的亨克罗夫特工厂是毗邻特鲁内特河岸的几家染坊之一。沃德尔拿出亨克罗夫特的两家染坊中的一家给莫里斯使用。在从泰恩河畔的纽卡斯尔向北行驶的火车上,莫里斯瞥见的场景并不是工业退步的疮痍景象。利克仍有安居乐业、岁月从容之感,相形之下,它的悄然没落使人更加痛心。莫里斯到达时患着"可怕的感冒"。[3]他回信给詹妮说,小镇本身并没有他想的那么糟糕。事实上,周边的乡村非常美丽。

莫里斯和沃德尔一家住在他们位于圣爱德华街的一栋大房子里。圣爱德华街是镇中心一条宽阔的斜坡路,通往不久前由 G. E. 斯特里特大幅修复的忏悔者圣爱德华教堂。托马斯·沃德尔是利克家族的第二代继承人,他的父亲从麦克尔斯菲尔德搬到这里,创建了自己的染坊。沃德尔的优势是柞蚕丝——一种从印度进口的野生蚕丝。托马斯一直孜孜不倦地钻研柞蚕丝染色的秘诀,并在十八世纪七十年代初期取得重要突破,这让他成了名副其实的柞蚕丝之王。托马斯·沃德尔比莫里斯年长三岁,在很多方面与他相差无几,在其他方面又与莫里斯大相径庭:他全心全意发展自己的事业,但仍然抽出时间撰写有关当地地质学的论文,收集石炭纪石灰岩化石,并继续追求他对教堂音乐的爱好——为圣诗创作圣歌,为会众歌唱创作赞美诗。他是一位虔诚的牧师、具有家长作风的雇主:维多利亚时代中期制造业企业家的典范。

出于谨慎的本性,他迎娶了远房表妹伊丽莎白,她也姓沃德尔。那些年来,她生育了十四个孩子,其中九个顺利长大。莫里斯在给沃德尔的一封信中,叫他们"混混"——"我由衷祝福他们,为他们正当青春、正

逢假日、正值生龙活虎"。[4]当伊丽莎白·沃德尔与莫里斯相遇时,她已

350 经是一个熟练的缝纫女工了。在当地慈善团体和教会委员会事务中,她
跟丈夫一样精明干练。她的外貌,展示出与"俏佳人"完全无关的女人
特征。看起来,沃德尔夫人并不是天马行空式的人物,而是和蔼可亲、雷
厉风行、勤俭节约的女子。晚年时,她为女儿们、儿媳们和众多的孙辈编
写了一本《年轻主妇的晚餐》手册,其中包含了三百六十六种低成本膳
食食谱。

　　对莫里斯来说,圣爱德华街的氛围是前所未有的。相较于莫里斯年
轻时习以为常的奢侈放纵的家庭生活,沃德尔一家的生活更加充实、更
加包容。与红屋的繁花似锦,或凯尔姆斯科特的清冷忧郁相比,利克的
中产生活朴素、本分,不甚优雅。这正是阿诺德·贝内特在《五个城镇》
故事中所描述的乡村,所到之处皆给人一种小城镇似的幽闭感:利克距
斯托克不到二十英里,和斯托克一样,也是个工业城。许多雇主就生活
在他们的工厂附近——几乎与他们的工人打成一片。对沃德尔这样的
家庭来说,工业作坊具有举足轻重的地位,是他们日常生活无可争议的
组成。莫里斯,这位初来乍到者,更加深刻地洞见小镇的社会动力和丝
绸贸易工的等级现象——从低级的"清洁工"(每周工资七先令六便
士),到技术逐次提升的并线工、绕线工和拣选工,然后是捻线工(他们
可以赚到二十五先令)。即使在十九世纪七十年代初第二次颁布工厂
法后,工人们的工作时间仍然很长。工作狂莫里斯认为,如果工作本身
就是乐趣,长时间工作也没什么不好。他也认为,不愉快的工作永远避
免不了。但理论上,他认为这些工作应该由大家分担。以一种新眼光审
视利克,他看出了不公之处——这种生产体系建立在人们重复且艰辛的
劳作之上,而且通常每周要工作超过五十个小时。

　　莫里斯在利克给乔治亚娜写信道:"我的每一天,都被工作占
满——不仅要告诉不懂变通的兰开夏人怎么做,甚至我自己也要穿着破
鞋烂衫在染坊里工作——你知道我喜欢这样。"[5]一位诗人,在染缸处

热情洋溢地工作。这一幕是如此动人,一时传为佳话。但值得一问的
是,莫里斯在利克的亨克罗夫特工厂的意图是什么?在他扩大公司业务
规模的计划中,涵盖了许多分包商:基德明斯特地毯正在为他编织;第
一批丝绸面料、丝绸制品和棉纺织品正在生产;同时,莫里斯还尝试为自
己设计的印花棉布捣鼓印刷机。总的来说,他对机器水准感到很满意。
事实上,与甘地等后来的狂热的反机械化生产的人不同,威廉·莫里斯
只求机器生产能满足他需要的品质,而对使用机器**本身**并不反对。最让
他忧心的是,染色行业的作业标准普遍很低。他觉得,只有自己掌握染
色技术,才能有所改进。

莫里斯对色彩研发寄予了厚望。他深谙色彩之道,正如托马斯·沃
德尔所承认的那样:"我从未见过一个对色彩如此了解之人。"[6]莫里斯
的知识来自对绘画、古代纺织品和历史平面装饰图案的多年色彩研究
(东方和西方都包括在内,尤其是意大利)。在他的诗《爱就够了》中,爱
的形象似乎就是"华锦锻造者"。这绝非偶然:在莫里斯的文字中,色彩
是欲望的象征,是声色之源,是喜悦,是圆满。从某种意义上说,色彩**就
是爱**。

出于对色彩的深情,他对工业发展带来的变迁感到愤慨——传统的
有机染色方法正被抛弃,新的化学染料正取而代之。这一切,始于1810
年普鲁士蓝的引入。到了十八世纪七十年代,英国的纺织工厂已普遍使
用从煤焦油中提取出来的苯胺染料。在莫里斯眼中,染料与煤相关联,
便是雪上加霜。莫里斯厌恶苯胺染料,它们色彩刺目,没有历史感。烛
光下,色相尤为糟糕。色彩也不稳定,极易褪色。在他1893年的短文
《染色是一门艺术》中,莫里斯的一腔愤慨倾泻而出:

> 可以说,染料的发明,给抽象的化学科学带来了盛誉,也为资本
> 家们追逐利润做出了巨大贡献。但同时,染料的发明严重危及染色
> 艺术。对于普通大众来说,染色艺术几乎已经毁了。[7]

在利克,莫里斯进行的染缸实验,开始有意与过去四年的发展潮流相抗衡,让有机工艺重返染坊。他的目标是,通过回归传统天然染料,为染色商找到可使用的四种基本色——红、黄、蓝、棕。靛蓝草产生蓝色;核桃根或壳产生褐色、淡黄色;用野生木樨草中提取的染料产生黄色;胭脂虫和胭脂虫粉(都是昆虫染料)及茜草(植物染料)产生红色。事实证明,胭脂虫粉的供应是个实际难题。最终阿格拉娅为莫里斯采购了一盒来自希腊、能产生艳丽深红色(即十四、十五世纪挂毯上的红色)的胭脂虫粉样品,这个问题才最终解决。随后,莫里斯利用他与希腊前总理查理劳斯·特里库皮斯的特殊关系,进行了大规模订货协商。

在去利克之前,他已经准备了两年,在女王广场进行初步实验而掌握了原理。梅写道:"家里的空气弥漫着染料的味道:到处都是茜草和靛蓝草的碎屑,他还将记有胭脂虫习性的资料带回家,潜心研究本土染料。"[8]莫里斯整晚朗读普林尼的《自然史》的十七世纪译本和杰拉德的《草木志》,家里的听众被迫倾听。两个女孩得到了属于自己的染料套装——"装满奇怪粉末、块状物和谷草"的大塞口瓶。尽管莫里斯的研究如此精深透彻,但直到他在利克染坊里看到装满浓艳色彩(苯胺)的大铜锅时,他才意识到染色问题的严峻形势。

在他的实验探索中,托马斯·沃德尔是其坚定盟友。沃德尔有志于复兴传统色彩技艺,这位丝绸商人除却期盼公司带来新商机,自身亦怀揣复兴特种染色工艺的商业考量。他和莫里斯对利克的老工人进行了调访。这些染工年纪很大,拥有在合成染料被引入之前原本的操作方式和经验。莫里斯和沃德尔还一起前往巴黎,寻找更古老的染色配方。创业之初,他们是肩并肩的战友,是童心未泯的老男孩,对所做之事既兴奋又期待。然而,和任何工艺一样,染色也有风险因素。最初几天,莫里斯写信给阿格拉娅:"获取鲜艳持久的色彩远比想象艰难,但我相信曙光将至。"[9]

他把在利克的活动极尽生动地写进信里,寄给了阿格拉娅。他写于1876年3月的信,流露着快意与满足:

今天早上,我在蓝色染缸那儿帮忙染了二十磅丝绸(用于我们的锦缎)。这太让人兴奋了,这类东西现在已经很少用了,稍不小心,就有可能会毁坏丝绸。沃德尔先生和四个染工在工作,我是染工的助手。人们趁着酒兴作业。看着丝绸在大缸里变绿,再逐渐变蓝,真是美极了! 目前来看,我们非常成功。这里最年长的工人是一位七十岁的老人,他记得很久以前就是这样给丝绸染色的。你必须知道,这个染缸可是个庞然大物——有九英尺深,大约六英尺见方,齐于地表而深入地下。明天,我要去诺丁汉参观,看怎么在靛蓝缸中将羊毛染成蓝色。星期五,沃德尔先生将为我们再染八十磅丝绸,我要用茜草染二十磅深红色羊毛。[10]

可以感受到,莫里斯对染色的迷恋与日俱增,对沃德尔的旅行安排则愈发提不起兴趣。奥尔顿塔被他称为"普金的华宫"。[11]风景同样乏味的利奇菲尔德,被认作"暮气之城"。[12]对那些缺乏朝气的城镇,莫里斯的批评毫不留情。唯一让他眼前一亮的建筑是中世纪的哈登庄园。这是一座坐落于蜿蜒河流沿岸的质朴而浪漫的城堡,在德比郡这里,相当于纳沃斯级别的城堡。他告诉珍妮,哈登是"那片土地的最美之处"。[13]

在莫里斯的色谱中,蓝色占有特殊地位。在他的诗歌和小说中,蓝色意味着幸福和假期。蓝色,也是他工作衫的颜色。他在利克的理想之一,就是重获可用的靛蓝,但直到他到达默顿修道院才如愿以偿。在利克度过的那些年,莫里斯一直在东跑西颠,他的双手也被染成了爱德华·李尔式的蓝色。他的伦敦朋友们看到沾染了蓝色的简信,发出了哄笑声。一想到他身上谜一样的蓝色,他们就忍俊不禁。"莫里斯先生身体很棒,"乔治亚娜写道,"有一天,他在这里就餐。那两只深蓝色的手,证明他又呕心沥血地工作了。"[14]从这时开始,蓝色托普西的桥段就流传开来。科西玛·瓦格纳夫人访问伦敦,正式晚宴上,托普西坐在她旁边。托普西按响女王广场福克纳家的门铃,他们的女佣以为他是个屠夫而拒之门外。他和伯恩-琼斯一家去观看吉尔伯特和沙利文的《巫师》

时,很担心自己被禁止入场。乔治亚娜向罗莎琳德吐露——她怀疑,莫里斯的手只是开始,"我已经准备好看他全身发青了。"[15]一部蓝色电影《莫里斯》? 他本人也开始了自嘲。在写给珍妮的信上,他落款"你的老普鲁士蓝"。[16]

354　　作为让人意兴盎然的新焦点,纺织已经取代了写作成为他最感兴趣的主题。无论如何,他的双手都不足以让他继续进行如此精微细致的工作。大量的《埃涅阿斯纪》手稿没有完成,第六本华章——《冥河之书》的结尾断断续续,最后停滞在了第一百七十七页。在往返利克间隙,他花费大量时间校验沃德尔寄给伦敦的样品。在女王广场,他写信给阿格拉娅说:"我们这里有几块印花布,挂在大房里,看起来美极了(千真万确)。我真想坐下来,整天盯着它们看。"[17]离开利克后,他仍专注于染色技术,寻找核桃壳的供应商,他要以此来获得颜色微妙的天然棕色染料。他发现,伦敦的皮革工人还在使用这类染料。即便是在凯尔姆斯科特的河边钓鱼,他也心系染色之事。他向沃德尔说:"如果我告诉你,星期六那天我试了一种别样染料——白杨树枝,你一定会捧腹大笑。"[18]莫里斯剪了一把杨树枝,将之煮沸,然后将一卷羊毛染成"很棒的黄色"。[19]他告诉同样热衷于钓鱼的沃德尔,在同一天,他用"串钩"钓到了一条五磅重的梭子鱼。

　　在这三年的密集事务中,沃德尔是他的主要通信人。莫里斯写给沃德尔的信,包含告知、鼓舞、劝说和勉励的信息,这必定是有史以来最引人注目的商业信件之一。信件共有六十篇,串联出对利克实验所进行的明晰而翔实的评述,体现出莫里斯在协调商业需求与生产效率等基本问题上业已增强的意识,以及在生产和获益问题上,作为艺术家兼设计师的兼容性标准——既要有创意,又要追求技艺完美。莫里斯与沃德尔之间的通信,逐渐演化成一种对话。沃德尔是经验丰富、敦本务实的父亲,莫里斯则是任性、聪明、惹人恼怒的孩子。

　　　　1018　金盏黄——不匹配,太暗。其他的颜色满意,看起来印得很好。

　　1019　勉强可以,但比其他令人满意的颜色更灰、更暗。[20]

　　1112　印度深红和淡紫几何图案:我非常喜欢这种颜色,我们下了一笔小订单,将来会下更大一笔订单。但它的价格是否适合出售还值得怀疑:它的红色应该保持在目前的深度,并且不会变褐,这点非常重要。

355

　　1106　茜草红。颜色很差,好像缺了点什么。我用茜草染了一遍,用肥皂洗了一遍,我想这两种图案都适合这个设计。[21]

像这样精准而严苛的评价,一页又一页。每次货品抵达女王广场,莫里斯都会毫不含糊地向沃德尔反馈。有时,沃德尔会因为所涉及的费用和时间而不愿修正。莫里斯就会解释、恳求。“我相信你理解,我们要的是与市面上的商品**完全**不同的东西:这是我们事业的核心……不要因为我说的话而气馁,我认为目前为止,我们做得很好。”[22]他为自己坚持高标准而辩解,因为这是他的天性:“我的意思是,我永远不会满足于任何差强人意的东西。我应该勇往直前,尝试各种方法,来改进我们的商品。只要坚持,它必然会化为迈向下一步的阶梯——毋庸置疑,那就是我的生活。”[23]莫里斯坚信,人类的努力促进了世界的进步发展。他与托马斯·沃德尔一样,甚至也与他自己的父亲一样,都是维多利亚时代中产阶级的中流砥柱。我们可以从艺术家与实业家、理想主义者与实用主义者的角度,来解读他和沃德尔之间的书信——它们也代表着企业家之间各持己见的争论。

　　隐藏的焦躁浮出了水面。在染房里,莫里斯甚至对沃德尔的工人大发脾气。事后,他写信给乔治表达自责:“他们已经尽力了,真希望我没那么傻。也许明天他们会把我赶出去,或者把我扔进染缸。”[24]他最为大肆的谩骂,是针对沃德尔的染工头子——凯,他对莫里斯的指示置若罔闻。毫无疑问,他因这位暴躁的南方诗人入侵自己的地盘感到不满。

莫里斯向沃德尔发牢骚:"我不建议马上解雇他,毕竟目前还有这么多订单,但我们总不能永远受他摆布。"[25]莫里斯对这个问题的看法是:凯是个印刷工,对使用茜草这种天然的红色染料很有经验,但他对用蒸汽固定染料一窍不通。而他的染房同事,蒸汽彩印工海沃斯,却对茜草一无所知。在亨克罗夫特工厂,莫里斯第一次经历了他眼中当代工业最

356 糟糕的弊病之一,那就是强制分工。他将从利克学到的经验教训,融入1879 年在伯明翰行业学习协会的雄辩演讲——这是他最早的演讲之一,主题为"最优化利用"。其中,莫里斯公开反对"劳动分工",反对工厂严格死板的分工单元,使作业者无形束缚于重复劳动上。莫里斯认为,就人性的潜力而言,让人每天花十小时制造曲柄是一种罪行,工人必须能对自己的活动做主:

> 必须允许他思考自己在做什么,并且随着环境的变化和自己的心情来改变工作。他必须永葆活力,使他的工作能够更上一层楼。他必须能拒绝任何人的要求,无论公众想要什么,或理所应当地期待什么。即使是无关紧要的工作,也要立场坚定。
> 在整个过程中,他必须发声,而他的发声一定值得倾听。[26]

莫里斯从利克那里收获如何呢?正是这种背景经历,影响了他未来十年的思考。八九十年代,在莫里斯的演讲和文章中,如《我们如何生活以及可能如何生活》《有用的工作与无用的苦干》《可能的工厂》,利克是他所谴责的工厂的弊端原型,利克工厂代表着"过度拥挤、掺假、过度劳累、骚动不安之处"。[27]在莫里斯愿景中,它本应该是美丽花园中的庄严建筑,配备餐厅、图书馆、学校,以及由车间环绕的安静工作间,就像伯恩-琼斯彩色玻璃窗装饰的天堂之城一般。但他从未真正触及的问题是,如何避免使这愿景中的花园城市,沦落为像利奇菲尔德一样的倦怠之城。

当莫里斯为工厂的工人必需的空间、空气和健康环境而呐喊时,他

的思绪又回到了拥挤不堪、声振屋瓦的"大棉织棚——风湿病的温床"。[28]当他提议工人应参与花园景观建设时,他想起了纺印厂中的大型蓄水池,并提出可以更具想象力地利用这些蓄水池。利克镇成为莫里斯批判工业文明的标尺:赋予其宣言以血性与真实。对于北方工业区住房的窘迫现状,莫里斯有了深入实际的了解。在那里,穷人蜗居在工厂旁的小屋,莫里斯认为这小屋的大小只适合养狗。(若说利克是现实标尺,沃尔瑟姆斯托则是记忆镜像。)他目睹了一些触目惊心的细节:失控的工厂产生有毒气体、被污染的水、肮脏的工业废料,对自然景观造成极大破坏。这样的现实让他厌恶:"为什么?"他问道:"约克郡与兰开夏的河流,缘何沦为染料与污秽的沟渠?"利润和竞争,贪婪、轻视和犬儒主义,莫里斯洞见这一切,深感耻辱。

1902 年,J. W. 麦凯尔在利克发表了以莫里斯为主题的演讲。尽管他对莫里斯的社会主义观不置可否,但他也不得不承认利克改变了莫里斯。他将这次演讲题目定为"分路而行"。

1876 年春天,莫里斯写信给阿格拉娅:"我画图的速度飞快,昨晚我梦见要画一根香肠,但不知何故,我必须要先吃了它,这让我担心自己会消化不良。不过,我刚刚为印刷制品设计了一个相当漂亮的图案。"[29]对材料和工艺的密切参与,给了他新的创造力。从 1875 年到 1885 年的十年间,他至少创作了三十二种印花布、二十三种机织物、二十一种壁纸以及地毯、刺绣和挂毯的图案。其中,沃德尔在利克印刷的十六件印花布,被公认为莫里斯的经典之作。相对于早期由普雷斯顿在克拉克森公司印刷的单元格印花棉布,这是新的尝试。十九世纪七十年代中期,这些印花棉布很大胆,令人着迷,上面的图案简直像在流动一般。

莫里斯秉承"智性生长"[30]的理念,或认为至少要有这种态势,这是图案得以成功的基石。在 1881 年的讲座《图案设计的一些提示》中,他追溯了重复型图案从古典时期到哥特时期的演变。当时,人们对图案的认知已经有所改变。在图案设计方面,莫里斯是一个哥特主义者。他坚持认为要有一种结构,在这种结构中,每个元素都"清晰明了地从另一个元素中演化出来"。他构建图案的方式与他创作诗歌的技巧相似。他坚持精耕细作:"最重要的是,避免含糊其词。"在描绘自然生长的过程中,绘画技术不能松懈,花、果、叶的细节要"干净利索"。与此同时,还应该有关于活力与永恒的暗示:"即使在一条线的尽头,也应该看起来有进一步生长的倾向,如果它愿意的话。"正是这种自由图案设计理念,使莫里斯与他同时代的大多数织物设计师大不相同,譬如,相对僵硬呆板的欧文·琼斯学派图案。莫里斯的流动图案,显然对十九世纪八十年代以后的欧洲新艺术运动的曲线风格有影响。这种影响,甚至比C. F. A. 沃伊齐、查尔斯·雷尼·麦金托什、艾伦·沃尔顿、爱德华·鲍登、吕西安娜·戴等后世英国图案设计师更为深远。这些设计师细致而创造性地利用了他们所熟悉的英国植物形态——因为向莫里斯学习,而达到了新的创作境界。

《忍冬花》《郁金香》《万寿菊》《鸢尾花》《康乃馨》……这些莫里斯于七十年代中期创作的印花图案,诠释着英国的春与夏。这些图案明显与凯尔姆斯科特有关。莫里斯的积极劲头被凯尔姆斯科特的新生活,以及在利克染坊的技术成就激发。只要在凯尔姆斯科特写信,信的内容肯定涉及花园的状况以及乡间的鸟语花香。他写信告诉詹妮:"草莓园里开满了花,除了谷仓山墙上那些黄色的玫瑰外,外面再无玫瑰。两周后,它将成为玫瑰传奇。"[31] 这一时期,在某种程度上,莫里斯的印花布散发出惬意的气息。詹妮有一次不无艳羡地说,她的丈夫有一种难得的自得其乐的能力。在经历了如此低谷之后,才换得这些充满生机的美丽织物,这证实了人类的自愈力。浪子莫扎特也有同样的秘诀。莫里斯的学生 W. R. 莱瑟比表示:莫里斯的图案不仅洋溢着快乐,且"更具有深度"。[32] 那些年来,莫里斯的图案几乎被奉为至宝。欧内斯特·吉姆森曾在旅行时随身携带一块莫里斯的布料,就像护身符一样。莫里斯用的烟草袋也是用他自己的印花布做成的。在艺术和自然中,他发现了复原力之源。他的图案之所以能流行到下一个世纪,是因为它们仍向我们传递着希望之光。

　　七十年代开始,莫里斯公司的所有产品中,都出现了无所不在的植物元素。在早期的彩色玻璃窗中,花卉装饰仅被限制在小窗格中。现在,它蔓延到了玻璃窗中心,填充了从天头到地脚,以及画面两边的主要区域。在布兰普顿(离纳沃斯不远)恢弘壮美的东窗上,背景中有一片丛林:大片蓝色和艳红色的花朵伴随着青翠的绿叶。在柴郡的弗兰克比,茂密的苹果树遮住了亚当和夏娃的私处。

　　七十年代中期,莫里斯的墙纸也展现出全新的流畅性。莫里斯将织物图案加以区分,分为叠式墙纸和平式墙纸。他的印花棉布和壁纸图案通常不共通,而后来的制造商也遵循这个原则。但利克时期设计的墙纸,却和印花织物一样洋溢着热情气息——"自然生长"的曲线以类似的叶状形态,贯穿于莫里斯的织物设计中,精致而丰盛。《飞燕草》和《菊花》设计是其中的典型图样。蓝色的飞燕草,混合着粉红色的小花和浅黄色的玫瑰;灰粉色的菊花常被种植在英式花园的边缘。在此,凯尔姆斯科特的记忆清晰可见。每个图案,皆景外有景,产生一种无穷精妙和无限纵深之感。在壁纸和印花棉布上,莫里斯都使用了点画技法,这种技法就像他的彩绘手稿上的点画法一样,营造出一种近乎三维的效果。艺术家萨克雷·特纳还记得莫里斯工作室里的一个场景:一个穿着时髦的年轻人,看见莫里斯正忙着将所有的点画出,就问,为什么不将这工作派给他? 莫里斯答:"你以为我是傻瓜吗? 我辛苦做完了设计,却让另一个傻瓜来享受点画的乐趣?"[33]

　　随着莫里斯对控色技术的掌握,他也愈发具有创造力。他精彩绝伦的设计,尤其是刺绣设计,充分发挥了新型有机染料的潜力。《忍冬花》图案本为詹妮设计——她的刺绣技艺与日俱进。梅形容母亲是位"能工巧匠"[34],这给她带来的实际好处就是,可以躺在沙发上刺绣。但从七十年代中期开始,另一位半卧在床的人——艺术家亨利·霍利迪的妻子凯瑟琳·霍利迪,成为莫里斯最为倚重的刺绣师。毋宁说,她是他的创作伙伴。她已经是技术专家了,但莫里斯带来的新染色给了她新机

359

遇,就像她多年后对麦凯尔所说:

> 他的染色有一种独特美感,可谓近代以来之登峰造极。他在紫晶色、金色和绿色中创造出了新色,与我所见过的任何颜色都不一样。他常调制出奇妙的色彩——紫水晶泛着红色;而当那种(奇异的)金色被大幅铺开时,看起来就像落日的天空。每当他得到绝妙之色,就会把它寄给我,或专门留给我。而当他不再亲手染色,我很快就觉察到不同。[35]

360　莫里斯的担忧也许事出有因——怕詹妮感到被排挤。在写给梅的一封信中,他为霍利迪夫人的新刺绣激动不已,他提醒自己:"但我必须小心,否则会让某人嫉妒。"[36]这件独特的**杰作**基调为浅黄色,边饰为蓝绿色。

　　此时,莫里斯正处于蓬勃发展的针线艺术运动的中心。表面看来,这似乎是场文化逆流——用针线将女性禁锢于闺阁的保守之举。的确,莫里斯和伯恩-琼斯的一些较大规模的刺绣,比如为艾萨克·洛蒂安·贝尔爵士在约克郡的朗顿宅邸创作的"玫瑰传奇"五格系列,让家里的女士们忙了好多年。但莫里斯更在意的是让人释放创造本能,否则它将永远沉睡。他下定决心要打破机器帆布刺绣的桎梏,引入更自由的设计、更多样的颜色——他确实是针法改革的先知。1872 年,皇家刺绣学院成立伊始,他是被吸纳其中的首批设计师,"旨在振兴针线艺术,重现装饰艺术的往日辉煌"。[37]他联合内德,为学院设计了三种具象造型:"诗"、"音乐"和"音乐家"。自 1880 年起,仍未婚的贝西·伯登开始担任皇家刺绣学院的首席技术讲师。使莫里斯大为宽慰的是,即便莫里斯一家离开了女王广场,她选择留在布鲁姆斯伯里继续刺绣事业。

　　莫里斯留给利克最迷人的遗产,便是利克刺绣学校。这所学校,由沃德尔夫人于 1879 年或 1880 年创立。莫里斯激发了她对针法的兴趣,还为她的绒线刺绣专门设计了地毯图样,并赠送给她的织物博物馆两件很有代表性的克里特刺绣样品。他说,这些原本是女性衬裙的边缘部分,已经被"洗到了极致"。[38]他鼓励沃德尔夫人分析针脚。样品中的绿色使他很满意。不容忽视的是莫里斯为沃德尔夫人这个价值深远的计划带来的影响。在计划鼎盛时期,有三四十名当地妇女参与其中,其中一些是业余妇女,一些是职业雇佣者。利克刺绣采用的是沃德尔的柞蚕丝,以及他和莫里斯的有机染料。这一时期最真切、最让人回味的遗产便是当地很多教堂中都出现了大量莫里斯风格刺绣的身影:祭坛前衬、法衣、拜垫、横幅、布施袋、跪垫、靠垫。有些刺绣品质卓越,至今仍在使用。

1896 年,莫里斯去世几周后,利克开放了劳工教堂。它的前身是贵格会教徒会客厅,如今为弘扬莫里斯思想而改建。这里,能够为贫穷儿童提供"简餐"[39]和休闲娱乐。还有一个劳工教堂营地,可供疲倦的小城工人在夏日绿茵中度假。教堂的木制品被漆成了苹果绿,墙壁上刻印的是沃尔特·克兰和利克社会主义建筑师拉纳·萨格登的设计,地面的红漆鲜艳欲流。这座约翰·贝杰曼的梦想华屋,装饰着一面蓝丝绒旗帜,上面写着雪莱的诗句:"每颗心,都孕育着圆满的种子。"在演讲桌上,安静地躺着一本丝绸绣书封,由利克刺绣协会成员亲手制作。他们以凯尔姆斯科特字体,精心地绣上"威廉·莫里斯劳工教堂"。

从女王广场搬到特纳姆格林,莫里斯和伯恩-琼斯两家的关系更近了。现在,一种惯例正在形成,几乎不间断地持续了二十年,直至莫里斯去世。这就是,例行的格兰奇星期日上午聚会。这天,莫里斯会过来和内德、乔治亚娜一起共进早餐。显然,早餐很是丰盛。有一次,内德请莫里斯吃鲜火腿,说他不会叫这玩意儿为"猪肉"。两位来访的美国姑娘,对这位久仰大名的诗人满怀敬畏,听到他的回答后吃了一惊:"当我馋猪肉的时候,才不管它叫啥呢。"[40]吃完饭后,莫里斯把自己关在工作室里,和内德一起工作、聊天、读书。内德从不厌烦有人给他读书。1875 年,他和莫里斯读完了蒙森的《罗马史》。内德勾勒出他来访时的一番景象:

　　莫里斯今天早上按惯例来访,发现我睡得像猪一样——但我们度过了一个愉快的早晨。他神采奕奕,因为维吉尔任务他已完成过半,所以心情很好,谈得很睿智——废黜、开创、惩罚、奖赏、命令、禁止,就像巴比伦的苏丹一样。[41]

　　放弃了维吉尔《埃涅阿斯纪》的手稿版本后,莫里斯又开始着手翻译。他有条不紊地工作:周日,三十四行,周一,一百三十八行,周二,二十行,周三,三十四行("写了四页"),周四,九十二行,周五,五十八行,周六,一百一十二行。根据他的一项记录,曾在一周内翻译了四百八十八行——这要归功于莫尔伯勒的古典文学课。内德对莫里斯的"妙笔生花"赞不绝口,认为他的翻译"简直是神圣的"。[42]

362　　是什么让威廉·莫里斯在日不暇给的事务中,开始了一项就算是专业古典学家也难以完成的任务?有时,甚至他被诊断为过度劳累。他戏谑自己"沉浸在蓝染缸的诗意和生意中"[43],并向詹妮坦白,"我给自己安排了太多工作,这是事实"[44]。在这个时期,《埃涅阿斯纪》的译本并不缺。六十年代至少有三种英诗译本出版:米勒译本、科宁顿译本和罗斯译本。C. P. 克兰奇译本于1872年出版。H. H. 皮尔斯的韵文译本出版于1879年,比莫里斯的版本晚了四年。就连麦凯尔也在1885年创作了自己的散文体译本。翻译维吉尔之作,莫里斯也不是特别得心应手。正如麦凯尔在莫里斯传记中断言的,严格意义上,他并不是一个训练有素的学者,他在牛津大学获得的学位只是及格。但莫里斯对学术纯粹主义者却充满热忱,声称他将维吉尔翻译成了"诗人而不是学究"。[45]莫里斯使用了《维吉尔的〈埃涅阿斯纪〉》之名,而不是《埃涅阿斯纪》,这延用了乔治·查普曼的译法。查普曼是十六世纪荷马史诗的著名翻译家,以翻译《伊利亚特》闻名。莫里斯希望体现出维吉尔的当代价值,维多利亚时代的读者理应认识埃涅阿斯这位英雄。这一成果,也是他诗歌通俗化进程中不可或缺的部分。他并不把《埃涅阿斯纪》视为古典拉丁语的最高成就,而是将之重申为浪漫中世纪传统:现代版之但丁。他乐于把

《埃涅阿斯纪》翻译为大众喜闻乐见的故事。此外，还有一个动机是，莫里斯从未完全放弃对英格兰隐秘的沉思生活的向往。翻译维吉尔是乡村牧师的天职，他几乎可以成为这样的人。

　　翻译时，莫里斯选择了抒情长诗文体。他的一位评论人说，这让整首诗"融入了一种流行民乐感"。[46]对莫里斯的"拖沓长行"[47]，萧伯纳则没什么兴趣。诗的开头是：

> I sing of arms, I sing of him, who from the Trojan land
> Thrust forth by Fate, to Italy and that Lavinian strand
> First came: all tost about was he on earth and on the deep
> By heavenly night for Juno's wrath, that had no mind to sleep.

> 我歌武器，我歌人，特洛伊英雄踏征尘。
> 命运驱使赴他乡，拉维尼亚岸边浪翻腾。
> 初来乍到多艰险，风霜雨雪历苦辛。
> 朱诺震怒长夜冷，辗转难眠待天明。[48]

对于现代读者来说，"*Arma virumque cano …*"①和其余部分似乎有些缺乏张力。但莫里斯有自己的解决之道，其中最为精彩的部分当属那一幕的描述——埃涅阿斯乞求卡戎带他们渡过冥河，看见冥河之岸的魑魅魍魉：

363

> Down thither rushed a mighty crowd, unto the flood-side borne;
> Mothers and men, and bodies there with all the life outworn
> Of great-souled heroes; many a man and never-wedded maid,
> And youths before their father's eyes upon the death-bale laid:
> As many as the leaves fall down in first of autumn cold;

---

①　即维吉尔《埃涅阿斯纪》拉丁语原文第一句：我歌武器，我歌人……

As many as the gathered fowl press on to field and fold,
From off the weltering ocean flood, when the late year and chill
Hath driven them across the sea the sunny lands to fill.
There stood the first and prayed him hard to waft their bodies o'er,
With hands stretched out for utter love of that far lying shore.

乌泱人群呼啦至,奔涌洪水岸上息;
母亲男子垂老躯,英雄与众少女栖。
父亲眼见儿命薄,尸骨如山若梦魇;
如秋落叶寒潮至,如獐麋鹿逃荒原。
翻天洪水凛冬厉,雪虐风饕无尽时;
迫使众人渡河去,寻求阳光与暖地。
他们伫立岸边望,渴望双手触东洋;
祈求天神施慈悲,渡过此身愿无殇。

莫里斯的译文恰如其分,而伯恩-琼斯的刻画——人们瘦骨嶙峋,向上伸展着手臂——淋漓尽致地表现出冥河岸边的惊悚场景。这几乎就像二十世纪难民营新闻片的画面。在莫里斯的翻译中,最后一行名句——"*tendebantque manus ripae ulterioris amore*"——当中的音乐性并未翻译出来。

　　莫里斯留给我们的一封神秘信件就写于这段时期。信写于利克,时间显然是 1876 年 3 月或 4 月前后。信件显示了莫里斯当时的焦虑和同情:

　　　　在你觉得黯然神伤时,我真心希望能够帮到你,或改善这个局面,因为我真的感到难过。然而,我必须承认,尽管世上发生着令人悲伤的事,我依然在过自己的生活。有时我很疑惑,一想到自己的麻木不仁,宁可陷入困境的人是我。但我确信,我满怀希望,满心喜悦。或者,至少说,希望和喜悦永不熄灭。尽管生命无价,还有那么多要做的事,但我愿意给出,将希望和快乐赠予你,一个接着一个,或者倾其所有,乃至我的生命——为了你,为了友谊,为了荣耀,为了世界。如果这话听起来华而不实,这绝非我本意。毋宁说,不能因为我健康,满足于工作,不受欲望之奴役,不至于兴趣索然,我就与那些有心事的人分离开来。我希望可以说些对你有用的话,超出你所知道的——那就是,我爱你,渴望帮助你。事实上,我恳请你(无论这句话听上去多么像陈词滥调)这样认为:生活不是空虚,也不是毫无意义,生活中的每一事物都在某种程度上相互契合。世界还在继续——风光旖旎,光怪陆离,让人在悲观沮丧的同时肃然起敬。[49]

364

据说,收信人是乔治亚娜,或是詹妮。而我则相信,这是莫里斯写给内德的信。他在信中罕见地倾诉真心,以安抚仍然心绪不宁的内德。

自 1875 年 10 月中旬,罗塞蒂在苏塞克斯的博格诺租了一栋别墅——阿德威克小屋。他在那里安顿下来,等待詹妮的到来。詹妮要为他做《叙利亚的阿斯塔蒂女神》的模特。这是一项重要的委托,他要求预付部分费用。这是一个阴郁的多事之秋。暴虐的天气,让房子几乎摇摇欲坠。花园里,老牛踱来踱去,嚼着落枝上的叶子。潮水创过去十八年来之最高,罗塞蒂的狗——迪兹,从来没有见过海,反应相当歇斯底里:先是"猛烈而愤怒"[50]地吠叫,接着又吓得抽搐。它在海边跌跌撞撞,大口吞水——"它身上的狗味,混合着一股蒂德曼海盐味"。罗塞蒂这样写道,他不耐烦,且对博格诺感到厌倦。他强迫自己去沿海散步,把几个钟形玻璃罐装满海葵,还收集了很多"深海奇观"。[51]

詹妮最终在 11 月底抵达。按照安排,她应该和罗塞蒂的朋友兼照料人乔治·黑克——罗塞蒂的医生的小儿子——一起乘火车从维多利亚来。罗塞蒂写道,詹妮的身体状况很差,为《阿斯塔蒂》一画做模特"让她虚弱的身体吃不消"。[52] 11 月,莫里斯只好独自一人留在凯尔姆斯科特,埋怨"给养相当短缺"[53],只剩下一磅培根和一罐袋鼠肉。对博格诺造成严重破坏的大风也在凯尔姆斯科特肆虐,莫里斯却很享受在滚滚洪流中搏风斗浪:"风吹过人的牙齿所产生的气流感,就像日本茶盘的形状:我必须说,这令人愉快,就像一个缩小版的冰岛。"

　　詹妮和罗塞蒂只在博格诺待了两个星期,就于 12 月回到了伦敦。她形容那里"死气沉沉"。[54]毫无疑问,罗塞蒂在凯尔姆斯科特的旧家具使这座别墅显得更加阴沉。也许她很高兴能离开。罗塞蒂似乎已经不再指望她能再来做模特了,并且开始制订自己前往伦敦的计划。但随后的 3 月,在梅的陪同下,詹妮又回来了。罗塞蒂对这幅画的第一个版本并不满意。现在,他让梅做守护天使的模特,她母亲则装扮成美第奇维纳斯,在这样的布局中,又开始作画。3 月 26 日,他写信给黑克医生":"M 夫人和她的女儿一直住在这里,我终于画出了满意的《维纳斯阿斯塔蒂》画作——三个头像都画好了,但愿不错。"[55]

　　罗塞蒂所画的詹妮肖像中,"叙利亚的阿斯塔蒂女神"最为丰姿绰约。这是一幅六英尺高的巨幅画,性感而健美的女神,展露出明艳妩媚而又旁若无人的姿态。罗塞蒂曾考虑画上宝座,但最终打消了这个想法。画中的詹妮,亭亭玉立,身着微微发亮的深绿色长袍。这是罗塞蒂最喜欢的颜色,也是切萨雷·里帕《图像学》中所定义的艺术之色、渴望荣耀之色(罗塞蒂应该知道这本维多利亚时代艺术家的资料书)。高大丰满的女神,身束宝石饰带,饰带被巧妙置于胸部下面和臀部上面。饰带上的装饰图案是石榴,象征激情与爱的重生。罗塞蒂为这张画写了诗,深层意味了了可见,近乎淫秽:

　　　　谜面:看啊! 日月之间,银波流转。
　　　　那是叙利亚的阿斯塔蒂,维纳斯女王,
　　　　是曾经的阿佛洛狄忒。

双重束带紧裹无限春光，

天地交汇共享其乐融融。[56]

Mystery: lo! betwixt the sun and moon

Astarte of the Syrians: Venus Queen

Ere Aphrodite was. In silver sheen

Her twofold girdle clasps the infinite boon

Of bliss whereof the heaven and earth commune.

在梅的回忆录中，有一篇文章最引人遐想。梅简略地提起在博格诺的那个春天——她跟"母亲""和罗塞蒂先生在一起"。[57]梅此时快十四岁了。她一直是罗塞蒂最喜欢的孩子：相比之下，他觉得珍妮给人的感觉有点严肃有点木。罗塞蒂更喜欢选择梅作为模特，他的弟弟威廉注意到他"并不总是""把她画成一个孩子"。[58]人们想更确切地知道，在阿德威克小屋的那几周对梅有何影响，以及对詹妮的决定有怎样程度的催化作用——显然就是在博格诺，詹妮主动做出决定：必须马上结束与罗塞蒂的关系。十六年后，当她向威尔弗里德·布伦特讲述自己的经历时，她说自己离开罗塞蒂部分是为了孩子们。

她给出的另一个理由是，在博格诺，她发现他对氯醛过于上瘾。在凯尔姆斯科特，他显然还有所顾忌。但事实上，他曾开玩笑说有必要对剂量保密，以防引起恐慌。现在，和詹妮一起时，他突然向她展示了一排夸脱瓶，说没几个星期他就喝光了。起初，她以为这只是"开她的玩笑"。[59]但他让她确信，有时他喝了多达三个装满氯醛的玻璃杯，却仍无法入睡。在此之前，詹妮还对他的康复抱有希望，现在却对赤裸裸的现实感到绝望。这是她和罗塞蒂在同一屋檐下度过的最后几个星期。

她感到坐立不安——毕竟自己给罗塞蒂写了那么多信。信被密封起来，一部分放在罗塞蒂位于切恩街工作室雕花衣柜的抽屉里，一部分放在书柜里，还有一部分放在罗塞蒂的黑色行李箱里。大概是詹妮的请求：希望罗塞蒂离世后让人将这些信件烧毁。詹妮回到了伦敦。罗塞蒂在博格诺继续待到 6 月。他们时而见面，仍愉快地通信。偶尔，詹妮还是为他做模特。他依她的形象作画——从初期研究，一直到画作完成。1878 年，他在切恩街给她写信，说他的工作室里满是她的画："斯卡兰德的那些——《潘多拉》《珀耳塞福涅》以及不少于六幅的其他作品，包括现在名为《暮光》的复写肖像。"[60]他现在正采用新的翻印工艺，大批生产詹妮的肖像。

虽然詹妮收回了自己的情感，但罗塞蒂的爱意丝毫未减。在博格诺两年后，他仍然写信给她，表达爱慕之情："在我此生，任何时候，对任何生命，都远比不上我对你的深情（尽管我知道你从不信我）。要是当初天假其便，能证明这一点就好了，因为这一点本应得到证明。"[61]

詹妮在博格诺时，莫里斯的信一直保有耐心、体贴和隐忍。如果她执意待到复活节之后，他就不得不推迟下一次去利克的时间。他告诉她，他不希望珍妮"父母缺席太久"。[62]这个家庭的氛围发生了微妙变化。莫里斯渐渐接管了传统女性的职责，而詹妮总是不在其位，经常外出。出于秉性，他比当时的大多数父亲更顾家。他为女儿们骄傲，对她们充满期望。而在詹妮泛着苦味的话语中，则可能透露出一个有目共睹的事实，那就是，他本来很少注意她们，直到她们十五岁左右他才开始把她们当成年人来交谈，以自己的思想哺育她们。

伯恩-琼斯和莫里斯家的孩子，现在都被送去上学了。[63]尽管莫里斯对莫尔伯勒的回忆并不愉快，但菲利普·伯恩-琼斯还是去了那里。在内德和乔治亚娜看来，莫里斯的母校就像莫里斯的银行一样，是自然的选择。珍妮、梅和玛格丽特就读于诺丁山高中。这是一所刚成立不久的女子走读学校，可谓进步女性教育的先锋代表。从莫里斯的全教育的理念角度来说，诺丁山在某些方面并非理想的选择。因为这是一个严格的应试学校，在这里，女孩要被训练，参加和男孩子一样的考试。她们的家庭作业激增，"比例惊人"。[64]学校人手不足，人满为患。一个大教室

31.《莫里斯和伯恩-琼斯带着菲利普·伯恩-琼斯从莫尔伯勒
公学出发》,他们驱车前往巨石阵

里有六个班,每个班三四十个女孩,班与班之间用绿帘隔开。但珍妮和
梅却在那里茁壮成长。在此之前,她们是比较孤僻的孩子,在特纳姆格 368
林,一度被视作怪人。但现在,她们融入了同龄女孩组成的小团体。

　　两人之中,珍妮更爱学习。她是一个很严肃的孩子,把她的课本和
字典,郑重地放在家中那把沉重的雕花橡木餐椅下的所谓"书箱"[65]里。
一位同学形容珍妮"又高、又粗、又壮"。[66]她一头棕色短发很像她的父
亲,语速飞快,"好像她刚一开口,话就结束了"。在课堂上,当被问到她
更喜欢父亲的哪首诗时,她停顿了一下,然后果断回答,是《彼得·哈普
顿爵士的末日》。在诺丁山,她很快成为一名优秀学生。第一学年结束
时,她因为在拉丁语和英语文学方面的卓越表现,受到了教学督导的褒
奖。珍妮和梅从博格诺回来的那个夏天,她通过了剑桥当地的考试。不
出意外,她定然会进入牛津或剑桥早期的女子学院,定然会在格顿被罗

塞蒂的朋友芭芭拉·博迪雄录取。但在 1876 年夏天,她的锦绣前程突然幻灭了——珍妮患上了癫痫。似乎是,泰晤士河的划船意外引发了珍妮第一次发病。[67]她突然失去平衡,跌落水中。

四十年后,乔治亚娜尚能描述当时的情景:"在霍灵顿之家,可怜的詹妮寄来一张便条,要我给她一个医生地址(他们刚搬来这个街区不久)。珍妮突然晕倒,吓得她够呛。我们谁也没有料到,漫长的痛苦和绝望就这样开始了。"[68]癫痫是大脑突发性异常放电而引起的痉挛或抽搐。在那个时代,它被认为是一种无法治愈也无法控制的疾病。甚至在十九世纪末的精神病院中,有四分之一的病人是癫痫患者。这种病为社会所歧视、恐惧。这源于一种古老的观念,即癫痫发作是由某种超自然力量造成的。即使在二十世纪晚期,这种恐惧心理也随处可见。尤其是在青春期,这种病带有性的含义,成为维多利亚时代年轻女子的父母或监护人都唯恐避之不及的"瘾病"。珍妮不可预测的**发病**,让莫里斯一家被阴影笼罩。有一次,布伦特在哈默史密斯餐厅与珍妮和她母亲坐在客厅喝茶时,珍妮突然向后倒去,"她的头(一个悲剧)撞到了身后的橱柜板上。这是莫里斯和罗塞蒂年轻时一起画的最有名、最好看的柜板,画的是林肯的圣休复活的奇迹"。[69]

起初,珍妮的症状程度和发病频率都相对较低。她接受了自十九世纪五十年代后期为癫痫病人开具的溴化钾治疗方案。约翰·休林斯·杰克逊医生的这种临床研究还处于相当早期的阶段。在此期间,有时他要通过手术切除病人交感神经系统的上神经节,包括切除神经组织。没有证据表明珍妮是否接受了手术,但她后来的照片显示,其上眼睑明显下垂——许多病人都表现出这种治疗后遗症。珍妮的病情预后判断总体很糟,因为每次癫痫发作都可能进一步损伤大脑。如今,癫痫患者可以通过抗惊厥药物来控制病情,除了偶尔出现或重或轻的癫痫发作外还能正常生活。但在当时,病情的持续恶化几乎不可避免。显然,珍妮的求学生涯戛然而止。她也将永远无法结婚。伴随岁月更迭,她的病情也起伏不定。即便她三十多岁时写的信仍思路清晰,透着病人那种特有的坦率,但是,从那时起,珍妮这位原本大有可为的年轻人渐渐被边缘化。即使处于开明的社会阶层,她也会被视为累赘,视为半疯半傻之人。

父母的第一反应是带珍妮离开伦敦去度暑假。7月中旬,詹妮带着两个女儿去了肯特郡的迪尔,乔治亚娜和玛格丽特在那里与她们会合。莫里斯在伦敦写道:"很高兴听到事情进展顺利,尽管我忍不住感到焦虑……如果这个地方真的适合她们,那催她们离开一定让人特别遗憾。你可以继续留下:只要工作允许,我会尽可能过来陪你。"[70] 正如经常发生的那样,家庭危机可以让疏离的伴侣变得更亲密。

9月,他们一起去了百老汇塔,科梅尔·普赖斯租下了这座六十五英尺高的建筑,作为他和朋友们的度假所。这座塔位于百老汇山上,由詹姆斯·怀亚特于1800年为考文垂伯爵而建。在晴日,可以从塔顶俯瞰周边十二个郡,辨别出四个历史战场遗址:伊夫舍姆、蒂克斯伯里、伍斯特和埃奇希尔。莫里斯对高塔建筑情有独钟,他觉得这既让人着迷又不可思议:"今天,我身处科梅尔·普赖斯的高塔,身处风与云之间。"他在给阿格拉娅的信中写道。[71] 他们都在游客登记簿上签了名,即伯恩-琼斯和莫里斯两大家。[72] 珍妮的签名明显有些颤抖。科梅尔·普赖斯时任韦斯特沃德霍联合服务公学的校长。自那次访问起,就对她产生了别样兴趣。他成了她的义父,尽其余生来照顾她。

珍妮的病对两家人都产生了影响。新年时,乔治亚娜讲述了一个格外安静的假期:"今年我们没有在平安夜聚会,一切都静悄悄的——孩子们的脸色都有些苍白,他们正在成长,不需要过多干涉。我们昨天带他们去了马戏团,但没允许他们看舞剧。"[73] 珍妮病况最糟时,会送到别处照顾。有一段时间,她每周寄宿在一家疗养院,周五回家。但焦虑如影随行,詹妮承受着很大压力。几年后,她向布伦特坦言,她一直无法适应那种状态,珍妮每次发病都是一次新的痛苦:"就像一把匕首插进了我的身体。"[74]

詹妮说这对她来说是最糟糕的,因为她是常伴珍妮左右的人。但对莫里斯来说,痛苦同样难熬,甚至更为残酷,因为他觉得是自己导致她生病——从母亲那里遗传的家族病,让他在情绪激动时也出现了痉挛症状。前一年,在冰岛之行的鼓舞下,他写信给路易莎:"我已经考虑到每种可能的不幸,并了然于心:即使不幸降临,我也能够承受。"[75]但莫里斯的经历,还不足以让他为严重的家庭变故做好准备。

对珍妮的癫痫症,麦凯尔几乎只字未提。但他曾略微表明,悲伤和焦虑是如何永久地笼罩着莫里斯。"从此以后,他的心灵再也没有摆脱这种痛苦。在所有与他亲近的人中,他对她温柔而不懈的爱与关心,是他人性中最动人最美好的部分。"[76]布伦特和罗塞蒂一样,皆有莫里斯妻子的情人之嫌。以这种特殊身份的敏锐视角,他接近莫里斯,并注意到:他把曾给予詹妮的温柔,转移到了珍妮身上。现在,他对詹妮依然很好,却不那么经心了:"在凯尔姆斯科特,看到莫里斯把父爱都给了她,对这个几乎失去理智的可怜女孩儿牵肠挂肚——这真让人动容。"[77]他倾注了全部的父爱。珍妮成了莫里斯当之无愧的"宝贝",是他的至爱,他的唯一。詹妮曾经描述,她的丈夫和女儿在漫步山野,就像两个快乐的胖婴孩儿——珍妮本就长得健硕,癫痫治疗的副作用又使她迅速发胖。

371

在冰岛,莫里斯曾注意到残障、智障人士怎样在家中获得照料。尽管这是贫穷使然,但在珍妮癫痫发作之后,莫里斯矢志不渝地认定:这种病不应被边缘化,身体方面的某些欠缺,可能反而会激发出特殊潜质或技能。再一次,他的理念领先时代一个世纪。适逢其时的是,珍妮的病为我们了解这一时期的莫里斯提供了视角。在接下来的二十年里,他写了大量信件,详述他的政治活动,其中最精彩的是写给珍妮的那些信。他让她在受到社会排挤的境遇中燃起希望,带动她关心重大时事。他的最后一部作品,投射出珍妮这个创作原型——她是一个癫痫患者,并具有超视力——癫痫病人化身为女神或预言家。

家庭变故打开了莫里斯的格局。对珍妮的上心,让他对更广泛的社会苦难和不公有了新的认识,产生了推动社会进步的冲动。这是莫里斯社会主义思想的又一基石。他冲破了老友会和兄弟会的狭隘交往圈,探索着完全不同的生活方式和全新的社会联结。在 1879 年题为《最优化利用》的演讲中,莫里斯坚定地表明,要与那些"为了同胞和美好未来,而将个人得失和家庭忧患抛诸脑后"的人同舟共济。[78]

　　莫里斯重归有关勇气的史诗。他和埃里克·马格努松合译的《三部北方爱情故事》,于 1875 年夏天出版。这三部故事是《佞舌贡劳格》、《大胆弗里肖夫的故事》和《正义维伦德》。莫里斯称《正义维伦德》是"又一个爱情萨迦——如此美丽动人"。[79]现在,他把注意力转向了最后一个,也是最为宏大的《沃尔松格萨迦》。在麻烦事接连不断的 1876 年,他依然坚持长诗《沃尔松格家的西格尔德与尼伯龙根的陨落》的写作。到了 3 月,他告诉阿格拉娅,他差不多已经完成第三部分。7 月,珍妮的病让他很沮丧,但他还是在一个周末一鼓作气写了二百五十行。显然,莫里斯强迫自己继续写下去:《西格尔德》的完结已经关乎信诺问题。他的手指因长泡染缸而僵硬到几乎无法执笔,但他依然锲而不舍。

　　那时,瓦格纳风在伦敦盛行。莫里斯的《西格尔德》于 1876 年 11 月出版,同年,瓦格纳的《尼伯龙根的指环》在拜罗伊特首演。当然,在某种程度上,莫里斯是瓦格纳在英国旗鼓相当的对手,同样才华横溢、超群绝伦,且两人都格外标新立异。莫里斯对瓦格纳不屑一顾,这表现出他极为固执和狭隘的一面。他不无怨气地说,瓦格纳的音乐理论,在他这个"艺术家和非音乐学者"看来,"简直令人生厌"。[80]就此话题,莫里斯给亨利·巴克斯顿·福曼写了一封信。信中,莫里斯尖锐地讽刺道:"把这样一个恢弘的、普世的主题,置于歌剧灯光下,无异于一种亵渎:这是所有艺术种类中最矫揉造作、最低级趣味的形式——头发乱蓬蓬的德国男高音,歌唱着西格尔德无以言说(任何极致的言语表述也无法传达)的苦难。"

　　瓦格纳是高级音乐圈内的阿格拉娅的崇敬对象。在拜罗伊特看完瓦格纳的巡回演出后,阿格拉娅对这位大师精心打造的巨龙形象赞不绝口。对此莫里斯很生气,因为法夫尼尔——这个久远传说中的人身野兽,应该作默剧处理,"喷着蒸汽,闪着像火车引擎一样的红色危险信号"。[81]莫里斯似乎从未见过瓦格纳,但 1877 年 5 月,他被介绍给了瓦格纳的妻子科西玛。那时,瓦格纳为举办音乐会而莅临伦敦艾尔伯特音乐厅。莫里斯同内德和乔治亚娜一起去观看晨演。他的座位紧靠着瓦格纳夫妇、乔治·艾略特和乔治·亨利·刘易斯夫妇的包厢。

在《沃尔松格家的西格尔德》的四部书中,第一本是《西格蒙德》,讲述的是国王沃尔松格的儿子西格蒙德,以及他妹妹西格尼与哥特国王的不幸婚姻的故事。第二本和第三本书《雷吉尔》和《布林希尔德》,着重讲述西格蒙德的儿子西格尔德。他与布林希尔德本有婚约,但在毒药的魔力下,他又与尼伯龙根国王的女儿古德伦成婚。后来,西格尔德和布林希尔德双双去世。最后一本书,则讲述了古德伦之死及尼伯龙根的灭亡。在诗歌中,莫里斯融入了平民吟游诗人元素:在富有格律的对仗长句中,将故事娓娓道来,如风飞扬,似泉流淌。有趣的是,他七十年代中期的思想演变,也正体现为社会主义观念在北欧史诗中的渗透。在莫里斯的《人间天堂》,以及他更公开的社会主义诗歌论战的边界地带,尤其是在公社英雄诗《希望的朝圣者》中,旗帜般屹立不倒的人物正是西格尔德。在《沃尔松格家的西格尔德》中,莫里斯已然是以诗为名的激励者,用饱含深情的文字和韵律拨动人的心弦。例如,在讲述智慧老人为紫色襁褓包裹的婴儿——已故国王西格蒙德的儿子取名时:

> 最年长者站起高喊:黎明万岁!
> 你要多少拯救,又要多少杀伐!
> 你要多少觉醒,又要多少沉眠!
> 你要多少远扬,又要多少流传!
> 啊,你的爱如何绵延,你的恨如何消散!
> 你的右手如何希望进发,你的左手又如何余栗回转!
> 啊,人们将歌颂你的功绩!啊,你的功绩,众神也将看见!
> 啊,沃尔松格之子西格蒙德!啊,尚未到来的凯旋!

你的威名,在风中奔走,人们争相传颂。

通过宴会厅的门窗,向外扩涌。

飘过街道市场,越过草地良田。

穿过狂风怒号的广袤森林,掠过惊涛骇浪的苍茫海面。

直到渔民们也听见,直到被烈日炙烤的岩岛子民也心生震撼。

金殿里的女王,闻其名,也知其名,

她听到一群女人在殿堂里不消停。

西格尔德名已至,西格尔德身亦归。

似西格蒙德在世,似她故居梦回。

世人中她何其有幸,予他灵魂以安宁。

金殿内她幡然独醒,西格尔德之名永铭。[82]

… there rose up a man most ancient, and he cried: ' Hail Dawn of the Day!

How many things shalt thou quicken, how many shalt thou slay!

How many things shalt thou waken, how many lull to sleep!

How many things shalt thou scatter, how many gather and keep!

O me, how thy love shall cherish, how thine hate shall wither and burn!

How the hope shall be sped from thy right hand, nor the fear to thy left return!

O thy deeds that men shall sing of! O thy deeds that the Gods shall see!

O SIGURD, Son of the Volsungs, O Victory yet to be!'

Men heard the name and they knew it, and they caught it up in the air,

And it went abroad by the windows and the doors of the feast-hall fair,

It went through street and market; o'er meadow and acre it went,

And over the wind-stirred forest and the dearth of the sea-beat bent,
And over the sea-flood's welter, till the folk of the fishers heard,
And the hearts of the isle-abiders on the sun-scorched rocks were
    stirred.

But the Queen in her golden chamber, the name she hearkened
    and knew;
And she heard the flock of the women, as back to the chamber
    they drew,
And the name of Sigurd entered, and the body of Sigurd was come,
And it was as if Sigmund were living and she still in her lovely home;
Of all folk of the world was she well, and a soul fulfilled of rest
As alone in the chamber she wakened and Sigurd cherished her
    breast.

1933 年,W. B. 叶芝在都柏林附近的里弗斯代尔,为他的女儿安妮大声朗读这段诗。他读了两遍,凄然泪下,几乎无法继续。[83]

当时,公众对《西格尔德》反应冷淡,这让莫里斯失望透顶。原因显而易见。对于这部作品,他竭尽全力,倾注了多年心血与汗水。严格地说,《西格尔德》确是他的巅峰之作,或许可以用壮观的维多利亚哥特式建筑来加以类比:是斯特里特的法院大楼,还是乔治·吉尔伯特·司各特的圣潘克拉斯车站? 莫里斯应该不会赞同这类比较。

1877 年,莫里斯有望接替 F. H. C. 多伊尔成为牛津大学的诗歌教授。该教席是牛津历史最悠久的教席之一,由亨利·伯肯黑德爵士于 1708 年首创,以应对教师无心讲课的懒散心态。这项荣誉任命,任期十年。任职教授除每两年以拉丁语发表克鲁演说外,还要每年做三次讲座。此外,还需担任纽迪盖特奖和圣诗奖的评委(这两个奖项曾激发了莫里斯的早期创作)。教授的选举,不经学术进阶而达成,而是由大学相关主体进行民主决策。和现在的情形一样,选举须召集牛津大学文学硕士全体投票来确定，因此这唯一的最终人选在当时引起了广泛猜测。他们希望这个职位能由作为诗人兼评论家的牛津人来担任。马修·阿诺德是多伊尔之前的任职者。而现在两个明摆着的最有资历的人就是斯温伯恩和莫里斯。出于道德评判因素，斯温伯恩不得不被弃选。于是，詹姆斯·瑟斯菲尔德代表公会写信给莫里斯，问他是否愿意参选。

莫里斯的回信，体现出他对牛津的复杂情感——深爱而又充满疑虑。他为迟迟未回复而表示歉意："我发现这很难抉择。"[84] 他解释说，没有什么比母校的认可更让人欣喜。如果他真的自认"力所能任"，那怠惰因循或忙于生意经营，都不是拒绝的理由。即便可能要面对一场他并不喜欢的激烈角逐，也不会难倒他。他只是觉得，自己没有资格来担任，因为这个职位既需要真正渊博的学识，也需要以"优美而巧妙的修辞"来掩饰学识的不足。莫里斯的信带有双重含义。他继续说：

> 在我看来，从事艺术**实践**会使艺术家的**理论**造诣过于狭隘。我认为，在这一点上，我比大多数人更甚。虽然我读过很多书，记忆力还不错，但我毕竟才疏学浅，以至于不能枉称文人：除非用我天赋所擅长的创作形式，我在自我表达方面其实很拙劣。

375

他忍不住赘言，他怀疑诗歌教席是否只是一个装饰性教席，另外"对于完全无须与他人交流的人文学科，教授的立场是否有失偏颇"。最终，苏格兰文学评论家、拉格比公学校长约翰·坎贝尔·谢尔普当选此位。麦凯尔应该认识他，他轻描淡写地说，他是一个"思想正统，温文尔雅，兼备评论家和诗人优点"的人。[85]

莫里斯在何种程度上认同自己的公众人物身份？梅向我们传递的是：公众工作让他厌倦和沮丧。那是"没人比他更清楚自己不适合"[86]的工作。1876年年初，他给马格努松写信说："我生来就**不是**当任何主席的料。"[87] 然而，正是这个时期，莫里斯开启了漫长的主席、秘书、会计职务的继任工作,甚至还主动请缨委员会的例行工作。这份工作一直持续到他去世前的最后几周。在委员会,他当然不会无所事事。他的行政管理能力给画家 W. B. 里士满留下了深刻印象,在七十年代,两人是公众工作的同僚。"我们同属两个委员会,"里士满说,"倘若一个螺丝钉松动了,他的观察力和快速反应力有时让人惊叹。"[88]似乎,莫里斯已准备好接受他本能抗拒的任务,如冗长的讨论、个性的收敛、时间的消磨、乏味的订阅推销……只要值得付出,他都会全力以赴。这是莫里斯新理想主义的能量疏导方式,也是他受虐心理的侧面反映。他过去的许多工作都得心应手,水到渠成。到了中年,他似乎是被驱动着,开始寻求更具挑战的工作,甚至是自我牺牲。七十年代后期,他投身艰巨繁重的委员会工作,顺理成章地开始了他八十年代的事务工作。

1877 年 3 月,古建筑保护协会(SPAB)成立,莫里斯成为该协会的名誉秘书长。"反修复"(Anti-Scrape)这个为大众所熟悉的名字是莫里斯的发明。协会成立不久,这个名字第一次出现于他写给朋友的"化缘信"中:"顺便说一句,你还没有加入我们的'反修复协会'。我会发你一些相关文件:订阅费只有十先令六便士。"[89]几个月前,莫里斯就有了建立专门机构来监督保护国家古建筑的想法,与五十年代中期罗斯金的想法如出一辙。事实上,其思想根源直接来自罗斯金的《建筑的七盏明灯》(1849),这是莫里斯在牛津大学奉为圭臬的著作。古建筑保护协会借用了罗斯金宣言:

> 请珍视古迹,无须修复它们。请带着关切,凝视古老的建筑。数它的石头,就像数皇冠上的宝石。在它松动之处,用铁焊接,用木固定。不要在意修整得是否美观——挂根拐杖总比失去一条腿好。温柔地、虔诚地、持续地这么做。在它的庇护下,让一代代人诞生,一代代人死亡。[90]

促使古建筑保护协会成立的直接缘由是,1876 年夏天,莫里斯和家人前往科梅尔·普赖斯的塔楼,途中莫里斯拜访了伯福德教堂。这座以诺曼风格和十五世纪风格为主的教堂坐落在河边,当时的科茨沃尔德村庄定是田园诗般美丽,但街管对教堂的粗暴修复激怒了莫里斯。抵达百老汇塔后,他立即写了一封抗议申诉信。这封信虽然没有寄出,却成为第二年协会成立的草案。莫里斯的表态,直抒己见,带有明显的个人色彩。与罗斯金相比,他对画蛇添足的修复工作的抨击格外犀利。从理论家到工匠,都遭到了他的谴责。当他在大教堂里看到一些十九世纪的仿哥特式雕刻品时,他发出咆哮:"凭什么,我用牙齿都比这雕得好!"[91]

让人诧异的是,莫里斯的所有改革运动,其运作方式和组织架构都很传统。古建筑保护协会第一次代表会议于 3 月 22 日在女王广场举行。出席者有斯宾塞·斯坦霍普、乔治·普赖斯·博伊斯、亨利·沃利斯、阿尔弗雷德·斯蒂芬斯(拉斐尔前派的密友)。因缺席而致歉的人有内德、爱德华·波因特、乔治·霍华德、劳伦斯·阿尔玛-塔德玛、威廉·德·摩根和托马斯·沃德尔。同样,这些人都是莫里斯的莫逆之交。莫里斯除了担任名誉秘书长,还担任临时司库。莫里斯、菲利普·韦伯和乔治·沃德尔,组建了聚焦社会议题的委员会。最初几年,古建筑保护协会的运作堪比军事运动,韦伯任参谋长,莫里斯任将军。也许是不情不愿的将军? 在首次会议记录的扉页上,让人熟悉的威廉·莫里斯的涂鸦图案跃然其上,树叶和浆果层层相叠,尽显户外风光。

377

协会初建的几个星期,他们做了许多决策,包括与主教、神职人员和所有其他"古建筑监管人"接洽,争取扩大合作范围。并且,他们与艺术和古文物协会也建立了联系,该协会致力于搜索**所有**原始古建筑,防修复之患于未然。莫里斯的朋友们都被召集起来,用以招募其他成员。莫里斯还写信给罗塞蒂,寻求支持——或许是因为他回想起了他们曾共同居住的那座古建筑。

在莫里斯起草的宣言中,可以看到他所亲历的建筑史的涌现——隐藏于他童年时代的奇特的埃塞克斯教堂、坎特伯雷大教堂、凯尔姆斯科特周围素朴的灰色石头小教堂:伊利、彼得伯勒、利奇菲尔德。其中,莫里斯最钟爱的教堂,正是那些在过去二十年里因宗教改革家推波助澜的大规模修复计划而危在旦夕的建筑。那些不符合其建筑标准的教堂,面临着重修甚至拆除的危险。莫里斯自然非常清楚这样一个事实——基督堂座堂的东端,是怎样被乔治·吉尔伯特·司各特拆除重建成了诺曼风格。这种建筑上的专横行为,正是古建筑保护协会的锋芒所向。莫里斯认为,在过去,教堂建筑依据当时盛行的风格而建:风格杂糅,但贵在真实。现在,无知的建筑师们试图通过教堂重塑"历史辉煌"[92],却无力甄别时代的精华与糟粕,良莠不分的伪造导致了灾难性破坏。莫里斯写道:"在我看来,问题不在我们是否保有古老的建筑而在于它们是古老的还是假古老的。"[93]这是莫里斯写给托马斯·卡莱尔的一封信,卡莱尔深受触动,加入了古建筑保护协会。

　　莫里斯很快就制定了有效对策。总的来说,对二十世纪基于古建筑保护协会模式而发展起来的建筑政治利益集团而言,莫里斯的方法仍然行之有效。该方法是,先对建筑历史案例进行深入研究,随后诉诸媒体报道。他们写的第一封信,于1877年4月4日寄给《雅典娜神庙》编辑,信中对修缮蒂克斯伯里修道院提出抗议。但这最后一刻的干预却以失败告终——司各特还是彻底重修了修道院。两个月后,就坎特伯雷大教堂唱诗堂的修复问题,莫里斯又写信给《泰晤士报》。这是一封更为尖锐的信。莫里斯已经学会了使用政治攻击的语言来捍卫、保护十三世纪前伊斯特利政权下安装的石头屏风:

　　　　我想,对伊斯特利大教堂那并不出奇的窗饰进行模仿和伪造,只是坎特伯雷灾难的开始。不久之后,我们就会看到,两幢威廉斯的宏伟建筑就会被教堂里的粗鄙涂画搞得面目全非。这是让所有真正热爱艺术和历史的人谈虎色变的事。简而言之,坎特伯雷唱诗班就要重蹈伊利、圣十字和索尔兹伯里之覆辙。[94]

在莫里斯的反修复运动中,他的表现似乎可以用"斤斤计较"来形容。他攻击个人作品,指名道姓,以近乎偏激的执拗,严厉批评那些修复建筑的人。其中有很多人都为他所熟知。在索斯韦尔大教堂运动中,他与旧主、哥特主义者 G. E. 斯特里特展开公开的激烈对抗。莫里斯攻击他"如果可以,他会修复英格兰的每一栋建筑。而在我们看来,其结果必然是自取灭亡"。[95]关于索斯韦尔的往来信件表明,斯特里特曾受到怎样的诟病。莫里斯的主要批判对象——乔治·吉尔伯特·司各特,受到了最为猛烈的抨击。莫里斯指责他铜臭熏天:"他自己也承认,因为他被金钱蒙蔽了双眼,做了昧良心的事。"[96]与古建筑保护协会的敌意不无关系,司各特在病重的最后几年郁郁寡欢。他去世时,莫里斯称他是"(极乐的)死狗"。[97]

莫里斯并没有置身事外。为符合古建筑保护协会的原则,1877 年 4 月,他的公司宣称,不再为中世纪建筑修复工作供应彩色玻璃窗——已获莫里斯公司作品供应的教堂,或非"古代艺术保护"[98]建筑除外。这一决策,很可能是造成公司佣金从 1877 年和 1878 年的二十一笔减少到 1879 年的十四笔,以及次年只有十一笔的首要缘由。

当时,莫里斯不仅参与了古建筑保护协会的筹建,还投身一个更加公开的政治机构:东方问题协会——一个自由派政治利益集团。其成立宗旨是,反对迪斯雷利与土耳其联盟。"东方问题"是一个总称,围绕的是一个长期存在的国际问题:当时,土耳其奥斯曼帝国日渐衰微,沙俄与其他大国为争夺奥斯曼帝国的控制权而展开较量。作为土耳其的盟友,英国唯恐沙俄日益增长的实力会制衡欧洲。东方问题协会就成立于这个动荡时期。当时,迪斯雷利和托利党力挺土耳其,似乎就要与沙俄大动干戈。乔治·霍华德是东方问题协会的发起人之一。莫里斯和查理·福克纳也曾提出要资助这个协会。1876 年 11 月,莫里斯担任东方问题协会司库。

那年夏天,土耳其为镇压保加利亚起义而展开血腥屠杀。关于这一事件的报道,令英国乃至整个欧洲一片哗然。在镇压中,约有一万五千

379

人被屠杀,八十个城镇和村庄被完全摧毁,十座修道院被洗劫。土耳其镇压行动的残暴和疯狂,受到有志之士的广泛谴责。在意大利,支持保加利亚者有加里波第;在沙俄,有陀思妥耶夫斯基、屠格涅夫和其他自由主义者;在法国,有维克多·雨果;在英格兰,有特罗洛普和当时尚在牛津大学读书的青年奥斯卡·王尔德,王尔德还寄给格莱斯顿一首十四行诗——《有感于近日屠杀保加利亚基督徒之暴行》。前自由党首相格莱斯顿于北威尔士的哈登退休后,开始着力谋求其他解决之道。他的宣传册《保加利亚暴行和东方问题》对迪斯雷利的土耳其政策当头棒喝,一个月内竟售出近二十五万册。该危机的余波,可以通过乔治亚娜写给罗莎琳德的信评来窥见一斑:"我们现在在看《每日新闻》,不能不看报。通过这种途径,密切关注战争局面。这骇人的变局前所未有地撼动着欧洲这片土地。"[99]乔治亚娜本可以再补充一条——内德和莫里斯对土耳其嫉恶如仇,因为他们与伦敦的希腊人关系亲近,贸易往来友好。

作为一个契机,东方问题协会让莫里斯如虎生翼,为他那些几乎要喷薄而出的高明见地提供了一个出口:关于商业、盈利、艺术终结的可能性。七年后,他回顾投入东方问题协会在他接受的社会主义教育中所起的作用:

在东方问题危机爆发,以及接踵而至的反迪斯雷利政府的行动渐渐平息的时刻,我觉得有必要深入反思,并真实表达我的看法。我衷心支持自由党的行动,在我看来,英国似乎有卷入战争的危险。一旦战争爆发,英国就会成为反动方。我还担忧,盲目爱国心的泛滥会席卷全国。一旦我们迷恋欧洲战事,这个国家就没有人再关注再理会社会问题了。何况,在当前的英国,我没有看到任何一个政党比激进派更先进。他们应被铭记于心,因为他们敢于公开反抗反动的政党。[100]

380

1876 年 9 月 9 日,莫里斯的宣传报出版几天后,格莱斯顿于格林尼治选区的布莱克希斯发表演说。尽管那天天气恶劣,还是有一万余人参加,人群明显受到震动。六周后,莫里斯给《每日新闻》的编辑写了一封措辞强烈的抗议信:"先生,最近的传言不能让人视而不见。听闻英国即将开战,我深感震惊,不由得质问:'以谁之名? 对谁而战? 所战何求?'"[101]他使用了政客惯用的所有修辞技巧,讥讽迪斯雷利的"可耻的不义战争——可耻、不义得无以言表";嘲讽国会议员缺席者,说他们"忙着在乡下打猎";鞭击英格兰人的冷漠(周日在克拉肯韦尔集会的两千名工人除外)。他亮明了自己的个人态度:

> 作为行文者,我在芸芸众生中,不过是沧海一粟。我们这样的人,通常默默忙于自己的事,极少关注公共事务,更怯于在像英吉利民族这样人数众多的大众面前发表言论。但不管感觉如何,一想到在这样一个与自己息息相关的公共事务中的无助,我就感到痛心疾首。

莫里斯动情地提及了被屠杀的保加利亚婴儿。这绝非空想诗人的呓语,亦非政治**素人**的激愤之辞。

东方问题协会由谢菲尔德自由党议员 A. J. 蒙德拉创立,他精明强干且深谋远虑。莫里斯,这位著名的《人间天堂》作者,是东方问题协会新吸纳的优质成员。蒙德拉希望,这场运动的性质一定要不同凡响:不仅要汇聚身经百战、忠心赤胆的自由党人士,还要网罗"主教、牧师、同行和文人"。[102]他意欲使东方问题协会演化为一场激进运动。莫里斯出席了 12 月 8 日在伦敦圣詹姆斯大厅举行的首届全国会议。乔治亚娜就在观众席中:"大厅里人山人海:女人们在走廊尽头分坐两边。因而,我们看到整个场地都挤满了黑压压的男性,场面很是壮观。会议发起人聚集在贵宾席,莫里斯坐在前排。"[103]内德并未出席,以免过度劳累。会议持续了九个小时,格莱斯顿滔滔不绝,讲了很久。会议发起人包括查尔斯·达尔文、罗伯特·勃朗宁、J. A. 弗劳德、C. E. 莫里斯、G.O. 特里维扬、约翰·罗斯金、安东尼·特罗洛普、W. T. 斯特德、奥伯伦·赫伯特;总共约七百人参加会议。莫里斯将此盛事告知利克的托马斯·沃德尔,说这次会议是"至关重要的大事件"。[104]他在女儿们面前模仿格莱斯顿——口若悬河,能言善道。他目光犀利,注视着观众。莫里斯把这种眼神比作鹰目,能迷住其猎物或听众。"他拿出以前模仿别人的本领,头缓慢地从一侧转到另一侧,以表现那眼神的威力。"[105]

1877 年 4 月 24 日,俄国对土耳其宣战。对此,东方问题协会举行了一系列集会,抗议政府可能使英格兰卷入冲突的任何行动。5 月 2 日,莫里斯给詹妮写了一封致歉信,说他"因政治事务忧心不已"[106]而耽搁了,不能在凯尔姆斯科特与她会面了。当晚,伦敦大都会的工人政治协会和贸易协会,在坎农街酒店举行会议,以支持格莱斯顿在下议院提出的五项反土耳其决议。莫里斯"去那里以示支援"。他之后评论,有些工人的发言很好,"他们似乎从去年秋天起,便迅速成长"。[107]托马斯·伯特是工会会员,也是莫佩斯的自由党议员,他让莫里斯印象深刻。他在会议上以"诺森伯兰郡人的浓重地方口音"语惊四座。

五天后,莫里斯出席了在圣詹姆斯大厅举行的东方问题协会大会,以促使议会就格莱斯顿的反土耳其决议采取必要行动。内德也打算参会。"今晚,"他写道,"我要去公众集会上一起闹事。"但是,也许让他如释重负的是,大厅里摩肩接踵,他竟挤不进去。1877 年 5 月 11 日,莫里斯发表了一份题为"致英格兰工人"的宣言,署名为"热爱正义之人"。在宣言中,他声讨迪斯雷利的"不义战争",将胸中积愤倾泻而出:

　　是谁让我们兵戎相见? 让我们看看这些英格兰"救世主",这些波兰勇士,这些俄国祸根! 你认识他们吗? ——证券交易所的贪婪赌徒,陆军和海军的愚蠢军官(可怜的家伙!),俱乐部里得过且过的闲散人等,为那些置身战争之外的人提供早餐桌上的花边战争新闻的记者,以及最后,是占据荣誉制高点的保守党残余——我们这些与和平、理性和正义背道而驰的傻瓜,在上次选举中选择让他们"代表"我们:他们的头目,老掉牙的圈猎人,最后爬上了伯爵位(比肯斯菲尔德伯爵本杰明·迪斯雷利),狞笑着看英格兰被油煎火燎。而他无动于衷的心和刁钻奸诈的脑袋,或许正想给我们带来致命摧毁。我们势必要提出质疑:——啊,如果我们在这样的领导下,与一个**并非**我们敌人的民族进行一场不义战争,与欧洲作对,与自由作对,与自然作对,与世界的希望作对,那真是耻辱,真是奇耻大辱!

英格兰的工人朋友们,还有一句话要忠告你们:我不确信你们是否知道,这个国家的富裕阶层的某些人,对自由和进步心怀仇恨。他们的报纸用体面的语言来粉饰这种敌意。但是,只要听到他们彼此交谈(就像我经常听到的那样),对于他们的愚蠢和傲慢,你们要么嗤之以鼻,要么咬牙切齿。——这些人,一提起你们之于理想,之于领袖的新秩序,永远都带着嘲讽和侮辱;这些人,如果他们有余力(宁愿英格兰万劫不复),他们将为了那不着边际的资本,永远捆住你的手脚,挫败你的志向,堵住你的嘴;这些人,我要说,就是将我们推向**不义战争**的在野党元首。俄国人民怎会像这些人,与你我为敌?所以,究竟谁才是正义之敌?现在,他们对我们的损害不足为道。但如果不义战争到来,到时风起云涌、雷嗔电怒,谁能说他们的破坏力会有多大,我们又能倒退到何种地步呢?同胞们!请注意,如果你们要补偏救弊,如果你们衷心希望能够同心协力、和平稳步地更新秩序,如果你们渴望休闲和知识,如果你们渴求去除那些自世界开始以来就羁绊我们的不平等,那么就请抛开怠惰,大声抗议**不义战争**,并敦促我们中产阶级采取同样行动……

似乎,在七十年代末,莫里斯一直在摆脱固有角色,塑造全新的自己,有意为世界新使命做准备。对他来说,公开演讲仍然是种折磨,不似给新闻界写信和写小册子那般游刃有余。但是就像他每次学习新手艺那般,他下定决心苦练这门技术。1877年隆冬,他焦急地准备、演练一

383 场演讲,这是 1877 年到 1896 年间所举办的一百多场演讲中的第一场。演讲在牛津街外城堡街的合作大厅举行,主题是"装饰艺术"。在特纳姆格林撰写演讲稿时,莫里斯曾考虑"以莫里哀为榜样",把厨师莎拉从地下室叫上来给她朗读摘录。[108]但他转念一想还是打消了这个念头,担心"吓到她"。然而,他还是选择了乔治·沃德尔来亲测效果。莫里斯带他去了城堡街,在空荡荡的大厅给他大声朗读《鲁滨逊漂流记》。内德给莫里斯所谓的"便士演讲"[109]提出了很好的建议,建议他如何做手势,如何调整眼镜,并提出画图表来说明课程内容,但莫里斯对他的提议显然不太在意。内德没有去现场听他演说,且对莫里斯的表现很是担忧。但韦伯向詹妮和孩子们生动转述了莫里斯的表现,说演讲"充满真知灼见,让我惊掉下巴"。[110]那是一个"对底层人(即使他们不是王公贵族)来说,娓娓动听、声情并茂,带来光明与希望的讲座"。在韦伯看来,莫里斯听众中的工人似乎很高兴,他们被当作成人而不是孩子来称呼。这个让韦伯感动得落泪的演讲至今意义深远。它是莫里斯最为有力、最有代表性的一场演讲,后来以《小艺术》为名出版。

在 1878 年的头几个月,战争一触即发。莫里斯认为,维多利亚女王"嗜战成性,尽管很多人否认这点"。[111]他对女王没有好感,称她为布朗皇后或遗孀圭尔夫。抗议集会仍在继续。1 月初,东方问题协会在特拉法加广场取得了"光荣的胜利":"尽管,"莫里斯写道,"我相信有人(鼻子里)流了血。"[112]1 月 16 日,最激动人心的会议——工人中立示威在埃克塞特大厅举行,公开抗议英国被拖入战争。莫里斯对詹妮说,晚上的聚会"声势浩大,井然有序,激情澎湃。不过需要注意的是,为了防范敌人,有好些工作要做——他们在外面的声音,就像大海对着灯塔咆哮"。[113]在特拉法加广场举行这样人满为患的会议,自然受到某些人反对。这次示威活动是由亨利·布罗德赫斯特组织的,他曾经是一名石匠,如今是新一代的工会领袖之一,同时担任工会大会的议会委员会及东方问题协会工人委员会的秘书。布罗德赫斯特曾请求莫里斯创作一

384 首"鼓舞人心的歌曲"[114]来拉开序幕。因此,在集会开始前两天的晚

上,莫里斯在家干劲十足地谱写了《醒来吧,伦敦弟兄们!》。歌曲曲调
为《昔日坚韧的北欧人》(可看作北方人赞美诗)。歌曲有五节,以此
结尾:

> 醒来吧,伦敦弟兄们! 时间紧迫,
> 旭日东升,白昼来临;
> 抛开羞怯,抛开谎言,
> 抛开土耳其人!

> Wake, London Lads! the hour draws nigh,
> The bright sun brings the day;
> Cast off the shame, cast off the lie,
> And cast the Turk away!

　　进入大厅时,每位观众都被分发一张歌单。乔治亚娜和内德、科梅
尔·普赖斯和福克纳夫妇一起抵达。她写道:"当我们在贵宾席就座
时,眼前的整个大厅满是写着新诗的白色传单。"[115] G. M. 墨菲牧师,
"一位在伦敦南部颇有名气、特立独行的非国教牧师"[116],以古老的卫
理公会教徒的方式,将新诗一节一节地读给观众,引导他们沉浸其中。
然后,男女唱诗班又把这首歌唱了两遍,让观众熟悉歌词和曲调。布罗
德赫斯特说:"当那炽烈的语句,被群众齐声唱出时,震撼人心。"《醒来
吧,伦敦弟兄们!》开创了把慷慨激昂的歌曲作为政治会议开幕曲的先
河。在埃克塞特大厅,人们在每一歌节结束时,都停下来"热烈欢
呼"。[117]他们唱到一半的时候,莫里斯和发起方进入了大厅。

　　在这次会议上,莫里斯立场坚定,旗帜鲜明。12 月早些时候,在兰
贝斯举行的一次会议上,他还有些迟疑,但现在他已然重拾信心。《泰
晤士报》的次日报道称,威廉·莫里斯先生措辞强硬,坚决反对"不惜一
切代价发动战争"的政党。[118]他赞扬格莱斯顿("欢呼"),嘲笑宫廷和

迪斯雷利("'不,不'和'为女王欢呼三声'的叫喊声")。当主席提醒莫里斯"在一个大臣们对人民负责的宪政国家,将君主的名字引入政治讨论是不可取的,他表示遗憾;命运之神将英国掌舵人之位托付给了一个没有天才(人群高喊着"哦!哦!")而只是模仿天才的人"。英格兰必须"奋力识破"迪斯雷利的诡计。莫里斯再次坐下时,空中仍回荡着民心所向的呼喊:"哦!哦!"

385　　　　在《醒来吧,伦敦弟兄们!》流行之后,出现了持续数周的反高潮。但在战争巅峰对决时刻——俄国占领了君士坦丁堡,英国驱舰队前往达达尼尔海峡作战——自由党对手却失去了勇气。在一次反对政府为战争拨款六百万英镑基金的大会上,莫里斯称自由党在谢菲尔德遭受了"暴捶"。[119]莫里斯现身斯特普尼动乱现场,那里,千人会议现场变成了"熊场"。东方问题协会拥护者饱受"皮肉之苦",被迫离开了会场。他对詹妮说,对手施展了诡诈手段:"他们用伍尔维奇船坞的大车,运来了四百名打手——大多是滥竽充数之人。但我们这边的人不得不躲在地窖之类的地方,并设法逃脱。"[120]

　　莫里斯对自由党在议会中的优柔寡断感到失望。2月5日,他对查理说:"所谓的自由党竟如此懦弱,真让我又羞又怒。"[121]他独自前往众议院,在大厅里与议员们对峙。还有一天,他又以中立工人委员会代表团成员的身份重现,声援仍坚决反对战争的自由派人士。他向珍妮描述了这一幕:"他们在一个所谓的会议室接待我们,里面有面屏风。那里上演了一出好戏,(除了情节有些激烈外)和你的戏一样好,亲爱的。"[122]

　　让莫里斯感到最为挫败的是,在伊斯灵顿农业大厅举行最后一次会议的计划流产了。那时,英国舰队已经离开君士坦丁堡。当务之急是重新聚焦英格兰与土耳其人之间悬而未决的议题。莫里斯和一些工人委员会成员去见格莱斯顿,请他参加会议。格莱斯顿同意了,正如莫里斯写给詹妮的信中所说,"他对此很热心,像蜜蜂一样精神振奋"。[123]莫里斯直接前去预订了大厅。会议计划此时已经事无巨细,直到担惊受怕的自由党议员劝说格莱斯顿,让他相信参会之事并非明智之举。莫里斯一直视东方问题协会为"重中之重",当会议被取消时,他感到措颜无地。他向詹妮诉苦:"我很惭愧,几乎不敢直视人们的脸,虽然我尽了最大的努力来促成这件事。工人们对此非常愤怒,原因大抵如此:所谓的势在必得,只是我个人的一厢情愿。"从现在起,莫里斯对自由党人的幻想破灭了。东方问题协会里面似乎"都是可悲可叹之人"。乔治·霍华德从意大利返回英格兰之际,莫里斯苦涩地对他说,"赛船都要比普选好"。[124]1878年4月初,战争风波终于平息。莫里斯说:"我不知道武力外交者们是否会失望。东方问题协会已经如同一具空壳了。"[125]

莫里斯觉得,他的政治生涯暂时结束了。严格说来,确实如此。但东方问题协会的经历,为他未来更集中的政治活动奠定了基础。他沉浸于团契的热情之中,并已发挥出昂扬斗志。当东方问题协会计划在海德公园举行一场大型示威活动时,他写信给牛津的查理:"定然会有一场战斗,所以如果可能的话,你一定要站出来。"[126]从政治上讲,他已经尝过血的滋味。

那年冬天,詹妮和女儿们都在意大利。罗莎琳德建议她们和霍华德一家会合,他们就在意大利里维埃拉地区的阿拉西奥和圣雷莫之间的奥内利亚。罗莎琳德为她们找到了一所房子——卡沃别墅(就在霍华德的别墅附近),并允诺借给詹妮一个自家仆人,帮助他们安顿下来。对于她的安排照料,詹妮很感激,但更多的还是惶然。她写信给罗莎琳德,说这次长途铁路旅行对她来说并不费力,还说"珍妮和梅是出了名的水手,能在船上为我做任何事。她们总是很勤快,一点儿也不讨人厌"。[127]

她们于11月踏上了旅程,莫里斯怅然若失。"詹妮和孩子们离开了,接下来的时光将很不寻常。"他对母亲说。[128]他和她们一起乘火车,送她们到了海边,然后很不理智地在渡口徘徊——"要是我被带到加来,会不会很有趣?"[129]他在寄往奥内利亚的第一封信中说:"如果是那样的话,我一定会好好利用这次机会,然后再去巴黎看看。"他被独自留在家里,总是担心着外出的家人。他劝詹妮不要因"节俭的美德"[130]而受劣酒之害,并把她要的两磅茶邮寄了过去("很贵,但没关系"[131])。在一封信中,莫里斯甚至希望装一只梭子鱼进去。他搜罗到珍妮和梅一定爱听的消息:不仅与他激动人心的政治公告有关,还有详细的"家庭纪实"。凯尔姆斯科特的"老鼠","穿上了冬装,毛茸茸的很合适。两只小猫咪还是一如既往地干净"。[132]玛格丽特·伯恩-琼斯的父亲作为

387 "拔牙奖励"送给她的绿色长尾小鹦鹉死了。他告诉女儿们:"它得了一场急病,但我很高兴我的宝贝们还没爱上宠物,它们真的**麻烦**。"他和孩子们闲话家常,就像她们还在家中围绕膝下。他决定搬离特纳姆格林,已经开始在伦敦西部找房。圣诞节,莫里斯看望了母亲,并与家人团聚。离开了詹妮这个艺高胆大的理发师,只好由莫里斯的妹妹伊莎贝拉为他理发。第二次回家探亲时,他母亲的女仆罗杰斯,当着"女眷"[133]和"恼人的鹦鹉"的面,提供了同样的理发服务。"鹦鹉很兴奋,用它沙哑的嗓音咕哝着、呼号着、咒骂着、歌唱着。"

在奥内利亚,珍妮庆贺了十七岁生日。莫里斯向她致以"最真挚的爱",并希望她"永远像鸟儿一样快乐"。[134]事实上,卡沃别墅的生活并不遂人意。罗莎琳德向母亲斯坦利夫人汇报:"女士们不像我认为的那样惬意。花园像完美的天堂。但不知何故,女孩们对意大利的感受,并不像我期待的那样好。"[135]显然,梅正处于环境不适期。有一天,她嚷着宁愿待在冰岛。詹妮看上去很紧张疲惫——卡文迪什夫人也这么认为。卡文迪什夫人是罗莎琳德的访客,跟她同去拜访詹妮。她形容詹妮"面容憔悴、眼神迷离,前额顶着浓密的黑发"。[136]詹妮从意大利写给罗塞蒂的信,让他很是忧心。她让他想起了病重时的"可怜丽兹"。[137]他并没有过多安慰詹妮,向她透露了托普的政治活动情况,把它与乔治·奥杰相提并论。乔治·奥杰是一位鞋匠,也是一位伦敦工会会员,多次尝试进入议会:"他是大有前途的奥杰。我亲爱的詹妮,相信他,下次职位变动时他一定会成为议员。"

自去年夏天,珍妮的状况似乎大有好转。但她到了意大利病情却急剧恶化。罗莎琳德觉得,她的健康状况"糟糕透顶"。[138]她总能觉察到

珍妮莫名其妙的出神表情:"她独自睡觉,有时晚上也会抽搐。但她们说,她从不和她们一起下床,所以并无大碍。看到她的生活如此破碎不堪,真是让人惊心——她本来冰雪聪明,现在脑子里却像老是罩着一层雾似的。我认为,珍妮在学校用功过度只是部分原因,还应有其他原因。"

3月,珍妮坐在奥内利亚的花园里,突然发病了。罗莎琳德以前从未见过癫痫发作,吓得束手无措。莫里斯听到消息大惊失色,试图联系珍妮的医生约翰·罗素·雷诺兹,他是神经疾病专家,自1893年起担任皇家内科医师学院(RCP)院长。不巧的是,雷诺兹外出不在,莫里斯只能将信转寄出去。万般无奈下,他要求把雷德克里夫的溴化药剂加入珍妮原有的药方,一起寄到奥内利亚。莫里斯经由对处方的分析,得出结论,这药"就像《基督山伯爵》和《天方夜谭》中所说的麻药或者大麻"。[139]经历了这场风波,他更下定决心前往意大利。他告诉詹妮他决定4月出发,如果必要,他会卖书以筹旅资。接近月底时,他乘夜班火车离开伦敦,途经巴黎,向意大利进发。整个冬天,莫里斯饱尝伶仃之苦,这让他对家庭有了一种新的体会。他对家庭产生了一种近乎神圣的感觉。他在给乔治亚娜的信中写道:"当我从窗口看向奥内利亚,看到她们三人站立的身影,你能想象对我来说那是一种怎样的时刻吗?"[140]三人伫立站台的场景就像老照片或幻灯片一样,深深印在他的脑海。

刚到意大利时,莫里斯的身体状况并不太好。在过去几年里,他的痛风越来越严重。这是一种因血液尿酸含量过高而引发关节疼痛的炎症性疾病,易患人群往往是中老年男性,此外,痛风病还特别"偏好"享乐主义者。与莫里斯同时代的查尔斯·达尔文就患有此疾——俨然是维多利亚时代的老人病。去年12月的圣诞节,莫里斯和母亲同住,他不管不顾地喝了两杯波特酒。第二天早上,就出现了"脚趾恶魔来临的迹象"。[141]不同的是,乔治亚娜把莫里斯那个冬天的精疲力竭和持续发作的痛风,归咎于他的政治活动。整个3月,他只能在特纳姆格林足不出户,"都怪这痛风性风湿,或风湿性痛风,让我下不了楼。不过幸好,这长长的房间还让人待得很舒服"。[142]

388

意大利之旅让他疲惫不堪。所以,他更想在奥内利亚好好歇一下,去海边的橄榄林漫步。但是,他们已被安排去往热那亚。如此安排,他的痛风病肯定会再次发作。果不其然,刚到热那亚车站,他就晕倒在地。脚夫不得不把莫里斯背在背上。然后,正如莫里斯对乔治亚娜所说:"眼前的一切天旋地转,我膝盖一软,就倒了下去。谢天谢地,让我做了

389 十来分钟的美梦,梦中感觉这似乎是一个下午的公众集会。"[143]当莫里斯昏厥过去时,就像他诗中的英雄所经历的那样,过去所发生的事就像走马灯一样涌进脑海。一群人好奇地围观,一个好心的意大利人把白兰地酒瓶贴到他嘴边,莫里斯赶紧摆手让他拿开。最后,"在旅馆楼上,我被迫让人当盖伊·福克斯对待,呵呵地傻笑,直到他们把我送到现在这华丽的房间里"。

在朗朗云天、骄阳似火的日子,他执意拖着病躯在威尼斯游玩——他称那里是"跛子的天堂"。[144]那时已是 5 月初。第一天,他乘贡多拉船在运河游览,然后去参观公爵宫——尽管他连"爬"都"爬不过广场"。[145]到了第六天,他已经能够"勉强一瘸一拐地走进圣马可教堂"。他们还参观了离威尼斯不远的托尔切洛岛,岛上有许多尘封的遗迹、绿色的灌木丛和"渔民小屋"。[146]与几个月前莫里斯第一次去过的爱尔兰相比,托尔切洛岛同样绿意盎然、低调质朴。它是威廉·莫里斯笔下的又一个奇妙岛屿。

他们到达帕多瓦时,遭遇了暴雨。雨后,带有藤蔓花格的斯克罗维尼礼拜堂花园显得更加清新。莫里斯由衷喜爱帕多瓦,与威尼斯相比,帕多瓦更为沉静素朴:"宽敞的过道将商铺间隔开来,到处都是无尽的拱廊。这是怎样一个赏心悦目的地方呀!"[147]他和女儿们躲在一个便捷的拱廊避雨。"路面整洁而干燥,"莫里斯对乔治亚娜说,"我坐在那儿,背靠着墙,心满意足。"一个染工的手推车停在他们旁边,车上装满了蓝色棉布。以莫里斯的专业眼光来看,这些棉布刚刚完工。莫里斯很遗憾,他不懂意大利语,所以无法和一个"看上去很和善、很聪明"的人交谈。晚上,他们去了一个古老奇异的植物园,在那儿倾听鸟儿的歌唱。

雨已经停了,一团巨大的乌云仍然笼罩着阿尔卑斯山脉,而帕多瓦以西的小山脉的上空却清澈湛蓝。莫里斯开始渴望踏上丘陵地,呼吸雨后干草散发出的潮湿而甜美的气息。

维罗纳是他们游览的最后一座意大利城市。米兰原本也在行程中,但这时詹妮开始发低烧,他们决定缩短行程。莫里斯也觉得不太舒服,但还是能应付维罗纳之旅,去发现它的天地大美和让人"赞不绝口"[148]的城市意趣。在一个晴朗安谧的夜晚,竞技场的景色让他惊叹不已。"我不知道,"他对乔治·霍华德说,"还能在什么时候,还能在哪里,被如此打动。"在他后来未完成的罗马传奇《德西德里乌斯的故事》中,莫里斯将维罗纳重新塑造为一个雄伟而辉煌的城市,精美的建筑和宽阔的广场共同组成城市的网状结构。建筑沿流经城市的白水河而建,极目远眺,可见沙丘的优美弧线和拉文纳的高塔。然而同时,在这部小说中,这座美丽城市也是统治阶级残虐、压迫穷苦大众的发生地。

距莫里斯上次访问意大利已经过去了五年。在那个风云万变的时期——经过利克的访问岁月、政治现实的洗礼以及珍妮患病的悲痛——他对文艺复兴建筑依然无法欣赏,甚至日渐讨厌。这里,没必要去粉饰他根深蒂固的偏见——既出于政治,也出于审美。"让我忏悔,然后绞死我吧!"[149]在维罗纳,他向乔治亚娜这样写道:

> 对于南欧后来的作品,我完全不感兴趣。尽管它们气场强大、势能饱满,但我还是不抱好感。在意大利,这种东西比比皆是,让我尤为反感。是的,在光鲜亮丽的城里,我更偏爱那灰色的石头和灰色的屋顶——我们称之为北方房屋。

痛风让人的情绪难以自抑。1878年初夏,步履蹒跚地游逛在意大利的莫里斯,已显现出英雄人物的早衰迹象。在他给阿格拉娅的信中,他称自己为"痛风病夫"[150]——写得常常几乎要哭泣。第一次,他看到夕阳下的加尔达湖,心醉神迷。恍惚间,他怀疑自己是否跌入梦乡。

390

"梦见一片陌生的海,那里的一切,都与传奇故事中的景致一般无二。"[151]梅和珍妮在加尔达湖与他相伴,她们与父亲的感受息息相通。梅后来写道,这些场景之所以如此明亮,是因为她们"透过他赤子之心的所见所感"而看见了它们。[152]

　　意大利的温暖让莫里斯的痛风有所好转。"我还是瘸了,"他写道,"病很缠人,但不像以前那般受病魔摧残了。"[153]当火车载着他们穿越阿尔卑斯山进入法国时,他的心境明朗了许多。在一个风和日丽的日子,莫里斯途经勃艮第回到了家。他心情愉悦,只有詹妮还怀念着威尼斯和贡多拉——那是她经历的最完美旅程。

注释

[1] 威廉·莫里斯致乔治亚娜·伯恩-琼斯的信,1876 年 3 月 26 日。

[2] 威廉·莫里斯致罗莎琳德·霍华德的信,1875 年 7 月 30 日。

[3] 威廉·莫里斯致詹妮·莫里斯的信,1875 年 7 月 20 日。

[4] 威廉·莫里斯致托马斯·沃德尔的信,1876 年 12 月 11 日。

[5] 威廉·莫里斯致乔治亚娜·伯恩-琼斯的信,1876 年 3 月 26 日。

[6] 托马斯·沃德尔,1903 年 12 月 9 日在布拉德福德市政技术学院的演讲,利克图书馆。

[7] 威廉·莫里斯,《染色是一门艺术》,《工艺美术论文》,1893 年。

[8] 《威廉·莫里斯作品集》"导言"。

[9] 威廉·莫里斯致阿格拉娅·科罗尼奥的信,1875 年 7 月 28 日。

[10] 威廉·莫里斯致阿格拉娅·科罗尼奥的信,1876 年 3 月 28 日。

[11] 威廉·莫里斯致乔治亚娜·伯恩-琼斯的信,1876 年 3 月 26 日。

[12] 威廉·莫里斯致乔治亚娜·伯恩-琼斯的信,1877 年 2 月 4 日。

[13] 威廉·莫里斯致珍妮·莫里斯的信,1877 年 6 月 13 日。

[14] 乔治亚娜·伯恩-琼斯致罗莎琳德·霍华德的信,1877 年 10 月 6 日,霍华德城堡。

[15] 乔治亚娜·伯恩-琼斯致罗莎琳德·霍华德的信,1876 年 3 月 28 日,霍华德城堡。

［16］威廉·莫里斯致珍妮·莫里斯的信，1883 年 7 月 21 日。

［17］威廉·莫里斯致阿格拉娅·科罗尼奥的信，1875 年 10 月 21 日。

［18］威廉·莫里斯致托马斯·沃德尔的信，1876 年 10 月 31 日。

［19］威廉·莫里斯致托马斯·沃德尔的信，1876 年 11 月 17 日。

［20］威廉·莫里斯致托马斯·沃德尔的信，1875 年 9 月 3 日。

［21］威廉·莫里斯致托马斯·沃德尔的信，1875 年 12 月 24 日。

［22］威廉·莫里斯致托马斯·沃德尔的信，1875 年 9 月 3 日。

［23］威廉·莫里斯致托马斯·沃德尔的信，1876 年 11 月 17 日至 30 日。

［24］威廉·莫里斯致乔治·伯恩-琼斯的信，1877 年 2 月 4 日。

［25］威廉·莫里斯致托马斯·沃德尔的信，1875 年 10 月 28 日。

［26］威廉·莫里斯，《最优化利用》，1880 年讲座。

［27］威廉·莫里斯，《可能的工厂》，《正义》刊文，《威廉·莫里斯：艺术家、作家、社会主义者》。

［28］威廉·莫里斯，《为什么不?》，《威廉·莫里斯：艺术家、作家、社会主义者》。

［29］威廉·莫里斯致阿格拉娅·科罗尼奥的信，1876 年 3 月。

［30］威廉·莫里斯，《图案设计的一些提示》，1881 年讲座。

［31］威廉·莫里斯致詹妮·莫里斯的信，1876 年 7 月 9 日。

［32］W. R. 莱瑟比，对一封信的回复，1922 年 1 月 18 日，牛津大学出版社，切尔滕纳姆收藏。

［33］《威廉·莫里斯：艺术家、作家、社会主义者》。

［34］同上。

［35］麦凯尔，《威廉·莫里斯的一生》。

［36］威廉·莫里斯致梅·莫里斯的信，1878 年 3 月 21 日。

［37］琳达·帕里，《威廉·莫里斯纺织品》，1983 年。

［38］威廉·莫里斯致托马斯·沃德尔的信，1876 年 4 月 13 日。

［39］威廉·莫里斯劳工教堂，《改革者年鉴》（*The Reformers' Year Book*），1901 年。

［40］卢克·爱奥尼德斯，《回忆》。

［41］爱德华·伯恩-琼斯致乔治·霍华德的信,未注明日期,霍华德城堡。

［42］同上。

［43］威廉·莫里斯致詹妮·莫里斯的信,1876 年 3 月 8 日。

［44］威廉·莫里斯致詹妮·莫里斯的信,1877 年 2 月 7 日。

［45］威廉·莫里斯致埃里克·马格努松的信,1875 年 11 月(？)。

［46］亨利·内特尔希普,评论,《学院》,第十卷,1875 年 11 月。

［47］乔治·萧伯纳致亨利·索尔特的信,引述自斯蒂芬·温斯顿,《索尔特和他的圈子》,哈钦森公司,1951 年。

［48］威廉·莫里斯,《维吉尔的〈埃涅阿斯纪〉》,1875 年。

［49］威廉·莫里斯致未知收件人的信,1876 年 3 月 22 日至 4 月 8 日。

［50］但丁·加百利·罗塞蒂致亨利·特雷弗里·邓恩的信,1875 年 10 月 24 日,道蒂和沃尔。

［51］但丁·加百利·罗塞蒂致夏洛特·波利多里的信,1875 年 12 月?同上。

［52］但丁·加百利·罗塞蒂致克里斯蒂娜·罗塞蒂的信,1875 年 12 月 3 日,同上。

［53］威廉·莫里斯致詹妮·莫里斯的信,1875 年 11 月 9 日。

［54］詹妮·莫里斯,引述自威尔弗里德·斯考恩·布伦特,日记手稿,1892 年 10 月 1 日,菲茨威廉。

［55］但丁·加百利·罗塞蒂致托马斯·戈登·哈克的信,1876 年 3 月 26 日,道蒂和沃尔。

［56］但丁·加百利·罗塞蒂,《叙利亚的阿斯塔蒂女神》,1876 年。

［57］《威廉·莫里斯作品集》"导言"。

［58］威廉·迈克尔·罗塞蒂,《一些回忆》(Some Reminiscences),布朗·兰厄姆公司,1906 年。

［59］威尔弗里德·斯考恩·布伦特,日记手稿,1892 年 10 月 1 日,菲茨威廉。

［60］但丁·加百利·罗塞蒂致詹妮·莫里斯的信,1878 年 3 月 18 日,布赖森。

[61] 但丁·加百利·罗塞蒂致詹妮·莫里斯的信,1878 年 5 月 31 日,布赖森。

[62] 威廉·莫里斯致詹妮·莫里斯的信,1876 年 3 月 18 日。

[63] 詹妮·莫里斯,引述自威尔弗里德·斯考恩·布伦特,日记手稿,1887年 9 月 11 日,菲茨威廉。

[64] 海伦娜·M.西克特·斯旺威克,《我曾年轻》。

[65] 《威廉·莫里斯作品集》"导言"。

[66] 维奥莱特·亨特,曼德夫人编,《从凯尔姆斯科特到凯尔姆斯科特》,《威廉·莫里斯协会期刊》,1968 年冬天。

[67] 琼·拉金(Joan Larkin)与作者的谈话,1994 年 2 月 9 日。

[68] 乔治亚娜·伯恩-琼斯致西德尼·科克雷尔的信,1917 年 10 月 20日,大英图书馆。

[69] 威尔弗里德·斯考恩·布伦特,日记手稿,"导言",1889 年,菲茨威廉。

[70] 威廉·莫里斯致詹妮·莫里斯的信,1876 年 7 月 18 日。

[71] 威廉·莫里斯致阿格拉娅·科罗尼奥的信,1876 年 9 月 4 日。

[72] 洛兰·普赖斯,《科梅尔·普赖斯先生》,《威廉·莫里斯协会期刊》,1983-1984 年冬天。

[73] 乔治亚娜·伯恩-琼斯致查尔斯·费尔法克斯·默里的信,1877 年 1月 9 日,菲茨威廉。

[74] 詹妮·莫里斯致威尔弗里德·斯考恩·布伦特的信,1888 年 8 月 9日,福克纳。

[75] 威廉·莫里斯致路易莎·鲍德温的信,1875 年 3 月 25 日。

[76] 麦凯尔,《威廉·莫里斯的一生》。

[77] 威尔弗里德·布伦特,日记手稿,"导言"。1889 年,菲茨威廉。

[78] 威廉·莫里斯,《最优化利用》,1880 年讲座。

[79] 威廉·莫里斯致亨利·巴克斯顿·福曼的信,1870 年 11 月-12 月。

[80] 威廉·莫里斯致亨利·巴克斯顿·福曼的信,1873 年 11 月 12 日。

[81] 《威廉·莫里斯作品集》"导言"。

［82］《沃尔松格家的西格尔德》，第二卷，1876 年。

［83］W. B. 叶芝致奥利维亚·莎士比亚的信，1933 年 10 月 24 日。

［84］威廉·莫里斯致詹姆斯·理查德·瑟斯菲尔德的信，1877 年 2 月 16 日。

［85］麦凯尔，《威廉·莫里斯的一生》。

［86］《威廉·莫里斯作品集》"导言"。

［87］威廉·莫里斯致埃里克·马格努松的信，1876 年 1 月 24 日。

［88］W. B. 里士满致托马斯·里士满的信，约 1879 年，A. M. W. 斯特林，《里士满文件》。

［89］威廉·莫里斯信函，大约 1877 年 5 月，麦凯尔。

［90］辑自约翰·罗斯金，《建筑的七盏明灯》，1849 年伯福德账户介绍。

［91］W. R. 莱瑟比，《作为工匠的威廉·莫里斯》，在伯明翰艺术学院发表的演讲，1901 年。

［92］古建筑保护协会宣言，《威廉·莫里斯：艺术家、作家、社会主义者》。

［93］威廉·莫里斯致威廉·德·摩根的信，1877 年 4 月 3 日。

［94］威廉·莫里斯致《泰晤士报》，1877 年 6 月 4 日。

［95］威廉·莫里斯致亨利·沃利斯的信，1880 年 8 月 29 日。

［96］威廉·莫里斯致托马斯·沃德尔的信，1877 年 4 月 13 日。

［97］威廉·莫里斯致乔治亚娜·伯恩-琼斯的信，1889 年 5 月 13 日，亨德森。

［98］莫里斯公司通告，1877 年 4 月 9 日，威廉·莫里斯陈列馆。

［99］乔治亚娜·伯恩-琼斯致罗莎琳德·霍华德的信，1876 年 8 月 22 日，霍华德城堡。

［100］威廉·莫里斯致安德烈亚斯·朔伊的信，1883 年 9 月 15 日。

［101］威廉·莫里斯致《每日新闻》的信，1876 年 10 月 24 日。

［102］W. H. G. 阿米蒂奇，《安东尼·约翰·蒙德拉：劳工运动的自由主义背景》，欧内斯特·本，1951 年。

［103］《爱德华·伯恩-琼斯回忆录》。

［104］威廉·莫里斯致托马斯·沃德尔的信，1876 年 12 月 11 日。

［105］《威廉·莫里斯：艺术家、作家、社会主义者》。

［106］威廉·莫里斯致詹妮·莫里斯的信，1877 年 5 月 2 日。

［107］威廉·莫里斯致乔治亚娜·伯恩-琼斯的信，1877 年 5 月 4 日。

［108］威廉·莫里斯致詹妮·莫里斯的信，1877 年 10 月 29 日。

［109］爱德华·伯恩-琼斯致乔治·霍华德的信，未注明日期，霍华德城堡。

［110］菲利普·韦伯致詹妮·莫里斯、珍妮和梅的信，1877 年 12 月 5 日，大英图书馆。

［111］威廉·莫里斯致乔治·霍华德的信，1877 年 12 月 27 日。

［112］威廉·莫里斯致珍妮·莫里斯的信，1878 年 1 月 4 日。

［113］威廉·莫里斯致詹妮·莫里斯的信，1878 年 1 月 19 日。

［114］亨利·布罗德赫斯特，《他的人生故事：从石匠工作台走向财政部席位》，哈钦森公司，1901 年。

［115］《爱德华·伯恩-琼斯回忆录》。

［116］亨利·布罗德赫斯特，《他的人生故事：从石匠工作台走向财政部席位》。

［117］威廉·莫里斯致詹妮·莫里斯的信，1878 年 1 月 19 日。

［118］《泰晤士报》，1878 年 1 月 17 日。

［119］威廉·莫里斯致乔治·霍华德的信，1878 年 2 月 1 日。

［120］威廉·莫里斯致詹妮·莫里斯的信，1878 年 2 月 1 日。

［121］威廉·莫里斯致查尔斯·福克纳的信，1878 年 2 月 5 日。

［122］威廉·莫里斯致珍妮·莫里斯的信，1878 年 2 月 11 日。

［123］威廉·莫里斯致詹妮·莫里斯的信，1878 年 2 月 20 日。

［124］威廉·莫里斯致詹妮·莫里斯的信，1878 年 4 月 11 日。

［125］威廉·莫里斯致詹妮·莫里斯的信，1878 年 4 月 2 日。

［126］威廉·莫里斯致查尔斯·福克纳的信，1878 年 2 月 5 日。

［127］詹妮·莫里斯致罗莎琳德·霍华德的信，1877 年 9 月 6 日，霍华德城堡。

［128］威廉·莫里斯致艾玛·谢尔顿·莫里斯的信，1877 年 10 月 28 日。

［129］威廉·莫里斯致詹妮·莫里斯的信，1877 年 11 月 23 日。

［130］威廉·莫里斯致詹妮·莫里斯的信,1877 年 11 月 29 日。

［131］威廉·莫里斯致詹妮·莫里斯的信,1878 年 2 月 4 日。

［132］威廉·莫里斯致珍妮·莫里斯的信,1878 年 3 月 6 日。

［133］威廉·莫里斯致詹妮·莫里斯的信,1878 年 3 月 26 日。

［134］威廉·莫里斯致珍妮·莫里斯的信,1878 年 1 月 14 日。

［135］罗莎琳德·霍华德致斯坦利夫人的信,引述自弗吉尼亚·瑟蒂斯,《艺术家和独裁者:乔治和罗莎琳德·霍华德》。

［136］弗雷德里克·卡文迪什夫人,引述自弗吉尼亚·瑟蒂斯,《艺术家和独裁者:乔治和罗莎琳德·霍华德》。

［137］但丁·加百利·罗塞蒂致詹妮·莫里斯的信,1878 年 2 月 27 日,布赖森。

［138］罗莎琳德·霍华德致斯坦利夫人的信,引述自弗吉尼亚·瑟蒂斯,《艺术家和独裁者:乔治和罗莎琳德·霍华德》。

［139］威廉·莫里斯致詹妮·莫里斯的信,1878 年 3 月 12 日。

［140］威廉·莫里斯致乔治亚娜·伯恩-琼斯的信,1878 年 4 月 27 日。

［141］威廉·莫里斯致詹妮·莫里斯的信,1877 年 12 月 28 日。

［142］威廉·莫里斯致珍妮·莫里斯的信,1878 年 3 月 6 日。

［143］威廉·莫里斯致乔治亚娜·伯恩-琼斯的信,1878 年 4 月 27 日。

［144］同上。

［145］威廉·莫里斯致查尔斯·费尔法克斯·默里的信,1878 年 4 月 29 日。

［146］《威廉·莫里斯作品集》"导言"。

［147］威廉·莫里斯致乔治亚娜·伯恩-琼斯的信,1878 年 5 月 15 日。

［148］威廉·莫里斯致乔治·霍华德的信,1878 年 5 月 18 日。

［149］威廉·莫里斯致乔治亚娜·伯恩-琼斯的信,1878 年 5 月 15 日。

［150］威廉·莫里斯致阿格拉娅·科罗尼奥的信,1878 年 3 月 7 日。

［151］威廉·莫里斯致乔治亚娜·伯恩-琼斯的信,1878 年 4 月 29 日。

［152］《威廉·莫里斯作品集》"导言"。

［153］威廉·莫里斯致乔治亚娜·伯恩-琼斯的信,1878 年 5 月 25 日。

第十二章　凯尔姆斯科特之家（1879-1881）

1879 年 4 月，与在奥内利亚的詹妮经过几个星期紧张的通信讨论后，莫里斯搬进了伦敦的一栋房子，从那时起到他去世，这里一直是他伦敦的家。这座房子位于哈默史密斯的林荫大道，是十八世纪晚期的砖砌住宅，美观而传统的乔治王朝风格城市住房。就像莫里斯在伦敦住过的所有房子一样，它也属折中的房子，是"一个避风港湾，存放书籍和美好事物的地方"[1]，而不是他投入强烈情感的房子。梅说，他从未把这里当作真正的家。他定下此房时，这里被人叫作"退隐居"（The Retreat）。莫里斯不喜欢这个名字，这让建筑听起来像一个避难处："人们会认为我出了问题，而你们可怜的母亲正试图拯救我。"他把它更名为"凯尔姆斯科特之家"，以区分于他的另一个"凯尔姆斯科特"——极具建筑特色的乡村灰石庄园。一想到两个"凯尔姆斯科特"被同一条长达一百二十英里的河流联结在一起，他就很愉悦：在哈默史密斯，他的窗下，泰晤士河静静流淌，将他所深爱的灰墙、青草地、柳树组成的景观带到这一端，将美妙的乡村景象印在"大肿包"①之上。

哈默史密斯的房子很有来历。在它还被称作"退隐居"时，激进的传教士、诗人和小说家乔治·麦克唐纳曾在这里生活。麦克唐纳的写作特长是打造梦幻世界：《鬼斧神工》是他的第一部成人幻想小说，出版于

---

①　指伦敦。

1858 年。在哈默史密斯那些年,他还写了最著名的儿童读物《公主与妖精》(1872),这是一个关于善与恶、男与女、死亡与转化的幽冷故事。评论家们一语中的:"除了儿童之外,它对成人也极具吸引力。"[2] 麦克唐纳的书与莫里斯九十年代的小说一样,影响了二十世纪奇幻小说流派的整体走向。这些充满暗示和隐喻的魔幻故事,竟然是由两位稳重的成年作家在伦敦这直上直下的房子里花了三十多年创作完成的,真是不免让人称奇。

392

麦克唐纳住在这里时,社会生活丰富多彩。他们家有十一个孩子。为观看牛津和剑桥的划船比赛,他们的亲戚和新潮的文学界的朋友也常蜂拥而至。1856 年,从帕特尼到莫特莱克的四英里比赛,已成为一年一度的固定赛事。麦克唐纳的一个孩子记得,他曾被派到半英里外的公路上为丁尼生叫马车。在"退隐居",每年冬天,都会有一天向奥克塔维亚·希尔样本区的穷苦租户开放。那一天,麦克唐纳的孩子们为大家表演戏剧,戏剧内容几乎都是他们的母亲所写的童话故事。漫长的一天,最终以游戏和乡村舞蹈结束。这些聚集活动不仅有穷人,也有知识分子和艺术慈善家参加:激进历史学家埃德蒙·莫里斯、塞缪尔·巴尼特牧师(伦敦汤比因的创始人)、亚瑟·休斯和他的妻子,还有乔治亚娜和内德。1868 年,罗斯金首次参加这样的集会。他坦言,客人衣衫褴褛的样子让他大吃一惊——尤其是一些人,穷得连衣服领子都没有。活动最后,他与奥克塔维亚·希尔一起跳了一支柯弗利舞。

莫里斯留意这所房子时,它已闲置了好几个月。为了他们病弱的女儿,麦克唐纳夫妇携全家匆匆赶往意大利。那时,房屋已露出荒凉破败的景象。威廉·德·摩根被莫里斯带去那里查看住房条件。显而易见,他对主房间的装饰样式不以为然。这些房间贴着猩红色绒面墙纸,陈列着黑漆色的长书柜,"天蓝色的天花板上面散布着镀金的星星,看起来已经黯然失色,破旧不堪"。[3] 罗塞蒂把它描述得很是清冷寡淡。当时,他面临着租约到期后可能要从切尔西搬走的境遇。在此情形下,他亲自去看了麦克唐纳家的房子。之后,他给住在奥内利亚的詹妮写了一封强烈反对的信,信中指出了这座房子的缺陷。尽管这房子基本"不错"[4],但在新修的哈默史密斯大道的衬托下,它显得毫不起眼。而且,还有泡在水里的枯枝败叶,在花园里形成了"一片彻头彻尾的沼泽地"。房子也显然潮湿得可怕。据罗塞蒂说,最糟糕的是"厨房所在的恐怖楼层,光线极暗,极为不便——厨房楼梯就像黑灯瞎火中的梯子,每次吃饭时,我都觉得会有东西砸到耳朵"。哈默史密斯的房子成为新的争论焦点,两人都给在奥内利亚的詹妮写了语重心长的信:对于这座房子,罗塞蒂深恶痛绝,莫里斯却倍加喜爱。他再三向詹妮许诺:"只须花点钱,很容易就可以把房子搞好。再加上我的艺术品点缀,说不定很漂亮。"[5]

　　莫里斯的租房商议信,直观地展露了他和詹妮之间的互动状况。信件充满深情,措辞慎重。莫里斯费尽心机地带动她参与决定,共同权衡利弊。他并不掩饰哈默史密斯的弊端,它的确离伦敦市中心很远,但还有什么选择呢?"我觉得,我俩都无法忍受大街上的摩登建筑,比如说在诺丁山。我也不想回到布卢姆斯伯里的陋室去。尽管那样很好,但可能会让我们感觉更糟。也许,我们会像住在汉普斯特德那样住在约克,这样我们就能与朋友常见。"[6]他征询她对肯辛顿伯爵台的那个待定房的看法。那里"交通便利",但每年租金需要一百四十英镑,他觉得很荒唐。因为它简陋不堪,设施不全。这"毕竟是个**出租屋**,而不是住家"。在值得拥有的房产和负担得起的房产之间,存在一种由来已久的轻重得失。而莫里斯很看重詹妮的想法,这点很有意思,主要因为他是专业人士,是建筑专家和知名的装饰设计师。他在伦敦的住所必然会成为展览场所,成为莫里斯公司风格样式的终生展品。然而,经过几年的婚姻考验,他开始尊重詹妮的想法,这点很令人称道。很不寻常地,在这些信中,他周到细致地考虑到她的感受、她的需求,且他要两人同时满意。他把共同决定权交给了她:"如果我们有任何一方不同意入住,另一方就会祈祷地震把房子摧毁。"

　　莫里斯的信洋溢着热情。他随信附上说明图和测量尺寸,以他对凯尔姆斯科特之家的预想蓝图来煽动詹妮。他向她承诺,她会有"很好的房间",可以眺望花园,"对你来说足够舒适"。还有两间很好的房间给"小女士们"住。无疑,詹妮对空间和隐私的迫切需求,是她离开特纳姆格林的缘由。莫里斯描述了房子的周边情况:"是伦敦当之无愧的最佳位置。"房子南面可见河对岸的榆树林,由布拉干萨的凯瑟琳在十七世纪种下。那时,有几个夏天,她在上购物步行商业区的"贵后之家"度过。他甚至看好建筑后侧那间"黑屋"——麦克唐纳的简易餐厅:"我们应该把它当作附属'消遣室',所以不必在意怎样粉刷它。可能,我们还会在里面养母鸡,或猪,或牛,或让它干脆成为骑士团礼拜堂。"[7]这里还有一个马车屋和马棚。他考虑到将会有一匹小马和马圈需要照料,便高兴地答应了詹妮请三个女佣的要求——这正合时宜。人们会比以前更为频繁地拜访他们,"即使只是为了花园和河流,我们也会将自己置于友谊的环绕中"。[8]科梅尔来伦敦度假时,他们可以为他准备床铺。凯特·福克纳也已经同意和他们同住。现在,他们距格兰奇只有半小时步行路程。和他的大多数决策一样,莫里斯相信这座新建筑将会开启更崭新更美好的篇章。与麦克唐纳达成协议后,他写信给詹妮:"亲爱的,期待我们会在那儿变年轻。"

1878 年 5 月,他们返回伦敦时,莫里斯只有四十四岁,詹妮三十八岁。但看上去两人都略显沧桑。莫里斯肥胖而苍白,詹妮前所未有地消瘦且焦灼。由于詹妮在奥内利亚神经焦虑,加上发烧,她不仅脱发,"腰围也小了好几英寸"。[9]回来后,她在写给罗塞蒂的第一封信上签名"稻草人"。她试图推迟和他见面的时间,她说:"我倒是毫不在意自己变成什么样子。只是我不想久别之后像个男人一样出现在你面前。"罗塞蒂讨她欢心地说,他不在乎。看到凯尔姆斯科特之家,詹妮就爱上了它。"我觉得,这是一个很美的地方,"她给罗莎琳德写信说,"花园比我想象的要大得多,里面有许多地方可以绘画写生。"[10]她向乔治·霍华德建议,他应该架起画架,在哈默史密斯画一幅伊特鲁里亚派的风景画。可能詹妮搞错了拉斐尔前派——乔治那光感强烈、色彩鲜明的平原风景画,才更契合她的审美品位。

莫里斯向麦克唐纳提出的最初年租金为八十五英镑。这个价格要远低于伦敦市中心略偏远的带花园的好房子,其租金一般是一百二十到一百四十英镑。他辩称,必要的翻修将会花费大量资金。莫里斯首先召集来自己公司的评估员维纳尔,然后是长期合作承包商邓恩公司。那时,公司重组和多元化经营已取得成效,莫里斯的年收入正逐步增加。莫里斯的房租花销,是根据次年一千两百英镑的可支配收入来计算的,而到了八十年代初,他的收入已上升到了一千八百英镑。他花费将近一千英镑,重新装修了凯尔姆斯科特之家,还不包括家具和织物。装修工作持续了整个夏天,直到初秋才完工。1878 年 11 月初,一家人终于搬了进来。在古建筑保护协会活动上,"在反修复会议吵闹的间歇"[11],菲利普·韦伯听闻了此事。实际上,他有点儿怀疑,万一被邀请参加晚宴,他可能就会不由自主地从帕丁顿赶火车去另一个凯尔姆斯科特。他很高兴,现在终于可以把妥善保管的美妙的法国橱柜还给它的主人了——对特纳姆格林来说,它实在太高了。

房子里的最好房间,是四十英尺长的客厅。客厅内的五扇窗朝南,面向河流。麦克唐纳曾把它当作书房,里面是声名狼藉的红墙纸和蓝色的破天花板。莫里斯却从中发现它成为"伦敦最美的房间"[12]的潜力。重新装修时,他采用蓝色小鸟纹样的双层羊毛布来装饰墙面——这是他在女王广场的新编织面料。在蓝色地毯上,又铺置了东方花卉地毯。[13]地毯摆放巧妙,有引导路线的作用——莫里斯规定"禁止带钉的靴子踩踏东方地毯"。红屋的漆画橱柜被置于壁炉旁。梅形容这个橱柜很惹人注目,与房间里所有的色彩相呼应。菲利普·韦伯的大柱炉架,安装在开放式壁炉里。它最初是为女王广场设计的,其独特的半封闭炉身紧邻火焰,这一设计后来首次用于红狮广场。房间里,尽是这样让人念及旧地的物品。这些物品赋予房间一种怀旧之意,甚至因与过去紧密相连而产生感伤。嵌在墙上的陈列柜,泛着"旧玻璃的幽光"。狭长的桌子上摆着几只远东的锅与盘。自红屋开始,莫里斯的所有室内装饰都极尽简约:"挂画是肯定没有的——房间的清爽布局不允许有破坏整体感的墙面——没有临时桌子,没有像羽绒床那样的椅子,没有任何无用之物。"与伦敦的希腊室内装饰风格不同,这个房间不散发奢华,也不渲染私密,而是亲切宜人,毫不浮夸。对于十几岁的梅来说,这个房间为她提供了进入男性知识分子封闭圈的缓冲带:"这里有足够大的'后甲板'。每当讨论激烈、思想需要深化时,便可以在这里踱步沉思。"

396   凯尔姆斯科特之家的第二大房间是餐厅,高十六英尺,弧形大窗朝北,面向一楼的花园。乍一看,这个房间似乎最不中看。莫里斯曾说:"麦克夫妇竭其所能地让它难看。"[14]这个房间,充斥着苏格兰室内装饰的那种古板格调。罗塞蒂在给詹妮的信中详细说到:"据我所知,那个餐厅(房间不错)一直在断断续续使用,有张一成不变的桌子,供所有人享受方丈盈前之乐。"[15]莫里斯一直觉得这个房间很压抑,不喜欢它的古典比例和亚当装饰风格。开始的时候他说,这里只适合养猪,威胁要把它租给始初循道会教徒。不过,他改变了心意,决定把它改头换面成自己的风格——就像二十五年前,他对自己住过的每个房间所做的那样——比如在埃克塞特的房间。

    他选择了"琉璃繁缕"作为墙纸,图案呈环状缠绕,底色为柔美的深绿色,带有亮眼的星星点点的蓝色花朵。两年前,莫里斯以新模态样式设计了这个图案,它既典雅又自由,予人最大限度的包裹感,又不会产生幽闭感。它在房间里创造了一种梦幻般的特质:一种令人愉快的错位感。这是所谓的"奇幻空间"[16]——西德尼·科克雷尔首次拜访凯尔姆斯科特之家时如是说。只有在餐厅里,才可以适当挂几幅画。壁炉上方挂的是罗塞蒂为詹妮画的肖像。其中一面墙,被白色的梳妆台占据,里面摆放着锡盘和精美的蓝色瓷器。墙对面是莫里斯的意大利大柏木箱,以珍贵的东方金属工艺品为装饰。一对华丽的黄铜孔雀守护着它,孔雀的脖子上镶着珠宝。梅描述了这个充满异国情调的场景:"在这张满是东方财富的桌子上方,撑起一张毯子,就像跨过天花板而敞开的天篷一样。"[17]——她说的正是现今维多利亚与艾尔伯特博物馆中那件稀有的南方波斯地毯。1878年早些时候,莫里斯对地毯商人文森特·约瑟夫·罗宾逊在展示厅举办的东方艺术展久久难忘。罗宾逊原封不动地将大马士革的地毯家居空间迁移过来，重现在伦敦展厅。"里面尽是朱砂、亮金和群青色彩，非常漂亮，就像走进了《天方夜谭》里的世界。"[18]——哈默史密斯的餐厅就是属于莫里斯的大马士革室。

　　凯尔姆斯科特之家的装饰，堪称莫里斯成熟时期的终极典范。时过境迁，莫里斯的思想早已渗入当代审美观：前来哈默史密斯旅游参观的人，坦言他们对这充满活力的室内配色和细节布置感到惊叹。曾批判红屋的人，也不再震怒。如今，已经无人再指责莫里斯的鲁莽大胆了——部分原因在于，莫里斯的室内设计已经老成练达，不会让人再感到冲突和不适。八十年代中期，萧伯纳还很年轻。当他第一次前来参观这所房子时，他带着些许洋洋得意，对房子的高雅与超脱，做出了如实而贴切的描述：

　　　　人们走进莫里斯的家，发现它与自己家完全不同，他们会说："真是个奇怪的地方！"而更有审美素养的人则会惊叹"太棒了"。但是，他们谁也没有立刻发现我所看到的——在这个神奇的房子里，有一种异乎寻常的精妙。这里没有祖母或叔伯的画像之类因为有趣、奇特、罕见或世代相传而存在的东西。这里每样必要的物品都井然有序、独具匠心，其他配物也无一不是美轮美奂。在那里，有一块极其雅致的东方地毯，让人感到走在上面简直是一种罪过。因此，它没有被放在地板上，而是被置于墙上，半跨了天花板。室内没有大钢琴，这样的反差搭配是不可能出现的。餐桌上没有桌布——在当时的人们看来，这种现象已经很普遍。他们认为，桌子本身就应该具有装饰美感，而不仅仅是个搭布架子。但是，这样一个创新且合理的理念，却经历了多年的观念冲突才被引入大众生活。[19]

萧伯纳将哈默史密斯的这座房子看作莫里斯的"巅峰艺术品位表现"，认为它从侧面反映出莫里斯与众不同的艺术风格。莫里斯不同于流俗，

397

也不为流俗所动。

　　莫里斯自己的房间——卧室和书房都在一楼,面朝河流。有张照片吻合了梅对她父亲住所的描述——"房间空空荡荡"。[20]书房没有地毯和窗帘,只有一张简单素朴的桌板作为写字台。也没有墙纸,墙上几乎全是书。唯一的把玩之物,是他那些箱盒之类的物品。他对容器有近乎偏执的热爱。书房一角,是镶嵌精美的意大利橱柜。小装饰盒、鼻烟盒和小金库箱等不时出现在他桌上堆积如山的纸张和书籍中。他童年时期对香气的痴迷依然持续。让梅记忆犹新的是,父亲在大手帕上轻拭一点儿塞恩斯伯里公司的薰衣草香水,一边在楼上的詹妮房间里踱步,一边"时常轻嗅一下沁人心脾的香甜"。

　　那里的花园曾是哈默史密斯的名胜地。莫里斯在给詹妮的信中,列出了那里的树木清单:"一、马车屋的核桃树。二、草坪上长势良好的鹅掌楸树。三、草坪尽头的两颗栗子树。"[21]再往前,是茂盛的小果园、温室和菜园。菜园四周围绕着更多的果树。花园很是狭长,莫里斯试图把它分成几个独立小空间,这种手法使乔治亚娜想起了红屋。莫里斯殚财竭力地为蜿蜒于花园的小径订购新砾石,并计划在边界处铺设新的橡木地板,期待它营造出与查兹沃斯庄园截然不同的别样韵味。他不停地催促园丁——"可怜的老马修斯"[22],这是他和邻居里士满家共用的一位年迈的雇工。马修斯慢得不可救药,但体贴的莫里斯不忍心解雇他。"即便是出于私心,"他在给詹妮的信中写道,"新的园艺景观也将远超花园的意义,否则我会无法忍受。"尽管城市花园也时常让莫里斯聊以慰藉,但只有真正的乡村花园才能让他诚欢诚喜。他抱怨伦敦猫把城市花园当"游乐场"[23],说这里的土主要由"旧鞋子和烂煤灰"[24]组成。

　　实质上来说,莫里斯家开始了新的安家进程。他们搬至哈默史密斯一年半后,有三位佣人被纳入人口普查:厨师安妮(三十八岁),清洁女佣埃尔莎(二十五岁),待客女仆伊丽莎白(二十九岁)。他们的生活水平与邻近的中产阶级艺术家庭不相上下,如比沃洛奇的里士满家、帕特尼德雷考特宅邸的霍尔曼·亨特家,以及格兰奇的伯恩-琼斯家。这是一个工作室式社交圈，里面有"珍妮梅"（Jennyanmay，她们在高中时的称呼）最亲密的友人。

朋友们被邀请来到凯尔姆斯科特之家。就像麦克唐纳时代一样，人们聚集在一起，前来观看划船比赛。但这种盛事，却不为詹妮所爱："在我们伦敦，有一件极其讨厌的事叫'赛船'。但很高兴，我能避而远之。"她在给威尔弗里德·布伦特的信中如此说。[25] 但是莫里斯却热情地招待着大家。在一个派对上，比赛一结束，莫里斯就参加了海伦娜·斯旺威克曾玩过的最疯狂游戏"身陷囹圄"。海伦娜是"珍妮梅"团体中的一员，她在哈默史密斯度过了许多个星期天下午，惊叹地看着"充满异域风情的莫里斯太太倚靠在沙发上，修长而白皙的双手在华丽的刺绣品上飞针走线"。[26] 詹妮和年轻女孩们相处融洽：在她的天性中隐藏着某种若隐若现的少女气质。有时，有朋友会赞美她心地纯洁，暗指她的美丽实际上是种负担。而在她那神秘而憔悴的外表下，"一个活泼健谈的小妇人"[27] 内核正在挣扎而出。这样轻松惬意的午后时光，自然让她神采飞扬。海伦娜很乐意看到她能"嫣然一笑"。[28] 与她们谈笑间，詹妮做着针线活儿，非常娴熟地用"勾空法"（void）勾勒绣框上花与叶的线条。之后，"激动人心的时刻到了。她站起来，让它从巨大的门廊上垂下，使它铺展"，以此来观察作品的整体效果。

那时，梅已开始去哈默史密斯和肯辛顿的工作室参加小型舞会。海伦娜记得，有一天晚上，莫里斯夫妇故意外出，好让女儿们能为她们的朋友单独举行晚宴。在哈默史密斯的这些生活场景表明，他们如何竭尽全力营造一个空间——让梅尽可能维持正常的生活，同时让珍妮的病情尽量得到控制。

《小文人》这本自编的文学杂志，可谓这一时期的大事记。从1878年冬天开始，珍妮担任编辑和主要撰稿人长达十八个月。她从梅以及其他亲朋好友那里得到了一些创作素材，其中包括伯恩–琼斯家孩子的表弟鲁德亚德·吉卜林，当时他才十四岁。孩提时代的吉卜林对"托普西叔叔"印象深刻，尤其是被他讲故事的能力俘获。在他的回忆录中，记述了当吉卜林和伯恩-琼斯家一起生活时,莫里斯突然造访儿童房。"我们坐在一张桌子下面,这桌子常被我们当滑翔雪橇来玩。他一本正经地爬上我们的旋转木马。就在那儿,可怜的木马吱吱作响,他悠哉游哉地来回绕圈,给我们讲述了一个引人入胜的恐怖故事,故事的主人公,是一个停不下噩梦的人。他的其中一个梦是,在一堆干鱼中晃晃悠悠地浮现出牛尾巴形状。"[29]这样奇怪的细节,在莫里斯的冰岛萨迦中随处可见。我们也许会问:托普西叔叔究竟是怎样摇晃着旋转木马,唤醒了鲁德亚德·吉卜林对恐怖主题的热爱?

　　尽管凯尔姆斯科特之家的生活平静而舒适,但某种程度上,却是刻意为之的。实际上,相比特纳姆格林,甚至女王广场,城市郊区更明显地受到了干扰和冲击。部分原因在于他们的房子位于河边。詹妮第一次在那儿时,曾因夜里轮船经过发出的噪声而一直无法入睡。沿着泰晤士河向东,他们能充分见证到伦敦工业的蓬勃发展,感受到交通和机器的强劲脉搏。莫里斯本人,在他一楼的书房里简直不堪其扰。上林荫路看起来安静、体面,实际上却处在破烂不堪的伦敦边缘。正如罗塞蒂警告詹妮的那样——在公路和河流之间有一个"错综复杂的贫民区"。[30]梅描述说"来自邻近河畔贫民窟的小孩子们,衣衫褴褛,闯来闯去,把我们的花园台阶变成他们的游乐场"。[31]他们大呼小叫,大吵大闹,直到莫里斯"忍无可忍",走出屋来,请他们去别处玩耍。一次,他沿着里弗考特路散步,一个肉墩墩的小顽童在一扇铁门上晃来晃去,笑咧咧地说:"来骑马呀!莫里斯!"[32]在哈默史密斯,他面对的是社会地位低下的人,还有一些来求死的自杀者,泰晤士河对他们有着可怕的诱惑力。在1881年的日记中,他记录了一个用铁杆从河里救上来的人,尽管竭力抢救,还是一命呜呼。几天后,作为现场证人,莫里斯被传唤到验尸官那里。

　　如果说,莫里斯以前对严重不公的社会两极分化还没有清醒的认识,那他在哈默史密斯的房子满足了使他实现思想转变的所有条件。从他乔治王朝风格的书房窗户向外望去,所看到的景象让他十分不安。他感觉好似有一群饥肠辘辘、一无所有的悲苦大众前后相顾、如山似海。

他们就像古斯塔夫·多雷所刻画的那种骨瘦如柴的人,紧贴着他的窗户,几乎要涌进房内。1881 年,莫里斯首次在伯斯勒姆市政厅发表演讲《艺术与地球之美》。当时,莫里斯的内心极度痛苦:

> 你看,我坐在哈默史密斯靠近河边的家里工作。我经常从窗边听闻一些恶徒行径——最近的报纸也广泛报道了这些事。当我听见那些让莎士比亚和弥尔顿的华丽辞令感到蒙羞的呼唤和呐喊,当我目睹那些粗蛮无礼的面孔和身影从我身边经过,我内心的粗蛮无礼也被激起,燥热的怒火席卷全身。直到我记起——如我自认为的那样——我有幸生为体面而富有之人,这让我站在了窗户的这一边,置身于令人愉快的书籍和可爱的艺术品之间,而不是在另一边——不是空荡荡的街道,不是酒鬼游荡的酒馆,不是肮脏不堪的居所的那一边。这一切,要用怎样的言语才能表达?[33]

七十年代中期是莫里斯的染色年代,七十年代晚期是他的编织年代。他如痴如醉地深入钻研织造丝绸、羊毛织物、手工编毯和地毯工艺知识,并制作出了高经纱挂毯。从 1877 年年初开始,他的"壮志凌云"[34]开始逐渐显化。他并没有取消与分包商的合作。即使他装配了自己的织布机,仍继续用麦克尔斯菲尔德的布鲁-尼科尔森公司,以应对大量的丝绸面料订购任务。除了他们独创的手工编织地毯外,莫里斯公司还供应由威尔顿皇家地毯工厂公司生产的布鲁塞尔地毯、威尔顿和阿克斯明斯特地毯。莫里斯突飞猛进的技术知识,使他能权威性地为外包商设定技术标准以及开发更多产品。和染色一样,对纺织的精通也带给他一种新的驾驭之乐。再一次,他在身体和内心的节奏中找到了巨大满足感。"我正在奋笔疾书染色和纺织的文章。刚出炉的新纺织作品让我兴奋不已,它看起来美极了,像一座花园。"[35]可见,工作可以是一种狂喜。

对丝织的探索研发,始于 1877 年的女王广场。"我如饥似渴地想拥有一台锦缎织布机。"莫里斯写道。[36]那年春天,在托马斯·沃德尔的帮助下,他从里昂招募了一名谙熟本地丝织的织布工。6月,号称"讨人嫌(Froggy)编织工"[37]的路易·巴赞也来了。莫里斯特意在大奥蒙德院子租了一个车间用来织布。他把楼上的窗户扩大,以提供良好照明。巴赞带上了自己的织布机,这不是手摇织布机,而是提花织布机——十九世纪初法国发明的机械织布机。其主要工作原理是,先在一连串的卡片上打孔形成图样,再按正确的顺序将卡片送入织布机。这种工作方式并不利于工人的创造性表达,但赋予了设计师更多的自由,织物质量也要比传统的拉丝织机更稳定。在这里我们看到,在实践中莫里斯并不特别在意生产条件是否理想,而是关心产品的最佳品质。毕竟在白热化的商品战中,只有品质卓越的产品才会脱颖而出。

　　巴赞的工作进展很慢,跟他在一起时莫里斯有点腼腆,就像他和大多数员工在一起时一样。莫里斯前导师的小儿子盖伊在去牛津读书前的那年夏天恰好在女王广场工作。他耽于表面而又观察入微地写下日记,揭示威廉·莫里斯当时的状态——"一开始时,他并不想与'讨人嫌'共处"[38],他把工作交代给了乔治·沃德尔,便退回自己房间。语言是让他出师不利的又一障碍。莫里斯不屑于与之较真,他向乔治·霍华德抱怨:"一天之中,我得多次咒骂那些被假冒为法兰克语或法语的最卑劣的行话。"[39]新雇主的朝督暮责,显然使巴赞感到不安:他似乎得了一种神经性疾病。更让莫里斯恼火的是,他还在医院里住了一段时日。盖伊在日记中写道,当巴赞试图根据[《柳》]墙纸设计来生产提花丝绸时,莫里斯几乎陷入绝望。9月21日,巴赞在操作机器方面有所进步,但"在《柳》图案的丝绸生产上似乎并不成功。不知怎么,似乎卡片被误放,产生了荒诞不经的图案,让威廉·莫里斯束手无策。威廉·莫里斯乘六点三十分的火车回到了凯尔姆斯科特"。[40]但到了深秋时节,编织工作终于有了进展。巴赞配备了一个助手,越来越多的织布工逐渐被雇用,他们大部分是来自斯皮塔菲尔德的老工人,因伦敦丝绸贸易的衰落而被解雇。梅发现,他们在工作时很不适应现有环境。后来,他们发现莫里斯在默顿修道院工厂里的工作条件更适合他们,他们喜欢那"垂柳河畔古怪的老屋"。[41]

在这一时期的莫里斯编织品中,他的设计明显更周正规范,更具有纹样风格。原因部分源于技术性支持:对称图案围绕多重中心垂直轴旋转,自然而然地显现在织机上。此时,莫里斯还在南肯辛顿博物馆从事历史纺织品研究,尤其关注意大利中世纪晚期的图案。他正在东搜西罗属于自己的藏品,在这个时期,他列出的珍品有:约为1520年的四件珍贵的凸花绣锦;一组裁剪过的天鹅绒绣,"各种各样,时代可追溯至1560年,是稀世珍宝";一件女式夹克,"由绿丝绸和金色编织而成,华美绝伦";一块精致金布的碎片。[42]他也在努力发掘自然形态,不仅是植物,还有当地的野生动物。他对托马斯·沃德尔说:"我现在正在研究鸟类,看是否能将灵感纳入下一个设计。"[43]《鸟》《鸟和藤蔓》《鸽子和玫瑰》《孔雀和龙》:莫里斯延续了十九世纪七十年代后期的鸟类织物特征,并从学术研究和自然观察中汲取了典型的维多利亚风格;在美感和幽默感方面,也是独具一格的莫里斯风格。这些鸟的形态,不仅有可辨认的家鸟,也有高度神似的神话生物——就像《人间天堂》里的奇异诗篇《睽睽猎鹰》中,那只无所不知的鸟:

> 蹲踞栖木的猎鹰,澄思渺虑。
>
> 无嗟来之食,无花翎冠顶。
>
> 它明亮的眼,紧盯着老天的馈赠。[44]

403

> And while he thought of this and that,
>
> Upon his perch the falcon sat
>
> Unfed, unhooded, his bright eyes
>
> Beholders of the hard-earned prize.

莫里斯在织布技术进程中的参与,释放出他崭新的创造能量——就像他早期的染色工艺一样。在某种程度上,他的织布要比印花棉布有趣得多,因为织布质地更加丰富——丝与棉,羊毛与丝,可多样组合。其中最为光彩夺目的作品,当属莫里斯为王宫设计的《圣詹姆斯》,以丝绸织锦与提花丝复合而成。莫里斯还设计了一些特殊款的提花丝绸服装面料,但并不被伦敦服装制造商接受,因为他们有自己喜好的供应商。但莫里斯设计的华贵黑丝锦缎《银莲花》,却做成了梅和詹妮的最佳礼服。詹妮还有两件衣服用"圣詹姆斯宫"面料制成:一件是金丝锦缎,梅说它"恰到好处地衬托出她的高贵气质"。[45]另一件是绿丝锦缎《橡木》,上面有如"月光"浮动。

七十年代中期,莫里斯开始设计地毯。1875年6月,他注册的第一个设计,实为非洲万寿菊图案的印花毯,名为"油毡地板布"。他为机器生产而设计的首批地毯,交予其他制造商来制造,产品于同年注册。通过规定生产环节要使用他和沃德尔在利克开发的纺织技术,他得到了日臻完善的地毯色彩。至于他的私人地毯,却从不使用织布机,而是按照东方模式以手工打结的方式来编织。在英国,这样的地毯未曾以莫里斯所设想的规模来生产——再一次,他来到新的创造领域。他定下目标,"让英国能够在手工地毯供应上独立于东方,这些地毯堪称艺术品"。[46]

就像莫里斯对彩绘手稿的热爱一样,他年轻时就热衷于东方地毯。地毯满足了他对神秘异国情调的渴望:地毯,这东方叙事的神奇艺术制品,成为莫里斯揣在怀里的美妙憧憬。自红屋时期起,他就开始收集精美的古老地毯,并积累了丰富的专业知识,以至于在十九世纪七十年代,南肯辛顿博物馆的管理人员都来莫里斯这儿寻求购买地毯的建议。随着地毯制作进程的推进,他对这东方古老艺术瑰宝的热情越发高涨。1877年,他写信给沃德尔:"昨天,我看到一块古波斯阿拔斯时期的地毯(相当于我们的伊丽莎白时代)。它完全颠覆了我的想象:我不知,在地毯上竟能创造出这样的奇迹!"[47]第二年春,在威尼斯,莫里斯和一位商人就两条精美的波斯地毯讨价还价,最终乔治·霍华德不得不插手介入。船夫在门口观望着他们,无比惊讶地发现"大诗人"[48]竟能如此激动。这两件物品中,有一件是打算珍藏于凯尔姆斯科特之家的挂毯室。在途经巴黎的归家之路上,莫里斯仍在搜罗着地毯。詹妮对罗莎琳德说:"在那儿,我们度过了沉闷无聊的一天。我们乘车去各种古玩店,发现地毯尽管都很美却满是破洞,万幸他一块也没有买。"[49]——言语中流露着不悦。

在莫里斯开始做地毯之前,先要有一个必然的抽丝剥茧过程。他要对古波斯地毯详尽钻研,探究怎样来制作。然后,他在女王广场的阁楼上安装了一个编织架,苦身焦思地琢磨他的"试验田"。1879 年,地毯研发生产转移至哈默史密斯。他在那儿的马车屋和马棚里又安装了几个地毯编织架。一位来自格拉斯哥的专业地毯编织工来这里做了几个星期的技术援助,并招募了第一批地毯编织工——通常大约六人,都是女性。她们的工作要求是,每天手工编织两英寸地毯。这些地毯在市场上被称为"哈默史密斯"地毯。一把锤子①和象征河流的锯齿图案被编在地毯边缘——这就是最原始的标志。奇特的是,它与 1923 年苏联采用的镰刀和锤子的标识非常相似。

当一张地毯在哈默史密斯的织布机上大告功成时,家人们会被召唤至花园来观瞻,然后再把完工的地毯送到陈列室。在哈默史密斯的最初几年,就像在女王广场一样,工作与家庭生活紧密相连。凯尔姆斯科特之家以及家中的马车屋,总是很容易遭受洪水的袭扰。一个星期天下午,莫里斯一家和几位假日客人展开了一场抢险行动,以保护仍在织作的纳沃斯地毯避免受损于突如其来的河潮。这里,工人与家庭并没有被有意整合——后期梅和她的刺绣女工,或者 1900 年左右更为激进的工艺美术运动社区所做的尝试还未显睨端,但这独具特色的家庭工坊作业形式,却给访客留下了深刻印象。奥克塔维亚·希尔在去凯尔姆斯科特之家拜访莫里斯后,兴奋地写道:"他带我们游览了花园,参观了他的书

405

---

① 锤子是因为"哈默史密斯"(Hammersmith)名字中有"锤子"(hammer)一词。

房,还有一个特别新奇有趣的地毯工厂……就在他自己的花园里。他为自己的书房做的挂毯真美!"[50]

在早期设计阶段,莫里斯很少委托任务给别人。他先在比例纸上画出图案,如果是重复的图案就只填色一个单元结构,用水粉颜料涂绘美丽的颜色。维多利亚与艾尔伯特博物馆里有几十个这样精致的设计半成品,展示了莫里斯正在进行的工作:莫里斯的精湛技术和视觉技巧,给人们留下了非凡印象。梅敏锐地评论道,这些"小小的设计精美绝伦,丰富的色彩有如马赛克一样,与早时彩图中缠绕在一起的迷人花卉形成奇异的对比"。[51]她清楚地记得,"他是多么享受地、果毅地画出白色或浅橙色的轮廓线"。对他们来说,为适应地毯的独特工艺而寻求相应的新着色方法是个妙趣横生的新游戏。应图案设计所需,莫里斯在色管里置备了一套通用水彩,有普鲁士蓝、黄赭石、藤黄、生棕褐色、威尼斯红、洋红、中国白、烟灰和中国墨。"我们那时用了多少生棕和中国白啊!"怀着一种感伤,梅在回忆录中追忆道。正是在那时,她发现了自己的使命。她的角色是父亲的技术助理,在父亲的指导下协助描摹,并将设计扩大到实际尺寸大小。这些工作后来被分配给十五岁的弗兰克·布朗温,1882年他在女王广场做学徒时开始了职业生涯。

这些尝试取得了怎样的成功?这些地毯又呈现出怎样的东方韵味?不得不承认,哈默史密斯毯垫和地毯,几乎没有使用莫里斯意欲模仿的波斯地毯那样的技巧。部分原因在于技术:莫里斯了解现有工人的技能,也意识到市场的局限,因此没有尝试使用古老的波斯打结法,而是采用了相对粗糙的土耳其结或吉奥德斯(Ghiordes)结来完成。莫里斯的小尺寸地毯,经常要大批量复制生产,于是很快就沦为室内装饰设计师的平庸装饰,成为众多产品中最令人失望的一类。这些地毯常常显得粗劣不堪,品质低下,就像穷人用的小家子地毯。与后来在欧米伽工坊制作的抽象地毯形成鲜明对比的是,它们确实缺乏创造力和生命力。设计和技术上的完美融合,后来体现在独特手工地毯的大规模生产中。这些地毯是莫里斯公司进军乡村别墅内部装饰时的主打品。从真正意义上

来说，即便是这样的地毯，也不完全是东方风格。它们的风情、特色迥然 406
不同，图案元素也是英式独有，譬如橡树叶、贝母、河鸟，以及对英国树林
和草地景象的回忆。此外，所使用的色彩也是莫里斯特有的颜色，现存
于剑桥摄政院的巨大的"云"地毯就是一个绝妙例证：地毯以明亮的孔
雀蓝为背景（这是莫里斯表示庆祝的色彩），深绿和浅黄色的图案宛若
云舒霞卷。

　　1880 年夏天，莫里斯从哈默史密斯寄给詹妮一封信，展现出他的欢
天喜地。"吃过早餐，我开始了地毯时光——我将《果园》地毯铺在客厅
的地板上，虽然它不尽完美，但也无碍观瞻。作为一件艺术品，我对它有
点失望。如果再做一次，我想它的边界处应该被处理得更宽些……那三
个黄边罐子并不像期待的那样平整：恐怕这应该归咎于精纺毛织品的
材料问题。以后我会用棉线来改进，也许还会将之略染成蓝色。"[52] 莫
里斯视野开阔，比大多数同时期维多利亚时代的人都高瞻远瞩。与其他
人不同的是，他同时还具备实验实操能力。正是在他思想和行动的统一
中，莫里斯真正的独创性得以发掘。

　　莫里斯认为，挂毯是纺织业所能达到的最高伟绩，他将之视为真正
的墙壁装饰，"是一种由染线构成的彩色马赛克艺术"。[53] 莫里斯喜欢它
的精准性，他认为，在一幅挂毯中，"任何模糊或不确定都是行不通的"。
他欣赏挂毯中深邃的基调、丰富的色彩和色调微妙的变化，尤其是对中
世纪刺绣和编织那"精微纤美的细节特征"产生浓厚兴趣。当他第一次
看到贝叶挂毯时，就注意到了这生动的细节。对莫里斯来说，中世纪的
挂毯就像乔叟的诗，叙述精准，题材广泛，震撼人心，灵活生动。挂毯和
彩色玻璃一样，是叙事的媒介，也是平易近人的大众艺术。莫里斯自孩
提时起，就对织画艺术喜爱有加。

　　直到公司地毯生产取得了令人满意的进展，莫里斯的雄心壮志才算
是得以实现。但让他烦恼的是，维多利亚女王早已抢占先机。1875 年，
在女王的资助下，老温莎的皇家土地上建起了温莎织锦工厂。莫里斯向 407

沃德尔抱怨道:"'圭尔夫寡妇'一直在抢我们的顾客,并得到了本应属于我们的挂毯订单。"[54]然而,到了1877年年底,他和沃德尔便就挂毯生产计划进行了切实讨论。看来,沃德尔的目标更多定位于商业,而不是艺术。有可能他在温莎看到了与王室水准相当的利克作品。而莫里斯认为,这样做毫无意义:"让我们把你所说的造'非艺术工厂'的可能性说清楚:你当然可以做到,这只是资金问题以及麻烦与否问题。但是,这样做有什么好处呢?"[55]

莫里斯的计划偏向于将艺术纯粹化,再一次,他没有可供借鉴的范本。正如他在《工作室》中接受艾默·瓦兰斯关于"复兴编织挂毯"的主题采访时所说,据他调查,温莎所使用的织布机,是由一位织工来操作的水平式织布机,这种织布机的画面方向与莫里斯正在研发的织布机正好相反。[56]莫里斯认为,前者的编织方法带有机械性和艺术性上的局限。因此,他试图采用高经纱或高薄全丝工艺来制作中世纪的佛兰德挂毯。在这种工艺方法中,织工在挂毯后面工作,通过镜子来观察画面进展。此种方式能够带给织工更多的创作自由。莫里斯揣测,佩内洛普和其他古代故事讲述者,就在这样的古老的织布机上创作出了图画故事场景。尽管高经纱织机仍在巴黎使用,但对于戈布兰工厂的产品,莫里斯尤为不屑。因为没有更多当地参考,莫里斯只好再次求助于古代技术手册——来自十八世纪法国出版的《艺术与工艺》系列丛书中的一本。

理论上,莫里斯明晰了挂毯制作者所必需的品质。在给沃德尔的一封信中,他列之如下:

1. 对艺术,尤其是对其装饰性,具有大体鉴赏力。
2. 是出色的色彩学家。
3. 手绘功夫很好,能画出人物形象,尤其是手和脚的部分。
4. 当然,还必须知道怎样编织。[57]

他接着说:"我不知道到哪里去找这样的人。因此我觉得,无论什么事,我都得亲力亲为。"莫里斯在凯尔姆斯科特之家的卧室里架起了一台实验织布机。从1879年夏天开始，他几乎每天都起得很早，在织布机前工作。

莫里斯留下一本小黑皮日记，记录了挂毯工作的进程。最初创作的 408 是"叶与藤蔓"，后来，因叶子造型变得更加狂野，像一种生长失控的神奇蔬菜，便被更名为"卷心菜和藤蔓"。这是一种"风景类"图案，盘旋结构，叶子成对，鸟儿成双。莫里斯于5月10日开始创作。有些天的早晨，他工作一两个小时。还有些天，他记录的工作时长达六七个小时。偶尔，他还会在织机前工作九到十个小时。6月日记里的页边空白处写着："这一个月：天气非常恶劣，经常是阴云密布。"[58] 梅坐在长凳的末端，看着他工作，看那巨大卷曲的叶子在他"敏捷的手指下"[59] 由经线生成。莫里斯时不时地低下头，凝视着经线，观察织网右侧镜子里反射出来的图案。

9月17日，记录中断了。"卷心菜和藤蔓"并没有完工，但莫里斯已经掌握了他所需的基本技术。他在10月写给威廉·贝尔·司各特的信中说："我已经自学了挂毯编织艺术，这里面的符号可能会让你觉得很有趣。"[60] 他又在女王广场安装了一台织布机，把年轻工匠 J. H. 迪尔从彩色玻璃绘制车间转到了挂毯部。（1930年时，迪尔依旧在莫里斯公司工作，那时他才考虑退休。）此外，还找了两个技术不熟练的年轻男孩被雇作学徒。这一切，为八十年代默顿修道院高经纱挂毯如火如荼的未来发展奠定了基础。

莫里斯发现了新疗法。对他来说，编织挂毯几乎像毒品一样让人上瘾。1881年夏季明媚的清晨，他又回到卧室的织布机前——手工活动可以使他平静。织机所在，就是家所在。在描绘莫里斯编织时刻的伯恩-琼斯著名漫画中，从背影看去，他正全神贯注于编织，几乎与织布机融为一体。每当情绪紧张时，他便强烈渴望过上清闲的手艺人生活。虽然这样的人视野有限，但工作恒稳："上帝保佑，若能回到我那画图和染色的小世界，回到哈默史密斯我热爱的经纱纬纱工作中，那该多美好啊！"[61]

> 布朗女王正大张旗鼓地扩张自己的竞争模式：我相信她的野
> 心,她要把整个王国的装饰家具业务都包揽过去。让她胆战心惊
> 吧! 我要在所有分支机构都低价抛售她的东西。[62]

409 莫里斯对维多利亚女王的厌恶,实际上出于对格外缺乏审美的女王的自
然反感。在当时这种反感异常强烈。

1877 年春,公司在北奥德利街拐角处的牛津街 264 号(后来的 449
号)租下一家店铺,巩固了莫里斯作为家喻户晓的家具供应商的名声和
地位。这座新建的红砖大楼并不起眼。公司占用了带有两扇窗的、还算
体面的门头。据在后道工作的职员说,如大多数店铺一样,员工区域相
对较窄。莫里斯声明,他并不热衷于公司是否进军伦敦商业中心。他
说,"如果能有配备六七台织机的厂房"[63],他会更高兴。但毫无疑问,
与莫里斯公司近在咫尺的最时尚潮流的竞争店,摄政街上的利伯蒂,邦
德街上的莫兰特,对莫里斯公司未来的扩张皆贡献良多。

女王广场的氛围相对轻松得多。一天,威尔士王妃来访后,乔治亚
娜也来了:"莫里斯先生和沃德尔先生都在外出,王妃受到了下属的接
待。"[64]两位员工——罗伯特·史密斯和弗兰克·史密斯两兄弟的任
职,给公司运营机制带来新的职业风范。起先,是其中一个兄弟被雇佣
管理新店,而另一个史密斯先生则留在原来的展室工作。在女王广场,
莫里斯写信给查理·福克纳的妹妹露西说:"我们的史密斯先生可以提
供给你任何信息,无论是关于牛津大街,还是关于这里。"[65]女王广场关
闭后,公司搬至默顿,两位史密斯先生都被下派到牛津街。那里的完美
服务使莫里斯的一些老客户都感到有些过分。德·摩根对莫里斯的
"店员"们的关怀神情和举止并不受用。"上帝保佑,"他离开时说,"他
们可千万不要拿我们当托勒密人来对待。"[66]

随着莫里斯新生产方式的开展,商店的独家经营品种也越来越丰
富。到了八十年代初,莫里斯公司已经可以提供:"彩绘玻璃;刺绣品,
刺绣材料品;阿拉斯挂毯;哈默史密斯地毯;阿克斯明斯特、威尔顿和基

德明斯特地毯；壁挂，窗帘和羊毛家装，羊毛和丝绸，棉和丝绸，以及所有品类丝绸；印花天鹅绒；印花墙布、印花窗帘等；墙纸。"[67]任何一家伦敦装饰公司的产品，都无法与这样庞杂的产品系竞争。这些产品，要么产自自家车间，要么由外部供应商按照极其严格的规格来生产。莫里斯公司，以及后来的希尔公司，最大的卖点在于对艺术感的个人把控。在1880年的《建筑新闻》上，有一篇评论，对牛津街商店的"有个性而且统一"的艺术风格高度赞扬："我们看不到各色风格的杂糅，也看不到来自不同艺术家的千差万别的图案造型。所有的作品都品质非凡，我们认为，这要归功于莫里斯先生本人。"[68]

　　莫里斯的"公司生意"一直风生水起。除了常规的、可重复使用的家具和陈设之外，莫里斯还亲自进购了一些特殊制品，这让商店产生了一种"缘分天注定"的意外发现之喜。《建筑新闻》的撰文者在访问时注意到，有"两个精美的花瓶，使用东方上釉技术，具有东方韵味的同时，又兼备西班牙瓷器的光泽"，所有物品的设计都"极为大胆"。莫里斯访问威尼斯时，曾试图委托穆拉诺的一家小作坊生产一些玻璃。他、詹妮和女孩们站在小棚子里，炉门打开，火光闪现。梅记得，她父亲在布满灰尘的地板上画出一个玻璃杯轮廓，然后玻璃工匠照着样子吹制样品——"一个小小的、带有浅香槟色泡泡的简易玻璃杯"。[69]但那时商谈中止了，因为工匠不相信莫里斯的诚意。另一天，他们在街上遇到一辆装满玻璃杯的手推货车，莫里斯表示他准备买一些。那人问他要多少个。"哦，一两千个吧。"莫里斯回答说。

　　他留住了许多初始客户的心——他的朋友们和来自拉斐尔前派圈子的艺术家同仁。对他们来说，经常光顾莫里斯这里已成为一种习惯。八十年代早期，他和内德一直忙于装饰霍华德的伦敦屋：格林宫1号。霍华德城堡的账本显示，从八十年代到九十年代，装修房屋对莫里斯公司墙纸的消费量巨大。黄色教室用了十六卷《向日葵》墙纸；男生教室用了九卷《雏菊》墙纸；高级沙龙厅用了二十四卷《鸟与银莲花》墙纸，墙纸覆盖于十八世纪佩莱格里尼的壁画上。莫里斯的《威尼斯》图案被用

来装饰门厅。莫里斯和罗莎琳德,供应商和客户,开启了全新关系的可能性:

> 我可以做出一种最迷人的黄色,而不是那种司空见惯的黄褐色。你觉得加点琥珀色的暗粉怎么样?就像我们刚才看到的菊花颜色一样?[70]

411 是诗人也是推销员。莫里斯的语言说服力为他们之间的交流带来了类似调情的那种氛围。他给罗莎琳德寄来自牛津街的样品时,将之标记为"推荐"和"特别推荐"。[71]他想表达这样一种感觉:一致的选择,对他们两人来说同样重要。

莫里斯的贵族客户群一直在壮大。1877 年 1 月,他访问了威斯敏斯特公爵,讨论艾顿厅阿尔弗雷德·沃特豪斯新教堂的装饰问题。也许这就是卢克·爱奥尼德斯所说的"莫里斯和一位无名公爵的邂逅"。莫里斯说:"目之所及,丑得不可救药。我不知道要从哪里开始。"[72]那年晚些时候,莫里斯被召唤到沙勒维尔伯爵夫人那里,也就是南爱尔兰靠近基尔代尔的塔拉莫尔。他乘坐从尤斯顿出发开往霍利黑德的邮车,车上装载着他设计的地毯、丝绸和印花棉布。在都柏林以南的公路上,他注意到经过的村庄极度贫困:"'贫农'的房子看起来像贫民窟,这是我所见过的最潦倒的人类住所,冰岛也不例外。"[73]1880 年,这位与圭尔夫寡妇势不两立的人,又被召到圣詹姆斯宫。那里的设计需求是:首先装饰入口和楼梯,然后是宏伟的国家系列大厅,最后是王座厅。1881年,莫里斯写信给詹妮说:"圣詹姆斯的工作完成得很愉快,利润丰厚。所以,如果你想要钱,别不好意思开口,我什么时候给你寄点?"[74]

八十年代早期,莫里斯从富有的实业家和地方企业家那里获得了更多客户——这些人也是拉斐尔前派画家的老客户。在伯明翰、曼彻斯特、纽卡斯尔、布拉德福德和其他省城的画廊里,这些主顾的藏品被低估了一个世纪,现今终于物有所值。这些买家都是非常成功的商人,他们对仙境魔法文化和中世纪浪漫主义格外推崇。这是富贵而骄的表现，是俗世之人对想象世界的渴望与追逐。律师沃尔特·白芝浩委托莫里斯公司装修位于伦敦女王大门的房子时，夸耀道："伟大的威廉·莫里斯就像赋诗一般，为会客厅的装饰凝神构思。"[75]在这些关联紧密的家族中，一项委托任务可以产生更多的关联委托，甚至延续到他们的儿女长大结婚之时。如我们所见，威廉·莫里斯为北方铁艺大师艾萨克·洛蒂安·贝尔爵士做了全套豪门设计。对于这些忠实的客户，莫里斯百感交集。他越来越意识到"为骄奢的有钱人服务"有悖自己的基本原则。[76]随着他越加同情穷人和弱势群体，他对富人客户越发充满怒火。他奉劝"愚不可及""富得流油"的美国慈善家凯瑟琳·洛里拉德·沃尔夫："去为社会革命欢呼吧！"[77]又比如，布伦特福德的克拉克夫人购买了莫里斯的窗帘，但她的售后服务要求却被莫里斯拒绝了。"难道不是吗？"他对珍妮说，"买粥人别指望卖粥人会用勺子把粥送到他们嘴里。"[78]

　　或许，到八十年代，莫里斯的普通顾客已远超与他有私人往来的客户——这很利于公司的发展。那时，莫里斯公司已经尽人皆知——它定位于为有艺术品位的新兴中产阶级提供家具。贝德福德园区坐落于伦敦西部，主要隶属安妮女王式建筑风格。那里的大多数居民都选择购买莫里斯壁纸和印花棉布。"到处都是，铺天盖地。"蒙库尔·康威在《南肯辛顿之旅》中写道。[79]看来布卢姆斯伯里的分支在贝德福德公园附近起到了非常必要的作用。莫里斯的产品贡献了一种风尚，一种外观，一种非传统意义的审美。还是孩童时期的 W. B. 叶芝，那时刚搬到贝德福德公园。这个大家合力打造的梦幻乐园，让他感到欢天喜地。

　　在这里，我们可以看到德·摩根的瓷砖，孔雀蓝的门，还有莫里斯的石榴和郁金香图案。我们也会发现，那些画着仿纹理的门，维多利亚中期的玫瑰，以及几何图样的瓷砖，一直为人所厌——这些东西似乎是从浑浊的万花筒里甩出来的。在那里，可以见到只能在照片上看到的房子，可以遇到像故事书里一样穿着打扮的人。[80]

412

有意思的是,贝德福德园区的首席建筑师诺曼·肖,是为数不多的认识莫里斯却不待见他的人之一。他认为莫里斯是个行业骗子,对壁纸要价过高,"古怪刁钻、不可理喻……作为一个先进的社会主义者,他竟然不接受少于百分之百到百分之二百五十的利润,他的工作报酬简直是天价!"[81]两位建筑师的同事、仰慕者,即雷金纳德·布卢姆菲尔德指出他们两人不和的根本原因:"莫里斯性格冲动而富有想象力,他的朋友们叫他'托普西'并非没有道理。而肖是个头脑冷静的苏格兰人,能力顶尖,专注力极佳,但在诗歌上没有特别天赋。"[82]

413　　　以莫里斯家具为线索,可以写出一部完整的文化史。莫里斯家具一直是知识分子阶层的明智之选,是政治态度端正的表现。十九世纪八十年代牛津北部就是莫里斯的产品王国。《每日电讯报》在莫里斯讣告中写道:"当已婚的导师在学术界声名鹊起时,他们的妻子正虔诚地在诺姆花园和布拉德莫尔路的墙上,装饰着莫里斯设计的石榴连续图案。"[83]那是一个"穿着绿色毛边长袍,使用莫里斯壁纸的时代。每位文化女性都要拥有一条琥珀项链"。[84]玛格丽特夫人学堂的首任校长伊丽莎白·华兹华斯写道。

　　书法家爱德华·约翰斯顿所有的房宅,全部使用了莫里斯设计的《柳枝》装饰。奥斯卡·王尔德位于泰特街的住宅吸烟室,以莫里斯的浮雕墙纸为装饰:"用手指一戳,它就裂开了。"[85]斯图尔特·海勒姆的住所摆放着莫里斯的家具,那是王尔德从雷丁监狱返回时去的地方。休伯特·布兰德对费边主义美学的"设计奇特的墙纸"和"忧伤的彩色丝绒"并不十分理解。[86]但考虑到她"有限的金钱和更有限的品位"[87],比阿特丽斯·韦伯还是选择了莫里斯的壁纸和家具,希望能让她在格罗夫纳路的家尽可能漂亮。萧伯纳敏锐地评论道,莫里斯设计的合理性,在他哈默史密斯和凯尔姆斯科特之家的室内设计中有目共睹,若是换别人来做就很容易搞砸。潘克赫斯特家也是在莫里斯的设计中建设起来的:二十世纪三十年代,一个身无分文的意大利难民来到西尔维娅·潘克赫斯特家门口,因为莫里斯的艺术家身份,她称他为"威廉·莫里斯"。弗朗西斯·帕特里奇还记得,在贝德福德广场她父母的那栋老旧的、嘎吱作响的好看房子里,有莫里斯设计的"黑暗和丛林"[88]:母亲的窗帘上有鸟儿吃草莓,父亲客厅的墙上有鹦鹉(她看到父亲穿着长袍睡衣,躺在床上)。奥尔德斯·赫胥黎这个孩子,"虽住陋室,却和威廉·莫里斯一样有现代品位"。[89]在剑桥哈维路的凯恩斯家,那"昏暗的餐厅墙面上,贴的是深蓝与深红的威廉·莫里斯墙纸——纸质优良,除了偶尔修补,从不需要更换"。[90]在剑桥的另一所房子里,西德尼·科克雷尔书房的厚窗帘使用的是莫里斯织物,形成一个密不通风的神圣空间。劳伦斯是莫里斯的追崇者,他在参观位于科茨沃尔德的布罗德坎普登的"莫里斯完美之家"时欣喜若狂。[91]那是由阿南达·库马拉斯瓦米改建的古老的诺曼小教堂,里面挂着莫里斯挂毯。低矮的画廊以莫里斯印花棉布来隔断,长餐桌和书架上摆满了"凯尔姆斯科特印刷品"。特制的橡木讲台上,陈列着凯尔姆斯科特出版的《杰弗雷·乔叟作品集》。库马拉斯瓦米还购买了"莫里斯亲手用过的手工印刷机"来表达对他的敬意。

　　二十世纪二十年代末,肯尼斯·克拉克和妻子新迁威斯敏斯特塔夫顿街,他选用了莫里斯墙纸来装饰卧室。他写道,不然的话,这房子就"无可救药"了。[92]二十世纪三十年代,约翰·贝杰曼顶住同事们反对超现代的《建筑评论》的压力,给自己的顶层办公室贴上了莫里斯的墙纸,墙纸"巧妙地添加了彩色的蝴蝶和昆虫图案,活灵活现,生动活泼"。[93]二十世纪的社会主义理论家科尔,不仅力挺莫里斯的文学作品,也力荐他的壁纸和布料——对其实用性,他称赞不已。1938年,霍华德·科斯特在家中为科尔夫妇拍照。科尔站在书房里,手肘撑在桌上。科尔夫人(后来的工党激进分子玛格丽特女爵士)坐在一把铺有莫里斯《麦仙翁》印花布扶手椅上读书。她的哥哥雷蒙德·波斯盖特拥有整整一书架的莫里斯的凯尔姆斯科特出版社的图书。

　　是什么让威廉·莫里斯的作品如此长盛不衰,以至于二十世纪后期受过良好教育的英国和美国中产阶级也能在威廉·莫里斯的房间里受用一生?部分原因在于,当时没有人能像莫里斯那样娴熟驾驭图案设计。当莱瑟比说莫里斯是"有史以来,我们可能拥有的最伟大的图案设计师"[94]时,我们很难不同意他的说法。但还有一些其他理由——莫里斯的图案如此经久不衰,还在于它们具有一种隐匿的怀旧品质。梅比任何人都清楚父亲对图案的细微诠释,她深谙其中的玄秘。梅写道:"对于有些人来说,'莫里斯壁纸'是他们很久以前就青睐的选择。它的图案是如此富有生命力,以至于成为他们童年时或结婚时不可磨灭的印记。他们心怀感激和愉悦,对莫里斯作品中弥漫着的**亲切**人情久久回味。"[95]

　　某种程度上,弗洛伊德与莫里斯如出一辙——他试图揭示物的隐含语意,将图案的意义从历史中召唤出来。他在二十世纪维也纳的咨询室里,摆满了古代手工艺品、纺织品、书籍、物品、照片和牌匾,其中许多物品是朋友赠送的。所有这些,都保存着关于人、地点和过往事件的记忆。弗洛伊德的患者感受到,空间里有一种近乎神圣的寂静。在那张著名的躺椅上,高高地堆满靠枕,铺着珍贵的设拉子毯。

　　1878年莫里斯在威尼斯参观的圣马可教堂,是为数不多一座让他心满意足的建筑。他一瘸一拐地走进室内,体会到了"深深的满足,视觉的放松"。[96]但是,这座被他称为"艺术奇迹和历史宝藏"[97]的建筑正在进行大张旗鼓的修复工作,他对此极为愤怒——建筑上的中世纪镶嵌图案,已被剥离出洗礼堂。看到这样的情景,莫里斯怒气冲冲地砸了乔治·霍华德的帽子——他以为那是他自己的。

　　圣马可大教堂西的修复,是"反修复运动"进行国外宣传时的第一个极具说服力的反面案例。1879年秋,圣马可话题在当时讨论得特别热烈。莫里斯是这场运动的策划人和首席发言人。这场运动使协会从自由党活动的含糊意识清晰起来,使自身得以进入公众前沿视野。协会意识到,无数具有非凡历史价值的国外建筑物也面临着修复威胁。从一开始,运动宣言就被翻译成法语、德语、荷兰语和意大利语。协会还任命了诸多名誉外交秘书,以使"反修复运动"落地于他们的所在处,去警醒和对抗耳目昭彰的修复暴行。就是这样,英国委员会成员和他们的友人在国外旅行期间带回了报告。现在,曾经格不相入的国际活动首次找到了一个恰当聚焦点。莫里斯很快就会痛苦地意识到:在社会主义政治背景下,如果没有一个被明确界定,可以投注情感的事件,就很难激励公共活动的产生。

莫里斯一马当先的行动,显示出他的勇猛无畏,而非策略技巧。他代表协会给《每日新闻》写了第一封公开信,信中批评意大利人的"鲁莽",指责他们破坏文化,因为他们喜欢"贴金的、亮闪闪的,而不是庄严肃穆的格调以及数百年的风吹雨打赋予大理石的永恒之美。这种美应当是愈久弥珍,历久弥新"。[98]意大利人对此评论反应很大,莫里斯很快学会了在这次以及随后的反修复运动中保持谦逊和低调。圣马可为他提供了充分的外交技巧训练经验。抗议集会在牛津、伯明翰和曼彻斯特相继举行,请愿书收集到两千个签名。莫里斯逐渐获得了当时有威望的公众人物的支持,协会的根基得到了巩固。

他给罗斯金写了一封信,恳请他给《泰晤士报》写信以表达愤慨之情。罗斯金将个人见解传达给了在谢尔登剧院举行的牛津会议,并为面临修复之灾的建筑照片展提供笔记,助力于古建筑保护协会运动宣传。莫里斯还写信给勃朗宁,他看重后者一呼百应的个人参与力量,请求他明确反对修复提议,说了"对我来说,发生这样的事,意味着我永远不会再去威尼斯了"这样的话。[99]勃朗宁告知莫里斯,他拒绝这样去表达:"我不会这样说。"但他愿意提供道义支持。莫里斯还联系了科梅尔·普赖斯,要求拿到他在公立学校的同事联名。甚至内德也被他说服,在牛津大学发表公开演讲——这是他此生唯一的一次演讲。在莫里斯的热心推动下,人们已经将此议题视为超越纯粹政党活动的事。格莱斯顿在请愿书上签了名,迪斯雷利(此时已是比肯斯菲尔德伯爵)也做了相同的事。在这样的氛围中,艺术家查尔斯·基恩写给约瑟夫·克劳霍尔的一封信,提到了"反修复协会"内部成员在圣马可教堂提案一事上的雷厉风行,让我们得以了解当时的情形——"你们听说过宣言吗?我看

26, Queen Square,

Bloomsbury, London,

Nov 9th 1879

My dear Browning

I dont know if
You have heard of the proposed
rebuilding of the front of St
Marks at Venice, which terrified
us suddenly & not a little, since
though we knew it would one
day come, we thought would
be put off year after year.
it is now only a matter of

32. 莫里斯致罗伯特·勃朗宁的信,请求他加入反对威尼斯圣马可大教堂修复的公众抗议活动

到著名的保守人士伯恩-琼斯在一次会议上大肆宣扬此事——还有威廉·莫里斯，那个有害的社会主义者也一样"。[100]

在古建筑保护协会，尤其是在古建筑保护协会的萌芽与发展期，莫里斯投入了大量时间。他是年度大会上的领军人物，既要详细阐述个案研究进展，又要不断发表长篇演说来激励成员去为反修复行动而战。这些演讲显示出莫里斯最为强大、最为清晰的个人面向。他提出，古建筑是"真实而鲜活的历史"，必须保护它们"免于无脑之举和拙劣之行的破坏，以及免于被偷天换日"。[101]如果失去了真正古老建筑这样的精神食粮，人类的历史意识就会趋于贫乏，逐渐湮没。在正式演讲之余，莫里斯持续就古建筑保护协会的事务撰写了很多文章，比如以他特有的坚决意志和犀利口吻给官方写信施压，以及撰写古建筑保护协会的建筑抨击报告。冗长的讨论和乏味的工作充斥着他的日常。会议记录显示了莫里斯参加晚间古建筑保护协会委员会会议的投入状态。这些早期会议，每周都会在莫里斯位于牛津街的办公场所例行举办。在 1878 年 4 月至 11月的八个月里，莫里斯共参加了二十八次会议，仅缺席九次。1879 年，他登记出席了十二次委员会会议（总共十九次）。他还参与了古建筑保护协会小组委员会，特别是修复委员会，以及独立的圣马可委员会（为便于与意大利方面洽商，独立于古建筑保护协会而设立，专门督促威尼斯事态的发展）。所有这一切，都发生在莫里斯忙于公司重组之时。在这几年，莫里斯奔走如市，以至诗歌的产出很少——这也许并不奇怪。1879 年 10 月，他写信给乔治亚娜：

418

> 至于诗歌，我不曾得知，也无从得知。如果有一个主题能置入我的心灵与思想，那么诗歌就会手到拈来。但是像我这样的年纪和阅历，为了写诗而写诗是一种罪过。[102]

现在，莫里斯主要的文学输出在于他的公开演讲和讲座。1879 年，他至少有八次演讲，包括在伯明翰的两次和在牛津的圣马可大教堂抗议集会上的讲话。1880 年,有六次演讲,其中一次是在伦敦艺术学会妇女保护与互助联盟年会上的讲话,莫里斯在会上附议了一项关于妇女权利的决议。这与莫里斯社会主义时期的工作量(1886 年,他公开出席会议九十一次,1887 年一百零五次,1888 年九十四次)相比并不算多。不过,就这些议题而言,莫里斯并没有足够的信心发表长时间即兴讲话。在东方问题协会抗议期间,他告诉詹妮:"昨天,我们在兰贝斯举行了一个小型会议。会上,我尝试至少说几句话,但说得不太好。但我确实尽力表达,并坚持到了最后。"[103]他公开演讲的内容都认真写在有横线的练习本上,并时常修改。这样的手稿,大多都保留至今,这些特殊文件令人动容,显出莫里斯耗费的大量心血和时间。"我一直在拼命工作。"在为伯明翰的演讲《生活之美》撰写讲稿之际,他对詹妮说。[104]《我们的国家,无论对或错》是一篇反侵略的长篇抨击之作[105],深夜时分,在哈默史密斯的凯尔姆斯科特之家写就,凌晨两点半,他满意地签上了自己的名字。

这些早期演讲展示出他的思维过程,传达出莫里斯日益绝望的强烈感受。这些演讲题目大多平淡无奇:如《图案设计史》《房屋装饰的一些提示》《生活中的一些次要艺术》。但是,来自地方艺术协会和专业机构的听众,会吃惊地发现,演讲内容只有一部分涵盖到主题。当他对诺丁汉凯尔学会发表讲话时,听众"礼貌而专注"。[106]他告诉詹妮:"但是,我担心他们对我所说感到大惑不解——事实很可能如此。如果他们真的是这样,那诺丁汉演说就要泡汤。"莫里斯不露声色地开始演讲——开始时,他从学术角度来表达对表面装饰的见解。他追溯拜占庭纺织品的历史,引导听众徜徉于亚述国王的宫殿。而后,在某一节点上,他将演讲内容向外延伸,情感饱满地探析艺术与社会的关联性以及他对文明的希望与担忧。讲台上的莫里斯触类旁通无法阻拦,就像一个孩子绵延不断地写下他的门牌号、街道、城镇、国家、大陆、世界、宇宙。

他经常抱怨连天,说自己演说时很紧张。他从来都不是讲台上的轻松自如的演讲者,而这些早期演讲——他竭力掌握演讲技巧,努力与听众建立融洽的联结——显然是种折磨。那些爱戴他的人，心急火燎地看着他拨弄表链，来回切换双脚以"感受地面"[107]，就像正在开拓地盘的一只猫。他说话时全神贯注，像是从哪里挖掘出他的语词。令乔治亚娜不解的是，莫里斯自称是"文字编织者"（word-spinner），但他在公开场合如此不善言辞："他的早期演讲确实有一点艰难。但最后，意义的纯粹分量和体量冲破了障碍。"[108]二十世纪莫里斯的政治拥护者 E. P. 汤普森与他很相似。汤普森在相对较晚时，也就是在八十年代初，发现了自己为大众发声的潜能，因而成为一名热血沸腾的、东西方反核运动的新拥护者——这场运动的目的是促成核裁军。

　　莫里斯将自身问题归咎于演讲的重复性："虽然我只须说一件事，但我必须找到不同的表达方式。"[109]莫里斯只就一个主题进行演讲，这是不争的事实。值得注意的是，正是在这种情形下，人性中光明与黑暗的两面才得以凸显。在许多方面，莫里斯与罗斯金相差无几，但莫里斯更特立独行、反复无常，并不总是以圣人形象示人。相较于罗斯金，莫里斯的才华更难衡量。他的演讲朴实无华，平易近人——这不是普通的亲切感，而是更深层次的体会。从中我们已经可以看到他（或者说他正尝试表达的）对"人类友谊"的理解。他衔石填海般地发表演说，坚信自己的使命就是去阐发引人深省的话题："因为这正是让全人类获得平静、有尊严和幸福生活的宝贵契机。"[110]

　　1879 年，莫里斯在伯明翰市政厅举办的伯明翰设计学院年度颁奖典礼上，发表演讲《人民的艺术》。演讲中，我们熟悉的结构已经形成。他心平气和地开始，然后发出蝎子尾般的深刻警告："大家都是朋友，如果我表述不周，敬请原谅。"[111]而后，他开始详尽阐述这个特殊主题，他提及艺术的衍生和历史的失真："（所谓的）历史记住了国王和勇士——因为他们毁灭。艺术记住了人民——因为他们创造。"到目前为止，表述还很正常。莫里斯正在缓缓烘托气氛，抛出格言警句，还没有大肆挞伐。然后，他平心静气地提出问题，引用自己的经历来追忆过去："灰色的小教堂，使平淡的英国风景更加美丽。那些仍然留存的灰房子，正在

420

某个地方使一个英国村庄变得与众不同。"这些现象是如何产生的？是什么赋予它们如此重要的意义？它们向我们昭示了怎样的人类福祉？"这最后一句，才是我心之所向、身之所往，是我来到这里真正想说的话。我请求你们，慎重思考——不是我的话本身，而是这激荡世界的思想，总有一天会发荣滋长。"演讲刚过一半，莫里斯就开始奏响他伟大的主题曲——在他所有的演讲中以各种变奏反复出现：

> 我对真正艺术的理解是，它应该是人对劳动乐趣的表达。如果不表达这种快乐，我想人就不可能在劳动中感到快乐——尤其是当他从事特别擅长的工作时更是如此。

捕猎的狗，驰骋的马，飞翔的鸟：莫里斯构想出一幅生机盎然的超视野景象。在这景象中，人类的劳动在自然秩序中永占一席之地。他在伯明翰市政厅伟岸地宣讲——他不是落魄的宣道人，而是有远见的预言家，他向人们展示着别样的未来，"春天，草地在微笑，火在升腾，大海在无尽欢歌"。

　　演讲结束，莫里斯被认为有言过其词、哗众取宠之嫌，就像《旧约全书》中的阿摩司一样。他强烈谴责"你们黑乡那边"的环境破坏问题；他指责英国制造商（其中包括相当一部分他的听众）肆无忌惮地剥削和压榨大英帝国其他地区，向他们供应低于标准的且完全不必要的商品，"拿蝎子当鱼，拿石头当面包，给那些被我们弄得束手无策的人"。"如果那些有钱人，把房子里十分之九的东西拿到外面生火烧掉，那家里才会显得神清气爽。不过这样的人家，我从没见过。"莫里斯说出这样的言论时，会让现代读者觉得很有必要把那些伪艺术的、褊狭的中产阶级听众表情用录像机捕捉下来，看看是什么样的尴尬神情。

　　莫里斯在演说结尾，表达了他对自己出身的社会阶层的强烈控诉。从某种意义上说，莫里斯现今仍从属于这个阶层。所以，他的演讲更有力量，因为演讲是出于自我警醒和自我鞭挞的立场。莫里斯在考察消费剥削制度时并没有为自己开脱：

> 之于雇主，怎能给工人的劳酬不够他体面地生活，给工人的闲暇时间少于他的教育时间且无法满足他们的自尊需求？之于工人，怎能不履行承诺合约，或是让工头来严密监控我们的怠工行径呢？之于店主，怎能以商品来欺骗，把担负损失的责任推卸给他人？之于公众，怎能为商品付出如此不对等的代价？由此产生的后果是：第一类人心生烦恼，第二类人身败名裂，第三类人忍饥挨饿？或者，更过分的是，我们怎能安心使用、享受那些制造者满心痛苦制造出来的东西呢？

千真万确的是，雇主、工匠、店主（在牛津街等地有店）、强迫性购买者——莫里斯集这些身份于一身。

1879年秋，在凯尔姆斯科特庄园，莫里斯给乔治亚娜写了一封相当于告别的信：

> 晚上十点，我坐在挂毯室里。外面薄雾弥漫，月上东墙，一头母牛在田野低哞。我一直能感受到思想的起伏和周遭环境的美丽安宁。然而，正如我表露的那样，这一切正与我悄然别离。我知道，你会认为这很好，感觉是朝着告别世界的方向迈出了一大步。[112]

他对东方问题协会的幻想破灭了，信誓旦旦地表示应远离激进的政治活动。现在，仅过了十八个月，他又成了风云人物，成为1879年夏末成立的全国自由联盟（NLL）的司库。这是一个主要由工人阶级组成的协会，是东方问题协会抗议者的重新集结。乔治·豪威尔任主席，亨利·布罗德赫斯特任秘书。10月17日，莫里斯写信给《每日新闻》编辑，向大众宣布，虽然组织"刚刚旭日东升"，但已经开始了"教化和传播"。[113]莫里斯写道,该联盟的方针"基于自由主义原则,立场鲜明,受众广泛"。

全国自由联盟又是一个令人失望的梦幻泡影。在 1880 年的选举中,联盟在组织伦敦工人支持格莱斯顿方面发挥了关键作用。莫里斯为查尔斯·迪尔克做了一块地毯。莫里斯、内德和威廉·德·摩根共同为查尔斯·迪尔克爵士助选,直到他后来在离婚法庭上颜面扫地。但是,在自由党取得决定性胜利的同时,莫里斯却陷入消沉和萎靡中。他开始抚今怀昔,对东方问题协会的高歌猛进和那时的同志情谊感慨万分。他写信给安东尼·蒙德拉——他再次当选谢菲尔德的激进议员,并成为莫里斯在东方问题协会的老盟友:"有时我走在街上,看着来来往往的行人,暗自揣测:这些人,是否和我们一样热血,是否会像我们在 1878 年春天那样勇往直前?我不禁要问,究竟哪里出了问题?"[114]

新的自由党议员还有亨利·布罗德赫斯特——在曾经的燃情岁月,他领唱了《醒来吧,伦敦弟兄们!》。莫里斯写信祝贺他当选,愿他"在广阔天地大有作为"。[115]事实上,布罗德赫斯特正是莫里斯谈到工人阶级在政治上获得成功时可能易于腐败的那种人。"当某人对此类事情很有天赋时,他会发现,在开始坚定阶级立场之前,他就倾向于从阶级中崭露头角。但经常是,他仅仅被统治阶级'愚弄'。这并非个例,而是环境使然。"[116]布罗德赫斯特,这个曾经的石匠,太容易被蒙德拉操纵而渐渐背离对所属阶级的忠诚。他的回忆录中有一段可悲可笑的文字,描述了王室接待他的情形:"离开桑德林厄姆时分,我感觉就像与地位相当的老朋友共度周末,而不太像受到王储和王妃款待。"[117]

回顾全国自由联盟,莫里斯解释说,他一度认为"若能在普通中产阶级激进主义道路上做力所能及之事,就能推动真正社会主义的进步"。[118]他现在意识到,这是谬论:"可以说,激进主义走错了路线,它永远不会超越激进主义自身。事实上,激进主义是由中产阶级缔造出来的,并将永远处在富有资本家的控制之下。"这些富裕的资本家虽然不反对**政治**进步,但"如果他们有能力",便不允许社会发展。莫里斯对议会制度大失所望,因为其中取得控制权的人永远都是既得利益者。

最后，他也反对格莱斯顿，他曾是他心目中的英雄。以前他常说，格莱斯顿是一个真正的进步主义者，只是受到了来自反动同僚的阻碍。现在，他开始视他为阶级立场的背叛者：他向迪斯雷利政策妥协，而以往，他曾就迪斯雷利吞并德兰士瓦一事进行了道义上的猛烈抨击。莫里斯写道："我很希望，议会外的人能在一定程度上承担起责任。因为在议会内，几乎所有人的表现都让人心寒。"[119]1881 年，臭名昭著的《强制法案》通过后，他对政府的爱尔兰政策感到忧虑重重。再加上，因"'证券商'的埃及之战"，亚历山大港遭到英国战舰的炮击，这彻底摧毁了莫里斯对自由党的期望。这时，他唾弃般地辞去了全国自由联盟司库职务，说自己是多么讨厌"政治和艺术中一切模糊不清的东西"。[120]

同年，莫里斯还在为自己能够投身其中的政治议程而努力，他协力组建了激进联盟——一个由伦敦激进工人阶级团队合并而成的新组织。1881 年 1 月 15 日，他在日记中写下："激进联盟诞生。"[121]据乔治·沃德尔说，莫里斯本希望成立一个"由激进人士及工会组成的强大政党"[122]，建立一个可以替代自由党的威望机构。莫里斯是该执行委员会的成员，委员会的晚间会议照常在女王广场举行。对于莫里斯的盛情款待，工人阶级激进社团的领导人们以当前的利润分成理论予以回馈。莫里斯公司为何不能像巴黎的勒克莱尔之家（一家装饰承包公司）那样来经营呢？是因为所有者埃德梅·让·勒克莱尔在 1840 年引入了全利润分配制度吗？莫里斯慎重其事，与沃德尔详细讨论了以往的利润分成实验。沃德尔指出，在莫里斯工坊里，引入任何成熟的利润分配体系都会导致簿记工作大幅增加——这会让莫里斯不胜其烦。然而，在接下来的一两年里，有一项奖金发放却使六名主力员工非常受益。

莫里斯的激进联盟计划并不成功。工人激进分子本身的思想觉悟不高，又过于专注于地方和工会政治，对莫里斯的远大理想又不以为然。沃德尔参加了许多会议，他记得这些会议大多平淡，其中最令人沮丧的便是在兰贝斯浴场举行的会议。可以看到，这段插曲展示出莫里斯的初始动机——他决定倾尽全力，对工人阶级的每个成员进行深入的政治启

424

蒙和教育。

莫里斯开始痴迷于乘船旅行——沿着泰晤士河,从一个凯尔姆斯科特到另一个凯尔姆斯科特。第一次河流之旅是在 1880 年 8 月,第二年又重复了一次。出发那天早上,他起得很早。正如他在写给乔治亚娜的信中所说:"小事情愉悦小心思,所以我的心思一定很小。今早,我是如此开心……天空是淡而暖的蓝色,大地拥抱着太阳的欢欣。看! 这已经不是小事了!"[123]

早饭前,他和珍妮去看从牛津游艇公司租来的船屋"方舟号",又租了一艘划艇"阿尔弗雷德号"。莫里斯形容"方舟号""样子奇特但很好玩",就像在一艘大型蒸汽船上安装了小型公共马车。对梅来说,它看起来就是"疯狂的贡多拉船"[124],船前留有两个划桨手的位置。莫里斯喜欢"方舟号"带给他的新的乡村景色,以及与周围景色非常亲近的感觉:"透过一块方玻璃来看风景(对一个心思小的人来说),是多么快乐的事啊! 夜晚入梦时,我感到河水就在耳畔缓缓流过。"[125]

结伴同行的人中,还有三个生龙活虎的单身汉:科梅尔·普赖斯、威廉·德·摩根以及理查德·格罗夫纳(德·摩根的朋友,古建筑保护协会成员)。从奥内利亚回来后,詹妮的身体状况一直不稳,不时晕厥,还伴有背部疼痛。不久前,她还向罗塞蒂问过拉姆斯盖特海藻浴的功效,她说"那是一种用海藻做成的面糊"[126]。但是,对于这次河上之旅,她还是积蓄了足够的力气。船上,她沉醉于刺绣,莫里斯深情地望着她,看她"躺着,安静工作,很自在"。[127]梅和一位年轻的朋友伊丽莎白·麦克劳德共度旅行时光。来自凯尔姆斯科特之家的女佣伊丽莎,和他们同行了第一段旅程,再从汉普顿宫乘火车回家。

第一晚,他们在漆黑夜色中抵达桑伯里,在喜鹊酒馆吃了一顿晚餐。晚餐有腌鲑鱼、荷包蛋和火腿。莫里斯一到酒馆,就嚷道:"什么味儿,这么难闻!"[128]侍者答道:"先生,我保证,什么味儿都没有。"理查德·格罗夫纳插话:"这是下水道味吗?"侍者回答:"是的,先生,非常确定。"

这段对话以及许多类似对话,都被写在了旅行日志上——俏皮话、逗乐事、莫里斯的嘟囔咒骂和一群有意思的人。这本旅行日志非常欢快,近乎疯狂,带有维多利亚时代特有的男性幽默,总让莫里斯感到欣慰——毕竟,这次"方舟号"上都是"快活的船员"。日志中的一篇是"共产主义笔记":"平原前有一座山,郊区前有一片平原,沙堆前有一个郊区,下水道前有一个沙堆,绅士家前有一个下水道。"[129]

　　这晚,科梅尔和莫里斯在"方舟号"里住,其他人则义无反顾地留在了酒馆。第二天,莫里斯如释重负地离开了"伦敦水域"。[130]他带着不设期待的喜悦环顾四周,观赏着蜿蜒于彻特西和斯坦斯之间的那条陌生的河流,"随处可见奇妙的风景"。在离拉勒姆不远的河岸边,他们享受了丰盛的午餐。那里有"遮天蔽日的柳树,岸边大部分老房子前,还有些奇怪的民众意见箱"。在兰尼米德的草地上,他们又享用了野餐下午茶——"在这样一个极少见的天朗气清的下午",莫里斯心满意足地体验着这至乐时光,就像他在冰岛和法国北部时一样。他们来到了温莎。这里被他称为妙地,尽管还"不尽如人意"——他与维多利亚女王和她的挂毯刻意保持距离。迪克·格罗夫纳带着大家(除詹妮外)去了伊顿公学,参观那里的建筑物和操场。在这儿,莫里斯再次克服了政治偏见:"尽管美中不足,但仍不失为荣耀之地。"大家开始派活儿,科梅尔·普赖斯被任命为"装瓶工(他自告奋勇)"[131],为派对提供酒水。日志记录了这样一件事:他们在舍里大厅喝苏打水,科梅尔灵感来袭,"用一把雨伞、一条披肩和一个香槟酒瓶,表演了一个免费的娱乐节目"。九年后,在杰罗姆·K.杰罗姆著名的河流探险喜剧小说《三人同舟》中,惊人地重现了与之相似的场景。

　　在"方舟号"上,莫里斯又操起了厨师旧业。他潜藏在船舱里,然后"关键时刻,手里擎着锅,像大祭司一样出现在众人面前"。[132]

　　他们到达梅登黑德时,那里正在进行赛舟会。河岸两旁的观众水泄不通,他们不得不提前放下纤绳,在人们的指点中缓缓前进。莫里斯坐在船顶上操着舵,德·摩根则在奋力划桨。他们在克利夫登森林的遮荫

426

下奋力航行。在这里,莫里斯的正义感被唤醒——他发觉这里"更像一个人造森林"。他想起了特威姆洛先生,即《我们共同的朋友》中的斯尼格斯沃西勋爵的穷亲戚。到了库克汉姆,他觉得自己回到了"真正的乡村,这里有牛羊和农舍,是一个日出而作日落而息的世界,而不是趋炎附势者的乐园"。他对库克姆乡村现实的感受,正是斯坦利·斯宾塞所描述的"无尽的满足"。那天深夜,他们把女士们护送到住处的马洛街时,科梅尔和莫里斯看到"绚烂的北极光带,闪现在夜幕当中"。能在绿意盎然的英国夏日看到闪闪发亮的北极光,这"异乎寻常地神秘,甚至有些诡异"。莫里斯最后一次看到北极光是在 1871 年,当时,美丽的极光正闪耀在托尔斯港。

他们经过对莫里斯来说始终充满新鲜感的乡村和英格兰河畔。莫里斯觉得这里简直"美不胜收"。[133] 在赫尔利水闸,在等待搭乘往返于金斯敦和牛津之间的泰晤士河大客轮之际,他在过船闸时站起身,欣喜地看到"一座谷仓样子的长形建筑。建筑有两个哥特式拱门,以及一座与之相得益彰的诺曼式教堂,与其他长屋顶围合成一个四合院落"。这便是莱德府,最初是修道院,后来成为詹姆斯一世时期风格的宅邸,但那时已沦为农舍。果真是"世事难料"。他们上岸后,花了一个小时,"兴致勃勃地"考察岸上的建筑物。他们发现了"一个大鸽舍"——莫里斯最钟爱的建筑构造之一,它有着精雕细刻的十五世纪扶壁,教堂的外观有所保存,但也难免惨遭"修复"境遇。

星期二,他们离开了伦敦。星期五,他们到了亨利。他们在河岸停留,享用莫里斯为他们准备的晚餐。在这儿,他们受到了天鹅的侵扰,日志写道:"还好,它们退去时,没有把人的手臂折断。"[134] "麦克劳德小姐把一只小天鹅带上了'方舟号',普赖斯主动提出收养它,用勺子舀蜂蜜来喂它。"随后,"方舟号"在沃格雷夫的泥滩上搁浅了,"全体男人都指手画脚地相互发号施令",最终是德·摩根脱下靴子和袜子,把船推到了水里。七点半,"方舟号"到达桑宁。他们在白鹿饭店吃了一顿丰盛晚餐。"无意中听到女声歌唱,曲调欢快,声动梁尘。莫里斯夫人和珍妮小姐睡在客栈,麦克劳德小姐和梅小姐睡在牧师宿舍,理查德·格罗夫纳和德·摩根睡在布朗夫人家,威廉·莫里斯和普赖斯睡在'方舟号'。"

第二年夏天,在桑宁,他们第二次探险时,珍妮和梅的同学旧友,即年轻的维奥莱特·亨特与他们不期而遇,她看见他们正在沿流而行。她站在老桥栏杆处,注视着那两艘奇形怪状的船在行驶。她的描述,传递出这个场景的类神话特质,半是滑稽,半是荒谬:

> 我认出了第一艘船上的乘客,另一艘船通过拱门时,这艘船稍等了他们一会儿。电光石火间,我意识到他们纯粹就是来自中世纪的英格兰划船队。这时,有一个人站起身来,对另一艘船大吆小喝——看来,他喜欢战斗呐喊胜过交响乐。他是桂妮维亚和古德伦的捍卫者,是母亲餐桌的制造者。他跨坐在船上,两腿分开,就像他的伙伴们在牛津联盟的天花板上别有用心地描绘的那样:像身穿蓝色铠甲的北欧海盗。现在,在他生命中的某个下午,他视自己为"游手好闲的歌者",哈默史密斯的赫克托耳,都市区的瓦兰吉卫队——威廉·莫里斯……
>
> 在他身后,坐着大名鼎鼎的詹妮——"潘多拉"——"普罗塞庇娜"——"金链"——"叙利亚的阿斯塔蒂女神"——和《炼狱》中的皮娅。她身姿僵硬,像一位疲惫的女王,倚靠在土耳其红的靠背上。她称自己为"稻草人",但按拉斐尔前派的赞美词来说,她仍然是那个"俏佳人"。在这晨曦笼罩中,她看上去非常像内洛·迪·彼得罗(Nello Di Pietro)那位被沼泽瘴气吞灭的孤苦妻子:
>
> 锡耶纳造就了我,马雷马毁掉了我。①[135]

---

① 出自但丁《神曲·炼狱篇》。

此时,他们离熟悉的地方越来越近。途经沃林福德时,莫里斯一口气喝了五杯柠檬汽水,然后驻足在多切斯特。在这里,除了莫里斯太太以外,其他人高高兴兴地走到了多切斯特堤坝——一面可以远眺多切斯特修道院,另一面可以举目西诺顿山。莫里斯还认出了一个旧地,那是十三年前他们和查理一家在牛津夏季度假时停下来吃点心的地方。

临近牛津时,他惊愕地注意到,自从他上次到这儿以来,河岸已经被侵蚀恶化了。大家在牛津过了一夜,正如德·摩根评论的那样,"尽管莫里斯先生革命情绪高涨,但我们还是在'国王怀抱'(King's Arms)酒店里睡了一晚"。[136] 在牛津,詹妮先行离开,乘火车去凯尔姆斯科特,为旅行者的到来做准备。当"方舟号"沿河驶向凯尔姆斯科特之家时,莫里斯看到了一个总能让他心潮澎湃的景象:"在蝌蚪港(Tadpole)周边,人们正在被洪水冲刷过的小片土地及小岛上制作草料。制作好的干草再被收集到平底船或类似的小船上。"[137]

那天是星期一。"方舟号"花了六天时间才到达凯尔姆斯科特,沿途都是英国乡村景色。莫里斯给乔治亚娜写信说:

> 早在我们到达拉德科特之前,夜幕就降临了。我们费了好大劲,才把船划过拉德科特桥,然后在船头挂上了灯。晚上十点,查尔斯提着一盏灯在拐角处的桥上等着我们。不一会儿,我就投入老房子的怀抱中:J.把家弄得灯火通明,你一定知道,看起来一切都好。[138]

莫里斯把沿河而上的旅程,尤其是这次返乡之旅,作为小说《乌有乡消息》的素材。在故事中,旅行者到达目的地时,有一小群人等在岸上迎接他们。人群中走出一位美丽高挑、气宇不凡的女士:"气宇不凡这个词,必须用在她身上。"[139] 她优雅地挥着手以示欢迎。当然,她也拥有黑色的波浪秀发和深邃的灰色眼眸。

注释

[1]《威廉·莫里斯作品集》"导言"。

[2]《威斯敏斯特评论》,第 41 期,1872 年。

[3] A. W. M. 斯特林编,《威廉·德·摩根和他的妻子》。

[4] 但丁·加百利·罗塞蒂致詹妮·莫里斯的信,同上。

[5] 威廉·莫里斯致詹妮·莫里斯的信,1878 年 3 月 18 日。

[6] 同上。

[7] 威廉·莫里斯致詹妮·莫里斯的信,1878 年 3 月 12 日。

[8] 威廉·莫里斯致詹妮·莫里斯的信,1878 年 4 月 2 日。

[9] 詹妮·莫里斯致但丁·加百利·罗塞蒂的信,1878 年 5 月,布赖森。

[10] 詹妮·莫里斯致罗莎琳德·霍华德的信,未注明日期,霍华德城堡。

[11] 菲利普·韦伯致詹妮·莫里斯的信,1878 年 11 月 8 日,大英图书馆。

[12] 威廉·莫里斯致詹妮·莫里斯的信,1878 年 3 月 18 日。

[13]《威廉·莫里斯作品集》"导言"。

[14] 威廉·莫里斯致詹妮·莫里斯的信,1878 年 3 月。

[15] 但丁·加百利·罗塞蒂致詹妮·莫里斯的信,1878 年 4 月 1 日,布赖森。

[16] 科克雷尔,《最好的朋友》。

[17]《威廉·莫里斯作品集》"导言"。

[18] 威廉·莫里斯致梅·莫里斯的信,1878 年 3 月 21 日。

[19] 乔治·萧伯纳,《我所认识的威廉·莫里斯》(1936),《威廉·莫里斯:艺术家、作家、社会主义者》。

[20]《威廉·莫里斯作品集》"导言"。

[21] 威廉·莫里斯致詹妮·莫里斯的信,1878 年 3 月。

[22] 威廉·莫里斯致詹妮·莫里斯的信,1881 年 3 月 19 日。

[23] 威廉·莫里斯致艾玛·莫里斯的信,1889 年 5 月 23 日,威廉·莫里斯陈列馆。

[24]《爱德华·伯恩-琼斯回忆录》。

[25] 詹妮·莫里斯致威尔弗里德·斯考恩·布伦特的信,1885 年 3 月 20

日,福克纳。

[26] 海伦娜·M.西克特·斯旺威克,《我曾年轻》。

[27] W.格雷厄姆·罗伯逊,《往昔》(*Time Was*),哈米什·汉密尔顿,1931年。

[28] 海伦娜·M.西克特·斯旺威克,《我曾年轻》。

[29] 鲁德亚德·吉卜林,《我自己的一部分》(*Something of Myself*),麦克米伦,1937年。

[30] 但丁·加百利·罗塞蒂致詹妮·莫里斯的信,1878年4月1日,布赖森。

[31]《威廉·莫里斯作品集》"导言"。

[32] 威廉·莫里斯致珍妮·莫里斯的信,1887年3月30日。

[33] 威廉·莫里斯,《艺术与地球之美》,1881年10月13日讲座。

[34] 威廉·莫里斯致托马斯·沃德尔的信,1877年4月13日。

[35] 威廉·莫里斯致乔治亚娜·伯恩-琼斯的信,1879年3月。

[36] 威廉·莫里斯致托马斯·沃德尔的信,1877年3月25日。

[37] 威廉·莫里斯致乔治·霍华德的信,1877年6月29日。

[38] F.G.盖伊,1877年9月21日,引述自麦凯尔,《威廉·莫里斯的一生》。

[39] 威廉·莫里斯致乔治·霍华德的信,1877年6月29日。

[40] F.G.盖伊,1877年9月21日,引述自麦凯尔,《威廉·莫里斯的一生》。

[41]《威廉·莫里斯作品集》"导言"。

[42] "卷心菜和藤蔓"挂毯工作日记,1879年5月10日至9月17日,维多利亚与艾尔伯特博物馆国家艺术图书馆。

[43] 威廉·莫里斯致托马斯·沃德尔的信,1877年3月25日。

[44]《睽睽猎鹰》,《人间天堂》第二部分,1868年。

[45]《威廉·莫里斯作品集》"导言"。

[46] 莫里斯公司地毯展通告,1880年5月,麦凯尔,《威廉·莫里斯的一生》。

[47] 威廉·莫里斯致托马斯·沃德尔的信,1877年4月13日。

[48]《威廉·莫里斯作品集》"导言"。

[49] 詹妮·莫里斯致罗莎琳德·霍华德的信,未注明日期,霍华德城堡。

［50］奥克塔维亚·希尔致谢恩夫人（Mrs Shaen）的信,1881 年 6 月 3 日,C. 埃德蒙·莫里斯编,《奥克塔维亚·希尔的一生》。

［51］《威廉·莫里斯作品集》"导言"。

［52］威廉·莫里斯致詹妮·莫里斯的信,1880 年 8 月 24 日。

［53］威廉·莫里斯,《纺织品》,《工艺美术论文》,1893 年。

［54］威廉·莫里斯致托马斯·沃德尔的信,1877 年 10 月 24 日。

［55］威廉·莫里斯致托马斯·沃德尔的信,1877 年 11 月 14 日。

［56］莫里斯谈温莎,艾默·瓦兰斯,《复兴编织挂毯》（"The Revival of Tapestry Weaving"）,《工作室》,1894 年 7 月。

［57］威廉·莫里斯致托马斯·沃德尔的信,1877 年 11 月 14 日。

［58］"卷心菜和藤蔓"挂毯工作日记,1879 年 5 月 10 日至 9 月 17 日,维多利亚与艾尔伯特博物馆国家艺术图书馆。

［59］《威廉·莫里斯作品集》"导言"。

［60］威廉·莫里斯致威廉·贝尔·司各特的信,1879 年 10 月 13 日。

［61］威廉·莫里斯致乔治亚娜·伯恩-琼斯(?)的信,1879 年秋天。

［62］威廉·莫里斯致珍妮·莫里斯的信,1878 年 3 月 6 日。

［63］威廉·莫里斯致托马斯·沃德尔的信,1877 年 4 月 10 日。

［64］乔治亚娜·伯恩-琼斯致罗莎琳德·霍华德的信,1876 年 3 月 28 日,霍华德城堡。

［65］威廉·莫里斯致露西·福克纳·奥林史密斯的信,1877 年 7 月 20 日。

［66］A. W. M. 斯特林编,《威廉·德·摩根和他的妻子》。

［67］莫里斯公司列入波士顿外国博览会目录,1883 年。

［68］《建筑新闻》,1880 年 6 月 11 日。

［69］《威廉·莫里斯作品集》"导言"。

［70］威廉·莫里斯致罗莎琳德·霍华德的信,1881 年 11 月 24 日。

［71］威廉·莫里斯致罗莎琳德·霍华德的信,1881 年 11 月 4 日。

［72］卢克·爱奥尼德斯,《回忆》。

［73］威廉·莫里斯致乔治亚娜·伯恩-琼斯的信,1877 年 10 月 18 日。

［74］威廉·莫里斯致詹妮·莫里斯的信,1881 年 2 月。

［75］罗素·巴林顿夫人（Mrs Russell Barrington）,《沃尔特·白芝浩的生平》（*The Life of Walter Bagehot*）,朗文-格林公司,1914 年。

［76］W. R. 莱瑟比,《菲利普·韦伯和他的创作》。

［77］威廉·莫里斯致珍妮·莫里斯的信,1883 年 7 月 21 日。

［78］威廉·莫里斯致珍妮·莫里斯的信,1885 年 3 月 24 日。

［79］蒙库尔·康威,《南肯辛顿之旅》,特吕布纳公司,1882 年。

［80］W. B. 叶芝,《自传》（*Autobiographies*）,麦克米伦,1956 年。

［81］理查德·诺曼·肖致卡农·伊顿·史密斯的信,1898 年 7 月 27 日,引述自安德鲁·圣,《理查德·诺曼·肖》,耶鲁大学出版社,1976 年。

［82］雷金纳德·布卢姆菲尔德,《理查德·诺曼·肖》（*Richard Norman Shaw RA*）,巴斯福德,1940 年。

［83］《每日电讯报》讣告,1896 年 10 月 5 日。

［84］佩内洛普·菲茨杰拉德,《爱德华·伯恩-琼斯》,迈克尔·约瑟夫,1975 年。

［85］维维安·霍兰德（Vyvyan Holland）,《奥斯卡·王尔德之子》（*Son of Oscar Wilde*）,鲁珀特·哈特·戴维斯,1954 年。

［86］休伯特·布兰德,《我所持的信念》（"The Faith I Hold"）,费边社报,1907 年。

［87］比阿特丽斯·韦伯,1890 年 2 月,诺曼和珍妮·麦肯齐（Norman and Jeanne Mackenzie）编,《比阿特丽斯·韦伯日记》（*The Diary of Beatrice Webb*）,维拉戈,1986 年。

［88］弗朗西斯·帕特里奇,《回忆录》（*Memories*）,维克多·戈兰茨,伦敦,1981 年。

［89］海伦·威特,引述自西比尔·贝德福德（Sybille Bedford）,《奥尔德斯·赫胥黎》（*Aldous Huxley*）,圣骑士书,1987 年。

［90］杰弗里·凯恩斯,《记忆之门》（*The Gates of Memory*）,克拉伦登出版社,牛津,1981 年。

［91］理查德·奥尔丁顿（Richard Aldington）,《阿拉伯的劳伦斯》（*Lawrence*

of Arabia),科林斯,1955 年。

[92] 肯尼斯·克拉克,《森林的另一部分》(*Another Part of the Wood*),约翰·默里,1974 年。

[93] 奥斯伯特·兰开斯特,《着眼未来》(*With an Eye to the Future*),约翰·默里,1967 年。

[94] W. R. 莱瑟比,引述自《威廉·莫里斯:艺术家、作家、社会主义者》。

[95] 《威廉·莫里斯:艺术家、作家、社会主义者》。

[96] 威廉·莫里斯致乔治亚娜·伯恩-琼斯的信,1878 年 5 月 16 日。

[97] 威廉·莫里斯致《每日新闻》的信,1879 年 10 月 31 日。

[98] 同上。

[99] 威廉·莫里斯致罗伯特·勃朗宁的信,1879 年 11 月 7 日。

[100] 查尔斯·基恩致约瑟夫·克劳霍尔的信,1879 年 11 月 23 日,引述自 A. H. 莱亚德(A. H. Layard),《自传和书信》(*Autobiography and Letters*),约翰·默里,1903 年。

[101] 在古建筑保护协会年度大会上的演讲,1879 年 6 月 28 日,《威廉·莫里斯:艺术家、作家、社会主义者》。

[102] 威廉·莫里斯致乔治亚娜·伯恩-琼斯的信,1879 年 10 月 13 日。

[103] 威廉·莫里斯致詹妮·莫里斯的信,1877 年 12 月 20 日。

[104] 威廉·莫里斯致詹妮·莫里斯的信,1880 年 2 月 13 日。

[105] 威廉·莫里斯,《最新的社会主义》,手稿,大英图书馆。

[106] 威廉·莫里斯致詹妮·莫里斯的信,1881 年 3 月 19 日。

[107] 《威廉·莫里斯作品集》"导言"。

[108] 《爱德华·伯恩-琼斯回忆录》。

[109] 《威廉·莫里斯作品集》"导言"。

[110] 威廉·莫里斯致乔治亚娜·伯恩-琼斯的信,1880 年 8 月 10 日。

[111] 威廉·莫里斯,《人民的艺术》,1879 年讲座。

[112] 威廉·莫里斯致乔治亚娜·伯恩-琼斯的信,1879 年深秋。

[113] 威廉·莫里斯致《每日新闻》的信,1879 年 10 月 17 日。

[114] 威廉·莫里斯致安东尼·约翰·蒙德拉的信,1880 年 5 月 21 日。

［115］威廉・莫里斯致亨利・布罗德赫斯特的信,1880 年 4 月 4 日。

［116］《威廉・莫里斯:艺术家、作家、社会主义者》。

［117］亨利・布罗德赫斯特,《他的人生故事:从石匠工作台走向财政部席位》,哈钦森公司,1901 年。

［118］威廉・莫里斯致查尔斯・埃德蒙・莫里斯的信,1883 年 6 月 22 日。

［119］威廉・莫里斯致詹妮・莫里斯的信,1881 年 3 月 3 日。

［120］麦凯尔,《威廉・莫里斯的一生》。

［121］威廉・莫里斯,日记手稿,1881 年 1 月 15 日。

［122］乔治・沃德尔,《回忆威廉・莫里斯》。

［123］威廉・莫里斯致乔治亚娜・伯恩-琼斯的信,1880 年 8 月 10 日。

［124］《威廉・莫里斯作品集》"导言"。

［125］威廉・莫里斯致乔治亚娜・伯恩-琼斯的信,1880 年 8 月 10 日。

［126］詹妮・莫里斯致但丁・加百利・罗塞蒂的信,1879 年 8 月,布赖森。

［127］威廉・莫里斯致乔治亚娜・伯恩-琼斯的信,1880 年 8 月 19 日。

［128］《乘船探险的描述》,手稿,1880 年 8 月,大英图书馆。

［129］A. M. W. 斯特林编,《威廉・德・摩根和他的妻子》。

［130］威廉・莫里斯致乔治亚娜・伯恩-琼斯的信,1880 年 8 月 19 日。

［131］《乘船探险的描述》,手稿,1880 年 8 月,大英图书馆。

［132］威廉・莫里斯致乔治亚娜・伯恩-琼斯的信,1880 年 8 月 19 日。

［133］同上。

［134］《乘船探险的描述》,手稿,1880 年 8 月,大英图书馆。

［135］维奥莱特・亨特,曼德夫人编,《从凯尔姆斯科特到凯尔姆斯科特》,《威廉・莫里斯协会期刊》,1968 年冬。

［136］A. M. W. 斯特林编,《威廉・德・摩根和他的妻子》。

［137］威廉・莫里斯致乔治亚娜・伯恩-琼斯的信,1880 年 8 月 19 日。

［138］同上。

［139］威廉・莫里斯,《乌有乡消息》,1890 年。

第十三章 默顿修道院(1881-1883)

"虚构厂(fictionary)听上去似乎是要成为一个工厂(factory)。"[1] 429 1881年仲夏,威廉·莫里斯签署了默顿修道院七英亩场地的租约,他终于能将工作室从女王广场搬至伦敦郊区南部这更宽敞轻快的空间,同时也把持了莫里斯公司的大部分产品业务。这一决策,使莫里斯与伦敦的活动中心更加密不可分。某种程度上,就像与它签署了一份生死契约。公司现在已规模庞大且错综复杂,搬至默顿仅三年,就雇用了一百多名工人。默顿工厂的风华注定要比莫里斯设计公司多延续近半个世纪。1940年5月,第二次世界大战爆发几个月后,莫里斯公司进入破产清算程序,往昔的创造活力荡然无存。

莫里斯来默顿修道院前,已花了好几个月选址。此时,与他风雨同舟的伙伴,是"方舟号"上的航海家——异想天开而又才华横溢的光头艺术陶匠威廉·德·摩根。早在红狮广场时,莫里斯就认识他,现在他与莫里斯在古建筑保护协会共事,自然而然成了密友。德·摩根兴致勃勃地开始了他的虹彩陶研究,就像莫里斯当初研究彩色玻璃和纺织品那样锲而不舍。他钻研学生时代的化学手册,还把窑炉和旧烟囱安在一起,这直接引发了一场菲茨罗伊广场屋顶的火灾。后来,他搬到了切尔西的工作室,但工作室杂乱无章,"鱼龙混杂"[2],根本无法容纳德·摩根的丰富作品——那些流光溢彩、奇形怪状、不可思议的波斯风格的动物、鸟类和植物。他和莫里斯半是认真,半是胡闹地,为"虚构厂"(他们 430

共同憧憬的梦中厂房）精心选址。他们四处走动，像一对古怪的百万富翁一样，让许多不切实际的房主想入非非——他们细检场地，指配房间，甚至用瓶装水带走分析，以确定是否适合染色。一位权威分析师报告指出，从兰贝斯所有供应管道中提取的样本均不适合人类食用且可能导致酵素病。莫里斯听了很高兴。

他们在乡下东寻西觅，在格洛斯特郡的一个废弃的丝绸村——布洛克利逗留了一段时间。莫里斯在那里发现了一家工厂，门上还贴着最后的减薪通知。1903 年，C. R. 阿什比受莫里斯启发，将手工业工会从伦敦迁往科茨沃尔德。当时，他对这家纺织厂投来了满意的目光。莫里斯和阿什比一样，认为选择布洛克利并不明智。但他时常后悔。"我就知道，我当时是对的，"他后来写道，"但不够果敢。"[3] 莫里斯和德·摩根还考虑了赫默尔亨普斯特德的厂房，以及泰晤士河以南的克雷福德的一处老印染厂——那里离他在贝克斯利希斯的红屋不远。这些都是"高大而坚固"[4]的建筑，价格非常便宜，但莫里斯因它们难以达到自己的要求而不得不放弃——对乡村的掠夺此时已成一种征候。几天后，莫里斯和德·摩根去了默顿修道院，其实这里的环境也很令人沮丧。在莫里斯看来，默顿似乎就是"移植到乡下的德鲁里巷"。[5]但对于默顿的建筑，莫里斯有着敏锐的直觉。他说："这对我们来说，就像一双旧鞋一样合适。"

默顿修道院的前身是丝织厂，随着修道院的消亡而渐渐没落。昔日的断瓦砖石，仍矗立在广袤而杂乱的花园角落，散发一种"感伤的吸引力"。这里有许多历史往事。纳尔逊和情妇艾玛·汉密尔顿，以及他们的女儿霍雷娅曾住过默顿广场。在纳尔逊死于 1805 年的特拉法加战役之前，艾玛在给他的最后一封信中描述了这个"默顿天堂"。在十七、十八世纪，默顿一直是纺织业的中心。当时，在旺德尔河（泰晤士河的一条支流）上正进行大量的布料加工。在化学漂白发明之前，布料漂白必须通过浸泡和暴晒。因此，那里的草地上布满了排水渠，布条一直延伸到沟渠中间的山脊。附近，利特勒公司承接了为摄政街利伯蒂商店印刷丝绸的业务。莫里斯选址地的前主人是桌布印刷制造商托马斯·韦尔

奇,他曾在 1851 年的万国博览会(那年莫里斯拒绝参加)上获得一枚奖章。莫里斯看完这个场地后,兴冲冲地给詹妮写道:

> 第一,从哈默史密斯到那里,几乎和到女王广场花费的时间一样;第二,它已经初具印刷厂的基础和规模(用于那些吓人的红色和绿色桌布等),车间依然可以物尽其用;第三,建筑还不错;第四,如果我们想想办法,租金(两百英镑)还是可以应付的,因为这里目前是临期租约和临期厂房;第五,水资源丰富,水质良好;第六,虽然郊区整体状况惨不忍睹,但这里很漂亮。总之,如果一切都公道合理,我想我会接受这个场地。[6]

德·摩根在默顿修道院找了一处单独场地,在那里起建了自己的建筑和窑炉,一直到 1884 年,他始终不太稳定的身体状况显出枯木朽株的迹象。

默顿修道院有莫里斯一直在追寻的特质。正如梅评论的那样:"人们很难想象,他会住进一个整洁的砖石结构工厂。虽然里面的设备都是最新的,但建筑是毫无美感的实用主义建筑。"[7]默顿工厂杂乱无章,甚至摇摇欲坠。在一位法国游客看来,它就像一个大农舍——漆着柏油的长棚屋,聚水而集。河里有鸭,小溪里满是鳟鱼。

从默顿大街穿过庭院,可见右边有一幢两层楼房,一楼已有一间染坊。莫里斯在此又装配了八个六英尺深的新染缸为织物染色。一系列更小的缸,用来染纱线。"染坊里,有闪闪发亮的铜色水流,鲜艳夺目的羊毛和丝绸,身着围裙和木底鞋的男人,屋顶上袅袅升起的白色蒸汽,屋外耀眼的阳光和紧靠窗户的柳枝。"这是梅记忆中的场景细节——染棚外,柳荫下,一束束丝线在阳光下光彩夺目。室外的木楼梯通向建筑的上一层。上方的彩色装饰玻璃,仍然是莫里斯公司的主要业务。昏暗的展示区内可见已完工的窗户,以及伯恩-琼斯和莫里斯成堆的漫画。

再往右走,靠河的地方是织布棚,莫里斯的手工提花织机就安装在

432 那里。《旁观者》的一位记者,注意到了这里的热闹景象:"手工织布机正在忙碌地工作,梭子在织网间迅速穿梭……这里有许多织布机,色彩缤纷的丝线正在从四面八方编织成美丽的布料。"[8]织布棚也是一个嘈杂之地,莫里斯自己忧心地意识到了这一点。1883年,当美国散文家、诗人、自由女神像十四行诗的作者爱玛·拉扎勒斯访问英国时,莫里斯带她参观了默顿。他们走出织布棚,"走入七月宁静的风景中。面对这个噪音难题,莫里斯又开始唉声叹气。他质问:为什么要把人囚在这种震耳欲聋的喧嚣声中一辈子,来赚取一份任何普通专业人士都能轻松赚到的微薄报酬呢?"[9]

33.《默顿修道院的彩色玻璃厂》,从旺德尔河对面的染坊望去。E. H. 纽于十九世纪九十年代末作

横跨木桥,在河的南岸,是第三个也是最大的车间。挂毯织机和地毯织机就设在这里。莫里斯关于挂毯的"光辉梦想"在默顿变为现实,三架立经式织机沿着一楼窗户井然有序地排列。如果织布工在这里劳作,可以获得最好的光线。这是唯一一个将女性置于重要位置的默顿车间。《旁观者》的记者将其描述为"一个又宽又矮的房间"[10],那里的空间看起来并不拥挤。

> 当中坐着一位妇人,正在整理一些已完工的地毯。角落里,有一大堆高贵华丽的红色精纺毛织物,整齐地堆在一个深色草篮里。车间里阳光流连,色彩斑斓。绣框以垂直角度竖立,正对着来访者。一排长窗,紧临波光粼粼的河流……炫目而和煦的午后光线,拥裹着绣框旁坐在低矮长凳上的一排排年轻女孩,将她们的鬓发镀上金色光芒。在她们的头上和身后,一排排五颜六色的线轴被钉子固定住,洒下美丽的彩色丝线。这些线被灵巧的手指抓住,穿过结实的基线(垂直固定在框架中,作为编织基础),打一个结,滑落到它们的位置上,剪得与毯子的其余部分齐平,所有这些,小姑娘们一眨眼的功夫就能完成。

这个场景很是浪漫,但其背后有不可避免的经济上的算计。1881年5月,莫里斯在日记中记录,他曾与乔治·沃德尔就地毯问题磋商过:"全薪女孩必须每周完成九英尺四乘以四的工作,才有报酬。"[11]

第三车间整个上层用于织物印花。此时,莫里斯与托马斯·沃德尔的关系已严重恶化。在1881年的头几个月,他们的通信交流公然激烈。莫里斯以质量低劣为由,拒收沃德尔提供的多批印纺品。这些颜色与他核准的样品并不匹配。"非洲万寿菊"和"红色万寿菊"上市时,品相滑稽可笑,莫里斯认为它们绝对没有销路。他转而对沃德尔说:"我努力设计好纹样,搭配好颜色。但你把它们印成现在这个样子,真对不起我的精心描绘。"[12]在他的私人日记中,他对沃德尔的评论更是毫不留情:

433

"汤姆·沃德尔被称为愚蠢的计较者"[13]，"汤姆·沃德尔，无理取闹，自吹自擂"[14]。对莫里斯来说，沃德尔成了新的厌恶对象。他搬到默顿修道院的主要动机，就是想从这种无法修复的商业关系中解脱出来。在通敞的车间内，莫里斯把自己的印刷桌铺展开来。印刷工们把木料压在车间中央轨道的手推车上的染色包上，就像空中有轨电车一样。木块落在铺开的织物上时，发出有节奏的沉闷声响——这是另一种具有代表性的默顿之声。染色前和染色后，布料都要在旺德尔河柔软的河水中清洗。天气好的时候，印染物会放于室外，以便在染色后清理地面，这一过程被称为"日光漂白"。梅描述道："漂白场是父亲种下的一片白杨地。当一码又一码彩色印花棉布铺在草地上时，看起来是多么迷人啊！"[15]

靠近默顿大街的是两栋住宅楼。一栋是带有门廊的红砖建筑，用作办公室、储藏室和年轻纺织学徒的宿舍。另一栋是被漆成白色的十八世纪房屋，内有两个房间，包括一间卧室。这是莫里斯的专用小屋，是他狄更斯式的"奎尔普住宅"（他的家人如是称），相当于他过去在女王广场时偶尔来住的单人公寓。花园年久失修，却大有可为，莫里斯准备大干一番。他栽种了新树，把草坪修剪成绿毯状，让其从房子处一直延伸到河边。目光所及，是开花的小树，宽沿的花坛，里面生长着高高的蓝色飞燕草和橙色百合花。在河边柳树那里，莫里斯种了许多"水仙"（daffies）。他在一封信中描述默顿："一棵美丽的杏树，满枝花蕾，映衬着我们的黑棚子，看起来很可爱。"[16]这里，春色满园，报春花和紫罗兰竞相盛放。厨房花园被划分成若干小块，租给"某些工人"。[17]这种田园诗般的手工艺与耕作的结合，在未来更为先进的"工艺美术社区"继续得到推崇，尽管其发展并非一帆风顺。

莫里斯最小的弟弟埃德加（他出生于1844年，比莫里斯小十岁）的出现，让默顿有了家庭生活色彩。如果说莫里斯家有害群之马，那就是埃德加，他"没有什么恶习，却从不守财"。[18]1877年，他结婚了。很显然，他几乎一穷二白。莫里斯说过，当詹妮在奥内利亚时，"埃德加和他的妻儿"[19]作为莫里斯家族的成员，聚集在马奇哈德姆，一起度过白雪皑皑的圣诞节。莫里斯对埃德加的关怀无微不至。次年春天,他带着埃德加去凯尔姆斯科特钓鱼,一同前行的还有他的出版商,同时也是凯尔姆斯科特的合租者F. S.埃利斯。莫里斯尝试为埃德加在苏豪区圣安德鲁童工之家找一份工作"养家糊口"。[20]这是一家孤儿慈善机构,由罗莎琳德·霍华德的未婚姐姐莫德·斯坦利创建。计划落空后,他在女王广场给埃德加安排了一份轻职。1881 年,他在工作日记中写道:"埃德加清点羊毛:一千一百件以上。"[21]埃德加也参与了找寻新工厂的工作。在默顿,名义上他是染缸负责人,但在实际工作中是打杂工。他处理埃里克·马格努松亲戚来访的相关事宜,或是在大风刮过默顿后,重新栽种一棵大柳树来填补河岸柳行中的空隙。莫里斯向埃德加问询一种神秘树种,它开着白色的花朵,样子像葡萄牙月桂:"埃德加说它是山茱萸,但我在杰拉德未曾发现它。"[22]显然,埃德加也对植物喜爱有加。

埃德加一直住在默顿。九十年代早期,威尔弗里德·布伦特注意到了他:"一位穿着工作服的奇异男子,袖口高卷,整只手臂都是靛蓝色。"[23]莫里斯这位贫穷弟弟瘦骨伶仃、凄凄惨惨的形象,与过去形成了鲜明反差。

莫里斯开始找寻新址时,詹妮正在意大利与法国边界的里维埃拉海滨的博尔迪盖拉过冬。这是一个拥有棕榈树和奇异植被,比奥内利亚更温和的度假胜地。1 月初,她被拜托给霍华德一家照料。开始,他们住在一家特别简陋的酒店,条件艰苦得让她想回家。后来,他们搬至玛格丽特别墅。在那里,詹妮给罗塞蒂写信,快乐地描述那里的阳光、完美的天气和附近的海岸——"那里有格外光滑的岩石,为人们提供绝佳的休息之地,人们可以带着披肩和靠垫去那里休息"。[24]莫里斯似乎很支持这次远行,不过他提醒詹妮要确保自己去付旅费:"我不能欠钱给厄尔-金。"[25]亨利·詹姆斯来到别墅拜访并见到了詹妮,发现她比他第一次在女王广场见到她时更加憔悴,而她刚四十出头。他给范妮·肯布尔写信说:"我可没有爱上威廉·莫里斯夫人——这位正在霍华德家过冬的诗人和壁纸制造商的妻子,古里古怪、面色苍白、怅然若失、憔悴无力、沉默寡言,但行为举止优雅如画。毫无疑问,她也有光彩之处——比如,如云的秀发。"[26]

436　　这一次,珍妮和梅没被邀请来到这里——罗莎琳德有自我保护的本能。她们被留在哈默史密斯的家里为父亲料理家务。詹妮满怀期望地写道:"我认为,有时候让她们有所担当对她们有好处。"[27]莫里斯说,她们玩了不计其数次的玩偶游戏。还说,有一天晚上,她们计划招待格兰奇的人共进晚餐,珍妮来当晚宴的女主人。他告诉詹妮,两个女孩都很好,"虽然梅有些面色苍白"。[28]事实上,自从珍妮的癫痫发作以来,现年十八岁的梅一直面色不好,她很消瘦,所以显得比实际还要细高。詹妮一度提心吊胆,担心梅无法"活过漫长一生"("那对她来说更好!"她心情郁结地补充道)。[29]也许是有感于莫里斯对珍妮所倾注的潮水般的关心与爱,梅现在对父亲的感情也变得非常强烈。对她来说,父亲在哈默史密斯的书房已成为她的圣地。有意无意间,梅在南肯辛顿国家艺术培训学校学习时,一直在训练自己成为父亲的助手。这所学校是皇家艺术学院的前身,为有志成为设计师或艺术教师的人提供专业课程。在这里,梅选择刺绣作为学习专题。她的第一个注册项目,是埃利斯的印刷牛皮纸版《爱就够了》的刺绣封面。

　　莫里斯作为单独在家的父亲,尽心尽力照护着孩子们。他享受着两个女儿的陪伴,陪她们在伦敦兜风。菲利普·韦伯向博尔迪盖拉发送了一份信报,说在福克纳家,他与莫里斯及女孩们度过了一个激动人心的夜晚,"我们在门廊那儿,把所有可以讲的笑话都讲完了"。[30]韦伯形容"讲笑话"就像"敲核桃",这是他一贯的幽默。在其他晚上,莫里斯恢复了单身汉生活,呼朋唤友在外吃饭。他与康斯坦丁·爱奥尼德斯共进豪华晚餐,在充满艺术气息的环境中品尝美食。他与威廉·贝尔·司各特重修旧好,如莫里斯在给詹妮的信中所说:"他看起来年事已高,将近古稀之年。他告诉我,他要安静——实际上我们都很安静——除了利蒂希娅,她喋喋不休——但并不刻薄。"[31]莫里斯意识到,这些天以来,他的朋友圈日渐缩小，也没什么活力。在里士满，他遇到了奥斯卡·王尔德。他发现王尔德并没有传说中那么坏："不过他确实是个傻瓜。"[32]

　　詹妮与莫里斯的母亲和他的妹妹亨丽埃塔看起来一直关系融洽，但可能有点拘谨。似乎，夫家尊贵的中产阶级家庭让她望而却步——所以她很少待在马奇哈德姆。现在，莫里斯和往年一样，趁她缺席，独自履行起原生家庭的职责。他前往哈德姆，"在阿瑟去印度之前，见他一面"。[33]阿瑟，这位功成名就而又墨守成规的哥哥，与性情软弱的埃德加和精神恍惚的伦德尔完全不同。他现在是国王皇家步枪兵团60步兵团的上尉。他所在的兵团，曾参加过南非的祖鲁战争。最近，他刚从南非回来，正在前往费罗兹孔、白沙瓦和查克拉塔集结的路上。莫里斯给詹妮写信说："伊丝和艾丽斯，所有人都要去。"理论上，莫里斯可能会厌恶中产阶级，但他仍然对莫里斯家族牵肠挂肚，同时伴随着一种缠绕不清的情绪纠葛。

437

　　此时，兄弟阿瑟穿着制服、挂满勋章的形象，成了被莫里斯质疑的对象。阿瑟是帝国主义扩张精神的代表。莫里斯认为，英国军队是资本主义利益腐败的滋生物。而今，它更是受到严正而广泛的谴责。在传统的维多利亚时代的人眼中，阿瑟无疑是阳刚气概的缩影。莫里斯也崇尚阳刚，却是以另一种视野和角度。阿瑟的阳刚用于抱残守缺，莫里斯所认为的阳刚则是人类进步的力量，是一种民主理想。他认为，人们追求政治上的自由是一种徒然，除非他们将政治自由作为某种途径，而过上合情合理的、"人的"生活。莫里斯的阳刚之气，并非争荣炫耀，而是艰苦朴素，甚至是超世俗的美德。莫里斯容忍着阿瑟——他那虚张声势的、穿绿军装的兄弟。他仍然对他怀有些许好感，但若谈及人生观，莫里斯更赞叹坚毅隐忍的北欧英雄：丹麦人奥吉尔。

　　1881年5月的第一个星期，詹妮从博尔迪盖拉返回。穿过闪闪发亮的肯特郡草地，越过浩瀚平坦的"灰茫茫"[34]大海，莫里斯千里迢迢赶去巴黎迎接她。第二年春天，莫里斯与丁尼生、勃朗宁、T. H. 赫胥黎、赫伯特·斯宾塞共同签署了一份请愿书，抗议海底铁路公司修建英吉利海峡隧道的计划。理由是,这个计划将使英国"陷入军事危险和债务风波。而作为一个岛国,英国的和平和富足实属来之不易"。[35]

在巴黎,莫里斯在温莎酒店安顿下来。第二天,詹妮"一大早就出现了"。[36]他们在巴黎待了五天,那里的天气糟糕透顶,但是巴黎女人的着装给莫里斯留下了深刻印象。一天,他们乘船去圣日耳曼,莫里斯对戈布兰挂毯厂仍在使用的高经挂毯技术投去了探究的目光。

那年晚些时候,莫里斯在格洛斯特郡附近领导了一支国内探险队。他和团队从凯尔姆斯科特出发,组成一个小分队,经水路前往莱奇莱德,然后转乘马车,前往西伦塞斯特。旅途出乎意料地顺利:"对我们这些乡下人来说,这地方真是光鲜亮丽,商店林立。"[37]

他热情地向乔治亚娜描述了那次精彩的一日游。他先是考察了一座晚期哥特式风格大教堂:"教堂极其浪漫,教堂里含纳许多过道和小教堂:墙上有壁画以及彩色玻璃和铜器。"对于这座混合建筑,莫里斯赞不绝口,"在它上面附有一个精美的房子,现在是市政厅"。他告诉乔治亚娜:

> 我本可以在那儿待上漫长的一整天。然而,在小镇悠哉地逛了一会儿之后,我们沿着福斯路(罗马人的)行驶很久,进入一个常见的低地。科茨沃尔德山麓风景宜人。我们又来到了小科恩河穿过的山谷,在那里寻找罗马别墅:山谷风光旖旎,那里的牧草甜美多汁、欣欣向荣。那里有两块地,长满了秋藏红花。我在英国其他地方从未见过这种野生藏红花——埃姆斯附近倒是有很多。罗马别墅是个可爱有趣的地方,它前面还有一座精美小屋作装饰。那里的美好时光,转瞬即逝。很快,我们便在桥旁一个美好的公共场所喝上了茶,准备沿着科恩河向费尔福德继续出发。此刻,时间是六点三十分,正接近黄昏。前面的两个村庄一目了然,而其他村庄则在暮色中若隐若现:眼前的一切都恰到好处,其乐融融,甚至不同寻常——就像童话故事里的梦幻场景。在到达最后一个科恩河村庄之前,我

们迷路了。我们叩敲农舍,不停地打探。诸如此类,都令人感到新奇有趣。

莫里斯是个生动的旅行叙事者,就像他在冰岛时一样,对尺度变化和景观的神秘性保持着敏锐的审美——将平缓而熟悉的科恩山谷,转化成了千姿百态的霍比特人领地。

可以感觉到,现在,莫里斯对远行失去了兴趣——他因工作、因担心珍妮而焦头烂额。珍妮的健康状况起伏不定,莫里斯像第二个母亲,宠爱着她,关注着她。莫里斯除了在最后一次生病期间曾绕峡湾旅行外,再也没去过离家很远的地方。1882 年 1 月,内德和乔治亚娜都不在家时,他带着珍妮住在苏塞克斯郡罗廷丁的伯恩-琼斯家,那里位于苏塞克斯海岸的环抱中。

在詹妮和罗塞蒂的通信中,内德新买的房子成了他们的挖苦对象。他们将这座北端住宅,称为内德在布莱顿附近一掷千金买下的"豪宅":"他似乎就达到巅峰了。"[38]用内德的话说,就是"超越猫地,抵达鸟域"。[39]詹妮很艳羡这所房子周边的环境——"海边的空气让人精神振奋",而凯尔姆斯科特低洼的地势,令人郁郁寡欢,并不适合她。她甚至向罗塞蒂坦白说:"我希望我能拥有这样一个地方,那样我就不用牵挂凯尔姆斯科特了。"

在苏塞克斯郡的那年冬天,莫里斯和珍妮形影不离。他们前往布莱顿购物,坐了很久的马车去穿越唐斯。在法尔默(现改为苏塞克斯大学)的山顶上,他们看到遥远的刘易斯镇——"像一盒玩具,散落在白垩山的大型圆形剧场下"。[40]1907 年,曾来苏塞克斯居住的埃里克·吉尔也惊叹于这里的景色之美。莫里斯觉得,伯恩-琼斯的房子"非常惬意","百分百"合他的心意。他对不在家的女主人说,他觉得这里真是美好而快乐——尽管时常要为珍妮担忧。在此,他为自己许下了一项艰巨任务——下次的伯明翰演讲《生活中的一些次要艺术》。

这些年来，罗塞蒂一遍遍提醒詹妮他对她的依恋。他仍给她写信，急切地想证实她的爱。有时，他会凄惨地写道："如果您读到这封信，请不要勉强回信，因为我不忍心。"[41]当她善意地回复他时，他又写了一封信："您的来信，给了我极大的抚慰，因为我不能忍受您对我一直以来的关切就那样消失殆尽。"[42]他在一个旧柜里翻寻，发现了一些被遗忘的照片，那是莫里斯和伯恩-琼斯一家在花园里拍的合影。"只有三张照片里有您的倩影，"他对詹妮说，"有两张效果不太好，但有一张真是绝妙。"

现在，他的生活中满是对詹妮的思念，就像他逃不出用丽兹的遗物所布置的地网天罗。1881 年，他完成了一幅被称为《白日梦》的巨幅肖像画，这幅画是根据九年前在凯尔姆斯科特画的一幅素描来创作的。画中，詹妮娇俏地坐在树干上。肖像的某些身体部分来自另一个模特。罗塞蒂很难过，因为他不得不去画穿着希腊凉鞋的别人的脚——这位模特捻着从凯尔姆斯科特的花园摘来的一朵忍冬花，身着詹妮那件泛着光泽的绿色连衣裙。这幅肖像画是由康斯坦丁·爱奥尼德斯委托创作的。阿格拉娅提供了姐妹般的帮助，协助画作完成。她来到罗塞蒂的工作室，提出了自己的建议——她认为，在天空的映衬下，人物脸部的阴影过于沉暗。罗塞蒂欣然接受。这是亚瑟王三角关系的新版演绎：一男两女。罗塞蒂同时取悦了自己的女神和委托人。

1881 年，罗塞蒂集中精力整理新诗集《民谣和十四行诗》，这本书由埃利斯和怀特出版社于 10 月出版。再一次，这意味着与过去的重新联系。他装模作样地问詹妮："我这里收到十几本样书，需要我寄一本给你吗？寄到什么地址？还是寄两本，给你和托普？"[43]这几乎就是打开丽兹坟墓后的痛苦场景的重演。罗塞蒂显然是把书寄给了莫里斯，莫里斯给他写了一封巧言如流的祝贺信："这卷书，简直是奇文共赏，无须多言——我前所未见。（你记得在凯尔姆斯科特，你第一次读我的书吧？）在我看来，它充满美感和趣味，完全让人满意。"[44]并非偶然，莫里斯赞誉的作品不是其中的某首情诗，而是《国王的悲剧》——根据苏格兰国王詹姆斯一世遇刺事件改编的民谣。这首诗，莫里斯的确青睐有加。

詹妮偶尔还去看望罗塞蒂。从博尔迪盖拉回来后,她坐在罗塞蒂面前,为《苔丝狄蒙娜的死亡之歌》做模特。这是一个令人伤心欲绝的悲情故事。画中描绘的人物是半蹲坐着的苔丝狄蒙娜-詹妮。她被误认为婚姻不忠。此时,她手持一面小镜子,正准备就寝——那张床,即将成为她的葬身地。画的背景是宽大的威尼斯卷帘。霍尔·凯恩现在被当作罗塞蒂的常驻勤杂工来使唤。他还记得詹妮在切恩街罕见露面的神秘过程。罗塞蒂会先送来一张告条:"我之前说过的那位女士已经到了,她将和我共进晚餐。因此,如果你愿意听从我的建议,在自己的房间用餐,那再好不过了。"[45]詹妮是唯一一个他从没见过的罗塞蒂的密友。后来,在萧伯纳的追问下,凯恩想起了他在切尔西的最后几年,从范妮·康福思那里听到的早间八卦(在切尔西的最后几年里,他重新担任了罗塞蒂的管家)。"她对莫里斯夫人特别感兴趣,但我知道她都是捕风捉影。一天早上,罗塞蒂意外地走进早餐室听到了她说的话。他对此一笑了之,然后看了我一眼说:'鬼才会相信"霍尔象"(Helephant)的话。'"[46]

詹妮最后一次与罗塞蒂会面是在1881年,他那时已处于极度妄想的状态。她去切恩街和他共度了一个下午,并和他一起用餐。晚饭后,他叫出租马车把她送回哈默史密斯。她请他进来看看女孩们,他应允了。但在走到庭院中央时,他却紧张起来,然后便掉头走了。"那天他兴致很高,"詹妮回忆道,"但我再也没见过他。"[47]

1881年9月,为了换个环境,罗塞蒂和霍尔·凯恩一起去湖区旅行。范妮也在那里,大家兴致勃勃,热情高涨。他们三人一同登上了一千两百英尺高的大霍夫山,并为山顶的石堆添了一块石头——就像莫里斯在冰岛荒原上做的那样。罗塞蒂仰面倒下,范妮则在他身上"躺下,开怀大笑"。[48]罗塞蒂抑郁症突然复发,不得不回到伦敦。12月17日,他的左臂和左腿瘫痪了。马歇尔博士将此归咎于氯醛,指出他必须"当机立断,彻彻底底地戒掉它"。[49]

新召来的年轻医生是亨利·卡尔·莫兹利(后来的亨利爵士)。他是亨利·莫兹利的侄子,刚刚取得了行医资格,后来,他创建了一家以自己名字命名的医院。莫兹利陪同罗塞蒂来到肯特郡的海边小镇伯青顿的公寓。在那里,他逐渐用鸦片酊、吗啡和无限量威士忌的混合物代替了氯醛。到1月底,氯醛已全部停用,再未用过。莫兹利于1月27日离开,而罗塞蒂的左臂仍然瘫痪。另一位医生即哈里斯医生,诊断他的"大脑有一定程度的软化"。4月8日,马歇尔医生和哈里斯医生一致认为,这是尿毒症的明显症状。尿毒症是尿酸引起的血液中毒,初始治疗方案是使他出汗,并在腰部热敷药膏。罗塞蒂对这种方法深恶痛绝,但仍耐心忍受。4月9日,他"张开双臂,大呼两三声,便撒手人寰"。1882年,还没有临床测量血压的仪器。但他的死亡方式表明他患的是动脉退化,这才是导致罗塞蒂死亡的原因,而不是停用氯醛。

442 　　在他去世的前一天,他提到了詹妮,请求霍尔·凯恩确保她拥有"任何她想要的他的东西"。[50]她可以优先选择留存照片和各种纪念品,尤其是肖像画中她佩戴过的首饰。这些藏品现藏于维多利亚与艾尔伯特博物馆,让人不禁睹物思人。确信的是,罗塞蒂还给詹妮留下了信件——"情书"。她告诉布伦特,"是动人的情书"。[51]这些书信让她引以为荣,但她又担心放置不当会让莫里斯或孩子们发现。有时,她想把它们砌在凯尔姆斯科特之家的墙里,让它成为自己独享的、不为人知的秘密。

　　我们不知道詹妮显而易见的哀痛让莫里斯作何感想。他在写给贝尔·司各特的信中,对罗塞蒂深表哀悼。他激越而又遗憾地写道:

　　　　对于加百利的离世,我能说什么呢?他所有的朋友,或世人,会怎样评价他呢?……他具有非同凡响的天才品质(大多特质确实如此)。他傲慢的厌世行为让他的工作蒙尘,让他等不到他的时代的到来,否则,他会成为一个多么让人铭记的人啊!他缺乏谦逊的品质,这种品质可以让伟人成为人民的一员,而不是凌驾于人民之上。既然他不懂得谦卑,也就失去了生活的乐趣,而这种乐趣本可以让他无忧无虑,本可以使他所有的工作至善至美。但我要说的是,他留给世界一个一时无法填补的坑洞。[52]

莫里斯无畏地为公正的观点而战。多年后,萧伯纳评断莫里斯,一旦他"发现 D. G. R. [罗塞蒂]的真面目"[53],就开始厌弃他。但萧伯纳的结论不免轻率,并不属实。在这点上,就像他对莫里斯的许多评论一样,他忽略了其中的细微之处。

1882 年 1 月,珍妮年满二十一岁。在夏秋两季,她的病情不断恶化,多次出现严重的癫痫发作。莫里斯忧心忡忡。麦凯尔对当时的情境非常了解,但他轻描淡写:"这种家庭焦虑,使他的世界黯然失色。"[54]珍妮的癫痫病让他愁闷不堪,"即便说使他心烦意乱、精神恍惚也不为过"。另外冰岛传来的消息也增加了他的愁绪——1881 年是个荒年;1882 年的春天"是个寒春,且来得格外晚"[55],农业和畜牧业损失惨重。随后,麻疹疫情接踵而来——这最后一场命运捉弄,造成了人口下降。莫里斯力所能及地展开行动,筹措冰岛饥荒救济基金,并以冰岛人的名义,给《每日新闻》的编辑写了一封逻辑清晰、情真意切的信——这是他驾轻就熟的拿手本领。"我想,"他说,"那些未曾去过冰岛的读者,很难想象这是一个多么贫瘠的国家。那里所谓最好的膏地,在我们看来也不过是荒原。"

他的第二故乡遭受着灾难,他的爱女遭受着痛苦——她大好的青春年华,就这样消逝在精神和肉体的双重折磨下。所有这一切,就发生在罗塞蒂去世的同一个夏天。这让莫里斯又惊又怖,他的感受像潮水一样涌向乔治亚娜。他告诉她,他觉得自己几近崩溃:

又是一年蹉跎,我的年纪越来越大了。今年无夏,经历了饥荒和战争,人们的愚行卷土重来。而艺术,在它复苏之前就已经死透了。对我这样的小生灵来说真是备受打击。但我只能瞻前顾后,别无选择。我也无法有所作为,哪怕只有一丁点儿。[56]

默顿修道院还有很多事要做,他要为公司运行做好准备。莫里斯买下这块地时,那里的建筑已破败不堪,无人问津。现在,地基需要加固和防水,屋顶需要重砌,地板需要重铺。他请来韦伯,要求他提高编织棚的天花板高度以适应织机所需。直到 1881 年年底,这些建筑才具备了接收女王广场工人和设备的条件。莫里斯的日记,透露出他在第一个圣诞节期间的焦灼情绪:

> [12 月 22 日]去默顿修道院。环顾四周,仍乱七八糟。织工们进展不顺,但是染坊没问题。
>
> [12 月 27 日]去默顿修道院。织工和约翰都没有就位。我糊里糊涂地把树种下了——织工表现不尽如人意——十三英尺长的地毯织机已架好。
>
> [12 月 30 日]去默顿修道院。茜草染图案的工作——荷兰人做得最出色:人们又开工了,古达克(Goodacre)是名新染工。[57]

次年 3 月,伦敦和西南水务公司向议会提交了一份私人法案,要求在旺德尔河的源头卡尔沙尔顿打井采泉。这消息让人们惶惶不可终日。如莫里斯所言,其后果就是"把它变成一条泥渠"[58],这不仅对他自己的业务来说是一场灾难(因为生意在很大程度上要依赖旺德尔河水),而且也是对环境的暴行。莫里斯写信给塔哈姆雷特的自由党议员詹姆斯·布莱斯寻求他的支持,他说:"我想,你们会相信我所说。失去这样一条秀美的河流,会让公众万分哀痛,这远不是出于私人立场的事。"[59] 最终,该法案在提交下议院特别委员会时被否决,这让默顿不无欢呼。默顿车间的整改持续了 1882 年全年。

织印部问题最多,因为对莫里斯公司来说,这是一种新工艺。12 月 19 日,尽管《兔子兄弟》已经开印,但印刷间仍然杂乱无章。直到 1883 年 1 月第一周,莫里斯才终于满意于默顿的峰回路转:"印刷进行得还不错。"[60]

在默顿,莫里斯终于掌握了在利克未能突破的靛蓝工艺,这也使他与托马斯·沃德尔的关系进一步分裂。这项技术与布料印刷的传统印花工艺相反。布匹先要被染成均匀的深蓝色,再使用漂白剂生成图案,以漂白剂分量决定蓝色的深浅。此后,更多的颜色(主要是红色和黄色)再进一步介入。这些颜色叠加在半靛蓝色上,便形成了微妙的绿色、紫色和橙色。这是一项兼具技巧和风险的工作。尤为重要的是,这需要莫里斯朝督暮责,正如他向珍妮解释的那样:"调色师凯尼恩是个好人,但更像个糊涂虫。为了确保万无一失,必须有人一直站在他身边,要么是乔治·沃德尔,要么是我。"[61]《草莓小偷》的付印,让他在奎尔普式的默顿寓所里彻夜难眠。这一设计源于他对凯尔姆斯科特花园中那偷偷摸摸吃草莓的画眉的观察。他将靛蓝运色用到极致,色彩微妙而和谐地彼此呼应——蓝色的花朵,甘美的红草莓,带有斑点的棕色的画眉胸脯。

1882 年 5 月至 1885 年 9 月,莫里斯公司注册了十九种图案,其中十七种是靛蓝印花。一种新技术的习得,或者说一种古老技术的复兴,再一次激发莫里斯的艺术灵感。《玫瑰与蓟草》《鸟与银莲花》《兔子兄弟》,这些设计都独具匠心、惟妙惟肖。设计元素非常英国化——诸如对树篱的细微观察,对林地中小巧迷人、东逃西窜的小动物的由衷喜爱。同时,不乏莫里斯对纺织品历史风格的研究借鉴。在他的私人收藏中,有许多风格类似的、精小的重复图案,与十五世纪意大利丝绸的样式有相似之处。1883 年,莫里斯着手一个项目,设计以泰晤士河支流为原型的系列图案,这无疑是他纺织设计领域的巅峰之作。它们是《温德拉什》《埃文洛德》《肯尼特》《韦伊》《旺德尔》《梅德韦》。这些作品,体现出莫里斯地道的维多利亚风格:展示了他如达尔文兄弟般在植物学上的精湛和科学上的精准;如勃朗宁表兄般对意义复杂性的构建。它们不仅是图案,还是一些更深层的东西:是凝结的诗意的彰显,是河流生命力的强烈暗示——而这河流,从莫里斯小时候起,就对他意义重大。

445

莫里斯计划在默顿扩大影响,惠及那些不太富裕的人。有时,他会对自己的产品价格感到震惊(尤其是莫里斯公司的家具)。正如他后来给他的社会党同事詹姆斯·梅弗的信中所写的那样:"我们卖得最便宜的椅子,大约需要七先令(四打或五打为一个生产批次),而一个工人只能花一先令六便士买一把椅子。你知道,他必须以尽可能低的价格来购买。"[62] 他意识到,他所谓的简化家居品,连下层中产阶级、郊区底层的店员、商店职员和办公室职员都无法企及,更不用说体力劳动者了。于是,他把希望寄托于价格更低廉的面料。1882 年的一份招股说明书突出强调了当时的情形:"我们设计的大量家居印品"行之有效,这些印品与莫里斯公司生产的墙纸相结合,"形成了物美价廉的家居饰材"。[63] 莫里斯还将棉布面料用于女装,他写信给梅说:"现在有一种新的印花裙,我们也可以染印这样的好东西。所以,女士们,下单吧!即使是普通人,也可以以简单美好的事物取悦自己。"[64] 不分阶级的女性穿着并不昂贵的棉布裙——莫里斯这平等主义的浪漫愿景却是那样遥不可及。直到二十世纪六十年代,这一景象才在英国得以实现。当时劳拉·阿什利成立了一家类似于莫里斯的企业①,以非凡的商业头脑进行设计、批量生产和终端销售。

莫里斯公司的挂毯给单独或结伴前往默顿的游客留下了不可磨灭的印象。莫里斯深谙参观工厂的价值所在,他愿意为潜在客户和他们的咨询拨出宝贵时间,展示工作进程,阐释自己的理念。挂毯的独特工艺和大幅尺寸引起了人们的兴趣。史无前例地,莫里斯首次开始制作巨幅挂毯:作品《达成》,源于十九世纪九十年代《圣杯》系列。它有八英尺高,近二十三英尺长。此时,公司的染坊也赋予他对色彩的完全控制权——这是在彩色玻璃业务中欠缺的环节,那时莫里斯正忙于采购原材料。如乔治·沃德尔所说,对默顿挂毯而言,"他既是色彩生产者,又是色彩调配师"。[65]

唯有默顿修道院的第一幅挂毯是例外。莫里斯向沃尔特·克兰支

---

① 即罗兰爱思。

付了一百五十英镑,购买了一幅为新版《格林童话》中的《牧鹅姑娘》绘制的插画。这幅插画是克兰最为梦幻的作品,画的是一位农家少女,秀发如丝般飘逸,坐在一群白鸟中。挂毯版宽六英尺,高七英尺。克兰的幼儿场景呈现在图书中,让人目酣神醉。但将原作扩大至如此规模后,看起来不免荒诞古怪。莫里斯承认自己很失望,他对珍妮说:"亲爱的,总的来说,我认为《牧鹅姑娘》还不错。但话说回来,这种设计不太适合用作挂毯。"[66]但是,当年他支付伯恩-琼斯的价格只有二十五英镑,为何要支付比这多得多的价格委托他人创作呢?为什么莫里斯对挂毯早期阶段的问题不明所以?他的判断是否受到情绪因素的影响?难道因为在七十年代,沃尔特·克兰赞同莫里斯的自由主义思想,也支持他的反帝国主义立场?克兰和莫里斯一样,对逼迫大比例人口忍受贫困和悲惨生活的社会制度感到绝望。所以,我们应该把《牧鹅姑娘》看作社会主义团结的实践吗?

　　莫里斯再度联袂内德制作下一幅默顿修道院挂毯——一对女神镶板,即《弗洛拉》和《波莫娜》。这些都是挂毯中的出色之作,经常被再版再制。一年中,要至少编织十一个版本的《弗洛拉》和六个版本的《波莫娜》。其中一些相对低廉,尺幅较小。而如今陈列在曼彻斯特的惠特沃思美术馆的原作,高约十英尺,宽约七英尺。挂毯布局奢华,由花朵和水果组成花边,镶板顶部和底部刻有卷轴式中世纪铭文。这种样式,显然是借鉴了十六世纪法国和佛兰德的大型风景挂毯。莫里斯为伯恩-琼斯绘制的女神形象设计了茂密的植被背景——类似于他的哈默史密斯挂毯"卷心菜和藤蔓"的丛林效果,女神在其中被簇拥和缠裹:这也是《人间天堂》的表现视角,女神散发着高冷的诱惑。莫里斯写的诗句被织进了挂毯。波莫娜和他的古德伦一样难以捉摸:

　　　　我是古老的苹果女王,

　　　　一如既往,始终如一。

　　　　在枝桠与鲜花之间,

有看不见的永恒希冀。[67]

I am the ancient Apple-Queen,
As once I was so am I now.
For evermore a hope unseen,
Betwixt the blossom and the bough.

　　1883 年 8 月,罗塞蒂去世十六个月后,詹妮遇到了一个男人,很快就发展成她的第二个情人。她与他在纳沃斯城堡(莫里斯所认为的全英国最浪漫的城堡)相遇。罗莎琳德·霍华德有意邀请她前去,并把她介绍给威尔弗里德·斯考恩·布伦特。那时,莫里斯曾在凯尔姆斯科特,现在已返回伦敦。布伦特在他出版的日记中提到这次相会:在莫里斯夫人的陪伴下,他在纳沃斯待了一周,"我们成了密友"。[68]他更为露骨的《秘密回忆录》被收藏在剑桥大学菲茨威廉博物馆,布伦特有意做了评注,"仅供欲读新版《我的日记》的读者参考"。在这本书中,他更完整地描述了他和莫里斯夫人的婚外情。他通常的说辞是——这是对她好:"我们第一次亲密接触时,她已经四十二岁了。尽管她不失美丽,但无疑已是半老徐娘。罗塞蒂刚刚逝去,我能够给她抚慰,满足她悲伤中对快乐的渴望——我怀疑她是否也曾经如此纵欲于他。"[69]

　　布伦特和詹妮年纪相仿,但就人情世故而言,他远超詹妮,甚至超过莫里斯。他是那个时代最富魅力的风云人物,是诗人、探险家、政治家,是富有的、少数的持有反帝国主义观点的激进主义者。最初,布伦特是一名外交官,但结婚后就离开了外交部。在阿拉伯半岛和美索不达米亚,他和新婚妻子度过了一次充满异国情调的探险之旅。最为非凡的经历是,他们穿越内福德沙漠来到了古镇海尔。在那里,他们受到埃米尔的欢迎,赠送给他们母马,以使商队安全前往巴格达。布伦特的妻子安妮女士是拜伦的外孙女。她的母亲艾达是拜伦的独女,却不幸英年早逝。布伦特的日记,清晰地揭示出他的潜在心理:他效仿了拜伦的诗人特性和放荡特质,构建了自己的职业规划。甚至有人说,他娶安妮夫人,主要源于与拜伦的不解之缘。这种说法应该符合他的性格。作为一个英雄崇拜者,布伦特有他的无情。

威尔弗里德·布伦特是位花花公子。他的女儿朱迪斯,也就是后来的温特沃斯夫人,对那些与他逾规越矩的女人感慨万千:"她们被他当作国际象棋比赛中可以被随意交换、抛弃和操控的棋子。"[70]虽言过其实,但也不无道理。他的第一位情人是"九柱",即凯瑟琳·沃尔特斯,是一位利物浦船长的女儿。她野心勃勃,是维多利亚时代晚期名声在外的交际花,是几位公爵的情妇,当然也包括威尔士亲王。在从巴黎前往比亚里茨的途中,"九柱"混进了拿破仑三世和皇后欧仁妮的皇室圈。布伦特第一次见到她,就被她引介至危机四伏的婚外情世界。当时他仅二十三岁。

布伦特接二连三的风流韵事被秘密记载在册。历经多年,其寻欢觅爱的上瘾程度仍令今人震惊。从"九柱"到威廉·莫里斯夫人,那不胜枚举、荒唐不堪的桃色艳事证实,布伦特就是一个自恋的淫逸者。他享受双重禁忌带来的危险诱惑,他巧言令色追求到手的许多女性,都来自他的亲密圈——温德姆家族、波伦家族和诺埃尔家族联姻圈中的贵族已婚女性。他喜欢周末在乡间别墅的公共场合发生暧昧事:餐桌上暗送秋波,玫瑰园里激情热吻。在萧伯纳的戏剧《伤心之家》中,布伦特被赫克托·胡沙比"奉为楷模"。他往往脚踏数条船,持续几十年之久,起起伏伏,相互交织。他尤其不喜欢的便是曲终人散。布伦特是个典型的囤积者,他与老情人们藕断丝连,以便在交往不到新欢时与她们重归于好。有时,他觉得自己令人作呕,发誓要洗心革面、重新做人。他的母亲皈依了天主教,于是把儿子送到斯托尼赫斯特学院交给耶稣会教士予以教化。和罗塞蒂一样,布伦特也有强烈的内疚感。有时这罪恶感使他忍不住自戕。但每次他下定决心要与他所谓的"荒淫生活"永别时,他都会一再失言。他在日记中写下拜伦式格言:"爱情之于我,就像酒之于酒鬼。我不能没有它,尽管我知道它正在毁掉我。"[71]

罗莎琳德·霍华德是为数不多的挫败布伦特的女人,这使得她作为詹妮的介绍人的角色荒谬之极。他们的相识可以追溯到 1871 年。多年后，布伦特在一艘跨海峡的轮船上再次与她重逢。他意识到，在福克斯通和布洛涅之间的未名地，他对她逐渐发生兴致，而他对这种兴致一向非常敏感。在这种情况下，迅速捕猎是布伦特的惯用伎俩——在确定关系的进程中，制造激情火花。但这一次，布伦特似乎误解了信号。1872年 4 月，回到伦敦后，他去格林宫 1 号见她。罗莎琳德穿着与家居空间相得益彰的服饰，住在霍华德家刚刚装修完毕的联排别墅里——正如我所提到的，设计者是菲利普·韦伯、莫里斯和伯恩-琼斯。布伦特在日记中写下这次会面。他有一点值得肯定——能对自己保有些许自知之明：

> 我察觉，因我的来访，她特意做了番准备——就像出席特殊场合一样。她当时穿着一件不同寻常的衣服，就像玛格丽特在《浮士德》舞台上穿的那样。那是一件中世纪服装，是按我的想法设计的。无疑，她这样穿是为了惹人注目，但不太符合我的口味。午饭后，我们单独相处，两人的谈话一度含情脉脉。我一时情起，大胆吻了她。如果有人敢于犯险却发现结果出乎意料，那他真是罪有应得。我这样唐突无礼，她理应怒火中烧。枉受如此非礼，她止不住厉声责骂。如果那时我真爱她，能够忏悔、请求原谅，那一切还会好起来。但尽管我说了那么多粗野的话，她还是向我伸出手，与我建立了终生的友谊。但我最近的相好（还有另外两个在马德拉的不知情的情人）的所作所为，却让我灰头土脸，怒不可遏。我不稀罕她的杯残炙冷，夺门而出，把那临街的门重重一甩。这种不可原谅的无礼行为，终结了一段本可以很愉悦的关系。罗莎琳德不是一般的女人，如果我愿意付出耐心，她甚至可能会爱上我。不到十年，我们又心平气和地见面了，我给她写了首忏悔诗，开头是这样写的：

> > 如果我气急败坏，不过是因为你拒绝了我
> > 我想要面包，你却给了我石头……[72]

这首滚热的十四行诗,被收录在布伦特的《普罗图斯爱情十四行诗》中。

最后,也许罗莎琳德后悔与布伦特分道扬镳。八十年代,她和布伦特重归于好——是情感上的亲密,而不是身体上的亲密。罗莎琳德将詹妮献给他,这似乎是友谊的献礼,出于慷慨,甚至可能是一种歉意。五年后,她还把布兰奇·霍齐尔献给了他,作为他出狱后的慰藉。她在霍华德城堡里写道:"布兰奇·霍齐尔大约在[7月]15日到来,当你想要享乐时,你会发现她能带给你无与伦比的快乐。"[73]这是布伦特无法抗拒的建议。但在看到罗莎琳德迎合布伦特情色贪欲的同时,也应注意到她想帮助詹妮的意愿——为詹妮的生活提供一个新的情感对象。她见过詹妮多次,先是在奥内利亚,然后是在博尔迪盖拉。她理解珍妮的病给詹妮带来的莫大压力。而且,詹妮也缺乏乔治亚娜对莫里斯的那种矢志不渝的爱。可能,她对莫里斯和他妻子之间长期以来的琴瑟不调也心领神会。现在罗塞蒂已过世,莫里斯投身政治。詹妮正饱受长久的情感枯竭之苦,这很可能会把她逼到崩溃绝境。罗莎琳德是个多事之人,也是个主张妇女选举权的人。她的牵线搭桥既是为了给詹妮带来希望,也是为了取悦威尔弗里德·斯考恩·布伦特。

根据布伦特对这段婚外情的描述,除了詹妮风韵犹存和楚楚动人之外,他对她与罗塞蒂长期的复杂情感纠葛更感兴趣。布伦特是罗塞蒂和拜伦的崇拜者,在他看来,罗塞蒂是维多利亚时代除了丁尼生外最伟大的诗人。出于某种劣性,他一想到能把罗塞蒂《生命之屋》的这位写作对象揽入怀中,就喜不自禁。这是一种可怕的三角关系。布伦特幻想着罗塞蒂在偷窥他们:"他似乎总是在那儿——在她家,莫里斯阴魂不散地看着我们。对我来说,这是对'过往'的爱,而不是对'此刻'的爱。虽然这种爱本质上是肉体的、现实的——我们时常见面云梦闲情,但她从未让我朝思暮想,也不足以让我意兴阑珊——这般感受,是对真爱与否的检验。我不记得曾唤过她的教名,也不记得是否曾说过我爱她。她写给我的第一封信,以'亲爱的'(Caro mio)开头,这一定是她给罗塞蒂写信的旧称。"[74]当布伦特不再沉溺于情爱时,他怂恿詹妮谈论她过去的

450

情事:"我们谈论罗塞蒂,我问她是否曾非常爱他。她说:'开始是,但它并未持续多久。'"布伦特用铅笔补充道:"在它持续的时候,很温暖。"[75]他带着好色之徒的好奇心,仔细打探着这样的细节。

451　　布伦特并没有爱上詹妮,他也从未声称如此。他曾写道:"我们的关系很奇妙。我们几乎没有什么相通之处,而她又是个沉默寡言的女人。除非通过身体感官,否则我们永远不可能亲密起来。"[76]那么,这个经常出国、很少与她见面、流连花丛的浪荡公子,是怎样易如反掌地让詹妮比以往任何时候都快乐呢? 他们见面后不久,她就来到他在苏塞克斯霍尔舍姆附近的家族庄园克拉布特去看他。后来,她写信感谢他——带着一种被重新唤起的年轻女孩般的喜悦:"请相信,我玩得太开心了! 让我大吃一惊的是,我仍然葆有享受的能力。我从来没有像在你家里这样强烈地感受到这种能力。"[77]

　　从布伦特的日记来看,他对女性确实有着浓厚的兴趣,那是我们常在追求者身上发现的兴趣:对女人的过往经历、心理状态、生活细节的迷恋。布伦特对女人充满好奇,莫里斯则显得十分谦逊。布伦特对女人的身体了如指掌。在这方面,他反而认为莫里斯的情欲过于淡漠。他在日记中评论,莫里斯与女性交谈时,就像对待一名普通的木匠——这个描述非常贴切。女性唤醒了布伦特的雄辩和大胆。在"交谈"走向"情爱"的那一刹那,莫里斯抵制的正是布伦特所陶醉的。对于渴望情感的詹妮来说,布伦特的回应是她要感激的慰藉。在男女之爱中,布伦特拥有的,正是莫里斯缺少的东西,不是在他的诗歌中,而是在他的日常行为中:爱情中富有想象力的品质。

　　莫里斯是否察觉到詹妮的新恋情呢? 他在 1884 年盛夏诺沃斯事件后不久才首次与布伦特相遇,之后二人便频频见面。布伦特对莫里斯的崇拜也悄然生根。然而,难以相信敏锐如莫里斯竟对此毫无觉察——詹妮的情绪波动向来逃不过他的感应。布伦特极其老练地剖析了当时的情势:

她迷人且高贵;但他心知肚明,自己不曾打动她的心扉。他洞察犀利,早已知晓她与罗塞蒂的关系。他虽然选择了宽容,然而并未全然释怀。或许他也对我有过怀疑——因为我与她非同寻常的亲昵难免引人臆测,他的嫉妒心应该隐隐作祟。不止一次,他留下我们独处后,找借口突然重返房间,脚步沉重而响亮,似乎是为内心那份无法抑制的猜疑而羞愧。发现什么也没有,他就总是十分慷慨地放下疑虑,无论对她还是对我——哪怕真相就摆在眼前。[78]

梅因母亲的情人们而遭受苦楚,她后来这样写道:"我总觉得,布伦特先生虽然有许多优点,却也过于以自我为中心,非常虚荣。"[79]

八十年代初,公司继续壮大,其牛津街的展厅已扩展至一楼,展示空间大幅增加。1883 年,莫里斯公司搬至曼彻斯特,开始在北方的自由派艺术圈寻觅新客户,先是在约翰·道尔顿街艾尔伯特广场租用了店面,然后开设了家具制作和装饰工作室。公司虽在美国已有代理商,现在却更为明确地扩大国际销售,1883 年于波士顿国外博览会上设立了大型展位。乔治·沃德尔出席了博览会。《牧鹅姑娘》挂毯与《弗洛拉》和《波莫娜》的绘图也在会上展出。莫里斯深知,将公司迁至默顿修道院是一场赌博,事关公司盛衰成败。他私下对乔治亚娜说:

您对默顿工坊的热情令我备感振奋,我会全力以赴确保它盈利,只愿我们的努力不至于白费。然而,正如我曾坦诚与您分享的,这个决定隐含着不小的商业风险,并非万无一失。如果不幸遇到了挫折,我会慎重地退却,尽力体面地转身,朝向更平和而稳定的生活——那时,我应不会过于遗憾。这或许是最坏的打算,但我认为有必要这样去想;尽管如此,我**坚信**我们能成功——虽然人们称我为富有之人,但我知道自己既不是也永远不愿成为(所谓)富有之人。[80]

宣传册彰显了公司特别的精神理念。波士顿的手册不仅是商业目录,更像莫里斯对于历史与自然的热诚演说,其中凸显了古法传承、工艺执守与染料纯正等几个部分。莫里斯公司的产品,在近乎宗教般崇敬的氛围下呈现,这无疑助推了公司的繁荣。然而,公司在实际经营中能够带有多少理想色彩?其劳动条件真的能和英国业界形成显著对比吗?抑或在美好理想之下,为适应商业低迷时期的市场需要而对原则妥协,最终导致了理念的偏离?莫里斯本人坚信,是他的纯粹主义限制了企业的商业发展——他曾对朔伊说:"倘若我在几个原则上让步,我或许已成富翁。"[81]然而,为何默顿修道院的现实情况与他在演说中所憧憬的理想相去甚远?在莫里斯步入坚定社会主义者之路的转折点上,这些话题尤其引人深思。

访客走入默顿,首先映入眼帘的是它那温馨宜人的环境,旺德尔河静静地蜿蜒流过,群鸭"带着欢乐的低语"在水面挥动着橘色的脚蹼。[82]工场内部洋溢着一种温和而友好的氛围,工匠的手艺受到尊崇,而莫里斯先生对工作的热情仿佛感染了每一个角落。当伊莎贝拉来看她的弟弟时,一个印刷工真诚地对她说:"莫里斯先生信任我们的智慧和双手,他不愿让我们变成机器。"[83]——这话诚挚而真切。即便如此,默顿的许多工艺流程——无论是纺织、染色、提花编织还是印花——几乎没有或根本没有创新的空间。他们顺从地遵循莫里斯的指示,一心扑在那些繁复而重复的任务上。

在默顿,工人们潜在的创意才华并未得到充分挖掘,他们也未经历工艺美术运动中一些作坊所提出的个性化教导。早期,莫里斯在与托马斯·沃德尔的通信中对织工的艺术性贡献非常看重,但默顿的织工基本上忙着机械地完成大面积的背景、面料和长袍的生产。当涉及需要艺术判别的工序,例如人物画像时,这样的任务就交由 J. H. 迪尔及其少数几位可靠的助手来完成。尽管织布车间秩序井然,但里面的环境是喧闹而幽闭的。莫里斯公司在染色过程中使用的茜草红染料,有时候甚至会导致旺德尔河的水质受到污染。从工业的视角来看,默顿修道院的作坊与那些在利克的工厂本质上并没有差别。

　　默顿厂房里年幼男孩的身影成为一道独特景象。莫里斯先生自有见解:"经验告诉我们,编织更适合少男,这项活儿对肌肉力量的要求并不高,反而更适宜那些灵巧的年轻手指。"[84]那些封尘的工坊照片让我们得以看见这些孩童,男孩们身着制服——挺括的领口、深色条纹裤以及严肃的黑色上衣,稚气未脱,看上去不过十二三岁。沃德尔强调,孩子们的加入多半出于偶然,有些是理查德·格罗夫纳在伦敦街头偶遇而来,有些则是默顿女管家的侄子,他们在这里得到食宿,并领着沃德尔所承诺的"一定的周薪"。[85]"工厂即学校"——莫里斯富有幻想地就教育问题进行阐述,在他的讲座和文章中明确提出这样的理念。他梦想工坊能成为"兼顾教育与劳动的乐园,能提供适当时长的工作并能满足青少年的教育需求"。[86]然而,现实的情形并不如他所愿。并无证据显示这些在默顿的男孩接受了更进一步的教育,或是参与了有助于身心健康的休闲活动。显然,他们并没有像手工艺协会的孩子们那样得到阿什比家族的细致照料与栽培——尽管这可能出于阿什比的独特的乌托邦理念。对于年轻人与工作伙伴,莫里斯并没有多么体贴入微。挂毯棚内那些让人感到浪漫的中世纪式环境,对工人们却是极大的束缚。工作本身也是单调乏味的,织工不得不挤在狭小的长凳上艰辛劳作,很不健康。一些人还患上了胃病。1929 年,一位莫里斯公司的织工便在编织挂毯时因胃溃疡去世。

　　在莫里斯的设想中,工人能够参与管理和管控产品是公司理念的核心。但在默顿工坊,这一理念并未真正实现,仅是在一定范围内实行了利润分享制度,而这大多只惠及"资深员工",该制度在莫里斯离开女王广场前便已落实。尽管莫里斯公司提供的工资明显高于市场水平,但员工并未拥有公司财务股份,收入还受制于市场的起伏,工资水平始终维持在"各产品可以支持到的最高水准"。[87]许多人都是按件计酬,而这正是莫里斯在利克视为社会毁灭性的制度。沃德尔对默顿采纳计件制的辩护在于它为工人提供了时间上的自主:他们可以"利用工作间隙,在花园耕作一小时"。然而,园艺所占用的每一小时,无疑减少了相同时间内的赚钱机会。据沃德尔所言,默顿的计件体系是公正的:"工人的任何抗议和权利要求都会得到平等的考量,处理结果尽可能地公正。"但这种关于计件制的现实讨论,与莫里斯倡导的工人全面参与的理想大相径庭。默顿工厂称得上当时的人性化场所,工厂主的个人魅力在此产生了积极影响。正如沃德尔坚信的:"那些为莫里斯效力的工人,无人愿意跳槽,即使是外来者,也不愿离开莫里斯的带领。"历来如此,只要老板显而易见地胜任其职,员工通常愿意忍受一些不如意。但这是一种宽厚的家长式管理,而非真正的社会革新实验。默顿修道院内,雇主与受雇者间的传统冲突犹存。

莫里斯确实意识到了默顿修道院中理论与实际操作之间的差距,但他不断在犹豫。公众和他的支持者们接受的说法是,实行具有实验性质的公司架构仅仅是象征性的探索,无法对根本问题构成有效挑战。乔治·沃德尔后来声称,莫里斯的真正追求是建立一个共产主义化的默顿,包括"一个钱包、一张桌子和一个车间,目标是实现共同的经济和工作环境,其中工人与领班只追求共同利益,作为全球共产生活体系的一部分"。当人们追问为什么莫里斯没有将此付诸实践时,乔治·沃德尔会回答:"尽管这个答案很直接,但仍须明确强调。那就是,**社会主义不可能只在一个小角落中实现。**"莫里斯实际上对半成品的解决方案持怀疑态度,认为这是自我满足的行为。罗塞蒂曾以一种批评的态度描述莫里斯向乞丐吝啬施舍的行为,但这反映了莫里斯逻辑的决断性:几个铜板对于乞丐来说并没有实质的帮助。在此,我们可以看到,莫里斯的思想超越了他所在的时代。[88]

默顿修道院和十七世纪美洲兴起的清教社区之间颇为相似。他们很快发现——一如早期的熙笃会修道院让人体悟到的,当他们的经营行为变得与其他商人或生产者没有差别时,其自身特殊的生存价值也随之消逝。这个观点由沃德尔提出,但它对历史事例的倚重,明显反映出莫里斯的思想深度:

他们所追求的理想只能在与世隔绝的状态下才可能实现,这几乎如空中楼阁般不切实际。特别是对莫里斯这样的企业来说——它的存在完全是为了满足非社会主义社会的需求,所以它不得不紧密依赖这样的现实社会。由于交易行为完全受到外部条件的制约,生产活动也不得不遵循这些外界的规则。如果可能的话,莫里斯当然希望能有所改变,但他面临的境遇并非如何去征服强大的对手,而在于如何充分利用不利条件。

莫里斯有敏锐的商业直觉,他意识到按十九世纪八十年代初的英国贸易条件,坚持共产主义信条的默顿将不可避免地走向衰败。

莫里斯在提升工人生活状况的议题上保持谨慎态度,他认为过分改善可能会让工人不适应社会结构。面对艾玛·拉扎勒斯关于默顿工厂的劳动缺少乐趣的询问,莫里斯直言不讳地回答:在现行的社会背景下,盲目提高工人的期待并不是在帮助他们,反而可能有害。"除非是在极少数艺术性较强的工作环节上,否则我真的做不了什么,至多能带给他们一点点快乐。若是我彻底改变他们的工作方式,他们就无法在别处谋生了。"[89]在与同为艺术工作者与社会主义者的托马斯·科布登-桑德森讨论工人的薪酬时,他直截了当地表示:"如果我支付过高的工资,不久他们就会变成资本家。"[90]

科布登-桑德森洞察到了莫里斯的迟疑与懦弱。面对二十年来精心雕琢、源自红狮广场岁月的工艺方式,他既不忍心轻易颠覆,也缺乏重塑的决心。莫里斯深知自己离不开熟悉的团队,以及娴熟的技艺和生产节奏。他的劳作乐趣,根植于对技术的全然掌握和深切了解。正如麦凯尔精辟地指出的:莫里斯对于赚取金钱的渴望,远不如他对创造心仪之物的热情高。他还可以进一步这样理解:威廉·莫里斯痴迷于创造美好的事物,而这个过程必须以他所认可的节奏和方式来完成。

若涉及更深层的原因,这应是源于莫里斯性格中的羞涩与笨拙。纵使置身朋辈,被熟悉的笑语围绕,他依然感到局促不安。作为左翼的英式中产,他发现理念上的团结远比现实生活中的交往容易得多。童年时期的社会阶层隔阂,仆人和贵族之间的无形界线,依然刻画在他的记忆里。现金关系也是雇员与雇主之间赖以生存的复杂情感关联的体现。对于付钱的一方来讲,这种复杂感尤为强烈。莫里斯与员工相处时显得生硬而自以为是,他在社会实验方面天赋有限,无法像爱德华·卡彭特那样去打翻阶级束缚。当莫里斯了解到卡彭特在德比郡以七亩土地为家,与谢菲尔德的劳工们营造出亲密共存的乌托邦社区时,心中不禁升起一抹羡慕。就如卡彭特在其著作《走向民主》中狂热地描绘的:

457

　　　　我是诗人,心怀潜歌。

　　　　纯真孩童,伴我左右。

　　　　粗朴之人,视我为友。

　　　　彼此笃信,紧密相扣。

　　　　朝夕共度,心满意足。[91]

　　　　I am the poet of hitherto unuttered joy,

　　　　Children go with me, and rude people are my companions.

　　　　I trust them and they me.

　　　　Day and night we are together and are content.

莫里斯很清楚,这平等主义的理想对他来说遥不可及。

　　但肯定还有一个根本原因,在所有关于莫里斯的描述中被人遗漏了,那就是他内心惧怕任何可能威胁到自己经济安全的冒进行为。他深知自己肩负着赡养家庭的重任,家有病弱的女儿和虚弱的妻子。正如他曾对科布登-桑德森所说:"既有妻女,又怎能让她们承受不必要的困苦?"[92]1879 年,在他的"卷心菜和藤蔓"笔记本的一张空白纸上,他认真地列出家庭开支预算清单:

家居开销一览：凯尔姆斯科特的住所费用三百六十四镑，房租一百镑，酒水预算五十镑，四人衣着花费一百镑，共计六百一十五镑。再加上其他家庭杂费，每周三镑，年计一百五十六镑，累计总额为七百七十镑。另有仆人薪酬八十镑，社交会费五十镑，总额达九百镑。书籍开支一百镑，旅行开支一百镑，各种税费及保险一百镑，年总开支达一千两百镑。[93]

自从詹妮在巴特埃姆斯接受治疗起，医疗费用不菲。而珍妮的健康状况日益恶化，她需要一位长期陪护，费用随之增加。到 1884 年，莫里斯公司盈利稳步攀升，但莫里斯本人也深陷社会主义纷争之中，他在致乔治亚娜的长信中表露了自身困境。过去一两年，莫里斯公司给他带来的年收入约一千八百镑(沃德尔一千两百镑，史密斯兄弟六百镑)。另外，他的文学创作每年带来约一百二十镑收入。至此，他越发感受到政治抉择与个人责任之间的撕裂。对于是否应为信仰牺牲所得，他心有疑虑。他在信中明确告诉乔治亚娜，对"那些被称为家人的同伴"的责任，牵绊了他的脚步："现在你理解，按道理我们每周四镑的生活费已是绰绰有余，文学收入完全可以贡献给革命事业。然而，现实的矛盾让我感受到压力——即使我仅负有限的社会责任。不过，若詹妮与珍妮都健康和自立，我相信她们绝不会为每周仅四镑的生活费发牢骚，我认为她们不会如此。"[94]

默顿那里既有甜美的音符也掺杂着苦涩的旋律。莫里斯很喜欢它，在那里度过了很多时间。八十年代初期，他每周会去默顿两至三次。他乘坐着地铁，从哈默史密斯出发，向法灵登进发，接着便转乘那条通往默顿修道院的伦敦、布莱顿和南海岸铁路，始建于 1868 年，从拉德盖特山站始发，全程约两个小时。在没有痛风困扰的日子里，莫里斯更加倾心于徒步旅行方式。他会选择跨过罗汉普顿的路途前往默顿。虽然距离比乘车稍远，但"并不像闷热的火车之行那样纯粹是浪费时间"。[95]罗汉普顿的美景令人陶醉。其中最让他铭记于心的，便是某个偶遇的景象：他路过圣心修女院，看到湖面上出现一群"圣女子"，划着小舟，黑白相

458

Sunday June 1st. 1884

Dearest Georgie Dont be alarmed: certain things occured to me which being written you may pitch into the fire if you please.

The question of Sharing of profits in order to Shake off the responsibility of exploitation is complicated by this fact, that the workman is exploited by others besides his own employer: for as things now go every thing is made for a profit, & every thing has to pay toll to people who do not work, and whose idleness enforces over work on those who are compelled to work: everyone of us therefore, workman or non-workman, is forced to support the present Competitive System by merely living in the present Society, and buying his ordinary daily necessaries: So that an employer by giving up his individual profit on the goods he gets made would not be able to put his workmen in their proper position: they would be exploited by others though not by him: this to explain partly why I said that cooperation to be real & must be the rule and not the exception.

How to be done with it I will put my own position, which I would not do to the public because it is by no means typical, and would therefore be useless as a matter of principle. Some of those who work for me share in the profits formally: I suppose I make the last year or two about £1800, Wardle about £1200, the Smiths about £600 each; Debney & West £400 all these share directly in the profits: Kenyon the Colour-mixer, & Good-acre the foreman dyer have also a kind of bonus on the amount of goods

34. 威廉·莫里斯于 1884 年 6 月 1 日致乔治亚娜·伯恩-琼斯的信。书信中流畅的笔迹体现出与她交流时的轻松和坦诚

间,出乎意料的和谐之美。

　　沃德尔察觉到,尽管旅途有种种不便,但默顿给莫里斯带来了无比的愉悦:"可能是在旅程尾声,穿越一片片田野的平和,或是步出火车站,穿行在修道院花园中的那段短暂时光,抑或对即将沉浸于工作的渴望,这些因素相互交织,抚慰了他的心灵。"[96]但是,莫里斯的行事仍透露着一股难以遏制的急躁——就好像他希望以每小时二十英里的速度前进,并预期世界能跟上他的节奏似的。铁路旅行似乎常让他产生这种强烈而迟缓的反应,沃德尔在女王广场已经见识过同样的情况了。莫里斯回到默顿,他总是第一时间对最新进展表现出强烈关注,并会细致地巡视车间,审核各项工作的进度。这些日常事务处理完毕后,他方能安定心神,专心投入绘图板前。沃德尔说莫里斯总是胸有成竹,手上至少有一项设计在进行中,通常还不止一项。如果他在设计一个重复的图案,他都会绘出一个图样,然后暂停手中的工作,让技术助理根据这个图样复制连续图案,他总喜欢备有一套预案。沃德尔深为莫里斯那自如流畅的工作方法所折服,他评价道:"他绘图就如他写作一般,又快又准确。"　460

　　莫里斯把默顿塑造成了心目中的理想形态,他以自己的愿景创造了它。默顿到处都是他的造物杰作:染房中的纺线,长条支架上展开的精美印花布,高耸的经轴织机上缓缓成型的精致挂毯。但最终,莫里斯开始将这些视为负担。1882 年,他的演讲集《对艺术的希望与恐惧》出版,汇聚了他至今为止从社会主义角度审视艺术时的诸多见解。显然,这本书帮助他更加专注地钻研着一个深层问题:

　　　　有时,我真觉得自己的命运颇为奇异:看看我,勤劳工作,乐此不疲,不为物质,不为称颂。尽管如此,我心中始终怀揣对理想的深情,却也清楚,我所追求的艺术事业,似乎注定无疾而终。无论艺术的未来如何重生,它现在正逐渐衰落。我不确定是否表达到位,但确实感到奇怪:一个人明知工作只是自娱,没有其他什么意义,怎么仍能充满热情,全身心投入工作;我的所作所为,难道仅是像路易十六制锁一样,是自欺欺人?[97]

他对乔治亚娜坦言,这种困境不过是说说而已,因为他肯定会坚持下去,"不论成果如何,我都会持之以恒,直至生命终结"。

八十年代,威廉·莫里斯对英国政治发展陷入的停滞状态深感失望。他眼见七十年代严峻的贸易萧条给工人运动造成重创,使其步履维艰。他还观察到,1874 年至 1880 年间,工人领袖们几乎被边缘化,纷纷被并入失势的自由党行列中。尽管面对这样的情形,他仍然能敏锐地察觉到形势的逐步转变。到了 1881 年 1 月,他写下一封饱含期望的新年信,信中表达了他对正在缓慢到来的伟大变革的预感:"在我心中,期待着那即将传遍世界的巨变。"[98]那一变革就是阶级关系的根本转换。他抱有这样的希望——新的一年将会"朝着富人败落穷人翻身的伟业迈进,直到有朝一日,我们能够将字典中'富人'与'穷人'这等可怕的词汇彻底剔除"。

那年 6 月,伦敦涌现了新的政治力量——民主联盟,召集来自全国的"先进政治团体、贸易机构和社团"[99]的代表。该联盟对 1881 年大选中多数返回下议院的议员代表"利益集团而非工人阶级"表达了强烈不满。联盟推出了一项跨党派的社会政治纲领,以期"桥接分歧,团结广泛民众"。与此同时,在那个时期,莫里斯心中也孕育着一幅崭新的社会愿景,他憧憬着"一种我们目前还未曾涉足的文化"。[100]那个夏天,他给密友乔治亚娜的信中满载愤懑与热切的希冀,透露出对尚在萌芽阶段的美好未来的深切向往。

1881 年 7 月,莫里斯对于约翰·莫斯特在老贝利法庭审判结束后被判十六个月苦役的消息深感失望。莫斯特是一位维也纳的流亡异见分子,也是反对普鲁士首相俾斯麦的报纸《自由报》的主编,这家报纸在德国是非法传播的。在沙皇亚历山大二世被暗杀之后,莫斯特发表了一篇被莫里斯称为"凯歌"的文章。尽管莫里斯并非完全赞成莫斯特的观点，但他将对莫斯特的追捕和严厉判决视为英国暴政、虚伪和阶级不公正的明证，他认为："这样的事，会令任何有见地的人感到厌恶，促使他们唯独转向革命政治，而非其他政治领域。"[101]在莫斯特受审那天，民主联盟的成员杰克·威廉斯在老贝利法庭外销售《自由报》的英文版本。那时正值秋日，莫里斯写道："我能感受到空气中弥漫着倾盆风暴来临前的气息，此情此景，实在令人振奋。"[102]

在讲座《建筑在文明中的前景》中，莫里斯激昂地阐述道，新艺术的实现必须经受重重考验，奉献精神不可或缺：

> 因为，在我们通往未来的道路上，艺术若想避免走向湮灭，便须面对一种生生不息的、彻底革新万物的力量。它如同一条炙热的火河，对于每一个试图跨越的勇者施以残酷的考验；唯有那些对真理充满渴望、坚信未来美好的勇敢之人，才能毅然决然地投身其中。他们无畏的勇气，令人心生敬仰。[103]

莫里斯现在要跨越的，正是这条河流。

注释

［1］威廉·莫里斯致威廉·德·摩根的信，1881 年 4 月 16 日。

［2］A. M. W. 斯特林编，《威廉·德·摩根和他的妻子》。

［3］威廉·莫里斯致乔治·霍华德的信，1881 年 11 月 3 日。

［4］威廉·莫里斯致詹妮·莫里斯的信，1881 年 3 月 10 日。

［5］《威廉·莫里斯作品集》"导言"。

［6］威廉·莫里斯致詹妮·莫里斯的信，1881 年 3 月 19 日。

［7］《威廉·莫里斯作品集》"导言"。

［8］《旺德尔河上》，《旁观者》文章，1883 年 11 月 23 日。

［9］艾玛·拉扎勒斯，《与威廉·莫里斯在萨里的一天》，《世纪画报杂志》，1886 年 7 月。

［10］《旺德尔河上》,《旁观者》文章,1883 年 11 月 23 日。

［11］威廉·莫里斯,日记手稿,1881 年 5 月 26 日,大英图书馆。

［12］威廉·莫里斯致托马斯·沃德尔的信,1881 年 2 月 9 日。

［13］威廉·莫里斯,日记手稿,1881 年 2 月 23 日,大英图书馆。

［14］威廉·莫里斯,同上,1881 年 4 月 4 日。

［15］《威廉·莫里斯作品集》"导言"。

［16］威廉·莫里斯致艾玛·拉扎勒斯的信,1884 年 3 月 5 日(？)。

［17］乔治·沃德尔,《回忆威廉·莫里斯》。

［18］埃菲·莫里斯家族回忆,威廉·莫里斯陈列馆。

［19］威廉·莫里斯致珍妮和梅·莫里斯的信,1877 年 12 月 25 日。

［20］威廉·莫里斯致詹妮·莫里斯的信,1877 年 11 月 29 日。

［21］威廉·莫里斯,日记手稿,1881 年 1 月 4 日,大英图书馆。

［22］威廉·莫里斯致珍妮·莫里斯的信,1883 年 5 月 19 日。

［23］威尔弗里德·布伦特,《我的日记》,1892 年 7 月 5 日。

［24］詹妮·莫里斯致但丁·加百利·罗塞蒂的信,1881 年 2 月 2 日,布赖森。

［25］威廉·莫里斯致詹妮·莫里斯的信,1881 年 2 月。

［26］亨利·詹姆斯致范妮·肯布尔的信,1881 年 3 月,利昂·埃德尔(Leon Edel)编,《亨利·詹姆斯书信集》(*Letters of Henry James*),哈佛大学出版社,剑桥,马萨诸塞州,1974 年。

［27］詹妮·莫里斯致但丁·加百利·罗塞蒂的信,1881 年 2 月 2 日,布赖森。

［28］威廉·莫里斯致詹妮·莫里斯的信,1881 年 2 月。

［29］詹妮·莫里斯致但丁·加百利·罗塞蒂的信,1879 年 12 月,同上。

［30］菲利普·韦伯致詹妮·莫里斯的信,1881 年 4 月 10 日,大英图书馆。

［31］威廉·莫里斯致詹妮·莫里斯的信,1881 年 4 月 19 日。

［32］同上,1881 年 3 月 31 日。

［33］同上,1881 年 3 月 3 日。

［34］威廉·莫里斯致乔治亚娜·伯恩-琼斯的信,1881 年 9 月 20 日。

[35]《十九世纪》上的请愿书,1882 年 4 月／5 月。

[36] 威廉·莫里斯,日记手稿,1881 年 5 月 1 日,大英图书馆。

[37] 威廉·莫里斯致乔治亚娜·伯恩-琼斯的信,1881 年 9 月 20 日。

[38] 但丁·加百利·罗塞蒂致詹妮·莫里斯的信,1881 年 2 月,布赖森。

[39] 詹妮·莫里斯致但丁·加百利·罗塞蒂的信,1881 年 3 月 5 日,布赖森。

[40] 威廉·莫里斯致乔治亚娜·伯恩-琼斯的信,1882 年 1 月 10 日。

[41] 但丁·加百利·罗塞蒂致詹妮·莫里斯的信,1881 年 8 月 16 日,布赖森。

[42] 但丁·加百利·罗塞蒂致詹妮·莫里斯的信,1881 年 8 月 18 日,布赖森。

[43] 但丁·加百利·罗塞蒂致詹妮·莫里斯的信,1881 年 10 月 1 日,布赖森。

[44] 威廉·莫里斯致但丁·加百利·罗塞蒂的信,1881 年 10 月 28 日。

[45] 霍尔·凯恩,《回忆罗塞蒂》(*Recollections of Rossetti*),卡塞尔公司,1928 年。

[46] 霍尔·凯恩致萧伯纳的信,1928 年 9 月 24 日,大英图书馆。

[47] 威尔弗里德·斯考恩·布伦特,日记手稿,1890 年 5 月 13 日,菲茨威廉。

[48] 但丁·加百利·罗塞蒂致西奥多·沃茨·邓顿的信,1881 年 9 月 28 日,道蒂和沃尔。

[49] 基于罗塞蒂最后一次生病的描述。S.C. 戴克,《但丁·加百利·罗塞蒂生平的一些医学方面》,《皇家医学会论文集》,1963 年 12 月。

[50] 霍尔·凯恩致萧伯纳的信,1928 年 9 月 24 日,大英图书馆。

[51] 威·斯·布伦特,日记手稿,1890 年 5 月 13 日,菲茨威廉。

[52] 威廉·莫里斯致威廉·贝尔·司各特的信,1882 年 4 月 27 日。

[53] 萧伯纳致西德尼·科克雷尔的信,1950 年 4 月 10 日,科克雷尔,《最好的朋友》。

[54] 麦凯尔,《威廉·莫里斯的一生》。

[55] 威廉·莫里斯致《每日新闻》的信,1882 年 9 月 27 日。

[56] 威廉·莫里斯致乔治亚娜·伯恩-琼斯的信,1882 年 8 月 30 日。

[57] 威廉·莫里斯,日记手稿,1881 年 12 月 22 日、27 日和 30 日,大英图书馆。

[58] 威廉·莫里斯致乔治·霍华德的信,1882 年 3 月 16 日。

[59] 威廉·莫里斯致詹姆斯·布莱斯的信,1882 年 3 月 16 日。

[60] 威廉·莫里斯致梅·莫里斯的信,1883 年 1 月 6 日。

[61] 威廉·莫里斯致珍妮·莫里斯的信,1883 年 3 月 14 日。

[62] 威廉·莫里斯致詹姆斯·梅弗的信,4 月 16 日[1887 年?]。

[63] 莫里斯公司宣传册,1882 年,国家艺术图书馆。

[64] 威廉·莫里斯致梅·莫里斯的信,1883 年 1 月 6 日。

[65] 乔治·沃德尔,《回忆威廉·莫里斯》。

[66] 威廉·莫里斯致珍妮·莫里斯的信,1883 年 4 月 14 日。

[67] 《波莫娜》,《途中诗》,1891 年。

[68] 布伦特,1889 年。

[69] 威·斯·布伦特,日记手稿,1914 年 1 月 17 日,菲茨威廉。

[70] 温特沃斯夫人,《真正的阿拉伯马及其后代》"导言",乔治·艾伦和昂温,1945 年。

[71] 威·斯·布伦特,日记手稿,1889 年 11 月 24 日,菲茨威廉。

[72] 威·斯·布伦特,日记手稿,1872 年,菲茨威廉。

[73] 罗莎琳德·霍华德致威·斯·布伦特的信,日记手稿,1888 年 7 月,菲茨威廉。

[74] 威·斯·布伦特,日记手稿,1914 年 1 月 27 日,菲茨威廉。

[75] 威·斯·布伦特,日记手稿,1892 年 5 月 5 日,菲茨威廉。

[76] 威·斯·布伦特,日记手稿,1891 年 5 月 7 日,菲茨威廉。

[77] 詹妮·莫里斯致威·斯·布伦特的信,1884 年 7 月,福克纳。

[78] 威·斯·布伦特,日记手稿,1889 年,菲茨威廉。

[79] 梅·莫里斯致埃默里·沃克的信,1918 年(?),威廉·莫里斯陈列馆。

[80] 威廉·莫里斯致乔治亚娜·伯恩-琼斯的信,1882 年 8 月 23 日。

[81] 威廉·莫里斯致安德烈亚斯·朔伊的信,1883 年。

[82] 加布里埃尔·穆雷(Gabriel Mourey),《过海峡》(*Passé le Detroie*),引自艾默·瓦兰斯,《威廉·莫里斯的生平与创作》。

[83] 引自伊莎贝拉·吉尔摩,A. M. W. 斯特林,《巴特西的风流寡妇》(*The Merry Wives of Battersea*),罗伯特·黑尔,1956 年。

[84] 引自琳达·帕里,《威廉·莫里斯纺织品》。

[85] 乔治·沃德尔,《回忆威廉·莫里斯》。

[86] 威廉·莫里斯,《可能的工厂》(1884),《威廉·莫里斯:艺术家、作家、社会主义者》。

[87] 乔治·沃德尔,《回忆威廉·莫里斯》。

[88] 麦凯尔,《威廉·莫里斯的一生》。

[89] 威廉·莫里斯致艾玛·拉扎勒斯的信,1884 年 4 月 21 日

[90] 托马斯·科布登-桑德森,《日记: 1879-1922 年》,1884 年 1 月 16 日,理查德·科布登-桑德森,1926 年。

[91] 爱德华·卡彭特,《走向民主》,1883 年。

[92] 托马斯·科布登-桑德森,《日记: 1879-1922 年》,1884 年 1 月 16 日。

[93] 威廉·莫里斯,"卷心菜和藤蔓"日记,1879 年,国家艺术图书馆。

[94] 威廉·莫里斯致乔治亚娜·伯恩-琼斯的信,1884 年 6 月 1 日。

[95] 威廉·莫里斯致珍妮·莫里斯的信,1883 年 5 月 19 日。

[96] 乔治·沃德尔,《回忆威廉·莫里斯》。

[97] 威廉·莫里斯致乔治亚娜·伯恩-琼斯的信,1882 年 1 月 19 日(?)。

[98] 威廉·莫里斯致乔治亚娜·伯恩-琼斯的信,1882 年 1 月 1 日。

[99] 民主联合会在《激进》(*The Radical*)上的公告,1881 年 5 月 28 日。

[100] 威廉·莫里斯致乔治亚娜·伯恩-琼斯的信,1881 年 7 月 2 日。

[101] 同上。

[102] 威廉·莫里斯致乔治亚娜·伯恩-琼斯的信,1881 年 9 月 16 日。

[103]《建筑在文明中的前景》,演讲,1881 年。

第十四章　威斯敏斯特宫会议厅(1883-1884)

　　1883 年年初,莫里斯经历了他所谓的"皈依",这并非如人常说的那样是个强烈的"神启"。莫里斯再清楚不过了,他对这种自然发生的心态转变做了直截了当的解释。他人生中的一系列事件,最后水到渠成地促成了他对社会主义事业的拥护——他养尊处优但孤单寂寞的童年,他焦躁的莫尔伯勒岁月,他在牛津大学时对宗教信仰的背离,他情感破裂的婚姻,他深爱的、寄予厚望的女儿身患严重癫痫。随着逐渐功成名就,他却对自己的工作价值越加质疑。莫里斯的"皈依"是一部跌宕起伏、惊心动魄的进行曲。用希腊语新约中的"metanoia"一词——"心灵蝶变"来形容此过程,更为贴切。在这一时期,梅总是相伴于父亲左右。她将这视为"地球的某种扰动"[1],根本上影响了他的思想基调,使他在四十九岁时迥然不群。1883 年 1 月 17 日,莫里斯加入民主联盟。巧合的是,四天前,他和爱德华·伯恩-琼斯被任命为旧牛津学院埃克塞特分校的荣誉院士。同年 3 月 14 日,卡尔·马克思在伦敦北部的梅特兰公园路去世,享年六十五岁。

　　有目击者描述了莫里斯渡过"火河"的那一刻。维也纳难民无政府主义者、家具设计师安德烈亚斯·朔伊在伦敦的一次社会主义集会上看到他:

　　那几个月,民主联盟在威斯敏斯特宫会议厅举行了一些会议。

我参加了第一次会议（忘了确切日期），会议由海德门先生担任主席。当天的议事内容是通过关于教育、正常工作日和工人阶级住房问题的决议。议程刚开始，坐在我后面的班纳就递给我一张纸条："你右边的第三个人就是威廉·莫里斯。"我以前读过莫里斯的书，但从未见过他。我朝那个方向看了一眼，便被莫里斯俊朗的面孔，半探寻半梦幻的眼神，以及那朴素而考究的衣着深深打动。[2]

第9号会议室成为莫里斯皈依的象征和标志。随后，民主联盟转到威斯敏斯特大桥路议会大厦对面，在一栋笨重建筑阴暗闷热的地下室里开会。会议室陈旧简朴，只有几根插在锡烛台里的蜡烛噼啪作响、忽明忽暗——这是抗议活动的代表符号。从那时起，莫里斯便对更多类似的社会主义委员会会议室习以为常了。[3]

　　几年来，自由派和激进派皆成为梦幻泡影。用莫里斯的话说，他一直在"沉机观变，以图加入任何可能推进事态发展的团体"。[4]他的朋友兼出版商 F. S. 埃利斯在 1881 年或 1882 年来到牛津街拜访莫里斯商店时，发现莫里斯在奋笔疾书。莫里斯告诉他："我要献身于社会主义，我已经对激进派不报期望了。"[5]莫里斯后来说，在这个时期，他一直打算加入任何自称为社会主义者的组织。实际上，对十九世纪八十年代早期的伦敦来说，寻求任何已成立的社会主义团体是很困难的。这一时期的社会主义，其实仍是一种抽象理念，并没有落实于政治现实。政治抗议主体不过是伦敦工人、激进派俱乐部和宪章派的余留、从奥地利和法国涌入的外国难民，以及俾斯麦统治下的德国和专制的俄罗斯政权的混杂。这些流落人士组成一个造反小团体，在苏豪区的酒吧里激愤地聚集在一起。在当时，就连民主联盟也只是初露锋芒，并未宣称要完全为社会主义而奋斗。但怀揣希冀的莫里斯，还是加入了这个团体。

　　在这个时期，他这样处尊居显的中年人，依然敢想敢为敢于憧憬未来，尤为可贵。本来，他和社会主义者关联甚少。此时，他对社会主义理论还一无所知。在英国社会主义萌芽时期，他凭直觉而行，可谓真正的先驱者。十年后,他回顾过往,对此解释说,他之所以加入民主联盟,是因为它是一个能提供真正平等(无阶级之别,无贫富之分)和社会希望的实体机构——即使希望渺茫:

> 如果你问我希望有多大?或者问,在我看来,社会主义者的理想在生活和工作中怎样实现,以及何时才能促使社会面貌发生改变,我必须回答:无从知晓。只能说,当时我并没有把握,也不确信它能给我带来多大的满足与快乐。[6]

民主联盟的创立者是亨利·梅耶斯·海德门,一位特立独行的政治家,出身富裕之家——可以为社会主义政治添砖加瓦的那类家庭。他曾就读于剑桥大学三一学院,为获得律师资格而修习,后来又成为记者。他能言善辩、思维敏捷、彬彬有礼,还有音乐天赋。一位去拜访他的工匠被领至客厅,听了海德门的专业长笛演奏《啊!为了鸽的羽翼!》,都惊呆了。[7]萧伯纳认为他是"一个傲慢不逊的人"[8],并将他与十九世纪下半叶一大批自由思想者、英国绅士共和党人联系起来:如迪尔克、伯顿、奥伯龙·赫伯特、威尔弗里德·斯考恩·布伦特、劳伦斯·奥列芬特,以及"伟大的环球旅行者,作家爱批评的人"。海德门是威廉·莫里斯的双重角色中的另一个角色,他和莫里斯的出身背景大同小异。他们属于同一代人,海德门比他小八岁。两人看起来都是满脸胡须的族长似的人物,也都比实际年龄老成。两人都满腔热忱、大义凛然地献身于社会主义事业。但两者之间也存在着迥然差异,这可以归结为一个事实——海德门既是贵族人士又是一位表演者——他一直戴绅士礼帽。而早在十年前,莫里斯就把自己的礼帽坐在了屁股底下。

七十年代,海德门遇到了马克思。当时,他还是保守党派的政治改革家,也是《蓓尔美尔公报》的工作人员。1880年,海德门在犹他州的一次商务旅行中首次读到马克思的法语版《资本论》。等他从摩门教国家归来时,已成为一名坚定的马克思社会主义者,并于1881年1月,在《十九世纪》月刊上发表了一篇乐观的文章《革命时代的黎明》（"The dawn of a Revolutionary Epoch"）。在当年6月的民主联盟成立大会上，海德门发给所有代表一本名为《全民英格兰》的小册子。这是海德门基于《资本论》对马克思主义观点的阐述。但文中没有提及马克思的名字，这一做法引起了马克思的不悦，并使海德门与弗里德里希·恩格斯（马克思在曼彻斯特的合作者，思想火种的守护者）出现嫌隙。恩格斯认为海德门是一个"极端的保守主义者及沙文主义者，但并不是愚昧无知的野心家。他对马克思的行径恶劣，因此我们谨以个人名义不屑与他同流"。[9]马克思称他为"弱者"[10]，指责他对自己的观点理解肤浅。

465

　　然而，在当时英国社会主义信条相对欠缺的情况下，海德门的《全民英格兰》却是奠定英国社会主义思想基石的关键文本，也是向莫里斯同时代人引介卡尔·马克思剩余价值理论的重要媒介。例如，爱德华·卡彭特曾阐释过它"在平息社会争论以及推崇明本上的重要性：那一刻，当我读到《全民英格兰》中的章节——我脑海中的畅想、情感、信念等，都清晰地浮现出来——社会主义建设道路在我眼前豁然开朗"。[11]莫里斯把海德门的续篇《英国社会主义的历史基础》推荐给一位联盟准成员，告诉他海德门的书"值得一读，读起来也轻松易懂"。[12]

　　在民主联盟成立之初，海德门对社会主义方针政策采取了温和立场，其主要政治诉求为土地国有化问题及爱尔兰威压问题。出于新闻工作者的敏锐嗅觉，海德门一直对美国经济学家亨利·乔治及其著作《进步与贫困》的观点兴趣很浓，并给出了单一税制改革的依据。亨利·乔治来到英国时，他慷慨激昂的演讲赢得工人阶级听众的热烈掌声。但到了1883年，莫里斯加入联盟时，其政治立场已逐渐改变。原来的激进派成员逐渐减少，更多坚定的社会主义者纷纷加入。海德门力求将联盟转化为更公开的社会主义机构。随着日后成为中流砥柱的新工人阶级成员的加入，联盟力量得到了加强。例如，哈里·奎尔奇当时是坎农街的一名熟练的包装工人。约翰·伯恩斯是一名在职工程师，比莫里斯晚加入几个月，他成为英国议会中以工人出身进入内阁的第一人。

在最初两年,民主联盟实现了阶级界限的消弭和文化理念的交融,成为英国社会主义的光辉异彩。海德门还从英国公立学校招募了一批心怀不满的年轻人:詹姆斯·利·乔因斯是伊顿公学的一名助教,因陪同亨利·乔治亲自前往爱尔兰参加竞选活动而被迫辞职,后来两人双双被捕。乔因斯的《爱尔兰游客历险记》(1882)讲述了一个颇有意味的故事。在莫里斯的民主联盟会员证上,写着"威廉·莫里斯设计师",签发人是钱皮恩将军的儿子 H. H. 钱皮恩(刚辞去了皇家炮兵职务)。钱皮恩此刻已是海德门的左膀右臂,像威廉·莫里斯一样,他也曾在莫尔伯勒就读。在联盟的知识分子阵营中,还有一位雄辩家——欧内斯特·贝尔福特·巴克斯,他几乎与莫里斯同时加入,是一位毫不妥协的马克思主义经济学家。

当时的社会主义还远达不到群众运动的程度,社会党不过是个默默无闻的小团体。梅·莫里斯引用那个时代的讥讽话语,说运动声势只需一辆四轮出租马车就可容纳。已故的 E. P. 汤普森指出,威廉·莫里斯是 1883 年推动英国社会主义前进的大约两百位人士中的一个。当时,民主联盟内部各行其是、成员混杂,初始团体成员满腔热忱又一意孤行。爱德华·皮斯是一位年轻的股票经纪人,他在伦敦政治会议厅进行了一次探秘。他发现,在宫殿会议厅,正在举行所谓的"古怪至极的小集会"。[13] 集会由"二十个地道的民主人士组成,他们双手污浊,脑袋不大,其中一些人显然头脑不够灵光,而且大多带有某种地方口音"。尽管如此,他还是毅然加入了联盟,他说他被"其事业精神"激励了。

这种精神的产生,必须归功于魄力与魅力兼备的联盟领导人。海德门不仅支付了办公室租金和秘书薪水,还进行组织协同之类的工作。他认为有必要让联盟成员时刻葆有激情,永远处于热情高涨的巅峰状态。海德门实际是一位有名的灾变说学家。民主联盟成立时,他坚信并说服他的追随者也相信——他们将在 1889 年目睹革命的爆发。

带着历尽万难终于找到人生使命的那种深刻而充盈的满足感,莫里斯加入了他所认可的"英国唯一活跃的社会主义组织"。[14] 他用"重生"
"归乡"这些词语描述他的感受,认为自己渴望已久的东西其实一直都
在那里。两年后,他在《公共福利》上发表的诗歌《希望的朝圣者》中回
顾了这段经历。他用热烈而神秘的语言,描述了英雄转化为共产主义者
的过程。再一次,我们进入了隐喻的世界。一位敦壮精悍、穿着粗旧蓝
衫的男子道出献辞:

> 他说起话来像一位老友:
> 瞧! 我是这群体中的一员。
> 街道上灯火通明,夜幕中群星闪烁。
> 我在人群中歌唱,满心平安与喜乐。
> 眼见须践行之事,预见光明的未来。
> 再没有贫富不均,再没有悲伤苦闷。
> 再没有城市肮脏,再没有乡村凋零。
> 我们将身处盛世,我们将不再孤单。
> 在那幸福的未来,在那奋斗的终点。
> 很久以前我出世,今晚又重获新生。[15]

> He spoke like a friend long known; and lo! I was one of the band.
> And now the streets seem gay and the high stars glittering bright;
> And for me, I sing amongst them, for my heart is full and light.
> I see the deeds to be done and the day to come on the earth,
> And riches vanished away and sorrow turned to mirth;
> I see the city squalor and the country stupor gone.
> And we a part of it all – we twain no longer alone
> In the days to come of the pleasure, in the days that are of the fight –
> I was born once long ago: I am born again tonight.

"眼见须践行之事",这句话对讨厌含糊的莫里斯来说意义非常。加入

社会主义事业的兴奋点还在于,他知晓此刻正面临着明确的任务。换言之,这是必然而然的系列性劳动,某些工作不可避免会很费力。这种对趋势的洞见,与他发现神秘而极富挑战的新工艺并无两样。莫里斯确实将相似的研究方法、相同的精益求精的态度和专注的品质,应用到他的新领域——"争斗之乐"中。[16]

他坚持不懈地学习社会主义理论,感到这正是他所欠缺的部分。他加入民主联盟时,略读了一些约翰·斯图尔特·穆勒的文章,特别是穆勒去世后发表在《双周评论》上的文章《社会主义残章》。但他确信,他与穆勒观点相反——社会主义是一场**真正的**运动,在他的时代确实存在建立社会主义社会的可能。在复述信仰转变的故事时,莫里斯称穆勒的作品"画上了最后一笔"。[17]莫里斯解释说,在那个时期,他对社会主义经济学"一无所知"。他"连亚当·斯密的著作都没读过,也没听说过李嘉图或卡尔·马克思"。1882 年年初,他开始通过阅读法语版的《资本论》来加以弥补。4 月 22 日,科梅尔·普赖斯在日记中写道:"在内德餐厅吃早餐时,他克服了因詹妮而生的低落情绪,感觉如获新生……他满脑子都是卡尔·马克思,他已经开始读这本书的法文版了,他对罗伯特·欧文赞不绝口。"[18]

他发现读卡尔·马克思并不容易。他后来承认,虽然他非常喜欢历史题材,但纯粹经济学篇章让他"焦头烂额"。[19]梅目睹了他的奋勇,深刻地评论道,对于像她父亲那样对人民和土地有着深厚感情的人来说,很难"持之以恒"地钻研马克思"科学社会主义"的艰深论点和经济公式——但他坚持了下来。[20]第二年,他仍然从繁多的巡回演讲和社会主义委员会事务中,忙里偷闲地研究马克思的工作和工资理论。他在给安德烈亚斯·朔伊的信中自嘲:

> 我觉得自己在社会主义科学的许多方面都认知有限;我希望我懂德语,我知道我一定要学会德语,然后把你们这些家伙吓一跳!你说的成为外国人是什么意思?为什么允许我们的前辈(不是**他**

们的,因为我不是撒克逊人)用那种繁杂的法语-拉丁语来破坏低地德语? 实际上,我的当务之急是了解原意:你知道,我不过是个诗人和艺术家,除了多愁善感之外,一无是处。[21]

在阅读马克思著作的同时,莫里斯也沉浸在科贝特的作品中。1883 年夏天,他给埃利斯和怀特出版社写信说:"你能帮我找到威廉·科贝特的作品吗? 任何一部,或全部。"[22] 莫里斯与许多思想狭隘的社会主义新同事泾渭分明的地方就在于他对新体验的渴求以及他海纳百川的包容力。科贝特是十九世纪早期激进分子,自学成才的英国南部农民之子。科贝特完全契合莫里斯的农民兄弟形象,性情豪迈又和蔼可亲,行为处事活力四射,并依然葆有赤子之心。或许科贝特的《骑马乡行记》(1821 年以后)和他的《青年咨询》(1829)两部作品,正是莫里斯向珍妮提起过的收藏珍品。"它们是怎样的诡奇之作啊! 有声有色,有血有肉。不知怎的,它们让我想起了老博罗。"[23] 当然,他对《农舍经济》(1822)也爱不释手。这是一本实用手册,科贝特在其中介绍了面包制作、啤酒酿造、养蜂、家禽饲养,以及其他简朴生活活动。莫里斯对此不厌其详,他若有所思地跟珍妮谈论起书中关于草编的章节。"关于猪的那篇实在感人。"科贝特的散文风,被哈兹利特称赞为"朴素无华,言简意赅,具有十足的英式风格"。这种浪漫主义的功能主义写作风格,也是莫里斯在接下来十年的社会主义新闻写作中效仿的风格。

可以看出,莫里斯在这个时期虚怀若谷,兼收并蓄。他涉猎极广,既有历久弥新的经典——托马斯·莫尔爵士的《乌托邦》,也有罗伯特·欧文的追随者及其合作实验;十八、十九世纪的英国乡村激进传统;他的导师罗斯金和卡莱尔的著作;在民主联盟会议上提出的、由海德门阐释的马克思主义……在八十年代莫里斯的早期社会主义中,这些纷繁复杂的思想皆被融会贯通。1883 年,带着一种震撼与欣喜交织的强烈情感,他拜读了谢尔盖·斯捷普尼亚克的《地下俄罗斯》。他向 F. S. 埃利斯推荐这本书:"如果你想热血沸腾,请读《地下俄罗斯》。"[24] 这本书对莫里斯来说至关重要,让他意识到一个崭新的广阔天地——关于压迫与反抗。斯捷普尼亚克是一位俄国贵族,原名谢尔盖·米哈伊洛维奇·克拉夫钦斯基。出于方便和政治正确性,他改名为"斯捷普尼亚克",意为"草原人"。这位哥萨克知识分子、自由的流浪者,对革命事业心灰意冷,于 1874 年离开俄国,周游欧洲。四年后,他回到圣彼得堡,经历了刺杀沙皇的"恐怖"活动的高潮。他对俄国人所遭受的镇压义愤填膺,毫不退缩,英勇无畏。他的著作译本在英国刚刚出版时,莫里斯评论道:"这本书很实在——我认为这本书可让人大开眼界,获益匪浅。"[25] 他认为,斯捷普尼亚克是位"虚无主义者"。莫里斯对国外出版物的热情(如果是英国出版物,他肯定会更加谨小慎微),展露了他当时的心迹。内德后来坚信,《地下俄罗斯》正是莫里斯社会主义的"诱因"之一。[26]

无疑,莫里斯是将自己的想象与当时的俄国斗争联系起来。1883年夏,他给 C. E. 莫里斯写了一封洋洋洒洒而又鼓舞人心的密信。在信中,他阐述了自己的观点:当前的整个社会基础以及贫富差距,是"无可救药之恶"。[27] 无论人们贫富与否,对此都不堪忍受。"现在,在我看来,"他继续说道,"既然如此,我必然要采取行动,来破除在我看来不过是压迫和阻碍的体制。于我而言,这样的体制定然会被民众的一致反抗推翻。"在担负"激起所有阶级的反抗情绪"的任务时,他本着民粹主义者的精神来行事。在他 1884 年年初首次发表的《艺术与社会主义》演讲中,莫里斯用一种斯捷普尼亚克也会赞许的热情慷慨陈词:

> 你会说,在风平浪静的、受宪法制约的英国,我们毫无机会采取行动吗?那么,假设我们在嘴巴被堵住的德国、奥地利,在乱说一两句话就可能把我们送到西伯利亚或彼得保罗要塞监狱去的俄国……又会怎样?啊!朋友们,当为追求自由而献身的烈士传递来火炬,我们却选择视而不见,这简直是有辱烈士的陵墓!有人告诉歌德,说有一个人要去美国重新开始生活,他回答说:"美国就在这儿,别无他处!"同样,我会说:"俄国就在这儿,别无他处!"

　　有人说英国统治阶级不惧言论自由,**因此**让我们放弃言论自由,这对我来说简直是不可理喻的悖论。截然相反的是,我们要从勇士为我们杀出的血路冲出去。如果我们畏缩,那他们的辛劳,他们的流血,他们的牺牲,将毫无意义。相信我,我们拭目以待,要么拥有一切,要么一无所有。或者,这里会有人说,俄国佬的情况,会比满头大汗的裁缝工还要糟糕吗? 请停止自欺欺人吧! 这里的受压迫阶级和俄国一样存在(可能只是人数更少)? 也许吧! 但这样他们就更加孤立无援,因此也就更需要我们施以援手。[28]

虚无主义者斯捷普尼亚克,是一位与生俱来的革命家。他自少年起,就开始参与分发传单、组织小组讨论、举办秘密会议等活动。正如他引以为豪的那样,人们总是能在商议暴动的地方发现他的身影。渐渐地,他养成背着装满革命传单的行囊东奔西走的习惯。在《地下俄罗斯》一书中,他生动描绘了一幅圣彼得堡地下活动的画面: 被通缉的人们,在拥挤不堪的楼上房间秘密会面。受《地下俄罗斯》的鼓舞,斯捷普尼亚克前往英国。他先是在伦敦北部,然后在贝德福德公园的伍德斯托克路定居,成为莫里斯公司的常客。1903 年,他的形象出现在伦敦革命题材小说《无政府主义者中的一个女孩》中,该小说由威廉·罗塞蒂的两个女儿海伦和奥利维亚·罗塞蒂以笔名伊莎贝尔·梅雷迪斯撰写。斯捷普尼亚克正是涅克罗维奇的原型,他足智多谋,且具有往往为天才所特有的强烈个人魅力。"从形体特征上看,他强壮有力,体形魁梧,引人注目。因此,他说应将自己与大自然里的事物———一块岩石,森林中一棵生机勃勃的大树相提并论,而不是与人进行比较。"[29]

　　如果说 1883 年伦敦社会主义活动与圣彼得堡恐怖事件有内在联系,那实属夸大其词。此时,把莫里斯描绘成未来的斯捷普尼亚克也并不贴切——他永远做不到如此义无反顾,他的一部分仍是沃尔瑟姆斯托那个遭受痛风之苦的孩子。但随着对斯捷普尼亚克的了解逐渐加深,他产生了敬仰与亲近交织的情感。他们都有一种造反者的烂漫情怀,都有

471

在黯淡无光的角落进行小范围秘密会议而后搅动风云的诗意感。

爱德华·卡彭特第一次拜访王宫会议室时，见到了他称之为"共谋者"的一群人。在阴暗潮湿的地下室，海德门端坐其中，"和他围坐在桌旁的还有威廉·莫里斯、约翰·伯恩斯、H. H. 钱皮恩、J. I. 乔因斯、赫伯特·伯罗斯（我想是他）和其他一些人"。[30]民主联盟会议已经很有些《地下俄罗斯》的意味了。

对海德门来说，吸纳威廉·莫里斯加入这样一个隐秘组织——就像蒙德拉在东方问题协会时期所做的那样，其效应可谓立竿见影。萧伯纳第一次见到威廉·莫里斯是在民主联盟的社交聚会上——他是"我们公认的伟人"。[31]但也有些人，对莫里斯所从事的活动不甚了解。并非所有早期的社会主义者，都读过《人间天堂》。对萧伯纳和其他人来说，莫里斯"在牛津街开一家精品店，出售具有离奇的美学风格的家具，并用异乎寻常的墙纸装饰房屋"的行为，令他们困惑。政治进步人士和前卫美学人士之间，素来不合。然而，每个人都无法否认，莫里斯当之无愧是德高望重之人。"理所当然，"海德门写道，"在这里，没有贪得无厌的无产阶级，没有怨天尤人的革命家，没有黯然神伤的政治家，也没有愤世嫉俗的宣传者。"[32]在此，莫里斯是"在欧洲享有声誉的大学人士"。此外，莫里斯的纯良品性也开始展露出来。一旦莫里斯谈起任何他感兴趣的话题，都会以激励者和感召者的姿态沉浸其中。"他那饱满的前额、清澈明亮的灰瞳、高挺有力的鼻梁和略显红润的脸颊，都使你深刻相信他所说的话真实而有力。他头上的每根发丝和他那蓬松的胡须，似乎都在诉说他的思想。"

海德门是否真心期望莫里斯全身心投入民主联盟事务，这点很让人怀疑。如果莫里斯只是有名无实，仅有些威望，可能更符合海德门的心意。但这不是莫里斯的做派。他怀着皈依者的虔诚之心，全力以赴去攻克海德门所说的"公共工作中的硬石头"。[33]他以行动很快证明，他愿"诚心诚意"地和党内普通成员平起平坐。但海德门对此却有些恼怒，他评价：莫里斯永不知足，除非他从事一些实际不适合他——而更适合平庸的人来完成的工作。当莫里斯对海德门说，自己不胜任领导工作，愿意听从于海德门时，萧伯纳在旁边哭笑不得。"听到莫里斯这样谦虚地效忠，再思及他的真才实学，我不由得冷笑。但海德门显然觉得这是理所应当的。如果莫里斯正与柏拉图、亚里士多德、格里高利一世、但丁、托马斯·阿奎那、弥尔顿和牛顿为伍，海德门也会唯我独尊地当起他们的领袖。月末前，海德门和所有人都闹翻了脸，除了一小撮忠实追随者，他们无法与他竞争。在这些人看来，海德门就是神一样的存在。"[34]

1883 年 5 月，莫里斯当上了民主联盟领导人。他本想推辞，但巴克斯说服了他。"所以我要更卖力工作了。"他愉快地告诉珍妮。[35]他长叹口气，补充道："主要是，钱总是不够花。"民主联盟推选莫里斯为司库，就像他在东方问题协会所做的事一样。6 月，第二届年会即将召开，会上将声明纲要。那年初夏，莫里斯花了很多时间来敲定纲要细则，并以宣言形式发表了《社会主义简述》。这份意向声明提出，立即建立海德门所宣称的"实现幸福生活的基石"：改善城市和农业工人的住房条件；对所有阶层实行免费义务教育（包括免费学校午餐）；八小时工作制；银行和铁路国有化；免除国债；土地国有化；按合作原则组织由国家监督的农业和工业大军。宣言中明确要求生产和分配资料的国有化，这实际是英国政治团体对马克思主义的首次深入阐述。莫里斯作为新任领导人签署了这份声明。莫里斯一直认为，任何工作都无高低贵贱之分。结果是，莫里斯的任务是负责派发声明。

海德门以主席身份在宣言上签字，钱皮恩作为名誉秘书也签了字。其他签字人，则清晰反映出联盟早年的动态社会组成。签名人有来自维也纳的无政府主义艺术家朔伊（不久后化身为耶格的代理商）。梅将他描述为"激情而雄辩的演讲人。身穿棕色紧身的耶格衣，仪表不凡。他那漂亮的脑袋，就像丢勒所研习的有卷曲胡子的德国勇士"。[36]此外还有老宪章运动者詹姆斯·默里、伦敦西区的裁缝詹姆斯·麦克唐纳、赫伯特·伯罗斯（伦敦激进俱乐部的激进分子，马志尼文集编辑），以及杰

473

克·威廉斯——一位"忍苦耐劳"的工人。梅记得,他是"一位现身于公园或别处的、不知疲倦的演说家。充满活力,总是用洪亮的声音说出最简洁的话语。他知道如何达到激励工友的最佳效果"。

詹姆斯·乔因斯,这位前伊顿公学校长,素食主义信仰者,也是新领导团队的一员。在当时的联盟,大多数成员都是些特立独行的人。比如,乔因斯的妹妹凯特·乔因斯,嫁给了又一位潜逃的伊顿公学老师亨利·索尔特——他放弃自己的职位,投身人道主义事业。当索尔特宣布自己的身份时,伊顿校长沃尔博士咆哮道:"社会主义! 除了会让我们万劫不复之外,一无是处!"[37] 索尔特以其艰深而小众的学术造诣拓展了联盟会议的基调:自然主义、古典主义,对雪莱的自由主义观点的重估。索尔特还试图劝说莫里斯成为素食主义者,但最终无果。不出所料(确切地说,是从一个世纪后的长远眼光来看),莫里斯争辩道:"如果我们全部变成素食主义者,那么穷人吃素是清汤寡水,富人吃素是玉盘珍馐。"[38] 此外,对于亨利·索尔特的禁酒主义,他更是无动于衷。

民主联盟的管理委员会给莫里斯带来了生平第一次与女性从政同事共事的经历。海伦·泰勒是约翰·斯图亚特·穆勒的继女,妇女选举权运动的早期支持者。她曾与穆勒住在阿维尼翁,协助他撰写《妇女的从属地位》(1869),并编辑了穆勒自传。海伦·泰勒在民主联盟成立之初就加入了该组织。自 1880 年以来,她一直是古建筑保护协会成员。她如今五十出头,是抗议运动的女性领袖。莫里斯打趣道,当海伦·泰勒步入委员会会议房间,社会主义者们定要起立欢迎,如同礼遇女王一般。梅却不怎么喜欢她,觉得"她的高贵"有矜情作态之嫌——就像丁尼生笔下的女主人公一样,"在我们这蜂拥蚁屯般的聚会上,显得不合时宜"。[39] 而莫里斯似乎对她的活力和能力钦佩不已。他在一封信中称她为"大人物"。[40] 但他并没有对她过多示好。相较于同时代的大多数人,莫里斯对女性角色的看法其实更加包容。很早的时候,在他的作品中就显露出愿与女性共事的想法。但正如历届工党政治家甚至《卫报》编辑所发现的那样,女权主义现实似乎让他不安。政治女性活跃在喧嚣中，这对于习惯以拉斐尔前派的眼光来看待女性的维多利亚时代人来说，显然令人困惑。八十年代初，莫里斯在社会主义圈遇到的另外两位强势的女性——安妮·贝桑特和爱琳娜·马克思也是如此。

莫里斯加入后不久，民主联盟开始了"街头动员"行动——在劳工解放联盟的领导下定期举行露天宣传会议。海德门一开始并不赞同，但是，这个提议得到了朔伊、乔因斯和其他人的支持。其中包括莫里斯，只要有一线希望，他愿意在任何时间、任何地点，马上开始宣讲。他对珍妮说，这救世行动是多么非同小可，"因为在社会现状中遭受苦难的人是如此之多（远比我们想象的或他们自知的更多），而那些对改变社会怀有希望的人是如此之少"。[41]此时，莫里斯的写作语言与他宏大的叙述风格关联起来。在周日上午集会上慷慨陈词，已成为莫里斯的日常。他虽患有痛风，但无论天气如何也会坚持外出。他去的地方，有些很远。海德公园的"改革者之树"旁，是最受民主联盟欢迎的场地，更是社会主义文学思想的扬声之地。民主联盟哈默史密斯分会成立后，莫里斯更频繁地在家附近（位于哈默史密斯）宣讲。萧伯纳经常和他一起现身街角，"在大多数路人看来，他们像在主持祈祷会"。[42]在那个时代，只有自由思想者才会定期举行露天星期天聚会。而在召集观众的过程中，完全可能状况百出。梅辛酸地写下她陪伴"亲爱的父亲"[43]（她如是称）周日外出时的窘态，他们竭力聚集起更多观众。

乔治娜·赛姆在回忆录中，表达了一个孩子对莫里斯街头宣讲的鲜明看法。那是一个雪天，在哈默史密斯，她去参加茶话会的路上邂逅莫里斯：

> 我遇到一群人，其中一个人侃侃而谈，其他人显然刚刚是在铲雪。他们倚着铁锹站立，聚精会神地听着他传达给他们的话语。他也倚着铁锹，但无论从衣着还是外貌上，他都与这群人有云泥之别。这群人属于非技术工人阶级，在那个年代，但凡能靠扫雪或做零活

挣到一两个先令,他们都会心存感激。他们都很寒酸,穷苦程度应该是从贫困到赤贫。那个与他们交流(而非单纯讲话)的人就是威廉·莫里斯。我记得,他当时穿着深色裤子,上身是传闻中的蓝色亚麻布罩衫,脖前系着纽扣,腰部系着腰带,宽松的袖子一直垂到手腕。那胖墩墩的身体上,是一个黑脑袋——满头浓密的黑发。他的手扶着铁锹柄,那是一双会说话的艺术家的手。虽然我那时还是个孩子,却还是注意到了他们。雄浑洪亮、抑扬顿挫的声音,从他那强有力的身体发出,传入我的耳中……

有时,雪花会飘落在他身上,或一两个听众身上。但他滔滔不绝,好像从来不曾,也不会有人,能够打断他的话。人们围着他,一动不动地倚着铁锹,全神贯注地听他讲话,仿佛这是世界上唯一值得倾听的声音。当我在"广场"的边缘停下脚步向里张望时,没有任何人注意到我。这一幕——尽管他没有对我单独说过任何话——给我留下了刻骨铭心的记忆。我看得见——天色已暗,乌云密布,树木参天,地面被白雪覆盖,街道上的房屋寂静无声(房屋的每一扇窗里,都空无一人)。讲话者全心投入,周围的一小群人侧耳倾听。他们沉浸其中——因为他说出了他们的心声。[44]

这仅仅是他在全国各地进行大规模宣讲的启动阶段,随后,莫里斯的正式演讲也开始增加。1883 年,他在曼彻斯特、伯明翰、牛津和剑桥发表演说;1884 年,在曼彻斯特、莱斯特、牛津、剑桥、布拉德福德、伯明翰、利兹、谢菲尔德、普雷斯顿、纽卡斯尔、爱丁堡和格拉斯哥发表演说。除此之外,还有几十场在伦敦的演讲。在去某些地方的访问过程中,莫里斯还会对不同的听众重复发表演讲。他现在的全部精力,都集中在推广社会主义事业上。他对 C.E. 莫里斯说,1883 年秋天,除了民主联盟外,他绝不会在伦敦发表其他任何演讲。此时,他的演讲内容已发生变化。自他开始"以科学视野钻研社会主义"[45],他已经决心将自己前社会主义时期收录在《对艺术的希望与恐惧》中的演讲,与他在 1883 年之前的演讲分离开来。

第一场公开的社会主义讲座，是专为曼彻斯特而作的《艺术、财富和富裕》。莫里斯为此殚精竭虑。"这个假期，转瞬即逝，"他告诉珍妮，"但还好，他们会给我两个星期的工作时间。"[46]1883 年 3 月 6 日，莫里斯身着晚礼服，在莫斯利街曼彻斯特皇家学会的一个曼彻斯特社团座谈会上，发表了富有煽动性的演讲，演讲激起一些人的敌意，而他闻之欣然："我那里的一个朋友来信说，庸人市侩对我的演讲反应很大，报纸上已发表了两篇相关的评价，其中一篇这样开头：所以你看，在那里有人会因为自己是社会主义者而被嘘，也是令人鼓舞的'荣誉'。"[47]接连不断的反对声，反而赐予他最佳时机，让他可以在《曼彻斯特观察家报》上澄源正本。他给编辑写信说：

> 我演讲的意图，是引出另一个问题，而不仅是讨论艺术问题。我特别想强调的是，大众艺术本质上是个社会问题，关乎大部分人的幸福或苦难……除非所有人都能从艺术中获益，否则我们要艺术何用？我毫不畏惧，艺术必然会从一片废墟上复兴，不论那废墟是什么。[48]

莫里斯无法抵抗斯捷普尼亚克式的威胁。他处于舆论的风口浪尖。在准备下一次演讲时，他告诉珍妮，某种程度上，这个演讲是曼彻斯特的翻版："唯一不同的是，我打算这次讲述得更直白些，我厌倦了拐弯抹角。"[49]

7 月 2 日，莫里斯和内德前往牛津，他们被接受为埃克塞特学院荣誉院士。他们在大厅举行了盛大的宴会。四个月后，莫里斯回来发表了题为《艺术与民主》（后以《艺术、财富和富裕》之名出版）的演讲，这是他被定义为社会主义者的标志。他受邀在大学学院大厅，面向罗素俱乐部成员发表演讲——罗素俱乐部是一个由自由派和激进派的牛津本科生组成的协会。最初的提议是，海德门和莫里斯都应作为民主联盟的代表发言。但海德门,这位大名鼎鼎的革命者被学院院长詹姆斯·弗兰克·布莱特及其谨小慎微的同事们否决了,他们担心他可能会对牛津大学的本科生产生什么不良影响。对于此事,莫里斯通过仍是大学学院研究员的查理·福克纳,转达了他的见解:

477

> 至于海德门在大厅演讲一事,我想请您在校长面前阐明事实:我和他一样都是社会主义者。我与他都是协会一员,当然,我愿意作为协会代表来演讲。然而,如果真要让这个主题深入人心,必然需要一个能够清晰透彻阐释整体信条的演讲者。而你知道,我并不胜任如此严谨细致的任务。我对这件事无比担忧,我想象得出,要是海德门不发言,我会觉得自己就像个去坑蒙拐骗的傻瓜。至于其他方面,海德门是受过良好教育的人,如果剑桥大学三一学院有育人能力的话(这一点值得怀疑)。虽然他可能不似常人说的那样彬彬有礼,但至少比我有礼貌。他既没有角,也没有蹄,我对天起誓:我(作为古建筑保护协会成员)也不会允许他去炸毁牛津的任何老建筑。[50]

这是个警告。这位堂而皇之的革命者,在"牛津对剑桥"的笑话中表达了这一点。

演讲会于 1883 年 11 月 14 日举行,学院礼堂人山人海。大学学院院长、基布尔区长和默顿区长,都出席了演讲。此时,罗斯金已六十三岁,看上去更具古代先知的风采。他如今处于斯莱德艺术教授的第二个任期,同时兼任主席。他婉言谢绝了莫里斯请他加入民主联盟的提议。他说,他已老木朽矣。"你们身陷困境也比把我变成困境一部分要好。"[51]莫里斯从艺术和建筑的现状谈起,将演讲内容娓娓道来。他说,当提起"在牛津,我们这些上了年纪的人,至少要带着爱的眼光去看景象和记忆"时,这个问题可能很严峻。[52]他对他深爱的城市和乡村景观遭破坏的现实进行了猛烈批判。这是他最出色的演讲之一。莫里斯就现代环保主义者关注的问题表达了看法：

> 为了空气清新、河流清澈，为了促成草地和耕地的天然合理使用，为了幸福的公民能自在地漫步（而不是在花园或玉米地留下破坏的足迹）……并且，我们甚至应让未被开垦的荒地和山脉随处可见，以此作为人类早期与自然野蛮争斗的印记。我们认为，文明社会应关怀人的苦与乐，作与息；关照他们的子孙，而不是驱迫他们从事繁重的工作。这种要求，难道过分么？这当然不是荒谬不经的要求。但在目前的社会制度下，我们无法奢求这样的结果。美的天性的丧失，招致了大众艺术的丧失。而这种丧失所带来的后果是，他们迅速剥夺了一切我们本可以补偿的契机——他们毫不迟疑地摧毁了地球的美丽容颜。

478

现在，他的演讲进程已过半。当莫里斯在分析竞争性生产时宣布他是"被称为社会主义者的人"时，可以感觉到大厅里的不寒而栗。

从那时起，莫里斯的怒火变得不加掩饰，他对中产阶级自由派的攻击也愈加尖锐。演讲以一段慷慨淋漓的长篇陈述告终——他谴责说，英国商业就是隐藏于体制之下的一团黑暗迷雾：

> 实话实说，商业竞争的本质就是浪费，一种由无政府式的战争状态导致的劳民伤财。所以，不要被我们这个资本逐利的表面的社会秩序蒙蔽。它就像古老的战争列阵，看起来平静美好——稳步前进的兵团是多么整齐划一，赏心悦目！这些中士看起来多么平静祥和、令人尊敬！被擦亮的大炮是多么一尘不染！处决室像新别针般灿然光鲜，副官和中士的账本看起来清清白白。不仅如此！侵略掠夺的命令下达也精确无比——却以良知的召唤为名。这一切不过是面具，遮掩了被毁的玉米地、燃烧的农舍、残缺的尸体、勇者的枉死、荒废的家园。

这惊悚可怕的画面,细节触目惊心,显示出莫里斯的绝望。

演讲结束时,莫里斯转向听众,期望他们能够以复兴大众信仰的方式实现集体皈依。多年后,在场的人历历在目——当他在牛津呼吁建立一个"兄弟会组织"时,台下的人大惊失色:

> 一个头脑里有大胆想法的人,可能会被认为是疯子;两个想法相同的人可能很愚蠢,但不太可能是疯子;十个志同道合的人,便可以展开行动;一百人,便可以作为狂热分子引起注意;一千人,便可以让社会战战兢兢;十万人,便可以东征西讨,搅动海外,而这就是事业无往不胜的根由。那么,为什么不可以是一亿人,或普天下之人? 你我都一清二楚,这是我们无法回避的问题。

莫里斯话音落下,四周鸦雀无声。院长布莱特博士狼狈不堪地站起,尴尬地解释说,学院对莫里斯先生社会主义运动宣传者的身份一无所知。他们不过是想创造一个机会,让杰出人士来表达民主制度下对艺术的看法,而莫里斯先生对此话题"非常熟悉。在英国现有的社会问题下,这是学生教育中的一个理想话题"。[53]

罗斯金站起身来打圆场。但是,莫里斯早已料到,任何弥补都无济于事。麦凯尔作为牛津人,非常清楚这种复杂心情。学院的领导们难以置信:莫里斯资产雄厚,又是作家,竟会像他的民主联盟同事们一样成为社会主义者。他们"带着自以为是的天真",满以为他的演说没有害处。但当他们发现他肺腑之言背后的真实意图后,几乎大惊失色。对于这类人士所发出的怒喝,英国的掌权者同样会不时报以震惊。

牛津的戏剧化场面被广泛报道,但并非所有媒体都对莫里斯的演讲挑刺。例如,他曾写信感谢 W. T. 斯特德在《蓓尔美尔公报》上发表的对此次演讲的"同情报道"。[54]但是,莫里斯不可避免地遭到了恶意攻击,因为他一方面是资本家身份,另一方面又为社会主义事业摇旗呐喊。两周后,他在给乔治亚娜的信中写道:"我一直遭受着报纸媒体的敲打,迫不得已,我给予了一些回应:当然,我对此毫不介意,甚至认为这种敲打并非完全没有道理。"[55]事实上,在给《旗帜报》编辑的回信中,他坦承自己的立场有失偏颇:

> 贵报作者暗指,为了统一战线我们应立即抛弃资本家立场,与无产阶级同舟共济。请原谅,我必须说明一下。这位作者很清楚,我们其实做不到这一点。我们能做的,就是尽量去除套在我们身上的不公正制度的枷锁,我们只是商业竞争组织巨大链条中的微小一环,而只有完全解开这个链条,才可能真正获得自由。[56]

莫里斯牛津宣言的意外收获是,他得到了默顿工人的支持。他告诉乔治亚娜,他们的理解和赞同,让他感到"莫大"欣慰。尤其是他的七个工人,全部义无反顾地加入民主联盟。但是,这种转变究竟是自发,还是为了取悦他们的衣食父母呢?这个问题,无论是莫里斯,还是后来的工艺美术运动工作坊的经营者,都不愿深究。

在莫里斯信仰转变的这些年,他的性情也发生了变化,与他常去的旧地和旧友圈渐渐疏离。某种程度上,这是一个潜伏期。当麦凯尔向莫里斯的朋友询问他们的看法时,他发现没有两个人能达成一致见解。显然,他们对莫里斯的转变感到难以理解。这位曾被他们戏弄、调侃的亲爱朋友,现在似乎已进入一个新境界——赤胆忠心、不可动摇。他变成了一个正气凛然,甚至令人生畏的人物,有着《旧约》里的那种超脱世俗的修行者风采。沃尔特·克兰回忆说,莫里斯在托特纳姆法院路附近的一次演讲,场面出乎意料地激烈,让莫里斯的艺术同仁感到"震惊、慌乱"。[57]大家离开演讲厅时,一位老友忧心地说:"他正背负着炽热的十字架!"

现在,莫里斯的运动热情前所未有地高涨。正如莫里斯直言不讳地说过的,社会主义是吞噬一切的核心议题:"就像亚伦之杖。"[58]1883

年,波士顿展览结束后,乔治·沃尔德因公司业务出差美国。他回来后
发现,这个主题已无所不在,政治思想主导了莫里斯的所有谈话,这使他
的一些老朋友极为不满。科梅尔·普赖斯在日记中发牢骚:"和托普谈
社会主义,结果就是没完没了。"[59]据说,有一天,在格兰奇的晚宴上,托
普"和霍华德太太激烈争执,整个屋子都回荡着争吵声"。[60]

莫里斯热切期望朋友们的追随,查理·福克纳和菲利普·韦伯很快
与之同行。但莫里斯低估了人们心中的鸿沟——支持可敬的自由主义
事业和宣布成为纯粹社会主义者之间,存在不小的距离。威廉·德·摩
根,即莫里斯东方问题协会运动的支持者,诉苦说:"我发现,坚决反对
在保加利亚的暴行与支持卡尔·马克思完全是一回事。并且,莫里斯理
所当然地认为,我应该准备好志愿加入——对此,我感到恐慌不安。"[61]
莫里斯也遭到了斯温伯恩的回绝——他请斯温伯恩首先加入民主联盟,
再为他们写一首歌,以"在大会上歌唱"。[62]斯温伯恩虽是同样坚定的自
由主义者,但他觉得,"以单独的个体工人身份"[63]独立行动才更有效。
他机智而坚定地给莫里斯回信:"丑话说在前头,我必须说,我不愿加入
任何联盟。如果您愿意读我《日出前的歌》中的《基督对歌》,我相信您
便不会视我为一知半解的民主党人。"

莫里斯与爱德华·伯恩-琼斯早在拉斐尔前派时代之前就开始的第
一份友谊,也遭受到了烈火般的考验。想方设法调和两人的科梅尔急得
像热锅上的蚂蚁,心急火燎地看着莫里斯与内德和乔治亚娜的争论更加
针锋相对:"分歧不能再大了。"[64]他不愿想象莫里斯和格兰奇之间的难
解难分。科梅尔已然看到,在莫里斯左倾的同时,风光无限、家喻户晓的
内德却在不可避免地右倾。再过十年,曾自称共和党人的内德就将化身
为爱德华·伯恩-琼斯爵士了。

内德反对莫里斯社会主义的两个正式理由是:首先,这有悖常理,
这是一个"特立独行的诗人和艺术家"[65]的反常行动——这是斯温伯恩
的观点,他认为公开抗议是对精力的无故消耗,这是作为个体的艺术家
无法承担的。内德愤怒的另一个理由是,莫里斯正被社会主义者们剥削

却不自知：

> 当他踏入这个领域，我认为他本会平息所有的愚昧、傲慢和无端的怨恨——用一种鸟瞰万物的视角和他在历史洞察方面的聪颖天资，教会他们谦卑和恭顺。我希望他能潜移默化地影响他们，但一点影响都没有——他对他们没有丁点好处，他们控制他于股掌之间。进入这场运动的良人中，根本没有人去听他们在说什么。只有强聒不舍、不怀好意之人，才会掌控运动的舆论中心。

在这一点上，内德的话有几分道理。

在一些更为私下的评论中，内德承认了自己的私心。他可以看出，莫里斯坚信自己所选择的事业，且忠贞不渝："有些人，怎能不对他们所希翼的世界怀抱梦想，对它极度热情而又亢奋——就像信徒的宗教狂热一样？"让内德深感沮丧的部分原因是，他感到莫里斯进入了一个对他来说很危险的陌生领域："确实如此，莫里斯是相当正确的。只是出于私心，我希望他能从中出离，去做过去他一直忙着的事情。"内德的回应表露出他的内疚之情。他逐渐意识到，自己背叛了曾经的信念，也背叛了婚姻。多年以后，内德说，这是"我唯一一次辜负了莫里斯"。

因为莫里斯将献身社会主义事业视为头等大事，他定期拜访格兰奇的惯例被打破了。除了晚间讲座和联盟会议外，他每周都要参加海德门所称的"小小晚餐会"[66]，会上研习、探索、阐释马克思理论。莫里斯还曾在那里向聚集的社会主义者声情并茂地讲述阿金库尔战役。伦敦苏豪区希腊街的威德酒店，是社会主义者与不同政见者的会面处。那里是"当时所有学校中，具有先进政治思想和社会见解的男女情有独钟的聚会场所"。[67]而后，格兰奇星期三晚上的活动都取消了，虽然周日的早间工作仍在持续，但已有一些微妙变化。现在，早餐时间从八点半改到了九点，以便莫里斯有更多时间做联盟的工作。即使这样，他也常常不得不在中午离开，去街上动员宣传。"想想吧，"乔治亚娜写道，"不被理解,不被支持地离开山庄,对他意味着什么?"但他离开时,又如此从容。她说:"很高兴看到这一点。"[68]

　　乔治亚娜并没有让他失望,尽管她竭力抑制着自己的情感。整个八十年代,莫里斯都在给她写信,洋洋洒洒、无所不谈、推心置腹。这些信表明,面对她清晰的判断和坚定的支持,莫里斯已然生出唇齿相依之感。而他写给阿格拉娅的信,显然敷衍草率,甚至粗鲁无礼。他只允许乔治亚娜对他在文学作品中的明显失误提出疑问。早在1883年,他就在为写史诗《列王纪》的新英文版做准备。这是一部讲述英雄高尚事迹的东方叙事诗,是相当于冰岛《挪威列王传》的波斯经典。但这项事业,很快就因社会主义运动热潮而被抛诸脑后。从那以后,莫里斯再也没有写过任何东西。1883年8月,他对乔治亚娜说,他的诗歌和设计都无关紧要:"我认为,诗歌和手工艺息息相关,但它们现在已变得不真实了。"[69]但这并不意味着他放弃了写作和他的"工作模式":他仍然以此为乐,但再也不能视之为自己的"神圣职责"。他说,他之所以去完成那些不计其数、看似无关紧要的任务,是因为他认为这些事更有益于更大的整体。

483　　莫里斯表明了对于自己志向的理解有多么深刻。为此,他甘愿励志竭精,矢志不渝。几个星期后,他对乔治亚娜说:"有一件事,我想让你明白。那就是,在这件事上,我**不得不**主动采取行动。我愿与任何志同道合之人同心协力。还有,你知道,这么说或许能稍稍宽慰你那颗关注我的仁爱之心:那些置身事内并力图做出改变的人,通常不会像旁观者那样感受到希望悬于事业之上而迟迟未实现的痛苦。"[70]

　　圣诞节前,在哈德汉姆,莫里斯例行拜访了他的母亲。珍妮和她的护理者贝莉小姐在圣诞节和新年期间都住在那里,而他负责接送她们。莫里斯夫人对儿子的活动了解多少呢? 莫里斯在老爷府(他家的一间传统而舒适的房子)中,回忆起几周前,他给曼彻斯特慈善家托马斯·科格兰·霍斯福尔写信:"我从未低估过中产阶级的力量,就个体而言,他们天性不坏,与众人无异。但我认为,他们是最可怕最无情的力量。"[71]无论莫里斯怎样看待平庸的中产阶级,在家人面前,他都不露声色。他仍然本本分分地给母亲写信,事实上,这些信都情真意切。莫里斯有一种特殊能力,他能在一个层面上忍受他在另一层面强烈抗拒的东西。我们是否应把这看作他的弱点? 或者,更确切地说,这是他超群绝伦的体现? 可能,对他来说,这是他坚持的独特工作方式吧?

大概就是在这个圣诞节,莫里斯离开了哈默史密斯。他面临着一个更为本质的维多利亚时代的问题,一个只有比顿夫人才能解决的问题。莫里斯的葡萄酒供应商送来一份节日贺礼,里面大概是维多利亚时代人喜爱的那种巨大的三层圣诞派:火鸡夹鸡肉夹鸽子。莫里斯无望地求助哈默史密斯的邻居克拉拉·里士满——画家 W. B. 里士满的妻子:

> 最后一刻,我们收到了戴奥西先生的礼物:一个方盒子。经验告诉我,这里面装着一个我们都不能吃的派:我想知道,您家中是否有存放它之地? ——这是一位鲁莽之人的请求。无论如何,请您不要因我的唐突而生气。不过,如果您不愿意的话,请让洛威把它埋在我的花园里。如此处置这个馅饼,至少会给一个人带来一小段快乐——让洛威先生体会到再挖一个洞的乐趣。据我所知,这正是他的生活乐事。[72]

484

莫里斯将他的众多才华都奉献给了社会主义。1883 年秋,他给珍妮写信:"我为民主联盟的人设计了一张会员卡。还为他们作了一首小诗,我本想寄一份给你。亲爱的,但它被直接拿去印刷了。"[73]会员卡是哥特风格和十九世纪通俗风格的巧妙结合。其社会主义宗旨——"教育""组织""鼓动",被镌写在橡树叶晃动的图案上。莫里斯误判了它的尺寸规模:这本应是一幅挂毯样式。该样式形成了十九世纪晚期的社会主义图样印刷风格:一种类似于中世纪的格调,渗入费边社和社会主义联盟的出版物中。莫里斯写给"纯朴人民"的"小诗"是《这一天,来了》。这是鼓舞人心的行动号令,意图营造出一种温和的革命氛围。

35. 由威廉·莫里斯设计的民主联盟会员卡

来吧,小伙子们,来听我讲个故事,

美好日子即将到来,一切都会更好。

故事里有个国家,位于大海之中央。

在未来的日子里,人们称它英格兰。[74]

Come hither lads, and hearken, for a tale there is to tell,

Of the wonderful days a'coming when all shall be better than well.

And the tale shall be told of a country, a land in the midst of the sea,

And folk shall call it England in the days that are going to be.

据《基督教社会主义》报道,这首诗立刻产生很大影响。伦敦的几所教堂的布道坛都朗诵了这首诗。后来,这首诗作为莫里斯《社会主义者颂歌》的第一首歌出版。

1884 年 1 月,民主联盟发行了宣传周报《正义》。该项目最初由爱德华·卡彭特资助,他提供了三百英镑。梅·莫里斯称这是"一笔巨款"。[75]不过,这种融资无法持久。她的父亲继而承诺,会补偿该报频繁发生的损失。他的出版商兼经销商 F. S. 埃利斯回忆说:"当时,他手头没有太多可用的现款。他甚至卖掉了自己珍爱的书籍来集资。"[76]《正义》的首任编辑是爱尔兰人查尔斯·菲茨杰拉德。(他是一名退役军官,在俄土战争期间担任《每日新闻》的战地记者。后来,他下落不明,据说被土耳其人谋杀了。)菲茨杰拉德很快证明他是一个变化无常的编辑。故而,海德门接管了编辑职位。

《正义》在英国建立了社会主义新闻的传统。从海德门千方百计招募人才的范围和性质来看,这已然是在笼络治国之才。一个主要文字贡献者是萧伯纳。他当时正在写波希米亚小说,并要求自己每天写五百字。梅·莫里斯很快就向萧伯纳投去了敬仰之情。她把这个时期的萧伯纳描述为"面容苍白憔悴、留着赭色胡须的爱尔兰青年。他对音乐、雪莱以及世间万物都有标新立异的见解,并能以深沉的智慧加以表达"。[77]海德门的另一位助力者,是前伊顿公学老师詹姆斯·乔因斯。当时,他已是颇负盛名的自由记者,善写讽刺类政治文章。在《正义》印刷的几个月后,乔因斯和 E. 贝尔福特·巴克斯共同创办了社会主义评论月刊《今日》。萧伯纳的小说《非社会的社会主义者》第一次以连载的形式在《今日》上发表。莫里斯读后,赞赏有加。这是莫里斯与萧伯纳建立亲密而复杂的关系的缘起。清高的海伦·泰勒也甘为《正义》添砖加瓦:她的专业兴趣是土地改革。

休伯特·布兰德后来成为费边社的中流砥柱,也经常撰稿。在萧伯纳的动员下,他成了一名兼职记者。并且,和萧伯纳一样,他也变成了风流浪子。奇怪的是,在民主联盟的青年男子中,这种不顾后果的性追逐很是常见。这是早期社会主义铤而走险的表现,也是追求自由和体验欢愉之运动表现。布兰德不幸的妻子伊迪丝是《正义》杂志的撰稿人,也是家庭收入的主要来源。她以伊迪丝·内斯比特之名写了著名儿童读物《铁路边的孩子们》和《淘气鬼行善记》。在与布兰德合作的小说《谬事》(1886)中,有一幅莫里斯画像,展现了他社会主义领袖的形象。

几乎每一期,莫里斯都为海德门的《正义》增光添彩。对他来说,这是社会主义新闻事业崭新生涯的开始。在接下来的六年里,他发表了近五百篇社论和署名文章——先是为《正义》,然后是为《公共福利》。尼古拉斯·萨蒙指出,这些文字共计五十万字,可以使莫里斯目前的二十四卷《作品集》再增六七卷。

莫里斯在《正义》上发表的第一部作品,是一篇讽刺现代社会的奇幻作品。小说讲的是,在一个无名国,家禽们租了一个会议厅,来讨论"至关重要的问题:我们的肉,**应该配什么酱来吃**?"[78]莫里斯称此为《古老寓言新讲》。在场的公鸡和母鸡怒发冲冠,它们提出了一个文不对题的解决方案:"传言说,虽然人们对什么菜肴配什么酱汁存在争议,但慢炖这种烹饪方式绝对是最不具革命性的做法。"但是,最为根本的问题是,家禽为什么要被吃呢? 这个寓言,表述得如此轻松有趣,结局却那样发人深省。其寓意层次应介于《伊索寓言》和乔治·奥威尔的《动物农场》之间。

莫里斯不仅为刊物撰稿,还要负责刊物销售。当时的发行问题一如既往地棘手,是社会主义报刊尚未解决的重大问题。报刊经销商不愿接收这份报纸,于是联盟成员开始去大街上兜售。他们的销售队伍穿过鲁德门圆形广场、舰队街和斯特兰德大街。他们高喊:"《正义》报,社会民主机关报,一便士!"杰克·威廉斯还记得联盟销售队中的奇异的成员组合:

> 海德门穿着整洁挺括的礼服大衣,戴着一顶高帽子;莫里斯穿着常穿的那套蓝色粗布衣,头戴一顶软帽;乔因斯穿着考究华丽;钱皮恩是十足的军官派头;弗罗斯特是典型的贵族行头;我和奎尔奇则穿着日常工作服。我相信,那天的我们,一定给路人留下了深刻印象。[79]

《正义》创刊号宣布，民主联盟独立于所有现有政党。他们旗帜鲜明地表达了对格莱斯顿、约瑟夫·张伯伦和伦道夫·丘吉尔的反对。创刊号阐明了面向国内的两个主要目标：其一，激发工人的不满情绪。其二，向受教育阶层宣传社会主义"严谨而科学"的宗旨和信条，致力于结束无政府状态的事业。在这一关键时期，莫里斯发表了自己的观点，其影响力再也不容小觑。他与《正义》的紧密联结，让他的熟人圈和朋友圈不胜其烦又不以为然。在哈斯米尔，丁尼生听闻了威廉·莫里斯的民主社会主义主张，大为震惊。他请威廉·阿林厄姆给他弄来一期《正义》，以便一探究竟。阿林厄姆表达了自己的见解："对于莫里斯的《正义》，我半是赞同，半是厌憎。这种煽动性的无神论言论，可能会颠覆一切……我期待彻底的改革，但不是由无神论者和无政府主义者来实施。"[80]

　　在马奇哈德姆，莫里斯向和母亲同住的珍妮表示歉意，因他未把《正义》创刊号寄给她。莫里斯说："我考虑，你所处的环境太简单纯粹了，所以我不能把它寄给你。我必须这么做。"[81]

　　1884 年 2 月，在兰开夏郡棉花工人大罢工的那几周，莫里斯前往布莱克本。这是他和联盟首次同广大工人阶级会晤。正如莫里斯在这段时期的一次演讲中承认的，他甚至没有进过工人的家，更不用说目睹大规模的工人阶级反抗活动了。而这一次，无疑为社会主义运动的传播提供了良机。作为先遣宣传团，杰克·威廉斯和詹姆斯·麦克唐纳乘火车从伦敦赶来。他们召集了一千五百名罢工者，占据了布莱克本最大的大厅，听民主联盟领袖的演讲。麦克唐纳描述说："当莫里斯、乔因斯和海德门发言时，他们认真地倾听，接收着代表们传达给他们的、关乎他们切实利益的消息。他们对社会主义思想兴趣浓厚。"[82]莫里斯也为这次会面兴奋不已。在布莱克本，又一个支部开始生根发芽。民主联盟在兰开夏郡即将发展壮大。

　　在对布莱克本的棉花罢工工人发表演说一个月后，莫里斯在默顿开始从事"天鹅绒织造"工作。一台特殊织机被用来制造这种丝绒——莫里斯最昂贵的面料。他告诉詹妮"这面料会很华贵"。[83] 这面料叫作"格拉纳达"（Granada），是在焦橙色的背景上以金线织成的，画面极具异域风情。这个面料，只织了二十码，每码售价十英镑。

488　　1884 年 3 月 18 日，莫里斯再次站在社会主义游行队伍的前列：

> 周日，我进行了了一次观瞻活动：我本不情愿，但实际做时并不反感。简单地说，我从托特纳姆法院路出发，一路跋涉到海格特公墓。我的纽扣孔里系着一条红丝带，跟在各种各样的横幅和不太专业的乐队后面，以此表达对卡尔·马克思和巴黎公社的纪念。[84]

这一天恰好是昙花一现的巴黎公社成立的周年纪念日（该公社于 1871 年 3 月 18 日成立），也接近卡尔·马克思去世一周年纪念日。莫里斯对巴黎公社的纪念，在一定程度上，是出于对无产阶级革命者的天然亲近感。同时，这件事也使他当时不甚饱满的士气得到了鼓舞。前往海格特的游行队伍，一开始只有来自伦敦社会主义和激进组织的约一千名游行者。游行过程中，更多人聚集而来。当他们到达墓地，发现警察组成的"重兵卫队"在那里时，队伍已有三四千人了。由于警察把守，无法入内，他们只好移至"一片荒地"，在那里唱起了《国际歌》，并发表演说。莫里斯告诉詹妮："有一群家伙试图打断我们，被我们的人制止了，只损失了一顶帽子（威廉斯先生的），他们真是自不量力。"之后，他们以胜利者的姿态离开了，就"像一支皇家队伍"，两边都是警察。

　　1884 年夏天，威廉·莫里斯在伦敦民主联盟活动中扮演了关键角色。海德门下定决心，决定利用公民权改革的持续高压，将家庭权扩展到各郡。民主联盟没有组织自己的示威活动，但莫里斯参加了 7 月 21 日在海德公园举行的大型公民权集会。该集会由激进派和自由派工人组成，时间恰好安排在法案提交上议院时。这种场面，让莫里斯惊心动魄。成群结队的工人，涌上伦敦街头去游行示威。当他描述这破衣烂衫、营养不良的人群时,仍感震撼。这几乎是一种生理不适。对于他们,他惊惧而疏离——他们还不算真正意义上的"他的"人民。

在海德公园,民主联盟正在举行会议——会中会。五千名工人聚集在一起,聆听自由工会领袖约瑟夫·阿奇和亨利·布罗德赫斯特(莫里斯的老盟友)的演讲。民主联盟支起场地,海德门、H. H. 钱皮恩、杰克·威廉斯、约翰·伯恩斯向人群发表了讲话。约翰·伯恩斯出身地道的工人阶级,他黝黑的肤色和强壮的体格已然是民主联盟的代表符号。他是具有超凡魅力的演说家,尽管莫里斯评价他属于"哗众取宠的风格"。[85] 在海德公园会议上,民主联盟的发言人大肆抨击自由派领导人懦弱无能,谴责工人阶级的自由主义注定竹篮打水。随后,争吵不可避免地爆发了。人群中的一些人,将愤怒的矛头转向演讲者,声嘶力竭地咒骂,将社会主义旗帜撕成碎片,驱赶他们离开演讲地,扬言要把约翰·伯恩斯和其他人扔进蛇形湖。莫里斯虽然不是演讲者,但也是众矢之的,处境极为不利。此后,成立劳工解放联盟的工程工人萨姆·梅因沃林讲述了海德公园里发生的战斗:

> 莫里斯像勇士一样,和我们并肩战斗。在我们被带到湖边的半路上,我们站稳了脚跟。我记得,莫里斯呼吁伯恩斯快结束演讲,但伯恩斯屹然不动。对手们仍在以武力相阻,伯恩斯却说他需要一个制高点。那天,我们只带了第一本小册子《社会主义简述》。莫里斯身边放了满满一包,我们它堆成一堆,伯恩斯踏上去继续演讲。莫里斯和我们十几个人,奋力阻挡愈加愤怒的人们。我们的一些朋友认为伯恩斯以言语激怒观众的行为有些不妥,但莫里斯的意见是,必须告知他们真相,越早越好。[86]

莫里斯的描述,证实了梅因沃林的说法。他还补充了一个细节:一位民主联盟成员是个德国人,他竭尽全力把他拖到安全地带,莫里斯怒不可遏地告诉他,他是个"**老人**"。[87]

莫里斯从海德公园暴力事件中吸取教训：演讲者在有潜在危险的地方露面，周围应该安排组织有序的安保队。但他是否吸取了一些更广泛的教训？此时的莫里斯究竟在期待什么呢？经历了十八个月的社会主义运动，他是否更加笃定，在迫在眉睫的阶级斗争中，"玫瑰水"[88]式的解决方案根本无济于事？莫里斯内心并不喜欢。很多次，他都表达了坚决反对暴力的立场。但在这几个月，他开始显露出强硬态度，几乎视武装冲突为必经阶段。

490

他目睹了一场汹涌澎湃的国际自由运动，这场胜利逆转了他在海德公园示威那天所认知到的散漫无序的工人队伍印象。几个月后，他在给威廉·阿林厄姆的一封信中预言：当工人们受到教育，意识到他们自己才是社会的"有机"部分，而其他阶层不过是寄生虫，变化将如期而至：

> 当他们清楚了这一点，他们就会清除其他阶级，让人民成为国家的主人。而这一运动必须是国际性的（社会主义者信奉的是四海之内皆兄弟），但很可能英国会最先释放出灯塔信号，尽管它目前是如此落后；拥有七十万社会主义者的德国，几乎已是万事俱备；厌倦了证券金融和海盗共和国的法国，选择了进度相当的另一条线路；奥地利则随时准备推翻由犹太银行家和警察间谍组成的政府；如大家所见，美国恍然大悟，激进主义正把国家带进死胡同。每个地方的故事都有相同之处：投机者们发现这个运动格局过于壮阔，太过复杂，跟不上。[89]

在这一时期的作品中，莫里斯常用的词是"巧取豪夺""占为己有""声称断言"和"土崩瓦解"。[90] 他甚至想，要去占有和控制生产资料。他认为这是工人取得自由的关键，尽管它可能导致"毁灭和战争"。他认为，这种可能是必然的。1884 年 7 月，莫里斯在写给美国基督教社会学家罗伯特·汤普森的一封信中，切实地谈到武装问题："'宁愿放弃目标，也不要怀揣希望渡过暴力之河'——这种话万万说不得。"那条河，依然是他脑海中熊熊燃烧的影像。

民主联盟默顿修道院分会发展蓬勃。小办公楼的楼上常常举行会议。那里还有一个供工作人员使用的流动图书馆。艾玛·拉扎勒斯为此捐赠了一整卷图书，她对这座图书馆的赞美溢于言表："这些书装订精良，就像是为诗人的私人书架而备。这符合莫里斯的观点，即工人必须通过发展和培养美感，来获得进步和提升。"[91] 1884 年年初，莫里斯向部下发表了一次演讲。他告诉珍妮，演讲"大获成功"。[92] 乔因斯也在默顿修道院发表了讲话，几周后，海德门也发表了演说。他们热情招待了海德门，对此，莫里斯很是欣慰："人们相处融洽，团结一致。我希望，我们能从那里开始传播光明。"[93] 当时，现场有一位风趣的前宪章派成员——一位七十岁的老人。他说，这里让他感觉年轻了二十岁。在外围会议上，莫里斯满怀社会主义者的家长式焦虑，守护着"我们的默顿人"。[94]

1884 年 6 月 14 日，民主联盟哈默史密斯分部在凯尔姆斯科特之家成立，社会主义讯息离莫里斯的家更近了。除莫里斯外，还有十位创始人，其中最重量级的安德烈亚斯·朔伊发表了关于社会主义目标的就职演说。两周后，莫里斯随即发表简短演讲，关于"工人作为奴隶、农奴、雇佣奴的状况"，提出"社会主义是唯一的解放方式，是消除不良竞争和资本私有化弊端的唯一选择"。[95] 与联盟主体一样，分部成员社会经历复杂，其共同记忆可以追溯到 1848 年的欧洲革命和宪章运动。除了朔伊具有维也纳无政府主义经历之外，另一位哈默史密斯早期招募的成员——乔治·克雷格，从柏林社会主义组织中成长起来，当时柏林党只有九名成员。克雷格是一名老宪章主义者，也是爱尔兰鲁拉欣在无主土地上建立的合作公社的亲历者。梅写道："克雷格是身强力壮、勇敢无畏的战士，他热切关注着这场刚刚发起的运动。"[96] 他也在哈默史密斯分会会议上发表演讲，"用一种管风琴般的嗓音，有时会用胸腔发音，声如洪钟，振聋发聩"。他还会来到凯尔姆斯科特之家的花园，谈论昔日的合作社时光和颅相学——根据社会主义者的前额骨形状分析他们的性格。哈默史密斯分部的会议记录由埃默里·沃克精心保管。他是一位工艺雕刻师和排版专家，很快就成为莫里斯的密友。他们第一次见面是在火车上。在贝纳尔格林路"君主咖啡馆"举行的社会主义会议结束之后，莫里斯发现他也住在哈默史密斯，于是邀请他前来。哈默史密斯分部，又沾染了文学和藏书的气质。莫里斯再次被任命为司库。

第一波会员名单还包括"莫里斯小姐"和"J.莫里斯小姐"。莫里斯在《我是如何成为社会主义者的》一书中，为女儿们的深明大义深感自豪。而对于莫里斯夫人的缺席，我们没必要大惊小怪。从性格上看，詹妮不喜政治，不像罗莎琳德·霍华德或海伦·泰勒那样具有政治意识。丈夫对她出身阶级的过分关注，一定会让她愠怒：这也许可以解释，她为何会对威尔弗里德·斯考恩·布伦特的贵族出身反应过度。对于一个如此注重隐私而又吹毛求疵的女人来说，社会主义者入驻她的家庭，一定让她大伤脑筋，随着哈默史密斯的社会主义实验活动变成一股浪潮，她甚至时常表现得愤懑。但是在莫里斯的信中，并没有表明是社会主义让他们开始貌合神离。他默认她也有志于此，并在某种程度上很依赖她的支持。詹妮对莫里斯的"衣衫褴褛、蓬头垢面"[97]的社会主义追随者，既害怕又不屑一顾——这个画面，只是萧伯纳不怀好意的夸张渲染。詹妮讨厌萧伯纳也事出有因。因为在1885年间，梅被萧伯纳的爱尔兰魅力和豪放不羁的做派吸引，几乎不能自拔。有一次，社会主义者会议结束后用晚餐，詹妮不由分说地塞给萧伯纳两份布丁。这时的萧伯纳正饥肠辘辘，他享用完后，她说："这对你有好处，里面有羊脂。"詹妮知道萧伯纳是素食主义者。在萧伯纳和莫里斯夫人之间的微妙争斗中，这也许是她的报复手段。

在性质上，哈默史密斯支部与其他民主联盟支部不尽相同，它有种家庭气息。在这儿，莫里斯仍然拥有领主地位。室内设计和主人的双重美感，给人带来了陌生化审美体验。社会党人常说："就像住完加拿大，又去了波斯。"[98]对于那些见识不广的人来说，莫里斯的生活方式别具一格。年轻的多莉·拉德福德，曾冒着风雨去听莫里斯的演讲《我们如何生活以及可能如何生活》。她在日记中描述道,这是"一个美丽的地方"。[99]她受邀留下来吃晚饭。"他的房子很漂亮,而他的女儿梅更漂亮,难怪罗塞蒂愿意经常画她。"莫里斯兴致高涨地谈论起"许多人和事以及诗歌形式——勃朗宁、斯温伯恩、戏剧和格莱斯顿。他对格莱斯顿的看法让我相当惊讶"。她很晚才回家,浑身湿透,并且比以往任何时候都坚信"社会主义运动的庄严和美丽",对莫里斯的赞美超过了艾威林和海德门。她以诗人的身份对他做出浪漫的回应,并有很强意愿去参与这个最具文化氛围的联盟分部的活动。

493

在政治上,该分部坚持保持独立自主,并具有商榷以及拒绝执行联盟政策的权力。例如,哈默史密斯曾发布反对联盟意向声明——"所有州教会都将被废除、解散"。[100]1884 年 8 月 18 日通过的一项提案是,该分部"在举行一般会议方面,应尽快具有自主决断权"。[101]莫里斯先是在默顿,然后在哈默史密斯建立了分支机构。他开始建立新的权威,为社会主义运动写文本。此种做法,让人很难不将之视为为解决联盟日益严重的内部危机而做出的道义上的努力。

在威斯敏斯特宫商会联盟办公室,紧张局势正浮出水面。休伯特·布兰德已经意识到冲突之下暗潮涌动:"在王宫会议厅,意见分歧总是比意见统一来得多。"[102]他把这现象归因于革新精神:"此类人以超凡的智力和无畏的勇气,加入一场前所未见的、命途多舛的运动。但同时,人性的恶面——固执己见、贪慕虚荣、争强好胜、心浮气躁,也正在充分地滋生。"到 1884 年夏天,内部纷争已达到白热化程度。

最根本的争论点是关于实现社会主义的具体方法。分歧发生在两派成员之间,一派以海德门的观点为代表,是急不可待的机会主义者,他们不切实际地寄望于议会行动。另一派是更纯粹的社会主义者,他们赞同实行长期的社会动员和教育计划,造成潜移默化的影响力,从而与大众达成更广泛更深刻的共识。两个派别的这种区分与其说是阶级划分,不如说是个性使然。工人约翰·伯恩斯、杰克·威廉斯、哈里·奎尔奇和前绅士 H. H. 钱皮恩皆支持海德门议会制主张。而一板一眼、不善变通的莫里斯,属于后者的阵营。他现在是,而且以后也是议会制度的强烈反对者。从他的自身经验来看,议会机构腐败透顶,毫无改革前景可言。与莫里斯一起反对海德门的人,还有安德烈亚斯·朔伊、劳工解放联盟的约瑟夫·莱恩和贝尔福特·巴克斯。1884 年 8 月,莫里斯成为起草党的新纲领的四人委员会成员之一。这实际意味着对海德门领导地位的挑战。正如莫里斯带着胜利的喜悦之情对朔伊所说的,新草案虽然不尽完美,但"总比旧草案要好,而且不是议会式"。[103]

导致他们分崩离析的另一原因是海德门的外交理念。莫里斯很早就注意到,海德门是社会主义和沙文主义的危险混合体。早些时候,民主联盟对英国占领埃及一致持谴责态度,莫里斯和海德门共同撰写了一篇文章,文中他们将这次军事行动斥为"债券持有人之战"。但在 1884 年,在营救被困喀土穆的戈登将军的问题上,他们开始分道扬镳。海德门隐藏的爱国主义情绪和他的"沙文主义本性"显露出来。他认为,必须向陷入困境的戈登将军施以援手,同时不排除恢复军事行动的可能性。莫里斯则提出提案,并在联盟的每周例会上获得全票通过,即反对任何"以营救戈登将军为借口"[104]的新远征行动。在接下来的几个月里,海德门的"民族主义倾向"[105]变得更加极端。

随着民主联盟不可避免地走向内部分化,马克思主义的继承变得更加盘根错节。恩格斯尽忠竭力地照料着马克思的家庭,他时刻牵挂着马克思最小的女儿爱琳娜——他心爱的"图西"现在快年满三十了,已是民主联盟的成员。1884 年夏天,她宣布与爱德华·艾威林"自由结婚"。艾威林是科学家和自由思想家,世俗主义运动的领军人物(因性绯闻和经济欺诈而名声在外)。艾威林现已成为民主联盟成员。恩格斯认为,海德门是妄自尊大的冒险分子,妄图掌控整个英国社会主义以及马克思时代余留下来的精兵强将。1884 年 6 月,他悲愤交加地写信给卡尔·考茨基:

海德门正企图全权**控制**这里的小规模运动……他是有钱人，而且还有莫里斯这位腰缠万贯的艺术家及没有政治才华的政治家所提供的资源……海德门妄想成为唯一的掌控者……海德门是善于经商的生意人，但也是冷血严肃的典型英国人。他的虚荣心远超其才华和天赋。巴克斯和艾威林本可大展宏图，但一切都化为泡影。靠这些文学家孤军奋战，无法成就任何大业。群众不愿跟随拥护他们。[106]

495

如果说恩格斯对海德门的态度很刻薄，那么此时的莫里斯有过之而无不及。莫里斯与海德门曾密切合作。毕竟，他们是《社会主义原理概述》和《民主联盟手册》（这本手册的封面设计就像布满柳叶和藤蔓的北牛津壁纸）的联合作者。但是，就像对托马斯·沃德尔一样，工作关系越亲密无间，莫里斯对这种关系的排斥就越激烈，那几乎就是一种无法抑制的生理厌恶。他对海德门的心灰意冷，在1883年夏天第一次表现出来。当时，他写信给乔治亚娜，谈到了海德门的机会主义："你知道，我并不乐观。我认为社会主义者的坚定目标应该是建立一种信仰。为成就此目标，丝毫不能软弱和妥协。我们只想与那些愿意和我们走到最后的人并肩前行。"[107]到了第二年3月，莫里斯对海德门的质疑，演变成了对他道貌岸然姿态的憎恨。在前往卡尔·马克思墓前的那天，莫里斯发觉他"虚空到了极点"。[108]不只是莫里斯有所醒悟，对莫里斯在联盟内的支持者们来说，海德门更像绊脚石。

为了大局，莫里斯竭力抑制积愤。6月，他对乔治亚娜说："不能因为军士有时酩酊大醉，长官经常咒天骂地，我就不管不顾地离开，这样做不合我的理性。"[109]他审时度势："不可否认，一旦民主联盟面临瓦解，对我而言是难以承受之重——尽管在战争乱世中，这几乎不值一提。"7月，他将欧内斯特·贝尔福特·巴克斯请到哈默史密斯，请求他"要更'讲究策略'"[110]，以防其内部纠纷使联盟公信力受损。莫里斯给朔伊写信说："我还不能放弃锻造社会主义政党的希望。这件事要在我们当下这个时代立即行动,不是仅在私人房间里进行空中楼阁式的理论探讨,而是要将我们的远大理想渗透至有教养的人群中。"莫里斯要的不是议会党,他希望成立的"政党",是真正具有公共影响力的人的联合。在英国左翼政治的边缘,这种希望不断浮现。

496　　对于联盟的分裂,莫里斯主要担忧的是,如果分裂成真,他就要成为比海德门更受欢迎的领导人:"如果我在党内(如果可称之为政党的话)有任何影响力,那是因为我光明磊落,而不是野心勃勃。而我希望这两种假设都有可能。"[111]历史上充斥着这样的政客:他们本对权力淡然置之,而一旦有机会,他们就会立刻篡位夺权。莫里斯却并非如此。他这一时期的信件显示,在接替领导位置时他不情不愿。因为他觉得自己既没有做好准备,也不适合这项任务。他在给朔伊的信中写道:"我有自知之明,可以肯定,我还不适合做掌舵人,至少不是现在……我还没有把与工人阶级成员联结的纽带攥在手中,而且我也没读到想读的东西。"莫里斯对日复一日的政治动荡是如何让他难以专注的深有感触。"我的习惯,"他解释说,"是心无旁骛,笃学不倦,如果我过于追逐'政治'——也就是权术,那么作为作家,我对圣道就毫无用处。"他认为自己真正的价值在于幕后,如此才能以更广阔的视野来看待问题。

　　8月初,在海德公园示威游行之后,民主联盟召开了一次激烈的内部会议。会上,该党更名为社会主义民主联盟(SDF),同时,海德门被接替。莱恩和朔伊认为,一个真正的民主党派,主席应是接任制,而非个人权力高度集中。海德门提名由莫里斯接替他,莫里斯不出意料地拒绝了。执行委员会中反对海德门的派系,因约瑟夫·莱恩、爱德华·艾威林和爱琳娜·马克思·艾威林(她现在如此称呼自己)的当选而日益强大。王宫会议室的会议基调发生了转变,变得更雷厉风行,甚至转向了女权主义。莫里斯饶有兴趣地看着这种变化。他问朔伊:"你觉得艾威林太太当权,会怎么样?"[112]他隐约觉得,和平解决的希望愈加渺茫。8月刚过去两周,他写道:"恐怕我们的麻烦才刚刚开始。"[113]这时,他想在凯尔姆斯科特休养两天,因为他在草地上滑了一跤,扭伤了脚踝。受伤后,痛风又复发了。以"两小时一英里"的速度,他从王宫会议室一瘸一拐地走下楼。

萧伯纳,这名冷眼旁观者,现已是新成立的费边社一员。1884 年 10 月,他对海德门党和马克思·艾威林派之间的内部斗争详加表述:

> 在王宫会议厅,我们总是处于激烈冲突、秩序紊乱(如果有秩序的话)、倨傲无礼当中。我们对世界上两周内左右发生的翻天覆地的事,进行模糊的猜测。艾威林……此时正接受着锤炼。他过去的人际交往,以及在爱琳娜·马克思的问题上对格伦迪夫人的藐视,让他的个人发展陷入停滞。现在,几乎全世界都不待见他,他也被排除在了《正义》管理层之外。[114]

497

他描述了这样一幅画面:莫里斯在海德门和艾威林之间斡旋,"举棋不定",表现出一种无所适从的公共立场。但他的私信显示,他知道情况已无法挽回。这场危机正在演变成海德门和他自己之间的一场交锋。10 月,他受邀与艾威林一起重新起草联盟宣言。他对未来感到不寒而栗:"面对挑战,我胆战心惊。"[115] 12 月初,他对海德门的野心谋略瞠眼咋舌:"他有望今生成为首相,我真的要信以为真了。"[116]

二十世纪三十年代,梅在回顾这一事件时强调了它给莫里斯带来的痛苦。"有些人,"她写道,"会认为内部争斗让人兴奋,但我父亲最不喜欢这样的生活。"[117]莫里斯的确相当抑郁。可能,通过莫里斯在信中所引用的福斯塔夫的观点[118],我们能够窥见社会主义者之间的纷争状态:叹息和悲伤,会让人像气球一样爆炸——他对自己过于肥胖的身材,还有所自知。但无论是梅,还是后来那些对"亲爱的老莫里斯"的传奇满怀兴趣的人,都不会理解他当时为何那样漠然。他不寻求争吵,但一旦发生争执,就会以坚定目标和强烈愤慨去追究——就像他在莫里斯-马歇尔-福克纳公司解散时所做的那样。如果他能更早从政,他可能会成为很有魄力的领导者。

　　12月中旬,莫里斯在苏格兰进行了为期四天的社会主义巡回演讲。动荡的两年间,他依然保留着对景色的敏锐审美感知,对不期然的相遇充满惊喜。在他乘坐的从纽黑文到爱丁堡的公共马车上,坐满了带孩子的苏格兰渔妇。这些渔妇"并不像克里斯蒂·约翰逊[原文如此]那样漂亮"。[119]在查尔斯·里德的小说《克里斯蒂·约翰斯通》(1853)中,渔夫的女儿克里斯蒂·约翰逊救了一位溺水的艺术家,并与之步入婚姻殿堂。这位女主人公正是莫里斯的最爱。这些苏格兰女性都"干净整洁,穿着鲜艳的印花外衣"。然而,他经过的城市景象并不那么令人振奋。莫里斯认为,爱丁堡和格拉斯哥的房屋建筑标准"糟糕之极","总之,苏格兰的任何房子都是如此"。他认为苏格兰建筑相当简陋,形容它们"相当粗糙、**原始**"。

　　莫里斯在爱丁堡和格拉斯哥做了讲座。安德烈亚斯·朔伊现住爱丁堡。他试图找一份家具设计师工作,同时进一步发展对耶格产品的兴趣。古斯塔夫·耶格博士的理论认为,羊毛质地的衣服和床上用品,要比棉质或亚麻更健康。这一说法获得了英国先锋派知识分子的吹捧。几周前,莫里斯写信给朔伊说:"我不知道当你听到奥斯卡·王尔德对耶格产品爱不释手的消息,是感到惊喜,诧异,还是不可思议?"[120]萧伯纳终其一生都是耶格衣的追随者。在爱丁堡的朔伊,也在积极投身社会主义政治运动。他和一位年轻的苏格兰工程师约翰·林肯·马洪,成立了苏格兰土地与劳工联盟(SLLL)。这个组织隶属社会主义民主联盟,在爱丁堡并没有分支机构。但它形式上的独立,引起了海德门的勃然大怒,他认为这无异是一种分裂——正如莫里斯之预见,以及对朔伊之事前警告。彼时及此后,英国社会主义者便对苏格兰的激进主义毫无共鸣——至少在1892年凯尔·哈迪通过威斯敏斯特宫走上权力道路之前是如此;他是艾尔郡矿工出身的记者,当年进入议会时还戴着一顶布帽。

　　1884年12月13日,莫里斯向处于起步阶段的苏格兰土地与劳工联盟发表了讲话。在皮卡第广场的SLLL俱乐部,举办了题为《苦难与出路》的演讲。在那里,一位爱丁堡商人慷慨解囊,资助朔伊将一层住宅改造成会议厅。莫里斯对俱乐部"高品位的装饰，以及独具匠心的藤面座椅"[121]赞赏有加。布鲁斯·格莱西尔是一位来自格拉斯哥的建筑制图师，苏格兰农场主的儿子，千里迢迢从格拉斯哥赶来听莫里斯演讲。格莱西尔是莫里斯最为忠实的社会主义信徒，也是社会主义民主联盟格拉斯哥分部的创始人。令人惊讶的是，很多社会主义活动家都很年轻：比如，马洪，苏格兰土地与劳工联盟的联合创始人，只有十八岁。格莱西尔遇见莫里斯时，只有二十五岁，热切而天真。在这段岁月里，他给莫里斯留下了铭心的记忆："他身上似乎有一种光芒，就像我们看到一个漂亮的孩子走进房间，会眼前一亮。"

格莱西尔凝望着讲台上的莫里斯：

　　他以一种光彩四射的方式，让自己全身心地敞开在观众面前。面对听众时，他总是打开自己，侃侃而谈，这一点我回想起来由衷惊叹。他坐下时，宽阔的肩膀总是向后舒展，两膝自然地伸开。双臂空闲时，手便放在膝盖上或桌子上。他那宽松简洁的衬衫、蓬乱的头、永不安分的动作、左摇右摆的身姿，平添了他的声华行实之感。那时，他已经五十一岁了，岁月似乎才刚开始在他的面容上留下痕迹。他那华美的深色鬈发和光亮润滑的须髯逐渐变得灰白。他的头颅，有狮子一般的气质。这不仅是因为他蓬乱的头发，还因为他光洁的前额给人以力量感。尤其是在养精蓄锐时，他的双眸会迸发出洞隐烛微、神游物外似的光芒，似乎注视着更遥远、更难以企及的事物——这正是森林之王的神采。面相学家们无疑会说，莫里斯狮子般的外貌，表明他具有同样的意识、力量、无畏感，以及同样伟大的行动本能。正是这些特质，让狮子显现出非凡的王者姿态。我还注意到——但直到后来我才意识到，这是他根深蒂固的习惯——他的双手，乃至他的整个身体，总处于躁动状态，仿佛精力过剩一般。

莫里斯很满意于自己的欢迎度。他告诉珍妮，小会议室已经"人满为患",他们"又钓到了两名新成员。我知道你会嫌少,但爱丁堡的事就是这样缓慢"。[122]第二天,他前往格拉斯哥,在圣安德鲁大厅的格拉斯哥礼拜天协会发表题为《艺术与劳动》的演讲。那天,天气很恶劣,但在格拉斯哥最宽敞明亮的大厅里,莫里斯的演讲竟聚集了大约三千名观众。据格莱西尔称,莫里斯曾说,讲台周边满是"热切而聪颖的面孔"[123],其中一些是大学和艺术学院的学生、艺术家和文学人士,但绝大多数是格拉斯哥的工匠。在大厅里,他有更多的空间来施展身手。他阅读着他的演讲稿,"或更确切地说,是背诵"。他目不转睛地盯着文本,时不时地拿着手稿走来走去,举止"像个学生"。有时,他会停下来,抛开文本,以更亲和的"面对面"的方式与观众交谈。

演讲结束后,莫里斯与格拉斯哥社会主义民主联盟成员一道,包括格莱西尔,来到会议室。会议室位于沃森街,一间离加洛门不远的低矮仓库内。莫里斯此行的目的,是削弱海德门的影响。在海德门最近访问格拉斯哥时,他一直在诋毁苏格兰土地与劳工联盟和安德烈亚斯·朔伊。然而,当格拉斯哥社会主义民主联盟秘书 W. J. 奈恩在伦敦向十几名聚集成员宣读了一封海德门的信,信中再次抨击朔伊,那一刻,莫里斯成为爱丁堡和格拉斯哥之间调解人的希望破灭了。起初,莫里斯说了一番很外交的话。但奈恩随即发起攻击,剑指莫里斯:"莫里斯同志真正接受马克思价值理论吗?"[124]而莫里斯的回答很不老练:"有人问我是否相信马克思价值理论。坦率地说,我对马克思的价值理论一无所知。如果我想知道,就见鬼了。"这句话被引用或被断章取义,以证明莫里斯对马克思主义经济学的无知,以及他对政治缺乏大局观念。但从莫里斯的演讲和书信中可以明显看出,他其实对马克思的价值理论理解准确,虽然他没有将其视为社会主义思想的全部。如果把他这句话当作深思熟虑的声明,那是愚蠢的;这无疑就是一个心力交瘁、脾气暴躁的中年人对一个严肃 委员会成员的条件反射式反应,是被激怒后失控的表现。

然而,冲突已一发不可收拾。从格拉斯哥回来后,莫里斯向离开伦敦的詹妮愤怒地描述了此事:"当我到了北部,发现海德门的行为如此龌龊,我决心不再忍受……事实是,他就是一个道貌岸然的流氓……现在的问题是,我们应该退出社会主义民主联盟,还是与海德门割席分坐:我们现在正为名字的所有权而战,争取那些不了解真相的老实人的支持……所有这一切,都是令人讨厌的工作。不过,终于能一吐为快,也是件好事。"[125]

第一天冲突对峙发生在 12 月 16 日。在社会主义民主联盟正式会议之前,莫里斯召集了他所谓的"密谋团"。其中包括约瑟夫·莱恩、艾威林夫妇、巴克斯、萨姆·梅因沃林、罗伯特·班纳、W. J. 克拉克和来自爱丁堡的煽动者约翰·马洪——如果必要,他将与海德门直接翻脸。莫里斯对朔伊说:"艾威林和所有人都做好了战斗准备:他们誓愿协力同心,我们也当全力以赴。"[126]海德门的主要支持者 H. H. 钱皮恩、哈里·奎尔奇、杰克·威廉斯、詹姆斯·默里、赫伯特·伯罗斯和约翰·伯恩斯,已经在王宫会议室地下室就位。莫里斯写道:"我们进来时,每个人都觉得要变天了。海德门,起先就是大领导。"就像政治风云中常出现的那样,这次会议以一个边缘问题为由头。海德门要求开除执行委员会成员 W. J. 克拉克,他指责克拉克是无政府主义者。

这是一场典型的王宫会议厅的内部骚乱,会议以七票赞成开除克拉克、九票反对的结果告终。"密谋团"含蓄地表达了对海德门的不满,但海德门对此心知肚明。莫里斯将这次会面视为他们的首次胜利。他如释重负地写信给安德烈亚斯·朔伊:"终于不用再和海德门握手了,谢天谢地。"[127]

又一次的戏剧性场景发生在 12 月 23 日。莫里斯的"密谋团"从爱丁堡秘密召回朔伊,来参加这次会议。会议从傍晚一直持续到午夜。这次,人们唇枪舌剑地表达了对朔伊和海德门的质疑,但没有得出任何明确结论。莫里斯对这些事的发生,感到心灰意冷。他在给乔治亚娜的信中写道:"昨天晚上,一切都像我预料的那样糟糕,这种事很少发生……这是一种堕落,只有朔伊能面对海德门的指责,为争论带来一丝光亮,有礼有节地自我辩护。除此之外,不过都是诽谤中伤,夹杂着忧郁但对我

501

来说又令人同情的信仰表露。"[128]莫里斯现在正处于全身而退的边缘，他认为自己必然无法胜任领导职位。在此境遇下，他又躲避到向往简单乡村生活的熟悉心境中。在圣诞节前那些坐立不安的日子里，他前往北部的切斯特菲尔德，与爱德华·卡彭特探讨分裂的可能性后果。此刻，在他看来，卡彭特所描述的德比郡米尔索普的简朴生活，简直就是终极梦想：

> 我满怀憧憬听他讲述那块七英亩的土地。他说，他和同伴们几乎可以以此为生。他们自己种植小麦，把鲜花和水果送到切斯特菲尔德和谢菲尔德的市场。这些听起来都很美好。在我看来，真正享受生活的方式，便是接纳生活中所有必要的普通细节，并将它们转化为乐趣——而现代文明却以浑噩的方式，把生活弄得一团糟，直到将其变成真正的苦差事。而我认为，在美好的愿景中，体面的社区正是让我们摆脱人事纷争和社会败坏的庇护所。但我现在垂垂老矣，即便它并非遥不可及。[129]

502　　　圣诞节那天，混沌之中出现一道微光，莫里斯引用布莱克的话来评述自己：

> 与朋友动怒，
> 要让怒火平息。
> 与敌人动怒，
> 但凭怒火蔓延。[130]

I was angry with my friend
I told my wrath my wrath did end:
I was angry with my foe;
I told it not: my wrath did grow

在节礼日,他写信给母亲,为圣诞节迟来的信而道歉。他说,过去的一周忙得不可开交,但没有透露具体在忙什么:"我做了很多工作,而且是让人厌烦的那种工作。"[131]

1884年12月27日,斗争终于结束了。海德门召集的与会者挤满了王宫会议厅。会议于六点开始,十点半结束。隶属社会主义民主联盟但被海德门视为潜在对手的劳工解放联盟成员,被阻挡在主委会会议室外。按照莫里斯的说法,"大家讲个不停,大部分人都站在海德门那边,因为海德门与这些支持者拉帮结伙。他们说得天花乱坠,却根本不知道吵的是什么。最后,H. 做了一个很长但又巧妙的律师式演讲。这一切做派,就像在下议院一样。也许有些不太一样,因为从一开始,双方代表就已经决定了如何投票"。[132]最后的投票结果,是十比八,莫里斯的"密谋团"领先两票。

随后,莫里斯的举动出人意料。说了几句明哲保身的话后,他宣读了一份辞职声明,然后和他的支持者们庄重地离开了王宫会议厅。现场一片哗然。海德门的许多支持者竟纷纷倒戈,随莫里斯离去。他们向莫里斯澄清,跟随海德门绝非本意。情绪多变的杰克·威廉斯——这个在济贫院长大的工人——在莫里斯面前泪流满面。

作为多数派,莫里斯当然有理由坚持自己的立场。但如果耐心地纠正偏差,他本可以去除社会主义民主联盟中的海德门主义。莫里斯受到了批评,怪罪他在英国早期社会主义出现分化时缺乏长远的战略意识。莫里斯估摸,社会主义民主联盟成员在伦敦时有四百人。到1884年年底,在各郡有一百人。而当莫里斯组建了一个与之竞争的团体——社会主义同盟时,社会主义民主联盟人数必然会因受到冲击而减少。之所以如此,是因为莫里斯认为重新规划社会主义方针已迫在眉睫——海德门推行的政策声名狼藉,他诡计多端,已给社会主义带来了不好的名声。但莫里斯又讨厌繁文缛节,厌恶无尽的提议和修正。萧伯纳把莫里斯身上的专断倾向看得明明白白。二十世纪三十年代,他后知后觉地写道:"莫里斯和后来的墨索里尼和希特勒一样清楚这一点:没有任何事,可以

503

通过这样的方式达成。"[133]尽管如此,莫里斯还是忧心忡忡。圣诞节后几天,科梅尔·普赖斯在哈默史密斯看到了他,"威廉·莫里斯对社会主义者之间的分裂感到极度不安,'感觉就像一只狗,尾巴上绑着锡壶'"。[134]

他一直忽视默顿的事。尽管在社会主义的两年动荡期,他在必要之时继续提供设计,但他实际已把默顿修道院的日常管理工作委托给了乔治·沃德尔,正如他已把公司的伦敦业务交给了史密斯兄弟。这时,菲利普·韦伯从意大利来信,对莫里斯的处境深表同情。他谏言,莫里斯应把艺术创作当作必要出口:"只有你转而投入默顿修道院的工作,才会感到心安神定。"[135]某些细节表明,莫里斯很认同他说的话。12月28日,是社会主义同盟举行就职典礼的前一天。莫里斯在默顿,从窗外"冬季花园"[136]的景色中汲取力量。此刻,劳作的工人正将印花棉布铺展于晒场。莫里斯心灵上的休憩,往往源自日常湍流中的闲情雅致。

注释

[1]《威廉·莫里斯作品集》"导言"。

[2]麦凯尔,《威廉·莫里斯的一生》。

[3]休伯特·布兰德,《星期日纪事报》(*Sunday Chronicle*),1895年5月26日。

[4]威廉·莫里斯致安德烈亚斯·朔伊的信,1883年9月15日。

[5]F. S. 埃利斯致J. W. 麦凯尔的信,1896年10月16日,麦凯尔笔记本,威廉·莫里斯陈列馆。

[6]威廉·莫里斯,《我是如何成为社会主义者的》,《正义》,1894年6月16日。

[7]托马斯·奥基,《一篮子回忆》,J. M. 登特,1930年。

[8]《民族报》(*Nation*)评论,1911年,重刊于G. 萧伯纳的《钢笔肖像画与评论》(*Pen Portraits and Reviews*),康斯特布尔,1932年。

[9]弗里德里希·恩格斯致弗里德里希·阿道夫·佐尔格(Friedrich Adolph Sorge)的信,1881年12月13日,《马克思恩格斯书信选集》(*Selected*

Correspondence of Marx and Engels），劳伦斯和威沙特，1936 年。

［10］卡尔·马克思致奥古斯特·倍倍尔的信，1883 年 8 月 30 日，同上。

［11］爱德华·卡彭特，《我的日子和梦想》，乔治·艾伦和昂温，1916 年。

［12］威廉·莫里斯致无名记者的信，1884 年 1 月 8 日。

［13］爱德华·皮斯的家书，引述自诺曼和珍妮·麦肯齐，《最早的费边人》（*The First Fabians*），韦登菲尔德和尼科尔森，1977 年。

［14］威廉·莫里斯致威廉·詹姆斯·林顿的信，1883 年 10 月 26 日。

［15］威廉·莫里斯，《希望的朝圣者》，1885 年–1886 年。

［16］威廉·莫里斯，《生活之美》，1880 年讲座。

［17］威廉·莫里斯，《我是如何成为社会主义者的》。

［18］科梅尔·普赖斯日记，1882 年 4 月 11 日，普赖斯家族藏品。

［19］威廉·莫里斯，《我是如何成为社会主义者的》。

［20］《威廉·莫里斯：艺术家、作家、社会主义者》。

［21］威廉·莫里斯致安德烈亚斯·朔伊的信，1884 年 8 月 20 日。

［22］威廉·莫里斯致埃利斯和怀特出版社的信，1883 年 8 月 14 日。

［23］威廉·莫里斯致珍妮·莫里斯的信，1883 年 9 月 4 日。

［24］威廉·莫里斯致 F. S. 埃利斯的信，1883 年 5 月中旬。

［25］威廉·莫里斯致珍妮·莫里斯的信，1883 年 5 月 19 日。

［26］爱德华·伯恩-琼斯，麦凯尔笔记本，威廉·莫里斯陈列馆。

［27］威廉·莫里斯致 C. E. 莫里斯的信，1883 年 7 月 1 日。

［28］威廉·莫里斯，《艺术与社会主义》，1884 年讲座。

［29］伊莎贝尔·梅雷迪斯，《无政府主义者中的一个女孩》，达克沃思，伦敦，1903 年。

［30］爱德华·卡彭特，《我的日子和梦想》。

［31］萧伯纳，《我所认识的莫里斯》（1936），《威廉·莫里斯：艺术家、作家、社会主义者》。

［32］H. M. 海德门，《冒险生活记录》。

［33］同上。

［34］萧伯纳，《我所认识的莫里斯》。

［35］威廉·莫里斯致珍妮·莫里斯的信,1883 年 5 月 19 日。

［36］《威廉·莫里斯:艺术家、作家、社会主义者》。

［37］亨利·索尔特,《在野蛮人中的七十年》,乔治·艾伦和昂温,1921 年。

［38］斯蒂芬·温斯滕,《索尔特和他的圈子》,哈钦森公司,1951 年。

［39］《威廉·莫里斯:艺术家、作家、社会主义者》。

［40］威廉·莫里斯致乔治·萧伯纳的信,1884 年 7 月 8 日。

［41］威廉·莫里斯致珍妮·莫里斯的信,1883 年年初。

［42］萧伯纳,《我所认识的莫里斯》。

［43］《威廉·莫里斯:艺术家、作家、社会主义者》。

［44］乔治娜·赛姆和弗兰克·尼科尔森(Frank Nicholson),《勇敢的精神》(*Brave Spirits*),私人印刷,1952 年。

［45］威廉·莫里斯致约翰·林肯·马洪的信,1884 年 5 月 20 日。

［46］威廉·莫里斯致珍妮·莫里斯的信,1883 年 1 月 9 日。

［47］威廉·莫里斯致珍妮·莫里斯的信,1883 年 3 月 14 日。

［48］威廉·莫里斯致《曼彻斯特观察家报》编辑的信,1883 年 3 月 14 日。

［49］威廉·莫里斯致珍妮·莫里斯的信,1883 年 3 月 14 日。

［50］威廉·莫里斯致查尔斯·福克纳的信,1883 年 10 月 23 日。

［51］约翰·罗斯金致威廉·莫里斯的信,1882 年 4 月 24 日,大英图书馆。

［52］威廉·莫里斯,《财阀统治下的艺术》(原名《艺术与民主》),1884 年讲座。

［53］麦凯尔,《威廉·莫里斯的一生》。

［54］威廉·莫里斯致 W. T. 斯特德的信,1883 年 11 月 16 日。

［55］威廉·莫里斯致乔治亚娜·伯恩-琼斯的信,1883 年 11 月 27 日。

［56］威廉·莫里斯致《旗帜报》编辑的信,1882 年 11 月 21 日。

［57］沃尔特·克兰,《艺术家的回忆》,梅休因公司,1907 年。

［58］同上。

［59］科梅尔·普赖斯日记,1884 年 1 月 3 日,普赖斯家族藏品。

［60］未经确认的条目,麦凯尔笔记本,1884 年 4 月 2 日,威廉·莫里斯陈列馆。

［61］威廉·德·摩根，麦凯尔笔记本，威廉·莫里斯陈列馆。

［62］威廉·莫里斯致阿尔杰农·查尔斯·斯温伯恩的信，1883 年 11 月 17 日。

［63］阿尔杰农·查尔斯·斯温伯恩致威廉·莫里斯的信，1883 年 11 月 21 日，朗。

［64］科梅尔·普赖斯日记，1884 年 1 月 6 日，普赖斯家族藏品。

［65］《爱德华·伯恩-琼斯回忆录》。

［66］H. M. 海德门，《冒险生活记录》。

［67］沃尔特·克兰，《艺术家的回忆》。

［68］《爱德华·伯恩-琼斯回忆录》。

［69］威廉·莫里斯致乔治亚娜·伯恩-琼斯的信，1883 年 8 月 21 日。

［70］威廉·莫里斯致乔治亚娜·伯恩-琼斯的信，1883 年 9 月。

［71］威廉·莫里斯致托马斯·科格兰·霍斯福尔的信，1883 年 10 月 25 日。

［72］威廉·莫里斯致克拉拉·里士满的信，1883 年 12 月 29 日。

［73］威廉·莫里斯致珍妮·莫里斯的信，1883 年 9 月 4 日。

［74］《社会主义者颂歌》，1885 年。

［75］《威廉·莫里斯：艺术家、作家、社会主义者》。

［76］F. S. 埃利斯，《威廉·莫里斯的一生》，演讲，1898 年 5 月 10 日，《艺术学会杂志》，1898 年 5 月 27 日。

［77］《威廉·莫里斯：艺术家、作家、社会主义者》。

［78］《正义》，1884 年 1 月 19 日。

［79］杰克·威廉斯，《正义》，1914 年 1 月 15 日。

［80］《威廉·阿林厄姆日记：1824-1889》，1884 年 7 月 26 日。

［81］威廉·莫里斯致珍妮·莫里斯的信，1884 年 1 月 16 日。

［82］威廉·莫里斯致詹姆斯·麦克唐纳的信，《我是如何成为社会主义者的》，《正义》，1896 年 7 月 11 日。

［83］威廉·莫里斯致詹妮·莫里斯的信，1884 年 3 月 18 日。

［84］威廉·莫里斯致詹妮·莫里斯的信，同上。

［85］威廉·莫里斯致安德烈亚斯·朔伊的信，1884 年 12 月 17 日。

［86］萨姆·梅因沃林,《自由》,1897 年 1 月。

［87］威廉·莫里斯致安德烈亚斯·朔伊的信,1884 年 7 月 26 日。

［88］威廉·莫里斯致托马斯·沃德尔的信,1878 年 3 月 8 日。

［89］威廉·莫里斯致威廉·阿林厄姆的信,1884 年 11 月 26 日。

［90］威廉·莫里斯致罗伯特·汤普森的信,1884 年 7 月 24 日。

［91］艾玛·拉扎勒斯,《与威廉·莫里斯在萨里的一天》,《世纪画报》, 1886 年 7 月。

［92］威廉·莫里斯致珍妮·莫里斯的信,1883 年 11 月 5 日。

［93］威廉·莫里斯致珍妮·莫里斯的信,1884 年 1 月 26 日。

［94］威廉·莫里斯致珍妮·莫里斯的信,1884 年 1 月 16 日。

［95］哈默史密斯分部会议记录,1884 年 6 月 14 日,大英图书馆。

［96］《威廉·莫里斯:艺术家、作家、社会主义者》。

［97］萧伯纳,《我所认识的莫里斯》。

［98］玛格丽特·麦克米伦(Margaret McMillan),《蕾切尔·麦克米伦的生 活》(*The Life of Rachel McMillan*),J. M. 登特,1927 年。

［99］多莉·拉德福德,日记手稿,1884 年 11 月 30 日,威廉·安德鲁斯· 克拉克纪念图书馆,加利福尼亚大学洛杉矶分校。

［100］哈默史密斯分会会议纪要,1884 年 9 月 3 日,大英图书馆。

［101］哈默史密斯分会会议纪要,1884 年 8 月 18 日,大英图书馆。

［102］休伯特·布兰德,《星期日纪事报》,1895 年 5 月 26 日。

［103］威廉·莫里斯致安德烈亚斯·朔伊的信,1884 年 8 月 13 日。

［104］《正义》,1884 年 1 月 26 日。

［105］社会主义联盟宣言,《公共福利》,1885 年 2 月。

［106］弗里德里希·恩格斯致卡尔·考茨基的信,1884 年 6 月 22 日,《马 克思和恩格斯 1846-1895 年书信》,劳伦斯和威沙特,1934 年。

［107］威廉·莫里斯致乔治亚娜·伯恩-琼斯的信,1883 年 8 月 26 日。

［108］威廉·莫里斯致詹妮·莫里斯的信,1884 年 3 月 18 日。

［109］威廉·莫里斯致乔治亚娜·伯恩-琼斯的信,1884 年 6 月 1 日。

［110］威廉·莫里斯致安德烈亚斯·朔伊的信,1884 年 7 月 9 日。

[111] 威廉·莫里斯致安德烈亚斯·朔伊的信,1884 年 7 月 18 日。

[112] 威廉·莫里斯致安德烈亚斯·朔伊的信,1884 年 8 月 18 日。

[113] 威廉·莫里斯致安德烈亚斯·朔伊的信,1884 年 8 月 13 日。

[114] 乔治·萧伯纳致安德烈亚斯·朔伊的信,1884 年 10 月 26 日,《萧伯纳书信集(1874-1950)》。

[115] 威廉·莫里斯致安德烈亚斯·朔伊的信,1884 年 10 月 8 日。

[116] 威廉·莫里斯致安德烈亚斯·朔伊的信,1884 年 12 月 6 日。

[117] 《威廉·莫里斯:艺术家、作家、社会主义者》。

[118] 威廉·莫里斯致未知收件人的信,1884 年 12 月(?)。

[119] 威廉·莫里斯致珍妮·莫里斯的信,1884 年 12 月 14 日。

[120] 威廉·莫里斯致安德烈亚斯·朔伊的信,1884 年 10 月 8 日。

[121] J.布鲁斯·格莱西尔,《威廉·莫里斯和早期社会主义运动》,朗文-格林公司,1921 年。

[122] 威廉·莫里斯致珍妮·莫里斯的信,1884 年 12 月 14 日。

[123] J.布鲁斯·格莱西尔,《威廉·莫里斯和早期社会主义运动》。

[124] 同上。

[125] 威廉·莫里斯致詹妮·莫里斯的信,1884 年 12 月 18 日。

[126] 威廉·莫里斯致安德烈亚斯·朔伊的信,1884 年 12 月 17 日。

[127] 威廉·莫里斯致安德烈亚斯·朔伊的信,1884 年 12 月 18 日。

[128] 威廉·莫里斯致乔治亚娜·伯恩-琼斯的信,1884 年 12 月 24 日。

[129] 同上。

[130] 威廉·莫里斯致詹姆斯·乔伊斯的信,1884 年圣诞节。

[131] 威廉·莫里斯致艾玛·谢尔顿·莫里斯的信,1884 年 12 月 26 日。

[132] 威廉·莫里斯致乔治亚娜·伯恩-琼斯的信,1884 年 12 月 28 日。

[133] 萧伯纳,《我所认识的莫里斯》。

[134] 科梅尔·普赖斯日记,1885 年 1 月,普赖斯家族藏品。

[135] 菲利普·韦伯致威廉·莫里斯的信,1885 年 2 月 3 日,国家艺术图书馆。

[136] 威廉·莫里斯致乔治亚娜·伯恩-琼斯的信,1884 年 12 月 28 日。

第十五章　法灵顿路(一)(1884-1887)

　　一个星期六的晚上,莫里斯带领一小群社会主义者"来到荒郊野外"——爱德华·卡彭特如是说。接下来的星期一,也就是 1884 年 12 月 29 日,他在法灵顿街 37 号为新机构找了临时住所——又回到了熟悉的伦敦破烂地,即克拉肯韦尔和霍尔本之间局促的车间和办公室。他对乔治亚娜说:"今早我为社会主义同盟租了一间陋室,并签批订购了适量温莎椅和一张餐桌。"[1]他觉得自己就像一只"熊幼崽",面对着摊在眼前的一堆麻烦事。他安心释然,又有稍许担忧。他预见到这个新机构"在未来的一段时间将只是个小机构"。

　　社会主义同盟于 12 月 30 日正式成立。全新的挑战已在地平线上初显,莫里斯跟随自己的节奏,状态饱满地向前推进。新年那天,他和 E. 贝尔福特·巴克斯在哈默史密斯的凯尔姆斯科特之家里奋笔撰写宣言。此时,科梅尔·普赖斯前来共进晚餐,他听到从莫里斯书房里传来的"热烈讨论"在整座房子里回荡,而詹妮和女孩们则在楼上起居室里"貌似很消沉"——珍妮的健康状况让人再次忧心。[2]普赖斯在日记中写道:"最后,托普和他的伙伴巴克斯———一位有趣、勤勉、面色格外苍白的人达成共识。巴克斯留下一些高见便离开了。我和威廉·莫里斯就新社会主义前景继续促膝长谈。"让他惊叹的是:莫里斯对这份正气凛然的宣言——社会主义同盟为之奋斗的《公共福利》志在必得。但他向科梅尔坦言,英国坚定的社会主义者仍然很少。科梅尔回到格兰奇,在那里,他和内德就莫里斯新的理想征程进行了不无忧虑的谈论。两人都确信,这事业会让他"殚精竭虑,或许还会损害健康,而且肯定会让他冷落了艺术创作"。

505

事实上,《宣言》完全体现出威廉·莫里斯艺术表现力的巅峰,他对自己全心全意投入的事业现在充满热情和理性:

> 同胞们,来到你们面前的是倡导国际社会主义革命的组织。我们寻求的是社会基础的变革——一种将消弭阶级分化和民族差异的变革。[3]

《宣言》认为,目前的社会被分化为两个阶级:国家财富以及生产资料的占有者,以及生产阶级(即工人)。两者的冲突无休无止、不可调和,且这两个阶级的生活都毫无幸福可言。同盟对以往所有的政府形式皆不认可:专制主义、立宪主义、共和主义。所有这些,人类都尝试过,但无一例外地"在面对生活之恶时一败涂地"。国家社会主义,"不管它被如何命名",也被证实是无效的,因为它是一个"妥协"的体系,仅是向工人阶级做出让步,让现行的资本和劳酬体系仍保持运行。《宣言》坚定有力地表达了彻底改变**现状**的主张:

> 因此,社会主义同盟的目标是实现完全的、革命的社会主义。显然,若没有工人支持,这种主张在任何文明体系下的任何一个国家,都是不可能实现的。我们要为全世界阶级平等和大联合而努力,唯有如此,我们的工作才有价值。

令人惊讶的是,莫里斯很早就意识到"一国社会主义"的致命缺陷。

该宣言于1885年2月在《公共福利》第一期发表,并由联盟临时理事会的二十二名成员签署,人员按字母顺序排列如下:W. B. 亚当斯、爱德华·艾威林、爱琳娜·马克思·艾威林、罗伯特·班纳、E. 贝尔福特·巴克斯、托马斯·宾宁、H. 查尔斯、威廉·J. 克拉克、J. 库伯、E. T.

36.《公共福利》第一期头版细节

克雷格、查尔斯·J.福克纳、W.哈德逊、弗兰克·基茨、约瑟夫·莱恩、弗雷德里克·莱斯纳、托马斯·马奎尔、J.L.马洪、S.梅因沃林、詹姆斯·梅弗、威廉·莫里斯、安德烈亚斯·朔伊和爱德华·沃森。声明别有用意地指出：“我们不应该有等级划分、尊卑差别，以免给领导层的私心妄念提供可乘之机”——这显然是对海德门隐藏的批判。

萧伯纳评论社会主义同盟“完全仰仗于一位十九世纪的伟大名人。他在家居设计和教堂宫殿建筑的装饰设计上，是成功的老板及手工匠人。同时，他也是杰出的艺术设计师，致力于发现遗失艺术的探索者，以及英国最伟大的诗人和作家之一”。[4] 平心而论，萧伯纳的话是否恰如其分，取决于不为人知的事实。诚然，莫里斯的公众声誉提高了同盟的信誉度。几年间，凭借他的权威和有目共睹的赤诚之心，社会主义民主同盟的公众形象变得很可靠。同时，他对同盟的经济支持也至关重要。没有莫里斯，就没有《公共福利》的事业发展。他还担当同盟的司库，绝不仅仅是挂个虚名而已。但不能说,除莫里斯之外,同盟其他成员都一文不名。事实上,在离开社会主义民主联盟时,莫里斯还带走了两个最强"智囊": 贝尔福特·巴克斯和爱德华·艾威林。

梅·莫里斯称巴克斯为"博学多闻、出类拔萃的哲学家"。[5]他比莫里斯年轻二十岁,但就像许多同行一样,很是显老。他是一位在德国哲学和文化方面都很有造诣的教授,在斯图加特学过音乐,在柏林当过记者。巴克斯的德语很好,莫里斯则不然。他写过一篇《资本论》评论,就连马克思本人也很赞赏。他对社会主义更广泛的道德价值很感兴趣,写了一本书,叫《社会主义信仰》,于 1885 年出版。在此时期,巴克斯是莫里斯的主要搭档,也是《公共福利》的联合编辑。他们共同执笔了一系列文章——《社会主义根源》,后来以《社会主义: 它的成长与成果》(1893)之名出版。在《公共福利》的封面上,梅·莫里斯保存了一幅生动的图画,画的正是在哈默史密斯工作的这对奇怪组合。

> 巴克斯,五官端正,胡须浓密,穿着深黑色天鹅绒大衣。他坐在壁炉旁的摇椅上,舒坦地抽着烟,手边或许还放着一杯酒——这副做派,俨然就是女生所梦想的英俊德国吟游诗人的形象。而我父亲,坐在写字桌旁,身形矮小、敦实,穿着蓝衫,就像那张出了名的照片一样。他正低着睿智头颅看一张纸——或许是巴克斯的不切实际,让他的脸上浮现出一抹干巴巴的笑意。

莫里斯对被他称为"强行巴克斯化"的会议抱有很大期望,对于极端反女权主义者巴克斯的"冷血和利己"倾向,莫里斯很包容——尽管梅·莫里斯不敢苟同。在社会主义同盟早期,莫里斯孜孜不倦地向巴克斯学习马克思主义。1887 年,在他短暂的社会主义者日记中,记录了去克罗伊登访问巴克斯的事。在那里,他们写了第一篇关于马克思的文章——"或者说,他做到了: 我以为自己永远当不了经济学家,即使是最差的那种。但我很高兴能有这样一个机会把马克思主义思想灌输到自己脑中"。[6]

弗里德里希·恩格斯称几人为"摄政公园路的大喇嘛",巴克斯是其中一个。与莫里斯不同的是,他经常参加恩格斯举办的著名的周日晚间会,那是流亡马克思主义者的集会。爱德华·艾威林与恩格斯地位相当,是社会主义同盟另一位德高望重的知识分子。他凭借与爱琳娜·马克思的关系,被纳入"马克思-恩格斯家庭"的一员。当时他才三十出头,是才华横溢的出色科学家,在伦敦大学学院担任研究员。他写了许多关于达尔文主义和世俗主义的书籍和小册子。他还是思维敏捷的辩论家和足智多谋的演说家。他的嗓音"就像低音号",梅写道。[7]他涉猎广泛,信心十足,是少数几个能在查尔斯·达尔文和卡尔·马克思之间找到联系并深入阐释的智者。然而,艾威林一点也不值得信赖。但莫里斯似乎对艾威林的不可靠视而不见,他祖护艾威林,驳回海德门对他在社会主义民主联盟内部分裂时进行财务违规操作的指控。毫无疑问,莫里斯被艾威林的表面价值蒙蔽了:在同盟成立的前几个星期,艾威林在南方学院举行了强而有力的马克思主义系列演讲。梅直言不讳地表示,她不喜欢"这个像小蜥蜴一样的奇怪男人",他"在金钱和性关系上,几乎是没有底线地无耻、无良和无情。所以理应被所有社会主义者和世俗主义者唾弃"。莫里斯最终不得不承认这一点,尽管他在爱琳娜自杀前两年就离世了。

梅·莫里斯对爱琳娜的描述非常温和,她钦佩并敬畏爱琳娜,称她是"卓尔不群的女人,为了社会主义英勇无畏、不辞劳苦"。[8]深色眼睛、深色皮肤的爱琳娜,辩才无碍,善于把控细节。对于社会主义同盟,她确实贡献良多,不仅是作为马克思的女儿(尽管这一身份意义重大),还作为踊跃积极的工作者去写作、演讲和钻研。和爱琳娜在一起时,莫里斯并不轻松,但他支持她勇敢地公开与艾威林生活,摒弃她所宣称的资产阶级的末俗流弊——它们本身毫无道义可言。确实,我们可以在社会主义同盟宣言的提案中看到爱琳娜的影响:

> 我们现代的资产阶级婚姻性质,常伴随很多附加条件,在婚姻

内买欢追笑更不足为奇。以上种种,必被两性之间健康而亲和的关系取代。婚姻将成为一个简单的倾向问题。妇女将在谋求生计中获得价值,这是大势所趋;孩子自诞生之日起就成为社会一员,享受社会的所有福利。真正开明的公众舆论,要从关于贞洁的神学观点中解放出来。当婚姻在面对可能遭遇的任何不幸或痛苦时,公众舆论也不应具有永久约束力。[9]

莫里斯的经历也被书写下来。1885年年初,哈夫洛克·埃利斯在拜访大罗素街的马克思-艾威林家时,发现莫里斯也在那儿,他"平易近人"[10]地坐在火炉旁。埃利斯确信,莫里斯正为艾威林一家提供资金援助。

社会主义同盟早期,莫里斯与"马克思-恩格斯"大家庭联结紧密。我们有必要去了解,恩格斯这位英国马克思主义的幕后导师,对同盟的创建起到了怎样的影响。在社会主义民主联盟分裂前的几周,莫里斯确实曾多次拜访恩格斯并与之讨论。在其中一次到访中,他在房间里的桌子上发现了一本古北欧《埃达》,大为惊喜。这激励他给恩格斯朗读了《西格尔德》中的一些段落。恩格斯在樱草山的住处,成了反对海德门的基地。在召开重要会议的一个上午,艾威林召集莫里斯与恩格斯会面,讨论《公共福利》发行计划。莫里斯对恩格斯究竟持何态度,很难揣测。在莫里斯的信件中,很少提到恩格斯。在向朔伊转达此次会面的成果时,莫里斯表现出对恩格斯专制态度的不满。恩格斯劝他不要出版周报,因为他和同伴的"政治常识和新闻技巧不足"。[11]场面一度僵持不下。恩格斯认为莫里斯是一位灵活变通的领袖:至少他不是海德门。但他无法与莫里斯的想象力共鸣——莫里斯将马克思主义和空想自由主义奇怪地联系在一起。恩格斯本想重用新社会主义同盟的领导三人组,但他并不乐观。两天后,恩格斯在写给爱德华·伯恩斯坦的信中,称莫里斯、巴克斯和艾威林是"知识分子中少见的忠良——但他们恐怕是你能找到的最不切实际的人(两个诗人和一位哲学家)"。[12]

社会主义同盟的创始人来自各行各业,成员形形色色。除了文学知识分子之外,还有流离失所的外国人,如弗雷德里克·莱斯纳和安德烈亚斯·朔伊,以及被萧伯纳巧称为"乔叟派"[13]的人物。同盟中所谓的"乔叟派"是指自学成才的工人们:约瑟夫·莱恩的职业是车夫,他对政治理论有广泛的了解,伦敦土地权运动的领导者;弗兰克·基茨是一名染工,最终去了默顿为莫里斯工作,他身材健壮,面容清新,头发卷曲,是豪爽直率、潇洒快活、爱喝啤酒的资深活动家;萨姆·梅因沃林,是像莫里斯一样留着大胡子的工程师。汤姆·曼记得"参加宣传会议后,威廉·莫里斯经常和梅因沃林一起走路回去。据说,他们看起来就像船长和大副一样"。[14]在这里,莫里斯感觉自己终于跨越了阶级障碍,向社会主义同盟的共事者们学习他们的实际生活方式及思考方式。例如,他这样描述基茨:

510

> 像我们大多数的伦敦东区人一样,他肯定是有点无政府主义,或者有人可能会说是破坏主义,但我非常喜欢他。我去这个可怜人的家里看他,看到他的困顿生活,我感到难以想象,所以对他的做派也就不感到奇怪了。[15]

此时,费边社刚在伦敦成立,莫里斯却置若罔闻。凭直觉,他不喜欢清一色的中产阶级成员和绝对的文化正确性。相反,他更容易与基茨和莱恩以及梅因沃林这样的同志结盟,因为他们具有"原始简单"[16]的气息。与费边社成员相比,他们似乎更加本真。

　　1月底,同盟已发展到足以在伦敦拉德布鲁克大厅举办"社会主义娱乐活动"的地步。这是第一场依靠相互协作而完成的筹款活动。据出席活动的乔治亚娜说,这场活动是为了援助那些"失业的、穷苦的"[17]同志。除了各种朗诵和音乐选段外,还表演了帕尔格雷夫·辛普森和赫尔曼·梅尔维尔的三幕喜剧。莫里斯朗读了两首诗,并就社会主义主题发表了即兴演讲,且在大厅积极售卖《公共福利》第一期。晚上活动结束时,全场人都唱了莫里斯的起义曲,"伴着《约翰·布朗》曲调的《工人进行曲》"。

莫里斯反对海德门的最强烈理由,在于后者总是采用恐吓策略造成众人的恐慌。海德门危言耸听地谈论革命已迫在眉睫。他试图用"或许他本人几乎就相信了的萝卜头妖怪"[18]来虚声恫吓领导层。这个典故出自万圣节前夕,人们点燃一个空心萝卜来吓唬孩子们。在这个阶段,莫里斯也洞见到革命正在到来,但进程没那么快。社会主义同盟宣言表明了他的决心,"当危急时刻来临之际,当箭在弦上蓄势待发之时,便会有一群人时刻准备就位,顺应这不可抗拒的运动洪流"。[19]他强调,教育的目的在于,一旦革命发生,一个公正社会便要除旧布新。1870年的福斯特教育法案指明,工人阶级的子女也要接受一定程度的教育。而到1880年,英国实行了普遍义务教育。尽管如此,在政治观念上存在巨大差距。莫里斯意识到,他需要从根本上改变人们的态度。他认识到在中产阶级和工人阶级之间互通有无的紧迫性,这正是《公共福利》的某种使命。1885年2月,该杂志首次以月刊形式发行。次年,刊物转为由莫里斯资助的周报,并最终成为社会主义同盟的官方媒体。

对于是否担任编辑一职,莫里斯心存疑虑,但又别无选择。在接下来的六年,他全心投入《公共福利》的工作。工作上的单调乏味,必然让人有所抗拒。但莫里斯在编辑和写作上的宽广格局使《公共福利》风格独特,成为一份高水准、深洞见的政治报纸。在最初几年,《正义》的确更有吸引力,更为有趣。莫里斯并没有夸大其词,面对《公共福利》危机频发,他在其中一个困难节点写道:"放弃这唯一令人满意的英文社会主义报刊,似乎很可惜。"[20]不过《公共福利》看起来更有品质。它以高质量纸张来印刷,版式设计精良,更符合莫里斯的意图——如他在开篇社论中所写:"唤醒沉睡之人,启发疑惑之人,指引求真之人。"莫里斯为此设计了报头,一种柳叶缠绕的田园图案。在此后发行的报刊中,还出现了象征自由的天使翅膀的设计,这是社会主义同盟成员沃尔特·克兰具有颠覆性的新艺术风格的经典之作。

《公共福利》第一期内容给人留下了深刻印象。除《宣言》(Manifesto)之外,还有莫里斯创作的《工人颂》("Chant of the Workers"),巴克斯执笔的关于帝国主义与社会主义的文章,爱琳娜·马克思·艾威林对国际运动的考察报道,以及老宪章派 E. T. 克雷格的彼得卢回忆录。但是,创刊号存在如此之多的冒险因素,第二期时才真正步入正轨。1885 年 3 月的《公共福利》作者阵容强大,反映出莫里斯在寻求欧洲社会主义者支持时的巨大能量。恩格斯的重要文章《1845 年和 1885 年的英格兰》,首次出现在本期《公共福利》(后来被收录于《1844 年英国工人阶级状况》英文版前言)上,与巴克斯、斯捷普尼亚克、萧伯纳、马克思的女婿即法国集体主义者领袖保尔·拉法格的文章一同发表。此外,还有来自威廉·李卜克内西、奥古斯特·倍倍尔、皮埃尔·拉夫洛夫、列奥·弗兰克尔、卡尔·考茨基、季霍米科夫、F. 多梅拉·纽文胡斯的贺词。莫里斯本人发表了《三月风的消息》这首诗,这是他写给巴黎公社的第一首抒情诗。这首诗在《希望的朝圣者》中再度被续写。

512

　　诗歌第一节发表后,他给詹妮写了一封信,说"我认为还不错"。[21]这便是他对这首诗的评价。接下来,十二节诗歌陆续创作出来,最后一节完成于 1886 年 7 月。《希望的朝圣者》当然也不错。它有一种笃定感,一种强大的叙事流。但它绝不是莫里斯最好的诗,因为过于松散,近乎感伤。它与莫里斯在《桂妮维亚的辩护》中所表达的震撼强度相差甚远。《希望的朝圣者》的独特之处,在于它坦率的自传体风格,以及对莫里斯所处时代的社会主义环境的传神写照。这首诗以七十年代早期巴黎公社时期为虚构背景。像往常的设定一样,这是一个三角爱情故事:一对夫妻,以及丈夫的事业伙伴、最好的朋友之间的关系纠缠。但其中的社会主义委员会办公室发生背景、街道上的鼓动宣传、逮捕和庭审、寒酸的场景和激荡的氛围、从沉闷到激情的迅速变化……这一切都源于莫里斯八十年代中期在伦敦的经历。那时正是社会主义民主联盟时期,而现在是社会主义同盟:

> 陋室昏沉染尘霜,主席椅畔暗影长。
>
> 半身像立形轩昂,贵格傲气自张扬。

满墙群像色苍黄,岁月斑驳刻沧桑。

马志尼瘦影彷徨,众人丛中独怆惶。

三十同仁聚一堂,相熟相知话短长。

人人颓靡失精光,伪善炼狱筑此方。

步履沉沉入门廊,倦倚椅中神思伤。

主席滔滔言未央,东拉西扯费周章。[22]

Dull and dirty the room. Just over the chairman's chair

Was a bust, a Quaker's face with nose cocked up in the air;

There were common prints on the wall of the heads of the party fray,

And Mazzini dark and lean amidst them gone astray.

Some thirty men we were of the kind that I knew full well,

Listless, rubbed down to the type of our easy-going hell.

My heart sank down as I entered, and wearily there I sat

While the chairman strove to end his maunder of this and of that.

这死气沉沉的气息,让人心生压抑的室内环境,完全与莫里斯公司的美学精神背道而驰。这首诗以强有力的方式,表达出莫里斯的抗拒,显现出他的隐忍克制。梅每次读到这首诗,都会激动不已。因为她知道,这首诗多么准确地反映出莫里斯对社会主义运动难以言表的期待和失望。诗歌揭示出"他内心深处从未明确表达的深层问题"。[23]

513

《希望的朝圣者》标志着莫里斯作家生涯的特定阶段,这也在一定程度上解释了为何这首诗如此随性,毫无斧凿痕迹。现在的他,比以往任何时候都更加肯定:自己是人民的诗人,是多产的、反完美主义的吟游诗人。他向生活在诺威奇的一位年轻的社会主义者、志向高远的诗人——詹姆斯·弗雷德里克·亨德森解释说,在他年轻的时候,浪漫的个人主义思想是时代的必然:"我们出生在一个受资产阶级和庸俗主义剧烈压迫的时代,以至于不得不回归自我。而只有我们相信自己并处在艺术和文学的世界,才有希望。"[24]现在看来,这种想法似乎是一己之见,也是一条行不通的创作死路。他羡慕亨德森在十八岁时就见识卓越:"相反,你可以明见到人们越来越接近的希望,宣称自己是'伟大事业'的战士。"为奋斗事业而工作,显然要比"**纯写诗**"更具价值:这正是莫里斯当时所思所想。他现在心怀敬意的作品是宣传性诗歌,由政治活动赋予"脊梁"。这种创作体例的发展如火如荼,以至于提起其"弊端",就很容易想起五十年后那些投身事业的诗人的作品,明显的例子就是W. H. 奥登的《西班牙》。

比起《正义》,莫里斯对《公共福利》要求更高,肩负的责任也更重。他不仅是该报的诗人作者和首席社论主笔,而且担负着"填空者"的角色——为了平衡版面,那些被他称为"废话"的注释和评论不得不放在报纸末尾。作为编辑,他的任务是与投稿者洽谈对接,但这些投稿者大多缺乏经验,其中还有些人性情多变、反复无常。此外,他还要评估许多来路不明,有时甚至是半文盲式的投稿。

> 离开工厂、磨坊和田野已太久
> 你悲歌怅饮,情不自禁。
> 是时候让他们见识了,
> 你周身涌动着的不可抵御的力量。[25]

> Too long from factory, mill and field
> Has come your patient cry –
> 'Tis time that they should see you wield
> A force 'gainst which they have no shield.

莫里斯还出版了赫伯特·伯罗斯的诗《致人民》和其他诗,以此彰显他的社会主义颂歌和进行曲的显著影响。社会主义民间诗传统悠久、激动人心又不乏感伤,这些特质都可以追溯到莫里斯和《公共福利》。报纸的发行,名义上由来自爱丁堡的年轻工程师 J. L. 马洪负责,他现在担任

37.《公共福利》周报的广告贴纸

伦敦社会主义同盟秘书。但莫里斯身体力行地参与了复杂的后勤工作，经由他的安排，《公共福利》被打包由火车送往曼彻斯特、谢菲尔德、伯明翰、普雷斯顿等任何潜在读者所在的地方。在社会主义同盟档案里，现金账户表格、收据、销售记录等辛苦的文书工作中，有一些非常令人心酸，这些文件通常满是莫里斯的笔迹。报纸的盈利少得可怜，前六期平均每期售出三千五百份，出版成本为十五英镑，而收入只有七英镑——是莫里斯在倾尽一己之力维持着出版物的运营。

《公共福利》带有一种野性，宣传单毫不掩饰其目标："它毫不畏惧、毫无忌惮，**以受苦受难的人民的名义**畅所欲言。它直观地反映你的**实际立场**，它告诉你，你是谁？你是**被压迫的奴隶！你应该**是什么？你应是**自己的主人！——是广大的劳动人民！**"[26]《公共福利》的这种激进言论，让莫里斯许多老友感到震撼。有些人曾把莫里斯的社会主义看作温和而另类的事物。但当《公共福利》出现在他们家门口，用无可辩驳的严肃印刷体传达着莫里斯的革命讯息时，他们震惊之余，心生抵触。莫里斯颇为赏识的刺绣女工凯瑟琳·霍利迪，从汉普斯特德写信给社会主义同盟，要求取消订阅："我们不想继续订阅《公共福利》了。"[27]在社会主义同盟文件中，还有一封更令人难堪的信："请把《公共福利》寄给伯

515

恩-琼斯太太,而不是伯恩-琼斯'**先生**'。"[28]莫里斯意识到,自己现在已经成了一个不法分子。"作为一名社会主义者,"他写道,"人们都觉得我臭不可闻。"[29]尽管乔治亚娜仍然保护着他,但莫里斯依然感受到了来自格兰奇鼻孔里的不屑。

1885年的初春,詹妮、梅和霍华德一家在博尔迪盖拉度过。4月底,她们返家时发现,莫里斯已经"被社会主义宣传迷住了"。[30]他认为,最紧迫的任务便是建立社会主义同盟分支机构网络。他离开社会主义民主联盟时,只在哈默史密斯和默顿建立了分支。从那时起,他就执笔了大量解释性、和解性信件,并在全国各地奔走,争取各方力量的支持。在最初几个星期里,伦敦的几个分支机构、劳工解放联盟和备受争议的苏格兰土地与劳工联盟,也加入了社会主义同盟。莫里斯还从社会主义民主联盟那里,赢取了利兹分部。2月,他访问了牛津。在那里,他的老朋友查理·福克纳利用激进俱乐部的躯壳和剩余成员,成立了社会主义同盟分支。福克纳和莫里斯的经历有很多相似之处,对于自己的中年转变,他也表现出同样的欣喜:"经历了悲惨沉闷的大学生活之后,重新找到自己感兴趣的方向,让我再次感到充满活力。"[31]

此时,距莫里斯的社会主义宣誓书震惊聚集在大学学院大厅里的牛津精英之时,已过去十三个月之久,距莫里斯的大学时代已有三十年了。在一个阳光明媚的早晨,他回到牛津。这次是和艾威林一家同行,他们在镇上漫步闲游。这座城市的美,以及对这种美的持续破坏,一直让他感到痛彻心扉。在社会主义同盟会议召开之前,查理邀请了"很多年轻人"共进晚餐。[32]他们"天真无邪的面孔",让莫里斯觉得自己老了。会议在霍利韦尔的音乐室举行,这里对莫里斯来说是充满回忆的地方。因为当莫里斯还是学生时,这里不仅是建筑学会开会的地方,而且就在詹妮曾经住过的工人小屋的正对面。但这场会议乱作一团。会上,莫里斯

向百余位自称朋友的人,还有大约二百五十位"事不关己者"和二三十个敌意明显的人,发表了他第一次长篇即兴演讲。面对莫里斯的演讲,

i. 位于肯特郡贝克斯利希思的红屋，莫里斯与简·伯登结婚时，由菲利普·韦伯为他们设计。尖顶的风向标上刻有"WM–1859"字样。这座房子坐落于一片乡村景色中，周围有果园、田野和灌木丛。

ii. 红屋内部，展示了空间如何从一个房间流到另一个房间。橡木楼梯的锥形扶手柱向上延伸，指向彩绘天花板。红屋成为当时最具影响力的建筑之一，激发了英国工艺美术建筑师和二十世纪国际现代主义者的灵感。1904 年，德国评论家赫尔曼·穆特修斯将其描述为"第一座从里到外被构思、建造为统一整体的建筑，这是现代住宅历史上的首个范例"。

iii. 带铰链的大门，引出深深门廊，给人庄重而友好的感觉，与周边的陈列一起，营造出年轻的莫里斯友善的主人形象。

iv. 红屋二楼客厅，摄于二十世纪九十年代。莫里斯希望它是"世界上最美的房间"。这把高大的栏床，起初是莫里斯为他在红狮广场的房间而设计的。菲利普·韦伯对它进行了适配于红屋的改造，添加了一个顶篷，形成"吟游诗人"画廊。其后有门，可以进入屋顶空间。家具是室内不可或缺的一部分，就如同对沃伊西、麦金托什和贝利·司各特而言。在栏床后面的墙上，伯恩-琼斯根据弗罗瓦萨尔的浪漫小说绘制了一幅婚宴场景。西墙上砖砌大壁炉上刻有"艺术永恒，生命短暂"（ARS LONGA VITA BREVIS）的字样。

v 和 vi. 威廉·莫里斯的对比肖像，两幅画均绘于 1870 年。左：查尔斯·费尔法克斯·默里的油画。右：维多利亚时代伟人首席肖像画家 G. F. 沃茨创作的油画。

vii. 南肯辛顿博物馆（现维多利亚与艾尔伯特博物馆）的绿色餐厅，1865–1867 年。这个公共茶点室是莫里斯–马歇尔–福克纳公司最早执行的重要委托任务。

viii.《美丽的伊索尔特》，也被称为《桂妮维亚王后》，莫里斯唯一现存的架上绘画，现藏于泰特美术馆。这幅描绘詹妮的肖像画来自他 1858–1859 年在牛津的恋爱时期。有传统观点认为，莫里斯在创作这幅画时写下"我画不好你，但我爱你"。——他总是对自己在绘画或人物画方面的能力缺乏自信。

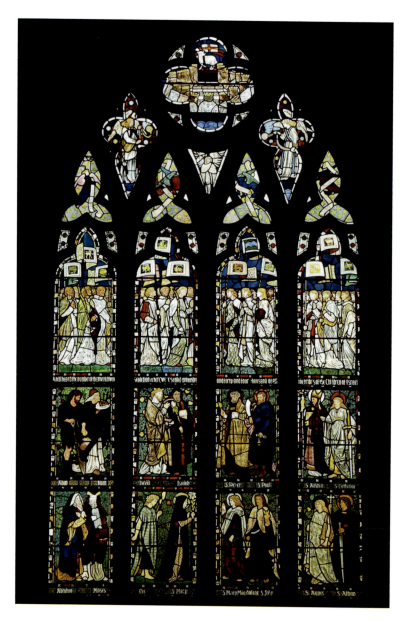

ix. 万圣教堂的圣坛东窗，米德尔顿切尼，北安普敦郡，1864–1865 年。该公司的早期声誉主要是通过其彩绘玻璃和教堂装饰而建立的，当时正值宗教复兴时期，许多老教堂翻修，新教堂也在兴建。这面壮观的窗展示了公司艺术团队合作策略的实际运用。最顶层聚集的圣徒和殉道者，可能是西蒙·所罗门的作品；其他设计由福特·马多克斯·布朗和爱德华·伯恩–琼斯完成。圣彼得（第二层第五）是莫里斯的作品，这显然是一幅自画像。他还设计了圣奥古斯丁（第七）和圣凯瑟琳（第八）。在底层，夏娃和圣母玛利亚（第三和第四幅）、抹大拉的玛利亚（第六幅）、圣艾格尼丝（第七幅）和圣阿尔班（第八幅）均由莫里斯创作。花朵和水果的背景，与他的壁纸设计异曲同工，也是莫里斯的代表风格。

MAGNUS ARTURUS REX
POTENTISSIMUS ANGLIAE

DOMINUS L UNCELOT DU LAC
EQUES INVICTUS

x. 亚瑟王和兰斯洛特爵士，是莫里斯–马歇尔–福克纳公司制作的一系列彩绘玻璃窗中的第十三块，也是最后一块。画面表达了特里斯坦和伊索尔特的故事，如马洛里的《亚瑟王之死》中所讲述的那样。尽管该公司的大部分彩绘玻璃都为教堂而设计，但他们也收到了制作家庭彩绘玻璃窗的订单，这些玻璃是布拉德福德商人沃尔特·邓洛普于 1862 年为约克郡宾利附近的哈登庄园的入口大厅制作的。1916 年，它们以一百英镑的价格卖给了布拉德福德市美术馆。莫里斯设计了其中的四个窗，以他最喜欢的三角爱情戏剧主题，表达出很强的叙事力和气氛感。在此，他将自己描绘成国王，穿着向日葵长袍，光彩照人。

LOVE FULFILLED.

HAST thou longed through weary days
For the sight of one loved face
Hast thou cried aloud for rest,
Mid the pain of sundering hours
Cried aloud for sleep and death
Since the sweet unhoped for best
Was a shadow and a breath —
O, long now for no fear lowers
O'er these faint feet-kissing flowers
O, rest now; and yet in sleep
All thy longing shalt thou keep.

Thou shalt rest, and have no fear
Of a dull awaking near,
Of a life for ever blind,
Uncontent and waste and wide.
Thou shalt wake, and think it sweet
That thy love is near and kind
Sweeter still for lips to meet;
Sweetest, that thine heart doth hide
Longing all unsatisfied
With all longing's answering
Howsoever close ye cling

xi. 《爱的实现》, 莫里斯于 1870 年为乔治亚娜·伯恩-琼斯写的小诗集中的一页。莫里斯当时沉浸在对中世纪书法和手稿装饰技术的研究中, 并发展出他基于十六世纪意大利手抄本的独特字体。这本珍贵的彩绘书稿, 可以追溯到莫里斯和乔治亚娜两人生活中都存在情感问题的时期, 当时莫里斯和乔治亚娜惺惺相惜。莫里斯的第一位传记作者 J. W. 麦凯尔注意到, 他在书中有 "敞开心扉" 的真情流露。对于那些愿意在字里行间品味情感的人来说, 他们可以在《诗书》中发掘很多内容。

THE STORY OF HEN THORIR

Chap. I. Of men of Burgfirth

THERE was a man hight Odd, the son of Onund Broadbeard, the son of Wolf of Fitia, the son of Thorir Clauer; he dwelt at Broadbolstead in Reikdale of Burgfirth; his wife was Jorun, a wise woman and well skilled; four children had they, two sons of good conditions, and two daughters: one of their sons hight Thorod and the other Thorwald: Thurid was one daughter of Odd, and Jofrid the other. Odd was bynamed Odd of the Tongue; he was not held for a just man.

A man named Torfi the son of Valbrand the son of Valthief the son of Orhg of Esjuberg had wedded Thurid, daughter of Odd of Tongue, and they dwelt at the other Broadbolstead.

At Northtongue dwelt a man named Arngrim the son of Helgi, the son of Hogni, who came out with Hromund

xii.《亨·特里尔的故事》首页，这是莫里斯撰写和装帧的冰岛故事集之一，于1874 年送给乔治亚娜·伯恩–琼斯。手稿现藏于剑桥大学菲茨威廉博物馆，展示了莫里斯在后期向成熟的"彩绘书"迈进的过程。这本书的装帧比《诗书》更加丰富。首字母"T"被围合在复杂的曲线装饰中，让人想起文艺复兴时期的插画风格，但莫里斯更加注重整个页面的结构和平衡。这种排版方式在凯尔姆斯科特出版社的印刷书籍中得到进一步发展。

xiii. 凯尔姆斯科特庄园西侧。这座位于牛津郡偏远村庄的十六、十七世纪的坚固而可爱的石头建筑，正是莫里斯理想中的住宅。1871年，他在梦中梦到了它，然后在现实中发现了它。他与但丁·加百利·罗塞蒂签订了一份联名共有权协议，后来证明这份关系并不牢靠。莫里斯并未在凯尔姆斯科特长久居住，只是经常去那里短住和度假。凯尔姆斯科特周围的风景，包括遍布灰石屋的村庄和隐藏的教堂，一直是他永不枯竭的力量之源。

xiv.《默顿修道院的池塘》。莱克斯登·刘易斯·波科克的水彩画景观横跨旺德尔河，一直延伸至编织、挂毯和织物印花车间。然而，当代照片所呈现的画面却未必那么浪漫。（参见黑白插图 78–84）

xv. 默顿修道院使用的染料手册中的一页，1882–1891 年。页面上给出了莫里斯对《红克雷》和《埃文洛德》印花棉布的精确说明。

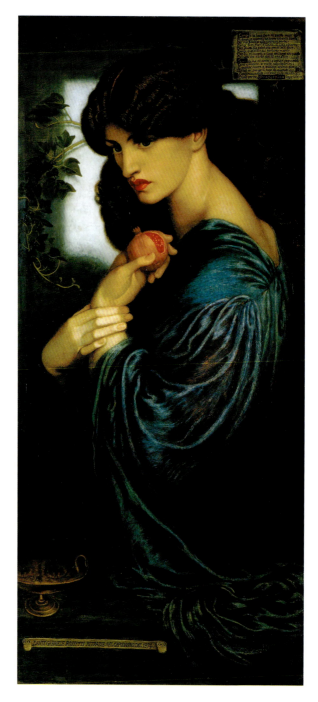

xvi.《珀耳塞福涅》，罗塞蒂描绘詹妮·莫里斯的众多作品中最华丽、炽热的一幅，现藏于泰特美术馆。罗塞蒂将詹妮与被普鲁托捕获的珀耳塞福涅联系起来，她与莫里斯结婚而成为冥后。罗塞蒂把自己当成她的拯救者，带她进入幸福和光明之境。1871 年至 1877 年间，他着迷地创作了八幅由詹妮扮演的不同女神的画作。在这幅作品中，香炉暗示着她的神圣。

xvii.《非洲万寿菊》，印花棉布的设计，1876 年。该设计展示了莫里斯的绘画方法：先勾画图案，再从中心向外填充颜色。这自然流畅的图案，实际是通过极其精湛的技术实现的。

xviii.《忍冬花》，印花织物设计，1876 年。这个图案是莫里斯日益复杂和多变的设计成熟阶段的绝佳示例。它被印刷在麻布、棉布、精梳棉布、雪纺面料、丝绸、丝绸机绣和天鹅绒上。多种版本现在仍然有售。

xix.《忍冬花》，壁纸，1883 年。莫里斯在凯尔姆斯科特之家周围的植物、花园和树篱中，找到了源源不断的印花棉布和壁纸的灵感来源。

xx 和 xxi.《兔子兄弟》，印花棉布，1882 年，采用了莫里斯花费多年时间研究完善的朱红色和靛蓝色染料印刷。所采用的方法是传统的印染技艺，包括先将整卷布匹均匀染色，然后使用一种弱漂白溶液来生成图案。

xxii.《梅德韦》，1885 年。在默顿修道院进行靛蓝拔染和雕版印刷。

xxiii.《鸟》，编织羊毛双层布，1878 年。莫里斯在七十年代后期开始制造的机织物，明显受到中世纪和文艺复兴时期纺织品的影响。

xxiv.《朝鲜蓟》，地毯，1875–1880 年。这是一款机器生产的基德明斯特地毯，按照莫里斯的规格要求在约克郡的赫克蒙威克公司织造。

xxv. 展示了位于沃尔弗汉普顿的怀特威克庄园台球室一角，显示了莫里斯壁纸和纺织品的"层次效果"。窗帘是 1878 年的《鸟》编织物；座椅上覆盖着 1876 年的《郁金香和玫瑰》编织物；地毯的镶边是莫里斯 1875 年的《郁金香和百合》机织维尔顿地毯；壁纸是 1875 年的《琉璃繁缕》。

xxvi.《花园》，丝织品，编织丝绸与羊毛相结合。首次生产于 1879 年。

xxvii. 《卷心菜和藤蔓》，更准确地说是《藤蔓和茛苕》，1879 年。这是莫里斯编织的第一幅实验性挂毯，他在哈默史密斯的卧室里特意安装了一台织布机。

xxviii. 莫里斯在七十年代后期开始设计手工编织地毯。他希望能为他青睐的东方手工地毯提供一种"现代"英国版本。这是八十年代末的一款不寻常、近乎抽象的"哈默史密斯"地毯。

xxix. 《啄木鸟挂毯》，约 1885 年。莫里斯为高织高挂挂毯设计了他最华丽的作品，制作于默顿修道院，正值他的社会主义活动最活跃期。该设计融合了熟悉的图案：鸟形、忍冬花、甘美的夏季水果、缠绕的莨苕叶。铭文来自莫里斯自己的有关皮库斯（他是古意大利国王，被变成一只啄木鸟）的诗。威廉·莫里斯陈列馆。

xxx.《达成：圣杯愿景》，伯恩-琼斯的《圣杯》系列的第六幅作品。描绘了加拉哈德爵士、波尔斯爵士和佩西瓦尔爵士三位骑士的愿景，这是莫里斯团队长期热衷的亚瑟王传说的巅峰之作。《圣杯》挂毯的最初版本于1891年至1894年间首次在默顿修道院织造。

xxxi.《花园里的朝圣者》或《玫瑰之心》，1901年。七十年代中期，伯恩-琼斯为朗顿庄园设计了基于乔叟的《玫瑰传奇》的刺绣饰带。这个象征主义版本是在威廉·莫里斯去世后在默顿修道院制作的。

xxxii.《圆桌骑士被陌生少女召唤去寻找圣杯》。第一幅圣杯系列镶板，现藏于伯明翰市美术馆。

THIS IS THE PICTURE OF THE OLD
HOUSE BY THE THAMES TO WHICH
THE PEOPLE OF THIS STORY WENT
HEREAFTER FOLLOWS THE BOOK IT
SELF WHICH IS CALLED NEWS FROM
NOWHERE OR AN EPOCH OF REST &
IS WRITTEN BY WILLIAM MORRIS

xxxiii. 凯尔姆斯科特庄园的东侧，由查尔斯·马奇·基尔为凯尔姆斯科特出版社1892年版的《乌有乡消息》卷首而绘制。这座房子成为莫里斯故事中的焦点，是他漫长旅程的终点港湾。石头小径穿过花园，花园里"玫瑰花团锦簇"，

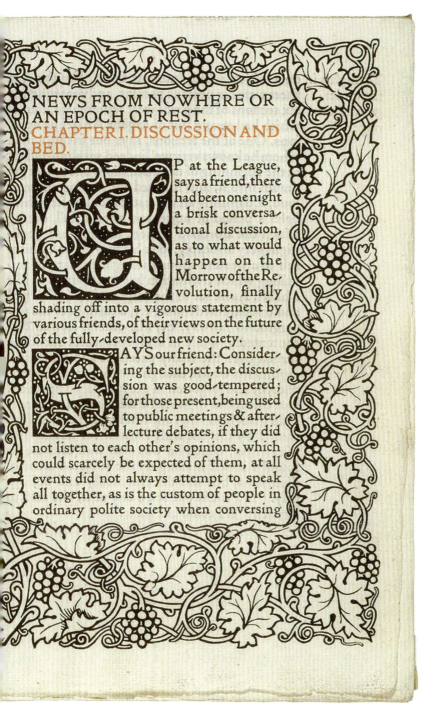

NEWS FROM NOWHERE OR AN EPOCH OF REST.

CHAPTER I. DISCUSSION AND BED.

UP at the League, says a friend, there had been one night a brisk conversational discussion, as to what would happen on the Morrow of the Revolution, finally shading off into a vigorous statement by various friends, of their views on the future of the fully-developed new society.

SAYS our friend: Considering the subject, the discussion was good-tempered; for those present, being used to public meetings & after-lecture debates, if they did not listen to each other's opinions, which could scarcely be expected of them, at all events did not always attempt to speak all together, as is the custom of people in ordinary polite society when conversing

乌鸫"高声歌唱，鸽子在屋脊上咕咕作响。远处高高的榆树上，白嘴鸦在嫩叶间叽叽喳喳，雨燕围着山墙盘旋呜咽"。这本书由莫里斯设计字体、边框和装饰。

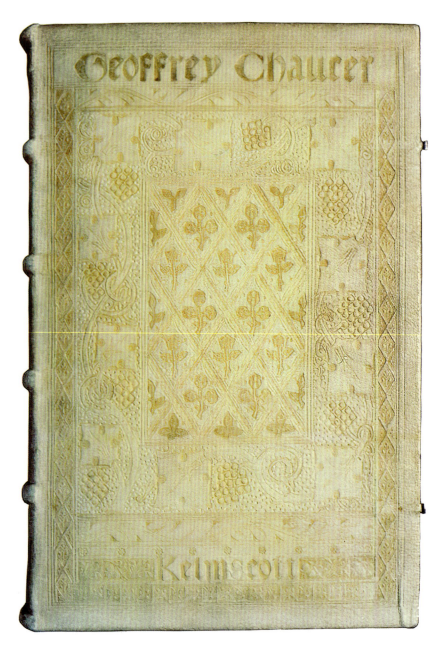

xxxiv. 凯尔姆斯科特版《杰弗雷·乔叟作品集》的四十八册"珍藏版"的白色猪皮封面装帧，由莫里斯于 1895 年设计。图案是基于萨尔茨堡的乌尔里希·施赖尔（1478 年）书籍收藏品的重新装帧。装帧在科布登-桑德森的鸽子装订厂完成。1896 年，装帧师道格拉斯·科克雷尔将第一本猪皮本交付给当时在福克斯通生病的莫里斯，距离他去世仅有几个月。

他们大吼大叫、大吵大闹。在提问环节,还释放了"一瓶发出可怕臭味的化学物质",场面一度混乱不堪。坐在椅子上的紧张兮兮的查理,打断了会议。破坏者们对于"罪魁祸首"无动于衷的态度感到非常愤怒。他们四处走动,砸碎了大学教室的玻璃。与此同时,莫里斯与那些更具理解力的本科生继续讨论。其中一些人,带他去了月光下的新学院修道院。难道他们知道,这是老牛津人莫里斯最喜欢的角落?

这一时期的社会主义同盟宣传主要围绕两个政治问题。一个是苏丹战争,自 1885 年 1 月喀土穆沦陷、戈登将军去世以来,这场战争一直是公众关注的焦点。莫里斯称之为"一场惨不忍睹的商业海盗战争"[33],是资本主义制度的可耻恶果。第二个问题是,在俄国军队击败阿富汗人之后的 4 月,英国与俄国之间发生的冲突威胁。社会主义同盟认定,以上**各方**都属"无赖之徒"。莫里斯讨厌战争和关于战争的传闻,这有他自己的原因:它们会对商业产生不良影响。但作为社会主义者,他欢迎战争。他坚信,"任何大规模的争吵"都有助于社会主义事业的发展。

1885 年 4 月,莫里斯开始了他最为漫长的格拉斯哥和爱丁堡之旅,此时这两项事务都被列入同盟议程。他与苏格兰社会主义者的联系总是特别密切。在格拉斯哥,他为社会主义慈善机构朗读;他与爱丁堡分会协商、交谈,评论说支部成员中不乏"非常优秀的、有思想的人"。第二天早上,他回到格拉斯哥与那里的成员举行会议,"他们看起来不错,但是非常需要指导"。[34]晚上,他再次发言,售出了很多同盟文学作品,还招募了一些新成员。

他乘火车返回南方之际,仍能够注意到卡莱尔和塞特尔之间的绝妙景色。他写信给珍妮:"我真的对这个国家的美丽感到非常惊讶。我认为这是全英格兰最可爱的地方。等我见到你,我会对你细说。当我们某时可以'退役'了,我一定要在柯比斯蒂芬附近的某个地方静坐下来。"[35]铁路把他载至高山,穿过羊道。他看到那里的皑皑白雪依然躺在峭壁的怀抱里。但莫里斯的欢欣喜悦,在经过斯基普顿之后烟消云散——那是笼罩于浓烟之中的丑陋的北方制造业城市。他在切斯特菲尔德停留了一晚,和爱德华·卡彭特一起,在德比郡的山间、溪谷和林地中度过一夜。"卡彭特似乎与工人和女人们相得无间。他们都住在厨房,可谓一室生春。"厨房一直是他最爱的空间。

　　旅途中,莫里斯读着"一本名为《伦敦之后》的奇书"。[36] 他告诉乔治亚娜:"我倒很喜欢这本书。读它,心中会升起一种荒诞的希望。"理查德·杰弗里斯的这本《伦敦之后,或狂野的英格兰》刚出版,就成为热销作品。它描绘的是一个满目疮痍的英格兰被灾难夷为平地,人们又回到了野蛮残忍的状态。杰弗里斯的书非常悲观,但莫里斯并没有将自己与那种暗黑景象联系在一起。当他写下自己的未来主义小说《乌有乡消息》时,文明已经穿越黑暗的隧道,来到光辉灿烂的肥沃平原。但杰弗里斯的书,阐明了莫里斯早已洞见的事,即政治平衡必须经历动荡与沉寂,经历类似"核冬天"(nuclear winter)的空白期。野蛮其实是莫里斯通向渴求之未来的必由之路。读着杰弗里斯的书,他烦恼起来:"我真希望自己能再年轻三十岁:我想看到时局已定的时刻。"

　　至此,社会主义同盟最杰出的分支机构设在了哈默史密斯。这个机构以前隶属社会主义民主联盟,于 1885 年 1 月 7 日转型为新的机构,埃默里·沃克继续担任机构秘书。它就位于莫里斯在哈默史密斯的凯尔姆斯科特之家,具体地说,是将凯尔姆斯科特之家的某部分空间改造成了分支机构处。会议在一间又长又窄的屋子里举行,人们要经由长着梧桐树的院子才可到达。这个屋子最初是间马车屋,用于制造莫里斯的"哈默史密斯"地毯织布机。然后,又被莫里斯和梅用作工作室,在那里放置大型设计和工作图纸。资料图片显示,在哈默史密斯社会主义时代,"马车屋"(Coach House)确实是梅所描述的"简朴会场"[37]——光秃秃的地面,简单的席垫,粉刷成白色的墙壁。室内配备了长凳和靠背椅,平台上有一张普通的餐桌。没有窗帘,但透过演讲人身后的大窗户,可以瞥见莫里斯家的小镇花园。这一场景,已透露出足够多的信息。事实

38. 沃尔特·克兰为哈默史密斯分部设计的社会主义同盟
会员卡,莫里斯模样的一位铁匠正在锤铁

上,这是被描述得最多的维多利亚时代晚期的伦敦场景之一,出现在那 519
个时期的各个回忆录中,通常带着敬意忆起,有时也会带有挖苦。

　　那里有某种封地气息。伊丽莎白·彭内尔写道:"在哈默史密斯,
当莫里斯和他的女儿梅·莫里斯在'同志们'的簇拥下,兴师动众地踏
进大门,我们不禁质疑,社会主义者竟以贵族姿态为荣。"[38]乔治·吉辛
在马车屋度过了一晚,为他刚起笔的小说《民众》(1886)收集素材。他

见证了现成的新奇剧:"我确实感觉身在传奇故事中。"[39] 他特别注意到与工人们亲切交谈的梅——

> 她英气逼人,侧脸有种希腊气质,短发,身着一件黑色的毛皮镶边长斗篷,戴着天鹅绒贝雷帽。毫无疑问,她的模样就像她的母亲,正是罗塞蒂最喜爱的那种类型。

现年二十三岁的梅,已成长为父亲的首席助理。她已经证明,自己是他设计工作中的得力助手。她很快接管了莫里斯公司刺绣部的艺术指导工作。现在,莫里斯又开始依赖她在政治上对他的支持。在她离开博尔迪盖拉的几个月里,他给她写信,言甚详明地介绍社会主义活动。他告诉她:"我非常高兴即将见到你,我们还会举办**这样的**会谈,你会在思想上取得一定进步。"[40] 显然,他很是期盼她早日归来。莫里斯和梅之间的关系与弗洛伊德和他女儿安娜之间的关系有共通之处。就父亲对女儿的强烈需求而言,这足以令人窒息。但从另一种角度来说,这又意味着一种自由——她潜在的才能得以释放,她接触到了那个时代、那个阶层大多数年轻女性无法触及的思想和活动。几年后,她回首往事,对那个时期深怀感激——她从母亲羽翼下的"尽职"生活到"早期独立岁月"。[41] 此后,梅已然融入莫里斯的社会主义历史,为共同的伟大事业而奋斗,几乎总是站在莫里斯一边。

星期日是哈默史密斯的主要活动日。上午,团队从凯尔姆斯科特之家出发,手持红色绣旗(由沃尔特·克兰设计,梅制作),来到他们常来的、便于识别的标志性位置:那里更容易吸引听众,又不必担心被"转移(驱逐)"。哈默史密斯分部的主要活动地包括特纳姆格林、沃尔勒姆格林和哈默史密斯百老汇附近的比登路。他们最青睐的场地是哈默史密斯大桥边。大桥本身会提供保护,他们希望可以在那里吸引路过的支持者。但这个场地,要与救世军共用。每当救世军越界,莫里斯就会勃然大怒。

梅描绘了5月晴朗的早晨,在河边进行社会主义街头宣传的美好画面："一批'信众'团结在旗帜周围。女人四处游走,发放传单,售卖《公共福利》。我父亲穿着宽松的蓝色粗布衣,戴着软毡帽在讲话。他起初有点紧张,随着人群越聚越多,他很快变得意气风发。"[42]事实上,街头动员并不总如田园诗一般美好。哈默史密斯分会的会议记录不乏凄惨的记载。例如一次集会只有九人参加,其中八人是社会主义者,没有卖出一份《公共福利》。还有报道称,周日上午的会议曾被警方打断。他们的每个行动,随时都有触礁的危险。在莫里斯这个年纪,他一定深知可能的后果。他有时也感到情非得已,有一次向乔治亚娜承认:"这个早晨,那样美丽,那样明亮,像雏菊一样清新。我不太情愿在早上去沃尔勒姆格林宣讲,下午我必须去维多利亚公园。我暗暗阴险地希望天会下雨。"[43]

在 E. T. 克雷格的建议下,梅负责管理凯尔姆斯科特之家的阅览室和编辑室,每个星期天,它们从十点半到一点对外开放。沃尔特·克兰提议给年轻的社会主义者列一份读书清单。莫里斯挑选了很多书,包括一本雪莱诗集。梅的职责还包括组织社会主义合唱团训练。该合唱团于周五晚上排练,团员经常出席周日上午的会议。合唱团由一位军乐团老团长指挥,正是他为莫里斯的《工人进行曲》谱写了激越的副歌。继而,哈默史密斯合唱团由年轻的古斯塔夫·霍尔斯特指挥。他是莫里斯的崇拜者,曾在马车屋听过他的讲座。霍尔斯特有时也会出现在哈默史密斯的街道,坐在社会主义官方马车上吹奏口琴。1930 年,为纪念过去的社会主义运动岁月,他创作了《哈默史密斯》前奏曲和谐谑曲。

一周最精彩的活动,是周日晚上在马车屋的讲座。讲座在晚上八点举行,正如梅指出的那样,哈默史密斯周日晚间讲座是"像英格兰银行一样稳定可靠的机制"。[44]沃克担任秘书长,主讲人讲述了从无政府主义到科学社会主义,再到费边主义以及进步主义等各种社会主义思想。这一时期,几乎每位重要的社会主义思想家都在马车屋发过言,其中大多数人都多次主讲,如斯捷普尼亚克、克鲁泡特金、劳伦斯·格隆隆、格雷厄姆·沃拉斯、安妮·贝桑特、西德尼和比阿特丽斯·韦伯、西德尼·

The Socialist League.

HAMMERSMITH BRANCH.

KELMSCOTT HOUSE, UPPER MALL,
HAMMERSMITH.

LECTURES

On Sunday Evenings, at 8. Admission Free.

JANUARY 1st.

C. J. FAULKNER.

"Property, or the New Bigotry."

JANUARY 8th.

SIDNEY WEBB,
(FABIAN SOCIETY).

"The Irish National Movement, and its bearing on Socialism."

JANUARY 15th.

WILLIAM MORRIS,

"The Revolt of Ghent."

On SATURDAY, JANUARY 21st,

Will be performed by the

COMMONWEAL COMPANY,

"The Tables Turned, or Nupkins Awakened;"

A Dramatic Interlude by WILLIAM MORRIS.

Tickets 6d. each, to be obtained from any Member of the Branch.

At 8 o'clock on WEDNESDAY, JANUARY 18th, MRS. ANNIE BESANT will deliver a lecture on

"The Evolutionary aspect of Socialism."

This Lecture will be the first of a course to be given on Wednesday Evenings, by representative Socialists of various Schools.

Further particulars will be announced shortly.

OUTDOOR MEETINGS ON SUNDAY MORNINGS AT STARCH GREEN AT 9.30.

AND AT OPPOSITE WALHAM GREEN STATION AT 11.30.

Churchman, Printer, 16 King Street, Hammersmith.

39. 社会主义同盟哈默史密斯分部讲座和节目宣传海报

奥利维尔,后来的拉姆齐·麦克唐纳和凯尔·哈迪。沃尔特·克兰用粉笔黑板报的形式为讲座创作了精彩的插画。屡见不鲜的主讲人是萧伯纳和莫里斯。莫里斯不在时,梅代表他。西德尼·科克雷尔在1885年11月第一次参观马车屋时,听到莫里斯的美丽女儿就"社会主义"发言,让他印象深刻。

这些讲座的主题比伦敦其他任何社会主义者会议室的主题都更多元化。斯捷普尼亚克或许会谈论俄国工人阶级,萧伯纳或许会谈论"美德七宗罪"。在某个星期天,莫里斯或许会深入剖析"十四世纪工业",另一方面,约翰·伯恩斯可能会根据自己的经历,来讲述"本顿维尔的六周生活"。观众和主讲人一样多种多样,从坐在前排挥舞助听器的消瘦干瘪的 E. T. 克雷格,到前来聆听哈默史密斯讲座的奥斯卡·王尔德——看上去像戴着大丽花的"一篮成熟诱人的水果"。[45]年轻的伦敦知识分子们,被莫里斯的文学作品和人格魅力吸引。随后几年,对于 H. G. 威尔斯和 W. B. 叶芝这两位截然不同的作家来说,马车屋的夜晚意味着难以忘怀的记忆,意味着良知的共鸣。

威尔斯系着红领结走了进来,立刻被讲座气氛感染。莫里斯几乎让他神摇目夺:

> 他习惯于背向墙壁而站,讲话时双手放在身后。当他展开每个句子时,身体会略微前倾;语气加重时,身体就回到原位。格雷厄姆·沃拉斯是个英俊的年轻人,具有鲜明的学术幽默感。而萧伯纳是豪迈奔放的都柏林人,经常来此发言。还有一小群外国人操着英语热情而长久地交谈。[46]

讲座结束后,选定的听众会受邀留下来吃晚饭。他们被带入家庭餐厅,房间里有"石榴墙纸和罗塞蒂肖像画"。他们在精致的木桌边坐成两排,莫里斯越发像个维京人。社会主义运动中的艺术工作者兼莫里斯密友——沃尔特·克兰和埃默里·沃克是那里的常客。晚上的演讲嘉宾也会在场。叶芝描述说这里的人群是"或多或少受过教育的工人,他们言语举止粗放,却自信地迎接每个转变"。[47]来自大学的热诚年轻人,渴求关于社会主义的更多知识,慕名前来哈默史密斯。也许,莫里斯从他们身上看到了年轻时的自己。他邀请他们共进晚餐。C. R. 阿什比和他剑桥的朋友戈兹沃斯·洛斯·狄金森前去倾听爱德华·卡彭特关于"私有财产"的演讲,着迷地听着莫里斯餐厅桌子两边一来一回唇枪舌剑。洛斯·狄金森鼓起勇气向莫里斯询问社会主义基本原则。阿什比则在日记中兴奋地写道:

> 老莫里斯很受人喜爱,谈论的话题使他热血沸腾,青春的热情在血管和肌肉里激荡。他一刻也不消歇,让旺盛的精力充分流淌。最后,他拍打桌子。"不,"他说,"问题是,如果我们明天革命,那后天我们社会主义人士将会面对什么?""是的,面对什么?"在场的人一起大声发问。这位老人无法说出这样的话:"我们都要被绞死,因为我们无法兑现向人民许下的诺言。"[48]

晚餐往往要持续到午夜以后。莫里斯品尝过红葡萄酒,变得有点唠叨起来。一天晚上,他问客人:"为什么人们说,葡萄酒的作用平平无奇呢?它不是由阳光和果汁造成的吗?"[49]

社会主义者们的晚餐之后,还有额外的尾声。一个漫长的晚间活动结束时,萧伯纳和梅·莫里斯之间,发展出某种风情月意——萧伯纳后来称之为延续数十年的神秘婚约。根据他后来过于自信的描述,梅从餐厅出来走进大厅时,他正站在凯尔姆斯科特之家的门口:"我看着她,为她美丽的穿着所倾倒,为她可爱的个性而欣喜。她凝视着我,眉目传情。"[50]

524　　毫无疑问,梅爱上了萧伯纳,但萧伯纳显然无意与梅结婚,甚至无意与任何其他女性结婚。萧伯纳多才多艺,却止于谈情说爱。

为了以任何形式与她交往,我去找莫里斯,宣称我利用自己共产主义同志的身份近水楼台先得月,让他美丽的女儿陷入了一桩遥遥无期的婚姻。我甚至没有想到,对这神秘婚约的忠诚会干扰我与其他女性的正常交往。

仅仅几个星期后,二十九岁的萧伯纳就被珍妮·帕特森迷倒了,她给他带来了性的满足。她是一个比他大十岁的聪明而迷人的寡妇。梅注意到了帕特森夫人的存在,相当反感,指责萧伯纳是"相当不忠的朋友"。[51]

梅和萧伯纳交往初期,两人之间的关系可谓火花四射。即便那是一场暧昧的调情,那也是值得称道的一段故事,更因为它发生在充满戏剧性的社会主义场景中而格外迷人。梅在写给他的信中戏谑地称他为"萧同志"——尽管知道他不喜欢这个称呼,她还是执意如此。她的信洋溢着清醒的自信和满满的志气。显然,萧伯纳有某种诀窍,能让女人感到聪明、有魅力,从而产生爱意和性渴求——这正是莫里斯最欠缺的部分。让人啼笑皆非的是,在威廉·莫里斯完全专注于社会主义运动的时候,詹妮的激情又被另一位花言巧语的政治家——威尔弗里德·斯考恩·布伦特唤醒了。

到 1885 年 7 月,社会主义同盟首次会议召开时,会员人数攀升至约二百三十人。并非所有人都是缴纳会费的同盟成员,维系成员和征收会费对同盟来说是一大难题。现在,同盟已在英国建立了八个分支机构(分别位于哈默史密斯、默顿修道院、斯特拉特福德、布卢姆斯伯里、北伦敦、牛津、利兹和布拉德福德),以及附属的劳工解放联盟和为流动成员服务的中央分支机构。苏格兰土地与劳工联盟的分支机构也仍然存在。在接下来的十二个月里,新的分支机构在迈尔恩德、南伦敦、玛丽勒本、克里登、哈克尼、克拉肯威尔、曼彻斯特、奥尔德姆、莱斯特、伯明翰、诺维奇和都柏林相继设立。社会主义同盟一直在寻找一个更长久的新伦敦总部,有能容纳三百人的演讲室、阅览室和用于印刷和出版的工作间。1885 年夏天,他们从法灵顿街向北,搬到了法灵顿路 113 号。

头脑发热的年轻人约翰·马洪被解除了秘书职务。莫里斯以父亲般的关怀,给他写了一封不容置疑而又恳切的信:"事实上,这个职位的工作一直不好做,需要做大量统筹工作。你没有完全胜任,也可以理解。"1885 年 7 月,约翰·马洪让位于亨利·哈利迪·斯帕林,一位游离在伦敦文学界边缘的年轻社会主义者。他不在法灵顿路办公室工作时,大部分时间都泡在大英博物馆阅览室。斯帕林的文学抱负和贫寒出身,让人想起了伦纳德·巴斯特——E. M. 福斯特《霍华德庄园》(1910)中的小职员。伊丽莎白·彭内尔听过他在哈默史密斯的讲演,"像个浪漫女生"。[52] 所有关于他的描述,听起来总有些悲苦。他试图用自信和知性的外表掩盖卑微的社会地位。哈利迪·斯帕林被大家亲切地称为"斯帕兹尔"(Spätzle)①。1885 年深秋,他开始出现在梅·莫里斯的信件中。

同盟正利用一切机会,提高所谓的公众形象。莫里斯整个夏天的活动记录显示,每隔几天他就会发表一次演讲。但他仍然深刻意识到自己的不足,尤其为与工人交流中的沟通障碍而着急。他迫使自己全力以赴,勇敢接受这沮丧不安的处境。费边主义者萧伯纳以半钦佩半嘲笑的眼光,看着莫里斯的刻意努力,看着他"与现实生活妥协并挣扎"。[53] 在法灵顿路,社会主义同盟正位于东区边缘。那里贫困与肮脏的状况,很快被查尔斯·布斯记载在十七卷本的《伦敦人民的生活和劳动》(1891-1903)中。1885 年夏天,莫里斯在斯特普尼的社会主义同盟迈尔恩德分部,做了一场名为《工作的现状和可能》的演讲,他写信给乔治亚娜:

> 星期天,我去斯特普尼做动员。这次出行使我的心情异常低沉——向东之行总是如此:成片成片的房屋,一片萧条与破败,单调得像噩梦一样压在人们身上。当然,那里的贫民窟是不为人所知的。

---

① 在德语中有小鸟雀的意思。

你也许会瞧不上我们的集会:一个小房间里大约有二十个人,又脏又臭。可以说,这里让我有点失去激情:我做不到简单直接、真挚自然地与他们**交谈**,这是一个很大的缺憾。我还想知道,当他们说到轰轰烈烈的革命时,有多少真情实感在里面。我似乎还没有和他们打成一片——你看,我们之间还存在巨大的阶级鸿沟。[54]

莫里斯的生活总是离不开感性之美,而这里的环境与之截然相反。对他来说,以及对之后的乔治·奥威尔来说,贫穷的**气息**让人不由得怵惕恻隐。

那也是个"蓓尔美尔丑闻"满天飞的夏天,W. T. 斯特德在《蓓尔美尔公报》上发表了系列文章,揭露贩卖儿童逼其卖淫的行为。他指出,伦敦警方与贩卖人口案或有牵连,这让警方和社会主义团体之间的关系更加剑拔弩张。《社会主义同盟宣言》坚决反对"腐化的卖淫嫖娼行为"。这种事件,在全国社会各阶层中引起了冲击波,抗议集会或披露集会层出不穷。其中,不乏社会主义同盟的集会。8 月 5 日,莫里斯于新法灵顿大厅在一场同盟集会上发表讲话,他认为最近曝光的事件显示了"体面社会的不体面之处"。[55] 他还记得和罗塞蒂在红狮广场的时候,有多少龌龊的卖淫行为在隐秘进行吗? 8 月 22 日,哈默史密斯分会派人参加了在海德公园举行的"保护少女"大规模示威活动。科布登-桑德森夫妇发现詹妮和莫里斯也在那里。这是詹妮参与示威活动的唯一记录。她在全国妇女协会队伍中行进,与此同时,莫里斯坐在社会主义同盟的马车内。此时,警察对社会主义者集会的镇压已经非常严厉了。第一次严重事件发生在 1885 年 5 月,地点是托特纳姆法院路斯蒂芬街的国际社会主义工人俱乐部。

警察强行闯入,捣毁家具,没收书籍,逮捕了五六十名成员。随后,关注焦点转移到了莱姆豪斯的多德街,这是激进派经常集会的场所。在那里,发生过几起针对社会主义民主联盟发言人的阻挠事件。尽管伦敦社会主义团体之间过去存有分歧,但在危机时刻,他们都会鼎力相助。

这时，外防部应运而生，莫里斯担任司库。社会主义同盟权时救急，向社会主义民主联盟提供帮助。9月20日，一万名群众在多德街集会，捍卫言论自由权。海德门和激进分子约翰·马蒂亚斯，在多德街的一头发表讲话。另一头则是社会主义同盟发言人约翰·马洪和弗兰克·基茨。集会结束，人群正散去，这时警察突然袭击，逮捕了两名旗手，粗暴地将他们带走。此次有八人被捕，包括基茨、马洪和裁缝查尔斯·莫布雷，后者是争取言论自由权的露天运动中最激进的领导人之一。

莫里斯心急如焚地现身泰晤士河治安法庭，准备保释他们。主审法官托马斯·威廉·桑德斯严厉判处刘易斯·莱昂斯两个月苦役——这个可怜的东区犹太裁缝，因涉嫌踢打警察而被定罪。法庭上，众人齐声呐喊："耻辱！"随后是一场混乱。据艾威林在《公共福利》中的描述，警察"开始无差别攻击，尤其针对爱琳娜"。[56] 这时，"威廉·莫里斯对警察的暴力行为猛烈抗议，当即成为众矢之的。很少有比这更触目惊心的事了：两三个魁梧的年轻人竟对某些报纸口中的'天堂同盟'（Paradise League）的作者下手如此狠毒。法庭上，莫里斯对一名警察怒目而视。这名警察坚持认定莫里斯袭警，打破了他的头盔。随后，莫里斯因扰乱治安被捕。他被拘留了两个小时才带到桑德斯面前。《每日新闻》刊登了莫里斯和法官之间的对话，但莫里斯否认袭警之事：

> **桑德斯先生**：有证人吗？
>
> **莫里斯先生**：我不知道有没有人看到……我得承认，当我听到判决时，一高兴，就喊了"耻辱"。然后这个警察来了，明显是在推搡我。当你被推搡时，你自然会反推搡，但这不是暴力抵抗。我转过身，向警察提出抗议。但我敢断言，我从未举手打人。他非常粗暴，我要指控他对我的人身攻击。
>
> **桑德斯先生**：你是什么人？
>
> **囚犯**：我是个艺术家，也是文学家。我想，我很有名，在整个欧洲都很有名。

桑德斯先生：我想你无意如此？

囚犯：我根本就没打过他。

桑德斯先生：好吧，我让你走。

囚犯：但我什么都没做。

桑德斯先生：如果你愿意的话，你可以留下来。

囚犯：我不想留下。

然后他被释放了，一到街上，就受到聚集人群的热烈欢呼。[57]

莫里斯向詹妮轻描淡写地谈及此事："警察的行为，他们的欺凌和恐吓，完全超乎想象。我毫不怀疑，他们大多是在餐桌边起的誓。吻我亲爱的珍妮，并告诉她此事。"[58]

年轻的作家乔治·吉辛读到此事，备感震惊。他写信给他的兄弟：

> 你看到社会主义者在东区与警察发生争执的报道了吗？想想看，威廉·莫里斯因袭警而被拖进被告席！法官问："你是什么人？"天啊！……唉，这样一个人，为什么上了贼船？我的痛苦无以言表。为什么他不能躲在阴凉地儿去好好写诗？和暴徒搅在一起，他难免变得粗野。[59]

《幽默家》刊登了一幅漫画——在多德街，警察给莫里斯擦靴子，暗示这位著名诗人受到了优待。漫画上赫然写着"人间悖论"（The Earthly Paradox）。《蓓尔美尔公报》在 9 月 23 日刊登了莫里斯专访，他说："如果当局者一意孤行，我便还会锒铛入狱……坦白说，我可不想进监狱。因为我讨厌被关，讨厌被禁足，不能去我想去的地方。"[60] 采访结束，记者问他："莫里斯先生，你现在正在创作重要的文学作品吗？""没有，我没时间。""那么，如果你被丢进监狱，反而是公众的幸事？""啊，可是我还得拣麻絮。"麻絮是通过费力拆解旧绳而得到的松散纤维。拣麻絮是罪犯或救济院里的人不得不做的苦差。

528

THE ATTITUDE OF THE POLICE.

(DEDICATED TO "THE FORCE," MR. SAUNDERS, AND THE SOCIALISTS.)

40.《警方的态度》,是 1886 年多德街逮捕事件后一幅广为流传的漫画,讽刺当局在法庭上对莫里斯的宽容处理

多德街的逮捕行动以及相关的公众关注,无疑有利于社会主义事业的推广。在接下来的周日,估计有三万到五万人的庞大人群首先在多德街示威,后来涌向西印度码头前的空地。这片区域同样被警方禁止进入。尽管如此,人们还是无视这一禁令,海德门和约翰·伯恩斯为社会民主联盟发表演说,萧伯纳代表费边派演讲,斯图尔特·海勒姆牧师代表基督教社会主义者发言。艾威林则为社会主义同盟高声疾呼。在此过程中,警方一直保持观望,没有干预。他们这一转变的部分原因在于,政府意识到禁止街头和户外集会可能会得罪自由教会,会导致在未来的选举中失去大量非国教徒选票。在多德街事件中,自由教会、救世军、教会军与无神论社会主义者形成一个松散的(大多数是自由主义的)联盟。这是言论自由一次重要但也不乏讽刺意味的胜利。

530

然而,那几周的压力对莫里斯产生了负面的连锁反应。年初,他的痛风问题似乎有所缓解。4 月他还在写:没有**时间**治疗痛风。然而到了10 月,这顽疾卷土重来,侵袭了他的双脚。他抱怨"双腿彻底不听使唤","读着蹩脚的小说",不过即便痛风在身,他也无法接受维达的《斯特拉斯莫尔》。[61]

接下来几周,他大部分时间都卧床不起。虽然疼痛并不剧烈,但两腿跛到必须依靠轮椅才能从凯尔姆斯科特之家的卧室移动到餐厅。他自嘲,宁愿要一条木腿,也不要两条患痛风的腿。他不禁回想起"在威尼斯的日子,虽然身体同样不适,但并没有如今这么严重"。[62]无尽的沮丧涌上心头,他不仅要取消或推迟自己的巡回演讲,还要面对因大选在即无法弥合社会主义同盟内部越发严重的裂痕而生的无力感。作为患者,他始终不愿配合照顾他的人。梅向萧伯纳诉苦,说她不得不陪伴父亲去牛津演讲:"'照顾他'简直是一出闹剧:我给了他一箩筐关于健康的忠告,然而他一个也没放在心上。"[63]到了 11 月下旬,他与詹妮一同前往罗廷丁,与内德和乔治亚娜一家相聚,然而遇到了阴沉天气。他勉强支撑着去海边散步,却只走了短短十分钟。除此之外的大多数时间,他还是待在室内,与患了感冒的詹妮无精打采地玩双陆棋、纸牌和跳棋——此时的詹妮因感冒而虚弱不堪。

531 　　起初,莫里斯还企图自我安慰,认为病症仅是饮食不节制导致的身体反应,相信严格的饮食控制能够缓解痛风。然而,现实比他想象的要严峻得多:他发现自己正遭受着深层的全身性劳累。他感伤地反思:"这个夏秋季节,我真是劳心劳力。对一个即将踏入暮年的中年人来说,身心俱疲似乎已是难以回避的宿命。"[64]莫里斯的弟弟伦德尔在前一年离世,时年仅四十五岁。他此前辞去了自己的军官职务,卷入在阿克顿建立家禽农场的可疑计划。莫里斯过去不无忧虑地评论过伦德尔的体重问题,有证据表明伦德尔还酗酒成性。伦德尔去世时甚至比他们的父亲还年轻,留下的八个孩子,几乎立刻被他们的母亲抛弃了。最终,这些孩子被莫里斯的妹妹伊莎贝拉养大成人。对于莫里斯来说,岁月流逝与健康无常已成为生命中的切肤之痛。

　　1885年的圣诞节显得格外凄凉。那年,常住护理之家的詹妮回到哈默史密斯,与她的双亲以及梅团聚过节。家中客人寥寥,天色昏沉,浓雾弥漫。音乐在家里随意流淌,梅与她母亲的曼陀林二重奏,被莫里斯幽默地形容为"滑稽的叮当玩意儿"。[65]梅在思考富人与穷人生活之间的鸿沟时,陷入了良心的危机。"节日狂欢时,那些饥寒交迫的街头群众,只能艳羡地注视着富人的购物盛况。"她伤感地对安德烈亚斯·朔伊倾诉。[66]莫里斯也突生幻灭之感。"说到英国的劳动阶层,坦诚地说——他们已沉睡至无以复加之境……我有时会担心,他们可能会在睡梦中死亡,不管时代多么艰难,他们就像那些冻僵的人一样死去。"莫里斯在节礼日向 F. S. 埃利斯讲出这番或许是那个时期最为激烈、最为绝望的心声。[67]

　　然而,莫里斯的韧劲始终令人钦佩。他不再对双陆棋感兴趣,转而投入一个宏大的项目——对荷马史诗《奥德赛》进行韵译,这样的工作对于许多人来说是一辈子的伟业。

　　1886年至1887年间,英国政坛风起云涌。长期经济不振和持续的失业问题加剧了社会不满。在这关键时刻,莫里斯走到了革命骚乱的中心,成了他的同志们眼中既让人敬仰又神秘的希望象征。虽然他仍展现出自诩为"慈善绅士"的一面,但他在群众集会上的雄辩演讲、示威游行中的积极参与,以及为工人阶级情感宣泄而创作的革命颂歌,都使得他逐渐成为该运动必不可少的公众人物,并发展出一种神秘魅力。在一封深刻自省的信中,他坦言深藏内心的渴望,即对极端主义不可抑制的强烈向往。

532

> 我不热衷争辩,对那些无动于衷的人更是选择回避。诚然,我自知自身缺陷:对安适的追求、爱幻想、慵懒,还有过分随意和不严谨,这些都让我深感自责。作为一位"温和的社会主义者",这些缺点未必是弊端;我也不必放弃大部分对虚荣的满足。在那样的团体里,我或许还能毫不费力地登上领袖之位,成为毫无争议的核心人物。然而,在我们自己这艰苦卓绝的事业中,我难称领袖,也并无领袖之心。我如此坦白,是因为我明白,哪怕一丝自我欺骗,都能把我送入那些温和派的怀抱。可那,终究是场欺骗。[68]

多年来,出于各种原因淡化莫里斯的社会主义观点的人士认为,他的社会主义只是一个过渡阶段,是一种反常现象,这点我们已经见诸论述。他们宣称,身为革命社会主义者的莫里斯是一种身份误解。然而,并没有证据支持这种说法。现在,我们能够按序阅读莫里斯在该时期的私人信件——无论是他的私人信函还是他的公开讲话,均展示出他坚定不移的信念。他对社会主义的热忱仿佛唤醒了自身性格中深藏的潜力:

> 我紧抓住过去的爱和未来的爱,
> 而当下,重要的是在内心建造一个强大的自我。[69]

> And I cling to the love of the past and the love of the day to be,
> And the present, it is but the building of the man to be strong in me,

——正如莫里斯在《希望的朝圣者》中所深情叙述的,在那剧烈变革的时刻,他奋力维系着逐渐解体的社会主义同盟,那时的他,前所未有地展现了自己的真实本色。

莫里斯坚守"培养社会主义者"的理念,哪怕社会主义同盟摇摇欲坠。他持续推进教育和组织工作,热情激发民心,为革命后新社会的来临策划蓝图。在 1885 年 11 月的选举中——这场选举让年老的格莱斯顿再次胜利——同盟的行动仅限于发放《我们应该投票给谁?》的传单。这张传单随后成为他们选战的常规方式,他们直截了当地呼吁:"**请勿投票!**"[70]同时对不投票者许以承诺:"时机成熟时,你们将站起来夺取应有之位,重建新社会。"然而,这种更多依赖信条而非具体实践的做法,也正是同盟联结大众时的症结所在。正如恩格斯对英国社会主义者的失望评论:"仅凭布道说教,你们无法吸引工人阶级大军加入运动。"[71]

"保守党金援"事件使莫里斯对议会体制大失所望。据披露,社会民主联盟的两位候选人——汉普斯特德的杰克·威廉斯和肯宁顿的约翰·菲尔丁,接受保守党资助,目的是"做先行马"[72](make running,用莫里斯的话来说) 帮助保守党,并破坏自由党的选票。与此同时,海德门在权谋游戏的酒宴中,向自由党激进派候选人约瑟夫·张伯伦施加压力,说如果他不支持下届议会的"八小时工作制法案",则会遭遇社会主义者的强烈反对。张伯伦拒绝了。这一连串事件凸显了莫里斯与海德门在立场上的悬殊。莫里斯缺乏海德门那种大胆的舞台恶棍特质。此事使莫里斯对海德门的策略愈发不满,他气愤地说:"海德门这堆垃圾还在冒泡……这个骗子像霍乱细菌一样难以消灭。"[73]"保守党金援"事件破坏了社会主义同盟与社会民主联盟之间脆弱的和平。

这也是莫里斯没有出席 1886 年 2 月 8 日那次会议的原因之一。那是一个被后世称为"黑色星期一"的日子,因为这次会议,伦敦首次爆发了严重暴力事件。那天,保守党资助的公平贸易协会在特拉法加广场召开了一场失业者集会。社会民主联盟到达后,意图占领集会场地。然而,莫里斯决意让社会主义同盟远离"这场纯粹的派系之争"。[74]尽管莫里斯向约翰·卡拉瑟斯表明立场,同盟中不少人还是出席了集会。当时,梅也在场,但仅是旁观。出于对家人的承诺,她远离了可能会发生麻烦的现场。会议预定在下午三点开始,但特拉法加广场在此之前几小时就已人满为患。当午后两点的钟声响起,社会主义者宣告了对广场的控制,来自东区的众人已集结成"无边的贫困民众大军"。[75]向着这群人,社会民主联盟领导人站在国家美术馆栏杆上发表了慷慨激昂的演说。

在海德门、钱皮恩、约翰·伯恩斯以及杰克·威廉斯的引领下,一支由八千或一万人组成的浩浩荡荡的队伍,从蓓尔美尔街奔向海德公园。当他们穿越伦敦"俱乐部区"那些常被莫里斯斥为"权力建筑"的地区时,气氛陡然紧张起来。在自由改革俱乐部附近,几名佣人竟向他们投掷鞋履和指甲刷。愤怒的人们则以石块猛烈回击。途经保守党的卡尔顿俱乐部时,这群失业者又遭到窗内人的刺耳嘲讽,他们以怒吼回应。踏上圣詹姆斯街时,他们以金属栏杆和松动的铺路石为武器,将周边俱乐部的窗户打碎,其中包括海德门不久前刚被逐出的新大学俱乐部。在皮卡迪利大街,人们开始抢掠商店。海德门注意到一些东区居民自制了套装,在格林公园换装。随后,又一场更具煽动性的集会在海德公园举行。集会结束后,暴动者向东转向北奥德利街,进入牛津街。他们边走边打碎玻璃入室掠夺。莫里斯估摸,有半分钟时间,他们在牛津街449号莫里斯公司商店前过而不入。

534

暴动引发公众恐慌,这与二十世纪八十年代各郡各市种族骚乱后的人心惶惶并无二致。在接下来的几天,黑烟弥漫的冬季天气里,伦敦仿佛陷入围困状态。莫里斯饶有兴趣地注意到,警察建议哈默史密斯的店主关店。基尔本的一些店主甚至已经关门。有传言说,伦敦东区的一支军队,正在迷雾的掩护下向西行进。

在给约翰·格拉斯牧师的一封信中,莫里斯切中要害:

> 至于周一的暴乱,理之当然是个错误。因为我非常肯定,社会主义者总有一天会光明正大地战斗。尽管这事极有把握,但是如果

劳动者能够正确组织自身，敌人就会坐失机宜，无法镇压。然而，随着旧体制的瓦解，大众难免怨声载道，而组织不可能任民怨蔓延，视而不见。因此我们将被迫战斗……然而，我不同意你的说法——星期一事件会有碍社会主义运动。我认为它反而有益：如果代价**不是太高**，任何上街抗议现有法律和秩序的行为对我们都有用……对于其他人来说，英国暴徒无论如何都是野蛮的，直至其上升为英雄主义。总的来说，我认为我们必须把此事看作革命事件，而到目前为止，状况依然令人鼓舞：在一定程度上，捣毁商店意味着荒诞的恶作剧（完全是英国方式），且是以上层阶级受损为代价的。[76]

535　　　他的结论是："尽管暴乱不足为取，但毫无疑问，无论是在本土还是在欧洲大陆，它都产生了巨大影响。人们不禁刮目相看：原来英国工人绝不容忍任何极端压迫。"[77]也许他对工人阶级陷入昏睡状态的看法有误？他第一时间与海德门冰释前嫌，并在他预料将"充满希望又异常艰难"的时期，声援社会主义民主联盟。社会主义同盟理事会，向海德门、钱皮恩、威廉斯和伯恩斯这些现已收到传票的社会主义民主联盟成员表示"最诚挚的同情"。莫里斯亲自为杰克·威廉斯和约翰·伯恩斯保释。

　　暴乱之后，警察对社会主义人士的监视更加严苛。1987年公布的内政部文件显示，当时警官们对渗透英国政治的危险的国外无政府主义者——"愿蹈锋饮血且无所畏忌的人们"[78]是怎样高度戒备。2月21日，在海德公园举行社会主义联盟集会，警戒安排极其周密：凯旋门两百名警察，大理石拱门五十名，格罗夫纳广场五十名，圣詹姆斯宫五十名，公园里有一百五十人的双巡逻队，另有四十六名后备骑警。警官们被要求保持局势稳定，禁止耀武扬威，不可过度使用警棍——"抵消"一周前破窗事件中的影响。然而，据《泰晤士报》报道，在实际示威活动中，警察迫不得已拔出警棍，毫不留情地朝所有人挥舞鞭打。

　　读到有关暴力行为的报道，内德惊恐万分地给莫里斯写信。莫里斯回信安慰他说："非常感谢，亲爱的内德。谢谢你的担忧牵挂，但请放心,我不会强迫自己去参加可能演变成暴乱的集会。"[79]几个月后,他通过珍妮向詹妮转达消息:"我昨天过得很愉快,不过告诉你妈妈,没有警察的手碰过我神圣的衣领。"[80]有目共睹的是,暴动事件之后,随着警察和社会主义人士之间的对抗加剧,莫里斯面临着人身危险。

莫里斯表现出极大勇气。在逮捕社会主义人士的浪潮中,他做了他认为必做的事,没有惊慌失色或大惊小怪。萨姆·梅因沃林讲述了他对弗兰克·基茨被捕的消息的反应:

> 我去了法灵顿路社会主义同盟办公室,将此事通知了成员——他们正在大厅里举行社交晚会——他被逮捕了,并要求保释。卡拉瑟斯和莫里斯立刻和我一起离开。到达西汉姆警察局时,我把他们介绍给当班的督察官,让他们作为基茨下周一出庭的担保人。
>
> 警官问:"你叫什么名字?"我们的同志回答:"威廉·莫里斯。"
>
> "你是做什么的?"警官问。莫里斯还没来得及回答,卡拉瑟斯就走到办公桌前,语气激烈地说道:"你不知道吗? 他是《人间天堂》的作者。"
>
> 莫里斯惊讶地转向他的朋友说:"天哪,卡拉瑟斯! 你不会指望一个警察知道《人间天堂》吧?"然后转向警官说:"我是一个店主,在牛津街做生意。"[81]

536

莫里斯发现,治安法庭的低效和伪善令人难以忍受。他常在《公共福利》中对此表示讥讽。在《希望的朝圣者》中,他刻画了一个狂妄自大的地方法官的可悲形象,即"法官席上的白发傻瓜"。[82]法庭上的拖沓冗长,让莫里斯几乎忍无可忍。有一次,萧伯纳看见,他在治安法庭上"如坐针毡。他前来保释某些同志,我发现他读了大约一百遍《三个火枪手》用以消磨时间"。[83]他认为,出席法庭是他的责任,是他对伟大事业必尽的义务。

1886年7月11日,社会主义同盟的萨姆·梅因沃林和社会主义民主联盟的杰克·威廉斯在社会主义同盟玛丽勒本分部的活动场地——埃奇韦尔路贝尔街因阻碍交通而被法庭传唤。他们此前已受到警告,于是被移交至次月的米德尔塞克斯法庭审理。7月18日,莫里斯因同样罪名而被传唤。传票称,哈默史密斯上林荫路26号凯尔姆斯科特之家的威廉·莫里斯"为发表演说而搭台,造成人群聚集。在中午十二点,阻碍了玛丽勒本贝尔街公共人行道和马路自由通行"。[84]

莫里斯被捕,是警方周日第三次连续突袭贝尔街时的高潮事件。警方显然有杀鸡儆猴之意。莫里斯知道,他正让自己处于风口浪尖。而对537 警察来说,《人间天堂》的作者是个很棘手的因素。但莫里斯如今现身贝尔街,迫使他们不得不行动。他在正式发言前已告知人群有警察在场,所以要保持安静,遵守秩序。他一并解释说,他来玛丽勒本是为了捍卫社会主义者上街发言的权利,就像其他持不同政见者也可以这么做一样。然后,莫里斯开始了关于垄断和腐败的主题演讲。《公共福利》对这一场景进行了翔实报道:

迫于当前的糟糕形势,他别无选择。那天早上,他只能将自己的辩口利辞对准他们(中产阶级)。曾有一天,一位女士问他,为什么不与中产阶级对话——中产阶级有很多闲暇时间,可以阅读他们的书,而工人阶级没有闲暇,也没有书。(这时,督察官谢泼德出现在人群外围,说自己挤不进去了。然而情况并非如此,人们立刻给这位督察官让出通道。当他走近演讲者时,人们对他发生不满的嘘声。他接近了莫里斯,叫他立刻停止演说,莫里斯断然拒绝。督察官要了他的名字和地址,离开了人群。演讲继续,没有再被打断。)一面是工人阶级的贫穷落魄,一面是中上阶级的奢侈闲散,后者靠吸食前者为生。改变的方法只有一种,那就是彻底颠覆这个社会。真正合理的社会,意味着每个人都有生存权、劳动权,有享受劳动成果的权利。无用的阶级必须消失,社会现有的两个阶级必须合为一个有用的阶级,即作为社会主体的劳动阶级。最后,他呼吁观众去奔赴这项事业，去提高自己的思想觉悟，去与同伴探讨社会问题，为伟大的社会革命做好准备。

莫里斯的演讲持续了半小时，他的精彩言论频频引起欢呼。这些人向保护基金捐款后，就悄然离开了。活动进行期间，街上不远处的宗教人士也在举行集会。[85]

莫里斯案于 7 月 24 日星期六下午两点提交给玛丽勒本治安法院的地方法官库克。首席督察官查尔斯·谢波德提供了不利证据。他说，大约三百名男子聚集在莫里斯周围，杰克·威廉斯和"许多其他知名社会主义人士"[86]在集会走动，分发传单，出售报纸（《正义》和《公共福利》），阻塞人行道，妨碍行人和马车自由通行。第二个证人威廉·吉利斯督察官提供的证据有些难以令人信服。他坚称，有一辆马车被人群拦堵了三四分钟。法官转向莫里斯说，"作为一位绅士"，"当有人指出这类集会构成妨害行为"，他应立刻会意，保证以后不参与其中。莫里斯被罚款一先令，并承担诉讼费。

538

1886 年 8 月 11 日至 13 日，莫里斯参加了在米德尔塞克斯郡举行的对梅因沃林和威廉斯的后续审判。他们在助理法官彼得·H. 埃德林的主持下出庭。莫里斯沮丧地向珍妮描述了事情经过：

> 昨天，梅和我在法庭上熬了一整天，这真是个糟糕透顶的过场会——除了我们的同志梅因沃林的发言还不错。事实上，我为他的表现感到骄傲。这位法官是个不讲道理的人，真有点像小杰弗里斯法官。辩护律师的控告如此猛烈，就好像我的朋友犯了什么谋杀罪，造成风气严重败坏一样。他们被判处每人二十英镑罚金，此外，还要向担保人具结，保证十二个月遵纪守法：这意味着，如果他们找不到担保人或再次顶风犯事，他们将另获十二个月监禁——而所有这些，都是因为任何通情达理的人都可视之为微不足道的罪行。这真不像话！作为工人，他们无力支付这么重的罚款。尽管我们可

以搞到一些钱,但我不认为他俩会接受。很遗憾狄更斯已不在世,不然那个混账法官一定会得到教训,因为他就是那般无赖。然而,正如我昨天对我们的小伙子所说,他们不该怨天尤人,而这就是他们成为社会主义者的缘由。[87]

查理·福克纳被传唤为辩方证人。在贝尔街社会主义者集会上,他一直在场。他否认现场有任何妨碍交通的事件。梅写了一篇愤怒而尖刻的长篇报道,名为《恶意宣判》,刊登在《公共福利》上。

莫里斯尴尬地看到,即使在法庭,英国堂而皇之的阶级制度也公然作怪,他不由得怒火中烧。警察和治安法官总是无原则偏袒社会上层阶级,伦敦劳动阶级社会主义人士无不憋气窝火。如《公共福利》报道,6月12日,查尔斯·莫布雷和约瑟夫·莱恩前去斯特拉特福德演讲,只因他们"不是中产阶级,也不是激进派,警察便立即横加干涉"。有证据表明,对于去公共档案馆的莫里斯,安保人的态度还是很恭谨的。在满足百年规则而刚刚被公布的内政部文件中,有一张指示档案管理员的红墨水纸条,上面写着"再保留 1/11 至 13——威廉·莫里斯"。[88]文件上盖章:"内政部,1886 年 8 月 28 日"。之后的 14 至 18 号文件已被销毁。

整个 1886 年,莫里斯都在旅行——他就像《人间天堂》中的流浪者或奥德修斯那样背井离乡。培养社会主义者的任务之一,是先去远方找到他们。那一年,莫里斯从伦敦出发,分别进行了十次冒险之旅。2 月,他前往谢菲尔德、布拉德福德和利物浦,在那里谈论"社会主义与伦敦骚乱的关系",并将目击者报告带到了各郡。3 月,他在诺维奇发表讲话,他觉得那里"和英国一样,有可能成为社会主义的传播地"[89]——因为旧纺织工业日渐萎缩,新的制鞋厂面临着来自国外日益激烈的竞争。4 月,莫里斯在都柏林向社会主义同盟发表讲话。他刚回伦敦,就又出发去了希普利、布拉德福德和利兹。5 月,在伯明翰,一个阴冷潮湿的夜晚,他做演讲《政治展望》,尽管交易大楼里正上演"跳蚤表演"[90]的对台戏,但他还是守住了自己的听众阵地。6月,莫里斯向北前往爱丁堡的阿布罗斯、格拉斯哥、布里奇顿和邓迪,六天内做了六次演讲。9月,他在曼彻斯特完成了年度演讲活动,并在安科茨与朋友——安科茨兄弟会的创始人、社会主义慈善家查尔斯·罗利会面。从那里,他继续前往谢菲尔德,他仍然希望在那里建立社会主义联盟分支机构。10月,他回到了诺维奇,整理、巩固七个月前取得的成果。社会主义者的锻造,不仅需坚韧不拔的毅力,还需要勤恳地运作社会资源。有时,他会与自由主义实业家、本地学者、拉斐尔前派的老友共处。有时,他会亲自来到工人阶级同志的家中。

离开诺维奇几天后,他前往雷丁的英国工人俱乐部发表演讲。11月,又在兰开斯特和普雷斯顿发表演讲。在一神论教堂的讲堂内,他向普雷斯顿折中会发表了关于《新时代的黎明》的演讲。他的演讲场所,大多是东倒西歪的社会主义会议室,他也经常利用咖啡馆和禁酒厅。但莫里斯对此毫不在意,似乎在另一种与以往生活截然相反的环境中获得了满足和快乐,这正是他为伟大事业在所不惜的某种体现。他在英国各地周游时,曾描述过途中的餐食,情况令人心酸:某天晚上,他在有轨电车上只吃了两块阿伯内西饼干。9月,在爱丁堡和曼彻斯特之间的旅途中,错过了转车,时间已晚,他来不及好好吃饭了:"我所能做的,"他写给珍妮,"只是冲到自助餐厅,吃先上来的食物——两个羊肉派。我快饿死了,羊肉派太好吃了。"[91]

莫里斯对都柏林的访问尤其值得一提,因为访问时正值爱尔兰地方自治争议的关键期。就在前一天,格莱斯顿在众议院发表了三个半小时的演讲,提出并阐释了他的地方自治法案。遗憾的是,该法案最终被否决——法案要求爱尔兰议会和都柏林(除了某些保留领域,如外交政策和国防之外)拥有自己的立法权力。莫里斯和社会主义同盟曾支持权力下放政策。他们认为:"爱尔兰处于极端剥削压迫当中。"[92]现在以及将来,同盟将定期参加所有由爱尔兰民族主义支持者组织的示威活动。威尔弗雷德·布伦特发现,在去参加爱尔兰民族主义抗议会议的路上,

540

梅坐在社会主义同盟的马车里，"看起来就像一个要被处决的法国革命者"。[93] 然而，莫里斯对格莱斯顿主义的爱尔兰政策持强烈保留意见，同时也对爱尔兰领导人的实力表示怀疑。他始终将爱尔兰视为冰岛的"勉强替代物"，生活贫穷，却民风淳朴，非常容易被剥削利用。他忧虑地分析爱尔兰的状况：

> 总的来说，我担心他们在走向社会主义之前，可能要先经历农民所有权这条崎岖之路。在像爱尔兰这样孤立隔绝的特殊国家，这条路可能极为漫长。或许，这会将他们带入万劫不复的境地，除非他们能脱离世界市场——而这点他们几乎无法做到。毫无疑问，爱尔兰人决心尽其所能，推进爱尔兰制造业的发展。为此，在全国建设新铁路将成为必然。之后，出于资本逐利，农民将陷入高利贷的陷阱。这时，农民所有权将成为可怜的权宜之计——除了下山，没有任何别的出路。在爱尔兰，所有事情的发展变化可能比我们想象的要更快。[94]

莫里斯连夜乘船来到爱尔兰。他清晨五点半醒来，看着云层从威克洛山峦上升起。大海"呈深绿色，好似众多白马奔腾"。[95] 风很大，把他的眼镜都吹掉了。当他到达都柏林时，这个城市正在讨论格莱斯顿法案。莫里斯对此冷眼相看，认为："这个法案可真是机关用尽。"在都柏林，在社会主义同盟都柏林分部的运作下，他进行了密集的演讲：有一晚的演讲主题是"艺术的目的"，第二天下午是"政治展望"，晚上他则为"什么是社会主义？"的辩论发表开幕演讲。关于艺术的那场演讲让几个有头有脸的爱尔兰人格外震惊，演讲刚开始他们就退场了。就宣传而言，关于社会主义的辩论尤为成功。据当地媒体报道，一名造事者把煤气灯关掉了，使都柏林周六俱乐部陷入一片黑暗。莫里斯喜欢"都柏林那种漫不经心的破旧和随意"[96]，混合着美妙清新的空气。他惊叹于爱尔兰人的政治意识："无论爱尔兰人怎样狂野，他们都很冷静、明智，在地方自治问题上很有主见。"他轻松愉快地度过了英国返程之旅——在船上用晚餐,完成了五十行的《奥德赛》翻译。那个夏天,他把荷马史诗装在背包里旅行,拽出来像一块巨大的针织品,打发**途中**时间。

　　即使在伦敦,他也始终保有陌生化视野。莫里斯常被人看到在肖尔迪奇和白教堂的街道上游走,他眼里闪着光,探索着、观察着。国际俱乐部是欧洲革命流亡者在肖尔迪奇教堂附近一幢破旧房子里的聚会场所。一天,有人猛然发现"在烟草雾缭绕和革命的狂热气氛中,有种不寻常的平静"。[97]一位陌生人,坐在一张长凳上。一群犹太人、法国人、俄罗斯人、西班牙人、德国人和英国无政府主义者围在他身边。此人穿着一套平常的农家粗布衣服,大家叫他"莫里斯同志——另一个同志"。有时,有人会看到莫里斯出现在伦敦东区,坐在街角的椅子上,面对景观破坏现象口吐良言:"上帝创造了乡村,人类造就了城镇,魔鬼建造了郊区。"经由他的旅行足迹,我们看到:莫里斯是城市调研者、社会研究者,也是浪漫的旅行者。他在未知的城市探索发现,满怀好奇,对**风格韵味**保持清醒。若是在六七十年后,他应该会在口袋里放一本佩夫斯纳的书。

542

　　作为伦敦东区的演讲者,莫里斯被认为是喜怒无常、阴晴不定。"恶意的嘲讽会使他不安,随后他会猛烈回击,言辞动人,充满英雄史诗意味,却让大多数观众都摸不着头脑。"一个星期天早晨,莫里斯正在萨默斯镇发表演讲,评论员欧文·卡罗尔正在现场。他的头向后甩着,眼里燃烧着热情,胡须像在跳舞。这时,演讲被汹涌人群中的一个声音打断了:"如果你那么信你说的话,为什么不把你的钱都给穷人呢?"这并不是什么新问题。显然,自从莫里斯成为社会主义者,这个问题在公共场合和私下里都一直困扰着他。据卡罗尔的描述,他当时匆忙地做了笔记,这个神态显示出他多么在意这个发问:

　　　　莫里斯的脸色立刻变得阴沉,我以前从未见过他发怒……他站在那儿,哑口无言,像一头盛怒的狮子一样瞪着打断他的人。随后,

怨恨在他眼中消失,化为悲悯,他为自己辩解:

"三十多年前,我就开始经营生意。尽管我有能力,也肯干,但我现在的财富并不比原来多。我支付了丰厚的工资——比他们在其他任何地方所能得到的都要多;我教他们制造美丽的东西,经我们之手所造的一些作品,即便在我们的骸骨化作黄土之后,仍将长存于世。我不把工人当作雇工,而是当作同志。

"我不是富人,即使我把所有的钱都捐出去,又有什么用呢?穷人还是一如既往地穷,有钱人也许会更富有些,因为我的财富迟早会落到他们手里。世人会很高兴地谈论我三天,直到有什么新鲜事发生。即使明天,罗斯柴尔德拿出他数百万美元,在第二天,我们也会面临同样的难题。"

观众为他喝彩,被他的真诚打动。莫里斯设身处地了解他们,因为他就活在他们之中。富有和贫穷,艺术和商业,个体创造和群众运动——这之间,是莫里斯体认到的、他必须要承受的二元性。

在这一时期,莫里斯抱持开放的心态。他以作家的眼界来旅行,登高博见,别具慧眼。他以书写者的双重视角来观察自己。他做梦,并讲述着自己的梦。他写信给珍妮,说梦见大家回到了里弗考特路尽头的高街,看到"流星的颜色有红有绿有黄,就像新哈默史密斯桥上的灯光,突然落到马路当中"。[98]他提出的问题并不是与政治家紧密相关的问题,而是更随性、更宽泛、更开放,也更令人不安。这些问题包括质疑人与人之间的基本行为模式,挑战人与自然关系的共识,谴责人类对地球的傲慢行为。正是莫里斯思想和写作中的想象力和创造性,使他在维多利亚晚期社会主义政治中,与费边派和国会议员分道扬镳,与无政府主义知识分子结盟。

从二十世纪五十年代起,莫里斯的无政府主义因素在他的政治痕迹中被刻意抹除。关于他的政治评述,大部分都强调了他的马克思主义,而忽略了其他方面。甚至在 E. P. 汤普森的《威廉·莫里斯：从浪漫到革命》(1955 年首次出版)一书中,也着重塑造了莫里斯严肃的政治形象,而对莫里斯敢于冒险的品性避而不谈。汤普森后来强调,莫里斯是一位"见解独到的社会主义思想家,他的工作是对马克思主义的补充"。[99]但他未曾在意的是,从十九世纪八十年代中期开始,莫里斯与伦敦无政府主义领袖的关系,已经不仅出于道义同情,更有友谊上的亲密无间。

　　莫里斯的邻居谢尔盖·斯捷普尼亚克在贝德福德公园过着流亡生活。在伦敦社会主义集会上,他是引人注目的人物。1884 年初夏,萧伯纳抵达伦敦后不久,就在海德公园的一次集会上见到了他。他在哈默史密斯社会主义集会上的演讲,即使难以全然理解,也足够令人信服。虽然斯捷普尼亚克在英国待了六七年之久,西德尼·科克雷尔仍然觉得他的口音很难懂。梅记得,在家里,他是经常被谈论的对象。他们都着迷于他那遥远而悲惨的过往经历。斯捷普尼亚克身上有一种"捉摸不透的气质"。[100]霍尔拜因真该画他,画中的他应有典型的鞑靼人面相特质:"奇异而庄严的头颅,带有强烈种族特征的棱角,以及一头浓密的黑发。"斯捷普尼亚克看起来有种孩子般的单纯,这多少也体现在莫里斯身上。他从大英博物馆取走他想要的书,但这些书总归会还的。威廉·莫里斯总是在倡导共同利益。理论上是如此,但实际上,他对自己所喜爱的物品和手稿有着强烈的占有欲。他曾指责说,托特纳姆法院路梅普尔商店的约翰·梅普尔爵士所出售的另一家制造商的地毯,乃公然模仿自己的设计。梅普尔温和地承认了这一点,但他表示"也应该分点阳光到他身上"。[101]莫里斯除了一句"早上好",其他什么也没说。乔治·沃德尔目睹了这一幕,设计为世界所共有的观点在此刻被颠覆了。这也是斯捷普尼亚克早期之所见。

544

　　莫里斯还与当时最重要的无政府主义理论家彼得·阿列克谢维奇·克鲁泡特金公爵关系密切。克鲁泡特金在法国被监禁四年后,于1886 年抵达伦敦。他的《一个革命者的回忆录》,详细而生动地描述了他在俄罗斯贵族家庭中的成长经历。孩提时代,他便被选为沙皇的贴身侍从。他曾在俄罗斯军队服役,在西伯利亚军事行动中,他把自己训练成一名地理学家:他和莫里斯一样对地表形态兴致盎然。在其他事上,两人也很有共同语言:诸如革命的重要性、对家的牵挂和家庭生活的微妙变化。莫里斯第一次见到克鲁泡特金,是在南广场公社的社会主义同盟纪念集会上。那时他四十多岁,初到伦敦才几周。他们一见如故,关系融洽。社会主义同盟和社会主义民主联盟都在争夺这个人物。莫里斯写信给约翰·马洪说:"让我提心吊胆的是,社会主义民主联盟已经拿下了克鲁泡特金……当然他是只老鸟,应该不会被那些烂谷壳子诱惑。"[102]

克鲁泡特金没有加入任何一方阵营,他保持中立。但是,相较斯捷普尼亚克,他成为在哈默史密斯的莫里斯夫妇更为亲密的朋友。詹妮非常喜欢他。"你会像我们一样喜欢他。"她对威尔弗里德·斯考恩·布伦特这样说。[103]让莫里斯惊讶的是,克鲁泡特金对自己的新生儿由衷喜爱。莫里斯在信中止不住地提及这点:"这个好人很爱**小孩**。"[104]克鲁泡特金多次应邀来马车屋演讲,他的无政府主义知识分子基调吸引了莫里斯。克鲁泡特金是无政府主义者,也是位公爵,与那些开始渗透到社会主义同盟的粗野的英国工人阶级无政府主义者有云泥之别。莫里斯和克鲁泡特金彼此分享着自己的故事。莫里斯向珍妮复述了一个故事——在周日的讲座晚餐上,餐桌旁的客人都被克鲁泡特金的这个故事吸引了:

545　　　在遥远的美国西部,红皮肤印第安人中,有一个小小的俄国人聚集地。有一天,红皮肤人袭击了他们,烧毁了他们的田地,拉走了他们的牛。如果是那些北方佬,他们会扛着步枪去追赶这些印第安人,将他们赶尽杀绝,从此不共戴天。但是俄国人等待时机,抢走部落中的所有女人,将她们带回自己的棚屋,关得紧紧的,但待她们还算不错。然后,印第安人找来了,问:"你们抢了我们的女人吗?""是的。""她们怎么样了?""哦,非常好,谢谢。""好吧,把她们还给我们!""那可要等。""如果你们不还,我们会杀了你们。""不,你们不会,若是如此,我们会先杀了**她们**。""好吧,把她们还给我们。""就现在,但你们必须先做点什么。""什么?""你们得重新耕种你们烧毁的土地?""我们不知道怎么做。""没关系,我们来教。"于是,当印第安人着手耕犁和做其他工作时,俄国人就站在旁边给他们打气:"看! 好家伙,他干得多带劲! 他多么聪明!"然后,工作完成,他们找到了自己的女人,还一起吃了大餐,从此结交。这个小故事,是不是很不错?[105]

克鲁泡特金对于莫里斯来说,代表了可接受的伦敦无政府主义者面向。莫里斯一直反感的是不分青红皂白的暴力无政府主义。他认为这是对社会主义的扭曲,他在 1893 年写道:"我此生都不想看到,这些反对强制压迫的冠冕堂皇的准则,是怎样以杀戮之名来迫使人民屈服。"[106]但他的友谊,以及他与十九世纪八十年代伦敦无政府主义知识分子**流亡者**之间的对话,强化了他的自由主义观点。在他的演讲《未来社会》中,这种观点以行云流水、激情澎湃的方式得以表达。这个演讲,最初是在哈默史密斯分部,于 1887 年 11 月 13 日的"血腥星期日"晚上在特拉法加广场的马车屋举行。此时,莫里斯将他对未来社会的理想,定位于个体意志的自由和培养,对此,文明社会往好里说是忽视,往坏里说是否认:

> 首先,我要求人类能过上自由自在的动物生活,我要求彻底消灭一切禁欲主义。如果我们因激情、快乐或饥饿、疲乏而感到些许堕落,那么此时,我们就是劣等动物,因此也可怜至极。[107]

演讲接近尾声时,他力求传递给听众一个关于社会重建的"更简洁而完整"的理念:

> 这个社会,没有贫穷与富裕、财产权、合法性或国籍的概念。这

546

个社会,没有被统治的观念。在此,条件平等是理所当然之事,不由任何人因服务于公众而获得伤害它的权力。这是一个有意识保持简单生活的社会,将过去所掠夺来的力量退还给自然,以便更人性化,少一些机械化,并愿为此牺牲一些东西。

在七十年代早期,莫里斯首次对小社区理想生活理念的阐释还很模糊,现在则已经很清晰透彻,同时更具体丰富,社会影响也更加深远。他认为,每个社区都应保持独特个性,"遵守共通的社会道德,彼此之间没有互争雄长,对优等种族的观念深恶痛绝"。在此,血亲家庭将"融入"社区和更广泛的人类大家庭。这个全新的开放社会的趣味所在,来自"人类健全的感官本能,富含情感的自由活动——只要不损害社区其他个体"。这种放任自流式的图景,定然让人惊愕。甚至在马车屋里心平气和的观众也难免感到如此。而詹妮应该对这种乌托邦社区理论很感兴趣。可以想象,她对丈夫关于自由行使人类情感的观点作何反应。莫里斯的去中心化社会愿景,以返璞归真为伦理诉求,其中显然有冰岛的潜在影响。可能在拜访卡彭特时获得进一步启发——卡彭特曾借给他一本梭罗的《瓦尔登湖》,他满怀艳羡地去米尔索普拜访了卡彭特。更显而易见的联系是克鲁泡特金在《面包的征服》(1892)、《田野、工厂和工坊》(1899)中体现的温和无政府主义蓝图。

到 1886 年 10 月底,莫里斯已完成《奥德赛》第十卷,并有望在年底前完成十二卷。他给珍妮写信说:"稍微有点痛风,对创作文学作品倒是很有利。"[108] 翻译的同时,他也正在写一个新故事——短篇叙事散文中最精彩的一篇,即《梦见约翰·鲍尔》。

《泰晤士报》在莫里斯的讣告中,粗心地把《梦见约翰·鲍尔》称为547 《约翰·布尔的梦》。它作为一部典型的社会主义论战作品,从 1886 年11 月 18 日到次年 1 月 18 日,以连载形式刊登于《公共福利》。这个作品,是对莫里斯从牛津时代起就着迷的一种故事形式的娴熟改编:故事以第一人称叙事，叙述者梦回过去，发现自己身处似曾相识的乡村，但这里又似乎发生了奇怪的改变。他缓缓地意识到，他身处 1881 年农民起义的肯特郡。

莫里斯的故事涉及几个不同叙事层。这一点，就像他的纺织品或壁纸设计，看似浅显，但越仔细研究，就越会发现其所隐藏的深度和复杂度。在很多方面，它将《公共福利》走马观花的读者牢牢吸引：如对风景和建筑的细致描写，对中世纪长弓和十字弓战斗的精妙描述，以及对寂静乡村突发的暴力行为的精彩表述。大教堂里的气氛描写具有典型的威廉·莫里斯特色。当叙述者不断深入他所虚构的田园诗般的十四世纪时，叙事质感、事件层次、线索切换，无一不让阅读成为一种享受：

> 所以，让我们一起转身来到那条小街吧！对话约翰·鲍尔，让我感觉很奇异。似乎我有很多东西要表达，却言不尽意——感觉就像我急于学习一套新语言。当我们再次走过这条街，我再次沉醉于那美丽景色中——那些建筑，那带有新圣坛和塔楼的教堂，在月光下像披着银纱。人们的装扮和武器，（混在一起的）男人和女人，铿锵有力的语言，古雅而富有条理的表达形式，再次让我惊叹不已，感动得我几近热泪盈眶。

但坚强的男人不落泪，或者说在十九世纪八十年代的英国，他们不会落泪，在那十年间，莫里斯的弟弟阿瑟正在国王皇家步枪兵团，朝着上校军衔奋勇拼搏。《梦见约翰·鲍尔》之所以突破常规，是因为其中的角色转变，颠覆了人们对男性和女性行为方式的预期。这就是为什么在某些方面，这个故事显得很现代，是我们时代的寓言。在《梦见约翰·鲍尔》中，莫里斯质疑深入人心的"男子气概"，同时不再抑制自己的沉默。反叛者们痛哭流涕，听从着约翰·鲍尔对友谊的伟大召唤。在此，"男子气概"是一个关乎"被感动"的问题。莫里斯故事中的女人，既不轻佻，也不浮薄——她们以"清澈直率"的目光回应男人。叛军在十字

548 杆旗帜下挺进。这是莫里斯最为了不起的旗帜,就像早期彩色玻璃窗上的亚当和夏娃——"身着兽皮的一对男女,处于绿树背景中。男人擎铁锹,女人持纺锤,虽然制作粗劣,却饱含丰富的精神意义"。在关联图案的下方,写着"世界初始,人与自然首次较量之象征"。横幅上写着:

> 亚当在铲土,夏娃在纺布
> 当时的绅士又是谁?

> When Adam delved and Eve span
> Who was then the gentleman.

约翰·鲍尔,这位离经叛道的牧师,提及"未婚妻"时总是尊重有加。他成为牧师后与她坠入爱河。故事的叙述,隐含着暗示和挑逗的微光,是关于性政治的早期惊世之作。

读者很乐于从书中各得其所。莫里斯很早就评论说,这本书"受到不同人的一致推崇"[109],于是决定将其重印。1888 年的里夫斯和特纳版,重印了很多次。《梦见约翰·鲍尔》的装帧,采用莫里斯的"黄金"体、伯恩-琼斯的封面,是凯尔姆斯科特出版社在十九世纪九十年代出版的最出类拔萃的书籍。莫里斯很喜欢朗读这个故事给人听,或更确切地说,是吟诵。一般是他念完《兔子兄弟》后,再念这本书给家人听。他也在社会主义者集会上读这本书。"我们感到,约翰·鲍尔似乎在与我们直接对话,而我们则是围绕在他身边的自由人民。"社会主义同盟格拉斯哥分会的一位敏锐的听众如此写道。[110]

这个故事,很快被社会主义者真实演绎。比阿特丽斯·韦伯在日记中描述,西德尼在从谢菲尔德出发的特快列车上怎样向她求爱——他给她讲自己如何通过考验,给她读《梦见约翰·鲍尔》让她入眠。[111]约翰·鲍尔让人们久久难忘,且常被二十世纪工党的缔造者 R. H. 托尼和 G. D. H. 科尔引用。二十世纪三十年代大萧条时,哈罗德·拉斯基走访了诺森伯兰郡的矿工,尽管他们把大多家具都卖了,却还是能在"家家户户"[112]发现《梦见约翰·鲍尔》和《乌有乡消息》的印本。

　　为什么即使在莫里斯的许多作品皆被遗忘或忽视时,《梦见约翰·鲍尔》的影响仍如此持久？为什么在二十世纪九十年代,它仍能刺痛英国工党的良知,尽管当时的氛围已截然不同？原因就在于,莫里斯歌颂了无以复加的友谊的力量——现代政治家为机会主义和个人主义所障目,而早已忘记这一点。莫里斯凭借他童真般的直觉,得出了精辟结论:"友谊就是生命,失去友谊就会死亡。"

　　友谊,总是说得容易,践行起来却很难。1886 年初夏,梅宣布她与同志亨利·哈利迪·斯帕林订婚。在梅看来,与萧伯纳私定终身的约定已变得不切实际。似乎早在几个月前,他们的关系就已破裂——那时,萧伯纳的情妇珍妮·帕特森生硬而唐突地加入了社会主义同盟哈默史密斯分会。梅和斯帕林是法灵顿路办事处的同事。1885 年 11 月,他们曾作为代表,一起去商业路国际工人教育俱乐部"夸夸其谈,寻欢作乐"。[113]梅对萧说,这个俱乐部里,社会主义者"操着各种语言,唱着《自由玫瑰》,上演了一出革命的独幕剧——尽管结尾是我见过的最滑稽的自由、博爱、平等的场面"。在这样的氛围中,爱情开出了花朵。到了 4 月,梅说,"我们如坠绚烂缥缈的云间"。[114]然而,向她的父母宣布这个消息并不容易。她以"极度恐惧"的心情写信给萧伯纳,告诉他"对于我们的荒唐事,最先反对的一定是父亲,然后是母亲。我发现自己真是畏首畏尾"。[115]

　　梅的担心不无根据。莫里斯正苦心经营与斯帕林的关系——斯帕林是他的办公室同事、志同道合的兄弟。圣诞节时,他开始称他为"我的准女婿斯帕林"。[116]他写信给朋友,恳求给他在图书研究部或新闻机构找些活儿。但他对"哈里少爷"多少有点瞧不起。莫里斯显然很清楚,那个又高又瘦、并不成熟的斯帕林,那个既自命不凡又阿谀奉承的不讨人喜欢的混合体,是无法与萧伯纳相提并论的。他视萧伯纳为与自己旗鼓相当之人，几乎可以算自己的半个儿子。

在女儿订婚之事上，詹妮显然很糟心。斯帕林只是埃塞克斯一个农民的儿子，家族背景并不比詹妮家好多少。除了斯帕林少不经事、条件普通，詹妮的反对也是一个重要因素。1887 年 8 月，她给罗莎琳德写信说："梅独自去了凯尔姆斯科特之家，学习做饭，每周靠几先令过活。她决定马上结婚——不等她未来的丈夫找到工作。我已经说了该说的，做了该做的，尽我所能劝阻她。但她像个傻瓜似的一意孤行。"[117] 几个星期后，她在纳沃斯向罗莎琳德和布伦特倾诉了内心的恼怒。

布伦特饶有兴致地看着大家的窘境，并做出分析：

> 莫里斯太太的女儿梅，想嫁给她中意的社会主义者。她［詹妮］，认为他智力平平又没什么家庭背景，却不知道怎样阻止这桩婚事。这个女孩是在社会主义的环境中长大的。她二十五岁，已有主见。我赞成这桩婚事，但霍华德太太反对，这引起了一场激烈辩论。莫里斯本人似乎以为，他无权干涉女儿的婚姻，但同时不会资助，也不会让这个年轻人住他的房子。[118]

但是，老莫里斯夫人见过梅的未婚夫后，竭力劝说詹妮："我认为这位年轻的绅士很年轻，应该不超过二十岁。他看起来脾气很好，很温柔。"[119] 她认为，梅应该为自己做主。

注释

［1］ 威廉·莫里斯致乔治亚娜·伯恩-琼斯的信，1884 年 12 月 28 日（29 日?）。

［2］ 科梅尔·普赖斯日记，1885 年 1 月 1 日，普赖斯家族藏品。

［3］《社会主义同盟宣言》，《公共福利》，1885 年 2 月。

［4］ 斯坦利·温特劳布（Stanley Weintraub）编，《萧伯纳自传：1898-1950》（*Bernard Shaw, An Autobiography 1898-1950*），马克斯·莱因哈特，1971 年。

［5］《威廉·莫里斯：艺术家、作家、社会主义者》。

［6］《社会主义者日记》，1887 年 2 月 15 日。

［7］《威廉·莫里斯：艺术家、作家、社会主义者》。

［8］同上。

［9］《社会主义同盟宣言》。

［10］亨利·哈夫洛克·埃利斯，《爱琳娜·马克思》（"Eleanor Marx"），《阿德尔菲》（*The Adelphi*），1935 年 10 月。

［11］威廉·莫里斯致安德烈亚斯·朔伊的信，1884 年 12 月 28 日。

［12］弗里德里希·恩格斯致爱德华·伯恩斯坦的信，1884 年 12 月 29 日，《劳动月刊》（*Labour Monthly*），1933 年 10 月。

［13］萧伯纳致哈罗德·拉斯基的信，1945 年 7 月 27 日，《萧伯纳书信集（1874–1950）》。

［14］汤姆·曼，《回忆录》，劳工出版公司，1912 年。

［15］威廉·莫里斯致詹姆斯·乔伊斯的信，1885 年 2 月 3 日。

［16］萧伯纳致哈罗德·拉斯基的信，1945 年 7 月 27 日，《萧伯纳书信集（1874–1950）》。

［17］乔治亚娜·伯恩-琼斯致玛格丽特·伯恩-琼斯的信，1885 年 1 月 30 日，麦凯尔笔记本，威廉·莫里斯陈列馆。

［18］威廉·莫里斯致詹姆斯·乔伊斯的信，1884 年 12 月 25 日。

［19］《社会主义同盟宣言》。

［20］威廉·莫里斯致 J. 布鲁斯·格莱西尔，1887 年 7 月 27 日。

［21］威廉·莫里斯致詹妮·莫里斯的信，1885 年 2 月 10 日。

［22］威廉·莫里斯，《希望的朝圣者》，1885 年–1886 年。

［23］《威廉·莫里斯：艺术家、作家、社会主义者》。

［24］詹姆斯·弗雷德里克·亨德森，1885 年 10 月 19 日。

［25］赫伯特·伯罗斯，《致人民》（"To the People"），《公共福利》，1886 年 3 月。

［26］社会主义联盟档案，阿姆斯特丹国际社会史研究所。

［27］凯瑟琳·霍利迪致社会主义联盟的信，1885 年 10 月 3 日，同上。

[28] 乔治亚娜·伯恩–琼斯致《公共福利》编辑的信,1885 年 9 月 30 日,同上。

[29] 威廉·莫里斯致威·斯·布伦特的信,1885 年 3 月 3 日。

[30]《威廉·莫里斯作品集》"导言"。

[31] 查尔斯·福克纳致 J. L. 马洪的信,1885 年 2 月 1 日,阿姆斯特丹国际社会史研究所。

[32] 威廉·莫里斯致乔治亚娜·伯恩–琼斯的信,1885 年 2 月 28 日。

[33] 威廉·莫里斯,《商业战争》,演讲,1885 年。

[34] 威廉·莫里斯致珍妮·莫里斯的信,1885 年 4 月 28 日。

[35] 同上。

[36] 威廉·莫里斯致乔治亚娜·伯恩–琼斯的信,1885 年 4 月 28 日。

[37]《威廉·莫里斯：艺术家、作家、社会主义者》。

[38] 伊丽莎白·罗宾斯·彭内尔,《约瑟夫·彭内尔的生平与书信》(*The Life and Letters of Joseph Pennell*),欧内斯特·本,1930 年。

[39] 乔治·吉辛致阿尔杰农·吉辛(Algernon Gissing)的信,1885 年 11 月 24 日,《乔治·吉辛书信集》(*The Collected Letters of George Gissing*),俄亥俄大学出版社,1991 年。

[40] 威廉·莫里斯致梅·莫里斯的信,1885 年 4 月 14 日。

[41] 梅·莫里斯致安德烈亚斯·朔伊的信,1889 年 8 月 15 日,阿姆斯特丹国际社会史研究所。

[42]《威廉·莫里斯：艺术家、作家、社会主义者》。

[43] 威廉·莫里斯致乔治亚娜·伯恩–琼斯的信,1887 年夏。

[44]《威廉·莫里斯：艺术家、作家、社会主义者》。

[45] 乔治娜·赛姆和弗兰克·尼科尔森的信,《勇敢的精神》。

[46] H. G. 威尔斯,《自传实验》(*Experiment in Autobiography*),维克多·戈兰茨,伦敦,1934 年。

[47] W. B. 叶芝,《自传》。

[48] C. R. 阿什比,日记手稿,1886 年 1 月 4 日,剑桥大学国王学院。

[49] W. B. 叶芝,《自传》。

［50］萧伯纳,《我所认识的莫里斯》,《威廉·莫里斯：艺术家、作家、社会主义者》,1936 年。

［51］梅·莫里斯致萧伯纳的信,1886 年 2 月 14 日,大英图书馆。

［52］伊丽莎白·罗宾斯·彭内尔,《约瑟夫·彭内尔的生平和书信》。

［53］萧伯纳,《我所认识的莫里斯》。

［54］威廉·莫里斯致乔治亚娜·伯恩-琼斯的信,1885 年 5 月 27 日。

［55］威廉·莫里斯社会主义联盟 1885 年调查,大英图书馆。

［56］爱德华·艾威林,《公共福利》,1885 年 10 月。

［57］《每日新闻》,1885 年 9 月 22 日。

［58］威廉·莫里斯致詹妮·莫里斯的信,1885 年 9 月 22 日。

［59］乔治·吉辛致阿尔杰农·吉辛的信,1885 年 9 月 22 日,《乔治·吉辛书信集》。

［60］《诗人和警察：对威廉·莫里斯先生的采访》,《蓓尔美尔公报》,1885 年 9 月 23 日。

［61］威廉·莫里斯致珍妮·莫里斯的信,1885 年 10 月 26 日。

［62］威廉·莫里斯致乔治亚娜·伯恩-琼斯的信,1885 年 10 月 31 日。

［63］梅·莫里斯致萧伯纳的信,1885 年 11 月 10 日,大英图书馆。

［64］威廉·莫里斯致奥斯瓦尔德·伯查尔的信,1885 年 11 月 10 日。

［65］威廉·莫里斯致艾玛·谢尔顿·莫里斯的信,1885 年 12 月 27 日。

［66］梅·莫里斯致安德烈亚斯·朔伊的信,1885 年 12 月 25 日,阿姆斯特丹国际社会史研究所。

［67］威廉·莫里斯致 F.S. 埃利斯的信,1885 年 12 月 26 日。

［68］威廉·莫里斯致乔治亚娜·伯恩-琼斯的信,1886 年 5 月。

［69］《希望的朝圣者》,1885-1886 年。

［70］社会主义联盟小册子,阿姆斯特丹国际社会史研究所。

［71］弗里德里希·恩格斯致弗里德里希·阿道夫·佐尔格的信,1886 年 4 月 29 日,《劳动月刊》,1933 年 11 月。

［72］威廉·莫里斯致约翰·卡拉瑟斯的信,1886 年 3 月 25 日。

［73］威廉·莫里斯致 J.L. 马洪的信,1885 年 12 月 26 日。

［74］威廉·莫里斯致约翰·卡拉瑟斯的信，1886 年 3 月 25 日。

［75］《威廉·莫里斯：艺术家、作家、社会主义者》。

［76］威廉·莫里斯致约翰·格拉斯的信，1886 年 2 月 10 日。

［77］威廉·莫里斯致约翰·卡拉瑟斯的信，1886 年 3 月 25 日。

［78］秘密备忘录：副指挥官蒙罗先生致埃德蒙·亨德森爵士的信，1886 年 2 月 18 日，公共档案局。

［79］威廉·莫里斯致爱德华·伯恩-琼斯的信，1886 年 2 月 16 日。

［80］威廉·莫里斯致珍妮·莫里斯的信，1886 年 8 月 9 日。

［81］萨姆·梅因沃林，《自由》，1897 年 1 月。

［82］《希望的朝圣者》，1885 年–1886 年。

［83］萧伯纳，《旁观者》，1949 年 11 月 6 日。

［84］玛丽勒本治安法院传票，1886 年 7 月 18 日，大英图书馆。

［85］H. G. 阿诺德（H. G. Arnold），《贝尔街的战争》（"The War in Bell Street"），《公共福利》，1886 年 7 月 24 日。

［86］玛丽勒本治安法院听证会报告，1886 年 7 月 24 日，内政部档案，公共档案局。

［87］威廉·莫里斯致珍妮·莫里斯的信，1886 年 8 月 14 日。

［88］内政部文件 144 / 166 / A42480，公共档案局。

［89］社会主义联盟档案，阿姆斯特丹国际社会史研究所。

［90］威廉·莫里斯致梅·莫里斯的信，1886 年 5 月。

［91］威廉·莫里斯致珍妮·莫里斯的信，1886 年 9 月 26 日。

［92］威廉·莫里斯社会主义联盟 1886 年调查，大英图书馆。

［93］威·斯·布伦特，日记手稿，1887 年 4 月 11 日，菲茨威廉。

［94］《威廉·莫里斯：艺术家、作家、社会主义者》。

［95］威廉·莫里斯致珍妮·莫里斯的信，1886 年 4 月 9 日。

［96］威廉·莫里斯致詹妮·莫里斯的信，1886 年 4 月 15 日。

［97］欧文·卡罗尔，《威廉·莫里斯在社会主义者中》，1933 年 9 月 23 日，阿尔夫·马蒂森档案馆，利兹大学布拉泽顿图书馆。

［98］威廉·莫里斯致珍妮·莫里斯的信，1886 年 5 月 21 日。

［99］E. P. 汤普森,1976 年为《威廉·莫里斯: 从浪漫到革命》写的后记,默林出版社,1977 年。

［100］《威廉·莫里斯: 艺术家、作家、社会主义者》。

［101］乔治·沃德尔,《回忆威廉·莫里斯》。

［102］威廉·莫里斯致 J. L. 马洪的信,1886 年 3 月 25 日。

［103］詹妮·莫里斯致威·斯·布伦特的信,1889 年 1 月 16 日,彼得·福克纳编,《简·莫里斯致威尔弗里德·斯考恩·布伦特书信》。

［104］威廉·莫里斯致珍妮·莫里斯的信,1889 年 1 月 16 日,大英图书馆。

［105］威廉·莫里斯致珍妮·莫里斯的信,1889 年 1 月 21 日,亨德森。

［106］威廉·莫里斯致詹姆斯·托查蒂(James Tocchati)的信,1893 年 12 月 21 日,威廉·莫里斯陈列馆。

［107］威廉·莫里斯,《未来社会》,1887 年演讲。

［108］威廉·莫里斯致珍妮·莫里斯的信,1886 年 10 月。

［109］威廉·莫里斯致詹妮·莫里斯的信,1886 年 11 月 25 日。

［110］J. 布鲁斯·格莱西尔,《威廉·莫里斯和早期社会主义运动》。

［111］《比阿特丽斯·韦伯日记》,1890 年 9 月 7 日。

［112］引述自保罗·汤普森,《威廉·莫里斯的作品》,海涅曼,1967 年。

［113］梅·莫里斯致安德烈亚斯·朔伊的信,1885 年 11 月 23 日,阿姆斯特丹国际社会史研究所。

［114］梅·莫里斯致安德烈亚斯·朔伊的信,1886 年 4 月 23 日,同上。

［115］梅·莫里斯致安德烈亚斯·朔伊的信,1886 年 5 月 6 日,同上。

［116］威廉·莫里斯致西奥多·沃茨-邓顿的信,1886 年 12 月 16 日。

［117］詹妮·莫里斯致罗莎琳德·霍华德的信,1887 年 8 月 23 日,霍华德城堡。

［118］威·斯·布伦特,日记手稿,1887 年 9 月 11 日,菲茨威廉。

［119］艾玛·谢尔顿·莫里斯致珍妮·莫里斯的信,1887 年 4 月 19 日,威廉·莫里斯陈列馆。

第十六章　法灵顿路(二)(1887–1890)

　　到 1887 年元旦,随着《梦见约翰·鲍尔》最后一章节的出版,社会主义同盟中兄弟情谊的理念已明显减弱。其实从一开始,莫里斯就察觉到组织里有种"擅长误解他人的天赋":成员们情绪紧张,好制造戏剧冲突。[1]同盟成立第一年,就接连有人退出,而起因往往是一些微不足道的事。"爆炸性人物"约瑟夫·莱恩(暂时)辞职,只因他拒绝了一个朋友的提议——在同盟位于法灵顿路的大楼外竖起一块黄铜铭牌。1885 年秋,约翰·马洪辞职,以抗议委员会会议白费时间,以及"毫无根据的过度开支"。[2]第二年夏天,排版工托马斯·宾宁又递交了一封措辞严厉的辞职信,抱怨伦敦成员组成的神秘小团体主导的委员会会议"人心涣散、杂乱无序":"如果同盟要有所建树,就不要把时间浪费在形而上学的细枝末节上,比如'规定'和'部署'之间有什么微妙区分。我们应先捉到野兔,再讨论如何烹饪。"[3]这里弥漫着一种效率低下、无精打采的气氛。威尔·宾宁绝望地给总部写信:"我想提醒您,这大约是第十五次了,我在 6 月 9 日交给您的捐款尚未得到确认。"[4]目前存放在阿姆斯特丹国际社会史研究所的社会主义同盟记录中,也充斥着类似怨言。费边社的来访成员休伯特·布兰德发现,法灵顿路的那间"谷仓般的大阁楼"里的场景尤其令人沮丧:"我们去那里,常看见有个头发蓬乱、穿带袖衬衫和拖鞋的年轻人,点着火抽着烟斗。这地方让人觉得死气沉沉、
乌七八糟,似乎没有人在做正经事。"[5]

社会主义同盟内部的懒散和日益严重的无政府状态,该在多大程度上归咎于莫里斯? 威廉·莫里斯几乎可以说是同盟领袖。不过,他虽习惯于在牛津街或默顿的自家工作场所发号施令,在法灵顿路却显得格外谨慎。因为在那里他是个温良的社会主义者,而不是谁的雇主。而他意识到同盟的《公共福利》以及同盟会员在财务方面对他的依赖,这进一步限制了他的行动。他可以看出,一名社会主义党派的人是多么容易被两极分化:绅士和其他人,被捕者和保释者。莫里斯决意不扮演绅士。从他与社会主义政党工人阶级成员的相处,以及他对那些在演讲中向他提问的工人的态度上,可以看出莫里斯害怕授人以柄,让人以为自己专横。对于与他社会地位和智识水准相当的人,他的回复更加耐心细致。他给那些受教育程度较低的记者写的恭敬而得体的信件证明了这一点。但是,这种谨小慎微的做法,使莫里斯更容易招致人们的压制或盘剥。这是个令许多英国作家着迷的主题,真实而好笑:一位雇主,放弃了自己的权威,竟让自己受昔日仆人所属阶级支配。莫里斯遵循着自己的信仰,却一筹莫展。在这个关键时刻,社会主义同盟显然需要英明的领导者,但他未能担当其责。原因应追溯到他的成长经历,以及他对权威和阶级进退两难的复杂、痛苦的态度。

莫里斯游移不定的结果是,观点更为激进极端的人涌入了社会主义同盟。这可以说是缺乏远见的做法,最终给同盟造成很大损害。但对莫里斯来说,心怀希望而悬置评判正是"友谊"的体现。亨利·查尔斯、约瑟夫·莱恩、弗兰克·基茨、萨姆·梅因沃林和查尔斯·莫布雷是社会主义同盟创始成员中的无政府主义者领袖,他们仍是重要成员。1887年,除了基茨之外,所有人都加入了委员会。在自由放任的宽松氛围中,他们的谈话更具火药味儿:

> 对那些给我们造成生命威胁的人来说,如果我们以其人之道还治其人之身,他们就不会有好日子过了……我们可以向那些伪君子和寄生虫保证,他们的伪善统治将受到猛烈攻击,将面临毁灭的危险。[6]

这是弗兰克·基茨在《公共福利》上对诺维奇镇镇压暴乱的报道。基茨已经掌握了基本的化学知识，加入了"制造炸药的小群体"。[7]他身上遗留着曾由约翰·莫斯特领导的无政府共产主义团体的亡命之徒的气息。

他的同事约瑟夫·莱恩在《反国家共产主义宣言》中呼吁彻底废除国家制度和革命暴力。他危言耸听地说："历史研究告诉我们，人类最崇高的东征西伐，都载于血泪之书。"[8]这份宣言最终被委员会否决了，但莱恩依然胸有成竹地将之发表。还有证据表明，执行委员会成员卡尔·西奥多·罗伊斯是名警察间谍，这让控告和反控告之间的斗争更为紧张。1886年5月，罗伊斯被同盟开除。

如果莫里斯能指靠艾威林和巴克斯，统一战线的形成还有可能。但同盟中产阶级知识分子已经显露我行我素的迹象。他们因缺乏群众基础而沮丧，并认为，社会主义民主联盟在吸取新成员方面之所以比这边成功，在于它提出的计划、方案更积极可行。他们再次倒向了议会制——导致同盟内部分崩离析。亚历山大·唐纳德，这位来自爱丁堡的律师和文学学者，是向议会制倒戈卸甲的主要叛逃者。莫里斯认为他是位优秀的演说家，但"不乏老谋深算"。[9]莫里斯心生新的怒火——他被卷入议会制拥护者和无政府主义者的对决。他对艾威林原有的好感已消失殆尽，变成了鄙夷不屑。他想摆脱他。"我希望他加入海德门那伙儿，让他们像得克萨斯游骑兵一样有自己的地狱。"[10]很快，他就称他是"那条声名狼藉的狗"。[11]

莫里斯的下意识应对，是退回熟悉的旧人旧事中。社会主义同盟的发展木已成舟。1886年5月，《公共福利》改版为周刊。艾威林交出了副主编职位，取而代之的是莫里斯的未来女婿斯帕林。莫里斯对家族联姻有着近乎神秘的执念：在他心目中，女婿总是前途无量。但是，无论艾威林有何个人缺陷，都遮掩不了一个事实：他是善辩者，是经验丰富、自信满满、才智过人的执行者。斯帕林与他完全不能相提并论。"哈里和我正忙着为《福利》——我称之为无米之炊——编稿子。"[12]1886年11月，梅略显羞怯地写道。此时的《公共福利》几乎演化成家庭事务了。

1886 年初春,莫里斯为继任者指定了社会主义同盟司库这一吃力不讨好的职位,这越发凸显了他如履薄冰的行事风格。菲利普·韦伯是这一时期最伟大的建筑师之一。他以事实证明,自己是莫里斯古建筑保护协会的忠实副手。多年来,他还是严肃而坚定的社会主义者。他毋庸置疑地爱戴莫里斯。但是,在已被谣言蒙蔽、被异见分裂的社会主义同盟,让这位拘谨木讷、沉默寡言到几乎不会与外界打交道的人来承担以沟通技巧为核心的职位,是相当不明智的决策。

不过两年,莫里斯对自己的政党几乎不抱希望。但出于一种责任感,他愿抗争到底。他的乐观,主要来自国内更广泛的社会主义运动。他在给约翰·卡拉瑟斯(莫里斯在哈默史密斯分部的同事,现在是他的主要盟友)的信中写道:"至于社会主义,我必须说,尽管**政党**也有过错和偏差,但我仍被这场**运动**所鼓舞:枯骨确实蠢蠢欲动。"[13]然后,他惆怅地补充道:"我真希望,自己更善于和人搞好关系。"

1887 年年初,社会主义人士的民族意识明显增强了。经济萧条导致了大规模失业,工人们有更多的时间和意愿去倾听社会主义者的观点。格莱斯顿在爱尔兰地方自治问题上的失败、索尔兹伯里勋爵的保守党政府时代的到来,以及莫里斯所描述的"对爱尔兰采取的附加高压政策",促使激进派人士重新考虑自身立场。据莫里斯可能言过其实的描述,"他们中的许多人,转化成为社会主义者"。毫无疑问,警察对社会主义人士的反对,即使不是明目张胆的报复,也是严酷无情的镇压——这些做法,已引起公众的同情,并戏剧性地推动了社会主义事业。1 月,莫里斯开始着手《社会主义者日记》的写作。他告诉珍妮,这本书最终可能会出版,此书意图表达"观察社会主义运动的内部观点——类似于约拿看鲸的视角。你知道,亲爱的"。[14]

这本日记详细记录了莫里斯从 1887 年 1 月底到 4 月底的日常活动,现在收藏在大英图书馆。在学生用的练习本上,威廉·莫里斯流畅笔迹力透纸背。除了七十年代早期的《冰岛日志》(直吐胸怀,时而愤慨、时而幽默）之外，这是我们所掌握的关于他真实生活基调的又一明证。这本日记记述了他社会主义活动的巅峰时期。1887年，他参加了至少一百零五场社会主义者会议以及建筑与艺术施压组会议。几乎所有会议，他都发表讲话或演说，或者担任主席。日记始于他在高街外默顿排屋11号工人俱乐部的活动，该俱乐部毗邻莫里斯的默顿修道院：

> 上周日，我去默顿修道院演讲。那间小房间里，人头攒动，大部分人都是工人阶级：任何攻击上层阶级的言论都会引爆他们的满腔热情。毫无疑问，他们满腹怨言，充满深刻的阶级仇恨。今年冬天，他们过得很糟糕，所以苦大仇深也就不足为奇了。除少数人之外，他们对社会主义的含义还是一无所知。他们和弗兰克·基茨对诺维奇事件都义愤填膺，基茨发表了言辞激烈的演讲。他对到处出没的警察、埋伏于场内的侦探极度忿恨：我想他们是想抓俱乐部向非会员提供啤酒的把柄，或者看他们是否做出违法乱纪的事。毋庸置疑，这里的工人的确骚动不安，这个地方实在穷得可怜。[15]

从这篇日记可以看出，英国的社会现实仍然对莫里斯有所冲击。即便经历四年密集的社会主义活动，他也没有百炼成钢。他出行时，仍然瞻前顾后。这与奥威尔形成鲜明对比。当莫里斯精力充沛地周游英国时，出生优渥的"好运气"仍困扰着他。他耐力持久，观察力强，充满关切但并不多愁善感，记录着亲历现场那令人沮丧的细节。

1月25日，莫里斯出现在哈默史密斯距凯尔姆斯科特之家很近的激进男士俱乐部。他面对着一群听众，而他们"除了听惯了普通政党的陈词滥调之外，显然没有什么别的见地，完全不为社会主义所动……英国工人大众那可怕的无知和迟钝，时常让我胆战心惊"。[16]

2月4日，在奇斯威克激进俱乐部的阶级斗争辩论中，他做了一次替补发言。"房间不大，刚开始约有二十人，后来可能增加到四十人。"[17]莫里斯认为这次聚会是松散稀拉的："面对我的社会主义演讲，

556

听众表情凝重,反应平平。"

接下来的周日,莫里斯在比登路的哈默史密斯分会露天会议上发表讲话:

> 我一个人讲了大约一小时,一小波听众(因为此地很偏)好奇地快速聚拢过来。有位同志清点人数时,发现听众已近百人。小型露天会议的听众相当混杂——从星期日放假休息的工人,到从教堂里出来的"体面人"。"体面人"往往面带会心的微笑,工人们听得聚精会神,试图理解我的意思,但大多数人心有余而力不足。我讲完时,还是由在场的三四个分会成员带头,报以喝彩。这个晚上的会议毫无声色。

2月12日,他在日记中写道,他连续五晚都在为同盟出力,其中包括在大波特兰街附近的克利夫兰厅主持会议。这是"正统"的伦敦总部,"它曾短暂辉煌,如今却在凋敝凄惨的街道上肮脏不堪"。[18]莫里斯的艰巨使命是维护正统无政府主义者、集体主义者、无政府共产主义自治团体、社会主义联盟和其新对手社会主义联合会以及"我们的人民"与社会主义同盟之间的和平。他尖锐地写道:"以不熟悉的法语和德语来完成所有演讲是相当困难的,当地人耐心地坐着听完,表现出他们对国际主义近乎迷信的崇敬。"

2月20日,莫里斯访问了米彻姆分部。他在社会主义同盟的俱乐部里与他们即兴而谈。"这是个摇摇欲坠的棚屋,对面是霍尔本工会新建的济贫院。米彻姆曾经是一个美丽的地方,有着古香古色的街道、绿油油的草地和薰衣草田。而这里的破败棚屋,是米彻姆最糟乱(也是最新增生)的组成部分。除了一个来自温布尔登的德国人(他坐在椅子上)和另外两三个看上去像油画家或小建筑商之类的人外,其余的听众就是劳工及其伴侣。他们鸦雀无声,专心致志,只有一个唐突的醉汉,共情似的打断了我的话。但我怀疑,他们大多数人是否真的听懂了我说的话。"[19]莫里斯承认,在几个月前参加过的开幕仪式上,他对"这些住在破屋子里的悲惨穷人"满怀恻隐之心。

557   几周后,他在奇斯威克政厅俱乐部做了关于"垄断"的演讲,演讲的反响让他更为失望。在那里,听众"寥寥无几,**而且**气氛沉闷。这是个新演讲,很有价值。虽然我努力表达——我真的尽了全力,但听众一潭死水,就像重重挂在我手上的铅砣"。[20]

3月22日,他在哈默史密斯激进俱乐部向九人发表演讲《封建时代的英国》。莫里斯在日记中不自觉地将公众立场和私人视野混在一起,使日记读起来引人入胜。两天后,莫里斯在他五十三岁生日时写下:"没必要怨天尤人。"[21]

3月27日星期天,莫里斯再次尝试在位于哈格斯顿路的哈克尼俱乐部(伦敦最早的工人俱乐部之一)发表演讲《垄断》。这是"拥有一千六百名成员的大俱乐部。同时,这也是个又脏乱又悲惨的地方,足以让人对工匠们的生活舒适度感到痛心疾首。会议人满为患。我自认为已是全神贯注,全力以赴。可是,那送馅饼的小男孩和送酒的小男孩总是来回穿梭,搞得我神经分兮。听众们都很有礼貌,愿意认同我所说,但我不能自欺欺人地认为,他们完全听懂了我的话——尽管我的演讲很简单"。[22]下午,他又被安排在维多利亚公园关于"言论自由"的示威活动上发言。他在路上买了三便士的虾,在一家咖啡店就着姜汁啤酒和面包、黄油吃了这些东西。发现这家咖啡店"并不像外表看起来那么脏"。

在1887年的寒冬,莫里斯驱使自己在各种令人伤脑筋的会议之间来回奔波。我们对此该作何理解呢?这是他记忆中自1855年"大霜冻"以来最糟的天气,寒风刺骨,霜冻频降,让露天场所"难以落脚"。[23]伦敦郊区那些没有供暖的会议厅、"破败的棚屋"和"小窝点",使社会主义传播成为一种耐力考验。这可能多少解释了为什么这么多讲座出席人数却如此之少。因为,即使连马车屋都冷得叫人难以忍受。如果莫里斯的活动成效显著,那身体的不适就不在话下。但从日记中可清楚看出,莫里斯经常处于心灰意冷中,对听众的能力和潜力感到失望,他总是希望他们对社会主义理念有更深的理解,并对自己无法以必要水准传达信息感到沮丧。社会主义公社庆祝会后,他为自己的表现感到无地自容:"我最后一个发言,令我怒火中烧、羞愧不已的是:**我的演讲糟糕至极**。幸好我嗓子哑了,所以我希望他们会因此而谅解。但这显然不是真正原因,真正原因在于,我试图表现得有文采、有见解,因而我为自己的自负付出了代价。"[24]正如莫里斯反复对乔治亚娜所说,他之所以如此,是因为他觉得必须如此。《社会主义者日记》让人反思,莫里斯为了社会主义事业而殚精竭虑,但最终,这种付出是否真正有建设性价值。

　　有趣的是,就在此时,莫里斯的妹妹伊莎贝拉(现已成为寡妇)正独当一面地与伦敦贫民窟的穷人接触。1887年,她成为英国国教的一名执事,并成立了罗彻斯特教区女执事培训机构,培训年轻的女执事,派她们到伦敦穷人群体中从事实际工作。尽管家人强烈反对,莫里斯却一直全力支持伊莎贝拉。她就克拉珀姆帕克山女执事学院小教堂的装饰问题征求了他的意见。她记得:"我请兄长威廉·莫里斯来告诉我,如何才能把小教堂装饰美丽。他满面春风……接下订单,说他的人会来做好一切,让我尽管放心。"[25]装饰完工后,圣殿"垂挂着漂亮的红天鹅绒和黄色的土耳其薄纱"。教堂的墙壁,以莫里斯的"风信草"印花墙布为装饰,地板上铺着日本灯芯草垫。不幸的是,事实证明,这种垫子对女执事从巴特西贫困教区带来的跳蚤非常友好。

　　伊莎贝拉·吉尔摩是个激进的女子,她在英国国教政府中寻求女性的积极作为。她的格局和韧劲,与她的兄长如出一辙,但她不相信阶级平等。事实上,她只有意招募有教养的女孩来担任女执事。她认为只有"淑女"才拥有她所需要的纪律性。这几乎是一场女性军事行动——她进军"南伦敦的荒野",照顾病人,宽解失意者,为疗养病人安排假期,建立简陋的学校,成立工业慈善机构和互助俱乐部。伊莎贝拉的执事工作,是护士、社会工作者和业余女警察的奇特组合。她们穿着蓝色或灰色的美利奴羊毛连衣裙,外面披着宽大的黑色斗篷,头上戴着素朴的白帽,下颌处系着蝴蝶结。在街上,她们常戴着长纱巾。这身装扮,使她们

559

在社区中格外显眼,冷不丁给人一种震慑——执事们很善于干预酒后斗殴事件。这类事常有发生,成为贫困教区的日常生活的一部分。她们的工作任务明确,且无休无止。这使得关系的营建变得轻而易举。伊莎贝拉在沟通交流上毫无障碍,"巧舌如簧",她写道,"在村舍和教会的房间,我们很快乐;在电车里也很快乐。有一次,我和两位胖胖的女摊主,从博罗市场回巴特西。我与她们度过了愉快的一小时,谈笑风生,乐不可支"。

有一次,莫里斯对伊莎贝拉说:"我宣扬社会主义,你践行它。"[26]他意识到,她完成了他觉得难如登天的事,那就是与工人阶级真正水乳交融。

从那时起,作为社会主义发言人,莫里斯在大规模抗议活动中开始大放异彩。他能在与人群保持距离的情况下,进行最有力、最动情的交流。《社会主义者日记》的最后一篇,描述的是 1887 年春天为诺森伯兰郡罢工矿工举行的系列群众会议。这篇篇幅最长,也最为生动。罢工者对减薪百分之十二点五的决策据理力争,大加挞伐。社会主义同盟纯粹派本倾向于远离罢工,因为这只能产生短期轰动效应,并转移了人们对问题核心的注意力。但是,约翰·马洪写信给莫里斯,要求他南下途经纽卡斯尔时参加复活节周一的矿工会议,然后在格拉斯哥发表演讲,莫里斯勉强同意了。社会主义联盟已经切实介入了这场骚乱,这个事实让莫里斯心念动摇。如果"让社会主义联盟掠夺了"社会主义同盟的胜利果实,他将难辞其咎。

莫里斯于复活节周日晚上抵达纽卡斯尔。他遇到了马洪和亚历山大·唐纳德,还偶遇了那晚正在演讲的海德门。罢工已进入第十一周。第二天早上,他们三人早早动身来到煤矿地,坐火车穿过这"满目疮痍之地"。[27]这里没有烟雾升起,因为煤矿已被闲置。但他们注意到,所有道路都被煤烟熏得乌黑。可怕的诺森伯兰荒地,让莫里斯觉得它像个荒凉的"巨大'后院'"。

在纽卡斯尔东北方向七英里的塞奇希尔,他们在矿工棚歇息,而马洪则继续敲定第二天在霍顿的会议计划。莫里斯描述了棚内的场景: "这位朋友高大魁梧,他在一场意外事故中被毁了容,一只眼炸掉了,另一只眼也受了伤。他似乎是个和气的聪明人,认真细致地向我们提供所有信息,对雇主们并没有任何怨恨之词。这个男人的妻子和女儿都衣着整洁、笑容可掬,他的房子像乡下小屋一样整洁,显然,这里的大多数人都很整洁。"[28]他们像冰岛人一样安排家居布局。在给珍妮的信中,他补充了一些特别的细节——在大多数小屋里,透过敞开的门,可以看到在房间中央,"有一张庞大而丑陋的床,放在最重要的位置"。[29]

560

莫里斯和马洪随后前往海边的布莱斯,他们要召集一支罢工队伍。到达时,莫里斯可以从火车上看到船的桅杆,一大群人在市场上翘首以盼。莫里斯在有轨车上对他们发表了近四十分钟的演讲。因为请不起乐队,进程有点拖拉。在去霍顿的半路上,他们有了乐队,手执横幅,更多的游行者被吸引加入阵营。他们"很快就发展壮大成数量可观的一群人。有些人已经在我们之前到达,更多的人正涌入场地。那天阳光明媚,碧波粼粼的大海与这片苦难的土地形成了一条奇异的边界"。[30]这种群情鼎沸的场面,在莫里斯的散文体中得到了淋漓尽致的表达。

他们行进了六英里,在经过的村庄处,又汇集了大批追随者。他们到达霍顿时,与其他煤矿的两支大部队汇合,以至人数达到了两千余人。成群结队的男男女女,仍从四面八方源源不断地涌入。据估计,现场总共汇集了六七千名观众。矿工们注意到现场有一些记者,他们强烈抵制,大喊"把他们赶出去"——除非他们能详尽报道而不是断章取义。社会主义联盟的约翰·菲尔丁,首先以主席身份发言,然后是马洪、莫里斯、海德门和唐纳德。起初,莫里斯对是否要爬上那块搭在马车栏杆上的"岌岌可危的木板"心存迟疑,提议在车上向人群致辞,但群众不同意:"如果他不站到上面去,我们就听不到了。"于是他爬上了那块木板。人群中,有人把一个布告板翻过来,搭在柱子上,作为临时的背景台。莫里斯倚靠着背景台讲话,觉得"身心舒适"。靠近马车的人群,自主坐了

561　下来,好让后面的人看得真切。莫里斯还注意到与会的许多女性,"其中一些人,兴致昂扬"。集会的气氛鼓舞了他,给了他莫大信心。他对珍妮说:"能在这么一群态度认真、求知若渴的人面前演讲,真是太鼓舞人心了!我发挥得很好,一点都没结巴。"[31]

正如《纽卡斯尔纪事》所报道的,莫里斯的演讲切中要害,鼓舞人心,立场坚定,感染力极强。他召唤矿工去反抗,却劝诫他们,不要"盲目、冒进、无组织秩序地"去造反,这只会给社会带来覆巢破卵的后果。[32]相反,他们的反抗应该"保证上层阶级不会暴死",至少让他在哈默史密斯的邻居们能活下来。

莫里斯在写给六千名罢工矿工的演讲中,高屋建瓴地预见了革命到来的可能形态。那时,距俄国革命还有三十年,距英国大罢工还有四十年,距撒切尔夫人和亚瑟·斯卡吉尔1988年在奥格里夫的对峙还有整整一个世纪:

> 如果真的发动了大罢工,他认为,统治阶级很可能会暴力镇压——意思是,会使用热弹、冷钢刃及其他武器。但务必要记住的是,他们(壮劳力)成千上万,资本家却少之又少。于是资本家只能诉诸某种工具。什么工具呢?那就是渗透工人阶级。

这时,莫里斯转向集会警察:

> 他们是那些穿着有明亮纽扣的蓝色制服、戴白色手套的人(声音:"跟他们出去"),还有那些穿着红衣服、有时戴手套的人。他们是谁?他们不过也是艰难困苦的工人,被驱赶到角落,被迫穿上监工的制服("听,听",无休无止地喊叫)。当资本家们看到工人们揭竿而起,会发生什么?炮口相向,火枪上膛,剑戟待发。这些人会说,"好好干活吧,让我们坦诚相待吧"。

莫里斯演讲结束,全场爆发了热烈欢呼。接着他们火速去赶开往纽卡斯尔的火车。莫里斯和唐纳德、海德门一起出发,第二天,他回到伦敦,赶上了委员会会议——"正好赶上一场争论不休的无聊闹剧"。[33]在他轻描淡写的语气中,这句话读起来就像他的一个梦境叙事的结尾,醒来后发现自己躺在家中床上。

562

莫里斯在《社会主义者日记》中,把自己形容为厌恶"所有古典艺术和文学"[34]的人。对于刚完成《奥德赛》翻译的人来说,这似乎是一种相悖的言论。但莫里斯将荷马尊为超古典主义者。当《蓓尔美尔公报》请莫里斯列出他眼中的一百部重要文学作品(相当于维多利亚时代的《荒岛唱片》)时,莫里斯把荷马作品列为榜首:"被马志尼奉为'圣经'的一类作品,并不能简单以文学标准来衡量,但对我来说,比任何文学作品更有价值。"[35]这些作品,已不止于个人作品,更是"从人民的内心深处生长而出的"。除了荷马,莫里斯还列出了英文圣经、赫西俄德的作品、《埃达》、《贝奥武夫》、《英雄国》、《列王纪》、《摩诃婆罗多》、《格林童话》、以北欧传说为代表的民间故事集,还有爱尔兰和威尔士传统诗歌。

莫里斯曾翻译过荷马的《伊利亚特》聊以自娱。但对比权衡之后,他决定从《奥德赛》着手,并期待有朝一日他还会再翻译《伊利亚特》。但这个想法从未付诸实施。为了完美表现《奥德赛》,莫里斯决定将之翻译成他为《西格尔德》所写的那种轻松自由的押韵长句。他声称这比写《埃涅阿斯纪》更难,因为原作非常简洁,惜字如金。[36]在尝试贴近原作的翻译过程中,他感到自己被荷马的朴素风格紧紧掣肘了。

然而,1886年9月,他在北上爱丁堡的途中还是坚持写下了一百一十行文字。演讲间隔时,他在格拉斯哥挤出两个小时专注于此。1887年2月,他与内德和乔治亚娜一起在罗廷丁度假时,奋力翻译《奥德赛》。斯帕林对莫里斯持续、同时从事多项工作的能力佩服得五体投地。在翻译《奥德赛》的同时,他还在写重要演讲《艺术的目的》和叙事小说《梦见约翰·鲍尔》,并为《公共福利》写了不计其数的文章。他还在为默顿修道院做设计。"他或是站在画架前,或是坐在素描本前,手持炭笔、刷笔或铅笔,同时嘴里一直低声念叨着荷马的希腊语。他的家人说,他一边像嗡嗡叫的蜜蜂,一边以干净利索的笔触将设计呈现。"[37] 1887 年 4 月,第一卷由里夫斯和特纳公司出版。8 月,莫里斯哀叹:"在《奥德赛》的翻译上,我简直不可救药,只完成了一点修正工作,真是让人难过。"[38]第二卷,也是最后一卷,最终于 11 月出版。他坦言,希望从中赚"几英镑"[39],以弥补他为社会主义事业所投入的部分。

在十九世纪中期的英国,《奥德赛》和《埃涅阿斯纪》一样译本如雨后春笋般冒出。六十年代,已有五个主要版本,从 1861 年沃斯利(Worsley)的斯宾塞诗节,到洛夫莱斯·比格-威瑟(Lovelace Bigge-Wither)的无韵素体诗。在接下来的十年,除了西奥多·阿洛伊斯·巴克利(Theodore Alois Buckley)的散文体译本,还有布莱恩特(Bryant)、莫当特·巴纳德(Mordaunt Barnard)、科德里(Cordery)和朔翁贝格(Schomberg)的诗歌译本。八十年代,A. S. 韦(A. S. Way)和 C. H. 帕尔默(C. H. Palmer)也已经先于莫里斯。在这样的背景下,莫里斯的《奥德赛》以何种面貌呈现? 莫里斯的开场白如下:

> Tell me, O Muse, of the Shifty, the man who wandered afar,
> After the Holy Burg, Troy-town, he had wasted with war.

> 缪斯啊,请给我讲,那足智多谋的远方游子,
> 自圣堡特洛伊城战争后,他从此怎杳无音信。[40]

奥德赛和珀涅罗珀久别重逢,他娓娓道来:

> So he spake, and her knees were loosened, and molten the heart
>   in her breast,
> When she knew the soothfast tokens that her lord made manifest.

And weeping she ran straight to him, and cast her arms about
Odysseus' neck, and kissed him on his head and thus spake out …

他侃侃而谈，她双膝松软，心在胸腔中融化，

当她已然明了，这岂不就是神迹的真实显现。

她泣如雨下，泪流满目，径直向他飞奔而去，

她双臂环绕奥德赛的脖颈，亲吻着他的额头，

这样说……

写得让人心生敬佩，甚至是感人的。但与同时代更好的版本（例如
G. A. 朔翁贝格）相比，诗歌节奏听起来就有些含糊。与随后的散文诗译
本相比，如塞缪尔·巴特勒 1900 年的译作、T. E. 劳伦斯 1932 年的译作，
它整体上缺乏某种共振。此外，正如奥斯卡·王尔德准确评论的那样，
莫里斯的《奥德赛》"文风不似希腊，更似北欧"。[41]

　　过于严苛地评价莫里斯并不明智。毕竟，他没有经历过学术界的激
烈角逐。麦凯尔对这个翻译项目的评论冷淡，也许这源于一个事实：他
自身是专业学者，于 1905 年出版了自己的荷马史诗译本。而莫里斯翻
译《奥德赛》，则仅仅是因为他想翻译，他觉得有趣，以及想让自己从政
治工作中得到喘息。

　　有意思的是，它给我们提供了明证：莫里斯一直痴迷于这样的探险
主题——在超自然力量的驱动下，穿越异域之旅。他洞见了荷马史诗的
精髓正是奥德赛早期的流浪部分："一个关于食人族、巨人、女巫和撞礁
的传奇故事。"[42]

　　《奥德赛》译完一个月后，莫里斯开始启动一项截然不同的事业：它
是社会主义的"幕间插曲"[43]——《逆转或努普金斯的觉醒》。这部政
治迷你闹剧，于 1887 年 11 月 15 日在法灵顿路的社会主义同盟大厅首
次上演，为《公共福利》筹集资金。它的上演标志着威廉·莫里斯不仅

仅成为剧作家,还首次以演员身份亮相。他开始扮演曾遭受沃尔特·克兰拒绝的坎特伯雷大主教角色。这是莫里斯有史以来最接近母亲为他设想的现实生活中的角色——担任主教。尽管某些观众指摘说,他看起来更像希腊东正教的修道院院长。萧伯纳品头论足地观看了他的表演。他注意到,他并不怎么在意舞台化妆,坚持认为舞台故事的营造只需要一个有特色的符号角色(二十世纪现代主义观点):"神职人员的绑带和黑色长筒袜,昭示着他大主教的身份。除此之外,他将自己的情感和智慧深深隐藏,像一盏熄灭的灯笼。他刚出场时,人们朝他大笑了几分钟,但他不为所动,将自己彻头彻尾呈现在观众面前,闷不作声表现出庄重的样子。"[44]

《逆转》是一部时下热门剧,与中世纪的道德伦理剧以及二十世纪六十年代在英国盛行一时的政治讽刺剧皆有相通。其性质几乎相当于维多利亚时代的《边缘之外》,或《这就是那一周》。故事情节源于一场审讯,一名社会主义者因煽动暴乱和策动谋杀的罪名,而在法官努普金斯面前受审——这位法官只会势利眼和溜须拍马。革命的爆发,让这一切发生了翻转,法官本人被判流放乡村。他必须学会使用铁锹挖土豆,必须摒弃伦敦法律界那些浮夸的行话。在最后一幕,社会主义者唱着自由之歌《卡玛尼奥拉》,围着他尽情歌舞。这里的一些角色,是根据真人改编的。法官角色是对彼得·埃德林爵士的艺术加工。一年前,萨姆·梅因沃林和杰克·威廉斯曾在米德尔塞克斯法庭在他面前受审。当时,丁尼生被请来作为辩方证人。他被问到:

> "阁下,您是不是乔装出席了在法灵顿路 13 号举行的社会主义同盟会议?"
>
> "那与你何干?你为什么要知道?是的,我是去过那里。"[45]

当被问及他看到了什么,他说:

> 他们坐在那儿抽着烟。一个傻瓜坐在椅子上,另一个傻瓜在读信……不时有个秃头的老傻瓜在和一个矮胖的穿蓝衣服的小傻瓜开玩笑,然后一起捧腹大笑。

正如莫里斯所挑选的社会主义同盟成员丁尼生一样,A. 布鲁克斯"也恰好把胡子拉碴的形象和忧郁的气质糅杂在一起,并习惯了某种粗鲁无礼的说话方式"。[46]

他全身心地、事无巨细地投入具体工作中——例如指导社会主义联盟成员兼旗手 H. A. 巴克应以何种角度扛起红旗。另一位社会主义演员还记得,这位监制在排练时说一不二。哪怕出了一丁点问题,莫里斯也会激烈跺脚,大喊大叫。哈利迪·斯帕林饰演杰克·弗里曼,一位暴躁如雷的社会主义者。而梅饰演玛丽·平奇,一个被指控偷了三条面包的工人妻子。戏里的乡村田园风光,给她提供了机会——以吉他伴奏来演唱《来吧,姑娘们,小伙子们》。这出戏大获成功。萧伯纳回忆说,他从未参加过如此让人欣喜若狂的晚间活动:

> 在病痛发作的间隙,我瞥见了它,仍然可以清晰地见到它——在法灵顿路仓库又长又高的顶楼,莫里斯神情严肃地站在舞台一端,身旁是他的演出团。斯蒂尔曼太太身材高挑,姿态动人,像精致的尖塔,耸立在带着烟囱的城市天际线之上——在"旁边的烟囱"和欢呼沸腾的社会主义者之间。

演出结束后,莫里斯和演员们合唱了最后的赞美诗——社会主义胜利铭感。人们看到,他"脸上洋溢着喜悦的神色"。[47]

在《蓓尔美尔公报》上,该剧得到萧伯纳的戏剧评论同仁——威廉·阿彻的专业评论。他以《法灵顿路的阿里斯托芬》为题撰文,对该剧颠覆性的反常规形式表示赞赏。赢得这些意外的褒赞之后,他们决定趁热打铁。1887 年和 1888 年之交的冬天,《逆转》在伦敦至少上演了十次。当时,他们甚至有了将此剧译为法语的想法,为法国社会主义人士表演。莫里斯在喜剧对白方面的出色表现激励他继续发扬这种风格。而后他在《公共福利》上刊登了一系列道德伦理剧:1887 年的《劳动的报酬》《男孩农场的错误》《诚实是最好的对策》,以及 1889 年的《迷失的辉格党人》。像往常一样,他忍不住附上自画像。其中一幅他以奥拉夫·埃文斯先生的形象出现——"某类艺术家和文人"[48](爱朗读他的史诗《布鲁斯的诞生》)。在另一张图中,他是"失败的建筑师欧文·马克思·布库宁·琼斯"。[49]这些表现政治的夸张对白,奇妙展现出莫里斯的性格特征:才智超群又滑稽嬉闹,和善可亲而忧郁悲凉。

为什么莫里斯不为剧院创作更多剧本呢?萧伯纳认为,因为英国剧院还没有为他做好准备。如果他创办了凯尔姆斯科特剧院而不是凯尔姆斯科特出版社……又会如何?我们不妨再问,《逆转》对萧伯纳的作品有何影响?萧伯纳的戏剧《鳏夫之家》于 1892 年首次上演。然而,传统的文学价值观念,以及贬低莫里斯社会主义写作的倾向使得人们轻视《逆转》,甚至导致他许多更为离经叛道和独创性的作品被忽视。1912年,梅写信给约翰·德林克沃特,当时他正在为传记评论搜集素材。梅说:"这些是为了社会主义娱乐活动而作,文风相对随意。大概你不会将之纳入对我父亲诗歌戏剧实验的欣赏之列。"[50]她的话,错得离谱。

1887 年的冬天,伦敦动荡不安,失业率仍居高不下,围绕爱尔兰民族主义问题又出现新的骚动。从 10 月开始,英国社会主义者和无政府主义者团体联合,抗议对七名所谓"芝加哥无政府主义者"监禁一年后判处死刑的判决。从资本家和工人群体之间的斗争中,莫里斯慧眼独具地认识到:"在美国,这样的斗争要比在英国更加残暴无情。在美元扩张的道路面前,人类的生命简直贱如蝼蚁。"[51]他写信给罗伯特·勃朗宁,试图争取他对这场运动的支持。1886 年伦敦动乱后,伦敦警察局局长埃德蒙·亨德森爵士辞职,由强硬派查尔斯·沃伦爵士接任。面临日益高涨的抗争情绪,沃伦决定禁止在最受欢迎的地点——特拉法加广场——举行公众集会。《每日新闻》刊登了一篇社论支持他的决定,莫里斯看到后给编辑写信提出抗议。他以谙熟建筑物方位和公共空间使用的专业人士的口吻说:

> 先生,关于特拉法加广场是否适合举行公众会议的问题,请允许我简要说明一下,方便那些没有去过伦敦的读者了解。那里是一个巨大的下沉区,可容纳数千人,交通极为便利。从那里向各个方向延展,街道宽阔,四通八达,因此集会可以很容易从这里解散,而不会造成街道拥堵。广场被高起的人行道和三面栏杆环绕,纳尔逊纪念柱从第四面中间升起,为演说者提供了良好的演讲平台。同时,人群一旦在这里聚集,如果有训练有素的警察在场,就绝不会有人敢惹是生非。这个地方,没有人愿意经过或者去闲逛——除了无家可归、走投无路的穷人把这里当作落脚处。简言之,这里是全伦敦举行大型露天集会最方便的地方。这就是为什么 C. 沃伦爵士——正如你实际上告诉我们的那样——奉托利党政府的指示,对公众封锁了此处。[52]

三天后的 11 月 13 日,也就是被称为“血腥星期日”的那一天,特拉法加广场成为伦敦有史以来最暴厉的强权势力的展示场。

莫里斯对广场内聚集人群不堪一击的判断很是正确。在此之前的几个星期里,失业者们举着黑旗,蜂屯乌合般地进入伦敦西区、圣马丁巷和特拉法加广场——这些游行被称为黑旗游行。而一旦他们聚至特拉法加广场,警察就会将之驱散。随后的 10 月,社会主义人士加入了这些示威活动,红旗也取代了黑旗。警方不断驱逐广场上的示威游行者,将他们逮捕并夺走他们的旗帜。11 月 13 日星期日下午三时,激进派公然宣布在爱尔兰举行反高压会议,结果可想而知:查尔斯·沃伦爵士明令禁止前往特拉法加广场组织游行。

那个星期天,大约一万名失业工人、激进分子、无政府主义者和社会

568 主义者聚集在伦敦不同地区,开始向广场集结挺进。莫里斯和社会主义同盟战友一起游行,在克拉肯韦尔格林与其他社会主义团体汇集(其中包括社会主义民主联盟的一个分支)。出发前,莫里斯和安妮·贝桑特对约五千名工人发表讲话,告知他们要像好公民一样向广场有序前进。他们高举旗帜出发时,并没有意识到,在距广场约四分之一英里的半径范围内,已有大批警察驻守在战略要地。正如莫里斯在下期《公共福利》中痛心疾首地反思的那样——沃伦的策略执行得如此精确而高效,以至于游行队伍中没有一个人能逃脱掉入捕网的悲剧:"我们正自投罗网。"[53]

社会主义同盟小分队遭到袭击时,游行大队已穿过沙夫茨伯里大道,正要进入七晷区交叉路口,前往圣马丁巷。警方先从正面和侧面发起攻击,又在后方发起猛攻,顷刻便瓦解了队伍。"整个过程仅用了几分钟,"莫里斯写道,"我们的同志作战英勇,但他们还没有学会如何站位,如何列队,如何前进。队伍前面的同志转过身,面向后方,他们并不是要落荒而逃,而是要伺机加入战斗。警察同往常一样大打出手,就像士兵进攻敌人一样。"住在左边贫民窟里的女人们,发出惊恐的尖叫。游行队伍的器械被缴获,横幅和旗帜被毁,彻底失去了凝聚力。抗议队伍分崩离析。游行者现在所能做的要么是三五成群地进入广场,要么是单枪匹马地独自行动。

其他抗议者从不同方向接近特拉法加广场时,相似场景再次上演。沃伦部署了两千名警察,外加四个骑兵中队和四百名步兵,每个中队携带二十发实弹。这支来自伦敦西部的纵队在到达干草市场剧院对面时遭到袭击,两分钟内就被从小巷冲出来的警察推翻在地。他们挥着警棍见人就打,不论对方是否反抗。许多报道证实,这场暴行简直黑白不分,是非不明。据《泰晤士报》记者报道,"警察或骑马或步行,冲进人群、不分青红皂白向四面八方袭击,把游行队伍打得落花流水。我目睹几个男569 子的头或脸被警察打伤,鲜血直流,触目惊心"。[54]两百多名游行者在医院接受治疗,而这只是伤者中的一小部分。被捕者中,包括激进派议员

R.B.坎宁安·格雷厄姆和约翰·伯恩斯。就在几周前,在《逆转》表演完毕后,伯恩斯身着和服,撑着日式伞,为社会主义同盟观众献唱了歌剧《日本天皇》中的一首歌曲。在被捕过程中,坎宁安·格雷厄姆和伯恩斯都遭到了警察的毒打。

莫里斯历尽万难到达特拉法加广场,发现警察——不论是骑马的还是站立的——已经完全控制住局势。他悲凉地看着广场上的卫骑兵团举行仪式,然后列队向圣马丁教堂行进。在那里,治安官"像愚蠢的乡绅"[55]一般站着,向本已温驯的人群宣读《暴乱治罪法》(Riot Act)。士兵们受到人群的热烈欢迎,他们似乎认为士兵不会像警察那样残暴无情。莫里斯在霍顿对矿工的演讲中曾幻想过,紧要关头士兵和警察会放下武器站到工人身旁。现在,他悲痛地发现,阶级团结的愿景化为梦幻泡影,他这样评价卫骑兵团:"这些道貌岸然的绅士,只是富人的戴头盔的走狗。他们与他们的管家或男仆一般无二,只会唯命是从。"

那可怕的场景,深深烙印在他的脑海,时常惊扰着他。在《乌有乡消息》中,"血腥星期日"事件被挪至1952年,一幅令人窒息的残酷画面跃然纸上:

> 一种奇特的感觉涌上心头,我闭上眼,迫使自己不看这美丽的花园住所之上阳光灿烂的景象。霎时,另一天的幻影在眼前掠过。这是一个由高大而丑陋的建筑围合成的巨大空间,一座难看的教堂缩在空间一隅,教堂背后是一座不起眼的圆顶建筑。马路上,人群涌动,惶惶不安。公共电车横占马路,上面挤满了看客。在带有喷泉的铺石广场中间,安插了几个穿蓝衣的人,还有许多奇丑无比的青铜雕像(其中一个雕像立在一根高柱上)。广场上,还有四排身穿蓝衣的大汉,一直站到马路边缘。在南面的马路对面,有一队骑兵。他们的头盔在灰蒙蒙的十一月寒冷的午后,显出瘆人的惨白。[56]

"血腥星期日"对莫里斯造成的直接影响是,他对未来更充满希望,

for H Buxton Forman William Morris

SOLD FOR THE BENEFIT OF LINNELL'S ORPHANS.

ALFRED LINNELL

Killed in Trafalgar Square,
NOVEMBER 20, 1887.

A DEATH SONG,
BY MR. W. MORRIS.

Memorial Design by Mr. Walter Crane.

PRICE ONE PENNY.

41. 1887 年 11 月,沃尔特·克兰为《死亡之歌》设计的歌单,由威廉·莫里斯为阿尔弗雷德·林内尔的葬礼所作

同时对现实更加悲观。他认为，这是起义不可避免的发轫之始："就特 570
拉法加广场事件而言，我认为这是一个至关重要的事件。这显然是反动
势力卷土重来的标志，但这恰恰也是革命进展的标志。"[57]——他对威
廉·贝尔·司各特如此说。但是，在军队和警察的行动配合下，工人队
伍被轻而易举地摧毁了，他感到无比震惊，这迫使他意识到：在实际行
动中，社会主义武装力量是多么缺乏经验，缺乏训练，缺乏准备。值得注
意的是，莫里斯对剑士对决和史诗般的武装冲突，仅仅有文学上的想象。
他对非暴力抵抗力量毫无概念，后来印度的甘地和二十世纪六十年代英
国的反核百人委员会，都有效地利用了非暴力抵抗，后者同样是在特拉
法加广场，举行了一场完美的消极示威活动。

在这个时期，梅一直陪在父亲身边。她指出，父亲抗议警察暴行，抱
怨激进党和社会党之间一盘散沙，仅仅是"出于心的愤怒，没有激越，没
有对更宽阔的、自由的生活前景的期待——那是他曾梦想和为之奋斗的
所在"。[58]莫里斯仍然相信革命，但企盼中的幸福日子似乎愈加遥远。

接下来的星期天又有后续事件发生。海德公园举行了一场相对低
调的示威活动，抗议在特拉法加广场发生的暴行。与此同时，骑警驻扎
在广场，驱逐和追捕那些可能攻击他们的人。在广场南边的诺森伯兰大
道，他们撞倒了一位年轻的激进人士——法律作家阿尔弗雷德·林内
尔，他随后死亡。这种不公正的滥杀行为让社会主义人士群情激愤。经
过数周关于他是否真被马踢到的法律争辩之后，伴随着一系列抗议和哀
悼活动，林内尔的葬礼最终在 12 月 18 日星期天举行。莫里斯为此创作
了一首《死亡之歌》，以一便士的价格卖给了林内尔的遗孤。这首歌，配
有沃尔特·克兰饱含深情的木刻画作。画中描绘了一个警察骑在马上，
手持警棍。一面飘扬的横幅上写着"铭记特拉法加广场"。

林内尔的遗体躺在殡仪馆内，队伍从苏豪区开始游行。下午早些时
候，六名抬棺人——威廉·莫里斯、坎宁安·格雷厄姆、W. T. 斯特德、赫
伯特·伯罗斯、弗兰克·史密斯和安妮·贝桑特将灵柩抬上一辆配有四 572

匹马的敞篷灵车。灵柩顶部有一块黑色盾牌,上面写着"被害于特拉法加广场"。盾牌后是绿、黄、红三面旗帜,分别代表爱尔兰人、激进分子和社会主义者。前方乐队演奏了《扫罗》中的《死亡进行曲》。"想法糟糕至极"[59]——《泰晤士报》如是辛辣地嘲讽。紧跟其后的是两辆悼念马车和一辆载着唱诗班的马车。游行队伍有意避开广场,沿着海滨大道,经过圣保罗大教堂、齐普赛街和康希尔街,一直走到离林内尔位于弓街的家不远的墓地。队伍向东行进时,更多人汇入浩浩荡荡的"进行军"。当灵车到达迈尔恩德路,队伍已绵延近一英里。队伍里,尽是横幅飘展(大多是红色),还有几伙乐队在缓慢的行进中比试高低。路边,人群摩肩接踵排成一行。莫里斯身后的一位葬礼行家说,自从1852年惠灵顿公爵去世后,他还没有见过如此声势浩大的哀悼人群。"对我来说,"莫里斯写道,"在如山似海的人群中,有一种令人敬畏(我找不到别的词来形容)的东西。无须组织,无须协助,如此温良,如此敦厚。"[60]

他们行进缓慢,到达墓地时已是四点三十分。那正是低沉的冬日下午,阴雨绵绵。棺材上盖着黑布,放在墓前几码的地方,坟墓以常青树和冬青树装饰。棺材上叠放着来自社会主义者和激进主义者的花圈,其中一个花圈来自"社会主义同盟布卢姆斯伯里分支的女子"。此时下起倾盆大雨,牧师斯图尔特·海德拉姆——基督教社会主义者领袖借着一盏灯笼的光亮宣读了英国国教会的葬礼追悼词。

棺材被放入陵墓之后,还有几场讲话。其中大多都关乎政治,只有莫里斯发出了最有尊严、最人道的哀号:

> 那里,躺着的是不属于任何特定党派的人——一个直到一两周前还默默无闻的人(可能只有少数人知道)……他们的兄弟,躺在那里——让他们永远铭记这位战友。躺在那里的朋友,生亦艰辛,死亦哀苦。但凡不是如今这样的社会,他的生活都会轻松快乐、幸福美满。而对他们来说,努力让地球变为美丽家园和快乐天堂,正是他们全力以赴的追求和使命。他们正在进行一场义不容辞的战

斗,阻止他们的统治者……把伦敦这座伟大的城市变成监狱。他一定会想起,那蔚为壮观的游行队,那惊天动地的一天。他祈愿,他们能全身而退、安全回家,因为他们的敌人尤善于在浩大的活动中搞破坏。但愿明天,他们就能组织起来,让这类事永不再发生。[61]

573

他在社会主义同盟的同志 H. A. 巴克记得:"他完全沉浸在演讲中,当他说到刚被埋葬的受害者时,声音里有一种令人肃然起敬的凝重。他呐喊着:'他是我们兄弟中的一员!'这兄弟情谊,感人肺腑。"[62] 葬礼气氛越加凝重,人群由唱诗班带领,合唱莫里斯的《死亡之歌》。歌词哀婉,旋律昂扬,歌曲由马尔科姆·劳森配乐:

> 由西向东,是谁砥砺前行?
> 行者何人,步伐如此坚定?
> 决不听信,富人鬼话连篇,
> 精诚贯日,向清醒者坦言。
> 被屠杀者,何止眼下一人,
> 仁人志士,不止成千上万。
> 如果有人,胆敢倾浊乾坤,
> 万众一心,必将让他灭亡。

> What cometh from west to east a-wending?
> And who are these, the marchers stern and slow?
> We bear the message that the rich are sending
> Aback to those who bade them wake and know.
> *Not one, not one, nor thousands must they slay,*
> *But one and all if they would dusk the day.*

第二天早上,《泰晤士报》带着几分警惕引用了这首绝妙的革命赞美诗。

莫里斯在林内尔葬礼上的角色,微妙地改变了他在社会主义运动中

的地位。他现在已成为家喻户晓的人物。人们对他崇敬有加,将他视为
"来到我们中间的人"。他也乐于来当这场运动的元老。葬礼次日,他
对巴克说,他"喜欢这个仪式",说时脸上挂着欣慰的微笑。

　　在詹妮看来,莫里斯被捕似乎只是时间问题:"我丈夫还没进监狱,
但我认为用不了多久,他就有机会写出人类有史以来最长的诗。"[63]这
是她在 1887 年 11 月写给威尔弗里德·斯考恩·布伦特的信。莫里斯
的几个朋友现在如履薄冰。1887 年 10 月,布伦特在戈尔韦伍德福德的
反驱逐会议上被捕,被地方法官判处两个月监禁,但随后获得保释。他
回到英国,在 1 月的审判中,被判处两个月劳役,在戈尔韦和基尔梅纳姆
监狱服刑。

574　　　莫里斯对布伦特爱莫能助,他说,至少爱尔兰的监狱要比英国的好
点儿。至于布伦特的政治观点,莫里斯从来都是付之一笑。而对詹妮的
过分担忧,他显然很恼火。他更为关注的,是罗伯特·坎宁安·格雷厄
姆和约翰·伯恩斯在特拉法加广场被捕后的命运。坎宁安·格雷厄姆
是一位游历甚广、固执己见、风趣十足的苏格兰民族主义者,莫里斯与他
成了亲密无间的朋友。莫里斯这样评价他:"坎宁安·格雷厄姆是个怪
人,我看不透他。他看起来野心勃勃,而且消息灵通。"然而,他的字迹
让莫里斯极为反感:"他的字像鬼画符,他一定是哪个地方出毛病
了。"[64]八十年代,有一个让人啼笑皆非的邀请。1887 年 11 月,他们的
朋友邀请坎宁安·格雷厄姆出席治安法院,就好像邀请他们参加家庭社
交活动一样,"坎宁安·格雷厄姆夫人出席治安法院"。[65]莫里斯很喜欢
这个笑料,有点过于恭维地接受了邀请,他"衷心祝贺格雷厄姆先生,他
的勇气和远见把他带到了荣耀之位"。[66]
　　坎宁安·格雷厄姆和伯恩斯于本顿维尔被判处六周监禁。而让莫
里斯最为挂心的,是他们在英国监狱所受到的待遇。1888 年 2 月 19
日,他们刑满释放,莫里斯前去本顿维尔迎接。莫里斯并没有接到格雷
厄姆,因为他很早就被放了出来。莫里斯坐车经过时,握了握他的手。

他向珍妮描述了当时的情景：

> 于是我们继续走向监狱，看见伯恩斯在小路上来回踱步，正等待他还未到来的妻子。我走到他跟前，跟他讲了一些话。他给我看了看供应给他们早餐和晚餐吃的面包——只有两小口——就再也没有别的东西了。他看上去消瘦了不少。而后，他走了。我沿着街走，去看看那个悲惨的事发地。一想到人们竟然在那儿精心建造一座愚蠢的纪念碑，我就怒气冲天。真希望我能把它拆掉，把那儿改造成一个地毯地垫厂或者类似的工厂。[67]

很快，莫里斯的《乌有乡消息》就呼之欲出了。建筑性质的转化——议会大厦变成大粪市场——已经在他脑海里构思成形。在本顿维尔城外，一小群人聚集在一起，迎接获释的囚犯。有人体贴入微地买来肉馅饼，塞到获释人的手中。莫里斯留意到，(对肉馅饼)囚犯们流露出虎视眈眈的目光。晚上，社会主义同盟举行了"茶话会"，庆祝英雄归来。梅、哈里以及哈默史密斯分支的"前军士长"都是这个活动的服务者。莫里斯对珍妮说："会议可能会持续到午夜(从六点开始)，梅、哈里和我大约十点离开，去索费里诺餐厅吃晚饭，然后回家睡觉。"

1887年和1888年之交的冬天，在伦敦发生的重大公共事件，分散了人们对社会主义同盟问题的注意。但是，莫里斯已然看到同盟的衰落迹象。还是在1887年夏天，他曾下定决心，至少再坚持一年。但他承认："工作很难，有点像赶鸭子上架，有时我真是没了耐心。"[68]内部纷争让他感到尤为挫败，但私下里，争论双方的关系都不错。他试图安慰自己说，这只不过是历史重演罢了："虽然一切都让人感到不如意，但我从来没听说哪场革命运动可以绕开这些问题。"[69]有人建议陷入财政危机的《公共福利》应恢复为月刊，他对此试图保持乐观豁达，即使这可能会让他名声扫地。他给格莱西尔写信说："的确，这是一场败仗，但我们必须习惯于失败这样的小事,且不要因此而沮丧。事实上,我已经是那场游戏的老手了。我的一生都是在失败中度过的,每个人的生活都如此,只要他们的追求超越了平均水平。"[70]世人因流于平庸而痛苦不堪,莫里斯却直面相对,无怨无悔。

1888年年初,劳形苦心的威廉·莫里斯已感到筋疲力尽。布卢姆斯伯里分支是社会主义同盟中最强大的政治分支,其成员包括爱德华和爱琳娜·马克思·艾威林,A. K. 唐纳德,托马斯和威尔·宾宁,以及最坚定的议会派。他们制造事端,要求合并所有社会主义机构。事实上,几年后的九十年代,莫里斯也认同这一点。但就那时而言,他认为他们有意为之,蓄意反叛。他感到痛苦不堪,而这又使得他心神不宁:在一次宣传旅行结束时,他发现自己把整捆《公共福利》都忘在了火车上。3月,他写信给乔治亚娜:

> 我无法摆脱这样一种感觉:我在最近的一些事情上本可以做得更多更好,但我又不知该做什么,心情很是挫败。身处逆境时,人不该如此消沉。我万万没有想到,事态会像过去三年那样一发不可收拾。但遗憾的是,尽管观念在传播,组织却未随之壮大。[71]

他预感,如果布卢姆斯伯里分支在社会主义同盟年会上推行他所认为的"恶意决议",那么这将在议会派和反议会派之间划出分水岭,并迫使同盟解体。

第四届年会于1888年5月20日举行。莫里斯在格拉斯哥分部的盟友布鲁斯·格莱西尔当时就住在凯尔姆斯科特之家。早饭后,当地的同志,包括埃默里·沃克和联盟执政官中的反议会派H. B. 塔尔顿,在图书馆集合。他们和莫里斯、梅一起乘坐公共汽车,从哈默史密斯百老汇到法灵顿路去开会。这是漫长的一天,讨论从早上十点半一直持续到晚上十点左右。对于同盟来说,最终结果并非不可救药。布卢姆斯伯里分支的决议被否决,议会派拒绝参加理事会选举。莫里斯附议了一项决

42. 社会主义同盟布卢姆斯伯里分支反议会派针对莫里斯的讽刺漫画

议,建议委员会"采取和解措施,或在必要时,将布卢姆斯伯里分支"[72]排除在同盟之外。一周后,布卢姆斯伯里分支被取缔。其说辞是,该分支"在街上公然出售"嘲笑莫里斯及其追随者的"讽刺漫画"。随后,一个完全自主的布卢姆斯伯里社会主义协会成立了。

　　社会主义同盟继续得以维系。会议当晚,莫里斯在哈默史密斯的餐桌边对詹妮如此夸耀——他抑制住了自己,没有在公开场合大发雷霆。他如释重负,"这乱摊子"可以消停一年了。[73]为此,他情愿深夜朗读《哈克贝利·费恩历险记》以示庆祝。但这并不是说,莫里斯意识不到其中的名堂。他告诉格莱西尔,"我们已经除掉了议会派,而我们的无政府主义朋友要成为领头羊"。

　　的确是有个让人觉得匪夷所思的插曲——莫里斯怒不可遏地结束了这一天。引火索其实微不足道:在莫里斯面前,格莱西尔对刚在新美术馆看过的内德的画作《海妖》发表了一番不知轻重的评论。他说,似乎这位艺术家试图模仿的是非常早期的艺术风格,而不是大自然本身。莫里斯立时横眉怒目,让格莱西尔措手不及:"话音刚落,莫里斯便站起身对我大发雷霆,整个房间都在震动。他的眼睛喷出真正的火焰,蓬乱的头发像燃烧的羽冠,胡须像松针一样竖起。"在格莱西尔的卧室,他对那个时代的艺术堕落破口大骂："该死的建筑,该死的家具,以及让人恶心的男女服饰。"他在房间里"像一只困在笼子里的狮子",怒气冲冲,走来走去,格莱西尔则在床边吓得瑟瑟发抖。

如今,莫里斯在同盟里已孤立无援。艾威林和亚历山大·唐纳德的离去,让该组织的智囊团大伤元气。巴克斯也弃莫里斯于不顾,在1888年重新加入社会主义民主联盟。与此同时,在抗议处决芝加哥无政府主义者的活动之后,整个国家无政府主义运动如火如荼,这使同盟内部的无政府主义派重获信心,形成一个新的无政府主义团体。他们比旧"乔叟派"左翼三人组——莱恩、基茨和梅因沃林——更为大胆激进。这些已公开声明且坚定不移的社会主义同盟无政府主义者,由查尔斯·莫布雷领导。他是东区裁缝,曾在军队服役,也曾是颠覆性文学的印刷商。弗雷德·斯劳特(又名弗雷德·查尔斯),和莫布雷一样是诺维奇人,如今担任同盟委员会秘书。大卫·尼科尔——同盟图书管理员兼宣传秘书,是一位反复无常的无政府主义宣传员,正值二十五六岁,为《公共福利》编纂了"革命日历"。无政府主义者向莫里斯施压,要求社会主义联盟采取暴力主张。1888年年底,莫里斯还在哀叹内部争吵如同"某种诅咒":"我们组织内部的无政府主义分子,似乎决意把事情推向极端,把我们搞得四分五裂——如果我们不宣布支持无政府主义的话。但我是绝不可能那么做的。"[74]

在社会主义同盟布满荆棘的道路上,菲利普·韦伯和查理·福克纳始终是莫里斯最坚实的依靠和最年长的战友。但在过去两年,韦伯的身体每况愈下。而在1888年10月,在马车屋发表完周日晚间演讲的三天后,福克纳又中风了,致使终身瘫痪,陷入"活死人"的状态。[75]这无疑又为莫里斯添了新愁。他与福克纳之间的关系,表面上是欢快而随和的,但实际上早已是情深义重的莫逆之交。韦伯认识到:"福克纳坚不可摧的勇气和坦荡的君子之风,让莫里斯对之产生惺惺相惜之情,尽管两人的思想不尽相同,但它能将两人紧紧连接。他们都为对方做了不可能替其他任何人做的事。我能见证这样的真情实义,是何等荣幸。"[76]

　　福克纳终身未娶。他将全部精力都投向莫里斯和社会主义同盟那里,这让他的学术事业受到很大牵制。保存于阿姆斯特丹的同盟档案记载着他的步履维艰:他试图动员牛津报商经销《公共福利》,但徒劳无功;他捐赠的用于社会主义同盟演出的学位袍,如今也随着时间的流逝而褪色发绿;他和韦伯共同资助同盟的运作发展,1888年,他们每周都会捐献一英镑工资和一英镑《公共福利》基金。怀着悲痛之情,莫里斯拜访了几乎丧失表达力的查理。他感到有些内疚,就像珍妮的病对他造成的影响那样:"这样的事,真是痛苦不堪。无论对错,我尽量不去想太多,以免沉沦,浪费了自己这点儿微不足道的价值。"[77]当查理痛苦地苟延残喘时,内德也感到非常绝望。福克纳最终于三年后去世,内德毫不含糊地愤怒指责他的社会主义:"哦,是的,它杀死了他,这是最痛苦的死法。"[78]

579

　　失望和悲伤折磨着莫里斯。1889年11月,威尔弗里德·布伦特第一次造访凯尔姆斯科特。这次造访让他与莫里斯夫人"破镜重圆",此时,他发现莫里斯"正在经历一段对公共事务幻灭的时期"。[79]

　　1889年6月,莫里斯在巴黎参加了本质上是他在社会主义同盟的告别仪式。他和弗兰克·基茨作为同盟代表出席了国际社会主义工人代表大会,该会议是第二国际的基石。来自欧洲各地和美国的代表参加了这次大会。根据这次会议计划,莫里斯再次与恩格斯会面,但恩格斯是否改变了对他的看法——"一个根深蒂固的感伤的社会主义者"[80],这点似乎值得怀疑。事实上,他对莫里斯作为无政府主义者的"傀儡"在政治上的无能深感不屑。

　　莫里斯上一次访问巴黎是在1883年1月,当时他陪同南肯辛顿博物馆的托马斯·阿姆斯特朗竞拍了一批有历史价值的精美纺织品。他们在一家物美价廉的餐厅里用餐,莫里斯在那里点了一份炸鲽目鱼。六年后的炎热夏季,情况发生了翻转。莫里斯赞同大会的国际主义宗旨,认为代表们的"赤诚和热忱"令人印象深刻，但在管理上混乱不堪。谢菲尔德社会主义者代表爱德华·卡彭特描述了他们如何"从十点坐到四点，无任何晚餐——为了伟大事业废寝忘食！喧嚣纷扰、欢声雷动此起彼伏。大会主席有一半时间都在按铃——爬到椅子、桌子上——为了维持秩序什么都不顾了——偶尔发生个人争执——偶尔几位代表同时发言，等等"。[81]一位翻译，爱琳娜·马克思·艾威林，甚至无法在这嘈杂的环境中发声。莫里斯对这座"巴别塔"愈发失去耐心。在巴黎，同时举行的国际大会（是两场，而不是一场），加剧了一触即发的局势。其中一场，是由茹尔·盖得领导的正统马克思主义者及盖得主义者会议——就是莫里斯参加的会议。而另一个会议厅里，则是聚集在一起的"可能派"，这些人也被称为布鲁斯派。他们是保罗·布鲁斯博士的支持者，力推更为直接的实际改革。在马克思主义者会议上，大家花了两天时间来讨论怎样与"可能派"大会融合，因此许多决议根本没有时间讨论。

580

莫里斯被德国马克思主义者主导的国际委员会选为英国发言人。由此可见他当时的国际地位。他对英国社会主义现状做了一个公正且合情合理的乐观总结："总的来说，尽管我们的组织在英国糟糕透顶，但发展还算不错。我们在精神宗旨上，完全国际化。在美学角度，为社会主义运动做出了独特的贡献。"[82]他指出，社会主义同盟本身并不赞成进入议会，但他实验性地提出"新郡议会"的做法。对此，英国地方政府正在全面改革，1888年选举产生的郡议会取代了郡治安官的季度会议。莫里斯对向阿尔庭（冰岛的旧议会）方向的倒退表示悦纳。他在巴黎会议上说，郡议会"似乎是真正的地方自治的萌芽"。

卡彭特全神贯注地倾听莫里斯演讲。在他看来，莫里斯的演讲朴实而清新：

　　在茹尔·盖得和其他人冠冕堂皇的演讲之后，看到莫里斯——穿着海军蓝飞行员衬衫——在演讲台上用自己的语言慷慨陈词（那天他感觉身体不适），将那些执拗而地道的英语短句妙语连珠地表达出来——他那乱蓬蓬的灰色须发不停地颤动,他的脸因为用尽全力而变得通红,这幅画面是多么鲜明生动啊! 但演讲效果是显著的。那英国式看待事物的笃定视角,敦本务实的世界观,一丝不苟、坚韧不拔的品质,就像一名在大海中迎风破浪的船长——因而,这番演讲成为本届会议中最富成效的篇章。[83]

会议最后一天,莫里斯缺席了。他向社会主义同志塔尔顿和基茨展示了他眼中最为出彩的大教堂——鲁昂大教堂。

莫里斯从巴黎返回,同盟面临长期分崩离析的局面。至 1889 年秋,同盟分支机构逐渐减少:爱丁堡与当地的社会主义民主联盟合并,共同成立了苏格兰社会主义联盟。格拉斯哥、莱斯特、诺维奇和雅茅斯已处于无政府主义者的掌控中,利兹、布拉德福德和曼彻斯特则转向议会派。在 8 月的伦敦码头大罢工,以及那年秋天利兹的煤气工人和裁缝女工罢工中,社会主义同盟与激进工人皆没有任何交汇,显然是处于孤掌难鸣的境地。现在,同盟有意与正在进行的大规模工会运动(特别是在北方)分解脱离。新的宣传纸——凯尔·哈迪的《矿工》《工人选民》《约克郡工厂时报》——似乎比《公共福利》更能直接反映当下问题。而后,社会主义同盟又犯了个自杀式错误。1890 年国际劳动节,委员会决定在 5 月 1 日(星期四)举行庆祝活动,而伦敦贸易委员会定于 5 月 4 日(星期日)举行集会。结果,有几千人出现在克拉肯韦尔格林,而超过十万人出现在海德公园的工会集会上。5 月 25 日举行的第六届年会,只有十四名代表出席。

这次冗长的例行会议在一个空旷的社会主义大厅里举行,外面就是法灵顿路的喧嚣。会议从上午十点拖拖拉拉开到晚上十点。但会议议程比以往都要紧张密集——因为无政府主义者主导了会议进程,他们推选自己当权,将莫里斯、菲利普·韦伯和两名哈默史密斯支部成员剔除在外。作为司库,莫里斯还算镇定——只是别人对他财务报告的一个细

581

节进行盘问时,他反驳道:"主席先生,我看不出这里有什么该死的问题:我一只手收十英镑,另一只手给出五十英镑。"[84]事实上,在这个时期,莫里斯正以每年五百英镑高额补贴资助着同盟以及《公共福利》。

会议上,无政府主义者成功地将莫里斯和斯帕林从编辑职位上驱逐,基茨和尼科尔取而代之。梅叙述了那个风谲云诡的场景:

> 四点钟,空气中弥漫着浓重的烟味、尘土味和伦敦的沉闷味。讲话的人以决议发言为名,就不求甚解的政治经济学发表长篇大论,烦得我们哈欠连天。讲台上,主席心不在焉地玩弄着议程文件,司库拧着眉毛在钞票边缘画满了花卉图案。突然,他猛地回坐在椅子上,压得椅子吱吱作响。他的声音响彻狭长低沉的大厅:"主席,我们**能谈点正事吗? 我想言归正传!**"

会议结束后,哈默史密斯一行人坐火车回家。他们从高街步行到河边,在榆树下站了几分钟,欣赏着月光下的漆黑河水。在梅看来,这就像《乌有乡消息》的一幕场景。一艘小拖船带着一串满载货物的驳船经过,激起的波浪冲击着他们所在的石堡。"这里可比法灵顿路好多了。"有人说。"刮的是西风,"莫里斯说,他深深地吸了一口气,"我似乎闻到了乡村的味道。"

莫里斯没有立即掉头而去。尽管他早就预见到这样的结局,但心底还是有所抗拒。而此时,《公共福利》愈加激进,也愈加缺乏文学性。尼科尔提出,立即补救才是上道。在"无租运动"中,利兹无政府主义者H.B.萨缪尔斯报道了利兹煤气工罢工中的工人遭到袭击的血腥事件:"如果人们知道了事情始末,一定会以牙还牙。当马匹和工人们摇晃着站起,很多人身上都有瘀痕和血迹。但是,哎可惜! 现场没有尸体。"莫里斯仍然是《公共福利》的经营者和出版人,他继续资助报刊,因此报刊若引发公众控告,他将首当其冲承担后果。无奈之下,他写信向尼科尔提出抗议:

我一直关注着本周的《公共福利》,我必须说,你们做得太过火了,至少我跟不上你们的节奏。你必须制止萨缪尔斯堂而皇之的愚蠢行为,否则你将迫使我撤回所有资助。我放弃编辑职位时,从未料到会发生这种事。[85]

他仍试图保持冷静,意在调和。他对尼科尔说:"我认为你是个通情达理的人,我相信你会以温和的态度对待这件事,因为这是你的担当……我希望你能理解我的苦衷,尽量不要把我赶走。"但莫里斯心里知道,情况已覆水难收。萨缪尔斯后来被揭露是一名警察间谍,这场悲剧就带上了闹剧的成分。

正如安德烈亚斯·朔伊后来指出的那样,莫里斯的忍辱负重"常常是自讨苦吃",结果还适得其反,因为这"为各种不怀好意的人打开了大门"。[86]整个夏末,社会主义同盟由于自身的无力,而开始疯狂地夺取权力。8月3日,在伦敦的自治俱乐部举行了一次"革命会议"。六家伦敦分支机构和四家郡级分支机构以及十几个不知名的国外流亡团体参加了会议。"会议摒弃了一切繁文缛节和官僚主义。"[87]会议主席一职也被废除了。该会议旨在为针对欧洲危机的国际联合行动制订计划。莫布雷提议,如果家园动荡,便"让贫民窟的穷人搬进西区豪宅"。而基茨则宣称:"我们应向盗贼、乞丐和妓女布道……革命的第一步,应是打开监狱大门。"莫里斯很明智地没有参加会议。秋初,他在凯尔姆斯科特之家待了很久。到了11月,他还没有公开自己的决定,但内心已决定毅然退出。他在给格莱西尔的信中写道:

我可不想等着被**踢**出局……我们已经忍了很久;**最终**有些突然地离开了……就我个人而言,我得告诉你,我说出这些话,感觉自己如重生了一般。我最怕内心的冲突,而这事在我心里搁了一年多。不过,我很高兴终于结束了。说实话,我宁愿加入白玫瑰协会,也不愿加入无政府主义者协会;后者纯属一派胡言。[88]

　　1890 年 11 月 21 日,哈默史密斯支部断绝了与社会主义同盟的联系,莫里斯退隐到家乡。该分会被重命名为哈默史密斯社会主义协会,埃默里·沃克恢复了秘书职务,并重新设计了旗帜。当时,哈默史密斯分会有一百二十名成员。据莫里斯估计,这个人数与社会主义同盟的全部成员相当。

　　12 月 9 日,正值寒冬。在风雨大作的一天,莫里斯沉下心,写下又一份政党声明,对议会派和无政府主义者作出谴责:"这项工作,步履维艰、困难重重,我宁愿重拾我的萨迦创作。"[89]

　　莫里斯在《公共福利》上发表文章《我们现在在哪里?》,以此正式告别同盟。他对过去七年的社会主义活动以及在公众意识提升方面取得的成就作结:"在这么短的时间内,没有什么运动能取得如此巨大进展。"[90]但可以说,1890 年 1 月 11 日至 10 月 4 日的这段动荡时期发表在报刊上的连载,才是他真正的告别——这可能也是当年 4 月发行量小幅上升的原因。1891 年 3 月,《乌有乡消息》装订成册,出版发行。这是莫里斯最经久不衰、最令人困惑的佳作。詹妮在给布伦特的信中,对这个几乎难以描述的故事进行了恰如其分的描述,她说莫里斯的故事"勾勒了一幅他认为在社会主义真正生根发芽之后可能发生的图景"。[91]

　　《乌有乡消息》遵循了未来主义小说传统。长期以来,莫里斯一直被这类小说吸引。在他投身社会主义的岁月里,他重新燃起对这类小说的热情。他加入民主联盟的那年秋天,在凯尔姆斯科特之家大声朗读托马斯·莫尔的《乌托邦》。与此同时,他还满怀赞赏地拜读着塞缪尔·巴特勒的讽刺虚构小说《埃雷洪》(1872)。这本小说描写了一个乌托邦,在那里,道德与健康和美丽同等重要,曾威胁人类的霸权地位并引发了内战的机械化发展,已被取缔而陷入停滞。在莫里斯的百本最佳书籍名单中,莫尔的《乌托邦》位列乔治·博罗和约翰·罗斯金之间。

　　《乌有乡消息》的写作缘起,来自美国同时代作家爱德华·贝拉米的小说《向后看》。这本书出版于 1888 年,就像几年前的《伦敦之后,或

584

狂野的英格兰》一样,很快成为脍炙人口的作品。故事的主角,是年轻的波士顿人朱利安·韦斯特。1887年,他恍然穿越到2000年,发现自己身处一个毫不相识的全新国家。新的社会秩序取代了旧有秩序。资本主义消失了,全部公民都为国家工作,成为国家的一分子。但贝拉米所描绘的,却是一个僵硬刻板的中央集权式国家体系。在这个体系中,机器才是实际上的主人。莫里斯对这种描述深恶痛绝。他写信给格莱西尔:"想必你听闻或读过、至少试着读过《向后看》。我星期六**不得不**读它,因为我答应了别人就此发表演讲。谢天谢地,我可不想住在他虚构出来的那种伦敦式天堂。"[92]《向后看》中说:"如果他们将**他**编入工人的组织,他只会仰面蹬腿。"[93]这句话激怒了莫里斯。在《公共福利》的一篇长篇书评中,他对贝拉米所描述的共产主义国家政权枯燥生活大张挞伐。贝拉米说,该政权拥有"一支庞大的常备军,训练有素。它被某种神秘的宿命驱使,永无止歇地生产商品,以满足每个人的物欲需求,无论这是多么浪费和荒谬"。[94]莫里斯以流畅、充满诗意、开放式结局的《乌有乡消息》予以回击。

　　这是莫里斯的另一个梦境故事。故事开始于正在进行的没完没了的社会主义会议,会议有六位同志出席,代表了党内的六分子,"其中四位,持有强烈而又不尽相同的无政府主义观点"。[95]我们可以很容易地从《乌有乡消息》中读到关于无政府主义者的颠覆性、自传性的潜台词。就像在莫里斯创办的报刊上所发生的一样,无政府主义者也完全控制着当时的情境。关于未来社会的谈论,发生在革命的第二天。"我要是能看到就好了! 就好了!"叙述者威廉·盖斯特(莫里斯的代言人)喃喃自语。此时,他回到了哈默史密斯河畔的家……当盖斯特醒来,阳光耀眼,世界已焕然一新,天地仿佛颠倒。

　　莫里斯《乌有乡消息》的独特魅力正在于它的架空性。故事发生在哪儿? 在什么时候? 这是英国,却也不是英国。这是一个共产主义的自由世界。这里,男人、女人和儿童一样地位平等,人人容光焕发、身强体健。这里,金钱、监狱、正规教育和中央政权皆被废除,乡村已从遍地肮脏和工业污染中恢复。人们记得,这个国家在 1952 年发生了重大事件。盖斯特想弄清这件事的因果,他来到哈默史密斯的宾馆。纪念牌记载,这里曾是哈默史密斯社会主义者的讲演厅。他见到了导游罗伯特·哈蒙德和以前的解说员老哈蒙德。在盖斯特与老哈蒙德的长谈中,他问了一些愚钝的问题,哈蒙德皆耐心回答。莫里斯原本为《公共福利》创作的道德喜剧对话,平添了一种新的讽刺意味。

在最后几章里,盖斯特与罗伯特及其妻子克拉拉,以及长着雀斑、风尘仆仆的聪慧女孩艾伦离开了伦敦。艾伦是莫里斯梦想中的拉斐尔前派天使和社会主义新女性的结合体,是永远遥不可及的人物。这是一段为人称颂的旅程,沿泰晤士河乘船而上,来到一座与凯尔姆斯科特庄园极为相似的房子,那里有"淳朴乡民建造的山墙老房"。正当他觉得别无所求时,梦醒了。

盖斯特猛然醒来。书中描写了这时如坠黑暗般的迷离及恍惚,他又回到了"肮脏的哈默史密斯"。但"这真的只是一个梦吗?"答案无人知晓。莫里斯以他个人的社会主义人生经历超越了贝拉米和《向后看》。这正是他始终坚持的宽广愿景,直到 1890 年依然固守这份理想:

> 迪克立即带我去了那块小空地。正如我从花园里看到的那样,色彩鲜艳的帐篷,整齐地排列在小路上。五六十个男人、女人和孩子,在帐篷周围的草地上,或坐或卧。人人兴致勃勃,笑逐颜开——可以说,都带着度假似的喜悦心情。

这是聚在河边晒干草的一群人。他们衣着得体、悠然自得、神清气爽。对待工作他们乐此不疲,在工作和休闲之间没有严格的界限。《乌有乡消息》中描写的人的工作态度,极大挑战了十九世纪的主流认知,令人惊诧。

除此之外,这本书还涉及对自然的直观审美。正如哈蒙德评述的:"我们的时代,新的时代,其精神指向应是在世的快乐。"这种快感形式,与身体和感官相关,可具体表现为性激情、爱抚、触碰、合一。性行为可以看作对土地本身的平面和质感变化的复制和庆祝。随着身体意识的觉醒,人们开始对"生活中的所有细节"发生兴趣:天气、干草收成、新建的房子,以及鸟儿是否到来。无论何时、何地、何人,当然也包括知识分子和学者,都发自内心地来谈论这些美,而"不是以蠢笨或教条的方式"。同时,女人和男人一样,能够去了解自身。但是,持批判立场的盖斯特对此不以为然。

> "你说的真是奇怪,要我看来,像季节变迁这种事,简直就是司空见惯。"事实上,面对自然,这些人的眼光就应像孩子一样……

随着人们对生活细微之美的发现,生活艺术也在"显露生机"。譬如,在革命之前,面包是从伦敦运到乡下的,一般随早班火车同报纸一起送到。除此之外,在任何地方都找不到面包。而在二十世纪九十年代中期的英国,面包已经"品类繁多,从大个儿的、品种接近的、深色的、味道香甜的农家面包"到"细长的小麦面包棒",即哈蒙德记忆中在都灵吃过的格黑西尼(grissini)。人与人之间的交往,也不再寡恩少义。人们视彼此为"友邻",你来我往。自由表达倾慕之情,也不羞于表达性渴望。

　　这全然一新的英国——舒适自在、风光旖旎、回味不尽。在乡村生活和城镇生活间,没有分明的界限。在伦敦,盖斯特曾认识的肥皂厂连同冒烟的烟囱,一起消失了。在哈默史密斯,泰晤士河展现出沿河流边缘生长和重建的新景观带:

> 河两岸的不远处,有一排漂亮房子,低矮,并不高大。这些房屋,大部分是瓦屋顶的红砖结构。看上去赏心悦目,舒适无比。毋宁说,这些房屋是有生命的,承载着屋内居民的生活。房屋前是绵延的花园,一直延伸到水边。花园里姹紫嫣红,夏日清香,顺着湍急的溪流弥漫开来。房屋后,可以看到参天大树拔地而起,大部分是悬

> 铃木,顺着河流望去,帕特尼河段就像一个湖泊,依傍着茂密的森林。

莫里斯的愿景既现实又遥远,既神秘又朴实,是对城市可能性的高远构想。这一理念的影响,有目共睹——在下个世纪初,花园城市迅猛发展。很多作家皆阐发了自己对景观改造的想法——D. H. 劳伦斯设想他的采矿村变成新耶路撒冷。

对《乌有乡消息》存在诸多解读。其中不乏很多想当然的曲解,让莫里斯啼笑皆非。尤其是,有人对《乌有乡消息》中的经济、技术和种族关系的攻击,可谓煞费苦心。不过对这本书来说,如此攻瑕指失确实荒谬,因为它并不是人们用来规划可行社会制度的蓝图或范本。格莱西尔认定这本书是莫里斯的"智识游戏",这更接近真实。并不说《乌有乡消息》缺乏深刻性和内在严谨性。应该说,它起到了一种催化的作用。莫里斯通过表达另一种可能的社会形式,来释放人们的想象力。对于那些遭受政治黯途的人们——无论是过去还是现在——它为他们指出了一条出路。至1898年,《乌有乡消息》已被翻译成法语、意大利语和德语。这部"结构精妙的浪漫幻想小说",比他"更为重要的散文和诗歌作品"获得更多国家读者的关注和阅读,这让他的第一位传记作者麦凯尔感到不满。[96]革命前夕,该书在俄国广泛传播。它也是那些被认为是坏脾气的政治家的社会主义圣经——G. D. H. 科尔、克莱门特·艾德礼和其他人,他们建立了战后的福利英国。

对于二十世纪晚期的读者来说,《乌有乡消息》传达出"个人的即政治的"之理念。对二十世纪六十年代以来欧洲和美国的女权主义和同性恋解放运动所涉及的许多问题,莫里斯表现出不可思议的先见之明。在乌有乡,真正实现了性别平等。女性可以从事传统意义上男性的工作,反之亦然。那里清除了占有欲和所有权的观念。人们在所有的性伴侣关系中,来去自由。老哈蒙德评价:

> 事实上,我们不能自欺欺人,以为我们能轻易摆脱所有两性交

往的困扰。我们知道,我们必须面对男人和女人因混淆了激情、情感和友谊而产生的种种忧愁。事遂人愿时,过往的幻觉往往会被美化。但是,我们还不必疯狂到为了生计和地位而大动干戈,不必强势掌控因爱或欲而生的孩子,不必跟随着这样的选择而自甘暴弃。

在艾伦身上,莫里斯把自己拟想为一位二十世纪的女英雄——兼具女子和男子的气质,既性感又近乎无性,既聪慧又野性:

> 她带我走近房子,她那被太阳晒黑了的匀称的手和胳膊,轻轻放在长满青苔的墙上。仿佛要拥抱它似的,她感慨道:"啊! 我多么爱这大地,爱这季节,爱这天气,以及所有的一切,一切的一切——都本来如是!"

在当时的所有小说中,这定是最令人心潮澎湃、想入非非的片段之一。

"在《乌有乡消息》中,莫里斯阐述了他对性纠葛的看法。"西德尼·科克雷尔一本正经地写道。[97]当布鲁斯·格莱西尔告诉莫里斯自己爱上了艾伦时,莫里斯回答说:"我自己也爱上她了!"[98]

注释

[1]《威廉·莫里斯:艺术家、作家、社会主义者》。

[2] J. L. 马洪致社会主义同盟的信,1885 年 10 月 19 日,阿姆斯特丹国际社会史研究所。

[3] 托马斯·宾宁致社会主义同盟的信,1886 年 6 月 3 日,同上。

[4] 威尔·宾宁致社会主义同盟的信,1887 年 6 月 29 日,同上。

[5] 休伯特·布兰德,《星期日纪事报》,1895 年 5 月 26 日。

[6] 弗兰克·基茨,《公共福利》,1887 年 2 月 5 日。

[7] 弗兰克·基茨讣告,《正义》,1923 年 1 月 20 日。

[8] 约瑟夫·莱恩,《反国家共产主义宣言》,引述自弗洛伦斯·布斯编,

《威廉·莫里斯的社会主义者日记》,1982 年。

［9］威廉·莫里斯致亨利·F. 查尔斯的信,1887 年 6 月 16 日。

［10］威廉·莫里斯致 J. L. 马洪的信,1886 年 1 月 15 日。

［11］威廉·莫里斯致约翰·格拉斯的信,1887 年 9 月 23 日。

［12］梅·莫里斯致安德烈亚斯·朔伊的信,1886 年 11 月 6 日,阿姆斯特丹国际社会史研究所。

［13］威廉·莫里斯致约翰·卡拉瑟斯的信,1886 年 3 月 25 日。

［14］威廉·莫里斯致珍妮·莫里斯的信,1887 年 3 月 9 日。

［15］《社会主义者日记》,1887 年 1 月 25 日。

［16］同上书,1887 年 1 月 26 日。

［17］同上书,1887 年 2 月 7 日。

［18］同上书,1887 年 2 月 12 日。

［19］同上书,1887 年 2 月 23 日。

［20］同上书,1887 年 3 月 21 日。

［21］同上书,1887 年 3 月 24 日。

［22］同上书,1887 年 3 月 30 日。

［23］同上书,1887 年 3 月 21 日。

［24］同上。

［25］珍妮特·格里尔森,《伊莎贝拉·吉尔摩》,基督教知识促进会,1962 年。

［26］同上。

［27］威廉·莫里斯致珍妮·莫里斯的信,1887 年 4 月 23 日。

［28］《社会主义者日记》,1887 年 4 月 27 日。

［29］威廉·莫里斯致珍妮·莫里斯的信,1887 年 4 月 23 日。

［30］《社会主义者日记》,1887 年 3 月 27 日。

［31］威廉·莫里斯致珍妮·莫里斯的信,1887 年 4 月 23 日。

［32］《纽卡斯尔纪事》,1887 年 4 月 12 日。

［33］《社会主义者日记》,1887 年 3 月 27 日。

［34］同上书,1887 年 1 月 27 日。

[35] 威廉·莫里斯致《蓓尔美尔公报》的信,1886年2月2日。

[36] 威廉·莫里斯致 F. S. 埃利斯的信,1886年2月18日。

[37] H.哈利迪·斯帕林,《凯尔姆斯科特出版社和工匠大师威廉·莫里斯》,麦克米伦,1924年。

[38] 威廉·莫里斯致乔治亚娜·伯恩-琼斯(?)的信,1887年8月25日。

[39] 威廉·莫里斯致詹妮·莫里斯的信,1887年4月16日。

[40] 威廉·莫里斯译,《奥德赛》,1887年。

[41] 奥斯卡·王尔德,《蓓尔美尔杂志》(*Pall Mall Magazine*),1888年11月5日。

[42] 威廉·莫里斯致威廉·贝尔·司各特的信,1887年12月5日。

[43] 威廉·莫里斯致乔治亚娜·伯恩-琼斯(?)的信,1887年9月24日。

[44] 萧伯纳,《莫里斯作为演员和剧作家》("Morris as Actor and Dramatist"),《星期六评论》,1896年10月10日。

[45] 威廉·莫里斯,《逆转或努普金斯的觉醒》(1887),《威廉·莫里斯:艺术家、作家、社会主义者》。

[46] 萧伯纳,《莫里斯作为演员和剧作家》,《星期六评论》,1896年10月10日。

[47] H. A. 巴克,《莫里斯和社会主义笔记》("Notes on Morris and Socialism"),1897年,麦凯尔笔记本,威廉·莫里斯陈列馆。

[48]《诚实是最好的对策》,《公共福利》,1887年11月12日。

[49]《迷途之翼》("Wings Astray"),《公共福利》,1889年1月19日。

[50] 梅·莫里斯致约翰·德林克沃特的信,1912年3月9日,耶鲁大学贝内克珍本和手稿图书馆。

[51] 威廉·莫里斯致罗伯特·勃朗宁的信,1887年11月7日。

[52] 威廉·莫里斯致《每日新闻》的信,1887年11月10日,《莫里斯和特拉法加广场》("Morris and Trafalgar Square"),《威廉·莫里斯协会期刊》,1961年冬季。

[53]《公共福利》,1887年11月19日。

[54]《泰晤士报》,1887年11月14日。

［55］《公共福利》,1887 年 11 月 19 日。

［56］威廉·莫里斯,《乌有乡消息》,1890 年。

［57］威廉·莫里斯致威廉·贝尔·司各特的信,1887 年 11 月 5 日。

［58］《威廉·莫里斯:艺术家、作家、社会主义者》。

［59］《泰晤士报》,1887 年 12 月 19 日。

［60］麦凯尔,《威廉·莫里斯的一生》。

［61］《公共福利》,1887 年 12 月 24 日。

［62］H. A. 巴克,《莫里斯和社会主义笔记》。

［63］詹妮·莫里斯致威尔弗里德·斯考恩·布伦特的信,1887 年 11 月 30
日,彼得·福克纳编,《简·莫里斯致威尔弗里德·斯考恩·布伦特书信》。

［64］威廉·莫里斯致布鲁斯·格莱西尔的信,1887 年 3 月 18 日。

［65］沃尔特·克兰,《艺术家的回忆》。

［66］威廉·莫里斯致加布里埃拉·坎宁安·格雷厄姆的信,1887 年 11 月
26 日。

［67］威廉·莫里斯致珍妮·莫里斯的信,1888 年 2 月 19 日。

［68］威廉·莫里斯致乔治亚娜·伯恩-琼斯(?)的信,1887 年。

［69］威廉·莫里斯致 J. 布鲁斯·格莱西尔的信,1887 年 5 月 19 日。

［70］威廉·莫里斯致 J. 布鲁斯·格莱西尔的信,1887 年 8 月 15 日。

［71］威廉·莫里斯致乔治亚娜·伯恩-琼斯的信,1888 年 3 月。

［72］社会主义同盟会议记录,阿姆斯特丹国际社会史研究所。

［73］J. 布鲁斯·格莱西尔,《威廉·莫里斯和早期社会主义运动》。

［74］威廉·莫里斯致 J. 布鲁斯·格莱西尔的信,1888 年 12 月 15 日。

［75］麦凯尔,《威廉·莫里斯的一生》。

［76］菲利普·韦伯致 J. W. 麦凯尔的信,1898 年 6 月 4 日,麦凯尔笔记本,
威廉·莫里斯陈列馆。

［77］威廉·莫里斯致乔治亚娜·伯恩-琼斯的信,1889 年复活节星期一。

［78］爱德华·伯恩-琼斯,1896 年 2 月 12 日,玛丽·拉戈编,《伯恩-琼斯
谈话录》。

［79］威尔弗里德·斯考恩·布伦特,日记手稿,1888 年 11 月,菲茨威廉。

[80]　弗里德里希·恩格斯致劳拉·拉法格的信,1886年9月13日,《弗里德里希·恩格斯、保罗和劳拉·拉法格通信》(*Frederick Engels, Paul and Laura Lafargue Correspondence*),外语出版社,莫斯科,1959年。

[81]　爱德华·卡彭特,谢菲尔德社会党人会议报告,1889年7月17日,谢菲尔德市档案馆。

[82]　同上。

[83]　爱德华·卡彭特,《自由》,1896年12月。

[84]　《威廉·莫里斯:艺术家、作家、社会主义者》。

[85]　威廉·莫里斯致D.J.尼科尔(D.J.Nicoll)的信,1890年7月,亨德森。

[86]　安德烈亚斯·朔伊,《颠覆的种子》,维也纳,1923年。

[87]　《公共福利》,1890年8月16日。

[88]　威廉·莫里斯致J.布鲁斯·格莱西尔的信,1890年12月5日,亨德森。

[89]　威廉·莫里斯致乔治亚娜·伯恩-琼斯的信,1890年12月9日,麦凯尔。

[90]　《公共福利》,1890年11月15日。

[91]　詹妮·莫里斯致威尔弗里德·斯考恩·布伦特的信,1890年2月11日,福克纳。

[92]　威廉·莫里斯致J.布鲁斯·格莱西尔的信,1889年5月13日,亨德森。

[93]　《威廉·莫里斯:艺术家、作家、社会主义者》。

[94]　威廉·莫里斯,《向后看》,《公共福利》,1889年6月22日。

[95]　《乌有乡消息》,1890年。

[96]　麦凯尔,《威廉·莫里斯的一生》。

[97]　西德尼·科克雷尔致萧伯纳的信,1950年4月17日,大英图书馆。

[98]　J.布鲁斯·格莱西尔,《威廉·莫里斯和早期社会主义运动》。

第十七章　哈默史密斯(一)（1890-1893）

《梦见约翰·鲍尔》中有一段极具预言性的话：

> 我不解，为何人们英勇作战，结果却事与愿违。尽管他们一败涂地，他们为之奋斗的事却最终达成。而这个目标的实现，却不完全令他们称心如意。另一些人，不得不以其他名义为他们的愿景继续驰骋沙场。[1]

到了 1890 年，莫里斯的实际政治影响力正在消减，社会主义同盟陷入了可悲的混乱。他和为数不多的几个坚定盟友，撤退到哈默史密斯。哈默史密斯社会主义协会的活动不温不火，只有"鼓动！教育！组织！"的口号还在回响。莫里斯的社会主义似乎已经成为过去时代的东西——此时，费边主义、工会运动和议会工党开始积蓄力量。理所应当，莫里斯的创作力也应每况愈下。莫里斯生命的最后阶段，通常被认为是卷旗息鼓、大势已去。然而，事实恰恰相反。

后社会主义阶段，莫里斯已年过五十，很多工作已结出硕果。九十年代，他创作出一系列幻想梦境的新小说，其主题线索早在他的许多其他故事和诗歌中有所暗示。莫里斯公司的彩色玻璃、挂毯和室内装饰，也正处于鼎盛时期。1891 年 5 月，凯尔姆斯科特出版社印刷了六十六卷书中的第一卷，全部书卷在接下来七年出版完毕。至关重要的是，莫里斯的思想对艺术、社会和创造心理的影响显而易见。十九世纪末二十世纪初,工艺美术运动在欧洲和美国蔓延,催生了诸多富有远见的工艺社区,发掘和弘扬了简单生活的哲学理念。这是莫里斯最为切实深远的成就,是他社会主义信仰的终极体现,虽然,这并不完全等同于他所说的革命。但是,就对传统的工作观和休闲观的挑战,以及我们的造物方式及生活方式而言,这场工艺运动无异于一场真正的革命。

590

自红狮广场小工坊开始,三十多年来,莫里斯一直在发展全新的工作方式——不是原则上的,而是实践中的。他参与工坊里的技术工作,事无巨细,言传身教,成为比约翰·罗斯金更具影响力的实用设计改革者。他以令人完全信服的方式,纠正了将设计过程与制作分离开来的错误做法。事实是,这两者不可分割,相辅相成。一个人既可以是设计师,也可以是制造者——这种人后来被定义为"艺术家工匠"(artist-craftsman)。他所颠覆的另一个错误观念是:艺术家在工业生产中百无一用。莫里斯为许多工厂和车间设计了不同规模和不同材料的产品,以自身证明了艺术家的功用。正如和他共事的梅所说:

> 他与丝绸织工、地毯织工、染色工、印花工、图案设计者、版刻工、细工木匠、木雕工、玻璃画工、窑工、普通劳工、墙纸印刷工等直接沟通,而不是坐在办公室,从不同的部门经理那里收集陌生的技术细节报告。他对雇员的品性一清二楚,对他们的能力和局限了如指掌。[2]

莫里斯的力量,在于他传递给新一代工艺美术家某种观念——无止境地学习和提升技能。在他的工作室,没有一种工艺是他不会的。他所涉猎工艺的广泛和精深,也非同小可。这些工艺主要与家具和建造有关,源于"母艺术"——建筑。他所倡导的工友情、兄弟情,可以追溯到拉斐尔前派时代之前的兄弟会。莫里斯-马歇尔-福克纳公司成立时,也坚守着这种"兄弟会"理想。莫里斯在他的社会主义演讲中,将其扩展

591 为更广义的车间和田园诗般的小规模工厂。其特征是,群体协作,丰沛多产,成效卓越,配有内部培训系统和互助体系,就像中世纪行会一般。而最根本性的创新必然是社会性的创新。受教育阶层所推崇的手工劳作,不只是体力劳动,更是传统意义上的工匠作为。

贯穿于十九世纪八十年代,这些思想理念已落地生根。1882 年,成立了第一个准莫里斯作坊——世纪公会。这是由 A. H. 麦克默多领导的设计团队,他是建筑师、社会学家和不切实际的经济学家,还是罗斯金的门徒(1874 年,他与罗斯金一起前往意大利)。麦克默多的父亲是一位功成名就的化学品制造商,也是"鱼贩公司"(Fishmonger's Company)的成员。他的母亲来自多伊利·卡特家族,是最早推广吉尔伯特和沙利文作品的人。杰出而另类的麦克默多,并不是莫里斯的盲从者:"他对这个世界大失所望,认为除非通过革命和进化才会有所改观。但我对世界却抱有很大希望,为此我们多次交锋。"[3]另一方面,他总是让莫里斯觉得"斗志昂扬,印象深刻"。在创立世纪公会前,他以莫里斯为榜样,自学手工艺技术,学习造型、雕刻、刺绣以及黄铜浮雕工艺,并向熟练的橱柜制造师学习,以获取他需要的材料和制造工艺的基本知识,便于他开创自己的后文艺复兴风格和高度原创的家具设计。这是第二代工坊。麦克默多在三十出头的年纪创立了它。他的同事塞尔温·伊马格、赫伯特·霍恩、克莱门特·希顿和本杰明·克雷斯维克,与莫里斯及其合伙人在红狮广场时一样年轻,甚至还要年轻。这里的气氛与麦克默多在伦敦同样破旧的菲茨罗伊街的共产主义大家庭有着惊人的相似。威廉·罗滕斯坦在 1931 年写道:

这是一座亚当式房屋,房间举架高大。在那里,塞尔温·伊马格和他的妻子有了自己的房间。亨利·卡特和他的儿子杰弗里也如此。他们在一张古老的橡木桌子上用餐(当然没有桌布)。桌子中间放置着一个石膏雕像和四盆月桂,我注意到上面已经布满灰尘。麦克默多崇尚的是简朴生活。[4]

莫里斯和 T. J. 科布登-桑德森之间的联系则更为直接。1883 年,是詹妮最先建议他做个装订工。那时他已经四十岁了,也不再从事法律工作。在与里士满一家共进晚餐时,他向詹妮吐露,他很想从事手工类的劳作。"那为什么不学装订呢?"她说,"这将为我们的小社区增添一门新艺术。我们将一起工作,我想为书做一些刺绣,我也愿意为你做这些。"[5]看到詹妮担任工艺美术学院的招聘官是件很有趣的事。科布登-桑德森很容易就被说服了。他先向罗杰·德·科弗利学手艺,然后在离斯特兰德不远的梅登巷开了自己的工作室。他较早的委托任务中,有一单来自莫里斯。他受委托为马克思法语版的《资本论》做装帧。科布登-桑德森说:"由于他不断地翻阅钻研,这本书已被磨损而松散了。"[6]他用深绿松石皮革来装订这本书,皮革上用镀金的花蕾、圆点和星星精心装饰。镀金字母"卡尔·马克思 资本论 1867"的标题位于花环内,背面刻有"威廉·莫里斯和朋友 1884"的字样。菲利普·韦伯在装订完成的当天,来到工作室查验。他"赞叹它美不胜收"。[7]

592

到了 1884 年,莫里斯的观点已深入人心。一个更大的团体——艺术工作者协会成立了。这是建筑、设计和工艺史上的攸关时刻。创始成员是诺曼·肖办公室的五位年轻建筑师:W. R. 莱瑟比、爱德华·普赖尔、欧内斯特·牛顿、默文·麦卡特尼和杰拉德·C. 霍斯利。莱瑟比已是菲利普·韦伯的忠实追随者。麦克默多描述了 1 月 15 日一群建筑师和工匠相聚的盛况,他们"郑重其事而又欢天喜地,他们宣誓将艺术视为至高无上,并以行会方式相倚为强,同心协力"。[8]他强调,协会的创立很大程度上要归功于莫里斯:"这个由建筑师、画家、雕塑家、金属工人、装饰师、蚀刻师、平版印刷师等组成的协会的主导理念是,建筑师、艺术家和工匠应紧密联合,众志成城,成为以威廉·莫里斯为核心的兄弟会。"他补充说:"这也与后来成立世纪艺术家公会的想法不谋而合。"后一种说法虽无新意,却不无道理。

艺术工作者协会是由两个早期讨论小组合并而来:圣乔治艺术协会,即由建筑师组成的团体;以及主要由装饰艺术家和工匠组成的十五人委员会。这两个小组，都推选莫里斯为荣誉成员。这表明，他们认可他的倡导——各种形式的视觉表达相互依存，地位平等；以及消除截然分化"低级"和"高级"艺术的误区。

593　　在最初的几个月，行会选出五十名工匠成员，女性被排除在外。莫里斯的工匠追随者对女性的态度，总体上比莫里斯保守得多。到 1884 年年底，会员中有二十六名画家，十五名建筑师，四名雕塑家和十一名其他不同类别的工匠。1885 年，会员总数为六十六人。1886 年是七十五人。到了 1890 年，人数攀升至一百五十人，这体现出工艺美术从业者人数不断增加的趋势。起初，该协会只是让邻近同行间交流的国内组织，举办一些内部讲座、技术演示、社交晚会和小型私人展览，但随着 1888 年工艺美术展览协会作为独立组织成立，它的公众形象才得以建立。艺术工作者协会是另一个新组织的中流砥柱，该组织即 1888 年成立的全国艺术促进协会及其产业应用协会。协会分别于 1888 年在利物浦、1889 年在爱丁堡举行了艺术大会。在当时所有关于这些活动的报道中可见，莫里斯的影响就像一座小灯塔般闪烁着光芒：对当前审美价值的讨伐；重寻失落工艺技术的欣喜；社会活动中热血沸腾的男子气……这些皆让人回想起莫里斯在牛津的"欢乐运动"。行会从莫里斯那里承袭了男性的沉默，并在仪式性的欢宴中找到了发泄出口。威廉·罗滕斯坦在写到莱瑟比时，对此一语中的。他说"他和其他与莫里斯有关的人一样，勇于对生活说'不'"。[9]

　　　　也许，这些人其实说的是"是"。但他们让我觉得，画家都是可疑之人。他们金屋藏娇，还在画室的橱柜里藏着苦艾酒。

正是这种情绪压抑的倾向，在很大程度上解释了二十世纪早期英国设计界那种一成不变而又稀奇古怪的中性风。它与欧洲大陆兴起的新艺术（art nouveau）风格形成鲜明对比，艺术工作者协会的人对其表现出极大的不信任。

1888 年,有一个组织几乎完全按照莫里斯的设想而成立——以手工艺为载体和纽带,重建了一个新型小社区。它就是 C. R. 阿什比的手工艺行会和学校,最初成立于伦敦东区,后来迁至科茨沃尔德的奇平卡姆登。这是英国工艺美术史上最令人心酸而又极其精彩的一幕。阿什比还在剑桥时,就四处搜寻风云人物:一位是爱德华·卡彭特,另一位就是莫里斯。阿什比在 G. F. 博德利的办公室接受建筑师培训时,曾住进汤因比大厅,这是塞缪尔·巴尼特牧师在东伦敦建立的慈善机构。在牛津读书时,内德和莫里斯对伦敦贫民窟的艺术慈善事业有着相同的企盼。阿什比,这位同性爱慕者,急于承认甚至夸大他欠莫里斯的债。他在著作《约翰·罗斯金和威廉·莫里斯的教学》中点明,威廉·莫里斯过世后,这本书将由埃塞克斯之家出版社,以阿什比从凯尔姆斯科特出版社获得的阿尔比恩手工印刷机印刷。字体是阿什比的奇特古怪的"教学"设计体。书中的高潮是具有真知灼见的"工业中的理想主义"一章。在这一章中,阿什比思考了与公共生活有关的"更深层问题":

> 个体所做的工作对自身生活和作为公民的价值的影响;个体生活环境及教育背景对其生产创造力的影响;还有一个问题是,作为工人阶级运动中坚力量的社会主义理想——用最广义的词来说——是否满足了艺术家和教育家所认为的更高要求,此要求对生活的充实作用非同小可。[10]

对阿什比这位抱负远大但毫无方向的年轻人来说,莫里斯犀利的批评和中正的肯定,成为他力量的来源。在接下来的几十年里,这种模式无数次重演。

有一点也许很令人惊讶:在工艺美术运动早期阶段,即 1884 年到 1888 年之间,威廉·莫里斯是缺席的。因为这恰逢他参与社会主义的狂热岁月。正如他在 1888 年 2 月慎重写下的:"除了这场运动之外,我几乎没有什么其他生活体验——不过,本该如此。"[11] 他舍弃了以往的某些兴趣爱好和友情交往,甚至置自己所创立的古建筑保护协会于不顾。但他仍给报纸写一些必要信件,反对修复威斯敏斯特大厅的(失败)运动就发生在这个时期。他还激励自己去参加连续年度会议,发表富有感染力的长篇演说,保护、捍卫那些不可替代的建筑。比如霍尔本的中世纪斯泰普酒店,或帕特尼的费尔法克斯楼——它是伦敦联排屋面临分割成更小单元威胁的典型例子。

595

> 不管将来如何,不管英国人将来怎样洋洋得意、沾沾自喜,这些东西一旦失去,就再也找不回来了。然而,它们被当作一堆商品或牲口来对待,为了赚钱而被买卖……我要说的是,像这样的建筑物竟被认为是私人财产,绝对是奇耻大辱。[12]

尽管商业破坏行为激起了莫里斯的冲天怒火,但他不再例行参加每周的反修复协会活动。1886 年,他出席了九次。1887 年,出席了十一次。社会主义工作改变了他的观点。在他憧憬全面革命的语境下,拯救个别建筑的活动似乎不那么紧迫了。作为另一种显现,他宣扬的艺术与工艺理念已作为行业规范深入人心。

我们看到,八十年代中期莫里斯对他自己发起的运动产生了怀疑。他不再是艺术工作者协会的初始成员。他没有寻求竞选,而且显然有人反对他在 1888 年的最终当选。阿什比回忆,有人竟敢对这位工匠大师投了反对票,而另一位艺术工作者"暗窥票面,把手灵巧地伸进投票箱将其选票筛除。这正是那些苟且钻营的人对民主自由否决权的亵渎!"[13] 当工艺美术展览协会首届展览的组织者写信请求他相助时,莫里斯强硬地回信说,他认为这个项目在经济上并不可行:

> 大众对工艺美术漠不关心。我们的顾客至少还可以到店里来看看商品。另一类展览有沃尔特·克兰的一些作品和伯恩-琼斯的

一两件作品——这些还值得一看,其余展览恐怕往往是滥竽充数。简而言之,为了免于被认为是"扫兴的人"、"约伯"或"约伯的安慰者",我必须说,我对您所说的展览提心吊胆。[14]

工艺美术运动早期,莫里斯表现得性烈如火。他对追随者们也不怎么和颜悦色。1887 年 12 月,可怜的阿什比去拜访他,讨论他的手工艺学校的计划,被"泼了一盆冷水"[15],莫里斯认为这个计划远不能解决社会问题,根本不值得他去做。

甚至科布登-桑德森也遭遇了他的炮火。让他极为震惊的是,有一天,他的赞助人莫里斯在鲁尔餐厅的午餐上对他说,他认为他的工作成本太高了:"装订应该'简易';不要老想着增加那些次生的艺术装饰(!);他甚至建议发明一些机器来装订书籍。"[16]

但在接下来的几年,莫里斯发生了变化。我们看到,他逐渐有了向心性,坚定不移地与工艺美术团体及其活动联系在一起。1888 年 10 月 4 日,第一届工艺美术展在摄政街新美术馆开幕。莫里斯意识到,这次展览非但没有像他预测的那样是场灾难,反而取得了空前的成功。他不得不承认:"我相信他们做得相当不错。"[17]内德原先也不看好,现在却大受鼓舞。在画廊里的"那些废物中,他发现了一些精美绝伦的东西,令人赏心悦目。在这里,人们第一次得以打量过去二十年来的时代变迁"。[18]莫里斯公司的家具、织物、地毯和刺绣,在展会上得到了很好的展示。展品有伯恩-琼斯为彩色玻璃绘的漫画,包括伯明翰大教堂的新"耶稣诞生"。贝西·伯登提供给展览三位女性形象的作品,以丝绸和精纺面料刺绣:"特洛伊的海伦"、"希波吕忒"和"珀涅罗珀"。托马斯·沃德尔收藏了一批丝绸,来自利克的沃德尔夫人收藏了一箱柞蚕丝刺绣品。梅展出了她为《爱就够了》制作的丝绸刺绣封面。展览入口处陈列着由莫里斯设计,由詹妮和珍妮用丝绸和亚麻布共同织就的门廊。阿格拉娅·科罗尼奥在西画廊展示了一个屏风和一个盒子,两者都带有珍珠母图案的丝绸刺绣。乔治亚娜把莫里斯多年前为她写的手稿合集借给了他:《艾尔居民的故事》《贺拉斯颂歌》书页、奥玛·海亚姆的《鲁拜集》,还有那本精致小巧、完美无瑕、个性十足、印有莫里斯肖像的《诗集》。第一届工艺美术展览包含了第一部以家庭物品为主题的莫里斯"传记"。

597　　展览期间,作为实践者系列讲座的一部分,莫里斯谈到了"挂毯"。这些讲座面向公众开放,工艺美术工作者的入场费有大幅优惠。这些文本,后被出版为《工艺美术论文》,其主旨是兼顾技术性和实用性。莫里斯的演讲以挂毯为实例,包括他从凯尔姆斯科特之家餐厅调用来的珍贵波斯地毯。为了生动形象地展现工艺技术,这种表达效果具有一定的舞台感染力。在此后的一次展览中,织工莫里斯把他的织布机安装在演讲现场以作演示。这激发了伯恩-琼斯的灵感,创作出他的莫里斯漫画中最精彩的一幅。1893 年的展览上,还有一台凯尔姆斯科特阿尔比恩印刷机被安装起来,以印制莫里斯关于"哥特式建筑"的演讲副本,"在饶有兴趣、不断更迭的人群的注视下,这种做法给出版人柯林斯的'凯尔特式低调'带来了不小压力"。[19]

598　　1888 年,他从兰开夏郡的社会主义宣传之旅中挤出时间,心不在焉地参加了利物浦艺术大会。第二年,他与科布登-桑德森和沃尔特·克兰一起,参加了爱丁堡艺术大会。对此,他依然抱怨连天。他对珍妮说:"我必须被钉在椅子上,看极度枯燥的论文。亲爱的,你可以想象我如坐针毡的样子。"[20]他深感抑郁,批判道:"工人阶级的艺术,被那些选择视而不见的人大肆谈论。而那些忍饥挨饿、食不果腹的人是无法从艺术工作中获得快乐的。"[21]这次会议并未给他留下什么深刻的印象。有趣的是,他竟然被人说服而出席了会议。1891 年,他的状态发生了某种变化。他接替克兰成为工艺美术展览协会的主席。1892 年,他被选为艺术工作者协会会长。很快,他又回到了古建筑保护协会委员会和评估会议的例行公事中。莫里斯虽然无意背弃他的社会主义事业,但现在他显然已重返曾经背离的世界的中心。为什么会出现这种转变呢?

　　莫里斯的生活总是大破大立。对此,内德看得清清楚楚。他在九十

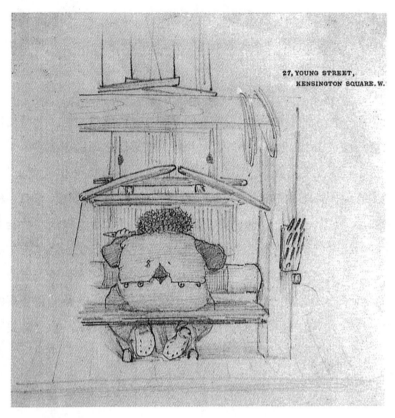

43.《威廉·莫里斯正在做纺织示范》,爱德华·伯恩-琼斯的漫画

年代写道:

　　我刚认识莫里斯时,除了想当一名清教徒,想去罗马,没有什么能让他心满意足。然后他立志要成为建筑师,于是便给斯特里特当学徒,还工作了两年。但当我来到伦敦开始画画时,他放弃了一切,铁了心要画画。然后,他又放弃画画,坚持去创作诗歌,去制作窗帘和某些漂亮东西。当他目标达成,他又决定重拾诗人身份。而后,在《人间天堂》的创作中沉浸两三年后,他又要学习染色。他将自己"泡"在大染桶里,他学习编织,去了解所有织布机,然后开始制作更多的书籍,又学习织锦……然后,他又想推倒重来,从头做起。现在,他关心的是怎样印刷,怎样制作精美的书籍——他做的所有

东西都很出色——而只要他活着,印刷也会到头——但我希望在把乔叟和《亚瑟王之死》做完之前不要;他接下来会做什么我无从知晓,但他每分钟都充满活力。[22]

莫里斯有一种非凡能力,可以吸取经验,化为己有,兼收并蓄。他将长期积蓄沉淀的语言、技能、耐心和愤怒,重新塑造成新的形式。

他重返手工艺行业,可以视为一个循环的完结。在一定程度上,这正是为我们所熟悉的本能反应:经历身体或情感的枯竭期后,便有一种回到熟悉、可控、已知事物的迫切意愿。但现在,他似乎正以他在社会主义年代所积聚的新活力和新的深刻理解来看待手工行业。他在工艺美术方面的见地,与十九世纪七十年代末八十年代初的艺术讲座观点截然不同。如今的言论,更加周全、更具价值和现实意义。他寻觅到了新的话题。1891 年,他为《新评论》的"社会主义理想"系列写了一篇关于"艺术"的文章,以鞭挞技能广泛丧失的现状。他的见解,即使在一个世纪后仍不失现实意义:

> 这就是艺术在这个时代的地位。它在急功近利的洪流中,孤立无援、踽踽独行,不能发挥最必要的功能——建不出体面的房子,装帧不出一本书,无法布置一座花园,也不能打破当时的女性以束缚身体为代价的穿着偏见。一方面,它与过去的传统隔绝;另一方面,它又与当下的生活绝缘。它可谓是小集团的艺术,而不是人民的艺术——人民太穷,无法分得艺术一杯羹。[23]

莫里斯秉承的观念是,社会主义艺术理想"应为全体人民所共有"。而只有当"艺术"之内涵成为任何产品的必要组成部分时,这才有可能实现。他独树一帜地提出,艺术取决于创作者的**满足感**:"愉快地调动我们的创造力,是一切艺术的源泉,也是一切幸福的根源。毋宁说,它是生命的至乐。"莫里斯认为,对于"器物的制造",无论是纯手工、纯机器,还是两者的结合,都必须有"工匠精神"。工匠以人的技能和判断力来成为机器生产标准的制定者,甚而成为机器生产的仲裁者。这种观点,为二十世纪工业设计主流理论所吸收。莫里斯的最终诉求是为产品赋予**意义**。他期待这样的时代来临:"人类的任何制造物都不再粗鄙丑陋,都会具有恰当的形式和装饰。它会讲述制造它,使用它的故事,即使本来并没有故事。"他继续表达,在他那些令人沉醉的段落中,文字似乎有了自己的动感:

> 这是因为,当人们一再从工作中获得乐趣,且当乐趣上升到一定程度,表达便会变得不可抗拒。而表达唯有经由艺术——无论何种形式的艺术——这一途径。

如今,莫里斯有了影响力。我们看到,他已然是一群年轻建筑师和设计师的领袖——这些人对二十世纪艺术和设计的发展产生了巨大影响。在艺术工作者协会、工艺美术展览协会和反修复协会这几个相互交织的圈子里,有几十位这样的艺术爱好者,他们都是受菲利普·韦伯和莫里斯影响的年轻人。与莫里斯关系最密切的核心小集体,包括 W. R.莱瑟比、欧内斯特·吉姆森、西德尼·巴恩斯利和德特马·布洛。他们或是建筑师,或是多才多艺的设计师。还有 W. A. S.本森,他曾接受过建筑师培训,后专攻金属制品加工。莫里斯称呼他为"布拉斯·本森先生"(Mr. Brass Benson)。他曾协助伯恩-琼斯研究盔甲,还为科菲图亚国王特制过王冠。

这些建筑师大多三十出头,德特马·布洛才二十多岁。他们显然皆出身中产阶级,博览群书,游历四方,善于接纳和欣赏。也许是在经历了社会主义同盟的争端后,莫里斯发现,他们的专心会让自己更松弛。这些人当中,有许多人在二十世纪八十年代被冠名为"青年复古派"。他们是乡村热爱者,对乡村传统、当地建筑都颇有研究;在复兴失落的乡村技能方面,他们存有浪漫的幻想。他们是真正的社会主义者,且远非无

600

政府主义者。莫里斯第一次见到吉姆森是在 1884 年，当时莫里斯是去莱斯特教会堂做关于"艺术与社会主义"的讲座。莫里斯将他引荐给了伦敦的工艺美术建筑师 J. D. 塞丁，这意味着他职业生涯的开启。演讲之后，莫里斯被介绍给当地的一位牧师——佩奇·霍普斯。他说，莫里斯设想的社会主义社会得由全能的上帝亲自掌管。"好吧，伙计，你来仰仗全能的上帝吧！我们会交给他的。"[24] 莫里斯激动地回应。他暴跳如雷，抓弄头发，拳头挥舞，凑近佩奇·霍普斯的脸。对原罪视而不见，这是莫里斯的"过"，也是他的"美德"。

我们对莫里斯这一时期的友谊非常了解，因为他结交了他的鲍斯威尔式朋友——西德尼·科克雷尔——一位抱负不凡的伦敦煤商之子。科克雷尔和德特马·布洛一样，是罗斯金的门生，却被莫里斯的事迹吸引。他觉得自己所在家族企业发展前景堪忧，便渐渐融入了莫里斯家族。他先是为莫里斯的书籍和手稿编目，后来留在凯尔姆斯科特出版社做秘书。他的机敏和外交手腕让他后来成为剑桥大学菲茨威廉博物馆馆长的理想人选。乔治亚娜恰如其分地评价科克雷尔："你是我所认识的最无所不能的人。"[25] 他细致入微的日记，以及描述莫里斯家族关系和家族事件的信件，文风独具一格。文字中"自我"悄然隐退，让位于各种"道听途说"。在这方面，他就是那个时代的"奇普斯"钱农①。

他初为莫里斯工作时才二十四岁。正如他一贯拙诚地表达——这是他拥抱第一个女人的前五年。西德尼·科克雷尔与威廉·莫里斯的建筑师门徒隶属同一时代，并且与他们中的大多数人成为好友，尤其是与莱瑟比和布洛交情甚好。在他的回忆录中，贴切地描述了在加蒂餐厅举行的每周例行晚餐的情况。加蒂餐厅是一家欢乐的意大利餐厅，以其实惠的价格、丰富的菜品、美味的口感而闻名。反修复协会聚会，一般是在晚上七点结束：

---

① 亨利·钱农（Henry Channon, 1897-1985），绰号"奇普斯"（Chips，有食物小薄片之意），在美国出生的英国保守派政治家、作家，以其日记闻名，这些日记记录了两次大战之间英国上流社会和政治生活的内幕，在他身后出版，引起广泛关注。

约定俗成地,莫里斯、韦伯、沃克、莱瑟比,还有一两个很受欢迎的人,都会穿过斯特兰德大街,来到加蒂餐厅,去那里轻松自在地闲聊两个小时。他们共进晚餐,虽是淡饭粗茶,却不影响他们畅意笑谈。他们看着莫里斯从背包里拿出中世纪手稿,然后和大家肆无忌惮地调侃——这景象常让邻桌的人备感惊诧。[26]

莱瑟比会点一瓶红酒,韦伯则会点半瓶格拉夫葡萄酒。科克雷尔有时会用牛奶巧克力犒劳自己——而不是热巧克力。埃默里·沃克可能会把鱼吃个精光,包括鱼皮和鱼骨。韦伯和莫里斯这对长辈在一起时,会表现得像大男孩。在加蒂餐厅用餐的莫里斯,身边密友围绕,看起来就像他早期北欧故事《斯文德和他的弟兄们》中伟大的英雄国王,享受着家的岁月安暖。

二十世纪六十年代,工艺美术运动开始载入史册,莱瑟比成为其中的关键人物。他是工艺美术中心学校的创始人。在这所学校,莫里斯将关乎真实材料的思想理念贯穿于一门专门研究实用工艺的课程。莱瑟比还与欧内斯特·吉姆森、西德尼·巴恩斯利、默文·麦卡特尼和雷金纳德·布卢姆菲尔德共同成为肯顿公司创始人。肯顿公司是一家家具工坊,"旨在生产设计精妙、工艺优良的家具"。吉姆森和巴恩斯利随后搬至科茨沃尔德,在那里与西德尼的兄弟欧内斯特一起开设了乡村作坊,为"普世性"大众家具提供了绝佳典范。在此,莫里斯的直接影响显而易见。专为大规模生产从事设计工作的制金属品工人 W. A. S. 本森,是将莫里斯工艺理论应用于工业设计的一代楷模。《泰晤士报》的讣告这样写他:"他的灯具、花瓶、餐盘等,以及其他金属锻造作品,都是他对重型冲压设备、旋转车床和成型工具进行深刻研究的结晶。"[27]本森最终成为莫里斯公司的一名主管。

在所有受到莫里斯影响的年轻人中,德特马·布洛的故事最鲜为人知。然而,某种程度上这恰恰是最有趣的一段插曲,充分诠释了莫里斯的影响力。甚而,这种影响不可思议地渗透到了后世之人的生活细节中。布洛是第一次世界大战前前卫的乡村别墅建筑师,与勒琴斯(Lutyens)势均力敌。他在格洛斯特郡的希勒斯选址,建造了自己的房子。这座房子,正是凯尔姆斯科特的理想化范式。房子带有三角石墙和高耸于塞文山谷的茅草屋顶,可谓乡村主义者的梦想家园。房子里,布置了莫里斯-苏塞克斯椅和欧内斯特·吉姆森高背扶手木长椅,可看作简单生活的极致范例。此外,体现出开明思想的具体事例是,客人、主人与仆人一起用餐。"每个人,"一位访问者写道,"都享用同样的食物,在很大程度上,也享受着同样的谈话。"[28]这一天,往往会从孩子们聚集在大厅里唱民歌或赞美诗开始。晚上经常会有乡村舞蹈,仆人也会被邀请加入。德特马会用他的小提琴演奏古老的乡村舞曲——罗杰·德科弗利爵士舞曲和塞林格圆舞曲。希勒斯是门不停宾之地,无论是对艺术权贵,还是对构成布洛一家主要社交圈的每位知音,以及对形形色色的漂泊者和乡村流浪汉,皆敞开双臂。希勒斯的迷人之处,在于它的新鲜感与友善。在许多回忆录中,这是常被提及的一点。在此,莫里斯的重要之处得到了体现——向不同社会阶层的人,揭示生活中未曾设想的可能性。

"我希望可以远离,住在波斯沙漠的帐篷里,或冰岛山坡上的草皮小屋里。"[29]但莫里斯从未真正如愿:尽管维多利亚时代晚期适度的波希米亚风已融入他的生活,但这依旧是资产阶级的生活方式。然而,相继有一些实验性艺术团体(其中某些与传统社会相脱节),追随着莫里斯的理念。最近一项调查显示,英国有一百三十个独立的工艺美术运动组织[30],活动高峰期在 1895 年至 1905 年之间。那时,在萨里、萨默塞特、韦斯特莫兰、爱尔兰以及科茨沃尔德都有这样的团体。在科茨沃尔德,那里的风景、建筑和遗留的古老工艺传统,使它看起来就像工艺美术的应许之地。

在伯明翰、曼彻斯特、利物浦和格拉斯哥等大工业城市,也有很多充满理想主义动机、挑战城市化商业惯例的行会和作坊。莫里斯的思想,在十九世纪八十年代后期的新教育运动中传播开来。在阿伯茨霍尔姆和比代尔的新学校,人们热衷于手工创作,即便费时费力也毫不厌倦——莱顿·斯特拉奇在十九世纪九十年代就读阿伯茨霍尔姆时发现这一点大为惊讶。这种教育理念在二十世纪二十年代仍能听到回声。埃里克·吉尔设计的巨大木十字架高高耸立在苏塞克斯郡迪奇林的圣若瑟和圣多米尼克公会工坊及教堂之上,它是莫里斯"火红十字"的另一版;德文郡达廷顿庄园的埃尔姆赫斯特家族的农业与社会实验,甚至中世纪大厅里的挂毯,都表现出极为相似的实用浪漫主义色彩。即便在"二战"后,受莫里斯启发的将工坊视为社会抗议的运动,在二十世纪六十年代"回归凯尔特"的风潮中再次复兴,也通过 1973 年由手工艺委员会发起的更专业化的官方工艺复兴运动得以体现。

十九世纪晚期,莫里斯的思想理念在美国的沃土上生根发芽,被早期的功能主义美学追随者和具有前瞻视野的宗教团体精心培育。最终,震颤派竟然制造了一把"莫里斯椅"。莫里斯"简化生活、戒奢宁俭、恬淡寡欲"的诉求,也是十九世纪温和的新英格兰先验主义者的构想:布朗森·奥尔科特在弗鲁特兰的乌托邦式农业用地和爱默生式的布鲁克农场的简朴生活社区,已经初具《乌有乡消息》之风貌。美国的莫里斯运动开始于消费文化,发展至高峰时,"劳工问题"依旧造成了自由主义者的良知之痛。新克莱沃手工艺社区的创始人爱德华·皮尔逊·普雷西,并不是唯一一个将工艺美术视为"商业和机械车轮下的灵魂救赎"[31]的人。1890 年至 1910 年间,美国形成的数百个手工艺社区和工作室中,这种精神响应非常强烈,甚至强过英格兰:波士顿、纽约、芝加哥和加利福尼亚是这场运动的核心地区。成立于 1901 年的玫瑰谷社区,位于距费城十四英里的葱郁山谷。它原原本本地遵循了莫里斯传统,将工作室安置于废弃的磨坊——这与阿什比的奇平卡姆登行会如出一辙。和英国一样,美国的这场运动背后,也有一种引导观念推波助澜,即从冷漠的城市中出逃,来到适宜于人的乡村怀抱。人们相信,只有与自然节律和季节变迁相应,才能使工作尽善尽美。位于纽约伍德斯托克的伯德克里夫林地,因其秀美风光和淳朴风气而被拣选为乌托邦试验地。

604

莫里斯对美国有一种根深蒂固的抵触情绪，他从未去过那里。但在美国，他可能比在英国更容易成为英雄人物。一方面是因为，无论是当时还是现在，美国人都易陷入狂热崇拜。另一方面则因为，距离产生美。而莫里斯正是这样一位远方的"导师"。那个世纪末，《妇女家庭杂志》这样评论："威廉·莫里斯热潮正在兴起，这是一种我们再怎么大力推动也不为过的风尚。"[32]在芝加哥"赫尔之家"的墙壁上，悬挂着莫里斯和罗斯金的照片，那是创始人艾伦·盖茨·斯塔尔的居所，却几乎被布置成莫里斯殿堂。莫里斯的观点常被简单化、庸俗化地发表在美国期刊上：如罗伊克罗夫特人的《非利士人》、斯蒂克利的《手工艺人》和玫瑰谷《艺人》。锡拉库扎家具设计师古斯塔夫·斯蒂克利还将莫里斯的座右铭"尽我所能"（Als ik kan）作为自己的箴言，彰显出了某种红屋意味。

从 1900 年开始，北欧的艺术栖居地如雨后春笋般与日俱增。1903年，在赫尔辛基附近的维特拉斯克，建筑师赫尔曼·格塞利乌斯、阿玛斯·林德伦和埃利尔·沙里宁共同建立了一个工作社区。在花园庭院中，红色瓷砖的中世纪建筑聚合而建，就像矗立在芬兰湾松林中的城堡。在法兰克福附近的达姆施塔特有一个规模更大的艺术家村。艺术家村簇拥着约瑟夫·玛丽亚·奥尔布里奇如梦如幻的分离派展览馆，这座建筑的顶部有一座金碧辉煌、直入云天的婚庆塔——就像莫里斯在《狼屋》或《山之根》中虚构的建筑一样。游览这些地方，不可能感受不到莫里斯的追求、信念和愿景，他以如此深远而超群的方式，对欧洲的视觉文化产生了撼动性的影响。1919 年，包豪斯在魏玛成立时，1883 年出生于柏林的沃尔特·格罗皮乌斯写了一份意向宣言，几乎就是对莫里斯观念的重释：

　　全面的建筑，应是视觉艺术的终极目标。曾几何时，视觉的最高功能，便是对建筑物进行粉饰。而今，视觉艺术正处于孤立的境地，只有所有的工匠自觉通力合作才能改变现状。建筑师、画家和雕塑家必须重新将建筑视为一个综合整体。只有如此，他们的作品才会充盈着建筑精神——这种精神一度在"沙龙艺术"中消失殆尽。

　　建筑师、雕塑家、画家,都必须诉诸手工艺。艺术不应是一种"职业"。艺术家和工匠之间不应有本质区分。艺术家是尊贵的工匠。在灵光乍现之际、才思泉涌之时,天赐的恩典可能会使他的作品化为不朽的艺术。而对每位艺术家来说,技艺精通则必不可少——它可谓是创造性想象力的源泉。

　　让我们建立一个新的工匠行会,消除工匠和艺术家之间傲慢的阶级壁垒吧!让我们一起构想和创造未来的新建筑,将建筑、雕塑和绘画融为一体,有朝一日,它会在百万工匠手中诞生,像新信仰的水晶标志,向着天空冉冉升起。[33]

　　莫里斯的思想,确实对早期包豪斯有潜移默化的影响,如:强调通过"做"来"学";看重对材料性能的掌握;工作坊的架构组成;不惧社会敌意的社区意识;对兄弟情谊的尊崇。然而根本上,莫里斯可称得上"现代主义者"吗?多少年来,总有人趋向于称他为现代主义者,正如有人声称他是马克思主义者一样。在论证严密的著作《从威廉·莫里斯到沃尔特·格罗皮乌斯的现代主义运动先驱》(1936)中,教条化的现代主义派尼古拉斯·佩夫斯纳,试图建立从威廉·莫里斯到包豪斯进而到二十世纪功能主义设计的跨欧洲发展的逻辑谱系。这无疑是一套诱人的简明理论,一定程度上也令人信服。但在佩夫斯纳的书出版后没几年,莫里斯似乎又像往常一样金蝉脱壳,企图从将他困住的一个又一个桎梏中全身而退,而他又成功了,他拒绝被严格归类。因此,他很难被称为现代主义者。因为,他的历史感让他在很多方面完全是维多利亚时代的表现。他的本能不是抛弃过去,而是吸收过去。也许从我们温和保守的后现代折中主义的观点来看,才可以更容易地理解莫里斯——他实际上是位保守的激进主义者。

　　在社会主义同盟的最后两年里,莫里斯开始撰写"一部推理猜想小

606　说,而非社会主义主题小说"。[34]《狼屋》是一部短篇史诗,讲述了公元二、三世纪日耳曼部落在中欧肆意横行,以及他们与罗马人首次冲突的故事。科梅尔·普赖斯在 1888 年 8 月的日记中提到,莫里斯在格兰奇吃早餐时,念了"一大段手稿,这是一个罗马-哥特式的新故事"。[35]这本书是莫里斯持续创作的八部长篇小说中的第一部。从那时起,直到他去世,莫里斯一直处于痴迷文学创作的新阶段。在主题和结构上,《狼屋》与其他作品截然不同:那些遥远的事件以散文诗形式展开,有着盛大歌剧般的效果,在高潮时还会有咏叹调的停顿。这是莫里斯最具瓦格纳风格的作品。这部小说还因莫里斯对其设计和排版上的用心而闻名。他对出版商塞缪尔·里夫斯说:"这本书的版式会很奇特。"[36]此后,他又写信给珍妮说:"这将是现代版的精美版画。"[37]在《狼屋》及随后的《山之根》的出版事宜上,莫里斯事无巨细、面面俱到,使这两本书成为 1890 年凯尔姆斯科特出版社成立时的重要奠基石。

　　当然,莫里斯有理由去关注书的外观,因为它正是内容的表达。他,既是执着的狂热者,也是尊贵的客户。他曾与《牛津和剑桥杂志》的印刷商——奇斯威克出版社的查尔斯·惠廷汉姆交涉,协助出版社确立了书籍的视觉风格:如果现在看来,最终效果可能颇为稚拙,那么我们必须了解,莫里斯当时只有二十一岁。到了七十年代初,得益于他在字体和插图方面的自学经验,他对版式设计视觉可能性,以及文字和插图之间的微妙平衡关系有了更敏锐的感知。如果他能按原计划完成《爱就够了》插图版,那真可谓读者的一大幸事。

　　从 1868 年到 1885 年,F. S. 埃利斯一直是他的出版商。他们所出版的每本书,都会以沃特曼(Whatman)纸再印制少量特别版,其页边距通常宽于标准商业版:这些被莫里斯称作"大纸本"(big-paper)(他本人对业内"大开本"〔large-paper〕的称谓)是他与埃利斯联合策划协作的成果。远高于正常水平的出版水准,得到了业界一致认可。在社会主义同盟时期,莫里斯对书籍设计和印刷的兴趣,就像他之前的许多爱好一样,因繁重的事务和紧迫的政事挤占而被搁置,突然变得无关紧要了。但

《公共福利》仅仅算是设计美观，谈不上独树一帜。与莫里斯一起在法灵顿路办公室工作的哈利迪·斯帕林意识到，莫里斯对社会主义传单和小册子的版式设计也兴味索然，这让他后来很是惊讶。但即使在这个时期，从莫里斯的大版手工纸和以酒红色来装帧的、典雅的社会主义讲演集《变化的迹象》特别版（由里夫斯和特纳于 1888 年出版），依然可见莫里斯完美主义理念挥之不去。尤为重要的是，八十年代末和九十年代初，带着一种崭新的热情和收复失地般的高亢情绪，莫里斯重拾了对书籍设计和字体设计的兴趣。

　　在写《狼屋》时，莫里斯对早期印刷书籍的兴趣重现，并分外专注于书籍字体本身。每当遇到待售的珍稀书籍和手稿，他便蠢蠢欲动，但又优柔寡断，反复思虑是否购买——这点让朋友们感到好笑。在九十年代，他的收藏鉴赏水平达到了新高度，并对他作为排字员和印刷工的实践产生了影响：再一次，莫里斯将过去与现在融会贯通。在整个过程中，埃默里·沃克既是倾听者又是合作者，他填补了莫里斯在利克学习染色时托马斯·沃德尔所扮演的角色。梅曾记录说，他和沃克"喋喋不休地谈论着"。[38] 他们在字体使用上达成共识，决定在奇斯威克出版社印刷《狼屋》。这是查尔斯·惠廷汉姆所设计的字体，是对弗洛本（Froben）一种老巴塞尔字体的改进。巧合的是，多年前，这款字体还被用于《人间天堂》插图版试印页。对于自己的扉页，莫里斯筹划、推敲，反复修改。亨利·巴克斯顿·福曼，一位曾与莫里斯共事过的公务员兼编辑，在奇斯威克出版社偶然遇到莫里斯，然后，他被卷入扉页设计是否合理的讨论中。扉页的第四和第五行——"由威廉·莫里斯以散文和诗的形式写成"（written in prose and verse by William Morris），让莫里斯觉得视觉感受不太妥：

　　　　行间距需要收紧：作者、经理和我进行了三方磋商。要再插入一个"in"，即"written in prose and in verse"（以散文以诗的形式写成），让整个一行排满，这是有必要的。我温和地反驳说，前一种方式更便于阅读,不应该为了没人会注意到的留白而牺牲阅读性。"哈!"莫里斯说,"那么,如果我告诉你,扉页上的诗句只是为了填满下半部分的留白,你会作何感想?"[39]

608　这些诗句的开头是:

> 向晚冬初临,徐行暮色深。
>
> 忽见旧时宅,烛影透窗门。
>
> 忆昔欢宴处,笑语尚余温。
>
> 而今成永夜,重门锁前尘……[40]

> Whiles in the early winter eve
>
> We pass amid the gathering night
>
> Some homestead that we had to leave
>
> Years past; and see its candles bright
>
> Shine in the room beside the door
>
> Where we were merry years agone
>
> But now must never enter more …

远不是莫里斯最好的文笔。

莫里斯对 1888 年 12 月出版的《狼屋》并不完全满意。他觉得,这种题材本身就乏陈可善。但在这个过程中,他学会了很多关于排版的知识,并认清一个事实:在排版方面,十五世纪和十六世纪的印刷工比现代印刷工要灵敏得多——他们更懂得字间距和字母间距的空间艺术。由此,他在做《山之根》的印刷准备工作时,更为关注这种视觉细节。《山之根》是发生中世纪早期的关于意大利阿尔卑斯山哥特部落的一部更长的小说,1889 年以两卷本出版。

这本书使用了相同的字体,只是对小写字母"e"有所修正。但是,页面比例有显著变化,并以页边注代替了标题。扉页的排版也有很大改进。对于二百五十本特别版的装订,莫里斯采用了沃特曼专用纸,以及默顿修道院印刷的亚麻布。最终的装帧效果让莫里斯欣喜若狂:"我对我的书、版式、装帧——以及必须要说的——文学内容,都十分满意。以至于,每天都有人看到我把它抱在怀里视若珍宝,这成为众神和众人眼里的一道奇观。"[41]一本令人满意的书让莫里斯意气风发。

《山之根》出版后,莫里斯开始认真考虑如何凭一己之力,"小规模地""转为印刷商"。[42]

1891 年 1 月 12 日,莫里斯在哈默史密斯上林荫路 16 号租了一间小屋,位于凯尔姆斯科特大厦以东的几扇门处。作为第一批印刷基地,它当然要被命名为凯尔姆斯科特——这个名字来自"凯尔姆斯科特之家"。现在,在莫里斯心目中,它已然是"地球上的怡人之所"。[43]在小屋的旋转楼梯上,有两个房间。其中一个房间,装有一台二手的铁质阿尔比恩手工印刷机。另一个房间是货架、打字机和拼版石。一楼则用作商店。威廉·鲍登是一位上了年纪的印刷师,退休前曾为里夫斯和特纳印过莫里斯的《乌有乡消息》。现在,他全权负责所有印刷任务——既是排版员,又是印刷工。然而,过了一两个星期,这个安排被证明行不通。鲍登的女儿——派恩夫人也加入进来帮忙。莫里斯则协助做一些装配任务。鲍登注意到,由于缺乏经验,他常常把墨盒放错地方,还自言自语道:"喂,真讨厌,又放错地方了!"但在最初的日子里,他总是兴致盎然地忙碌着,带着一如既往的、新事业伊始时的幸福感。鲍登后来描述了他如何来无影去无踪地跑来跑去,"他在路上兴冲冲地走着——他在我的脑海里清晰可见——没有戴帽子,两只胳膊下各夹着一瓶酒——为凯尔姆斯科特出版社运转良好而干杯"。[44]

莫里斯在《我是如何成为社会主义者的》一文中,言要地表达了他关于凯尔姆斯科特出版社的初衷:

我开始印刷书籍,希望能出版一些美观又实用的书籍——应易于阅读,不应因花哨的文字形式而使读者眼花缭乱,对思维产生干扰。我一直非常欣赏中世纪的书法,以及取代它的早期印刷。至于十五世纪的书籍,我注意到,仅是凭借单纯的排版,书籍就显得很美——即便没有额外装饰(尽管许多书都有华丽的装饰元素)。现在,书籍出版已是我的工作重点。玩赏印刷品和版式布局,是很有趣的。[45]

出版社开始出版第一卷之前,已经做了一年的紧张准备。莫里斯下定决心再次掌握一种高度复杂的新工艺,并开始寻找市面少见的材料供应商。哈利迪·斯帕林看着他"像一个初学者那样,谦逊谨慎、心无旁骛",在材料、方法和工具方面进行各种实验。[46]他从零开始的科学态度,让斯帕林想起了查尔斯·达尔文,"为达目的而苦心孤诣,以求最佳解决之道"。莫里斯从埃默里·沃克和奇斯威克出版社的负责人 C. T. 雅各比那里,获得了许多技术知识。他花了大量时间来比较历史上和当代的各种工艺类型、纸张材料和油墨性能。

610

44. 凯尔姆斯科特出版社的首版版权标识

　　对于凯尔姆斯科特出版社的出版质量，莫里斯要求明确。"理所当然，我认为纸张必须是手工制作，既为耐用，也为美观。"[47]他面临着和他开始染色实验时同样棘手的问题：任何产品，从面粉到油墨，都有掺假的趋势。那时，大多数手工纸都由棉花制成，而莫里斯坚持使用纯亚麻来制纸。即便是手工纸，也会在漂白和"制作"环节匆忙添加化学物，在莫里斯看来，这使纸张丧失了生命力。而唯有经过耐心的发酵，然后精心地煮沸和打浆，才能使材料达到可用的程度。然后，再由工人根据自己的判断，在由金属线编织不规则的模具上慢慢"铺置"好纸张。莫里斯固守着这样的流程，现代纸张单调乏味的"罗纹"表面尤其让他厌烦。当他与埃默里·沃克一起，与肯特郡阿什福德小查特（Little Chart）教区的纸张制造商约瑟夫·巴彻勒讨论需求时，他拿了一份完美的纸张样本。这是1473年制造的一种博洛尼亚纸。他在巴彻勒身上找到了与他不相上下的热情。巴彻勒最终为凯尔姆斯科出版社提供了三份手工纸，莫里斯因设计水印而将它们命名为"花"、"鲈鱼"和"苹果"。首次拜访时，莫里斯忍不住脱下外套，跃跃欲试，要做一张手工纸。在第二次尝试时，他成功了。

611

45. 凯尔姆斯科特出版社的四开本图书的社标

凯尔姆斯科特出版的大部分书籍,总有一些典藏版,要用犊皮纸印刷。这就需要重新寻找供应商,莫里斯最初为书写准备的库存几乎耗尽,而他的意大利供应源也已经枯竭,因为其全部产品都被梵蒂冈预定保留了——莫里斯试图直接向教皇求情,理由是他计划出版的《黄金传奇》一书(最早出版于十五世纪,雅各布斯·德·沃拉吉内所著的圣徒生平集)理应得到教皇的支持。所幸,莫里斯发现了一家本土供应商,米德尔塞克斯布伦特福德的亨利·班德,这家厂商正在生产用于装订的牛皮纸、羊皮纸、鼓膜和班卓琴面。经过反复试验,他们终于研制成功一种牛皮纸——由精心挑选的不到六周大的小牛皮制成。凯尔姆斯科特牛皮纸,薄如蝉翼,拥有莫里斯所指定的自然精细的肌理,而没有使用白铅粉进行伪造。书籍装帧,一般选用牛皮纸和半荷兰布。莫里斯偏爱一种带棕色调而不是泛白的牛皮纸。那种能看见棕色毛痕的小牛皮,特别用于装帧他自己的书籍。

莫里斯遇到最棘手的技术问题是油墨。他咬牙切齿地说:"那些该死的化学家简直是为所欲为!"[48]他想要的是一种以亚麻油为基质的纯黑油墨,只能在没有化学添加剂的情况下慢慢熟化。这颜料的唯一来源是有机油烟,通过研磨,将之融入松节油和原油的混合物中,直到"浑然相成"。经过无数次追寻往复,他发现,这种油墨在英国,甚至美国市场上都很难寻。最终,他转向了一家德国制造商:汉诺威的耶内克兄弟。如他所知,该厂老板是一位社会主义者。但是,即使是这种油墨也无法完全令他满意。因为它的质感过于粗糙黏稠,以至于让印刷工人扬言罢工。莫里斯要挟说,如果他的雇员拒绝使用德国油墨,他就关闭印刷厂——兄弟道义,到此为止。有时,他会野心勃勃地谈及自己制作油墨的计划,但这只是他遥不可及的一项工艺。

对于出版事业,莫里斯的豪情壮志是力图设计自己的字体。梅记得,他的动机源于1888年在新美术馆举办的首届工艺美术展上埃默里·沃克发表的关于"凸版印刷"的幻灯片演讲。这是沃克面向公众的首次亮相演讲,他显然"如履薄冰"。[49]但观众对他展示的古老的印刷书籍兴趣盎然。这些书籍被奇妙地放大在屏幕上：

> 往昔的印刷者，一个接一个从我们面前走过。他们华美瑰丽的书页，一页接一页在黑暗房间里闪闪发光。其中不少精品，诸如来自乌尔姆的约翰·蔡纳的印刷作品——薄伽丘的《名女》。我父亲认为，其中的木刻作品，有一种无法超越的浪漫感和戏剧张力。其他作品，如舍费尔 1457 年的《诗篇》，1470 年詹森印的一本书，斯威恩海姆和潘纳茨印的李维的著作(罗马，1469 年)——这些书让他赞叹不止："最早的印刷书籍，是有史以来最好的，最早也是最后的精美印刷品。"

对莫里斯来说，这些书籍富有启迪的力量，彰显出字体的固有品质。他觉得，按他孩子般的逻辑，做过一次的事还可以再做一遍。在讲座结束回家的路上，他对沃克说："让我们再造一种新字体吧！"

早期阶段，莫里斯邀请沃克成为凯尔姆斯科特出版社的合作伙伴。沃克的父亲是一名马车制造商的儿子。他从十四岁就开始当劳工，生来就谨小慎微。他后来告诉威尔弗里德·布伦特，自己"有一种过分的疏离感，不易合群"。[50] 也可能是莫里斯的气场影响到了他——莫里斯带着笑意表明，任何事都需要经由他拍板决定。然而，沃克作为莫里斯在地方社会主义中的左膀右臂，自然而然地在当地印刷业中扮演了同样重要的角色。虽然沃克的出版工作并非正式，但名义上，他依然是莫里斯的工作伙伴。

为凯尔姆斯科特出版社设计的第一种字体是"黄金"(Golden)体。莫里斯写道："我想要一种形式纯粹的字体。简洁素朴，没有多余装饰；体量坚实，线条无粗细变化。现代常规字体的本质缺陷，是难以阅读，缺乏间距。而新生字体的发展，则要满足迫切的商业需求。"[51] 他在十五世纪威尼斯印刷商尼古拉斯·詹森的作品中，找到了完美的罗马字体原型。"沃克和我都认为，詹森是最好的样本。你怎么认为？你读过他印

613

的《普林尼》吗？我对博德利图书馆的犊皮纸书记忆犹新。"莫里斯在1889年11月写信给 F. S. 埃利斯。[52]他一丝不苟地研究詹森范例，将它们扩印，反复临摹。有意思的是，莫里斯在搜寻整理中世纪资料的过程中，充分利用了维多利亚时代的新技术。

沃克还为他拍摄了若干页阿雷蒂努斯的《佛罗伦萨人民史》——1476年雅各布斯·鲁布斯印于威尼斯——以便他能够研究字体的"比例和特点"。他开始自己设计大型字体。随后，字又被缩至实际大小。梅看到，莫里斯和沃克反复推敲斟酌，陶醉地看着"这新旧交替的领域开端，在我们的不懈努力下逐渐显露，日趋成熟"。大字和小字，并排摆在一起相互比照。在精修字体阶段，会再次察校一次烟印效果，此时字体会被反复打磨至尽善尽美。莫里斯随身携带装有这些字体"烟印"的火柴盒。有时，在家闲聊时，他也会拿出一张小纸片，若有所思地端详上面的字体。

继十四磅因罗马哥特式"黄金"体字体之后，莫里斯又发明了十八磅因"特洛伊"字体。这是半哥特式的中世纪字体设计，借鉴模仿了美因茨的彼得·舍费尔、奥格斯堡的君特·蔡纳和斯特拉斯堡的约翰·门特林。莫里斯希望借由"特洛伊"，"将哥特式字体从人们普遍指责的有碍阅读的罪名中拯救出来"。顺理成章，哥特式字体变得更为实用。凯尔姆斯科特出版社的第三种字体是缩版"特洛伊"，字体大小削减到十二磅因，用以印刷凯尔姆斯科特版《杰弗雷·乔叟作品集》。所有字体的印版都由爱德华·普林斯切刻（他是一位经验丰富的工匠，深得莫里斯的尊敬），而字母铸制则由机器完成。

凯尔姆斯科特出版社带有典型的莫里斯属性——兼备务实精神与浪漫情怀。"那份事业伊始，就是奇迹。"詹妮在1898年给西德尼·科克雷尔的信中写道。[53]事实的确如此，特别是它的反商业原则在市场上找到了准确定位。莫里斯依旧遵循着他的完美主义原则，但从未超越实用性。开始时，出版社仅力求取得商业上的成功。莫里斯虽满腔热忱，但也意识到其中的违和之处，以及自己的矛盾心理：

**I any the more: though it would in-
deed be hard if there were nothing
else in the world, no wonders, no ter-
rors, no unspeakable beauties. Yet**

**not see how these can be better spent than in
making life cheerful & honourable for others
and for ourselves; and the gain of good life
to the country at large that would result from
men seriously setting about the bettering**

46. 凯尔姆斯科特出版社的"特洛伊"和"乔叟"字体样本

　　虽然我对自己的印刷工作感到满意,但在昨天,我看到两个工人正在印刷机上使用黏稠的油墨印刷,不禁为抄写员和他的书桌抱憾,还有他的黑墨水、蓝墨水和红墨水。我几乎为自己的印刷机而汗颜。[54]

而在他写下这些话的时候,出版社才运作几个星期。

　　出版社的第一本出版物曾拟定为《黄金传奇》,但因莫里斯的书稿仍存在些问题,只有一小批装订到位,于是他们决定改变计划,优先出版 615 莫里斯的短篇小说《光耀平原》。这部小说讲述了发生在日耳曼理想社会的爱与欲。1891 年 1 月,在一页试用纸上,莫里斯题字:"威廉·莫里斯,1 月 31 日。"他把这页纸交给了沃克。第二天,莫里斯称心如意地将自己的作品与《传奇图书馆》内页放在一起比较。由奇斯威克出版社出版的《传奇图书馆》立时相形见绌。在埃默里·沃克家中,科克雷尔与莫里斯见了面。莫里斯吹嘘自己凌晨四点起床,在早餐前就能完成半天的工作量。如此充沛的精力让科克雷尔大惊失色。

　　他们起初计划第一本书只印刷二十本,作为礼物分赠给莫里斯的朋友。但《雅典娜神庙》的前期宣传引起了强烈反响,莫里斯决定印刷两百本,其中一百八十本以每本两基尼的价格出售,外加六本珍藏版牛皮纸版本。3 月底,科布登-桑德森首次参观凯尔姆斯科特出版社时,看到了那"全新的字体,以及印有《光耀平原》的大版纸和牛皮纸"。[55] 参观出来,他偶遇莫里斯和詹妮,他们散步在凯尔姆斯科特房子对面的阳光下。《光耀平原》于 1891 年 5 月 8 日出版,由出版商里夫斯和特纳发售。直到 1892 年年底,出版社才有了自己的发行权——之前莫里斯的书都交由里夫斯和特纳,或伯纳德·夸里奇出版社发售。此版《光耀平原》很快就销售一空,以至于 7 月,莫里斯哭笑不得地写信给阿格拉娅:"不知怎的,我忘了留本《光耀平原》,而现在低于四英镑都买不到了。不过,必须言而有信,我一定能让你也拥有一本。"[56]

　　莫里斯称,他愿意阅读和珍藏的书也正是他想出版的书。事实上,在那些年海量出版的书籍中,有不少是莫里斯自己的作品。继《光耀平原》后,紧接着出版了他的诗歌——《途中诗》。该出版社共出版莫里斯的二十三本书,总价值一万五千九百四十五英镑。还出版了几乎数量相同的中世纪文本,总价值两万两千九百四十一英镑。而凯尔姆斯科特出版社出版物的总价值则为五万零二百九十九英镑。[57] 中世纪的文本包括:哈利迪·斯帕林编的《特洛伊史记》(1892);F. S. 埃利斯编的《骑士团》(1893);斯帕林编的《布永的戈弗雷和耶路撒冷的征服》(1893);西德尼·科克雷尔编的《圣母玛利亚之歌》(1896)。在莫里斯所从事的任何事业中,他都能充分调动起朋友和家人的积极性。

　　凯尔姆斯科特出版社的另一些书,则是因为某种情感因素吸引了莫里斯,如《约翰·济慈诗集》(1894);三卷本《珀西·比希·雪莱诗集》(1894,1895);阿尔加农·查尔斯·斯温伯恩编撰的《阿塔兰忒在卡吕登》(1894);《女巫西多尼亚》(1893);1891 年计划、最终于 1896 年出版的巨著《杰弗雷·乔叟作品集》。他还再版了约翰·罗斯金的《威尼斯的石头》中的"论哥特式建筑的本质"一章。当他还在牛津时,这部作品就对他

47. 凯尔姆斯科特出版社 1892 年版《梦见约翰·鲍尔》开篇页,爱德华·伯恩-琼斯作木刻版画插图,字体由莫里斯设计

产生了深远影响,他以此来回报罗斯金对他的赞美:"莫里斯是被锻造的金子。"[58]出版社也乐于通过委托或授权印刷某些书,前提是书稿要得到莫里斯的认可。其中一本书,就是麦克米伦公司出版的丁尼生的《莫德》。

从读者的角度来看,其诱人之处在于:他们可以窥探某人的秘密历史,拥有潜入某人私密书房般的体验。这种运营理念与十九世纪后期大众市场的常规做法截然不同。当莫里斯写信给菲利普·韦伯说"我主要是为你,和其他一两个人出书"[59]时,他或许是在无意之中种下了凯尔姆斯科特出版社大获成功的因缘。一向拘谨的菲利普·韦伯,不得不收下莫里斯强塞给他的赠本。在他拒绝一次之后,莫里斯以讲故事的形式给他写信:

我亲爱的朋友:

　　有一次,一位旅行者走进一家美国西部酒店,来到前台店员面前(按照该国的习俗),点了鸡肉晚餐:店员面无表情地把手伸进桌子里,掏出一把德林杰手枪,指着这位新来的客人,用一种沉静却让人惊惧的声音说:陌生人,你吃不到鸡肉,你只会吃到枪子。

　　这个故事,看来你好像忘了。我之所以提到它,是因为凯尔姆斯科特出版的书你必须拥有。不然,你也会"吃枪子",因为倘若我们不能有福同享,我会感到很不爽。

48. 威廉·莫里斯为凯尔姆斯科特出版社设计的首字母变体

1903 年,菲利普·韦伯将信的原件交予剑桥大学三一学院,而他每一卷藏书中都有这封信的副本。

对于排版的改良,莫里斯慎重其事。什么是"最美之书"的关键要素?[60]就此问题,他与埃默里·沃克反复讨论。无论是珍藏版书籍,还是用"再寻常不过的字体"印刷的普通书籍,他都从中概括出两条设计原则,对二十世纪印刷实践产生了重大影响。第一个原则是,文字间距要紧密,以免字母排列过于松散,致使"难看的白色河流"自上而下溢满整个页面。莫里斯的另一个原则,涉及他所说的"版心位置"。在这点上,应该遵循中世纪的设计规则:订口最窄,天头"稍宽",切口更宽,地脚最宽。莫里斯提出,"一本书的基本单元"不是一页,而是两页,也就是现在所谓的对页。莫里斯锐意挑战了当时的做法。两个相对的页面,必须在视觉上保持平衡。必须仔细考虑插图及装饰元素与文本之间的关系。莫里斯写道:"自然而然,作为一名专业的装饰师,我尝试着对自己的书进行适当的装饰。于此,我只想说,我将永远秉持一个原则,那就是让装饰元素成为页面文字的组成部分。"

正是此类装饰,赋予凯尔姆斯科特出版物独一无二的视觉特征,有时近乎怪异。这不仅是伯恩-琼斯的插图问题。实际上,伯恩-琼斯的插图只在较少的书卷中出现,一旦出现,往往就占据整本书的主导地位。

凯尔姆斯科特书籍的视觉品质,在于视觉元素的整合建构。首字母、木刻版框、扉页的特殊字体、装饰性页边框,以及印刷者标记,被完美组织在一起,展露出莫里斯在任何手工劳作中都呈现出来的那种令人着迷的流畅。他通过对视觉细节的驾驭,来创造一个陆离光怪的世界——就像在他晚期的小说中,以奇特的词汇,让读者悬浮于奇异的场景中。

619

莱瑟比观察到,莫里斯怎样为在凯尔姆斯科特之家的出版社绘制页边框:"他有两个颜料碟,一个是印度黑,另一个是中国白,还有两支笔刷。他用一支画笔涂黑一段边框,然后用另一支笔在图案上画茎和叶,同时处理茎叶线条的转折、弯曲的问题。"[61]梅·莫里斯的描述更细微。明确地说,莫里斯习惯用铅笔轻绘图案,然后用细黑勾线笔轻描,再填充黑色背景,并用白色修正,且在黑底上添加白色细节。

莫里斯对装饰的狂热,产生了双重的历史视角——一方面与大家一知半解的中世纪景观建立了联系,另一方面将读者带入一个陌异的视觉并置的新世界。莫里斯为凯尔姆斯科特出版社创作的图案,与他这一时期的小说中高度凝练的类中世纪语言很有共通性——既让人信以为真,又让人难以置信。这些书,既属于维多利亚时代,又反维多利亚时代。它们生成了另一个世界,对莫里斯所憎恨的一切虚假而呆板的维多利亚视觉文化予以批判。凯尔姆斯科特的出版物,极具现代实验电影的前卫性。

但这六十六卷书,并非千篇一律。当你把所有书放在一起看时,便会意识到在尺寸大小、情感基调和细微之处,这些书都大相径庭。你会

620

意识到,这些书怎样体现出莫里斯的偏好,以及迥然不同的个性侧面。《乌有乡消息》(1892),厚重而亲和,是本真正的故事书。《女巫西多尼亚》(1893)是恢弘巨著,二十八乘以二十厘米,四百五十六页厚。莫里斯翻译的《阿密斯和阿米尔的友谊》(1894),六十七页,是十五乘以十一厘米的精装本。若想仔细品鉴这些书,你需要将它们拿在手里,去抚摸这凯尔姆斯科特书籍的柔软的皮质封面——就像莫里斯紧握他的中世纪古籍一样。书上大多系有小巧的丝结。结扣经过了特别编织,染有红、蓝、黄、绿四色,静待有人开启。

如今,哈默史密斯已变身为生产中心,与默顿修道院争夺着莫里斯的注意力。无论如何,莫里斯在默顿的工作不再那么紧迫,因为乔治·沃德尔已经退休,勤劳的史密斯兄弟已经晋升为公司合伙人。离家很近的凯尔姆斯科特出版社更具家庭氛围和时代气息,但又与默顿修道院保有特定关系,就像之前的哈默史密斯分社之于社会主义同盟总部。1890年6月,梅和哈利迪·斯帕林终于在富勒姆登记处办理了结婚手续,詹妮对此只能喟然长叹。珍妮作为证婚人和父亲一起在登记簿上签了字,后来,她记录下了这个悲哀的经历,说在"一个阴暗的小房间"里等了好久。[62]他们结婚时,莫里斯提供给斯帕林一份带薪工作,让他担任凯尔姆斯科特出版社的秘书。在出版社的一张照片上,梅和斯帕林也在,像一大家子围坐在大老板莫里斯周围,她出席了出版社大大小小的晚宴活动,在吉他伴奏下,"斯帕林夫人"演唱了一首《白雪佳人》。

这座"小屋"虽然美不胜收,但很快就被证明不够用了。莫里斯感觉,他需要快马加鞭,同时完成双倍工作量。1891年5月底,凯尔姆斯科特出版社搬至隔壁上林荫路14号。这是苏塞克斯公馆的局部建筑,它曾是一座宏伟的十八世纪砖砌建筑。如今它已衰败不堪,被用作了养狗场。至于"狗群撤退"一事,莫里斯在4月时说,"正在有序进行"。[63]苏塞克斯公馆的另一半,恰好被埃默里·沃克的工艺雕刻公司占据。1891年11月,莫里斯入手了第二台阿尔比恩印刷机,以提升他的产出速度,否则一千三百一十页的《黄金传奇》根本无法完成。在莫里斯家里,这本书取代了《人间天堂》,成为莫里斯的"无休工作":一个永无止境的项目。

出版社的工作人员也在扩充。全能的老员工威廉·鲍登退休了,但621他的儿子威廉·亨利·鲍登和他的女儿派恩夫人也加入了出版社。在新入职的排字工的队伍中,有托马斯·宾宁。他是莫里斯在社会主义同盟的老战友,实际也是脱离了布卢姆斯伯里支部的人,但莫里斯永远有颗宽恕之心。凯尔姆斯科特出版社员工为自己的工会——"伦敦排字工协会"(LSC)特别设立了一个教堂。教堂神父是托马斯·宾宁,此后

49. 由沃尔特·克兰设计的藏书票,以社会主义同盟哈默史密斯分支之名,向梅·莫里斯和哈利迪·斯帕林的联姻致贺

几年中,他一直扮演着这个角色,同时他也为 C. R. 阿什比及手工艺协会工作。对于是否加入工会,派恩夫人还是有些犹豫,最终她成为伦敦排字工协会的第一位女会员。

尚无证据表明莫里斯对工会作何感想。毋庸置疑,他在哈默史密斯的实践与默顿修道院一样,与他的社会主义理论相去甚远。那里并不是革命的温床。讽刺的是,凯尔姆斯科特出版社年度晚宴的菜单中,出现了炸鳝鱼、煮鸡和火腿、烤牛肉、李子挞、果冻、牛奶冻等难以消化的食物,用拙劣的排版逐项列出,无一不在强调着由"W. 莫里斯先生担任主席".[64] 当哈里·凯斯勒伯爵——一位后来创办了自己的克拉纳赫出版社的德国行家——去参观莫里斯出版社时,惊讶地发现那里"看起来与一般的印刷厂并无二致,只不过,因为只使用手工印刷机,所以没有蒸汽

622

也没有烟,一切都干净整洁".[65]他评论说,莫里斯给人的印象"踏实稳重,一点也没有'比纳弗'风格".① 参观工厂时,他感受到,莫里斯和工人之间,"完全是师傅和训练有素的学徒之间的关系".他对他们和蔼近人;他们都下意识地尊称莫里斯为"先生".

　　这种明显的家长式组织结构容易招致他人不满.在这种结构里,印刷工每周可以得到额外的五先令作为双手起水泡的补偿.而在当时的背景下,在莫里斯所认为的商业可行性的限度以内,出版社的福利待遇实际相当丰厚.工人们每周工作四十六个半小时,工资高于平均水准.根据鲍登的说法,年轻人普遍都能理解莫里斯的理想,即一个人"应该是一个最好意义上的工人;应该对自己的工作充满兴趣;应该拥有良好的工作环境;应该使用最佳材料;不应该总是挂念他的工作会带来多少回报".[66]莫里斯给工人们充足的时间,尽其所能地完成工作.出版社有自己的团体生活,他们时常有内部庆祝活动,以及被叫作"撒欢鹅"(Wayzegooses)的户外活动.莫里斯邀请员工在划船比赛那天共进早餐:开始时,他们十分拘谨不安,但随后冰层就打破了.在莫里斯的引导下,印刷工意识到自身与日益发展的哈默史密斯工艺美术社区已密不可分.

　　梅和哈里,现在住在哈默史密斯排屋 8 号向西步行几分钟的地方.排屋带有长长的花园,一直延伸到河边——有些居民把船停在那里.斯帕林的房子,成了莫里斯公司的主要刺绣基地.在梅的指挥下,一小群刺绣女工在客厅里忙前忙后.这里的一些人是从当地学校招募而来,另一些则是莫里斯圈子里的朋友及女眷,例如制陶工人的妹妹玛丽·德·摩根;公司首席家具设计师的妻子杰克夫人;W. B. 叶芝的妹妹莉莉.莫里斯每天都会来拜访她们.刺绣女工们统一穿着白色棉质工作服,她们可以进梅的餐厅吃午饭.

　　埃默里·沃克住在东五门 3 号,离他的工作室不远的地方.这里,

---

① 《比纳弗》(H. M. S. Pinafore)是吉尔伯特和沙利文的一部歌剧.

存在一种紧密的依赖关系。莫里斯只要是在伦敦,每天都会和他联系。1893 年,科布登-桑德森搬到了凯尔姆斯科特出版社对面的上林荫路15 号,在那里成立了"鸽子装订厂"(Doves Bindery)。他的身体已经不允许他继续从事手工装订的具体工作了,他现已成为这个小团队的设计师兼主管。团队人员包括:道格拉斯·科克雷尔,学徒;贝茜·胡利,缝纫工;查尔斯·威尔金森,运货员;还有查尔斯·麦克利什,修整工。他们当时的计划是,与凯尔姆斯科特出版社合作,为特别版书籍做装订。装订厂每周工作四十八小时。这个场所规模不大,但气氛融洽。科布登-桑德森写道:"我们从八点半开始工作,一直到六点半结束。中午有一小时休息,还有茶歇时间,每个人都可如此享受惬意时光。茶歇后,男人们在花园里抽烟或玩套圈;胡利小姐清洗餐具。"[67]有段时间,莫里斯也是这栋建筑的租户。他以每年十五英镑的价格租下了南部阁楼和一楼的房间,作为凯尔姆斯科特出版社的分部。

起初,科布登-桑德森从事的大部分工作是修补、重新装订和复原莫里斯藏书房的早期印刷书籍。他很欢迎这样的工作,觉得这是"提升科克雷尔技艺的某种训练",让他能得心应手地处理各种想要达成的工作。西德尼的弟弟,即道格拉斯·科克雷尔,最终成为全国有名的装订师——成为哈默史密斯小集团的经典范例。"鸽子装订厂"为凯尔姆斯科特出版物提供了一个新的向度,可谓锦上添花。给百合花镀个金怎么样? 罗伯特·赫里克用摩洛哥山羊皮做封面,再配上日本牛皮纸做扉页;斯温伯恩的书以蓝色拼花装帧,镶嵌橄榄绿和砖红的摩洛哥图案,效果极具动感。受一位顾客委托,科布登-桑德森将卡克斯顿的《狐狸雷纳德》以白色猪皮装帧。这位顾客,将这本书与凯尔姆斯科特出版社的《莎士比亚作品集》一起珍藏在玻璃书柜中,并以绿色丝绸帘布遮光。每个星期天早上,他都会把它们请出来,用丝绸手帕为之掸去灰尘。

莫里斯的影响在伦敦这一小片飞地经久不衰。他去世后,沃克和科布登-桑德森在哈默史密斯排屋 1 号,正式成立鸽子出版社。书法家爱德华·约翰斯顿也来到哈默史密斯安家落户。同样是在这里,希拉里·

佩普勒第一次接触到埃里克·吉尔。他们共同的事业——特立独行的罗马天主教 S. 多米尼克出版社,有种传教热情,这一点,莫里斯很可能已经意识到了——他们要鲜明且坚定地站在穷人一边。二十世纪,莫里斯的潜移默化更为深远:埃塞克斯之家出版社、阿申德出版社、河谷出版社、埃拉尼出版社、金鸡出版社、格雷格诺出版社,以及德国尤其是美国的同行,都为之所撼。这不仅意味着书籍制作方法的更迭,更重要的是,这是一种全新理念——出版社,也可以是拥有自己的生命和创作意志的群体。

624

威尔弗里德·斯考恩·布伦特的《普罗图斯的情诗与歌》,是凯尔姆斯科特出版社的最早期印刷书籍之一。该版本还收录了他之前的《普罗图斯爱情十四行诗》,然后重印、补充和修改。1890 年和 1891 年,在詹妮和布伦特的通信中,这成为令人焦虑的话题。布伦特承担了此版印刷的成本费用。而据莫里斯估摸,这本书"只是成本略高了一点"。[68]对于出版他妻子情人的诗歌,他似乎毫无芥蒂,更不用说出版社的其他良莠不齐的诗歌了。凯尔姆斯科特出版社还打算在接下来的两年内,出版两卷罗塞蒂作品——《歌谣和叙事诗》和《十四行诗和抒情诗》。

正是詹妮与布伦特的通信,揭示了 1891 年 2 月珍妮突发脑膜炎的可怕事件。詹妮写信时心烦意乱,珍妮"仍然病得很重,有两名护工日夜照顾她……这对我和梅来说简直是致命打击。不巧的是,梅正好也在家里"。[69]布伦特后来在日记中详述了这一情节。他写道,珍妮"真的丧失了理智",她幻想自己谋杀了父亲,然后试图跳窗自杀。[70]"她太暴戾了,不得不把她绑在床上。"

莫里斯的病与珍妮的病有着不可避免的关联。现在他也病倒了。詹妮在给布伦特的信中写道:"我丈夫病得很重,珍妮的病对他打击太大了。几天时间,他便完全崩溃了……我担心,他要过好久才能重拾自我。"[71]莫里斯明显表现出与癫痫有关的症状。他告诉埃利斯:"我的手好像灌满了铅,手腕像打了结。"[72]除了让他抱怨连天的严重痛风,他的

THE LOVE-LYRICS AND SONGS
OF PROTEUS.

SONG. LOVE ME A LITTLE.

LOVE me a little,
love me as thou wilt,
Whether a draught
it be of passionate
wine
Poured with both
hands divine,
Or just a cup of
water spilt
On dying lips and mine.
Give me the love thou wilt,
The Purity, the guilt,
So it be thine.

2.

Love me a little. Let it be thy cheek
With its red signals, that were dear to kiss;
Or, if thou mayest not this,
A finger-tip my own to seek
At night-fall when none guess.
Eyes have the wit to speak,
And sighs send messages:
Even give less.

3.

Love me a little. Let it be in words
Of happy omen heralding thy choice,

50. 凯尔姆斯科特出版社出版的威尔弗里德·斯考恩·布伦特诗集的书名页，采用了威廉·莫里斯的"黄金"体，1892 年

肾脏也饱受痛楚。他的医生告诉他,他现在必须承认自己或多或少是个病人,要多休养,保持饮食健康。

626

3月,在哈默史密斯,科布登-桑德森发现,莫里斯的病情略有好转,晚饭时还吃了牡蛎。他刚用餐完毕,科布登-桑德森便走进他的房间。莫里斯坐在火炉旁的椅子上,大丝绸手帕摊盖在膝盖上。"他看上去——尽管吃了晚饭!——还是有点虚弱,衣服松垮地挂在身上。"[73]四个月后,他带珍妮去福克斯通进行双人康复治疗。他沮丧地给乔治亚娜写信:"很惭愧,我的身体不如人意,甚至愚不可及地焦虑不堪——这次是为了我自己。"[74]他理性地意识到,焦虑可能也是一种病症。乔治亚娜显然也状态欠佳。他写给她的一段描述很古怪,并透露出某种预见性:

> 上午还是一片晴朗,下午便起了海雾,逐渐笼罩整片山丘。但当我们爬上山顶,却发现那里和远处,一切静卧于宁静祥和、阳光明媚的天空下。朝向多佛的山崖顶峰,在海雾中傲然挺拔、清晰可见,并在雾中投下青蓝色的阴影。山峰下,一片云海,似波翻浪涌——却让人看不见一丝真正的大海(真实不虚)。看起来,它很像(冰岛的)连绵的积雪峰。只不过,那积雪是闪亮的白,而这是大鹅胸前的那种乳白。我感到,它狰狞可怖,让我心神不安,好像在面纱之下有什么疯狂的事物正伺机潜伏。

1891年8月,在医生建议下,莫里斯带着珍妮游览了法国北部,参观了阿布维尔、亚眠、博韦、苏瓦松和兰斯教堂。珍妮现在的护工兰姆小姐也与他们同行。其中有些地方,莫里斯自1855年去牛津度假后就从未来过。他本不想去,但他觉得,一旦旅行开始,便会沉醉其中。而在某种意义上,他也乐在其中。像往常一样,他为旅途中的精彩景点欢呼雀跃。在兰斯大教堂,他对韦伯说:"几乎全部的初始玻璃(未经修复)都完好地保留在天窗上,堪称色彩的奇迹。"[75]在趣味十足的圣雷米小教堂,"唱诗席上有一片差不多十二世纪的玻璃,光彩夺目。我想,东边的窗是我见过的最好的窗——那是怎样的一片蓝啊!"他说,他和一名看守人发生了一场有趣的冲突,那个看守人想卖给他拉昂大教堂的照片——当时拉昂大教堂正在修复中。"告诉他,我可不想要修复过的教堂的照片。"他用马克·吐温式的语句,描述了在圣里基尔(St Riquier)教堂旁农家院的奇遇:

627

> 有四只法国狗,身躯庞大,坐在一个杂物棚里,朝我们狂吠不已。我们以为它们被拴了起来,便继续前行。但当我们折返时,一只大狗跳了出来,样子凶猛无比。不过,它倒是还没跳到后卫(也就是我)的腿上,我想,这主要是因为有三四个穿着罩衫的法国人把它骂到狗血淋头(*all* was blue)。[76]

作为旅行者,他仍然情绪高扬,乐于体验。他对沃克说:"古尔奈镇没什么意思,但他们做的奶油干酪口感极佳——相信我,我是这方面的专家。"[77]但他写给家里的信,与他年轻时从同一个地方寄来的信,语气迥然不同。现在的信更有一种紧绷的迹象。此时,莫里斯和已至中年的女儿同行,而她是个病人,看上去不太正常。他随着她的节奏旅行,以她所乐为乐。而据珍妮表述,莫里斯提过"拖拉"这个词。[78]在珍妮的坚持下,莫里斯给她买了一件"来自阿布维尔的礼物"。[79]那是一个宽口陶壶,上面有"滑稽可笑的男女,图形是粗犷的现代风格,器形则因循守旧"。在法国北部,莫里斯还出席了一个场合,类似于"巴特埃姆斯夏日"的重演。

他出国时,工作也如影随形。离开前的几个星期,他已经开始设计凯尔姆斯科特出版社的新字体"特洛伊"小写字母了。字样已发给了他,等待他的检验。"字母 A 的上半部分,让我笑了起来。"[80]他从博韦写信告诉沃克,"我已写信给普林斯。他现在已经完成了 e、i、h、l、n、o、p、r、t。t 不太好看,我想我需要重新设计一下。e 看起来也有点不对劲,可能需要修改。其余看起来还不错。"在所有的凯尔姆斯科特字体里，"特洛伊"字体是莫里斯的最爱。

他回来后的几个星期，工人开始印刷威尔弗里德·斯考恩·布伦特的《爱情诗集》。在布伦特的要求下，这本书成为凯尔姆斯科特出版物里唯一把首字母印成红色的书。莫里斯看到第一张书页，告诉詹妮它看起来"非常欢快、漂亮"。[81]他补充说，"但我觉得，我更喜爱自己的印刷风格"，这或许可以理解。

1891 年 9 月，莫里斯回到凯尔姆斯科特庄园。在他政治活动最繁忙的那几年，他很少回去。现在，他渴望着凯尔姆斯科特，渴望重寻失去的快乐，渴望不再坠入"起伏不定"的情绪。[82] 9 月底，布伦特也来到了凯尔姆斯科特。就像过去三年的夏末或秋天一样，詹妮总是软硬兼施地恳求他来。珍妮的病让她持续地焦灼烦躁。这似乎使她更离不开布伦特的关爱。"我很想听听你写了些什么，"她对他说，"你曾经给我读过一首长诗的开头……那个铁石心肠的小男孩在母亲去世时没有哭，却为了一只宠物蜗牛而痛哭流涕。"[83]

布伦特对詹妮的持久吸引力，有其神秘之处。"可望而不可即"的魅惑究竟该如何衡量？布伦特总是在逃避，一点也不圆滑。在此期间，他还在追求着玛丽·斯蒂尔曼，另一位拉斐尔前派黑发美女。她与詹妮神似，以至于常被误认为就是她。斯蒂尔曼曾是模特，可能也是罗塞蒂的情人，现在却是詹妮最好的朋友。布伦特在日记中写道，玛丽·斯蒂尔曼，"她就像梦境中的女人"[84]——他也如此描述过詹妮。提前一年，布伦特匆忙离开了凯尔姆斯科特，跟玛丽去了剑桥。在那里，他们一起查看了耶稣学院的莫里斯公司的窗户。布伦特在日记中写道，玛丽·斯蒂尔曼是"世界上当今或未来最美的女人，尽管她可能不止四十五岁"。[85]字里行间带有一丝自嘲的味道，这使他的日记读起来很让人着迷。詹妮知道布伦特对玛丽的感情。在她的信中，她拈酸泼醋地称她是"S 夫人"。[86]

628

也许詹妮还悄悄期待着他能回心转意。原因要追溯到 1888 年夏天。那时,布伦特为爱尔兰民族主义所做的工作已经结束,他"过上某种严谨的天主教生活"[87]的梦想破灭了。基尔梅纳姆监狱的生活,对他的影响削弱了他的良好意愿:"这段经历,成了浪漫关系的某种资本,让我很容易回归原来的位置,甚至超越原来的社会位置。"[88]他自得地写道,詹妮和其他女人一样敏感:"我想,我这辈子从来没有像收到你的最后一封信那样喜笑颜开。我不是个大惊小怪的人,但不知怎的,我担心你永远不会离开那个可怕的囚室。这一切就像噩梦一场。"她在他被释放时这样写道。[89]到 1891 年,布伦特已经勾搭了好几个新情妇,其中包括布兰奇·霍齐尔和玛格丽特·塔尔博特。他已经说得很明白,她只是万花丛中的一朵。1891 年 6 月,珍妮病后不久,他邀请詹妮去他在克拉布的庄园做客。同时还邀请了西贝尔,即威斯敏斯特公爵继承人的遗孀,那时,她刚嫁给布伦特的堂兄乔治·温德姆。布伦特已被新的激情占据:"天知道,我还没有体验过这种激情……但它诱惑着我,就像在悬崖边眺望。"[90]第二天,按照他的惯常伎俩,他让"乔治亚娜和莫里斯夫人结伴而行"[91],然后他带着西贝尔坐船去了湖中小岛。他们谈情说爱,然后驱车长途跋涉,在克劳利修道院停下,在被精心布置的墓前跪下一起祈祷。詹妮似乎并没有为此大动干戈。她显然接受了布伦特分配给她的角色,成为他生活中长久的"安静的调剂品"。[92]

对布伦特来说,他的凯尔姆斯科特之行给他带来一种危险之乐:

> 凯尔姆斯科特是一座浪漫但极不舒适的房子。所有的房间都一贯而通,很难有独处的空间。楼下的房间都通向花园,房间空旷但举架低矮,完全没有私密性。我的房间有时在楼下,有时在楼上。楼上的房间同时也连接着主室和佣人房。楼上的客厅,是我们晚上聚坐的地方。那个房间,装饰着挂毯,但别无他路,只有穿过莫里斯的私卧才能到达。晚上,他就躺在那张舒适的伊丽莎白时代的四柱大床上。莫里斯太太单独睡在右边楼梯的顶部房间——就在短走

廊的尽头。所有的地方都没有铺地毯,地板咯吱作响。白天,阳光透过窗户照射进来,老房子充满快乐的生活气息。但到了晚上,它就变成了幽灵的居所,到处是稀奇古怪的声音,每个房间的动静都能被清晰地听到。对我来说,这危险的午夜总是充满了诱惑。罗塞蒂似乎在那里阴魂不散。大约十四年前,他和詹妮就在那儿情意绵绵——现在,我开始把自己当作他的仰慕者和继任者。[93]

我们无从确切知晓,当詹妮对布伦特柔情蜜意,当他最深爱的家遭受第二次入侵,莫里斯究竟作何感想。他唯一一次表达怨恨,是在写给F. S. 埃利斯的一封信中:"我希望是你来,而不是某位新来的人。我还没能像习惯你我的缺点那样,习惯他的毛病。"[94]这封信是在布伦特第一次拜访凯尔姆斯科特时所写,当时,布伦特正忙着校改自己在监狱里写的诗。那些冗长的诗,后来作为《在狱中》出版,詹妮为它设计了以三叶草为主题的封面。从信件的日期来看,几乎可以肯定,这位令人不快的"不速之客"就是布伦特。但布伦特却努力巴结着莫里斯。他乐于对情人的丈夫关爱有加,这使他体会到一种特别的**快感**。他和莫里斯很快就心照不宣,他们的交往如果不是出于友谊,就是出于热切的争论和友善的玩笑——尽管布伦特从未真正欣赏过莫里斯的细腻。他认为,他看起来就像"挪威船长",这在当时已成为某种"大众偏见"。[95]他对莫里斯单纯的性观念嗤之以鼻:"我认为,有一件事他完全不懂。就像他写的那样——那就是对女人的爱,而他从来没想过要深入反思这个问题。在这方面,他没有真正的经验,仍然是个孩子。"

尽管莫里斯对布伦特有几分怨恨,但他显然觉得布伦特是个有趣的人——他满腹经纶,政治观激进。在莫里斯所熟悉的、文艺的、欢快的男性世界,他表现得游刃有余。莫里斯可能也洞见了布伦特内心的孤独,一种强迫性旅行者的遁世离群。他与布伦特一样,对沙漠地带心驰神往——查尔斯·蒙塔古·道蒂的《阿拉伯沙漠之旅》(1888)是莫里斯最珍爱的书籍之一。此外,布伦特也出手阔绰,是个好客户。此刻,他正委托默顿修道院的莫里斯公司制作一幅名为《东方三博士朝圣》的挂毯，该挂毯最初由内德为埃克塞特学院教堂设计。由于布伦特极度缺乏审美鉴赏力，他要求在图案中再添加一头骆驼和一匹阿拉伯马。

尽管威尔弗里德·布伦特在这一时期闯了进来（或许正因为他的闯入），人们意识到莫里斯和他的妻子之间的情感更为坚固了。他们一起看病，相互安慰。她外出时，他在信里写下"万千相思"。到了晚年，他们似乎达成了爱的和解。1892 年，莫里斯写信给格莱西尔，"目前，我生活中的首要重任，就是照顾好妻子和女儿。某种程度上，她们的健康状况都不太好。至于我做的各种工作，其实都只是尽完本分之后偶得的消遣罢了"。[96] 即使是在外形上，他们似乎也变得更加相似了。访客们注意到，现在，两人几乎都是满头银发，看起来就是容光焕发、白头相守的伴侣，好似他们在早期红屋时的状态。正如科克雷尔 1892 年 11 月在哈默史密斯所描述的那样：

> 我前去客厅道晚安，看见莫里斯和他的妻子正在玩国际象棋（红白两色的大象牙棋子）。M 夫人身着华丽的蓝色长袍，坐在沙发上，看上去就像一幅栩栩如生的罗塞蒂画卷，又像是一页古老手抄本中国王与王后的图画。[97]

那年冬天，詹妮格外焦虑。她的医生认为，这是因为她一直和珍妮闷在家里，被珍妮的杀人倾向吓坏了。她不知道什么时候会来一场晴天霹雳。詹妮表现出一种偏执，她无法忍受与其他人相处，尤其是珍妮也在场。医生建议她至少要离开这个环境三四个月，否则，就像她告诉布伦特的那样，她必然"完全崩溃，让任何医生都束手无策"。[98] 布伦特充满同情，但又大言不惭地评论道："我想，如果不是九年、十年以前，罗塞蒂去世后我在那儿抚慰过她，她可能早就关进疯人院了。她是个非常不爱抱怨的女人，如果她把事情说出来，那情况一定很糟糕了。"在 10 月的伦敦,她和布伦特共进午餐,他对她"百般抚慰"。詹妮向他倾诉,他已是她莫大安慰。11 月下旬,莫里斯带詹妮乘火车前往博尔迪盖拉。途中,莫里斯反倒身体极度不适,她不得不照料他。但几天后,他就康复了。他返回家中,把詹妮留在了丽城酒店。在那里,她结识了很多朋友,包括现在住在意大利的麦克唐纳夫妇,以及许多"轻浮而有趣的人"。[99]整个冬天,她都待在那里,身体慢慢康复。她还参加了新年的"活人静画"活动。在这个活动中,她被奉为"第一情人",因为她比其他人要高很多。

1892 年的圣诞节,莫里斯在凯尔姆斯科特度过。这是他第一次在隆冬时节来到这里。据说,珍妮"喜出望外"。[100]詹妮则在里维埃拉的阳光下焦急等待家里的讯息,祈祷不会听到任何因严寒而死的噩耗。梅、哈里和萧伯纳,共聚凯尔姆斯科特,一起度过这个寒冷的假期。这三人正处于潜在的新亚瑟王三角关系中。看来,神秘的婚约很快就会被触发。莫里斯写道:"萧很得意,因为(他开窗睡觉时),他的水壶比其他人的冻得都透。"[101]萧伯纳证实了这一点,在凯尔姆斯科特庄园的访客登记簿上,他潦草地写下"可怕的严寒"。[102]

1892 年 10 月 6 日,丁尼生离世了。他的葬礼在威斯敏斯特教堂举行,抬棺者阵容强大,包括政界、文学界和科学界人士,轻骑连老兵沿着过道排成一列。棺木上覆盖着英国国旗。合唱团吟唱丁尼生的《过沙洲》以及他的最后一首诗《沉默之声》。爱德华·伯恩-琼斯在写给儿子菲利普的信中说:"你看到了吗?他的一生光辉灿烂,直至生命的最后一刻都圆满无憾。"[103]他会感到欣慰的是曼图亚城专门从维吉尔的出生地寄来月桂,安放于他的墓中。乔治·梅雷迪斯和托马斯·哈代也在教堂出席了葬礼。与惠灵顿的葬礼一样,莫里斯并没有参加。他表示如释重负,因为他不需要在《公共福利》上为丁尼生的离世撰写社论了。

632

1850 年以来,丁尼生一直是桂冠诗人。有时,莫里斯会对这个荣誉职位所带来的撰写皇家庆典诗的任务厌恶到极点。1887 年,他给珍妮写信说:"很难过,可怜的老丁尼生一定认为,他有义务为我们胖维多①庆典写首颂诗。你看到了吗?有目共睹,这无疑就是马丁·塔珀干的那种活儿。"[104]塔珀是大众读物《通俗哲学》的作者,这本书收录了许多平淡的格言诗歌。塔珀堪称那个时代的佩兴斯·斯特朗②。莫里斯极其憎恨这种恭维体,认为它言之无物。1888年,在威尔士亲王和丹麦亚历山德拉公主结婚二十五周年纪念日之际,某些报刊把他和同时代诗人——刘易斯·莫里斯误认为同一人。他们嘲笑他这位社会主义者,竟然创作出《银婚颂歌》("Silver Wedding Ode")这种诗(其实是另一位莫里斯所写)。他对此勃然大怒:"想想看,我居然写了一首关于威尔士亲王的诗!"[105]在《公共福利》中一则短评《时间会复仇》("Time Brings Revenge")里,莫里斯写道:"如果再有这种事,我就改掉我的姓。"[106]

关于威廉·莫里斯可能会继丁尼生之后成为桂冠诗人这件事,人们众说纷纭,折射出这个时期的公众看法。既然《社会主义者颂歌》还没有写完,那么在官方看来,他仍然只是《人间天堂》的作者。事实上,当时几乎没有当之无愧的替代者了。罗伯特·勃朗宁陨落了,莫里斯的朋友狄克森消隐了。莫里斯自己,倒是很喜欢斯温伯恩——显然他也是维多利亚女王的最爱,却被共和主义和非宗教主义人士排除在外。其他主要参与角逐的诗人是被布伦特斥为"荒谬三人组"的刘易斯·莫里斯、埃德温·阿诺德和阿尔弗雷德·奥斯汀。[107]布伦特做了一把绅士,破例投给莫里斯一票。

1892年,格莱斯顿再次担任首相,开始了他的第四届也是最后一届任期。詹姆斯·布莱斯现在已是内阁成员,他私下拜访莫里斯,想试探他的想法。布莱斯是十五年前与莫里斯一同参与反土耳其运动的同侪,也是莫里斯的仰慕者。但莫里斯毫不犹豫地拒绝了举荐他的提议。总有一些迹象显露,格莱斯顿绝不会任命"一个彻头彻尾的社会主义

① 指维多利亚女王。
② 佩兴斯·斯特朗(Patience Strong,1907-1990),英国女诗人。

者"。[108]桂冠诗人的头衔最终传给了平庸的奥斯汀。但是很快,他在
《泰晤士报》上发表了纪念詹姆森突袭的颂歌,置自己于可笑境地。事
后看来罗伯特·布里奇斯确是最佳人选,然而他不得不为这一头衔等了
二十年。莫里斯当然从不后悔自己的决定。科克雷尔引用他的话,说他
永远不会看到这一幕——"穿着深红色毛绒马裤和白色长袜,为圭尔芬
家族和巴顿堡家族的孩子们一个一个地写着生日颂歌"。[109]

　　两年后,伯恩-琼斯被封为男爵。格莱斯顿从比亚里茨写信给他,请
他接受这一荣誉,"以表彰你在高雅的艺术领域所获得的崇高成
就"。[110]这一消息在"艺术工人"圈里泛起了风波。"伯恩-琼斯先生被
封为男爵,这真是令人震惊的消息。接下来会是什么呢!"威廉·布莱
克·里士满的女儿海伦在日记中写道。[111]詹妮也大吃一惊:"这太滑稽
了,让人忍俊不禁——我现在已经平心定气了——在我看来,把同样的
头衔授予一位天才和一个成功的酒商,而这天才居然还接受了,这简直
是莫大的冒犯。但我想,可能是我把生活看得太认真了,而对大多数人
看重的东西不屑一顾。"[112]内德就这一荣誉,向威廉·德·摩根打趣
道:"我想告诉你,我接受这顶大高帽,是为了让莫里斯先生高兴:希望
我不久后,就可以给尊敬的莫里斯主教大人写信了。"[113]这句话所暗含
的意义,被一阵调侃淹没了。而内德不敢亲口把这个消息告诉莫里斯,
尽管前天晚上他们还在一起吃饭。最后,还是莫里斯从报纸上看到了这
个消息。在伯恩-琼斯和莫里斯之间的微妙关系中,男爵爵位是一个不
虞之隙。

　　九十年代,莫里斯依然持续创作诗歌。但在他的一些信件中,我们
不难看出,诗歌几乎占据了一切,打断了一切,冲开了一切障碍。1892
年夏,他告诉珍妮:"星期二,我忙着写故事。上午,我完成了一首以前
卡住的诗,又开始写另一首——因为故事中有两首。"[114]同年晚些时
候,他开始筹划自己的诗歌版《贝奥武夫》。这是一部关于妖怪和人怪
的古英语英雄叙事长诗。但他创作的主要精力,已经从诗歌转向奇幻故

事系列。这些故事始于《乌有乡消息》,在他去世前的几个星期,他仍笔耕不辍。这些故事包括《光耀平原》(1890)、《世界之外的森林》(1894)、《世界尽头的水井》(1894)、《奇迹岛的水》和《奔腾的洪流》。后两部分别完成于1897年和1898年,他过世后由凯尔姆斯科特出版社出版。

634 　这些作品与莫里斯的其他作品大相径庭,也不同于维多利亚时期的任何小说。它们更接近于 J. R. R. 托尔金和 C. S. 刘易斯的二十世纪幻想作品,或美国近代一些科幻作品。它们把读者从现实世界带入想象世界,带入亦真亦幻的奇思妙想中。这些作品,写于一个新的国度,超越具体的时间和地点,弥漫大胆的情色气息。故事最终都以欲望的满足而告终。就莫里斯而言,让人尤为惊叹的是,这些需要高度集中注意力来写作的书是在如此稀松平常的日常活动中完成的:出版社,制作图案,莫里斯余留的政治生活,反修复协会会议与视察,以及他对工艺美术运动的全新投入。西德尼·科克雷尔是他身边的见证者,他描述了1892年在哈默史密斯的一天:

> 我和威廉·莫里斯独处了三个小时,阅读那些古老的书籍。我进房间的时候,他正在写《世界尽头的水井》。他说他至少要写七百页。他向我展示了伯恩-琼斯为乔叟作品绘制的插图样张,以及一些大写字母和镶边。我们来到花园,那里开满了硕大的蜀葵花。[115]

在他早期的小说《狼屋》(1888)和《山之根》(1889)中,莫里斯将他自孩童时期就为之着迷的冒险精神充分演绎。这些书也描绘了穿越幻想风景的旅程,但故事背后总有一个大致的历史背景。这些十九世纪九十年代写的书则不同,它们飘向一个联系更为随意的世界。两卷本小说《世界尽头的水井》,长达二十二点八万字,是当时最长的奇幻小说,读者如同置身童话世界的险境:

国王的四个儿子抽签决定,看看谁将会子承父位来统治这个小王国,谁会骑马乘舟,去北方、东方或西方探险。于是,最年轻的那位王子,骑着战马,带着猎鹰出发了。他离开了阿普米德这个小国度,去寻找远方的乌特博尔。乌特博尔在黑暗森林、城堡群、四海口村和塔谷的那一边,是奇迹之井的所在地。[116]

莫里斯的最后几部小说有些遭人嗤笑,受到并未真正读过这些小说的人的轻视。事实上,小说的语言并没有那么浮夸。莫里斯讲述奇幻故事的方式相当直白,大都是散文体,且以单音节为主。这种单刀直入式的表述,让人想起了古英语的特征。我们应该还记得,他的思维早已和《贝奥武夫》的写作方式同化。他乐于使用那些稀奇却素朴的名字——尤其是书中女人的名字。《光耀平原》这个故事讲述了哈布利斯如何追寻"被掳走的女人"——她金发灰眸,被海盗绑架带走了。在《世界之外的森林》中,沃尔特对他的真爱"侍女"本用情至深,却被另一位"夫人"引诱。这位夫人是莫里斯笔下的蛇蝎美人,充满魅惑力。这些小说的语言带有一种陌生感,莫里斯通过创造自己的语言风格,将读者吸引至这梦幻世界,将他们从他所认为的那个时代的流俗英语中解救出来。

　　《旁观者》的评论家提出,《世界之外的森林》是一则关于资本和劳动力的寓言。莫里斯对此感到不平。"我无意把《世界之外的森林》打造成某种寓言,它就是一个不折不扣的冒险故事,"他回答,"另一方面,我认为,任何想写讽喻故事的人,如果他不开宗明义地阐释意图,也不在意故事背后的隐喻——就像寓言大师班扬一样的话,那这便是极其糟糕的艺术表现。"[117]尽管如此,我们很难不从这些奇幻故事中解读出当代的政治意义,因为故事中显然存在奋进与懈怠两种极端状态。我们更无法不把莫里斯与他笔下的英雄相比较——英雄们坚韧不拔,莫里斯也百折不挠,正如在《光耀平原》中,哈布利斯凭意志力从低迷恍惚中清醒。他提醒自己,"我在这世上尚有使命在肩"。[118]事实上,这些故事与班扬的故事也并非相去甚远。他们的英雄,都在崎岖的山路上辛苦跋涉,都

635

在死气沉沉的荒地上努力生存,都在波涛汹涌的岛屿间航行辗转,都以智慧战胜奸诈的同伴,都抵制住了谄媚女人的诱惑……因为他们有自己的精神信仰,有追求社会平等的强烈信念。莫里斯的最后几部小说大功告成,与班扬不同的是,莫里斯将民主与性福等量齐观。

在《乌有乡消息》中,所谓的"妇女解放问题"被斥为"老生常谈"。[119]在莫里斯的乌托邦中,"女人做着她们最爱的事,男人既不心生嫉妒,也不因此感到自卑"。艾伦被塑造成一位理想的女性形象。她落落大方、自由奔放,可以直视追求者的眼睛。她散发出来的光辉来自她对自身价值的认同,以及她在生活中表现出来的"自由意志"。莫里斯将转变后的她与革命前的她进行对比。那时,艾伦的命运犹如浮萍。她的美丽、聪明和圣洁,会被当成商品"卖给有钱人"。在小说中,艾伦在性方面的主动让这位叙述者为之着迷,为之称叹。莫里斯后来所描写的女主人公,都带有艾伦美丽而独立的品性,她们"会主动吻别人,是颇有男子气的女人"。[120]

活力十足的女性气质让莫里斯欲罢不能。在《乌有乡消息》中,新大楼的头像雕刻师就是一位名叫菲利帕的女士。她是个"身材小巧的女人"[121],却总是用槌和凿雕个不停。在《奇迹岛的水》中,伯德罗和莫里斯的女儿梅一样是名专业刺绣师。她在五艺之城建立了一个作坊,并招收学徒。书中有一段对伯德罗的精妙描述——在一件礼服上,她缝绣了玫瑰、百合和一棵"从裙子下摆的中间处生长出来"[122]的大树,树的两边各有一只鹿。伯德罗来到皇后岛,见到了另一群女人。那是小说里的一个醉生梦死的画面——女人们华冠丽服,却如行尸走肉。大厅里摆着长桌,到处都是女人,有的坐在那里,有的在服务。目光所及之处没有一位男性。这些女人,大多很迷人,"她们争芳斗艳,面似桃花,眼若星辰,秀发如瀑,华贵雍容"。但她们不言不语,动也不动。伯德罗惊愕地意识到,这些完美女人虽然活着,却已经死了。

在后期几部小说中,莫里斯塑造了一个新的女性形象。她不仅是工人,更是一位战士。在《世界尽头的水井》中,厄休拉身穿绿袖丝服,身披盔甲，与士兵们英勇前进。当他们穿过城门，跃入城市之际，她一马当先，手持圣杖，冲在"高头大马的士兵"前面，宛如"所向披靡的战神"。不过，即便是这样的厄休拉，也完败给《奇迹岛的水》中的伯德罗。伯德罗"穿着轻便胸甲"，"鹿皮长靴遮住了双腿优美的曲线"。她的形象，更类似于《复仇者联盟》中的芭芭拉或戴安娜·里格——二十世纪六十年代性革命中的女性表率。伯德罗"身佩利剑"、箭筒，以及"强弓劲弩"。如果将莫里斯对于女战士的赞咏归结于他的社会主义运动经历，这将是一个耐人寻味的洞见。莫里斯认识夏洛特·威尔逊，她是《自由》杂志的编辑，持无政府主义立场，不反对暴力革命。他也一定有所耳闻，在"血腥星期日"，安妮·贝桑特在特拉法加广场阻拦骑警，无所畏惧。几乎可以肯定，莫里斯与路易丝·米歇尔也有私下往来。她是巴黎公社的老战士，流亡伦敦，那时正担任位于菲茨罗伊广场的一所国际社会主义学校的校长。伯德罗拔剑的那一刻，就意味着温和柔顺的女性理想形象彻底被颠覆。二十世纪，在威廉·莫里斯的众多作品里，《奇迹岛的水》是芭芭拉·卡斯尔的最爱。

也许只有在奇幻故事中，莫里斯才有勇气直面性解放的女性。他笔下的女主人公，可以自由支配其身体，去爱一切所爱。饱经世故的沃达斯，对伯德罗春风化雨，带她揭开关于彼此渴求和女性性欲的秘密："妹妹！妹妹！即便是如此，别无其他，正如他们渴望我们，我们也渴望他们，这不仅是出于对他们的善意，还是渴求和热烈的爱。"沃达斯对她许下爱的诺言，她毫无保留地给予身体上的回应：

> 他们此刻默然无声，房间里似乎燃着一股甜甜的香。伯德罗脸颊上的红晕忽深忽浅。她肉体轻颤，心跳加速，甜蜜的渴望让她无所适从。优美地，她轻挪身体，一只脚搁在另一只脚上，感受着自己的柔滑肌肤。对自己的身体，她温柔以待——就像有一天，她也被人如此深爱。

《奇迹岛的水》是莫里斯唯一一部完成的以女性为主角的小说。但是,梅在许多未完成的故事以及这个时期所写的草稿中,引述了某个片段。这是一个叫作《荒原》的故事。它的开头是这样写的:"我听说,在森林旁边的美丽房子里,住着一个女人。房子里没有男人,只有许多姑娘。"[123] 这算是莫里斯最后一部女权主义小说的开篇吗? 真希望他能一直写下去。

然而,莫里斯还不能算是彻底的女权主义者,尽管女权主义者们时常让他心动。他认为,妇女选举权并非迫在眉睫。1884 年,他在给简·科布登的信中写道:"坦率地说,我**个人**对选举权问题的看法是,除非人们坚定拥护社会主义,否则选举权便一无是处。"[124] 对于社会主义同盟政策,原则上他支持男女平等,但态度上也有所保留,正如他在 1886 年向格莱西尔解释的那样:

638
> 你知道,生育必然会使女人低男人一等,因为在生命的某段时间,她们必须依赖男人。当然,我们必须主张男女之间绝对平等,不同群体皆应平等。但让女性从事男性的工作(不幸的是,现在很常见),是很不经济的安排,反之亦然。[125]

然而,莫里斯确实强调了对工人阶级**妇女**施加影响的重要性,可以借此影响男性工人阶级。

受年龄、阶级,以及他特有的拘谨个性的局限,莫里斯无法坚持女权主义批判。他在妇女问题上的观点,不像他在工厂环境、教育或老年问题上的观点那样激进透彻。这点,就像他小说中的沃尔特,以及同时代许多男性一样,永远在荡妇和贞女之间摇摆不定。即使在这些小说中,也有令人失望的时刻。他让女战士们脱下闪亮的盔甲,在庆祝宴会上侍候男人。而事实上,她们已是莫里斯眼中最接近强者的女性形象了。所以她们揭示了他至少算是半个女权主义者。

1891 年秋,威尔弗里德·布伦特还住在凯尔姆斯科特。他和莫里斯在柳树下散步、钓鱼,多次谈心。他总结道:"从政治角度来讲,他和我的立场大致相同。他已经认识到,他们的社会主义就如空中楼阁般不切实际、不合时宜。因此,他把社会主义完全丢掉了,转而重拾他早期热爱的艺术和诗歌。我想,在这方面我可能对他有影响。"[126]布伦特有做新闻记者的**禀赋**。他的日记写作,揭示了他的天赋——善于分析,一语中的,但忽略了准确性。就像他所有令人会心的评论和明快的论证一样,其中不乏真知灼见。

七年时间,莫里斯经历了两次巨变:社会主义民主联盟的内部分裂及随后被社会主义同盟排挤驱逐。在公开场合,他表现得若无其事,声称仍愿意热心参与社会主义政治活动。但面对更亲密的朋友,他承认自己的抑郁沮丧。1891 年,他给社会主义民主联盟的老同事詹姆斯·乔因斯写信说:"自社会主义民主联盟成立以来,事态瞬息万变。有时我为之欢喜,但更多时候是大失所望。"[127]在后来写给乔治亚娜的信中,他将一生积累的痛苦一吐为快:"我在想,我是如何这么多次错失良机?明明自己已遍体鳞伤(尤其是这些年),却忍气吞声,什么也没做!"[128]他说,他应该像笔下的一位冰岛英雄那样,好好在床上躺上一两个月。

639

注释

[1] 威廉·莫里斯,《梦见约翰·鲍尔》,1888 年。

[2]《威廉·莫里斯:艺术家、作家、社会主义者》。

[3] A. H. 麦克默多,《工艺美术运动的历史》('History of the Arts and Crafts Movement'),未出版,威廉·莫里斯陈列馆。

[4] 威廉·罗滕斯坦爵士,《男人与回忆》(Men and Memories),费伯出版社,1931 年。

[5] T. J. 科布登-桑德森,《日记:1879-1922 年》,1883 年 6 月 24 日。

[6] 科布登-桑德森在莫里斯的一本《资本论》扉页上的亲笔签名说明。

[7] T. J. 科布登-桑德森,《日记:1879-1922 年》,1884 年 10 月 13 日。

［8］ A. H. 麦克默多,《工艺美术运动的历史》。

［9］ 威廉·罗滕斯坦爵士,《男人与回忆》。

［10］ C. R. 阿什比,《约翰·罗斯金和威廉·莫里斯的教学》,埃塞克斯出版社,1901 年。

［11］ 威廉·莫里斯致约翰·格拉斯的信,1888 年 2 月 10 日。

［12］ 1885 年年度大会的威廉·莫里斯报告,古建筑保护协会存档。

［13］ C. R. 阿什比,《威廉·莫里斯》,艺术工作者协会的工匠系列肖像之一,手稿,剑桥大学国王学院。

［14］ 威廉·莫里斯致 W. A. S. 本森(?)的信,1887 年 12 月 31 日。

［15］ C. R. 阿什比,手稿,1887 年 12 月 5 日,剑桥大学国王学院。

［16］ T. J. 科布登-桑德森,《日记:1879–1922 年》,1885 年 3 月 21 日。

［17］ 威廉·莫里斯致珍妮·莫里斯的信,1888 年 10 月 17 日。

［18］《爱德华·伯恩-琼斯回忆录》。

［19］ H. 斯帕林,《凯尔姆斯科特出版社和工匠大师威廉·莫里斯》。

［20］ 威廉·莫里斯致珍妮·莫里斯的信,1889 年 11 月 2 日,亨德森。

［21］《威廉·莫里斯:艺术家、作家、社会主义者》。

［22］ 弗朗西斯·霍纳,《铭记的时光》。

［23］《新评论》文章,1891 年 1 月。

［24］ 西德尼·吉姆森(Sydney Gimson),《杂忆莱斯特世俗协会》(Random Recollections of the Leicester Secular Society),第一部分,1932 年,莱斯特郡档案局。

［25］ 乔治亚娜·伯恩-琼斯致西德尼·科克雷尔的信,1913 年 5 月 13 日,国家艺术图书馆。

［26］ 西德尼·科克雷尔,《最好的朋友》。

［27］ W. A. S. 本森讣告,《泰晤士报》,1924 年 7 月 9 日。

［28］ 内维尔·利顿,《英国乡村绅士》,1925 年。

［29］ 威廉·莫里斯,《生活之美》,1880 年讲座。

［30］ 艾伦·克劳福德(Alan Crawford)和林恩·沃克(Lynne Walker),1978 年在伯明翰举行的维多利亚协会会议论文。

［31］ 爱德华·皮尔逊·普雷西,《乡村时代与潮流》(Country Time and

Tide)第四期社论,1903 年 9 月。

[32]《妇女家庭杂志》中的爱德华·博克(Edward Bok),引述自大卫·E. 施,《简单生活》,1985 年。

[33] 魏玛包豪斯的第一次宣言,1919 年。

[34] 威廉·莫里斯致 J. 布鲁斯·格莱西尔的信,1888 年 9 月 18 日。

[35] 科梅尔·普赖斯日记,1888 年 8 月 19 日,普赖斯家族藏品。

[36] 威廉·莫里斯致塞缪尔·里夫斯的信,1888 年 9 月 12 日。

[37] 威廉·莫里斯致珍妮·莫里斯的信,1888 年 12 月 4 日。

[38]《威廉·莫里斯作品集》"导言"。

[39] 同上。

[40] 扉页诗,《狼屋》,1888 年。

[41] 麦凯尔,《威廉·莫里斯的一生》。

[42] 威廉·莫里斯致 F. S. 埃利斯的信,1889 年 11 月 21 日。

[43] 麦凯尔,《威廉·莫里斯的一生》。

[44] H. 斯帕林,《凯尔姆斯科特出版社和工匠大师威廉·莫里斯》。

[45]《威廉·莫里斯关于创建凯尔姆斯科特出版社的目标的笔记》,1895 年 11 月 11 日,同上。

[46] H. 哈利迪·斯帕林,《凯尔姆斯科特出版社和工匠大师威廉·莫里斯》。

[47]《威廉·莫里斯关于创建凯尔姆斯科特出版社的目标的笔记》,同上。

[48] H. 斯帕林,《凯尔姆斯科特出版社和工匠大师威廉·莫里斯》。

[49]《威廉·莫里斯作品集》"导言"。

[50] 威尔弗里德·斯考恩·布伦特,《我的日记》,1911 年 12 月 31 日。

[51]《威廉·莫里斯关于创建凯尔姆斯科特出版社的目标的笔记》。

[52] 威廉·莫里斯致 F. S. 埃利斯的信,1889 年 11 月 21 日,麦凯尔,《威廉·莫里斯的一生》。

[53] 詹妮·莫里斯致西德尼·科克雷尔的信,1898 年 3 月 17 日,国家艺术图书馆。

[54] 威廉·莫里斯致乔治亚娜·伯恩-琼斯(?)的信,1891 年 5 月 20 日,

亨德森。

[55] T. J. 科布登-桑德森,《日记:1879–1922 年》,1891 年 4 月 4 日。

[56] 威廉·莫里斯致阿格拉娅·科罗尼奥的信,1891 年 7 月 29 日,亨德森。

[57] 查尔斯·哈维和乔恩·普赖斯,《威廉·莫里斯:维多利亚时代英国的设计与企业》,曼彻斯特大学出版社,1991 年。

[58] 约翰·罗斯金致西德尼·科克雷尔的信,1887 年,引自 H. 斯帕林,《凯尔姆斯科特出版社和工匠大师威廉·莫里斯》。

[59] 威廉·莫里斯致菲利普·韦伯的信,1894 年 8 月 27 日,亨德森。

[60]《威廉·莫里斯关于创建凯尔姆斯科特出版社的目标的笔记》。

[61]《威廉·莫里斯:艺术家、作家、社会主义者》。

[62] 珍妮·莫里斯致西德尼·科克雷尔的信,1898 年 8 月 16 日,大英图书馆。

[63] 威廉·莫里斯致詹妮·莫里斯的信,1891 年 5 月 10 日,麦凯尔笔记本,威廉·莫里斯陈列馆。

[64] 凯尔姆斯科特出版社第二届年度晚宴菜单,1893 年 9 月 8 日,切尔滕纳姆。

[65] 哈里·凯斯勒伯爵,1895 年 6 月 20 日的日记,引述自《矩阵 12》,1992 年冬。

[66] H. 斯帕林,《凯尔姆斯科特出版社和工匠大师威廉·莫里斯》。

[67] T. J. 科布登-桑德森,《日记:1879–1922 年》,1894 年。

[68] 詹妮·莫里斯致威尔弗里德·斯考恩·布伦特的信,1890 年 12 月 29 日,彼得·福克纳编,《简·莫里斯致威尔弗里德·斯考恩·布伦特书信》。

[69] 詹妮·莫里斯致威尔弗里德·斯考恩·布伦特的信,1890 年 2 月 28 日,福克纳。

[70] 威尔弗里德·斯考恩·布伦特的信,日记手稿,1893 年 5 月 18 日,菲茨威廉。

[71] 詹妮·莫里斯致威尔弗里德·斯考恩·布伦特的信,1891 年 4 月 13 日,福克纳。

[72] 威廉·莫里斯致 F. S. 埃利斯的信,1891 年 2 月,亨德森。

［73］T. J. 科布登-桑德森,《日记：1879–1922 年》,1891 年 3 月 28 日。

［74］威廉·莫里斯致乔治亚娜·伯恩-琼斯的信,1891 年 7 月 29 日,亨德森。

［75］威廉·莫里斯致菲利普·韦伯的信,1891 年 8 月 19 日,同上。

［76］威廉·莫里斯致菲利普·韦伯的信,1891 年 8 月 11 日,同上。

［77］威廉·莫里斯致埃默里·沃克的信,1891 年 8 月 13 日,同上。

［78］威廉·莫里斯致乔治亚娜·伯恩-琼斯的信,1891 年 8 月 27 日,麦凯尔笔记本,威廉·莫里斯陈列馆。

［79］威廉·莫里斯致詹妮·莫里斯的信,1891 年 8 月 8 日,亨德森。

［80］威廉·莫里斯致埃默里·沃克的信,1891 年 8 月 13 日,同上。

［81］威廉·莫里斯致詹妮·莫里斯的信,1891 年 10 月 22 日,同上。

［82］威廉·莫里斯致乔治亚娜·伯恩-琼斯的信,1890 年 10 月 16 日,麦凯尔,《威廉·莫里斯的一生》。

［83］詹妮·莫里斯致威尔弗里德·斯考恩·布伦特的信,1891 年 7 月 29 日,福克纳。

［84］威·斯·布伦特,日记手稿,1889 年 11 月 18 日,菲茨威廉。

［85］同上,1890 年 9 月 7 日。

［86］詹妮·莫里斯致威尔弗里德·斯考恩·布伦特的信,1891 年 12 月 12 日,福克纳。

［87］威·斯·布伦特,日记手稿,1888 年夏天,菲茨威廉。

［88］同上,1889 年夏。

［89］詹妮·莫里斯致威尔弗里德·斯考恩·布伦特的信,1888 年 3 月 15 日,福克纳。

［90］威·斯·布伦特,日记手稿,1891 年 6 月 24 日,菲茨威廉。

［91］同上,1891 年 6 月 25 日。

［92］同上,1888 年 11 月。

［93］同上,1889 年的调查。

［94］威廉·莫里斯致 F. S. 埃利斯的信,1888 年 10 月 8 日。

［95］威·斯·布伦特,日记手稿,1889 年,菲茨威廉。

［96］威廉·莫里斯致 J. 布鲁斯·格莱西尔的信，1892 年 10 月 14 日，威廉·莫里斯陈列馆。

［97］西德尼·科克雷尔，日记手稿，1892 年 11 月 7 日，大英图书馆。

［98］威·斯·布伦特，日记手稿，1892 年 10 月 14 日，菲茨威廉。

［99］詹妮·莫里斯致威尔弗里德·斯考恩·布伦特的信，1892 年 11 月 22 日，福克纳。

［100］詹妮·莫里斯致威尔弗里德·斯考恩·布伦特的信，1892 年 12 月 21 日，福克纳。

［101］威廉·莫里斯致詹姆斯·乔因斯的信，1892 年 12 月 27 日，大英图书馆。

［102］凯尔姆斯科特访客登记簿，1892 年圣诞节，大英图书馆。

［103］《爱德华·伯恩-琼斯回忆录》。

［104］威廉·莫里斯致詹妮·莫里斯的信，1887 年 3 月 30 日。

［105］威廉·莫里斯致詹妮·莫里斯的信，1888 年 3 月 4 日。

［106］《公共福利》，1888 年 3 月 31 日。

［107］威·斯·布伦特，日记手稿，1892 年 10 月 6 日，菲茨威廉。

［108］ M. P. 帕里泽（M. P. Pariser），《1892 年桂冠诗人》（“The Poet Laureateship, 1892”），《曼彻斯特评论》（*Manchester Review*），1958 年–1959 年冬。

［109］西德尼·科克雷尔，再版的 J. W. 麦凯尔的《威廉·莫里斯的一生》“导言”，世界经典，1950 年。

［110］《爱德华·伯恩-琼斯回忆录》。

［111］海伦·里士满，日记手稿，1894 年 2 月 5 日，里士满-梅里克家族文件。

［112］詹妮·莫里斯致威尔弗里德·斯考恩·布伦特的信，1894 年 3 月 12 日，福克纳。

［113］爱德华·伯恩-琼斯致威廉·德·摩根的信，A. M. W. 斯特林，《威廉·德·摩根及其妻子》）。

［114］威廉·莫里斯致珍妮·莫里斯的信，1892 年 7 月 14 日，大英图书馆。

［115］西德尼·科克雷尔,日记手稿,1892 年 7 月 31 日,大英图书馆。

［116］威廉·莫里斯,《世界尽头的水井》,1896 年。

［117］威廉·莫里斯致《旁观者》的信,1895 年 7 月 20 日,亨德森。

［118］威廉·莫里斯,《光耀平原》,1890 年。

［119］威廉·莫里斯,《乌有乡消息》,1890 年。

［120］威廉·莫里斯,《世界尽头的水井》,1896 年。

［121］威廉·莫里斯,《乌有乡消息》,1890 年。

［122］威廉·莫里斯,《奇迹岛的水》,1897 年。

［123］威廉·莫里斯,《荒原》,不完整手稿引述自《威廉·莫里斯作品集》"导言"。

［124］威廉·莫里斯致简·科布登的信,1884 年 1 月 12 日。

［125］威廉·莫里斯致布鲁斯·格莱西尔的信,1886 年 4 月 24 日。

［126］威尔弗里德·斯考恩·布伦特,《我的日记》,1891 年 9 月 30 日。

［127］威廉·莫里斯致詹姆斯·乔因斯的信,1891 年 8 月 4 日,大英图书馆。

［128］威廉·莫里斯致乔治亚娜·伯恩-琼斯的信,1895 年 8 月,亨德森。

第十八章　哈默史密斯(二)(1893–1896)

　　九十年代初,在哈默史密斯范围内,莫里斯的社会主义活动已经消减得微乎其微。对于周日上午的例会,他还能做好分内之事。但在1891年和1892年,他的正式演讲和讲座分别锐减为约十二次和七次。在此期间,他只走出伦敦做过两次讲座:去伯明翰和曼彻斯特。事实上,他投于哈默史密斯社会主义分会的精力远不及以前投于哈默史密斯社会主义同盟分会的。尽管会议记录显示莫里斯仍在出席,但他已经鲜少主持会议。《哈默史密斯社会主义纪要》是一份四页月刊,于1891年10月出版。名义上,这似乎是赋予他一个言论武器,但他只是时常置身其中,而且只做了几期月刊。在他心里,没有什么能比得上《公共福利》。

　　然而,随着时间的推移,莫里斯开始重新站回社会主义战线。他重拾信心,卷土重来,并转化为一个新的角色:无所不在的仲裁人、调停者以及无党派人士。1891年的伦敦五一劳动节,他在党际联合大会的讲台上宣布由艾威林担任主席。其他发言者有坎宁安·格雷厄姆、费边社代表萧伯纳、社会主义民主联盟代表哈里·奎尔奇。那天,恩格斯也登上了讲台。日渐月染,莫里斯逐渐成为元老式政治人物,英国社会主义的圣徒和英雄。

　　出于他的文化威望和国际关系,他成了伦敦流亡人士中的核心人物。1891年12月初,他又回到他们当中。那时,他在一个挂着镜子和厚重落地窗帘的拥挤小房间里参加了俄国自由之友会议。会议主要发

言人是俄国人费利克斯·沃尔霍夫斯基,他对沙皇亚历山大三世的政府　641
压迫行为表示控诉。斯捷普尼亚克随后也发了言。

> 威廉·莫里斯随即踊跃发言,话锋转向英国社会主义。他掷地
> 有声地说,俄国解放固然是大势所趋,我们自己不也是奴隶吗? 如
> 果俄国处境艰难,我们也同样不好过。所以,让已经觉醒的人们联
> 合起来吧……[1]

莫里斯几次被人打断,但他仍坚持讲下去,他喊道,如果他们要解放俄
国,不必让他当奴隶。

1890 年,莫里斯离开社会主义同盟时已经结清所有债务,并将《公
共福利》的字体设计、印刷设备和版权都交予理事会打理。但想要与之
毫无瓜葛是不可能的,即使 1891 年 2 月同盟最终垮台,他依然成为其无
政府主义倾向不可避免的受害者,同盟的阴影多年来始终萦绕在他心
头。莫里斯曾在默顿雇用的无政府主义者弗兰克·基茨据说携"同盟
财物、书籍"潜逃,据说他"不适合以同志身份继续参加运动"。[2] 1923
年,他在利兹去世,死时身无分文。

令莫里斯更焦心的是,1892 年 4 月,大卫·尼科尔和查尔斯·莫布
雷被捕,因为他们在《公共福利》上发表了一篇不计后果的激进文章。
紧接着,发生了一个轰动事件,即"沃尔索尔无政府主义者案件"。其中
牵涉的六个人都与社会主义有关。他们被指控有制造炸弹之嫌,但证据
可疑。炸弹肯定是真的。但事实证明,这起案件的幕后策划者是奥古斯
特·库隆,他是当时在伦敦工作的煽动分子之一,受雇于警方已有两年。

库隆是《公共福利》的定期撰稿人,写过一篇《国际纪实》
（International Notes）,力挺国外恐怖主义。他也是社会主义同盟哈默史
密斯分部的常客,《无政府主义者指南》（L'Indicateur Anarchiste,里面有
自制炸药和炸弹的说明）的分销者。四名沃尔索尔无政府主义者遭到
严厉刑罚,弗雷德·查尔斯、维克多·凯勒斯和让·巴托拉被判处十年

劳役,迪肯被判处五年劳役。大卫·尼科尔曾写过一篇犀利的文章替他们申诉,大有讨伐本案法官和梅尔维尔总督察之势。该文4月9日发表于《公共福利》,题为"他们岂配苟活?"。九天后就引来警察搜查办公室。莫里斯给珍妮写信,口吻相当恼怒:

642
　　如果你见到我们两位老同志——尼科尔和莫布雷,是怎样卷入《公共福利》风波,你会唏嘘不已。尼科尔真是愚勇,莫布雷已经离开,但他还敢再写那些白痴文章,简直对危险一无所知。我想,莫布雷会脱罪的,真为他感到遗憾,更为《公共福利》感到遗憾。[3]

　　查尔斯·莫布雷的妻子,刚在他被捕前几天去世。莫里斯出庭并为莫布雷提供了五百英镑担保,他才被批准去参加葬礼。1894年,莫里斯专门从凯尔姆斯科特赶来,为另一位社会主义同盟的老同志汤姆·坎特韦尔作证——他被指控密谋刺杀王室成员。第二年,一场声势浩大的运动发起,要求释放被监禁的沃尔索尔无政府主义者。莫里斯正式写了一封公开信,予以声援。他认为,他们此时罪不当罚,他们所干的"不过是一点大发神经的傻事"。[4]他特别提到了主犯弗雷德·查尔斯,莫里斯写道:"我们一起在社会主义同盟共事时,我见过他很多次。我相信,他诚实,友好,有人情味,非常热心……甚至热心过度……我无法理解,这样一个人会成为罪犯。"
　　莫里斯多次义正词严地谴责无政府主义者的暴力行为。1894年,他接受《正义》采访时指出:"这些行为本身就是犯罪,对无辜个体进行攻击,这真是愚不可及。其破坏与危害,与可能带来的好处相比,完全得不偿失。"那么,他为什么还要不遗余力地为这些无政府主义者或准无政府主义者辩护?为什么要冒着损失名誉的风险,与地下的"恐怖分子"和"煽动分子"患难与共?首先,是出于他旧时的忠诚:对莫里斯来说,社会主义同盟者仍然是"自己人"。[5]他要一如既往地支持他们。还因为,莫里斯的性格里有一种幻想倾向,使他无法完全认真对待炸弹恐惧。十九世纪九十年代初,正是伦敦无政府主义者暴行的高发期。沃尔特·克兰正在莫里斯的哈默史密斯书房里工作,文件四散在桌椅上。这时,理查德·格罗夫纳走了进来。莫里斯说,"这些纸下面可没有炸药",并递给他一把椅子。[6]

1893 年 3 月 10 日,莫里斯在哈默史密斯社会主义联盟发表演讲,根据新的事态发展,阐释了他的政治担忧和未来愿景——他称其为"共产主义",是更新版的《我们现在在哪里?》。那个图景有些怪异——莫里斯在自己的马车屋里伫立着,就像自己笔下的一位梦境叙述者,讲述着他的南柯一梦。

> 无疑,房间里有不少人如此,也许包括我自己(我说"也许",是因为某人正在消除旧有的见解)。——我说的是,我们之中的部分人,对于那必然发生的突然变革,曾经深信不疑。[7]

但在这里,莫里斯并不想像法国大革命一样果断地完成变革,他迫使自己去构想一个渐进的、几乎不会在英国引发剧烈社会动荡的未来。他倡导以所谓的"商业化管理",来取代"辉格党腐败和高压下的散漫自由"。这样做,显然存在诸多好处,完全符合莫里斯的清爽做派:

> 例如,就公共事务管理机构而言,伦敦郡议会并不见得比大都会工程委员会更有效。但是,它代表一种独特的精神,其功能、目的在于听取民众心声,为民众服务。它着眼于未来,为护持伦敦特定人群和低下阶层的生活尊严做出重要努力。再者说,通过诸如开放公园和其他公共空间、植树造林、建设免费图书馆等,来缓解城市文明生活的乏味,这样的举措又有何不妥? 公众推动这些目标之实现是明智而正确的事。

莫里斯亲身体验了新制度之裨益：古建筑保护协会向伦敦郡议会派出了三个不同的代表团，莫里斯称赞他们收到的回应是"以人为本，多方听取意见并加以权衡，最终更弦易辙。对于公共机构来说，这相当了不起"。[8]

最让他担忧的是，优良的环境设施、住房、教育，将不可避免地分配失衡，唯有中产阶级受益，工人阶级得不到一点好处。他还忧虑英国人正在走向一个没有灵魂、最终令人窒息的未来，其仰赖的基础是社会主义"机制"，而不是社会主义本身。莫里斯关于"煤气和水的社会主义"的评判，不失先见之明。他提前总结了"二战"后在英国重新集结起来的反福利国家的论点。

莫里斯担心，随着费边的世界梦想取得胜利，可怕的惰性会席卷全国。"世界正在按照你的方式发展，韦伯，但它终究不是正确的方式。"1895 年，他对西德尼·韦伯如是说。[9]他对未来的担忧与奥尔德斯·赫胥黎的《美丽新世界》(1932)相差不远。莫里斯对自己耽于幻想和易于倦怠的趋向极为敏感，所以他可以清楚看到那些新举措及其背后顺理成章的解决方案，是如何蒙昧人心的。他的远大志向，依然出于坚定的信仰，他依然盼望劳动人民能真正理解社会主义，对它心怀"热切的渴望"。难能可贵的是，莫里斯经历了无数次的希望落空，尽管他已经青春不再，却依然能满怀热情、富有远见地谈论未来。

> 必要的是，为了充分利用社会主义机制，我们应该对它所带来的结果有所了解。现在让我来简单阐释我们常说的共产主义或社会主义的含义。在我看来，彻底的社会主义和共产主义之间并无根本差异，共产主义实际就是社会主义的终章。当社会主义停止战斗，走向胜利之际，就即将转化为共产主义。[10]

在许多方面，莫里斯所提出的共产主义，与二十世纪三十年代在苏联和战后东欧兴起的"共产主义"截然不同。

自 1877 年在诺森伯兰郡群众大会上发言以来,莫里斯深感自己与
矿工之间联结紧密。他已经完全领会了 1889 年码头罢工的真实意义。
而现在,1892 年和 1893 年煤田大罢工,又将他与社会主义力量联系在
一起。1893 年 11 月 16 日,布伦特在哈默史密斯吃午饭,他注意到"莫
里斯对煤炭战争和罗斯伯里①提议的方案兴致勃勃。他认为矿工们让
自己失业、挨饿,在政治上未免太过天真。他们理应拒绝工作,住到救济
院去。这样一来,罢工的代价就会由雇主承担"。"但是,"他说,"在这
件事上,他们必须有一种荣誉感,这是至关重要的。"[11]几天前,莫里斯
给《每日纪事》写了一封信,标题是"斗争的更深层意义"。这是他写给
媒体的所有信件中极具说服力的一封。信中,他阐释了自己矢志不渝的
信念——"艺术的真正新生,势必伴随着全体人民对生活乐趣的自发表
达"。[12]为此,只有通过劳动者的努力,社会才能向好的方向发展。莫里
斯写道:"他们明白了这一点,并即刻采取了行动。看来,今年确实值得
载入史册……"

> 即便眼前步履维艰,坚毅的矿工们依然保有创造力。他们如
> 此,其他劳动者也将如此。有朝一日,当生活变得轻松、充满快乐,
> 人们就有时间环顾四周,弄清他们到底需要怎样一种艺术,并有能
> 力去实现自己的艺术需求。现在,没有人能够说清这样的艺术会采
> 取何种形式,但……可以肯定的是,它不取决于少数人的审美,而是
> 取决于大多数人的意愿。

莫里斯已经与海德门达成和解。社会主义民主联盟成为当时仅存
的真正革命党。莫里斯开始以演讲嘉宾的身份出现在社会主义民主联
盟平台。他支持年轻的乔治·兰斯伯里为社会主义民主联盟 1894 年 2

---

① 指罗斯伯里伯爵五世(Archibald Philip Primrose, 5th Earl of Rosebery, 1847-1929),英
国政治家,曾任英国首相。

月的沃尔沃斯补选而战。兰斯伯里,这位和平主义者,在二十世纪成为
工党领导人。在前一年秋天,莫里斯在伯恩利支持海德门成为候选人。
他北上兰开夏郡,在圣詹姆斯大厅发表了两次长篇演讲,一次在下午,一
次在当晚。在那次访问中,海德门把他带至曼彻斯特路终点,俯瞰下方
的小镇——这"弥漫着炭雾与烟尘的'恶囊'之城"[13],织布厂的高大烟
囱,耸立在厚重的密云之上。两位老革命家并肩而立,居高临下,俯视着
"这堕落的地狱深渊"——莫里斯如此咒骂着它。

莫里斯怀着冰释前嫌的态度,希望永远终结派别纷争。他对格莱西
尔说:"有时,我感觉,真的能够看到一个团结而自由的社会主义政
党。"[14]1893 年,哈默史密斯社会主义分会自发成立了社会主义机构联
合委员会,成员包括五名内部代表,五名费边社成员和五名社会主义民
主联盟的成员。萧伯纳指出:"费边社的人依靠可亲的柏拉图式的哈默
史密斯社会主义发展会的支持获得了给社会主义政党的多数票。社会
主义民主联盟结果也一样。"[15]有趣的是,两年前就已成立的独立工党
因羽翼尚不丰满而未受邀加入其中。在凯尔姆斯科特之家举行的气氛
融洽的计划会议上,莫里斯起草了一份宣言,提交给由费边社代表爱德
华·皮斯、海德门以及他本人组成的委员会讨论。在皮斯写给梅·莫里
斯的信中,他回忆道:"是你父亲起草的,而海德门和我糟蹋了它。"[16]莫
里斯的草案给他的印象几乎等同于哈默史密斯社会主义协会章程的翻
版。皮斯言简意赅地说明了其中的本质问题:"根本区别在于,除了一
些愤世嫉俗的问题,我们之间达不成基本共识。我们都厌恶商业文明,
但谈及摆脱商业文明的进程,无论是费边社还是社会主义同盟,都不得
其门而入。"他们的联合宣言因费边社撤回其代表而破灭。萧伯纳以讽
刺家的视角对这一切冷眼旁观。他讥讽说:"经验表明,联合委员会的
发展顶多只能成为一个晚餐俱乐部。"[17]

次年冬,在罗廷丁,乔治亚娜参加了教区委员会的选举。莫里斯写
信祝贺她开始"热血沸腾"。[18]内德以钦佩、惊叹的口吻描述她的旺盛精
力:"她太忙了——唤醒村民——四处游走——像一团火焰一样越过村

庄。"[19]她显露了卫理公会教徒背景下的非凡胆识,写下了一封"致选民的公开信",并在罗廷丁的各色酒馆里拉票。彼时,乔治亚娜持有鲜明的女权主义观点,认为女性对男性所忽视的事具有敏锐的洞察力。几年来,她是理事会中的唯一女性。"煤气与水的社会主义"似乎不太适合她。

　　萧伯纳将莫里斯与奥古斯特·罗丹相提并论,表面来看似乎言之有理。在外表、工作强度和完整性上,莫里斯确实很像罗丹。但他们之间存在着整体性(更不用说在性方面)上的天壤之别。莫里斯并不靠单枪匹马成就伟大的工作,他最后十年的杰作实际上都来自与人的通力合作。这种现象可以追本溯源至莫里斯-马歇尔-福克纳公司的公共艺术理念。

　　自八十年代末起,伯恩-琼斯为莫里斯公司设计的彩色玻璃窗达到新的成熟度。在这些宏大的作品中,早期莫里斯窗中世纪式的甜美风格已不见踪影,代之以马赛克式拉长的人物造型以及变幻斑斓的色彩——血红色、深孔雀蓝、虾粉色的运用。他为曼彻斯特学院小教堂设计的六幅新版《创世天使》(Angels of Creation),给人象征主义的感觉。人物怀抱蓝色球体像巨大的沙滩球,长着宝石红翅膀的天使表情略微令人生畏。莫里斯和伯恩-琼斯共同完成的彩绘玻璃的典范当属伯明翰圣菲利普大教堂的窗户——1887 年设计的《耶稣诞生》(Nativity)和《耶稣受难》(Crucifixion)。面对这两幅作品,内德一如既往地哀叹报酬过低。占据大教堂西侧的是《末日审判》(The Last Judgement)。画面上,基督身着白衣,周围环绕着一群英姿勃发的红色天使。他们脚下是坍塌的建筑物废墟。死者穿着绿色、蓝色、白色和大红色长袍站在坟墓上。这个窗户设计是在威廉·莫里斯去世后几周完成的。

　　从 1892 年到 1895 年,莫里斯在默顿的九名挂毯织工正投入一个能与伯明翰的彩色玻璃窗之恢弘相媲美的重大项目。这是《圣杯》的六联叙事挂毯,神秘之旅始于《圆桌骑士被陌生少女召唤去寻找圣杯》,以《达成》结束。这些挂毯,是受澳大利亚采矿工程师威廉·诺克斯·达西委托,为米德尔塞克斯的斯坦莫尔厅设计的,是莫里斯公司全面修整

647

计划的一部分。也许这个题材的选择,某种程度上是对诺克斯·达西的不屑——他是莫里斯又一位不被待见的富人客户。在莫里斯的第一次访问中,诺克斯·达西派马车来迎接他。"而后,"他在给珍妮的信中说,"我看到遇见的人都触帽致礼,但显然不是对我,而是对**那辆马车**。这让我忍俊不禁。"[20]这些挂毯皆被设计为八英尺高,以便悬挂在斯坦莫尔厅餐厅上方供人仰视。莫里斯修整提升了设计和编织,他精心钻研了大英博物馆1520年出版于巴黎的纹章资料书《文雅人吉龙:圆桌骑士的纹章铭文》,为挂毯上的纹章提供图示。正是那些真实的中世纪细节,赋予这些挂毯不可思议的神秘气息。这种风格与凯尔姆斯科特出版社的许多设计都有共通之处。

莫里斯生命中的最后几年,几乎全身心投入乔叟作品在凯尔姆斯科特的出版工作。这项任务,也是他与伯恩-琼斯最为密切的一次合作。早在1891年夏,莫里斯便开始谈论这位作家的作品版本,他觉得自己可能比其他任何人都更适合乔叟。伯恩-琼斯分析了他们之间的相似之处。"乔叟和莫里斯非常相似。写故事时,他们一定要从头到尾处于一种稳定的节奏,否则就会无所适从。"[21]乔叟甚至被莫里斯的家人耳熟能详:"乔叟用来写《坎特伯雷故事》第一行的钢笔,正是凯尔姆斯科特的'二十问'游戏的答案。1892年12月,出版社宣布即将发行的版本采用莫里斯的新'乔叟'字体,即'特洛伊'字体的简化版。这个版本,还包含'大约六十幅E.伯恩-琼斯设计的图案'。"[22]

确切来说是八十七幅插画。在乔叟作品上的精诚合作,使莫里斯和内德几近重返亲密无间的状态。作为准备,他们坐在一起重读乔叟,有时莫里斯还假装看不懂。内德自有顾虑:"我不确信,如果乔叟健在,目睹这一切,是否会满意我为他画的插图。抑或,他更喜欢印象风格?我不敢想象,如果他和莫里斯在天堂相遇,会不会大吵一架。"[23]莫里斯鼓动内德为乔叟的粗俗内容配上插画。"特别是,"内德给斯温伯恩写信说道,"他希望我给《磨坊主的故事》(*Miller's Tale*)画点料。"但伯恩-琼斯坚决拒绝了,说莫里斯比自己"更大胆粗野",但他心知肚明:这种评价并不中肯。

这是缓慢而艰巨的进程。将伯恩-琼斯的设计转成木版雕刻需要解决很多技术难题。然而,随着巨作的逐渐成形,可以感觉到莫里斯情绪高涨、神采飞扬。1893 年 3 月,他完成了封面设计。"看起来多么神清气爽!"[24]1894 年 8 月 10 日,第一页乔叟作品付印于牛皮纸。莫里斯对珍妮说,遇到一点小麻烦,随后一切进展顺利:"我已经为《律人故事》(*Man of Law's Tale*)设计了一个大写的'O',正着手做《智慧与谎言之书》(*Book of Wisdom and Lies*)的扉页。"[25]8 月 22 日,他给她写信说:"他们把乔叟的书印得很好。除了三份牛皮版外,其他都售罄了。现在,人们正为谁能优先购买书籍而争吵不休。"[26]1895 年 1 月 8 日,第二台阿尔比恩印刷机在上林荫路 21 号附加厂房开始运行。从那时起,凯尔姆斯科特的乔叟作品出版进程中需要两台印刷机同时开足马力。

从 1893 年开始,在忙于乔叟作品出版的同时,莫里斯还在翻译《贝奥武夫》。他并不是真正意义上的盎格鲁-撒克逊学者。他虽依据原文,但也借助更专业的剑桥大学基督学院 A. J. 怀亚特提供的散文释义,以保证文意准确。当怀亚特的第一批译文到位时,他很快回复:"我已把你寄给我的《贝奥武夫》编成韵文。"[27]他发现,这是"最让人引以为乐的工作"。莫里斯提议与怀亚特共同通读原著以帮他发掘真实的语感——就像早期的萨迦时代与马格努松一起做的那样。2 月 25 日,他在随笔日记中写道:"完成了第一批约七百行《贝奥武夫》的译文。"[28]完成原作的三千一百八十二行后,他每周都会在格兰奇的周日早餐时间读给内德和乔治亚娜听。不过,鲜少有人称赞莫里斯的《贝奥武夫》(尤其是在牛津)。对于这点,我没必要去证实。在这个时期,莫里斯的文风尤其啰唆松散。这部译作是个意外的失败,因为莫里斯喜爱英雄主义,理应对作品中的山呼海啸、凄风苦雨和巨人族的战斗深感共鸣。

莫里斯仍有能力爆发出狂野的兴奋情绪。当他听说现年七十多岁的罗斯金称赞他为"这个时代最有才干的人"[29]时,他从凯尔姆斯科特之家的酒窖里开了瓶他最喜欢的皇家托卡伊酒来庆祝。他偶尔还会像以前那样怒不可遏。1895 年,在哈默史密斯,他向五位热心少女展示手稿,但其中一人竟敢伸手去触摸镀金的部分。莫里斯立时火冒三丈。海伦·托马斯回忆说:"我们为其中一人的无知之举而惊恐。他的盛怒让我们感到羞辱。这种感觉令人记忆犹新。"[30]而一旦恢复理智,他就会像往常一样急于弥补。他楼上楼下跑个不停,来来回回进出房间,拿来更多的书、手稿以及罗塞蒂和伯恩-琼斯的画。

但莫里斯逐渐变得沉默。在这一时期,他未来的传记作者麦凯尔结识了他,观察到"他的整体人格"如何变得"成熟而柔和"。他更加良善,更富耐心。在哈默史密斯,河边的生活似乎让他身心舒适,当地吵闹的顽童也无法激怒他了。在一个夏天,他写道:"昨天,我与梅和哈里一起吃饭,饭后坐在门外,看河潮上涨,船只往来……很快,我有些困倦,便倚躺在花园椅子上。梅也是如此,我们沉思了一会儿,然后睡着了。"[31]

九十年代是莫里斯的整合期,这也是分离和变化的时期。梅短暂的社会主义婚姻结束了——正如詹妮预料的那样。1892 年,凯尔姆斯科特的圣诞节异常寒冷,在节前的几个星期,萧伯纳搬进了哈默史密斯排屋 8 号。他称这个地方是梅的"静谧小屋,里面有个刺绣工厂,从九点到五点一直忙碌不停"。[32]这本来只是临时起意,让萧伯纳从紧张疲惫的状态中得以喘息。但他最终留了下来,如他后来回忆的那样。他用一贯自得的语气说,"在三人组成的安乐窝里,有段时间一切顺遂"。[33]梅热情地欢迎他,斯帕林也很高兴,因为萧伯纳能让梅"保持良好的幽默感",还能做出丈夫捣鼓不出来的美食。"这可能是我们三人生活的最幸福时光。"尽管在家庭通信中没有迹象表明斯帕林夫妇流产了一个孩子,但莫里斯的圈子都知道这件事。[34]如果的确如此,就可以解释为什么他们会如此欢迎萧伯纳,把他当作开心果和拯救者。但是,这种田园诗般的生活并不能长久。对于这种所谓神秘联结,萧伯纳骂道:"打一开始,它就把我绑在家庭生活里。"萧伯纳养病结束,便不再有任何借口留在梅家里,除非他提出永久留下——"她的合法婚姻已如所有幻梦一般破灭了"。这也是萧伯纳的剧本《花花公子》一目了然的主题。他在斯帕林家居住了春夏两季,一直在创作这个剧本。(最后一幕最终得以在 1991 年被重新发现并上演,但它曾被认为太过"前卫"而无法登上舞台。)8 月,梅和萧伯纳与英国代表团一起前往苏黎世,参加国际社会主义工人代表大会。爱琳娜·马克思·艾威林也在党内。

斯帕林对这种状况感到极其愤懑,觉得被社会主义同事和自己的妻子背叛了。显然,梅倒是希望"神秘婚约"会花开正果。而萧伯纳像往常一样,正从情感纠葛的烂摊子中溜走。斯帕林告诉霍尔布鲁克·杰克逊,"在完全俘获他的妻子之后,萧突然消失了,让一个女人空留余恨,让她与丈夫的未来关系陷入无尽冰冷"。[35]萧伯纳则振振有词:"斯帕林所说的'俘获'完全是子虚乌有。事情并非如此,而是我们早就两情相悦。"[36]他进一步解释说:"但由于我在别处满足了性需求,我完全可以把这一切交给斯帕林,自己继续柏拉图式生活;梅却不愿这样。劫难接踵而来。"

萧伯纳这种轻浮草率的说法在莫里斯家激起不小的涟漪。1894 年 5 月,詹妮写信给布伦特说:"梅的婚姻已走到尽头,虽然我们一直期盼它向着这个方向发展,但结果真的来了,还是给人不小的打击。这件事我们从未对外人说过。"[37]她觉得自己可能再也见不到朋友们了。两天后,她又给布伦特寄信,把情况说得更清楚些:"梅的境况是,她一直在和以前的一个情人交往,让她的丈夫不堪重负,无法忍受——她现在还在国外,但她回来后他们便会分道扬镳。"[38]1894 年 6 月,斯帕林离开巴黎生活。也许如果没有他,梅的处境会更好。在科克雷尔的日记中,有一段内容隐晦地提到,斯帕林曾提出取得出售莫里斯手稿的特权。此后,梅独自在哈默史密斯排屋生活。有意思的是,詹妮似乎从未把梅的"三人混居"与她自己的情形联系起来。

对梅的遭遇,莫里斯的态度模棱两可。毕竟,他不仅有过亲身经历,也在诗歌和小说中反复描述过这样的情境。比如,《山之根》就蕴含了莫里斯对婚姻终结的最凄美、最深情的叙述。毫无疑问,在斯帕林和萧

651

伯纳之间,他还是更倾向于萧伯纳当他的女婿。从现实功利角度来看,他现在必须找人取代斯帕林在公司的工作。1894 年 5 月,西德尼·科克雷尔被聘为凯尔姆斯科特出版社的新秘书。梅对斯帕林提起离婚诉讼,并于 1899 年获准离婚。也许她依然期望萧伯纳回到她身边。萧伯纳的妹妹露西在阿诺德·多尔梅奇的音乐会上曾看到梅,她脱口而出:"斯帕林夫人(威廉·莫里斯的女儿)来了。她刚和丈夫离婚,因为她想嫁给乔治。"[39]更直接的后果是,梅比以往任何时候都更依赖于父亲。1896 年,她在给莫里斯的老战友安德烈亚斯·朔伊的信中说:"我想这颗懦弱的心始终有一种声音:多年来,想及他、他的事业以及他对我的爱,便会觉得这是我生活中的唯一慰藉与幸福来源。而事实确也如此。"[40]

无独有偶,随着梅的婚姻破裂,詹妮的最后一段婚外情也即将告终。1893 年夏天,布伦特住在凯尔姆斯科特时,曾评论过詹妮每况愈下的身体:"莫里斯夫人今年苍老了很多,我也到了五十三岁。"[41]第二年 8 月,他又回到凯尔姆斯科特之家。像罗塞蒂一样,他对那令人沮丧的自然环境抱怨连连——他曾在河边被雨淋湿的草地上徒步。詹妮还会在布伦特的卧室里留下一朵三色堇,暗示他沿着吱吱作响的走廊前去找她。布伦特在日记中写道:"即将入眠时,我在房间地板上发现了一朵三色堇。但为时已晚,我眨眼便坠入了梦乡。"[42]后来,布伦特回顾这段往事时总结说:"我们之间,从未有过一点争吵。但随着年龄的增长,彼此渐行渐远。我们很少见面,但感情依然深厚。如此,不知不觉地,爱便风吹云散。没有强烈的痛苦。"[43]

布伦特离开凯尔姆斯科特几天后,天空划过一颗流星。詹妮从挂毯室的窗户看到了它,凭着对迹象与征兆的敏感,她说:"当时,从另一扇窗,可以清楚地看到月亮——整体感觉很诡异。"[44]

在这非比寻常的一年,最后一件悲哀的事便是莫里斯母亲离世。她安享晚年,寿终正寝。五年前,詹妮称她是"最活力四射的老太太"。[45]她是那样乐于阅读和讨论,感觉自己至少会活到 1919 年。莫里斯一直为她日益严重的耳聋而担忧,也为她缠绵病榻而劳心,而当死亡真正来临时,他比想象中更悲痛。他对乔治亚娜说:"我这颗心,千疮百孔,积雪封霜,如今却充满了悲恸——对我那么好、那么爱我的人,终究离去了。"[46]也许他想到了早期那首伤感的诗《黄土下的母亲》。在莫里斯母亲下葬后不久的一个周日晚上,萧伯纳在凯尔姆斯科特之家演讲,发现莫里斯"处于极度悲伤和低落的状态",无法招待满席宾客。[47]大家自便用了晚餐,萧伯纳给了他一些凯尔姆斯科特出版《天路历程》的建议,把他从消沉中带出来。菲利普·韦伯设计了莫里斯太太的墓碑。碑文是这样写的:"纪念艾玛,威廉·莫里斯遗孀。1894 年 12 月 7 日,在耶稣怀里入睡,享年九十岁。你必亲眼看见君王的荣美。"[48]

到 1894 年年底,莫里斯已年过六旬。他的体能正在衰弱,已经不能在凯尔姆斯科特终日垂钓了,漫步乡村的时间也越来越短。一个秋日,麦凯尔陪他一起散步。他的同伴们倚靠在门边休息,莫里斯坐在路边,双腿向前伸展,说:"我要坐在这世界之上。"麦凯尔写道:"对于不太了解他的人来说,很难体会他话语中的奇异与苍凉。"

莫里斯垂垂老矣,但他注视世界的目光却越加具有穿透力。他以对时光易逝感的切身体会,强烈捍卫他所熟知的风景和钟爱的建筑。牛津大学圣玛利亚教堂尖顶上的十二座中世纪雕像,萨福克郡布莱斯堡河沼边以燧石建造的十五世纪教堂,彼得伯勒大教堂的内饰,奇切斯特的西北塔,以及鲁昂那座宏伟的大教堂,那里欲进行的重建就像"一位五年级男孩的拉丁文诗歌,相较于《埃涅阿斯纪》的篇章"[49]——以上这些,都是莫里斯生命最后三年所做的事。他与泰晤士河保护委员会,就凯尔姆斯科特旁的伊顿水坝船闸管理小屋的重建问题,尤其是保护附近建筑的问题,进行了激烈交锋。目睹了布莱克伯顿附近他所熟悉的小谷仓的重建工作,他向乔治亚娜表达了惊愕之情:"我亲眼见到,最担心的事发生了。那正在修补的小谷仓被拆掉了墙,用镀锌铁皮做了屋顶。这种新样子让我作呕。"[50]看来,这种情景已经让人产生了生理反应。莫里斯晚年时,他的感官变得更加敏锐。1895 年夏,他的印刷商在库克汉姆周

51. 去世两年前,威廉·莫里斯在海德公园的五一节集会上讲话,沃尔特·克兰绘

围的草地上进行了"撒欢鹅"的活动后,他感觉紫罗兰的刺鼻气味萦绕了几个小时。

那年夏天,莫里斯的健康状况让他的亲友忧心忡忡。内德写道:"看到他蓬勃旺盛的生命力正在衰退,真令人难过。"[51]现在,他只能强撑体力,修剪一下凯尔姆斯科特的紫杉龙——他赌气说要把它剪成孔雀的样子,这也许透露出他内心的某种挫败感。尽管如此,他还是没有间断每年拜访一次古白马像的惯例。九年来,乔治亚娜第一次和他同住凯尔姆斯科特。她在莫里斯身上感受到了一种别样的安谧。"托普西看起来很幸福,"她写道,"这里是如此甜蜜。花园里盛开着迷人的花儿,繁花似锦,错落有致。"但那里的气氛,却带有一种莫名的伤感:"我感觉到了詹妮、托普西和我身上的岁月痕迹。而此刻,好似我正身处并不真实的世界。"

　　莫里斯在凯尔姆斯科特之家所睡的床非常宽大,它源于十七世纪的橡木雕花四柱床。九十年代,床被饰以床帏,这床帏代表了莫里斯公司刺绣作品的巅峰。梅设计了两侧的帷幔——在素朴的亚麻底布上,以色彩鲜艳的丝和羊毛,缝绘出花格和鸟的图案。这个图案的初始样态,是1864年梅的育儿室所用的《花格》墙纸,在此基础上进行了重新设计。在她的监督下,帷幔缝制于哈默史密斯排屋的客厅,上面绣有莫里斯专为"凯尔姆斯科特床"所创作的诗句:

　　　　风起云涌,夜色阑珊
　　　　大地萧寒,草山之间
　　　　泰晤士河,寒气弥漫
　　　　所幸还有,老屋如春
　　　　隆冬时节,我心亦暖
　　　　闲适身心,思企佳时
　　　　春夏之交,百鸟争鸣
　　　　兰薄户树,你我相拥
　　　　琴瑟和合,莫不静好
　　　　永日逍遥,夫复何求
　　　　生年有命,时过虑深
　　　　悲喜交合,生灭同时
　　　　无言善恶,但惜此时
　　　　昼夜如流,心魂俱静[52]

655

The wind's on the wold and the night is a-cold
And Thames runs chill twixt mead and hill
But kind and dear is the old house here
And my heart is warm midst winter's harm.

Rest then and rest and think of the best

Twixt summer and spring when all birds sing

In the town of the tree and ye lie in me

And scarce dare move lest earth and its love

Should fade away ere the full of the day.

I am old and have seen many things that have been

Both grief and peace and wane and increase.

No tale I tell of ill or well

But this I say: night treadeth on day

And for worst and best right good is rest.

一两年后,带有雏菊的花卉图案的床罩也出炉了。床罩由玛丽·德·摩根协助詹妮缝制完成,上面的签名是"尽我所能。① 詹妮·莫里斯。凯尔姆斯科特"。

1895 年 12 月 23 日,在一个铁路道口,谢尔盖·斯捷普尼亚克被火车撞倒。这里离他位于贝德福德公园的家不远。他几乎当场丧命,那时他只有四十三岁。官方认定他的死亡为"意外事故",但也有传言说,他是自杀身亡。克鲁泡特金写信告诉莫里斯葬礼安排事宜。五天后,在蒙蒙细雨的滑铁卢车站,莫里斯成为葬礼发言人之一。《泰晤士报》描述,这是"社会主义者、虚无主义者、无政府主义者和来自全欧洲的不法分子的集会"。[53] 一长列的俄罗斯犹太流亡者从白教堂赶来,他们扛着黑红色的旗帜加入送葬队伍。德国共产主义总会祭奠了华丽花圈,上书"以共产主义之名"。灵车载着斯捷普尼亚克的灵柩,他的遗孀在侧随行,后面跟随两辆殡车以及葬礼乐队。哀悼者包括俄国人沃尔霍夫斯基,他以蹩脚的英语发言,"情绪激动";马拉特斯塔以意大利语发言,寥寥数语;东区的裁缝卡恩以意第绪语发言;波兰政治俱乐部的韦里比茨基以波兰语向群众发表演说;爱琳娜·马克思发表了慷慨激昂的女权主

---

① 原文为法语: Si je puis。

义演讲。她说,她要为妇女而发声,"斯捷普尼亚克泉下有知,除非完成妇女解放,否则就不会有全人类的解放"。约翰·伯恩斯和凯尔·哈迪发表了讲话,后者带着刺耳的苏格兰口音。相比之下,1887 年林内尔的葬礼似乎就简朴很多。

一如既往地,莫里斯挺身而出发表了义正词严、声情并茂的演讲。《泰晤士报》如是报道莫里斯:

> 他是发言人之一,他们共同抒发着英国社会主义者对失去的同志的感怀。他所表达的主要内容是:首先,对斯捷普尼亚克之死所造成的损失表示深切悲痛及惋惜,对他的高尚品质进行高度赞扬;其次,他希望代表全党,表达对伟大的俄罗斯人民的深厚情谊。

656

一位发言者提出,斯捷普尼亚克后来放弃了革命观而转向了费边主义。莫里斯断然打断了他。在人群中,他大声说:"一派胡言——你无非就是想说斯捷普尼亚克不再是革命者了!"[54] 他的话语夹杂着也曾遭受类似不公指控之人的信念。斯捷普尼亚克的遗体随火车运往沃金火葬场,但莫里斯没有随行。这是他在户外发表的最后一次讲话。

接下来的几周,是他活跃在公众视野的最后阶段。他此生最后一次政治演讲,是 1896 年 1 月 3 日在霍尔本市政厅的社会主义联盟新年会议上。乔治·兰斯伯里发表了国际致辞。这也是莫里斯在进行反对帝国主义的演讲时衷心附和的话语。海德门写道:"他当时正在生病。我担心即使参加这样的会议,也会让他不堪重负。但在场之人,无不感怀他的振臂高呼,无不铭记他的忠告和鼓舞人心的话。"[55] 几天后,他在寄往美国的信中写道:"对于社会主义,我的看法没有变。"[56]

1 月 31 日,莫里斯出席了艺术学会会议。这次会议由一个新机构,即公共广告滥用监察协会召集主办。莫里斯在会上做了简短演讲,这是他最后一次在公众场合发言。他对那些给乡村带来视觉污染的大型广告海报深恶痛绝。

52. 莫里斯最后一篇政治论文《一个社会主义政党》的笔记，于1896年1月5日提交给哈默史密斯社会主义协会

　　"老伙计，延长余生的最好办法，就是去完成我们未竟的旧事。"内德给他这样的良言。[57]那年圣诞节，莫里斯开始创作他的最后一部小说《奔腾的洪流》。小说讲述的是被一条大河阻隔的一双情侣的故事，根据当代冰岛故事改编。在此，冰岛背景显而易见——山脉、峡谷以及碎石荒地。梅一直认为，这部小说的创作起因跟她父亲彼时的落寞心境有很大关系。1月5日星期日，他难以入睡。他再次在日记中写道："起床后，从一点到四点，为《奔腾的洪流》笔耕不辍。"[58]

　　他还在写诗。1月7日，星期二，他给乔治亚娜寄去诗句，附言："此诗可算'偶得'。上周五，有一句诗偶然跃入脑海，我想应该把它写完。现在，我把它寄出，以免明天[周三阅读]会为此分神。毕竟**这种事**，可要花费不少心思。"这首诗，就是《她与他》：

她：
荆棘白花盛放，
草间点缀百合，
露珠清辉闪耀。
我正等你前来，

你涉水而来时，
定要与我携手。
晨曦笼罩扁舟，
唱醒盛世欢繁。

我是此地女主，
大厅幽静宽敞。
唯愿能有你在，
如沐吾爱辉光。

难忘不久之前，
共游草泽山谷。
在那海平线处，
小镇遥现远方。

海风撕裂海岸，
我们就此回家。
羊从草畔归来，
门旁伸懒弓腰，

转而闪入屋内。
两人对影相围，

彼此亲密依偎，

共赏橡烬余晖。

趁那天色未亮，

世界还未苏醒，

请听我的颂歌，

我出生的故事。[59]

She. The blossom's white upon the thorn,

The lily's on the lea,

The beaded dew is bright to morn;

Come forth and o'er to me!

And when thou farest from the ford

My hand thine hand shall take;

For this young day about my board

Men sing the feast awake.

And I am lady of the land,

My hall is wide and side,

And therein would I have thee stand

Midst the blooming of my pride.

Since oft a days forth wandered we

O'er mead and dale and down,

Till on the edges of the sea

Aloof we saw the town.

Since oft a days we turned and went

And left the wind-worn shore,

And there below the sheep-fed bent

Stood by the little door.

'Twas oft from glooming of the lea
Into the house we turned
And I by thee, and thou by me
Watched how the oak-log burned.

Wherefore while yet the day is young,
And the feast awoke with morn,
Come o'er and hear my praises sung
And the day when I was born.

透过《她与他》,莫里斯暗喻着他和乔治亚娜依旧被一条河流阻隔。

至 1896 年年初,莫里斯的健康状况明显恶化。他虽然才六十二岁,看起来已老态龙钟。在麦凯尔家的小女儿安吉拉看来,他就是"那个看似很威严的白发老头(我是这么认为的)。他在咳嗽消停时,与我祖母说着话"。[60]一个星期天在格兰奇吃早餐,他忍不住开始用手托扶额头。认识他这么多年,内德从未见他如此。事实上,那是在格兰奇的最后一个周日早晨。

内德亲力亲为,给威廉·布罗德本特爵士发电报,为莫里斯预约看病时间,并在 2 月陪同他进行首次会诊。布罗德本特是当时极为有名的医生,三年前被授予男爵称号。他在梅菲尔区布鲁克街开私人诊所,成就斐然,每年收入超过一万三千英镑。布罗德本特是威尔士亲王(后来的爱德华七世)的"私人医生",1896 年又被任命为维多利亚女王的"御用医师"。[61]莫里斯把他的详细诊断报告寄给了菲利普·韦伯。他写道:这位"了不起的医生"

为人和善。他看起来平易近人,言语不多,说话也不绕弯子。他给我做了基本检查,大约花了四十五分钟。他说,我血液里的含糖量还不算很严重,应该可以通过严格控制饮食,靠吃鸡蛋、牛奶、肉泥

> 加以抑制。当我的胃能接受这些低脂肉时,相信离摆脱高糖也就不
> 远了。然而,我的胃胀得厉害,即使仅仅吃这些东西,也无法轻松消
> 化。他倒是盲目乐观,并期望很快好转。但你要知道,他可能判断
> 失误,我的实际情况可能更糟。

值得注意的是,莫里斯发现,向韦伯倾诉自己的身体状况要比向其他男
性或女性朋友讲来得更自在。这封信的结尾,他苦中作乐地引用了瑟蒂
斯的话。"'希望你摔断你的脖子,你这个老贼!'吉卜赛人对乔洛克斯
先生说。'我可不想。'J 先生说。"

多年来,詹妮一直关心他的糖尿病问题,但总是无法让莫里斯意识
到这种危险或"向合格医生寻求建议"。[62]现在,有布罗德本特管他了,
她终于松了一口气。

这个时期,莫里斯的日记读起来很伤感。2 月里,几乎每天他都说
自己"很不舒服"。在莫里斯访问布罗德本特的第二天晚上,埃默
里·沃克来这里进行灌肠治疗。忠诚的沃克,成了莫里斯的护理员。萧
伯纳敏锐地察觉到,这种节奏变化带来了极糟糕的影响:"一个从不懒
散、从不倦怠的人,突然发现自己无所事事,茫然无措。他声音微弱,精
力不振,这让他感到很沮丧。"[63]但他依旧坚持创作《奔腾的洪流》,同
时执笔《世界尽头的水井》,以及完成凯尔姆斯科特乔叟作品系列的装
帧工作。但日记已流露出他的黯然底色:"开始了一个新的基础工作
(开放工作),写了一两页的《奔腾的洪流》,除此之外什么也没干"[64];
"开了一个头,写了六页《奔腾的洪流》,但感觉很差劲"[65];"感觉一点
也没好转,浑身没劲"[66]。

詹妮的状况同样不佳,莫里斯的病痛让她感到压力重重。正如莫里
斯所说,前年秋,她"像约伯一样,被疖子和疱疹困扰"。[67]夸张的是,一
份关于詹妮生病的电报被菲利普·韦伯误以为是她的死讯。她对布伦
特说,"暗冬的孱弱"之后,她一直"因风湿和心悸卧床不起"。[68]4 月,莫
里斯身体稍好,足以前往凯尔姆斯科特之家了。4 月 22 日至 5 月 5 日,

他俩一直住在那里。但莫里斯还是非常虚弱,几乎无法前往花园。但当朋友们聚在一起(先是和沃克,然后是埃利斯),他便有气力绘画,也能写一点东西。这个春天,生机盎然,"草坪丰美"[69],他从未见过苹果树上的花开得如此繁茂。园丁贾尔斯将山莓藤条打理成格架形式,使凯尔姆斯科特看起来"像中世纪花园"。莫里斯侧耳倾听花园里乌鸦和乌鸫的鸣叫。他在日记中写下,连续三个早晨听到布谷鸟的歌唱。凯尔姆斯科特之家正准备大整修,韦伯负责的项目是把一楼房间的石板换成木板。因此,必须对地面彻底检修,以"清除脚下起伏不平的状况"。[70]

莫里斯去凯尔姆斯科特出版社的那最后一晚,西德尼·科克雷尔也来了,并带来了他刚在斯图加特为莫里斯购买的十二世纪英文手稿《动物寓言集》。这份手稿仍能让莫里斯迸发激情。一想到要入手新货,他就起了贪求之心,眼里闪烁着孩子般的贪婪神色。3月,他从朋友"布拉斯"本森那里买了一本十二世纪的精美对开本《圣经》。他发现,这本书与他得到的约瑟夫手稿一样,来自第戎附近的同一宗教机构。对深奥细节的喜好,藏书家的狂热,是莫里斯晚年的一大特征。这本光彩夺目的《动物寓言集》(Bestiary)包含了一百零六幅微缩图,是他迄今为止最大的宝藏,比大英博物馆里的任何一本《动物寓言集》都要精美。莫里斯很信任科克雷尔,为此支付了九百英镑。"'恶行'败露了,"他底气不足地向韦伯承认,"但你会看到,当我再转手时,肯定会赚不少钱。"[71]

回到伦敦后,莫里斯的状态并没有多大好转。他的咳嗽好了一些,睡眠有所改善,但整体上还是感觉比较虚弱。他诉苦说"胃痛,胳膊腿都痛,烦死了"。5月底,他和詹妮前往纽宾斯府邸,与布伦特夫妇同住。那时,他仍无精打采,只能勉强做一些凯尔姆斯科特出版社的外延工作。布伦特震惊于他的变化,但感觉他精神状态仍然"很好"。[72]而且,他的谈话时常同以前一样精彩。他们讨论了默顿制作的新挂毯——波提切利的《春》,伯恩-琼斯版,现正挂于布伦特的客厅。挂毯实际效果比莫里斯预期的还要好。"我们认为,这持花的三个人物分别是三月、四月和五月。"布伦特写道。他和莫里斯在艺术、政治和宗教方面志趣相投,

"唯一的分歧是,他不相信上帝是世界的创造者,也不信天意。或者,确切地说,是不相信任何未来。但他不是悲观主义者,他认为人类是'万物之灵'——尽管人类具有破坏性行为,现代人的审美又堪忧。他的病并没有使他消沉,只是对他的工作产生了不良影响"。

　　莫里斯在这次造访期间恬静,亲和,沉湎于怀旧情绪。似乎,布伦特的注意力完全在他身上——他的日记完全没有提到詹妮。詹妮的这位前任情人,载着她的丈夫在苏塞克斯的乡村里兜圈游逛。布伦特写道:"我想,他在这里很开心。对他来说,橡树林是崭新的景色——尽管他出生在埃平森林。他喜欢这里数不清的鸟儿。阳光下,他在鸟群中轻轻走动。"唯一让他旧态复萌的是,布伦特带他去看希普利(Shipley)教堂。那里有一个古旧优美的诺曼底塔,正遭遇莫里斯所说的"不计成本的修复,效果却适得其反"。[73]莫里斯又暴怒了,他大步踏过走廊,诅咒那些容许这种暴行的牧师:"畜生! 猪! 他们的灵魂该受诅咒!"[74]

　　莫里斯的情况没有好转,这让医生感到疑惑。他的体重继续下降。6月初,两周内他瘦了两磅,体重不到十点五英石①。布罗德本特请来了一位新健康顾问——糖尿病专家帕维医生。帕维把莫里斯的"腹部"[75]检查了个遍,也没发现什么严重问题,但他建议他们去海边调养。于是,莫里斯和詹妮在福克斯通的诺福克酒店里度过了几个星期。在那里,他又尽力写了一些《奔腾的洪流》。每天直奔港口,成为这位病人的例行活动,莫里斯对韦伯说:"我慢慢行走,缓缓坐下,轻轻靠在椅子上。我相当享受此刻,尤其是有船只来往时。"[76]乔治亚娜和内德、埃利斯和沃克、科克雷尔和罗伯特·卡特森·史密斯、布伦特和他的新恋人、社交界美女埃尔乔女士都前来拜访。乔治亚娜认为莫里斯请一名专业护士,并说"他吃的东西并不总是那么精挑细选的"[77],这话冒犯了詹妮。在这里,莫里斯仍然感到孤独寂寞,抱怨没有书可看。

　　莫里斯陷入了深深的哀伤,因为他的老同事约翰·亨利·米德尔顿

---

① 一英石约合六点三五千克。

年仅五十岁就去世了。他是南肯辛顿博物馆馆长，热情洋溢、才华横溢。莫里斯是在第二次冰岛之行的"戴安娜号"上与他初见的。本来这个噩耗一直瞒着莫里斯，直到他真的踏上了去福克斯通的火车。和罗塞蒂一样，米德尔顿也是一个氯醛成瘾者，詹妮认识他之后不久就发现了这点。那时，他已经与她的朋友玛丽·斯蒂尔曼的女儿贝拉结了婚。当詹妮听闻他的死讯，不禁感叹贝拉竟然容许他所到之处尽是氯醛瓶子。

只有两件事让沉闷的福克斯通之行有了亮色。一件事是，莫里斯与沃克来到海斯考察，他们在那里发现了利姆宫，"这是一座相当迷人的房子，却被当作破烂的农舍，好在没有修葺，样子完好如初"。[78]另一件事是，道格拉斯·科克雷尔于 6 月 24 日抵达那里，带来了第一本装订好的凯尔姆斯科特版《杰弗雷·乔叟作品集》样书供莫里斯审阅。莫里斯独特的装帧设计由科布登-桑德森的"鸽子装订厂"完工。书籍采用白色猪皮，配以银扣。这个为期五年的项目接近尾声了。内德后来写道："当莫里斯和我还在牛津读书时，如果有这样一本书问世，我们一定欣喜若狂。在生命的最后时日，我们终于如愿以偿。如果可以，真希望我们年轻时就能梦想成真。"[79]

7 月初，莫里斯返回伦敦。他仍对一卷大部头傅华萨《闻见录》出版计划踌躇满志，作为《杰弗雷·乔叟作品集》的姊妹篇；并已经开始致力于执行他构想成形的对开本《沃尔松格家的西格尔德》。回国后，他还与奥尔德纳姆勋爵谈判成功，向他支付了一千英镑，购买了一部精美绝伦、大约 1270 年出版的《诗篇》。缺了几页，但莫里斯已经拥有其中四页，他用这四页跟费尔法克斯·默里交换了五张十五世纪意大利大师的牛皮纸画。这是他作为藏书家梦寐以求的事，是他最后的"感谢老天爷!"莫里斯还念念不忘拉特兰公爵所藏的一部更好的《诗篇》。他垂涎道："竟有此书! 真是我等眼福! 我正绞尽脑汁，看看能有什么好法子搞到手。"[80]但他其实束手无策，毫无办法。

莫里斯的医生已无计可施，开出坐邮轮去挪威旅行的处方。海德门来哈默史密斯为他送行，发现他已憔悴不堪，但仍不时焕发出以往的热

663 忧。他们在花园里徜徉。莫里斯说:"对我而言,这是个快乐的世界,我找到了那么多事可以做!"[81]

注释

[1] 奥利夫·加尼特日记,1891 年 12 月 2 日,《茶与无政府状态!》,巴里·C. 约翰逊编,巴特利特出版社,伯明翰,1989 年。

[2] 哈默史密斯社会主义协会会议纪要,1891 年 3 月 13 日,大英图书馆。

[3] 威廉·莫里斯致珍妮·莫里斯的信,1892 年 4 月 21 日,大英图书馆。

[4] 威廉·莫里斯致亨利·J. 威尔逊的信,1895 年 5 月 26 日,谢菲尔德市档案馆。

[5] 《正义》的采访,1894 年 1 月 27 日。

[6] 沃尔特·克兰,《艺术家的回忆》。

[7] 威廉·莫里斯,《共产主义》,1893 年讲座。

[8] 威廉·莫里斯致 J. 布鲁斯·格莱西尔的信,1892 年 3 月 9 日,亨德森。

[9] 引述自查尔斯·哈维和乔恩·普赖斯,《威廉·莫里斯:维多利亚时代英国的设计与企业》。

[10] 威廉·莫里斯,《共产主义》,1893 年讲座。

[11] 威尔弗里德·斯考恩·布伦特,《我的日记》,1893 年 11 月 16 日。

[12] 威廉·莫里斯致《每日纪事》的信,1893 年 11 月 10 日,亨德森。

[13] H. M. 海德门,《进一步回忆》,麦克米伦,1912 年。

[14] 威廉·莫里斯致 J. 布鲁斯·格莱西尔的信,1892 年 3 月 9 日,亨德森。

[15] 萧伯纳致沃尔特·克兰的信,1895 年 12 月 15 日,《萧伯纳书信集(1874–1950)》。

[16] 爱德华·皮斯致梅·莫里斯的信,1913 年 4 月 24 日,大英图书馆。

[17] 萧伯纳致沃尔特·克兰的信,1895 年 12 月 15 日,《萧伯纳书信集(1874–1950)》。

[18] 威廉·莫里斯致乔治亚娜·伯恩-琼斯的信,1894 年 12 月 7 日,麦凯尔笔记本,威廉·莫里斯陈列馆。

［19］爱德华·伯恩-琼斯致沃茨夫人的信,1894 年 12 月 17 日,菲茨威廉。

［20］威廉·莫里斯致珍妮·莫里斯的信,1888 年 12 月 23 日。

［21］《爱德华·伯恩-琼斯回忆录》。

［22］西德尼·科克雷尔在 H. 哈利迪·斯帕林的著作《凯尔姆斯科特出版社和工匠大师威廉·莫里斯》中的描述。

［23］《爱德华·伯恩-琼斯回忆录》。

［24］麦凯尔,《威廉·莫里斯的一生》。

［25］威廉·莫里斯致珍妮·莫里斯的信,1894 年 8 月 11 日,大英图书馆。

［26］威廉·莫里斯致珍妮·莫里斯的信,1894 年 8 月 22 日,亨德森。

［27］威廉·莫里斯致 A. J. 怀亚特的信,1893 年 2 月 26 日,亨德森。

［28］威廉·莫里斯,1893 年的日记手稿,大英图书馆。

［29］西德尼·科克雷尔,日记,1892 年 4 月 18 日,《最好的朋友》。

［30］海伦·托马斯,《拜访威廉·莫里斯》(*A Visit to William Morris*),惠廷顿出版社,安多福,1963 年。

［31］威廉·莫里斯致珍妮·莫里斯的信,1892 年 6 月 25 日,大英图书馆。

［32］萧伯纳致珍妮特·阿丘奇(Janet Achurch)的信,1893 年 7 月 7 日,《萧伯纳书信集(1874-1897)》。

［33］萧伯纳,《我所认识的莫里斯》(1936),《威廉·莫里斯:艺术家、作家、社会主义者》。

［34］琼·拉金与作者的对话,1994 年 2 月 9 日。

［35］赫斯基·皮尔森(Hesketh Pearson),《萧伯纳》(*Bernard Shaw*),柯林斯,1942 年。

［36］赫斯基·皮尔森,《萧伯纳补遗》(*GBS: A Postscript*),柯林斯,1951 年。

［37］詹妮·莫里斯致威·斯·布伦特的信,1894 年 5 月 24 日,福克纳。

［38］詹妮·莫里斯致威·斯·布伦特的信,1896 年 5 月 16 日,福克纳。

［39］梅布尔·多尔梅奇(Mabel Dolmetsch)致 H. G. 法默(H. G. Farmer)的信,1947 年 11 月 27 日;H. G. 法默,《萧伯纳的妹妹及其朋友》(*Bernard Shaw's Sister and her Friends*),E. J. 布里尔,莱顿,1959 年。

［40］梅·莫里斯致安德烈亚斯·朔伊的信,1896 年 10 月 17 日,阿姆斯特

丹国际社会史研究所。

［41］威・斯・布伦特,日记手稿,1893 年 10 月 6 日,菲茨威廉。

［42］同上书,1894 年 8 月 15 日。

［43］同上书,1914 年 1 月 27 日。

［44］詹妮・莫里斯致威・斯・布伦特的信,1894 年 8 月 28 日,福克纳。

［45］詹妮・莫里斯致威・斯・布伦特的信,1889 年 2 月 12 日,福克纳。

［46］麦凯尔,《威廉・莫里斯的一生》。

［47］萧伯纳,《我所认识的莫里斯》。

［48］菲利普・韦伯致威廉・莫里斯的信,1895 年 8 月 20 日,国家艺术图书馆。

［49］威廉・莫里斯致《每日纪事》的信,1895 年 10 月 4 日,亨德森。

［50］麦凯尔,《威廉・莫里斯的一生》。

［51］同上。

［52］威廉・莫里斯,《致凯尔姆斯科特的床》,《途中诗》,1891 年。

［53］《泰晤士报》,1895 年 12 月 30 日。

［54］R. 佩奇・阿诺特,《威廉・莫里斯:辩护》,马丁・劳伦斯,1934 年。

［55］H. M. 海德门,《正义》,1896 年 10 月 10 日。

［56］引述自 E. P. 汤普森,《威廉・莫里斯:从浪漫到革命》,1955 年。

［57］《爱德华・伯恩-琼斯回忆录》。

［58］威廉・莫里斯,日记手稿,1896 年 1 月 5 日,大英图书馆。

［59］《她与他》,1896 年。

［60］安吉拉・瑟克尔,《三座房子》(*Three Houses*),牛津大学出版社,1931 年。

［61］威廉・莫里斯致菲利普・韦伯的信,1896 年 2 月 23 日,国家艺术图书馆。

［62］詹妮・莫里斯致露西・奥林史密斯的信,未注明日期,威廉・莫里斯陈列馆。

［63］萧伯纳致罗伯特・罗斯(Robert Ross)的信,1916 年 9 月 13 日,《萧伯纳书信集(1874–1950)》。

［64］威廉·莫里斯,日记手稿,1896 年 2 月 4 日,大英图书馆。

［65］威廉·莫里斯,日记手稿,1896 年 2 月 11 日,大英图书馆。

［66］威廉·莫里斯,日记手稿,1896 年 2 月 26 日,大英图书馆。

［67］威廉·莫里斯致菲利普·韦伯的信,1885 年 9 月 11 日,国家艺术图书馆。

［68］詹妮·莫里斯致威·斯·布伦特的信,1896 年 4 月 20 日,福克纳。

［69］威廉·莫里斯致乔治亚娜·伯恩－琼斯的信,1896 年 4 月 27 日,亨德森。

［70］菲利普·韦伯致威廉·莫里斯的信,1896 年 4 月 28 日,国家艺术图书馆。

［71］威廉·莫里斯致菲利普·韦伯的信,1896 年 5 月 4 日,亨德森。

［72］威尔弗里德·布伦特,《我的日记》,1896 年 5 月 19 日。

［73］威廉·莫里斯,日记手稿,1896 年 5 月 19 日,大英图书馆。

［74］威尔弗里德·布伦特,《我的日记》,1896 年 5 月 31 日。

［75］威廉·莫里斯致菲利普·韦伯的信,1896 年 6 月 6 日,国家艺术图书馆。

［76］威廉·莫里斯致菲利普·韦伯的信,1896 年 6 月 14 日,国家艺术图书馆。

［77］詹妮·莫里斯致威·斯·布伦特的信,1896 年 6 月 27 日,福克纳。

［78］威廉·莫里斯致菲利普·韦伯的信,1896 年 7 月 1 日,国家艺术图书馆。

［79］《爱德华·伯恩－琼斯回忆录》。

［80］麦凯尔,《威廉·莫里斯的一生》。

［81］H. M. 海德门,《正义》,1896 年 10 月 10 日。

第十九章 挪 威 (1896)

664 这艘多舛的船在海上无助漂荡，
水手们已穷尽所有抵抗。
唯余死亡供人凝望，
两位旧友默然并肩——
曾是挚友，亦为仇敌，而今死亡
将爱恨与得失尽数涤荡。
往昔争斗的疑云仍悬荡，
湮灭未来所有希冀与惊惶。

此刻，悲伤啊，你我并肩于此，
置身混沌涡流与灰暗的绝境，
美与丑的幻象早已消隐，
唯余你新娘般吻过的容颜，
你审判般含泪的冷眼，
与我败给无力承受的剧痛之渊。

The doomed ship drives on helpless through the sea,
All that the mariners may do is done
And death is left for men to gaze upon,

While side by side two friends sit silently;

Friends once, foes once, and now by death made free

Of Love and Hate, of all things lost or won;

Yet still the wonder of that strife bygone

Clouds all the hope or horror that may be.

Thus, Sorrow, are we sitting side by side

Amid this welter of the grey despair,

Nor have we images of foul or fair

To vex, save of thy kissed face of a bride,

Thy scornful face of tears when I was tried,

And failed neath pain I was not made to bear.

　　《多舛的船》[1]是《人间天堂》时期的一首诗,直到二十世纪三十年代才出版,收录在由梅整理的父亲最后一部作品集中。很可能这首诗是在他的冰岛之旅结束后所写。实际上,这段旅程的描写,最贴近1896年7月接近生命终点的莫里斯和他的朋友约翰·卡拉瑟斯远航挪威之旅。

　　这持续四周的航行被认为是尽如所期。7月初,从福克斯通返回后,莫里斯和詹妮一起去看布罗德本特医生。他认为,莫里斯的病情稍有好转。在科克雷尔陪同下,他还尝试从福克斯通到布洛涅一日游。根据他们的安排,莫里斯将与一位友人和布罗德本特派遣的一位"医务人员"一起前往挪威。科克雷尔为莫里斯和卡拉瑟斯预定了7月22日东方航运公司"加隆河号"游轮的铺位。游轮从蒂尔伯里,驶往挪威最北端的海岸。事后证明,布罗德本特对莫里斯的康复并未抱有太大期望。布罗德本特派出的、在游轮上照顾莫里斯的道奇森医生意识到,任何起色都是暂时的。只有莫里斯和卡拉瑟斯还不知,"人们以为,这次远行可能只是一根延缓必然结局的救命稻草"。[2]

　　约翰·卡拉瑟斯很荣幸成为莫里斯的旅伴。他一直深受莫里斯思想的吸引,既是他的忠实追随者,也是温和社会主义的坚定拥护者。与查理·福克纳一样,他倾慕莫里斯的个人魅力,但与莫里斯没有审美共

665

鸣。但是,卡拉瑟斯还算具有浪漫主义倾向。作为一名建筑工程师,他的工作范围很广。他在新西兰、委内瑞拉和阿根廷修建铁路,前往澳大利亚为库尔加迪供水系统的设计和建造提供指导。因其在建筑结构方面的深厚造诣,他成为古建筑保护协会的得力成员,并被纳为保护巨石阵的专家顾问。莫里斯更乐意把卡拉瑟斯看作地道的挪威人、冒险家。卡拉瑟斯的女儿这样描述他:"他漫步在夜晚,凝望星辰,沉思默想。"[3]他体魄强健、宽宏大度、冷静沉着,是当之无愧的最佳旅伴。即便如此,莫里斯还是丝毫不曾动过离开英国的念头。在蒂尔伯里,他表现出反常的恐慌迹象。科克雷尔和沃克想来为他送行,但莫里斯恳求他们不要走。

　　"加隆河号"是一艘大游轮,载客约一百人。其中有许多年轻人,满怀度假的欢欣心情。乘客中,还有一支有较强目的性的英国天文学家队伍,由诺曼·洛克耶爵士带领,前往挪威观测将于8月8日发生的日食。虽然这是一趟休闲调养之旅,但还是让莫里斯想起了巴特埃姆斯。起初,一切顺利。穿越北海时,汹涌波涛令莫里斯略感不适,但随后又碧海青天,风平浪静。莫里斯显然已不能自理,没人帮助就无法在船上自由走动。卡拉瑟斯饶有兴致地写道,莫里斯要求安排一个能看到"更年轻漂亮的姑娘"的位置。有个女人尤其吸引他的注意,一头红金秀发,那是"意大利画家最青睐的颜色"。这已是1896年,莫里斯仍会为"俏佳人"着迷。7月27日,卡拉瑟斯向家里发送了平安电报。在卑尔根附近,船驶向挪威西海岸时,莫里斯愉快地给菲利普·韦伯写信。他说,虽然船上的食物很糟,但鸡蛋和牛奶却有一种"强烈的科学风味",而葡萄酒则"相当不错"。[4]

　　5月,莫里斯和布伦特同住纽卡斯尔,他谈论了很多冰岛往事。尽管时过境迁,已过去二十年,他的记忆仍不曾褪色。他以一种布伦特所说的"病人的臆想",复述那段经历。[5]"我是北方人。"他固执己见。对于晴好天气,莫里斯却很厌弃,这让布伦特很是吃惊。他渴望暴风雨的来临,这样他就可以待在家里,"观赏暴雨拍窗"。船抵达卑尔根,那是

"一个奇幻的过渡空间"。[6]莫里斯意识到,他再一次来到了朝思暮想的北方之地。他对韦伯说:"这是一片乐土,老城镇保留完好,野山不曾开发。这里的老人,目光深情地注视着土地,反抗着温德人的统治。"

当他们到达北角附近的瓦德瑟,莫里斯似乎状态不错。这使卡拉瑟斯足够放心,自己随船驶往斯匹次卑尔根,留莫里斯和道奇森医生在岸上。一周后,卡拉瑟斯回来,看到他和道奇森医生正在村里漫步。他说,他很享受这里的安静时光,房间整洁舒适,食物简单——与"科学风味"恰好相反。回程游轮通过海湾时,有更多乘客登船。其中一位是泰勒先生,牛津人。莫里斯很喜欢他,与他"就文学话题高谈阔论"。[7]而对于布罗德里克博士,莫里斯也很乐意与之交谈,"尽管这位默顿大师自鸣得意的牛津人优越感,成为一种心照不宣的笑资"。

卡拉瑟斯已然意识到,莫里斯的身体在走下坡路。他们在特隆赫姆时,莫里斯对那里的大教堂印象深刻。离开后不久,他又感到沮丧。他说,"举目所见的山川和海湾","都是名不虚传,但我已不像往常一样兴致盎然"。返程途中,莫里斯设法在哈默费斯特上岸,在卑尔根又再次上岸。从那时起,卡拉瑟斯就感觉到他的退缩情绪,他归咎于挪威北部景色的阴郁。"荒芜引发消沉",接踵而来的,便是轮船横渡北海的颠簸。莫里斯开始产生杯弓蛇影的幻觉,就像伊夫林·沃在《吉尔伯特·品福尔德的磨难》中一样。他把甲板上盘绕的绳子看成了盘成一团的蛇。

他们于8月18日在蒂尔伯里登陆。科克雷尔和沃克于上午十点到达。他们看见,面前"加隆河号"上的乘客正登上摆渡船。莫里斯很高兴,船终于靠岸了。他说:"这次航海,让人感觉好多了。"[8]他说,没什么能蛊惑他再踏上游轮了。他津津有味地享用午餐,称赞肉饼的肉味是多么美妙,"终于不是木板的味道了"。那天,梅正在法国旅行,詹妮写信给她说:"爸爸到了,这次航行让他好多了,但还是会咳嗽。"[9]他们计划下周返回凯尔姆斯科特之家,和詹妮团聚。詹妮不愿莫里斯在城里多逗留。

此时,没人知道,刚刚到达时,道奇森医生把科克雷尔叫到一旁,告

667

诉他莫里斯的病情已十分危急。迹象表明,他的肺已经开始充血。而莫里斯仍沉浸在回家的喜悦中,第二天早上便出发去了格兰奇。而那时,内德刚刚从罗廷丁赶来参加第二天在圣保罗大教堂举行的约翰·埃弗雷特·米莱爵士的葬礼。莫里斯意识到自己比想象中更虚弱,沮丧淹没了他。显然,他的身体已经不能支撑他去凯尔姆斯科特了。8月20日,他悲痛万分地写信给珍妮:

> 我最亲爱的孩子:
>
> 　我很难过,周六不能去凯尔姆斯科特了。我的身体不太好,医生不允许我去。请原谅我,我是多么想见到你。[10]

现在,凯尔姆斯科特之家变成了疗养院。门环被包了起来,莫里斯命人把它打开:"不然,人们会以为他要生小孩儿。"[11]科克雷尔搬进了凯尔姆斯科特之家,住在图书室的沙发上,以备晚上病人所需。整个8月以及9月初,莫里斯的病情反复波动。有些时日,他还能做一些工作,比如,为凯尔姆斯科特出版社做些装饰设计,回复一下信件。8月27日,他向科克雷尔口述了《奔腾的洪流》的结尾,有四页半之多。但病情最糟糕时,他几乎无法自己脱衣。托马斯·沃德尔邀请莫里斯前往斯塔福德郡的金碧辉煌的新宅邸入住,他回复说:"目前,我病弱得连门槛都迈不过去了。"[12]

　8月底,道奇森写信告诉科克雷尔,他确信莫里斯的肺疾就是肺结核。起初临难不避的詹妮,现在也感到压力重重。W. 格雷厄姆·罗伯逊记得,他拜访凯尔姆斯科特之家,问及莫里斯的境况时,她做出一种姿态——转向墙壁,靠在墙上,"低着头,以手掩面"。[13]

　9月7日,在詹妮、科梅尔·普赖斯和喋喋不休、任劳任怨的玛丽·德·摩根的见证下,莫里斯立下了新遗嘱。(玛丽·德·摩根被调到凯尔姆斯科特之家做陪护。)除了詹妮,埃利斯和科克雷尔也将成为遗嘱执行人,款项用于支付珍妮余生的护理费用。科克雷尔觉得,对莫里斯来说，立遗嘱是莫大的安慰。他现在最关心的是最后一桩事。几天前，他问科克雷尔，如果他不在人世，他和沃克是否愿意与凯尔姆斯科特出版社休戚与共。科克雷尔回应道，他宁愿出版社急流勇退，也不愿为追求数量而产出低劣之作。对此，莫里斯表示期许。现在，他已是槁形灰心，说东忘西。可怕的幻觉（他称之为"恐怖尖叫"[14]），以及梦魇，不断侵扰着他。其中一次，发生在 9 月中旬。那时，他正在给迪安·法勒的《基督的一生》排版。

9 月 12 日，科布登-桑德森以他怪诞的哥特文风写道：

> 莫里斯已是风中之烛。这真是难以言喻的景象。他默然静坐，等待最终一刻的到来。
>
> 夜晚，黑暗摧毁了光明；白昼，他遥想，死亡之夜即将吞灭生命之光。它越来越近了，他等待着。很快，它将笼罩所有熟悉的场景——甜美的河流，英格兰的绿与灰，凯尔姆斯科特，凯尔姆斯科特之家，沙沙作响的树木，出版社，走道，装订厂，透窗的光线，室内的绿漆，书架上的旧书，餐厅，长桌，宽椅，狭长的花园，一切，一切。死亡的黑暗，终究会吞噬一切。"但是，"他对玛丽·德·摩根说，"我不信我会灰飞烟灭。"[15]

朋友们竭力转移他的注意力。F. S. 埃利斯为他朗读边境民谣，让他想象自己正在为凯尔姆斯科特出版社选书。R. H. 本森从多切斯特宫图书馆带来一整套珍稀手稿，供莫里斯欣赏把玩。有一部是来自亚眠的《诗篇》，另一本是《圣经历史与圣徒之旅》，共一千零三十四幅插图，贯穿于创世纪、基督之敌和世界末日。9 月 21 日，阿诺德·多尔梅奇在茶余饭后前来探视莫里斯，为他演奏维金纳琴。他演奏了英国十六世纪作曲家的几首曲子，包括威廉·伯德的帕凡舞曲和加亚尔德舞曲。科克雷尔注意到，"威廉·莫里斯很享受，也很受感动"。[16]现在，他变得极度多愁善感。乔治亚娜来看他时，他潸然泪下——他们谈到了穷人的困苦。

669

但除了韦伯和卡拉瑟斯，莫里斯的社会主义老同仁似乎没人来看他。科克雷尔的详细护理记录显示：显然，没有无产阶级社会主义者到访。莫里斯命若悬丝，却或多或少被他的阶级"夺"了回去。

似乎威尔弗里德·布伦特一直靠近不了他。9月4日，他来到凯尔姆斯科特之家。他发表的日记描述了这次经历："德·摩根夫人[原文如此]和科克雷尔也在那里。我们坐在一起时，玛德琳·温德姆走了进来。她真是风韵犹存。"[17]他在"秘密日记"中简要地记录，莫里斯无法与他会面，"他身边众人围绕，他自己又是弱不禁风"[18]。然而，三周后，当布伦特在凯尔姆斯科特庄园用餐时，莫里斯"像坟墓里的幽灵一样走了进来。他在餐桌旁坐了几分钟，但似乎有些神志不清，无法与人谈话"[19]。在布伦特看来，他似乎已跌入自己的忧郁情绪中。

他突然感觉好多了。那是一个晴朗的早晨，科克雷尔、玛丽·德·摩根、埃利斯和乔治亚娜，用带篷轮椅把他推到了瑞文斯考特公园。这把轮椅，几乎是一个象征符号，代表了莫里斯临终前在哈默史密斯的最后几周。莫里斯蜷缩在轮椅中——就像他在社会主义戏剧《贝斯瓦特公爵夫人》中所扮演的老绅士一样。公园里，他们遇到了一个小女孩——埃利斯的孙女，她好奇地望着他们。这是莫里斯的儿童奇遇记。莫里斯也曾生动描述过在冰岛时他所偶遇的奇特孩童。那次出行让莫里斯很快乐。这是他坐上轮椅以来最远的一次出行。他说，他感觉自己有些力气了，可以散步一小会儿。午饭后，卡拉瑟斯来了，又在四点四十五分离开了凯尔姆斯科特之家。科克雷尔外出了几分钟，去查看邮箱。回来后便发现，楼上的莫里斯嘴角流血。埃利斯正在旁边守护着他。他们扶他下楼，让他上床睡觉。他们请来了霍格医生，晚上，莱瑟比也来了。整晚，玛丽·德·摩根都陪着他。

9月30日，星期三，当科克雷尔来访时，他的呼吸非常沉重。上午，乔治亚娜来访。下午，内德来访。莫里斯恍惚了很久，终于认出了他们。乔治亚娜的到来，让他难舍难分。"快来……"他恳求她，"让我看看你的脸。"[20]那天晚上，德特马·布洛、埃默里·沃克和科克雷尔陪护了他一整夜。他感觉自己又回到了"加隆河号",航行在北欧海域。

星期四,他仍然神志恍惚,心神不安。早上,妹妹伊莎贝拉来看他,给他带来了亚麻籽药膏。玛丽·德·摩根和德特马·布洛又守了他了一晚。星期五,他"状态安宁"。[21]显然,他正在远离这个世界,甚至连乔治亚娜都认不出来了——那天,又是上午乔治亚娜来,下午内德来。内德相信,莫里斯从来不曾痛不欲生,但"大渐弥留之时,总是哀哀欲绝"。[22]他知道,这是他们的最后一面了。下午六点,菲利普·韦伯到达。专业护理人员也来了,科克雷尔说她带来了"莫大的安慰"。[23]莫里斯的体温一直在上升,吉莱斯皮护士和埃默里·沃克彻夜不眠地守着他。

第二天早上,十一点十五分,莫里斯去世。詹妮、梅、德特马·布洛、玛丽·德·摩根和乔治亚娜都守护在他身边。乔治亚娜说,他离世时"像一个安静乖巧的婴儿,满足地离开母亲的怀抱"。[24]

玛丽·德·摩根和埃默里·沃克即刻出发,前往凯尔姆斯科特向珍妮报丧。珍妮"坦然"接受了这个消息。[25]当天晚些时候,卡拉瑟斯、科梅尔·普赖斯和菲利普·韦伯前来悼唁。面对莫里斯的遗体,费尔法克斯·默里画了两张画。科克雷尔以前从未见过离世之人,但看到莫里斯身上的变化,他大吃一惊。"这张面孔异常地美!"科克雷尔写道。[26]这辞世长眠的安然神情,与他印象中的莫里斯很不一样。

科克雷尔对外发出电报。乔治亚娜写信告知威尔弗里德·布伦特。莫里斯去世次日,他在日记中写道:"他是我所认识的最出类拔萃的人,独一无二的是,任何事,任何人,包括他自己,他都不在意。他只在意他手中的作品。"[27]次日,布伦特来到伦敦,看是否能"在凯尔姆斯科特之家帮上忙"[28],他首先与伯恩-琼斯共进午餐。伯恩-琼斯对布伦特说,莫里斯的离世,带走了他对生活的兴趣。"因为此生,我们所有的梦想、计划和工作,都联结在一起。"在哈默史密斯,他看到莫里斯躺在楼下小卧室里的棺木里,"非常普通的一个箱子,上面盖着古色古香的绣布,还安放着肃穆的小花环"。布伦特在"秘密日记"中写下了自己对詹妮的疼惜:

我看到,和往常一样,莫里斯夫人倚卧在楼上的沙发上。她并没有穿黑衣,而是披着常用的蓝色披肩,几乎一头银发。我吻了她,我很久没这么做了。我尽可能安慰她。"我并不是悲痛之极,"她说,"尽管有生离死别,但我早就知道,我与他一直同在。"[29]

莫里斯身边的人很难接受这个现实,看似如此坚实的人却已不在。科克雷尔觉得,"就像每日所见之大山,现今沉于地下"。[30]菲利普·韦伯很感伤,他感觉就像外套变薄了一样,用他们所理解的建筑形象来描述,就是支撑墙已然倾塌。老校长科梅尔·普赖斯追忆着莫里斯的先行者精神:"他引领着我们起舞,这不是第一次,也不是最后一次——他将永远指引我们。"[31]甚至亨丽埃塔,或许是莫里斯四姐妹中最卑微的一个,也表达了沉痛的悲凉:"如今的世界于我而言已天翻地覆,我感到迷茫而孤独。"[32]

工艺美术展览协会推迟了在摄政街新美术馆举行的第五届展览,以表达对已故主席的敬意。非公开展览那天恰好是莫里斯去世当天。四天后,展览开幕。现场布置了月桂花环和特定展柜。展柜里有沃尔特·克兰的悼念诗、凯尔姆斯科特出版社的展品(包括新出版的《杰弗雷·乔叟作品集》)。但在正式展览期间,没有出现这些致敬物。

莫里斯去世的消息传遍了整个世界。"最古老的晚报"《环球与旅行者》第四版刊登了"紧急新闻",宣布"诗人威廉·莫里斯今日离世"。

出乎意料的是,在接下来几天的大部分讣告中,莫里斯主要以作家身份被铭记,《泰晤士报》写道:"他是一位诗人,当之无愧与丁尼生和勃朗宁媲美的最伟大的六位诗人之一。"[33]《每日新闻》则称"他是最具赤子之心的伟大诗人"。[34]也有评论从"唤醒英国中产阶级审美共鸣"[35]的立场,模糊了他对视觉艺术的贡献。这位讣告作者洞见道:那些壁纸和家具,"先是在布卢姆斯伯里的小店生产,其次在默顿大规模生产,将艺术意识带给了那些对诗歌和图画不感兴趣的人"。

　　总的来说,新闻媒体认为他的政治信仰不值一提。对于那"无视理性,不切实际,把他拽入虚无缥缈的社会主义的牵引力"[36],《泰晤士报》表现出不屑一顾的态度。作者一笔带过地补充道:"莫里斯的社会主义学说掀不起多大风浪,无外乎就是以某种诗意的地方语,向工人们讲话。内容不足为奇,只是他们前所未闻。"这篇具有定调性质的文章,开了诋毁莫里斯政治成就的先例。一个世纪后,这种贬谤仍旧存在。只有《每日电讯报》的讣告作者,提及他潜在的愤怒力量和他层出不穷的创造力。"如果威廉·莫里斯的外表像狮子,那么他的内在就像熊";"他的举止行为有点不拘小节。除非被激怒,否则他一直表现得很温和。这个人并不好对付,他很可能会让你下不来台"。[37]

　　社会主义媒体一致表示哀痛。罗伯特·布拉奇福德写道:"我不禁想,这周的《号角》刊登什么已无关紧要,因为威廉·莫里斯已不在人世……他是我们中的佼佼者,但他永远离开了我们。我们如今的运动陷入了停滞。"[38]接下来的几周,举行了多场社会主义悼念会。在霍尔本市政厅,社会主义民主联盟、伦敦无政府主义联盟和莫里斯曾经加入的社会主义同盟的前成员,共同发表了激动人心的晚间演说。其间,对莫里斯致谢的决议并非像往常一样举手表决通过,"而是以全场近乎沉痛的静默通过的"。[39]特拉法加广场举行的马车夫集会结束时,约翰·伯恩斯发表讲话,要求进行一次哀悼投票,以表明"这位伦敦工党极为忠实的朋友的离世,触动了多少人的心"。[40]

　　一些冰岛报纸,刊登了最感人的悼词。第一份,出现在由东海岸渔港塞济斯菲厄译出版的旅游报《熊》上。

　　　英国最著名的诗人,威廉·莫里斯,于本月初去世。他曾周游冰岛,热爱这里的全部。他撷取萨迦(如拉克斯达拉萨迦、沃尔松格萨迦)创作诗篇。他是最伟大的自由爱好者,忠诚的社会主义者,杰出之人。[41]

注释

［1］《威廉·莫里斯：艺术家、作家、社会主义者》。

［2］约翰·卡拉瑟斯致梅·莫里斯的信，1913 年 2 月 23 日，大英图书馆。

［3］《威廉·莫里斯：艺术家、作家、社会主义者》。

［4］威廉·莫里斯致菲利普·韦伯的信，1896 年 7 月 27 日，国家艺术图书馆。

［5］威尔弗里德·斯考恩·布伦特，《我的日记》，1896 年 5 月 31 日。

［6］威廉·莫里斯致菲利普·韦伯的信，1896 年 7 月 27 日，国家艺术图书馆。

［7］约翰·卡拉瑟斯致梅·莫里斯的信，1913 年 2 月 23 日，大英图书馆。

［8］西德尼·科克雷尔，日记手稿，1896 年 8 月 18 日，大英图书馆。

［9］詹妮·莫里斯致梅·莫里斯的信，1896 年 8 月 18 日，麦凯尔笔记本，威廉·莫里斯陈列馆。

［10］威廉·莫里斯致珍妮·莫里斯的信，1896 年 8 月 20 日，亨德森。

［11］科梅尔·普赖斯日记，1896 年 9 月 6 日，普赖斯家族藏品。

［12］威廉·莫里斯致托马斯·沃德尔的信，1896 年 8 月 26 日，麦凯尔。

［13］W. 格雷厄姆·罗伯逊，《往昔》。

［14］西德尼·科克雷尔，日记手稿，1896 年 9 月 11 日，大英图书馆。

［15］T. J. 科布登-桑德森，《日记：1879-1922》，1896 年 9 月 12 日。

［16］西德尼·科克雷尔，日记手稿，1896 年 9 月 21 日，大英图书馆。

［17］威尔弗里德·斯考恩·布伦特，《我的日记》，1896 年 9 月 3 日。

［18］威尔弗里德·斯考恩·布伦特，日记手稿，1896 年 9 月 3 日，菲茨威廉。

［19］威尔弗里德·斯考恩·布伦特，《我的日记》，1896 年 9 月 28 日。

［20］麦凯尔，《威廉·莫里斯的一生》。

［21］西德尼·科克雷尔，日记手稿，1896 年 10 月 4 日，大英图书馆。

［22］爱德华·伯恩-琼斯致乔治·霍华德的信，1896 年 10 月 5 日，霍华德城堡。

［23］西德尼·科克雷尔，日记手稿，1896 年 10 月 2 日，大英图书馆。

[24]《爱德华·伯恩-琼斯回忆录》。

[25] 西德尼·科克雷尔,日记手稿,1896 年 10 月 4 日,大英图书馆。

[26] 同上,1896 年 10 月 3 日。

[27] 威尔弗里德·斯考恩·布伦特,《我的日记》,1896 年 10 月 4 日。

[28] 同上书,1896 年 10 月 5 日。

[29] 威尔弗里德·斯考恩·布伦特,日记手稿,1896 年 10 月 6 日,菲茨威廉。

[30] 西德尼·科克雷尔致乔治亚娜·伯恩-琼斯的信,1896 年 10 月 9 日,大英图书馆。

[31] 科梅尔·普赖斯,引述自麦凯尔笔记本,威廉·莫里斯陈列馆。

[32] 亨丽埃塔·莫里斯致西德尼·科克雷尔的信,1896 年 10 月 9 日,大英图书馆。

[33]《泰晤士报》,1896 年 10 月 5 日。

[34]《每日新闻》,1896 年 10 月 5 日。

[35]《泰晤士报》,1896 年 10 月 5 日。

[36] 同上。

[37]《每日电讯报》,1896 年 10 月 5 日。

[38] 罗伯特·布拉奇福德,《号角》,1896 年 10 月 10 日。

[39]《正义》,1896 年 10 月 17 日。

[40]《工党领袖》(Labour Leader),1896 年 10 月 17 日。

[41]《熊》,10 月 24 日,引述自露丝·埃利森,《威廉·莫里斯的冰岛讣告》,《威廉·莫里斯协会期刊》,1988 年秋。

第二十章 回到凯尔姆斯科特（1896 年及之后）

自八十年代初以来，伯恩-琼斯一直忙于创作他的旷世杰作《亚瑟王在阿瓦隆》。这幅恢弘画作现存于波多黎各。画面描绘了亚瑟王躺在灵柩之上，凯尔特人环绕着他，为他祈福——在他死后，他被抬到了这"乐土岛"。在他的上方，有一华盖，上面刻着"圣杯之旅"浮雕。内德赋予阿瓦隆"精巧的构思"[1]，阿瓦隆也被看作他某种情感的寄托和表达。在坎普登山路的一个大型画室里，他为了完成这幅画，呕心沥血。唯有在莫里斯病重的那几个月，内德无法集中心力继续创作《亚瑟王在阿瓦隆》。他写道："阿瓦隆早已蒙尘。"[2]

威廉·莫里斯的葬礼于 10 月 6 日星期二举行。那是一个湿冷的早晨，并且，天气逐渐恶化，刮起了萨迦般狂野的风暴。上午八点，哈默史密斯聚集了一小众人，观瞻莫里斯的灵柩从凯尔姆斯科庄园抬往凯尔姆斯科特的圣乔治教堂——它最后的栖息地。一些社会主义者，包括约翰·伯恩斯和 H. M. 海德门，都前来参加悼念活动。还有来自凯尔姆斯科特出版社的莫里斯同仁，其中一名膀大腰圆的印刷工尤为显眼，可能是斯蒂芬·莫勒姆。这一小群人组成的游行队伍，跟随枢车，沿着里弗考特路，缓行至车站。最后一个讽刺事件是，莫里斯的遗体竟是乘着"可恶"的火车从帕丁顿前往莱奇莱德的！

在帕丁顿，另一群人也在聚集。这是一个由俄罗斯、波兰和犹太社会主义协会代表组成的更具国际气氛的集会，他们带着花环和鲜花蜂拥而至。据《每日纪事》记者报道,其中有许多人"一贫如洗,衣敝履空"。[3]无政府主义者克鲁泡特金公爵,也现身于礼台之上。葬礼现场并没有任何习俗性的装饰,没有殡仪员,也几乎看不到那种黑色的丧礼高帽。莫里斯被安置在车上,静静地躺在灵柩中。灵柩四周,围合着花圈,他的脚朝向礼台——看起来就像一个小小的、可移动的私家礼拜堂。莫里斯的送别者们,在火车的预留车厢集中而坐。旅途中,内德、埃默里·沃克和慈爱的科梅尔·普赖斯,一直陪护着詹妮和梅。

　　在牛津,他们稍作停顿。此时已临近中午,大雨倾盆而下,但并没有学校代表前来送别莫里斯——他对牛津的矛盾心理,就像牛津如此待他一样。这列特殊的火车,又行驶二十五英里,到达了莱奇莱德。当乘客们走上湿漉漉的站台,狂风劲吹,桥上的当地马车停了下来,车夫们好奇地向他们张望。站内的马路上空无一人,只有一位警察孤零零站在那里。过了很久,终于可以看见几辆被派来接迎哀悼者回凯尔姆斯科特之家的单马车。缓缓地,马车挤满了车站。其中有一辆车,是老旧的收货平板车,被漆成了黄色,装有红色车轮。车上四个角的杆子,以柳条编织缠绕相连。杆上,藤叶挂满了麻绳。那匹拉车母马的眼罩上,也有葡萄藤叶的装饰。马车底部铺着青苔。画家亚瑟·休斯觉得,这辆灵车看起来就像从莫里斯魔幻故事中走出来的。这些装饰是德特马·布洛的设计杰作。前一天,他从伦敦特意赶来参加葬礼的布置工作。布洛穿着马车夫的长袍,亲自驾驶这辆灵车,"看起来就像《撒克逊编年史》那般怀旧和古老"。[4]四个身着棕衣的农夫,轻轻地把棺木放在青苔毯上。这上面,还摆放着莫里斯收集的珍贵的布鲁萨锦缎残片和月桂花环。

　　詹妮看上去"脸色苍白,浑身发抖"[5],靠着内德的臂弯,登上了第一辆马车。珍妮哭哭啼啼地跟在她身后。而梅则显得相对平静。她对体弱的母亲和多病的妹妹有了新的担当。哈里·斯帕林从法国赶回参加莫里斯的葬礼,陪伴莫里斯的家人住在凯尔姆斯科特之家。莫里斯的姊妹亨丽埃塔和伊莎贝拉(佩戴着女执事的帽子)坐在另一辆马车上。马车里还有莫里斯的"两位兄弟"。其中一位,要么是埃德加,要么是斯

675　坦利（南部乡村的农夫）。而另一位，或许是六年前退役的阿瑟上校。来自伦敦的哀悼者大约四十人，其中有 F. S. 埃利斯、莫里斯在哈默史密斯的邻居里士满、沃尔特·克兰、在挪威被失眠折磨得筋疲力尽的可怜的约翰·卡拉瑟斯，以及他的女儿：詹妮的妹妹贝西·伯登。菲利普·韦伯似乎未曾踏上这段送别路，阿格拉娅也没有来。当地的车夫披着麦金托什雨衣，牵着母马，随着送葬队伍一起出发。他们蜿蜒穿过莱奇莱德——一个由古老的灰石屋和石板屋顶构成的《乌有乡消息》般的村庄。村民以及他们的孩子们站在门口，看着马匹划过公路，驰过绿野。在离凯尔姆斯科特还有三英里的路上，两旁的树篱被雨淋得湿漉漉的，上面的野果闪闪发亮。

亚瑟·休斯以前从未去过凯尔姆斯科特教堂，他称之为"一个极简的谷仓样式，坐落在平坦湿润的土地上。在一侧，有一个很小的开放式拱门，极具乡村特色"。[6]莫里斯很喜欢这座十二世纪小教堂的古朴美。甚至，相对于其他大多数古建筑，他对它的守护更为热烈——因为它是莫里斯自己的村落史的重要组成部分。他资助了教堂屋顶的翻修工程，并为中殿捐赠了新的石制屋顶。人们到达凯尔姆斯科特教堂时，村民和牧师正在那里静候。威廉·富尔福德·亚当斯，是邻村小法灵顿的牧师。多年前，亚当斯和莫里斯曾一起在莫尔伯勒，又一起在埃克塞特，他们之间真是有着莫大的缘分。教堂钟声低沉地响起，大雨滂沱。当地的力工，扛着沉重的棺材，穿过排成两行的送葬人群，穿过墓园石板路两旁的菩提树，缓缓前行。

教堂被南瓜、胡萝卜、硕大饱满的苹果和堆积在仓库周围的玉米堆装饰成丰收节的样子。深红色的秋叶，瀑布似的垂挂在中殿柱子旁。教堂里的灯，缠绕装点着燕麦和大麦。莫里斯的乡村葬礼与1892年丁尼生在威斯敏斯特教堂的葬礼风格大相径庭。冥冥中，凯尔姆斯科特的葬礼诠释了莫里斯生命中写下的最后一句话："让一切怪力乱神之事见鬼去吧！"[7]葬礼上，老社会主义联盟成员、默顿修道院的工人、牛津街莫里斯公司的推销员和文员、工艺美术的同事以及穿着普通工作服的凯尔姆斯科特村人，与莫里斯的家人一起，坐在简陋的乡村长凳上。牧师亚当斯的现场布道，沉声静气，娓娓道来。那是一篇温情的乡村悼词，引用了《哥林多后书》中的经文——"似乎不为人知，却是人所共知的"。[8]亚当斯不想评论莫里斯带有争议性的"伟大事业"，但他真诚地高度赞扬了莫里斯在凯尔姆斯科特生活的二十五年，以及其间他对乡下邻居做出的默默无闻的善举。对于他的通透练达，圣保罗的话一语中的："似乎一无所有，却是样样都有的"；"似乎要死，却是活着的"。

灵柩从教堂被抬至墓地时，雨暂时停了，风仍很大。风掠过榆树枝，追向暴风雨。莫里斯的坟墓被置于教堂内院的东南侧。灵柩入土时，一群脸色红润的村民（就像约翰·鲍尔笔下的农民），隔着教堂院墙惊异地向内张望。墓穴里布满花圈和花环——花朵都是莫里斯用来制作纺织品和壁纸的原型。墓旁，竖立着来自默顿工人们的一份奇特献品——一把威尔士竖琴，琴上面摆放着一簇紫花。

莫里斯的亲友们，浑身湿漉漉地围站在墓地周围，沉默良久，乔治亚娜说那静默"都能听得见"。[9]

莫里斯的墓由菲利普·韦伯设计。接受这项委托时，他悲伤地说："感觉我这一生似乎只设计了墓碑。"[10]对于纪念性建筑，莫里斯一直抱有复杂的情愫。威斯敏斯特教堂的纪念碑，曾让他感到无比震骇。他认为这是"世界上最骇人的伪艺术，是伦敦人的噩梦和人类智力的畸变"。[11]可以猜测，菲利普·韦伯设计的奇特墓穴，会让莫里斯尤为满意。墓穴之上，有一个类似小房子或大狗窝的拱形屋顶。设计灵感来自教堂墓地周围发现的一块十四世纪的石雕。这是韦伯的典型做法，他想表达一种似是而非的悖谬感，一种偶得之妙。陵墓的地基，由凯尔姆斯科特之家的园丁贾尔斯挖掘。碑文"WILLIAM MORRIS"（威廉·莫里斯）以特殊的环形字母形式呈现。陵墓外立面上，雕刻着新芽生发的树木。莫里斯的陵墓就像早期的弗兰克·劳埃德·赖特的有机建筑，从英国教堂墓地的土壤中生长出来。它也称得上是令人叹为观止的冰岛式

677　建筑——似乎可以激励某位北欧英雄，从墓中站起，高声歌唱。

　　葬礼过后三天，詹妮便前往纽宾斯府邸与威尔弗里德·布伦特同住，随她同去的还有梅。11 月中旬，布伦特邀请她们去艾哈思西斯（El Hashish，布伦特对艾克思西〔El Kheysheh〕的戏称）——他在埃及谢赫奥贝德（Sheykh Obeyd）的沙漠中为玛丽·埃尔乔建造的一座粉红浪漫屋。几天后，他在日记中写道："莫里斯夫人的到来相当无趣——她的女儿梅，更是个死气沉沉的女人……她们都不骑马，甚至也不骑驴，尽管莫里斯夫人试过——在这里，是不可能不骑马的。因为到处是大沙堆，人们无法行走。于是，她们整天待在室内。我每天去看她们两次，但因为梅在旁边，不可能有什么交谈。对于怎样讨她们开心，我真是束手无策。我不能和她们中任何一个发生关系，绝无可能。"[12]这个多事的假日终于在 4 月结束了，詹妮回到了凯尔姆斯科特度夏。布伦特建议她去经营一个奶牛场，"因为没有爱好的晚年，是相当可悲的"。那时，詹妮和布伦特一样，都已五十六岁了。

　　1899 年，梅离婚后，又恢复了梅·莫里斯这个名字，并从"凯尔姆斯科特之家的访客簿"上删除了她婚后的名字。她的情感生活变得有些黯淡无光。菲利普·韦伯不无担忧地描述道："这穿着一身暗黑的苦闷女人。"[13]他注意到，她是怎样遗传了她父亲少言寡语的特质。1899 年，见到梅在艺术工作者协会假面剧中扮演圣海伦娜，珍妮特·阿什比形容梅"庄重……哀伤……忧郁"。[14]梅比从前更眷念她的父亲。在他的每个葬礼周年纪念日，她都会在他墓前敬献月桂花环，以寄哀思。1903 年，她创作了一部短剧《白色谎言》，故事情节围绕一位远离的父亲而展开，字里行间满是怨恨和失落。另一方面，梅的设计工作蒸蒸日上。她二十世纪初的刺绣作品，堪称那个时期最具原创性、最有技术含量的杰作。梅丰富了莫里斯的视觉元素：花卉、藤蔓、鸟、纹样、中世纪的设计细节，皆显露出她的作品特有的充盈和流畅。她作为英国女工艺者的实际领袖，表现出伊莎贝拉姑妈作为女执事那般的传教活力。1907 年，她又成立了妇女艺术协会。

　　而关于珍妮晚年生活的描述让人不忍卒读。莫里斯的离世，让她怅然不知所措。于珍妮而言，他不仅是父亲，更是不可或缺的陪伴者。某种意义上，他也是她与外界联系的唯一纽带。她不赞成为莫里斯写传记的想法，她给西德尼·科克雷尔写信说："哦，西德尼！对于那熟知一切的人来说，传记是多么可悲的事啊！"[15]科克雷尔对她如兄长般爱护。莫里斯离世后，他描述她"有着无尽的悲伤，然而又无所畏惧"。[16]她的余生，或出入于养老院，或在家里由护工及同伴照料。其中一位护工因"无能且粗鲁"[17]而被解雇。她的状况，让母亲忧心不已。到了 1909年，她的癫痫发作愈加剧烈，不得不增加镇静剂量。1914 年，她的母亲度过了沉寂平静却异常坚韧的晚年，于巴斯溘然长逝。珍妮出席了她在凯尔姆斯科特的葬礼。葬礼上，她紧握着西德尼·科克雷尔的手臂，悲痛难捱。珍妮的一生，终止于 1935 年。那时，梅惊觉，她眼前会偶然"闪现她以前的样子"[18]，这真让人心碎。似乎，珍妮又回到了凯尔姆斯科特，被人撞见在花园闲逛。"我经常在夜晚来此散步，希望能见到我亲爱的父亲。有他在身边，多么美好！"她说。[19]

　　内德只比莫里斯多活了两年。莫里斯离世后，他艰难地试图重组生活，恢复以往的精力。但他所遭受的打击如此沉重，完全无法释然。没有托普西的星期天，是那样难熬。

　　1906 年，阿格拉娅·科罗尼奥在女儿卡利奥佩离世的第二天，陷入锥心泣血般的悲痛。她用刺绣剪刀反复刺入腹部和咽喉，在肯辛顿的家中自杀身亡。

　　菲利普·韦伯在"无法捉摸的乌云"[20]笼罩下度过悲伤的晚年后，于 1915 年离开人世。他曾突发奇想，想把自己的骨灰撒至牛津大学新学院教堂的回廊。遭到学院拒绝后，埃默里·沃克把他的骨灰带至他和莫里斯常去的伯克郡的白马山顶，将之抛撒在风中。

　　乔治亚娜一直活到 1920 年。她越来越睿智、坚定、从容。她总是穿着拉斐尔前派的长裙，身姿"瘦小而挺拔"。[21]她的小孙女同她一起去看望穷人,这让她感到振奋,她也尴尬地看到伯恩-琼斯夫人坐在小茅屋里,"蓝色的双眸,紧紧地盯着一个佝偻着身子、不识字的老妇人,向她传达《执钉的命运女神——写给大不列颠工人与劳动者的信》①中抚慰人心的消息"。麦凯尔在《泰晤士报》讣告中以优美的文辞,着重强调了她与莫里斯的关系之于她的重要性,指出她拥有一种"有如烈焰般的精神力量———盏燃烧且发光的灯"。[22]

679

威尔弗里德·布伦特,寿终正寝于 1922 年。1898 年,詹妮送给他一张旧橡木餐桌。这桌子先是被用在红屋,然后又用于哈默史密斯凯尔姆斯科特之家的社会主义者晚宴。布伦特曾为它写了一首很拙劣的诗:

> 威廉·莫里斯端坐于橡木古案前,
> 艺术经纬织就了生命不朽的经幡。[23]

> At this fair oak table sat …
> William Morris, whose art's plan
> Laid its lives in ample span.

莫里斯的桌子仍存放于纽宾斯府邸。1911 年,玛丽·埃尔乔带着女儿(也叫玛丽),见了威尔弗里德·布伦特,这是她首次见到父亲。布伦特拿出"美的奇迹",即多年前为她购买的"野蛮装饰品",送给了这位十七岁女孩。[24]装饰品上还有一绺威廉·莫里斯的头发。

詹妮去世前一年,她终于以四千英镑买下了凯尔姆斯科特之家和周围的九又四分之三英亩土地。梅在"一战"后的几年,一直生活在凯尔姆斯科特。1915 年,她完成的重中之重的工作,就是整理编辑她父亲的二十四卷作品。二十世纪三十年代,她终于编完了最后两卷附有评传的父亲著作——这两本书于 1936 年出版。1924 年和 1931 年,她追寻父亲

---

① 　标题原文 Fors Clavigera,字面意思是"命运,持钉者",是约翰·罗斯金十九世纪七十年代写给英国工人的书信集,以月刊形式出版。

的足迹，踏上了冰岛之旅。

在与纽约的律师和文学赞助人约翰·奎因经历了一段无疾而终的风流韵事之后，梅终于找到了爱情。她与第一次世界大战中来到凯尔姆斯科特工作的农家女玛丽·弗朗西斯·维维安·洛布结为伴侣。此时的梅，看起来人高马大但憔悴不堪，"举止端庄，身着款式丰富、独具她自己风格的衣服"。[25]有人注意到，这位社会主义者之女、拉斐尔前派的款款丽人竟然长出了浅浅的胡须。而洛布小姐（人们如此称呼她），"骨骼宽大，体格健壮，留着短发，总是穿着一套老式的灯笼裤套装"。她们像兰戈伦（Llangollen）的女同性恋者一样出双入对，也成为人们猜测和嘲笑的对象——尤其是二十世纪三十年代活力四射的年轻美学家。

伊夫林·沃、约翰·贝杰曼和奥斯伯特·兰开斯特，重新发现了凯尔姆斯科特之家，这让他们雀跃不已。围绕着它，他们创作了自己想象中的拉斐尔前派肥皂剧。沃撰写了罗塞蒂传记。奥斯伯特·兰开斯特画了一幅莫里斯的粗鄙漫画。画中，莫里斯、詹妮和罗塞蒂并肩坐在在农场建筑中发现的古旧的三人洗手间里。而贝杰曼，甚至为此特意在凯尔姆斯科特住了一段时日。

1934 年 10 月，莫里斯诞辰百年之际，凯尔姆斯科特又一次成为朝圣之地。经过多年来在莫里斯圈子里的周旋，梅终于实现了《乌有乡消息》中的理念——建立一个带有会议室、阅览室和娱乐室的村庄纪念堂。这座纪念堂是简洁的科茨沃尔德（Cotswold）建筑，由欧内斯特·吉姆森在 1919 年去世之前设计。他是莫里斯艺术工人行会中最为年轻的追随者。伴随着"神秘婚约"的悠远回声，萧伯纳为纪念堂开幕剪彩。他说，"在更开明的时代"，莫里斯定是位圣人，或许他应被称作"凯尔姆斯科特的圣威廉"。[26]"牛津大学能做很多了不起的事，"萧伯纳说，他以社会主义者的口吻意指那些在建筑方面建树颇多的杰出人物，"但它不能培养出像莫里斯这样的人，而常把这种人拒之门外"。他们高唱着《前进吧，基督卫士》（"Onward Christian Soldiers"），萧伯纳称自己是"激昂"的领唱，而莫里斯"悄然拐进了角落处的坟墓"。[27]现场，工党首相

680

拉姆齐·麦克唐纳突然现身,他当时是国民联合政府的领导人。那天,纪念堂如此拥挤,他甚至无法穿过人群到达台前。麦克唐纳也曾是社会主义民主联盟的新人,在"红旗社会主义"时期就与莫里斯相识。在大家离场去品尝乡村茶点前,他向人们讲述了法灵顿路的往事。

梅逝世于 1938 年 10 月。仅仅过去几个月,洛布小姐也离世了。据说,梅的葬礼与她父亲的葬礼同出一辙——也是在圣乔治教堂举办。莫里斯的传记作者麦凯尔也到了迟暮之年。但他过于虚弱,无法出席葬礼。凯尔姆斯科特也被委托给了牛津大学。1939 年 7 月,"二战"爆发前的两个月,凯尔姆斯科特之家进行了余留的"家具摆设"拍卖。而最后的拍卖,总令人感慨。在那个潮湿的清晨,庄园花园里举行的这场竞拍活动显得格外冷清。

竞拍物品有衣服、锦缎、刺绣——被归类为"由已故的莫里斯夫人或已故的玛丽·莫里斯小姐所制或所穿"。[28]此外,还有三条农夫围裙,一件由玛丽·莫里斯小姐绣制的绿色丝绸连衣裙,一件蓝色东方吉伯衫,一件威廉·莫里斯夫人穿过的羊绒衫,一件意大利款短上衣和东方马甲,一条莫里斯夫人绣制的白色小棉被,标记为"威廉·莫里斯染制"的两束羊毛,莫里斯的法式工装,以及一条丝帕——上面精美地绣着他的姓名首字母"WM"。

注释

　[1] 《爱德华·伯恩-琼斯回忆录》。

　[2] 爱德华·伯恩-琼斯致埃文斯博士的信,1896 年 6 月 29 日,菲茨威廉。

　[3] 《每日纪事》,1896 年 10 月 7 日。

　[4] 萧伯纳致弗朗西斯·狄龙(Frances Dillon)的信,1908 年 11 月 21 日,《萧伯纳书信集(1874–1950)》。

　[5] 同上。

　[6] 威廉·E. 弗雷德曼,《威廉·莫里斯的葬礼》("William Morris' Funeral"),《威廉·莫里斯协会期刊》,1966 年春。

[7] 麦凯尔,《威廉·莫里斯的一生》。

[8] 莫里斯的葬礼布道,1896 年 10 月 11 日记录,麦凯尔笔记本,威廉·莫里斯陈列馆。

[9]《爱德华·伯恩-琼斯回忆录》。

[10] W. R. 莱瑟比,《菲利普·韦伯和他的创作》。

[11] 威廉·莫里斯致《每日新闻》的信,1889 年 1 月 30 日,亨德森。

[12] 威尔弗里德·斯考恩·布伦特,日记手稿,1896 年 11 月 29 日,菲茨威廉。

[13] 菲利普·韦伯致詹妮·莫里斯的信,1899 年 1 月 18 日,大英图书馆。

[14] 珍妮特·阿什比,《阿什比日记》,1899 年夏天,剑桥大学国王学院。

[15] 珍妮·莫里斯致西德尼·科克雷尔的信,1897 年 9 月 23 日,大英图书馆。

[16] 西德尼·科克雷尔致 W. R. 莱瑟比的信,1896 年 12 月 28 日,大英图书馆。

[17] 詹妮·莫里斯致西德尼·科克雷尔的信,1910 年 6 月 6 日,国家艺术图书馆。

[18] 梅·莫里斯致西德尼·科克雷尔的信,1934 年 3 月 13 日,国家艺术图书馆。

[19] 凯瑟琳·亚当斯致西德尼·科克雷尔的信,1934 年 11 月 4 日,《最好的朋友》。

[20] 西德尼·科克雷尔致乔治亚娜·伯恩-琼斯的信,1915 年 8 月 9 日,国家艺术图书馆。

[21] 安吉拉·瑟克尔,《三座房子》。

[22] J. W. 麦凯尔,乔治亚娜·伯恩-琼斯讣告,《泰晤士报》,1920 年 2 月 4 日。

[23] 彼得·福克纳编,《简·莫里斯致威尔弗里德·斯考恩·布伦特书信》。

[24] 威尔弗里德·斯考恩·布伦特,日记手稿,1911 年 9 月 26 日,菲茨威廉。

［25］巴兹尔·布莱克韦尔(Basil Blackwell),《关于洛布小姐更多信息》
("More about Miss Lobb"),《书商》(*The Bookseller*),1962 年 10 月 27 日。

［26］萧伯纳,引述自《泰晤士报》,1934 年 10 月 22 日。

［27］萧伯纳致亨利·索尔特的信,1934 年 12 月 7 日,《萧伯纳书信集
(1874–1950)》。

［28］凯尔姆斯科特之家的拍卖目录,1939 年 7 月 19 日和 20 日,威廉·莫
里斯陈列馆。

章节注释说明

第一章

本章,我参考了梅·莫里斯的《威廉·莫里斯:艺术家、作家、社会主义者》(*William Morris, Artist, Writer, Socialist*)和麦凯尔的《威廉·莫里斯的一生》(*Life*),并加入了珍妮特·格里尔森的《伊莎贝拉·吉尔摩:威廉·莫里斯妹妹》(*Isabella Gilmore, Sister to William Morris*,SPCK,1962),以及威廉·莫里斯陈列馆为 1992 年的展览《莫里斯家族像展》所做的最新研究,来描述威廉·莫里斯的童年生活。

关于莫里斯家族的财务状况:

Charles Harvey and Jon Press, 'The City and Mining Enterprise: The Making of the Morris Family Fortune', *JWMS*, Spring 1990, and the early chapters of their book *William Morris, Design and Enterprise in Victorian Britain*, Manchester. University Press, 1991.

关于莫里斯早期的家庭关系:

Linda Richardson, 'William Morris's Childhood and Schooling', *JWMS*, Autumn 1990, and her unpublished Oxford University dissertation 'William Morris and Women: Experience and Representation', deposited at the Bodleian Library, Oxford.

关于莫里斯的本土背景介绍,参考威廉·艾迪生爵士的《埃平森林的肖像》

（*Portrait of Epping Forest*，罗伯特赫尔出版社，1977 年），以及 H. V. 迈尔斯的著作《威廉·莫里斯在沃尔瑟姆斯托》（*William Morris in Walthamstow*，沃尔瑟姆斯托出版社，1951 年）。这些著作提及了埃平森林和伊丽莎白女王的狩猎小屋，以及伍德福德教堂墓地。那里仍保留了威廉·莫里斯父亲的墓葬。当地消防站的一块牌匾，标识着莫里斯的出生地——榆屋。在那附近，有一座相对单调清冷的战后双排住宅区，被命名为威廉·莫里斯街区。

第二章

莫尔伯勒公学早年的背景主要取自莫尔伯勒档案馆，牛津大学博德利图书馆的莫尔伯勒公学记录，以及 A. G. 布拉德利、A. C. 钱普尼斯和 J. W. 贝恩斯的《莫尔伯勒公学史》（*History of Marlborough College*，约翰·默里出版社，1893 年）。此外还有爱德华·洛克伍德的《莫尔伯勒公学的早期》（*Early Days of Marlborough College*，辛普金、马歇尔、汉密尔顿、肯特公司，1893 年），以及托马斯·欣德的《进步之路：莫尔伯勒公学历史》（*Paths of Progress：A History of Marlborough College*，詹姆斯与詹姆斯出版社，1992 年）的前几章。

选集《莫尔伯勒市镇和乡村》（*Marlborough Town and Countryside*）于 1978 年由位于安多弗斯福德的惠廷顿出版社出版。其中包括《教堂建筑学家》一文，详细阐述了莫尔伯勒公学对高教会派的态度。在尼尔·汉密尔顿的《圣米迦勒与诸天使教堂的历史》（*A History of the Chapel of St Michael and All Angels*）中，有关于布洛尔最初的教堂的详细描述，该书由位于格洛斯特的艾伦·萨顿出版社于 1968 年为莫尔伯勒公学出版。

在莫尔伯勒公学，莫里斯的旧宅 A 楼仍在使用：现已更名为"莫里斯小屋"，目前是女生宿舍。现在，我们仍然可以很容易地追溯他小时候的探险路线——前往锡尔伯里山、埃夫伯里、肯尼特古墓和伯克郡附近的白马山的考古之旅。

位于沃尔瑟姆斯的"水屋"，现为对公众开放的威廉·莫里斯艺术博物馆，那里收藏着关于莫里斯的顶级文物。莫里斯的首位传记作者 J. W. 麦凯尔曾与威廉·莫里斯的私教 F. B. 盖伊的儿子建立了联系——他保存于沃尔瑟姆斯的研究笔记对于相对隐秘的人生阶段具有极大参考价值。

第三章、第四章和第五章

这些章节主要来源于威廉·莫里斯的信件、J. W. 麦凯尔的《威廉·莫里斯的一生》、乔治亚娜·伯恩-琼斯的《爱德华·伯恩-琼斯回忆录》、W. R. 莱瑟比的《菲利普·韦伯和他的创作》(*Philip Webb and his Work*, 牛津大学出版社, 1935 年); 科梅尔·普赖斯家庭通信和日记; R. W. 狄克森在麦凯尔笔记本中的回忆录; O. 道蒂和 J. R. 沃尔编,《但丁·加百利·罗塞蒂书信》(*Letters of Dante Gabriel Rossetti*), 牛津, 1965-1967 年; 弗吉尼亚·瑟蒂斯编,《乔治·普赖斯·博伊斯日记》(*The Diaries of George Price Boyce*), 现实世界出版社, 诺维奇, 1980 年。

关于牛津的一般情况:

Rev. W. Tuckwell, *Reminiscences of Oxford*, Cassell, 1901; three mid-Victorian Oxford novels: John Henry Newman, *Loss and Gain*, James Burns, 1848; Cuthbert Bede, *The Adventures of Mr. Verdant Green*, Nathaniel Cooke, 1853; Thomas Hughes, *Tom Brown at Oxford*, Macmillan, 1864.

关于莫里斯在牛津:

Val Prinsep, 'A Chapter from a Painter's Reminiscences: the Oxford Circle: Rossetti, Burne-Jones and William Morris', article in *The Magazine of Art*, No. 2, 1904; J. D. Renton, *The Oxford Union Murals*, pamphlet published by the Oxford Union, 1983; K. L. Goodwin, 'William Morris's New and Lighter Design', *JWMS*, Winter 1968; Eugene D. LeMire, 'The "First" William Morris and the 39 Articles', *JWMS*, Spring 1987; Jon Whiteley, 'Morris's Oxford', *Oxford Today*, Trinity 1989.

关于莫里斯和骑士精神:

Carolyn P. Collette, 'William Morris and Young England', *JWMS*, Winter 1983; Elizabeth Brewer, 'Morris and the "Kingsley" Movement', *JWMS*, Summer 1980; Mark Girouard, *The Return to Camelot: Chivalry and the English Gentleman*, Yale University Press, 1981.

关于莫里斯的早期写作:

Florence S. Boos, *The Juvenilia of William Morris*, William Morris Society, New York and London, 1983; J. M. Baissus, 'Morris and the Oxford and Cambridge Magazine', *JWMS*, Winter 1983; Helen Timo, 'A Church without God: William Morris's "A Night in a Cathedral"', *JWMS*, Summer 1980; chapters on the early romances and *The Defence of Guenevere* in J. M. S. Tompkins, *William Morris, An Approach to the Poetry*, Cecil Woolf, 1988, and Amanda Hodgson, *The Romances of William Morris*, Cambridge University Press, 1987; Isobel Armstrong's chapter on 'The Grotesque as cultural critique：Morris'in *Victorian Poetry*，Routledge，1993；Amanda Hodgson，'Riding Together：William Morris and Robert Browning'，*JWMS*，Spring 1992.

关于詹妮·莫里斯的牛津背景：

Jan Marsh，*Jane and May Morris*，Pandora，1986；Margaret Fleming，'Nothing but landscape and sentiment'，*JWMS*，Summer 1984.

关于莫里斯在法国北部的旅行：

John Purkis，*Check-list of the Cathedrals and Churches visited by William Morris and Edward Burne-Jones*，William Morris Society，1987.

关于乔治·埃德蒙·斯特里特的办公室：

A. E. Street，*Memoir of George Edmund Street*，John Murray，1888；J. P. Cooper，'The Work of John Seeding'，*Architectural Review*，vol. 3，1897–8；C. M. Smart，*Muscular Churches*，University of Arkansas Press，Fayetteville，1989；Andrew Saint，*Richard Norman Shaw*，Yale University Press，1976.

关于莫里斯和绘画：

Jan Marsh，'William Morris's Painting and Drawing'，*The Burlington Magazine*，August 1986.

关于红狮广场的家具：

Pat Kirkham，'William Morris's Early Furniture'，*JWMS*，Summer 1981；Annette Carruthers，'Like incubi and succubi'，*Craft History Two*，April 1989；chapter on 'Morris & Co'in Jeremy Cooper，*Victorian and Edwardian Furniture and Interiors*，Thames & Hudson，1987；J. Mordaunt Crook，*William Burges and the High Victorian Dream*，John Murray，1981.

莫里斯在牛津留下了很多痕迹，只是在二十世纪末的开发中遭受了连莫里斯都无法想象的粗鄙改造。本章的研究基于多次参观莫里斯最喜欢的牛津建筑，包括默顿教堂和新学院的回廊；他自己的学院——埃克塞特学院；以及牛津联盟楼，那里的壁画在 1987 年最后一次修复，结果并不完全令人满意。

莫里斯 1855 年在法国北部进行密集游览时，大部分伟大的教堂和大教堂至今都巍峨矗立，你依然可以去追随这条鼓舞人心但又令人筋疲力尽的路线。

布卢姆斯伯里虽然发生了很大变化，但仍然具有召唤力。红狮广场 8 号已被拆除。莫里斯和伯恩·琼斯在红狮广场 17 号的旧宅仍然存在，尽管立面已重建。

第六章、第七章和第八章

除了威廉·莫里斯的信件、乔治亚娜·伯恩-琼斯的《爱德华·伯恩-琼斯回忆录》和梅·莫里斯的儿时回忆录外,这几章主要依赖 W. R. 莱瑟比,菲利普·韦伯及他的著作,牛津大学出版社,1935 年。O. 道蒂和 J. R. 沃尔编,《但丁·加百利·罗塞蒂书信》;约翰·布赖森编,《但丁·加百利·罗塞蒂和简·莫里斯,他们的通信》,克拉伦登出版社,牛津,1976 年。弗吉尼亚·苏蒂斯编,《乔治·普赖斯·博伊斯日记》;H. 阿林厄姆和 D. 雷德福编,《威廉·阿林厄姆日记:1824–1889》,半人马出版社,丰特韦尔,1967 年;弗吉尼亚·瑟蒂斯编,《福特·马多克斯·布朗日记》,耶鲁大学出版社,1981 年;剑桥菲茨威廉博物馆和国家艺术图书馆的韦林顿·泰勒回忆录和信件;乔治大英图书馆收藏的沃德尔回忆录;来自巴特埃姆斯镇档案馆的信息。

关于红屋:

Edward Hollamby, *Red House*, Architecture, Design and Technology Press, 1991; Ray Watkinson and Edward Hollamby, *Red House*, *A Guide*, William Morris Society, 1993; Mark Girouard, 'Red House, Bexleyheath, Kent', *Country Life*, 16 June 1960; Peter Blundell Jones, 'Red House', *Architects' Journal*, January 1986.

关于莫里斯-马歇尔-福克纳公司(后来的莫里斯公司):

Minutes book in Berger Collection, Carmel, California (copy in Hammersmith Libraries Archive); Paul Thompson, *The Work of William Morris*, Heinemann, 1967; Charles Harvey and Jon Press, *William Morris, Design and Enterprise in Victorian Britain*, Manchester University Press, 1991; Peter Stansky, *Morris & Co.*, catalogue of exhibition at Stanford Art Gallery, Stanford University, 1975; Charlotte Gere, *Morris and Company*, catalogue of exhibition at The Fine Art Society, London, 1979.

关于莫里斯的室内设计和家具:

Mark Girouard, 'The Origins of "Queen Anne"', chapter in *Sweetness and Light: the Queen Anne Movement, 1860–1900*, Clarendon Press, Oxford, 1977; Jeremy Cooper, 'Morris and Company', chapter in *Victorian and Edwardian Furniture and Interiors*, Thames & Hudson, 1987; Charles Mitchell, 'William Morris at St. James's Palace', *Architectural Review*, January 1947; John Y. Le Bourgeois, 'William Morris at St. James's Palace, a sequel', *JWMS*, Spring 1974; Barbara Morris, 'William Morris and the South Kensington Museum', William Morris Society, 1987; Barbara Morris, *Inspiration for*

Design: The Influence of the Victoria & Albert Museum, Victoria and Albert Museum, 1986; Edward Burne-Jones account books at Fitzwilliam Museum; Philip Webb account books in collection of John Brandon-Jones (copy at Birmingham Art Gallery). Major surviving examples: Red House, Upton; Green Dining-Room, Victoria and Albert Museum; St James's Palace; Peterhouse Hall, Cambridge; Jesus College Chapel, Cambridge; All Saints, Cambridge.

关于莫里斯的刺绣和纺织品：

Linda Parry, *William Morris Textiles*, Weidenfeld & Nicolson, 1983; Norah Gillow, *William Morris Designs and Patterns*, Bracken Books, 1988; Oliver Fairclough and Emmeline Leary, 'Textiles by William Morris and Morris & Co. , 1861–1940', catalogue of exhibition at Birmingham Museum and Art Gallery, 1981; J. Anne George and Susie Campbell, 'The Role of Embroidery in Victorian Culture and the Pre-Raphaelite Circle', *The Journal of Pre-Raphaelite Studies*, vol. 7, May 1987. Collections at Victoria and Albert Museum; William Morris Gallery, Walthamstow; Birmingham Museums and Art Gallery; Whitworth Gallery, Manchester.

关于莫里斯的壁纸：

Fiona Clark, *William Morris, Wallpapers and Chintzes*, Academy Editions, 1973; Peggy Vance, *William Morris Wallpapers*, Bracken Books, 1989. Collections as for embroidery and textiles.

关于莫里斯的餐桌玻璃器皿：

Judy Rudoe and Howard Coutts, 'The Table Glass Designs of Philip Webb and T. G. Jackson for James Powell and Sons, Whitefriars Glassworks', *Decorative Arts Society Journal*, No. 16, 1992. Examples in the Victoria and Albert Museum and Birmingham Museums and Art Gallery.

关于莫里斯的彩绘玻璃：

A. Charles Sewter, *The Stained Glass of William Morris and his Circle*, 2 volumes, Yale University Press, 1974–5; Martin Harrison, 'The Secular Reaction: Morris, Burne-Jones and their Followers', chapter in *Victorian Stained Glass*, Barrie & Jenkins, 1980; David O'Connor, 'Morris Stained Glass: "an Art of the Middle Ages"', essay in catalogue of exhibition *William Morris and the Middle Ages*, Whitworth Gallery, Manchester University Press, 1984. Major stained glass of this period at All Saints, Selsley; St Martin's,

Scarborough; St Michael's, Brighton; St Oswald's, Durham; St John's, Tue Brook, Liverpool; St Michael's, Lyndhurst; St Helen's, Darley Dale; All Saints, Catton, Yorks.; Bradford City Art Gallery; Victoria and Albert Museum.

关于莫里斯的插图手稿:

Alfred Fairbank, 'A Note on the manuscript work of William Morris', survey in William Morris and Eiríkr Magnússon, *The Story of Kormak*, William Morris Society, 1970; Graily Hewitt, 'The Illuminated Manuscripts of William Morris', paper read to Double Crown Club, 2 May 1934, printed by Shenval Press; A. S. Osley, 'The Kelmscott Manor Volume of Italian Writing-Books', *The Antiquaries Journal*, vol. LXIV, part 2, 1984. Collections: Bodleian Library, Oxford; Victoria and Albert Museum; Fitzwilliam Museum, Cambridge.

关于但丁·加百利·罗塞蒂和詹妮的形象:

Alicia Craig Faxon, *Dante Gabriel Rossetti*, Phaidon Press, Oxford, 1989; Michael Bateman, *The Pre-Raphaelite Camera: Aspects of Victorian Photography*, Weidenfeld & Nicolson, 1985; Andrea Rose, *Pre-Raphaelite Portraits*, Oxford Illustrated Press, Sparkford, 1981.

关于《伊阿宋的生与死》和《人间天堂》:

Peter Faulkner, introduction to *William Morris Selected Poems*, Carcanet Press, Manchester, 1992; J. M. S. Tompkins, *William Morris, an Approach to the Poetry*, Cecil Woolf, 1988; Paul Thompson, *The Work of William Morris*, Heinemann, 1967; David Latham, '"A Matter of Craftsmanship": William Morris's manuscripts', *JWMS*, Summer 1985; ed. Peter Faulkner, *William Morris, The Critical Heritage*, Routledge & Kegan Paul, 1973; Florence Boos, 'Victorian response to *Earthly Paradise* tales', *JWMS*, Winter 1983; Joseph R. Dunlap, *The Book That Never Was*, Oriole Editions, New York, 1971.

关于阿格拉娅·科罗尼奥和伦敦的希腊人:

Luke Ionides, *Memories*, Herbert Clarke, Paris, 1925; Alexander C. Ionides, *Ion: a Grandfather's Tale*, privately printed, Cuala Press, Dublin, 1927; Julia Atkins (Ionides), 'The Ionides Family', *Antique Collector*, June 1987; Julia Ionides, 'Aglaia Coronio', unpublished typescript of talk given at Modern Languages Association Convention, Washington, 30 December 1989.

　　红屋至今仍屹立不倒,状况极佳,它受到建筑师兼业主爱德华·霍兰比的精心照料,他自 1952 年起就住在那里。红屋偶尔向公众开放。在国家神经疾病医院于 1882 年获得永久业权后不久,该公司的场地以及莫里斯位于女王广场 26 号的住宅就被拆除了,莫里斯支付了三千英镑的租金,租期八年。

　　迄今为止,巴特埃姆斯仍然是一个繁荣的温泉小镇,迎合了现代人的健康养生热潮,其十九世纪的大部分中心设施都完好无损,但它已失去 1869 年的社会和政治声望。

第九章

　　本章的主要来源及第十章关于莫里斯第二次冰岛之旅的记载来自他的日记,其原始草稿保存于大英图书馆,是一系列黑色软皮笔记本。为乔治亚娜·伯恩-琼斯写的这份日记草稿副本,附有额外的注释和解释,题为“威廉·莫里斯致乔治亚娜,1873 年 7 月 8 日”,现藏于剑桥菲茨威廉博物馆图书馆。

　　除了莫里斯的书信之外,他对冰岛的观点最生动地体现在他 1869 年版《强者格雷蒂的故事》的序言,以及演讲,尤其是 1887 年在凯尔姆斯科特之家讲堂首次讲演的《北方的早期文学——冰岛》,我还参考了埃里克·马格努松在他和莫里斯的《挪威王列传》第四卷翻译中的引言,该引言包含了马格努松为《剑桥评论》于 1896 年 11 月 26 日所写的莫里斯讣告。雷克雅未克国家图书馆的马格努松文件对他们的合作及其悲剧性后果提供了很多细节。J. W. 麦凯尔对莫里斯长期参与萨迦的态度不友好,他对莫里斯的冰岛之行的描述只是出于责任感而已。梅·莫里斯更能理解她父亲生命中这一核心执念。

　　其他资料来源:

　　关于冰岛和传奇:

Lord Dufferin, *Letters from High Latitudes*, John Murray, 1857; C. W. Shepherd, *The North-West Peninsula of Iceland*, Longmans, Green & Co. , 1867; W. G. Collingwood and Jón Stefánsson, *A Pilgrimage to the Saga-Steads of Iceland*, W. Holmes, Ulverston, 1899; W. H. Auden and Louis MacNeice, *Letters from Iceland*, Faber & Faber, 1937; Magnus Magnusson, *Iceland Saga*, Bodley Head, 1987.

　　关于莫里斯和萨迦:

J. N. Swannell, ' William Morris and Old Norse Literature ', lecture given in 1958, printed version for William Morris Society, 1961; Dorothy M. Hoare, *The Works of Morris and Yeats in relation to Early Saga Literature*, Cambridge, 1937; Grace J. Calder, introduction to *The Story of Kormak, the Son of Ogmund*, William Morris Society, 1970; Dudley L. Hascall, ' "Volsungasaga" and Two Transformations', *JWMS*, Winter 1968.

关于莫里斯在冰岛的情况:

John Purkis, *The Icelandic Jaunt: A Study of the Expeditions made by Morris to Iceland in 1871 and 1873*, William Morris Society, 1962; Hugh Bushell, 'News from Iceland', *JWMS*, Winter 1961; Jane W. Stedman, 'A Victorian in Iceland', *Opera News*, New York, 20 February 1960; James Morris, intro. to William Morris's *Icelandic Journals*, Centaur Press, Fontwell, 1969; Ruth Ellison, 'The Saga of Jón Jónsson Saddlesmith of Lithend-cot', *JWMS*, Autumn 1992; Gary L. Aho, 'William Morris and Iceland', *Kairos*, vol. 1, no. 2, 1982; Florence Boos, 'With William Morris in Iceland', account of journey in 1986, William Morris Society in the US Newsletter, April 1987; Jane S. Cooper, 'The Iceland journeys and the late Romances', *JWMS*, Winter 1983; Amanda Hodgson, *The Romances of William Morris*, Cambridge University Press, 1987; Lesley A. Baker, 'Iceland and Kelmscott', *JWMS*, Winter 1984-5; Richard L. Harris, 'William Morris, Eiríkr Magnússon and the Icelandic Famine Relief Efforts of 1882', *Saga-Book* 20, 1978-9; Ruth Ellison, 'Icelandic Obituaries of William Morris', *JWMS*, Autumn 1988.

追踪莫里斯在冰岛的主要旅程路线仍然是可能的,正如我在 1990 年夏天所做的那样。由马格努松以专业而热心的态度进行了指导,他的史诗翻译与威廉·莫里斯的原作形成对比,又是它的扩充。

冰岛的现代化城市重建遵循了莫里斯无法接受的方向。特别是雷克雅未克,它是破败无能和表面光鲜的悲伤混合。但是那里的景观仍然向我们"敞开",如同对莫里斯那样。跟随他的脚步,我们可以理解他对功能性物品(农具,天鹅浴盆),基本的乡村建筑,以及火山与冰川等极端景象的反应。

特别是尼雅尔村,仍然像他描述的一样。在凯尔迪,你仍然可以找到那样的农舍——1873 年 7 月 29 日,莫里斯在男人、女人和孩子的注视下,精心烹煮了一块半盐半干的鳕鱼。

第十、十一、十二和十三章

自 1870 年代开始,莫里斯自己的信件,特别是那些写给他的妻子和女儿以及乔治亚娜·伯恩-琼斯的信件——是了解他日常活动和政治观点的重要信息来源。1879 年他关于《卷心菜和藤蔓》挂毯的工作日记存放在国家艺术图书馆,1881 年的更一般的日记存放在大英图书馆,还有 1880 年从凯尔姆斯科特到凯尔姆斯科特的泰晤士河之旅的航海日志。此外,这些章节主要依赖于梅·莫里斯的回忆录;约翰·布赖森编辑的《但丁·加百利·罗塞蒂和简·莫里斯的通信》,克拉伦登出版社,牛津,1976 年;莫里斯家族在大英图书馆的通信;菲茨威廉博物馆的伯恩-琼斯通信;霍华德城堡的伯恩-琼斯和霍华德的通信;国家艺术图书馆和大英图书馆的菲利普·韦伯通信;大英图书馆的乔治·沃德尔回忆录;里士满/梅里克家族文件。

关于凯尔姆斯科特之家及其周边地区:

A. R. Dufty, *Kelmscott, An Illustrated Guide*, The Society of Antiquaries, 1984; *William Morris and Kelmscott*, Design Council in association with West Surrey College of Art and Design, Farnham, 1981; William Morris 'Gossip about an Old House on the Upper Thames', article originally published in *The Quest*, Nov. 1894, reprinted in May Morris, *WMAWS*, vol. I; Geoffrey Grigson, 'The River-land of William Morris', *Country Life*, 29 May 1958; Lorraine Price, 'Cormell Price Esq.', *JWMS*, Winter 1983/4.

关于罗塞蒂在凯尔姆斯科特:

ed. O. Doughty and J. R. Wahl, *Letters of Dante Gabriel Rossetti*, Oxford University Press, 1965-7; William E. Fredeman, 'Prelude to the Last Decade: Dante Gabriel Rossetti in the Summer of 1872', *Bulletin of the John Rylands Library*, Manchester, vol. 53, 1971; S. C. Dyke, 'Some Medical Aspects of the Life of Dante Gabriel Rossetti, *Proceedings of the Royal Society of Medicine*, December 1963; Theodore Watts-Dunton, obit. of William Morris, *The Athenaeum*, 10 October 1896; Alicia Craig Faxon, *Dante Gabriel Rossetti*, Phaidon Press, Oxford, 1989; Julia Atkins, 'Rossetti's "The Day Dream"', *V&A Album*, Spring 1989, Victoria and Albert Museum.

关于乔治和罗莎琳德·霍华德:

Dorothy Henley, *Rosalind Howard, Countess of Carlisle*, Hogarth Press, 1958; Charles Roberts, *The Radical Countess*, Steel Brothers, Carlisle, 1962; Virginia Surtees, *The Artist and the Autocrat, George and Rosalind Howard*, Michael Russell, Wilton, 1988; E. V. Lucas, *The Colvins and their Friends*, Methuen, London, 1928; Christopher Newall, *The Etruscans, Painters of the Italian Landscape*, 1850-1900, catalogue of exhibition at Stoke-on-Trent Museum and Art Gallery, 1989; Bill Waters, 'Painter and

Patron: the Palace Green Murals', *Apollo*, Nov. 1975.

关于利克和沃德尔：

J. W. Mackail, 'The Parting of the Ways', address given in William Morris Labour Church, Leek, 1902, published Hammersmith Publishing Co., 1903; Wardle archive in Leek Library, Nicholson Institute, Leek; Anne Jacques, 'The Wardle-Morris Connection', *Staffordshire History*, vol. 8, autumn 1988; Anne Jacques, *Leek Embroidery*, Staffordshire Libraries, Arts and Archives, 1990; Philip Clayton, 'Larner Sugden and the William Morris Labour Church', unpublished paper *c.* 1990.

关于东方问题协会：

Henry Broadhurst, *The Story of his Life from a Stonemason's Bench to the Treasury Bench*, Hutchinson, 1901; Richard Millman, *Britain and the Eastern Question 1875–1878*, Clarendon Press, Oxford, 1979; R. W. Seton-Watson, *Disraeli, Gladstone and the Eastern Question*, Macmillan, London, 1935; W. H. G. Armytage, *A. J. Mundella: The Liberal Background to the Labour Movement*, Ernest Benn, 1951; George Howard papers at Castle Howard.

关于凯尔姆斯科特之家：

The Survey of London, Hammersmith volume, 1915; R. C. H. Briggs, *A Guide to Kelmscott House*, William Morris Society, 1962; A. M. W. Stirling, *The Richmond Papers*, William Heinemann, 1926; Helena M. Sickert Swanwick, *I Have Been Young*, Gollancz, 1935; Greville MacDonald, *George MacDonald and his Wife*, Allen & Unwin, 1924; J. M. Baissus, 'The Expedition of the Ark', *JWMS*, Spring 1977; Violet Hunt, ed. Lady Mander, 'Kelmscott to Kelmscott', *JWMS*, Winter 1968.

关于莫里斯和古建筑保护协会：

Archive of Society for the Protection of Ancient Buildings, London; W. R. Lethaby, *Philip Webb and his Work*, Oxford University Press, 1935; 'William Morris's SPAB: "A School of Rational Builders"', catalogue of exhibition at RIBA Library, 1982; Frank C. Sharp, 'A Lesson in International Relations: Morris and the SPAB', *JWMS*, Spring 1993.

关于默顿修道院：

'Morris at Merton Abbey' chapter in Charles Harvey and Jon Press, *William Morris: Design and Enterprise in Victorian Britain*, Manchester University Press, 1991; Ray Watkinson, 'Merton before Morris', *JWMS*, Spring 1992; 'On the Wandle', article in *The Spectator*,

23 November 1883; Emma Lazarus, 'A Day in Surrey with William Morris', *The Century Illustrated Magazine*, July 1886; Edward Payne, 'Memories of Morris & Co. ', *JWMS*, Summer 1981; ed. Denis Smith, recorded interview with Douglas Griffiths, 'Morris and Company: Merton Abbey Works', 17 December 1975, WMG.

关于威廉·德·摩根:

A. M. W. Stirling, *William De Morgan and his Wife*, Henry Holt & Co. , New York, 1922; May Morris, 'William De Morgan', *The Burlington Magazine*, vol. 31, 1917; William Gaunt and M. D. E. Clayton-Stamm, *William De Morgan*, Studio Vista, 1971; Martin Greenwood, Richard Dennis and William E. Wiltshire III, *The Designs of William De Morgan: A Catalogue*' Shepton Beauchamp, Somerset, 1989. Collections: Leighton House, London; Victoria and Albert Museum; William Morris Gallery, Walthamstow. Old Battersea House in London contains a large collection of De Morgan and some Morris work.

关于莫里斯纺织品和室内装饰:

Linda Parry, *William Morris Textiles*, Weidenfeld & Nicolson, 1983; Norah Gillow, *William Morris Design and Patterns*, Bracken Books, 1988; Oliver Fairclough and Emmeline Leary, *Textiles by William Morris and Morris & Co. , 1861–1940*, catalogue of exhibition at Birmingham Museum and Art Gallery, 1981; H. C. Marillier, *History of the Merton Abbey Tapestry Works*, Constable, 1927; Linda Parry, 'The revival of the Merton Abbey Tapestry Works', *JWMS*, Summer 1983; Peter Fuller, 'William Morris Textiles', chapter in *Images of God: the Consolations of Lost Illusions*, Chatto & Windus, 1985. Collections: Victoria and Albert Museum; William Morris Gallery, Walthamstow; Birmingham Museum and Art Gallery; Whitworth Gallery, Manchester. The 'Cabbage and Vine' tapestry is in the collection at Kelmscott Manor. Interiors at Queen's College Hall, Cambridge; Peterhouse Hall and Combination Room, Cambridge; St James's Palace. There are no complete surviving domestic interiors but Linley Sambourne House, No. 18 Stafford Terrace, London W8, is an excellent example of a house furnished in 1870s aesthetic style with Morris elements.

关于莫里斯彩绘玻璃:

A. Charles Sewter, *The Stained Glass of William Morris and his Circle*, 2 vols. , Yale University Press, 1974–5. Magnificent glass of this period at All Hallows, Allerton; All Saints, Middleton Cheney; Jesus College, Cambridge; All Saints, Putney; St Michael and St Mary Magdalene, Easthampstead; Christ Church Cathedral, Oxford; St Martin's, Brampton; St Mary's, Nun Monkton; St Mary's, Tadcaster.

关于《爱就够了》和《沃尔松格家的西格蒙德》：

J. M. S. Tomkins, *William Morris, an Approach to the Poetry*, Cecil Woolf, 1988; Paul Thompson, *The Work of William Morris*, Heinemann, 1967; Amanda Hodgson, *The Romances of William Morris*, Cambridge University Press, 1987; ed. Peter Faulkner, *William Morris, The Critical Heritage*, Routledge & Kegan Paul, 1973.

关于《蓝皮小说》：

Penelope Fitzgerald's introduction to William Morris Society edition, 1982; Sue Mooney, 'Self-Revelation in Morris's Unfinished Novel', *JWMS*, Spring 1993; Linda Richardson, 'William Morris and Women: Experience and Representation', Ph. D. for University of Oxford, 1989.

关于莫里斯、詹妮和威尔弗里德·斯考恩·布伦特：

Wilfrid Scawen Blunt, *My Diaries*, 2 vols., Martin Seeker, 1919 and 1920; Wilfrid Scawen Blunt, manuscript diaries at the Fitzwilliam Museum, Cambridge; Peter Faulkner, 'Wilfrid Scawen Blunt and the Morrises', lecture, William Morris Society, 1981; ed. Peter Faulkner, *Jane Morris to Wilfred Scawen Blunt*, University of Exeter, 1986; Geoffrey Syer, 'Morris and the Blunts', *JWMS*, Winter 1981; Lady Wentworth, intr. to *The Authentic Arab Horse and his Descendants*, George Allen & Unwin, 1945; Neville Lytton, chapter on Blunt in *The English Country Gentleman*, Hurst & Blackett, 1925; Elizabeth Longford, *A Pilgrimage of Passion*, Weidenfeld & Nicolson, 1979; Jane Morris correspondence with Judith Blunt(Lady Wentworth) in British Library.

凯尔姆斯科特之家仍然是威廉·莫里斯所有住宅中最令人回味的一座。1938年梅去世后，该信托基金被托管给牛津大学，因这个托管名不正言不顺，牛津大学感到尴尬，最终向高等法院提起诉讼，宣布该信托基金无效。1962年，这座房子作为莫里斯遗产的剩余被受遗赠人移交给了古迹协会。根据古建筑保护协会的原则，它在二十世纪六十年代得到了修复，现在向公众开放。原来的家具已被后来从哈默史密斯的莫里斯家带来的家具和纪念品补充。凯尔姆斯科特周围的小教堂和大考克斯韦尔谷仓或多或少仍保留着莫里斯所了解的样子。

利克在二十世纪六十年代的无情重建中所遭受的损失，比许多英国城镇要轻，其维多利亚时代中心的大部分地区，包括辉煌开明的尼科尔森研究所，仍然完好无损。这是莫里斯的社会主义弟子拉纳·萨格登的作品。莫里斯的影响在镇上教堂中许多精美的刺绣中清晰可见。

哈默史密斯的凯尔姆斯科特之家属于私人所有,状况极佳,坐落在美丽而略显忧郁的河畔。哈默史密斯的这个小区域仍然是伦敦西部意想不到的绿洲,与十九世纪末二十世纪初的工艺美术运动有着许多联系。威廉·莫里斯协会的总部位于凯尔姆斯科特之家的底层。

位于牛津街的莫里斯公司商店以其原有的红砖建筑而闻名。在撰写本文时,一楼由让·珍妮占据,二楼则是劳拉·阿什利的家居用品部门,销售的面料也受到了威廉·莫里斯的影响。那里,一条原始的带有双层木制扶手的狭窄楼梯,通向二楼和"快速通行证办理处"。

在默顿修道院,沿河有着小工业社区的残留感。自由贸易区已经翻修,尽管莫里斯会觉得它被过分"文化遗产化"。默登霍尔公园(现为国家信托机构)和沿着水草地的人行道,仍然能够反映出它曾经是一个宜人的半乡村地区,但是莫里斯公司的场地已经消失无踪。在这个已经被重新开发为赛百味超市的地方,具有一种奇特的讽刺意味的是,莫里斯被绘入通向超市的自动扶梯的壁画中。购物手推车在旺德尔河边被遗弃的景象,展示了商业的破坏力,这与《乌有乡消息》中的场景完全背道而驰。

第十四、十五和十六章

在社会主义时期,莫里斯的信件非常之多。直到现在,在诺曼·凯尔文版的《威廉·莫里斯书信集》中,我们才能够按顺序阅读它,这种方式不仅为复杂事件提供了新的线索,而且为莫里斯对这些事件的反应提供了佐证。在这些章节中,这些信件是非常宝贵的资料。

梅·莫里斯在这些年里一直站在父亲身边,她撰写的评论可以生动地描述这段时间的情况,但我认为它们一直被低估。除了她在《威廉·莫里斯作品集》(1910-1915)的序言和更加详细的第二卷《威廉·莫里斯:艺术家、作家、社会主义者》(牛津巴韦尔出版社,1936年)中的官方描述外,她还与荷兰国际社会史研究所的安德烈亚斯·朔伊和大英图书馆的萧伯纳进行了有启发性的通信。

莫里斯在其社会主义阶段简要地记了一本日记,原本存放在大英图书馆,有一版《威廉·莫里斯的社会主义者日记》,由弗洛伦斯·布斯编辑和注释,旅人出版社,伦敦,1985年。我还特别参考了大英图书馆的哈默史密斯社会主义协会档案,切尔滕纳姆博物馆和艺术馆的埃默里·沃克纸张,维多利亚与艾尔伯特博物馆的菲利普·韦伯通信,剑桥的菲茨威廉博物馆未发表的威尔弗里德·斯考恩·布伦特日记和信件,以及詹妮·莫里斯与威尔弗里德·斯考恩·布伦特的通信,信件被收录在彼得·福克纳编辑的大学论文集中(英国埃塞克斯大学,1986 年)。

任何在二十世纪下半叶写莫里斯的作家,都必须承认自己受益于 E. P. 汤普森的颠覆式写作:《威廉·莫里斯:从浪漫到革命》。该书首次出版于 1955 年,颠覆了对莫里斯政治观的传统看法。在这些章节以及接下来的章节中,我深受 E. P. 汤普森的启发。保罗·迈尔的两卷本《乌托邦思维:莫里斯的马克思主义》(1972 年)在英文译本《威廉·莫里斯:马克思主义梦想家》(1978 年)中,也是一个灵感来源,尤其是在与本人观点相左的地方。

莫里斯自己关于他的"浴火重生"的最好描述是在他给安德烈亚斯·朔伊的信中,日期是 1883 年 9 月 15 日,论文《如何成为社会主义者》首次发表于《正义》,日期为 1894 年 6 月 16 日。

其他来源:

关于梅·莫里斯:

Jan Marsh, *Jane and May Morris*, Pandora, London, 1976; Anthea Callen, *The Angel in the Studio: women of the arts and crafts movement 1810–1914*, Astragal, 1978; *May Morris*, catalogue of exhibition at William Morris Gallery, Walthamstow, 1989.

关于女执事吉尔摩:

Janet Grierson, *Isabella Gilmore, Sister to William Morris*, SPCK, 1962.

关于莫里斯的政治:

records in Labour History Library, Manchester, and Marx Memorial Library, London; ed. George Edward Roebuck, *Some Appreciations of William Morris*, centenary publication, Walthamstow Antiquarian Society, 1934; G. D. H. Cole, 'William Morris as a Socialist', lecture, William Morris Society, 1960; Edward Thompson, 'The Communism of William Morris', lecture, William Morris Society, 1965; R. Page Arnot, *William Morris, the Man and the Myth*, Lawrence and Wishart, 1964; A. L. Morton, 'Morris, Marx and Engels', *JWMS*, Autumn 1986; Paul Thompson, 'Liberals, Radicals and Labour in London, 1880–1900', *Past and Present*, April 1964; Gareth Stedman-Jones, *Outcast London*, Oxford University Press, 1971; Michael Dibb and Peter Fuller, 'William Morris, Questions of Work and Democracy: interview with Raymond Williams', *William Morris Today* catalogue, ICA, 1984; Peter Fuller, 'Conserving "Joy in Labour"', chapter in *Images of God: The Consolations of Lost Illusions*, Chatto & Windus, 1985; Mervyn Jones, 'Humane Socialist', *New Statesman*, 23 March 1984; Ray Watkinson, 'The Vindicator Vindicated: William Morris and Robin Page Arnot', *William Morris Today* catalogue, ICA, 1984; Linda Richardson, 'William Morris and Women: Experience and Representation', Ph. D. thesis, University of Oxford; Paul Thompson, 'Why William Morris Matters Today: Human Creativity and the Future World Environment', lecture, William Morris Society, 1991.

关于莫里斯和民主联邦联盟(后来的 SDF):

H. W. Lee and E. Archbold, *Social Democracy in Britain*, Social-Democratic Federation, 1935; early chapters of Henry Pelling, *The Origins of the Labour Party*, Clarendon Press, Oxford, 1965; J. Burgess, *John Burns*, Glasgow, 1911; W. Kent, *John Burns: Labour's Lost Leader*, Williams & Norgate, 1950; Henry Mayers Hyndman, *The Record of an Adventurous Life*, Macmillan, 1911, and *Further Reminiscences*, 1912; Chushichi Tsuzuki, *H. M. Hyndman and British Socialism*, Oxford University Press, 1961; Raymond Postgate, *George Lansbury*, Longmans, Green & Co. , 1951; Tom Mann, *Memoirs*, Labour Publishing Co. , 1912; Dona Torr, *Tom Mann and his Times*, Lawrence & Wishart, 1956; Henry Salt, *Seventy Years among Savages*, George Allen & Unwin, 1921; Stephen Winsten, *Salt and his Circle*, Hutchinson & Co. , 1951; ed. George and Willene Hendrich, *The Savour of Salt*, Centaur Press, Fontwell, 1989.

关于莫里斯和社会主义同盟:

records and correspondence in Socialist League and Andreas Scheu archives, International Institute of Socialist History, Amsterdam; Hammersmith Branch records in British Library and Emery Walker collection, Cheltenham Art Gallery and Museum; Alf Mattison archive, Brotherton Library, University of Leeds; James Alfred Wickes, 'Memories of Kelmscott House', *JWMS*, Summer 1968; Tom Barclay, *Memoirs and Medleys: the Autobiography of a Bottle Washer*, Edgar Backus, 1934; John Cowley, *The Victorian Encounter with Marx: A Study of Ernest Belfort Box*, British Academic Press, 1992; Edward Carpenter, *My Days and Dreams*, George Allen & Unwin, 1916; ed. Gilbert Beith, *Edward Carpenter, In Appreciation*, memorial volume, George Allen & Unwin, 1931; Chushichi Tsuzuki, *Edward Carpenter*, Cambridge University Press, 1980; Sheila Rowbotham and

Jeffrey Weeks, *Socialism and the New Life: The Personal and Sexual Politics of Edward Carpenter and Havelock Ellis*, Pluto Press, 1977; J. Bruce Glasier, *William Morris and the Early Days of the Socialist Movement*, Longmans, Green & Co. , 1921; John Carruthers, *Economic Studies*, Chiswick Press, 1915; James Leatham, *William Morris, Master of Many Crafts*, Turrif, 1899; Chushichi Tsuzuki, *The Life of Eleanor Marx*, Oxford, 1967; Yvonne Kapp, *Eleanor Marx*, vol. 2: *The Crowded Years*, Lawrence & Wishart, 1976; Andreas Scheu, *Umsturzkeime*, Vienna, 1923; W. B. Yeats, *Autobiographies*, Macmillan, 1956; Peter Faulkner, *William Morris and W. B. Yeats*, Dolmen Press, Dublin, 1962.

关于莫里斯和费边社：

Norman and Jeanne MacKenzie, *The First Fabians*, Weidenfeld & Nicolson, 1977; Ian Britain, *Fabianism and Culture: A Study in British Socialism and the Arts*, *1884-1918*, Cambridge University Press, 1982; Annie Besant, *An Autobiography*, Theosophical Publishing House, 1908; Anne Taylor, *Annie Besant*, Oxford University Press, 1992; Bernard Shaw, 'William Morris as I Knew Him', *WMAWS*, vol. 2, 1936; Michael Holroyd, *Bernard Shaw*, *vol. I*: *The Search for Love*, Chatto & Windus, 1988.

关于莫里斯与伦敦的无政府主义者：

James W. Hulse, *Revolutionists in London*, Clarendon Press, Oxford, 1970; Peter Marshall, *Demanding the Impossible. A History of Anarchism*, Harper Collins, London, 1992; George Woodcock, *Anarchism: a history of Libertarian ideas and movements*, Meridian Books, Cleveland, 1962; Peter Kropotkin, *Memoirs of a Revolutionist*, Century Hutchinson, 1988; Sergius Stepniak, *Underground Russia*, Smith Elder & Co. , 1883; ed. Barry Johnson, *Tea and Anarchy! The Bloomsbury Diary of Olive Garnett, 1890-1893* and second volume *1893-1895*, Bartlett's Press, Birmingham, 1989 and 1993; Richard Garnett, *Constance Garnett, A Heroic Life*, Sinclair-Stevenson, 1991; Colin Ward, 'Morris as Anarchist Educator', essay in *William Morris Today* catalogue, ICA, 1984.

关于莫里斯的社会主义讲座和新闻：

ed. Eugene D. LeMire, *The Unpublished Lectures of William Morris*, Wayne State University Press, 1969; A. L. Morton, intro. to *Political Writings of William Morris*, Lawrence & Wishart, 1973; Helen Irving, 'William Morris and the contemporary Socialist press', *JWMS*, Winter 1984-5; Nicholas Salmon, Ph. D. thesis on 'William Morris as a

Propagandist', University of Reading; ed. Nicholas Salmon, *Political Writings*, selection in the William Morris Library, Thoemmes Press, Bristol, 1994; texts in *Justice*, 1884–94; *The Commonweal*, 1885–90; *Hammersmith Socialist Record*, 1891–3.

关于莫里斯的社会主义戏剧：

Pamela Bracken Wiens, 'The Reviews Are In: Reclaiming the Success of Morris's "Socialist Interlude"', *JWMS*, Spring 1991; Nicholas Salmon, 'Mr. Olaf Entertains; or William Morris's Forgotten Dialogues', *JWMS*, Spring 1992.

关于《乌有乡消息》：

ed. Stephen Coleman and Paddy O'Sullivan, *William Morris and News from Nowhere*, Green Books, Bideford, 1990; Jan Marsh, '*News from Nowhere* as Erotic Dream', *JWMS*, Spring 1990; Michael Fellman, 'Bloody Sunday and *News from Nowhere*', *JWMS*, Spring 1990; J. Alex Macdonald, 'The Revision of News from Nowhere', *JWMS*, Summer 1976; Peter Faulkner, '*News from Nowhere*, in Recent Criticism', *JWMS*, Summer 1983; Ady Mineo, 'Eros Unbound: Sexual Identities in *News from Nowhere*', *JWMS*, Spring 1992.

莫里斯的社会主义活动地点已然凋零。位于史密斯菲尔德以西的法灵顿街和法灵顿路的社会主义同盟办公室已被一排排平平无奇的办公室取代，尽管莫里斯可能会对其中一间设有社会保障和儿童抚养委员会的办公室感到欣慰。

威斯敏斯特宫会议厅曾经是民主联盟的办公场所，存在的时间更长。但到1994年，它们也难逃拆除，以为迈克尔·霍普金斯合伙公司建造的新议会大厦让路——这是一座由石头和青铜组成的巍峨大厦。

第十七、十八、十九和二十章

在最后几年，除了莫里斯的家书和梅·莫里斯的记述之外，主要的信息来源是大英图书馆中莫里斯1893年、1895年和1896年的简短日记，以及与菲利普·韦伯的信件往来，后者现存于国家艺术图书馆。J. W. 麦凯尔在1899年出版的莫里斯传记的最后三章，对十九世纪九十年代的莫里斯进行了尤为全面深刻的描述，当时他已经在伯恩-琼斯家族的圈子里观察着莫里斯。重要的新信息来自年轻的西德尼·科克雷尔，他在十九世纪九十年代担任莫里斯的私人助理，后来成为凯尔姆斯科特出版社的秘书。科克雷尔细致的日记对于我们了解莫里斯最后几天的生活，作用是无价的。

关于凯尔姆斯科特出版社：

H. Halliday Sparling, *The Kelmscott Press and William Morris Master-Craftsman*, Macmillan, 1924; William S. Peterson, *The Kelmscott Press*, *A History of William Morris's Typographical Adventures*, Clarendon Press, Oxford, 1991; Paul Needham, Joseph Dunlap and John Dreyfus, *William Morris and the Art of the Book*, Pierpont Morgan Library, New York, and Oxford University Press, 1976; Duncan Robinson, *William Morris, Edward Burne-Jones and the Kelmscott Chaucer*, Gordon Fraser, 1982; Colin Franklin, *Printing and the Mind of Morris*, The Rampant Lions Press, Cambridge, 1986; Colin Franklin, *The Private Presses*, Studio Vista, 1969; Sir Basil Blackwell, Ray Watkinson and Anthony Eyre, *William Morris's Printing Press*, William Morris Society, 1983; John Dreyfus, ' Morris and the printed book ', lecture, 1986, William Morris Society, 1989; Holbrook Jackson and James Shand, lectures on ' The Typography of William Morris ', Double Crown Club, 2 May 1934; chapter on William Morris in Robin Kinross, *Modern Typography*, Hyphen Press, 1992; L. M. Newman, ' Harry Gage-Cole, Pressman ', MATRIX 12, Winter 1992; Susan Otis Thompson, *American Book Design and William Morris*, R. R. Bowker, New York, 1977.

关于莫里斯的魔幻小说：

chapter on ' The Later Romances ' in J. M. S. Tompkins, *William Morris*, *an Approach to the Poetry*, Cecil Woolf, 1988; Elfrida Hodgson, *The Romances of William Morris*, Cambridge University Press, 1987; Nancy J. Tyson, ' Art and Society in the Late Prose Narratives of William Morris ', *Journal of Pre-Raphaelite Studies*, May 1978; John David Moore, ' The Vision of the Feminine in William Morris's *The Water of the Wondrous Isles* ', *Journal of Pre-Raphaelite Studies*, May 1980; John R. Wilson, ' The Eve and the Madonna in Morris's *The Wood Beyond the World* ', *Journal of Pre-Raphaelite Studies*, November 1983; Florence Boos, ' Gender Division and Political Allegory in the last Romances of William Morris ', *Journal of Pre-Raphaelite Studies*, vol. 1, no. 2, 1992.

关于莫里斯和工艺美术：

records at Art Workers' Guild, London, and in Arts and Crafts Exhibition Society archive at National Art and Design Library; H. J. L. Massé, *The Art Workers' Guild*, Shakespeare Head Press, Oxford, 1935; Peter Stansky, *Redesigning the World: William Morris*, *the 1880s and the Arts and Crafts*, Princeton University Press, 1985; *Arts and Crafts Essays* by members of the Arts and Crafts Exhibition Society, Scribners, New York, 1893.

关于艺术与手工艺的总括：

Gillian Naylor, *The Arts and Crafts Movement*, Studio Vista, 1971; Peter Davey, *Arts and Crafts Architecture*, Architectural Press, 1980; Margaret Richardson, *Architects of the Arts and Crafts Movement*, Trefoil Books, 1983; Isabelle Anscombe and Charlotte Gere, *Arts and Crafts in Britain and America*, Academy Editions, 1978; Lionel Lambourne, *Utopian Craftsmen*, Astragal, 1980; Elizabeth Cumming and Wendy Kaplan, *The Arts and Crafts Movement*, Thames & Hudson, 1991; Wendy Kaplan, ' *The Art that is Life* ', catalogue of exhibition, Museum of Fine Arts, Boston; Leslie Greene Bowman, *American Arts and Crafts; Virtue in Design*, catalogue of collection at Los Angeles County Museum of Art.

关于艺术社区和简朴生活：

W. H. G. Armytage, *Heavens Below: Utopian Experiments in England, 1560–1960*, Routledge and Kegan Paul, 1961; Michael Jacobs, *The Good and Simple Life, Artists' Colonies in Europe and America*, Phaidon, 1985; David E. Shi, *The Simple Life, Plain Living and High Thinking in American Culture*, Oxford University Press, 1985.

关于具体的工艺美术设计师：

C. R. Ashbee: C. R. Ashbee, *An Endeavour towards the Teaching of John Ruskin and William Morris*, Essex House Press, 1901; Peter Stansky, *William Morris, C. R. Ashbee and the Arts and Crafts*, Nine Elms Press, 1984; Alan Crawford, *C. R. Ashbee, Architect, Designer and Romantic Socialist*, Yale University Press, 1985; Fiona MacCarthy, *The Simple Life, C. R. Ashbee in the Cotswolds*, Lund Humphries, 1981.

W. A. S. Benson: Peter Rose, ' W. A. S. Benson ', *Journal of the Decorative Arts Society*, 1985.

Detmar Blow: Christopher Hussey, ' Hilles, Stroud, Gloucestershire — the home of Detmar Blow ', articles in *Country Life*, 7 and 14 September 1940; Neville Lytton, portrait of Blow in *The English Country Gentleman*, Hurst & Blackett, 1915.

T. J. Cobden-Sanderson: *The Journals of Thomas Cobden-Sanderson*, 1897–1922, R. Cobden-Sanderson, 1926: T. J. Cobden-Sanderson, *The Arts and Crafts Movement*, Hammersmith Publishing Co. , 1905; Marianne Tidcombe, *The Doves Bindery*, British Library, 1991.

Walter Crane: Walter Crane, *An Artist's Reminiscences*, Methuen, 1907; *William Morris to Whistler*, G. Bell, 1911; Isobel Spencer, *Walter Crane*, Studio Vista, 1975; eds. Greg Smith and Sarah Hyde, *Walter Crane, Artist, Designer and Socialist*, catalogue of exhibition, Whitworth Art Gallery, University of Manchester, 1989.

Lewis F. Day: Lewis F. Day, *Everyday Art: short essays on the arts not-fine*, Batsford, 1882; 'William Morris and his Art', *Art Journal* Annual, Easter 1899.

Eric Gill: Peter Faulkner, 'William Morris and Eric Gill', William Morris Society, 1975; Fiona MacCarthy, *Eric Gill*, Faber & Faber, 1989.

Ernest Gimson, and Sidney and Ernest Barnsley: Mary Comino, *Gimson and the Barnsleys*, Evans Brothers, 1980; Norman Jewson, *By Chance I Did Rove*, Roundwood Press, Kiveton, 1973; Mary Greensted, *The Arts and Crafts Movement in the Cotswolds*, Alan Sutton, Stroud, 1993; Annette Carruthers, *Edward Barnsley and his Workshop*, White Cockade, Wendlebury, 1982; David Pendery, 'Ernest Gimson's Work in Kelmscott', *JWMS*, Autumn 1993; W. R. Lethaby and others, *Ernest Gimson: His Life and Work*, Shakespeare Head Press, Stratford-upon-Avon, 1924.

Henry and Catherine Holiday: Henry Holiday, *Reminiscences of My Life*, Heinemann, 1914.

W. R. Lethaby: Godfrey Rubens, *William Richard Lethaby: His Life and Work, 1857–1931*, Architectural Press, 1986; *Architecture, Mysticism and Myth*, Perceval, 1891; *Form in Civilisation*, Oxford University Press, 1922; *Home and Country Arts*, 'Home and Country' Publications, 1923; ed. Sylvia Backemeyer and Theresa Gronberg, *W. R. Lethaby: Architect, Designer and Educator*, catalogue of exhibition at the Central School, London, Lund Humphries, 1984.

A. H. Mackmurdo: A. H. Mackmurdo, manuscript account of Arts and Crafts movement, William Morris Gallery.

Thomas Okey: Thomas Okey, *A Basketful of Memories*, J. M. Dent, 1930.

John Sedding: John Sedding, *Art and Handicraft*, Kegan Paul, Trench, Trübner, 1883.

C. F. A. Voysey: *Individuality*, Chapman & Hall, 1915; David Gebhard, *Charles F. A. Voysey, Architect*, Hennessy and Ingalls, Los Angeles, 1975; Duncan Simpson, *C. F. A. Voysey: an architect of individuality*, Lund Humphries, 1979; Stuart Durant, *C. F. A. Voysey*, Academy Editions, 1992.

Emery Walker: Dorothy Harrop, *Sir Emery Walker 1851–1933*, Nine Elms Press, 1986; John Brandon-Jones, 'Memories of William Morris in London: 7 Hammersmith Terrace', *Country Life*, 13 May 1964.

Philip Webb: W. R. Lethaby, *Philip Webb and his Work*, Oxford University Press, 1935; Mark Swenarton, 'Philip Webb: Architecture and Socialism in the 1880s', chapter in *Artisans and Architects: The Ruskinian Tradition in Architectural Thought*, Macmillan, 1989.

资料来源和参考说明

(除非另有说明,否则出版地皆为伦敦)

1. 威廉·莫里斯的作品

Works

ed. May Morris,*The Collected Works of William Morris*, 24 vols. , Longmans, Green & Co. , 1910–15. These volumes assemble the majority of the principal published writings of William Morris, which are as follows:

Contributions to the *Oxford and Cambridge Magazine*, Bell and Daldy, 1856

The Defence of Guenevere and Other Poems, Bell and Daldy, 1858

The Life and Death of Jason, Bell and Daldy, 1867

The Earthly Paradise, F. S. Ellis, parts I and II, 1868; parts III and IV, 1870

Grettis Saga, The Story of Grettir the Strong, prose translation with Eiríkr Magnússon, F. S. Ellis, 1869

Völsunga Saga, The Story of the Volsungs and Niblungs, prose translation with Eiríkr Magnússon, F. S. Ellis, 1870

Love is Enough or the Freeing of Pharamond, A Morality, Ellis and White, 1873

Three Northern Love Stories and Other Tales, prose translation with Eiríkr Magnússon, Ellis and White, 1873

The Aeneids of Vergil, verse translation, Ellis and White, 1876

The Story of Sigurd the Volsung and the Fall of the Niblungs, Ellis and White, 1877

Hopes and Fears for Art, collected lectures 1878–1881, Ellis and White, 1882

A Summary of the Principles of Socialism, written with H. M. Hyndman for the Democratic Federation, The Modern Press, 1884

Contributions to *Justice*, Democratic Federation publication, 1884

Contributions to *The Commonweal*, Socialist League publication, 1885–90

The Manifesto of the Socialist League, Socialist League publication, 1885

Chants for Socialists, Socialist League, 1885

The Pilgrims of Hope, originally published in *The Commonweal*, April 1885–July 1886

The Odyssey of Homer, verse translation, Reeves and Turner, 1887

The Tables Turned; or Nupkins Awakened, A Socialist Interlude, Socialist League, 1887

Signs of Change, collected lectures, Reeves and Turner, 1888

A Dream of John Ball and *A King's Lesson*, reprinted from *The Commonweal*, Reeves and Turner, 1888

The House of the Wolfings, Reeves and Turner, 1888

The Roots of the Mountains, Reeves and Turner, 1889

News from Nowhere; or, An Epoch of Rest, originally published in *The Commonweal*, January-October 1890; reprinted by Roberts Brothers, Boston, 1890; first English edition Reeves and Turner, 1891

Statement of Principles of the Hammersmith Socialist Society, Hammersmith Socialist Society, 1890

The Story of the Glittering Plain, Kelmscott Press, 1891

Poems by the Way, Kelmscott Press, 1891

The Saga Library, prose translations with Eiríkr Magnússon. Vol. I, *The Story of Howard the Halt*, *The Story of the Banded Men*, *The Story of Hen Thorir*, Bernard Quaritch, 1891; Vol. II, *The Story of the Ere-Dwellers* and *The Story of the Heath Slayings*, 1892; Vols. III to VI, *The Stories of the Kings of Norway(Heimskringla)* by Snorri Sturluson, 1893, 1894, 1895 and 1905

Manifesto of English Socialists, with H. M. Hyndman and George Bernard Shaw, The Twentieth Century Press, 1893

Socialism, Its Growth and Outcome, with E. Belfort Bax, Swan Sonnenschein, 1893

Contributions and preface to *Arts and Crafts Essays*, Rivington, Percival, 1893

King Florus and the Fair Jehane, translation, Kelmscott Press, 1893; *Of the*

Friendship of Amis and Amile, translation, Kelmscott Press, 1894; *The Tale of the Emperor Coustans and of Over Sea*, translation, Kelmscott Press, 1894. These were published as a collection, *Old French Romances*, George Allen, 1896

The Wood beyond the World, Kelmscott Press, 1894

The Story of Beowulf, translation with A. J. Wyatt, Kelmscott Press, 1895

Child Christopher and Goldilond the Fair, Kelmscott Press, 1895

The Well at the World's End, Kelmscott Press, 1896

The Water of the Wondrous Isles, Kelmscott Press, 1897

The Sundering Flood, Kelmscott Press, 1897

Introductions   May Morris's introductions to these volumes have been published in a separate edition, *The Introductions to the Collected Works of William Morris*, 2 vols. , Oriole Editions, New York, 1973

Journals   Morris's diaries of his journeys to Iceland in 1871 and 1873 have been published in a separate edition, intro. James Morris, *Icelandic Journals by William Morris*, Centaur Press, Fontwell, 1969

WMAWS   ed. May Morris, *William Morris, Artist, Writer, Socialist*, 2 vols. , Basil Blackwell, Oxford, 1936

Socialist Diary   ed. Florence Boos, *William Morris's Socialist Diary, January to April* 1887, Journeyman Press, 1985

LeMire   ed. Eugene D. LeMire, *The Unpublished Lectures of William Morris*, Wayne State University Press, Detroit, 1969

Letters   ed. Norman Kelvin, *The Collected Letters of William Morris*, vol.1, 1848–1880, Princeton University Press, 1984; vol.2, 1881–1888, 1987; vol.3, 1889–1896 in preparation

Political Writings   ed. Nicholas Salmon, a selection of Morris's unpublished political journalism and polemic from Justice and *The Commonweal* 1883–1890, Thoemmes Press, Bristol, 1994

Henderson   ed. Philip Henderson, *The Letters of William Morris to his Family and Friends*, Longmans, Green & Co. , 1950

The Novel   ed. Penelope Fitzgerald, *The Novel on Blue Paper*, unfinished novel, *c.* 1871, published for The William Morris Society, Journeyman Press, 1982

除非另有说明,莫里斯信件中的引文皆来自诺曼·凯尔文的《威廉·莫里斯书信集》,并因循其中的释义和年代;莫里斯作品中的引文取自《威廉·莫里斯作品集》。除了威廉·莫里斯时断时续的日记列出在相关章节资料来源列表外,几乎没有他正式的自传材料。然而,莫里斯的信件和讲座则重现了诸多自传体。1883 年他写给安德烈亚斯·朔伊的关于他的简述,发表于凯尔文的《威廉·莫里斯书信集》第二卷。

2. 手稿来源

British Library　British Library, London
　Ashley Library Papers
　May Morris Bequest
　William Morris Papers(the Robert Steele Gift)
　Hammersmith Socialist Society Papers
　Bernard Shaw Papers
　The Cockerell Papers
Bodleian　Bodleian Library, Oxford
　May Morris Bequest
Castle Howard　Castle Howard Archive, York
　Correspondence with George and Rosalind Howard(later Earl and Countess of Carlisle)
Cheltenham　Cheltenham Art Gallery and Museum
　Emery Walker Library
Fitzwilliam　Fitzwilliam Museum, Cambridge
　Blunt and Lytton Papers
　Burne-Jones Papers
IISH　International Institute of Socialist History, Amsterdam
　Socialist League Archives
　Andreas Scheu Papers
NAL　National Art Library, Victoria and Albert Museum
　The Cockerell Letters
　G. Warington Taylor correspondence
　Philip Webb correspondence
NAL Archive　National Art Library, Archive of Art and Design
　Arts and Crafts Exhibition Society minutes
Price　Price family collection
　Cormell Price letters and diaries
Reykjavík　National Library of Iceland, Reykjavík

Eiríkr Magnússon Papers

John Rylands   John Rylands Library, University of Manchester

   Fairfax Murray Papers

SPAB   Society for the Protection of Ancient Buildings

   Minutes, correspondence and case histories

WMG   William Morris Gallery, Walthamstow

   May Morris correspondence

   J. Bruce Glasier correspondence

   J. W. Mackail notebooks used for his biography of Morris

3. 二手资料来源

Blunt   Wilfrid Scawen Blunt, *My Diaries*, Martin Seeker, 1919

Bryson   ed. John Bryson, *Dante Gabriel Rossetti and Jane Morris, Their Correspondence*, Clarendon Press, Oxford, 1976

Burne-Jones   Georgiana Burne-Jones, *Memorials of Edward Burne-Jones*, 2 vols. , Macmillan & Co. , 1904

Cockerell *Friends*   ed. Viola Meynell, *Friends of a Lifetime, Letters to Sydney Carlyle Cockerell*, Jonathan Cape, 1940

Cockerell *Best of Friends*   ed. Viola Meynell, *The Best of Friends, Further Letters to Sydney Carlyle Cockerell*, Rupert Hart-Davies, 1956

Doughty and Wahl   ed. O. Doughty and J. R. Wahl, *Letters of Dante Gabriel Rossetti*, 4 vols. , Oxford University Press, 1965-7

Faulkner   ed. Peter Faulkner, *Jane Morris to Wilfrid Scawen Blunt*, University of Exeter, 1968

Fredeman   William E. Fredeman, 'Prelude to the Last Decade: Dante Gabriel Rossetti in the summer of 1872', *Bulletin of the John Rylands Library*, Manchester, vol. 53, 1971

Horner   Frances Horner, *Time Remembered*, William Heinemann, 1933

JWMS The Journal of the William Morris Society, 1961-

Lago   ed. Mary Lago, *Burne-Jones Talking*, John Murray, 1981

Lang   ed. C. Y. Lang, *The Swinburne Letters*, 6 vols. , Yale University Press, 1959-62

Laurence   ed. Dan H. Laurence, *Bernard Shaw Collected Letters* 1874-1950, 4 vols. , Max Reinhardt, 1965-88

Lethaby   W. R. Lethaby, *Philip Webb and his Work*, Oxford University Press, 1935

Mackail   J. W. Mackail, *The Life of William Morris*, 2 vols. , Longmans, Green & Co. , 1899

4. 有关莫里斯及其圈子出版的作品

莫里斯去世后的一个世纪,产生了几十本关于他的传记。但也许没有一本像爱德华·伯恩-琼斯的女婿 J. W. 麦凯尔的第一本传记那样具有启发意义。以下是我个人挑选的书籍和散文,它们对重新阐释及回忆莫里斯具有莫大帮助。

J. Bruce Glasier, *William Morris and the Early Days of the Socialist Movement*, Longmans, Green & Co., 1921

R. Page Arnot, *William Morris: A Vindication*, Martin Lawrence, 1934; revised ed. *William Morris, the Man and the Myth*, Lawrence & Wishart, 1964

George Bernard Shaw, ' Morris as I knew him ', essay in *WMAWS*, vol. 2, 1936; separate ed. William Morris Society, 1966

E. P. Thompson, *William Morris, Romantic to Revolutionary*, Lawrence & Wishart, 1955; reprinted with new introduction, Merlin Press, 1976

Philip Henderson, *William Morris, His Life, Work and Friends*, Thames & Hudson, 1967

Paul Meier, *La Pensée Utopique de William Morris*, Editions Sociales, Paris, 1972; trs. Frank Gubb, *William Morris: the Marxist Dreamer*, Harvester Press, Sussex, 1978

Penelope Fitzgerald, *Edward Burne-Jones, A Biography*, Michael Joseph, 1975

Jack Lindsay, *William Morris*, Constable, 1975

Roderick Marshall, *William Morris and his Earthly Paradise*, Compton Press, Tisbury, 1979

Jan Marsh, *Jane and May Morris*, Pandora, 1986

对莫里斯作品最全面的论述如下:

Aymer Vallance, *William Morris: His Art, his Writings and his Public Life*, George Bell and Sons, 1898

Ray Watkinson, *William Morris as Designer*, Studio Vista, 1967

Paul Thompson, *The Work of William Morris*, Heinemann, 1967

Charles Harvey and Jon Press, *William Morris, Design and Enterprise in Victorian Britain*, Manchester University Press, 1991

关于莫里斯生活和工作最有用的简介:

Peter Faulkner, *Against the Age: An Introduction to William Morris*, George Allen & Unwin, 1980

Peter Stansky, *William Morris*, Oxford University Press Past Masters series,

Oxford，1983

ed. Asa Briggs，*William Morris: Selected Writings and Designs*，Penguin Books，1962

ed. Clive Wilmer，*William Morris: ' News from Nowhere' and Other Writings*，Penguin
Books，1993

对莫里斯作品更具体的其他论述书籍，见各章尾的注释。

致　谢

诚挚感谢以下机构提供信息与支持,以及相应的引用许可:

巴特埃姆斯镇档案馆;加州大学伯克利分校班克罗夫特图书馆;耶鲁大学拜内克珍本书稿图书馆;牛津大学博德利图书馆;波士顿公共图书馆珍本藏书;大英图书馆手稿室;大英图书馆报纸图书馆;利兹大学的布罗泽顿图书馆;北卡罗来纳州达勒姆的杜克大学;牛津大学埃克塞特学院;剑桥大学菲茨威廉博物馆;冰岛国家图书馆;国际社会史研究所,阿姆斯特丹;尼科尔森研究所利克图书馆;现代图书馆地方馆藏;牛津联盟;公共档案办公室内政部文件;英国皇家艺术学会图书馆;曼彻斯特大学约翰·里兰兹图书馆;牛津大学伍斯特学院。

同时,也要感谢费利西蒂·阿什比同意我引用她父亲 C. R. 阿什比在剑桥大学国王学院图书馆的日记;感谢洛兰·普赖斯帮忙查阅普赖斯家族的文件;感谢克里斯托弗·沃克协助整理里士满-梅里克家族的文件;感谢霍华德家族帮忙取得约克郡霍华德城堡档案的阅览许可。

我还要感谢以下人士的鼎力相助:艺术工人协会的艾伦·鲍尔斯;伯明翰博物馆和美术馆的斯蒂芬·怀尔德曼;布拉德福德城市美术馆卡

特赖特大厅的克里斯汀·霍珀;利兹大学布拉泽顿纪念馆的克里斯托弗·谢泼德;霍华德城堡档案管理员伊扬·哈特利;切尔滕纳姆博物馆和美术馆的乔治·布雷兹、海伦·布朗和索菲亚·威尔逊;埃平森林博物馆的杰弗里·塞登;剑桥菲茨威廉博物馆的西蒙·杰维斯、保罗·伍德惠森和伊丽莎白·奥顿;哈默史密斯和富勒姆档案馆的安娜·曼索普;冰岛大使馆的朵拉·艾斯格多特、唐纳德以及凯尔姆斯科特庄园的帕特·查普曼;伦敦图书馆的道格拉斯·马修斯;莫尔伯勒大学档案馆的 C. R. 韦斯特博士;马克思纪念图书馆的蒂什·纽兰;国家艺术与设计图书馆档案馆的梅格·斯威特;国家肖像馆档案馆的特伦斯·佩珀;伦敦古文物协会的伯纳德·纳斯;古建筑保护协会的塞西莉·格林西尔;瑞典大使馆的安德斯·克拉森;维多利亚与艾尔伯特博物馆的斯蒂芬·阿斯特利和莱昂内尔·兰伯恩;曼彻斯特大学惠特沃斯美术馆的詹妮弗·哈里斯;沃尔瑟姆斯托威廉·莫里斯陈列馆的诺拉·吉洛、彼得·科马克和利兹·伍德;哈默史密斯威廉·莫里斯协会的大卫·罗杰斯。

温斯顿·利医生对莫里斯家族的癫痫史提出了宝贵见地,非常感激他付出的时间和耐心。我还要感谢伊莱恩·奎格利对威廉·莫里斯笔迹的专家级鉴定。在我对莫里斯公司彩绘玻璃的追溯之旅中,还要感谢以下人士专门为我开放教堂,并提供了有用的背景资料:

德沃斯万圣教堂的牧师彼得·阿特金森、塞尔西万圣教堂的牧师罗伊·戴维斯、桑德兰主教斯威德茅斯基督教堂的牧师 R. I. 戴维森、切德尔顿忏悔者圣爱德华教堂牧师爱德华·法利、帕丁顿抹大拉的圣玛利亚教堂的牧师阿德里安·冈宁、斯卡伯勒山上的圣马丁教堂的牧师卡农·C. J. 霍桑、布赖顿圣米迦勒与诸天使教堂的牧师弗雷德里克·杰克逊、达勒姆圣奥斯瓦尔德教堂的牧师本·德·拉·马雷、达利代尔圣海伦教堂的牧师欧内斯特·保尔森、登斯通万圣教堂的牧师埃里克·拉斯托、伊斯特汉普斯特德的圣米迦勒和抹大拉的圣玛利亚教堂的牧师奥利弗·西蒙、米德尔顿·切尼万圣教堂的牧师 G. C. 托马斯、斯隆街圣三一教堂的牧师基思·耶茨。

衷心感谢你们的帮助、为本书提供的信息、热情的款待以及许多的交谈和讨论，所有这些都使本传记的研究工作变得美好愉快：弗洛斯·阿德金斯、加里·L.阿霍、伊恩·艾伦博士、菲利普·阿希尔、科林·班克斯、詹姆斯·本杰明、桑福德·伯杰、德特马和伊莎贝拉·布罗、弗洛伦斯·布斯教授、玛丽莲·卡特、艾琳·卡萨维蒂、菲利普·克莱顿、艾伦·克劳福德、布鲁克·克拉奇利、简·达克、约翰·德雷福斯、佩内洛普·菲茨杰拉德、理查德·加内特、C.加兹利夫妇、大卫·金特尔曼、坎迪达·莱西特·格林、劳拉和克里斯托弗·汉普顿、托马斯·欣德、朱莉娅·爱奥尼德斯、詹姆斯·乔尔、琼·拉金、马格努斯·马格努松、简·马什、玛格丽特·马歇尔、克里斯托弗·米勒、多萝西·W.摩根、道恩·莫里斯、琳达·帕里、亚当·波洛克、大卫·普特南、约翰·兰德尔、伯纳德·理查兹博士、安德鲁·圣特、尼古拉斯·萨尔蒙、道格拉斯·E.舍恩赫尔、莱昂内尔·塞尔温、布罗卡德·休厄尔神父、佩顿·斯基普维斯、弗朗西斯·斯伯丁、已故的希瑟·坦纳、伊娜·泰勒、凯特·瑟克尔、安东尼·斯韦特、雷·沃特金森、艾伦·威尔金森。

在我的研究过程中，我非常感谢诺曼·凯尔文教授的友谊和慷慨的鼓励，他自己对《威廉·莫里斯书信集》的三十年的工作即将结束。他一丝不苟的做法一直鼓舞着我。

感谢我的历任文学编辑——《泰晤士报》的菲利普·霍华德和《观察家报》的迈克尔·拉特克利夫，感谢他们对此项目的耐心和兴趣——文学编辑所不为人知的工作是，他们要培育自己的书评人所写的书。感谢我的同事尼基·杰拉德给予我的热情支持。感谢克里斯托弗·德赖弗通读我打出来的初稿，他的评论皆是金石之言。

贝蒂·威尔逊以极大的专注和技巧，将本书手稿处理成电子文本。在我钻研威廉·莫里斯的五年中，费伯出版社的编辑贾尔斯·德·拉·马雷给了我很多很好的建议。他和我在克诺夫（Knopf）公司的编辑查尔斯·埃利奥特都对这一史诗般的未来事业表现出极大的热情。感谢埃尔弗雷达·鲍威尔和安东尼·特纳对文字的精心编辑，以及斯蒂芬·斯图尔特·史密斯对最终文本的精妙调整。与罗恩·科斯特利再度合作，为《威廉·莫里斯传》做装帧设计，这个过程和为《埃里克·吉尔传》做设计时一样愉快。

图片来源

彩色插图

i. Red House, Bexleyheath. Photograph, Charlotte Wood.

ii. Red House interior with staircase. Photograph, Charlotte Wood.

iii. The doorway at Red House. Photograph, Charlotte Wood.

iv. Red House drawing room. Photograph, Charlotte Wood.

v. Portrait of William Morris by Charles Fairfax Murray. William Morris Gallery, Walthamstow.

vi. Portrait of William Morris by G. F. Watts, oil painting. By courtesy of the National Portrait Gallery, London.

vii. The Green Dining Room. By courtesy of the Board of Trustees of the Victoria & Albert Museum, London.

viii. *La belle Iseult* by William Morris, oil painting. Tate Gallery, London.

ix. Chancel east window at All Saints, Middleton Cheney. Photograph, Sonia Halliday Photographs.

x. *King Arthur and Sir Lancelot*, stained glass panel. Bradford Art Galleries and Museums. Photograph, Richard Littlewood.

xi. 'Love Fulfilled', manuscript page from *A Book of Verse*. By courtesy of the Board of Trustees of the Victoria & Albert Museum, London.

xii. First page of *The Story of Hen Thorir*. Fitzwilliam Museum, Cambridge.

xiii. Kelmscott Manor, seen from the west. The Society of Antiquaries, Kelmscott Manor.

xiv. *The Pond at Merton Abbey*, watercolour painting. By courtesy of the Board of Trustees of the Victoria & Albert Museum, London.

xv. Pages from the Merton Abbey dye book. Collections, Sanford Berger, Carmel, California.

xvi. *Proserpine* by Dante Gabriel Rossetti, oil painting. Tate Gallery, London.

xvii. Design for 'African Marigold' chintz, watercolour and pencil on paper. William Morris Gallery, Walthamstow.

xviii. 'Honeysuckle' chintz. By courtesy of the Board of Trustees of the Victoria & Albert Museum, London.

xix. 'Honeysuckle' wallpaper. By courtesy of the Board of Trustees of the Victoria & Albert Museum, London.

xx. & xxi. 'Brother Rabbit' chintz. William Morris Gallery, Walthamstow.

xxii. 'Medway' chintz. William Morris Gallery, Walthamstow.

xxiii. 'Bird' woven wool double cloth. William Morris Gallery, Walthamstow.

xxiv. 'Artichoke' carpet, detail. William Morris Gallery, Walthamstow.

xxv. The Billiard Room at Wightwick Manor. National Trust Photographic Library / Andreas von Einsiedel.

xxvi. 'Flower Garden' woven silk fabric. By courtesy of the Board of Trustees of the Victoria & Albert Museum, London.

xxvii. 'Cabbage and Vine' tapestry, wool on cotton warp. The Society of Antiquaries, Kelmscott Manor. Photograph, The Trustees of Kelmscott House.

xxviii. 'Hammersmith' rug. William Morris Gallery, Walthamstow.

xxix. *Woodpecker Tapestry*, wool and silk. William Morris Gallery, Walthamstow.

xxx. *The Attainment: The Vision of the Holy Grail*, wool and silk tapestry. Birmingham Museums and Art Gallery.

xxxi. *The Pilgrim in the Garden*, wool and silk tapestry. Badisches Landesmuseum, Karlsruhe.

xxxii. *The Knights of the Round Table summoned to the Quest*, wool and silk tapestry. Birmingham Museums and Art Gallery.

xxxiii. Frontispiece for *News from Nowhere*, Kelmscott Press edition. William Morris Gallery, Walthamstow.

xxxiv. The Kelmscott *Chaucer* 'special' binding, white pigskin. St Bride Printing Library, London. Photograph, James Mosley.

黑白插图

1. *Emma Shelton*, watercolour miniature. William Morris Gallery, Walthamstow.

2. *William Morris Senior*, watercolour miniature. William Morris Gallery, Walthamstow.

3. Henrietta Morris, photograph. William Morris Gallery, Walthamstow.

4. Isabella Gilmore, photograph. William Morris Gallery, Walthamstow.

5. Emma Oldham, photograph. William Morris Gallery, Walthamstow.

6. Alice Gill, photograph. William Morris Gallery, Walthamstow.

7. Arthur Morris, photograph. William Morris Gallery, Walthamstow.

8. Edgar Morris, photograph. William Morris Gallery, Walthamstow.

9. (Hugh) Stanley Morris, photograph. William Morris Gallery, Walthamstow.

10. (Thomas) Rendall Morris, photograph. William Morris Gallery, Walthamstow.

11. Woodford Hall, Essex. William Morris Gallery, Walthamstow.

12. Water House, Walthamstow. William Morris Gallery, Walthamstow.

13. The Morris family tomb. William Morris Gallery, Walthamstow.

14. William Morris's earliest letter. William Morris Gallery, Walthamstow.

15. William Morris self-portrait, pencil drawing. Victoria & Albert Museum, London.

16. William Morris studio portrait. William Morris Gallery, Walthamstow.

17. Exeter College, Oxford. Rector and Fellows of Exeter College, Oxford.

18. Oxford High Street. Hulton Deutsch Collection.

19. Charles Faulkner, photograph. National Portrait Gallery, London.

20. Cormell Price, photograph. Price family collection.

21. Richard Watson Dixon, photograph. *Poems*, Elder & Co., 1909.

22. Wilfred Heeley, photograph. Price family collection.

23. St Philip and St James, Oxford. Myfanwy Piper.

24. George Edmund Street, photograph. Arthur Edmund Street, *Memoir of George Edmund Street*, 1886.

25. *Study of William Morris*, pencil drawing. Birmingham Museums and Art Gallery.

26. No. 17 Red Lion Square. RCHME Crown Copyright.

27. The Oxford Union Old Debating Chamber. Oxford Union Society. Photograph, Cyril Band.

28. Dante Gabriel Rossetti, *carte de visite*. Price family collection.

29. *Ford Madox Brown*, pencil drawing. National Portrait Gallery, London.

30. *Lizzie Siddal*, pencil drawing, present whereabouts unknown. Photograph, Fitzwilliam Museum, Cambridge.

31. *Jane Burden*, pencil drawing. William Morris Gallery, Walthamstow.

32. *Study of Janey as Guinevere*, pencil drawing. Manchester City Art Galleries.

33. Georgiana Macdonald, photograph. Georgiana Burne-Jones, *Memorials*, 1904.

34. Edward Burne-Jones, photograph. Jeremy Maas collection.

35. Design for Red House, pen and ink. Victoria & Albert Museum, London.

36. Red House interior. *Country Life*.

37. Philip Webb portrait, watercolour. National Portrait Gallery, London.

38. *Study of Mrs Morris*, pencil and Indian ink. Victoria & Albert Museum, London.

39. Jane Morris *carte de visite*. Price family collection.

40. May Morris, photograph. William Morris Gallery, Walthamstow.

41. Cartoon for 'Artemis', Indian ink, chalk and wash. Carlisle Museums and Art Gallery.

42. *Knights*, sketch from Morris notebook. British Library, London.

43. *Flowers*, sketch from Morris notebook. British Library, London.

44. 'The Legend of St George' design, pen and wash. Victoria & Albert Museum, London.

45. William Morris, photograph. William Morris Gallery, Walthamstow.

46. John Ruskin and Dante Gabriel Rossetti, photograph. Jeremy Maas collection.

47. No. 26 Queen Square. Victoria & Albert Museum, London.

48. No. 16 Cheyne Walk. Photograph by Emery Walker. National Portrait Gallery, London.

49. Group photograph at No. 16 Cheyne Walk. Photograph by William Downey. Virginia Surtees.

50. Jane Morris seated, photograph. St Bride Printing Library, London.

51. Jane Morris reclining, photograph. St Bride Printing Library, London.

52. *Mrs William Morris reading*, pencil drawing. Ashmolean Museum, Oxford.

53. *Aglaia Coronio*, pastel drawing. Victoria & Albert Museum, London.

54. Aglaia Coronio, *carte de visite*. Hastings Museum and Art Gallery.

55. *Marie Spartali*, pastel drawing. Fogg Art Museum, Harvard University.

56. *Maria Zambaco*, pencil drawing. Private collection. Photograph, Jeremy Maas.

57. View of Bad Ems. Bad Ems town archive.

58. The Kesselbrunnen at Bad Ems. Bad Ems town archive.

59. Landscape near Reykjavík. Hulton Deutsch Collection.

60. Eiríkr Magnússon photograph. National Library of Iceland.

61. Kelmscott Manor, the east front. RCHME Crown Copyright.

62. *Jenny Morris*, pastel drawing. The Society of Antiquaries, Kelmscott Manor.

63. *May Morris*, pastel drawing. The Society of Antiquaries, Kelmscott Manor.

64. The attics at Kelmscott Manor. William Morris Gallery, Walthamstow.

65. *Mrs William Morris sewing*, pencil drawing. Christie's, London.

66. William Morris, photograph. William Morris Gallery, Walthamstow.

67. The Morris & Co. showrooms. William Morris Gallery, Walthamstow.

68. Thomas Wardle, photograph. Christine Woods.

69. Elizabeth Wardle and pupils, photograph. Staffordshire County Council Archives.

70. The Morris and Burne-Jones families, photograph. National Portrait Gallery, London.

71. The Morris and Burne-Jones children, photograph. By courtesy of the Director and University Librarian, the John Rylands Library, University of Manchester.

72. Emma Shelton Morris, photograph. William Morris Gallery, Walthamstow.

73. Kelmscott House. Hammersmith and Fulham Archives, London.

74. The Boat Race at Hammersmith. Hammersmith and Fulham Archives, London.

75. Jenny Morris, photograph. William Morris Gallery, Walthamstow.

76. Jane Morris in Siena, photograph. National Portrait Gallery, London.

77. William De Morgan, photograph. National Portrait Gallery, London.

78. The stained-glass studio at Merton Abbey. William Morris Gallery, Walthamstow.

79. The weaving workshops at Merton Abbey. William Morris Gallery, Walthamstow.

80. High-warp tapestry weaving at Merton Abbey. William Morris Gallery, Walthamstow.

81. The fabric-printing workshops at Merton Abbey. William Morris Gallery, Walthamstow.

82. Washing cottons in the Wandle. William Morris Gallery, Walthamstow.

83. Women knotting carpets at Merton Abbey. William Morris Gallery, Walthamstow.

84. High-warp tapestry workshops at Merton Abbey. H. E. Marrillier, *A History of the Merton Abbey Tapestry Works*, 1927.

85. William Morris, photograph. Hammersmith and Fulham Archives, London.

86. Wilfrid Scawen Blunt, photograph. Fitzwilliam Museum, Cambridge.

87. May Morris, photograph. National Portrait Gallery, London.

88. May with Henry Halliday Sparling, photograph. National Portrait Gallery, London.

89. Police summons issued to William Morris. British Library, London.

90. Hendon Debating Society card. Barnet Libraries, Archives and Local Study Centre.

91. Andreas Scheu, photograph. Austrian National Library Picture Archive, Vienna.

92. Edward Carpenter, photograph. Sheffield City Archive. By courtesy of the Director of Libraries and Information Services.

93. Prince Peter Kropotkin, photograph. National Museum of Labour History, Manchester.

94. Sergius Stepniak, photograph. Richard Garnett collection.

95. Eleanor Marx, photograph. Hulton Deutsch Collection.

96. Henry Mayers Hyndman, photograph. Chushichi Tsuzuki, *H. M. Hyndman*, 1961.

97. John Burns in his workshop, photograph. National Portrait Gallery, London.

98. *Walter Crane*, portrait, oil. National Portrait Gallery, London.

99. John Bruce Glasier, photograph. Laurence Thompson, *The Enthusiasts*, 1971.

100. W. B. Yeats, photograph. National Portrait Gallery, London.

101. Socialist League rehearsal, photograph. Emery Walker Collection, Cheltenham City Museum and Art Gallery.

102. The Hammersmith Branch of the Socialist League, photograph. Hammersmith and Fulham Archives, London.

103. Edward Burne-Jones and William Morris at The Grange. William Morris Gallery, Walthamstow.

104. Morris's bedroom in Kelmscott House. National Portrait Gallery, London.

105. The study at Kelmscott House. National Portrait Gallery, London.

106. The dining-room at Kelmscott House. William Morris Gallery, Walthamstow.

107. The drawing-room at Kelmscott House. William Morris Gallery, Walthamstow.

108. The Coach House. William Morris Gallery, Walthamstow.

109. Kelmscott Press, group photograph. National Portrait Gallery, London.

110. Kelmscott Press printers, photograph. Hammersmith and Fulham Archives, London.

111. Sydney Cockerell, photograph. S. C. Cockerell, *Friends of a Lifetime*, 1940.

112. Edward Burne-Jones, photograph. National Portrait Gallery, London.

113. Georgiana Burne-Jones, photograph. National Portrait Gallery, London.

114. Emery Walker, photograph. National Portrait Gallery, London.

115. Frederick Startridge Ellis, photograph. National Portrait Gallery, London.

116. John Carruthers, photograph. *Economic Studies*, Chiswick Press, 1915.

117. May Morris at work, photograph. National Portrait Gallery, London.

118. William Morris in his study, photograph. National Portrait Gallery, London.

119. Morris in his chair, photograph. Emery Walker collection, Cheltenham City Museum and Art Gallery.

120. William Morris's funeral cart, photograph. William Morris Gallery, Walthamstow.

121. Family group at Kelmscott, photograph. National Portrait Gallery, London.

122. May Morris and Miss Lobb, photograph. William Morris Gallery, Walthamstow.

123. Design for William Morris's tombstone, pencil. National Portrait Gallery, London.

内文图

1. *Elm House*, drawing. William Morris Gallery, Walthamstow.

2. Marlborough College. Hulton Deutsch Collection, London.

3. '*William Morris in a bath-tub*', pencil caricature. Sotheby's, London.

4. '*Nympha Florum*' design, pencil and wash. Victoria & Albert Museum, London.

5. Edward Burne-Jones cartoon. Georgiana Burne-Jones, *Memorials*, 1904.

6. '*William Morris presenting a ring*', pen and ink caricature. Birmingham Museums and Art Gallery.

7. '*Back view of William Morris*', pencil caricature. Sotheby's, London.

8. *William Morris at Red House*, pencil caricature. Sotheby's, London.

9. *William Morris reading poetry*, pencil caricature. Sotheby's, London.

10. '*Psyche in Charon's Boat*', wood engraving illustrating 'The Story of Cupid and Psyche', *The Earthly Paradise*, vol. II. Photograph, Pete Hill.

11. '*William Morris making a wood block*', pencil caricature. British Museum.

12. '*The Bard and Petty Tradesman*', pen and ink caricature. British Museum.

13. '*The departure for France*', pencil caricature. Georgiana Burne-Jones, *Memorials*, 1904.

14. '*William Morris attending his wife*', pencil caricature. British Museum.

15. '*Resolution; or, the Infant Hercules*', pen and ink caricature. British Museum.

16. '*The M's at Ems*', pen and ink caricature. British Museum.

17. '*Janey and the Wombat*', pen and ink caricature. British Museum.

18. Design for a shower-bath, pen and ink. British Library.

19. '*Rossetti carrying cushions*', pencil caricature. Sotheby's, London.

20. *The Earthly Paradise* manuscript. May Morris, *Introductions* to *The Collected Works*, 1910–15.

21. '*William Morris as Paris*', pencil caricature. Sotheby's, London.

22. '*The Arms of Iceland*', wood engraving. May Morris, *Introductions* to *The Collected Works*, 1910–15.

23. '*William Morris on horseback*', pencil caricature. Sotheby's, London.

24. '*William Morris climbing*', pencil caricature. Sotheby's, London.

25. '*Home Again*', pencil caricature. Sotheby's, London. Collection, Christopher and Laura Hampton.

26. '*Enter Morris*', pen and ink caricature. British Museum.

27. '*William Morris in bed*', pencil caricature. British Museum.

28. *William Morris eating fish*, pencil caricature. British Museum.

29. *William Morris and Rosalind Howard*, pencil sketch. Wightwick Manor, National Trust.

30. '*Rupes Topseia*', pen and ink caricature. British Museum.

31. *Exeat from Marlborough College*, pencil drawing. Georgiana Burne-Jones, *Memorials*, 1904.

32. William Morris ms. letter to Robert Browning. Janet Camp Troxell Collection of Rossetti, Department of Rare Books, Princeton University Libraries.

33. *The Stained-glass Workshops*, drawing. William Morris Gallery, Walthamstow.

34. William Morris ms. letter to Georgiana Burne-Jones. William Morris Gallery, Walthamstow.

35. Democratic Federation membership card. William Morris Gallery, Walthamstow.

36. Front page of *The Commonweal*. William Morris Gallery, Walthamstow.

37. Sticker for *The Commonweal*. William Morris Gallery, Walthamstow.

38. Hammersmith Branch membership card. William Morris Gallery, Walthamstow.

39. Hammersmith Branch poster. British Library.

40. '*The Attitude of the Police*', newspaper cartoon. William Morris Gallery, Walthamstow.

41. 'A Death Song', leaflet. H. Buxton Forman, *The Books of William Morris*, 1897.

42. Anti-Morris cartoon. International Institute of Socialist History, Amsterdam.

43. '*William Morris weaving*', pencil cartoon. Sotheby's, London.

44. First Kelmscott Press colophon. H. Halliday Sparling, *The Kelmscott Press and William Morris Master-Craftsman*, 1924.

45. Colophon for quarto books. H. Halliday Sparling, *op. cit.*

46. Kelmscott Press type specimens. H. Halliday Sparling, *op. cit.*

47. Illustration from *A Dream of John Ball*. William Morris Gallery, Walthamstow.

48. Initial letters for Kelmscott Press. William Morris Gallery, Walthamstow.

49. Portrait book-plate. H. Buxton Forman, *The Books of William Morris*, 1897.

50. Title page from *The Love-Lyrics and Songs of Proteus*. William Morris Gallery, Walthamstow.

51. *William Morris in Hyde Park*, pencil sketch. William Morris Gallery, Walthamstow.

52. Notes for Morris's last political paper. British Library.

索 引

(页码为原书页码,即本书边码)

Image, Selwyn　塞尔温·伊马格,591

Independent Labour Party(ILP)　独立工党(ILP),xvi,645

indigo, experiments with　靛蓝染色实验,见 dyeing

Industrial Home for Destitute Boys　贫困男孩工业之家,175

influences on Morris, chief　对莫里斯的主要影响:见 Brown, Ford Madox; Browning, Robert; Carlyle, Thomas; Chaucer, Geoffrey; Cobbett, William; Fouqué, Friederich de la Motte; Keats, John; Kingsley, Charles; Kropotkin, Prince Peter; Malory, Sir Thomas; Marx, Karl; Millais, John; More, Sir Thomas; Owen, Robert; Rossetti, Dante Gabriel; Ruskin, John; Scott, Sir Walter; Stepniak, Sergius; Street, G. E.; Tennyson, Alfred; Yonge, Charlotte M.

interiors, Morris's　莫里斯的室内设计:

early awareness of　早期理念,16-17,18,38

theories of　理论,107,158,163,172,185

— designs　设计:

Deaconess Institution, Clapham　克拉珀姆女执事学院,558

Exeter College, Morris's rooms at　莫里斯在埃克塞特学院的房间,61

Jesus College, Cambridge　剑桥耶稣学院,210

Kelmscott House　凯尔姆斯科特之家,395-397,黑白插图 104-108

Oxford Union Hall　牛津联盟(辩论社楼)大厅,130-138,黑白插图 27

1 Palace Green　格林宫 1 号,213,410,449

26 Queen Square　女王广场 26 号,199

Red House　红屋,158-162,166,黑白插图 35,36,彩色插图 ii,iv

17 Red Lion Square　红狮广场 17 号,118-122,内文图 5

St James's Palace　圣詹姆斯宫,211,213,411

Stanmore Hall, Middlesex　米德尔塞克斯斯坦莫尔厅,647

South Kensington Museum　南肯辛顿博物馆,212-213,彩色插图 vii

Upper Gordon Street, rooms at　位于上戈登街的房间,110

另见 Morris, Marshall, Faulkner & Co.; Morris & Co.; stained glass;